U0840510

HANDBOOK OF RESEARCH ON TEACHER EDUCATION

Enduring Questions in Changing Contexts

(THIRD EDITION)

教师教育研究手册

变革世界中的永恒问题

（第三版）

（上卷）

主　编　［美］玛丽莲·科克伦-史密斯
Marilyn Cochran-Smith
［美］沙伦·费曼-尼姆塞尔
Sharon Feiman-Nemser
［美］D. 约翰·麦金太尔
D.John McIntyre

副主编　［美］凯莉·E. 德默斯
Kelly E.Demers

翻　译　范国睿　等

华东师范大学出版社

Handbook of Research on Teacher Education: Enduring Questions in Changing Contexts, 3rd Edition / edited by Marilyn Cochran-Smith, Sharon Feiman-Nemser, D. John McIntyre and Kelly Demers

上海市版权局著作权合同登记　图字:09-2013-811 号

国家教育宏观政策研究院成果
教育部人文社会科学重点研究基地华东师范大学基础教育改革与发展研究所成果
华东师范大学教师教育优势学科平台成果
上海市领军人才计划成果

《教师教育研究手册》(第三版)

本书为进一步探究教师教育问题提供了各种不同的观点与视角。主编和各位作者所完成的,是一部将研究置于情景之中、将各种研究发现融入当下相关问题之中、以经典文献与当前学术成就为基础的当代学术巨著。

——W. 罗伯特·休斯敦(W. Robert Houston)

美国休斯顿大学

《教师教育研究手册》(第一版)主编,引自"序"

《教师教育研究手册》(*Handbook of Research on Teacher Education*)肇始于基于可靠证据而引发的教育变革。本书第一版的出版发行,是1990年的一件大事。尽管对教育者的培养在当时是——并一直是——讨论的焦点,但那时并没有一本人所共知的、最佳的关于教师教育的文集。本书第二版(1996)以第一版为基础,拓展了综合性知识基础。今天,为应对教育者的需求,第三版采取一种新的方式来实现同样的目标。与以往不同的是,这一版超越了对教师教育宏大视野的简单的概念化解读,并呈示了对主要实践领域最新研究的综合评论,其主要目标在于:

- 推动基本问题的广泛讨论
- 广纳多元视角进行考量,包括历史视角
- 为以往未加甄别的主题赋予新的特性
- 包容讨论中的多样化声音

基于这些愿望,在咨询委员会(Advisory Board)的帮助下,主编确定了九个基础性问题,通过活化这些问题并把它们转化为一系列聚焦的问题:

- 意义何在?教师教育的目的
- 应知应会?教师能力:知识、信念、技能与奉献
- 何处受教?教师教育的环境及其作用
- 何人执教?何人应教?教师的招聘、选拔与留任
- 因材施教了吗?多样性与教师教育
- 何以学会?教师的全程学习
- 谁来负责?教师教育与认证政策中的权力
- 何以知晓我们之所知?研究与教师教育
- 价值何在?教师教育在教师养成中的地位

《教师教育研究手册》(第三版)围绕这些问题展开，每一部分均由共同的四个单元组成："导论"，由该部分主编撰写，主要阐释为什么这一核心问题长期存在，随着时间的推移它是如何被概念化的，以及为什么选择这些特定的文献组成本部分的"视点"、"经典"和"评析"。"视点"聚焦问题的不同维度或方面，包括思考的不同路径。"经典"——历史的与当前的文献，其中多数为教师教育的经典之作——展现问题持久的本质，以及随着时间的推移这些问题是如何被概念化、被讨论的。每一部分均以"评析"结尾，这些由研究者、教师、教师教育工作者、决策者或基金会董事撰写的文献，反映了较广范围的政治和意识形态立场。

(范国睿　译)

目　录

中文版译序　范国睿 / 1

编著者简介 / 5

序　W. 罗伯特・休斯敦 / 19

前言 / 23

致谢　玛丽莲・科克伦-史密斯　沙伦・费曼-尼姆塞尔　约翰・麦金太尔 / 27

第一部分　意义何在？——教师教育的目的　主编：大卫・T. 汉森 / 1

视点 / 3

1. 导论：为什么要培养教师？　大卫・T. 汉森 / 5
2. 教师教育的价值与目的　大卫・T. 汉森 / 11
3. 民主社会中的教师教育：民主参与实践的学与教　埃米莉・罗伯逊 / 28
4. 教师教育的道德目的与认识论目的　休・索克特 / 47

经典 / 69

1.1　论美国学者　拉尔夫・沃尔多・爱默生 / 71

1.2　约翰的归来　W. E. B. 杜波依斯 / 85

1.3　社会化的教育　简・亚当斯 / 95

1.4　教育哲学的必要性　约翰・杜威 / 104

评析 / 111

5. 教师教育中仅有协商民主就够了吗？　迈克尔・W. 阿普尔 / 113
6. 提升学校教育与教师教育的公共目的价值　约翰・I. 古德莱德 / 119
7. 来自另一个世界的思考：1930—1965 年佐治亚州黑人教师的专业教育　瓦妮莎・西德尔・沃克 / 125

第二部分　应知应会？——教师能力：知识、信念、技能与奉献
主编：卡尔·A. 格兰特 / 131

视点 / 133
8. 教师能力：导论　卡尔·A. 格兰特 / 135
9. 重思教师能力
G. 威廉森·麦克迪尔米德　玛丽·克莱文杰-布赖特 / 142
10. 满足多样化学习者所需的教师能力：教师需要知道什么？
蒂龙·C. 霍华德　格伦达·R. 阿莱曼 / 162
11. 教师教育中的教师能力与社会正义
卡尔·A. 格兰特　冯泽尔·阿格斯托 / 177

经典 / 201
2.1　与教师的对话　詹姆斯·鲍德温 / 203
2.2　作为文化工作者的教师：致那些敢于教书的人　保罗·弗莱雷 / 209
2.3　自由的辩证法　M. 格林 / 215
2.4　他们在辱骂我们　卡特里娜·B. 弗洛里斯 / 229

评析 / 233
12. 我所看到的，你看到了吗？——民主国家中作为教育愿景的教师能力
莫林·D. 吉勒特　布赖恩·D. 舒尔茨 / 235
13. 关于教师质量的片面认识及其促进社会正义的潜能
凯文·K. 库玛希罗 / 242
14. 消解教师教育中的二元对立
帕姆·格罗斯曼　莫瓦·麦克唐纳　卡伦·哈默尼斯
马修·伦菲尔德 / 247
15. 应对多样性的教师能力　唐娜·M. 戈尔尼克 / 253

第三部分　何处受教？——教师教育的环境及其作用
主编：肯尼思·蔡克纳 / 263

视点 / 265
16. 导论：教师教育的环境　肯尼思·蔡克纳 / 267
17. 作为教师培养环境的教师教育项目

肯尼思·蔡克纳　希拉里·G.康克林 / 272
18. 剪不断理还乱：大学中教师教育的历史　大卫·F.拉巴雷 / 292
19. 何种经验？通过教师专业发展学校还是社区环境培养教师？
玛丽莲尼·博伊尔-贝斯　D.约翰·麦金太尔 / 309

经典 / 335
3.1　基于大学的教师教育之理由　琳达·达林-哈蒙德 / 337
3.2　置权力于门外：基于社群的平等体验与面向多样化课堂的教师培养
芭芭拉·赛德尔　格洛丽亚·弗兰德 / 352
3.3　面向多元文化学校的教师：选择的力量
马丁·哈伯曼　琳达·波斯特 / 367

评析 / 379
20. 师资培养的严密性与关联性　米歇尔·里　卡拉·奥克利 / 381
21. 教师教育的环境：创设更强大的研究基础所面临的挑战
沙伦·P.鲁宾逊 / 387
22. 环境并非止于场所　W.罗伯特·休斯敦 / 395

第四部分　何人执教？何人应教？——教师的招聘、选拔与留任
主编：A.林·古德温 / 401

视点 / 403
23. 教师质量：可否达成共识？　A.林·古德温 / 405
24. 谁在教？这重要吗？　卡伦·朱姆沃尔特　伊丽莎白·克雷格 / 410
25. 有色人种教师：在高质量教师与有效教师之间何去何从
玛丽·E.迪尔沃思　安东尼·L.布朗 / 430
26. 下一代教师：谁入行，谁留任，为什么？
苏珊·穆尔·约翰逊　苏珊·M.卡尔多斯 / 450
27. 作为守门员的教师教育工作者：决定谁胜任教学
A.林·古德温　西莉亚·奥伊勒 / 472

经典 / 495
4.1　直面培养高素质教师面临的挑战：教育部长关于教师素质的年度报告
罗德·佩奇 / 497

4.2　美国教师队伍多样化评估：对行动的呼唤
全国教师队伍多样化合作组织 / 506
4.3　非洲裔美国教师塞缪尔·R. 沃德　/ 514
4.4　第一所墨西哥人中学　/ 515
4.5　卡莱尔学校　/ 516
4.6　亚裔美国学者：弗朗西斯·张(Francis Chang)　/ 517
4.7　州际新教师评估与支持协会：示范性标准　/ 518
4.8　学校教师　丹·C. 洛尔蒂 / 520

评析 / 533
28. 教师质量问题　理查德·M. 英格索尔 / 535
29. 改变范式：为 21 世纪培养教师教育工作者与教师
玛丽·H. 富特雷尔 / 542
30. 应让谁从教？——一位获得国家委员会认证的教师的观点
梅格纳·安塔尼·利普肯 / 548

第五部分　因材施教了吗？——多样性与教师教育
主编：安娜·玛利亚·维莱加斯 / 555

视点 / 557
31. 多样性与教师教育　安娜·玛利亚·维莱加斯 / 559
32. 为多样化的学生培养白人教师　克里斯蒂娜·E. 斯里特 / 567
33. 培养有色人种教师，应对教育结果中种族或民族间的显著差异
安娜·玛利亚·维莱加斯　丹尼·E. 戴维斯 / 590
34. 回应主流课堂的语言现实：培养所有教师教授英语学习者
塔玛拉·卢卡斯　杰米·格林伯格 / 611

经典 / 641
5.1　同化消亡了吗？　内森·格莱泽 / 643
5.2　1954 年布朗诉皮卡托教育局案决议对黑人教师的影响
塞缪尔·B. 埃思里奇 / 658
5.3　没有同一模式的美国人　美国教师教育学院协会 / 673
5.4　为文化和语言多样性培养教师：行动呼唤　多元文化教育委员会 / 677

评析 / 685

35. 多样性与教师教育：人、教学法与政治　杰奎琳·乔丹·欧文 / 687
36. 多样性与教师教育：未来会怎样？
蒂娜·雅各布维茨　尼古拉斯·M. 米凯利 / 691
37. 多样性之反思　维多利亚·周　卡伦·萨卡什 / 699

第六部分　何以学会？——教师的全程学习
主编：沙伦·费曼-尼姆塞尔 / 705

视点 / 707

38. 教师学习：教师如何学会教学？　沙伦·费曼-尼姆塞尔 / 709
39. 教学中隐喻的运用：教师教育中的经验、隐喻和文化
谢里尔·罗萨恩　苏珊·弗洛里奥-鲁安 / 718
40. 学习教学过程中自我意识与专业认同的发展
卡罗尔·R. 罗杰斯　凯瑟琳·H. 斯科特 / 743
41. 同行学习：教师共同体与共同的教育事业　乔尔·韦斯特海默 / 766

经典 / 793

6.1　教育中理论与实践的关系　约翰·杜威 / 795
6.2　教师在专业发展中的成长　露西·斯普拉格·米切尔 / 808
6.3　教学专业素养之本质　大卫·C. 伯利纳 / 817

评析 / 835

42. 学会教学之研究：反思　勒内·T. 克利夫特 / 837
43. 教师学习：规范、逻辑与实证视角　丹尼尔·法伦 / 845
44. 教师学习：锐意改革的同行之评论
薇薇安·特洛恩　凯瑟琳·C. 博尔斯 / 852

第七部分　谁来负责？——教师教育与认证政策中的权力
主编：苏珊娜·M. 威尔逊 / 859

视点 / 861

45. 皇帝的新装：我们真的需要教师专业教育和资格认证吗？
苏珊娜·M. 威尔逊 / 863

46. 关于目的、实践与政策的冲突观念：美国教师资格认证的历史
迈克尔·W. 塞德拉克 / 867
47. 从传统的资格认证到竞争性资格认证：25年的回顾
大卫·G. 伊米戈　斯科特·R. 伊米戈 / 897
48. 发展中的教师教育场域：如何理解挑战可能会有助于改进教师培养
苏珊娜·M. 威尔逊　埃兰·塔米尔 / 919

经典 / 949
7.1　初阶试卷与综合试卷　A. M. 艾萨克·斯通 / 951
7.2　教师培训　威廉·C. 巴格利 / 953
7.3　为我们的时代打造更美好的教师职业　W. E. 派克 / 957
7.4　论教师教育与教师资格认证　小阿瑟·E. 贝斯特 / 960
7.5　教学专业标准化运动：观念的演变　拉尔夫·W. 麦克唐纳 / 966
7.6　国家教师考试　大卫·J. 福克斯 / 972
7.7　新泽西州非师范教师资格认证途径
索尔·库珀曼　利奥·克拉格霍尔兹 / 976
7.8　非师范教师资格认证途径：一种危险的趋势　多伊尔·沃茨 / 983
7.9　切断联系　弗雷德里克·M. 赫斯 / 988
7.10　忽略政策制定者，改善教师培养　理查德·L. 阿灵顿 / 996

评析 / 1003
49. 教学作为职业：遥不可及？　爱德华·克罗 / 1005
50. 教师教育中的管理权问题　弗兰克·B. 默里 / 1016

第八部分　何以知晓我们之所知？——研究与教师教育
主编：玛丽莲·科克伦-史密斯　凯莉·E. 德默斯 / 1023

视点 / 1025
51. 何以知晓我们之所知？研究与教师教育
玛丽莲·科克伦-史密斯　凯莉·E. 德默斯 / 1027
52. 教师教育研究的类型
希尔达·博尔科　珍妮弗·A. 惠特科姆　凯瑟琳·伯恩斯 / 1035
53. 教师教育研究：时代变革与范式变革
玛丽莲·科克伦-史密斯　金·弗里斯 / 1067

54. 教师教育的批判研究与质性研究：文化幸福感的蓝调认识论及其认知理由 乔伊斯·E. 金 / 1105

经典 / 1145

8.1 应用我们之所知：教师教育领域 纳撒尼尔·L. 盖奇 / 1147

8.2 拓展视域：关于教学与教师教育研究复杂性的讨论 苏珊·弗洛里奥-鲁安 / 1161

8.3 认识教学：教学研究与质性研究的交叉 玛格达莱尼·兰珀特 / 1174

评析 / 1185

55. 更好地理解教学,学会教学 约翰·洛克伦 / 1187

56. 改进教师教育研究方法 罗伯特·E. 弗洛登 / 1193

57. 一位实用主义者的笔记：了解我们需要知道的教师效能与教师培养 大卫·H. 蒙克 / 1199

第九部分 价值何在？——教师教育在教师养成中的地位

主编：玛丽·M. 肯尼迪 / 1203

视点 / 1205

58. 教师教育在教师养成中的地位 玛丽·M. 肯尼迪 / 1207

59. 走向博雅教育的教师教育 史蒂文·韦兰 / 1212

60. 教师教育课程在基于第二天性的教学中的作用 弗兰克·B. 默里 / 1236

61. 教师教育带来的价值 玛丽·M. 肯尼迪 索伊恩·阿恩 崔金扬 / 1254

经典 / 1279

9.1 师范学校的办学目标 威廉·S. 勒尼德 威廉·C. 巴格利 等 / 1281

9.2 教育者的论争 詹姆斯·布赖恩特·科南特 / 1293

9.3 教师教育及其改革困境 加里·赛克斯 / 1302

评析 / 1321

62. 教师专业培养的反思 戴安娜·拉维奇 / 1323

63. 教学知识：我们知道什么 琳达·达林-哈蒙德 / 1327

64. 教师教育与教师培养 弗雷德里克·M. 赫斯 / 1335

中文版译序

当代教师教育改革,20世纪80年代的美国至少是肇始者之一。1983年,美国国家卓越教育委员会(National Commission on Excellence in Education)发表了著名的《国家处于危机之中:教育改革势在必行》(*A Nation at Risk: The Imperative of Education Reform*)报告,指出了美国教育系统存在诸多缺失,强烈呼吁改革美国的教师教育。1986年,美国卡内基基金会(Carnegie Foundation)公布了《准备就绪的国家:21世纪的教师》(*A Nation Prepared: Teachers for the 21st Century*)①报告,指出要造就最优秀的教师,提高中小学教师的素质。在这一背景下,为了促进基于可靠证据的教育变革,1987年,休斯顿大学教授W. 罗伯特·休斯敦(W. Robert Houston)与因推动全美教师联合会(National Teacher Corps)而知名的威斯康星大学密尔沃基分校杰出教授马丁·哈伯曼(Martin Haberman, 1932—2012)、加州大学长滩分校教授约翰·斯库拉(John Sikula)联合决定编写《教师教育研究手册》(*Handbook of Research on Teacher Education*),意在为负责教师的职前培养与在职教育的教育工作者专门编写一本对教师培养、新教师的引领以及在职教师的持续成长进行系统化、概念化思考并包含美国经验与理论依据的著作②。该手册耗时3年完成,共有来自34个州、5个不同国家的超过200名学者参与其中,该手册的出版为美国教师教育实践与研究作出了重要贡献。6年之后,斯库拉会同托马斯·巴特莱(Thomas Buttery)和伊迪丝·盖顿(Edith Guyton)主编了该书的第二版,第二版旨在以基于研究的改革调适学术理论与课堂现实之间的平衡,内容涉及教师教育的研究领域,教师的招聘、录用与培养,环境对教师教育的影响,教师教育课程,教师持续的专业成长、发展与评估,多样性与平等问题以及教师教育的新趋向等主题,将教师职业置于长期的历史发展进程予以考察,辨析了教师职业的本质变化,通过阐明一系列有关教师职业以及教师教育的知识与技能,为教师教育课程设计以及各级各类学校教师的专业发展提供了指南,并为教师、教师教育工作者和管理人员提供了教师教育研究平台③。

呈现在读者面前的这本《教师教育研究手册:变革世界中的永恒问题》(*Handbook of Research on Teacher Education: Enduring Questions in Changing Contexts*)是《教师教育研究

---

① Carnegie Forum on Education and the Economy. Task Force on Teaching as a Profession(1986), *A Nation Prepared: Teachers for the 21st Century: the Report of the Task Force on Teaching as a Profession*, Washington, D. C.: The Forum.

② W. Robert Houston, M. Haberman, and John Sikula(eds.)(1990), *Handbook of Research on Teacher Education*, New York: Macmillan.

③ John Sikula, Thomas J. Butery, and Edith Guyton(eds.)(1996), *Handbook of Research on Teacher Education* (2nd edition), New York: Macmillan.

手册》的第三版，是由美国教师教育工作者协会(Association of Teacher Educators, ATE)组织编写，约请玛丽莲·科克伦-史密斯(Marilyn Cochran-Smith)、沙伦·费曼-尼姆塞尔(Sharon Feiman-Nemser)、约翰·麦金太尔(John McIntyre)等人主持编写的大型教师教育文献集。

玛丽莲·科克伦-史密斯，现为波士顿学院林奇教育学院约翰·E.考索恩(John E. Cawthorne)教师教育讲席教授、课程与教学博士项目主席，曾先后任宾夕法尼亚大学教育研究生院助理教授、副教授、教授，小学教育、START 项目主任，华盛顿大学教育学院课程与教学系教授，波士顿学院林奇教育学院教师教育、特殊教育、课程与教学系主任；曾兼任都柏林城市大学圣帕特里克学院客座教授、新加坡南洋理工大学国家教育研究院 C. J. Koh 杰出讲座教授、《教师教育杂志》(*Journal of Teacher Education*)主编(2000—2006 年)，2011 年以来，她兼任新西兰奥克兰大学教育学院教育学教授。玛丽莲曾在福特基金会(the Ford Foundation)支持下，以首席专家身份主持"教师发展与教师留任"项目(Teacher Development and Teacher Retention)(2008—2011 年)。她先后获得美国教师教育学院协会(American Association of Colleges for Teacher Education)戴维·C.依米格教师教育杰出贡献奖(David C. Imig Award for Outstanding Contributions to Teacher Education, 2011)、文化研究协会(Literacy Research Association)杰出学者终身成就奖(Distinguished Scholar Lifetime Achievement Award, 2014)。沙伦·费曼-尼姆塞尔，曾供职于芝加哥大学、密歇根州立大学，现为布兰迪斯大学约瑟夫·杰克与莫顿·曼德尔犹太人教育讲席教授(Joseph Jack and Morton Mandel Professor of Jewish Education)，长期从事教师教育的课程与开发、教师专业发展等研究，曾获美国教师教育学院协会玛格丽特·林赛杰出研究奖(Margaret Lindsey Award for Outstanding Research, 1996)、教师教育工作者协会"杰出教育工作者"奖(Distinguished Educator Award, 2013)。约翰·麦金太尔是南伊利诺伊大学教育学院教授，长期从事教师教育研究与教师培训，曾任美国教师教育工作者协会主席，1990 年被誉为美国教师教育工作者协会 70 位杰出领导人之一。麦金太尔曾与玛丽·奥海尔(Mary O'Hair)合著《课堂教师的反思性角色》[①]，梳理了教师的十种角色，分别是组织者(organizer)、沟通者(communicator)、激发者(motivator)、管理者(manager)、革新者(innovator)、咨询者(counselor)、道德家(ethicist)、专家人员(professional)、政治家(political)、法律专家(legal)，在我国读者中有一定影响[②]。

作为第三版，本书与前两版的不同之一是，作者在书名上增加了一个副标题："变革世界中的永恒问题"(Enduring Questions in Changing Contexts)，这一方面表明作者注意到当今世界的持续不断的变革特征，这种变化，不仅包括作为教育之社会环境的政治、经济、文化的变化，而且还包括教育以至教师教育自身的变化；另一方面，也表明作者注意到并要提醒

---

① McIntyre, D. John and Mary O'Hair (1995), *Reflective Roles of the Classroom Teacher*, Wadsworth Publishing.

② D. John Mcintyre, Mary OHair. 教师角色[M]. 丁怡，译. 北京：中国轻工业出版社，2002.

读者关注的是，不论世界以至教育如何变化，(教师)教育总有一些永恒不变的问题。作者将教师教育视为一项有着价值导向的事业，这会引导读者对教师职业的本质以及教师教育价值问题进行深入的思考。全书涉及九大主题，分别是教师教育的目的(“意义何在?”)，教师教育的内容(教师能力：知识、信念、技能与奉献，“应知应会?”)，教师教育的环境及其作用(“何处受教?”)，教师的招聘、选拔与留任(“何人执教，何人应教?”)，多样性与教师教育(“因材施教了吗?”)，教师的全程学习(“何以学会?”)，教育与认证政策中的权力(“谁来负责?”)，研究与教师教育(“何以知晓我们之所知?”)以及教师教育在教师养成中的地位(“价值何在?”)。每个主题为一个部分，每个部分的结构相同，包括“视点”、“经典”和“评析”三个单元，其中，“视点”的首篇是由本部分主编撰写的介绍该部分内容的具有“导论”性质的文章。“视点”单元所收录的文章往往是各位作者从不同维度、不同的思考路径对同一主题的考察；“经典”单元所收录的文章则试图反映对该主题的历史的与当下的认识，以及这种认识的变化过程，其中不乏历史上的经典之作；“评析”单元结尾，则是该部分主编约请的研究者、教师、教师教育工作者、决策者或基金会董事等来自不同方面的人士撰写的评论性文章，以期在更广的范围反映对该主题的认识。

本书的翻译是集体劳动的结晶。在我们组建翻译团队过程中，30 余位教育专业基础好、外语水平高的青年同志积极踊跃地参与，使我们坚定了翻译信念与信心。参与本书翻译的有(以姓氏笔画排序，姓名后的括号内为工作或学习单位，未标明者，工作或学习单位为华东师范大学)：卜令朵(中国石油大学)、王立(河南大学)、王丽佳、王秀秀、卢正天、付艳萍、许海莹(浙江省嘉兴教育学院)、江小华(上海交通大学)、刘素玲、孙小冬、孙闻泽、杜明峰、李欣、李娟、李璟、佘林茂(南京师范大学)、张琳、张斌(陕西师范大学)、张雷(山东师范大学)、张晓阳、张淑萍、陈婧、范竹君、范国睿、范高洁(美国迈阿密大学(牛津))、国卉男(上海教育科学研究院)、金马妮、柳叶青、赵晓莹(美国佐治亚大学)、高欣欣、翁聪尔(宁波大红鹰学院)、龚玲、曹珺玮、穆树航、魏叶美。这些同志都有自己繁重的工作与学习任务，但他们在整个翻译过程中所表现出的认真负责、精益求精的态度，令人感动。

为保证翻译质量，我们约请华东师范大学教育学系王丽佳博士(第一至四部分)、华东师范大学外语学院张琳博士(第五至七部分)、马全海博士(第八、九部分)对全部译文通校、润饰加工。无论是在翻译的准确性上，还是在修饰表达上，三位老师都费尽心力。杜明峰、李欣、龚玲协助三位老师做了大量文字与技术处理工作。翻译的过程，即是学习的过程。在翻译过程中，我们组织一些同志对全部译稿进行通读、通校，先后参与本书二校、三校的同志有范国睿、杜明峰、张淑萍、张雷、曹珺玮、张晓阳、魏叶美、李欣、龚玲、孙闻泽、陈婧、金马妮、翁聪尔、许海莹、孙小冬、卢正天、李璟、张琳。在翻译过程中，杜明峰、张淑萍同志作为主译助理，做了大量组织协调与文字加工等方面的工作，付出了辛勤劳动。

本书作为国家教育宏观政策研究院、华东师范大学教师教育优势学科平台成果，得到华东师范大学党委常务副书记任友群教授的热情关注和鼎力支持；本书的翻译出版，得到上海市领军人才计划专项经费支持。华东师范大学出版社社长王焰女士、教育心理分社社长彭呈军先生一直关心、督促本书的翻译进程，并在出版事宜上给予大力支持。

感谢以上所有同志对本书的翻译、出版的支持与奉献。

本书由我忝列主译，文责自然由我承担。

范国睿

二〇一五年七月八日

编著者简介

冯泽尔·阿格斯托(Vonzell Agosto),曾任芝加哥公立学校(Chicago Public Schools)特殊教育教师,现为威斯康星大学麦迪逊分校(University of Wisconsin-Madison)课程与教学系博士研究生,主要从事教师教育研究,重点关注多元文化教育与特殊教育。

索伊恩·阿恩(Soyeon Ahn),密歇根州立大学(Michigan State University)教育学院测量与定量方法方向(Measurement and Quantitative Methods)博士生,研究兴趣是为复杂的数据结构建立统计模型,目前的研究重点是隐形变量模型在综合教育证据中的应用。

格伦达·R. 阿莱曼(Glenda R. Aleman),加利福尼亚州立大学多明格斯山分校(California State University, Dominguez-Hills)教师教育系助理教授。

迈克尔·W. 阿普尔(Michael W. Apple),威斯康星大学麦迪逊分校课程与教学系和教育政策研究系的约翰·巴斯科姆讲席教授(John Bascom Professor),伦敦大学教育学院(Institute of Education, University of London)教育政策研究专业教授。新出版的著作包括:《教育的"正确"之路:市场、标准、上帝与不平等》(*Education the "Right" Way: Markets, Standards, God, and Inequality*)(第2版,2006)、《被压迫者的声音》(*The Subaltern Speak*)(2006)与《民主学校:有效教育的启示》(*Democratic Schools: Lessons in Powerful Education*)(第2版,2007)。

凯瑟琳·C. 博尔斯(Katherine C. Boles),哈佛教育研究生院(Harvard Graduate School of Education)教育学讲师,执教达25年,主要教授学校变革与教师领导的新形式等课程。作为一个有着25年教龄的教师,她与薇薇安·特洛恩(Vivian Troen)合作创办了全美最早的专业发展学校,她们还合著了《谁在教你的孩子？为什么教师危机比你想象的更糟？如何应对?》(*Who's Teaching Your Children? Why the Teacher Crisis is Worse Than You Think and What Can Be Done About It*)。

希尔达·博尔科(Hilda Borko),科罗拉多大学博尔德分校(University of Colorado at Boulder)教育学院教授,国家教育研究院(National Academy of Education)成员,2003—

2004 年担任美国教育研究协会(American Educational Research Association, AERA)主席,1988—1992 年担任《美国教育研究杂志》(*American Educational Research Journal*)主编,负责教学、学习和人的发展部分,目前是《教师教育杂志》(*Journal of Teacher Education*)主编(另外两位主编是丹·利斯顿(Dan Liston)和珍妮·惠特科姆(Jennie Whitcomb))。

玛丽莲尼·博伊尔-贝斯(Marilynne Boyle-Baise),印第安纳大学(Indiana University)教育学院课程与教学系教授。她是 2004—2007 年国家社会研究委员会(National Council for the Social Studies, NCSS)董事会成员,2006—2007 年当选"服务学习"项目(Service Learning)成员,目前担任国会中心(Center on Congress)学术顾问。

安东尼·L.布朗(Anthony L. Brown),德克萨斯大学奥斯汀分校(University of Texas at Austin)课程与教学系助理教授。他在威斯康星大学麦迪逊分校获得课程与教学博士学位。安东尼之前担任过学校教师和管理人员。其学术兴趣聚焦于非洲裔美国男性的教育经历和课程研究。

凯瑟琳·伯恩斯(Kathryn Byrnes),科罗拉多大学博尔德分校教学与课程系在读博士生,从事冥想教育、灵性与教育,以及教师教育等方面的研究。曾任《教师教育杂志》(*Journal of Teacher Education*)执行编辑、科罗拉多学院(Colorado College)访问教师,主授教育心理学和心理学导论课程。

崔金扬(Jinyoung Choi),毕业于密歇根州立大学,获课程、教学与教育政策专业博士学位,目前是韩国梨花女子大学(Ewha Women's University)小学教育系专任教师。

维多利亚·周(Victoria Chou),伊利诺伊大学芝加哥分校(University of Illinois at Chicago)教育学院院长、教授,伊利诺伊大学芝加哥分校教师教育理事会主席,现任位于芝加哥的国家教师学院(National Teachers Academy)院长。

玛丽·克莱文杰-布赖特(Mary Clevenger-Bright),教师教育方向博士研究生,教师教育项目助理研究员,西雅图华盛顿大学(University of Washington)督学。曾经是幼儿园和小学特级教师,公立学校读写素养倡导者。主要从事各种教师培养环境内部及相互间的关系,以及儿童早期成长与教育中的社会文化影响方面的研究、写作与教学。

勒内·T.克利夫特(Renée T. Clift),伊利诺伊大学厄巴纳-香槟分校(University of Illinois at Urbana-Champaign)课程与教学系教授,伊利诺伊新教师联盟(Illinois New Teacher Collaborative)主任。主要从事教师学习与发展、职前和继续教师教育中技术的开发和运用等方面的研究。

玛丽莲·科克伦-史密斯(Marilyn Cochran-Smith),约翰·E. 考索恩教育千禧年主席(John E. Cawthorne Millennium Chair in Education),主持波士顿学院林奇教育学院(Lynch School of Education, Boston College)课程与教学方向博士项目。2004—2005 年,任美国教育研究协会(AERA)主席、美国教育研究协会研究与教师教育小组联合主席;2000—2006 年,任《教师教育杂志》主编。

希拉里·G. 康克林(Hilary G. Conklin),佐治亚大学(University of Georgia)小学教育与社会研究教育系助理教授。教授本科生和研究生社会研究教育课程,主要从事中学教师培训、社会研究教师教育,以及教师学习等方面的研究。

伊丽莎白·克雷格(Elizabeth Craig),巴德学院(Bard College)教育学硕士项目助理教授。学术兴趣聚焦于公立学校教师队伍的人口统计与质量、学生抵制与学校失败,以及社会课教师学科教学知识的发展。最近出版的成果有《教师教育研究:美国教育研究协会研究与教师教育研讨小组报告》(*Studying Teacher Education: The Report of the AERA Panel on Research and Teacher Education*)中的部分章节(与卡伦·朱姆沃尔特(Karen Zumwalt)合著)。

爱德华·克罗(Edward Crowe),教师质量改革、K－16 政策、高等教育信息系统与战略规划领域的咨询师。他是联邦 Title II 拨款计划(Title II Grants Program)首任主任,现为卡内基公司(Carnegie Corporation)、纽约市卓越教师合作团体(NYC Partnership for Teacher Excellence)、苏格兰亨特基金会(Hunter Foundation of Scotland)、国家研究理事会教师培养委员会(Committee on Teacher Preparation of the National Research Council)、全美教学与国家未来委员会(National Commission on Teaching and America's Future)等机构工作。

琳达·达林-哈蒙德(Linda Darling-Hammond),斯坦福大学(Stanford University)查尔斯·E. 杜科蒙教育学讲席教授(Charles E. Ducommun Chair in Education),斯坦福大学教育领导学院与学校重建网络联席主任(co-director of the Stanford Educational Leadership Institute and School Redesign Network),曾任美国教育研究协会(AERA)主席,国家教育研究院成员,在教育政策与实践领域独著或主编著作 250 余本,包括新出版的《有力的教师教育:来自杰出项目的经验》(*Powerful Teacher Education: Lessons from Exemplary Programs*)。

丹尼·E. 戴维斯(Danné E. Davis),蒙特克莱尔州立大学(Montclair State University)初等教育助理教授,主要从事师范生与中小学生之间"协商互动"(consultative interaction)

过程的研究。戴维斯博士目前正关注19世纪卷入社会正义问题的非洲裔美籍公立学校教师伊丽莎白·詹宁斯(Elizabeth Jennings)的贡献。

凯莉·E.德默斯(Kelly E. Demers),波士顿学院(Boston College)课程与教学系在读博士生,其研究方向为多元文化教育和反种族主义教育。目前,她即将完成博士学位论文,论文重点关注白人教师的思想意识如何影响他们的种族理解方式。

玛丽·E.迪尔沃思(Mary E. Dilworth),国家专业教学标准委员会(National Board for Professional Teaching Standards)高等教育与研究部副主席。进入该委员会前曾担任美国教师教育学院协会(American Association of Colleges for Teacher Education, AACTE)高级官员。在教学和教师专业发展领域中,她特别关注种族、民族和语言的多样性,她因在这一领域的工作而为国人所知。

丹尼尔·法伦(Daniel Fallon),纽约卡内基公司高等教育项目主管。他设计了“新时代教师”(Teachers for a New Era)项目并付诸实施,这是一个国家级慈善项目,旨在支持那些可以牵头反思教师教育的机构。他是马里兰大学帕克分校(University of Maryland, College Park)心理学与公共政策学荣休教授。

沙伦·费曼-尼姆塞尔(Sharon Feiman-Nemser),布兰迪斯大学(Brandeis University)曼德尔犹太人教育讲席教授(Mandel Professor of Jewish Education)、曼德尔犹太人教育研究中心(Mandel Center for Studies in Jewish Education)创始人。在任职布兰迪斯大学之前,她是密歇根州立大学教授,从事教师教育研究,并在此作为高级研究员服务于多个国家研究中心。作为教师教育的学术带头人,她撰写了大量指导教师、新教师入职、教师学习,以及教师教育的课程与教学法方面的文章。

罗伯特·E.弗洛登(Robert E. Floden),密歇根州立大学教育学院教师教育、测量与定量研究方法以及教育心理学方向的杰出教授。他是国家教育研究院成员,曾任《教育研究评论》(*Review of Research in Education*)主编、《教育研究者》(*Educational Researcher*)特刊编辑,教育哲学学会(Philosophy of Education Society)会长。

苏珊·弗洛里奥-鲁安(Susan Florio-Ruane),密歇根州立大学教师教育教授,“大学杰出教师奖”获得者。她的著作《教师教育和文化想象》(*Teacher Education and the Cultural Imagination*)获全国阅读大会(National Reading Conference)奖、美国教育研究协会(AERA)奖。曾任人类学与教育协会(Council on Anthropology and Education)、全国语言与读写研究委员会(National Council for Research on Language and Literacy)主席。

金·弗里斯(Kim Fries),新罕布什尔大学(University of New Hampshire)助理教授。主要从事教学与教师教育的研究。现为新英格兰教育研究组织(New England Educational Research Organization)(美国教育研究协会的地区分会)主席、美国教育研究协会(AERA)研究与教师教育研讨小组的项目主管。

玛丽·H. 富特雷尔(Mary H. Futrell),乔治·华盛顿大学(George Washington University)教育与人类发展研究生院院长,曾任全美教育协会(National Education Association)会长。富特雷尔博士是霍姆斯合作委员会(Holmes Partnership Board)主席,全国教育研究协会董事会(Boards of the National Society for the Study of Education)、全美教学与国家未来委员会(National Commission on Teaching and America's Future)、凯特琳基金会(Kettering Foundation)、林奇堡学院(Lynchburg College)和教师支持网络(Teachers Support Network)成员。

莫林·D. 吉勒特(Maureen D. Gillette),芝加哥东北伊利诺伊大学(Northeastern Illinois University)教育学院院长。其研究聚焦于城市教育和文化敏感型教师(culturally responsive teachers)的培养。曾负责帕特森明日教师项目(Paterson Teachers for Tomorrow project),设计并实施了一系列教师教育项目来招募并培训有色人种教师。莫林与他人合著了《学会教育每一个孩子:公平、赋权与多元文化教育》(*Learning to Teach Everyone's Children: Equity, Empowerment, and Education that is Multicultural*)一书。

唐娜·M. 戈尔尼克(Donna M. Gollnick),全美教师教育认证协会(National Council for Accreditation of Teacher Education, NCATE)高级副主席,主要负责监督认证工作。著有《复杂社会中的多元文化教育》(*Multicultural Education in a Pluralistic Society*)一书,与他人合著了其他教师教育教材。曾任全美多元文化教育协会(National Association for Multicultural Education, NAME)主席。

约翰·I. 古德莱德(John I. Goodlad),华盛顿大学(University of Washington)教育学院资深研究员,西雅图教育研究所(Institute for Educational Inquiry)主席。他独著、合著或主编约40本著作与年鉴,曾任美国教育研究协会(AERA)和美国教师教育学院协会(AACTE)主席,并荣获多种奖项,主要因其在公立学校方面的工作,获得美国和加拿大20所大学的荣誉学位。

A. 林·古德温(A. Lin Goodwin),哥伦比亚大学(Columbia University)师范学院课程与教学系教育学教授,从事教师培养工作20余年。自2005年9月起,她担任教师教育和校本支持服务部副主任。

卡尔·A.格兰特(Carl A. Grant),威斯康星大学麦迪逊分校课程与教学系霍弗斯-巴斯科姆讲席教授(Hoefs-Bascom Professor)和非洲裔美国人研究系教授。曾任全美多元文化教育协会主席,2004—2007年任美国教育研究协会(AERA)出版委员会主席。

杰米·格林伯格(Jaime Grinberg),蒙特克莱尔州立大学教育原理教授(Professor of Educational Foundations)。他用西班牙语和英语写作并发表或出版的期刊文章、专著和书籍章节,主要涉及拉美学生教育的教师教育和专业发展。曾任蒙特克莱尔州立大学教育革新网络(Network for Educational Renewal)主任、联席主任,现为顾问。

帕姆·格罗斯曼(Pam Grossman),斯坦福大学教育学教授。主要从事教师教育、中学英语教学、专业教育中实践的教学等方面的研究。曾任美国教育研究协会(AERA)K部(教学与教师教育)主席,同时是AERA与教师教育小组和国家教育研究院教师教育委员会(National Academy of Education's Committee on Teacher Education)成员。

卡伦·哈默尼斯(Karen Hammerness),斯坦福大学副研究员。2007年春,她是荷兰莱顿大学(Leiden University)访学教授。主要从事教师培养的实践与政策、教师理念与愿景等方面的研究。她的著作《透过教师的眼睛观察:专业理想与课堂实践》(*Seeing Through Teachers' Eyes: Professional Ideals and Classroom Practices*)2006年由师范学院出版社出版。

大卫·T.汉森(David T. Hansen),哥伦比亚大学师范学院哲学与教育学专业教授、主任。著有《教学的呼唤:探索教学的道德之心》(*The Call to Teach, Exploring The Moral Heart of Teaching*),同时著有其他有关教学实践的著作。2003—2005年担任约翰·杜威学会(John Dewey Society)主席,2008—2009年当选教育哲学学会会长。

弗雷德里克·M.赫斯(Frederick M. Hess),美国企业研究所(American Enterprise Institute)教育政策研究资深学者、主任。《教育未来》(*Education Next*)执行主编,"布罗德城市教育奖"(Broad Prize in Urban Education)评审委员会成员,出版的著作有《旋转的车轮》(*Spinning Wheels*)、《常识取向的学校变革》(*Common Sense School Reform*)、《不让一个孩子掉队法:初级读本》(*No Child Left Behind: A Primer*)。

W.罗伯特·休斯敦(W. Robert Houston),休斯顿大学城市教育研究所(Institute for Urban Education, University of Houston)约翰与丽贝卡·穆尔斯讲席教授(John and Rebecca Moores Professor)与执行主任,编著40余部著作,发表论文和研究报告百余篇,是1990年第一版《教师教育研究手册》(*Research in Teacher Education*)主编。1997年,被教师教育工作者协会(Association of Teacher Educators, ATE)提名为首位年度杰出教育家。

由于在教育领域的突出贡献，他于 2002 年获美国教师教育学院协会(AACTE)著名的波默罗伊奖(Pomeroy Award)。

蒂龙·C. 霍华德(Tyrone C. Howard)，加利福尼亚大学洛杉矶分校(University of California, Los Angeles)教育与信息研究研究生院(Graduate School of Education and Information Studies)教育学副教授。主要从事教师教育、多元文化教育以及城市学校的社会和政策背景等方面的研究。曾任学院大学教职工大会(CUFA)主席、《社会教育的理论与研究》(*Theory and Research in Social Education*)副主编。

大卫·G. 伊米戈(David G. Imig)，马里兰大学帕克学院(University of Maryland, College Park)专业学位教授(Professor of Practice)①，卡内基基金会卡内基教育博士项目(Carnegie Project on the Education Doctorate)、教育研究组织学术事务院长理事会(Council of Academic Deans in Research Education Institutions)协调人。伊米戈博士在 1998—2005 年担任美国教师教育学院协会(AACTE)主席兼首席执行官，目前任全美教育研究学会(National Society for the Study of Education, NSSE)主席。

斯科特·R. 伊米戈(Scott R. Imig)，北卡罗莱纳大学惠明顿分校沃森教育学院(Watson School of Education, University of North Carolina Wilmington)助理教授。他负责大学的课程、教学并监管项目。2003—2006 年间，他负责弗吉尼亚大学(University of Virginia)教学评估项目，该项目是弗吉尼亚大学"新时代教师"(Teachers for a New Era)项目的研究部分。

理查德·M. 英格索尔(Richard M. Ingersoll)，宾夕法尼亚大学(University of Pennsylvania.)教育学与社会学教授。他的《谁掌控了教师的工作？美国学校中的权力与责任》(*Who Controls Teachers' Work? Power and Accountability in America's Schools*)一书由哈佛大学出版社出版，荣获 2004 年美国教师教育学院协会(AACTE)杰出著作奖。

杰奎琳·乔丹·欧文(Jacqueline Jordan Irvine)，埃默里大学(Emory University)查尔斯·霍华德·坎德勒城市教育专业讲席教授(Charles Howard Candler Professor of Urban Education)。他的著作包括《黑人学生与学校的失败》(*Black Students and School Failure*)、《在天主教学校中成长的非洲裔美国人》(*Growing Up African American in Catholic Schools*)、《多样化学生的关键知识》(*Critical Knowledge for Diverse Students*)、

---

① 美国大学学术职称中专门从事实践性、应用性课题(课程)研究与教学的教职，主要工作是培养专业学位研究生，区别于传统的学术型教职，也有相应的副教授(Associate Professor of Practice)、助理教授(Assistant Professor of Practice)等教职，但不是终身教职(non-tenure positions)。——译者注

《文化敏感的课堂计划》(*Culturally Responsive Lesson Planning*)、《追求完整:非洲裔美籍教师与他们独具文化的教学法》(*In Search of Wholeness: African American Teachers and Their Culturally Specific Pedagogy*),以及《以文化之眼看问题》(*Seeing with the Cultural Eye*)。

蒂娜·雅各布维茨(Tina Jacobowitz),蒙特克莱尔州立大学教育学教授。她创建了蒙特克莱尔民主中心教育进程办公室(Montclair's Office of the Agenda for Education in a Democracy),该组织的宗旨是,为了实现民主社会中的社会正义,倡导教师专业发展和教学研究。她与人合著《教育学导论:在民主中/为了民主而教》(*Introduction to Education: Teaching in and for a Democracy*)(即将出版)。

苏珊·穆尔·约翰逊(Susan Moore Johnson),哈佛大学教育研究生院福兹海默教与学专业讲席教授(the Pforzheimer Professor of Teaching and Learning),1993—1999年任教务长。她是"下一代教师"(Next Generation of Teachers)项目负责人,该项目旨在研究如何最好地招募、支持和保存雄厚的师资力量。

苏珊·M.卡尔多斯(Susan M. Kardos),哈佛大学(Harvard University)"下一代教师"项目研究员,大波士顿地区一个大型社区基金和学校改进项目的负责人。她的研究涉及专业文化工作、新教师入职和指导、学校领导力以及教育政策等方面。她与人合著了《探索者与守门人:帮助新教师在学校中生存和发展》(*Finders and Keepers: Helping New Teachers Survive and Thrive in Our Schools*)一书。

玛丽·M.肯尼迪(Mary M. Kennedy),密歇根州立大学教师教育专业教授。她已发表和出版了大量文章和著作,涉及教师知识、教师思维,以及政策与研究在教学上的作用等。

乔伊斯·E.金(Joyce E. King),佐治亚州立大学(Georgia State University)教育政策研究系教授,本杰明·E.梅斯城市教学、学习与领导项目主席(Benjamin E. Mays Chair for Urban Teaching, Learning, and Leadership)。她的学术研究主要关涉文化与社区知识在有效教学和教师培养中的作用、黑人研究的认识论与课程变革等方面,任《教育研究评论》联合主编。

凯文·K.库玛希罗(Kevin K. Kumashiro),伊利诺伊大学芝加哥分校(University of Illinois-Chicago)教育学院政策研究领域副教授,反压迫教育中心(Center for Anti-Oppressive Education.)创始人。所著《困顿的教育》(*Troubling Education*)一书曾获奖,最近新出版了《有悖常理:走向社会正义的教与学》(*Against Common Sense: Teaching and Learning toward Social Justice*)一书。

大卫·F.拉巴雷(David F. Labaree)，斯坦福大学教育学院教授、学生事务部副主任。2004—2005年担任美国教育史学会(History of Education Society)会长，2003—2006年担任美国教育研究协会(AERA)F分会(教育史)副主席，2004—2006年担任AERA执行董事。

梅格纳·安塔尼·利普肯(Meghna Antani Lipcon)，马里兰州银泉市布罗德·艾克斯小学(Broad Acres Elementary School)五年级数学和科学教师。2001年获师范学院小学教育硕士学位。自2005年获得全国教学认证资格起，梅格纳便开始协调马里兰州霍华德县教师候选人支持计划。此外，梅格纳通过策划和实施有效的"星期六候选人支持会议"和对候选人进行个别指导，来支持马里兰州蒙哥马利县全国候选人委员会。

约翰·洛克伦(John Loughran)，莫纳什大学(Monash University)教育学院副院长、课程与专业实践基金会主席，研究领域为科学教育及其相关领域的专业知识、反思实践和教师研究。他是《国际教学与教师教育手册》(*International Handbook of Teaching and Teacher Education*)与《教师教育研究》杂志(*Studying Teacher Education*)合作主编。

塔玛拉·卢卡斯(Tamara Lucas)，蒙特克莱尔州立大学教育与人类服务学院副院长。主要从事文化和语言多样性的学生教育、教师培训等方面研究。她出版了两本著作，最近一本是2002年与安娜·玛利亚·维莱加斯(Ana María Villegas)合著的《教育文化下回应型教师：一种连贯的方法》(*Educating Culturally Responsive Teachers: A Coherent Approach*)。

G.威廉森·麦克迪尔米德(G. Williamson McDiarmid)，华盛顿大学教育学院教师教育专业"波音"讲席教授(Boeing Professor of Teacher Education)。曾任密歇根州立大学全国教师学习研究中心(National Center for Research on Teacher Learning)联席主任、阿拉斯加大学(University of Alaska)社会与经济研究所所长。

莫瓦·麦克唐纳(Morva McDonald)，华盛顿大学教育学院教育学助理教授，主要从事教师教育、课程与教学的研究。她的研究兴趣聚焦于教师教育和培养教师应对多样性问题，也包括学生在校内外学习的机会。

D.约翰·麦金太尔(D. John McIntyre)，南伊利诺伊大学卡本代尔分校(Southern Illinois University Carbondale)课程和教学系教授，尤其专长于教师领导力研究。1992—1993年任教师教育工作者协会(ATE)主席，他是教师教育工作者协会教师教育杰出研究奖获得者，1995—2000年教师教育工作者协会"教师教育研究年鉴丛书"联合主编。

尼古拉斯·M. 米凯利(Nicholas M. Michelli),纽约城市大学研究生中心(City University of New York's Graduate Center)城市教育专业博士项目首席教授(Presidential Professor),纽约州教学专业标准与实践委员会(New York State Professional Standards and Practices Board for Teaching)成员,全国教育革新网络执委会(the Executive Committee of the National Network for Educational Renewal)成员,"麦格劳·希尔教师教育丛书"主编。因其在教师教育方面的贡献,获得美国教师教育学院协会(AACTE)波默罗伊奖。

大卫·H. 蒙克(David H. Monk),宾夕法尼亚州立大学(Pennsylvania State University)教育学院院长、教育管理系教授。他发表了大量关于教育政策的经济方面的文章,与人合著《教育财政与政策》(*Education Finance and Policy*)(MIT 出版社)。曾任美国教育财政协会(American Education Finance Association)会长。

弗兰克·B. 默里(Frank B. Murray),特拉华大学(University of Delaware)教育学院与心理学系 H. 罗德尼·夏普讲席教授(H. Rodney Sharp Professor),1979—1995 年任教育学院院长。目前是华盛顿特区教师教育认证委员会(Teacher Education Accreditation Council in Washington, DC.)主席。由于在儿童发展与教师教育领域的贡献,他被苏格兰爱丁堡的赫瑞-瓦特大学(Heriot-Watt University)授予荣誉博士学位。

卡拉·奥克利(Karla Oakley),新教师计划(New Teacher Project)培训与资格认证部副主席。作为非营利性组织,自 1997 年起,新教师计划招募、培训和认证了约 23 000 名教师。1991 年,卡拉开始她的教师生涯,此后做过教师培训的开发者、评估者,课程研发者和项目主管。

西莉亚·奥伊勒(Celia Oyler),哥伦比亚大学师范学院课程与教学系副教授。她主持全纳教育计划,著有《学会全纳教学:师范生的课堂探究》(*Learning to Teach Inclusively: Student Teachers' Classroom Inquiries*)和《为学生营造空间:104 教室里的权力分享》(*Making Room for Students: Sharing Authority in Room* 104)。在获得博士学位之前,她曾做过 15 年任课教师。

戴安娜·拉维奇(Diane Ravitch),纽约大学斯坦哈特教育学院(Steinhardt School of Education, New York University)教育学研究教授。她是教育史学家,著述颇丰,其代表作有《留在身后:关于学校变革一个世纪的战斗》(*Left Back: A Century of Battles Over School Reform*)、《伟大的学校战争:纽约市,1805 - 1973》(*The Great School Wars: New York City*,1805-1973)、《语言暴力:施压团体是如何限制学生学习的》(*The Language Police: How Pressure Groups Restrict What Students Learn*)。1997—2004 年任国家评估

治理委员会(National Assessment Governing Board)成员。

米歇尔·里(Michell Rhee),1997年创立新教师计划,并担任了10年的首席执行官和董事长。现在,该项目被视为城市学校和极端贫困学校招募、选择、培训和雇用新教师的权威。2007年,里女士离开该组织,成为华盛顿特区公立学校系统校监。

埃米莉·罗伯逊(Emily Robertson),雪城大学(Syracuse University)教育专业与哲学专业副教授。曾任教育学院代院长、副院长,教育哲学学会会长。她主要从事教育哲学,尤其是公民教育、道德教育和认知结果等方面的研究。

沙伦·P.鲁滨逊(Sharon P. Robinson),现任美国教师教育学院协会(AACTE)主席、首席执行官。曾任美国教育考试服务部(ETS)教育政策领导研究所(Educational Policy Leadership Institute)主席、美国教育部教育研究与发展办公室(Education's Office of Educational Research and Improvement)助理主任,在全美教育协会(NEA)担任多个领导职务。她还担任全国家长和教师联谊会(PTA)项目及立法办公室的代理副主任。

卡罗尔·R.罗杰斯(Carol R. Rodgers),纽约州立大学奥尔巴尼分校(State University of New York, Albany)教育学副教授。主要从事反思性实践、约翰·杜威、教学中的在场(presence in teaching)、教师内心生活与进步主义教师教育的历史等方面的研究。最新出版的成果有《教学中的在场》,收入《教师与教学:理论和实践》(*Teachers and Teaching: Theory and Practice*)(2006,与米利亚姆·雷德尔-罗斯(Miriam Raider-Roth)合著),《倾听学生的声音》("Attending to student voice",发表于《课程研究》(*Curriculum Inquiry*),2006)。

马修·伦菲尔德(Matthew Ronfeldt),斯坦福大学教育学院教师教育专业在读博士生。他的研究重点关注第一年的专业培养中新教师与临床心理学家的适应过程。此前,他在加州的奥克兰教中学数学和科学,并协调一个教师研究小组。

谢里尔·L.罗萨恩(Cheryl L. Rosaen),密歇根州立大学教师教育专业副教授,一个为期五年的"教师培养项目"(Teacher Preparation Program)的专家团队负责人。所教科目为识字法与教师教育,并开展教授读写的研究,以及技术在支持教师学习中的作用的研究。

卡伦·萨卡什(Karen Sakash),伊利诺伊大学芝加哥分校教育学临床副教授(Clinical Associate Professor)。她是课程与教学系的双语教师教育工作者,负责协调研究生基础教育项目。她在伊利诺伊大学芝加哥分校获得公共政策分析博士学位,研究专长为教育项目评估与管理。

布赖恩·D.舒尔茨(Brian D. Schultz),芝加哥东北伊利诺伊大学助理教授。研究兴趣主要是根据学生的关注点开发民主课程。他的新书《前进路上的壮举:来自一个城市课堂的经验》(*Spectacular Things Happen Along the Way: Lessons from an Urban Classroom*)(师范学院出版社),详细展现了在为期一年的公正导向计划中他那些来自芝加哥卡比利尼·格林(Cabrini Green)地区的五年级学生为公平争取校舍而斗争的情景。

凯瑟琳·H.斯科特(Katherine H. Scott),发展心理学家,主要从事成人发展的研究。她是马萨诸塞州剑桥市的一位独立学者和教育顾问。

迈克尔·W.塞德拉克(Michael W. Sedlak),密歇根州立大学教育学院副教务长,教育史教授,负责教育政策方向博士生的培养。他在专业教育发展史以及美国高中政策与改革等领域颇有成果。

克里斯蒂娜·E.斯里特(Christine E. Sleeter),加利福尼亚州立大学蒙特利湾分校(California State University, Monterey Bay)专业研究学院荣休教授。主要从事反种族主义的多元文化教育和教师教育等方面的研究。发表论文百余篇,出版了一些著作、著作章节,包括《直面教育问责》(*Facing Accountability in Education*)、《非标准化课程》(*Un-Standardizing Curriculum*)(师范学院出版社)、《为学业成就与平等而进行多元文化教育》(*Doing Multicultural Education for Achievement and Equity*)(与卡尔·格兰特(Carl Grant)合著,Routledge)。

休·索克特(Hugh Sockett),乔治·梅森大学(George Mason University, GMU)人文与社会研究院公共与国际事务学系教育学教授。1982—1986年担任英国东英吉利大学教育学院院长,1991—1998年担任乔治·梅森大学教育变革研究所(Institute for Educational Transformation)所长。自1997年起担任美国教师教育学院协会(AACTE)教师教育作为道德共同体特别委员会(Task Force on Teacher Education as a Moral Community)成员。

埃兰·塔米尔(Eran Tamir),布兰迪斯大学曼德尔研究中心(Mandel Center, Brandeis University)博士后研究员,社会学家和教育政策分析家。主要从事社会化和政治化背景下教育政策与教师专业化等方面的研究。目前在领导"选择从教"(Choosing to Teach)的项目,这是一个犹太教、天主教和公立学校中关于新教师的合作研究。

薇薇安·特洛恩(Vivian Troen),布兰迪斯大学讲师,是州专业发展学校行动的顾问。作为一个有着20年教龄的小学老师,她现在领导国内外关于团队、指导和教师发展的工作坊,并做演讲。她与凯瑟琳·博尔斯(Katherine Boles)一道创建了全国最早的一批教师专业发展学校，并与人合著了《谁在教你的孩子？为什么教师危机比你想象的更糟？如何应对？》(*Who's Teaching Your Children? Why The Teacher Crisis is Worse Than You Think and What Can Be Done About It*)一书。

安娜·玛利亚·维莱加斯(Ana María Villegas)，蒙特克莱尔州立大学课程与教学系教授。她的文章和著作主要涉及文化回应教学、为多元化学生培养教师，以及培养和保持多样化的教师队伍。她荣获2004年美国教师教育学院协会(AACTE)玛格丽特·B.林赛教师教育卓越研究奖(Margaret B. Lindsay Award)。

瓦妮莎·西德尔·沃克(Vanessa Siddle Walker)，埃默里大学教育研究系教授。她的论文和著作关注的是南部非洲裔美国儿童的隔离教育，这些成果荣获了诸多地区或国家级的奖项，包括格劳迈耶教育奖(Grawmeyer Prize for Education)和美国教育研究协会(AERA)为专题性研究设立的雷蒙德·卡特尔早期职业奖(Raymond Cattell Early Career Award)。其研究收于PBS纪录片[①]《学校：美国教育的故事》(*School: The Story of American Education*)。

史蒂文·韦兰(Steven Weiland)，密歇根州立大学教师教育与高等教育专业教授。此前，先后在密歇根大学、爱荷华大学和明尼苏达大学执教英语与美国研究。

乔尔·韦斯特海默(Joel Westheimer)，渥太华大学(University of Ottawa)民主与教育大学研究主席(University Research Chair in Democracy and Education)。他在渥太华大学创建并与人联合领导"民主对话"(Democratic Dialogue)组织(www. democraticdialogue. com)。他是《宣誓效忠：美国学校的爱国主义政治学》(*Pledging Allegiance: The Politics of Patriotism in America's Schools*)(www. pledgingallegiance. org)一书的主编和执笔人，也是《学校教师之间：教师工作中的共同体、自治和意识形态》(*Among Schoolteachers: Community, Autonomy, and Ideology in Teachers' Work*)(师范学院出版社)一书的作者。

珍妮弗·A.惠特科姆(Jennifer A. Whitcomb)，科罗拉多大学博尔德分校教师教育学院院长助理。2006—2009年担任《教师教育杂志》合作主编。她主要从事教师教育与教师学习中的实践与结构间衔接方面的研究。

苏珊娜·M.威尔逊(Suzanne M. Wilson)，密歇根州立大学教师教育系主任、教授。她也领导教学研究中心(Center for the Scholarship of Teaching)。在教师教育与课程政策、教师学习与专业发展、数学和历史教学等方面有大量著作。

---

① PBS, Public Broadcasting Service，公共广播服务。——译者注

肯尼思·蔡克纳(Kenneth Zeichner)，威斯康星大学麦迪逊分校教育学院副院长，霍弗斯·巴斯科姆教师教育讲席教授(Hoefs-Bascom Professor of Teacher Education)。

卡伦·朱姆沃尔特(Karen Zumwalt)，哥伦比亚大学师范学院课程与教学系爱德华·埃文登教育学讲席教授(Edward Evenden Professor of Education)，在学校她总是与博士生和硕士生一起工作。1995—2000年，任学院院长和学术事务副主席。她与伊丽莎白·克雷格(Elizabeth Craig)一起，为美国教育研究协会(AERA)的《教师教育研究：美国教育研究协会研究与教师教育研讨小组报告》(2005)一书撰写两章。

(范国睿　魏叶美　译)

序

对于我们国家的未来而言，没有什么是比未来公民的教育更重要的事情了，然而，它却总是被忽略。世界范围内的竞争不断加剧，这样的时代也需要更为有效的教育，但我们国家对教育的支持却摇摆不定。随着后工业时代全面变革的来临，对优质、高效教育的需求已经迫在眉睫。科技时代已经迎来了一场世界范围内的革命，其影响至少和一个世纪前的工业革命一样，意义深远。

今天的教师教育与 50 或 100 年前的教师教育大不相同。提供教师培养与专业发展的机构越来越多，这些培养与发展项目更加复杂，质量也参差不齐。准教师拥有了更多的职业选择，相应地，研究者也正在探索更加多样化的问题。尽管教师教育产生了这些变化，但是，构成这一职业根基的主要问题与以往任何时候一样，仍然是最重要的。理解教师教育的变化及其在教育实践中的作用，并将其置于一系列永恒问题的视野内予以思考，需要我们细心而持久的考察。

教育研究、工业革命与技术

工业革命改变了教育的形象。学校被迫按照工业的需要（譬如，阅读、写作、算术）来教育儿童和青年。学校按照工厂流水线的方式，把学生分成小组并让他们按照指令行动，每个学生则年复一年地从一个年级升到上一年级。

科技革命已经彻底改变了社会、工作场所，以及 21 世纪必备的知识。人们只要与 100 年前（1907 年）美国农民的生活以及他们孩童时的老式马车和飞机作一比较，或者与 50 年前的 1957 年作一比较，就会认识到巨大的今昔之别。电脑、互联网、电子邮件、iPod、手机、数码技术、彩色电视机，以及实时通信技术，不仅改变着商业，而且改变着教育及其实践，改变着儿童和青年的价值观念。全国的人口，不仅从 1907 年的 8 700 万增长到 1957 年的 17 200 万，增长到 2007 年的 3 亿多，而且，大部分人口从农村迁移到城市，与之相伴的是文化、经验与思想的变化。

然而，在适应新的现实方面——利用全球通信，存储、提取、分析和传播海量数据，以缩小全球距离——教育组织表现得缓慢迟滞。有迹象表明，这种状况正在发生变化。学校中无线网络、电脑和先进技术的应用也日益增多。三年前，休斯顿独立学区（Houston Independent School District）购买了 15 000 台笔记本电脑，以便让学区内所有教师都能用电脑辅助课堂教学。

美国学校中的种族和社会—经济多样化问题，遍及全球的对受过良好教育的毕业生的需求，以及对经济主导地位的竞争，都加剧了技术带来的挑战。未来十年，如果有学生被认定在学业上“处于危险之中”，那么，更多的原因是他们在家庭中没有充分接触先进技术的机会，而并非仅仅出于种族、性别或经济地位方面的原因。

技术正开始重塑学校教育。小学生通过互联网与其他国家的儿童进行交流，不仅学习写作，也学习另一种文化。人们可以在家收听晚间新闻中的国际问题报道。高中生可以就我们 50 年前不知道的现象进行科学实验。当一些政治事件把全球搅得鸡犬不宁的时候，美国企业依然可以与全球企业竞争。由于今天的学生将来要与全球所有人竞争最好的工作，因此，教育比以往任何时候都显得举足轻重。毫无疑问，我们已经进入了地球村时代，彼此息息相关。如此形同海啸般的事件，正对教师教育产生巨大的影响。

永恒的问题

变革是我们所处的文化、环境、传统与未来中固有的组成部分。尽管有许多系统化的变革和广泛的研究，但很多教师教育问题依然存在。在教师培养过程中，究竟应该让教师掌握多大范围的学科内容与教学法知识？如何平衡二者之间的关系？哪些组织是培养教师的最好机构(工作场所抑或学术机构)？如果要满足学生个体的需求——不同种族的、不同经济条件的、处境不利的、学习上有障碍的，以及具备特殊天分和才能的个体，教师应该做哪些准备？如何利用大脑研究的成果改进学习？研究在教师培养中发挥什么样的作用？

尽管几代学人都帮助我们了解研究与实践的共生关系，但它至今仍是一个难解的“戈耳迪之结”(Gordian Knot)[①]。人类知识与行为的变化如此复杂，但研究往往为知识和结论所取代，而后者却遮蔽了潜在的差异。

以知识为基础的有效项目

艾萨克·牛顿(Isaac Newton)曾说：“如果我比别人看得远些，那是因为我站在巨人的肩上。”只有当研究是系统的、发展的，而且关注教育事业的真实需求，才能取得一定的进展。没有一个坚实的基础，各种计划与创新都只能是建立在口号和所谓的灵丹妙药之上的空想。许多教育工作者和关心教育的公民认为，简单的解决方案不足以校正教育问题，只能是修修补补。

知识不是静止的，而是动态的、变化的、增长的和演进的。人们今天所熟知的知识，明天可能就会过时，甚至可能会成为错误。那些缺乏本学科探究能力的人，很快就会发现，他们已无法为本学科作出贡献，甚至无法理解它。教育领域诸多创新的半衰期大概是 3 年，这是完成一个外部资助项目所需要的时间。当所用的术语发生变化时，名下的一切都会改变——目标与目

---

① “Gordian Knot”，译作“戈耳迪之结”，意指难以解决的问题。古希腊传说中，“Gordius”是公元前 4 世纪小亚细亚地区的国王，他把一辆牛车的车辕和车轭用一根绳子系了起来，打了一个找不到接头的死结，声称谁能打开这个难解的“戈耳迪之结”，谁就可以称王亚洲。这个结一直没有人能解开。——译者注

的、能力与熟练程度、结果与现时标准等，所有这一切，基本上都是用相似的概念来处理的。

教育学要赢得科学地位，教育研究者就要以已有的探索为基础，聚焦自己的研究，为更广泛的研究奠定基础，重新修订研究计划。这种连续性特征要求研究者团队，而非单一个体，共同探究复杂性问题。随着沟通和通信手段的不断创新，合作双方已不需要空间上的彼此接触。科学研究团队(及其研究成果)通常包括 50 位或更多的从事相近领域研究的科学家彼此分享研究成果，尽管他们可能身居不同的地方。

1989 年，当我准备为《教师教育研究手册》(第一版)作序时，我就关注到该领域的研究质量和研究的广泛性。广大教师缺乏相关研究来指导他们的教学行动，他们大部分决策的依据是自己此前所学、自己在课本中的发现，以及同事们的过往经验。在各级教育中，多数决策是根据个人经验做出的，很少有决策是基于对相关问题或重要问题的全面研究做出的，更鲜有教育者会致力于建构扎实的研究基础。从本手册第一版到现在的这些年间，已取得诸多进展，但是，其中的大部分决策依然不是基于可靠的证据做出的。

当教育者和研究者尝试将已有的发现、结论和方法论作为他们研究与实践的基础时，他们面临巨大的挑战。文献可以通过网络轻而易举地获得，成千上万的当地期刊、专著和未经严谨把关的私人刊物，这些都加剧了问题的严重性。结果是，很多公开出版的研究成果都是些不相关的、缺乏严密构思和想象力的、无足轻重的文字，它们所反映的无非是作者的偏见，并没有推动优质的研究。由于各种教育文献的质量参差不齐，这就要求研究者在以这些文献为基础确定研究过程和建立研究假设之前，首先要评估这些资源的有效性和相关性。在瞬息万变的 21 世纪，对教育学的相关领域而言，辨识出有效的研究成果，使教育学成为一个不断进取的领域，至关重要。

《教师教育研究手册》

编写《教师教育研究手册》(以下简称《手册》)的初衷在于促进基于可靠证据的教育变革。20 年前，即 1987 年 2 月，有了编写《手册》(第一版)的初步设想，三年后出版，感谢各位信念坚定的同行们的大量工作。我有幸忝列主编，并与两位优秀副主编——马丁・哈伯曼(Martin Haberman)和约翰・斯库拉(John Sikula)一道工作。6 年后出版《手册》(第二版)，约翰・斯库拉为主编，托马斯・巴特莱(Thomas Buttery)和伊迪丝・盖顿(Edith Guyton)为副主编。

这两版《手册》的主编及编委会成员系统筛选了当时的教育文献，并邀请那些正在进行优质研究并在相关领域具有引领作用的教育者担任篇章作者，目的就是要综合当前的研究成果，加以诠释和评论，以去伪存真，为进一步的研究提供坚实的基础。除去前两版手册的主编、编委会和咨询委员会成员外，还有 160 位编著者在这 96 篇文章中通过分析和总结教育研究成果，贡献了他们的专业知识。

这两版《手册》将相关教师教育文献编写成众人认可的、能够反映教师培养与专业发展的部分和篇章。第二版是在第一版的基础上修订的，部分领域似乎需要范围更广的探究，以应对时过六年所发生的急剧变化。尽管这两本《手册》的框架格局很类似，但因其聚焦的领域不同而彼此互补。

自 10 年前出版《手册》（第二版）以来，世界环境与教育都已发生了巨大变化，对"研究手册"而言，也需要有同样的变化。《手册》（第二版）出版以来，至少有十几本不同教育领域的研究评论相继出版，其中包括美国教育研究协会（American Education Research Association, AERA）研究与教师教育小组（Panel on Research and Teacher Education）的《教师教育研究》报告（*Studying Teacher Education*），由玛丽莲·科克伦-史密斯（Marilyn Cochran-Smith）与肯尼思·M. 蔡克纳（Kenneth M. Zeichner）任主编，于 2005 年出版。

《手册》（第三版）旨在反映今天的教育工作者的需求，其编写方式不同于前两版。在编著过程中，它经常被视为"非手册"（unhandbook），以此表明它以独特的方式达到相同的目的。主编与编委会坚信，唯有以新的方式才能满足当今研究者与实践者的需求。

《手册》（第三版）围绕九大部分展开。每一部分包含一个导论和三类文章：由知名研究者撰写的"视点"，对核心问题进行不同视角解读的"评析"，以及"经典"——包括过去一个世纪内形成教师教育基本结构的文件、论文和文章。《手册》（第三版）把深思熟虑的文章与同等严谨思考的评析相结合，并由历史视角下的经典文献加以补充，为进一步探究教师教育问题提供了各种不同的观点与视角。当阅读第三版中的"视点"、"经典"和"评析"的时候，我被这本书的视角深深吸引了。主编和各位作者所完成的，是一部将研究置于情景之中、将各种研究发现融入当下相关问题之中、以经典文献与当前学术成就为基础的当代学术巨著。

教师教育工作者协会（Association of Teacher Educators, ATE）与同行们尤为感激《教师教育研究手册》（第三版）的四位主编：玛丽莲·科克伦-史密斯、凯莉·德默斯（Kelly Demers）、沙伦·费曼-尼姆塞尔（Sharon Feiman-Nemser）和约翰·麦金太尔（John McIntyre），过去四年，他们投入大量精力将文章汇集成卷，进而为教育与教育研究的进步奠定了基础。他们对《手册》的结构作了较大调整。这种新的编排方式通过"经典"与对于教师教育中那些令人烦恼的挑战的新洞察相结合，并且针对那些能够开阔研究视野的"视点"进行评析，充分挖掘了教育历史根源的精华。四位合作主编的领导力，加上优秀的作者与评论员的付出，成就了最好的专业服务和学术成就。80 多位优秀的教育者与研究者为《教师教育研究手册》（第三版）作出了贡献，《手册》（第三版）还包括 30 多篇历史性的经典文献。作为专业同行，我们对他们每一位的远见、勤奋及对教育的贡献表示深深的感激。

W. 罗伯特·休斯敦

休斯顿大学约翰与丽贝卡·穆尔斯教育学讲席教授

《教师教育研究手册》（第一版）主编

（魏叶美　杜明峰　译）

前　言

人们对教师的重要性日益达成共识，然而，在教师教育的重要性上，所达成的共识程度却逊色得多。实际上，与师范学校时代（the era of the normal school）一样，今天，教师教育的价值仍饱受争议。然而，基于教育在全球化社会中的重要性，毫无疑问，我们有理由相信，加强教师教育，对于提升学习者个体以及社区、国家乃至整个世界的民众的生活质量而言，都至关重要。

《教师教育研究手册：变革世界中的永恒问题》（第三版）似乎诞生于该领域历史上一个不稳定的时代：进入教师职业的替代性路径不断增多；资格认证已不再为某一组织所垄断；问责运动驱使教育系统中的各级各类机构实施改革计划。对于科学研究解决社会和教育问题的力量，人们重获信心。然而，多数族裔与少数族裔学生之间学业成绩的差距依然存在。正如本手册的副标题所告诉我们的那样，教师教育面临的基本问题并不是新的。尽管经济、政治和社会都在改变，这些问题却依然如旧。

这些问题久而不决的原因之一在于，教师教育是一项价值导向的事业。本手册的核心目的是帮助教师对这些持久存在的问题加以区分，辨明哪些是仅仅依靠科学无法解决的价值性问题，哪些需要实证研究。譬如，实证研究可以告诉我们谁进入了教师职业，在教师培养过程中，教师真正学到了什么，但仅仅依靠实证研究不能决定谁有资格教学。关于教师素质和教师资格的决策，取决于对“好的教学需要什么”的信念，从根本上讲，这些信念源于我们最看重教师的“什么”。由于人们对“好教师”的认识并不一致，因此，他们对教师“应该知道什么”、“关心什么”，以及“能做什么”会持有不同的期望。希望本手册能帮助读者认识“科学”在解决教师教育所面临的规范性问题时的力量和局限。

本书的第二个目的是帮助多元化的教师教育共同体将他们自身的工作与当前理论性和实证性的工作相结合，从而使我们能够对教师教育有一个历史的、共同的理解。为了创造新知识，同时为政策与实践提供可行的基础，教师教育工作者需要了解他人是如何理解并调查所面对的事件或问题，以及自身经历和见解是如何与已有知识相联系的。并非每位教师教育工作者都需要做原创性研究，但是，如果想要成为专业的教师教育工作者，就必须了解本领域的前沿，并以一种批判的眼光来审视这些研究。

与此相关的第三个目的，是挑战传统的思维和实践，打破既有的格局，但是，这种挑战是以批判的、理智的方式展示证据、论点和多样化的视角，而非进行偏执的争论，或无视问题的存在。希望本书能帮助支持者、批判者和质疑者了解我们的优势与不足，我们赞同什么反对什么，还有哪些可以依靠的证据，以及观念和意识形态会在哪些地方遮蔽我们的思维。

本书是献给那些参与培养优秀教师及对此感兴趣的实践者、研究者和政策制定者的，这一共同体正在不断壮大，包括在大学、学院或社区学院培养教师的教师教育工作者与其他专业人员，参与诸如“为美国而教”(Teach for America)、由州当局认可的替代性教师培养计划以及远程教师教育课程的人员，营利性教师培训供应商，参与各种教师教育与入门培训项目的校本管理人员与教师，以及在各个层面制定与实施政策的决策者。之所以要把如此多样化的群体视为读者对象，是因为我们相信，在教师教育领域，研究、政策与实践是相互交织的。我们也希望本书或至少其中的部分篇章会对教师教育的观察者、怀疑者和批评者有所助益。

当教师教育工作者协会(ATE)的领导邀请我们合编《教师教育研究手册》(第三版)的时候，我们对再出版一本传统的手册有所顾虑。自2000年起，陆续出版了一系列关于教师质量与教师培养的委员会报告、特选委员会(blue ribbon panels)报告、研究综合报告、报告卡、宣言和白皮书等。此外，还有两个重要的研究评论见于著述：为了形成新的研究议程，美国教育研究协会(AERA)曾委托分析有关职前教师培养的关键政策与实践的经验证据(Cochran-Smith and Zeichner, 2005)；为了形成有关教师教育课程的建议，国家教育研究院(National Academy of Education)通过其教师教育委员会正在进行一项有关教学、学习、教师教育与教师学习的重要的综合性研究(Darling-Hammond and Bransford, 2005)。

与以往的传统手册不同，我们设想编写一本被我们俗称为“非手册”的书。原本被称为“手册”的著作，是把教师教育广阔的全景概念化，并对一些重要的实践与探究领域里的最新研究进行综述。我们没有这样做，而是采取了不同的策略。我们尝试掀起一场对根本性问题的广泛讨论，并运用包括历史视角在内的多重视角来考量，倾听对过去那些已经达成共识的主题的新声音，包括对话中的多种声音。鉴于这些愿景，我们架构了一个独一无二的专题聚焦、结构独特的“非手册”。

咨询委员会(Advisory Board)于2003年在波士顿开会，在其帮助下，我们拟定了教师教育的九个基本问题。为了让这些问题变得鲜活，我们把它们转化成为一系列焦点问题，譬如，意义何在？谁来负责？何人应教？何以学会？因材施教了吗？何以知晓我们之所知？本书的编写围绕这九大问题展开，各部分采用相同的结构。

全书每一部分都包括“导论”、“视点”、“经典”和“评析”。“导论”部分由每部分的主编执笔，主要说明是什么原因导致这一核心问题长期存在，它是如何随着时间的变化而不断被概念化的，以及为什么本部分选取这些篇章、文献和评析者。“视点”中的篇章聚焦问题的不同维度或不同方面，以及思考这一问题的不同方式。这些篇章提供了与常见的单一的、综合性研究评述相比更为细致入微的讨论。譬如，在“多样性”这一部分，第一篇文章探讨了教授多样化学生的白人教师的培养问题，第二篇文章讨论了少数族裔教师培养的需求。“视点”之后是一系列经典文献，这些历史的与当代的文献展示了该问题的持续性特征，并呈现了这一问题在以往是如何被概念化或被争论的，其中很多都是教师教育领域中的经典之作，体现了本手册的鲜明特征。每一组“评析”都包含两到三篇评析文章，由研究者、教师、教师教育工作者、政策制定者或基金会董事撰写，通常表达了不同的观点。

每一部分都由一名咨询委员会成员负责编排，他们负责将各种问题概念化，邀请“视点”与“评析”部分的作者，筛选经典文献并撰写“导论”。有些部分是比较独立的，譬如关于教师资格认证，关于教师队伍构成。一些部分的主题则是交叉的，譬如，多样性问题不仅在其所在部分受到极大关注，同时也贯穿全书。关于教师教育的目的这一部分为本书首创。此前没有任何教师教育研究手册讨论过这一经久不衰且基础性的话题。

80余位作者，从知名学者、教师教育领导者到新兴的研究者和刚刚踏入这一领域的新手，都为本书付出了艰苦努力。本手册选编了跨越两个世纪的厚重文献，提供了丰富多样的证据材料，它们都是长期以来人们所关注的有关教师教育的核心问题，尽管不同时期的人对这些问题的理解并不一致。评析者反映了不同的政治与意识形态立场。我们有意邀约那些很有思想且在教学与教师教育方面持不同观点的人，由此引发对这些基础性教师教育问题的批判性思考与关注。

没有任何一本手册会要求读者要从头到尾读完，我们希望读者们重点关注不同的部分，希望读者能从中受到启发，拓展视野，从多元的视角考虑这些基础性问题，能够获得历史的与概念上的清晰认识，能够思考如何获得可信的证据以及哪些信仰和意识形态会遮蔽思维。最后，我们希望本手册能够有助于形成更为可靠和公平的教师教育实践与政策，推动这一领域走向更为严谨的和彼此关联的研究。

（魏叶美　杜明峰　译）

致　谢

对于任何类似于这本手册规模的工程而言，如果没有团队众成员的齐心协力，恐怕都无法完成。因此，我们衷心地感谢他们。作为主编，我们特别要感谢“手册咨询委员会”(Handbook Advisory Board)成员，他们曾经帮助我们形成对本手册的构思，并在教师教育中一些经久不衰的问题上提出过宝贵的建议。委员会的很多成员最后成为相关部分的主编、篇章作者或评论人。我们对他们的付出表示感谢：勒内·克利夫特(Renée Clift)(伊利诺伊大学)、卡尔·格兰特(Carl Grant)(威斯康星大学)、大卫·汉森(David Hansen)(师范学院①)、安迪·哈格里夫斯(Andy Hargreaves)(波士顿学院)、鲍勃·休斯敦(Bob Houston)②(休斯顿大学)、大卫·伊米戈(David Imig)(美国教师教育学院协会(American Association of Colleges for Teacher Education, AACTE))、玛丽·肯尼迪(Mary Kennedy)(密歇根州立大学)、苏珊·穆尔·约翰逊(Susan Moore Johnson)(哈佛大学)、索尼娅·涅托(Sonia Nieto)(马萨诸塞大学)、埃德·普尔特拉克(Ed Pultorak)(南伊利诺伊大学)和肯尼思·蔡克纳(Kenneth Zeichner)(威斯康星大学)。我们特别要感谢勒内·克利夫特，她供职于美国教师教育工作者协会(ATE)的研究委员会，她热情鼓励我们及美国教师教育工作者协会承担本书的主编工作。我们也要感谢《教师教育研究手册》(第一版)主编鲍勃·休斯敦，他为本书提供了宝贵的历史视角，并欣然同意为本书作序。最后，我们还要感谢阿伦·华纳(Allen Warner)(休斯敦大学)，在我们筹划第三版的时候，他正担任美国教师教育工作者协会主席，他在最初与出版商的沟通中发挥了重要作用。

若没有深谋远虑、积极乐观、不知疲倦的凯莉·德默斯(Kelly Demers)的参与，本书是无法完成的。她最初参与本项目时，是作为一名研究生负责协助董事会会议的组织，后来，凯莉成为本项目主管，并最终成为副主编。她也是本书一个部分的合作主编。凯莉和主编们构思了本书及其中诸多篇章。她对本书所有参与者的工作进行了有效的组织，使编写工作得以循序渐进。这是一项由83位作者参与的项目，因此，任务繁重。四年来，她很好地统筹着与项目有关的所有管理、后勤和准入工作。她的付出不可或缺，即便在最艰难的状况下，她的处事之道令人如沐春风，她的优雅一如既往，这些都极为鼓舞人心。她对本书和本项目贡献巨大。

我们也要感谢众多的研究生，他们协助老师们完成他们负责的篇章和评析。我们尤其要感谢波士顿学院在读博士生安·玛丽·格里森(Ann Marie Gleeson)，她统一编排了本书各篇章的具体格式，她对本书细节的关注极为宝贵。

① 指哥伦比亚大学师范学院(Teachers College, Columbia University)。

② 即W.罗伯特·休斯敦(W. Robert Houston)。在英文中，“Bob”为“Robert”的简称。——译者注

最后，我们要感谢助理纳奥米·西尔弗曼（Naomi Silverman）的全力支持和鼓励，她从一开始就和我们一起参与这一项目，她永不言败的积极态度和对本项目的无比热情使我们激情永驻。

玛丽莲·科克伦-史密斯

沙伦·费曼-尼姆塞尔

约翰·麦金太尔

（魏叶美　杜明峰　译）

第一部分

意义何在?

——教师教育的目的

主编

大卫 · T.汉森

(David T. Hansen)

视点

1. 导论：为什么要培养教师？

大卫·T. 汉森(David T. Hansen)
哥伦比亚大学师范学院(Teachers College, Columbia University)

任何一种关于教师教育的哲学都建立在有关教学和教育的基本假设之上，而这些 5
假设通常难以言明。正如每一位有经验的教师教育工作者所声称的那样，教师教育内容涉猎广泛，甚至无所不包。教师教育工作者面临着众多的压力：有限的时间，众多的研究项目，与官僚机构打交道，与合作者无休止的商谈，在候任教师身上花费数不清的时间，奔波于不同学校，申请各种资助。对他们而言，这些都使得哲学反思成为如同休假或周末消遣一样遥不可及的奢侈品。此外，教师教育所处的政治化环境也不断催生教师教育工作者的焦虑、恼火、心烦意乱和困惑等消极情绪。在这种环境中，为了展现并守护自己的工作，教师教育工作者处于持续不断的压力之中，尽管工作可能是试验性和过渡性的(因为如同我们身边的好教师一样，有奉献精神的教师教育工作者持续地致力于改进他们的工作，这往往具有试验性的特征)。这些压力可能会导致教师教育工作者自以为是地墨守特定的价值和目标，而非接受不断的批评和评价。所有的这一切因素都会阻碍教师教育工作者冷静、持续和真诚的反思。

即便是在相对安逸的时刻，重返一个人的哲学起点也并非易事。然而，这种哲学反思却可以成为获得理智满足和个人成长的重要源泉。一方面，它可以引发对教师教育项目、政策和实践的新思考；另一方面，它能够扩展教师教育工作者关于工作的思路。哲学反思有助于明晰教师教育何以如此重要，帮助教师教育工作者评估他们的观点和价值是否趋于完善，亦有助于提出其他可供选择的视角，而这本身对于教育思想和行动均有着重要影响。

《手册》的本部分旨在进行理智性的反思。各章节的作者们梳理了一些基本的价值观，它们构成了当前最具影响的教师教育目的的基础。他们也阐述了一些其他的价值、观点和纲领性策略，这有助于教师教育工作者反思自身的存在价值。三位作者均为教育哲学家，他们在教师教育的实践中发挥着重要作用。他们期望以严谨、清晰和分析的方式，来阐明自己的概念和观点。他们的关注点和价值倾向是非常明确的，即便是在试图以开放的方式质疑自己的假设以及质疑那些标示教师教育当前思潮的假设时，他们也会这样做。

第二篇文章，我主要讨论四种教育价值：(1)为丰富的生活做准备；(2)学术性学
习；(3)人类发展；(4)社会正义。社会正义常常与多元文化主义联系在一起，而其他三
种教育价值则与公民教育和民主教育相联系。我指出了倡导者们在这些价值中所发 6

现的一些核心意义，同时也对它们提出了质疑。为了能结合哲学理论对它们进行评论，我梳理出两种可供选择的用以评价教师教育目的的立场，分别是“公共旨趣”和“个性培养”(或个性化)。本文结尾部分，我将就如何在当前环境中对教师教育目的问题保持批判性对话提出建议，把长期以来单一的、非此即彼的价值观念转变为多元价值观念。由于以往的教师教育研究手册缺乏直接或系统地论述教师教育目的论文，因此我以此成文，期望梳理出若干研究视角，以推进今后的研究和反思。

第三篇文章，埃米莉·罗伯逊(Emily Robertson)考察了教师教育与民主之间的关系。她以一系列的连锁事件为研究语境：美国社会中民主参与的明显下滑；为了应对大规模考试计划而使课程与教学标准化的压力；对教育学院提供教师教育的合理性的质疑；高等教育机构对公民教育的兴趣日益增长；她和很多批评者所描述的当前美国政治与教育话语的两极分化。她质疑，何种性情和能力能够强化一种真正民主的生活方式？教育，包括教师教育在其中究竟扮演何种角色？作为回应，罗伯逊聚焦于学校如何能够帮助年青一代发展以公正和自由的名义进行审议、协商和行动的技艺。她提出了教师教育如何帮助新手教师掌握并教授这些艺术(当教师教育工作者讨论他们的项目目的和主旨时，这些工具是有益的)。罗伯逊总结道，教育学院唯有坚持远离社会权力中心的有意义的自主性，才能培养出致力于民主目的的教师，反过来，这也能够促进教师教育达成自身特定的目的。

第四篇文章，休·索克特(Hugh Sockett)描绘了与教师教育有关的四种知识与道德目标模式。索克特以“专业”的概念作为出发点，质疑学校教学成为一个成熟专业的适切性与可能性。他审视了那些关于教师教育知识基础的相互矛盾的观点。在这些讨论的基础上，索克特提出了四种教师培养模式，分别是：(1)学者-专业型；(2)培育者-专业型；(3)临床-专业型；(4)道德主体-专业型。如他所言，每种模式都有其独特的道德与认识论立场，所有模式既是一种理论模式，也是一种实践模式。索克特在分析中强调了一个事实，即观点的多样性会持续地存在于教师教育共同体内外。同样，不同的教师教育目的与主旨之间的争论将持久存在，共识的达成并非易事。

这三篇文章的内容和结构反映了《手册》第一部分的目标。希望我开头的这一篇能够帮助读者抓住一些最根本的观点以及作者们关于教师教育目的的深层次疑虑和问题。罗伯逊试图让我们理解，在一个致力于民主的社会中确立教师教育的地位的棘手性和复杂性。索克特则强调教师培养中的认识论和道德层面，这不仅是因为已经到了需要解决当前关于教师教育已有话语争论的时候，也是因为到了需要阐明当提及教师教育时到底意味着什么的时候了，我们不能说教师教育只是工作培训，因为这样说似乎意味着教学只是一种生搬硬套的技术工作模式。

为了给《手册》本部分的内容提供一些理智的、美学和道德层面的脉络，在这三篇之后，我们精选了四篇文章作为进一步的阅读资料。它们的作者分别是拉尔夫·沃尔多·爱默生(Ralph Waldo Emerson)、W. E. B. 杜波依斯(W. E. B. Du Bois)、简·

亚当斯(Jane Addams)和约翰·杜威(John Dewey)。从理智的角度来看,这些文章表明,有关教育目的的议题已经持续很长时间,它们是不可回避的、具有挑战性的,且极具吸引力。从美学的角度来看,这些阅读材料试图阐明,如果教育观念与美好且富有意义的生活相脱离,那么它们终将失去生命力。这些阅读材料亦为我们提供了道德层面的背景,因为它们中的每一句话实际上都试图让我们直面教育价值和目的的问题。换言之,如果仅仅只是以历史学或社会学的视角来讨论问题,那么这些阅读材料将难以受到人们的关注。这主要是因为这两种学科的视角一般不考虑文本所提供的新的创见,而是在文本还未被展开之前就对其进行了分类。

在《论美国学者》("The American Scholar")——1837年在哈佛大学的演讲——一文中,爱默生提出了在一个新的社会中富有争议的教育者形象,而这种新社会尚未"寻得"其身份(在一些人眼中,美国目前仍然处于这一状态)。这样的教育者凭借他或她的心智与权力,认真地进行思考、想象和质疑。在爱默生看来,这种态度是认真对待他人心智的前提。一个教育者不会预先评价自己或他人,而是在进行了调查、反思和交流之后达成对人的评价。教师与学者也是专注于既有的丰富课程的人,这驱使着他或她不断地扩展视野和视角。爱默生以阅读为核心来阐明他的观点。他认为,阅读应该不仅指向于信息的获得,而且其本身就应该成为一种过程性经验。阅读应该能够为教师和学者展现不同时期人类成就的广度与深度,因为这些成就中展现了生存中面临的诸多挑战。总之,阅读应该促使教师和学者走向更远、更广阔的空间,尽可能地完全实现他或她独特的能力和天赋。这种经验可以使个体在伟大而无尽的人类教育历程中帮助他人。在爱默生眼中,教育应当帮助每个人进入有目的、有意义而非顺从的人生,不管顺从是指向一个阶层、一个地理区域、一种想法,还是一种幻象。

杜波依斯的故事——《约翰的归来》("Of the Coming of John")——发表在1903年他出版的《黑人的灵魂》(*The Souls of Black Folk*)一书中。这个故事主要涉及种族歧视的代价和教育的危险两个方面。约翰是一个年轻的黑人,为了在北方受教育,他离开了所在的南方城镇。作为学生,由于年轻气盛他在学业上几近失败,但在重修课程之后,他取得了学业上的巨大成就。这一结果既是美好的,也是令人震惊的。一方面,约翰认识到,人类在艺术、科学和文学等领域所取得的成就是何等的神奇和伟大!他拥有爱默生式的洞察力,认识到自己在创造和发挥主动性方面所具有的无限潜力。另一方面,他也看到了,在种族主义及与之相关的社会、政治、经济和教育等方面的不公平状况的压力之下,社会是何等的不公正!约翰在体味着难以言表的喜悦之时,也经历着不可名状的绝望。对于种族主义的社会秩序和他所处的排他性社群,他的这些新认识都是非常危险的。对于二者而言,他成了一个局外人。故事的字里行间,杜波依斯非常支持爱默生的号召——为所有人提供有意义的教育。他亦指出,政治、经济和社会变革往往以这一号召的实现为前提。与此同时,杜波依斯也明确地提出了他的观点——真正的教育能够给人们带来困惑、怀疑与苦难,同时也会带来与之相反的东西。他问道，教师(和他们的教师)事实上能够接受这一条件吗？或者，在关于“成为有教养的人意味着什么”这一问题上，他们是否采用了片面的观点来寻求安全和慰藉？

简·亚当斯的文章《社会化的教育》(“Socialized Education”)，1910年发表在她所
8 著的有关安居会运动的《赫尔宫二十年》(*Twenty Years at Hull-House*)一书中，论文提出了一个补充性的观点。亚当斯对教育的理解融合了个人发展与社会进步两种价值取向。她与她的同事们将那些通过了安居房门槛的移民平等地看作是独特的、绝无仅有的存在；同时亦将他们看作是能够与他人分享教育经验的人。对于本地居民和移民而言，接受他人所提出的观点是一种约定俗成的义务。亚当斯试图通过大量的实例为我们说明，教育存在于人与人之间的交流的艺术与有意义的互动之中，教育之目的也正是为了促进这种交流与互动。“社会化的教育”致力于融合学术、行业与公民教育。为此，她和同事们孜孜不倦地创建了一系列可供移民及其子女参与的综合项目。不过，“社会化的教育”这个术语的内涵并不限于此，透过与杜威的一个观点作简单类比可以说明这一点。杜威强调需要对教材进行“心理学化”处理，以便年轻人掌握其逻辑。年轻人难以像经验丰富的学者或教师那样即时理解知识，知识必须首先与他们的经验(参见本部分2.教师教育的价值与目的)产生联系。在论文中，亚当斯注重的是对学校和生活中的学科内容加以“社会化”，以便将其转换为不仅仅是个人之物。她承认，独居和私人性的自我修养需要必要的空间。不过，它们需要通过丰富的社会与公共生活(反之亦然)——当然，它可能是适度的——才能得以充实。

在最后一篇阅读材料——1934年发表的《教育哲学的必要性》(“The Need for a Philosophy of Education”)中，杜威指出，在快速变革的世界中，教育者必须清晰地表达他们的目标和方法，并时刻保持警醒；他们应该带着原则去变通，带着信念去选择，带着使命去试验。一种民主的生活方式需要这些以及与之相联系的品性，因为这样的生活不能提前预设人们的目的。在杜威看来，当前的教育肩负着一种责任——让每一位儿童和年轻人都能拥有真正的教育机会。这项未竟的任务需要教育者的充分准备，也需要整个社会提供持续不断的社会、经济和政治支持。与此同时，要承担起这项任务，教育者本身要体验一种特殊的民主恩泽。与社会中大多数的其他团体和个人不同，教育者在同儿童、青年人、成人，以及他们的同辈人建立持续的教育关系方面拥有更多的特权。如果“变革”意味着人们之间交流关系的扩展与丰富——哪怕在与社会整体相比时它的范围很小，那么教育者每天事实上都在亲历一系列的民主变革。

以上的简略概括表明，尽管经过了文化的过滤，这些文章至今读起来仍让人耳目一新。无论是阅读这些文章，还是感受其中的角色与情节，它们都对理论的主导地位提出了挑战。四位作者应该能够理解这样的诉求，即他们中的每一位都可予以历史性的解读。受制于特定的影响、压力、价值、先前经验等，他们的思考与表达界限均受到了已有方式的限制。他们也能理解这样的观点，即人们也可以把他们每一位理解为表现特定性别、民族、阶层以及其他社会学属性的作者。然而，他们均以极不平凡的方式

质疑任何一种视角的优先性，任何一种视角均不能被假定为“以正确方式”解读这个世界的“钥匙”。他们通过一系列的比喻和观点使如下问题更加引人注目——在心理和社会这两种因素的推力与拉力之间，人类享有何种程度的自由以便更富创造力。以上这些及其他一些因素，能够说明四位作者的观点何以永葆活力，以及他们何以能为从根本上探究教师教育的目的提供一种合适的背景。（从整体上对这些文章的更为详细的检视，可参考汉森等人近期出版的著作。）

第一部分的结尾主要是由迈克尔·阿普尔(Machael Apple)、约翰·古德莱德 9
(John Goodlad)和瓦妮莎·西德尔·沃克(Vanessa Siddle Walker)等学者撰写的评论文章组成的。作为主编，我邀请他们作为评论者，主要是考虑到他们都拥有长期的、各自独特的经验和对教育的持续关注。阿普尔曾考察了资本主义政治经济的结构和意识形态与教育系统发生关联的方式；古德莱德对教学、学校教育以及教师教育的功能进行了广泛的研究；沃克则全面、深入地研究了美国种族隔离时期的黑人教育问题。在邀请他们进行评论时，我同样相信，他们均能在有关教师教育目的问题的讨论上为我们提供不同的视角。显然，他们已经实现了这一预期。

这一部分的“视点”、“经典”和“评析”均强调，教育是一项价值负载的事业。每一种课程及每种教学方式均体现了一种价值判断，即该课程是重要的，该方式是适合所教内容的方式。无论是最高级的博士学习还是最基础的教师培训项目，此观点均适用。价值不可避免地存在于所有的教育活动之中。这就向我们提出了一个问题——在一个既定的系统中，何种价值应该被赋予优先性？反过来说，这一问题也说明了为何所有真正的教育目的总是注定能够激起紧张和矛盾。这恰恰是因为教育目的均以价值为基础，而每一种价值都难以被其他的价值所分享或赋予优先性。

这些观点对于所有的教师教育目的都是适用的。《手册》的这一部分证明，在教师教育工作者、教师、管理者、政策制定者、研究者，以及其他与教师培养目的相关的人之间存在着明显的分歧。一些批评者可能会彻底否定正规的教师培养项目，而其他人则呼吁模仿法学院和医学院实施严谨的教师培养项目。在两种极端观点之间的一系列观点则主张将教师教育看作是一种对候任教师予以社会化从而使其适合教师职业的模式，或者将之看作一种使候任教师进入教师专业的手段，抑或是将之当作一种使候任教师融入具有社会性与道德感的职业之中的途径。总体来看，这一部分的目的在于让我们大致了解当前有关教师教育目的与前景的一些争议。希望本部分对所有致力于澄清教师教育目的，以及那些期待以更强烈的紧迫感参与后续讨论的人有所裨益。

（张　斌　译）

参考文献

Addams, J. (1990) Socialized education. In Addams, *Twenty years at Hull-House*, 244 - 258. Urbana: University of Illinois

Press.

Dewey, John (1989) The need for a philosophy of education. In J. A. Boydston (ed.), *John Dewey, the later works 1925 - 1953: Vol. 9. Essays, reviews, miscellany, and a common faith*, 194 - 204. Carbondale: Southern Illinois University Press.

Du Bois, W. E. B. (1990) Of the coming of John. In Du Bois, *The souls of black folk*, 165 - 179. New York: The Library of America.

Emerson, R. W. (1983) The American scholar. In *Ralph Waldo Emerson: Essays & lectures*, 51 - 71. New York: The Library of America.

Hansen, D. T., Anderson, R. F., Frank, J., & Nieuwejaar, K. (in press) Re-envisioning the progressive tradition in curriculum. In M. Connelly, J. Phillion, & M. F. He (eds.), *Handbook of research on curriculum*. New York: Sage.

2. 教师教育的价值与目的

大卫·T. 汉森(David T. Hansen)
哥伦比亚大学师范学院(Teachers College, Columbia University)

当问及教师教育的目的是什么的时候，就意味着这种教育活动是必要的。然而， 10
自19世纪和20世纪学校大规模地出现以来，很多批评者认为，教师不需要接受正规的、专业的训练。教师需要学习的仅仅是所教学科的基础知识和如何在教室中维持秩序，如何与人相处，如何遵守管理规定等方面的知识。因此，他们认为，完整的中学与大学教育足以教给教师必要的学科知识；而经验则教会教师如何管理班级，如何与制度性权威合作共事。同时，与之高度相似的观点则认为，学校的功能在于促使年轻人社会化，使他们适应既存的社会。由于教师在这个系统中已完成了自身的社会化，因此，他们不再需要任何特殊的背景或专业训练。就此而论，正规的教师培养项目并没有多大的意义，对于候任教师而言，这仅仅是一种"社会化准备计划"。

讨论教师教育的目的也就意味着教师教育是有价值的，它对教师如何开展教学，如何影响儿童和青少年的发展发挥着独特作用。然而，自学校教育在世界范围内普及之始，很多批评者便已指出，教师是服务于经济和政治权力旨趣的基础性技术人员。尽管教师有好的意图，并付出了巨大的努力，然而，高度受限的工作环境消解了他们从事有意义教育的可能性。工厂似的学校体现着一般社会所具有的等级分明的经济、社会和阶层结构特征。教师的工作往往受科层和行政控制，并为社会权力与社会现状所形塑。哈里·布雷弗曼(Harry Braverman)曾研究了20世纪60年代的情况，指出了一种被他及其他批评者称作"停滞性系统"(lockstep system)的状态所带来的精神后果：

> ……在这个社会中，除了学校，再也没有其他的场所专门为青少年所设(供学习和成长)。学校的功能在于填补空白，然而它自己却成为一种空白，逐渐掏空了自身的内容而徒具形式。儿童、青少年的真空期——空无他物，仅仅是他们自己的形式。就如同在生产过程中，工人需要知道的规则越多，他们需要学习的内容就越少一样，在培养未来工人的学校里，需要向学生灌输的内容越多，真正有教育意义的教与学的空间就越小。在教育系统中呈现漫无目的、徒劳与徒具形式等多种因素交合而非任何单一因素发生作用的情况下，形成了年轻人与学校间对抗的根源，它们将学校变得分崩离析。(Braverman, 1974: 440)

在这样的世界图景中，很多批评者认为，对年轻的、毫无戒备的候任教师而言，正规的
11 教师教育即使不是一个残酷的骗局，也是一件浪费时间的无用之事。

这些长期存在的观点，在有关教育与社会的关系方面内含不同的基本假设。一种观点将学校看作是社会延续的积极代理机构；另一种观点则认为学校是社会病理的化身。不过，它们拥有一个共同的前提，即以功能主义的视角来理解正规教育，包括对未来教师的教育。

在这篇文章中，我会指出，有充分的理由讨论教师教育的目的，而不仅仅只讨论它的功能。目的和功能并非同义词。多萝西·埃米特(Dorothy Emmet, 1958)曾指出，功能主要维持既有秩序，而目的所反映的则是创造力。对于社会而言，维持秩序和创造力都是必不可少的，尽管它们有无法调和的矛盾。从功能主义的视角理解教育，假定工作的内容并非由实践者决定，而是由更强大的社会力量决定。这种观点是有道理的。外在的社会、经济、政治、文化及其他因素往往会影响教育实践，正如它们应该影响教育实践一样。在任何一种社会中，学校教育都具有永恒的目标，即更新和延续。没有了它，社会将彻底崩溃。即便是在最民主的社会中，教师也总是承担着与其他社会实践者不一样的重要职能(譬如，律师和法官的职能在于维护法律的尊严；飞行员的职能在于驾驶飞机；废品收购者的职能则在于保持城市的清洁)。

然而，在本篇中我的假设是，当教育者问及“我们想做什么，我们将如何做”的问题时，便可能带来有意义的结果。这些结果可能会影响一个学生、一个班级、一所学校、一个社区，或者是一个更大的实体，甚或是一个国家。如果一个“目的”被理解为一些通过人们的创造力而产生的构想的话，那么在论及教师教育的目的而不仅仅是功能时，目的便具有了合法性、连贯性和必要性。

换言之，我们不能简单地假设人类行为是一系列预设的生成模式，我们有更充分的理由来探讨教育议题。一方面，即便是一位有洞察力的(和令人苦恼的)批评者，譬如布雷弗曼，在他的著作中也提到，致力于社会发展是非常重要的。另一方面，那些不可比较的、多样的社会决定论——想一想卡尔·马克思(Karl Marx)、西蒙·弗洛伊德(Sigmund Freud)和米歇尔·福柯(Michel Foucault)所提出的那些方法——呼吁人们重新审视人类的可能性和前景。此外，现实社会中不断涌现出难以预测的、怪诞的现象，反复地消解着那些对该现象试图进行分类或阻止的理论。2000 年，如果从千万张选票中抽出几千张选票，就有可能改变美国总统大选的结果。那么，如果戈尔成为总统，他是否会推动与布什总统相同的教育议程呢？譬如，类似于 2001 年通过的《不让一个孩子掉队法》(No Child Left Behind)中的议程。

与功能主义的再生产相比，无论何时，只要师生提出有意义的问题，分享他们对一些学科内容的理解和观点，设计并完成一些学习项目，培养个体的才智和特长，教育就总能持续地存在。即便是在大型的、科层制的学校中，教育也不间断地发生着；在这样的学校中——管理者富于教育思想，教师敬业，课程富有想象力，家长积极参与，从课

程表的编排到定期的教职工会议再到支持有意义的教与学的“校中校”(schools within schools)等各种结构性安排都源于实验[1]总结——教育发生得更频繁。当然,这些观点并不排除对当今学校的真正关心。但是,恰恰是它们推动着我们来反思有关“教育是什么”的所有观点。

此外,教师的资格认证和系统研究都已证明(参见,如 Connelly, *et al.*,出版中; 12
Richardson, 2001),要想成为一位成功的教师,需要持续的正规与非正规的教师教育。在我看来,任何一位认真的读者都会不由自主地意识到这项工作的复杂性。教师需要考虑以下几个方面因素(不分先后顺序):(1)影响学生学习和行动的心理、社会和文化因素;(2)学科内容的逻辑和实质层面;(3)课堂与学校互动过程中的社会、道德、智力甚或美学维度;(4)学校情景中家长-教师关系、教师-管理者关系,以及教师-教师关系的政治维度。当然,同时还存在着很多其他因素。当今经济、社会、技术与环境的问题和前景急剧变化,教师需要对此具备一种清晰、明确的看法。这是因为,年轻人对这些耳濡目染甚或亲自经历的意义构成和重要性的认识,很大程度上受到教师所持观点的影响。只有当教师养成一种与我们所处的时代中更广泛的人类事务密切相关的目的观,他们方能在内心深处认可自己的价值。这一诉求并不意味着教师必须成为哲学家、理论家或公共知识分子;而是说,教师要能够理解他们为什么从教,为什么自己所教的科目是重要的,为什么关注学生、家长、同事及参与到教育过程中的其他人是重要的。

鉴于教学和人类当前生活的复杂性,我相信教师教育既是必要的,也是有价值的。教师教育本身亦是高度复杂的。大多数教师教育工作者都认同一个观点,即一个人要想成为一位成功的教师,大学本科学位是不够的,正如同本科学位不会自动使一个人成为成功的医生、商人、警察或植物学家一样。教学的复杂性——其本身也随着变革中的复杂性不断地变化着——既需要正式的教师教育,也需要非正式的教师教育。然而,在“最好的教师教育是由什么构成的”这一问题上,教师教育工作者、教师、学校管理者、政策制定者、研究者还有其他相关人员持有不同的观点。这些不同反映了关于教育目的的不同价值观,因而也是教师胜任工作需要和应该具有的价值观。

本文第一部分,我会提及人们广泛支持的几种关于教育的价值观,讨论它们带给教师教育的影响。接下来的两个部分会提出评价教师教育目的的不同观点,第一个可以被称作“公共旨趣”,第二个则被称作“个性的培养”。这两种观点之并非不能共存。然而,与当前任何一种关于教师教育的观点相比,这两种观点可以为我们的讨论提供一种更广泛的背景或视野。在本文的最后部分,我将讨论一个令人困惑却又不能绕过的问题,即在与社会其他系统的互动过程中,教育共同体怎样才能有效地维持关于教

① 实验(地)(experimentally)一词的使用主要基于杜威对实践的认识。杜威认为,实践是在睿智的思想和方法实验中形成的。这一用法不应该与科学实验的正式意义相等同,后者设置了控制组和实验组等。

育目的的对话？目前，主流观点都认为这一问题已经解决了。

当前教师教育中的价值观概况

当前，影响教师教育项目范围与结构的几种显著的价值观包括为丰富的生活做准备、学术性学习、人类发展和社会正义，这几种价值观主要体现在文化多样性或多元文
13 化教育以及公民或民主教育中。基于学术考察的目的，我将对这几种价值观分别予以讨论。不过，在真正的实践中，它们往往是相互重合甚或融合在一起的。

自学校教育产生以来，很多教育家和公众人士便认为，学校教育的基本目的是为年轻一代的经济与社会生活做准备。这种被人们广泛接受的观点持续地对教师教育项目施压。之所以如此，主要是因为当很多父母基于政治、文化或宗教价值观考虑子女的教育问题，或者当他们在不同观点之间进行抉择时，总体上还是认可这种观点的。此外，“生活准备说”之所以能够如此持久，也是因为几乎没有教育家会认为学校在使年轻人为成人生活做准备的过程中一无是处。这种价值观可能被教师教育工作者广为接受。两种判断之间的差异归根结底在于如何理解这种价值观的推行。很多人认为，这种价值观应该被视为内在的，它是一种好教育的自然或形成性结果，而非推行项目结构与内容的一种外在力量。

譬如，那些尊重学术性科目价值的教师教育工作者们一般都认为，教学能使年轻人掌握知识和理智技能，从而面对成人世界的挑战。教师教育工作者们认为，他们的项目应该能够让候任教师掌握学科知识，这些知识往往与特定的学科，譬如艺术、英语、数学、历史或科学等联系在一起，同时，项目也应使候任教师掌握如何在实际教学中讲授学科内容的教学知识。他们非常重视——即便是不明确地——约翰·杜威(Dewey, 1976)关于学科的逻辑与心理方面的区分。逻辑的关键是那些形成学科知识结构过程中的探究和思维方法。对于一个学科的学者和富有经验的教师而言，这些方法是最基本的材料。不过，杜威还指出，在教与学的环境中，如果学生想要超越机械记忆并形成真正的理解的话，必须对这些材料进行心理学化组织。当首次接触一个新领域的知识时，学生很难立即掌握学者所自由运用的逻辑。所以，无论在哪一层次，教师的任务就在于创设活动吸引学生理解、解释并掌握新知识的意义。持有这种观点的教师教育工作者借鉴了一些已有的研究成果，有的甚至自己开展研究，试图阐明能够强化候任教师学术能力和相关教育教学能力的方法。也有一些教师教育工作者以如下的观点为论证基点，即学科是优秀的、不断更新的人类成就，如果它不能教会年轻人如何开拓和充实他们的价值观，那便是不公正的。

一些教师教育工作者非常重视特定的学习概念以及与之相关联的价值观。譬如，一些教师教育项目致力于实施建构主义的构想，他们高度重视学术性学习，并将学习者的主动性、创造力和想象力等观念作为重要前提。一些教师教育工作者则高度重视

多元智能理论与学生认识世界的多元路径(艺术的、数学的等)。也有教师教育工作者转向那些对人类发展予以详实研究的学者——蒙台梭利(Maria Montessori)、皮亚杰(Jean Piaget)、维果茨基(Lev Vygotsky)等。在深层次的、或许不可言传的意识层面,启发、激励着教师教育工作者的总是这样一些事实——人类确实可以以非凡的、不可思议的方式学习和成长,人类具有创造和意义诠释的能力。

一些教师教育工作者认为,社会正义是教师培养中需要注重的核心价值。对于很多人而言,这一价值源于一种社会承诺——通过教师教育和(因此也包括)学校教育,矫正历史上基于种族主义、性别主义、阶层歧视、同性恋歧视以及其他形式的系统性偏见而形成的一些不公正现象。这些教师教育工作者认为,教师教育作为一种动态手 14
段,其目的在于使新一代教师能够在社会变革中发挥重要作用。对其他一些教师教育工作者而言,这一观点也源于一种保证当前移民子女受到真正教育的期望。这些教师教育工作者看到了急剧更新的文化图景,并呼吁教师教育和学校教育对这些变革做出回应。

在一些案例中,对社会正义的呼吁具体地表现为,将聚焦文化多样性作为指导主题贯穿于教学设计、课堂组织和学业评价的整个过程。这一路径采用多样的多元文化教育模型,并将其作为选择课程、教学方法的指导性视角。文化多样性与多元文化教育的支持者认为,这样的教育对于培养年轻人适应变革的、更好的(在这种视角看来)世界来说是非常必要的。他们未必忽视学术性学习和人类个体发展的奇妙之处,或是为丰富的人生做准备的需要,尽管他们不太注重这些价值。这一立场也反映出这样一个事实——那些最为重视学术性学习、为生活做准备或人类发展的教师教育工作者未必不重视社会正义的议题。然而,这些不同的立场对教师培养的重点的认识是不一致的,它们之间存在着一些对立(对此,我将在后文予以阐述)。

还有一些教师教育工作者将社会正义转化为对公民或民主教育的呼吁。支持者们吸收了很多政治学者和社会学者的观点,认为民主社会中学校教育的核心目的在于让年轻人掌握一定的知识和技能,形成良好的个性,从而使他们成为合格的公民,而不仅仅是经济系统中的生产者和消费者。在一定意义上说,他们与多元文化主义者拥有一个共同的基础——学校教育不能像当前这样,仅仅是为社会生活做准备。不过,他们所关注的是他们自认为的一个对所有人而言是更好的世界。他们认为,离开了民主教育——使所有的公民形成持久的个性,从而与持有不同价值观、拥有不同背景和兴趣的人建立关系——多元文化主义就会失去内在的逻辑且变得日益碎片化。对于那些致力于这种观点的教师教育工作者而言,教师教育是将公民间的民主互动融入学校生活的责任和方法教给所有学科教师的事业(参见本部分埃米莉·罗伯逊(Emily Robertson)撰写的文章)。此外,支持者们还认为,教师教育的目的在于帮助教师学会如何将教学扩展到学校的边界之外,通过被称之为经验性学习的形式,或者是通过与地方性社区或机构建立联系的形式。这些活动主要源自如下期望,即在学生学习学术性学科主题时，帮助他们形成民主的态度和技能。

为了使分析具有启发性，我将这些不同的教师教育目的划分为截然不同的、界限明确的理论和实践领域。不过，大量的研究和相关证据表明，教师教育工作者们在设计项目时往往采用并融合了这些教师教育目的的一些因素。换言之，一个教师教育项目很难在认同一种目的的同时，系统地排除其他的目的，所以为它们命名是一件非常困难的事情。一些项目无疑已经将它们的目的转化为不同的实践路径，而这一领域往往又缺乏充分的描述和名称。之所以如此，是因为有那样一些会被问及的迫切问题，即我所论及的内隐于教师教育背后的价值。

譬如，那些认同学校教育是为丰富的生活做准备的教师教育工作者必须思考他们所谓的"丰富的生活"是何种类型。以批判的视角来看，这是一种适应既定社会经济系统的生活吗？此种社会经济系统主要是由工作质量（由弱到强的自主性与首创性）、社会补偿质量（包括对金钱和健康的补偿）以及住房和社会福利质量等方面的不公平而导致的。或者，它是一种不同于使学生接受不公平的现状，而是以温和的方式提供给学生的另一种生活吗？恰恰因为一个人接受了学校教育，他或她才具有了一定的态度、技能和性情，在面对社会问题时能够采取富有创造力和想象力的行动。

或许，"生活准备说"的支持者对这些问题有着多元的回应。譬如，他们可能认为，社会变革——假定在目标与其意义之间存在着一致性——是成人的而非儿童的事业。对于儿童而言，他们需要在技能和程序性知识（know-how）方面获得扎实的训练，以便发展对生活事件的决策和行动能力。支持者们所支持的更具争议性的观点可能认为，由于教师教育工作者往往致力于培养正确的政治观和道德观，因此，相较于对当今青少年所面临的具体现实的关注，他们可能不大考虑自身所传递的知识的健康程度及其对教师教育计划的影响。对于支持"生活准备说"的人而言，教师教育的目标非常具体明确，即一致指向培养新教师掌握有效的教学技能与信息的能力。

无论如何，至少在一个自诩民主的社会中，个人将何种生活作为教育的结果，总是有待讨论的。自由主义者甚至也需要坚持而不仅仅是主张，将这一问题完全交给个人来决定才是民主的。

那些彻底注重学术性学习的教师教育工作者不仅仅需面临类似的问题，而且还应反思学术性知识的构成与意义。谁的知识？——这是他们有可能自问的第一个问题。什么知识最有价值？谁来决定？这一阵营的教师教育工作者可以关注学科的演变，也可以强调这些知识中有多少会出现在他们的政治与文化反对者的知识中。譬如，作为研究与教学领域的历史学可以被视为人类批判性思考的学习科目（相反，比如说，一种对现状的默认）。艺术则可以被视作是人类关于奇迹、喜悦、苦难和美的普遍经验的反应。教师教育工作者要能够将洞见与如下观点综合起来，即学术性知识问题引发了一些动态的、难以被还原为意识形态立场的教育与哲学问题。他们可能会强调的"意识形态"这一概念，产生于系统而非由意识形态带来的知识与探究。

无论关于这些反应的辩论是否合理，都存在着一些有争议的问题，譬如，何时以及如何将学术性知识教给学生？教师应该怎样学会有效地处理知识在逻辑和心理两个方面的差异？学术性学科为什么总要转变为“学校知识”？进而言之，考虑到学校结构、学生生活的复杂性等现实，学术性学科是怎样变成狭隘的、碎片化的甚或扭曲的知识的？赋予学术性学习的价值，是否太过理想，或者距离社会现实太过遥远？它能经得起这种批评吗？那些尊崇不同人类发展理念的教师教育工作者也需要深入探究他们所尊崇的价值观的本质和结果。

在漫长的教育史中，对学术性学习和人类发展的价值的推崇可以追溯到几千年前，并经久不衰。然而，支持这些价值观的教师教育工作者需要对另一同样持久的观点作出回应，即人本质上是经济人。他们能够证明追求学术性学习和人类发展能够实现为丰富的生活做准备的目标吗？换言之，促进学生身心发展实际上是培养完满的人 16
的人本主义教育，它能否让学生适应生活中的各种具体挑战？或者，学校是否应该专注于让学生掌握技能和程序性知识，教师更像技术员而不是基于目的展开行动的教育者？

首先那些将社会正义作为教师教育目标的教师教育工作者需要思考正义的内涵。一种可行的方法是自问为什么这种价值优于其他价值，譬如自由、和平、同情、真理和爱心。这些价值在教育史上亦被长期尊崇。其次，将人类历史上出现的一些正义观与那些继续影响着当前讨论的正义观进行比较也是有益的。最后，教育过程公开服务于政治目标意味着什么的问题也是有价值的，不管这种政治目标多么重要。与此类似的是之前讨论过的第一种价值——为丰富的生活做准备。在这一观点看来，教育本身并非目的，而仅仅是达到目的的一种手段。

无论持有何种价值观，所有的教师教育工作者均能从对自身价值观的批判性思考中获益。不过，对于那些主张民主或多元文化教育的教师教育工作者而言，清晰地表达并进行自我反思也是一个自我强加的责任(即便并未被认识到)，根本原因在于他们明确地宣称要以正义和民主之名来开展行动。在学术争论中，一般很难判断自己的主张是否占据着道德高地。那么，他们的主张是否意味着开拓出了一种新的道德高地？批评家苏珊·桑塔格(Susan Sontag，2001)曾提出：“我们应该服务于正义还是真理？理应是真理，以便更好地服务于还未实现的正义！”对此，支持者们应该如何回应？桑塔格并不是说正义与真理是不能调解的。她的意思是，真理是以探究价值这一承诺为先决条件的，而非仅仅是替自己说话(参见本文第二个标题——作为目的评估标准的公共旨趣)。

社会正义的支持者，不管是以促进文化多元或民主教育的形式，还是某种形式相结合，都能够通过强调社会上不公平和不平等的绝对历史时长——自建国以来——来作出回应。他们可以证明，在一个声称民主的社会中，健康、住房、就业和社区建设等方面的公共资源都必须重新分配，以便实现所有人都能获得真正教育这一大胆的前景，或者说是值得期许的冒险（参见本文第三个标题——培养人格作为评估目的的标准）。换言之，为每个人提供入学机会并不是依靠当权者的法令或哲学观点就能实现的事情。社会正义的支持者会认为，这一理想的实现需要长期的社会努力、政治毅力同有思想的政策与教师教育项目的重构相结合。

这些不同的回应都难以消除上面提出的问题和教师教育领域已经普遍存在的其他问题。譬如，多元文化教育如何才能避免对文化差异的本质化，以及因本质化而曲解人类社会和个性的发展？公民和民主教育如何才能避免预设教学与课程的范围和内容？退一步说，如果有人认为民主主义最深刻、最根本的前景是它拒绝预设未来，即便人们不知疲倦地工作以扩展与所有人的交流和发展的可能性也是如此，那么，这样一种非民主的结果将是极为讽刺的。

约翰·威尔逊(John Wilson)力劝他的同事要清晰地认识一个问题，即“无论何时，我们是否在追寻教育上的价值或其他方面的价值。当然，如果可能的话，我们想获得
17 这两方面的答案。那么，首先对两种不同活动的边界有一个清楚的认识就是非常重要的。因此，我们需要做出一个有效的妥协，以知晓彼此双方的真实情况”(Wilson, 1975：45)。学术性学习、工作准备、人类发展、民主、真理和正义都是在当前教师教育实践中发挥独特影响的一些价值。它们能够被调和并实现吗？或者，对于教师教育而言，在各自重视的方面所进行的折中、妥协和存在的差异亦像其他社会实践领域那样具有地方性吗？在接下来的两个部分，我分析的视野要宽于这部分对每一种价值观的概括性评论。当然，我的论述本身不会形成一种更大的、包容一切的价值观或目的。相反，下文的论述将会呈现另外一种哲学的视野或线索，这对促进当前关于目的的辩论是有益的。当然，我非常希望能够达到这样的效果。

作为目的评估标准的公共旨趣

在这一部分，我将以杜威的公共旨趣(public interest)①理论为基础，对单数的旨趣(interest)和复数的旨趣(interests)进行区分，二者的差异是杜威的理论以及以此理论批判教师教育目的的核心。杜威提出的理念，乍一看是十分惊人的，但事实上它却是社会中任何人都可以拥有的，即便并不能完全实现。这一理念的依据是，日常生活即现实的教育，这种教育是由最完整的理智、审美和道德意蕴构成的。为了阐明这一观点，我将探讨我所理解的杜威关于公共、旨趣和公共旨趣三位一体的概念。而后，我将以公共旨趣理论为基础，重新反思上一部分概述过的教师教育目的。

每个人都属于不同团体和社会实体。他们与家庭、邻居、教堂、清真寺、学校、政治

① “interest”在汉语中可译为“兴趣”或“利益”。本文中，作者在提及 interest 的复数形式时，更多的是指“利益”。此处我们统一将之译为“旨趣”，并说明其单数与复数形式，以保持原文涵义。——译者注

党派、俱乐部以及其他地方组织等密切地联系在一起。当代社会存在着各种各样的团体，它们赋予人们各种不同的成员身份。然而，无论是个体的还是群体的，没有一个团体属于杜威所谓的“公共”概念。当然，公共是一种不断浮现的、始终处于发展之中的实体。杜威指出了公共领域产生的条件：(1)任何特定团体或协会中人类活动的结果，总会扩展到这些地方性的社会边界之外，并影响着其他地方的人们；(2)受到影响的人们注意到这些结果，并力图对此作出回应。

> 公共源于对结果——往往能够以重要的方式扩散到团体及其成员之外——的感知。因此，公共领域由这样的人们组成，他们在很大程度上受到事情的间接结果的影响，以至于相信有必要系统地关注这些结果…… 这些相互联合、相互作用的行为的结果往往是间接、广泛、持久且重要的，若要对它们进行控制，公众必须形成一种共同旨趣。(Dewey, 1988: 244 - 245, 314)

我认为，杜威试图阐明的是，在这个世界上，从来不存在一种固定的或永恒的公共领域，即它与成立已久的各种各样的协会和机构不同；也根本不可能存在与外界没有任何联系的公众。只有当人们从他们的地方性领域中被吸引出来，并力图解决那些以 18
这样或那样的方式影响着他们的行动的问题时，公共领域才能浮现出来。换言之，当人们的行动超越他们特定旨趣——不管是经济的、道德的、文化的、宗教的、艺术的、政治的还是教育的——的边界时，公众才得以产生。

单数旨趣与复数旨趣之间的差异恰恰产生于此。杜威对二者差异的分析有助于我们的讨论。复数的旨趣类似于财产。我有我的旨趣，你有你的旨趣。不同的社会团体有着不同的旨趣。人们力图寻找带有相似旨趣的社会团体。在政治、经济和其他领域中，当面对竞争性旨趣时，拥有类似旨趣的团体会聚集到一起，促进旨趣的积累。此种语言在理解社会与政治生活时，是熟悉且有益的。

与此相反，杜威用单数的旨趣表示一种态度、倾向或性情，它与活动的完整性息息相关。而复数的旨趣则表示一些相互分离的目标或财产，人们可以为它们命名，此时，旨趣构成了运动或过程。杜威曾在不同的著作中提醒我们，旨趣的核心意义在于它横跨两个不同的社会实体之间或一项任务的起点和终点之间。因此，旨趣不是行动的起点或前提，亦不是结果本身。旨趣是一个交互性的概念，它是一个既不存在于头脑之中也不存在于头脑之外的过程。当人们力图完成一项行动时，这一过程始终是前瞻性的、有希望的、不确定的，然而也潜在地产生意义和结果。就此而论，在杜威关于人类发展的整体理论中，旨趣是一个关键性概念。

那么，如果将杜威的“公共”与“旨趣”两者结合起来会发生什么呢？首先，就其实质而言，公共旨趣的内涵不是旨趣一词所能涵盖的。公共旨趣的运用不同于“利益团体”(interest group)中的其他旨趣/利益概念的使用方法。此外，公共旨趣不是地方性旨趣的总和。换言之,从严格意义上来看,还没有其他的概念像“这个”公共旨趣一样,不同的个体、团体和协会能够表明他们的旨趣。作为一个整体的概念,公共旨趣表示的是一种态度、倾向或性情,它源于那些力图完成某项行动的人们,并由他们所实现。那么,公共旨趣体现在什么类型的行动中呢?准确地说,它体现在那些引发结果的行动之中,结果的范围和影响超越了特定的地方性和不同团体或协会的边界。

教学与教师教育实践的结果对社会的方方面面发挥着影响,因此就催生出一个关注它们的本质、质量和效果的公共领域。这一公共领域与由诸如健康和体育等其他领域的行动所唤起的公共领域并存(因此,一个人可以参与到不同的公共领域之中,追求各种不同的地方化旨趣)。对教学和教师教育的公共关注从来都不是永恒不变的,而是动态变化着的。它是零散的、多样的、减退的和流动的。其组成部分很少能协调,因为教学与教师教育的结果,即便不在具体的结果方面也会在意识层面以不同的方式影响人们和他们所组成的特定团体。

这一公共领域能够发展出一种对其他公共领域及其关注点做出积极回应的性情、倾向和态度的公共旨趣吗?换言之,这一公共领域能够推行那些超越诸多地方化的旨趣吗?根据杜威的思想,这种旨趣的存在和培育取决于交流和教育。在《民主主义与
19 教育》(*Democracy and Education*, 1985)的结语中,杜威描绘了一种在他看来是持续的、从未充分实现的交流和教育需求:“从所有的生活联系中学习的旨趣,就是根本的道德旨趣。”(Dewey, 1985: 370)“从所有的生活联系中学习”这一理念渗透着旨趣的民主性。之所以如此是因为民主“不仅仅是一种政体形式,更主要的是一种彼此关联的生活模式和相互连接的交流性经验模式”(Dewey, 1985: 93)。民主作为一种生活方式,是一种对有意义的交流的统一承诺,是需要从与所有人的生活交往中学习的旨趣。如果人们仅仅局限于各自的领域之内,那么,民主就不能运作和发展。在杜威看来,这种态度将那些从他人那里学习的宝贵机会拒之门外,因此无意中也是一种自我贬低的形式。他特别建议那些手握经济、文化和政治大权的人认识到他们的孤立状态所具有的诸多短期和长期代价。

杜威认为,教育应该培养人们从经验中学习的旨趣。如果可以为学生提供持续的教育鼓励,将高质量的学习素材引入学生与不同的人和情境的互动中,那么,学生就能够学会将旨趣看作是理所当然的事情。他们不但能学会对令人愉快的事情做出习惯性的反应,亦能学会对那些有挑战性的、棘手的环境做出同样的反应。他们能够学会承担并不熟悉的后果,包括那些由相互冲突的旨趣交互影响所产生的后果。换言之,参与过程中单数旨趣可以引导人们处理那些相互竞争的不同利益所产生的后果。杜威之所以将这一旨趣称为“根本的道德旨趣”,不是因为他认同一种先验的人类本质,而是因为,在面对误解、误传、分歧和冲突时,如果这种旨趣渗透到人们的性情和态度之中,它就会促使人们进入公共世界——不管它具有多少地方色彩。“道德”一词把握住了承诺与关心意识,它们隐含于从生活交往和际遇中学习的旨趣之中。

《民主主义与教育》一书之所以以此为结语，是因为对杜威而言，民主所指涉的不仅仅是一组制度结构，尽管它们也非常重要。民主，包含了日常生活中更广泛的交流、互动和相互尊重。当民主指的是“彼此关联的生活模式和相互连接的交流性经验模式”时，生活就成为了一种永恒的、持续不断的教育。从所有的生活联系中学习不仅意味着成为一位旁观者，尽管对周围事件的细致观察和专注聆听是非常重要的，而且还需要参与、分享观点和认识等。杜威(Dewey，1985：7－9)对交流的理解是适切的。他对交流的基础性认识是，每一次真正的交流(相对于信息交换)都意味着参与者世界观和性情倾向的改变，不管它可能是多么的细微或难以察觉。进而言之，人们不仅发现他们在真正的交流过程中发生了变化，而且也会发现这种交流能够改变他们的旨趣，这对于个体和民主的发展都会产生重要的影响。

《民主主义与教育》一书的结语——“从所有的生活联系中学习的旨趣，就是根本的道德旨趣”——是有争议的，但是它体现了杜威教育哲学的精髓。我相信，它为教师教育目的的讨论，为不同目的的试验描绘了一幅动态的公共论题图景。为了概括这一图景，我试图将“结果”和“公众”二词替换为杜威的“联系”和“道德”。在我看来，这一替换的结果可能已经完成了，正如《公众及其问题》(*The Public and Its Problems*，1988)一书的结束语，它表明了杜威关于社会的一些主要观点：从一切生活结果中学习 20
的旨趣，是根本的公共旨趣。

这一旨趣意味着，不仅可以从某些联系或结果中学习，譬如，这些有助于人们服务于自身利益的结果，而且能促使人们尝试从一切联系和结果，包括那些有益于引起人们反思的旨趣中学习。因此，它能够培养人们对他们以及他们所属的团体和协会的欲望、目标和行为的批判态度。就此而论，在杜威那里，公共旨趣不是一种事物、实体、目标或财产；不是一个观点或信念；也不是一种立场、倾向、姿态或论点。公共旨趣包含一种鲜活的、动态的过程，它围绕一个中心问题，即特定理想和行动领域中彼此相连的人类生活动向；它是一种定向或观点，其前提在于人们可以学会从经验中学习。因此，它表明了一种可以影响公共事件的探究倾向。

这一旨趣在实践中，尤其是与教育、教师教育和社会相关的实践中是怎样的？首先，这一旨趣意味着如何重建教师教育工作者对于不同旨趣和承诺的认识，回想前面讨论的一些价值观：为丰富的生活做准备、学术性学习、人类发展和社会正义。从一定意义上说，价值观本身的多样性都具有理智上和政治上的重要性。这反映出一个事实，即没有任何一个人能为教师教育的本质和目的下一个定论。这其实也让我们有可能对教育现实和需要的特定维度予以关注。

然而，如果从公共旨趣的视角来反思，这些价值观就能促进地方性心态的发展。它们可以作为目的和最高的旨趣来发挥作用，并促使教育者根据它们而不是所面临的形势和环境调整自身的行动。同时，教师教育工作者可将诸如学术性学习、多样性、公民教育等价值观作为有效的出发点，亦可以作为进一步探究、试验的起点，以创建更为丰富的教育经验。如同民主本身一样——“彼此关联的生活模式和相互连接的交流性经验模式”，基于公共旨趣而构建的教师教育能够超越任何单一的理论框架或价值领域，不管这一框架是多么的令人尊敬。

杜威的公共旨趣理论为教师教育工作者提供了一种背景，借此可以与其他同行或社会部门提出的价值观对比，以评估他们自身的价值观。即便当认识到价值观本身是具有争议并是动态发展的，他们也可以非常清楚地认识其价值观。他们能够探究由其他社会行动者提出的价值观，以理解它们的缘起、诉求和可能的结果。就如同教师教育工作者们要求候任教师无论学生们存在着怎样的差异也要认真对待所有学生一样，他们也能够学会从自身专业工作的一切联系中学习。蕴含在这种学习中的价值在于，教师教育工作者们将会更清晰、更敏锐、更具批判性地认识他们自己以及他人的价值观和教育目的；他们亦能更加专注于由强烈的、公正的旨趣所形成的交流模式，这一旨趣不仅体现为某个价值观或旨趣的胜利，而且体现为通过教育思想、对话和实践的严厉考验之后，这些价值观或旨趣本身所得到的持续改进与变革。

培养人格作为评估目的的标准

21 杜威的公共旨趣概念为评估教师教育目的创造了纲领性的社会标准。第二个广义的标准产生于什么是受过教育的人这一问题。在某种意义上，这一问题实际上在本文第一部分已经做了回答。基于个人的世界观，教师教育工作者们可能会认为，一个受过教育的人应该有过一种丰富的生活的准备，他已经系统地学习了学术性知识，在与个体发展相适的方法之下受教并获得支持。他拥有了一种民主的世界观，能够尊重并理解多样性等。换言之，一个受过教育的人体现着这种或那种由教师和教师教育工作者所提倡的基本价值观。

然而，关于一个受过教育的人的内涵的另一种观点，则源于杜威在阐释公共旨趣时所提出的民主观。如果民主“不仅仅是一种政体形式，更主要的是一种彼此关联的生活模式和相互连接的交流性经验模式”，那么，它为参与这些经验的个体带来了什么？这个人似乎至少必须理解如何通过那些共享的、交互的和彼此相连的交流与他人发生“联系”。这种能力意味着社会知识、社会技能和社会承诺。但是，这个人也必须能够作出一些其他任何人都不能作出的贡献，哪怕与社会整体进步相比，这种贡献何其微弱。没有个体的回应、想象和行动，社会变革，尤其是社会进步是难以想象的。

这种进步可能具体体现在父母与子女如何进行互动中，也可能呈现于教师与学生、法官与陪审团、朋友与朋友、出租车司机与乘客、医生与病人及类似人群之间的互动之中。改进也可能体现在政策或治理方面。打个比方，人们在任何情况下都不得不迈向新的空间，产生新的想法、观念，有新的图景或可能性。缺少个体的主动性，社会就不可能形成团体和彼此相连的交流经验，也不可能有教育和政治等人类活动的存在，一言以蔽之，人们不可能在生活中做出任何非凡、有价值的事情。

个体性与自我并不必然是相同的（也并不与作为社会或政治理论的“个体主义”完全相同）。每一种文化都有着与其他文化本质不同的自我概念。自我可以被当作一个自主的实体，或是一个社会的、精神的、自然的或合成的实体。然而，尽管存在这些差异，所有文化中均存在着一个共通点，即对个体性的承认，譬如，他是一个特别有天赋的鞋匠；她是一个更有工作效率的园艺师；他是一个更有耐心的画家；她则是一个更细腻、有着更宽音域的歌手等。想一想当今世界其他各行各业吧！世界范围内的牙医在能力、熟练性、洞察力、知识、个性和毅力等方面都具有很大的差异。公交司机、零售店店主、学校校长、理发师和职业运动员等，均是如此。每一种文化都以不同的方式影响着个体性，正如它影响人们对于社群的理解一样。

杜威和其他学者都认为，个体差异在一个追求生活与实践民主的社会中是非常关键和宝贵的。之所以如此，在一定程度上是因为人类社会任何一个领域的进步都不可能脱离个体的主动性（如前所述，这不意味着主动性就是充分的）。个体性也是民主所高度重视的一种价值，因为对个体性的崇尚从根本上取决于对人类可能性的勇气、希
望和信念。这些品质体现在每个个体身上，帮助人们形成与“彼此关联的生活模式和 22
相互连接的交流性经验模式”相关的道德结构。如此，“民主中的人”这个概念立即变得既具挑战性又有可实现性。

之所以具有挑战性，是因为参与民主生活意味着具有接触新观点和新视角的勇气。如此前提到的杜威的概念，它敢于培养学生“从所有的生活联系中学习”的旨趣。这种图景可能令人担忧，因为教育过程总是意味着放弃一些事情，不管它何其微小。当我学会以更广阔的视野来审视历史的时候，我不得不放弃我之前看待历史的狭窄视野；当我学会阐释诗歌时，我不得不放弃之前关于语言功能的假设；当我学习了生物学时，我不得不放弃之前对物理过程本质的刻板印象。爱默生曾写道，“生活方式是奇妙的”，“它是通过放弃而实现的”（Emerson, 1983: 414）。爱默生毫不夸张地指出，奇迹仅仅产生于遭遇新事物的时刻，产生于承担逐渐老去的风险的时刻。换言之，教育仅仅发生于个人参与并接受新事物的时刻，这就意味着人们要放弃过去的理解状态。这一状态需要勇气，因而也需要来自教师和环境中各种支持性条件予以持续的激励。

除非在一些特定的情况下，否则它一般是不需要英雄主义的。与一个人或社群的生活的总体性相比，此处的变革即便不是微观的，却也是较为细微的。然而这些细微的变革具有累积的力量。此外，对他人而言，这些细微的变革将作为一种永恒的例证，来说明变革意味着什么及其在人们日常生活中的表现。因此，此处所述的观点是适切的或可实现的，原因在于，这一观点非常真切地反映了每一次人际互动的时刻所昭示的希望。尽管每一次这样的时刻都可能是短暂的，但此时人们的意识、思维、审美和关注力却在不断变化，持续累积。人这一概念始终向永无止境的个体性和身份的多元模式及其表征敞开着（它也展现了为何关于个体性的观点要比心理学中人类发展这一概

念的通常所指要广泛得多)。这一概念将生活看作是持续不断的教育。从一个人的一切接触中学习,构成了一种意义和交流不断扩展和深化的生活,当然,这种生活有时可能是令人困惑或不安的。这一概念着重强调,一个受过教育的人的形象不是取决于他特定的社会地位、正规的学位或任何其他的制度性标准。与最富有的管理人员或最具影响力的科学家相比,一个护工或服务员也能够对学习表现出更强烈的好奇心与能力。

教师教育工作者,其自身作为不可互换的、独特的人,必须理解个体性的概念,并由此为他们有关目的的认识提供支持。此种关于个体性的观念可能是不明确的,或者不能予以透彻的思考以得出符合逻辑和实践的结论,然而它的确是可操作的。因此,教师教育工作者只有将他们关于个体性的观念及其如何与他们关于教育和社会的假设予以显性化,才能从中受益。教育,对于一个人而言只有一次,这是不言而喻的。而且,没有任何两个人使用相同的学习方式,就如同没有哪两个教室或学校均体现着相同的特质一样。哪怕是最绚丽、最振奋人心的关于社会与政治目的的理想都可能失败,除非将其与有关个体性培养的完美设想相结合。此前谈到的公共旨趣理念与正在讨论的个体性培育理念一起,共同构成了一个有益于批判教师教育的基础价值观的概念框架。

结语:价值与目的的持续对话

23 为什么要讨论教师教育目的呢?是为了寻求一个人人都能接受的终极的教师教育目的吗?是为了更加清晰地认识目的观对教师教育的影响?是教育系统为了向更大的社会证明它知悉目前所为的一种政治技巧?或者,这种讨论是在浪费时间,就像本文开始讨论的那些关于学校教育的长期假设一样?

我希望这里的分析能清晰地表明对功能和目的做出区分是非常重要的。功能主要表示的是维持,目的则是主要说明变革的可能性。人们可能永远无法说清在社会和心理方面到底拥有多大程度的自由,他们才能具有创造性——换言之,才能认识和实现目的。但是,他们的确知道这一范畴并非不存在,而且它可能比任何教师、哲学家、政治家或艺术家已经发现的范围还要大。我相信,这一观点使得有关教师教育目的的反思成为有价值的和必要的事情。

那么,我们的探究是要围绕各种不同的价值观达成共识吗?教师教育工作者是要在为丰富的生活做准备、学术性学习、人类发展以及社会正义四种不同的价值观中找出最核心的那一个吗?或者,他们是否应该鼓励百花齐放,并假设教师教育的目的既包括这些价值观,也不断吸收以后出现的其他价值观?是否应该存在价值观与目的的一致性和多样性(参见本部分休·索克特(Hugh Sockett)撰写的第四篇文章)?

这些问题乍一听似乎令人胆怯,但是它们并非意味着教师教育工作者必须在绝对主义和相对主义的立场之间做抉择。在依赖于教育的民主社会中,这两种立场都是不可容忍且难以持续的。绝对主义之所以不能被容忍,其原因在于,按照杜威的观点,民主能够产生多元化的观点。其假设是,新的价值、目标和希望是不断涌现的。相对主义之所以不能被容忍,是因为民主拒绝怎么都行的假设。其假设是,权利与义务和责任总是对等的;生活在民主社会既是个体的需要,也是社会的需要。这就为公共旨趣而不是纯粹为特定的利益预留了一定的空间。

因此,对教师教育目的的考察,其目的除了是这一过程本身,还是通过达成共识来终止对话。然而,对目的的探究对于维持对话则是非常关键的,有助于保持对话的活力、动态性和连续性。因此,这些讨论和考察对于保持清醒的目的意识而言是必不可少的。缺少了关于目的的对话,人们即便不是顺从于"理所应当的常识",也会很快处于被动的状态。从另一个角度看,关于目的的交流不是纯粹工具性的。它并非仅仅是一种到达终点的途径,不管这个终点是一个新的项目、新的协议,还是一个新的制度结构。关于目的的对话必然能够引发变革。此外,一些学者认为,这种互动对于合理恰当的变革而言是一个必要条件。然而,关于目的的对话体现着自身的价值观,这些价值观中包含着一种价值感(也可以与被动状态作比较)、一种社区感(常常转变为批判性能量)、一种个体感(每个人都阐明各自的世界观),还有一种希望感(价值在世界中是非常重要的,因为人的生活并非是预设的甚或预定的)。

这些观点表明,教师教育的核心目的在于发展教师对于多元的教育目的观的开放精神,而非陷入到一种不加批判的或盲目的相对主义中(正如精神是空无的而不是开
放的)。与那些假定"他们有他们的价值观,我们有我们的价值观"并持续地以孤立的 24
方式实行各自价值观的人相比,那些为丰富的生活做准备、学术性学习、人类发展和社会正义等价值观的支持者,可以做更多的事情。保持孤立可以说是固步自封。它带来不断加剧的紧张、焦虑并浪费精力——更不用说死板的思想,因为保持孤立远比接纳交流的可能性要艰难得多,然而,挑战后者本身就是一种创新和支持。在某些方面,相对于将自己束缚在一个特定的位置、平台或立场上,保持从一切生活联系中学习的旨趣显得更为重要。当然,要采用这一路径,教师教育工作者将需要勇气和能力,以使自己对这种新的路径予以清晰的认识。这种态度并非意味着抛弃他们以往的价值观。它不是放弃承诺,而是形成累积性的承诺,进入到一个更为复杂而本质上却更充实的民主空间。这一空间既是令人担忧的,也是鼓舞人心的。之所以令人担忧,是因为其中没有一个人(包括个体或某人所属的目的社群)可以做出定论;之所以鼓舞人心,恰恰也是因为无人能做出那个定论。这一词语——教师教育的目的和教育本身的目的——是所有人参与其中所创造的一个新词语。

关于目的的这一认识,以及有关目的的交流何以重要的问题,可以支持本部分开篇时提到的讨论教师教育的目的的两个理由。第一,对话为教师教育研究创造了一种支持性的精神特质。同时,这种精神特质鼓励研究以及对研究结论的批评,这也促使

我们对教师教育价值观和目的予以区分所产生的结果进行系统的研究。第二，对话可以激励、启发和培养教师教育的参与者，当他们与不同身份的人——政策制定者、父母、社区和商业领导、政治家，等等——进行互动的时候，他们将会使用更为丰富的语言和更广阔的视野，具有更为深入的价值观和正当性意识。他们可以将教师教育项目中教师需要提供什么样的交流，与社会要求教师执行独特的、复杂但必不可少的任务时教师应该得到怎样的回报结合起来讨论。

（张　斌　译）

参考文献

说明：除了文中提到的著作，以下的参考文献也为论述教师教育的目的问题提供了观点和视角。

Beyer, L.E., Feinberg, W., Pagano, J.A., & Whitson, J.A. (1989) *Preparing teachers as professionals: the role of educational studies and other liberal disciplines*. New York: Teachers College Press.

Borrowman, M.L. (ed.) (1965) *Teacher education in America: a documentary history*. New York: Teachers College Press.

Braverman, H. (1974) *Labor and monopoly capital: the degradation of work in the twentieth century*. New York: Monthly Review Press.

Broudy, H.S. (1977) Types of knowledge and purposes of education. In *Schooling and the acquisition of knowledge*, ed. R.C. Anderson, R.J. Spiro, & W.E. Montague, 1 - 17. Hillsdale, NJ: Erlbaum.

Buchmann, M. & Floden, R.E. (1993) *Detachment and concern: conversations in the philosophy of teaching and teacher education*. New York: Teachers College Press.

Cochran-Smith, M. & Fries, M.K. (2001) Sticks, stones, and ideology: the discourse of reform in teacher education. *Educational Researcher*, 30(8), 3 - 15.

Combs, A.W., Blume, R.A., Newman, A.J., & Wass, H.L. (1974) *The professional education of teachers: a humanistic approach to teacher preparation*, 2nd edition. Boston: Allyn & Bacon.

Connelly, M., Phillion, J., & He, M.F. (eds.) (in press) *Handbook of research on curriculum*. New York: Sage.

Dewey, J. (1972) Interest in relation to the training of the will. In *The early works of John Dewey 1882 - 1898: Vol. 5. Early essays*, ed. J.A. Boydston, 111 - 150. Carbondale, IL: Southern Illinois University Press.

Dewey, J. (1976) The child and the curriculum. In *The middle works of John Dewey 1899 - 1924: Vol. 2. Essays on logical theory 1902 - 1903*, ed. J.A. Boydston, 271 - 291. Carbondale, IL: Southern Illinois University Press.

Dewey, J. (1977) The relation of theory to practice in education. In *The middle works of John Dewey 1899 - 1924: Vol. 3. Essays on the new empiricism*, ed. J.A. Boydston, 249 - 272. Carbondale, IL: Southern Illinois University Press.

Dewey, J. (1985) Democracy and education. In *John Dewey, the middle works 1899 - 1924: Vol. 9. Democracy and education 1916*, ed. J.A. Boydston, 3 - 370. Carbondale, IL: Southern Illinois University Press.

Dewey, J. (1988) The public and its problems. In *John Dewey, the later works 1925 - 1953: Vol. 2. Essays, reviews, miscellany, and The public and its problems*, ed. J.A. Boydston, 235 - 372. Carbondale, IL: Southern Illinois University Press.

Dewey, J. (1989) How we think. In *The later works of John Dewey 1925 - 1953: Vol. 8. Essays and how we think, Revised edition*, ed. J.A. Boydston, 105 - 352. Carbondale, IL: Southern Illinois University Press.

Elliott, J. (ed.) (1993) *Reconstructing teacher education: teacher development*. London: Falmer Press.

Emerson, R.W. (1983 [1841]) Circles. In *Ralph Waldo Emerson: essays & lectures*, 401 - 414. New York: The Library of America.

Emmet, D. (1958) *Function, purpose, and powers*, 2nd edition. Philadelphia: Temple University Press.

Feiman-Nemser, S. (1990) Teacher preparation: structural and conceptual alternatives. In *Handbook of research on teacher education*, ed. W.R. Houston, 212 - 233. New York: Macmillan.

Feiman-Nemser, S. (2001) From preparation to practice: designing a continuum to strengthen and sustain teaching. *Teachers College Record*, 103(6), 1013 - 1055.

Fenstermacher, G.D. & Amarel, M. (1983) The interests of the student, the state, and humanity in education. In *Handbook of teaching and policy*, ed. L. Shulman & G. Sykes, 392 - 407. New York: Longman.

Floden, R.E. & Buchmann, M. (1990) Philosophical inquiry in teacher education. In *Handbook of research on teacher education*, ed. W.R. Houston, 42 - 58. New York: Macmillan.

Green, T.F. (1983) Excellence, equity, and equality. In *Handbook of teaching and policy*, ed. L. Shulman & G. Sykes, 318 - 341. New York: Longman.

Greene, M. (1981) Contexts, connections, and consequences: the matter of philosophical and psychological foundations. *Journal of Teacher Education*, 32(4), 31 - 37.

Griffin, G.A. (ed.) (1999) *The education of teachers: ninety-eighth yearbook of the National Society for the Study of Education*, Part I. Chicago: University of Chicago Press.

Grow-Maienza, J. (1996) Philosophical and structural perspectives in teacher education. In *The teacher educator's handbook:*

building a knowledge base for the preparation of teachers, ed. F. B. Murray, 506 - 525. San Francisco: Jossey-Bass.
Grubb, W. N. & Lazerson, M. (2004) *The education gospel: the economic power of schooling*. Cambridge, MA: Harvard University Press.
Hansen, D. T. (2001) Teaching as a moral activity. In *Handbook of research on teaching*, Fourth Edition, ed. V. Richardson, 826 - 857. Washington, DC: American Educational Research Association.
Hansen, D. T. (ed.) (2006) *John Dewey and our educational prospect: a critical examination of Dewey's Democracy and Education*. Albany: State University of New York Press.
Hirsch, Jr., E. D. (1999) *The schools we need and why we don't have them*. New York: Anchor Books.
Joyce, B. (1975) Conceptions of man and their implications for teacher education. In *Teacher education: the 74th yearbook of the National Society for the Study of Education*, ed. K. Ryan, 111 - 145. Chicago: University of Chicago Press.
Kennedy, M. M. (1987) Inexact sciences: professional development and the education of expertise. In *Review of Research in Education*, 14, ed. E. Z. Rothkopf. Washington, DC: American Educational Research Association.
Kessels, J. P. A. M. & Korthagen, F. A. (1996) The relationship between theory and practice: back to the classics. *Educational Researcher*, 25(3), 17 - 22.
Korthagen, F. A. J. (2001) *Linking practice and theory: the pedagogy of realistic teacher education*. Mahwah, NJ: Lawrence Erlbaum Associates.
Labaree, D. F. (1997) Public goods, private goods: the American struggle over educational goals. *American Educational Research Journal*, 34(1), 39 - 81.
Ladson-Billings, G. (1994) *The dreamkeepers: successful teachers of African American children*. San Francisco: Jossey-Bass.
Peters, R. S. (1977) *Education and the education of teachers*. London: Routledge & Kegan Paul.
Proefriedt, W. A. (1994) *How teachers learn: toward a more liberal teacher education*. New York: Teachers College Press.
Richardson, V. (ed.) (2001) *Handbook of research on teaching*, Fourth Edition. Washington, DC: American Educational Research Association.
Russell, T. & Korthagen, F. (eds.) (1995) *Teachers who teach teachers: reflections on teacher education*. London: Falmer Press.
Scheffler, I. (1968) University scholarship and the education of teachers. *Teachers College Record*, 70(1), 1 - 12.
Schrag, F. (1995) *Back to basics: fundamental educational questions reexamined*. San Francisco: Jossey-Bass.
Schwartz, H. (1996) The changing nature of teacher education. In *Handbook of research on teacher education*, Second Edition, ed. J. Sikula, T. J. Buttery, & E. Guyton, 3 - 13. New York: Macmillan.
Shulman, L. S. (1998) Theory, practice, and the education of professionals. *The Elementary School Journal*, *98*(5), 511 - 526.
Sontag, S. (2001) A dialogue with W. G. Sebald on the writer's task. A public forum at the Ninety-Second Street YMCA, New York City.
Wilson, J. (1975) *Educational theory and the preparation of teachers*. Windsor, Berks.: NFER Publishing Company.

3. 民主社会中的教师教育：民主参与实践的学与教

埃米莉·罗伯逊(Emily Robertson)
雪城大学(Syracuse University)

> 民主政体的本质特征在于其对人民参与过程的重视，并以此进行社会管理。
>
> ——塔斯曼(Tussman, 1960: 105)

教师教育与公民参与的当代政治语境

27 人们往往认为，很多美国公民对政治是孤陋寡闻的，且并未参与到政治过程之中。与那些能说出三大政府部门名称的人相比，更多的美国人可以道出“三个臭皮匠”的姓名(Westheimer and Kahne, 2004)。国家选举研究项目曾对1982至1992年间的大学毕业生进行过一项调查，仅有8%的人曾经给政府官员写过信，7%的人曾经为某个政党或候选人效力(Nie and Hillygus, 2001)。当然，并不是所有的消息都是不好的。美国参与社会服务工作的年轻人日趋增多，譬如，在2004年参与调查的一年级大学生中有82%的人声称自己在高中毕业时曾参与过志愿者工作(Williams, 2005)。当然，与早年的反战和公民权利运动不同，志愿者工作主要服务于公共福利，并不一定是明显的民主政治行为。

在上一届总统选举之后，公共政治话语的质量受到了攻击。在《纽约时报》(*New York Times*)一个名为“游说消亡了吗?”(“Is Persuasion Dead?”)的专栏里，马特·米勒(Matt Miller)问道：“在当前的美国，有没有可能让人们相信他们不曾相信的事情？如果有，有没有足够的空间让多元思想维持民主。”(Matt Miller, 2005: A15)保罗·克鲁格曼(Paul Krugman, 2005)的抱怨回应了米勒的问题。克鲁格曼认为，当面临明确的相反证据时，不管是政客还是选民都不愿意改变他们的观点。意识形态的两极分化——“红色”之州与“蓝色”之州①——不仅在选民之中而且在白宫内部都非常明显。白宫的成员往往是根据党派利益重新划分的选区的结果选举出来的。玩弄权谋的白宫和钻营的市场媒体共同制造一种局面，在那里，人们只需要与那些志趣相投的人交往(Rosen, 2005; Posner, 2005)。理查德·波斯纳(Richard Posner)认为，人们阅读

① 前者支持共和党，后者支持民主党——译者注。

报纸并非是为了见多识广，而是为了发现那些“支持而不是破坏他们现有信念的信息”(Richard Posner，2005：9)。

教育既是目前民主政治参与程度的一部分成因，也是其潜在解决方案的一部分，尽管采取何种方案是有争议的。丹尼尔·拉维奇和约瑟夫·P. 沃特里奇(Diane Ravitch and Joseph P. Viteritti，2001a)认为，传统上，美国人依赖于公立学校教育来传递“极为珍视的民主价值观”，而现在令人担忧的是，学校逐渐不再扮演这一角色。在他们看来，当今的学生未能掌握一些关键的公民知识，比如对政府如何运作的理解，学 28
生在公立学校学习的是一种多元主义的课程，它们并不以“美国社会首要的公民理念”为目标(Ravitch and Viteritti，2001a：5)。拉维奇和沃特里奇的批评与斯坦纳(Steiner)和罗森(Rozen)的观点有着共同的基础。斯坦纳和罗森认为，在缺少“均衡”、由“进步主义者”和“建构主义者”的观点占据主导地位的教育学院里，准教师接受的是一种“反文化”的课程，这些课程“灌输的是对学校系统的不信任的观念”(转引自，Hartocollis，2005：25)。总体而言，持有这种观点的学者认为，要通过教育质量标准和评估立法，譬如《不让一个孩子掉队法》，让教师和学校承担更多的责任。在他们看来，公民教育要求学生学习关于美国历史和政府的知识，并分享共同的公民理念。

另外，那些认为教育是为了美国民主的学者肯定会提及社会正义的承诺，这需要在日趋多元的社会中关注多样性。譬如，沃尔特·C. 帕克(Walter C. Parker)认为，民主社会的公民需要一种公正观，包括“辨别不同统治方式和日常生活中不公正的能力，并致力于寻求可供选择的共同生活方式”(Parker，2003：73)。对于由玛丽莲·科克伦-史密斯(Marilyn Cochran-Smith)提出的教师教育原则而言，这种观点意味着使“不公正、权力和行动主义明确成为课程的构成部分”(Cochran-Smith，2004：77)。

与之前提到的批评者的观点不同，社会正义视角的支持者总是相信他们的观点在教师教育中占据主导地位。杰奎琳·乔丹·欧文(Jacqueline Jordan Irvine)提出，“教师教育领域对将教师培养为行动主义者和社会正义的支持者这一观点，可以说是不屑一顾的”(Irvine，2004：xii)。她认为，教育学院的领导层必须创设一种体现并珍视多样性的环境，忠诚于社会正义理念的教育学院教师必须清晰地表达他们的政治立场。尽管关于《不让一个孩子掉队法》消除学业成就组间差异的观点得到了普遍的认同，但是支持为社会正义而进行民主教育的人往往认为，《不让一个孩子掉队法》的实施导致了教学方法与窄化的课程难以服务于民主教育的目标。有学者认为，高风险考试与标准化运动也导致了类似的效应(Michelli and Keiser，2005)。

因此，关于培养公民的民主精神和教师应有的知识、承诺的争议看起来也像政治领域的图景一样走向了分化。不同视角之间的差异可能被夸大：即便他们对这些目标的内涵并未达成一致，但每个人都可能认为，如果学生知晓更多的关于政府运作的知识，将是一件好事情；也可能认为，实现更大程度的社会正义是一个重要的民主目标。无论如何，民主教育及其对教师教育的影响还处于争议之中——什么是民主；什么是适当的参与；如何为了民主而教育；高等教育尤其是教师教育的贡献。譬如，德里克·希特(Derek Heater)列举了当前关于美国公民教育的争议：“多元文化与国家凝聚力目标，国家与世界公民，学科结构与民主路径问题，关于制度的学习与关于公民行为的学习，学术性学习与社会服务”(Heater，2004：124)。

关于公民教育的争论不仅仅是一个当代问题。历史上，美国人也曾期待学校能够培养未来的公民。不过，公民的民主参与需要什么，以及谁能成为“公民”，均取决于所
29 处那个时期占主导地位的政治价值观和偏见。当然，公民教育可以包括以下主题：美德、美国史、美国宪法与政府的原则、爱国主义与民族主义、世界公民与包容、社会议题以及民主参与(Reuben，2005；Heater，2004)。与民族、种族、性别和宗教等相关联的不公正不断挑战关于政治平等的民主说辞。当前在小学阶段的公民教育所做的尝试主要有以下内容：庆祝国庆节，向社区服务人员学习，关注法治，学习美国史、《权利法案》和宪法。在中学阶段，学生一般要学习至少一年的美国史和一个学期的政府治理知识(Heater，2004)。

鉴于多种观点相对立和存在争议的背景，任何关于民主教育的讨论都必然不是价值中立的。因而，我关于教师教育及其与民主关系的认识也有一个特定的脉络，它突出了其中某些议题而压抑了其他议题(在我所在大学的图书馆检索系统中，我搜索关键词，出现了10000多个条目，这是系统最大的报告能力)。此文中社会与政治语境包括美国民主参与的现状、立场分化的政治形势、教育评估与问责运动、教育学院所面临的挑战(哪里才是承担教师教育任务的最佳场所)、高等教育机构在开展公民教育方面日益增长的兴趣。同时，尽管我清楚地意识到民主是一种全球化的现象，而且居住在美国并参与民主生活的很多人都不是公民，但我还是选择了研究美国的公民教育。本文的具体焦点是民主参与的模式及其对准教师培养的启示。

公民所应该具有的美德在一定程度上取决于我们的政治生活观。在政治领域中，什么是公民行动的空间？这一领域需要什么样的行动？在本文，我对政治行动领域有一个开放的理解。我主要关注的是杜威的民主术语，即“彼此关联的生活模式和相互连接的交流性经验模式”(Dewey，1966/1916：87)。毫无疑问，美国公民应该学习美国历史和政府治理方式。不过，在一个自由民主的社会中，公民应从最本质的意义上致力于实现所有公民的政治平等，维护所有公民的基本自由和机会权利，这种平等与权利是受到保护的，它甚至可以与透过民主的交流与行动模式，与他人共同参与而形成的多数赞同意见相抗衡。什么是能够维持民主生活模式的“心灵习性”？教育与教师教育在培育这种习性的过程中能够发挥什么样的作用(Bellah，*et al.*，1985)？

我认为，在一个自由民主的社会中，公民所需要的能力是通过共同决定他们作为公民所一起追求的事物而获得的，同时，对将他们作区分的差异进行协商，由此使他们参与到多样化的实践中去。一个社会中的公民对于个人生活与公共生活的方式，以及需要哪些条件这样的问题会持有不同的甚至是冲突的观点，这一事实使得公民间的协

商变得必不可少。一个自由民主的社会在法律的限度内为不同观点和行动提供的自由,使人们有关公共利益的持续对话成为民主生活的必要条件。之前提到的政治立场分化的现状表明,人们未能成功地参与基本的民主任务。试想,如果没有"思想汇集"(mingling minds),在对话中没有改变各自观点的意愿,或者不愿与除了志趣相投的人之外的其他人交流,名副其实的民主能维持下去吗?

进一步而言,我认为,参与民主实践所必须的知识、技能和美德为具有民主精神的
公民教育设立了目标,同样也为帮助一代又一代发展这些能力的教师的教育设立了目 30
标。最后,我认为教育学院以及高等教育机构为公民教育作贡献的能力,取决于建立并维持远离可能破坏这一任务的社会权力中心的自主权。

公民领域与民主公民的实践

当人们做出民主政治行动之时,立即浮现在人们脑海中的是诸如以下的情境:在立法机关、市镇议会和学校委员会那里,参与者可以做出对特定政治组织有约束力的决定。然而,最近理论家们发现了公民社会促进民主行动的可能性。"公民社会"主要是指社会空间,是由公民在表达他们旨趣和承诺的过程中形成的志愿组织,它们很大程度上存在于经济和国家领域之外。正如爱丽丝·马里恩·杨所言:"在市民社会的组织中,人们在讨论和解决问题,而非在讨价还价和寻找规则的过程中协调他们的行动"(Iris Marion Young, 2000: 159)。在这一意义上,公民社会包括教堂、社区组织、工会、政治行动团体、俱乐部、文化组织、非营利服务的提供者和公民组织等。这些团体可以为其成员提供各种服务,能够揭示政治与经济领域中的不公正现象,有时还可以成功地对国家和经济权力施加一定的约束。杨认为,这些团体可以分为私立的、公民的和政治的几种类型。尽管并非公民社会中所有的团体在其公民与政治形式上都是积极的(比如3K党,the Ku Klux Klan),但这些团体对于促进民主生活具有很大的潜力。政治领域的公民社会能够将政治行动的可能性扩展到国家之外,并提高民主参与的可能性。将公民社会纳入政治领域,很大程度上反映了之前提到的杜威对民主生活观的扩展。

简·曼斯布里奇(Jane Mansbridge)认为,她所谓的"日常会话"也是一种潜在的政治行动方式。曼斯布里奇将政治看作是"'公众应该予以讨论的事物',尤其是当这种讨论形成了一些或许非常不正式的集体'决策'形式之时"(Mansbridge, 1999: 214)。立法机关的目标在于做出约束参与者的决策,日常会话则创设了自由意见的氛围,这有助于形成有约束力的决策(或实现这些决策)。由此出发,曼斯布里奇认为,"与朋友一起观看一部带有性别歧视的电视节目时,有人可能对此嗤之以鼻"就是一种政治行动(Mansbridge, 1999: 214)。

在当局做出决策的语境中,在彼此联系的生活和日常会话中,作为公民,我们所参

与的行动有哪些类型？这些类型的行动需要哪些知识、技能和美德？迈克尔·沃尔泽(Michael Walzer，2004)着重强调政治参与的多种形式，其中包括政治教育、选举、竞选、资金筹措、示威和像填装信封那样的“琐碎事情”。这些特定的活动都嵌入在更一般的实践类型之中，这些实践类型有助于我们与其他公民一起围绕那些使我们产生分歧的议题进行对话并做出行动。

意识到这些政治语境，我会考察体现在民主公民中的三种人际关系：(1)审议；(2)谈判和协商；(3)行动主义。这些实践代表着公民及其合适的相互定位的三种不同
31 工作类型。此外，正如我们所看到的，这些互动的类型彼此之间往往存在着一定的张力。我的研究认为，民主的政治生活需要这三种类型。尽管一些公民可能强调将其中的某一种作为其生活立场，我们还是建议大多数人至少在公民社会和日常会话的空间里参与所有的行动类型。我想着重考察的是，正规教育在培养这些行动能力的过程中所能发挥的作用，以及这些行动在民主社会中对于教师教育目标的启示。

审议

近年来很多关于公民美德的讨论都认为，审议是公民最应该一起做的事情。这让我想到了被称作“审议民主”的理论(Gutmann and Thompson，2004；Gutmann and Thompson，1996；Macedo，1999)。从这一视角来看，当面对一个公共问题的时候，公民应该共同思考有关被提议的行动过程的支持和反对的观点，尽力设想最佳的问题解决方案。阿兰·韦特海默(Alan Wertheimer)认为，“总体而言，当我们考虑以下两个问题时，(1)存在关于某一个议题的正确答案，(2)讨论可以使我们更加接近那个答案，我们就有可能进行共同审议了”(Wertheimer，1999：171)。沃尔泽将审议描述为“人们开展平等讨论的理性过程，他们相互聆听彼此的观点，评价已有的资料，思考可供选择的可能性，讨论相关性和价值，而后为国家选择最佳的政策或为办公室选择一个最合适的人选”(Walzer，2004：91)。公民开始审议的时候，他们就能分析那些在与其他参与者的共同讨论中所拥有的证据，并寻找最佳的政策或行动议程。审议不仅仅是观点的共享，也是一种“着眼于决策制定的讨论”，即便是在参与者自身并非主要决策者的时候(Parker，2003：81)。

陪审团是一种典型的公民审议。我们假设存在着这样一个事实——被起诉的人既不是有罪的，也不是无辜的。陪审团的任务就是评估证据的真实性，并裁定结论。我们认为，当存在分歧时，陪审员不应该持有妥协或“折中”的立场。如果指控的是一级谋杀，一些陪审员相信被告是有罪的，而另一些陪审员则认为被告彻底无罪，那么，倘若因此减轻被告的罪行，譬如判为过失杀人罪，那么这种妥协就是一种错误。他们的任务是，在既有证据所指的方向上达成共识，或者承认他们不能做出一个判决。审议可能会由律师、被告和原告在幕后展开；但是，陪审团不应进行协商。相反地，朋友之间在为看哪一部电影而争论时，一般不会认为存在一个客观、正确的答案，在这一场

景中，我们不会说他们在“审议”(Walzer，2004；Wertheimer，1999)。

审议民主的所有理论都试图提出一些具体的条件，以其论证公共审议的正当性(譬如，所有的公民都应该拥有平等且有效参与的权利)；也都试图细化公共审议所需要的公民德行(譬如，聆听并包容其他人观点的意愿)。审议的关键在于，它通过确定那些有最好支持理由的决策方案，将关于做什么的不同观点转变为一致的观点。尽管审议民主也承认存在着持久稳固的分歧，但是，它相信审议过程中的相互尊重将会提升最终决策的正当性，即便对那些提议未被采纳的提议者而言也是如此。

尽管审议是一种为人熟知的行动，然而，人们往往并未认识到它的积极意义。审议不只是讨论，也不仅仅是辩论。就如同德伯拉·坦纳在《争论文化》一书中所指出 32
的：“公共话语需要为一个观点进行论证，而不是仅仅持有一个观点——就如同在打架”((Deborah Tannen，(1998)1999：4，*The Argument Culture*)。在一场辩论中，反对者在争取获得胜利，而不是发现事实。比如，他们呈现的证据有利于他们的观点，但不利于相反的观点。辩论者并没有以开放的心态对待反对者的观点，因此也并未尽力寻求最佳的解决方案。不同于审议，辩论者尤其难以接受被证明错误的可能性(Walzer，2004)。审议不是简单的意见发表过程——每一位参与者都拥有发表各自观点的权利，审议包含着共同探究的因素，参与者可以围绕一个问题收集证据，从而检验各种不同的理论和解释。因此，随着审议的进行，参与者不断改变各自的观点，这预示着真正的审议已经开始了(Simon，2005)。

培养未来公民的审议能力需要聚焦于特定的能力和性情倾向。有效的协商者应该有能力为其立场提出一个充分的观点，也应该在面对更好的观点时不断转变自己的观点。与杜威的观点相似，审议民主将公共政治话语看作是在合理的条件下公民进行自我调整的共同探究活动(Michelli，2005)。正如之前所指出的，审议不是辩论，而是一项对影响公共利益的问题进行集体探究的活动，具体包括以下几个方面：确定关键性问题，围绕问题搜集证据和相关观点，提出观点，评估决策的公正性(Simon，2005)。

鉴于多样化的观点是审议的有利条件，愿意聆听与自己观点不一致的其他观点对于审议而言是一种重要的德行。同时，支持那些作为自由、正义的意见交换之基础的原则也是重要的，这些原则有：对他人权利的尊重，无歧视，所有公民的自由与平等，彬彬有礼，互相尊重，宽容，对不同观点的开放态度。正如审议民主党人艾米·古特曼(Amy Gutmann)所指出的，公民教育的目标在于使公民养成“争辩和欣赏、理解与批判、说服与集体决策——即便不能普遍接受也要相互尊重——等方面的能力”(Gutmann，2005：358)。因此，古特曼认为，在有争议的议题上可能无法达成一致，但是，公民必须要尊重那些通过公正程序达成的决策，即便他们不同意这一决策且试图继续说服他人改变观点。

已有的研究文献一般都认为，培养学生的审议能力最好的方法之一是让他们参与到有争议问题的讨论中去(Gutmann，2005；Johnson，*et al.*，2000；Parker，2003；

Simon, 2005)。如果有些议题不具有争议性,也就不需要审议。首选的议题有时候是身边的议题,比如课堂与学校政策,学生可能有能力对其结果产生重要影响。不过,学生参与的议题往往都是诸如自由贸易或环境条约等公共政策问题。帕克(2003)为高中开发了一套有关审议主题的课程,试图教给学生一套政策分析的框架。美国国是论坛(National Issues Forum, NIF)网络将政策议题作为关注的核心,主要采用的是由公共议程基金会(Public Agenda Foundation)提供的资料。在"540 项目"中,学生自己选择审议的主题。自 2002 年以来,已经有 250 所高中和 140000 多位学生参与了该项目(Johanek and Puckett, 2005)。

在一项涉及 5 个国家(英国、丹麦、德国、荷兰和美国)、50 所中学的研究中,哈恩发
33 现,在可以自由表达观点的课堂中,与缺乏类似经验的学生相比,那些有机会讨论有争议问题的学生形成了更加积极的政治态度。当课堂对多样性的观点保持开放时,学生能够自由表达不同于其他同学或教师的观点,讨论是最有效的。拥有这种经历的学生体现了"更高水平的政治效能感、兴趣、信任和自信"(Hahn, 1998: 245)。

有关学生审议能力培养的研究对教师教育的启示在于,教师应该学习如何引导审议式的讨论,以及如何创设支持性的课堂环境。西蒙认为,如果想要鼓励学生形成审议的能力,"我们必须将这种引导技能融入到教师教育项目和促进持续专业发展的努力之中"(Simon, 2005: 112)。西蒙曾对课堂审议与简单的信息获得和回忆——她认为后者支配着当前的课堂教学——做了对比研究。当然,审议式讨论需要广泛的知识,但是她认为,这种讨论花费的时间要多于直接的知识获得,因此,在审议式讨论与直接的知识获得之间需要一定的折中方案。标准化测验和高风险考试通常阻碍审议式讨论的展开,因为协商能力一般不会出现在测试之中,所以教师也不愿在这些事情上浪费时间。他们也可能担心在讨论有争议的议题时惹上麻烦。帕克(Parker, 2003)基于自己的经验,说明了准教师怎样才能学会审议式讨论。在借鉴默顿·多伊奇(Morton Deutsch)关于冲突解决研究的基础上,约翰逊、约翰逊和乔弗尔德(Johnson, Johnson and Tjosveld, 2000)采用"建设性争论"的技术培养教师和管理者,从而让学生参与到对有争议问题的审议式讨论之中。

审议是公共政治生活中的一个恒常要素吗?应当承认,它看起来并没有很好地概括真实的世界。如果我们回想上一届总统选举中对话的质量,合理、包容、心甘情愿地对待被指出的错误,并不是我们首先想到的词汇。审议观点的支持者甚至也承认,实际的政治过程并非总是体现着审议的理念,所以,学生可能很难见到真正的实例(Simon, 2005)。不过,模型的作用在于提供一种追求的典范,而不是对实际过程的描述。政治讨论到底在多大程度上依赖于双方对各自政策和行动过程适切性的互相说服?人与人之间进行的民主性的政治交流能够采取其他形式吗?这些即便可能是更有效、更便捷的可供选择的形式在道德上劣于审议吗?审议的支持者并未在普遍意义上认为审议是唯一可被接受的政治行动,但是他们倾向于认为,相较于其他的行动,审

议具有自身的道德优势，因而如果有可能的话应该作为首选。这是真的吗？

杜威(Dewey, 1966/1916)将公共政治话语看作是共同探究。不过，一些学者认为，在民主社会中，审议所能发挥的作用是有限的。也有学者认为，审议的立场忽视了“政治中的道德分歧在多大程度上受制于旨趣和权力的差异”(Shapiro, 1999: 29)。丹尼尔·贝尔(Daniel Bell)认为，如果一个国家存在着较大的贫富差距，缺乏社群感和相互信任，那么，“解决方案可能是剥夺而非审议”(Bell, 1999: 73)。近年来，政治哲学家威尔·金里卡(Will Kymlicka)认为，不同团体之间的合作可能“更多是一种讨价还价和协商，而不是真正的共享型审议或相互理解”(Kymlicka, 2003: 165)。沃尔泽也质疑：审议的支持者是在尽力超越政治吗？他们在努力创建“一个政治冲突、阶层斗争和文化差异被纯粹的审议所代替的世界吗？”(Walzer, 2004: 105)。

与其说审议能够带来一致，不如说它能促进不一致的产生。或者，譬如，通过讨
论，宗教差异可能被证明是无法调和的，借此，公民可能更加意识到他们各自的阶层旨 34
趣，也更加意识到他们的旨趣是如何不同于其他公民的旨趣的。像美国这样自由民主的国家，存在着多样化的团体，它们拥有不同的视角和相互矛盾的旨趣。因此，通过审议更可能产生各种相互冲突的旨趣之间的包容，而不太可能是一种被所有人都接受的解决方案，或关于真与假的一致性结论。政治秩序一般建立在对何者为真(比如，神权政体)的一致性之上，它不同于致力于将持有不同观点的公民整合在一起的自由民主的政治秩序。

谈判和协商

谈判体现的是权力的平衡，而不是论证的力度。试图达成一致性的政党致力于确保他们自己的旨趣，而不见得就是通过追求一种共同的公正观或关注公共利益来超越自己的旨趣，就如同审议民主所希望的那样。不过，如果可以较好地测量每一个政党的旨趣满意度，一致性则更可能具有稳定性，这样，每一个参与谈判的政党就能出于各自的旨趣而实现互相包容。韦特海默指出，“当我们相信一个议题没有绝对正确的答案，或持续的审议不大可能解决争议(即便存在一个正确的答案)时，我们就可能试图包容双方观点”(Wertheimer, 1999: 171)。包容试图达成所有人均可接受的一致性。尽管如此，一个获得双方赞同的协议或调解或许不能体现各自所认为的最佳解决方案，也不大可能与任何一个政党对结果的设想或由已有理由所支持的最佳方案保持一致。

审议民主的支持者对谈判持谨慎态度，即便他们有时也认识到谈判的重要性。譬如，帕克曾区分了谈判与审议的差异，他指出，协商以相互竞争的旨趣为前提，往往包括“至少两个团体在同一个论坛中参与对抗性的竞争”(Parker, 2003: 81)。古特曼指出，协商是“基于个人或团体的旨趣”——一种“操纵或高压的政治”，而不是“一种推理与说服的政治”(Gutmann, 2005: 354)。他认为，“缺少审议的能力，人们就不可能摆

脱权力政治——权力高于公正和审议，所有关于民主的道德构想也均被权力政治所回避”(Gutmann, 2005: 353)。不过，古特曼确实也承认，在不存在与道德相关的道德议题时，或当至少有一个政党不愿意采取道德的立场，而其他政党如果持此立场便会处于劣势之时，谈判和协商才有可能发挥作用。

古特曼和汤普森曾将“同政治对手有同样动机而寻求道德包容之基础的正面案例，与那些基于各自基本原则而达成妥协的负面案例进行了比较”(Gutmann and Thompson, 1999: 66)。纽约参议员希拉里·克林顿(Hilary Clinton)建议，反对堕胎和赞成堕胎的人都能够支持旨在阻止意外怀孕的项目，这就是一项积极的道德包容。可以假设，如果反对堕胎的人打算放弃其使堕胎非法化的努力，以换取那些赞成堕胎的人对海德修正案(Hyde amendment，禁止联邦对贫穷妇女堕胎的资助)的支持，这即是一个消极的案例，因为它遵循的是各自的原则。

对政治协议的道德性的怀疑，可能使政治在一定程度上获得不好的名声。哈恩(Hahn, 1998)曾在她关于中学生的跨国研究中发现，青少年在政治信任方面总体表现出较低的水平。只有20%的青少年表示，他们尊敬那些担任公职的人。她指出，几乎没有学生表示他们曾见过某个议员。他们从各种媒体尤其是小报关于丑闻的报道中
35 和父母那里形成自己的观点。哈恩问道，这些态度对代议民主理想的发展意味着什么?

但是，谈判和协商在道德上必然是可疑的吗?相互反对的政党为促成一致性所使用的策略具有明显的不同。赢家攫取了权力政治的所有成果，留给败家的充其量是一些粗枝烂叶。竞争激烈的争斗取决于权力的平衡或强制。然而，在各方都需要彼此时，协议就成为必要的了。如果一方能够将自己的意志强加于他方，谈判就没有必要了。总体而言，协商或谈判情境中的不同政党有相互依赖的利益，他们在一定程度上需要彼此的合作以便更好地服务于自己的利益，每一方都拥有一些促进或阻挠对方满足需求的权力。

默顿·多伊奇的谈判理论强调的是这种相互依赖而不是竞争激烈的争斗(Morton Deutsch, 2000a)。以此论之，建设性的冲突解决需要将视角从世界观或道德原则(往往是非谈判性的)的冲突转向相互冲突的政党之首要利益的冲突。这就需要征募一些政党参与合作调查，考察在特定语境中如何满足各自的首要利益这一问题。在某种意义上，这一策略将谈判转化为有关如何达成众所接受的一致性审议。不过，这种策略所追求的一致性并不是客观、正确的结果，而是调解不同党派的一种安排。

某些最难应对的冲突是道德原则不能被置之不理的情形，因为这类冲突关注的是对公正原则的不同解释。多伊奇(Deutsch, 2000b)举了一个调解冲突解决方案的例子，它涉及的是如何为校本管理团队选择教师代表的问题。其核心议题在于是否应该为来自少数民族的教师留有一定的指标，因为对于少数民族而言，学生数量较多，而教师数量偏少。学校的黑人教师组织认为，由于学生来源具有多样性，学校也需要处理

越来越多的与偏见相关的事件，开发更符合学生人口构成现状的课程，因此，管理团队需要他们的参与。委员会中的大多数成员认为，所有的成员都能够有机会通过民主的程序得以成功入选，同时，如果为一位美籍非洲裔教师留出一个席位就必须为所有其他的少数民族群体预留席位。在一位调解员的帮助下，他们最终同意了这一解决方案——校长每年指派一个由七位教师组成的多元文化任务小组，其中有两位是委员会的成员，一位来自任务小组的投票，一位来自学生数量最多的少数民族(Deutsch, 2000b: 3-4)。这一案例的挑战在于寻找一种有创造性的、能代表各方观点的解决方案和使各方均能感觉到被包括在团队之中的原则。

尽管审议民主支持者经常对把谈判视为一种道德事业嗤之以鼻，然而，具有民主精神的公民无疑需要关于冲突解决的美德和技能，它们有助于找到调整他人利益的方式及解决道德原则冲突的创造性方案。除了冲突解决的技能，公民参与建设性的谈判还需要问题解决、自我控制、接受他人观点、良好的交流、合作以及偏见感知的能力(Sandy and Cochran, 2000)。

目前，有大量的项目正致力于将冲突解决的技能教给在校的儿童和青少年，并通过在职研讨会教给教师。自20世纪80年代以来，致力于社会责任的教育者项目(Educators for Social Responsibility, 2005)倡议，要以创设安全、支持性学习环境的方式将和平且有创造性的冲突解决方法教给学生。2003年，针对幼儿园至8年级学生开展了创造性解决冲突项目(Resolving Conflict Creatively Program)，该项目最初是与纽约城区学校一起开发的，现已在美国400余所学校展开。桑迪和科克伦(Sandy and 36
Cochran, 2000)提供了一些服务于儿童和青少年的项目案例，其中包括平和儿童早期社会-情感学习项目(Peaceful Kids Early Childhood Social-Emotional Learning Program)，它由哥伦比亚大学师范学院合作与冲突解决国际中心于1998年建立。

这些项目经常提及的目标主要有以下几个方面：减少校园暴力；建立积极的群体间关系；减少歧视；创设良好的学习环境；帮助学生发展亲社会技能，促进学生在校园和工作场所中的个体成长和成功；培养负责任的公民。从这些目标中也一定能推断出，冲突解决技能有助于具有民主精神的公民实践，不过，它们之间的联系在本文并未充分展开。鉴于公民在确定哪些政策和实践是最好的这一问题上存在着持续的分歧，通过培养创造性的冲突解决技能从而发展学生的态度和策略，将为当前所面临的政治分化现象提供一种积极的备选方案。如果教师试图培养学生形成这些能力，他们也需要一定的培训——不仅包括冲突解决的策略，还包括如何将这些策略教给他人。目前，很多从业人士在不同场合开展了以冲突解决为主题的研讨班，他们的经验值得我们借鉴(Raider, *et al.*, 2000)

然而，建设性冲突解决的范围具有局限性。如果冲突是由不公正引起的，特别是当冲突的引发者处于支配性社会制度之中而无法认识到此种不公正时，就需要重新调整我们的思维，而不是单单依靠创造性的解决策略。一些公民必须学会扩大他们关于道德共同体的视野，认识到其他公民所遭遇的持续不公正待遇的复杂性。那些受到不公正待遇的公民往往更有可能认识到他们的处境，也更容易组织起来，成为社会变革的力量。这一状态例证了我们所调查的民主公民的最后一种实践——指向社会正义的行动主义。

行动主义

基于不同的目的，人们可以从政治谱系中的任何一个角度考察行动主义。我在这里讨论的行动主义致力于实现更高程度的社会正义，它是一种与民主国家的公民特别相关的行动主义。

审议和协商易于在既存的社会结构中产生，而行动主义者则致力于变革他们认为不公正的社会结构。他们关注权力差异和通过外围视野的行动形塑讨论情境的方式。行动主义者认为，审议一般产生在结构化——以服务于掌权者旨趣的方式——的情境之中。因此，审议在确保更大程度的社会正义或形成被压制者的旨趣方面不大可能产生有效的结果。行动主义者利用动员、抗议和破坏等其他策略，以引起人们关注他们的事业。与协议者不同，行动主义者往往并不是单纯地被他们自己或其他团体的旨趣所激励。相反，他们将自身看作是公正原则的化身(Young, 2002)。实际上，一些公民将行动主义当作他们毕生的事业和专业。他们支持社会运动，并致力于实现社会行动的目标。公民权利运动、女性主义运动、残疾人权利维护、同性恋联盟、善待动物组织(PETA)和艾滋病解放力量联盟(ACT UP)等，仅仅是他们事业清单中的一部分。

公民在日常对话中很多时候会表现出行动主义，即便这并不是他们身份的主要部分。以下案例源自简·曼斯布里奇(Jane Mansbridge)的研究。一位非洲裔美籍妇女与她的丈夫来到南方的公婆家。晚宴时，男人们聚集在餐桌上，而女人们则进出厨房
37 为男人们端上美食。这位来访的妇女也一直坐在餐桌边。她丈夫让她去给他盛饭。她回答道："我在家里从不给你盛饭，为什么在这里给你盛饭?"此时，另外一位妇女也坐下来，不再服侍她的丈夫。这位妇女说："好了！我刚才所做的已经成为一种近乎解放另一个家庭里的女人的事情。"曼斯布里奇评论道："使用这么一个小的行为——言语的组合，以及这一例子中被期待行为的不履行——(她)……干预了她自己和其他人的生活，从而促进了一个相对新颖的性别公正理想，这由她所使用的动词'解放'体现了出来。"(Mansbridge, 1999: 217 - 218)

对于政治平等和公正机会的承诺与学校教育中所存的实际差距之间的矛盾，有助于促进为社会正义而教的承诺和作为变革行动者的教师观的形成(Cochran-Smith, 2004; Hytten, 2006; Villegas and Lucas, 2002)。维莱加斯和卢卡斯(Villegas and Lucas)认为："传统上，学校已经结构化了，所以，少数民族/种族、贫困学生与白人学生、中产阶级学生之间在标准化测验分数上持续存在着鸿沟，这是教育系统不能有效教授有色人种学生的表现。"(Villagas and Lucas, 2002: 9)为社会正义而教的支持者

认为，这一鸿沟不能单纯地通过在研究型教学实践中培养未来教师得以弥合，也需要质疑“嵌入在美国学校教育系统中的结构性不平等现实，这一现实使与民族和阶层紧密相连的等级结构得以长存……行动主义，以及对权力与社会不公正的分析必须成为课程的组成部分”(Rubin and Justice，2005：80)。

培养教师的行动主义取向，需要他们作出致力于社会正义的承诺，不过仅有承诺是不够的。致力于培养教师行动主义倾向的教师教育工作者有助于使准教师认识到种族和阶层的不公正问题，比如，将学生按能力分组、对某些学生的低期望以及学校设施的差异等方面的不公正；也有助于准教师理解在“不平等的系统化生产过程”中权力和特权的运作机制(Parker，2003：154)。有学者认为，这有助于准教师发展他们的教学立场和风格——可以敏锐地感知学生的经验和视角，激励准教师不断反思他们自己受本身社会与文化背景所形塑而可能持有的偏见和思维定势(Applebaum，2004)。也有学者认为，这能够鼓励准教师有效地与有不同背景的他人建立密切关系(Rubin and Justice，2005；Lucas，2005)。还有学者认为，这有助于准教师将学生的多样化背景和观点看作是一笔财富而不是负担，促进他们形成教学技能并推进评估实践，这对于所有学生的学习是非常有利的(Villegas and Lucas，2002)。不过，除了将之前提到的观点、知识和技能传授给学生之外，行动主义的教师还需要具有质疑教育系统中不公正现象的勇气。

从以上讨论可以看出，行动主义不为任何一种政治视角所专有。无论从何种视角出发，教师都可以培养学生批判性地检视已有的实践，并支持在他们看来是公正的社会与政治变革。不过，正如我们所看到的，为社会正义而教的确涉及一些根本的政治承诺。一些批评者认为这样的教学具有特定的党派偏向。露丝·格兰特认为，课堂应该鼓励学生参与“基于真正探究的对话”，而不是那些“指向于达成既定立场或观点”的对话(Ruth Grant，1996：476－477)。既然社会正义的承诺是自由民主的一个基本特征，那么，对于什么是正义以及它需要什么条件的问题，公民也有不同的观点。从审议民主的角度来看，行动主义的危险在于，行动主义者非常相信他们各自立场的正确性，以至于并不愿意和那些与他们持不同观点的人开展真正的对话。而且，一些议题一旦 38
被视为是与公正相关的问题，谈判和妥协的可能性就会受到限制。

民主实践：我们必须选择吗？

民主生活往往充满了各种各样的争议，它由各种各样的实践组成。因此，一个具有民主精神的公民应该具有一些对不同实践的必要知识、技能和承诺。审议、谈判和行动主义是公民参与讨论那些区分他们身份的议题时的核心实践。民主文化为公民参与设定了一套基本规则：对所有公民的自由和平等的承诺(Rawls，1993)。良好的公民教育，得益于蕴含民主精神的教师教育，它主要通过培养未来公民以使其能参与基本的民主生活实践来培植民主文化。

这些民主实践彼此之间既具有共性，也存在张力。譬如，我所讨论的审议和行动主义均致力于公共利益。在审议性论坛中，公民的言论当然都出自于各自的立场，但是，他们也应该持宽容的态度，理性地论证什么才是公共问题最好的解决方法。行动主义的目标在于社会正义，致力于教育并呼吁人们适切地对待每一个人，实现公民的平等。比如，社会产品的再分配可能更有利于一部分人，而行动主义者寻求再分配的理由在于对受到不公正待遇的公民予以补偿，而不是仅仅满足一些特殊旨趣。

相比之下，谈判的目标则在于达到对不同旨趣的互相包容，所以谈判在一定程度上好像不如审议的道德立场鲜明，不像社会正义那样被强烈需求。协商并未指向公共利益，而且，它所持的有关存在一只“看不见的手”以确保在追求个体和团体旨趣时实现公共利益的观点也备受质疑。不过，审议民主论者也承认并不是总能达成其所追求的一致性。分歧是民主政治生活中的一个普遍事实。约翰·罗尔斯（John Rawls，1993）已经指出，即使人们对事实尽数知悉，分歧依然存在，譬如，不同群体对各种竞争的价值观赋予了不同权重。约瑟夫·M. 施瓦兹非常支持“政治的永恒性”。这句话主要是说，即便是在“一个相对平等的政治共同体中”，也仍然存在着“激烈的政治分歧和冲突”（Joseph M. Schwartz，1995：19）。因此，他认为，激进的民主理论家低估了冲突的持久性，他们假设，在真正公正和平等的社会中，可以消解旨在调节不同利益的政治。审议民主论和行动主义的愿望一致——通过寻求真理消解冲突，不论是关于“何种政策最佳”的真理还是“公正如何实现”的真理。谈判（或施瓦兹意义上的“政治”）承认利益和文化承诺的多元性是不可能彻底解决冲突的，除非通过压制。

当审议性的论坛努力成为一个权力无涉区时，谈判和行动主义则分别认识到了权力分配差异的事实。谈判和行动主义都试图运用权力实现各自的目标，这与审议者对理性说服的关注截然不同。当以社会正义为目标的行动主义致力于权力的再分配时，谈判则承认存在永久的权力关系。不过，建设性的审议依赖那些不平等的权力的享有和每一政党阻碍其他政党实现旨趣的能力之间的相互依存性。

那么，作为具有民主精神的公民，我们在面对持续的分歧时应该如何共同生活？
39 我们应该在这三种实践中进行选择吗？审议有许多可取之处，即便其追求的一致性并非总能实现。在公共政治语境中，投票或法庭审判可能决定突发性事件，即便如此，审议也可以进行。然而，在公民社会或日常生活中超出投票和法庭审判范围之外的事情，不同团体可以满足每一团体的首要旨趣，从而实现相互包容，这同样也是民主生活的表现。而且，立法建议本身也典型地体现着基于不同旨趣间相互包容的商谈。缺少包容他人的意愿，固守自己对事实的观点，会阻碍立法行为并极端地分化选民的意愿。但是，当冲突产生于不公正问题，尤其是那些造成不公正的当事人难以识别的不公正问题——它嵌入在关键的社会制度中，这时需要的是思维方式的重新定位，而不是简单地对不同旨趣的创造性包容。因此，以社会正义为中心的行动主义对民主生活有其独特的诉求。

因此，尽管我将这些政治实践加以分开描述，实际上它们是以整合的形式出现的，这并不奇怪。譬如，《纽约时报》的一位记者对于艾滋病解放力量联盟的两位抗议者穿着运动夹克、打着领带进行“死亡抗议”的古怪行为感到非常震惊。在后续的追踪中，她发现，抗议之后，他们在美国商务代表的办公室出席了一个会议（转引自，Levinson，2002）。行动主义致力于转变公民的问题意识，这与可行的审议式策略之间并不是互不包容的。

在《民主与分歧》（*Democracy and Disagreement*）一书中，审议民主党人古特曼和汤普森考察了参议员卡罗尔·莫斯利·布朗（Carol Moseley Braun）使用策略的案例。莫斯利·布朗试图驳回“联邦的女儿”①更新其专利——联邦旗帜的标志——的请求。修正案通过了一个测试性投票之后，莫斯利·布朗走进了参议院，她辩论道，将参议院的“许可”放在一个民族主义的标志之上是一种“侮辱”，这对她和众多的美国人（包括白人和黑人）而言是“彻底不能接受的”。她的演讲被描述为“声泪俱下与慷慨激昂的”。同时，她还威胁了一位阻挠者。经过三小时的辩论，修正案失败了。古特曼和汤普森对这一案例的评论是：“即便是极端的非审议方法也可能被证明是通往审议的必要阶梯。”（Gutmann and Thompson，1996：135）当然，他们也指出，如果使用的是“纯粹的策略——主张一种关于利益的观点而非诉诸道德原则”，那么，她的诉求可能就已经失败了（Gutmann and Thompson，1996：258）。即是说，如果她已经使这一问题变成一个协议或包容的问题，由此确保作为团体的非洲裔美国人的利益，而不是将之转变为一个基于公正的道德诉求，那么，她的说服力将会大打折扣。当然，莫斯利·布朗不可能没有意识到，那些起初反对她的参议员在重新投票中的利益诉求其实也是促使他们屈服的部分原因。在这个案例中，审议、谈判和行动主义相互联合产生了一项解决方案。因此，从中做选择不仅是不必要的，而且也不是一个好主意。它们在每一个民主社会的公民的全部政治能力中都有各自的位置。

对教育和教师教育而言，民主教育的目标可能在于使公民认识到沃尔泽（Walzer，2004）思想实验中给出的以下理念：

> 我们可以设想一个政党论坛，它由一群不仅是优秀的谈判者，还具有反思性的人所设计，这些人的目标在于提出具有道德正当性、经济现实性以及政治吸引力的提议。我们可以设想一种谈判的过程，其中人们试图理解并包容对方的利益诉求（同时也仍然捍卫自己的利益）而不是仅仅进行最具挑战的商谈。我们可以设想一场议会辩论，在那里，相互竞争的发言人聆听彼此 40
> 的观点，并时刻准备修正自己的立场。最后，我们还可以设想有这么一些公

① 联邦的女儿（Daughters of the Confederacy），美国商标。——译者注。

民，当他们评价候选人、政党项目、他们的代表者所争取的待遇，或是所提出的观点时，这些公民实际上考虑的是公共利益。（Walzer, 2004: 107－108）

学校教育与民主实践的培育

即使我的观点让大家相信具有民主精神的公民应该具有参与审议、谈判和行动主义实践所需要的性情倾向、知识和技能，现实中我们也并没有解决公共学校教育和高等教育如何培养学生掌握这些知识和形成这些能力的问题。在所有层次的教育中，作为课程最核心部分的应该是审议式实践的相关内容。培养学生的理性说服能力仅仅是一种好的自由教育应该涉及的一部分。即便没有公民教育的目标，大学仅仅通过培养严谨的探究所需要的知识、态度和技能，也能促进学生和未来教师形成公民美德。通过培养学生参与到如何探索真理中，他们公共理性的品质将得到提高。就像杜威反复提及的，探究不单是一群所谓的“研究者”的专利，也是具有民主精神的公民所应享有的权利和所应履行的义务。

因此，自由教育对民主生活具有重要性。而现实中，一些公民接受自由教育的机会被剥夺，教育系统中的这一不平等不仅仅是一种不公正，而且削弱了公民的民主参与。然而，人文学科知识的学习本身并不能培养学生聆听他人观点的意愿，也无法使他们以开放的心态对待他人所指出的错误，或愿意根据新的证据修正自己的理解，而这些恰恰都是真正的审议所需要的美德。因此，民主教育需要更明确地关注德性。现实中，人们往往认为自由教育课程已经将德性纳入其中，但事实并非总是如此。

相较于与审议密切相关的知识、态度和技能，与谈判密切相关的知识、态度和技能在所有层次学校教育的课程中的地位显得更微不足道。正如前文提到的，也有很多项目试图将冲突解决的技术教给学生及其教师。但是，这些实践并非像审议实践那样，深深地嵌入到公立学校教育或高等教育的课程之中。至于其原因，我早已指出，与审议不同，人们对协议道德的质疑或许是一部分原因；也可能仅仅是因为这些技术被视作所有层次学校的教育目标的“附属物”。但是，民主政治生活中持续的分歧使得包容他人合法利益诉求的意愿和设计创造性的冲突解决方案的能力成为重要的民主美德。如果教育系统果真不愿培养这些能力，那么，还有其他什么机构可以？

在学校教育中培养学生对社会正义和社会行动主义的承诺是否是一个有争议的议题，这在前面已经提到了。一些学者质疑学校教育或者更广泛的大学教育是否应该将培养学生对社会正义和社会行动主义的承诺作为课程的一部分。斯坦利·菲什（Stanley Fish, 2004）曾指出，促使学生参与政治行动，甚至培育“负责任的公民实践”，不是大学的责任。他说，“只有通过提前决定哪一种关于道德和公民身份的观点是正

确的，大学才能够致力于道德和公民教育，并将学术资源和精力都用以实现这一任务。 41
但是，这一任务可能会扭曲（通过替换）真正的学术工作：探寻真理并通过教学传播真理”（页码不详）。一些学者甚至因此担忧教育的前景。尽管将自己划入激进民主传统的圈子，施瓦兹也认为：

> 一位坚持多元主义的民主党人可能认为，学校应该将一种极简主义的民主意识形态传递给学生，包括批判推理（甚至也包括民主本身）的能力和对公民平等权的承诺。传递一种更深刻的、更具综合性的政治意识形态可能会跨越民主教育和意识形态灌输之间的界限。（Schwartz，1995：10－11）

因此，学校在促进行动主义的过程中应该发挥什么样的作用，仍然是一个有争议的论题。

在美国，社会批判早已成为大学的一种功能。尽管对于公正需要什么条件存有分歧，但民主社会中的教师应该致力于教育资源的公正分配，这看起来并不是一项不合适的期望。同样，无疑地，对于民主生活的需求而言，更具挑战性的是系统性不公正意识，以及公民在其中发挥的作用，即便他们意识不到其中的复杂性。当然，教师很可能会越过教育与政治教化之间的界限。但是，已经掌握了上述审议能力的教师能够更好地把握住底线。

审议、谈判和行动主义都可以是具有民主精神的公民所能践行的。这些实践完全可以通过教育系统的合理培育而得以实现。致力于培养参与这些实践的公民的事业，为教师教育设定了一项复杂的日程安排。正如我已指出的，民主社会中的教师应该做到以下几点：引导审议式讨论，促进学生形成自己的观点，理解他人的观点，面对合理的理由时能够开放地改变自己的观点；培养学生协商的技能和态度——包括以不拒绝基础民主原则的方式包容他人利益诉求的态度和形成创造性地解决冲突的能力；鼓励学生认识社会实践中自己或他人所面对的不公正现象，并敢于对这些不公正提出质疑。

到目前为止，本文的讨论已经清楚地表明，民主实践远非一套简单的技能。它们具有伦理维度，涉及公民对构成民主实践的其他参与者的态度品质（Grant，1996）。譬如，仅仅对冲突解决的技能进行培训并不必然能够促进学生形成包容他人旨趣的意愿。因此，学生仅仅在培训工作坊中是难以理解民主实践的。教师教育项目和中小学教育阶段所有的教育过程，都必须能够为学生和他们的教师以反思的态度理解这些实践提供平台。

“输出民主”效果的有限性表明，民主参与实践的学习和教学并不是简单的事情。如果儿童要全面发展有利于维系民主的复杂“心灵习性”，他们就需要经历这些实践，因为这些实践是民主政治文化的组成部分。正如杜威所指出的，“性情倾向的主要结构是独立于学校教育而形成的”，它主要“借助于环境潜移默化的影响”(Dewey, 1966/1916: 17)。另外，学校教育并不是毫无效果的：它提供了“一种特殊的社会环境，其特
42 殊作用在于呵护并培养儿童各种发展中的能力”(Dewey, 1966/1916: 22)。总之，学校教育能够有意识地培育民主实践，进而不断更新和优化公民的民主生活。

结语：高等教育、教师教育与公民教育

教师教育主要由承担着越来越多公民教育任务的学院和大学来实施。几年前，500多位大学校长号召学院和大学帮助学生“认识到民主社会所需要的价值观和技能”(转引自，Fish, 2004)。很多学院和大学都将公民教育的承诺包含在他们的使命陈述之中。事实上，富林温德和利希腾伯格(Fullinwider and Lichtenberg, 2004)认为，高等教育对自由教育功用的理解已经从获得自由文化转向为社会和公民参与做准备。

当然，大学承担公民教育任务的能力取决于其保卫自身制度自主性的能力。为了实现其追求真理和社会批判的社会角色，大学要具备敢于向权力讲真话的能力，无论在特定的历史时期权力统治具有何种来源。当代大学的学者都在批判那些存在于社会与政治生活中的不公正问题，因此，作为社会组织的大学与州政府和企业的联系日益紧密。

马丁·路德·金纪念日(Martin Luther King Day)的晚宴在我所在大学校园的主体育馆举办。这是一次大型活动，由于很多人距离舞台和演讲者都比较远，所以使用了通常用于运动赛事的即时转播屏幕。在近期的一次晚宴上，公民权利运动的旧画面在晚宴开始时被投射在屏幕上，同时还伴有几个公司的广告。我发现，观看那些与广告一同出现的被警察殴打的非暴力抵制画面，真是一个令人不安的时刻。稍后，演讲者布朗大学的露丝·西蒙斯(Ruth Simmons)校长的画面也出现在同一屏幕上。当她鼓励我们的学生更少关注悍马等奢侈品而应专注于社会正义时，广告出现在她脸庞的周围。

那一图景，作为当代大学面临的道德和政治挑战的一个隐喻，萦绕在我的心头。审视那些提供给学生的课程与教育，仅仅是高等教育界落实公民教育使命的一部分。大学——也包括学院和教育学院——作为社团行动者，需要将向权力讲真话的能力和公民教育者的角色结合起来，保持二者的一致性，并不断反思自身的行动。

我并不是说大学为了自身发展而接受企业赞助人的资助就必然是错误的。我也没有说商业必然具有道德污点，以至于大学要保持纯洁就必须与它们保持距离。但是，大学的确需要谨慎思考如何与政府和企业建立合作关系，才不至于在追求真理和社会批判的基本角色上做出让步。如果无法回归大学作为象牙塔的传统理念，不能远离社会事务，那么，对于大学而言，尤为重要的是守卫大学的自主权，实现公民教育的

任务——为国家培养能够帮助儿童和青少年发展协商、谈判和行动艺术的教师。

（张 斌 译）

参考文献

Applebaum, B. (2004) Social justice education, moral agency, and the subject of resistance. *Educational Theory*, 54,59 - 72.

Bell, D.A. (1999) Democratic deliberation: the problem of implementation. In Macedo(pp. 70 - 87).

Bellah, R.N., Madsen, R., Sullivan, W.M., Swidler, A., & Tepton, S.M. (1985) *Habits of the heart: individualism and commitment in American life*. Berkeley: University of California Press.

Cochran-Smith, M. (2004) *Walking the road: race, diversity, and social justice in teacher education*. New York: Teachers College Press.

Deutsch, M. (2000a) Cooperation and competition. In Deutsch & Coleman (pp. 21 - 40).

Deutsch, M. (2000b) Introduction. In Deutsch & Coleman (pp. 1 - 17).

Deutsch, M. & Coleman, P.T. (eds.) (2000) *The handbook of conflict resolution: theory and practice*. San Francisco: Jossey-Bass.

Dewey, J. (1966/1916) *Democracy and education*. New York: The Free Press.

Educators for Social Responsibility Homepage (2005) Information retrieved from http://www. esrnational. org/homehtm, September 15,2005.

Fish, S. (2004) Why we built the ivory tower. NYTimes. com. Retrieved May 25,2004, from http://www. nytimes. com/2004/05/21/opinion/21FISH. html? ex=1086167589&ei=1&en=7959c8d2cfff8d1b. Originally published, *New York Times* (May 21, 2004).

Fuhrman, S. & Lazerson, M. (eds.) (2005) *The public schools*. Oxford: Oxford University Press.

Fullinwider, K. and Lichtenberg, J. (2004) *Leveling the playing field: justice, politics, and college admissions*. Lanham, MD: Rowman & Littlefield.

Grant, R.W. (1996) The ethics of talk: classroom conversation and democratic politics. *Teachers College Record*, 97,470 - 482.

Gutmann, A. (2005) Afterword: democratic disagreement and civic education. In Fuhrman & Lazerson (pp. 347 - 359).

Gutmann, A. & Thompson, D. (1996) *Democracy and disagreement*. Cambridge, MA: Belknap Press of Harvard University Press.

Gutmann, A. & Thompson, D. (1999) Democratic disagreement. In Macedo (pp. 243 - 279).

Gutmann, A. & Thompson, D. (2004) *Why deliberative democracy?* Princeton, NJ: Princeton University Press.

Hahn, C.L. (1998) *Becoming political: comparative perspectives on citizenship education*. Albany, NY: State University of New York Press.

Hartocollis, A. (2005, July 31) Who needs education schools? *New York Times Education Life*, Section 4A, p. 25

Heater, D. (2004) *A history of education for citizenship*. New York: Routledge.

Hytten, K. (2006) Education for social justice: provocations and challenges. *Educational Theory*, 56,221 - 236.

Irvine, J.J. (2004) Forward. In Cochran-Smith (pp. xi - xiv).

Johanek, M.C. & Puckett, J. (2005) The state of civic education: preparing citizens in an era of accountability. In Fuhrman & Lazerson (pp. 130 - 159).

Johnson, D.W., Johnson, R.T., & Tjosvold, D. (2000) Constructive controversy: the value of intellectual opposition. In Deutsch & Coleman (pp. 65 - 85).

Krugman, P. (2005, July 15) Karl Rove's America. *The New York Times*, p. A19.

Kymlicka, W. (2003) Multicultural states and intercultural citizens. *Theory and Research in Education*, 1,147 - 169.

Levinson, N. (2002) Deliberative democracy and justice. In Rice (pp. 56 - 59).

Lucas, T. (2005) Fostering a commitment to social justice through service learning in a teacher education course. In Michelli & Keiser (pp. 167 - 188).

Macedo, S. (ed.) (1999) *Deliberative politics: essays on democracy and disagreement*. New York: Oxford University Press.

Mansbridge, J. (1999) Everyday talk in the deliberative system. In Macedo (pp. 211 - 239).

Michelli, N.M. (2005) Education for democracy: What can it be? In Michelli & Keiser (pp. 3 - 30).

Michelli, N.M. & Keiser, D.L. (eds.) (2005) *Teacher education for democracy and social justice*. New York: Routledge.

Miller, M. (2005, June 4) Is persuasion dead? *The New York Times*, p. A15.

Nie, N. & Hillygus, D.S. (2001) Education and democratic citizenship. In Ravitch & Viteritti(2001b, pp. 30 - 57).

Parker, W.C. (2003) *Teaching democracy: unity and diversity in public life*. New York: Teachers College Press.

Posner, R.A. (2005, July 31) Bad news. *The New York Times*, Book Review, pp. 1,8 - 11.

Raider, E., Coleman S., & Gerson, J. (2000) Teaching conflict resolution skills in a workshop. In Deutsch & Coleman (pp. 499 - 521).

Ravitch, D. & Viteritti, J.P. (200la) Introduction. In Ravitch & Viteritti (2001b, pp. 1 - 14).

Ravitch, D. & Viteritti, J.P. (eds.) (2001b) *Making good citizens: education and civil society*. New Haven, CT: Yale University Press.

Rawls, J. (1993) *Political liberalism*. New York: Columbia University Press.

Reuben, J.A. (2005) In Fuhrman & Lazerson (pp. 1 - 24).

Rice, S. (ed.) (2002) *Philosophy of education* 2001. Urbana, IL: Philosophy of Education Society.

Rosen, J. (2005, June 12) Center court. *The New York Times*, Magazine, Section 6, pp. 17 - 18.

Rubin, B.S. & Justice, B. (2005) Preparing social studies teachers to be just and democratic: problems and possibilities. In Michelli & Keiser (pp. 79 - 103).

Sandy, S. V. & Cochran, K. M. (2000) Constructive controversy: the development of conflict resolution skills in children: preschool to adolescence. In Deutsch & Coleman (pp. 316 - 342).

Shapiro, I. (1999) Enough of deliberation: politics is about interests and power. In Macedo (pp. 28 - 38).

Schwartz, J. M. (1995) The *permanence of the political: a democratic critique of the radical impulse to transcend politics*. Princeton: Princeton University Press.

Simon, K.G. (2005) Classroom deliberations. In Fuhrman & Lazerson (pp. 107 - 129).

Tannen, D. ([1998]1999) *The argument culture*. New York: Ballantine Books.

Tussman, J. (1960) *Obligation and the body politic*. New York: Oxford University Press.

Villegas, A.M. & Lucas, T. (2002) *Educating culturally responsive teachers: a coherent approach*. Albany, NY: State University of New York Press.

Walzer, M. (2004) *Politics and passion: toward a more egalitarian liberalism*. New Haven, CT: Yale University Press.

Wertheimer, A. (1999) Internal disagreements: deliberation and abortion. In Macedo(pp. 170 - 183).

Westheimer, J. & Kahne, J. (2004) *What to teach to teach democracy*? Virginia Education Association. Retrieved June 17, 2005, from http://69.13.212.9/articles_archives_detail.asp? ContentID=1023.

Williams, A. (2005, September 11) Realistic idealists. *The New York Times*, Sunday Styles, Section 9, pp. 1, 17.

Young, I.M. (2000) *Inclusion and democracy*. Oxford: Oxford University Press.

Young, I.M. (2002) Activist challenges to deliberative democracy. In Rice (pp. 41 - 55).

4. 教师教育的道德目的与认识论目的

休 · 索克特(Hugh Sockett)
乔治 · 梅森大学(George Mason University)

一般而言，某一职业被认定为一门专业，应至少满足以下两个条件：第一，它是一 45
个由拥有自主权的成员构成的共同体，能够在实践中服务于个体顾客和社会；第二，它是一种需要作出判断的实践，而这种判断是以一套学术性知识和专业性经验为基础的(Jackson，1970；Hoyle，1980；Sockett，1990，1993；Shulman，1998)。服务与知识这两个词意味着，专业既具有道德目的，也具有认识论目的。专业的理想则进一步表明，这一共同体具有自治权，可以自主决定准入标准和道德准则，道德准则由譬如开除某些成员等一系列惩罚性措施支撑。一个职业要想获得专业地位需要在以下两个方面实现专业化：第一，必须持续不断地促进其专业主义，比如服务和知识二者的质量；第二，必须寻求公众对其业绩的承认，这种承认表现为适当的经济奖励、自治和尊敬，亦即该从事行业的人获得一定的职业地位。

因此，教师教育的道德和认识论目的不仅可以提高从教者的教学质量，而且对于提高教学职业的公共地位，也是非常关键的。如沙利文(Sullivan，2004)所提醒我们的那样："……专业人员无一例外的都是道德行动者，他们的工作取决于公众因其成功而产生的信任。"现在，大多数新入职的教师都在大学阶段修习文科或科学。可以说，他们业已形成了一些与各自学习领域密切相关的批判性探究习惯。即便如此，他们还是与很多在职教师一样，仅仅获得了少量的、在智识层面无需批判的教育理论基础(Clifford and Guthrie，1990；Goodlad，1990；Griffin，1999)。尽管从定义上讲，教师教育明显地依赖于教学实践，不过，在一线教师和学者之间似乎还未形成一种公认的专业认同感，双方也未享有共同的专业地位。事实上，在高等教育机构中，并非所有从事教育研究的学者都具有推进教师教育项目的责任。而且，很多学者自己也确实认为，他们的学术研究工作仅仅由学术目的所驱动(Clifford and Guthrie，1990；Goodlad，1990)，也正是在学术领域他们享受着学者的专业地位。然而，这些高等教育机构已经开始感觉到来自以下两方面的压力：第一，过去十年，联邦和各州相继出台了一系列旨在提高教师质量的政策；第二，为实现提高毕业生专业素养这一目标，质量认证机构的要求也变得日益严格(NCATE，2005；TEAC，2005)。

学者们对教学的专业期待总是与教师教育实践密切相关。不过，在自主权——服务或自治的理想——方面，这一期待有可能是不切实际的。首先，专业自主权可能是不合时宜的，因为公共的和政治性的控制愈来愈强烈地支配着公立学校教师的工作。

有关专业自身的说辞似乎毫无意义，或者仅仅停留在口头上，尤其是在当前高风险测试(high-stakes testing)的语境中。其次，源自盎格鲁裔美国人的服务理想(Jackson，1970)，已然消失殆尽。法里德·扎卡里亚(Fareed Zakaria)指出："专业并没有走出历
46 史的阴影，因受到两方面钳制而遭受重创：一方面是日益激烈的市场竞争，另一方面，政府包揽了专业组织和私营企业的很多职能。"(Zakaria，2003：222)最后，自治和基于道德准则的惩罚措施也同样不合时宜。一些专业组织似乎并不愿意有效地管理其成员，最为臭名昭著的是天主教教士的恋童癖丑闻，这一恶劣的行为持续了三四十年，直到2003年才被公之于众。对于教学这一专业而言，如果缺少了专业的管理机构，那么，教师中存在的某些玩忽职守的行为很有可能会被忽视。教师工会具有一些优先权，然而它也并不乐于惩罚那些不称职或刚愎自用的教师，因此，教师工会是否会为学校教学这一职业制定所必须的刚性制度，值得怀疑。有关教学专业主义和专业化的诉求，即便条理清晰，也不能因此而成为现实。

如果专业标准的前三项要素——自主权、服务和自治——在当前的社会语境中如此的脆弱，那么，第四项必须的要素——实践的知识基础——又会怎样呢？对于教学能否成为一项专业，一些学者持有不同的批评声音，在他们看来，那些认为教育中存有一种独特的专业知识的观点是一种误读。当前开展的教育研究和教师教育实践注定要失败(Hirsch，1996；Finn，1991；Ravitch，2000)，因为其认识论基础并不健全，忽视了源于柏拉图和中世纪传统的知识论视野中人们真正的教育需求，而且，对基于科学技术的盲目崇拜，也使教学任务变得更为复杂(Regnier，1994)。然而，教学的真正任务在于通过知识学习，引导学生进入心智生活，培养他们的智慧和美德。

尽管这是批判专业具有一种独特知识基础的最具政治意味的、也最为人所知的方式，但并不能简单地将其视为是意识形态的说辞。在对教学和教师教育的道德与认识目的感兴趣的学者和政客中，存在着诸多深刻而广泛的争议，而以上的争论只是其中很小的一个。这一争论的根源在于，以下三个目的之间存在的根本性的、复杂的冲突：(1)教育是一种职业的和社会化的努力吗？(2)教育是为了知识和文化的传播吗？(3)教育是着眼于个体发展吗？(Egan，1997；也见，Bruner，1996，第三章)由于一种职业必须具有一系列学术性知识，因此，从认识论的角度看，上述三方冲突表明，关于教学的知识基础的讨论属于认识论争论的复杂领域，其中，实证主义者、后实证主义者、客观主义者、后现代主义者、女性主义者、建构主义者和实用主义者等，每一派都在争夺自身在研究和学校课程中的支配地位。从道德的角度看，这一冲突表现为柏拉图主义、亚里士多德主义、康德主义、杜威主义、布伯主义，以及各种形态的存在主义等，因其所强调的不同道德语言所隐含的社会、个体、人的道德发展以及社会地位方面的道德观(譬如，责任对美德)而彼此对立。显然，教学专业所应具备的前后连贯的知识基础，不可能是包含着相互冲突的道德和认识论观点的混合物。以此论之，教学不像医学那样，可以由某种科学的认识论占据主导地位，并排斥诸如顺势疗法(homeopathy)

等声称具有不同疗效但未经可验证的临床经验证实其权威性的疗法。值得注意的是，专业的医学千方百计地排斥着那些被认为是不符合此种认识论传统的观点：按摩疗法或针灸是根本不在其考虑范围内的。

虽然我们在这里不可能详尽地分析关于教育的多种多样的道德目的和认识论目的，但是必须要坚持认为，这种多样性为“教学即专业”这一观点提供了必要的、复杂的 47
基础。我认为，那种声称这样或那样的目的可以在某种程度上构成专业的知识基础，似乎只要达成某种一致意见，所有的问题便可迎刃而解的认识，其实并不能解决教学专业化问题。为了阐明这种多样性的特征，我从众多的观点中抽取了四种教学模式，其中都隐含着教师教育的展开方式。而且，不同模式对有关教育目的的三方冲突的关注点不同。在我看来，它们均为教学的道德目的和知识基础提供了强有力的证明。

教师教育中道德与认知目标的四种模式

通过模式的方式来认识这一问题有两方面的原因：第一，如果专业抱负想要达成一致，那么一个基本的信念便是，教师教育在总体上需要对实践中的道德和认知基础作更加严谨的考察。教师教育项目的构建必须具有扎实的哲学基础和智识上的缜密(Sockett, 1993)。第二，就专业主义的动力而言，不仅仅只是研究共同体的兴趣，也是很多在职教师所可能持有的目标，这似乎需要某种形式的共识与一致性。那种推测性的一致性可以描绘出这一专业究竟是如何体现出作为一个专业所应具有的要素的。同时，这些一致性的要素能够提供有关“正确”的标准，并依此为“适当的”专业教师教育实践制定原则。但是，如若我们没有忽视或遮蔽深刻的道德和认识论议题，也没有排斥有关专业抱负的重要观点，亦不会将建构主义者看作是按摩疗法医生或将亚里士多德主义者看作是针灸医生，那么一致性能够存在吗？尽管我们不可能将所有的观点都包括在四种模式之中，但是这一尝试有助于促进道德和认识论争论的深化，并回答一致性是否可行的问题。毫无疑问，这样可能会形成几种具有一致性的教师专业化模式，它们各自持有不同的道德和认识论基础，但是它们之间的一致性则是有限的。所以，对教师专业化多样性的认识是应该受到欢迎的，而一致性则是需要避免的。

对于四种模式的分析是本文的主体内容，我将从专业教师的道德和认识论立场的角度来进行阐述。这四种模式分别是：

(1) 学者-专业型
(2) 培育者-专业型
(3) 临床-专业型
(4) 道德主体-专业型

这里的每一种模式都是一种理想类型，都是对各自关注点的一个笼统而简捷的描述，它们彼此互不排斥，譬如(4)并不意味着(1)、(2)或者(3)各自都缺乏道德关怀。应该如何从总体上对这些模式进行分析？有人可能会举出，譬如，根据杜威对教育的道德和认识论立场的中心原则，以及隶属于这一传统的其他学者，归纳出杜威的教师教育模式(相关观点可参见，Dottine，2006)。采用杜威模式的不同机构可能并没有统一的步伐，只有那些采用基督教模式的机构才可能会彼此一致。事实上，不同机构可能存在各具特色的不同解释和实践，它们只是共同遵循着杜威模式的中心原则。其他机
48 构可能也体现着杜威模式的要素，比如杜威对民主社会的强调，但是，它们并未在实践中体现杜威模式的所有要素。

另一种描述模式的方式来源于理论工作者，它着眼于实践，致力于用实践中的不同要素(譬如，儿童学习的方式、教师的职责、班级管理等)建构模式。当然，这些描述本身也体现着特定的理论框架。因此，就如同在临床-专业型模式中所看到的(参见pp. 55 – 59)，实践可能在它们的道德和认识论框架中有所变化，但是一个模式的连贯性主要取决于特定道德和认识论立场的某种形式的一致性，这些立场即是关于专业主义的主要追求目标。不仅如此，与不同的机构一样，不同的学者之间也会在模式的理论解释以及不同实践与模式的中心原则的一致性程度方面存在相异观点。在此，我将同时使用这两种描述模式的方式。

然而，一个教师教育模式对什么是好教师有着特定的假设。什么是"好的"在文化和道德层面具有很大程度的异质性。苏格拉底(Socrates)、亚里士多德(Aristotle)、拿撒勒的耶稣(Jesus of Nazareth)、穆罕默德(Mohammed)、圣·托马斯·阿奎那(Saint Thomas Aquinas)、孔子、让-雅克·卢梭(Jean-Jacques Rousseau)，以及朱莉娅·查尔德(Julia Child)都能为我们认识教学质量提供诸多智慧，还有诸如奇普斯先生(Mr. Chips)[①]那样的文学英雄，或者那些获得过不同形式的全国性卓越教学奖(good teaching awards)，以及在国家委员会(National Board)所制定的标准等方面取得成功的教师也会提供诸多有益观点。模式能够揭示不同的"好教师"观念之间的差异。如前所述，以下列举的四种模式并不具有排他性。它们是对教师教育中不同的道德和认识论立场的分析，因此，它们既是关于实践的模式，亦是为了实践的模式。(尽管每一模式都引用了特定作者的观点，但是，我们不能就此假设，每个模式的所有特征均具有排他性。事实上，被引用的作者仅仅是与特定的模式具有较大的相关性而已。)

学者-专业型

第一种模式认为知识是教育的目的，因此，教师应该致力于传递智慧，培养心智生

① 一位拉丁文教师——译者注。

活(Oakeshott, 1967,1975; Hirst, 1972; Barzun, 1991)。道德目的在这里主要是培养那些传统的甚至守旧的美德。认识论目的要求教师教育工作者和教师不仅要关注学科(比如历史)或交叉学科(比如古典文学)的独有特征,也要聚焦于学科内部的一些认识论争议与知识的本性,还要关注被称之为学科教学法的知识(关于近期的一些讨论,可参见 Grossman 和 Schonfield, 2005)。

培育者-专业型

第二种模式主要着眼于个体的发展。在它的视野中,教师主要关注的是与学生之间的关系。就像诺丁斯(Noddings, 1984)所指出的,儿童远比学科内容重要得多。代理父母(in loco parentis)中的父母主要指的是母亲。范梅南的思想也属于这一模式,他强调直觉和"教育思想的自我表达"(Van Manen, 1991: 9)。还有学者(参见 Belenky, *et al.*, 1986)认为,教师教育工作者要与新手教师、在职教师一同工作,道德目的和认识论目的都要与个体的发展发生着关联。可以说,这一模式的重点在于对个体的培育:关心或机智需要教师的自我理解,认知过程发生在情感过程之中。

临床-专业型

第三种模式源于对民主社会中公立学校专业教师工作的研究,着重于教师的适应 49
性专业知识,强调有助于社会目标实现的道德目的,诸如将社会正义作为目标,而将社会化理解为教育的意旨所在(比如,可参见,Darling-Hammond 和 Bransford, 2005)。在认识论目的方面,它表现为一种强烈而谨慎的对于教育研究之整合观的信念,在此,教育研究是一项社会科学,它持有与知识、真理和信念相关的清晰假设并重视科学方法(比如,可参见,Phillips 和 Burbules, 2004)。

道德主体-专业型

第四种模式接受上述三种关于教育目标冲突的观点各自合理的方面,但并不认为哪一项是优先的。因为,在这种模式看来,教学是一种显著的道德行动(比如,可参见,Tom, 1984; Hansen, 1995,2001; Campbell, 2003)。尽管亚里士多德及其后继者提出了他们的德性伦理观,不过,这一模式借鉴譬如康德或者杜威等其他学者的伦理观,并给出了不同的解释。在亚里士多德那里,教育中的社会与道德目的更像是认识论目的,它整合了道德美德与理智美德(Norton, 1991; Williams, 2002)。这一模式认为,教师个体所持有的道德目的主要是儿童的综合发展,所持有的认识论目的则是整合学术性知识与理智性和道德性美德,譬如准确性、一致性、勇气和开放的胸怀。

下面我将逐一详细介绍这几种模式。

学者-专业型

学者-专业型教师的培养主要表现为理智性的努力，它试图引导教师在一种学术性课程框架内教授学校中某一具体科目。拉维奇指出：

> 对语言与文学、科学与数学、历史、艺术和外语进行系统地研习：当前这些科目被普遍地认为是"博雅教育"的组成部分，它们能够传递重要的知识和技能，培养审美想象力，教会学生批判性、反思性地审视他们所生活的世界。(Ravitch，2000：15；也见，Finn，1991：252)

19 世纪英国的红衣主教约翰·亨利·纽曼(John Henry Newman)在《大学的理念》(*The Idea of the University*)一书中指出："博雅教育，就其本身而言，仅仅是心智培养的过程，其目标恰恰是理智上的卓越。"(参见，Pring，2004：43)哲学家艾伦·布卢姆则强调了其他方面，认为博雅教育意味着学生致力于研究有关"人是什么"这一问题，"与他们的最高抱负有关，它并不是学生的低层次与具有普遍意义的需要"。人具有独特的生活方式，他们受过教育的心智有助于提高探索能力(Allan Bloom，1987：21)。这意味着，"对理智予以适当且有效的训练必须以已有的思想和经验为基础"(O'Hear，1994)。奥克肖特(Oakeshott，1967)将生活方式与心智看作既是经验模
50 式，也是不同的人类交流模式。彼得斯(Peters，1966)曾指出，教育就是走进那些"有意义的行动"。这些不同的思想经历了多个世纪的发展，并作为一种普遍性的文化为学者型教师阐明他们专业工作的特性提供了重要的基础。

因此，学者-专业型教师教育的道德目的是获得知识并成为有道德的人，进而为民主社会培养良好的公民，此目的具有经典性、历史性和传统性。拉维奇提出过一个重要的命题——当学术性课程在 20 世纪丧失了其重要性时，学校也就丢掉了"对每一位儿童理智发展的强烈道德承诺"(Ravitch，2000：16，楷体为本文作者强调)。因此，学者-专业型教师能够培养儿童理智上的自主能力。而具有理智自主能力的儿童，由于他们所学的知识内容中嵌入了人类议题，能够做出道德抉择，同时，他们也将表现出以严肃的方式解决这些人类议题的理智与道德。理解诸如莎士比亚(Shakespeare)《哈姆雷特》(*Hamlet*)中的克劳迪亚斯王(Claudius)或陀斯妥耶夫斯基(Dostoevsky)《罪与罚》(*Crime and Punishment*)中的拉斯柯尔尼科夫(Raskolnikov)等复杂角色，就是对人类的罪恶与责任的学习。与此不同，学习微积分则不仅仅要能寻找问题的答案，还要认识到测量的准确性和人类对待成败时的坚韧性。正如奥克肖特(Oakeshott，1975)在描述教育时所认为的，"参与"的道德目的在于促进那些基于传统经验模式的表达和思维的个体性发展，并寻找考察学生成功的方式以帮助教师发现学生的这种个

体性。心智生活并不是仅仅为了自身的(道德)生活,教育的任务主要在于培养学生形成一种追求心智生活的内在动机,避免类似于获得好的职业等外在动机。无论是过去还是现在,类似的道德争议一直存在。在 C. P. 斯诺(C. P. Snow, 1998,1959)与 F. R. 利维斯(F. R. Leavis, 1962)关于自然科学与人文科学之相对道德价值的持续争论中可以清晰地发现类似的讨论。无论如何,学者-专业型教师教育模式将道德重心放在“学者”身上,而“学者”很有可能采用他或她曾经经历过的理智模式来塑造专业的教师形象。

当前,学者-专业型模式已经不多见了。这种模式招致众多批评,这些批评主要针对它将知识与心智生活作为教育的道德目的。在批评者看来,这一模式的基础是已经过时了的认识论,代表着精英主义的取向,致力于培养领导阶层,而与现代生活没有多少关联,缺乏工具性的目的。这些批评主要反映在关于西方经典文明的争论之中(Bloom, 1994)。即便是这一模式的支持者(比如,Hirsch, 1996,1987)现在也为他们所倡导的心智生活寻求工具性的解释,比如培养学生阅读《华盛顿邮报》(*Washington Post*)上的科学专栏(Hazen and Trefil, 1991)而不仅仅是强调纽曼所谓的内在价值确证。

就认知目标而言,此模式旨在培养作为科学家、历史学家、哲学家和地理学家等角色的教师,他们并不仅仅是传递各自所教学科的观点,而且也在教授着各自的学科本身。在这种意义上,学校教师和学术共同体的身份认同就能一直维系下去。(布鲁克林的圣安学校的威廉姆·埃弗德尔(William Everdell)是这一身份认同的典型。他于1997年出版了广受好评的《第一批现代人》(*The First Moderns*)一书,用800余页的文字对20世纪的转向予以了文化分析。)理智学科是学者-专业型模式的关键:它的形式具体表现为特定的学科(比如科学方法论),以及与之相关的培养学生形成与心智生活密切联系的态度、习性、能力和美德,包括“求真的狂热,与学习相比这是一种更高程度的拥有……就如同人的道德本性高于人的理智本性一样;之所以如此,是因为真实性是德性的核心”(Huxley, 1874)。

在这一模式中,学科是影响教学的主要因素,不同的影响方式主要是由学科的方法论所导致的。科学教学是试验性的——在实验室或现场,哲学的教学主要通过研讨 51
班,历史则需要研究主要的史料,它常常需要掌握一门新的语言。这些都将反映在教师教育中。因而,学者-专业型的教师认为,他们工作于探究的传统之中,儿童和学者恰恰是在教育过程中习得这种传统的,这可以解释这一模式所固有的保守主义。

因而,要成为一位学者-专业型教师,既需要对一个或多个学科有着深刻的理解,又需要在由不同学科引发的激烈的认识论争议中保持主动。心智生活意味着沉浸于这些争议和不确定性而非一致性和确定性之中,这对教学和教师教育而言都是有借鉴意义的。譬如,我们还不清楚数学的教学是否存在着一致性,因为关于数学教学的争论更多地是通过政治命令而不是哲学上关于数学本性的一致意见而得以消除的(参见，LePage和Sockett，2002：21－36）。美国的英语教师也“未能在学科主题的界定问题上达成一致”（Darling-Hammond and Bransford，2005：211），而且“在社会研究的界定方面也存在着很多彼此竞争的观点，他们中的一些强调历史的重要性，而其他的一些则认为公民学占据中心地位”（Darling-Hammond and Bransford，2005：209）。此外，历史学家、地理学家和政治科学家或评论家内部也各自存在着不一致的观点，他们对语言艺术和历史知识已经被消解于社会研究之中深感遗憾。

学者-专业型模式面临着至少三种类型的认识论冲突。首先是关于学科首要特性的长期争议。在一个历史的案例中，尽管方法论之间的异同可能并不大，但是政治观却截然不同：这点可以透过比较霍华德·兹恩（Howard Zinn）或埃里克·霍布斯鲍姆（Eric Hobsbawm）的著作与大卫·麦卡洛（David McCullough）或谢尔比·斯蒂尔（Shelby Steele）的著作而发现。同时，在关于是否重视社会史、社会运动或个人英雄方面也存在普遍的争议。其次是关于教学中不同主题的价值的不同观点，比如，《乔叟与赛林格》（*Chaucer v. J. D. Salinger*）在一定程度上呈现了有关西方经典文明的争论。最后，最普遍的当代争论深深地根植于后现代主义的言论之中。后现代主义反对这一模式将不同学科的知识看作是所有学术性知识来源的观点。

学者-专业型模式或许与舒尔曼（Shulman，1987）的观点有相似之处，他认为“有效教师不只了解学生，还精通优秀教学原理。他们知晓学生是如何理解（和误解）学科知识的，知晓如何预测并诊断这些误解，也知晓如何解决出现的误解”，同时教师也尽力模仿这些知识。课程内容主要着眼于如何实现布鲁纳（Bruner，1963）所说的“忠诚的转化”，即学科的基本原理可以以适当的方式教给所有人，此信念为那些教授儿童哲学的教师所支持（参见，Lipman，1988）。对于很多并非以学科为基础的一般性教育研究成果，学者-专业型模式可能并不关注，因为教学被视为师生共同参与学科内容的过程。实际上，在一些情况下，出自教育研究的一些观点，比如发展性教育，受到了人们尖锐的批评而被束之高阁（参见，Matthews，1994）。

自从哈佛报告《自由社会中的通识教育》（*General Education in a Free Society*，1942）发表以来，普遍的理智性或“交流性”技能，抑或“心智的通识力”等概念已经成为学科中的另一套流行语。本杰明·布卢姆（Benjamin Bloom，1972）和他的同事在对结果进行测量的驱动下，推进了此种学习知识的心理学概念路径。学者-专业型模式非常抵制这些关于课程的概念，认为，这些技能的培养需要以学科为基础。譬如，作为一
52 项理智性的练习活动，历史学习中的“分析”与化学学习中的“分析”是截然不同的（参见，Hirst，1972），以至于对作为心智通识力的“分析”能力的讨论只会带来迷惑。因此，在此教师教育模式中，课程设置的路径是坚实地置于单个学科之中的，它认同如下信念，即在学科框架中培养学生的心智这一过程本身，便能够培植理智美德，并由此促进道德美德的形成。

培育者-专业型

培育者-专业型模式关注个体和个性，其中尤其关注师生关系。但是如果把这一模式视为是诸多坚持“儿童中心”教育目的观的经典模式之一，则是一种误解。在欧洲教育传统中，卢梭强调儿童的自由发展，福禄贝尔(Froebel)强调儿童之家(幼儿园)中的游戏，马卡连柯(Makarenko)在1917年俄国革命后致力于建立公共政府孤儿学校，A. S. 尼尔(A. S. Neill)则致力于驱除儿童生活中的权威。在美国的传统中，则有诸如尼尔的追随者霍默·莱恩(Homer Lane)这样的特立独行者；有简·亚当斯(Jane Addams)这样的革新者；还有诸如W. 克伯屈(W. Kilpatrick)这样广有影响的先锋者及其设计的教学法；也有杜威这样致力于使公共教育提供一种由儿童的兴趣和能力所决定的综合性教育的人，然而其教育观却严格地局限于他所支持的民主社会理想之中。在艾伦·瑞安(Alan Ryan)看来，杜威的工作仅仅是一个“民主党人的信条”(Ryan, 1996: 31)。

很多不同类型的教育者过去常常将教师专业的道德角色定位为代替父母。关于教师专业角色的这一观点在今天被视为是经不起辩驳的，因为它已经在很大程度上被教师-父母关系的正当程序所取代。然而，培育者-专业型模式是儿童中心传统中一个非常独特的观点，它将母亲的角色置于代替父母这一新生概念的中心。不是中性的“好的父母”，也不是父亲或母亲，而是*母亲*。

尽管在儿童中心教育传统中能够找到它的渊源，但这一模式却深深地根植于20世纪下半叶由贝蒂·弗里丹(Betty Freidan)及其他学者所发展的女性主义思潮之中。女性主义关于教育的思考可追溯至卡罗尔·吉利根(Carol Gilligan)，她提出过一个重要的命题，即女性不是从规则和原则的角度而是从人际关系的角度来思考道德问题的。相对于由科尔伯格(Kohlberg)经典自由主义的中心道德原则所阐发的道德规则而言，这是一种基于性别的道德观(Gilligan, 1979, 1982; Gilligan and Attanucci, 1988)。多年来，女性主义学者做了诸多工作(譬如，Belenky, *et al.*, 1986)。一些学者提出，教育的道德目的关注的是儿童，而不是教师个体或照料儿童的父母。因此，培育者-专业型模式的道德重心在于慈母心和诺丁斯所谓的“关心者”和“被关心者”之间的关系，其哲学渊源是马丁·布伯(Martin Buber, 1970)的“我与你”思想。因此，在这一模式看来，正义，尤其是社会正义，并非超然于期望的社会目的，也并非刚性地依于社会目的，而是像母性那样，具有与关怀相连的接受性、关联性和反应性等特征，这是对吉利根思想的拓展(Noddings, 1999)。

以关系中的道德为重心的培育者-专业型模式，其兴趣在于“我们如何在道德层面
与他人相遇”(Noddings, 1984: 5)以及人类遭遇的独特性。每一个人所拥有的经验， 53
包括关心他人与被他人关心这两种情况所面临的挑战，都是复杂的，而且往往是特殊

的，正如一个家庭中子女、父母的关系或兄弟姐妹的关系一样。这在实践中尽管显而易见，却值得我们从哲学层面予以讨论。在诺丁斯看来，对于关心者而言，其中存在着一个从自身现状到他人现状的兴趣转移。我感受着你所经历的痛苦，这远远超出了同理心的感觉，甚至也超出了怜悯的感觉：从关心者的角度而言，我们将他人的现状看作是自己的一种真正的可能性。"我必须对行动做出承诺。为了被关心者而做出的承诺，一种在适当的时间间隔对他或她的现状的持久兴趣，以及关心他人这一行为本身的不断更新，是关心的基本要素"，这是关心所必备的要求（Noddings，1984：16）。另外，对于被关心者而言，对关心者的真实态度的反应也在改变着二者之间的相互关系。

诺丁斯关于关怀的道德观有三个主要的概念。接受性表示的是一种关系，在其中，双方之间是彼此开放的，这为彼此建立了一种信任和理解的背景。关联性表示的是双方建立并发展关系的能力。反应性则表示，双方时刻准备对关系做出承诺，无论它将带来什么。范梅南的教育学理论中也持有类似的立场："有什么比了解孩子心目中的一件事情的本来面貌更重要的呢？有什么比了解如何帮助年轻人在道德、审美、社会和职业上实现完全的自立更重要呢？"（Noddings，1991：83）

认识论目的也是建立关系中的一个要素，它预设了不同学科的知识。由于培育者-专业型模式关心理智生活，但又试图超越现代学校教育的科层和技术框架的限制，故而它将对关系的期许置于其认知语境之中（Noddings，1984）。由此，对不同科目（不管它们是如何被建构的）的学习便内在于对如何教学的学习的过程之中。不过，每一科目都与其他科目有着不同程度的联系。如果我们专注于任一学科的知识范围，我们就不能将之看成是与其他学科分离的或完全客观的，而是要转换视角，将之看作人类认知家族中的一部分。因此，我们不应该把数学学习看作是超脱于其他科目的学习。对数学一个学科的整合性认知需要学习历史和哲学。通过对此种学科间关系的认识，可以促进对于任何一种学科观点的深入理解。

这种模式的认识论目的嵌于其道德目的之中。它对关系和关心持有更宽泛的认识。如果离开了关系和关心，我们就不能恰当地理解一个学科及其成分，也不能理解这些学科与我们的关系。人类所关心的和被关心的事物遍及人们的真实生活、生活的本质以及人类文明：培育者-专业型模式的关心维度遍及我们的世界：植物、动物、艺术品，当然，还有那些无论以何种方式被建构的学科或学校科目的一切方面。因此，这一模式所规定的教师教育课程整合了学科和教育学。这意味着教育专家始终与诸如数学家等人共同工作，这体现了关系范围的广泛性。这些抱负在很多方面都是极其严格的道德和认识论目的。

当然，正是现代学校教育的科层与技术框架，使得人们很难设想这样一个培育者-专业型概念可以在公立学校教育中获得认可。因为，法律的正当程序原则已经为教师与更严格的问责制和控制系统之间应当是何种关系设定了一种框架。正当程序原则破坏了培育者-专业型模式所强调的关系的中心地位，使得它所需要的这种道德关系在实践中难以实施。这一模式的实施需要教师拥有比当前系统所能允许的更多的自主权和自由。因此，就像先前的那些儿童中心教育的激进实践者一样（内尔、霍默·莱恩、马卡连柯），实践者可能更容易在那些就读于另类学校的儿童中全面实施这一模式，譬如那些有过不良行为，或者出于不同原因而被排除在公立学校之外的儿童。 54

临床-专业型

临床-专业型模式非常强调作为专业的教学，将医学当作其发展的标准。近年来，《为变革的社会培养教师》（*Preparing Teachers for a Changing World*）一书对这一模式做了最为清晰的阐述，它致力于“为专业实践汇集（学术性）知识，为从业者建立标准”（Darling-Hammond and Bransford, 2005: 7），其结论“体现了教育领域大量从业者和学者的深思熟虑的判断”（Darling-Hammond and Bransford, 2005: 21）。即便不是在整个教学领域，至少在教师教育领域中，这一模式或许是我们所讨论的四种模式中最为流行的一种。而《为变革的社会培养教师》一书就有这一模式的主要观点。

这一模式的认知内容包括一系列广泛的、与专业志向相关的学术性知识。其一，它包括人们（尤其是儿童）如何学习，不同条件对学习所产生的影响以及促进学习的教学策略等方面的基础研究（参见，Darling-Hammond 和 Bransford, 2005: 40 - 88）；其二，它注重研究教师如何学习，特别是那些影响学生学习的实践（Darling-Hammond 和 Bransford, 2005: 358 - 390），它还帮助教师运用那些适应学生发展的实践（参见，Darling-Hammond 和 Bransford, 2005: 88 - 126）。尤其值得注意的是，这些研究为教师提供了不同社会背景中关于学习的知识，促进学生对语言发展及其意义的理解（参见，Darling-Hammond 和 Bransford, 2005: 126 - 169）。教师教育中的课程则进一步涵盖了学科知识、学科教学法知识以及学校教育的技能与社会目的等方面的知识，以此为基础，准教师逐渐发展出各自的课程愿景（参见，Darling-Hammond 和 Bransford, 2005: 169 - 232）。对多样化的学习者和学科知识的教授以及对学习的管理和评价等方面的知识，则进一步完善了上述教师教育工作者和新手教师所需要的研究主题和学术性知识（参见，第 7、8、9 章，Darling-Hammond 和 Bransford, 2005: 232 - 358）。因此，教师教育工作者需要关注那些对准教师学习的研究，尤其是当准教师成为“适应性专家”的时候，同时关注这些专业知识对观察和实施的过程及其复杂性提出的要求（参见，第 10、11 章，Darling-Hammond 和 Bransford, 2005: 358 - 442）。

在医学专业的影响下，这一广泛的知识基础被视作是研究驱动。自舒尔曼最初的构想开始，这一模式便非常成功，以至于在 20 世纪 90 年代，教师教育实践的重心就在于发展这一知识基础（譬如，可参见，Reynolds, 1989; Murray, 1995）。因此，基于此种模式建构的专业概念及其知识基础往往被视为是（源于医学的）临床医生的概念，这种医生是一个反思性地运用那些基于研究的知识来影响实践的人，他们可能像技术人员那样简单运用科学研究结论，也可能对研究结论及其适用性积极地做出反思性判断。然而，鉴于努力的方向是为整个专业寻求一种知识基础，专业知识的广博性和综
55 合性便要求我们在不同的认识论立场之中寻求一致性。以下我将细致地阐述这一模式的道德目的和认识论目的。当然，这一模式的地位需要我们对其进行更具批判性的考察，而不是简单的介绍。

道德目的

这一模式的道德内容主要表现为，教师根据民主社会的道德目的形成自己的身份认同。这一身份认同既包括一些共同的目的，也包括一些相异的目的。

就共同目的而言，

> 教师需要在广阔的背景中思考他们所教的学科内容，这一背景既包括对教育的社会目的的理解，也包括那些必须在日常教学过程中予以平衡的学校功能——包括学术的、职业的、社会的、公民的和个体的。在民主社会中，学生也必须评价教师的教学决策，评判的标准是将学生培养为社会中**公平**的参与者这一目标，此种社会是基于**相互依赖**形成的。培养学生参与到民主社会之中这一目标有一个重要的要素，即容许他们经历民主的课堂和学校生活。这既包括对消除不同背景的学生，特别是那些被当前社会系统置于贫困境况的学生的**教育机会**差异的承诺，也包括在当前的社会中为学生提供大量的学习机会，让他们公平地获得那些公民成功所需要的技术工具。(Darling-Hammond and Bransford, 2005：35，楷体为本文作者强调)

因此，这一共同目的是以社会道德为基础的，譬如将相互依赖和教育机会均等作为学校中课堂和学习共同体发展的目标。在这里，教育机会均等是教授多样化学习者和建构公平课堂的必要组成部分。因此，“正规教育的核心目的在于促进所有学生的发展，使他们成为积极的社会贡献者，从而在成人社会中获得自己的位置(Darling-Hammond and Bransford, 2005：125)……课程目标则由或者应该由民主社会公民培养的需要来决定”(Darling-Hammond and Bransford, 2005：170)。与学校教育目标相反，主要的道德原则是民主社会中待遇分配公正和公平对待的原则，它有助于强调“地方团体和更广阔的社会的视角，而不仅仅是某个被忽视的个人观点”(Darling-Hammond and Bransford, 2005：175)。因此，教师教育项目会注重教学所处其中的多元文化背景的多样性和复杂性，并以基于一种强调社会正义的话语形式建构起来。

共同之中又存在着多样性：每一位临床-专业型的教师都将形成他或她自己的身份认同和课程愿景。这意味着，每一位教师都可能将自己看作是专业人员、学者、变革的行动者、培育者、儿童权利的倡导者或道德行动者。因此，形成各自的身份认同“是确

保教师对工作的承诺以及遵循实践的专业规范的一个重要部分”(Darling-Hammond and Bransford, 2005: 383)。

对这一模式的道德目的的特征的描述,带来了三个关键问题:第一,这一模式从民主社会的目标中提炼出教师的专业角色,然而它对这些目标的陈述似乎表明目标本身并不存在争议,而是确定的、无异议的,它们构成了民主社会中教师信念的基础。然而,在社会正义比个体自由更重要的社会中,或是在学校只能作为工具的社会中,这显然不是一个能够获得广泛认同的问题(参见布莱豪斯于 2000 年对社会正义的讨论)。 56
事实上,父母是否应该将学校当成一个为他们的子女提供公共性(如强调社会正义)或地位性(如攀爬职业阶梯)商品的场所,或教师是否应当同样地看待学校,都取决于可供选择的民主社会概念,其中相互冲突的原则以及学校教育的目的,这在前面已经有所概括。无论在概念层面还是实践层面,教育机会均等并非没有歧义和争议。有人或许会批判这一模式的确定性,并认为候任教师能否深刻地认识到某一专业角色的特性所依赖的民主社会本身所存有的异议和复杂性,主要依赖于教师教育工作者。缺少了这种认识,这一模式的教师教育所培养的候任教师就难以全面地看待公共的和理智性的意见与信念的多样性。

第二,这一模式认为教师要根据专业角色的规范形成各自的身份认同。道德身份有时看起来的确像是“马后炮”,譬如,“教师需要道德指南,从而促使他们实现对儿童的承诺。这就需要阐明那些在教学过程中浮现出来的道德议题”(Darling-Hammond and Bransford, 2005: 173)。倘若这一模式的阐述是正确的,那么,相对于角色本身的要求而言,个体的身份认同就是次要的。然而,道德身份不是与言行无关的,是在你了解行规过程中所要获得的如何与病人相处的一些方式。一个人如何扮演其角色取决于内心深处的道德信念和态度,而不是相反。在教育实践中,我们不能因为认为候任教师在道德或宗教信仰方面是一片空白的,就将专业规范灌输给他们。从道德层面而言,候任教师是独立的个体:

> 我并不是很清楚自己的宗教信仰。我的教授们,他们看着我,看到了皮肤的颜色,认为他们知晓我的故事。我是非洲裔美国人,我是犹太人。如果他们不认识我,又如何能理解我?如果他们不理解,又如何能教我学习?(Kazanjian, 1999,第一段;引自,Sockett, 2006)

相对于个体经过教育才能形成的信念与态度以及教师教育所隐含的师生关系的质量而言,角色本身的要求是次要的。

第三,在促进民主社会的目标实现与培养民主的公民这二者的关系方面,亦存在一个类似的问题,即在民主社会中对教学的高度强调将会面临以下风险,即它可能忽视了在一个鼓励参与争议的民主社会中,成为一个民主的公民究竟意味着什么,这一问题即使不在逻辑层面上，至少在概念上也具有优先性。那些被视为教师教育目标的诸如独立、平衡、社会和机会均等的价值观，必须以学生自我意识的习得为前提。因为，学生学习那些有争议的知识，不仅仅是为了自身工作的利益，亦是为了形成民主公民所应具备的个体美德和品性。在托马斯·埃利希(Thomas Ehrlich, 2003)看来，这意味着诸如真理、尊敬、开放和公正等理智性美德，类似于诸如容忍、理性和同情等社会性美德，以及关于道德原则的核心知识，都对成为有影响力的公民非常必要(Ehrlich, 2003；又可见，Soder *et al*., 2000)。由此可见，在此模式中，教师的道德指南似乎是位于教师教育的边缘的(值得注意的是，就道德目的而言，诸如内含于教师权威之中的道德问题(参见，Peters, 1966)或教师的"态度"(Fenstermacher and Richardson, 2001)等"个体"要素，并不是教师功能充分发挥所必需的。)

认识论目的

57 临床-专业型模式认为专业实践根植于以研究为基础的学术性知识之中。这里有两个重要的议题：(1)临床-专业型教师何以为他或她的行为辩护？(2)临床-专业型教师何以领会这一模式本身的复杂性？

基于研究的学术性知识主要指的是实证研究，它往往是量化的，同时也在一定程度上承认质性研究。一般而言，实证研究假设(如此总结可能是十分大胆的，因为我们知道这些认识论问题有争议)，知识意味着信念(由个体所有)、证据(个体用以论证其信念的合理性)和真理(个体所相信的但又不依赖于个体的命题)。(相关讨论可参见，Hamlyn, 1970；Zagzebski, 1996；Lehrer, 2004；Phillips 和 Burbules, 2000。)

因此，教师教育的认识论目的即在于使新手教师获得此类研究的结论，它们可以成为实践中所应用的理论(因此就产生了临床应用这一概念，其中应用的是研究和学问所揭示的一些技能和判断)。然而，如若严肃对待临床-专业型教师所具有的知识，那么，仅仅知晓这些结论便不够了。由于人们注重传统意义上的学术知识和经过研究获得的知识，而不是作为认识论建构的知识(参见，Phillips, 2000)，因而对于临床-专业型教师而言，他们要接受那些因与教学的实践艺术特别相关的研究工作而取得的真实发现，同时获得证明真理的证据，并为真理获取证据，有了这些证据便可对作为知识命题的假设在原则上进行证伪。教师需要这种能力，它可以确保那些依赖于知识的实践具有合理性。然而，学术理论主要是作为行动的指南，还是需要在行动中予以检验的假设？对此，这一模式并没有给出清晰的观点。这类似于布鲁纳对遵循指南的知晓者与质疑假设的探求者之间所做出的区别。

因此，至少在达林-哈蒙德和布兰斯福德的表述中，这一模式在有关临床-专业型教师与其获得的学术性知识之间关系的论述上是模糊的。这里有三种可能：(a)教师，就像熟练的技术人员一样，只是简单地应用"研究"所倡导的行为规范；(b)教师，就像熟练的知晓者一样，能够评估观点的有效性，学习这些观点，并将之转化到自己的实践中；(c)教师，就像熟练的探求者一样，能够运用这些学术知识，并以检验研究结论的方式理解这些知识，可能还会对它们进行证伪，因为知识可以被视为可检验的假设，而不是供人遵循的结论。这一模式可能因为专业自主权而倡导(c)，专业自主权意味着教师有能力自主地为他们的行为辩护，而不是简单地指出研究的权威性。

临床-专业型模式确实将教师的专业自主权作为其理想。它对于教学中反思的尊重可以使之达到(c)的境界，按照这一思路也可以消除该模式中所包含的歧义。反思性超越了仅仅被迷惑或是对教学本身的研究(参见，Schon，1986；对专业实践的另一种理解)。这将扩展到对个体价值与教学之关系的理解，并发现教师如何在课堂和学校中以思想开放、客观的方式解释教育情境。成为一位反思性教师意味着，教师要做好准备，深入探究其行为的基础，以及实证研究所给出的建议和那些可以被证伪的命 58
题。教师反思性的核心特征在于它是研究驱动的，即通过将自己的实践作为不断接受检验的假设对学术知识保持批判态度并坚持自己的信念(参见，Phillips 和 Burbules，2000)。这是教师-研究者运动(Teacher-Researcher Movement)中已为人熟知的动力。

除了基本依据这一问题，这一模式中的广泛研究还表明了认知层面的复杂性。显而易见，运用大量的学术知识和不同的风格是一项巨大的挑战，但是这里存有一个关于复杂性的政治议题——事实与价值之关系的问题及其对教师教育的启示。在教育的规范性层面，临床-专业型教师能够检视并批判那些供实践应用的研究结论，亦能够判断应用的合理性或发展与之相关的一些技能。因此，教师教育不仅要培养准教师从事实证研究，而且要使他们形成深入反思价值与规范的能力，因为对这一复杂性的掌握有助于教师对其行为的合理性进行辩护。这一模式对民主社会目标的态度(参见，Phillips 和 Burbules，2000：21－22)并不表明严肃的规范性探究是必要的。

然而，临床-专业型模式的提出者，一般是那些支持将政策或项目基于"研究"的政治家、管理者、校长、父母和教师教育工作者，而研究本身往往未明确指出探究所具有的价值负载特性(而且此种内在价值的可信性往往如同"历史所告诉我们的"这句话的可信性一样)。研究结论(尤其是像全语言或全语音、数学教学甚至班级规模等具有争议性的议题)往往根据那些支撑研究者(以及政治家或管理者)观点的政治与社会观而发生着变化，这表明，我们需要慎重地理解教育研究的结论，就如同理解社会科学的研究结论一样。如果不能正视这一复杂性，当面对诸如研究结论在实证层面并不真实，其中嵌入了未经检视的规范和价值的时候，教师们可能缺少充分的知识为自身行动提供合理辩护。这表明，在教师教育中，不能仅仅将研究及其结论作为基于事实的实证研究来加以检视，我们也需要检视它们是否与价值观相适应。

下面的例子指出了该模式存在的问题：

……在早期，人们将人的发展视为几个与生物性相关的阶段，它明确地决定着学生在每一阶段所能完成的任务。与之相比，当前的研究表明，发展、

> 知识与学习三者相互关联。在传统的观点里，人的发展有着固定的速度，它决定着儿童学习的“准备性”。对此，当前的发展理论持批判的态度。以往的研究表明了学习影响发展的方式以及发展影响学习的方式。新的研究则表明，在儿童的年龄或明显的“阶段”之外，人们已有知识和经验以及与之相伴的特定内容影响着思维的复杂程度。(Phillips and Burbules, 2000: 93)

具有发展适宜性的实践，是被广泛地运用于儿童教育之中的概念。它既需要我们对研究的经验层面予以检视，也需我们对其价值系统进行检视，后者决定着我们在教师教育课程中对发展的认识。发展并不是表达人成长的一个无可争议的概念，它不像体内平衡(homeostasis)这样的概念，完全可以借助科学研究予以阐明。发展是一个规范性的概念，它表达着一个令人期待的结果，而人理应在社会的、理智的、审美的和道
59 德的层面不断向它靠近(Peters, 1972)。因此，尽管在对皮亚杰的发生认识论(epistemologie genétique)存有持续争议，对现代发展理论也不乏批判之声的背景下，“具有发展适宜性的实践”似乎是对实证效度的一种诉求，然而寻求实证效度的前提是它的规范性和意识形态基础被人们所广泛接受。这并不是说不应该促进“具有发展适宜性的实践”，而是说，在教师教育中，关于发展的规范性概念必须得到检视。离开复杂的价值观探究，这一模式的认识论目的看起来可能更像是意识形态规训，而不是对学术知识的学习(关于实证传统的认识论的新解，参见，Phillips 和 Burbules, 2000)。

道德主体-专业型

这一模式之所以被称作道德主体-专业型模式，主要是因为其支持者认为，道德在年轻人的教育和教师教育中具有基础性、支配性和普遍性(相关观点可参见，Peters, 1966; Noddings, 1984; Goodlad, *et al.*, 1990; Tom, 1984, 1997; Sockett, 1993; Hansen, 1995, 2001; Fenstermacher 和 Richardson 2001; Campbell, 2003)。之所以具有*基础性*，是因为接受教育是人的发展历程中一项特定的使命，为此教师才被赋予了道德权威。之所以具有*支配性*，是因为接受教育的目的具有道德性，其方式(比如技术)从属于道德目的，也只有通过道德目的才能获得合理性。这意味着，教师可以避开一些技术或知识，但不能放弃这一角色所赋予的道德责任或承诺。之所以具有*普遍性*，是因为教育活动没有哪一方面不是与道德相关的，这不仅仅表现在日常的课堂情境中，而且表现在课程选择、学科内容、教师态度、教学方法的效力、教师的实践智慧、学校行为等具体事务中，同时还体现在教师对学生在教育过程中形成何种观点的期待上。因此，拥有一个道德目的就是拥有一个认识论目的。

这一模式的不足表现在以下几个方面。第一，相对于学术能力评估测试的成绩，学生的成功不可能由理智性美德和道德性美德来衡量。第二，对道德生活的公共讨论

往往与宗教信仰交织在一起，不管是日常生活中的道德，还是有关终极辩护的事宜。第三，个人具有宗教选择的自由这一假设会延伸到道德领域及其“价值观的民主方式”层面，也就是说，当每个人的选择都具有同等的价值，教师会担心他们是否会将他们的价值观强加给学生。因此，这一模式要想为公共讨论和公共教育建立一套标准是非常棘手的事情。第四，目前对教育的道德讨论往往局限于那些关注道德和品格教育的学者。道德和品格教育尽管重要，但是它们还不足以构成一种综合性的教师教育模式，而且我们会忽视其与课程内容的复杂关系。第五，事实-价值二分的传统和一些学者所坚持的道德知识不可教的观点，使得潜心于这一模式的学者难以深入考察有关教育的道德观点中所提出的认识论议题。最后，有关“致力于形成品格的教育”(参见，Hartshorne 和 May，1928；Kohlberg，1981)的历史文献使当代的学术研究忽视了这一模式及其可能性，一些学者因此遵循科尔伯格的观点，认为谈论美德仅仅是在谈论个性，而且认为由于它反对实证检验，因而对教育研究的益处甚少(Oser，1994)。

伦理和道德的不同观点之间存在着差异。基于所采用的不同伦理观立场，该模式
会形成不同的观点。譬如，这一模式可以采用杜威的伦理观，或者采用托马斯学派的 60
神学观，后者在一些教区附属学校中可以看出。道德主体-专业型模式亦借鉴源于霍布斯、康德和密尔经典自由主义的规范伦理，或源于亚里士多德幸福(ἐυδαιμονια)理论的品格(德性)伦理(Norton，1991)，二者都能在原则上为这一模式作出解释。以上这些假定(这里可能要排除密尔，因为他的逻辑理论借鉴孔德的实证主义，要求将事实与价值二元分离)，都将在各自所支持的道德立场与教育的认识论目的之间展现出密切的近似性。

以下我将基于亚里士多德及其现代追随者的思想，来讨论道德主体-专业型模式。在他们那里，并不存在道德目的与认识论目的的区别，因为这二者整合于德性(品格)伦理之中，而且，人类的道德目的就是幸福。[①]

尽管“ἐυδαιμονια”经常被译为幸福(happiness)，诺顿则认为，将之理解为自我实现的生活和行为更为合适。因为关于“幸福”的非享乐的条件和感觉恰恰源自于此。在诺顿那里，道德目标是“通向有意义生活的有意义工作”，伦理致力于“……‘促进人类的生活质量’……”，这意味着道德美德的习得。“其中，道德美德是性情倾向，包括(1)个体功用；(2)内在财富；(3)社会功用。”(Norton，1991：80－81)有关教育目的，也存在三种普遍的理解，即(1)个体的发展；(2)有价值的知识；(3)对于民主社会的生活和公民身份具有重要性的美德。关于道德美德的三向思考模型，尽管不能完全地例示这三种教育目的，但其中的任何一种向度均无法替代该模型，因为它们中的每一个在道德层面都具有合法性和重要性。当人们自发地思考由德性构成身份的价值基础时，譬

① 诺顿(Norton，1991)关于发展的观点与杜威的民主和成长理论有着深刻的关联。与过去几十年间勃兴的美德认识论(Fairweather and Zagzebski，2001；DePaul and Zagzebski，2003)一样，它也需要单独地予以讨论。

如，逐渐地珍视诚实，不再欺骗他人，并由此成为一个真实的人时，作为个体的人就开始主动地习得道德美德了。教育对于促进人们的自主性发展大有裨益。在诺顿看来，政治在民主社会中的任务主要在于消除那些妨碍人们自我实现的各种障碍，如贫穷与不公正。

因此，教师教育要尽力促进教师形成与教学任务密切相关的美德，并使它们与教师个体的美德相一致，由此促进教师的自我发现。教师身份认同的形成主要是基于个体的价值观和责任，而不是遵从专业规范。在准教师通过学习不同的科目、课堂经验、社区服务或民主公民的艺术和技巧等实践从而实现自我发现的过程中，教师教育需要使他们形成从传统上便于这些实践的价值观（Hansen，2001），其中包括学习某一科目时所必要的理智性美德和道德性美德。因此，道德身份认同的形成主要基于对个体所具有的价值观的承诺，而这一价值观逐渐成为个体的性情倾向，最终发展为个体的德性。然而，这些德性不仅仅是个体的财富，亦是组织的财富。描述一个组织就是描述其价值观：在这一模式中，学校和教师教育机构将这些价值观看作是各自的精神气质，具有基础性、支配性和普遍性（参见，MacIntyre，1984；Zagzebski，1996）。

典型的“个体”美德主要包括真诚、谨慎、诚实、怜悯、想象力和勇气（德性的和理智
61 性的）以及诸如恒心、毅力和勇气等意志德性（Sockett，1988）；典型的“社会”美德主要包括对公正、节制、机智、谨慎、礼貌、宽容和自由的承诺；典型的“知识性”美德（菲利普斯和伯布勒斯将之称为“认知性价值观”）则主要包括准确、清晰、开明、谦卑和公正。很显然，各类所包含的美德存在重合之处。然而，对于道德主体-专业型模式而言，学校课程与教师教育课程不仅涵盖了知识内容的习得，也包括了这些美德的形成，因为这些品质涉及理智性的、社会的、个人生活的以及工作的等各个方面。它们是人之为人的一部分。

本纳德·威廉斯（Bernard Williams，2002）在《真理与真诚》（*Truth and Truthfulness*）一书中专门探讨了对真理（因此也是对知识）而言非常关键的两种美德——准确和真挚，并提出了一个观点，可用以理解道德主体-专业型模式在教师教育中整合道德目的与认识论目的的方式。威廉斯关于两种美德的观点为道德主体-专业型模式提供了以下两点启示：(a)如何整合道德目的与认识论目的，(b)这一模式如何建立隐含于道德-认知互动中的联系，譬如，有关信念的认知观念如何与开明、宽容或理智性勇气建立联系。

沿着威廉斯的思路，我们可以在道德目的与认识论目的之间建立关联。尽管真诚是个体性的财富，真理却可以是观点性的财富。在教师培养的过程中，这一模式可以据此提出，相信真实并对所信任的事物做出真实的判断是值得去做的事情。因此，我们可以将这些认识论目的与如下观点相联系，即教师在道德上应该成为真诚的人，尤其是对他们自己保持真诚，而不能成为自我欺骗的牺牲品。舒尔曼曾在当代大学生中发现了保持真诚的条件（Shulman，1999）。真诚是人们期待的一种性情倾向，比如，一

个人始终如一的行事特征(参见全美教师教育认证协会对教师性情的规定;Sockett, 2006)。始终如一意味着稳定性,因此,教师不能仅在事实有利于他们之时才讲真话,他们必须成为真诚的人和真诚的教师。在威廉斯(Williams, 2002)那里,真诚是一种美德或性情倾向,由准确和真挚这两个"关于真理的基础美德"构成。准确与正确信仰的形成相关,真挚则与说出实际上信任什么的动机相关。二者对于信任关系的建立至关重要,对课堂和学校层面上的道德建设也是非常关键的。由此,真理、准确、真挚以及信任之间的紧密关联,便立即具有了道德性和认知性,在道德主体-专业型模式中,它们用以表明研究和学术性知识的特性将以何种方式区别于其他模式。

为了在这一模式中阐述道德目的与认识论目的之间的关联,我在这里着重讨论准确这一美德。性情倾向之所以是一种美德,是因为它关涉人所具有的弱点,就准确这一美德而言,人的弱点是"隐瞒或掩饰真相的动机"(Williams, 2002: 124)。准确则"……存在于各种技能和态度之中,这些技能和态度以各种形式抵制着享乐原则,这些享乐涉及从最基本的对于令人愉快之事的简单接受,到对调查结果核对的怠惰。"(Williams, 2002: 125)人所需要的最关键的态度是对真理的关注,它实际上是"获得正确答案的激情"(Williams, 2002: 127),可以是出于诚实、良知或自我尊重而做某事。人所需要的特定技能,在公共世界中随着情境的变化而变化,在学校中则随着科目的变化而有所不同。因此,准确意味着"在发现和相信真理时所表现出来的谨慎、可靠性等"(Williams, 2002: 127)。作为一种理智性和道德性美德,它能识别不同学科
间的差异及其一致性。就道德目的与认识论目的的联系而言,培养学生形成准确这一 62
美德,与教他们学习数学同等重要。当然,这二者又是缺一不可的。

以上对准确的简要讨论表明了这一模式所认识到的道德-认知关系。对于教师而言,教学不仅仅要教会学生做对算术题或获得清晰的事实,还要使学生重视准确这一美德的价值(尤其是当草率、怠惰、困倦和电视的诱惑逐渐压倒积极因素之时),并将这一特定的美德看作是他们的一种性情倾向。从心理学的角度来看,这一目标是一种内在的动机,重点在于对"我是谁"这一问题的反思。因此,这一模式赋予了教师双重任务:第一,使自己成为一个具有准确美德的人——一方面是形成自身的个性,同时也是为学生树立榜样;第二,培养学生形成追求真理这一特定的但又不排他的美德。如此看来,准确就不能被视为可以脱离一定情境而教给学生的好的技能,它将通过理智内容的接受而获得发展,而这些理智内容之所以能促进学生准确理解道德的发展,在于它们为学生提出了诸如学术性科目中所呈现的那种理智性挑战(Sockett, 2000)。毫无意外,在道德主体-专业型模式中,教师持续地面临着复杂的道德问题,尤其是在所教内容的道德内涵方面,当然并不限于此(譬如,我所教的是真实确定的吗?我自己是真诚的吗?我扮演的故唱反调者角色削弱了我的真诚吗?我应该让这些差错擦肩而过吗?我是值得信任的吗?);同时道德问题也存在于教师所承担的对作为组织及其精神的学校的道德责任之中。

与当前大多数的教师教育理论相比，这一模式很明显具有不同的视野。当然，全美教师教育认证协会正在敦促教师教育机构界定自身所期望的使新教师具有的品性（参见 Sockett，2006）。基于亚里士多德的思想，支持这一模式的人，力促人们重新思考教师教育（重构的教师教育植根于组织精神、理智性严谨和那些关于教师所面临的道德问题之重要特征的表述和讨论之中），尤其要考虑教师如何开始表达只能建立于自发基础之上才得以实现的道德身份这一问题。借鉴杜威思想的模式则拥有一套非常不同的道德和认知假设，亦会发起一场类似的反思。

结论

这四种模式为理解教师教育的道德与认识论目的提供了一幅并非完整的全景图。如果说推进教学成为一项专业运动的潜在目标尚是一致的，那么，不同的道德与认知观如何能够轻易地达成一致则是一个难以解决的问题。这里存在着四个方面的困难：第一，在当前的教育研究中，不同的方法论范式各自为政，任何一方都没有兴趣在不同的范式中寻求一致性；第二，公共教育的科层特征表现在特定的话语之中，与之最接近的是临床-专业型模式，即便它离自由市场的话语还有很大一段差距；第三，专业化的推动力量主要是与学者的专业主义身份认同而非与教师紧密相关，而学者与教师之间缺乏合作；最后，如果要想阐明道德与认识论目的的复杂性，需要对教师教育的组织、课程和教学法等不同层面做出更为深入的哲学探究。这有可能意味着，我们不再试图在专业主义的医学模式和其他模式之间达成共识，因为，每一种模式都有可能得到公众的认可。

（张　斌　译）

参考文献

Barzun, Jacques (1991) *Begin here: the forgotten conditions of teaching and learning*. Chicago: Chicago University Press.

Belenky, M.F., Clinchy, B.M., Goldberger, N.R., & Tarule, J.M. (1986) *Women's ways of knowing*. New York: Basic Books.

Buber, Martin (1970) *I and thou*. New York: Scribner.

Bloom, A. (1987) *The closing of the American mind*. New York: Simon and Schuster.

Bloom, B.S. & Krathwohl, D.R. (1956) *Taxonomy of educational objectives. Handbook 1: cognitive domain*. New York: Longman.

Bloom, B., Krathwohl, D., & Masia, B. (1963) A *Taxonomy of educational objectives*. London: Longman.

Bloom, H. (1994) *The Western canon: the books and school of the ages*. New York: Harcourt Brace.

Brighouse, H. (2000) *School choice and social justice*. Oxford: Oxford University Press.

Bruner, J.S. (1963) *The process of education*. New York: Vintage.

Bruner, J.S. (1996) *The culture of education*. Harvard: Harvard University Press.

Buber, M. (1996: translated by Walter Kaufmann) *I and thou*. Touchstone: New York

Campbell, E. (2003) *The ethical teacher. Philadelphia*, PA: Open University Press.

Clifford, G. & Guthrie, J.W. (1990) *Ed school*. Berkeley: University of California Press.

Darling-Hammond, L. & Bransford, J. (2005) *Preparing teachers for a changing world*. San Francisco: Jossey-Bass.

DePaul, M. & Zagzebski, L. (2003) *Intellectual virtue*. Oxford: Oxford University Press.

Dottine, E. (2006) A Deweyan approach to the development of moral dispositions in professional teacher education communities: using a conceptual framework. In Sockett, H. (ed.) *Teacher dispositions: building a teacher education framework of moral standards*. Washington, DC: American Association of Colleges for Teacher Education.
Egan. K (1997) *The educated mind*. Chicago: University of Chicago Press.
Ehrlich, T. (2003) *Civic responsibility and higher education*. Westport, CT: Oryx Press.
Everdell, William (1997) *The first moderns*. Chicago: Chicago University Press.
Fairweather, A., & Zagzebski, L. (2001) *Virtue epistemology: essays on epistemic virtue and responsibility*. Oxford: Oxford University Press.
Fenstermacher, Gary D. & Richardson, Virginia (2001) Manner in teaching: the study in four parts. *Journal of Curriculum Studies* 33(6): 631 - 639.
Finn, Chester. (1991) *We must take charge: our schools and our future*. New York: Free Press.
Gilligan, C. (1979) Woman's place in man's life cycle. *Harvard Educational Review* 49(1): 431 - 446.
Gilligan, C. (1982) *In a different voice*. Cambridge MA: Harvard University Press.
Gilligan, C. & Attanucci J. (1988) Two moral orientations: gender differences and similarities. *Merrill-Palmer Quarterly* 34(3): 223 - 237.
Goodlad, John I. (1990) *Teachers for our nation's schools*. San Francisco: Jossey-Bass.
Goodlad, J. I., Soder, R., & Sirotnik, K. (eds.) (1990) *The moral dimensions of teaching*. San Francisco: Jossey-Bass.
Griffin, Gary A. (ed.) (1999) *The education of teachers*. Ninety-Eighth Yearbook of the National Society for the Study of Education, Part I. Chicago: Chicago University Press.
Grossman, P. & Schonfield A. (2005) Teaching subject matter. In Darling-Hammond, L. & Bransford, J. (2005) *Preparing teachers for a changing world*. San Francisco: Jossey-Bass (Chapter 6, pp. 201 - 232).
Guttman, Amy (1999) *Democratic education*. Princeton: Princeton University Press.
Hamlyn, D. W. (1970) *The theory of knowledge*. London: Macmillan.
Hansen. David T. (1995) *The call to teach*. New York: Teachers College Press.
Hansen, David T. (2001) *Exploring the moral heart of teaching*. New York: Teachers College Press.
Hartshorne, H. & May, M. (1930) *Studies in the nature of character* (3 volumes). New York: Macmillan.
Harvard University (1942) *General education in a free society*. Harvard: Harvard University Press.
Hazen, Robert M., & Trefil, James S. (1991) *Science matters: achieving scientific literacy*. New York: Anchor Books.
Hirsch, E. D. Jr. (1987) *Cultural literacy*. New York: Doubleday.
Hirsch, E. D. Jr. (1996) *The schools we need*. New York: Doubleday.
Hirst, P. H. (1972) *Knowledge and the curriculum*. London: Routledge and Kegan Paul.
Hoyle, E. (1980) Professionalization and deprofessionalization in education. In E. Hoyle & J. E. Megarry (eds.) *The Professional development of teachers* (pp. 42 - 57), London: Kogan Press.
Huxley, Thomas (1874) *Universities: actual and ideal*. Rectorial Address to Aberdeen University. http://worldebooklibrary.com/eBooks/Adelaide/aut/huxley_th.html
Jackson, J. A. (1970) *Professions and professionalization*. Cambridge: Cambridge University Press.
Kazanjian, Victor (1999) Religion, identity and intellectual development: forging powerful learning communities. *Diversity Digest*, American Association of Colleges and Universities. Spring 1999 (see http://www.diversityweb.org/Digest/Sp99/religious.html).
Kohlberg, L. (1981) *Essays on moral development. Volume I: the philosophy of moral development*. San Francisco: Harper and Row.
Leavis, F. R. (1962) *Two cultures? The significance of C. P. Snow*. London: Chatto and Windus.
Lehrer, K. (2004) *Theory of knowledge. Boulder*, CO: Westview Press.
LePage, P. & Sockett, H. (2002) *Educational controversies: towards a discourse of reconciliation*. London: Falmer.
Lipman, M. (1988) *Philosophy goes to school*. Philadelphia, PA: Temple University Press.
MacIntyre, A. (1984) *After virtue* (2nd edition). Notre Dame, IN: University of Notre Dame Press.
Matthews, G. (1994) *The philosophy of childhood*. Cambridge, MA: Harvard University Press.
Murray, F. (1995) *The teacher educator's handbook: building a knowledge base for the preparation of teachers*. San Francisco: Jossey-Bass.
National Council for the Accreditation of Teacher Education (2005) *Professional standards for the accreditation of schools, departments and colleges of education. Washington*, DC: NCATE.
Noddings, N. (1984) *Caring: a feminine approach to ethics and moral education*. Berkeley: University of California Press.
Noddings, N. (1988) An ethic of caring and its implications for instructional arrangements. *American Journal of Education* 96 (2): 215 - 231.
Noddings, N. (1999) Care, justice and equity. In Katz, M., Noddings, N., & Strike, K. A. (eds.) *Justice and caring: the search for common ground in education*. New York: Teachers College Press (pp. 7 - 21).
Norton, D. L. (1991) *Democracy and moral development: a politics of virtue*. Berkeley: University of California Press.
Oakeshott, M. (1967) *Rationalism in politics and other essays*. London: Methuen.
Oakeshott, M. (1975) *On human conduct*. Oxford: Oxford University Press.
O'Hear, A. (1994) "Education, values and the state." Victor Cook Memorial Lecture, Center for Philosophy and Public Affairs, University of St. Andrews, Scotland.
Oser, Fritz (1994). Moral perspectives on teaching. In Darling-Hammond, L. (ed.) *Review of research in education*. Washington, DC: AERA (pp. 57 - 129).
Peters, R. S. (1966) *Ethics and education*. London: Allen and Unwin.
Peters, R. S. (1972) Education and human development. In Dearden, R. F., Hirst, P. H., & Peters R. S. (eds.) *Education and the development of reason*, pp. 501 - 521. London: Routledge and Kegan Paul.
Phillips, D. C. (ed.) (2000) *Constructivism in education*. Ninety-Ninth Yearbook of the National Society for the Study of Education, Part I. Chicago: Chicago University Press.
Phillips, D. C. & Burbules, Nicholas C. (2000) *Post-positivism and educational research*. Lanham, MD: Rowman and Littlefield.

Pring, Richard A. (2000) *Philosophy of educational research*. London: Continuum.
Pring, Richard A. (2004) *Philosophy of education: aims, theory, common sense and research*. London: Continuum.
Ravitch, D. (2000) *Left back: a century of failed school reforms*. New York: Simon and Schuster.
Regnier, P. (1994) The illusion of technique and the intellectual life of schools, *Phi Delta Kappan*, September, 1994.
Reynolds, M. (1989) *Knowledge base for the beginning teacher*. New York: Pergamon.
Ryan, A. (1996) *John Dewey and the high tide of American liberalism*. New York: Norton.
Schon, D. (1986) *The reflective practitioner*. London: Temple Smith.
Shulman, L. (1987) Knowledge and teaching: foundations of the new reform. *Harvard Educational Review*, *57*(1): 1-22.
Shulman, L. (1998) Theory, practice and the education of professionals. *Elementary School Journal*, *98*(5): 511-526.
Shulman. L. (1999) Taking learning seriously. *Change* (July August 1999): 11-17.
Snow, C. P. (1998: 1959) *The two cultures (Canto)*. Cambridge: Cambridge University Press.
Sockett, H. (1988) Education and will: aspects of personal capability. *American Journal of Education*, *98*(2): 195-215.
Sockett, H. (1990) Accountability, trust and ethical codes of practice. In Goodlad, J. I., Soder, R. & Sirotnik, K. (eds.) (1990) *The Moral Dimensions of Teaching*. San Francisco: Jossey-Bass (pp. 224-251).
Sockett, H. (1993) *The moral base for teacher professionalism*. New York: Teachers College Press.
Sockett, H. (2000) Creating a culture for the scholarship of teaching. *Inventio*. 2: 1.
Sockett, H. (ed.) (2006) *Teacher dispositions: building a teacher education Framework of Moral Standards*. Washington, DC: American Association of Colleges of Teacher Education.
Soder, R., Goodlad, J. I., and McMannon, T. (eds.) (2000) *Developing democratic character in the young*. San Francisco: Jossey-Bass.
Sullivan, W. (2004) Preparing professionals as moral agents. *Carnegie Perspectives*: http//www. carnegiefoundation. org/perspectives/perspectives2004
Teacher Education Accreditation Council (2005): see http://www. teac. org
Tom, Alan (1984) *Teaching as a moral craft*. New York: Longman.
Tom, Alan (1997) *Redesigning teacher education*. Albany, NY: State University of New York Press.
Van Manen, Max (1991) *The tact of teaching*. New York: State University of New York Press.
Williams, B. (2002). *Truth and truthfulness*. Princeton: Princeton University Press.
Zakaria, F. (2003) *The future of freedom: illiberal democracy at home and abroad*. New York: Norton Press.
Zagzebski, L. (1996) *Virtues of the mind*. Cambridge: Cambridge University Press.

经典

1.1 论美国学者[*][①]

拉尔夫·沃尔多·爱默生(Ralph Waldo Emerson)

主席先生,先生们:

值此第二个文学年度伊始之际,我谨向诸位致意。我们的周年庆总是充满希望, 69
但仍需努力。我们相聚于此的目的,并不像古希腊人一般,为了角力竞技,为了诵读历史、悲剧或颂词;也并不像中世纪意大利的行吟诗人那样,为了爱情和诗歌;亦不像英国和欧洲都市的同时代人那样,为了科学进步。迄今为止,我们的聚会还仅仅是一个美好的象征,它表明由于忙碌而无暇于文艺的美国人民心中尚留存着对文学的热爱。即便如此,这已弥足珍贵,因为它标志着人类坚不可摧的本能。文学的聚会应该是,也即将是另一番模样,这样的时代或许已经到来。在这样的时代,这方土地上曾经慵懒懈怠的英才们将睁开惺忪的眼睑,带来远胜于机械应用的创造,以满足世界由来已久的期盼。曾经,我们依赖于其他民族的累累硕果,我们学习其他大陆的文明智慧,而今天,这样的学徒时代已至尽头。我们百万营营役役的同胞们,不可能永远依靠异国文明的残羹冷炙而苟延残息。世界日新月异,新事物、新行动不断涌现,一切都需要歌颂,也将为自己歌颂。有谁会怀疑,诗歌将会复兴,并将引领一个新的时代。这复兴犹如文学家的预言,也许位于天穹之顶的天琴大星将会成为闪耀千年的新北极星。

因为这一期望,我接受了这一演讲题目——“论美国学者”。就我们组织的职责和性质而言,这一主题正合时宜。时光荏苒,我们会聚于此,开启历史的新篇章。让我们一起来探询,闪耀的新时代与新事物之光有何特质,又蕴含着怎样的期望。

有这样一则寓言,虽年代久远不可考但却隐含着我们意想不到的深邃智慧。传说中,众神创世之时将一个人分为众人,是为了使人类能更好地互助,如同分开手指是为了使手更加灵活自如一样。

这一古老寓言蕴涵着一个历久弥新的伟大理念。这就是:作为一个完整的“人”(One Man),你在某些个体身上或通过某种能力,可以看到他的部分,但只有仔细观察整个社会才能看到他的全部,才能理解其完整的意义。“人”,不是农夫,不是教授,不

---

* Ralph Waldo Emerson(1983),*Essays and Lectures*. New York: Library of America, 51-71.

① 1837年8月31日,爱默生在美国大学生联谊会上以“论美国学者”为题发表演讲,抨击美国社会中灵魂从属于金钱的拜金主义和资本主义的劳动分工使人异化为物的现象,强调人的价值;提出学者的任务是勇敢地从表相中揭示真实,以鼓舞人、提高人和引导人;号召发扬民族自尊心,反对一味追随外国学说。这一演讲轰动一时,对美国民族文化的兴起产生了巨大的影响,被誉为美国“思想上的独立宣言”。——译者注

是工程师，而是他们的总和。“人”是传教士，是学者，是政治家，是制造者，也是士兵。在有分工的社会形态里，这些职能被分配给具体的个人，人人各司其职。这个寓言告诉我们：每个个体的人，若要真正了解自己，有时定要脱离自己的工作去体验其他劳动者的生活。但是，很不幸，这个原生的整体，这个力量的源泉，已遭肢解，无时无刻不被条分缕析，以至于那源泉已被细分为涓滴而无法汇集了。这种社会状态，犹如肢体与躯干分离。你环顾四周，发现遍地皆是怪物——一个手指、一段脖子、一个胃、一段臂肘。它们独立行走，趾高气扬；你苦苦寻觅，却始终无法寻得一个完整的“人”。

于是，本应完整的人便异化为物，分化为各种各样的物。起初，农人是被派往田间采集食物的“人”，专司其职，但他丝毫不为自己事业的高贵而欢欣鼓舞。这农人视野可及之处，除了自己的箩筐和推车再无旁物，于是他成为农夫，而不是在田间劳作的“人”。商人从未真正体悟自己职业的价值，其身体被行业的繁务琐碎所驾驭，灵魂被金钱所奴役。同样，传道士成为宗教仪式，律师变为僵死的法典，机工退化成机器，水手仅仅是船上的一节缆绳。

70 在这样的社会分工下，学者成为知识的代言人。按理而言，学者本应是伟大的思想家(Man Thinking)。然而，在日益堕落的社会形态下，他作为社会分工的牺牲品，沦为片面而单纯的思想者，亦或连思想者都不是，仅仅从事复述他人思想的鹦鹉学舌活动。

思想者的责任不言而喻。自然用她那平和而蕴意深远的景致启迪他，历史教育他，未来引领他。事实上，世人不皆为学子吗？世间万物不皆有益于学吗？更重要的是，真正的学者不就是唯一的大师吗？但请记住那古老的神谕：“万事皆有两面，慎思个中谬误。”人非圣贤，孰能无过？在现实生活里，学者与常人同样会犯错。我们需看看学校里的学者，让我们根据他所受的影响来考查评判。

一、就发生的时间和重要性而言，自然对人类心灵的影响当居首位。日复一日，日升日落，黑夜星辰，长风吹拂，绿草丛生。日复一日，男人女人，他们倾听交谈，互相关注。在所有人之中，最钟情于大自然的莫过于学者，其价值深植于他的心灵之中。对他而言，自然意味着什么？上帝创造的这个网链，连续不断、不可尽解，虽不见首尾，然而，这力量循环往复、源源不竭。这情形犹如学者的精神本身，其起始和终结都无处寻迹，这么完完整整，又那么无羁无绊。大自然光芒闪耀，在她的照耀下，一个又一个体系光芒万丈，这光芒上下普照，既无中心亦无边际——无论庞然大物抑或细小微粒，都是大自然展示的自我的急切表达。于是，便有了概念分类。对于年轻的智者而言，万物皆是独一无二的，互不关联的。渐渐地，他会发现如何把两个事物联系起来并找出共性，之后扩展到三个乃至三千个事物。智者有一种把事物同一化的本能。沿此思路，他将事物联系起来，淡化了彼此的差异，发现了事物潜在的共同根源。基于此，原本看似互相对立、相距甚远的事物得以结合，并在同一枝干上绽放。他很快发现，有史以来，人类从未停止过对事实的积累与分类。但是，若非对事物规律性和可知性的信念，分类便无从谈起。那么是否也同样存在着主宰人类心智的法制呢？天文学家发现几何这一大脑抽象的产物可用来测量行星的运行。化学家在物质中发现了比例关系和可理解的方法。科学就是在相距甚远的事物中发现相似性与同一性。面对各种复杂难解的事物，壮志豪情的学者，以深刻的洞察力逐一分析各种奇异的构造与新生力量，将其归类，探寻规律，然后，继续前进，永不停息地激活组织最细微的纤维构造，直至揭开自然的奥秘。

于是，他，这个在天穹之下的学校男生，恍然大悟。原来他和那天穹乃同源而生，一个是叶，一个是花：联系、共鸣，在每一叶脉中涌动。那根系又是什么？难道不就是自然之魂？这是一个大胆的信念，一个狂热的梦想。但是，一旦在这思想之光照耀下尘世的规律得以进一步显现，一旦他开始膜拜这灵魂并且认识到今天所知的自然规律只是他那巨手的最初触摸，他便期许成为一位创造者，去探索那广阔无限的知识领域。他会看到，自然是人类灵魂的另一面，他们一一相映，一个是印章，一个是印纹。自然之美便是他的思想之美，她的规律就是他心智的规律。这样，自然就是他成就的度量。这广袤的自然他尚不知晓，这深邃的心智有待启迪。最后，古希腊“了解自己”的箴言与当代“研究自然”的智慧，合二为一，成为同一信念。

二、在对学者心灵影响最大的因素中，位居第二的便是前人的思想——文学、艺术或是制度，无论是什么形式，都会在人的思想中留下印记。书籍是历史影响最好的载体，也许我们应该探讨书的价值从而获得真相本身，以便了解书籍对人的心智究竟有何影响。

书之论极为崇高。古代的学者接触世间万物，开始思考；他们用自己的思想重新组织其所见所闻，而后叙述出来。进入头脑的是生活，从中产生的是真知；进入头脑的
是瞬间的事件，从中产生的是不朽的思想；进入头脑的是日常活动，从中产生的是优美 71
的诗歌。曾经僵死的事实，变为活跃的思想。这思想可能静止也可能前行。它有了持久的生命，开始带着灵性飞翔。这些活动与思想的深度成正比，思想的深度决定了它的飞翔高度以及影响的时间长度。

或许，我也可以这样说，思想的持久与影响力依赖于把生活转化为真知这一进程的深度与广度，正如产品的纯度、耐久性与其净化度成正比一样。但是，世间尚无绝对的完美。正如真空泵无法产生绝对真空一样，作家也不可能在他的书中完全摒弃常规，突破所有局限，从此成为不朽。他也不可能完成这样的著作，其中全为纯粹的思想，对千秋万代都有全面的借鉴作用，对当代和下一代都同样有益。每一个时代都要书写自己的作品，抑或是前一个时代为后一个时代著述，因为旧时代的著作难以满足当今的需求。

然而，这却形成了一个危险的误区。赋予创造行为——思想的行动——的神圣性，被延伸至对这一行动的记录上。唱诵诗歌的诗人被尊为圣者，因此他的诗歌也是神圣的。这位作者有正义和智慧的心灵，那么，毫无疑问，他的书也必然完美无缺。这

就如同对英雄本人的热爱沦为对其雕像的膜拜。顷刻之间,这读物便成为毒物,这领袖便成为暴君。大众那反应缓慢的、易被误导的心智,缓慢地接受理性,然而,一旦接受这理性,一旦获得这书本,就会对其顶礼膜拜,从而排斥任何异见。由此,众多学院如雨后春笋般拔地而起,思想者——并非伟大的思想家,美其名曰,有才能的人——热衷于著书立说。他们从一开始就错了,他们从公认的教条着手,而不是从他们自身对原则的领悟出发。那些谦和的年轻人在图书馆里成长,确信他们的义务就是接受西塞罗①、洛克②或培根③的观点,然而,这些年轻人忘记了,西塞罗、洛克或培根在撰写他们的著作时,也是坐在图书馆里的青年罢了。

于是,我们痛失了伟大的思想家,剩下的只是"蛀书虫"。于是,便形成了饱览群书的知识阶层,他们尊重典籍,却不与自然联系,不与人类的社会制度联系,书籍成了存在于世界与灵魂之间的第三种不动产。于是,产生了各种层次的修订者、校注者和藏书狂。

若能善用,书是最好的东西;但若滥用,书便成了最大的祸害。什么是善用?什么是阅读的目的?什么是与阅读殊途同归的共同目标?除了启迪心智之外,别无其他。假如我的思想为书本吸引且被完全束缚,无法循着我自己的轨道前行,我则沦为他人思想的卫星,丧失了自我星系的独特性,那么,我宁愿弃之不阅。这世上最可宝贵的莫过于生动活跃的心灵。每个人都有拥有它的权利,它也就在每个人的心间。尽管,对于大多数人而言,心灵遭受禁锢了,或者尚未成熟。生动活跃的心智洞察真理、阐述真理,甚至有所创造。心智的创造力并不是天才的专利,而是属于每个人的财富。正是因为这种本质,它是进步的。书本、学院、艺术学校,以及其他机构,因为天才过去的言论而停滞不前。诚然,这些言论是经典,让我们追随其后,然而,它们却束缚了我,它们只是历史而不会前瞻。但是,天才是有前瞻性的:人的双眼位于前额而非脑后。普通人仅仅期盼,天才却会创造。无论有何才能,若不去创造,他就丧失了造物者的精粹——可能尚有余灰余烟,却没有火焰。世间有创新的方式、创新的行动、创新的文字,它们绝不是习俗和权威的代表,而是心灵之善的自然流露。

另外,若心灵没有自知之明,从另一心灵获取真理时亦无独立思考、自我诘问与反省,那么,即便是在真理的万丈光芒之下,心灵也会受到致命的伤害。大凡天才之名过盛足以成天才之大敌。各国的文学创作皆乃吾论点之力证,英语诗剧已经莎士比亚化达两百年之久了。

无疑,世上有一种正确的阅读方法,那便是让书严格地服从读者。伟大的思想家

---

① 马库斯·图利乌斯·西塞罗(Marcus Tullius Cicero,前106—前43),罗马共和国晚期的哲学家、政治家、作家、雄辩家。——译者注

② 约翰·洛克(John Locke, 1632 - 1704),英国哲学家,经验主义的创始人。——译者注

③ 弗朗西斯·培根(Francis Bacon, 1561 - 1626),英国散文作家、法学家、哲学家、政治家,是古典经验论的始祖。——译者注

绝不盲从于书籍。书籍本为学者闲暇时的伴侣。倘若他能直接领悟上帝，又何需费时阅读他人的读书笔记？但孰能无惑？偶感困顿时——当太阳被遮蔽，星辰也收起了光 72
芒——我们便趋向那明亮的灯烛，让它们再次指引我们通往东方之路，通向黎明之路。能够倾听，才有可能发言。阿拉伯谚语曰，“一棵无花果树，看着另一棵，自己便结出累累硕果”。

我们从佳书良作中获得的乐趣的确非同寻常。这些书籍让我们深信，读与写皆为人之本性，且本性相通。在阅读英国大诗人——乔叟①、马维尔②、德莱顿③的作品时，我们会感到一种颇具现代气息的愉悦。我是指，这乐趣很大程度上源于他们诗歌中超越时代的精神。我们的愉悦中伴随着几分惊叹、几分敬畏，因为这些生活在两百或三百年前的诗人，竟然创造出如此贴近现代人心灵的诗篇，几乎如同我们自己的所思所言。哲学上认为，人的心灵有某些共性，为了支持这样的信念，我们就应设想这世间存在某种和谐、某些对于心灵成长的预见，以及某种未雨绸缪的活动，就如我们观察到的昆虫的行为一样，成虫在死前为其从未谋面的幼虫储备食物。

我不会因为对于某种体系的偏爱或者被夸大的本能的驱使，便肆意贬低书籍的价值。众所周知，身体可以得到食物的滋养，即便这食物是煮烂的青草抑或是废料熬制的汤羹；同样，人的心灵也可以从各种知识中汲取养分。曾经也有过这样伟大的英雄，他们从书本里获得了几乎全部的知识。我要强调的是，只有睿智的头脑才能消化这些知识。唯有创造者才会善读书籍。正如谚语所称：“那把印度人的财宝带回来的人，一定也会把财宝带出去。”同样，写作需要创造，阅读也需要创造。当心灵沉浸于劳动与创作时，每一本书都因引用丰富的典故闪闪发亮，每句话都寓意深刻，作者的见识犹如天地般宽广。此刻，我们明白了即便是先哲圣贤，他们的真知灼见亦是有限的，而记录这些真知灼见的书籍也必是如此，也许只是浩瀚卷册中的那么几页。善于洞察鉴别的读者在柏拉图④和莎士比亚⑤的著作中只读那么几页——那仅有的真正神谕，其他的便可拒之门外，仿佛他们的隽言本就寥寥无几。

当然，对于智者而言，有一种阅读不可或缺。他必须孜孜不倦、勤奋苦读，才能获得历史和专业知识。同样，学院也有着不可替代的功能——教授基本知识。但是，只

---

① 杰弗雷·乔叟(Geoffrey Chaucer，约 1343—1400)，英国诗人，代表作有《坎特伯雷故事集》。——译者注

② 安德鲁·马维尔(Andrew Marvell，1621 — 1678)，17 世纪英国著名玄学派诗人，代表作有《致他的娇羞的女友》、《花园》、《爱的定义》等。——译者注

③ 约翰·德莱顿(John Dryden，1631—1700)，英国诗人、剧作家、文学评论家，主要作品有《时髦的婚礼》(1673)、《一切为了爱情》(1667)等，曾被称为“光荣约翰”(Glorious John)。——译者注

④ 柏拉图(希腊语：Πλάτων，英语：Plato，前 427—前 347)，原名亚里斯多克勒斯(Aristokles)。古希腊时期的思想家，也是西方文化最伟大的思想家和哲学家之一，著有《理想国》、《法律篇》等，是西方客观唯心主义的创始人。——译者注

⑤ 威廉·莎士比亚(William Shakespeare，1564—1616)，文艺复兴时期英国杰出的思想家、作家、戏剧家、诗人，主要作品有《李尔王》、《哈姆雷特》、《奥赛罗》、《罗密欧与朱丽叶》、《威尼斯商人》等，其作品是人文主义文学的杰出代表，在世界文学史上占有极重要的地位。——译者注

有当学院的目的是为了创造不是为了训练，只有当学院将来自天涯海角的五彩缤纷的天才之光聚集于一堂，允其百花齐放、百家争鸣，并用这聚集的火焰锤炼青年学子的心智时，才能铸就栋梁之材。思想和知识只是自然之物，机构和权利对它们毫无用处。华服与金钱或许价值连城，却不能替代智慧的一点一滴。倘若背离这一点，美国的学院会逐年富有，但它们对公众的重要性却会日益衰减。

三、世间流行着这样一种观念，学者应是隐士，体弱多病，不能胜任任何手工劳动或集体劳动，就如折纸刀无法用作斧头一般。所谓的"务实主义者"嘲笑思想者，仿佛他们只能沉思、观察。据我所闻，教士——与其他人相比他们永远最易被视为学者——被称为女人，因为他们没有男人粗俗自然的交谈，只有华丽精致的语言。世俗几乎剥夺了学者的公众权利，甚至有人还鼓吹教士禁婚。如果真是如此，对知识阶层则是不公正的，这种观点也不够明智。行动之于学者实非首要但不可或缺。没有它，学者作为"人"的完整性便荡然无存；没有它，思想就无法成熟为真知。世界就在眼前，如云雾中的美景，慵者却对其视而不见。没有行动便是怯懦，没有勇气的心灵无法造就真正的学者。行动乃思想的序言，助其完成从无意识到意识的过渡。因为曾经的经历，我深悉这些道理。顷刻之间，我们便能辨明谁的言语充满生命，谁的文字空洞无物。

世界——这心灵的影子，或者说另一个我（other me），广阔地展现在我们的眼前。其魅力在于它是开启我思想之门的钥匙，使我认识了自己。我迫不及待地奔向这喧嚣
73 的尘世。我抓住身边人的手，在这竞技场上找到属于我自己的位置，操劳着、工作着。因为我的本能告诫我，唯有这样，沉默的深渊才会充满声响。我洞悉它的秩序，我驱散它的恐惧，我在自己不断扩展的生命轨迹中操控着它。我从生活经验中获取了如此丰富的人生智慧，我开垦了如此广袤的荒野，我将自己和自己的领地拓展到如此宽广的范围。我无法想象有人因为胆怯、懈怠放弃加入行动的行列。行动犹如言辞的珍宝。辛劳、灾难、恼怒与渴望，都是雄辩与智慧的导师。真正的学者对失去任何行动的机会的痛心，犹如对失去自身的力量的痛心。

行动是智慧酿造璀璨成果的原料。在奇妙的过程中，经验转化为思想，恰如桑叶变成绸缎。这一过程持续不断，昼夜不息。

现在，我们可以冷静地观察自己童年和青年时期的行为，它们犹如空中的美丽图画。但对于近期的行动——我们正在处理的事件，我们却无法静心慎思，我们的喜爱之情尚未褪去。这种感觉就如同对自己的手、脚或头脑的感觉那样。这些还是我们生活的一部分，尚浸没于我们的无意识之中。偶然静思之时，它从我们的生活中脱离开来，升华为我们的思想，如同成熟的果实脱落枝头。即刻，它便升华，脱胎换骨，从昙花一现变为永恒不朽。最终，它日臻完善，无论其出身和成长环境如何卑微。但请注意，这一质变的时刻无法提前降临。一只丑陋的蛹，在其破茧而出之前，不会飞翔，亦暗淡无彩。但是，在我们尚未察觉之时，这懵懂之物突然之间伸展出翅膀，变成智慧的天使。同样，我们一生中经历的任何事件，或早或晚有一天都会蜕去其平庸的外表，脱离

我们的躯体，展翅飞翔。摇篮和婴儿期，学校和操场，对男孩、狗和教鞭的恐惧，对小女孩和浆果的喜爱，凡此曾充斥我们天空的是是非非，会消失无迹；朋友和亲戚、职业和党派、城市和乡村、国家和世界，也一定会飞翔高唱。

当然，那些全身心致力于行动的人，在智慧上收获的回报必将是最丰厚的。我不会自我封闭于行动的世界之外，如同不会将橡树植于花盆，任其忍受饥饿，枯萎憔悴；也不会偏重某种才能，穷尽其发展潜力，如同萨瓦人(Savoyards)一样，靠为全欧洲的牧羊人、牧羊女和抽烟斗的荷兰人等雕刻木偶来维持生计，有一天他们上山寻找木材，才发现他们已经砍掉了最后一棵松树。不少深谋远虑的作家，在其文思枯竭之时，便出航前往希腊与巴勒斯坦，跟随设伏捕猎者进入大草原，或漫游阿尔及尔，以补充创作所需的素材。

即便仅仅为了学习一个词汇，学者也会积极地行动。生活是我们的字典。在田间劳作，在城市里对各行各业进行洞察，与男男女女坦诚交往，参与科学艺术活动，这些时光绝非虚掷，最终都是为了掌握一种语言的方方面面以表达我们的观念。根据一个人语言的贫瘠或丰富，我可以马上判断出，他的生活是否丰富多彩。生活如同采石场一样，我们从中取得砖瓦石料为今天的石业所用，这便是学习语法的途径。而学院和书本仅仅是复述源自田间和工地的语言而已。

行动的终极价值在于资源性，这一点如同书本且更胜于书本。自然伟大的起伏涨落定律，体现于一呼一吸之间，表现在欲望和餍足的对立之上，也显现于大海的涨落、日月的交替、冷暖的变化之中，更深深根植于每一粒原子、每一滴液体之中，这便是我们所知的“两极定律”(Polarity)—— 牛顿称之为“光的间歇性易透射与易反射”现象[①]。这是心灵之律，因而也是自然之律。

心灵时而思考，时而行动，反复更替，互为因果。当艺术家耗尽自己的创作素材，当想象力日益贫瘠，当思想失去了共鸣，而书本又令人厌倦——无论何时，他永远拥有 74
生活这一源泉。德行重于智慧，思想是其机能，而生活却是这机能的执行者。溪流回溯至源泉。一个伟大的心灵既勤于思，亦敏于行。他缺少那些传递真理的器官和媒介吗？即便如此，他依然可以依赖生活的力量。生活是完整的行动，而思想只是行动的一部分。让那伟大的正义之光照耀他的生活，让那美丽的情感之声欢盈于他的陋室中。那些与他同居共事的“默默无闻”之辈，在日常的点滴与时光的流逝中感受到他的

① 在光学上，牛顿环(Newton's rings)是一个等厚薄膜干涉现象。光的一种干涉图样是一些明暗相间的同心圆环。用一个曲率半径很大的凸透镜的凸面和一平面玻璃接触，在日光下或用白光照射时，可以看到接触点为一暗点，其周围为一些明暗相间的彩色圆环；而用单色光照射时，则表现为一些明暗相间的单色圆圈。这些圆圈的距离不等，随离中心点的距离的增加而逐渐变窄。它们是由球面上和平面上反射的光线相互干涉而形成的干涉条纹。牛顿环是光的波动性的最好例证。牛顿根据他所信奉的微粒说解释牛顿环的形成，认为光是一束高速运动的粒子流，“一阵容易反射，一阵容易透射”。根据这一理论，他认为，每条光线在通过任何折射面时都要进入某种短暂的状态，这种状态在光线进入过程中每隔一定时间又复原，并在每次复原时倾向于使光线容易透过下一个折射面，在两次复原之间，则容易被下一个折射面反射。他还把每次返回和下一次返回之间所经过的距离称为“阵发的间隔”。牛顿承认他无法用自己的其他理论来解释这种奇异特性，但认为它们确实存在。——译者注

力量，这胜过任何精心策划的公开表演。时间会告诉他，作为学者，生活的每一寸光阴都不容虚度。他神圣的本能萌芽生长，不受外界的影响。祸兮福倚，失之东隅，收之桑榆。在已被教育体系耗尽精华的人群中绝不可能产生覆旧创造的巨人，这样的巨人只能来自于尚未开垦的荒芜之地，正如从德鲁伊教士(Druids)①和熊皮武士(Berserkers)②中最终走出了阿尔弗雷得③和莎士比亚一样。

因此，当有人赞美劳动的尊严和必要时，无论具体是什么，我都喜闻乐见。无论对于学者还是未受教育的民众，锄头与铁锹身上均有着尚未被发现的美德。劳动普遍受到欢迎，我们也受邀投身其中；不可忽视的是，人决不能因为参与集体活动而变得人云亦云，随波逐流。

我已论及自然、书本及行动对学者的教育意义。现在，我们来谈一谈学者应肩负的责任。

真正的学者应是伟大的思想家，应充满自信。学者的职责在于，揭示隐藏于表象下的真相，从而鼓舞、提升并引领大众。他孜孜不倦于那进展缓慢、既无荣耀又无报酬的工作——观察。天文学家佛兰斯蒂德④与赫歇尔⑤在他们的实验室里对星辰进行分类，他们享受着人们的赞扬，那成果灿烂夺目又于世有益，荣耀也必然随之而来。但他也在自己的书斋里做着迄今无人触及的工作——对含混不清的人类心智之星进行分类。有时候，为了获得一些事实，他会日复一日地观察，修正原有的纪录；他必须克制表现自己以及即刻成名的欲望。在长期的准备工作中，他必须表现出对流行艺术的无知无为，即便这会招致那些能人对他的轻视排挤。他很有可能一贯讷于言词，还常常为了死气沉沉的东西而放弃了精彩的生活。更糟糕的是，他必须忍受贫困和孤独，而

---

① 德鲁伊，原意是“熟悉橡胶树的人”。德鲁伊教士，凯尔特人的高级神职人员，如祭司、法师或预言者。凯尔特人是公元前5世纪至公元1世纪散居在高卢、不列颠、爱尔兰、小亚细亚和巴尔干半岛的族群。德鲁伊教的起源可追随到巨石阵时代。由于德鲁伊教士常和森林关系密切，他们在历法、医药和天文上颇有成就，也往往是吟游诗人和作家。德鲁伊教士精通占卜，对祭祀之礼一丝不苟。有史学家将德鲁伊教士等同于印度的婆罗门(Brahmins)、波斯袄僧(Magi)、埃及祭师(Priests)和巫医(Shamans)。公元1世纪左右，罗马帝国大举讨伐凯尔特人。在战斗中，德鲁伊教士身穿黑衣，跳跃在凯尔特的军队中，咆哮着天神的名字，诅咒着罗马帝国。罗马胜利后，德鲁伊教因罗马人的血洗而衰败。18世纪德鲁伊教重新复兴，后来发展成为类似共济会的慈善团体。现代德鲁伊教往往和保护大自然联系在一起，主要在英国和北美洲活动。——译者注

② 熊皮武士，又译“巴萨卡”，意为“披着熊皮的人”。在北欧神话中，受主神奥丁庇护的战士，能够得到熊之精神、狼之勇猛的力量，在战场上，身上至多只穿轻甲，一般赤裸上身作战，处入极端兴奋的忘我状态，没有恐惧之感，忘却流血之痛，以超强的肉体疯狂杀敌，直至战死。——译者注

③ 阿尔弗雷德(Alfred，古英语：Ælfrēd，Ælfræd；848/849—899)，又译“阿佛列”、“艾尔弗雷德”等。英格兰盎格鲁-撒克逊时期韦塞克斯(Wessex)王朝国王，英国历史上真正第一位自称“盎格鲁-撒克逊之王”的君主。后世尊称阿尔弗雷德大帝(Alfred the Great)，也是英格兰唯一一位被授予“大帝”(the Great)名号的君主。善学习，鼓励教育，翻译了大批古典名著，编纂有《盎格鲁-撒克逊编年史》。——译者注

④ 约翰·佛兰斯蒂德(John Flamsteed，1646－1719)，英国天文学家，首任皇家天文学家，发明了以数字和拉丁文所有格命名恒星的方法，即佛兰斯蒂德命名法。——译者注

⑤ 弗里德里希·威廉·赫歇尔爵士(Sir Frederick William Herschel，德语原名：Friedrich Wilhelm Herschel；1738－1822)，生于德国汉诺威，英国天文学家及音乐家，曾发现天王星等，被誉为“恒星天文学之父”。——译者注

且十之八九皆是如此。他本可沿袭旧路，接受社会的时尚、教育与宗教，然而，在十字路口，他却选择了走自己的路；毋庸置疑，自谴自责、心灵脆弱、彷徨迷茫、虚度光阴，这些都是自我独立、自我引导之路上的荆棘，犹如荨麻和藤蔓，绊其脚步；更甚者，他会走向与社会尤其是受过教育的上层社会完全对立的境地。那么，什么可以补偿他所受的损失与遭受的轻视呢？在行使人类天性的最高职责中，他寻得了慰藉。他成为了这样的人，他超越一己之私，为了众人在光芒四射的思想里呼吸着、生活着。他是世界之眼，他有世界之心。通过保存及传播英雄的情操、高尚的传记、优美的诗篇以及历史的结论，他抗拒那可能使社会倒退至野蛮状态的粗俗繁荣。无论在何种紧急情况下，无论是何等的庄严时刻，无论人类心灵对这行动的世界发出何种谕示，他都必须获取并传播出去。无论理性在她不可侵犯的宝座上对来来往往的人与事做出什么样的全新论断——他都应能倾听并传递出去。

但凡学者履行了这些职责，他便充满了自信，不会人云亦云。他，也唯有他才懂得这世界。在任何时刻，这世界都只是表象。人总是分为两派：某些隆重的礼仪、对于政府的某种迷恋、某些短暂的交易，或者某场战争、某个人，总会有人赞同，有人反对，似乎这一切都取决于这种赞成或反对的观点。最有可能的是，与学者在倾听争论时所错过的哪怕是最拙劣的思想相比，这些问题也依然无足轻重。请他保有这样的信念：玩具枪的声音就是玩具枪的声音，即便古人今贤坚持说那是世界末日开始的前兆。让他
以沉静坚定，以超然自若来坚持自我：反复观察，忍受忽视，忍受责备，等待良机——若 75
他能因为今天真正有所发现而心满意足，那么他便足够幸福。成功踏着正确的足迹而来。本能充满自信地指引他，使他将其所想告知同胞。尔后，他意识到，在深入探究自己心灵秘密的同时，他也深入所有心灵的秘密之中。他还意识到若掌握他自己思维的规律，在某种程度上，也就掌握了与他使用同一种语言的人的思维规律；倘若他的语言可以翻译成其他语言，那么他也同样可以读懂他者的思维规律。因此，挣扎于尘世的人们，对于诗人在孤独中记录下的那瞬间即逝的思想，也产生了共鸣。起先，这诗人尚不能肯定他那无所隐瞒的坦白是否恰如其分——因其对听众所知甚少——直到他发现自己正在填补听众之所缺：众人倾听他的言语是因为他满足了他们的天性所需；他越能潜入于自我秘密的发掘，越惊奇地发现，那就是最广为接受的、最大众的、最具有普遍意义的真理。人们本能地意识到：这是我的心声，这就是我。

一切美德皆在自信之中。学者应完全自由——自由而勇敢。自由，甚至不受自由定义的束缚，“除了自身之外，毫无任何障碍”。勇敢，源于学者的职责，他们必须摒弃怯懦。恐惧永远源于无知。倘若在危险时刻他所表现出来的镇定自若仅仅是因为他认为自己像妇孺一样是受保护的对象，那实在可耻；倘若为了寻求一时的安宁，逃避政治或棘手的难题，便如鸵鸟一般埋首于灌木丛中，或观测研究，或吟诗作对，就像一个小男孩为了驱散恐惧而吹着口哨一样，这也同样可悲。然而，危险犹在，恐惧尚存。须如男子汉一般转身直面这一切。正视恐惧的双眼，探究恐惧的本质和起源——看看那

猛狮幼仔时的模样,那并不难以揭穿,他就会发现自己对于恐惧了如指掌,他就会背起双手,完全藐视它,气宇轩昂地离它而去。只要他洞悉了这世间的种种假象,这个世界便属于他。那些装聋作哑,那些完全盲目的习俗,那些忽略已久的谬误,它们的存在皆源于默许——你的默许。你若将其视为谎言,便已给了它致命的一击。

确实,我们胆怯懦弱——我们不值得信赖。有这样一种观念,认为我们在自然界中出现得太晚了,世界的建构早已完成。这种观念有害无益。如同世界在上帝的手中是变化可塑的一样,我们也曾经让它的特性有了许多改变。对于无知和邪恶而言,世界坚如磐石,它们可能需要随时变化以适应世界。但若人心怀神性,那么,天宇也会流动起来,并且打上他的烙印或呈现他的形态。当然,其变化程度取决于神性的多寡。改变物质的人,并不是伟人;改变我思想者,才可称伟人。他们是世界的王者,以其思想润饰着自然和艺术。他们处事时的平静愉悦让世人相信,他们所从事的工作是世代期盼的果实,现在它成熟待摘,期盼人们都来分享丰收的成果。伟大的人从事伟人的事业。麦克唐纳[①]所坐之处,便是众桌之首席;林奈[②]通过农夫和采集草药的妇女掌握了植物学,使其成为一门最吸引人的学问;戴维[③]之于化学;居维叶[④]之于化石采集。对于在平静中为了伟大的目标而努力工作的人,这时代总是属于他们的。对于这充满真理的心灵,众人变化无常的评价蜂拥而至,犹如大西洋涌升的波浪追逐着月亮。

自信之源深不可测,难以明了。当我阐述自己的信念时,或许并未顾及听众的感受。但当我述及人类是一个整体这一信念时,就已经表明了我的期望之所在。我确信人受到不公正的对待,他委屈了自己。他几乎就要失去那引导他重归高贵品质的光芒了。人的价值在沦丧。无论古今,人如蝼蚁,或如鱼卵,被唤作“大众”,被称为“人群”。在一个世纪里,或是一个千年中,唯有一两个人,他们的生存才接近于原本每个人都应该拥有的正常状态。其余的众人皆在这位英雄或那位诗人身上看到自己的青涩与粗陋逐渐走向成
76 熟;是的,然后他们满足于自己的渺小,似乎这样才能实现完美。那些可怜的蛮人,那些可悲的支持者,为他们领袖的荣耀而欢欣喜悦。这是什么样的誓言?——那么崇伟,却充满怜悯,这是他们的天性。在政治和社会地位上低人一等的穷苦卑微之人,在宽阔的道德世界里觅得补偿慰藉。他们甘愿如蚊蝇般消失于成就伟人的道路上,为他带来公正,颂扬众人渴望的人类共性。他们沐浴于伟人的光芒之中,仿佛那光芒源于他们自身。

---

① 詹姆士·拉姆齐·麦克唐纳(James Ramsay MacDonald, 1866-1937),英国政治家,工党出身,1924年1月至11月出任英国首相兼外务大臣,1929年6月至1935年6月二度出任首相。——译者注

② 林奈(Carl Linnaeus),瑞典博物学家,动植物双名命名法(binomial nomenclature)的创立者。1735年发表了最重要的著作《自然系统》,1737年出版《植物属志》,1753年出版《植物种志》,对动植物分类研究的进展有很大的影响。——译者注

③ 戴维(Davy, Sir Humphry, 1778-1829)英国化学家。1800年研究电解,从理论上解释了电解过程,指出与电极具有相反电荷的带电质点能按相对亲和力的大小排列成一系列,这是现代电化学的基础。他详细研究了碱金属,证明拉瓦锡“所有碱都含有氧”的观点。他证实氯是一种元素,解释了它的漂白作用。——译者注

④ 乔治·居维叶(Georges Cuvier, 1769-1832),18—19世纪著名的古生物学者,提出了“变灾论”,是解剖学和古生物学的创始人。——译者注

他们将尊严从自己被践踏的躯体上摘去，置于英雄的双肩，不惜一死为那伟人心脏的跳动注入鲜血，让那些巨人去战斗并获得胜利。他为我们活着，我们活在他的生命里。

这样的人，很自然地便会去追逐金钱或权力。追求权力，是因为权力诱人一如金钱——所谓的“办公室的战利品”。为什么不呢？他们渴望登峰造极，而在他们的梦境中，权力便是顶峰。他们需要被唤醒，需要远离伪善，向往真理，并把政府留给公务员与办公桌。这革命需要通过逐步培养他们的观念而实现。论及这个世界的伟业，就其壮丽辉煌而言，唯有树人。这里遍地都是材料。与历史上任何一个王国相比，个人的私生活应是更为辉煌的国度——敌人觉得他无法战胜，而朋友却感受到甜蜜宁静。因为，一个人，若被正确看待，应包含了所有人的特性。每一位哲人、诗人、艺人，就犹如我的代表，为我完成了某些有一天我自己也能胜任的事情。那些我们一度视若珍宝的书籍，现已熟读尽晓。“人”的心灵通过作家的眼睛向我们传递的信息，我们已经明晓，因此，我们已经成了作者本人，而且已经超越了他。第一个，接着，又一个，我们吸尽所有知识的蓄水池，我们的心灵因此更加饱满，渴望更美味、更丰盛的盛宴。历史上没有一个人可以满足我们所有的渴望，人类的心灵不可能为一人包容，否则，他可能为这没有边界的自由国度设置障碍。人类心灵是地心之火，闪耀于埃特纳火山①之颠，点亮了西西里之角；喷薄于维苏威火山②之喉，照亮了那不勒斯的高塔和葡萄园。这就是那火光，聚集了千万恒星的光芒。这就是那灵魂，激活了所有人的生命。

也许，我在学者这一抽象话题上费时太多，令人生厌。接下来，我应该谈谈与时代和国家息息相关的话题。

人们认为，历史上每个时代都有不同的主流观念。根据资料，人们把天才按照古典时期、浪漫时期和现在的反思或哲学时期进行划分。基于我已表明的心灵一致性的观点，我并不完全认同这种分类。事实上，我认为每个人都经历了所有这三个时代。少年是古典时期，青年是浪漫时期，而成年则是反思时期。但我并不否认，引领时代思想的革命是完全有规律可寻的。

我们的时代被称为内省时代。难道这一定是邪恶的吗？我们似乎长于批判，却被优柔寡断所困扰；我们渴望明白快乐由什么构成，结果因此无法享受任何快乐；我们明明有眼睛，却用脚来观察；哈姆雷特③的忧伤感染了这个时代——“被思考和顾虑蒙上了一层苍白的病容”。情形确实如此糟糕吗？拥有洞察力是最无需怜悯的。莫非我们愿成

---

① 埃特纳火山（意大利语：Etna，英语：Mount Etna），位于意大利南部西西里岛，是意大利著名的活火山，也是欧洲最高的活火山，海拔 3 200 米。——译者注

② 维苏威火山（Vesuvius），世界著名活火山之一，位于意大利南部坎帕尼亚平原的那不勒斯湾畔。维苏威火山在历史上喷发过很多次，最近的一次喷发发生在 1944 年，是欧洲大陆唯一的一座在近一百年内喷发过的火山。——译者注

③ 同名剧本《哈姆雷特》（*Hamlet*，又名《王子复仇记》）中男主角的名字。《哈姆雷特》是莎士比亚的一部悲剧作品，是他最负盛名和被人引用最多的剧本之一。习惯上将本剧与《麦克白》、《李尔王》和《奥赛罗》一起，并称为莎士比亚的“四大悲剧”。

为心灵的盲者？莫非我们惧怕比自然和上帝看得更远？莫非我们惧怕饮尽真理之泉？我看到当代学者的不满，这仅仅表明了一个事实：他们发现自己不再处于他们父辈的思想状态中，而又尚未尝试未来的思想，就如同一个男孩在学会游泳前对水的恐惧一样。如果人们可以选择自己愿意生活的时代，难道那不该是革命时代吗？那时新老并陈，相互比较；那时，害怕与希望成为人们的力量之源；那时，历史的旧荣耀为未来种种丰富的可能所替代。如同所有的时代一样，这个时代是美好的，只是我们需要知道如何善用它。

77 当我发现那未来的吉兆，我满心欢喜。它们闪烁于诗歌和艺术中，体现在哲学和科学里，表现在教堂和政府内。

这吉兆之一便是，提高下层民众地位的运动，在文学领域里日益凸显，充满生机。被发掘而进入诗篇的，不再是崇高或美丽，而是发生在我们身边的低微与平凡。那些原只为遥远国度的旅行准备粮食的人，忽然发现，这片曾经被浑然不觉地踩在脚下的土地竟然远比异国风情蕴含了更丰富的创作素材。穷人的文学，儿童的情感，市井生活的哲学，居家生活的意义，这些构成了我们时代的话题。这是一次伟大的跨越。当生活的暖流注入手足，当四肢变得活跃，这难道不是一个征兆吗？这是新活力的征兆。我不希求那些伟大的、遥远的、浪漫的东西；我不关心在意大利或阿拉伯发生了什么；我不在乎希腊的艺术如何，普罗旺斯的游吟技艺又怎样。我拥抱平凡，我探索他们的生活并坐在我熟悉的同胞边上，坐在那些下层人民的身边。赋予我对今日的洞察之力，你可以拥有历史和未来。我们真正想了解什么的意义？桶中的饭、锅里的奶、街头民谣、船头讯息、一颦一笑、轻盈体态与婀娜步履——告诉我这一切的缘由；向我展示隐藏于心的最高精神目标之崇高外现，总有精神潜藏于中，一如既往，在那自然的田野上；请让我以两极定律洞悉生活的每一细节，这也使得它们立即获得了永恒；还有那作坊、那犁和那账本，这一切，光影舞动其上，诗歌为其吟唱。因此，世界不再是索然无味的杂物堆积，而是有型有序的；我不会觉得无足轻重，也不会彷徨迷茫，只有赋予那遥远的高峰和幽深的低谷以生命的唯一目标。

这一理念激荡起戈德史密斯[①]、彭斯[②]、古柏[③]以及现代的歌德[④]、华兹华斯[⑤]和卡

---

① 奥利弗·戈德史密斯(Oliver Goldsmith，1728－1774)，18世纪英国著名剧作家，著有长诗《荒芜的村庄》(1770)、小说《韦克菲尔德牧师传》(1766)和滑稽剧《屈身求爱》(1773年上演)，浪漫主义流派的重要先驱。——译者注

② 罗伯特·彭斯(Robert Burns，1759－1796)，苏格兰农民诗人。——译者注

③ 威廉·古柏(William Cowper，1731－1800)，英国诗人和圣诗作者。他是那个时代最受欢迎的诗人之一，通过描绘日常生活和英国乡村场景，改变了18世纪自然诗的方向。在许多方面，他是浪漫主义诗歌的先行者之一。塞缪尔·泰勒·柯勒律治称他是“最好的现代诗人”。——译者注

④ 约翰·沃尔夫冈·冯·歌德(Johann Wolfgang Von Goethe，1749－1832)，德国著名思想家、小说家、剧作家、诗人、自然科学家、博物学家、画家，是德国甚至欧洲最重要的作家之一。主要作品有剧本《葛兹·冯·伯里欣根》、中篇小说《少年维特的烦恼》、诗剧《普罗米修斯》和《浮士德》。——译者注

⑤ 威廉·华兹华斯(William Wordsworth，1770－1850)，英国浪漫主义诗人，与雪莱、拜伦齐名，代表作有与塞缪尔·泰勒·柯勒律治合著的《抒情歌谣集》，长诗《序曲》、《漫游》。曾当上桂冠诗人，是湖畔诗人之一，也是文艺复兴以来最重要的英语诗人之一。——译者注

莱尔[①]的惊世才华。他们以不同的方式追随着这一理念，并纷纷获得成功。他们的作品有血有肉，温暖人心。然而，薄柏[②]、约翰逊[③]，以及吉本[④]的文章风格却截然相反，冷酷迂腐。人们惊奇地发现，美其实就在身边，远不逊色于遥远的事物，且向我们传递着远方的信息。一滴水就是一个微缩的海洋。个体和自然的一切息息相关。体察平凡事物的价值可以带来丰富的发现。在这一方面，歌德，作为最具现代性的现代人，史无前例地向我们展示了其古圣先贤般的颖异天资。

有一位天才人物，他对生活的哲学贡献良多，然而其文学作品价值并未受到公正的评价，我是指伊曼纽·史威登堡[⑤]。他极具想象力，以数学家式的精确进行写作，努力为同时代的基督教注入纯粹的哲学伦理。当然，这样的尝试必定遭遇了任何天才都难以克服的困难。但是，他看到并揭示了自然和心灵中的情感联系。他洞悉了那可见、可闻、可触摸的世界之抽象的精神特质。特别是他浓淡相宜的沉思萦回于大自然中低微的领域，并对其加以解释：他揭示了邪恶道德与腐败物质间的隐密关联，并且以史诗般的寓言阐明了关于精神病、野兽、肮脏和可怕事物的理论。

我们时代的另一发展趋向，便是赋予个人全新的重要性，这也是类似的政治运动在我们时代身上烙上的印记。任何能使个体独立出来的因素——给予他们自然获得尊重的屏障，这样每个人都感到这世界就是他的，并且，人与人之间的相处犹如国与国之间的关系——这一切趋向于使个人团结起来——同时使个体变得崇伟。“我认识到，”忧郁的裴斯泰洛齐[⑥]这样说道：“在上帝广袤的世界里，没有人愿意或能够帮助他人。”帮助只能源于内心。学者便是这样的人，他要集现时代的所有能力、过去的所有贡献和未来的所有希望于一体。他必须是一个知识的宝库；若有什么值得他学习并有所教益，那便是：世界微不足道，人才是所有一切；所有的自然律都在你自己心中，而你仍不知道一滴水是如何升华的；所有理性都在你心中沉睡；是你，要去发现这一切；是你，要去大胆探索。

主席和先生们，无论出于什么动机，源于何种预言，出于哪种准备，美国学者都对

---

① 托马斯·卡莱尔(Thomas Carlyle, 1795－1881)，又译“卡列利”，苏格兰评论家、讽刺作家、历史学家。他的作品在维多利亚时代甚具影响力。主要著作有《法国革命》(3 卷；1837)、《论英雄、英雄崇拜和历史上的英雄事迹》(1841)和《普鲁士腓特烈大帝史》(6 卷；1858—1865)。——译者注

② 亚历山大·薄柏(Alexander Pope, 1688－1744)，18 世纪英国诗人，杰出的启蒙主义者。21 岁时，薄柏发表《田园诗集》(1709)，并在以后的几年中先后发表阐述自己文学观点的诗《论批评》(1711)和叙事诗《温莎林》(1713)等。——译者注

③ 塞缪尔·约翰逊(Samuel Johnson, 1709－1784)，常称约翰逊博士(Dr. Johnson)，是英国历史上最有名的文人之一，集文评家、诗人、散文家、传记家于一身，前半生名不经传，但他花了九年时间独力编写的《约翰逊字典》，为他赢得了文名，博斯韦尔后来为他写的传记《约翰逊传》记录了他后半生的言行，使他成为家喻户晓的人物。——译者注

④ 爱德华·吉本(Edward Gibbon, 1737－1794)，近代英国杰出的历史学家，是影响深远的史学名著《罗马帝国衰亡史》一书的作者，是 18 世纪欧洲启蒙时代研究史学的卓越代表。——译者注

⑤ 伊曼纽·史威登堡(Emanuel Swedenborg, 1688－1772)，又译“斯威登堡”，瑞典科学家、神秘主义者、哲学家和神学家。——译者注

⑥ 裴斯泰洛齐(Johan Heinrich Pestalozzi, 1746－1827)，19 世纪瑞士著名民主主义教育家。——译者注

78 人类潜能充满信心。我们聆听欧洲文艺女神缪斯[①]的箴言为时已久。美国自由人的精神已被怀疑等同于怯懦、模仿、驯从。或隐或现的贪婪使我们呼吸的空气厚重而污浊。我们的学者沉溺于委靡与殷勤之中。看看那已经酿成的悲剧！国家的灵魂充斥着低级趣味，终将自食恶果。没有什么工作不是为了体面，不是为了被尊重。前途无量的青年人，生于大海之滨，感受山风拂面，荣享上帝眷顾，然而他们却发现脚下的这片土地与自己格格不入——那些令人厌恶的社会规则禁锢了他们的双脚，阻碍了他们的行动。这些原本前途无量的年轻人最终或碌碌无为，或抑郁而终，还有一些自杀而亡。何以解忧？学者们还没有明白，成千上万发展受阻的年轻人亦尚未醒悟，任何一个年轻人，但凡他能不屈不挠地挖掘自己的本能，这个巨大的世界便会围绕着他旋转。耐心，耐心，你的身边有各种善良伟大的人陪伴；你无限生命的远景给你安慰；你的工作便是，研究和传递那些规则，激活本能，转变世界。人生在世，若不能成为一个整体的人，不能保全自己的个性，不能发挥天赋，成就应有之才；只能被笼统地看待，只能被置于某一党派、某个地区，成为芸芸众生之一；连自己的观点也被烙上地域的标签，南方的或者北方的。凡此种种，难道不是世间最大的耻辱吗？不能这样，兄弟们！朋友们！上帝，这不是我们应有的状态。我们要用自己的脚走路，我们要用自己的手工作，我们要发表自己的意见。写作，不该再是令人怜悯、遭人怀疑和放纵情感的代名词。爱与恨应该是环绕一切的长城和快乐之花。以人为本的国家将横空出世，因为每一个人都相信自己受神灵的鼓舞，而神灵也鼓舞着每一个人。

（范国睿　张　琳　译）

① 缪斯（希腊语，Μουσαι，Mousai），音译自英语 Muses。缪斯是古希腊神话中科学、艺术女神的总称，为主神宙斯与记忆女神谟涅摩叙涅所生。缪斯女神数目不定，有三女神之说，亦有九女神之说。最经典的九位缪斯的说法是：欧特碧（音乐）、卡莉欧碧（史诗）、克莉奥（历史）、埃拉托（抒情诗）、墨尔波墨（悲剧）、波莉海妮娅（圣歌）、特尔西科瑞（舞蹈）、塔利娅（喜剧）、乌拉妮娅（天文）。——译者注

1.2 约翰的归来*

W. E. B 杜波依斯(W. E. B. Du Bois)

在半夜，在河边， 79
他们带来了什么?
带来了人类的心，
这里不可能有夜的宁静;
风会停，露水会干，
心总是起落不定。
上帝呀，让心平静吧;
您的宁静广被幽灵。
河水不停地流去。

——勃朗宁夫人(Mrs. Browning)

卡莱尔(Carlisle)大街从约翰斯敦市(Johnstown)中心出来向西延伸，穿过了一座宏伟的黑色大桥，随着山势起起伏伏，途经许多小店和肉市，又经过一些平房，止于一片绿草坪。此地宽阔而平静，两栋西向的大楼毅然耸立。夜幕降临时，东风徐来，小城的夕烟袅袅升起，笼罩于山谷之上，西边的红霞将卡莱尔大街装扮地如同梦境一般。晚钟响起，一队队学生渐逝于夜幕之中。又高又黑的学生，走得很慢，就像一群在昏暗的灯光下掠过城市的模糊的幽灵。也许他们是吧! 因为这是威尔斯学院(Wells Institute)，这里的黑人学生和白人城市几乎没有任何交集。

如果你高兴留意的话，天天晚上都有那么一个人影儿，总是在最后才匆匆地向“青年餐厅”(Swain Hall)闪耀的灯光赶去——他是约翰·琼斯(John Jones)，从来是不准时的。他是一个瘦高个儿、老是掉队的家伙，长着一头棕色的硬发，由于太高看起来好像衣服总是小一号，走起路来摇摇晃晃。他总是在祈祷的铃声响过后，才偷偷地溜到自己的座位上，在沉静的餐室里掀起一阵阵欢笑;他显出一幅无可奈何的窘相。然而，看一看他的脸，人们就会不由自主地原谅他——他脸上的笑容是如此灿烂、温暖，丝毫没有矫揉造作，有的只是对世界真正的满足。

约翰来自阿尔塔马哈(Altamaha)，来自位于佐治亚州东南部(Southeastern Georigia)

* W. E. B. Du Bois(1990), *The Souls of Black Folk*. New York: Library of America, 165 - 179.

的长满节瘤的橡树下。在那个地方,大海对着沙滩浅吟低唱,沙滩聆听着海的歌声,直到被海水淹没,四处只剩下大大小小的岛屿。阿尔塔马哈城的白人都说约翰是个好孩子,他是一个犁地的好手,擅长水稻种植,什么都能干,并且总是温文有礼。但是当约翰的母亲想要送他去上学的时候,白人们却都不赞成。他们说,“学校会宠坏他的,会毁了他的”,他们说得跟真的一样。但是,大部分黑人还是骄傲地伴他去车站,帮他提古怪的行李箱和许多包裹。他们和约翰一一握手话别,女孩们害羞地和他吻别,男孩们拍着他的背。当火车来的时候,约翰轻轻地捏了捏妹妹的脸颊,搂了下母亲的脖子,然后在火车的一缕喷烟和汽笛声中离开,驶向充满朝圣者和梦幻的新世界,匆匆驶离海岸,经过萨凡纳(Savannah)的美洲蒲葵,穿过棉花地,穿越令人生厌的黑夜,到达米尔维尔(Millville),然后在第二天早晨来到喧闹的约翰斯顿。

阿尔塔马哈的那个早晨,送别约翰的人们站在站台,看着火车离开,就像他们自己的玩伴、兄弟和儿子离开去往新世界一样,从那以后就多了一句津津乐道的话——“当约翰归来时”。到那时,聚会是什么样子,教堂里会有什么演讲,前屋会添置什么新家具——也许会建一间新的前屋;也许会建一所新校园,约翰在里面做老师;接着也许会有一个盛大的婚礼。这一切,还不止这一切,都可能在约翰回来的时候实现。但白人们对这些黑人的憧憬频频摇头。

最初,他打算圣诞节的时候回来,但是假期实在太短了;接着,就定在明年夏天回来,但是日子艰难,上学费用昂贵,因此到了夏天他仍旧没回来,却在约翰斯顿找工作做了。一个又一个的夏天过去,直到儿时的伙伴四散,母亲两鬓斑白,妹妹长大到法官家的厨房去工作。然而,“当约翰归来时”这句话仍然在小镇里流传。

甚至在法官的家里,人们也爱听这句口头禅,因为他们家也有一个约翰——一个金发且温文尔雅的男孩。因为拥有同样的名字,法官家里会在整个夏天不断提及约翰。“是的,先生。约翰在普林斯顿,先生”,宽肩银发的法官在每天早上去邮局的路上总会如此,其后,他又会补充说,“让北方佬见识见识南方绅士的做派”,言罢,他会带着信和文件踱步回家。法官和他孱弱的妻子,他的妹妹和他未成年的女儿,在有着宏伟柱廊的家中读着来自普林斯顿的信消磨时光。法官说,“大学能够让约翰成为一个堂堂正正的男子汉”。然后,他问害羞的女仆:“珍妮,你哥哥约翰怎么样了?”然后自问自答,“太糟糕了,你母亲送他离开这里去上学太糟了,这会毁了他的”。那女仆感到莫名其妙。

因此,在遥远的南部村庄里,人们自觉不自觉地会期待两个年轻人的归来,以一种难以言喻的方式幻想即将出现的新事物和新思想。然而特别的是,几乎没人同时想到两个约翰——黑人们认为有一个约翰,他是黑人;白人们认为有一个约翰,他是白人。任何一个世界的人均未思考过另一个世界的想法,唯一共有的只有淡淡的不安。

在约翰斯顿市威尔斯学院里,我们已经为约翰的情况困扰很久了。在相当长的一段时间内,约翰似乎一直水土不服。他嗓门大,喜欢热闹,并且经常大笑和大声唱歌,不能坚持不懈地完成任何一件事情。他不知道如何学习；没有任何想法；他反应迟钝、粗心，有着令人惊悚的幽默感，为此，我们极度困扰。一天晚上，我们坐在一起召开教授会议，忧心忡忡，原来，约翰又一次惹麻烦了，这最后一次的越轨行动太过分了，所以我们严肃地表决：“鉴于琼斯一再地破坏秩序和不努力学习，予以本学期停学处分”。

在我们看来，当院长告诉约翰他必须离校的时候，这似乎是他生命中第一次遭受如此沉重的打击。他睁大眼睛，面无表情地盯着这个灰发男子，“为什么——为什么”他结结巴巴地说，“但是，我还没有毕业呢！”于是，院长缓慢而清楚地解释，指出他的迟钝和粗心，他糟糕的功课和荒疏的工作，他引起的喧闹和混乱，直到这个家伙惶惑地低下头。然后他急促地说：“但是你别告诉我妈妈和妹妹——你别给我妈妈写信，可以吗？如果你没有这样做的话，我能去城里打工，然后在下学期回来，那时你瞧瞧吧。”院长答应信守承诺之后，约翰背起他的小行李箱，对那些嘲笑他的男生既未说一句话，也没有多看一眼，就沿着卡莱尔大街走向城市，他的眼神冷峻，表情严肃。

也许是我们想象的，但是，在我们看来，那个下午严肃的表情自出现在他稚气的脸庞后就再也没有离开过。当他回到我们身边时，他开始用尽全力努力地学习。这是一种艰难的挣扎，因为任何东西对他而言都并非易事——之前的生活记忆和所受到的教育很少能有助于他现在所选择的新道路；但是奋勇进入的世界都是自己建立的，过程缓慢而艰难。当智慧的光芒照耀他的新创造时，他静静地坐着，全神贯注地观赏那景 81
象，或是独自漫步在绿色的校园，凝望着人的世界，进入思想的世界。思考有时会令他困惑不已。他不明白为什么圆不是方的，他会在午夜将圆周率推算到小数点后五十六位，如果女舍监没有敲熄灯铃的话，他还要算到更多位。他夜夜仰面躺在草地上苦思冥想太阳系，因而患上了重感冒。他对罗马沦陷的道德因素持严重怀疑态度，而且不管教科书上怎么说，他都不相信日耳曼是小偷和流氓。他对每一个希生单词都精斟细酌，想知道为什么它代表的是这个意思而不是其他意思，还有为什么必须要以希腊文来思考所有东西。他独自苦苦思索——在别人轻松放过的地方停下来质疑，在别人停止或放弃的地方迎难而上。

因此，他的身心两方面都得到了成长，并且他的衣服似乎也随着他的成长并变得整洁；外套的袖子变长了，衬衫有了硬袖，衣领变得越来越干净了。他的靴子不时地闪光，走路的姿态不知道什么时候开始给人一种庄重的印象。我们看见他的目光里有一种新的深思熟虑的神情在成长，并开始对这个单调乏味的男孩有了些许期待。他从预科学校进入大学。我们看到了他这四年多的变化，这四年几乎完全改变了他——那个高大、沉稳，在毕业典礼的早晨向我们鞠躬的男人。他已经离开了那个古怪的思想世界回到动的世界与人的世界。他现在第一次敏锐地审视自己，好奇为什么自己之前知之甚少。渐渐地，他几乎第一次感受到了在他和白人世界之间存在着那道帷幕；他现在第一次觉察到了往昔并未被理解为压迫的压迫，以及那些看似自然的区别、约束与轻视，在他孩童时代这些均被忽视或一笑了之。现在，当别人不称呼他为“先生”时，他会感到生气，看到那些黑人专用车，他会握紧拳头，对围绕着他的种族界限而发怒。一种讽刺的意味慢慢进入他的话语，一种模糊的怨恨慢慢进入他的生活；他坐了很久，想弄明白这些不正当事情的根源并为此找到一个出路。日复一日，他发现自己害怕回到故乡那种狭隘的、令人窒息的生活。然而，他却总计划返回阿尔塔马哈，总计划在那里工作。并且，随着毕业一天一天地临近，他因一种莫名的恐惧而犹豫不决；直到毕业后，他迫不及待地接受了院长推荐他在暑假随同四重奏小队去到北方为学院唱歌的提议。他解嘲地对自己说，在投入生活浪潮前，先放松一下。

这是九月份一个晴朗的下午，纽约街道上人来人往，熙熙攘攘。他们使约翰想起了海洋，因为他坐在广场中一直观察着他们，人流如此单调地一直变化，如此明亮又昏暗，如此沉重又欢快。他看着他们华丽而完美的衣着，他们的举手投足，他们帽子的款式；他凝望着那些疾驰的四轮马车。然后，他叹息一声向后躺下，说道，“这就是繁华世界”。这个想法突然间使他想知道整个世界要走向哪里，因为许多富人和聪明人看起来都同样地匆忙。因而，当一个高大的、浅发色的年轻男子和一个小巧的、健谈的姑娘从身旁走过时，他略微踌躇，便起身跟随他们向前。他们沿街而上，经过许多商店和游乐场所，穿过一个宽阔的广场，直到随同一百多人进入那座拥有宏伟门廊的大楼。

他随着其他人被推向售票处，用手感受了一下放在口袋中的积攒下来的崭新的五美元钞票。似乎没有时间犹豫了，他勇敢地把钱掏出来递给了忙碌的售票员，仅仅得到了一张门票并没有找零。当他最后意识到自己花费了五美元，还不知道自己进去看什么时，不禁呆呆地怔住了。“小心点”，他背后响起一个低声，“你肯定不会因为那位黑人绅士阻挡了你的路，而对他发怒。”一个女孩仰起头望向她的金发的男伴的眼睛。一丝愠怒的神情掠过男伴的脸颊。“你将永远无法理解生活在南方的我们”，他有点不耐烦地说道，似乎要坚持进行一次争论，“在北方，不管在何种职业中，你绝不会见到白
82 人和黑人之间的热忱和亲密，而在南方，我们的日常生活便是如此。记得我少年时代最亲密的玩伴，他是唯一一个和我同名的小黑人。”这个男人突然停下脚步，脸红到发根，因为他所预定的两个正厅前座的位子的旁边正好坐着那个在大厅里挡住过他路的黑人。他犹豫着，脸色气得发青，措辞蛮横地将引座员叫来并将自己的座位卡交给他，接着慢慢坐下了。看到这一幕，他的女伴很巧妙地转移了话题。

约翰并没有看到，所有的这些都因为他正坐在那里出神地观察周围的场面。美轮美奂的大厅，淡淡的香气，走来走去的各色人等，华丽的衣服和窃窃私语，所有这一切构成的世界看起来与他的世界如此不同，与他过往所知相比，这里要美得出奇。他梦幻地坐着，直到人声沉寂之后，天鹅武士的乐声高奏，才清醒过来。无限美好、悠然抑扬的音乐持久不停，沁润着他的每一寸肌肤。他闭起眼睛紧握椅子的把手，无意间触碰到了那位女士的手臂，而她移开了手臂。他心里油然升起一阵渴望，要和那清脆的音乐一同飞出那囚禁他、污染他的卑贱生活和泥垢。如果他能够生活在一个有着鸟儿歌唱和没有种族歧视的自由空气中就好了！是谁把他称作奴隶以及所有人的笑柄的？

如果别人这样称他，在面对呈现在眼前的这样一个世界时，他又有什么权利发出自己的声音呢？

接着，调子变了，更饱满、更有力的和声弥漫开来。他若有所思地望向大厅，好奇为什么那个美丽的、头发灰白的女士看起来那么无精打采，而那个身材瘦小的男人在她耳边窃窃私语些什么。他觉得这首乐曲让他感受到了力量，自己看起来不会是无精打采和懒散的。他多么渴望有一种能够施展他本领的工作给他做，有一个职业让他去从事，艰苦——唉，尽管艰苦好了，但其中没有谄媚的和令人恶心的卑屈，没有让他的心肠变硬的无情伤害就好了。最后，当小提琴奏出淡淡的忧伤的时候，他想起了遥远的家乡——眼睛大大的小妹，黑色脸庞的妈妈。他的心沉入水底，仿佛像海沙陷入了阿尔塔马哈的海岸下。伴随着天空中颤抖着并慢慢消失的天鹅的最后一声哀嚎，他的心情又振作起来。

只剩下约翰静静地坐在那里，全身心沉浸在忘我的喜悦中以至于一时间没有注意到引座员轻轻地拍打他的肩膀，有礼貌地说："先生，您要走这边吗？"他有些惊讶，很快在引座员最后的一下轻拍之后站起来，在转身离座的时候，正好面对着那金发青年。年轻男士第一次认出了他童年时代的黑人玩伴，约翰也认出他是法官的儿子。那个白约翰吃了一惊，举起手来，可是马上又僵硬地坐在椅子里一动不动了；那黑约翰刚一咧嘴，微笑就变成了苦笑，跟着引座员从通道走了。管理员深表抱歉，非常非常抱歉——他解释道，此座之前已经被预订了，很抱歉刚才犯了一个错误，将已经卖出的票卖给他，他会将钱如数返还。他觉得这个问题很严重，连续说了很多。没等他说完，约翰已经走了，匆匆穿过广场，沿着宽阔街道向前，当经过公园时，他扣住大衣纽扣，说道，"约翰·琼斯，你是一个天生的傻瓜"。然后他回到自己的住所写了一封信，撕碎；又写了另一封，却扔进火里。最后他拿起一页纸，写道："亲爱的妈妈和妹妹：我马上回家。约翰。"

在火车上安置妥当后，约翰沉思着："也许吧，或许我不应该为自己的宿命做斗争，只因为它看起来是如此艰难并且令人不快。我的职责是去阿尔塔马哈平原；也许他们会让我在那里帮助解决黑人的问题，或许他们不会。'我将去面见国王，这不合法；无非一死，死就死吧。'"然后他沉思着，梦想着，制定着人生规划。火车向南飞驰。

在阿尔塔马哈，经过漫长的七年，所有人都知道约翰归来了。家家户户都擦洗得干干净净，花园和庭院被修整得异常整洁，珍妮买了一件新的衣服。通过使用一些策略和谈判，所有黑人卫理公会教徒（Methodists）和长老会教徒（Presbyterians）都被说服去参加一个在浸礼会教堂（Baptist Church）举行的盛大欢迎会。随着日子的临近，到处都在热烈地讨论着约翰所取得的成就。约翰在一个阴天的正午归来，小镇的黑人
成群地聚集到车站，在人群的边缘有少许白人。这是一个欢乐的人群，人们互相问好， 83
开玩笑和推搡。母亲坐在候车室窗户边向外张望，而妹妹珍妮则站在站台上，紧张地用手指拨弄自己的衣服——她身材高挑、轻盈，有着光滑的棕色皮肤，一双含情脉脉的

眼睛从一头浓发底下张望着。当火车停下来时，约翰郁郁地起身，因为他想起了“黑人专用车”。他迈步走向站台，停了下来，只看见：一个小的脏乱的车站，一群又俗又脏的黑人，半英里内沿着泥沟而建的破旧不堪的棚屋。一股污浊和狭隘之气向他袭来，他没有找到自己的母亲，冷冷地亲吻了那个高高的叫他哥哥的陌生女孩，四处说着简单而应付的问候语。之后，他便不握手也不和他人闲谈，默默地在街上徘徊，仅仅朝那个热情的老阿姨挥了下帽子致意，这令她很惊讶。人们非常困惑：这个安静的、冷漠的男人是约翰吗？他的微笑和真诚哪里去了？“看来心情有点儿不太好”，卫理公会的牧师若有所思地说。“看起来傲慢自大”，一个浸礼会修女抱怨到。但人群边缘的白人邮政局长坦率地表达了乡邻的观点。他肩负邮件，口叼香烟道：“那该死的黑鬼去了北方，脑子里充满了愚蠢的观点，但是这些在阿尔塔马哈是没有用的。”人群渐渐散去。

在浸礼会教堂举办的欢迎会以失败告终。因为下雨破坏了烧烤，打雷使得牛奶洒在了冰激凌上。在晚上即将开始演讲时，房子都快被拥挤的人群挤爆了。三个传教士做了精心的准备，但是约翰莫名其妙的行为浇了大家一头凉水——他看起来如此冷淡且心事重重，空气中弥漫着一种压抑感，以至于卫理公会教徒的讲话主题也无法使人们热络起来说一声“阿门”；长老会祈祷者，得到的回应也极其微弱。浸礼会的那个传教士，虽然百般努力唤起了微弱的热情，但他自己也在原本最擅长的言论上变得非常混乱，以至于他不得不比原先计划提前整整十五分钟草草收场。当约翰站起来回应时，人们在座位上不安地挪动身子。他慢条斯理地说道：“这个时代需要新的理念，我们和生活在十七和十八世纪的人们有很大不同，对于人类的命运的看法要豁达得多了。”随后，他讲到了慈善事业的兴起、教育的普及，特别谈到了财富和工作的分布。然后，看着低矮褪色的天花板，他若有所思地补充道：“问题是，这片土地上的黑人在推动新时代的进程时将发挥何种作用。”他大致描述了可能将要在这些松树林间建立的新型工业学校，他细述了可能使用银行和商业的资金有条不紊建立起的慈善事业。最后，他力促团结，呼吁摒弃宗教和教派的争吵。他微笑着说道：“今天，这个世界并不关注某个人是一个浸礼会还是卫理公会教徒，或是甚至不是教徒，只要他善良和真诚便可。一个人在河里受洗礼，还是在脸盆里受洗礼，或者干脆不受洗礼，有什么区别呢？让我们别管这些小事，看得更高远一些吧。”说完自己所有的想法，他慢慢坐了下来。人们痛苦地陷入缄默，对他所说的一点也不懂，因为他使用的是人们不熟悉的语言，除了最后关于洗礼的话，他们能明白。他们静静地坐着，时钟轻轻地摆动。最后，从一个角落传来一声低沉抑制的咒骂声，一个佝着背的老人站了起来，穿过座位，走到讲坛上。他满脸皱纹，皮肤黝黑，头发灰白稀疏，乱糟糟结成一团。他的声音和手颤抖着，就像中风了一样，但是从他的脸上可以看到那种对于宗教强烈的痴迷。他用粗糙的大手抓住《圣经》，两次举起它，气得说不出话来，然后，突然用粗俗和庄重的语气说出了话。他颤抖着，摇曳着，然后又激昂慷慨地怒吼着，直到人们呻吟、哭泣、恸哭大叫，数小时被压抑的情绪随着角落里的一声尖叫迸发出来。约翰从没听清也未弄明白那个老头儿说了些什么，他只是感觉自己因为践踏纯正的宗教而受到了嘲笑和恶毒的指责，这才惊醒过来，原来他不知不觉触犯了这个小小的世界认为神圣不可侵犯的东西。他静静地站起来，走出教堂走入黑夜。在闪闪的星光下，他走向大海，感到一个羞怯的女孩跟在他的身后。当最后他站在断崖上时，他转身面向小妹，悲怆地看着她，想起他还没有考虑他带给她的突然间的痛苦。他张开双臂拥抱了她，任凭她的热泪流在他的肩膀上。

他们在一起站了很久，注视着灰色的动荡的水面。

她说："约翰，是不是当一个人学习和了解了很多东西的时候，会变得不幸福？"

他顿了顿，微笑着说："恐怕是这样的。"

"那么，约翰，你高兴你读了书吗？"

"是的。"他答道，虽很慢但很坚定。

她看着海面上闪烁的微光，沉思地说，"但愿我是不幸福的，——我——我，"她搂住约翰的脖子，"我想我有点像约翰。"

几天后，约翰来到法官的家里去请求法官准许他在黑人小学里教书。法官在大门口迎上了他，瞪了他一眼，粗鲁地说："到厨房门口去，约翰，在那里等着。"坐在厨房门口的台阶上，约翰盯着谷物，非常困惑。他到底怎么了？为何他每走一步都要得罪一些人。他到这里来拯救他的族类，当他离开车站前他已经伤害了他们。他尝试在教堂里教导他们，结果得罪了他们。他教导自己要尊重法官，结果又错撞到他的大门口，这时他所做的所有一切似乎都对，然而，然而，不知怎么地他发现再次去适应他原先的生活环境，找到适合自己的位置是如此艰难和陌生。他不记得过去遇到过任何困难，那时侯充满愉悦和快乐。那时的世界看起来那么顺利和简单。也许——这时他的妹妹来到厨房门口，说法官正在等他。

法官坐在客厅处理他早上的邮件，他没让约翰坐下。他直入主题："我想，你是为学校而来的。那么，约翰，我想坦诚地对你说，你知道我是你们黑人的朋友。我已经帮助过你和你的家人，要不是你忽然想到要出门的话，我一定会给你更多的帮助。我喜欢黑人，同情他们所有合理的愿景。但是你我都知道，约翰，在这个国家黑人必须处于下层，并且永远不要期望与白人同等。在白人的领地，你们黑人应该诚实有礼。上帝知道，我会尽我所能地去帮助他们。但是当他们想要颠覆自然法则，统治白人，和白人女子结婚，想大模大样地坐在我的客厅里，那么我发誓，我们一定要坚决镇压，甚至将对这片土地上的每一位黑人处以刑罚。约翰，现在的问题是，你接受了教育和北方的理念，还愿意接受现状并教导你们黑人去做像你父亲一样的忠诚的仆人和劳工吗？约翰，我认识你的父亲，他是我兄弟的奴隶，他是个很好的黑人。那么，你想像他那样，还是打算将崛起和平等这样愚蠢的理念灌输到他们的头脑中，使他们不满、不高兴呢？"

"我打算接受现实形势，汉德逊法官。"约翰答道，说得那么简短，却逃不过那敏锐的老人的注意。汉德逊犹豫了一会儿，然后简短地说："好吧——我们让你试一试。

再见。”

黑人学校开学整一月后，白人约翰回家了，高大、愉快而且坚强。母亲喜极而泣，姐妹们唱歌欢迎他的归来。小镇上的白人沉浸在欢乐之中。最自豪的是法官，他们父子俩在大街上并肩高视、阔步的模样是小镇一道独特的风景线。但是，他们之间并不融洽，年轻的儿子毫不掩饰地透露出对小镇的鄙夷，心里魂牵梦绕的是纽约那个大都市。现在法官心里最迫切的一个愿望是看着他的儿子成为阿尔塔马哈的市长、议会代表，甚至，成为佐治亚州的州长。因此，他们之间的争论时常非常激烈。“天啊，爸爸，”晚饭后，儿子站在壁炉旁点燃雪茄说，“你肯定不会想让像我这样的一个年轻人永久地定居在这里——这个除了泥巴和黑人什么都没有的被上帝遗忘的小镇吧?”“我就是这样想的。”法官直截了当地回答。今天，从他那阴云密布的脸上看来，他本来还要更加严厉地说几句的，但是邻居已经开始不停地夸赞他的儿子了，谈话也就岔了开去。

“那个约翰正在使黑人学校变得富有生机呢!”邮差在谈话停顿后自告奋勇地说。

“什么?”法官厉声问道。

“噢，没有什么——只是他那种神气活现的了不起的样子。不过我的确听说，他在谈论法国大革命，诸如平等之类的。他就是我所说的危险的黑奴。”

“你还听他说过其他什么吗?”

“不，没有，但是，我的女儿萨莉向我老婆说了很多蠢话，然后，我都不想听了：黑人不必尊称白人‘先生’，或者——”

“这个约翰是谁?”法官儿子打断了那人的话。

“怎么，就是小黑人约翰，佩吉(Peggy)的儿子——你儿时的玩伴。”

法官儿子的脸突然愤怒起来，继而大笑起来。

“噢，”他说，“就是那个硬坐到我女友旁边座位上的黑人呀——”

但是，汉德逊法官已没有耐心听更多了。他已经被刺激一整天了，就在这时，他含糊地咒骂了一声，拿起他的帽子和拐杖，径直向校舍走去。

对约翰而言，在这个破旧的小屋里开办学校是长期而艰苦的努力。黑人们分成支持或反对他的两派，家长们漫不经心，孩子们衣衫不整且脏兮兮的，书本、铅笔和写字板都大量缺乏。不过，他还是满怀希望地坚持，似乎看到了黎明的曙光。这个星期学生的出席率增加了，孩子们也变得更整洁，甚至差班学生在阅读上也有了些令人欣慰的进步。因此，约翰在这天下午重拾耐心，安心教书。

“现在，曼蒂，”他高兴地说道，“这样好多了。但是你不能把词割裂开来：‘如果——那个——人——去’为什么呢? 因为甚至连你的小弟弟都不会用这种方式讲话的，是不是?”

“不，先生，他不会那样说。”

“好，现在让我们再念一遍：‘如果那个人——’”

“约翰!”

全校的学生都吃了一惊，教师还来不及站起来，只见法官红着脸，生气地站在教室门口。

“约翰，现在这所学校关闭了，你的学生们可以回家做工了。阿尔塔马哈的白人不会将钱浪费在黑人身上，让他们的脑袋里塞满厚颜无耻和谎言。全都出去！我要亲自锁门。”

在拥有高大门廊的房子里，法官高大的儿子在他父亲突然离开之后也就无所事事了。在这座房子里，没有什么能引起他的兴趣。书籍都是些古老的、过时的，本地的报纸枯燥乏味。女人们或者因为头痛，或者要做针线，都回房去了。他想小睡一会儿，但是太热了。因此，他晃晃悠悠地来到农场，哭丧着脸抱怨道：“上帝呀，这种令人窒息的日子还要持续多久呀。”他并不是个坏家伙——只是有点被宠坏了，任性，而且和他的父亲一样刚愎自用。他坐在松林旁边的大黑树桩上，悠闲地晃着腿，抽着烟，看来是个挺漂亮的青年。他嘟囔道：“唉，连值得认真地搞一阵子的姑娘都一个也没有。”就在这时，他看到一个高挑、苗条的身影沿着小路向他走来。一开始他饶有兴趣地看着，然后突然放声大笑说：“好吧，我敢说，她绝对是珍妮，家里厨房的那个棕色皮肤的小女佣。为什么我之前从来没有注意她的身材如此窈窕呢。嗨，珍妮！为什么自从我回家后你都没亲过我呢？”他戏谑道。年轻的女孩惊讶地盯着他而且一脸迷惑，嘴里支支吾吾地说些什么，试图离开。但是，这个游手好闲的年轻人像着了魔似的，他一把抓住她的胳膊。她吓得跑起来，他恶作剧般地转身追赶着她。

远处，小路的尽头通向海边，黑人约翰低着头，慢慢地走来。他从学校里出来本来 86
是疲倦地往家走。但因为不想让母亲承受这个打击，他便决定趁他妹妹歇工回家的时候在路上迎上她，先把被解职的消息告诉她。“我要走了，”他慢慢地自忖道，“我要离开了，去找份工作，再接他们到我那儿，我不能再住在这里了。”然后一股怒火涌上心头，他挥舞着自己的胳膊，发疯一样地在小路上急走着。

棕色的大海风平浪静，空气几乎停止了流动。夕阳斜照着弯曲的橡树和高大的松树。风儿没有任何警示，乌云密布的天空中没有一丝消息。这儿只有一个黑人痛心地疾走着，既不看落日也不看海，但是忽然听见一声惊呼，惊醒了松林，也惊醒了他——看到自己的妹妹在一个高个金发的男人怀中挣扎。

他二话不说，抓住一根散落的大树枝，对准那个男子狠命地打击，把满腔仇恨全通过他那只粗大的黑胳膊发泄了出来。一具白色的尸体一动不动地躺在松树下，浴着阳光，浴着血。约翰神情恍惚地看了看，然后疾走回家，温和地说：“妈妈，我要走了——我要自由了。”

她茫然地看着他，迟疑地说：“北方，亲爱的，你又要去北方了？”

他望向外面，那里北极星在海面上闪烁，说道：“是的，妈妈，我要去——北方。”

然后，他一言不发，走向外面的小道，穿过高大挺拔的松树林，走向与回来时没什么不同的那条弯弯曲曲的小路，坐在大黑树桩上。他看着刚才尸体躺过的那个地方的血迹。在灰暗的童年，他曾经与这个死去的男孩一起玩耍，在这庄严的树林下一起嬉戏欢闹。夜深了，他想起了约翰斯顿的同伴们。他想知道勃朗现在过得如何，卡雷又如何，还有琼斯——琼斯，怎么，他不就是琼斯吗？他想知道当他们在那个宏伟的宽阔的餐厅里欢快进餐，知道这一切的时候会说些什么。然后，点点星光悄悄地照在他的身上，他想起了那个有着镀金天花板的巨大音乐厅，听见远处天鹅的美妙音乐向他飘来。听！那是音乐，还是人们的催促声和叫喊声？是的，当然！美妙的音乐声清晰地向高处升起，像活泼的生命在舞动一样，以至于大地都震动了，仿佛万马奔，千夫怒吼。

他向后倾斜，面朝大海微微一笑，奇怪的音乐就是从海上升起来的，而在他背后，却是无数黑影，喧闹的马蹄声在奔腾，在奔腾。他振作起来，向前倾起，坚定不移地看着脚下的路，轻轻地哼起“新娘之歌”（Song of the Bride）——

欢欣的人儿，大灵猫……

在树木暗淡的晨光中，他坐在林间看那些黑影跳跃而来，也听到马群雷鸣般奔向他的声音，直到最后像风暴席卷而来，他看到为首那个憔悴的白发老者，眼睛里闪烁着愤怒的火光。噢，他多么同情他——同情他——不知道他带着那捆弯曲的绳索没有。然后，就像风暴在他周围爆发一样，他慢慢地站起来，朝向大海，闭上了眼睛。

整个世界在他的耳边呼啸着。

（王　立　译）

1.3 社会化的教育*

简·亚当斯(Jane Addams)

在数年前的一篇文章中,我曾经以相当长的篇幅批判了教育在政治方面比在社会方面更加民主这一社会现实,我从中摘录两段文字来说明赫尔宫早期开展教育的情况: 87

> 安居房中的教学需要独特的方法,那里的人们还处在落后状态,教学设施陈旧且匮乏,他们不能承受过重的学习任务。通过友谊和良善意志的媒介,知识被用来解决问题,这种社会氛围已经扩散开来。
>
> 理智生活的扩展与实现需要接受他人的兴趣和情感并对其施加影响。马志尼(Mazzini),最伟大的民主主义者,曾为南欧农民的现状痛心疾首,他说过:"教育不仅仅对于真实生活是必要的,它可以通过人性的力量使人获得新的生命力。同时,教育也是死去的人和活着的人沟通的圣餐,它可以激发人的所有潜能。当一个人被驱逐出圣餐,就像印第安人曾做过的那样,我们会说,'他像是田野里的野兽,他一定被某种力量给控制了'。"针对这种情况,有时候我们还会评论道,他已经无可救药了,打扰他是不道德的。我们经常愚蠢地把这种影响作为使这种状况持续的一个证据。在安居房中,我们反对此种关于教育的受限观点。

为了表明这一观点,赫尔宫一成立,我们便开设了所谓的大学推广课程班,该班教员由35位大学男女教师组成,他们中的许多人在其后几年连续为学生们上课。在芝加哥,由于这些课程班的成立先于大学的附属学校和师范院校拓展课程班,同时,其中提供的教学生动有益,所以在老建筑中的宽阔的教室里挤满了学生。师生彼此间的关系及他们与当地居民的关系就像客人与主人的关系,每个学期结束,居民给师生开欢送会已经成为当季最主要的社会活动之一。基于这一良好的社会基础,很多有意义的工作得以完成。

为了更好地配合这些课程班,在各方人士的大力支持下,赫尔宫夏季学校在洛克福特学院(Rockford College)成立了。此后十年间,每年在那里学习6周的女性共计

---

* Jane Addams(1990), *Twenty Years at Hull-House*. Urbana: University of Illinois Press, 244 - 258.

一百名,此外,学生中还有为数不多的几个住在体育馆大楼里的男青年,那里的授课老师通常为男性。学生们在室外研究鸟类与植物学,精读文学名著,在罗克河(Rock River)中漂流,在共同做家务中形成合作精神。在毕业典礼上,学生们穿戴各色的礼袍与帽子,在这段大学生活中,他们结成了无比珍贵的情谊。

和学生一样,每一位教师每周缴费 3 美元,除了食物成本外,我们几乎没有其他花
88 销,因而夏季学校很容易就能平衡收支。举办夏季学校是很容易的,而且其效果往往很好,因此在那些风景秀美的大学校园中,类似的夏季学校项目是可以推广的。每年的夏季,学校教学楼空闲的两个月中,上百名学生只需缴纳一定低额的住宿费,便能非常舒适地在大学校园里享用丰盛的精神食粮。

在最初几年里,每周四的晚上,公众演讲便会成为邻里期待的事件,赫尔宫成为早期大学附属学校教育的中心之一,它最早与一家独立的社会机构合作,后来与芝加哥大学合作。有一位赫尔宫的赞助者,发现经济学方面的课程很受欢迎,他资助在市中心开设了三门课程,并免费向公众开放。他很高兴地发现,这些课程受到了公众的欢迎,他们更多地因为喜欢经济科目而来,对考试和学分毫无兴趣。他们不喜欢学究式的正反两方面的论证式教学,也不喜欢精心准备的渐进式学习,而更喜欢“随性学习”,也喜欢整体式的知识接受。

虽然鲍温大厅能容纳 750 人,但仍然不能容纳冬季学期每周日晚上来赫尔宫听讲座的学生,他们大都是冲着芝加哥大学教师提供的图文并茂的讲座和友善服务而来的。这些课程的受欢迎程度非常不同,一门关于欧洲国家及其社会影响的课程最受欢迎,当听到奥地利和斯拉夫国家之间难以忘却的争斗时,听众们唏嘘不已,当听到一个波兰英雄从失败中站起时,听众们则情不自禁地鼓起掌来。

尽管这些周日晚间课程取得了很大的成功,但要找到一个能被大众接受的讲座并非易事。一门天文讲座课程用立体幻灯机播放幻灯片,刚开课的第一周吸引了很多听众,他们希望听到天堂和地球之间奇妙的关系,后来他们发现课程是关于星尘的频谱分析,或是关于银河系的最新理论进展的。由于演讲者研究的习惯和渴望阐述某一学科最近进展的欲望,他们演讲的内容往往难以引起听众的共鸣。演讲者会对此加以改进,却又不知不觉地陷入了呆板无趣的术语之中。当然,也有成功的例外。在生物进化方面,我们安排了 12 个广受欢迎的话题,演讲者虽然不是教授,而只是大学讲师,但对生物进化充满激情。幸运的是,越来越多的演讲者选题真实、明确,有实际价值,演讲者尝试用适当的语言进行演讲,用最直接的方式进行表达。

有时候,一些很有学问的人似乎满足于让一些学术上的败类去教授与人类福利密切相关的内容,这些人为听众提供数以万计的图书、图片和幻灯片,但并非出于教学和指导的目的,而是为了从中谋取个人的经济利益,在这种情况下,听众无疑是得不到任何精神食粮的。在安居房中,我们很快发现普通人对一些宏大且重要的主题感兴趣,赫尔宫的管理者也一度开设了一系列世界历史的讲座,从星云假说开始一直到芝加哥

的历史，总共25讲，这一系列讲座只获得了部分成功。对此一个简单的评价就是：荒谬！毋庸置疑，知识的初学者总是渴望得到最一般的知识，因为那些明智的老教师都知道，将宗教传言作为人类起源的历史依据是站不住脚的。我想起自己第一次规划欧洲之旅时的情景，我希望在两年之内从一个国家到另一个国家。将人文胜迹游历一遍，在神殿、雕像前凭吊怀古。这是一个很好的例证，说明年少时我们都渴望找到一个能够立足的制高点，期待我们短暂而不确定的努力没有迷失方向。我还有很多其他的 89
例子证实这一点。最近的一个例子是赫尔宫男孩俱乐部（Hull-House Boys' Club）的一个会员告诉我的，他曾经被视为小偷的同谋而遭到非法刑拘，被关在警察局3天。在刑拘期间，他记起冉·阿让（Jean Valjean）（雨果作品中的人物）被那些自认为总是正确的警察持续性地迫害时的所作所为："我不时地想起你在演讲中所呈现的那些用于说明他的照片，我想如果他那么多年中都持续不懈追求理想，而我在牢里关了3天便行为失当了，是不是太奇怪了。"

不幸的是，戏剧性行为的力量会被别有用心地描述为相反的事情。数周来，所有的报纸都充斥着一个臭名昭著的杀人犯在纽约接受审判的细节和她犯罪前所有可怕的活动。一天傍晚，我看到大街上一群女工正在俯身看一张报纸，称赞着女罪犯的衣着、美貌、脸上悲哀的神情，将她视为一个悲情女英雄。在审判过程中，一位我认识多年的女士找我谈她女儿的事情，难为情地说她的女儿正在尝试那位臭名昭著的纽约女罪犯的衣着打扮。那女孩一度蔑视地对她母亲说："总有一天我也将被带入法庭，像伊芙琳（Evelyn）一样穿着打扮，像她一样以一种无辜和美丽的姿态面对我的控告人。"

如果在某个周日下午拜访赫尔宫附近的移民家庭，就会发现某个家庭正沉迷于登有类似耸人听闻的犯罪案件的报纸周日专版。虽然他们不能阅读，但是他们能够很容易看懂增补的彩色连环漫画，从绘有房子和街道的平面图中的黑色导引线中追踪凶手的犯罪轨迹。

有时，有关忠诚和集体情感的教育来自生活本身，然而，在生活中人们不仅不会形成忠诚和集体的情感，反而会强烈反对这种教育。几年前在芝加哥司机罢工事件中，阶级仇恨正上升到顶点。记得我去邻近社区看望一个受伤的男孩，他在给工会开拉煤车时受了重伤。当我走近他的住处时，一大群男孩女孩，有的孩子年纪还非常小，围着我兴奋地说"杰克拒绝参与罢工"，这使我无法进入他的房间。我对兴奋的孩子们说，他的妈妈是我的朋友，她遇到了麻烦，对于儿子受伤的情况一无所知。房子外面的人越聚越多，最终我放弃了向他们解释，径直往里走，只听见孩子妈妈说："快别往里走了，你也会受伤的。"当然我并没有受到伤害，但邻居男孩子们那不明事理的片段成为我最伤痛的记忆之一。这对其他所有人则是深刻的教训：难道忠诚和友谊对他们而言还不如阶级对抗？不过，对于充满了苦难和冲突的城市而言，这只是微不足道的一桩小事。

因此，赫尔宫的居民们更加重视文学的巨大精神鼓舞和慰藉作用，不愿让文学因为变成了班级教学或阅读会上的科目而变得面目可憎。莎士比亚俱乐部已经在赫尔宫持续存在16年了，会员有学者和莎士比亚爱好者，在这里会员们可以听到对莎士比亚的权威解读。我记得其中最早的会员之一曾提及她在一家工厂里缝衣服时，头脑里充满了莎士比亚著作中的人物形象，她已经完全记不起参加这个俱乐部之前，她在工作时头脑里在想些什么，最终断定当时头脑里一片空白。给工人们以精神食粮，让他们超越千篇一律的工作任务，超越受限的生活环境，与更广阔的世界发生联系，是文艺的功能。或许没有比陶醉在伟大英国吟游诗人的诗歌中更让人陶醉的事了。斯塔尔(Starr)小姐多年来一直开设但丁和勃朗宁诗歌欣赏课，那伟大的诗歌总是让人充满激情。我想起莱思罗普小姐的柏拉图俱乐部(Miss Lathrop's Plato club)，其中一位听众在聆听了约翰·杜威博士关于社会心理学的系列讲座后，开始加入由很多临近社区杰
90 出人士组成的知识分子团体，他们致力于被我们放弃的思想的探究。但是，当我们打算称赞那些帮助青年男女离开少时成长的落后环境进入大学深造的课程时，赫尔宫的居民们日益感觉到安居房中的教育不能直接将大学文化再生产放在首位，而应致力于解决当前的现实问题。他们觉得应该营造这样一种课程文化，其中不是把人们均变成同一类庸俗的人，而是相反，让知识的拥有者与各种各样的听众发生联系，知识的拥有者在尽其所能地去理解他们的同时，尽力去理解造成他们当前处境的历史背景。成百上千的移民者，多年来一直参加赫尔宫开设的以教会英语作为首要任务的课程班，他们中的很多人憧憬和希望用这种新语言流利地表达思想，但却不能，这与他们的移民背景紧密相关。

一个年轻的波西米亚人写了一系列戏剧；一个俄籍年轻人所写的系列随笔中，流露出他自己的烦恼不少于少年维特(Werther)的烦恼，其中包含了很多表现年轻人多年来反抗公认错误的珍贵材料，这些作品中有很多关于国家的镇压和小的不公平事件，让人们对自由美国的渴望成为一个水晶般的梦想。这些作品对犹太赎罪日的描述如此细腻，以至于那些个人主义的美国人也忍不住去看书中描写的那些移民过来的幸存者的深度民族生活方式，其中的经历是以古典方式表达的，以至于一些对历史无知的人，读起来如此奇怪难懂。我记得一位年轻的俄籍犹太人试图描述一位老犹太法典学者的生动精神生活，这位老者大概是她的叔叔或父亲，作为一个坚定信仰法典精神的人，他在和那些忙碌和劳累的人进行交流时，会不可避免地表现出自恋和懒散。当然，任何一个读过她著作的人，都无法再看到这样一个围着祈祷围巾俯身于晦涩难懂书本中的老人，而这位老人对祈祷的内容却一点也不理解。

另外，戏剧中这个令人盛赞的尝试改善生活处境的美国年轻人，有着一段最令人痛惜的经历，他的教育需求似乎将他封闭了，使他变得死板。他幻想脱离无知的家庭，他被朋友们误解。他被精神积累所压倒，并经常把这些当成是生活中的重担，他甚至没有一次感受到学习知识的乐趣。

安居房中的老师不断地探索教学方法，以使知识能够更快被学生掌握。在此，我

要向我们教育系主任兰兹伯格(Landsberg)小姐致敬,也要向那些每个冬季都定期来赫尔宫,并不知疲倦地将精力投入到教学任务之中,教授那些新来的且对英语有着迫切需要的移民的先生们和女士们致以崇高的敬意。移民稍微拥有一点英语知识,都可能意味着得到一个在工厂工作的机会,他们只有看得懂避免降落的起重机的告示,才能避免被砸到。

为了满足即刻见效的教育需求,赫尔宫开设了烹饪、服装制作、女帽制造课程班,并且发展迅速。一位来学习的女孩经常会说,"期望来年春天的时候能嫁给一个工人",因为她在工厂做工时间过久,以至于对家庭生活是怎样的几乎一无所知。有时候,来课程班上课的学生里也有在工厂上班的年轻的已婚妇女。我记得其中一个女学员厨艺拙劣,她的丈夫在忍受了两年之后很绝望,甚至威胁要和她离婚,去寻找能够尝到美味的地方。她哭着向我吐露这些事情,我建议她参加赫尔宫的烹饪课程,6 个月后,她反馈说家庭和睦幸福。

这些课程有两种明显的趋势:一种是家务训练;另一种是贸易教学,它能使那些贫穷的女帽和裁缝学徒缩短学习年限,早日掌握谋生技能。

贸易课最初是由赫尔宫的男孩俱乐部开设的。男孩俱乐部所在的楼房是三年前 91
我们的受托人之一捐赠兴建的,它空间宽阔,配备了设施完善的各种作坊,其中出售木头、钢铁、黄铜加工用品和锻造铜锡制品,并提供商业摄影、印刷、电信技术、电气施工用品。这些作坊里面挤满了渴望学习与现代工业生活相关知识的男孩。此类课程一周两次,由心灵手巧的一线工人讲授,他们提供给男孩的知识比严格的专业教师更多。这类课程并不提供贸易训练,它们通过将贸易还原至萌芽形态,来帮助男孩发现自己的天资,并帮助他做出"他想成为谁"的选择。现代工厂的一些工作非常复杂,如果没有接受初级准备,去上班的人极容易感到困惑。在教育术语中,一个人如果失去了他的"正常反应能力",那么在未来工厂生活的第一年里,他会感受到气馁或受到过度刺激,以至于未来的潜能将严重受损。

在芝加哥,在将学校教育与实际工业相联上最有意义的实验之一是在临近赫尔宫的一家公立学校中进行的,它持续了数年。在建筑行业的淡季,瓦匠学徒每天在这里学习八个小时。这一早期公立学校中的大胆尝试,取得了成功,不久被推广到辛辛那提、匹兹堡以及芝加哥当地,通过让那些在工厂做工的男孩与那些在学校上学的男孩每月轮流在不同场所学习,从而有效地教给他们复杂的现代工业流程。但是,对于一些男孩来说,他们对这种学习缺乏耐心,沉溺于街区生活,即使学习这些学徒制课程对他们来说很困难,也必须想尽一切方法将他们引入到这门课程的学习中。

有时候,孩子们可以连续数周参加赫尔宫的课程,因为他们被在门垫下面安装防盗铃时所带来的激动心情所吸引。但是通过这种游戏的方式学习,是为了要在漫长而艰难的学习过程中,至少在学习的第一步吸引住他们。即使如此,教师也要很谨慎地施教。一个典型的街头男孩可以完全被木工课吸引,但是当他得知要为描点画线而学习一点数学知识时，他就会毫不犹豫地离开课堂，再也不回来。因为他嗅到了学习中的死敌——数学——的味道，并逃离这一领域。但同时，我们也遇到过很多这样的案例：男孩们尝试把握这样的机会，但却是徒劳的。我们抓到一个 10 岁的孩子旷课逃学，事实的真相是他花费了很长时间在市中心的一栋楼房里观察电气构造，且每天会花时间在公立图书馆里阅读关于电学的书籍。另一位很早辍学的男孩，他的父亲在一次工厂事故中失去了双腿，他曾尝试在机械化生产的工厂里求职，但最终因年龄过小而未能获得任何职位，于是他做了 4 年的供差遣的勤杂工。其间，他每次都将未开封的工资袋原封不动地寄回家以维持家用。第 4 年年底，男孩离家出走了，留下了残疾的父亲和白天为他人洗衣的母亲独自承担家庭负担。他去了堪萨斯城，期待那里的人们不会介意自己的年龄。6 周后，他怀着对母亲的歉意回来了，同时他心里有了坚定的目标，他申请了青少年保护协会的援助。青少年保护协会为这个男孩在一个机械工厂找到了一份工作，并为他提供了一个上夜校的机会。

赫尔宫男孩俱乐部的 1 500 多个成员中，有几百个成员似乎只对其中提供的娱乐活动感兴趣，其中大一点的孩子显然只关心保龄球和台球。相对于那些很容易便可在俱乐部之外找到的娱乐项目，经过严密策划的各种锦标赛和比赛活动无疑是一种巨大的进步，这些活动能让人全身心投入，给人以无尽的快乐。这些有组织的运动大多在赫尔宫的体育馆举办，运动所唤起的激情是如此令人感到不可思议。

92 18 年来，我们的体育馆里开设了各种大型的活动，尽管舞会和其他类似的活动很受欢迎，然而每到周六晚上在体育馆里举行的竞赛已经成为一个地区特色。在安居房中，我们努力促成此类体育运动，因为它们可以塑造性格，训练中不仅需要生活有节制和抑制冲动，而且在体育比赛中也要求参赛人必须保持警惕，使自己的身体尽可能地遵守比赛规则。当看到一些苗条的男孩在形体课上有节奏地运动，人们会用非常朴实的语言来表达情感，“他们的动作如此完美，如果有上帝派来的信使，一定会推荐他们去希腊参加奥运会”，“他们的步伐如此矫健”。但是奥林匹克运动会的冠军为城市和家庭带来的光荣最多就是少量的西芹、颂歌和名声。当赫尔宫的男人或男孩们捧回奖杯和金牌时，人们的头脑中不可避免地会想到太多的成功，可能使得获胜者转向专业化道路，而这条路上充满了搏击与赌博。然而我想坦白地说，对于那些每年冬天都在我们体育馆训练的杂技表演者，我是非常熟悉的，也因为如此，我对杂技这个职业有了更高的敬重。

对于那些在公司办公室里长时间久坐不动的年轻人而言，他们更需要从均衡的肌肉发展中获得自由和放松，而且他们也会很快地喜欢上体育运动中蕴含的精神。希腊移民组织了大型课堂，渴望将古老的摔跤方式及其他的经典传说保留下来。当一个希腊人代表整个城市赢得了摔跤比赛冠军，如果他将获得的冠军奖牌放在赫尔宫，他肯定会以严肃而又迷人的方式背诵经典乐章。

由于希腊小伙子们的原因，赫尔宫最终取消了对军事训练的长期限制。也许体育比赛就是一场战争，战争最初反对侵略者，随后反对国家内部的暴君。现代希腊年轻人从心底讨厌土耳其人，所以他们仍然处在战争的第一舞台。每一位小伙子都坚信自己可以随时被召唤回国，并与希腊的宿敌作战。由于他们心中有如此真实的动机，我们当然不忍心拒绝他们在男孩俱乐部的大楼和体育馆里组织演习，但是后来我们很开心地发现希腊教育协会也会组织这一活动。

赫尔宫同意但不倡导军事训练，因为我之前有过一次经历，它发生在“哥伦比亚护卫队”。尽管这一赫尔宫小队也像其他组织一样以清洁城市为由组织起来，但他们非常期待军事训练。这一要求不仅动摇了我的不抵抗原则，而且似乎刚好满足了他们对男子军团中军事策略的渴望。这种策略随处可见，甚至在与教堂相关的活动中也有。“哥伦比亚护卫队”表面上是在打扫肮脏的街道和胡同，我建议那些男孩们用清理下水道的铁锹进行训练，那些铁锹有着又长又窄的刃、缩短的手柄，在大小、重量、外观形状上与刺刀枪很相像，因此一般的军训队都可以用此种工具。在体育馆里，当我向他们解释训练清除滋生病菌的污物的技能比在模拟战争中训练作战技能更高贵时，匆忙地重新阐述骑士精神在现代意味着去拯救濒危的和困苦的人们时，军训队用铁锹训练了一段时间，但是当我离开时，教练员就会抱怨我们的队伍首先会感到害羞，其后意志消沉，最终断然拒绝使用这种方法训练。那次愚蠢的失败经历后，我偶然在赫尔宫的储藏室里发现了一把清理下水道用的铁锹，因为长度不够，它根本无法用于清理下水道，
而当初买它的目的，如今看来真的是很不明智。我只能希望这些东西能预示和平，预 93
示战争与武器从我们的眼前消失，我们所需要的是能拯救公民的工具。

在结束社会化的教育这章之前，可以很公正地说，在赫尔宫居住的这些年间，居民们在教育方面受益匪浅。赫尔宫至少可以被称为一个社会和教育活动的中心。

一部分居民起初对慈善管理感兴趣，他们了解具体的情况，因而他们提出的建议可被用于改善现状；也有其他一些居民与赫尔宫早期的移民组织一样，致力于作有历史意义的感召，他们不仅运用语言能力，而且竭尽所能地在城市移民区倡导适合他们自己的理智生活。我记得不久前一位从西西里岛游历回来的居民，他能够解释一个令人困惑的判决——被遗弃的爱人拥有一项古老的特权，即可用硬币的边缘划伤负心爱人的脸颊。尽管这一风俗在美国因外国风俗的冲击简化为用刀划，尽管那个西西里人理应受到惩罚却被判无罪，但是这一事件已经摆脱了令人绝望的野蛮攻击，许多西西里岛人欣然接受了这一解释。

毫无疑问，安居房的居民经常以“匆忙、不优雅的步伐”走向生命的结束，他们往往发现在那些他们渴望长出葡萄的地方布满了荆棘。对于那些追求结果的人来说生活是很容易的，他们很容易在精神和性情上变得萎靡和贫穷，进而逐渐形成一种伴随着疲劳式选择的错误渴望，而这刚好取代了与实现有价值目的相一致的“好的、高雅的生活方式”。

也许是因为此种普遍的情绪，也许是因为安居房本身也染上了这个时代的弊病，

人们不再教条式地关注终极真理，居民也很乐意在安置点“遵照良好模式和形式”平静地度日。

> 好人总是快乐的，
> 除非他遇到了恶魔。

这句话可能并不完全正确，但是安居房向世人表明，一个人并非必须变得无情、无礼才会快乐，也并非必须变得严肃才会聪慧。正因如此，赫尔宫从赌博协会中赎回台球桌，把人们从公共舞池吸引到赫尔宫的舞会上，其目的就是让人们有一种正直的生活，让人们的性格更具吸引力，而这些并非是周边的社区都想做到的。

纵览赫尔宫的历史，许多人都会询问居民的宗教信仰是什么，我们的答复是他们在信仰和内在生活热情上是多样的，就像大学或者类似的一些组织中的人一样。这种回答显然不具有说服力。我记得在波尔克街一幢男性居民住的房子开放后，里面的居民人数达到了 20 人，我们每周日晚上会为他们提供家政服务，希望这样能够表现我们道德上的一致性，尽管我们所信奉的教义不尽相同。当高教会派居民诵读晚经时，我们都虔诚地跪下来；当福音派居民领读圣经章节祈祷时，我们都低下了头；当一个居民阅读他最喜欢的柏拉图著作以及另一位居民阅读阿布特·沃格勒的著作时，我们都在昏暗的灯光下尊敬地坐着。在那年冬天快要结束时，我们得出这样的结论：这不是宗教友谊，我们不需要额外的读书俱乐部。因此，其后朗诵俱乐部中止了，我们认为，基于行动和我们这个社区家庭内部的共同目标而聚集起来是相当必要的。我曾和牛津大厦的舍监就这一话题谈过一次，他很热情地邀请我参加在小教堂屋顶为居民举办的
94 一个夜晚集会。所有的居民都是高教会信徒，对他们而言这一集会是一天中重要且虔诚的一部分。基于我对舍监的答复，赫尔宫的居民不再一起做宗教礼拜了，因为我们的居民中有犹太教信徒、罗马天主教徒、英国国教徒、异教徒，还有一些不可知论者，我们无法一起进行礼拜。那个舍监答复说与一群如此多样化的人士一起工作一定非常困难，于他而言，他会通过晚间的祈祷来解决白天遇到的困难，使这些居民形成一种有关共同目的的宗教意识。我告诉他，宗教信仰的多样化只是美国安居房的特征之一，正如和不同国籍和信仰的人生活在一起是我们的任务一样。在如此多样化的居民间，社区委员会最好也由具有多样宗教信仰的人组成。

一位智者曾告诉我，“男人一直都是如此，相对于信仰和现实世界而言，他们更喜欢理性世界”，但是发现世界是理性的并不是一件简单的事，相对而言，人们更容易找到一个充满智慧、审美、道德和充满实际意义的世界。当然，如果一个地方在以上四个方面都是完美的，也是一件很不容易的事情。但是安居房致力于为实现以上四方面而努力，它通过对自身经历的反思来实现自己的作用。因为有了这四个目标，安居房聚集了许多不同品味和兴趣的居民，至少在安居房，这群人持之以恒地贡献自己的力量。

目前居住在这里的 40 位居民中的大多数人以在城市中从事商业和专业性职业为生，他们利用业余时间在社区点服务。这本身还是有利于居住的连续性的，并有其他一些好处。在目前的职员中，大部分人已在这里居住超过 12 年了，他们中有一位城市俱乐部的秘书、两位执业医师、几位律师，也有新闻记者、商人、教师、科学家、艺术家、音乐家、公民与慈善学院的讲师、青少年保护协会和移民保护联盟的公务员，还有一位上门服务护士、一位卫生检查员等。

在共同居住的那些年里，我们制定了一个居住计划，可被称为合作式居住计划，在此计划中，租住在赫尔宫的家庭或个人可以使用由自己打理的中央厨房和餐厅；他们中的很多人每周会在工作室或商店里工作数小时；戏院和休息室对社会组织开放；赫尔宫的 13 栋大楼都由一个中央电厂供电供热。在那些年里，我们经历了普通人的各种生活：在那里举行了葬礼、婚礼和洗礼仪式，共同的记忆使得我们彼此间亲如家人。当然，每一位居民仔细地支付自己的费用，他与共同居住者的关系就如同大学教授与同事的关系一样。他们与邻里间关系的深度与强度，主要取决于他们自身以及他们建立真正友谊的能力。社区居民通过参与各种团体，进行了社区所急需的各种改革，使自己被整个社区所熟悉，并体现了自己对整个城市的贡献。

安居房的生活，使我们明白一种被称之为“人性的超凡适应性”的东西。在这里，理想化的公民和教育条件下的道德能力得以展现。为了获取这些条件，我们认识到合作的重要性，我们既需要激进者，也需要保守者，而从此种合作的本性观之，安居房不应该干涉它的朋友们参加任何一个政党或经济学派。

安居房并没有废止那些有教养的人认为合理和美好的事情，并且认为这些也应该属于体力劳动者。虽然由于辛劳和低报酬，体力劳动者们无法享受这些事物，但我们
坚信，人们无论贵贱，都能享受美和愉悦。“文明的最好结果”是依靠生活中自由的方 95
面来体现的，而这必须渗入到我们的公共生活中。如果我们期待民主可以永恒，这些美好的东西便要在社会的各个层次间自由地流动。

赫尔宫的教育活动，以及它所从事的博爱的、公民的、社会的事业，不仅是社会民主尝试的不同表现，也是赫尔宫本身存在的意义之所在。

（王　立　译）

1.4 教育哲学的必要性*

约翰·杜威(John Dewey)

96 有一种教育,教学内容沉闷无趣,教学方法古板专制,受教者大多处于被动与接受的状态,而"进步教育"(progressive education)正好与之相反。然而,教育哲学的目的不可能仅仅是对某种教学方法提出异议、做出回应或竭力反对,因为教育哲学的任务在于探究"教育是什么"以及"教育是如何进行的"。的确,若仅视教育为学校教育,我们便可获得用以评价、指导学校工作的标准,但若仅把教育内涵局限于学校教育,"教育是什么"这一问题的答案似乎就唾手可得了。

有人认为,教育哲学的任务在于说明"教育应该是什么",并为其建构理想与标准(ideals and norms)。从某种意义上讲,这无可厚非,然而,其真正的内涵却远不止于此。要明晰"教育应该是什么"而又不至于让我们眼高手低、纸上谈兵,唯一的方法便是探究教育产生之时究竟发生了些什么。真正有益于实践的理想必须以对现实的了解为基石。正如冶金学家心目中关于优质钢的理想,必须建构在他对原料及其生成过程的充分了解之上。如若不然,理想就不是一个可以达到的目标,只能是一种好高骛远的空想。

教育的理想亦是如此,因为,教育的理想会影响教育哲学。我们必须明了人的本性是如何构成的,正如钢铁工人须了解原钢一样;我们必须明了社会力量是如何发挥其作用的,正如我们必须明了什么样的运作能使原材料变成更有价值的东西。因此,教育哲学的本质在于探究教育究竟是什么。倘若我们发现,在一些案例中,我们所期望的能力在学生身上确有发展,我们就必须去探究这种发展的生成之理,并视探究结果为一种方向,引领并运用于其他方面的实践。教育哲学的任务即是这样的发现、探究与运用。

当理想的教育范型真正呈现在我们面前时,我们难免会思考:"教育是什么?"首先,教育是一种发展(development)的历程——一种生长(growth)的过程,"过程"(process)才是最为重要的,而不仅仅只关注最终的结果。真正的健康不是一劳永逸。一个真正健康的人,其生活历程与活动必须能确保其持续保持健康。一个人不可能说"我是健康的",然后在那一刻止步不前,放弃任何保持健康的努力,仿佛健康一定会自

---

* John Dewey, *The Later Works, 1925 - 1953, Volume 9: 1933 - 1934*, ed. Jo Ann Boydston. Carbondale: Southern Illinois University Press, 1989, pp. 194 - 204.

然地持续一样。否则，毋须多久，他便会患病。同理，一个受过教育的人必须有能力持续获取更多的教育，持续生长，持续发展。所以，即便是一个学富五车的人，倘若丧失了持续生长的能力，便无法接受教育。

何谓生长？何谓发展？早期的哲学家，譬如卢梭(Rousseau)[①]及其追随者，运用种子生长成为成熟的植物进行类比，演绎出这样的结论：人类有潜在的能力，若能顺其自然发展，终将开花结果。鉴于此，他们形成了关于*自然发展*(natural development)的理论，反对有指导的生长(directed growth)。依他们的看法，指导成了一种会导致天性禀赋歪曲堕落的干扰。

这种观点存在两方面的误区。首先，相对于人的发展，种子的生长终归有限。因 97
为种子的未来很大程度上是由其“祖先”的性质决定的，所以种子的生长方向相对固定。种子不具备向不同方向生长、结出不同果实的能力。儿童却恰恰具备这种能力。我们可以把儿童比作这样一粒种子，一粒生命力旺盛却可能成长为形态各异的植物的种子。

自然发展论还有另一误区。但凡植物的种子，只要离开了自然环境，便无法独自生存。这是因为其生长受外部条件与力量所制。遗传因素必须和外部环境相互作用，才会有生命与生长。简而言之，任何发展，即使是植物的生长，也都依赖于自身与环境“*交互作用*”的类型(kind of interaction)。一棵生长缓慢的橡树，亦或一株穗实零落的玉米秆，与枝繁叶茂的大树或硕实累累的玉米秆一样，均真实地展现了其自然的生长。造成结果存在差异的原因，既可能是种子天生的差异，亦可能是环境变化。即使是最优质的种子，倘若缺乏优良的环境，也无法生长或者结出不良的果实。

任何交互作用都必须包含自身条件与外部环境两重因素，因此，任何一种生长、发展均受这两方面因素的影响。因此，关于教育的理论与理想都应顾及这两个方面。如同种子一样，先天的生长能力与遗传因素是发展的原材料，若失之，即便拥有最优越的外部环境，也无法发生交互作用，因其失去了根本，失去了合作的对象。从这一角度而言，传统的学校教育方式与教学内容的失败有三个方面：首先，忽视了构成作为不同个体(individuality)的人的能力与需求的*多样性*(diversity)。他们认为，从教育的目的来看，所有人都和盆里的豌豆一样，相差无几。因此，他们为所有学生准备一样的课程，一成不变的课程。

第二，他们未能认清生长和发展的*动力*(initiative)源自儿童自身的需求与能力。在生长过程中，这种交互作用的*第一步*便是力求发展个体努力去突破限制，去寻获他发展潜力所需的养料，哪怕这种尝试与努力一开始是盲目的。于身体而言，饥饿、进食

① 让·雅克·卢梭(Jean-Jacques Rousseau，1712－1778)，18世纪法国伟大的启蒙思想家、哲学家、教育家、文学家，法国大革命的思想先驱，启蒙运动最卓越的代表人物之一，主要著作有《论人类不平等的起源和基础》、《社会契约论》、《爱弥儿》、《忏悔录》、《新爱洛漪丝》、《植物学通信》等。——译者注

和消化的能力是第一需要。若丧失了内在需求与动力，即便提供了最有营养的食物，也如钻冰求火，只能是徒劳，只会造成反胃与消化不良。有这样一个被广泛认可的观点，认为厌学是人之天性，只有通过威胁或哄骗才能使人学习。任何一个健康的教育体系都无法容忍这样的谬论。每一个人的心智，即使是最年幼的儿童的心智，都在其能力范围内寻求积极的活动，这才是天性。难题在于，在寻求激发与引导真正富有教育意义的发展的恰当时间、内容与方法方面，我们秉持何种取向。

除了没有认识到生长发展的“动力”源于儿童的需求与能力之外，传统的学校教育方式与教学内容之所以失败，还在于传统的师生关系——教师永远处于教的地位，儿童永远处于被动接受的地位。训练(drill)的观点无异于单调重复地在坚硬的岩石上敲击钻洞。教师若不能在教学中顾及每一不同个体天性禀赋的差异，学生便自然失去了学习的兴趣。没有了内在的动力，老师便只能借用各种外部的手段来促使学生吸收和掌握所教的内容与技能。这样的教学方法，与刻录一张留声机唱片以保证按键后曲子能正常播放又有何区别？或者说，儿童的头脑被视为一个空空的水槽，默默地等待着被填满，教师与教材则如同水库，由水管将其与水槽相连。

第三方面的失败是以上两种失败的必然结果。每一位老师必须仔细观察从而去发现儿童之间的真正差异。然而，由于这些差异通常不会让人联想到个体在需求、欲望及天生兴趣上的差异，因此，它们经常被分为两大类：一类儿童聪明伶俐，另一类则
98 迟钝愚笨！一些儿童温顺乖巧，另一些则倔强难驭！儿童倘若不能适应一成不变的教学计划，不能达到古板纪律的要求，便被视为天生无能或故意捣乱。顺从便成为评价学生的标准，生命中主动、创造与独立的价值则却被弃之如敝屣。

儿童生长的原材料与出发点在于其天资禀赋，由教育者所建立的环境是其生长不可或缺的条件。然而，环境自身无法决定教育的结果。任何一位园丁亦或一位冶金工匠都必须观察注意其所培育的对象或所用材料的特性。倘若任由这些培育对象的原始性质来控制自己，那么，他们将会一无所获。倘若任由对象本身决定其培育或加工的结果，那么，他们将无法帮助这些对象突破其原始状态，也就限制而非促进了它们的发展。他们必须对其培育对象怀有理想，也就是对其可能实现的发展有所想象。这样的理想必须符合所培育植物或所用矿石的构造；这样的理想不应毁灭这些培育对象，而应关注它们的发展潜能；这样的理想并非源自任何对于培育对象的现有研究，而是借助其他资源，对其充分想象、深刻反思的结果。

教育者亦是如此，不同之处只在于他们需要富有更大的想象力与洞察力去发现学生的发展潜能。园丁与工匠即便有时需要一些创意让其成果富有变化，他们毕竟可以参照已有成果来培育、塑造新的对象。真正的教育家却无法使用已有成果作为最终完善的标准。如同艺术家一样，教育家需要创造，而非仅仅复制过往的作品。

在任何情况下，生长与发展都意味着在某个方向上的某种程度的变化。一位教师，即便心怀培养学生个性的理念，但若把尊重学生的个性特点与满足于其现状相混

淆，那么，他便可能使学生止步不前。对个性的尊重最重要的是研究个体的智能(intellectual)特点，并发现教育内容。在此认识基础上，开始不断地修正、变革、重构等实际工作。此类工作至少应该向着这样一个方向发展，即寻求在有效的技能、独立自主、深思熟虑、探索精神上更上一层楼，并且在面对困难时更加坚韧不拔。

对于儿童的发展而言，赋予儿童天性以充分的发展空间举足轻重。鉴于此，一些崇尚“进步教育”的学校与教师暂时放弃了使用外部手段来促进儿童发展的方法。他们对于学生的观察或蜻蜓点水或一朝一夕，他们过度依赖肤浅和暂时的表现以及偶然的情景来作出判断。此外，他们很容易根据学生明显的特征作结论，却并未顾及一些适当的指导可能会给学生带来更具价值的发展。在所谓的尊重个性与自由的理念下，教育者忽视了为学生创造发展条件的责任。变化和发展仅仅是内发的结果，这样的观念依旧被教育界视为金科玉律。

当凭借外部手段来促进学生发展的方法带来的种种弊端了然可见时，学校与教师抛弃外部手段而重视内在能力便理所当然了。当然，我们面临的并不仅仅只有两种选择——要么认为儿童如待铸成模的粘土，要么认为儿童现有的能力、兴趣、欲望决定其所有发展。儿童现有的能力与兴趣是其健康发展的必要条件。然而，发展需要一个方向，需要一个出发点，需要不断向着这个方向运动。这个方向的终点是暂时的目标，而这一目标必须通过对出发点的重建才能实现。教育者所面临的难题在于，他们能否充满智慧地洞察并切实地体会到儿童内在的发展力量是一种可能、一种迹象；他们能否带着发展的眼光去解读这些内在力量。教育者的任务还远不止于此，他们还需从身体、道德、社会等方面去评价并设计儿童发展所需的条件、材料、工具。只有这些外部条件与儿童的内在力量与兴趣相互作用，才能使儿童获得理想的发展。

旧教育极为强调明确的教学内容与教学活动的重要性，认为这是正确的教育不可
或缺的。这种教育的缺陷在于，教学内容脱离学生的实际经验，环境呆滞古板，缺乏想 99
象力，教学技巧因循守旧。反之“新教育”(New Education)更多地关注教学内容以及教学技巧的改进，如此才能取得令人满意的教学效果。更多关注并非意味着采用更多的旧教学内容和教学技巧，而是以一种更具想象力的视角去认识任何规定的或现成的教学计划都无法决定的每一个体发展所需的具体教学内容。因为针对每一个体都有一个新的教学问题，都需要至少在教学内容或教学方式上有不同的侧重点。只有盲目愚钝的传统观点才会把教材的作用等同于医生的处方，才会相信仅凭教材内容便能促进所有学生或任何学生的发展。正如罗伯特·路易斯·史蒂文森①所言，“世界是五彩缤纷的”。因此，必须选择不同材料，进行各种不同的加工才能满足不同个体的成长需求。无论教师多么学识渊博、多么富有创意，学习都是无止境的。

---

① 罗伯特·路易斯·斯蒂文森(Robert Louis Stevenson，1850－1894)，英国小说家，苏格兰人，著有《新天方夜谭》(1882)、《宝岛》(1883)、《化身博士》(1886)、《绑架》(1886)、《快乐的人们》(1887)等。——译者注

简言之，对教育而言，基于古板的旧课程的教学只有消极作用。但是，倘若我们不坚持能够获得真理的研究与实验，不提供更为丰富、多样、灵活的教学内容，或者提供与学生经历联系得更为紧密的教学内容，从而沿着积极的方向持续探索、持续前进，那么，我们就如同留下了一片教育的真空地带，在那里什么都可能发生。古语云，“自然憎恶真空”，此乃真理。在自然中，完全的隔绝绝无可能。儿童总是与自身所处的环境相互作用。环境塑造着他们的兴趣、思想与性格，这种影响可能是积极的，也可能是消极的。倘若那些以教育者自居的人弃责任于不顾，没有去评估并选择那些至少在他们看来有助于儿童发展的环境，那么，这些儿童的发展就任由环境中所有散漫随意的力量蹂躏了，在儿童的一生中，这些力量都会不可避免地产生影响。鉴于此，在教育环境中，教师的知识、判断、经验成为更为举足轻重而非无关紧要的因素。教师扮演的不再是类似专制独断的法官那样的人物，高高在上，而是担当友好的合作者与指导者这样的角色。

关于教育，尚有另一陈词滥调，认为作为发展的教育在实践中很难实施，或是很容易被歪曲。旧教育最言之有理的观点便是发展是一个持续的过程，持续意味着行为的连续性。古典文学教材与数学教材需要沿着清晰的脉络持续有序地进行教授。然而，相对而言，在新教育理念下，即兴发挥在教育中变得相对容易。即兴之下，今天教此，明天教彼，却没有充分顾及教学的目标，更没有顾及所教内容是否会自然地引向更难的内容、提出新问题或者要求更好地掌握技巧、学会新技术。即兴的兴趣与活动确实重要，但如果缺乏周全的思量，其结果便是各种毫无关联的简短活动或项目的杂烩，而非持续的发展。其实，新教学的过程更需要教师事先的计划，因为在旧教学中教学计划已经体现在固定的课程中了。

如同社会性在人类价值中举足轻重一样，一种完善的教育哲学还需充分明晰环境一词的含义。每个人都在社会习俗、信仰、目的、技巧、希望、恐惧等众多方面受到所在文化圈的影响，甚至他对周围自然环境的看法也免不了受制于其所在的群体。他在地理、气候等方面的体验也必然与其所在社会的记忆及传统息息相关。因此，在早期阶段将教学内容纳入人类情景与环境中尤为重要。对于儿童而言，唯有对于人类有价值
100 和功用的事物才是具体的。然而，学校常忽视这一点。因此，在把知识从具体上升到抽象时教师常常失败。他们总是从成人与专家的角度向学生呈现自然与地理等学科知识，仿佛这些知识本身就是独立完整的。然而，对于儿童而言，只有当这些知识进入了人类的生活，才有意义。诸如读与写等明显带有人类特征的行为，尽管其目的是为了促进人类的交流与联系，但在学校里却仅仅被当成一门学科而已，而没有贴近日常生活。结果，对于学生而言，读与写变得玄而又玄，成为仅属于学校而不属于生活的神秘之物。

同样，学校中的学习与人类社会环境彼此脱离也使得传统的背诵变得枯燥无味。背诵原本应与发生在家庭或日常生活中的对话一样，是一幅友好的交流场景，因为有

特定的交流目的而清晰有序，现在它却成了所有人都重复某本教材上的同样材料这类矫揉造作的练习，仅仅检验了学生的准备情况而已。于是，这便成了将学校生活与校外生活隔离开来的主要原因。

真正有利于发展的教材与人类之间的交流、联系相关，因此教育工作的评价标准与指导方针具有社会性。无论对技能掌握得多么登峰造极，技能本身并不是目的。掌握技能的目的是为人所用，让个体更加自尊自立。然而，除非是置于服务他人从而成就自我人生这样的环境之下，否则，掌握的技能很有可能变成一种自私利己的工具、一种精明的手段，使个体为了一己私利而不惜牺牲他人追求美好生活的权利与机会。事实上，学校经常培养此类技能。学校会利用竞争，授予那些在竞争性比赛甚至战斗中的获胜者以特殊荣誉。而这样只会更加刺激学生毕业后用特殊才能或卓越技术去击败他人，获得个人成功却不顾他人福祉。

与学校中的技能学习一样，学校中的知识学习亦是如此。评价教育目的以及所学知识的最终价值标准应该是其能改善所有人的普通生活。传统教育所处的社会背景是阶级社会，在某些学科上，接受教育的机会只属于富贵阶级的子弟，特别是文学课程，以及除了简单算术以外的数学。因此，对于这些学科知识的掌握，成了文化优越与社会地位的象征。这将他们与那些从粗俗百姓那里习得知识的人区分开来，成为很多人炫耀的工具。另外，那些出身卑微的人为了谋生只能学习实用知识。阶级烙印与实用知识形影不离。无实际价值的知识则用于彰显个人文化，证明个人地位。

即便全民教育已在很多国家得以实现，上述价值观念依然存在。倘若学习仅被视为个人显贵的标志，因个人利益而受到重视，那么，就没有什么比学习更为自私的行为了。然而，若要摆脱这样的价值观念，一切学校的环境条件都必须真正去帮助学生形成这样的认识，即学习知识是为了增进公众福利。

或许，今日教育哲学的最大必要便是迫切需要澄清教育的社会品格，厘清观念，付诸行动。社会性是学校教育实践的价值标准。

教育的目的是发展儿童潜能，使其达到可能发展的最高程度。然而，这样的观点尚未回答一个问题："如何测量人们所期望并为之努力的发展水平?"在一个自由的社会里，每个人都各尽其能，为他人的发展有所贡献，唯有在这样的环境中，每个人才能真正实现其可能的最优发展。但若环境中有一部分人受到束缚，那么，便会阻止其他人的充分发展，即便常常有人幻想，在这样的环境中自己仍然享有完全充分发展的自由。

在当今世界环境中，教育哲学之所以必须将教育的社会目标作为核心理念，主要
原因有二。世界正迅速地工业化。那些曾经与现代资本主义工业经济体制毫无瓜葛 101
的组织、部落、种族，突然发现一切生活都受到这种经济体制扩张的影响。日内瓦委员会(Geneva Commission)研究了南非矿区土著人的生活条件，其主要发现是"西方资本对非洲工业的投资使得当地土著人依赖于世界市场的需求，包括他们制作的产品以及

他们国家的资源”。这样的情况在世界上其他地区的民族身上屡屡可见。当今世界，几乎人人都被卷入这场疯狂获取物质财富的战争中，非常残酷。在这样的环境中，学校需要更加坚持不懈、充满智慧地努力发展学生的合作意愿，并让他们满怀信念地去相信，任何个体都有平等的权利去分享人类发明、工业、技术与知识的文化和物质成果。在学生的心智品性上培养合作意识，这是最重要的教育目标。然而，这并非是对因经济竞争与剥削导致的非人性的补偿，而是要为下一代创建一个更为公平与更具人性的新社会。若人们未能因教育而为这样的社会未雨绸缪，那么，他们便很有可能遭受种种因暴力而产生的社会变化的不幸摧残。

对教育哲学的另一迫切需要与目前空前高涨的民族意识、种族与民族偏见以及暴力倾向息息相关。凡此种种，在社会上屡见不鲜。鉴于此，学校在某种程度上一定倍感失败。对此，学校与教育家或许会以失察之由自恕。然而，这样的借口现已无处容身。我们已知晓敌人的身份，它就赤裸裸地站在我们面前。世上的学校若不齐心协力重建世界各民族与种族之间相互理解、相互体谅的精神，消除偏见、隔离、仇恨，那么，学校本身极有可能被吞噬，被退化到野蛮状态的社会浪潮所吞噬，当代社会发展趋势若不能为具有唤醒与鞭策之能的教育力量所检核，那么，退化到野蛮状态的恶果在所难免。

正是为了这样的伟大事业，在那些不负“教育”之名的理想感召下，全国的所有教育力量才会应声云集。

（范国睿　张　琳　译）

评析

5. 教师教育中仅有协商民主就够了吗?

迈克尔·W. 阿普尔(Michael W. Apple)
威斯康星大学麦迪逊分校(University of Wisconsin, Madison)

关于教育

本部分各章选材广泛,安排精心,写作上乘。每一章都有其存在的价值,同时,它 105
们共同或个别提出的议题均值得深入思考。在此部分的简短评论中,我将集中分析支撑这些作者论点的一系列特定假设和一个特殊论断。我赞赏每一位作者对审议过程的清晰探析,但正如你所乐见的一样,我对他们研究的局限性和有效性持保留意见。在亮出我自己的论点之前,我会将它放在前几位作者所铺设的大背景之中。

就其本质而言,整个学校教育过程是政治的。如何支付教育费用,教育力图实现的目标是什么,以及如何测评这些目标,在教育上谁拥有权力,什么样的教科书能够通过审核,谁有权提出与回答这些问题等,均具政治意义。教育系统时常处于重要的纷争之中,民主的意义、合法权力和文化的定义,以及谁应该从政府政策和实施中受益最多,类似议题均与学校教育有关。这已不仅仅是简单的学术兴趣问题,也是在当前许多国家的教育改革尝试中常见的问题,这些国家试图从根本上改变本国的教育政策和实践。

这些教育改革提案包括有意识地进行新自由主义教育"改革"(例如,通过教育券和私有化来实现市场化的方案);推行新保守主义的改革(例如,国家或州层面的课程和测试,回归"共同文化",以及美国的唯英语运动);以及实行以严格的绩效和持续的评估为特征的"新管理主义"下的政策。当专制的民粹主义者将他们狂热的信仰注入国家机构并将它与其他的"主义"混合时,教育就被置于政治与文化冲突的中心位置(Apple, 2006)。

在以上提案中,教师教育面临的压力与日俱增。这些压力包括,教师教育的私有化和解除管制;日益减少的未来教师的准入和准出考试;对那些学生得分高的教师教育机构的差异化资助;稳步增长的在家上学模式,在这种模式中,父母在正式的教育机构之外教育孩子,他们拒绝受过专业化教育的教师教育他们的孩子。(Apple, 2006; Apple and Buras, 2006)

在普通教育,特别是教师教育中,对教育的复杂角色的反思——具有丰富历史的集体记忆——正以诸多方式逐渐丧失。本部分各篇文章帮助我们回顾了亚当斯

(Addams)、杜威(Dewey)、杜波依斯(Du Bois)和爱默生(Emerson)等人的文章,重拾
106 了关于教育及教师教育之争论的记忆。事实上,汉森(Hansen)、罗伯逊(Roberson)和索克特(Sockett)也以非常有趣的方式复原了此类争论。他们将关于教师教育,以及普遍意义上的教育应该做什么,如何决定它的目的,以及指导我们思考的原则的历史争论呈现在读者面前。

审议政治

汉森、罗伯逊和索克特以清晰和准确的方式进行了论证,他们所做的工作是基于今天被我们称为哈贝马斯式或罗尔斯式的沟通能力和可被称之为“理想的言语情景”(ideal speech situations)中的协商(Habermas, 1984; Crosley and Roberts, 2004; Rawls, 1971)。此种论证立场的复杂性超越了亚里士多德、杜威和其他一些哲学家的论证立场的复杂性。这些立场对他们的影响很大。在一个右派政策横行、诸如《不让一个孩子掉队法》及类似“改革”实行、不仅诋毁审议而且缩减审议时间的时代,类似的立场更显其重要性。对于许多教育者和教师教育工作者而言,他们面临的情境可以被称作“基于压力的管理”。

虽然此类论证对于辩论“公共领域”的拓展而言非常重要,然而基于审议民主(deliberative democracy)的论证模型往往过于概化,除非基于批判政治、经济和文化理解来运用它们,否则很容易使公共领域面临浪漫化的危险。正如南西·弗雷泽(Nancy Fraser, 1997)提醒我们的那样,公共领域及其相伴而生的自由、公开的讨论与辩论都是基于不确定的两性关系。查尔斯·米尔斯(Charles Mills, 1997)也曾言及,隐藏在此幻象之后的自由民主理论,也是建立在一种不明朗的种族契约之上的,这一点杜波依斯也很清楚。因此,如此笼统地说公共审议是自由民主的基础,我们可能丧失以公平、从容、公正的方式谈论现实存在的支配与从属关系之特殊性的权力,同时也可能丧失反对它们的权力,而正是这些特殊性促成了我们所生存于其中的社会之结构。

此种太泛化的观点,有使公共领域浪漫化的风险,它指出了我想关注的另一问题。即使此种视角有明显的优势,正如在每一个章节中所呈现的那样,但当谈及统治关系时,这种视角往往以一种过于模糊的方式谈及社会公正。因此,它们可能反而会指引我们培养出这样一群教师,他们没有足够的能力去处理与学校及广泛社会中的不平等结构相关的复杂问题,这种不平等结构在诸如科佐尔(Kozol, 2005)和戴维斯(Davis, 2006)等的著作中已有清晰描述。因此,在我们试图培养教师具有普遍意义的批判能力时,我们可能也处于使现在和未来的教师去技能化的危险之中。教师可能只把批判研究当做一个过程来理解,他们缺乏相关的知识和对社会的批判式理解,而正是这些知识与理解可以使他们可以透过社会中处境最不利者的视角来看待社会。在我看来,此种重新定位对于深刻理解社会公正,以及教育、教师教育在促进社会公正中的作用

至关重要(Apple, 1995)。批判对话的立场在一般意义上未必形成类似的立场。

然而,我们有一种重要的传统,即认真地思考如下的问题:当我们希望教师既致力于"浓厚的民主"(公众参与影响公共决策的民主)又致力于社会公正时,我们要怎么做?这一思考的任务是理论意义上的,同时也是政治意义上的。此时,弗雷泽的理论同样有助于我们的理解。

弗雷泽(Fraser, 1997)认为,我们可以(以一种分析的方式)区分两种不同类型的 107
政治运动:再分配的政治和承认的政治,两者不可互相替代。在现今这种历史时期,两者都是至关重要的。我们的任务就是同时从两者着手,如此一来我们在某一动力体系(例如,阶级与经济)中的收获不会抵制其他动力体系中的收获(例如,为受压制群体的文化、身份认同和历史争取课程和教学话语权,扩大我们关心的公正范围,将残疾人和身体政治纳入其中),同时也不会受后者的抵制。当然,在现实社会中,要完全地对再分配的政治和携裹于其中的承认的政治进行区分几乎是不可能的。例如,非洲裔美国人和拉丁裔美国人遭受着经济上的歧视和很大程度上的剥削,而这些对教育经费、学校的现实和教育经历均有可预见的影响。但是,受种族歧视和被标签化为"受鄙视的他者"的影响极易发生。于是,种族歧视和白人至上的倒退式政治与剥削式经济间建立了紧密关系。

弗雷泽的观点对我此处的论述有重要的启示。我们需要将对审议的承诺,置于特定的占支配地位的关系之中,这些关系在社会中有强大的影响力,甚至也存在于学校之中。我们需要记录这些关系的范围,以免现在和将来的教师参与到会产生相抵触效果的行动之中(即致力实现于承认的政治的行动并不妨碍再分配的政治)。我们需要让现在和将来的教师重新进行自我定位,以便他们认清一个人所遭受的大量不平等的真实面貌,而这种不平等是成千上万的人所真实面对的。通过检视现行的诸多经济和教育改革可以实现这一目标(Apple, 2006; Smith, *et al.*, 2004; Valenzuela, 2005; Lipman, 2004)。人们需要检视自己的生活——他们的消费习惯;他们的消费品在哪里,由谁,在什么样的环境下制作出来的;他们对种族的内在感受;他们思考谁应得、谁不应得的方式等(Apple, 1996)。这个过程会让人感觉难受,但是我相信它是必要的。

"审议"的话语在构建关于全员参与某一重要议题的梦想方面极其重要,但它并没有足够详细地罗列出这些议题实际上应是什么。正如上文提及的,它也未必会带来我认为具有重要意义的行为。最后,它也未必会引发那些能够对形成诸多个体生活背景的结构和意识形态状况具有颠覆作用的行为。但这并不意味着审议不能发挥这些作用。相反,我担心的是在现在这种情况下,审议工具会被作为有限的话语资源。如果不能明确地以及广泛地与社会和文化变革相联系,审议将在很大的程度上只是一种辞令而已。

让我就最后的观点多说几句。在文学和分析哲学中很明显的一点是,语言可以发挥很多作用,它们是非常有价值的。它们可以被用于描写、解释、控制、评判、合法化、联合以及动员(Austin, 1962;也见,Wittgenstein, 1963)。修辞的语言同合法化、联合及动员相结合,但是在语言必须履行的其他的任务中,修辞往往是个低劣的工具。批判教育工作的任务是多样性的。

批判工作的任务

大体上,教育中的批判工作有五项任务:

108 1. 它必须要“见证负面现状”,这意味着,它的一个主要功能在于呈现出在广泛的社会背景下教育政策与实践是以何种方式同剥削和支配联系起来的。

2. 它要进行类似的批判分析和理解,必须指明矛盾和可能的行动空间。因此,它致力于以一种概念的/政治的框架来批判性地审视现实,此框架强调为“反霸权”活动的开展和持续进行提供空间。

3. 有时,它还需要界定什么才算是“研究”,我这里的意思是,批判工作要充当一种“秘书”的角色,它服务于那些挑战现存的不公平权力关系或是在教育及其他场景中的被我称为“非改革派之改革”的群体或社会运动(Apple, 1995)。

4. 在这个过程中,批判工作还要保持激进工作传统之生命力。当前,存在着诸多对差异和抗争之“集体记忆”的有组织的攻击,而这些攻击使保持多样化批判路径的学术及社会的合法性变得越来越困难。这些路径已被证明可以有效抵制控制话语与关系。面对此种攻击,促进激进工作之传统的传承与创新是极其重要的,在必要的时候还要对意识形态上的、经验上的、历史上的和政治上的沉默或局限进行批判。这包含着坚持梦想和乌托邦式的幻想以及坚守“非改革派之改革”,这也是批判的一部分(可参见,Jacoby, 2005; Teitelbaum, 1993)。

5. 批判工作也必须协助创立批判社群,支持社会运动与动员,并参与到他们的行动当中,向他们学习,这样我们可以共同进步。因此,批判教育的所有的工作是基于同这些社会运动及动员建立真实的联系而实现的,而并非简单的说说而已(Anyon, 2005; Apple and Buras, 2006)。此外,它的实现也基于我们承担风险的意愿,以及以接受的态度来面对合作者对我们的批评。

我重视这五项任务是因为我相信,以审议理论为基础的教育理论,包括教师教育理论,是足以完成其中某些任务的。但是,对于完成所有任务而言,它们还是不够充分的。它们提供修辞资源,以指出我们可能进入的一种讨论过程。由此,可以确保我们与有价值的历史和行动相联系，并以此将过去的某些历史现实合法化。但是，它们却没有足够的能力说明不同力量的运行方式。在希望每个人都可以或愿意平等地参与这种“谈话治疗”，以解决教育者所面临的两难境地这一方面，它们过于乌托邦化了。此外，如果我们要处理那些导致某类人陷入不幸生活的特定经济、政治、文化和教育关系，对审议所应包含内容的陈述也过于概括化了。

但是读者不要曲解我。我支持这种在一个社会中让所有人都能够且都将参与到民主(和批判)审议之中的乌托邦目标。但是要达到这种目标所必须的步骤，并不会在一个充满反民主情绪的时代中自动产生。尤其是当自由主义正将我们对民主的观念从一种政治化和集体式理解转变为作为消费选择的一种纯粹经济理解时，此目标更难达成(Apple，2006)。我们需要围绕此目标开展更为艰巨的有关概念和政治/教育的工作。而这些工作承认公共领域是一种隐藏性别和种族的建构，同时此种工作也可以发展如下的认识：即旨在拓展公共领域的努力，也有助于推动对于挑战现实不平等而言 109
极其重要的重新定位行动。

此处，我们正着手以新的方式来处理类似问题了吗？当然不是。关于教师教育可以做些什么存在着诸多有益的尝试，从肯尼思·蔡克纳(Kenneth Zeichner)、玛丽莲·科克伦-史密斯(Marilyn Cochran-Smith)所做的不懈努力(参见，Liston 和 Zeichner，1991；Zeichner 和 Liston，1996；Cochran-Smith，2004)，到整个美国教师教育机构中旨在建立和强化批判与伦理应答模式所做的持续努力，以及其他诸多努力，均是很好的例子(可参见，McDonald，出版中)。在世界范围内，从美国(Apple and Beane，2007)到诸如巴西这样的地方(Apple，*et al.*，2003)，类似的例子均能与在真实社区中的真实学校里进行的批判民主教育实践建立起切实的联系。

在我看来，提及巴西阿雷格里港的案例在此处非常重要。在那里，学校和大学的批判教育家、政府官员和社区活动家们，已经开始推行一种以保罗·弗莱雷(Paulo Freire)的部分作品为基础的批判审议和对话模式。他们对审议进行了重塑，使它更能包容多样的动力体系(既包括重新分配也包括政治承认)，同时使它对贫穷的人和被剥夺公民权利的人之处境的现实更为敏感。无论是正在进行协商的种类方面，还是这些协商的内容方面，尤其是正在进行的过程所带来的各种具体颠覆行为，此种模式的成效均是显著的。我呼吁所有人密切关注这里所发生的一切。此案例可能提供给我们一个批判审议的模型，与我们过去经常使用的模型相比更加有用。此外，国际关注也是有益的，因为它使我们教师和其他人明白，我们可以从国外学习的东西有很多。透过这些方式，我们的审议所冒的“漫无目的”的风险将会降低，而且很有可能将它同致力于打破教育和社会政策与实践中控制相关的一系列经过深思熟虑的积极的干预建立起更加充分的联系。

当然，这里我所建议的内容和提出的论点也是存在危险的。关于灌输的辩论在美国的教育史上发挥着重要作用。我相信并不是所有人都会同意我所提出的观点。然而，正是汉森、罗伯逊和索克特在本部分撰写的文章打开了类似思考和辩论的空间。让这些辩论继续下去吧。

（王　立　译）

参考文献

Anyon，J.（2005）*Radical possibilities*. New York：Routledge.

Apple，M. W.（1995）*Education and power*，2nd edition. New York：Routledge.

Apple，M. W.，Aasen，P.，Cho，M. K.，Gandin，L. A.，Oliver，A.，Sung，Y. K.，Tavares，H.，& Wong，T. H.（2003）*The State and the politics of knowledge*. New York：Routledge.

Apple，M. W.（2006）*Educating* the "*right*" *way*：*markets*，*standards*，*God*，*and inequality*，2nd edition. New York：Routledge.

Apple，M. W. & Buras，K. L.（eds.）（2006）*The subaltern speak*：*curriculum*，*power*，*and educational struggles*. New York：Routledge.

Apple，M. W. & Beane，J. A.（eds.）（2007）*Democratic schools*，2nd edition. Portsmouth，NH：Heinemann.

Austin，J. L.（1962）*How to do things with words*. Cambridge，MA：Harvard University Press.

Cochran-Smith，M.（2004）*Walking the road*：*race*，*diversity*，*and social justice in teacher education*. New York：Teachers College Press.

Crosley，N. & Roberts，J. M.（2004）*After Habermas*：*new perspectives on the public sphere*. Oxford：Blackwell Publishing.

Dance，L. J.（2002）*Tough fronts*：*the impact of street culture on schooling*. New York：Routledge.

Davis，M.（2006）*Planet of slums*. New York：Verso.

Fraser，N.（1997）*Justice interruptus*. New York：Routledge.

Habermas，J.（1984）*The theory of communicative action*. Boston：Beacon Press.

Jacoby，R.（2005）*Picture imperfect*：*utopian thought for an anti-utopian age*. New York：Columbia University Press.

Kozol，J.（2005）*The shame of the nation*：*the restoration of apartheid schooling in America*. New York：Crown.

Lipman，P.（2004）*High stakes education*. New York：Routledge.

Liston，D. & Zeichner，K.（1991）*Teacher education and the social conditions of schooling*. New York：Routledge.

McDonald，M.（in press）*The integration of social justice*：*reshaping teacher education*. New York：Routledge.

Mills，C.（1997）*The racial contract*. *Ithaca*，NY：Cornell University Press.

Rawls，J.（1971）*A theory of justice*. Cambridge，MA：Belknap Press of Harvard University Press.

Smith，M. L.，Miller-Kahn，L.，Heinecke，W.，& Jarvis，P.（2004）. *Political spectacle and the fate of American schooling*. New York：Routledge.

Teitelbaum，K.（1993）*Schooling for good rebels*. New York：Teachers College Press.

Valenzuela，A.（ed.）（2005）*Leaving children behind*. Albany，NY：State University of New York Press.

Wittgenstein，L.（1963）*Philosophical investigations*. Oxford：Blackwell.

Zeichner，K. & Liston，D.（1996）*Reflective teaching*. Mahwah，NJ：L. Erlbaum Associates.

6. 提升学校教育与教师教育的公共目的价值

约翰·I. 古德莱德(John I. Goodlad)
华盛顿大学(University of Washington)

国人对那些在学校中承担着教育年轻一代的责任的教师抱有极大的期待,并且对他们的职前教育的必要性有着多种不同的见解。正如大卫·汉森(David Hansen)在本手册的首章中指出的那样,相当一部分人认为教师不需要正式的、专业的职前准备。但是,他和他的同事认识到,实现教师教育的目的,需要未来的实践者深入到教育的现实环境中去。在我们当今的大学和学院中显然难以发现此种方式。 111

通过研究一些职业的历史,我们可以发现在对从业者进行教育之目的上存在着激烈的争论。亚伯拉罕·菲莱克斯纳(Abraham Flexner)在1910年开创性的报告中提出了医学教育,引发了在课程设置和其他方面长达数十年并延续至今的激烈争论。如弗莱克斯纳预测的那样,在通识教育、科学研究和临床实习三者间保持适当的平衡仍然是争论的最首要问题。

汉森、埃米莉·罗伯逊(Emily Robertson)和休·索克特(Hugh Sockett)提出的教师教育目的,是众多关于此问题的共识中最有趣的一个。他们提出的教师教育目的,反映了他们对以下问题,即如果要满足大众对学校教育的期望,需要使教师做什么样的职业准备,所持的高水平看法与深入思考的共同结果。在20世纪80年代早期,基于各自对学校教育的研究,我和欧内斯特·博耶(Ernest Boyer)均推断,我们彼此进行的工作是完全独立的,我们想要的一切是:孩子的个体发展、社会发展、职业发展和智力发展(Boyer, 1983; Goodlad, 1984)。当然我们假定学校所要达到的就是我们期望教师所能做到的。

学校教育的目的

就像大多数社会科学研究,特别是像做问卷调查那样,人们在解释研究发现和结论时需特别留神。许多关于公众对学校教育期望的调查,既没有让受访者自由陈述他们的偏好,也没有为他们提供替代选择。在很长一段时期内,有关教育的社会科学研究中主要关注的是学业方面的问题,即分科教学和读写算等基本技能。但这一调查结果不应该被解读为受访者反对其他形式的学习。实际上,大多数人反对忽视学生的个体、社会和职业发展。在我们对8 624名家长、1 350名老师,以及上万名学生的调查研究中,我和我的同事让他们对所有这些维度进行打分。唯一没有被任何组评选为"非常重要"的是职业发展,其中小学教师认为它"有点重要"(Goodlad, 1984)。

112 我们所选样本中的家长和老师将"个体发展"作为学校教育的一个目标,而且其重要性只略逊于"智力发展"。在三组受访者中,大部分人选择应该更多地关注"个体发展",特别是在那些非常关注学生智力发展的学校中更是如此。我对这一结果并不感到吃惊。

多数家长对学校教育责任的认识与曾经普遍流行的对"作为完人的孩子"负责的理念相一致。在20世纪50年代,当一切被视为是"进步教育"所倡导的理念都会受到攻击时,这一理念"失宠"了。今天,当我们对学校教育的期望似乎从"硬而韧"转向"软而柔"时,这一理念再一次获得合法性。

包括简·罗兰·马丁(Jane Roland Martin, 1992)和内尔·诺丁斯(Nel Noddings, 2003)在内的一些学者,非常大胆地提出学校教育应该培养年轻人的幸福感。鉴于学校在使学生的童年期成为生命中一个特殊阶段的过程中发挥着主要作用,因而对我们而言,确保家长支持,教师提供教育环境,以切实贯彻在"一切为了孩子"这一理念指导下的学校教育改革,具有永恒的意义。

仅就以上所述,我已开始感到不安。我数次徘徊于学校教育的多向路标(fingerpost)之下[①],路标上的指示牌分别指向"儿童的兴趣"、"学术严谨性"、"有责任感的成人"和"经济生产力"。任何两个指针之间都是呈直角的,向其中任何一个方向走得越远,离其他几个方向便越远,也就越忽视其他几条道路的存在。

几十年前,我曾遇到一群热心的教师,他们试图获得我对"开放课堂"的支持。他们以为他们非常正确地认识到,我的一些教育理念与指导他们这一革新实践的某些观点是兼容的。但是,在我意识到他们所倡导的是一种完全以"儿童兴趣"为导向的课程之前,我们并未进行长时间的交流。他们对"儿童兴趣"的过分强调以及其他一些类似的观点将不可避免地同信奉其他教育理念的人发生冲突,特别是那些以"学术"为指向的人们。这些教师越一味地遵循"儿童兴趣",他们便越会陷入到毫无成效的争论之中,同时也越会陷入到关于美国公立教育之精神的抗争之中。我拒绝了他们的邀请。母亲的教诲一次又一次在我耳边回响,它指引我避免走向极端,凡事适度。我不想在一个教育偏好上一条道走到黑。

目前,《不让一个孩子掉队法》(No Child Left Behind Act, NCLB)正指引学校教育走向一条狭隘的看重学业成绩的道路,而这一发展道路忽视了学校教育在"多项路标"上的广泛使命,这些使命一直以来都受到大多数美国人的支持。《不让一个孩子掉队法》的主要危险不是它剥夺了成千上万的儿童和青少年接受在一个复杂的社会中生存所必须的兼具广度和深度的教育的机会。尽管这一危险已经很严重,但《不让一个

---

① 《韦伯斯特国际辞典》(*Webster's International Dictionary*)"Fingerpost"条目的解释是:有很多指向不同方向的指示牌的路标。

孩子掉队法》更大的危险在于，它将在未来的几十年内盛行，我们的教育系统将会在其主要目标上失败，即为所有人提供全面的教育，以确保一个民主共和国家的存在(Barber, 1997)。

教师教育的目的

有效地帮助年轻人获得对诸如时间、空间、光、重力和潮汐等概念的基本了解，欣 113
赏艺术，了解联邦政府的结构，理解为什么有白天、黑夜和夏天、冬天，这些均对教学提出了挑战。这要求我们的物理、艺术、人文以及社会科学教师对学科知识有更深入的理解，至少要比我们期待学生理解的多。此外，还需要教学技能以及基于知识认知和实践磨练的敏感性。教育学，正是这样一门关于教学的艺术和科学。

中小学的教师必须非常精通他们所教的学科知识，以及用于教学的方法。长期以来，此观点受到了公众、教授期待从教之人的教师教育工作者，以及制定教师行业准入标准的人的广泛支持。所有这些人也同意，教师应该对学校教育在社会中所担当的角色有所了解，应该对影响教育政策和学校课程的社会和经济因素有所了解，应该对青少年发展的特点有所了解。基于这种种因素间的相互作用，每个州对于教学资格认证所设立的基本教育要求，均与大学和学院的教师准备项目紧密相关。

如果，事实上小学教师并未教授所有的课程科目(那些规模较大的学校通常轻视艺术和体育教育，甚至根本不提供)，那么，有关教师的专业教育的激烈争论便永远不会出现。鉴于现实中这一令人生畏的教学要求，也就不难理解为何培养小学教师的大学教授坚决要求这一学段的教师应该在所有相关领域获取一些教育背景知识和教学能力了。

虽然这一立场可以理解，但这又引起了一系列问题：在春秋学期制(semester)中修 120 学分或在四学期制(quarter)中修 180 学分①的标准时间内，让未来的小学教师既完成本科教育又达到教师资格要求几乎是不可能的。课程负担过重，减少人文和科学教育让教育学院饱受苛刻的批评。数十年来，时事评论员乔治·威尔(George Will)一直错误地报道，大部分未来的教师仅主修教育学的某一领域，而其中涉及的理智内容匮乏。大部分民众现今却相信这一报道是真的。

在一个具有代表性的大学和学院研究样本中，我们发现：教师教育在专业学习的本科课程课时的安排上，与诸如商业、新闻及工程等其他专业的人文、科学的课时安排相似。我们调研的一个重点大学的文理学院院长毫不留情地批评了教育学院的课程过多地占据本科课程的分布比例。他认为新闻专业的课程分配是较理想的。我发现，

① 美国大专院校中有两种学期制，semester 是春秋两个学期＋夏季小学期(按学生意愿修课)，quarter 是一年四个学期的学期制。——译者注

与中学教师教育项目相比，新闻专业要求更多的职业领域课程，其比重与小学教师准备项目中的相关内容比重相近。

关于大学和学院教师教育课程要求的神话不会消失。不幸的是，它仍然部分地存在于一些尽力复制教学关键环节的项目中。我们发现所有项目在通识课程和专业课程的设置上，均不少于四年课程的一半。但我们确实发现，将四年时间一分为二，分别进行通识教育和完成教师准备要求，会使得春秋学期制的 120 学分或四学期制的 180 学分变得拥挤不堪，这种情况确实需要改变。有趣的是，处在同一州的大学教育学院
114 院长们早就清晰地意识到这些项目的问题，认为大学其实是将项目视作了摇钱树，他们认为早该改进或中止这些项目了。

我想大部分本书的读者会感受到书中所描绘的现实，并且可能会质疑为什么我对它们如此重视并加以短评。之所以如此，是因为由汉森、罗伯逊和索克特所提出的教师教育目的，同那些长期以来奋战于教师职前教育战线上并试图满足不断增加的对其期待的相关人士在实践中所体现的目的之间存在着分歧。一些有思想的教育学者最近半个世纪所提出的对学校和教师教育的建议，同半个世纪前詹姆斯·B. 科南特(Conant, 1959,1963)所提出的建议，以及大量联邦及州政府委员会所提出的建议之间的分歧是真实存在的。因此，必须理解政策和公众支持的意念，否则，本手册此部分关于教师教育目的的论述，充其量只是教育剧场中的另一个剧本而已。

实施与改进

玛丽莲·科克伦-史密斯(Marilyn Cochran-Smith)在她担任《教师教育杂志》(*Journal of Teacher Education*)编辑的六年间，撰写了 29 篇编者前言，后来，这些文章被汇编成册(Cochran-Smith, 2006)。她经常提及教育者要更多地参与教育政策和实践管理，一直强调要警惕那些近乎放弃公民权的教育工作者。学校教师和管理者，以及教师教育工作者应该成为他们所在领域的教育领导者。他们不仅应该与公众交流他们正在做些什么及其理由，而且需要基于实验和扎实的调查来改进实践。

好主意来了又去，有时复现随后又消失，昙花一现。大卫·泰亚克(David Tyack)和拉里·库班(Larry Cuban)在对 20 世纪学校教育的历史分析中描述了一些类似的情况，该书非常贴切地以《趋向乌托邦》(*Tinkering Toward Utopia*, 1995)为书名。他们没有提供改变的蓝图，却断定如果将更多的权力赋予地方，同时促进学校与教师团体建立更紧密的联系，改进将更容易发生。我同意这一观点。

对于汉森、罗伯逊和索克特等人呈现给我们的一系列教师教育目的，本书的大多数读者会产生共鸣。这些作者通过对过去数十年调查的大量样本的分析，总结并丰富了教师教育目的的个体、社会、职业和智力四个维度。但是细节是最麻烦的。

汉森写道："如果一个'目的'被理解为一些通过人们的创造力而产生的构想的话，

那么在论及教师教育的目的而不仅仅是功能时，目的便具有了合法性、连贯性和必要性。”索克特写道：“教师教育的道德和认识论目的不仅可以提高从教者的教学质量，而且对于提高教学职业的公共地位，也是非常关键的。”他随后引用沙利文（Sullivan，2004）的论点：“专业人员无一例外都是道德行动者，他们的工作取决于公众因其成功而产生的信任。”我同意这些观点。

即使以上阐述的逻辑合理，教育者最好也不要认为它能被广为接受。“道德”可以
有不同的解读方式。人们可能高度期待年轻人在学校教育中的个体发展包含道德的 115
外延和内涵，然而其中的一些支持者却认为不应在教学中灌输任何道德价值观。

休·索克特是《教学的道德维度》（*The Moral Dimensions of Teaching*）一书的作者之一（Goodlad, *et al.*, 1990）。如果他后来的经历在某种程度上与我类似，他也会很快遭遇迷茫，甚至在书的标题上表露出消极情绪。在我所做的一次以此为主题的讲演之后，一位穿着讲究的、大学生打扮的观众对于教育者开始关注酗酒、吸毒、非婚性行为等罪恶行为，表示很开心。然而，莫斯科和布宜诺斯艾利斯（Buenos Aires）的读者在读到此书时，就如同目睹苏联解体一般，视这本书有助于认识民主的本质，其中呈现了作为人类成员的我们应该如何行事。

在那本书的另外一章里，西罗特尼克（Sirotnik，1990）将美国民主描述为“一种超越了个人、家庭、团体的特殊利益，作为一个道德共同体，它体现了国家的全部意涵，即所有人的自由与公正……它是一个将政治民主和基本价值嵌入其中的‘道德生态系统’”（Sirotnik，307）。随后他提出了这一问题：“对于教育与公立学校而言，还有什么会比从道德上致力于探究、知识、能力、关爱和社会公正更重要呢?”（Sirotnik，308）西罗特尼克提出了一个教育的公共民主目的。但是公共的一个重要部分包含了一个私人目的：民主和公立学校教育要照顾个体的需要、需求和目标（而非集体目标）。世界历史学家阿兰·伍德（Alan Wood，2001）指出，我们珍视自由，将其作为美国民主的精髓，但却太少关注我们应尽的责任。

埃米莉·罗伯逊（Emily Robertson）认为，对我们的民主的珍视，最重要的是普遍的民主参与。其中所必需的知识、能力和探究可能正是西罗特尼克所认为的构成了各种教育特别是公立学校教育的核心。但是罗伯逊明确表示这些品质是通过训练培养出来的，无论对学校中的学生还是日常生活中的成人均是如此。这些品质不是由教师和教师教育工作者提供的。事实上，教育者必须通过民主社会中的共同参与来学习它们。而教育者在对基于道德价值观的问题进行讨论时也会如其他人一样遭遇困难。

汉森、罗伯逊和索克特在界定教师教育目的方面做了卓越的工作，他们使我们远远突破传统的讨论范围。这一范围被诸如教什么学术内容及如何去教等问题所控制。应用于实践之中，这些目的将使教学的公共地位从一种次要的职业转为一种主要的职业。

但即使是实现这些传统目的也充满了争议。罗伯逊警告我们：“关于教育民主的

公民，以及教师应该具有哪些知识和承诺的争论，就像政治领域中的争论一样表现出两极分化……对学生的民主教育及在教师教育中进行民主教育呈现出一种竞争的态势。”卷入竞争的还有汉森所提出的智力目的的广泛范围，当然还有索克特所阐述的道德和知识目的。谨记学校教育的公共性是必要的，同时也不能放弃民主精神对于大众教育的要求（Goodlad，*et al*.，2004）。

很明显，在强调此种极为重要的教育目的所面临的不断的挑战方面，教师教育工作者需要发挥积极作用。这一挑战的一个主要组成部分是使公众（而非仅仅公众的领袖）参与到关于公共教育和学校教育的目的与行动的讨论之中，并进而付诸具体的行
116 动。很明显，开国元勋们并没有打算将国家财富集中用于教育辩论和政策制定。历史已经向我们展现他们是多么的明智，但并未教给我们如何做到明智。

（王　立　译）

参考文献

Barber，Benjamin R.（1997）“Public schooling：education for democracy，” in John I. Goodlad & Timothy J. McMannon（eds.），*The public purpose of education and schooling*. San Francisco：Jossey-Bass.

Boyer，Ernest L.（1983）*High school：a report on secondary education in America*. New York：Harper & Row.

Cochran-Smith，Marilyn（2006）*Policy，practice，and politics in teacher education*. Thousand Oaks，CA：Corwin Press.

Conant，James B.（1959）*The American high school today*. New York：McGraw-Hill.

Conant，James B.（1963）*The education of American teachers*. New York：McGraw-Hill.

Flexner，Abraham（1910）*Medical education in the United States and Canada*. New York：Carnegie Foundation for the Advancement of Teaching.

Goodlad，John I.（1984）*A place called school*. New York：McGraw-Hill.

Goodlad，John I.（1990）*Teachers for our nation's schools*. San Francisco：Jossey-Bass.

Goodlad，John I.（1994）*Educational renewal：better teachers，better schools*. San Francisco：Jossey-Bass.

Goodlad，John I.，Soder，Roger，& Sirotnik，Kenneth A.（eds.）（1990）*The moral dimensions of teaching*. San Francisco：Jossey-Bass.

Goodlad，John I.，Mantle-Bromley，Corinne，& Goodlad，Stephen John（2004）*Education for everyone：agenda for education in a democracy*. San Francisco：Jossey-Bass.

Martin，Jane Roland（1992）*The schoolhome：rethinking schools for changing families*. Cambridge，MA：Harvard University Press.

Noddings，Nel（2003）*Happiness and education*. New York：Cambridge University Press.

Sirotnik，Kenneth A.（1990）“Society，schooling，teaching，and preparing to teach，” in Goodlad，Soder，& Sirotnik（eds.），*The moral dimensions of teaching*（pp. 296－327）. San Francisco：Jossey-Bass.

Sullivan，William（2004，December）“Preparing professionals as moral agents，” *Carnegie Perspectives*. Stanford，CA：The Carnegie Foundation for the Advancement of Teaching.

Tyack，David & Cuban，Larry（1995）*Tinkering toward utopia：a century of public school reform*. Cambridge，MA：Harvard University Press.

Wood，Alan T.（2001）*What does it mean to be human*? New York：Peter Lang.

7. 来自另一个世界的思考：
1930—1965 年佐治亚州黑人教师的专业教育

瓦妮莎·西德尔·沃克(Vanessa Siddle Walker)
埃默里大学(Emory University)

本手册的这一部分所收录的有关教师教育的文章都非常优秀，它们建立于三个基 117
本假设之上。第一个假设认为，为教师行业建构知识并向教师传递知识，主要是学术机构中的教师教育工作者之间的一种对话。尽管汉森提出，教师教育应该通过正式的和非正式的方式持续进行，第一个假设还是存在。第二个假设提出，历史上的理论家和思想，而非历史中的行动者和实践，为现今的对话提供了重要的背景。在本部分引用的经典文献中，诸如约翰·杜威这样的教师教育工作者的形象不断出现，这使得第二个假设得到强化与巩固。最后，这些文章剥离了教师教育工作者、教师及地方情境的差异，假设教师教育的一般目的可以在这些情境中广泛适用。尽管杜威的作品提醒读者，为了教育，我们太经常地假设“所有的人都大同小异”，然而这些文章并未将种族、历史时期及地域等方面的差异视作值得关注的问题。尽管它们关注到了社会正义的重要性，但仍然无法回避这一缺陷。

本篇文章将基于一个不同于以上几种假设的世界观来拓展有关教师教育的对话，这一世界观着重从种族分离时期的佐治亚黑人教师这一视角进行考察(Walker，出版中)。利用黑人教师的例子去促进关于教学方面的专业对话仍然只是一个初步设想。更多关于黑人教师与教学的叙述出现在杜波依斯的作品中，这些作品叙述了生活在低报酬、恶劣的教育环境和被白人主管压迫等情境中的约翰，以及同时期的其他黑人教师的教学生涯。然而，正如在约翰的故事中所呈现的辛酸与现实一样，在他逃离之后接下来的数十年间，黑人教师的专业活动表明仅仅从不公平的视角审视黑人教师的故事是何等狭隘。在建构有关教师教育的目的之理解过程中，如果未能将黑人教师的专业活动考虑在内，便犯了拉尔夫·沃尔多·爱默生所说的，忽视“过往思想”的错误。或是正如杜波依斯对黑、白佐治亚人的分离所做的富有表现力的描述：任何一个世界中的人都不会考虑对方的想法。

为了将种族分离时期的黑人教学专业纳入到当代教师教育对话之中，我们需要一些情境化的信息。例如，这一时期的教师，特别是黑人教师受人鄙视。然而尽管如此，此时的黑人教师仍视自己为“专业人员”(Sockett)，并且投入到索克特所描述的专业组织的联合实践中。即他们维护一种专业服务的准则，提高教师标准，增加金钱奖励。
同时，在一些地方，黑人校长能够且事实上处罚了那些不遵守普遍教学准则的教师，通 118

过类似活动，他们期待提升专业地位。这种程度的自治，是白人督导所强加的隔离带来的结果，当时白人督导经常忽视黑人教师的活动，除非他们中出现了挑战现状的行为（这种激进的行为通常被小心地隐匿）。然而，其结果是形成了这样一个世界，其中黑人教育者能够行使类似罗伯逊（Robertson）所重视的自主。

黑人教师的专业教育与活动所具有的三个特征有助于延伸当前的对话。它们是：(1)教师教育及关于教育目的的讨论不限于教师教育机构；(2)教师教育的实践同反映教师教育工作者个性与理念的广泛学术世界紧密相关；(3)社会正义和课程的重点是融为一体的，而非对不同观点的符号化解释。这些特征主要摘自佐治亚黑人教师协会的档案记录，更多的细节会在沃克和我即将出版的著作《教授你好：黑人校长领袖的专业发展世界》（*Hello Professor: The Professional Development World of the Black Principal Leader*）中论及。

命题一：教师教育不限于教师教育机构

20 世纪 30 年代到 40 年代间，黑人教师面临着改善教育知识基础和提升资格认证水平的艰巨任务，当时他们中的大部分人所持的早期州认证书不需要大学学位。南方的黑人教师教育机构在最初的推动教师资格认证进程中扮演着重要的角色。尽管这些机构中的教师教育活动并不对教师资格认证进行额外的研究，然而黑人教师的季刊《先驱》（*Herald*）中提供的数据证明，它们不断承诺提供持续的职业培训来扩展教师的学科培训。此外，《先驱》中的文章还揭示了黑人大学如何培养教师以满足州内的特殊需要，它们如何共同发展有关州内黑人教师教育的愿景，以及它们就诸如未来教师的适当评价标准等议题进行的专业对话类型（例如，Georgia's New Education Program, 1938: 8; Bolden, 1963: 6）。这些机构在培养教师上所扮演的角色是如此重要，以至于这一时期的教育者认为："这一时期，南部黑人大学在培养优秀教师方面的卓越努力对于种族与社会而言，其重要性毋庸置疑……"（What Every Teacher Should Know, 1941: 12 - 13）

可是，颇具讽刺意味的是，尽管这些教师教育机构在传播和建构教育目的上的努力是显而易见的，但佐治亚黑人教育者的口述历史记录中却很少把他们专业信仰的确立归因于他们在这些本科教育机构中所接受的教师教育课程。相反，黑人教师的专业协会——佐治亚州教师与教育协会（Georgia Teachers and Education Association, GTEA），则似乎一直以来扮演着更具实质性的教育角色。在与该组织合作进行的专业会议上，黑人教育者声称他们的专业得以复兴，他们能够按照自己的想法进行试验，同时可以从那些与他们在同样条件下进行教学工作的同行的实践中获得灵感。来自
119 佐治亚州教师和教育协会的专业教育机会包括，全州范围内的以"提升教师工作的标准"为直接目的的教师学习小组（Georgia Jeanes Supervisors, 1937: 9 - 10），此外还包

括区域性的和州级的会议。这些年度和季度的会议一贯包括持续的对话和参会者的专业实践分享。1941 年的一次区域性会议很好地阐述了类似会议的宗旨："不同团体进入了一个关于他们自身问题的深刻讨论之中——学校应该如何满足儿童的精神、身体及道德方面的需要……本次会议因这些团体自发的参与与热情而卓有成效。"(What the Districts are Doing，1941：17)

纯粹的历史学家将会屈服于强加在历史实践概念框架上的不公。然而，遍及佐治亚州的黑人教师教育计划同"审议民主"通过多种方式关联在一起。正如罗伯逊所言，如果教师要向他们的学生示范辩论的能量，"审议民主"的概念是十分必要的。重要的是，这些活动也表明了制度结构进入教师教育的可能方式。虽然教师教育部门是讨论的参与者，但讨论并不限于教师教育部门的学者。

命题二：教师教育的实践同教师教育工作者的个性和理念相关

在当前教师教育氛围中，实践者和学者互不联系，索克特对此很惋惜。然而，同那些被报道时常在周日晚上出入赫尔宫的芝加哥大学教授类似，佐治亚的黑人教师的聚居区同当时具有引领意义的教育理念紧密联系在一起。例如，在 1937 年佐治亚州教师和教育协会会议上的一次演讲中，杜波依斯赞同汉森的观点，认为教师教育的首要宗旨是尊重学术科目的价值。此演讲在协会后来的专业期刊上被重新刊载，并在全州广泛传播(Curriculum Revision，1937：15)。杜波依斯主张，"一个理性的公民社会"是以教学生读、写、算为基础的(pp. 13 - 17)。事实上，他坚持认为"学校只有一种拯救社会疾病的方法，那就是教人理智"。尽管杜波依斯在自传中没有谈及，但考虑到他作为 1937 年成立的佐治亚州教师与教育协会咨询委员会的成员之一，他与佐治亚州黑人教师的关系不言自明。

然而，像杜波伊斯这样声望的学者参与到黑人的专业教育圈子中并不是一件稀罕事。20 世纪 40 年代，贺拉斯 · 曼 · 邦德(Horace Mann Bond)在担任瓦力堡州立大学校长的时候，也承担了教师专业期刊的编辑工作。尽管邦德的传记作者写到他在这个时期的学术著作很少，但他在这本期刊中的文章证实了他如何利用自己作为"编辑"这一身份，向黑人教师提供了有关佐治亚州内外教育领域的详细资讯。教师教育工作者威廉 · 克伯屈(William Kilpatrick)是佐治亚州本地人，他也经常出现在他们的期刊和专业会议中。其他杰出的教育者，诸如艾利森 · 戴维斯(Allison Davis)和查尔斯 · 汤普森(Charles Thompson)等人也曾出现过。

鉴于杜威在现今话语体系中的重要贡献，有必要回顾一下他与黑人教育者的交往。杜威在自己的作品中描写了他与佐治亚州黑人教育者的专业对话，但在大部分有关他作品的描述中，这一点都没有被注意到。同年代的黑人教师接受杜威关于学校教育的理念，无数次地在地区、州和当地对话中引用生活教育、社区学习和了解儿童的需 120

求等理念(例如,Reports from Department Meetings, 1938: 11; Conference of Principals of Negro High Schools, 1940: 8 - 9; Programs of District Teachers Meetings Held, 1941: 19)。即使是那些黑人教育者解释有关教育黑人儿童之专业观点的口述史中所用的语言,也清晰地表明了他们对杜威哲学的熟悉:儿童由已知向未知发展;教师不能教给孩子自己不了解的知识;每个孩子都应有实现最高潜能的机会。在一门新的佐治亚州立课程的强化作用下,黑人教师们建立了一种广泛吸收杜威理念的教学专业观点,此观点在黑人隔离教育的数十年间延展。

总之,这一时期的黑人教育者并未生活在一个理论与实践相隔离的世界中,相反,许多人生活在一个与主流理论家紧密联系的专业世界。他们彼此间并不十分熟悉,然而,他们参与的专业训练机制,使他们具有了思想的知识基础,并成为他们一般教学观的一部分。在这段历史中,教育者和专业学者之间的疏离并不十分显著。

命题三:将社会正义和课程重点融为一体作为日常的工作事项

贯穿其整个历史,佐治亚州教师与教育协会将重点放在改善教学条件上,即使是在组织和支持持续专业谈话的时期也是如此。杜波依斯的演讲中,很早就提出了黑人教师面临的二元性。虽然杜波依斯告诫教师要保持课程高标准,但他也强调,教师也应关心延长学期,强制出勤率,以及教师选聘等问题(Du Bois, 1937: 17)。对黑人教师而言,教学行为不能脱离教学环境。在这个以学术标准和社会正义为对话特征的时代中,汉森所提出的疑惑——"使教育过程为公开的政治目标服务意味着什么"在黑人教师身上得到了阐释(Du Bois, 1937: 12)。

其中一种实践方式可以在黑人教师将杜威和他关于民主教育目的的观点应用于实践的做法中观察到。在本部分的经典文献中,杜威批判了种族与民族歧视,认为学校必须重建"共同理解、相互同情、所有人与种族间的善意以驱逐偏见的精神"。黑人教育者接受了杜威的观点。

尽管黑人教师处于被隔离的环境中,他们仍然广泛地教育黑人儿童参与民主社会生活。正如帕特里斯·格兰姆斯(Patrice Grimes)在博士论文中描述的这一时期黑人教师的教学活动那样,黑人教师关注民主生活构成了社会研究课程的一部分(Grimes, 2005)。然而,他们对于民主生活的关注并不只限于某一特定学科。他们关注杜威提出的为新一代创建一个"新的更公正和人道的社会"这一具有挑战性的信念,并努力将其具体化。这一信念贯穿于他们的专业对话中。此外,学生如何在言论中亦体现此种理念,在 1939 年公民日的一次演讲中有所体现。刚毕业的大学生说道:

> "……事物不会一成不变。也许在我们的时代里不会发生任何大的变
> 121 革。但任何人,不论其种族、信仰或肤色为何,拥有不可否认的宪法权利和特

权的那一刻终将到来。到那时，作为公民的我们能感受到我们在为所有人的自由而战的斗争中所扮演的明确角色，即使我们只是齿轮上的一颗小小螺丝钉。”(Irby, 1940: 6)

总之，黑人教师利用自己的教学为孩子们营造了一个目前尚不存在的世界。这一社会公正议程以孩子们的文化和社会需要为中介，它不限于某一课程中的讨论。相反，课程的关注点是同社会正义相互依存的。

本文对黑人教师教育实践的概述，并非表明黑人教师的教育实践是独一无二的。事实上，这一时期的白人教师也从他们的教学协会中接受了专业训练。然而，这一时期的白人教师却并未以同样的方式信奉社会正义。注意到此点对思考种族与文化影响教育目的的方式意义深远。当然，提出这些观点也并不表明它们与现今理念有直接关联。索克特提出了一个重要观点以例证此种区别，他注意到，比如代替父母(黑人教师一致采用)的观点，在当代已经被正当程序所取代。

然而，将历史上的黑人教学世界纳入到有关教师教育的对话中，揭示了文化和当地环境如何改变政治理念。它或许让我们不再假设教师教育机构独自享有传播专业理念的特权，并促使我们在教师教育机构与其他利益相关者间建立一种合作的教育关系。它也可能提醒我们，社会公正和学术卓越并不一定要彼此分隔，同时，在这个问题上，从事教师教育的教授同从事班级教学的教师也不必彼此分隔。或许另一个世界会提供能够激发新思维的环境。

(王　立　译)

参考文献

Bolden, W.S. (1963) Improving selection process in preservice teacher education. *Herald*, 24(4),6-7,15.

Conference of principals of Negro high schools (1940) *Herald*, 6(3),8-9.

Du Bois, W.E.B. (1937) Curriculum Revision. *Herald*, 3(3),13-18.

Georgia Jeanes Supervisors (1937) *Herald*, 4(1),9.

Georgia's new education program (1938) *Herald*, 4(3),8.

Grimes, P. (2005) *Teaching democracy: civic education in Georgia's African American schools, 1930-1954*. Unpublished doctoral dissertation, Emory University, Atlanta, Georgia.

Irby, D. (1940) The viewpoint of a new citizen. *Herald*, 6(3),6.

Programs of district teachers meetings held (1941) *Herald*, 7(2),18-20.

Reports from department meetings (1938) *Herald*, 4(3),11.

Walker, V.S. (2005) Organized resistance and Black educators' quest for school equality, 1878-1938. *Teachers College Record*, 107(3),355-388.

Walker, V.S. (in press) *Hello professor*. Chapel Hill: University of North Carolina Press.

What Every Teacher Should Know (1941) *Herald*, 8(1),11-13.

What the Districts are Doing (1941) *Herald*, 8(3),17.

第二部分

应知应会?

——教师能力：知识、信念、技能与奉献

主编

卡尔·A.格兰特

(Carl A. Grant)

视点

8. 教师能力：导论

卡尔·A. 格兰特(Carl A. Grant)
威斯康星大学麦迪逊分校(University of Wisconsin-Madison)

最初，我们大多将“能力”(capacity[1])一词与自然科学中的一些测量单位联系起来，比如品脱、夸脱、一茶匙、公升等。我本科获得的是理科学位，对于这个词的理解开始于物理课中的实验。不过，几十年过去了，该词已经成为社会科学研究中的学术名词，其中包括教育研究。如果在谷歌中搜索“教师能力”(teacher capacity)，你会得到数以千计的搜索结果，然而该术语的用法却不尽相同。而在本篇中我们将教师能力定义为教师的知识、技能和品性(dispositions)。 127

历史对美国教师能力界定的影响

几十年来，在教育界乃至整个社会中，关于“怎样才能成为一名卓越教师，以及卓越教师需具备哪些能力”一直存在着热烈的讨论。比如麦克迪尔米德(McDiarmid)和克莱文杰-布赖特(Clevenger-Bright)(参见 9. 重思教师能力)提到，早在 1830 年，马萨诸塞州巴雷师范学校(Barre Normal School)的校长埃弗里特(Everett)认为，教师应该进行四个核心领域的学习，同现在一样，聚焦于教师的知识、技能和品性。

然而，随着时间的推移，社会环境的变化，以及一些具有广泛影响力的事件的发生，科学发展引领技术的进步，社会大众和政府希望教师不仅能与时俱进，还要引领变革，这反过来要求对“教师能力”的定义进行更改与补充。比如，为了让学生达到课程和学业标准，让学校达到责任要求，教师掌握的知识应该更加深入和灵活，教师需要理解学科知识(content knowledge)和教学法知识[2](pedagogical content knowledge)的关系，并掌握一些基本技能，如多种分组策略、评价技术等。此外，教师还要形成积极面对改变的品性，致力于促进学生的学习，并坚信所有的学生都具备学习的能力。

---

[1] 意为容积、能力、最大生产量。——译者注

[2] 教学法知识(简称“PCK”)，最早出现于 1986 年舒尔曼在《教育研究者》中发表的一份研究报告(Lee S. Shulman, Those Who Understand: Knowledge Growth in Teaching, *Educational Researcher*, Vol. 15, No. 2. (Feb., 1986), pp. 4-14.)，舒尔曼将其定义为“教师个人教学经验、学科内容知识和教育学的特殊整合”。这个定义实际上将 PCK 作为多种知识的综合，包括学习者的知识、课程知识、教学情景知识和教学法知识等，它是用“专业学科知识与教育学知识的综合去理解教师如何组织、呈现知识以适应学生的不同兴趣和能力”。——译者注

最近的三个事例

以下的三个事例将会阐释20世纪教师能力内容的变更过程。第一个事件发生在
128 20世纪初，为了响应举国上下迅速发展的工业化和城镇化进程，科学管理和教育效率的理念在工商业价值和实践的基础上发展起来，教师能力的内容随之发生改变。第二个事件发生在20世纪中期，1957年苏联发射人造卫星后。第三个事件发生在20世纪末期，1983年国家卓越教育委员会(National Commission on Excellence in Education)发表《国家处于危机之中》(*A Nation at Risk*)报告后。

19世纪末20世纪初，美国制造业的发展日渐超越农业，许多美国人——黑人和白人涌向城市。工业化进程促进了城市化。此外，20世纪初无数神奇的科技成果诞生，有力地推动了美国国际贸易活动的长足发展(Nash, *et al.*, 1990; Yapp, 2000)。比如，1903年，莱特兄弟(Wright brothers)首次完成了可控制的、附机载外部动力、机体比空气重、持续滞空不落地的飞行；1913年，卡斯·吉尔伯特(Cass Gilbert)设计的伍尔沃斯大厦落成之后，许多摩天大楼相继拔地而起；1914年，巴拿马运河建成并通航；亨利·福特(Henry Ford)发明的装配流水线实现了汽车的大批量生产。

工业化、城市化和国际贸易的发展使人们纷纷提出教师知识、技能和品性的问题，并进行了热烈的讨论。特别是1910年，在华盛顿召开的州际商务委员会(Interstate Commerce Commission)听证会上，"科学管理"(scientific management)或"泰罗制"(Taylor System)这一工业管理新概念被提出后，便受到美国社会的推崇(Callahan, 1962: 19)。

1913年，富兰克林·博比特(Franklin Bobbitt)提出把科学管理应用到教育领域，他将全美教育研究学会(National Society for the Study of Education)的第十二本年鉴命名为《对城市学校的监管》(*Supervision of City Schools*)。尽管科学管理作为一种理念被提出来，被学校负责人和校长们运用，但它对教师能力也有影响。博比特(Bobitt)认为为了整个教育服务事业，教育者的知识"必须达到他们职业的标准"(引自，Callahan, 1962: 89)。为此，他坚持认为学校系统有权告知教师培训机构它们对教师的要求和期许，指出"学校系统同样有权告知高等院校它们需要何种毕业生，正如运输公司必须告诉钢铁厂需要什么样的铁轨一样"(引自，Callahan, 1962: 89)。

1957年，苏联成功发射人造地球卫星后，美国的很多政要和权威人士严厉批判教育系统中的课程，认为公立学校中的科学和技术课程远远逊色于苏联。比如说，科南特(Conant, 1963)认为教育要求过低，柯纳提出"教育学教师(education faculty)的知识水平较低"(Koerner, 1963: 73)，里科弗(Rickover, 1959)批评学校对科学和数学的忽视导致了美国人在危险世界中的生存能力降低。沿承这一论调，贝斯特(Bestor, 1955)称教师们需要加深对一些独立学科的理解，比如，他将社会学科(social studies)比喻为"社会大杂烩"(social stew)，而教师应该具备历史、地理和政治学的知识基础。可以说，20世纪50年代末期的社会政策在一定程度上是对苏联科技世界领先地位的

回应，它要求教师的知识和技能建立在他们对科学和数学的较高程度的理解之上。这主要是为了通过提高教师的教学水平来帮助美国重获在科学技术领域的世界领先地位。

1983 年，国家卓越教育委员会发表了报告《国家处于危机之中》，再次掀起了关于
教师能力讨论的热潮。该报告指出与其他国家的教育系统相比，美国公立学校非常令 129
人失望。报告中有一段话严厉批评了美国的公立教育，这段话曾被多次引用："如果某
种不友好的外国势力试图对美国当前的平庸教育表现施加影响，我们就可以将其视为
一种战争行为"(National Commission on Excellence in Education，1983：5)。

《国家处于危机之中》号召对教师培养项目进行重大改革，特别是使教师具备教授高难度数学和科学的知识、技能和品性。该报告提出后，还有两份报告相继受到人们的广泛关注：霍姆斯小组(Holmes Group，1986)的《国家处于危机之中：明日之教师》和卡内基基金会的《准备就绪的国家：21 世纪的教师》(Carnegie Forum on Education and the Economy，1986)。上述两篇报告都指出，教师能力需要扎根于深厚的人文和科学素养之中，并都建议取消本科生教师教育项目，将教师教育作为学士学位之后的项目，提倡候任教师除了持有教育学学位之外，还要持有某一学科的学士学位。

透过以上三个事例，不难看出教师需要掌握的知识，也包括技能和品性，都随着社会、经济和政治议程的变化而变化。我们还注意到，在对教师需要掌握的知识的讨论中，对数学、科学和技术的关注通常处于首要位置，而关于多样性问题的探讨常被边缘化或者直接被忽略。

本部分我们探讨教师能力的方法

本部分可以以多种方式进行撰写。作为本部分的编者和文章作者，我们发现，教师教授非白人学生及其他历来被边缘化的群体时需要一些必备的能力，这些能力涉及教师的知识、技能和品性等方面，而在有关教师能力的文献中，缺乏这方面的学术研究。此外，我们发现，对于教师知识、技能、品性与社会正义的多元关系和话语的讨论，亟需多加关注和引导。同时，候任教师在教室里面对越来越多样化的群体，对于他们需要知道什么，关心什么以及能做什么，也要进行讨论。然而我们发现当前大量关于教师能力的文献缺乏新见地，在帮助候任教师理解当今教师能力时过于偏颇或局限于陈旧的历史论点和事件。

作为本部分的主编，我并不是指历来没有学术研究聚焦社会正义与教师知识间的关系，或者没有研究来探讨教授不同社会背景和种族的学生的候任教师应该具备的知识、技能和品性，而是指尽管这些方面的研究已经展开，且本部分文章从中获益颇多，但是研究社会正义与教师能力关系的学术成果还是有限，关于教师需要知道、关心和能做什么的问题值得更加深入的研究。

为了弥补当前相关教育研究文献的不足，我们将在这一部分着重探讨教师能力中

的多样性问题。确定了研究的路径后，我们接下来讨论三篇文章中每篇的用意和目标。我们收录了能够丰富和启发当前研究的经典文献，对讨论教师能力提出质疑的评
130 论，以及我们自己的观点。本篇的作者们首先介绍教师能力的历史，以便帮助读者理解在美国成立初期教师知识、技能和品性是如何被概念化的，为什么要概念化，以及要达到什么目标。其次，作者们阐述了对教师能力定义产生重大影响的社会、政策的变更。最重要的社会变化是人口数量的大幅增长和城乡人口数量的改变。尽管美国几十年来的繁荣和发展一部分可以归功于人口的多样性，但学生的多样性却对以白人和使用单一语言为主的教师群体提出了多重挑战。第三，作者们相信社会正义与教师能力的关系是非常值得探讨的问题。我们相信，教师教育工作者愿意深入全面地探讨该关系，以帮助他们开展培训项目，并且促使他们为实现社会正义展开研究和学术探讨。接下来的三篇文章将向读者揭示教师能力的历史和现状，呈现一些基本问题，比如人们是如何考虑“教师需要知道、关心什么，能做什么”这一问题的。

本部分的框架结构

本部分“视点”的三篇文章虽然彼此独立，但是它们相互补充，相互连结，共同阐述了过去以及当前人们对教师能力的理解，以及教师能力概念化的过程。我们都希望改善教师教育项目，促进教师教育工作者的研究。G. 威廉森·麦克迪尔米德和玛丽·克莱文杰-布赖特(G. williamson McDiarmid and Mary Clevenger-Bright)的《重思教师能力》(“Rethinking Teacher Capacity”)恰好能够帮助我们审视过去所付出的努力，并从中吸取经验教训。他们向我们阐述了教师能力的概念如何从“师范学校时代”(days of the normal school)慢慢演变成今天的样子。我们这里的讨论不仅仅包括教师应该知道、相信、关心什么，还包括他们将什么带入日常教学中来。通过文献综述以及反思当前教师教育的现状，麦克迪尔米德和克莱文杰-布赖特认为，是到了重新思考“教师能力”的时候了。

蒂龙·C. 霍华德(Tyrone C. Howard)和格伦达·R. 阿莱曼(Glenda R. Aleman)的《满足多样化学习者所需的教师能力：教师需要知道什么?》(“Teacher capacity for diverse learners：what do teachers need to know?”)一文，是对麦克迪尔米德和克莱文杰-布赖特重新思考教师能力的呼吁的回应。他们将大量学校和教师教育项目的现实问题引入教师能力对话中，提出联结批判多元文化理论和实践的批判方法来培养师范生(如提出问题或实践：批判文学)。霍华德和阿莱曼认为，为了发展教师能力，改善学校环境，这种方法非常必要，他们称，关于教师需要知道、关心和能做什么的问题的思考，不能也不应该再在一个忽视或忍受与种族、阶级、性别以及其他身份标签有关的不公平的背景中进行。他们指出，尽管在过去的三十年中，大量学者思考了在多元文化和低收入学生班级中，教师有效教学所需要的知识、技能和品性的问题，但是这些研究

还远远不够。

卡尔·A. 格兰特(Carl A. Grant)和冯泽尔·阿格斯托(Vonzell Agosto)的《教师
教育中的教师能力与社会正义》(“Teacher Capacity and Social Justice in Teacher 131
Education”)也是对麦克迪尔米德和克莱文杰-布赖特呼吁的回应,并且同前一篇文章一样,它也丰富了关于教师能力的批判性对话。他们间接指出,一直以来,美国的有色种族在考虑学生学校教育和教师教育(不论黑人教师还是白人教师,不论这些教师教的是与他们相同种族的孩子还是其他种族的孩子)时,都会将“正义”思想融入他们的知识、技能和品性中。他们还提出,过去的二十年间,人们再度关注社会正义问题,许多教育者试图将社会正义融入教育尤其是教师教育的方方面面。格兰特和阿格斯托认为,在将社会正义的理念和实践引入教师教育特别是教师能力之前,需要完成许多基础性工作,比如厘清定义,确证指导原则,理解和明确背景的作用,以及开发判定这些问题的概念性工具。

该部分收录的经典文献都关注一直以来被边缘化群体的自由和受教育机会问题,激励主流和非主流群体共同为了教育以及其他领域的基本人权和公民权益而努力。这些文章因其行文流畅得体、坦诚直率且具有极强说服力而被收录。

《与教师的对话》(“A Talk to Teachers”)一文曾经被许多教师教育项目引用,作者詹姆斯·鲍德温(James Baldwin)拓展了教师教育工作者在思考教师能力时应该仔细考虑的问题。1974 年,他指出“现在全国上下的人都在为自己的身份感到焦虑。比如说,一个人致力于改变所有学校的课程,以便使黑人更加了解自身和他们对这种文化的真正贡献,这样不仅仅是在解放黑人,也同样解放了那些对自己历史一无所知的白人”(p. 4)。这一观点得到广泛的认同,对当今的学者依然很有启发性。

马克辛·格林(Maxine Greene)《自由的辩证法》(“The Dialectic of Freedom”)一文指出,在教师能力讨论中,我们应该避开过于技术化和理性的对话,而是思考各种挑战,实现更多可能的自由。格林说“自由就是克服种种阻障,清除妨碍个体找到真实自我和实现自我潜能的障碍”(Reed and Johnson, 2000: 125),她认为教育应该帮助个体不断超越自我,“通过接受教育,个体有能力去思考个人之所为,对周围世界更加关注,体会并分享其意义,将其理论化,并做出不同的解释”(引自,Reed and Johnson, 2000: 126)。在格林看来,教师能力能够将教师的行动与自由的实践结合起来。

保罗·弗莱雷(Paulo Freire)所有的文章都对教师能力的思考和行动产生了巨大影响,《作为文化工作者的教师:致那些敢于教书的人》(“Teachers as Cultural Workers: Letters to Those who Dare Teach”)也不例外,它主要揭示了教师能力的品性/态度维度。弗莱雷认为,进步教师具有八大特质,这些特质需要在实践中不断形成、发展,每一种特质都与教师品性有关,同时也有助于教师知识和技能的运用。

卡特里娜·B. 弗洛里斯(Katrina B. Flores)的《他们在辱骂我们》(“They're Calling Us Names”)一文,是本部分的第四篇文章也是最后一篇文章。它与前三篇文章的体裁有所不同，是一首诗。令人振奋的是，这首诗指出了教师必须具备的知识、技能和品性，同时也间接表达了同该部分其他作者类似的观点，即“知识、技能、品性的旧框架只反映出了静态、个别教师的能力，使我们无法思考随着时间变化教师需要知道什么，能够去做什么，以及关心什么的内容及其变化”。作为刚刚结束了从学前教育直到 12 年级(P/K－12)教室学习生活的学生，弗洛里斯提出为了促进学生的学业成就和
132 自信，现在的教育者需要反思教师能力的概念，回应学生的需要，并认可他们的努力和成绩。

该部分四篇评析文章的意义各不相同，为教师能力讨论增加了不同的洞见，它们出自在教育领域中具有不同批判立场的学者之手，精密深奥，独树一帜。

《我所看到的，你看到了吗？——民主国家中作为教育愿景的教师能力》(“Do You See What I See? Teacher Capacity as a Vision for Education in a Democracy”)的作者是芝加哥教育者莫林·吉勒特(Maureen Gillette)和布赖恩·舒尔茨(Brian Schultz)，他们是从作为一名在州立大学工作的教师教育工作者的角度来写这篇文章的。这所州立大学规模巨大，位于美国中西部，以种族多样著称。他们认为，为了帮助学生成功，候任教师的教学内容知识需要建立在多元文化基础之上，他们还需要具备批判性思考的能力。这篇文章的另一贡献是，它指出了教师教育项目中全体教师以及人文学科教师互助合作的重要意义。

唐娜·M. 戈尔尼克(Donna M. Gollnick)的《应对多样性的教师能力》(“Teacher Capacity for Diversity”)在一个更大的认证问题下来探讨教师能力，特别是全美教师教育认证协会(National Council for Accreditation of Teacher Education，简称 NCATE)工作中对教师能力的讨论，它有助于我们了解在认证机构中教师能力是如何被界定的。有关教师教育的观点莫衷一是，她则向我们解释了不同观点持有者之间的紧张状态，并强调全美教师教育认证协会坚持将重点放在多样性和社会正义方面。此外，她还解读了持相同观点的学者眼中的社会正义。对此，有一种消极的解读导致全美教师教育认证协会以及有相似观点的学者和机构受到攻击。攻击者认为将“社会正义”植入教师教育中容易形成左倾意识形态控制下的品性倾向，他们控诉这是在将教师教育政治化。

帕姆·格罗斯曼(Pam Grossman)、莫瓦·麦克唐纳(Morva McDonald)、卡伦·哈默尼斯(Karen Hammerness)和马修·伦菲尔德(Matthew Ronfeldt)共同写了《消解教师教育中的二元对立》(“Dismantling Dichotomies in Teacher Education”)这篇文章，他们强调了教师教育中理论原则与实践实施相结合的重要性，认为应该跳出教师能力问题本身，不要再考虑某几种不同形式的知识和信念，而要更多地考虑切实发生在教室中的课堂实践。他们还认为当前的教师能力探讨在根本上有二元对立的倾向。多元文化教育研究较少考虑学科内容的教授，而从事学科教学的人则忽略了种族、阶级和语言问题。进而，他们提出一种新的教师能力培养模式，使教授的学科内容与社

会正义互相促进，互依共生。为此，他们认为教师教育工作者需要进行三方面的转变：(1)不要将学科内容和社会正义二元对立起来；(2)集中力量帮助新手教师开展、完善其教学实践；(3)明确地提出为以低学业成就学生为主的学校培养候任教师。

最后要介绍的是凯文·库玛希罗(Kevin Kumashiro)的《关于教师质量的片面认识及其促进社会正义的潜能》(“Partial Movements Toward Teacher Quality and their potential for advancing social justice”)。库玛希罗来自反压迫教育中心(Center for Anti-Oppressive Education)和伊利诺伊大学芝加哥分校，他指出，每当官方话语以狭义的方式界定教师质量时，我们需要记住教师教育工作者很久以前就认识到教师能力的定义不能不考虑社会背景。库玛希罗从反压迫的角度，基于教师质量和学校、社会中(反)压迫运动之间的必要而紧张的关系提出了三个基本问题，这些问题让我们在为了变革和社会正义而教学时，考虑到不公平、矛盾和抵抗问题。

教师能力的重要意义 133

本部分有关教师能力的论述与其他部分论述的内容有密切的联系，并在诸多方面有助于其他部分形成论据。其他部分的论述内容包括教师教育的目的，教师应该在哪里获得专业知识和技能，谁应该被允许进入教师职业，教师怎样学习，谁应该管理教师教育，我们如何判定教师质量，这些都是促进美国教育的关键且基本的问题。此外，这些问题对我们认识“教师需要知道什么，关心什么和能够做什么”提供了诸多背景知识。

(赵晓莹　译)

参考文献

Bestor, A.E. (1955) *The restoration of learning*. New York: Alfred A. Knopf.

Callahan, R.E. (1962) *Education and the cult of efficiency*. Chicago: University of Chicago Press.

Carnegie Forum on Education and the Economy (1986) *A Nation prepared: teachers of the 21st century*. *Washington*, DC: Author.

Conant, J.B. (1963) *The education of American teachers*. New York: McGraw-Hill.

Holmes Group (1986) *Tomorrow's teachers: a report of the Holmes Group*. East Lansing, MI: Author.

Koerner, J. (1963) *The miseducation of American teachers*. Boston: Houghton Mifflin.

Nash, G.B., Howe, J.R., Davis, A.F., Jeffrey, J.R., Frederick, P.J., & Winkler, A.M. (1990) *The American people*. New York: Harper & Row.

Reed, R.F. & Johnson, T.W. (2000) *Philosophical documents in education*, 2nd edition. New York: Longman.

Rickover, H.G. (1959) *Education and freedom*. New York: E.P. Dutton.

Yapp, N. (2000) *The American millennium*. London: Konemann/Hulton.

9. 重思教师能力

G. 威廉森·麦克迪尔米德(G. Williamson McDiarmid)
玛丽·克莱文杰-布赖特(Mary Clevenger-Bright)
华盛顿大学(University of Washington)

引言

134 1861 年,加利福尼亚州师范学校委员会(Committee on State Normal Schools)向加利福尼亚州公立教育厅建议成立师范学校,理由是“一个博学的人可能对学科内容理解得很透彻,但是他可能在教授他人同样内容时遭遇失败”(State Office, 1889)。加利福尼亚州师范学校委员会提出,教师需要具备以下能力:

> 了解头脑的力量、能力和发展规律;了解不同能力发展的时间顺序;清楚不同学生发展的最佳模式;将学校学习与学生能力、学生发展的需要相结合;了解身体健康发展有关的知识,如关注学生的通气量、姿势体态,让学生参加学校体操和各类体育运动……认识到学生道德的本质……了解组织学校、班级以及各类日常练习项目的最佳方法;了解世界上优秀学校和机构运用的教学模式;掌握那些能力强、经验丰富的教师运用到模范或实验学校(师范学校必要的组成部分)的日常实践之中的知识。

近一个半世纪过去了,我们依然在讨论教师需要知道什么,能做什么和关心什么的问题,这场讨论有持续也有间断。尽管决策者、管理者、研究者、批判者和教师教育工作者对如何界定教师能力,如何确定其中各部分的权重,如何学习和测量教师能力等问题尚未达成一致意见,但是教师能力的三个部分在时光穿梭中逐渐清晰:(1)**知识**,包括学科问题、教学内容知识、课程、教学法知识、教育原理(educational foundations)(如多元文化、历史、哲学、社会学和心理学知识)、教育政策、学生多样性(包括具有特殊需要的学生)和学生文化、教育技术、儿童与青少年发展、小组合作及其机制、学习理论、学习驱动力和评价测量;(2)**技能**,包括策划、组织、实施教学过程,使用教学材料和技术,管理学生,组织小组活动,监督和测评学生学习,与同事、家长、社区以及社会服务机构合作;(3)**品性**,包括教师的信念、态度、价值观和承诺。

对教师教育课程的讨论,将继续主要围绕“教师需要知道什么和能做什么”进行下去。尽管关于界定教师品性是什么——“教师需要相信和关心什么”——以及有关其

发展的争论持续不断，且似乎很难寻求一致答案，但是，很多教师教育项目在遴选过程 135
和遴选标准上已经涉及教师品性的问题。在过去，选拔者经过大致的推断，以确定师范学校的师范生是否体现出“高尚的道德品质”(high moral character)。如今，在选拔候任教师时，选拔者会问及师范生是否具备特定的经历，例如在不同文化环境中生活或工作的经历，以此作为判断师范生是否达到特定品性要求的参考。同时，指纹和背景审查使得确认最底线“道德品质”的程序正式化。

当然，师范生最初进入教师教育项目的时候，就已经接触到多样的知识和技能，其中许多知识和技能是通过观察他们自己老师的教学过程而获得的(Lortie，1975)。教师教育工作者依赖他人，比如文学系或科学系的同事，确保未来教师们具备基本的学科知识(McDiarmid，1994)。因此，培养教师能力很大程度上建立在师范生自身具备的一些素养，以及他们在其他环境中发展的知识技能和品性之上。

接下来，我们通过考察这些年断断续续的讨论，描述当前影响我们理解教师能力的社会、政治和学术环境的变化。我们也会介绍一些关键的讨论，特别是关于教师品性的讨论，目的在于为思考教师能力的内容以及如何更好地实践提供一个框架。另外，依据我们对教师学习的相关知识，以及宏观环境变化的认识，我们认为要反思促进批判性知识、技能和品性发展的时间、机遇和环境。我们认为，受绩效考核政策的影响，教育领域会出现更有效的评估教师能力的方法。

界定教师能力

第一个对“能力”的定义来自《美国传统辞典》(*American Heritage Dictionary*)——“接受、保持或吸收的能力”，本篇采用的是在此之后的一个定义——“学习或保存知识的力量，一种心的能力”。还有一个定义表明能力的动态特征：“成长、发展或取得成就的内在潜力”。以上三个定义都为我们将教师带入教学中的东西概念化带来启示。

“能力”并非独立存在，它往往与特定的目标和目的有关，指完成或从事什么事情的能力，比如，当提到“某个组织的能力”，我们通常是指该组织实现某些功能、达到特定目的或期望的能力。近年来，“能力”常被用在政界，主要指学校、学区和州政府为实现课程和教学改革而提高人力资源水平的努力(Barnes，2002；Cohen and Ball，1999；Corcoran and Lawrence，2003；Massell，1998，2000)。因此，在当前的教育环境中，“能力”的意义更接近“发展的潜能”，而不是“接受的能力”。

对“能力”的这一解读受到越来越多人的认同，即用一生的时间学习如何做老师。这一旅程始于洛尔蒂(Lortie，1975)所说的从小学到高中教室中的“观察”，之后是实习，包括参加文科、理科和专业准备项目，直到入职，然后继续下去(Feiman-Nemser，
2001)。“教师能力”意味着教师持续地发展自身知识、技能和品性的潜能。 136

因为人们对教师的期望很高，所以通过不断学习来提高教师能力这一观点具有独

特的吸引力。而且,正如我们所看到的,这种期望在最近几年仍在上升,这背后的驱动力有人口构成的变动、政策推动、技术发展、知识倍增,以及我们对成功教师所需知识和能力的理解的加深。我们认为,若要把握一直以来教师的学习和知识的变迁,就需要关注教师所处的社会环境。

教师能力概念的历史演变

通过回顾最近关于教师知识的研究,一些学者指出,“教师知识”这一范畴(包括陈述性知识、过程性知识和品性)作为一个研究主题算是比较新颖的,出现于二十五年前(Munby *et al.*, 2001)。“教师能力”这个词也是最近才出现在讨论中的,尽管对其根本含义的探讨已经有数百年的历史。随着时间推移,确保学校教师的能力满足公众期待的任务,落在了提供职前培训以及监督职前培训的人身上。教师教育工作者和资格认证者设定课程要求,这些课程要求揭示了教师应该知道什么,能做什么和关心什么。从课程和课程标准的角度来看,“教师能力”这一概念,至少从表面上来看,并没有发生太大变化。

美国师范学校运动发生在 19 世纪,这是界定必备的教师知识、技能和品性的关键时期,1839 年师范学校在巴雷市成立,马萨诸塞州州长埃弗里特颁布的师范学校课程一直使用到 20 世纪。埃弗里特提出教师需要进行四个“核心”方面的学习(Everett, 1839,引自 Ogren, 2005),包括:(1)学科知识:“仔细回顾公立学校所教授知识的分支”(p. 42);(2)教学方法:“教学的艺术……教育需要建立在我们的本性规律之上;掌握学生追寻和保存真理的规律;以及师生共同进行和谐互动的道德情感”(p. 48);(3)“学校管理”,包括发挥教师的道德影响力;(4)教学实践(Ogren, 2005)。为保证候任教师具备一定的道德素养,推荐信中是否体现出师范生“好的道德品格”成为选拔标准之一(Ogren, 2005)。

在本文开篇提到加利福尼亚州师范学校委员会建议成立师范学校的 60 年后,官方的教师标准的改变微乎其微(Ogren, 2005)。依据纽约州立大学毕业课程大纲(*Course of Study and Syllabus for the College Graduate Certificates*, 1922),教育学院必须保证毕业生获得临时教师资格证,而要获得这个证书,毕业生要掌握以下 4 类知识:(1)心理学,包括普通心理学和教育心理学;(2)教育史;(3)教育原理;(4)学科内容和教学方法(University of the state of New York, 1922: 5)。

这些历史文件,特别是 1922 年的大纲,表明当时人们对教师能力有比较宽泛的理
137 解。教师们需要知道小学或中学科目的主要内容,以及如何教授这些学科。此外,他们还需要掌握大量的基础性知识,特别是心理学、历史学、社会学、学校管理、哲学以及“教育理论”(educational theory)。教学方法方面,“每学期不多于 2 学时进行观察和实习(教学方法占 6 个学时)”(University of the state of New York, 1922: 5)。在附属

机构或实习学校中实习，这是师范学校和教师学院课程的常规内容。

但是，教师能力发展应贯穿整个教师职业生涯的理念，并没有出现在这些文件当中，可能是由于当时大部分教师在任教一段时间后会转入其他行业(Ogren, 2005)。当然，这也与知识发展相对缓慢有关，因为彼时学科、教学知识以及人口增长较慢，教师知识不需要频繁更新。此外，人们对学生的期望值比较低，只有很少的学生能进入高等教育阶段，大部分人高中毕业后就直接参加工作了。除了城区学校以外，大多数学校在民族、种族和社会文化方面趋于同质。有特殊需求的学生接受单独教学，或者根本不接受教育。

经济大萧条时期是人们调整对学校和教师期望的又一关键时期，至少对进步教育者来说是这样的。约翰·杜威(John Dewey)和乔治·康茨(George Counts)提出教师要追求并参与到社会重建中去，如康茨饱受争议的一篇文章《学校是否敢于建立新的社会秩序》("Dare the Schools Build a New Social Order?" 1932)所指出的。尽管在以前的评论和教师培训项目中，教师职业已经被看作是对社会愿景和道德的呼唤，但是康茨走得更远了。他认为教师"有保护并扩展大众利益的社会责任，可以对抗那些令人失望的资产阶级"(Counts, 1932，引自 Cremin, 1988: 188)。杜威提出，学校和教师应该"理解社会变革运动，并形成促进变革的品性"(Cremin, 1988: 195)，这一主张在今天仍有影响。

芝加哥大学校长罗伯特·哈钦斯(Robent Hutchins)，杜威和康茨观点的现代继承者，在学校目标和教育目标问题上持有保守的立场。他在 1936 年指出，"教育意味着教学，教学中自有知识，知识中包含真理，而真理不论在哪里都是一样的"(Hutchins, 1936)。对哈钦斯和其他反对社会重建的学者来说，原则上，教师只需要通过阅读西方著作和经典课程(修辞、逻辑、语法和数学)就能掌握"永恒真理"(eternal truths)。他的追随者莫蒂默·阿德勒(Martimer Adler)提出"派迪亚计划"(Paideia Proposal, 1982)，将经典课程与苏格拉底式研讨法向大众推广。从这一立场来看，教师能力是指教师接受自由的教育，在研讨中能够发挥协调作用。

对教学目的和目标的争论，特别是关于"教师能力"的争论，持续至今。与哈钦斯立场一致的一些批评者认为，传统的以大学为依托的教师培训项目通常以社会重建为目标，但是却未能使教师们为日后的教学做好准备(Steiner, 2003)。而社会重建理念的支持者仍然坚持，教师应该致力于追求社会正义(Cochran-Smith, 1999, 2004; McLaren, 1995；参见本部分 10. 满足多样化学习者所需的教师能力：教师需要知道什么?)。在后面的章节，我们还会提到这一争论。

依据厄本(Urban)的记录，20 世纪二十年代的运动对课程发展产生了重大影响。受到杜威及其同事威廉·克伯屈(William Kilpatrick)的影响，哥伦比亚大学师范学院 138
(Teacher College)的一批教师开发了非方法课程(non-methods courses)，这一课程弱化了对基础性学科本身的关注，转而通过学科的视角看待教育问题。承袭杜威和康茨的观点，该课程鼓励未来教师质疑学校和班级是否真正促进了民主目标和民主价值的实现（Urban，1990）。可以说，鼓励未来教师批判学校和当前现状，曾屡次引发大学教师教育工作者、职前教师与在职教师之间的冲突。

20 世纪四五十年代间，虽然对教师期待讨论的重心似乎从教师品性转向学校课程，但是社会重建理念的支持者与传统观点的支持者之间的敌对使得讨论日渐激烈（Cremin，1988）。在苏联人造卫星发射后，哈钦斯的支持者们极为气愤，他们感到学校课程被“生活适应者”（life-adjustors）绑架了，那些人错误地降低了公立学校知识和学术能力的目标（Bestor，1953）。在他们以及一些社会大众看来，美国之所以在科技上落后于苏联，正是因为学校和教师提供了不温不火的“生活适应”教育。柯纳（Koerner，1963）曾经代表学术界以及学术界以外的人士，将问题直接归咎于师范学校或教育学院过低的要求。

除了课程基础的改变，课程大部分要素基本保持原样，但是机构设置有巨大的改变（Caliver，1993；Ogren，2005；Pangburn，1932）。州师范学校升格为州立大学，而后为满足部分二战退伍军人的需要，州立大学发展为综合性大学。二战后，为了适应婴儿潮，师范学校采用双班轮流的方法批量培训教师。随着拥有教育学系的综合性大学数量的增多，教育系的老师为了获得与文科院系和理科院系的同事一样的地位，开始努力地扩大自己的研究范围，增加研究活动。专门研究教师和教学的项目也开始出现。这样，一个新的团体——研究者共同体，参与到教师知识、技能和品性的讨论中。

早期的教师能力研究旨在归纳卓越教师的个人特质（Ryans，1960；Gage，1963），识别一些可观察到的“能够体现出教师特质的内容，比如他们在教室里面的行为、品性、观点、智力和情感特征等”（Ryans，1960：9）。但是该类研究，至少在瑞安斯 1960 年的研究报告中，缺少对教师个人特质与学生学习关系的考察。比如，报告称，校长满意的教师也深受学生欢迎，被认为“温和、善解人意”的教师对学生和管理者更加友好。

20 世纪 60 年代，海军上将里科弗（Rickover）等人，为美国失去科技领先于苏联的地位敲响警钟，为此，国家科学基金会（National Science Foundation）迅速向大学和教育发展机构拨下巨款以改善学校课程，开展教师再培训，特别是针对数学、自然科学教师的培训，也有关于社会科学教师的培训（Dow，1991）。不仅教师们需要了解更多的学科知识，特别是数学、自然科学和社会科学知识，而且新课程旨在让学生像科学家、数学家和社会科学家一样展开独立的研究（Dow，1991）。

在 20 世纪 60 年代“伟大社会”（Great Society）和“向贫穷宣战”（War on Poverty）的背景下，人们相信社会科学能解决一系列社会问题，包括非洲裔美国学生的学业不
139 良问题。社会学家吉姆斯·科尔曼（James Coleman）使用复杂的统计模型搜集大量数据以找出影响学生学业成绩的因素（Coleman，1966）。不过相当讽刺的是，该研究原本是想证明教师及其他学校因素对学生成绩的影响，结果却证实了同班同学的种族和

阶层对学生成绩有影响(Jencks, 1972)。

在 20 世纪 70 年代,教育研究者们竭力建立新的教学科学,第一步是将观察到的教师行为与学生的考试成绩联系起来,然后考察特定行为的本质(Gage, 1963,1971; Rosenshine and Furst, 1973)。这种"过程-结果"(process-product)研究关注促进学生学习的特定行为或技巧——提问、解释、等待时间、任务时间、课堂管理技巧等(参见 Brophy and Good, 1986; Gage, 1978; Waxman and Walberg, 1991, Zumwalt, 1988)。因此,教师能力的标准是教师的知识以及教师能否运用经过研究证明为有效的行为。

这项研究与政界日益增长的在公立学校实施绩效考核的呼声,以及决策者对科学地证明可观察的教学技巧的想法不谋而合(Linn, 2001)。最后,许多州的政策将教师能力的培养,至少一部分能力的培养建立在"过程-结果"研究之上。实际上,很多政策提供了大量的技能列表来评判新任教师的课堂行为表现(Hall, 1981),这反过来促成了教师培养项目课程的形成,很多项目引入"教学研究"课程,还仿照州教师技能考核列表设计出实习教师测评表格(Cooper and Weber, 1973; Dodl and Schalock, 1973)。以技能为导向的教学观和教师观反映了当时从幼儿园到高中"回归基础"(back-to-basics)的课程运动。

就像"过程-结果"研究者发现了 20 世纪 50 年代教师特点研究的局限一样,20 世纪 80 年代的研究者也发现了"过程-结果"研究方法的局限。与此同时,学者们掀起了发展不同方法研究学习和理解学习的"认知革命"(cognitive revolution)(Gardner, 1985)。一些教师研究者探索了教师的"内在"生活——他们的决策形成—意义构成—思考和学习过程,以及他们的知识和品性(Clark and Peterson, 1986; Feiman-Nemser and Floden, 1986; Lampert, 1985)。教学是在课程中运用经过科学验证的方法这一观点受到了新观点的挑战。新观点认为,教学是持续地应对变化的环境,并与课程和不同学习者进行交互作用的过程。

在政策领域,决策者发现,用数据证明教师和教师能力具有相当巨大的影响力。通过使用计量经济学的统计工具,研究者发现,教师"质量"(从学历、证书和经验方面来界定)是唯一一个对学生成就具有重大影响力的校内因素(Ferguson, 1991; Ferguson and Laddr, 1996; Greenwald *et al.*, 1996)。这些发现使得大部分州的决策者,特别是大力实施了基于标准的改革的州的决策者,增加了教师发展的财政投入。比如,肯塔基州对教师专业发展的资金投入从 20 世纪 80 年代末平均每个学生不到 1 美元,增加到 20 世纪 90 年代中期的每个学生 24 美元(Foster, 1999)。

基于标准的改革始于 20 世纪 90 年代,大大提升了对教师能力的要求。学生仅仅 140
达到最低学业标准是不够的,必须达到公开制定的课程标准。公开绩效考核系统使风险增大,关于教师需要知道什么、能做什么和关心什么的内容不仅增加,还变得更加复杂,而且这一趋势没有出现减弱的迹象。

能力概念的演化与扩展

如上文所提到的，过去的二十年人们对教师能力的关注超过了历史上以往任何时期，我们认为可以归因于以下几个因素：强调教师对学生学习的重要作用的研究；各种关注提升教师质量的报告，如霍姆斯小组报告(Holmes Group, 1988,1990)、卡内基教学专业工作组报告(Carnegie Task Force on Teaching as a Profession, 1986)，全美教学和国家未来委员会报告(National Commission on Teaching and America's Future, 1996,2003)；州和联邦的高风险测量和绩效考核政策。教师能力的概念起初只隐藏于师范学校的课程中，后来州立大学和综合性大学的教育学者们将它的内涵扩展。下面，我们将具体介绍这些扩展的方面，而这些方面反映的实际上是学术、政策乃至整个社会的动向。

教师学科知识的反思

许多学者对只注重技能的教师能力的观点进行批评，认为这忽视了对学生学习有极大影响的教师知识和教师对学科内容的理解(Shulman, 1986)。舒尔曼和他的学生研究了教师学科知识(舒尔曼称之为"教学法知识")在教师能力中的重要性(Grossman, 1990; Wilson *et al.*, 1987; Wilson and Wineburg, 1988)。他们的案例研究使有关教师能力的讨论前所未有地丰富起来，案例研究也详细阐释了教师学科内容知识的内涵。教师不仅仅需要知道学科的内容(这已经作为教师能力内容之一，并得到广泛认可)，还要知道如何将这些内容呈现给不同的学习者。为达到这一目的，优秀的教师应该具备课程知识，了解一般学生在学习该知识时可能遇到的问题，为学生提供学习的背景，并将促进学生积极进取作为教学目标之一(Shulman, 1987)。

不论承认与否，在计划、实施教学，测量教学成果，以及与同事、家长等人交流时，教师都在利用自己对学科内容的不同维度——内容、结构和语法(Schwab, 1962)——默会地理解。如果说此观点只是丰富了有关教师学科知识的理解，便低估了该观点与此前教育者所认同的观点的不同。持此观点的研究者并不认为丰富的学科内容理解便可支撑优秀的教学。近年来的研究，利用大量的数据而非此前的案例研究方法，验证了这些不证自明的观点：对教师知识，特别是学科知识的不同理解，需要大量的学科知识储备，它们会对学生的学习产生不同的影响(Hill *et al.*, 2005)。

此外，对教师学科知识的丰富理解，能确保具有不同兴趣和背景的学生拥有同等
141 的学习知识的机会。教师越了解所教学科的大致状况，他们便越能够找到促进不同学生学习的各种方法(McDiarmid, 1991,1993)。该观点中，教师学科知识的作用包括教师为学生提供同等学习机会的责任。

教师社会责任的反思

现代公民权利运动的推动学者及其支持者，呼吁关注贫穷学生和有色种族学生的教育，以应对种族、社会阶级和性别对学习机会的影响（Banks，1988；Grant and Sleeter，1996；参见本部分 Grant and Agosto 的文章）。布朗诉托皮卡教育局案后，非洲裔美国人、墨西哥裔美国人、美国印第安人等其他种族，要求学校课程要囊括不同的经验、历史和文化，因为正是这些丰富的内容构成了现在的美国。同时，教师也需要具备有效教授有色人种学生的知识、技能和品性（Banks，1988）。1977 年，全美教师教育认证协会标准（National Council for Accreditation of Teacher Education Standards）要求教师培养项目必须包括多元文化的课程和元素（NCATE，1977），教师不仅仅要知道不同民族、种族和社会族群的历史和文化，还要了解不同背景学生的学习偏好，以及他们所面临的语言挑战（Banks，1988；Grant and Sleeter，1996）。

随着 20 世纪 90 年代绩效问责运动的发展，为了找出“失败学校”（failing）或“问题学校”（at-risk），许多州实施了学生评估和学校绩效考核系统。这使人们重新关注具有不同生源的学校之间的成绩差异，如欧洲裔学生、拉丁裔学生、非洲裔学生和印第安学生，乡村、城市与郊区学生，富学生和穷学生，英语是母语的学生和英语作为第二语言的学生，具有一般需求和特殊需求的学生之间的成绩差异（Johnston and Viadero，2000；Farkas，2003；Jencks and Phillips，1998）。全国上下不同学区和学校的评估结果表明，教师，尤其是在迫切需要帮助的学校（high-needs schools）工作的教师，需要得到更加充分的培训，因为这些学校中的学生属于历来得不到较好学校教育的群体（Ladson-Billings，1999，1994；Gay，2002；Grant and Sleeter，1996）。

自 2001 年《不让一个孩子掉队法》（No Child Left Behind，NCLB）颁布以来，公众对教育工作者的要求越来越高。因为有些学校的测评数据被来自非主流群体的学生拉低，所以教育工作者只有两种选择：要么改善所有非主流群体学生的学业表现，要么面临严厉制裁。欧裔美国人与有色美国人之间难以弥合的“差距”，迫使许多州和学区在教师培养项目的目标中增加“文化能力”一项（如，参见阿拉斯加教育系和学前教育系，1999；俄勒冈教育系，2004；西雅图公立学校，2005）。除了自己的文化的观点外，教师还需要掌握大量不同族群的文化内容，并且能够在教学中给予学生“文化回应”（Gay，2002；Ladson-Billings，1999）。

教师与民主教育的反思

如前所述，在杜威和前期进步主义理论的基础上，约翰·古德莱德和他的同事指出，在过去的二十年里，人们越来越重视学校教育和教师在民主社会中发挥的独特而关键的作用（Goodlad，1997；Goodlad and McMannon，1997；Soder *et al.*，2001）。在他们看来，教师在保证学生学到知识和技能的同时，有责任培养学生的民主品质、习惯和实践。这种观点的核心是，根本的民主价值体现在确保每一个学生获得同等的学

142 习机会上,这也是多元文化主义的核心主题(Goodlad and Keating, 1994)。尽管这一观点认同教师应该具备最基本的知识和课堂管理技能,但是为了“民主议程”的教学首先强调的是品性方面,即教师致力于确保所有的学习者享有学习机会,培养学生的民主价值观,并参与公立学校的管理工作。

对于支持乔治·康茨“社会重建”使命的人来说,仅仅为国家和社区培养有知识、积极参与意识并具有生产创造能力的公民是不够的。教师还必须最大程度地帮助学生理解资本主义社会、经济制度,乃至整个社会中权力和财富的分配不平等问题(McLaran, 1995)。对这些持批评性观点的人来说,多元文化教育不足以完成这一任务,社会需要一场“多元文化革命”。因此,从这一观点来看,教师能力不仅应该包括关于经济和社会系统如何运作以控制现状的知识,还应该包括改变世界、改变权力和分配资源的决心和行动。因此,如上所述,对教师能力产生影响的主要是品性。

教师标准和绩效问责的反思

在《准备就绪的国家: 21 世纪的教师》(*A Nation Prepared*, 1986)中,卡内基教学专业工作组对教师的工作有非常全面的理解和极高的期待。可以说,该报告回应了 1983 年《国家处于危机之中》(*A Nation At Risk*)对美国公立教育的责难(标准化的公立教育导致了经济的衰退)。该报告描述了为与变化中的世界保持同步,学生和教师应该知道的内容:

> 教师需要掌握不同实体系统、社会系统的运作方式;对数据有一定敏感性,知道如何使用数据;能够帮助学生看清纷繁复杂现象后的模式;培养学生的创造性……能够在工作小组中与他人合作,共同决策如何完成工作。他们必须不停地学习……在进入学校之前,教师无需知道所有他们必须知道的东西,但是一定要知道他们需要知道什么……(*A Nation Prepared*, 1986: 25)

为了使具备这些能力的教师脱颖而出,该报告号召国家专业教学标准委员会(National Board for Professional Teaching Standards)“设立高素质教师能力标准”(*A Nation Prepared*, 1986: 66),由此制定学生和教师标准的趋势初露端倪。一些专业协会,如国家数学教师委员会(National Association of Teacher of Mathematics, 1989)和美国科学进步协会(American Association for the Advancement of Science)(Rutherford and Ahlgren, 1990),首先制定并发布了学生和教师标准。受到联邦政府“2000 年目标”的影响,个别州也制定了学生和教师标准。

可能没有哪种力量像全国学生评价和绩效问责系统那样,对教师能力的界定产生如此深远的影响(Linn, 2000)。各州的教育部,各个学区以及中小学校在教师专业发展上大量投入,以提升教师能力。许多州甚至设置了教师考试机构,首先是基础技能考查，然后是学科知识和教学知识的考试(Darling-Hammond，1999)。

在州制定的标准、确定的评价方式和绩效考核系统出台之后，联邦政府直接陷入一场争论之中。直到上个世纪末，教师知识、技能和品性的决定权都在州手中，而在1998
年，经授权的《高等教育法案》强迫各州向美国教育部提交数据报告，以方便联邦政府掌 143
握教师质量的情况。《不让一个孩子掉队法》要求州和学区确保所有学生的教师都是联邦政府认可的“高素质教师”。为了解释何为“高素质教师”，法案提出者说明了他们对教师能力的理解：“想要被认定为高素质教师，教师需要(1)学士学位；(2)州证书或许可；(3)能够证明他们了解自己所教的科目。”(U.S. Department of Education，n.d.)尽管这似乎将教师能力局限于学科内容，但是各州的认证足以确保教师具备充分的专业知识。

与此同时，值得关注的是，联邦政府试图从州政府手中夺走教师认证权力。美国教育部曾斥资四千万设立美国卓越教师资格认证委员会(American Board for Certification of Teaching Excellence，ABCTE)，试图取代州认证程序。申请者需要通过网上的课程内容和专业知识考试，证明能达到《不让一个孩子掉队法》的要求，亦即教学要求的不仅仅是课程内容知识(American Board for Certification of Teaching Excellence，n.d.)。

美国卓越教师资格认证委员会的支持者决心终结“现有教育机构”在教师标准和认证中的“垄断”局面(Blair，2003)。不过，到目前为止，美国卓越教师资格认证委员会只出台了新任教师标准，国家专业教学标准委员会(National Board for Professional Teaching Standards，NBPTS)主要为专家型教师提供标准，但两套标准在很多内容上是相互重合的。它们都包括：(1)学科内容知识；(2)课堂教学技能，包括组织、计划和设计课程，管理不同群体的学生，使用不同教学方法，依据学生不同的需求提供不同的教学指导，监督并评估学生学习；(3)与家长合作。

另一方面，两套标准的不同之处显示了它们对教师能力理解的不同。或许是因为面向的主要是新任教师，美国卓越教师资格认证委员会的标准倾向于给出规范的行为(“列出课程目标”，“以逻辑顺序小步调地呈现教学材料”)，重在强调“过程-结果”研究认可的一些实践——提问技巧，任务时间，设计图表等。总之，该标准认同的是“社会效率”(Zeichner and Liston，1990)取向的教师能力。

国家专业教学标准委员会的标准还包括了教师品性和技能方面的实践，比如“系统地思考……从经验中实践和学习”，“在教学政策实施、课程开发和教师发展中同其他同事合作”。该标准认同的教师能力比较宽泛，包括反思教师知识、技能、品性，并且从过去几年发生的事件中学习。

十年前，有关教师能力的新内容开始出现，并且受到联邦及州政府的大力支持，这些能力是指教师在教室内使用信息、运用教学技术的能力。然而在所有的标准中该内容却只占据边缘位置。联邦政府在提升教师科技知识水平和技能水平方面的投资巨大，不仅面向在职教师、实习教师，还包括教师教育工作者。《不让一个孩子掉队法》也
赞同提高教师在教室内运用信息技术的能力(Department of Education，n.d.)，至少 144

有十个州出台了明确的教学技术标准(Council of Chief State School Officers, n. d.)。不过,美国卓越教师资格认证委员会的标准并没有涉及该内容(American Board for
144 Certification of Teaching Excellence, n. d.)。在其他标准中,该内容只是被简略提及。毋庸置疑的是,我们已经无需强调信息技术在教育改革中的作用,或者证明信息技术在改善教与学方面的无穷潜力。

教师学习和专业的反思

如上所述,过去的三十年里我们对如何学习和发展专业技能的思考越来越深入,这也影响到我们对教师需要知道什么,能做什么和关心什么这一问题的回答。实际上,有两个方面影响了我们当前对教师能力的理解:一方面是社会情境对我们的学习以及理解我们自己、我们的行动和周围环境的作用;另一方面是随着时间的发展我们如何扩展我们的理解和知识,并将它们运用到实践中去。

作为社会情境的教学知识和实践

越来越多的人认识到教学实践深受社会情境(social contexts)的影响,在特定的社会情境中,人们对教学的理解深远地影响着我们对如何提升教师能力,为他们提供何种支持等问题的思考。有研究进一步指出,我们的经验是被我们所在的社会文化情境和用来描述该经验的语言过滤的结果(Brown *et al.*, 1991; Luria, 1976; Vygotsky, 1962, 1978; Wertsch, 1985),个体教师带入教学中的知识、技能和品性很大程度上是特定社会情境的产物。“观察实习”并不仅仅局限在学校之中。“知识”、“教”、“学”等概念不仅仅贯穿在学校内的行动、组织结构、社会关系和课程材料之中,还充斥在学校以外,乃至整个大的文化背景中(Cohen, 1988)。这表明定义教师能力的社会情境尚处于形成过程中,还远未完成。

我们通过与他人和环境的互动更加深入地理解这些核心概念——“知识”、“内容”、“了解”、“教”、“学”等。从政治环境来看,社会认知理论与批判理论相互交织。我们的概念和表达这些概念的语言不是价值中立的,而是由社会文化建构出来的;它们是政治和经济力量分布不均的社会历史环境的产物(Lakoff, 2000)。也就是说,我们对“什么是知识”的理解是由政治过程决定的。在这一过程中,占据特定资源的社会群体能够决定基本的概念,以及这些概念具体的呈现方式,尽管并非全然如此。我们的认识受到社会情境的影响,历史、政治力量则塑造了我们思考的社会情境,以及我们的思考过程本身。显然,这并非是机械的、严密的不可更改的过程,不然批判理论学者也不会存在。[①] 不过社会情境确实体现出我们认知理解中的社会、文化和政治特性,我们对“教师能力”的理解也包含其中。

---

① 尽管这显而易见,我们仍需铭记:我们的思想并不直接由社会、政治、意识形态,以及在特定历史时期起决定作用的经济力量决定。尽管“机能主义幻想”(Cohen and Rosenberg, 1977)非常诱人,但是它否定了人的能动性,将复杂的问题过度简化。

教学实践是社会、政治协商的结果。教师在教室里能做或者不能做什么很大程度
上是由周围的人——同事、学生、管理者、家长、记者、公民领袖、纳税人、决策者、教科
书出版商等决定的。教师教学的内容和方式也是教师与不同政策、物质条件以及重要
他人协商或互动的结果。内容目标、课程、标准化测试、教科书、软件程序和其他教学
材料已经体现出他人对教什么和如何教的看法。因此，为了使教师的教学实践与自己
的知识、信念、目的和承诺相协调，教师必须与关键他人进行协商。然而有效进行社 145
会、政治协商所需的知识、技能和品性并未出现在多数教师能力的概念之中。

能够启发我们深入理解教师能力的另一个概念是“情境学习”(situated learning)(Lave and Wenger，1991)。该概念与社会文化学习理论密切相关，认为学习很大程度上是特定情境中的功能。在中小学课堂与大学课堂中，人们对同一个概念和实践的理解方式肯定是不同的，这有助于理解教师教育中常常出现的“两个世界”现象——同一年代的实习教师发现他们被夹在大学教师的期望和学校教室的现实之间(Faiman-Nemser and Buchmann，1983)。认清这一点对教师的职前培训和专业发展都有一定意义。

社会调解和情境学习都认为很多的资源和注意力被过分地投入到教师作为个体实践者的发展之中，而并未将教师看做“共同体实践”的成员(Little，1993；Wenger，1998)。学校文化和氛围是由教育者、学生、家长等共同创造的。尽管有些教师将自己同他人隔离开来，只待在自己的教室中，拒绝与同事打交道，但他们依然对学校文化和氛围有影响作用。教师行为，尤其是创造学习机会的实践，比如选择、使用并评估课程材料，采用教学、测评方法，以及课堂管理方法等，通常是在团体中完成的。在这个过程中，他们也随着时间不知不觉地发生改变，贡献自己的思考，分享对实践的理解，即便是一些默会的理解。

> 学习工场是个体加入、共同体形成、个体身份改变的过程。学习的宗旨是如何成为一名实践者，而不仅仅是学习关于实践的知识。这一方法关注的不再是抽象的知识和大脑加工的活动，而是将学习置于实践和共同体背景之中，知识被赋予了一定的意义。(Brown and Duguid，1991：48)

该观点有意将学校转变为“学习共同体”(learning communities)，因为教学实践和对默会知识的理解需要通过合作才能成为显性知识。“成为实践者”的过程离不开学习共同体中明确的、合作性的课题研究(Kardos *et al.*，2001)。

由此看来，教师能力包括有效地共同参与学校文化建构和“共同体实践”。[①] 然而，

---

① 职前教师教育普遍采用组群模式，在一定程度上，这是为了培养学生形成和发展专业共同体所需的品性、习惯和技能。但是，有的学生从组群为基础的项目中毕业后发现，他们任职的学校极少或者根本没有鼓励他们进行合作的倾向。

麦克劳林和塔尔伯特(McLaughlin and Talbert, 2001)在文章中指出,专业合作不足以改善教学实践,教师们还需要依据教学实践和学生学习的证据,批判性地审视实践,这才是一种必要的趋势。

这只是教师能力的维度之一,随着我们对社会情境中教学知识和实践的理解越深入,这一维度会越来越重要。这表明,改变教师学习和发展的社会情境,对于改变教师理解自身角色、学校教育目的,以及核心教育概念和技能具有重要意义。

146 适应性专长

学习科学的研究对教师能力的启发还表现在"适应性专长"之中,关于专家技能的研究已经有几十年之久,尤其是关于教学专家技能的研究(Bereiter and Scaradamalia, 1993;Chi *et al*.,1988;Leinhardt, 1988;Steinberg and Grigorenko, 2003)。哈塔诺和奥拉(Hatano and Oura)总结了专家技能研究成果,他们界定了"日常"(routine)专家,他们在特定领域具有多年问题解决的经验,能够快速准确地解决类似问题,但是通常无法具备"过程效率"和"适应性"专长,他们"不仅仅能快速、准确、独立完成日常及类似事务,还兼具灵活性、创新性和创造性"(Hatano and Oura, 2003: 28)。

与适应性专长同样受到越来越多重视的是,贯穿教师教育培训、入职及职业发展过程的教师持续学习的观点。这启示我们,在教师发展过程的过渡阶段教师仍然需要学习,但是他们却面临缺少协同合作的问题。在几年时间里促进教师发展适应性专长,不仅仅需要反思适合的学习机会,还要把握最佳学习时机。

教师能力也被视为专家技能发展的内容,教学被看作连续、迅速发展变化的活动。学校班级的人口构成在变化,我们对社会、科技、自然世界的认知也在变化(Hage and Powers, 1992; NCTAF, 2003)。此外,联邦、州和当地的要求、改革和项目也总在变化,这构成了多变的政策环境(Tyack and Cuban, 1995)。从微观层面来看,教室和学校也是一个多变的环境——受到学校、家庭、社区等外在因素的影响,每年的学生、课程,每天、每周、每年的上课时间都大有不同。作为独立个体以及群体成员,学生也在经历着知识、身体、社会和情感上的变化。

因此,教师能力必须包含教师能够适应这些变化,应对多变的班级和学校环境这一维度。一方面,持续变化的环境和日常忙碌的班级活动要求有固定的日程安排,以保证教师专家技能的可操作范围。另一方面,不同维度变化的不可预测性也要求教师能够批判性地适应该状况,如格罗斯曼(Grossman, 1995)指出,教师总是在忙碌中创造新的知识。教师通过过去的经验、社会环境和自身积累的知识、技能和品性来内化和解读当前环境中的信息,这些信息支撑他们做出决定和行动,并反过来为他们获取、内化更多的信息提供契机。因此,教师能力一直处在持续的发展与变化之中。

鲍尔和科恩(Ball and Cohen)提出,教师能"在实践中学"、"从实践中学",正如他们所写到的，“教学发生在特定环境中，特定学生和特定教师就特定观点展开交互活动……即使拥有再多的知识也无法指出哪些是合适的、明智的实践行为”(Ball and Cohen, 1999: 10)。这样看来，教师能力体现在日常教学活动之中，教师能够积极应对迅速变化、不可预测的环境。首先，发展“日常”专长包括学会解决特定问题，比如在某些情况 147
下，一些学生常常很难按时上交作业，教师一遍一遍地帮助学习困难的学生，日常专长就能够起作用。如果换了一批学生，作为“日常”专家的教师可能找不到解决问题的办法(很可能只是简单地责备学生)。因此，教学同其他在不确定和迅速变化环境中的职业一样，需要专门地发展适应性的专家技能(Bransford *et al.*, 2005)。

如上所述，教学被看作是深受社会情境影响的实践，因此教师的专长发展也不仅仅是个别现象，而应该是共同合作的结果。教师发展“日常”专长还是适应性专长，在很大程度上要根据具体环境做判断，发展适应性教学专长需要在灵活、有创造性的环境中，在这一环境中进行一定冒险性质的实践应该得到支持和鼓励，至少不会被惩罚。教师身处的政策环境同学校环境、社区环境一样，应该为教师试验、评价、完善创新性的实践提供环境支持。

现在看来，“知识、技能和品性”的旧框架只反映出了静态、个别的教师能力，使我们无法思考随着时间变化教师需要“知道什么，能做什么以及关心什么”的内容及其变化。教师们共同研究环境、事件和遇到的问题，对他们解决问题，采取行动至关重要。这要求教师选择独特、多元、多变、不固定，并能随着社会情境的变化而变化的活动。这些是旧框架无法包括的内容。此外，教师技能的核心是教师超越个体的实践，基于并参照大量数据对实践进行审视的能力。这些数据不仅仅包括学生作为个体的学习状况、进步和发展状况，以及他们作为合作者、共同体成员及公民的学习、进步和发展状况，还包括其他同事的见解，共同体的期待、需要和目标。

发展中的实证文化

如前文所述，当前许多关于教师和教师培训项目的政策都指向了问责。因此，许多学校都试图改变自己的文化，希望教师关于教学和课程的决定都建立在他们对参与收集的关于学业数据进行分析和整理的基础之上。这体现出学校决策的“实证文化”——决策建立在一定数据之上。

从多年前开始，州、学区和学校已经收集了大量的证据。然而这些证据却很少被分析和解释，因而并没有推动课程和教学决定的改善(Fitz-Gibbon, 2002; Hedges, 2003)。借鉴托尔敏(Toulmin)将“担保”(warrants)概念作为证据和结论之间的关键联结，赫奇斯(Hedges)写道：

> ……实证文化不能只关注证据，还要担保证据和结论的联系，“担保”包

> 括通过既有证据得出结论的方法。实证文化的意义不仅仅是使用证据，还是
> 148 将得出结论的过程透明化，换句话说，实证文化将证据和结论的关系，以及方
> 法上的假设、证据和结论的联系也明晰地呈现出来。(p. 3)

赫奇斯强调教师参与共同体实践，理解并利用数据支持其教学实践的重要性，这同管理者使用数据试图对课堂教学施加影响有很大不同。

实证文化中的教师能力包括知识、技能和品性，其中品性是指共同收集、分析、理解数据并将其用于改善的学习。课堂评价通常是教师培养项目的必备内容，但并不是所有的项目都包括课堂评价，而且不是说开设了这门课程就足够了。学校顶着各方面的压力，朝着分析学生学习的数据努力。新任教师同经验丰富的教师都需要这方面的学习机会，掌握分析多种数据的能力——既有教学过程中收集的数据，也有外部评价的数据(Hedges, 2003; Taylor and Nolen, 2004)。

综观教师培训的研究可以发现，教师教育工作者并未系统有力地证明教师培训和专业发展项目对课堂实践和学生学习的真实作用(Wilson *et al.*, 2001; Cochran-Smith and Zeichner, 2005)。在这些项目中，形成实证文化有利于培养适应具有类似学校文化的教师，这也使教师教育工作者获得分析其项目对在校学生、毕业生和候任教师影响的证据，提升项目本身的质量，朝着更有效的未来教师培训而努力。

结论

几十年间关于教师能力的思考和文章有持续也有间断。施瓦布(Schwab, 1973)的教学和课程开发“要素”——学习者、教师、环境和教学内容，依然是基本的框架。尽管我们还在讨论教师需要知道什么，能做什么和关心什么，但是为了回应知识界、社会、科技和政策的变化，我们对这些问题的理解发生了巨大的转变。

政策环境的变化使得人们对教师的期待越来越高，教师能力的概念也随之发生改变。考试成绩的公布把学校和教师直接曝露在公众刺眼的目光之下，教师需要具备大量知识技能以成功地促进每个学习者的学习。同时我们也更深刻地认识到教师不可能在职前培训项目中学到所有他们需要知道的内容。州和学区对此予以回应，积极为新任教师提供入职支持。对教师适应多变的班级、课程和政策环境意义的认识，促使我们反思教师职业生涯中需要的支持和学习机会，教学深受社会影响，这促使我们重新思考当前普遍使用的教师个体发展的方法是否合适。

149 为了发展自身能力，教师需要更多的机会与同事在分析学生学习的证据的基础上共同反思他们的教学实践，这一观点的前提假设是学校管理者、学生、家长、社区成员和重要他人认识到为了改善学生学习，教师需要合作时间和合作机会。一个优秀的学习共同体的建立离不开学校日程、教师工作量和学区政策的保障。

但是，只提供时间让教师聚集在一起并不能自动产生更好的教学实践，除非他们共同探讨学习的证据和证据对实践的影响。中小学包括大学在内的实证文化开发是比较花费时间的，但是它能有效地改善学习情况。教师需要一些机会去掌握共同分析学习证据及对学生产生重要影响所必需的知识、技能和品性。在入职的第一年，新手教师在开展教学的同时要与经验丰富的教师一同寻找实践的证据（Johnson *et al.*，2004a；Johnson et *al.*，2004b；Kardos，2004；Kardos *et al.*，2001）。由于并非所有学校都是真正的学习共同体，因此教师需要具备建构此类共同体的政治方法和技巧。

同样值得反思的是，发展教师能力应该使教师胜任教授每个学生，特别是历来不受重视和有特殊需求的学生。多年来教师培养项目都开设多元文化教育课程，至少会涉及一些特殊教育的问题。然而学生学业差距、高中毕业率和大学出勤及融入等问题依然存在于许多学校中，这让教师教育工作者不得不反思教育方法的有效性。他们期望教师增加多元文化的知识背景，了解不被重视群体学生所处的社会环境，在教学过程中对学生的文化予以回应，提供特殊教育，这样的课堂实践自然而然就能促进每个学生的学习，但是这一期望似乎过于片面。

让教师更好地帮助历来不受重视的学生，还需要关注当前方法的有效性。发展实证文化对改善教师培训质量和学校发展都有重要意义。教师教育工作者可同文科院系、理科院系的同事共同收集他们对职前教师实践，以及随后教师对中小学学生影响的证据。以证据为基础的实践和项目并不简单，它对提升教师能力有极大帮助，教师教育工作者，同中小学教师一样，不仅仅要收集有效数据，作为一项基本任务，他们还要分析、解读数据，共同实践并调整项目安排。

另一个一直延续至今的现象是人们对公立教育的认可，因此教师在维持并扩展民主的工作中至关重要。然而，州和联邦政府在过去二十年间提出的测评和绩效考核政策，却对学校教育目的的理解越来越狭隘[①]。除了一些反对绩效考核的声音，大部分教师认为州的测量评价驱动着他们教什么和如何教的决策（Pedulla *et al.*，2003）。民主教育的支持者也承认学术知识和技能的重要性，但是他们依然担心会忽略那些积极、有效地参与公共事务的知识、技能和品性。

培养积极、有效参与公共事务的品性对维持民主社会非常重要，提升学生的能动感——同他人联合，影响社会、政治和自然环境——是这一品性的基础。成功发挥能动性的直接体验能加强能动感。因此，教师能力应该包括为学生提供体验能动感的机 150
会，即使间接地或在小范围内支持学生改变环境，也能为学生提供这种体验。

同样，创设班级和学校规范，以确保成人和学生不论在利用直接还是间接经验谈

① 《不让一个孩子掉队法》原本是为了解决学校教育结果不均衡的问题，要求学校将学生标准化测试的结果按照种族、英语能力、特殊需求分开，惩罚那些未能提升所有亚群体学生成绩的学校，但是只建立在对少数学科——数学、阅读和写作，且每年一次的测评结果之上。该法案实际上将教师其他重要的知识、技能和品性推向边缘，或者直接简单否定了。

论公共话题、仔细倾听、尊重他人和参与公共讨论时感到舒适自在，这是民主社会的公民所必备的品性和技能。然而目前尚未有一个测评项目包括该内容。教师能力的定义忽略了教师建立、教授和推行这些标准的责任，在一定程度上违背了“普通学校”(common schools)的初衷。

总之，在过去师范生只需学习一些固定的知识、技能和课堂情境安排方法，实习几周后，获得资格认证就可以去上课，每年上一段时间课即可。但是我们已经无法回到那个时代，人们对教师的要求越来越高，若是对教师的培养失败了，学生、学生的家庭，乃至我们的民主社会都会受到冲击。过去的二十年里，我们更加全面地认识到教师需要知道什么，能做什么和关心什么，以及教师如何学到这些内容。理解这些的关键在于意识到，教师能力和教师学习会随着时间和环境而转变，这也是一种社会现象。同时，环境政策的改变导致我们对教师能力概念理解的局限，本应包含的价值观以及对于民主社会重要的知识都被缩减。支持教师职前、入职和在职的发展项目和机会应该紧跟已经拓展的有关教师能力的理解。

(赵晓莹　译)

参考文献

Adler, M.J. (1982) *The Paideia proposal: an educational manifesto*. New York: Macmillan.

Alaska Department of Education and Early Childhood (1999) *Guidelines for preparing culturally-responsive teachers for Alaska's schools*. Juneau, AK: Author.

American Board for Certification of Teaching Excellence (n.d.) http://www.abcte.org/. Retrieved September 12, 2005.

Ball, D.L. & Cohen, D.K. (1999) Developing practice, developing practitioners: toward a practice-based theory of professional education. In L. Darling-Hammond and G. Sykes (eds.), *Teaching as the learning profession: handbook of policy and practice* (pp. 3 - 32). San Francisco: Jossey-Bass.

Banks, J. (1988) *Multicultural education: theory and practice (second edition)*. Boston, MA: Allyn and Bacon.

Barnes, C. (2002) *Standards reform in high-poverty schools: managing conflict and building capacity*. New York: Teachers College Press.

Bereiter, C. & Scardamalia, M. (1993) *Surpassing ourselves: an inquiry into the nature and implications of expertise*. Chicago: Open Court.

Bestor, A. (1953) *Educational wastelands: the retreat from learning in our public schools*. Urbana, IL: University of Illinois Press.

Blair, J. (2003, June 18) Congress to probe teacher education group and its president. *Education Week*, 22, 41, pp. 1, 24.

Bransford, J., Darling-Hammond, L., & Lepage, P. (2005) Introduction. In L. Darling-Hammond and J. Bransford (eds.), *Preparing Teachers for a changing world* (1 - 39). San Fransisco: Jossey-Bass.

Brophy, J. & Good, T.L. (1986) Teacher behavior and student achievement. In M.C. Wittrock (ed.), *Handbook of research on teaching* (3rd ed.) (pp. 328 - 375). New York: Simon & Schuster.

Brown, J.S. & Duguid, P. (1991) Organizational learning and communities-of-practice: Toward a unified view of working, learning and innovation. *Organization Science*, 2(1), 40 - 57.

Brown, J., Collins, A., & Duguid, P. (1989) Situated cognition and the culture of learning. *Educational Researcher*: 18(1), 32 - 42.

Bruner, J. (1960) *The process of education*. New York: Vintage Books.

Calderhead, J. & Gates, P. (1993) *Conceptualizing reflection in teacher development*. London: Routledge Falmer.

Caliver, A. (1933) Secondary education for negroes. *The School Review*, 41(3), 231 - 232.

Carnegie Corporation. (2001) *Teachers for a new era: a national initiative to improve the quality of teaching*. New York: Author.

Carnegie Task Force on Teaching as a Profession (1986) *A nation prepared: teachers for the 21st century: the report of the task force on teaching as a profession*. New York: Author.

Center for Educational Renewal (n.d.) *Agenda for education in a democracy*. Retrieved September 12, 2005. http://depts.washington.edu/cedren/AED.htm

Chi, M.T.H., Glaser, R., & Farr, M.J. (1988) *The nature of expertise*. Hillsdale, NJ: Erlbaum.

Clark, C. & Peterson, P. (1986) Teachers' thought processes. In M. Wittrock (ed.). *Handbook of research on teaching* (3rd edition) (pp. 255 - 296). New York: Macmillan.

Cochran-Smith, M. (1999) Learning to teach for social justice. In G. Griffin (ed.), *The education of teachers: ninety-eighth yearbook of the National Society for the Study of Education* (pp. 114 - 144). Chicago: University of Chicago.

Cochran-Smith, M. (2004) *Walking the road: race, diversity, and social justice in teacher education*. New York: Teachers College.

Cochran-Smith, M. & Zeichner, K. (2005) *Studying teacher education: the report of the AERA Panel on Research and Teacher Education*. Hillsdale, NJ: Erlbaum.

Cohen, D.K. (1988) *Plus ça change...* Issue Paper 88 - 3. East Lansing, MI: Michigan State University, National Center for Research on Teacher Learning.

Cohen, D. K. & Ball, D. L. (1999) *Instruction, capacity, and improvement. CPRE Research Report Series (RR - 043)*. Philadelphia: Consortium for Policy Research in Education.

Cohen, D. K. & Rosenberg, B. H. (1977) Functions and fantasies: understanding schools in capitalist America. *History of Education Quarterly*, 17(2), 113 - 137.

Coleman, J.S., Campbell, E.Q., Hobson, C.J., McPartland, J., Mood, A. M., Weinfeld, F. D., & York, R.L. (1966) *Equality of educational opportunity*. Washington, DC: U.S. Government Printing Office.

Cooper, J.M. & Weber, W.A. (1973) A competency based systems approach to teacher education. In J.M. Cooper, W. A. Weber, & C. E. Johnson (eds.), *A systems approach to program design: Vol. 2. Competency based teacher education* (pp. 7 - 18). Berkeley, CA: McCutchan.

Corcoran, T. & Lawrence, N. (2003) *Changing district culture and capacity: the impact of the Merck Institute for Science Education Partnership*. (Policy Brief 54). Philadelphia, PA: Consortium for Policy Research in Education, University of Pennsylvania.

Council of Chief State School Officers (n. d.) *State Content Standards*. Retrieved January 13, 2006. http://www.ccsso.org/Projects/state_education_indicators/key_state_education_policies/3160.cfm

Counts, G. (1932) *Dare the school build a new social order?* New York: The John Day Company.

Cremin, L. (1988) *American education, the metropolitan experience, 1876 - 1980*. New York: Harper and Row.

Darling-Hammond, L. (1999) *Teacher quality and student achievement: a review of state policy evidence*. Seattle, WA: Center for the Study of Teaching and Policy.

Delpit, L. (1995) *Other people's children: cultural conflict in the classroom*. New York: The New Press.

Dodl, N.R. & Schalock, H. D. (1973) A competency based teacher preparation. In D. W. Anderson, J.M. Cooper, M.V. DeVault, G. E. Dickson, C. E. Johnson, & W. A. Weber (eds.), *Competency based teacher education* (pp. 45 - 52). Berkeley, CA: McCutchan.

Dow, P. (1991) *Schoolhouse politics: lessons from the Sputnik era*. Cambridge, MA: Harvard.

Farkas, G. (2003) Racial disparities and discrimination in education: what do we know, how do we know it, and what do we need to know? *Teachers College Record*, 105(6), 1119 - 1146.

Feiman-Nemser, S. (2001) From preparation to practice: designing a continuum to strengthen and sustain teaching. *Teachers College Record*, 103(6), 1013 - 1055.

Feiman-Nemser, S. & Buchmann, M. (1983) Pitfalls *of experience in teacher education* (Occasional Paper 65). East Lansing: Michigan State University, Institute for Research on Teaching.

Feiman Nemser, S. & Buchman, M. (1987) When is student teaching teacher education? *Teaching and Teacher Education*, 3, 255 273.

Feiman-Nemser S. & Floden R.E. (1986) The cultures of teaching. In M.C. Wittrock (ed.), *Handbook of research on teaching*, 3rd edition (pp. 505 - 526). New York: Macmillan.

Ferguson, R.F (1991) Paying for public education: new evidence on how and why money matters. *Harvard Journal on Legislation*, 28, 465 - 498.

Ferguson, R. & Ladd, H. (1996) How and why money matters: an analysis of Alabama schools. In H. Ladd (ed.) *Holding schools accountable: performance-based reform in education*. Washington, DC: Brookings Institution.

Fitz-Gibbon, C. T. (ed.) (2002) *Evidence-based policies and indicator systems*. Durham, UK: University of Durham.

Foster, J. (1999) *Redesigning public education*. Lexington, KY: Diversified Services.

Gage, N. (1963) Paradigms for research on teaching. In N. L. Gage (ed.), *Handbook of research on teaching* (pp. 91 - 141). Chicago: Rand McNally.

Gage, N. (1971) *Tools of the trade: an approach to enhancing the teacher's ability to make a difference*. Washington, DC: U.S. Department of Education, Bureau of Educational Personnel Development.

Gage, N. (1978) *The scientific basis of the art of teaching*. New York: Teachers College Press.

Gardner, H. (1985) *The mind's new science: a history of the cognitive revolution*. New York: Basic Books.

Gay, G. (2002) Preparing for culturally responsive teaching. *Journal of Teacher Education*, 53(2), 106 - 117.

Goodlad, J. (1997) *In praise of education*. New York: Teachers College.

Goodlad, J. & Keating, P. (1994) *Access to knowledge: the continuing agenda for our nation's schools*. Princeton, NJ: The College Board.

Goodlad, J. & McMannon, T. (1997) *The public purpose of education and schooling*. San Francisco, CA: Jossey-Bass.

Grant, C.A. & Sleeter, C.E. (1996) *After the school bell rings*. Bristol, PA: Falmer Press.

Griffin, A. & Hett, A. (2004, June) *Performance-based pedagogy of teacher candidates*. Olympia, WA: Office of the Superintendent of Public Instruction.

Greenwald, R., Hedges, L. V. & Laine, R. D. (1996) Have times changed? The effect on school resources on student achievement. *Review of Educational Research*, 66(3), 361 - 396.

Grossman, P.L. (1990) *The making of a teacher: teacher knowledge and teacher education*. New York: Teachers College Press.

Grossman, P. (1995) Teachers' knowledge. In L. W. Anderson (ed.), *International encyclopedia of teaching and teacher education* (2nd ed., pp. 20 - 24). Kidlington, Oxford: Elsevier Science Ltd.

Hage, J. & Powers, C. (1992) *The post-industrial lives: roles and relationships in the 21st century*. Thousand Oaks, CA: Sage.

Hall, G.E. (1981) Competency-based teacher education: where is it now? *New York University Education Quarterly*, 12(4), 20-27.
Hatano, G. & Oura, Y. (2003) Commentary: reconceptualizing school learning using insight from expertise research. *Educational Researcher*, 32(8), 26-29.
Hedges, L. (2003) *The culture of evidence*. A paper presented at the meeting of the National Science Foundation Math Science Partnerships. January 30, 2003.
Hill, H., Rowan, B. & Ball, D. (2005) Effects of teachers' mathematical knowledge for teaching on student achievement. *American Educational Research Journal*, 42(2), 371-406.
Holmes Group (1988) *Tomorrow's teachers*. East Lansing, MI: Author.
Holmes Group (1990) *Tomorrow's schools*. East Lansing, MI: Author.
Hunt, T. (2002) *The impossible dream: education and the search for panaceas*. New York: Peter Lang.
Hutchins, R.M. (1936) *The higher learning in America*. New Haven, CT: Yale University Press.
Jencks, C. (1972) *Inequality: a reassessment of the effect of family and schooling in America*. New York: Basic Books.
Jencks, C. & Phillips, M. (1998) *The black-white test score gap*. Washington, DC: The Brookings Institute.
Johnson, R.C. & Viadero, D. (2000, March 15) Unmet promise: raising minority achievement. *Education Week*, 19, 27, pp.1, 18-19.
Johnson, S.M. & The Project on the Next Generation of Teachers (2004a) *Finders and keepers: helping new teachers survive and thrive in our schools*. San Francisco: Jossey-Bass.
Johnson, S., Kardos, S., Kaufman, D., Liu, E., & Donaldson, M. (2004b) The support gap: new teachers' early experiences in high-income and low-income schools. *Education Policy Analysis Archives*, 61(12). http://epaa.asu.edu/epaa/v12n61/
Kardos, S.M. (2004) *Supporting and sustaining new teachers in schools: the importance of professional culture and mentoring*. *Cambridge*, MA: Harvard University.
Kardos, S. M., Johnson, S. M., Peske, H. G., Kauffman, D., & Liu, E. (2001) Counting on colleagues: new teachers encounter the professional cultures of their schools. *Educational Administration Quarterly*, 37(2), 250-290.
Koerner, J. (1963) *The miseducation of American teachers*. Boston: Houghton Mifflin, 1963.
Ladson-Billings, G. (1994) *The dreamkeepers: successful teachers of African American children*. San Francisco: Jossey-Bass.
Ladson-Billings, G. (1999) Preparing teachers for diverse student populations: a critical race theory perspective. In A. Iran-Nejad & D. Pearson (eds.), *Review of Research in Education* (24)(pp.211-248). Washington, DC: AERA.
Lakoff, R. (2000) *The language war*. Berkeley, CA: University of California Press.
Lampert, M. (1985) How do teachers manage to teach? Perspectives on problems in practice, *Harvard Educational Review*, 55 (2), 178-194.
Lave, J. & Wenger, E. (1991) *Situated learning: legitimate peripheral participation*. Cambridge, UK: Cambridge University Press.
Leinhardt, G. (1988) Situated learning and expertise in teaching. In J. Calderhead (ed.). *Teachers' professional learning* (pp. 146-168). London: Falmer.
Linn, R. L. (2000) Assessments and accountability. *Educational Researcher*, 29(2), 4-16.
Linn, R. L. (2001) *The design and evaluation of educational assessment and accountability systems* (CSE. Tech. Rep. No.539). Los Angeles: University of California, Center for Research on Evaluation, Standards and Student Testing.
Little, J. W. (1993) Teachers' professional development in a climate of educational reform. *Educational Evaluation and Policy Analysis*, 15(2), 129-151.
Lortie, D. (1975) *Schoolteacher: a sociological study*. Chicago: University of Chicago Press.
Luria, A. R. (1974) *Cognitive development: its cultural and social foundations*. Cambridge, MA: Harvard University.
Luria, A. R. (1976) *Cognitive development: its cultural and social foundations*. *Cambridge*, MA: Harvard University.
McDiarmid, G. W. (1991) What do prospective teachers need to know about culturally different children? In M. M. Kennedy (ed.), *Teaching academic subjects to diverse learners* (pp.257-269). New York: Teachers College Press.
McDiarmid, G. W. (1993) Teacher education: a vital part of the equity issue. *State Education Leader*, 12(1), 11.
McDiarmid, G. W. (1994) The arts and science as preparation for teaching. In K. Howey and N. Zympher (eds.), *Informing faculty development for teacher educators* (pp.99-138). Norwood, NJ: Ablex.
McLaren, P. (1995) *Critical pedagogy and predatory culture*. New York: Routledge.
McLaughlin, M. & Talbert, J. (2001) *Professional communities and the work of high-school teaching*. Chicago: University of Chicago Press.
Massell, D. (1998) *State strategies for building capacity in education: progress and continuing challenges*. Philadelphia, PA: Consortium for Policy Research in Education, University of Pennsylvania.
Massell, D. (2000) *The district role in building capacity: four strategies* (*CPRE Policy Brief No. RB-32*). Philadelphia: Consortium for Policy Research in Education, University of Pennsylvania.
Mayer, R. (2003) What causes individual differences in cognitive performance? In R. Steinberg & E. Grigorenko (eds.), *The psychology of abilities, competencies, and expertise* (pp.263-274). New York: Cambridge University Press.
Michelli, N. M. & Keiser, D. L. (2005) *Teacher education for democracy and social justice*. New York: Routledge.
Munby, H. Russell, T., & Martin, A. K. (2001) Teachers' knowledge and how it develops. In V. Richardson (ed.), *Handbook of research on teaching* (4th ed.) (pp.877-904). Washington, DC: American Educational Research Association.
National Board for Professional Teaching Standards (n. d.) Retrieved August 26, 2005. http://www.nbpts.org/standards/stds.cfm
National Council for the Accreditation of Teacher Education (NCATE) (1977) *Standards for the accreditation of teacher education*. Washington, DC: Author.
National Council for Accreditation of Teacher Education (NCATE) (2001) *Professional standards for the accreditation of schools, colleges, and departments of education*. Washington, DC: Author.
National Commission of Teaching and America's Future (1996) *What matters most: teaching for America's future*. New York: Author.
National Commission of Teaching and America's Future (2003) *No dream denied: a pledge to America's children*. Washington,

DC: Author.
National Council of Teachers of Mathematics (1989) *Curriculum and evaluation sandards for school mathematics*. Reston, VA: Author.
Ogren, C. (2005) *The American state normal school: "An instrument of great good."* New York: Palgrave Macmillan.
Oregon Department of Education. (May, 2004) *Cultural competency summit proceedings*. Salem, OR: Author.
Pangburn, J. M. (1932) *The evolution of the American teachers college*. New York: Teachers College, Columbia University.
Pedulla, J., Abrams, L., Madaus, G., Russell, M., Ramos, M. & Miao, J. (2003) *Perceived effects of state-mandated testing programs on teaching and learning: findings from a national survey of teachers*. Boston, MA: National Board on Educational Testing and Public Policy, Boston College.
Rickover, H. (1963) *American education-a national failure: the problem of our schools and what we can learn from England*. New York: Dutton.
Rosenshine, B. & Furst, N. (1973) Research on teacher performance criteria. In B. O. Smith (ed.), *Research in teacher education—A symposium* (pp. 37 - 72). Englewood Cliffs, NJ: Prentice-Hall.
Rutherford, J. & Ahlgren, A. (1990) *Science for all Americans: Project 2061*. New York: Oxford.
Ryans, D. (1960) *Characteristics of teachers: their description, comparison, and appraisal*. Washington, DC: American Council on Education.
Schon, D. (1984) *The reflective practitioner: how professionals think in action*. New York: Basic Books.
Schon, D. (1990) *Educating the reflective practitioner: toward a new design for teaching and learning in the professions*. San Francisco, CA: Jossey-Bass.
Schwab, J. J. (1962) The concept of a structure of a discipline. *Educational Record*, 43, 197 - 205.
Schwab, J. J. (1973) The practical 3: translation into curriculum. *School Review*, 81, 501 - 522.
Seattle Public Schools (2005) *What is cultural competence?* Retrieved September 9, 2005. http://www.seattleschools.org/area/equityandrace/culturalcompetency.xml
Shulman, L. S. (1986) Those who understand: knowledge growth in teaching. *Educational Researcher*, 15(2), 4 - 14.
Shulman, L. S. (1987) Knowledge and teaching: foundations of the new reform. *Harvard Educational Review*, 57(1), 1 - 22.
Sleeter, C. & Grant, C. (1987) An analysis of multicultural education in the United States. *Harvard Educational Review*, 57 (4), 421 - 444.
Soder, R. (1995) *Democracy, education, and the schools*. San Francisco, CA: Jossey-Bass.
Soder, R., Goodlad, J. & McMannon, T. (2001) *Developing democratic character in the young*. San Francisco, CA: Jossey-Bass.
State Office (1889) *Historical sketch of the State Normal School at San José, California, with a catalogue of its graduates and a record of their work for twenty-seven years [1862 - 1889]*. (J. D. Young, Supt. State Printing). Sacramento, CA. http://www.cagenweb.com/archives/schools/sns/sns89001.htm. Retrieved August 28, 2005.
Steiner, D. (2003) *Preparing teachers: are American schools of education up to the task?* Paper presented at the conference of the American Enterprise Institute for Public Policy Research: A Qualified Teacher in Every Classroom. October 23, 2003, Washington, DC.
Steinberg, R & Grigorenko, E. (2003) *The psychology of abilities, competencies, and expertise*. New York: Cambridge University Press.
Taylor, C. & Nolen, S. (2004) *Classroom assessment*. Upper Saddle River, NJ: Prentice.
Toulmin, S. E. (1958) *The uses of argument*. Cambridge: Cambridge University Press.
Tyack, D. & Cuban, L. (1995) *Tinkering towards utopia: a century of public school reform*. Cambridge, MA: Harvard University Press.
United States Department of Education (n. d. a) *Fact sheet: new No Child Left Behind flexibility: highly qualified teachers*. Retrieved September 4, 2005. http://www.ed.gov/nclb/methods/teachers/hqtflexibility.html
United States Department of Education (n. d. b) *Elementary & Secondary Education: Part D—Enhancing Education Through Technology*. Retrieved January 13, 2006. http://www.ed.gov/policy/elsec/leg/esea02/pg34.html12c2401
University of the State of New York (1922) *Course of study and syllabus for the college graduate certificates*. Albany, NY: Author.
Urban, W. J. (1990) Historical studies of teacher education. In W. H. Houston (ed.) *Handbook of research on teacher education* (pp. 59 - 71). New York: Macmillan.
Vygotsky, L. S. (1962) *Thought and language*. Cambridge, MA: MIT Press.
Vygotsky, L. S. (1978) *Mind in society*. Cambridge, MA: Harvard University Press.
Waxman, H. & Wahlberg, H. (eds.) (1991) *Effective teaching: current research*. Berkeley, CA: McCutchan.
Wenger, E. (1998) *Communities of practice: learning, meaning, and identity*. Cambridge, UK: Cambridge University Press.
Wertsch, J. V. (1985) *Cultural, communication, and cognition: Vygotskian perspectives*. Cambridge University Press.
Wilson, S. M., Shulman, L. S., & Richert, A. (1987) 150 different ways of knowing: representations of knowledge in teaching. In J. Calderhead (ed.), *Exploring teachers' thinking* (pp. 104 - 124). Sussex, England: Holt, Rinehart & Winston.
Wilson, S. M., & Wineburg, S. (1988) Peering at history through different lenses: the role of disciplinary perspectives in teaching history. *Teachers College Record*, 89, 525 - 539.
Wilson, S. M., Floden, R. E., & Ferrini-Mundy, J. (2001) *Teacher preparation research: current knowledge, gaps, and recommendations*. Seattle, WA: Center for the Study of Teaching and Policy.
Zeichner, K. & Liston, D. (1990) *Traditions of reform in U.S. teacher education (Issue paper 90 - 1)*. East Lansing, MI: Michigan State University, National Center for Research on Teacher Learning.
Zeichner, K. & Liston, D. (1996) *Reflective teaching: an introduction*. Mahwah, NJ: Lawrence Erlbaum Associates.
Zumwalt, K. (1988) Are we improving or undermining teaching? *Yearbook (National Society for the Study of Education)* v. 87, pt. 1, 148 - 174. Chicago: University of Chicago.

10. 满足多样化学习者所需的教师能力：教师需要知道什么？

蒂龙·C. 霍华德（Tyrone C. Howard）
加利福尼亚州立大学洛杉矶分校(University of California，Los Angeles)

格伦达·R. 阿莱曼(Glenda R. Aleman)
加利福尼亚州立大学多明格斯山分校(California State University of Dominguez Hills)

摘要

157 教师能力是教师在中小学课堂中必备的知识和品性。但是，有人指出，这些能力不足以为所有的学生创设平等的学习环境。在本文中，我们将梳理教师能力的历史发展，列举满足不同学习者需要的教师知识的重要研究。最后，提出一些建议，以反思具备怎样的教师能力才能够服务于多样化学习者。

自1973年美国教师教育学院协会(AACTE)开始推崇多元文化教育以来，学生多样性问题便开始出现在有关教师能力的对话中，但这也只不过是30年的事情。在《没有同一模式的美国人》(*No One Model American*)一书中，该协会号召教师的专业素养应回应日渐突出的多元文化现象(Nieto，2000)。此后，全美教师教育认证协会(NCATE)也呼吁所有教师教育培训机构要培养能胜任在多元学校环境中从事教学的候任教师。但是，戈尔尼克(Gollnick，1995)指出，在大多数教师教育机构中，与多样性相关的课程或项目实际上非常少。其他研究也指出类似的问题，尽管为多样化学习者培养教师的任务非常紧迫，但是，与多样性相关的课程依然与其他教师教育课程相分离(Cochran-Smith，*et al.*，2003；Ladson-Billings，1995；Hollins and Guzman，2006；Zeichner and Hoeft，1996)。

教师教育的历史研究表明，当前的研究主要围绕最有效的教师培养方法，提升教师帮助全国所有学生接受教育的能力，仍缺少教师教授非主流群体学生(贫穷或/和具备多元文化背景的学生)所需的能力的研究和建议对策。多年以来，各种委员会、财团和工作团队一直专注于建构教师教育的核心标准、基本知识和有效的实践方法，其实更多的关注点应该放在全国的学校中不断变化的人口结构上。

本文将主要探讨有助于教授多样化学生的教师能力问题，建立在麦克迪尔米德与克莱文杰-布赖特(McDiarmid and Clevenger-Bright)、格兰特与阿格斯托(Grant and Agosto，本书)关于教师能力所包含的知识、技能和品性框架上。我们将教师能力界定
158 为教师在当下课堂中教学所需的核心知识、技能和品性。具体来说，我们认为这些知

识和技能即学科知识(Subject Matter)和教学法知识(Pedagogical Content Knowledge)。此外,教师能力还包括教师能够对教育的社会和政治环境有清醒的认识,对种族、阶级、性别、文化、语言和教育平等一系列问题持批判性的品性。之所以强调教师教授多样化学习者的能力,是因为当前培养能够应对学校中越来越多元的种族、民族、语言和社会阶级的教师的需求日趋迫切。依据联邦教育部文件,有色人种学生几乎占据美国学生人口的40%(National Center for Education Statistics, 2003)。国家人口统计局(U.S. Census Bureau, 2000)估计,2050年非洲裔美国学生、亚裔美国学生和拉丁裔美国学生将占据美国学生人口的一半之多。在许多大城市,比如纽约、洛杉矶、芝加哥、费城和华盛顿,有色人种学生已经占据学生人口中的大多数(Hodgkinson, 2002)。而且,母语为非英语的学生数量在过去的20年里剧增,从1985年的150万增加到2005年的550万(Villegas and Lucas, 2003; U.S. Department of Education, 2002)。

在本文中,我们提出多元社会中教师的必备能力问题,即在多元社会中教师在教授学生时必备的知识、技能和品性是什么?教师培养项目能否成功地培养候任教师的这些能力?我们的主要目的之一是,探讨在与过去截然不同的学校和课堂环境中教师能力的动态性和复杂性。我们相信,在多样性成为国家文化和学校情境的重要特点后,这一探讨非常必要。不过,令人遗憾的是,以往人们对教师能力的理解并没有包含教授多样化学习者的内容。

尽管学校人口构成发生了巨大的变化,但教师核心知识的探讨依然关注学科知识和教学法知识,当然,这一关注点非常重要。但是,我们认为,许多实证的和理论的研究提出的应对多样化学习者的优秀教育实践,也应该包括在教师能力之中。因此,我们将从以下三个部分讨论教师教授多样化学习者的能力:(1)学科知识和教学法知识;(2)在多元环境中有效实践的知识;(3)批判意识的发展。

学科知识和教学法知识

在有关教学专业化的持续讨论中,关于教师能力的三个论争焦点是,不同管理主体在资格认证中的作用、必要的教学技能以及学科知识。学科知识的重要性至少在两个世纪前已经出现在教师发展的对话中(Darling-Hammond, 2005)。结论一直很清晰,教师应该具有丰富的学科知识(Shulman, 1987; Munby, *et al.*, 2001; Wilson, *et al.*, 1987)。而且,一系列研究发现,具备丰富学科知识的教师能促进学生在该科目上
取得更优异的成绩(Darling-Hammond, 2000; Goldhaber and Brewer, 2000)。美国 159
教育部(U.S. Department of Education, U.S. DOE, 2002)和美国卓越教师资格认证委员会(American Board for Certification of Teacher Excellence, 2003)均认为,仅有掌握学科知识和语言能力是得到实证支持的卓越教师都应具有的特质。

尽管有研究认为,掌握学科知识是教师能力最重要的方面,但也有研究提出,只有

学科知识是不够的，教师还要能够将学习内容传递给多样化学习者。这涉及与特定学科相关的关键性概念、主题和基本技能的广度和深度，从而使学科内容可以通过多种多样的方式呈现出来(Grossman *et al.*, 2005)。英语/语言文学、数学、社会课程和科学都有基本的课程内容标准，体现该学科的核心概念，掌握这些学科既包括掌握学习内容，也包括掌握学习过程。还有研究表明，尽管在教师的专业与所教科目一致时，其学生的学业成绩会很优秀(Monk, 1994; Monk and King, 1994)，但是，具有丰富的、深厚的学科知识，或掌握清晰概念结构的教师能够更有效地将学习内容教给学生(Ball and Bass, 2000;Ma,1999)。因此，教学法知识也非常重要。

越来越多的研究关注学科知识对教师效能和学生学习的影响，但这些研究发现却并未达成最终结论。弗洛登和梅尼凯蒂(Floden and Meniketti, 2005)非常详细地综述了关于学科知识与教师效能关系的研究，我们从中发现，单纯地学习学科知识并不能提高教师效能。弗洛登和梅尼凯蒂认为，关于学科知识与教师效能关系的实证研究有待深入。当前，已经存在大量关于中学数学教学的实证研究，其中证实了教师的数学研究与学生的学习结果之间呈正相关(参见，Wenglinsky, 2002; Wilson, *et al.*, 2001; Wilson 和 Floden, 2003)。蒙克(Monk, 1994)分析了“美国青少年纵向研究”(Longitudinal Study of American Youth)的数据，他发现数学和科学教师在大学修习其科目的时间与学生该学科的学业成绩呈正相关。贝格(Begle, 1979)、戈德哈伯和布鲁尔(Goldhaber and Brewer, 2000)也做过类似研究，他们发现，教师在其所教科目上的专业能力对学生学习有极大影响。然而，极少有研究者关注英语课和社会课教师的课程学习和实践对学生学习的积极影响。弗洛登和梅尼凯蒂(2005)梳理了科学课方面的实证研究，发现教师在科学方面修读课程越多，其学生学习科学课的积极性越高。因此，尽管我们承认学科知识是教师能力非常重要的一部分，但是，教师的教学法、教学实践和学生学习之间的关系还需要更多的研究。这些研究不仅要关注职前教师掌握学科知识的数量，还要考虑其学习质量和类型。之前对教师能力的讨论一直坚持这样的立场，即职前教师接触越多的学科知识，他们便能越好地掌握这些内容。但是，通过分析上述研究发现，后续研究的重点在于探寻掌握学科知识、教学实践与学生学习三者之间的关系，其中，尤其需要关注这些关系对多样化学习者的影响。

160 由于人们对教师学科知识的关注增多，学科知识测试成为教师获得认证的必备条件之一。在 2005 到 2006 年间，美国 42 个州和哥伦比亚学区要求新任高中教师必须通过课程内容考试，33 个州要求新任教师必须获得其所教科目的专业学位。课程内容考试主要测评教师在所教课程上的教学技巧和学科知识，这在全国上下获得了前所未有的关注。很多教育机构质疑这些泛滥的考试，认为这种考试会对具有不同种族和文化背景的候任教师造成不利影响(Irvine, 2003)。尽管争论不休，考试的内容与方式也有待商榷，但要求教师掌握学科知识却没有商量余地。

越来越多的州要求教师在掌握学科知识的同时，要适应多变的背景和情境，比如和教学密切相关的人的发展、职业发展、教师领导力等方面。在加利福尼亚州，为了改善教师质量，教师需要参照“加利福尼亚州教学绩效建议”(California Teaching Performance Expectations)。该建议认为，有效的教师能力的发展需要历时数载且不间断。该建议主要为职前教师设计，包括各种彼此关联的知识和技能，主要涉及教学法知识、个人成长和英语学习者的需求等内容。总之，这些建议旨在说明在多元且充满挑战的课堂中教师必须要具备的主要知识基础。

对教师学科知识的评估不仅仅是个别州的要求，也有来自联邦政府的压力。(美国)国家专业教学标准委员会(National Board for Professional Teaching Standards, NBPTS)自成立伊始就试图通过一系列严格的认证程序提高美国学校的教学质量。该委员会要求教师掌握并融合学科知识和教学法知识，具备帮助所有学生达到更高标准的一系列教学策略(NBPTS, 2001)。作为教师专业认证的最高标准，(美国)国家资格认证委员会(National Board Certification)主要依据五方面的核心内容来考查教师是否合格。这些方面是：

1. 教师全身心投入到学生和学习中去。
2. 教师掌握所教科目，知道如何教授这些内容。
3. 教师有责任组织和督促学生学习。
4. 教师能系统地反思教学实践，吸取经验教训。
5. 教师是学习共同体的成员。

国家专业教学标准委员会提出的所有学科的卓越教师标准，在过去十年里逐渐受到推崇。同时，它强调教师掌握足以促进学生学习的学科知识，这成为教师能力不可或缺的部分。不过，许多研究者质疑国家资格认证委员会在公平与文化方面的偏见，
他们认为，大量有色人种教师难以通过认证是一大缺陷(Goldhaber, *et al.*, 2003)。 161
如，拉德森-比林斯和达林-哈蒙德(Ladson-Billings and Darling-Harmmond, 2000)认为，国家专业教学标准委员会的标准不能保证文化回应式的教学实践。他们的研究发现，城市学校中卓越教师的特点与全国青少年英语艺术委员会(National Board Early Adolescent/ English Arts)的评估标准并不一致。他们还认为国家专业教学标准委员会的测评方法有不良的种族影响，有色人种教师和城市学校教师的测评成绩通常不及白人教师和在较富裕社区的学校任教的教师。因此，尽管该委员会提出的教师标准非常重要，我们仍需继续考量它是否真正体现出了优秀教学的特点。

教学法知识

任何对教师基本能力或知识的讨论，都不能忽视将教学内容传递给学生的重要

性。在20世纪初，教学法知识被认为是教师能力的重要组成部分，并日渐成为教师培养中的共同话题。舒尔曼(Shulman, 1986)促进了我们对教学法知识的理解：

> 某一学科领域最经常教授的主题，最常用的表达方式，最有说服力的类比、图释、例证、解释和演示，简言之，这些都是使他人易于理解和接受的表达方式。教学法知识包括了解(学生)在学习具体内容时哪些因素使学习更容易或更有难度，还包括了解不同年龄、不同背景的学生在日常学习过程中已有的经验和想法。(Shulman, 1986: 9 - 10)

舒尔曼的教学法知识建立在他反对通常的将学科知识和教学法知识当作两种不同的领域分开讨论的观点之上，他认为对这两个概念的交叉理解能帮助教师以学生更容易接受的方式教授学习内容。舒尔曼使人们对教学法知识的看法大为改观，但是他并不是第一个强调教学中教学法重要性的学者。杜威早已提出教学过程是一个复杂的进程，需要不同领域教和学的知识。教育过程“有两面，一面是心理，一面是社会；一面不能凌驾于另一面之上，也不能忽略其中一面，否则会导致非常不好的结果”(Dewey, 1897: 78)。在杜威和舒尔曼观念的指引下，全国的教师教育工作者重新调整了教师培养项目，强调教学法以及教学法知识在教师能力中的重要性。但是，有学者指出对学科知识的强调导致了教学法知识的式微(Ball and McDiarmid, 1990)。

教学是一项非常复杂的活动，教师需要具备在动态的空间内进行教学的智慧
162 (Leinhardt and Greeno, 1986; Spiro *et al.*, 1991)。教学法知识已经被与教师培养相关的专业发展文献广泛引用(Grossman, 1990; Ma, 1999; Shulman, 1987; Wilson *et al.*, 1987)。不同学科的知识与教学法知识融合的方式不同。瓦恩伯格和威尔逊(Wineburg and Wilson, 1988)发现社会课教师的学科背景对其高中历史内容的讲解有很大影响，格罗斯曼(Grossman, 1990)对英语教师的研究也有类似结论，教师的语言教学法会影响到使用教科书的方式。本文的观点是，面对多样化学习者，教师能力必须包括教学法知识，此种知识要让教师学会如何对学生学习的复杂性予以回应，教师特别要关注学生的知识和文化背景。

教学法、学习和文化：情境认知理论

尽管我们从教学法知识的研究中学到很多，但是我们相信如果将之与对学习和文化复杂性的理解相结合，教师应对多样化学习者的能力会很大程度地提高。这种结合是非常必要的，它能提供在教授多样化学习者时教师需要具备的不同类型的知识。有的学者提出，教学法的重要性与理解学生学习、成长的文化背景息息相关，因此人的发展和文化背景是至关重要的(Cole, 1996; Erickson, 2002; Gutiérrez, 2002)。要进一

步发展教师能力的知识基础框架应该将教学法、文化和认知相结合。

大量的研究考察了人类发展影响学生认知的方式(Gutiérrez and Rogoff, 2003; Gutiérrez *et al.*, 2000)。学生多样性越加丰富,社会文化理论在教师培养中越加受到重视,我们认为这是思考教授多样化学习者的教师能力的基础。社会文化理论以维果茨基(Vygotsksy, 1986)的理论为支撑,维果茨基提出学生发展不能仅仅以个体为单位来研究和理解,而应当在学生参与的需要发挥认知和沟通功能的活动中来理解,这种情境学习启发我们更加关注学习过程,以及学习怎样在真实的情境中发生(Brown *et al.*, 1996)。社会文化理论的另一个范式——文化历史理论,认为学习过程需要个体使用符号、标记和其他文化工具(比如语言、技巧、知识和信念),表现他们在探索如物质对象(词语、图片、书等)外部形式的过程中所具有的共同经验。教师若能理解学生学习和认知的这些方面,便能更好地教授来自多样化文化和语言背景的学习者。

社会文化理论者的预设是,细致而复杂的文化理解有助于理解文化、教学法与认知之间的联结,他们认为文化建构影响人们的认知、动机、交互模式、交互手段和看待世界的方式。雷纳尔多(Renaldo, 1989)认为无处不在的文化要回应特定的社会系统 163
特性,人们在不同的环境中积累形成了各具特色的信仰、品性、习惯和价值观,奠基了各个社会系统,人类所有的行为都是以文化为中介的。从社会文化理论来理解学生学习,改变了既有的对教师能力的理解,这对教授越来越多样化的学习者至关重要。当前,对教师能力的理解大多源自主流的学习理论,如行为主义、信息加工理论和认知建构主义,忽视了文化和环境对思考和学习的影响(Artilles *et al.*, 2004)。

许多理论研究者讨论了文化如何影响学生的思考、学习、情境认知和认知的社会背景(Rogoff,1990; Tharp and Gallimore, 1988)。这一观点极为重要,它促使教师超越以往对学习的理解,克服对学生和群体文化肤浅和抽象的认识。比如,罗格夫和安德利洛(Rogoff and Andelillo, 2002)谈论到,主流的文化观点将文化抽象地看作"问题箱"(box problem),把来自不同种族群体的学生集体简单地看成没有内在差异的个体的集合。对文化更全面和复杂的理解则督促教师理解学生带入教室的多元文化和社会资本,这些多元文化和社会资本通常与主流的标准、主流的世界观不同,即使是在同一个种族群体中,不同个体带入教室的多元文化和社会资本也有所不同。

越来越多的学者就以下观点达成共识,即有效的教学必须识别并尊重复杂的文化差异,肯定不同文化独特的意义及其社会价值。日内瓦·盖伊(Geneva Gay, 2000)认为文化回应教学法能帮助教师识别学生的文化独特性,通过使用"该文化的知识、已有经验、参照系和行为方式,使学习对学习者而言更有意义,并与多样化学习者密切相关。此种教学教授学生擅长的内容,通过教学肯定学生的文化"(Gay, 2000: 29)。拉德森-比林斯(Ladson-Billings)提出文化回应教学法能够"通过使用文化参照系来教授知识、技能和品性,促进学生在知识、交往、情感和政治参与等方面的发展"(Gay, 2000: 18)。

教学法的研究将继续推进关于教师能力的对话。从教学法知识支持者的观点来看，关于教师能力的对话需要可靠的研究和实验证据支持，以启发教师教育工作者更加有效地教授给职前教师与教学法知识相关的技能和知识。

在多元环境中有效教学的教师能力和知识

20世纪80年代，为了向教师提供教授多样化学习者必备的知识和技能，改变由霸权循环、不公平和压迫导致的多样化学习者的学业失败（Banks，2002），多元文化教育应运而生。多元文化教育被视为对学校课程、政策、教学策略和学校文化的改革，它能促进家庭、学校与社会共同建立公平的教育系统，鼓励学生成为有知识、能关怀、会反思、主动参与全球化和多元社会活动的公民（Banks，2002，2004；Bennett，2003；Sleeter and Grant，2003）。

多元文化教育者认为，建构教师知识基础时必须认识到美国当前重要的种族、文
164 化、语言、性别和阶级状况。而且，教师在教学时需要具备杰基·欧文（Jackie Irvine，2003）所说的“文化之眼”（the cultural eye）——教师在看待周围的世界和他们的工作时要具有一种文化的视角，他们要成为提升多元文化学习者学业成就的力量。

班克斯（Banks，2002）认为，多元文化教育的五个维度能促进学习从局限于一个方面向更全面、更复杂的多领域转变。班克斯（1995）所提的每一个维度——内容融合、知识建构、公平教学法、减少偏见和提升学校文化力，都被视为扩展多元文化教育理论与实践深度和广度的起点，也是为多元文化学习者服务的教师能力的特点。许多人批评班克斯的模式不够彻底，不够创新（Kanpol and McClaren，1995；Obidah，2000），他们选择了一种更加彻底的方式，认为要提升所有学生的学业成就，就需要在反思多样性基础上进行改革，解决课程问题，挑战各种机构系统的歧视性规定。比如，索尼娅·涅托（Sonia Nieto，2004）的“多元文化是……”的列表，贝内特（Bennett，2003）提出的多元文化教育的“核心价值观和目标”。

科克伦-史密斯在做过详尽的多元文化文献综述后，提出了“多元文化教师教育多重意义概念框架”（Cochran-Smith，2003：8）。该框架包括八个深刻的问题，如发掘学生多样性的复杂性，识别学校教育的目的，判断哪些知识更有用，评估教师成就的重要性，持续性地记录优秀的教学实践等。科克伦-史密斯建议，对多元文化教师教育更加全面和复杂的理解有益于教师实践，可以推动我们开展一系列影响政策的研究，比如如何招聘、留任、培养、支持和评估多元文化学校中的优秀教师。

大量的实证研究继续为改善多样化学习者的学校表现提供优秀教学实践的知识基础，比如奥和乔丹（Au and Jordan，1981）的卡梅哈梅哈早教计划（Kamehameha Early Education Program，KEEP）。该计划主要关注语言发展，展示了教师团队、心理学家、人类学家和语言学家共同研究教授夏威夷当地学生阅读方法的过程。奥和乔丹发现该计划中阅读教学方法的成功之处在于强调理解，而不是声音-符号关系。在阅

读教学中，教师组织了一系列的学习小组，使得教学更加个体化。他们将该计划的成功主要归因于阅读课的组织形式，它类似于夏威夷土著文化普遍的语言模型，即“讲故事”(talk-story)。

李(Lee，1995)发现非洲裔美国人社区的社会对话形式——指示(signifying)，对文学理解中的教学技能具有辅助作用。她的研究假设是，教师具备指示能力，并对社会对话、价值观和与文本相关主题有所了解，能有效地帮助非洲裔美国学生理解小说。李(1995)用心理图式理论解释了学生的进步。她声称用类比的方法将不熟悉的信息和已有图式建立连接，能够实现更好的理解，辅助高难度技巧的掌握(Collins，*et al.*，1991；Resnick，1987)。她总结道，分析教室环境的研究亟待跟进，以推进教师利用元 165
认知经验，包括对特定文化文本的分析及其自身的文化经历，创造有效的学习策略。

罗隆-道(Rolon-Dow，2005)研究了波多黎各女学生的学校经历，他使用了“批判关心实践”(critical care praxis)作为分析师生沟通的概念框架。他发现，用历史的观点理解学生生活的教师，能够以种族意识辅助教学，利用反叙事建构师生关系、学生共同体。该发现同巴伦苏埃拉(Valenzuela，1999)对墨西哥移民以及墨西哥裔美国学生的研究一致。巴伦苏埃拉发现，当出现“真正的关心”时——学生的文化资本得到教师的承认和肯定时，学生能更加投入地学习，取得学业成功。这同使用忽略学生文化和社会资本的“减法”教学方法的教师实践形成了鲜明对比。

纳西尔(Nasir，2002)发现，身份和学校教育的关系与非洲裔美国成年学生的数学成就密切相关。在了解了学生具有多米诺骨牌的知识后，她发现在多米诺骨牌游戏等活动中，当数学概念成为活动的规则和重要内容时，数学目标就很容易达到。纳西尔认为，文化和学习具有类似关系，她研究了篮球是如何帮助非洲裔美国男学生理解数据思考和推理的，纳西尔认为，当学生的文化经验和贡献在学习过程中未得到认可时，他们常常将自己的低水平表现归咎于种族的失败，所以她呼吁将教室内的学习目标同基本的学习目标相结合。

其他研究者提供了多元文化环境中教师培养的框架。涅托(Nieto，2000)提出，为了让师范生为进入多元的课堂环境做好准备，教师培养项目必须考虑三个关键因素：(1)采用社会正义和多样性的观点；(2)使社会公平贯穿教师教育的全过程；(3)将教学作为终生发展的方式。每一个因素都对教师培训项目提出了挑战，候任教师必须了解多样化学习者的信念、品性和知识。前面提及的学者们都为思考为多元学习者服务的教师能力提供了宝贵的启示和实证基础，但是我们认为采用多元文化范式的教学时，必须以学校中公平的品性、信念和承诺等批判性意识作为支持和依托。

批判意识和反思

一直以来，诸多教师能力研究关注教学的专业方面，比如学科知识、教学法和认知。然而，近来更多的人开始关注教师的政治价值观和信念，强调教师批判社会、政治环境以及教育意识的重要性。比如，莫尔和阿诺特-霍普弗（Moll and Arnot-Hopffer，2004）认为，教师需要对自己的工作进行"意识形态澄清"，认识到教学始终是一种政治上的努力。他们强调，意识形态澄清要求教师清晰地意识到学生带入教室的文化资
166 本，并且知道如何利用丰富的文化、社会、社区资源为其所在课堂和社区服务。当建立起积极的师生关系、教师家长关系后，教师才能够创造更好的学习情境，促进学生学业进步，不要求学生在追求学业成功时放弃自己的文化完整性。维莱加斯和卢卡斯（Villegas and Lucas，2003）呼吁教师发展"社会文化意识"，明确人的思维方式深受种族、阶级、性别、语言以及他们所处的等级制社会系统的影响。

关于批判意识的对话起源于批判教学法，尤其是批判教育学理论。该理论提倡教师首先要理解学校是"社会合法化机构"（Anyon，1988），是社会等级和社会传统通过课程、政策、教学法、日常交流和纪律得以巩固的地方。由于所有的学校实践都处在大的社会制度框架下，许多批判理论将教育机构视为意识形态霸权的推动者（Anyon，1988；Giroux，1988；Macedo，2000；McLaren，2003a；McCarthy and Crichlow，1993）。霸权机构的意识形态使得一些社会偏见和缺陷式思维在学校中弥漫，导致工薪阶层出身的学生和有色人种学生的学业失败（Hatcher and Troyna，1993）。

我们认为这些批判性著作提供了有助于满足多样化学习者需要的教师能力的定义。批判教育理论家与多元文化学者的不同之处在于，他们不认为个体的偏见和无知是教育中最关键的问题，而认为允许偏见存在、使偏见隐形并弥漫的制度系统才是罪魁祸首。通过政治结构看待学校中的问题，可使教师理解他们在这一结构中承担的角色（Bell，*et al.*，2003；Hooks，1994）。考虑到21世纪教育的复杂性，职前教师的确需要清醒地辨识自己对学校教育和意识形态的看法，因为这是教师发展所需知识基础的重要组成部分。

作为批判意识的反思

教师能力的重要内容之一是教师能够有独立的观点，并知道这些观点对自己工作的影响。许多学者提出了供职前教师参考的反思框架（Milner，2003；Howard，2003）。批判的意识能帮助教师反思自己霸权式的思想，以及在这些思想的指导下的实践对学生的影响。培养候任教师成为批判教育者，首先要使他们"意识到"自己在机构内所承担的角色，并且视自己为促成改变的因素。"让教师认识到自己工作的政治本质，有利于让他们自我反省深深影响他们课堂实践的种种利益关系和前提假设"（Giroux，1994：36）。帕克（Parker，1987）称，作为教育者，我们的目标之一便是帮助学生发展"批判性思考的习惯"，这样，在判断一个结论正确还是错误时，他们要考虑是否有足够的证据，比如，质疑并调查那些历来被提及的历史事件是否得到了忠实细致

的描述。

将对社会和政治的反思纳入教师培养项目中的举动，使许多教师教育的批评者极为不安。他们认为教师培养不需要涉及政治或使用温和教学法(soft pedagogy)，而应该充满大量高难度的学科知识(Ravitch, 2000; Schlesinger, 1991)。批判教育学理论认为教师应该成为讨论和批判性对话的促进者，不向学生提供“正确”答案，而是推动 167
学生搜集支持他们观点的信息。不过，弗莱雷(Freire, 1989)建议教师还要积累丰富的学科知识，设计并实践具有一定挑战性的课程。用“问题提出”式教学并不是因为教师缺乏知识，或者教师无法使学生掌握这些知识，恰恰相反，只有这样，学生才能够真正接受到高质量的教育，接受“人性化教育学”，师生才能共同参与到发现和改变世界的活动中去。让教师了解教育中的政治，有特定的教学法吗？巴托洛梅认为，只要教师能够赋予边缘学生力量，任何方法都是可取的。但是，这种“方法崇拜”思想遭到批判教育学者的反对。按照巴托洛梅的观点，“方法的真实效果，首先也主要取决于这些方法是否体现了教育学人性化的一面”(Bartolome, 2003: 425)。

使用批判和问题提出的方法，教师能够让学生持久地保持批判的精神。学科标准也鼓励学科教师教授以探究为基础的技能。依据弗莱雷的问题提出方法，首先使学习者产生好奇心；其次，批判性探究并不仅仅局限于提出问题，还要探究可能的解决方法，开拓新知，寻求对现象的不同理解，讨论发现和经历，然后反思和实践新知。现在的教师应该让学生质疑周围的世界，关注社区、国家和世界中的问题，并且不断以质疑的品性看待解决这些问题的方式、方法。

教师能力：对教育研究和实践的启示

我们并不清楚教师培养如何在不同维度上继续发展，但我们能肯定的是教师在进入课堂时，应具备充分的道德、种族、语言和社会阶级的多样性知识。如我们在篇首提出的，曾经的教师能力只局限于核心知识和技能，完全未将多样化学生群体纳入考虑范围之内。麦克迪尔米德和克莱文杰-布赖特(参见本部分 9. 重思教师能力)认为，提升教师能力还要着眼于其他方面，如教育技术、政策、多变的人口构成等。为此，我们认为辨识教师是否具备以上能力，帮助教师习得以上能力的研究对多样化学习者有巨大的影响。教师教育实践者和研究者必须建立和考察能够确保教师具备教授多样化学习共同体能力的培养项目。同时，还要追踪、调查并记录教师的以上能力是如何改善学生学习的。

教师教育研究者务必要考虑建立一种“实证文化”(culture of evidence)，记录教师培养项目在何时、何地、怎样影响了教师质量和学生学习。科克伦-史密斯和蔡克纳提出，我们需要“从不同的范式和认识论角度研究这些关系……教师培养项目的学习环境，师范生如何学习，他们的学习如何影响其在中小学课堂中的实践，以及如何影响学

168 生的学习”(Cochran-Smith and Zeichner，2005：2)。此外，研究者们需要提供证据证明哪些方法能够最有效地让教师为多样化的学校环境做好准备。教师教育工作者依然要留心关注如何培养在多样化学校环境中工作的卓越教师的政治讨论，特别是那些学生成绩一直比较差、学生的家庭收入水平向来比较低以及充满多元文化的学校的环境。因此，我们不仅要让教师具备多样、扎实的技术性知识基础，还需要使他们具备一个良好的政治架构，认识到教师培养之难，并忍受大众对教师专业性的责难。

我们相信，以下三个讨论能够启发未来的研究和思考方向，有助于发展直接以研究为基础的、为多样化学习者服务的教师能力的培养项目。

1. 鉴于多元文化介入对教师能力影响的现状，我们呼吁应该更多地关注多元文化的概念、内容、范式和学生学习之间关系的实证研究。我们必须考虑的问题有：如何将数学内容定位在多元文化框架之中，以提高学生的数学成绩？或者，教师采用文化回应教学方法时，学生的学业成就发生了怎样的改变？在教学中保持批判意识的教师是如何进行课程和教学方法设计的？阅读成绩较差的学生如何看待批判导向的教学法？解答以上问题能够有效地推进和扩展有关为多样化学习者服务的教师能力的理解。系统地研究哪些教师培养项目比较有效，哪些仍然存在欠缺，对于保证当前研究、最新政治动向、学生人口构成和学习结果的数据持续地揭示教师能力的关键因素至关重要。

2. 为适应多样化学习者需要而修正教师能力的观点，对教师培养项目深有影响。因此，未来的研究需要调查那些强调社会正义的培养项目中所培养出的教师的有效性。许多项目明确地提出，其目的是推进社会正义理论和实践。为多样化学习者服务的教师能力将通过教学实践、课程作业、理论学习和持续地督导得到巩固强化。这些项目还提出了一些尖锐的问题，如：这些教师能够更好地教授多样化学习者吗？他们会更持久地留在很难招到教师的学校中吗？这些项目需展开后续研究，调查经过该项目培养的教师是如何影响学生的。影响的方面不仅仅局限于学习成绩，还包括学生的毕业率、出勤率、升学率、平均绩点、行为问题，以及学生在课程学习中总体的参与情况等。

3. 对优秀实践加以记录，依然有利于提升那些教授多样化学习者的教师的能力。尽管教师能力中的知识内容很重要，但我们应该更加关注教师在课堂中具体做了什么，特别是一些促进多样化学习者取得学业进步的实践，非常值得研究并加以推广。
169 尽管许多新任教师具备了丰富的学科知识、教学法、批判意识等理论知识，但如何将知识转化为有效的教学实践依然很难。记录并研究优秀教学实践，能够为新任教师和经验丰富的教师提供有用的示范和反思机会，改善他们在多样化班级环境中的表现。

结论

我们在界定回应学习者多样化需求的教师能力时，遭遇了一个非常大的挑战，即如何评估参与教师发展项目的教师做有益于学生发展之事的道德、政治和专业意愿。当前，我们需要对教师能力进行反思，特别是在来自多元文化背景和低收入家庭的学生学业成绩较差的现实面前，此种反思变得日益重要。对教师能力的再思考具有极强的现实意义，因为学生成绩最新的数据显示，当前许多教师未能有效地帮助所有的学生。而且，在一个强调实施问责、高风险考试日益增多、学校的资金支持越来越少的时代，教师需要在每一个方面都有优秀表现，因为他们的学生值得获得更好的教育。尽管我们在此呼吁展开更多旨在探索为了所有学生获得更好教育，教师需要知道什么，需要做什么的研究。但是不可否认的是，我们已经掌握了大量的证据，已经知道哪些信息和实践有效，哪些没有作用，如何转变当前的教学和学习等，我们不能忽视这些极具启发意义的已有成果。

在此，我们将重申我们的观点，即思考教师能力——知识、技能和品性——必须考虑时刻变化的学生人口构成的复杂性。这会影响我们如何看待、关怀多元社会中的年轻人，影响我们如何看待公平、正义和学生受教育的机会。我们相信，继续深入的讨论将会推动更多的实证研究与分析，并推广这一丰富的、具有批判意味的、服务于多样化学习者的教师能力概念。教育工作者们任重而道远，因为数以百万计的学生相信教师能够帮助他们实现自我潜能，成为一名合格的公民。这不单是我们作为教育工作者的使命，也必将对民主社会，乃至更大的全球共同体的实现产生巨大影响。

（赵晓莹　译）

参考文献

Anderson, J. D. (1988) *The education of blacks in the south 1860 - 1935*. Chapel Hill, NC: University of North Carolina Press.

American Board for the Certification of Teacher Excellence (2003) *American Board for the Certification of Teacher Excellence: promoting teacher quality—impacting student learning*. Available from http://www.abcte.org.

Angus, D. L. (2001) *Professionalism and the public good: a brief history of teacher certification*. Fordham Foundation: Washington, DC.

Anyon, J. (1988) Schools as agencies of social legitimation. In W. Pinar (ed.) *Contemporary curriculum discourses* (pp. 175 - 200). Arizona: Gorsuch Scarisbrick Publishers.

Artilles, A.J., Trent, S.C., & Palmer, J.D. (2004) Culturally diverse students in special education. In J.A. & C.A.M. Banks (eds.), *Handbook of research on multicultural education* (pp. 716 - 735). San Francisco: Jossey-Bass.

Au, K.H. & Jordan, C. (1981) Teaching reading to Hawaiian children: finding a culturally appropriate solution. In H. Trueba, G.P. Guthrie, & K.H. Au (eds.), *Culture in the bilingual classroom: studies in classroom ethnography* (pp. 139 - 152). Rowley, MA: Newbury House.

Bagley, W. (1939) Basic problems in teacher education. *Teacher Education Journal*, 1, 100 - 105.

Ball, D.L. & McDiarmid, G.W. (1990) The subject matter preparation of teachers. In W.R. Houston (ed.), *Handbook of research on teacher education* (pp. 437 - 449). New York: Macmillan.

Ball, D.L. & Bass, H. (2000) Interweaving content and pedagogy in teaching and learning to teach: knowing and using mathematics. In J. Boaler (ed.), *Multiple perspectives on the teaching and learning of mathematics* (pp. 83 - 104). Westport, CT: Ablex.

Ballou, D. & Podgursky, M. (2000) Reforming teacher preparation and licensing: what is the evidence? *Teachers College Record*, 102(1), 5 - 27.

Banks, J.A. (1995) Multicultural education: historical development, dimensions, and practice. In J.A. Banks and C.A.M. Banks (eds.), *The handbook of research on multicultural education*. (pp. 3 - 24). New York: Macmillan.

Banks, J.A. (2002) *Introduction to multicultural education* (Third ed.). Boston: Allyn Bacon.

Banks, J.A. (2004) Multicultural education: historical development, dimensions, and practice. In J.A. Banks & C.A.M. Banks (eds.), *Handbook of research on multicultural education* (Second ed., pp. 3 - 29). San Francisco: Jossey-Bass.

Bartolome, L. I. (2003) Beyond the methods fetish. In A. Darder, M. Baltodano, & R. Torres (eds.) *The critical pedagogy reader* (pp. 408 - 429). NewYork: RoutledgeFalmer.
Begle, E. G. (1979) *Critical variables in mathematics education: findings from a survey of the empirical literature*. Washington, DC: Mathematical Association of America.
Bell, L. A., Washington, S., Weinstein, G., & Love, B. (2003) Knowing ourselves as instructors. In A. Darder, M. Baltodano, & R. Torres. (eds.) *The critical pedagogy reader* (pp. 408 - 429). New York: RoutledgeFalmer.
Bennett, C. (2003) *Comprehensive multicultural education: theory and practice* (Fifth ed.). Boston: Allyn & Bacon.
Bigelow, K. (1958) New direction in teacher education appraised. *Teachers College Record*, 59, 350 - 356.
Brown, J. S., Collins, A., & Duguid, P. (1989, January-February) Situated cognition and the culture of learning. *Educational Researcher*, 18(1) pp. 32 - 42.
Cochran-Smith, M. (2003) The multiple meanings of multicultural teacher education: a conceptual framework. *Teacher Education Quarterly*, Spring 2003, 7 - 26.
Cochran-Smith, M. (2004) The problem of teacher education (Editorial) *Journal of Teacher Education*, 55, 295 - 299.
Cochran-Smith, M. & Fries, K. (2005) Researching teacher education in changing times: politics and paradigms. In M. Cochran-Smith & K. M. Zeichner (eds.), *Studying teacher education* (pp. 69 - 110). Washington, DC: American Educational Research Association.
Cochran-Smith, M. & Zeichner, K. M. (2005). *Studying teacher education*. Washington, DC: Erlbaum.
Cochran-Smith, M., Davis, D., & Fries, M. K. (2004) Multicultural teacher education: research practice and policy. In J. A. Banks & C. A. M. Banks (eds.), *Handbook of research on multicultural education* (pp. 936 - 978). San Francisco: Jossey-Bass.
Cole, M. (1996) *Cultural psychology: a once and future discipline*. Cambridge, MA: The Belknap Press.
Cole, M. (2000) Struggling with complexity: the handbook of child psychology at the millennium. Essay review. *Human Development*, 6, 369 - 375.
Collins, A., Brown, J. S., & Holum, A. (1991) Cognitive apprenticeship: making thinking visible. *American Educator*, 6 - 11, 38 - 46.
Darling-Hammond, L. (1988) Teacher quality and educational equality. *College Board Review*, 148, Summer, 16 - 23, 39 - 41.
Darling-Hammond, L. (2000) Teacher quality and student achievement: a review of state policy evidence. *Education Policy Analysis Archives*, 8(1), Retrieved October 3, 2004 from http://epaa.asu.edu/epaa/v8n1.
Darling-Hammond, L. (2004) From "Separate but equal" to "No child left behind": the collision of new standards and old inequalities. In D. Meier, A. Kohn, L. Darling-Hammond, T. R. Sizer, & G. Wood (eds.), *Many children left behind* (pp. 3 - 32). Boston: Beacon Press.
Darling-Hammond, L. (2005) Teaching as a profession: lessons in teacher preparation and professional development. *Phi Delta Kappan*, 87(3), 237 - 240.
Darling-Hammond, L., Chung, R., & Frelow, F. (2002) Variation in teacher preparation: how well do different pathways prepare teachers to teach? *Journal of Teacher Education*, 53(4), 286 - 302.
Dewey, J. (1897) My pedagogic creed. *The School Journal*, *LIV*, Number 3, 77 - 80.
Erickson, F. (2002) Culture and human development. *Human Development*, 45(4), 299 - 306.
Floden, R. E. & Meniketti, M. (2005) Research on the effects of coursework in the arts and sciences and in the foundations of education. In M. C. Smith & K. M. Zeichner (eds.), *Studying Teacher Education* (pp. 261 - 308). New Jersey: Erlbaum Publishers.
Fraser, J. W. (2001) *The school in the United States: a documentary history*. New York: McGraw Hill.
Freire, P. (1989) *Pedagogy of the oppressed*. New York: The Continuum Publishing Company.
Gay, G. (2000) *Culturally responsive teaching*. New York: Teachers College Press.
Gay, G. & Howard, T. C. (2001) Multicultural education for the 21st century. *The Teacher Educator*, 36(1), 1 - 16.
Giroux, H. A. (1988) Border Pedagogy in the age of postmodernism. *Journal of Education*, 170(3), 162 - 181.
Giroux, H. A. (1993) *Border Crossings: cultural workers and the politics of education*. New York: Routledge.
Giroux, H. A. (1994) Teachers, public life, and curriculum reform. In *Peabody Journal of Education* (*69*), 3, pp. 35 - 47.
Goldhaber, D., Perry, D., & Anthony, E. (2003) *NBPTS certification: who applies and what factors are associated with success?* (National Partnership for Excellence and Accountability in Teaching Report). Washington, DC: Office of Educational Research and Improvement (ERIC Document No. ED 448 152).
Goldhaber, D. D. & Brewer, D. J. (1998) When should we reward degrees for teachers? *Phi Delta Kappan*, 80(2), 134, 136 - 138.
Goldhaber, D. D. & Brewer, D. J. (2000) Does teacher certification matter? High school teacher certification status and student achievement. *Educational Evaluation and Policy Analysis*, 22(2), 129 - 145.
Gollnick, D. M. (1995) National and state initiatives for multicultural education. In J. A. Banks & C. A. M. Banks (eds.), *Handbook of research on multicultural education* (pp. 44 - 64). New York: Macmillan.
Grant, C. A. & Secada, W. (1990) Preparing teachers for diversity. In W. R. Houston, M. Haberman, & J. Sikula (eds.), *Handbook of research on teacher education* (pp. 403 - 422). New York: Macmillan.
Green, A. (1997) *Education, globalization and the nation state*. London: Macmillan.
Grossman, P. L. (1990) *The making of a teacher: teacher knowledge and teacher education*. New York: Teachers College Press.
Grossman, P. L. & Richert, A. (1988) Unacknowledged knowledge growth: a re-examination of the effects of teacher education. *Teaching and Teacher Education*, 4(1), 53 - 62.
Grossman, P. L., Schoenfeld, A., & Lee, C. D. (2005) Teaching subject matter. In L. Darling-Hammond & J. Bransford (eds.), *Preparing teachers for a changing world* (pp. 201 - 231). San Francisco: Jossey-Bass.
Gutiérrez, K. (2002) Studying cultural practices in urban learning communities. *Human Development*, 45(4), 312 - 321.
Gutiérrez, K. & Rogoff, B. (2003) Cultural ways of learning: individual traits or repertoires of practice. *Educational Researcher*, 32(5), 19 - 25.
Gutiérrez, K. D., Baquedano-López, P., & Tejada, C. (2000) Rethinking diversity: hybridity and hybrid language practices in the third space. *Mind, Culture, and Activity*, 6, 286 - 303.
Hatcher, R. & Troyna, B. (1993) Racialization and children. In C. McCarthy & W. Crichlow (eds.), *Race, identity, and*

representation in education. New York: Routledge.
Hill, H. C., Rowan, B., & Ball, D. L. (2005) Effects of teachers' mathematical knowledge for teaching on student achievement. *American Educational Research Journal*, 42(2), 371 - 406.
Hooks, B. (1994) *Teaching to transgress: education as the practice of freedom*. New York: Routledge.
Hodgkinson, H. (2002) Demographics and teacher education—an overview. *Journal of Teacher Education*, 53(2),102 - 105.
Hollins, E.R. & Guzman, M.T. (2006) Research on preparing teachers for diverse populations. In M. Cochran-Smith & K.M. Zeichner (eds.), *Studying teacher education* (pp.477 - 548).
Howard, T.C. (2003) Culturally relevant pedagogy: ingredients for critical teacher reflection. *Theory Into Practice*, 42(3),195 - 202.
Irvine, J.J. (2003) *Educating teachers for diversity: seeing with a cultural eye*. New York: Teachers College Press.
Jencks, C. & Phillips, M. (eds.) (1998) *The black-white test score gap*. Washington, DC: Brookings Institution Press.
Kanpol, B. & McClaren, P. (eds.) (1995) *Critical multiculturalism*. Buckingham, England: Open University Press.
Ladson-Billings, G. (1995) Toward a theory of culturally relevant pedagogy. *American Educational Research Journal*, 32(3),465 - 491.
Ladson-Billings, G. & Darling-Hammond, L. (2000) The validity of National Board for Professional Teaching Standards (NBPTS)/Interstate New Teacher Assessment and Support Consortium (INTASC) Assessments for Effective Urban Teachers: findings and implications for assessments. (National Partnership for Excellence and Accountability in Teaching Report). Washington, DC: Office of Educational Research and Improvement. (ERIC Document No.448 152).
Lagemann, E. (2000) *An elusive science: the troubling history of educational research*. Chicago: The University of Chicago Press.
Lanier, J. & Little, J. (1986) Research on teacher education. In M. Wittrock (ed.), *Handbook of research on teaching* (3rd. ed.) (pp.527 - 569). Washington, DC: American Educational Research Association.
Lave, J. (1996) Teaching, as learning, in practice. *Mind, Culture, and Activity*, 3,149 - 164.
Lee, C.D. (1995) Signifying as a scaffold for literary interpretation. *Journal of Black Psychology*, 21(4),357 - 381.
Leinhardt, G. & Greeno, J.G. (1986) The cognitive skill of teaching. *Journal of Educational Psychology*, 78(2),75 - 95.
McCarthy, C. & Crichlow, W. (1993) Introduction: theories of identity, theories of representation, theories of race. In C. McCarthy & W. Crichlow (eds.) *Race, identity, and representation in education*. New York: Routledge.
McLaren, P. (1991) Critical pedagogy: constructing an arch of social dreaming and a doorway to hope. *Journal of Education*, 173(1),9 - 34.
McLaren, P. (2003a) *Life in schools: an introduction to critical pedagogy in the foundations of education* (4th edition). New York: Addison Wesley Longman Inc.
Ma, L. (1999) *Knowing and teaching elementary mathematics: teachers' understanding of fundamental mathematics in China and the United States*. Mahway, NJ: Erlbaum.
Macedo, D. (2000) *Chomsky on miseducation*. New York: Rowan & Littlefield Publishers, Inc.
Milner, H.R. (2003) Teacher reflection and race in cultural contexts: history, meanings, and methods in teaching. *Theory into Practice*, 42(3),173 - 180.
Moll, L.C. & Ruiz, R. (2002) The schooling of Latino students. In M. Suarez-Orozco & M. Paez (eds.), *Latinos: Remaking America* (pp.362 - 374). Berkeley: University of California Press.
Moll, L.C. & Arnot-Hopffer, E. (2004) Sociocultural competence in teacher education. *Journal of Teacher Education*, 56(3), 242 - 247.
Monk, D. H. (1994) Subject area preparation of secondary mathematics and science teachers and student achievement. *Economics of Education Review*, 13(2),125 - 145.
Monk, D.H., & King, J. (1994) Multilevel teacher resource effects on pupil performance in secondary mathematics and science: the role of teacher subject matter preparation. In R. G. Ehrenberg (ed.), *Contemporary policy issues: choices and consequences in education* (pp.29 - 58). City: ILR Press.
Munby, H., Russell, T., & Martin, A. K. (2001) Teachers' knowledge and how it develops. In V. Richardson (ed.), *Handbook of research on teaching* (4th ed.) (pp.877 - 905). Washington, DC: American Educational Research Association.
Nasir, N. (2000) Points ain't everything: emergent goals and average and percent understandings in the play of basketball among African-American students. *Anthropology and Education Quarterly*, 31(3),283 - 305.
Nasir, N. (2002) Identity, goals, and learning: mathematics in cultural practice. In N. Nasir & P. Cobb (eds.) *Mathematical Thinking and Learning*, 4 vols. (2&3), 213 - 248.
National Board for Professional Teaching Standards (2001) *Report on issues referred to the working groups by the Equal Opportunity Coordinating Committee (EOCC)*, Arlington, VA.
National Commission on Teaching and America's Future (1996) *What matters most: teaching for American's future*. New York: Teachers College, Columbia University.
NCES (2003) *School and Staffing Survey, 1999 - 2000*. Washington, DC: National Center for Education Statistics, U. S. Department of Education. Retrieved October 3, 2003, from http://www.nces.ed.gov/surveys/sass
Nieto, S. (2000) Placing equity front and center: some thoughts on transforming teacher education for a new century. *Journal of Teacher Education*, 51(3),180 - 187.
Nieto, S. (2004) *Affirming diversity. The sociopolitical context of multicultural education*. Boston: Pearson.
Obidah, J.E. (2000) Mediating boundaries of race, class, and professional authority as a critical multiculturalist. *Teachers College Record*, 102(6),1035 - 1060.
Palmer, P.J. (1997) *The courage to teach*. San Francisco: Jossey-Bass Publishers.
Parker, W.R. (1987) Navigating the Unity/Diversity Tension in Education. *Social Studies* 88(1): 12 - 18.
Ravitch, D. (2000) *Left back, a century of failed school reforms*. New York: Simon & Schuster.
Renaldo, R. (1989) *Culture and truth: the remaking of social analysis*. Boston: Beacon Press.
Resnick, L. (1987) *Education and learning to think*. Washington, DC: National Academy Press.
Richardson, V. (2001) *Handbook of research on teaching*. American Educational Research Association: Washington, DC.
Rogoff, B. (1990) *Apprenticeship in thinking: cognitive development in social context*. New York: Oxford University Press.

Rogoff, B. (2003) *The cultural nature of human development*. New York: Oxford University Press.

Rogoff, B. & Andelillo, C. (2002) Investigating the coordinated functioning of multifaceted cultural practices in human development. *Human Development*, 45(4), 211 - 225.

Rolon-Dow, R. (2005) Critical care: a color(full) analysis of care narratives in the schooling experiences of Puerto Rican girls. *American Educational Research Journal*, 42(1),77 - 111.

Schlesinger, A. (1991) The disuniting of America: what we all stand to lose if multicultural education takes the wrong approach. *American Educator*, 15(3)21 - 33.

Shulman, L.S. (1986) Those who understand: knowledge growth in teaching. *Educational Researcher*, 15(2),4 - 14.

Shulman, L.S. (1987) Knowledge and teaching: foundations of the new reform. *Harvard Educational Review*, 57,1 - 22.

Siddle Walker, V. (1996) *Their highest potential: an African American school community in the segregated south*. Chapel Hill, NC: University of North Carolina Press.

Sikula, J., Buttery, T., & Guyton, E. (eds.) (1996) *Handbook of research on teacher education* (2nd ed.) New York: Macmillan.

Sleeter, C. & Grant, C. (2003) *Making choices for multicultural education: five approaches to race, class, and gender* (4th ed.). New York: John Wiley & Sons, Inc.

Spiro, R.J., Feltovich, P.J., Jacobson, M.J., & Coulson, R.L. (1991) Cognitive flexibility, constructivism, and hypertext: random access instruction for advanced knowledge acquisition in illstructured domains. *Educational Technology*, 31(1), 24 - 33.

Spring, J. (2006) *Deculturalization and the struggle for equality*. Columbus, OH: McGraw-Hill Publishers.

Stigler, J.W. & J. Hiebert (2003) Improving mathematics teaching, *Educational Leadership*, 61(5),12 - 17.

Tharp, R. & Gallimore, R. (1988) *Rousing minds to life: teaching, learning and schooling in social context*. Cambridge: Cambridge University Press.

Tyack, D. (2003) *Seeking common ground*. Cambridge: Harvard University Press.

U.S. Census Bureau (2000) *Statistical abstract of the United States* (120th edition). Washington, DC: U. S. Government Printing Office.

U. S. Department of Education, National Center for Education Statistics (2002) *Early estimates of public elementary and secondary education statistics: school year 2001 - 2002*. Retrieved December 27, 2002, from http://nces.ed.gov/edstats/

U.S. Department of Education, National Center for Education Statistics (2003) *Digest for education statistics*, 2002, NCS 2003 - 060, Washington, DC.

U.S. Department of Education (2002) *Meeting the highly qualified teachers challenge: the secretary's annual report on teacher quality*. Washington, DC: Author, Office of Postsecondary Education.

Valenzuela, A. (1999) *Subtractive schooling: U.S. Mexican youth and the politics of caring*. New York: State University New York Press.

Villegas, A.M. & Lucas, T. (2003) Preparing culturally responsive teachers: rethinking the curriculum. *Journal of Teacher Education*, 53(1),20 - 32.

Vygotsky, L. (1986) *Thought and language*. Cambridge, MA: The MIT Press.

Wallerstein, N. & Bernstein, E. (1988) Empowerment education: Freire's ideas adapted to health education. *Health Education Quarterly* (15),4,379 - 394.

Wenglinsky, H. (2002) How schools matter: the link between teacher classroom practices and student academic performance. *Education Policy Analysis Archives*, 10(12). Retrieved January 2,2004, from http://epaa.Asu.edu/epaa/v10n12?

Wilson, S.M. & Floden, R.E. (2003) Creating effective teachers—Concise answers for hard questions: an addendum to the report *Teacher preparation research: current knowledge, gaps and recommendation*. Washington, DC: ERIC Clearinghouse on Teaching and Teacher Education.

Wilson, S. M., Shulman, L. S., & Richert, A. E. (1987) 150 different ways of knowing: representations of knowledge in teaching. In J. Calderhead (ed.), *Exploring teachers' thinking* (pp. 104 - 124). London: Cassell.

Wilson, S. M., Floden, R. E., & Ferrini-Mundy, J. (2001) *Teacher preparation research: current knowledge, gaps, and recommendations*. Seattle: Center for the Study of Teaching and Policy.

Wineburg, S.S. & Wilson, S.M. (1988) Models of wisdom in teaching of history. *Phi Delta Kappan*, *70*(1)50 - 58.

Wink, J. (1997) *Critical pedagogy: notes from the real world*. Boston: Pearson.

Wink, J. & Wink, D. (2004) *What's love got to do with it*? Boston: Pearson.

Wise, A.E. & Darling-Hammond, L. (1987) *Licensing teachers: design for a profession*. Santa Monica, CA: RAND

Wise, A.E. & Leibbrand, A. (1993) Accreditation and the creation of a profession of teaching. *Phi Delta Kappan*, 75(2),133 - 173.

Wittrock, M. (ed.) (1986) *Handbook of research on teaching* (3rd ed.). New York: Macmillan.

Zeichner, K. (1993) Traditions of practice in U.S. preservice teacher education programs. *Teaching and Teacher Education*, 9, 1 - 13.

Zeichner, K. (1999) The new scholarship of teacher education. *Educational Researcher*, 28(9),4 - 15.

Zeichner, K.M. & Hoeft, K. (1996) Teacher socialization for cultural diversity. In J. Sikula, T.J. Buttery, & E. Guyton (eds.), *Handbook of research on teacher education* (2nd ed., pp.525 - 547). New York: Macmillan.

Zumwalt, K. (1989) The need for curricular vision. In M.C. Reynolds (ed.), *Knowledge base for beginning teachers* (pp.173 - 184). New York: Pergamon Press.

11. 教师教育中的教师能力与社会正义

卡尔·A. 格兰特(Carl A. Grant)
冯泽尔·阿格斯托(Vonzell Agosto)
威斯康星大学麦迪逊分校(University of Wisconsin-Madison)

导言

1848年,贺拉斯·曼(Horace Mann)在向马萨诸塞州教育委员会提交的年度报告 175
中指出,教育是"人类境遇的最伟大的平衡器"(Cremin, 1957)。作为美国公立学校之父,他认为公立教育能够通过教学生一套共同的价值体系和技能而促进社会团结。

150多年过去了,尽管联邦政府、州政府以及各地政策纷纷为实现这一目标而努力,但贺拉斯曼的教育理想在美国仍然未得到实现。当前,权力和特权依然集中在特定的种族、性别以及处于特定社会经济地位的少数人手中,为实现平等、公平和社会正义的种种教育政策备受争议。

本文我们将探讨社会正义与教师能力(教师知识、技能和品性)问题,先后提出并解答三个问题——教育者应该如何定义社会正义? 教师能力与社会正义的关系是什么? 教师教育工作者如何在学术研究和教学实践中促进社会正义? 我们的目的是向教师教育工作者说明教师能力与社会正义的关系,以帮助他们思考二者之间的关系,并致力于实现贺拉斯曼的教育作为"最伟大的平衡器"的愿景。

我们梳理了教师教育文献,同时也借鉴了道德、政治哲学以及社会政策领域的研究。此外,我们还从30年内关注社会正义的教师教育文献中筛选出一部分,以说明教育领域在社会正义方面所做的贡献。

本文将围绕三个问题进行阐述:(1)梳理社会正义概念的历史演变;(2)阐明教师能力和实现社会正义的关系;(3)从对四大期刊的文献综述中梳理出教育者是如何推动社会正义的。

社会正义概念的发展

"社会正义"最早出现在意大利天主教学者路易吉·塔帕雷利·达佐格里奥(Luigi Taparelli d'Azeglio)1840至1843年间出版的《事实基础上的自然权利论》(*Theoretical*
Treatise on Natural Right Based on Fact)一书。然而,依据米歇尔·诺瓦克(Michael 176
Novak, 2000)的观点,约翰·斯图尔特·密尔(John Stuart Mill)通过人神同形论方法

使社会问题成为现代思想家思考的重要内容，如他在 1863 年的《功利主义》（*Utilitarianism*）一书中写道：

> 社会应该平等地对待那些值得被平等对待的人，这种被平等对待的权利是绝对的。这是社会正义和分配正义最高、最抽象的标准，所有的机构，所有具有善良品行的人应该尽力实现之。

尽管密尔对社会正义的理解在学界延续了几十年之久，但是在二战后，学者们纷纷对这一概念进行反思，因为密尔"最大多数人最大善"的理念容易被曲解，甚至导致"最大多数人的暴政"，德国纳粹迫害犹太人，美国人恶劣对待非洲裔美国人便是最有力的例子。当代学者对社会正义的界定有许多，其中最重要、影响最深远的是约翰·罗尔斯（John Rawls）提出的，他的《正义论》（*Theory of Justice*，1971）被认为再度唤醒了美国学者对政治哲学的兴趣。

罗尔斯写道："正义是社会制度的首要价值，正如真理之于思想。"他认为，"每个人都拥有一种基于正义的不可侵犯性，即使以社会整体利益之名，这种不可侵犯性也不能被逾越"（Rawls，1971：3）。玛萨·努斯鲍姆（Martha Nussbaum，2000）肯定了罗尔斯思想的重要意义：

> 罗尔斯理论最初的观点非常简单，却异常深远："每个人都拥有一种基于正义的不可侵犯性，即使以社会整体利益之名，这种不可侵犯性也不能被逾越。"也就是说，对公共利益的追寻不能建立在取消个人基本权利和被赋予的权利之上。罗尔斯尤其关注各种没有道德价值的分配方式，比如阶级、种族和性别，认为这摧毁了人们的生活前景。种族主义和性别主义也许能够将社会利益最大化，但是它们严重地侵犯了我们最基本的公平感。（Nussbaum，2000：3）

20 世纪五六十年代，罗尔斯的学术生涯刚刚起步。当时，为夺取公民权利的社会正义运动在美国纷纷展开，这对教育产生了深远的影响，教师被要求具备处理这类问题的能力。

杜鲁门（Harry S. Truman）总统在 1945 年建立了公民权利总统委员会，随后废除军队中的种族歧视，这些都是战后人们努力推动社会正义并使之成为现实的结果。最重要的公共政策改变始于 1954 年最高法院在布朗诉托皮卡教育局案（*Brown v. Topeka Board of Education*，347 U. S. 483，1954）上所获得的一致意见，该决议否定了普莱西诉弗格森案（*Plessy v. Ferguson*）"隔离但平等"的原则。首席大法官厄尔·沃伦（Earl Warren）在宣布这一判决时写道：

> 仅仅依据种族将公立学校中的学生进行隔离(虽然他们能享有的设施等其他“可见的”因素都一样),这是在剥夺学生享有公平的教育机会吗? 我们认为是这样的。

在布朗案之后,民权运动成为重塑美国社会正义哲学、实施和实践的重要力量。 177
以下事件推动了公民权利运动的发展:

> • 1955 年 8 月,爱默特 · 提尔(Emmett Till,非洲裔美国人)在密西西比州突然死亡,由白人组成的陪审团认定 2 名被指控杀人的嫌疑人无罪,后来两人在《瞭望》(*Look*)杂志的采访中承认了谋杀的事实。
>
> • 1955 年 12 月 1 日,黑人妇女罗莎 · 帕克斯(Rosa Parks)在蒙哥马利公交车上拒绝向一名白人男性让座,这引发了黑人抵制公共汽车运动,直到一年后公车取消了隔离,抵制运动才结束。
>
> • 艾森豪威尔(Eisenhower)总统派遣联邦军队进行干预,以帮助黑人学生融入小石城高中(Little Rock High School)。
>
> • 1965 年,为了争夺投票权,人们举行了从萨尔玛市至蒙哥马利市的游行。

19 世纪 60 年代的民权运动后的第二次浪潮是女权运动、奇卡诺人(Chicano)和美国印第安人运动、《残疾人教育法案》运动(Individuals with Disabilities Educational Act and Movement)、同性恋权利运动等,这些运动都意图追求更大范围的社会正义。比如,同 19 世纪 60 年代的民权运动一样,19 世纪 70 年代的女权运动提出制定包括在雇用和教育方面实现社会正义的联邦、州及地方法案。

自《正义论》出版以来,人们对什么是社会正义的争论从未停止。米歇尔 · 诺瓦克(Michael Novak)在《捍卫社会正义》(“Defining Social Justice”)一文中引用了出生于英国的经济、政治哲学家弗里德里希 · 哈耶克(Friedrich Hayek)将社会正义比作海市蜃楼的说法:

> 哈耶克指出,所有有关社会正义的著述均未对这一概念准确定义,它漂浮在空中,但是,只要它一出现,每个人都能立即认出它来。(Novak, 2000: 11)

参照哈耶克的观点,诺瓦克进而解释了定义社会正义之难:

> 哈耶克指出 20 世纪社会正义理论的另一大缺陷,即大部分学者将之视为一种品德(道德品质),但是他们通常将之与非私人事件联系起来,比如高

> 失业率，收入不平等，缺乏最低收入标准等。哈耶克的讨论触及问题的本质：社会正义到底是不是一种品德。如果是，我们只能诉诸个体反思和审慎的行为。但是对于那些正在使用这一术语的人来说，他们认为应该诉诸社会系统的作用，他们使用“社会正义”来指称秩序的规范原则，关注权力而非个体品质。

同许多学者（例如，North，出版中；Sturman，1997）一样，古德莱德（Goodlad，2002）认为，社会正义是备受争议的规范性概念，理论研究者和政策制定者们使用着不同的概念（如同等的机会，公平）。比如，贝尔认为社会正义既是过程，也是目标。社会正义的目标是社会中所有群体的充分参与，其中群体与社会相互影响并努力满足各群体的需要。社会正义包括“社会愿景……身处其中的社会成员在生理和心理上的安全获得保障”（Bell，1997：3）。

178 巴里提出，“社会正义是同等的机会，并且应当被理解为同等的机会”（Barry，2005：7）。他又补充道：“社会正义要解决各种不平等待遇问题。”（Barry，2005：10）史密斯（Smith，1994）对社会正义的理解与之类似，都使用了公正和公平的概念，他还关心收入分配的公平问题以及不公正产生的原因：

> 社会正义这一概念指的是广泛的范畴之内的公平与平等，而该范畴并不仅仅局限于物质层面。尽管社会正义的首要的关注点集中在对人们的福利和日常生活质量有很大影响的物质层面，但是我们对社会正义的理解超越了一般意义与空间意义上的分配类型，还包括了这些类型产生的原因。公平（fairness）通常指过程中的公道，而正义（justice）则指向结果（Barry，2005），我们同时关注这两方面。使用“社会正义”而非一般的“正义”，并非因为这个词的属性的社会性，而是因为它与社会中发生在人们之间的事情有关……因此，这里的社会正义同时指分配正义和关系正义。（Smith，1994：26）

依据杨的观点，“社会正义致力于消灭制度的掌控和压迫”（Young，1990：15），她相信社会正义能够：（1）“发展、发挥个人能力，传播个人经验”；（2）“参与并决定个人行动”（ Young，1990：37）。

弗雷泽又将对“文化群体”的“承认”引入了社会正义的讨论中，认为需要在经济分配和文化认可的框架内思考社会正义问题。

> 许多因素渐渐离开社会政治想象，正义的核心问题成为“后社会主义”的政治想象力的再分配问题，其中，认可是重要议题。该转向发生后，最重要的社会运动不再是在经济上界定“阶级”，处在不同阶级的人们竭力捍卫自己的

> “利益”，终结“剥削”，进行“再分配”，而是在文化上界定“群体”，或者“价值共同体”。人们为捍卫自己的“身份”，终结“文化主导”，赢得“认可”而努力。(Fraser，1997：8，9)

论社会正义的概念演变与教师教育的作用、教师能力发展的关系

社会正义与教师教育

20世纪六七十年代，各种民权运动或直接或间接地提出了一些关于教师能力的基本问题，提倡将社会正义问题植入教师教育项目中的知识、技能和品性培养之中，同时将其置于学者的研究及教师教育工作者的行动之中。

当时与社会正义有关的文献主要围绕两个核心思想：(1)社会变革，比如一些群体 179
(有色人种及其他被边缘化的群体)的社会融入、民权运动、性别平等、科技进步等在过去的六十多年里持续影响着社会正义的界定、政策的制定与实施，以及人们对这些定义的接受和实践；(2)罗尔斯将社会正义界定为公平的观点对社会正义对话影响深远，也是教师教育工作者用来定位其学术研究和实践、调整教师教育项目政策与实施的有力工具。

在特定理论框架内界定社会正义非常重要。理论视角能允许我们提出关于社会正义的不同问题，以促进对正义和非正义(injustice)更深入的理解，比如属性和资源的分配或者对不同文化群体的认可。更具体地说，以女性主义理论为例，该理论关注性别如何塑造人类意识以及教育系统内父权制的影响。从该理论出发提出的问题不同于从后殖民理论出发提出的问题，后殖民理论关注殖民主义对多元文化和民主社会中的控制力量与从属力量之间的关系所具有的长久影响。

自从罗尔斯的书于1971年出版以来，人们开始从当代平等、参与和认可理论的视角解读社会正义(Miller：2)。毋庸置疑，这些理论是20世纪60年代评价公共政策的主要标准。比如1965年的《初等和中等教育法案》(*Elementary and Secondary Education Act*，ESEA)提到：这些理论推动了一系列政治行动，以改革贫穷孩子所在的有缺陷的教育系统。该法案建立在以下理论之上：(1)平等(即平等的机会)；(2)参与(如拉丁裔孩子在接受公立教育时，为了保护其母语，实施西班牙语教学和双语教学政策)；(3)认可(比如亚裔美国人意识，美洲原住民意识，对非洲孩子的教育的重视)。

平等、参与和认可理论还影响了低收入家庭幼儿教育计划(Head Start programs)[①]的

---

① Head Start Program，本文译作“低收入家庭幼儿教育计划”。美国有许多全国性学前儿童保育与教育项目，低收入家庭幼儿教育计划是一项历时最久、影响最大的项目，由美国健康与公共服务署负责实施，旨在为低收入家庭及其3—5岁的子女提供的教育、卫生、营养等全方位的社会服务。——译者注

资金支持。贫穷学生和/或有色人种学生(students of color)得到认可,并获准享有一个良好的社会环境,他们获得医疗、社会服务和受教育机会(Illinois Head Start Association, 2006)。类似地,1965 年教师联合会(Teacher Corps)提供大量资金,帮助农村学校和城镇学校培养教师,改善家校关系。这也是一种基于平等、参与和认可理论的社会正义行动。教师联合会认可家长在孩子的教育中具有极其重要的作用,邀请家长及监护人参与学校政策制定,让他们就学校共同体中与学生发展相关的一系列措施提出意见和建议。

此外,2001 年中小学教育法的重新颁布,即《不让一个孩子掉队法》(*No Child Left Behind*, NCLB)也是在平等、参与和认可原则下修订的。该法案的制定者称“在美国,没有孩子应该被落下,每个孩子都应该在教育中发展他们的潜能”(p. 3)。该法案主要针对居住在市中心区的学生,它在理论上提倡要赋权于父母,并倡导教师和学校在学生学业成绩上的绩效责任。

过去的二十年里,教师教育工作者越来越关注教师知识、技能和品性如何与社会正义建立联系。比如,吉鲁、库玛希罗及科克伦-史密斯采用不同的路径、观点和方法将社会正义与教师能力联系起来,他们的观点均涉及到权力和资源分配问题。吉鲁
180 (Giroux, 1992)关注教师教学法,库玛希罗(Kumashiro, 2002)采用全球视角看待教育,科克伦-史密斯(Cochran-Smith, 2003)则主要讨论了教师培训问题。

在 20 世纪 90 年代早期,吉鲁(Giroux, 1992)提出能帮助教师获得为社会正义而教的能力的教学法:

> 社会正义立场的前提是,教师教育承认社会正义教学论的重要性。社会正义教学论是指精心地建构这样一个学习环境,其中教育者和学生能够批判性地思考什么是知识,知识是如何被生产,如何改变自我与他人及世界的关系的。(Giroux, 1992: 99)

吉鲁继续讲道:

> 社会正义立场可以说是一种品性,在这一立场上教师不断反思自身及他人行为。教师不是被动接受知识或者认同一个错误观念,而是积极地引导、学习并反思自己与实践以及所在社会情境的关系。(Giroux, 1992: 99)

库玛希罗提出以四种教育方法为基础的“反压迫教育”。第一种方法是为社会中的“他者”提供教育,使学校成为对所有学生有益、令他们感到安全的空间。第二种方法是关于“他者”的教育,“帮助学生理解不同方式的存在”(Kumashiro, 2002: 42)。第三种方法是批判特权和把别人视为“他者”的教育,提倡“批判地看待压迫性结构、意识

形态，并采用策略改变现状”(Kumashiro，2002：45)。第四种方法是促进学生和社会发展的教育，呼唤“改革课程和教学法，降低反压迫教育的复杂性，培养教师对教和学过程中的偏袒、抵抗、危机和不可知性等概念的理解”(Kumashiro，2002：68)。

科克伦-史密斯(Cochran-Smith，2003)支持以大学为依托的教师培训项目。她提出一种新的教师教育案例，既挑战了支撑传统项目的意识形态，也将文化和种族主义的知识置于教师教育课程的核心位置。她对教师教育的革新还体现在将社会正义作为学会教的重要任务和结果，以及承认当地社区文化知识对学会教的重要性。

尽管在过去二十年里社会正义问题备受重视，但是实践上的推进依旧非常艰难。蔡克纳称“社会正义如此频繁地被学院和大学里的教师教育工作者使用，以至于在美国境内难以找到任何一个不包含社会正义内容的教师教育项目”(Zeichner，2006：328)。此外，他指出除了在教师培训项目中重视社区的作用，当前美国关于社会正义的研究基本还只是关注个体教师在教室内的活动。我们可以从蔡克纳的评论中看到教师教育项目依然面临重重问题和挑战，比如一些项目是否严肃地看待社会正义的认知基础和情境。在定义社会正义的同时，我们要注意这些项目是否提供了评估项目在 181
何种程度上实现了社会正义目标的概念工具。

知识、技能和品性之外的教师能力

如麦克迪尔米德和克莱文杰-布赖特所说，教师能力概念的知识、技能和品性维度一直在拓展，其不断发展的方面包括“自我观”，即“教师对自己在教室活动中扮演角色的信念，以及他们在教室中实际扮演的人物角色”(O'Day，*et al.*，1995；CPRE，1995)。所有这些维度都“相互依赖，互相作用”(O'Day，*et al.*，1995)。

全美教师教育认证协会(National Council for Accreditation of Teacher Education，NCATE，2003)提出教师能力包括候任教师的“知识、技能和品性”。它还进一步界定了品性的内容，如教师同学生、家庭和所在社区的人交往时体现出的职业精神。教师品性标准提出了候任教师的预期表现——“在与学生、家庭和社区合作时体现出机构、职业和州的标准”。当候任教师能够意识到自己的“品性可能需要改变”，并且能够“制定计划以实现此种调整”时，此种预期表现就达到了。这一标准说明机构应该界定教师品性，并将之标准化。

但是，全美教师教育认证协会将界定“帮助所有学生学习”的教师品性这一任务交给了机构(学校，学院或项目)。这种教师品性更多地受到职业和州标准的影响，而较少受到社会正义理论的影响。科克伦-史密斯呼吁学者关注该问题，她说“职业形象是否包括教师作为一个社会变革活动家和推动者，或者反种族歧视联盟参与者的形象，这一点并不清晰”(Cochran-Smith，2004：117)。她接着说，“既然我们要思考教师教育的结果问题，我们便需要澄清和反复质问教好‘所有的学生’意味着什么，依据‘所有学生的兴趣和需要’来调整教学实践又意味着什么”(Cochran-Smith，2004：117)。科克伦-史密斯的问题深入到社会正义与教师能力关系的核心，同时也直接深入到教育作为“人类境遇的最伟大的平衡器”这一问题中。

对教师能力的讨论基本围绕能力、技能和品性展开，弗莱雷仍然列举了其他“进步教师必备品质”（Freire，1998：45），包括谦卑、爱心、勇气、宽容、果断、安全、保持耐心与急躁（patience and impatience）之间的张力、慎言、能力和快乐生活。他提醒说这里所列的品质并不完整，而且需要随着时间的变化进行调整。不关注社会正义的有关教师能力的著作极少提及这些品质内容。

历史回溯：教师能力与社会正义

多年来对教师能力的思考，不论直接的或间接的，都基于白人教师教授白人学生的情况，无人在乎这些思考背后隐藏的种族主义倾向。只有当对教师能力的讨论涉及教授黑人学生时，与种族相关（种族主义）的问题才会显现出来。

182 早期教师能力的问题包括：“白人教师能够或者应该教育黑人学生吗？如果答案是肯定的话，除了他们的肤色，教师应该具备哪些知识、技能和品性呢？”梅比（Mabee，1979）在《纽约州黑人教育》（*Black Education in New York State*）上声称，在19世纪，非洲裔美国人对白人教师是否应该在黑人学校教书的问题有许多不同看法。梅比所写的这本书的其中一部分呈现的由贵格会白人妇女教授纽约州罗彻斯特市弗雷德里克·道格拉斯（Frederick Douglas）的孩子的例子，证明当时对教师能力的讨论曾经涉及肤色问题。当时，许多白人认为白人教师不能教黑人学生。

梅比（Mabee，1979）还说，在黑人社区中曾经有关于谁应该教黑人学生的讨论，这里也将肤色及白人对待黑人的品性考虑在教师能力之中。他提到，不是所有的黑人都坚持黑人学校聘用黑人教师。比如非洲卫理公会教堂的刊物《基督录》（*Christian Recorder*）提到，黑人对黑人教师的呼唤会加强“肤色之线”，这无疑是黑人的“死亡线”。学校管理者也相信黑人家长更倾向于白人教师，如1863年，布鲁克林地区黑人学校的学生出勤率降低时，白人校董会提出白人教师的增多会使出勤率提高，因为黑人父母更喜欢白人教师。为支持该论点，一名黑人学校的校长解释道，一些黑人父母认为白人教师能够帮助黑人社区为破除具有隔离作用的黑人学校做好准备（Mabee，1979：95）。

然而，一些黑人认为白人教师不具有教授黑人学生的能力（比如，品性），因此他们反对白人教师。梅比（Mabee，1979）写道：

> 19世纪早期，一个叫威廉·汉密尔顿（William Hamilton）的黑人木匠说白人教师并不希望教黑人学生。1827年他在对黑人青年的演讲中说：“那不过是白人的计谋，当你只不过一知半解的时候他们就高声地表扬你，因为他们知道为他们提供体力服务的我们只需要一点点知识就足够了。他们不希

望我们和他们平起平坐……他们会小心翼翼地确保我们不会超越一般人的水平。”(Hamilton，引自，Mabee，1997：95)

值得注意的是，梅比书中关于教师能力的讨论都是关于白人或者黑人老师教黑人学生的，不包括黑人教师教白人学生的情况，这表明对教师需要知道什么、能做什么和关心什么(即知识、技能和品性)的回答，需要从种族主义的源头进行批判。

教师的肤色，他们关于种族问题的经历和立场为菲利普斯(Phillips，1940)在1936年的研究和观察所证明，他提出中学教师最重要的品质是社交智能。然而，他指出非洲裔美国人教师还需要额外的一些能力：(1)“具备某一种族的历史知识，理解该种族的问题”；(2)“对当前与少数种族群体有关的社会、经济和政治问题有深入见解，关心该种族或群体的就业机会，愿意成为教育领导者”；(3)全然认可“他的(原文如此)责任 183
远远超过教室范围的事实”(p. 485)。社交智能及菲利普斯补充的内容将社会意识引入教师能力的讨论中来。

1940年，菲利普斯的文章发表后，教师能力框架不再公开地服务于合法的种族隔离社会，教师不再只教授与自己同一种族的学生，不再教少数群体学生模仿社会主流群体。如上文关于20世纪六七十年代的民权运动所提到的，将社会正义置于教师培训项目的知识、技能和品性以及教师教育工作者的研究和实践之中的必要性。民权运动一是促进了认可和重新分配理论的兴起(Fraser，1997)；二是在一些理论和活动形成和开展过程中发挥重要作用，这些理论和活动将种族、阶级、性别和其他社会及政治的不平等囊括进教师能力的对话中；三是认可白人教师有义务教授不同种族群体的学生，教师尊重并促进他们的文化发展，保护学生的自我身份；四是支持有色人种教师承担责任，创造“有力并持久的教育经历足以冲破压迫的藩篱，打开自由之路”(Ayers，1997)。

民权运动还促进了课程内容的改革，让课程变得更具有种族包容性，更倾向性别平等。它还促使我们重新梳理了一些不准确或被忽略的历史问题，尤其是教师需要掌握的关于有色人种或被边缘化种族的历史知识(Sleeter and Grant，1991)。此外，教学材料中还包括有助于教师教授有色人种学生和其他被边缘化种族学生的教学技能、品性和策略(Gran and Sleeter，2003)。除了开发文化包容和与文化相关的课程外，项目顾问和授课者向教师提供以下方面的评估结果：教师将面临的挑战，他们需要具备的知识、技能和品性，以及作为个体和教育系统中的一员他们需要进行的改变。

1963年，作家詹姆斯·鲍德温(James Baldwin)对200名纽约教师发表演讲，他提到从社会正义的角度，通过社会正义的平等、参与和认可理论理解教师能力。鲍德温在他的《与教师的对话》(“A talk to teachers”)开篇就提到“我们正在经历的这个危机时代”，他提到美国社会中的平等、参与和认可是如何将黑人排除在外的：

> 这个国家的所有黑人，置身于美国教育制度之中，遭受着成为精神分裂病人的风险。一方面，他成长在星条旗下，他相信这个国家永远不会在战争中失败。他之所以对这面国旗如此忠贞，是因为它代表着“所有人的自由与正义”，几乎任何一个人都可能成为总统。但是，另一方面，他的祖国和国民却对他说，他从未对这一文化作出过任何贡献——他的过去不过是欣然接受羞辱的历史。
>
> (J. Baldwin，1963：326)

鲍德温总结这一评论时说，“我开篇提到的教育的矛盾之一是，当你的良知觉醒，
184 你发现自己必须与这个社会作战。如果你认为自己是一个接受了教化的人，那么改变社会便是你的责任”(J. Baldwin，1963：331)。他提醒在场的老师，“你将遭遇最不可思议、最残忍、最坚不可破的阻力”，因为“社会真正想要的理想公民是不假思索地服从社会规则的”(J. Baldwin，1963：p. 331)。鲍德温关于教育与社会的评论表现在如下问题之中，即参与一个更好、更令人满意的社会生活时哪些知识、技能、品性和自我观是必备的。讨论教师能力也需要回答这个问题。

拉德森-比林斯(Ladson-Billings)也采用了鲍德温“危机时代”的隐喻，她提醒教育者们，动摇未来教师的主导话语是一项“非常危险的工作”。在鲍德温发表严厉批评的36年后，拉德森-比林斯仍在提出类似问题，如：对于那些属于历来被边缘化的群体中的人们而言，他们在参与一个更好、更令人满意的社会生活时需要哪些知识、技能、品性，以及发展这些知识、技能和品性需要哪些教师能力。“危机时代”和“危险工作”的隐喻使我们关注权力和特权问题，这是社会正义与教师能力关系的核心。沃克(Walker，2003)提醒我们，教育中的社会正义对话需要允许教师教育工作者明确权力(如教学和机构中的权力)和资源(如教学材料，受教育机会和教育结果)如何分配给个体和社会群体。

裁定行动的概念工具

对社会正义的意义、理论和环境的理解非常重要，但是只有这些远远不够。奥尼尔等学者认为，我们需要一套裁定行动的概念工具，包括机构和行动的原则或标准，以及对机构和行动的评价。关于测评，奥尼尔提到，“只有制度和实践可以提供评判特定行动或决策的正义性的具体准则” (O'Neil，1996：182)。

同样地，沃克号召教育者不要停留在只提供社会正义的定义这个层面上。她认为，教育者们需要一些概念工具来评判我们做得如何，我们的行动帮助我们走向还是远离社会正义。她说，“我们需要关于正义原则的理论来评判我们的行动，这样，我们就可以自信地说，我们的行动不止于此” (Walker，2003：169)。她使用“被子”来比喻追求社会正义的行为，

> 局部的缝补，单独的几块布料，尽管很鲜亮、好看，但是它们仅仅是碎片而已。只有当我们把碎布片（我们的行动）缝到一起做成一个被子的时候，碎布片才会焕然一新；我们需要知道我们要做成什么样子，并且能够判断我们做得怎么样。（Walker，2003：169）

为了支持概念工具这一观点，沃克建议使用努斯鲍姆（Nussbaum，2000）的“能力方法”这一概念。努斯鲍姆在《女人和人类发展：能力方法》（*Women and Human Development：The Capabilities Approach*）中提出十种能力：(1)生活；(2)身体健康；(3)身体健全；(4)感觉、想象力、思考；(5)情感；(6)实践理性；(7)归属；(8)与其他物种
共存的能力；(9)玩耍；(10)控制周围环境（Nussbaum，2000：78－80）。她提出这些能 185
力对丰富个人生活至关重要。但是这些能力并不局限于经济参与，还可以拓展到个体与人际关系发展，以及更宽广的自然、政治和社会情境中的交互活动中去。沃克认为，尽管努斯鲍姆的方法只是评估我们做得怎么样的方法之一，但该方法提供了将教育置于社会正义背景中的途径，是发展其他方法的良好起点。沃克详细地解释道：

> 能力方法对教育的巨大吸引力主要有四点。第一，它强调教育丰富每一个个体和所有人的生活，它挑战了一些说法，比如尽管高等教育使许多人成功，但是大学辍学率表明高等教育对某些个人的经历无所裨益。第二，该方法指出“人们真正能做和能够成为”什么（Nussbaum，2000：5）。作为一种社会实践，教育归根底是使我们学会生活以及掌握知识。最重要的是我们的一系列行动需要思考和判断未来前进的方向，而不仅仅是关于我们曾经做了什么。第三，努斯鲍姆提出的十种能力大部分指向了教育条件和教育实践。对我们来说，哪些教育实践故事用来表明能力发展（中断、破坏、转变）和能力转型（再生产）呢？最后，该方法提出高等教育不仅仅是为了经济发展，还隐含了培养民主社会的公民，促进文化多样性环境下的理解与团结等目的。（Walker，2003：170）

开发裁定行为的概念工具，能够确定教师培训项目的政策是否认识到并解决了一些问题，这些问题包括不认可、排斥来自不同种族、阶级、性别、性取向、语言、宗教的他人，残疾人，以及具有不同文化和社会背景的人。也就是说，教师教育工作者需要反思：“该项目的政策是否真正提高了文化和经济地位处境不利的那些候任教师的生活质量，他们是否属于在历史、经济和/或社会中处于不利地位的群体，他们在被吸纳入该项目后是否因而被贴上了标签。”

皮特（Pitt，1998）提出项目政策需要关注接受教育和不上大学，不攻读学位作为影响社会正义之隐含原因或结果的方式。此外，大学政策和程序不应该笼统地增加接

受高等教育的难度，而应该考虑到社会生活中的巨大障碍，督促教师教育项目改善处于不利地位（以及在大学中处于不利地位）学生的生活。

总之，皮特（Pitt，1995）认为，评估教师教育项目之社会正义维度的标准应该包括针对结构性弱势的政策，比如：分配如知识、技能和品性等教育“商品”；承认当前经济对话背后的意识形态（如市场经济）；承认（尊重和肯定）文化差异。此外，教师教育项目政策必须明确指出确保学生获得政治赋权的负责人，指出哪些人、哪个办公室负责提供执行和推广政策所需的资源。

假若某一教师教育项目没有评估社会正义与教师能力关系建立和发展情况的工具，那么对社会正义和教师能力这两个观念的分析和理解都会被削弱。假若没有一个
186 评估框架，在追求社会正义的时候，候任教师和教师教育工作者有可能发生行动上的冲突。比如，他们通常会参加活动，但是绩效考核制度（如高风险考试）会混淆他们对社会正义的理解。为强调这一点，我们引述沃克的话：“我们需要关于正义原则的理论来评判我们的行动，这样，我们就可以自信地说，我们的行动不止于此”（Walker，2003：169）。当候任教师听闻一些公民出于社会和政治原因采取行动并认为这是“社会正义”之举的时候，这是由于他们对社会正义以及社会正义与教师能力关系的理解有所不同，还是理解得更加充分？候任教师是否将对社会正义的理解与平等、参与、认可和/或机会获得建立了联系？当一些弱势的白人学生和/或非白人学生被允许加入教师教育项目中，但是一个来自中产阶级的白人朋友却被拒绝时，候任教师和他（她）的朋友们如何从社会正义的角度来看待录取那些在历史上或体制内处于劣势群体的学生的行为？候任教师会倾向支持精英言论并质疑社会正义的意义吗？换言之，他们是否看到罗尔斯的正义原则，即备受压迫和最贫乏的群体需要得到更大关注，与谁有才能就应获得最大发展机会的教育这一观点之间的冲突呢？他们是否理解作为“有义务帮助弱势群体”的社会正义是为了最大多数人的福祉呢（Rawls，1971：100－101）？

那些自称从社会正义角度教授和培养候任教师知识、技能和品性的教师培训机构必须明确它们的社会正义内涵及其概念工具。这些工具能够帮助项目人员判定候任教师的行为，以及评价参与其中的教师教育工作者是否各就其位并发挥作用。

教师教育中的社会正义：文献综述

对教师教育的期刊文献综述

学者了解本领域学术动态的方法之一便是阅读这一领域的期刊，在重要期刊发表学术文章是教授晋升、获得终身教职的依据。这些文章还能揭示该领域的发展历史、当前的变化、新兴的概念、当前的问题和话题。期刊代表着最新最前沿的发展动向，对研究者有极大启发意义。期刊文章还可以作为本科生和研究生课程的材料。为了确定美国社会正义与教师教育、候任教师培训何时、如何并建立了怎样的联系，我们浏览

了从1985年至2006年间四本教师教育期刊的文章，即《教师教育行动》(*Action in Teacher Education*)、《公平与卓越》(*Equality and Excellent*)、《教师教育杂志》(*Journal of Teacher Education*)和《教师教育季刊》(*Teacher Education Quarterly*)。

我们的文献综述主要概括了期刊中与社会正义(教师)教育相关的特点和/或有代表性的实践。此外，我们探讨了社会正义被赋予的意义、所采用的理论视角、评价教师教育项目中的社会正义的工具、讨论社会正义的社会背景。在1991至2005年的四本期刊中，我们搜索到39篇在题目或摘要中使用"社会正义"这一术语的文章。在20世纪90年代以前，教师教育讨论中使用社会正义这一术语的文章少之又少。依据诺思(North)的观点(即将发表)，社会正义在20世纪90年代后渐渐流行起来，是因为许多 187
围绕多元文化主义等术语的公开论辩促使"格里菲思(Griffiths，1998)等教育研究者有意地使用社会正义来描述他们研究的主题和方法论"。诺思称，格里菲思认为由于"社会正义在学术、媒体或大众文化中出现得并不频繁，它还未受到像其他术语那样的攻击"(Griffiths，1998：85)。

在这39篇文章中，我们注意到社会正义只是被泛泛地提及，缺乏严格的定义。只有卡莱尔、杰克逊和乔治将社会正义教育界定为"对内容保持觉察和反思，并试图促进不同社会身份群体(比如，种族、阶级、性别、性取向和能力)的公平，培养其批判能力，推动社会行动"(Carlisle，Jackson and George，2006：57)。他们基于在一所小学中的研究提出社会正义教育的五项原则，即包容和平等、高期望、共同体内的互惠关系、系统的方法、直接的社会正义教育和干预。他们还提出以公平为取向的模式，证明了学术成果及当前研究对学生成就的影响，提出了一套在学校共同体中实施社会正义教育的系统方法。

一项研究调查了波士顿大学教职员和管理者对社会正义的理解(Zollers *et al.*，2000)，参与者被要求分析他们所共享的对社会正义的理解。虽然所有的人都认同为了社会正义而教的目的，但是，他们对社会正义的定义却有所不同。研究者注意到他们还提到许多不同的范畴，比如公平公正，机构和个人对不公正的不同理解，个体为推进社会正义所负有的责任。

这39篇文章在分析教师教育中的社会正义时所采用的角度有所不同。尽管许多学者提出了在教师教育项目中推行社会正义的途径、计划和方法，但是缺乏与之配套的标准、人员配备和/或裁定行为的概念工具。另外，主要研究社会正义的学者们通常具有相似的愿景、思考角度和应对方法。这些学者们将社会正义当作一种正义道德、正义的关切、正义感或者正义的倾向。社会正义的意义有时候是给定的，有时候是暗含的，但通常并没有被确切地表达出来。默雷尔(Murrell，2006)认为社会正义是这样一种品性，即认识到并消灭各种形式的压迫和在社会生活及政策机构中大量存在的差别对待，并呼唤参与式民主以实现社会正义。加尔蒙提出"社会正义感是对社会中所有人受到公平和平等对待的追求"(Garmon，2004：206)。涅托称对社会正义的关切是将个体和机构考虑在内的意识形态和教学法，他认为教师教育项目需要"(a)坚持社会正义和多样性的立场；(b)使社会正义体现在教师教育的方方面面；(c)将教学理解为延续一生的旅行"(Nieto, 2000: 182)。涅托还提出社会正义是个体的追求，是共同的理想，也是制度的使命。它要求教师发展自我身份意识，与学生共同学习、建立有意义的联系，掌握多种语言、多种文化知识，挑战种族主义和其他偏见，坚持批判立场，并与共同体中进行批判的同事和衷共济(Nieto, 2000: 5)。

188 在浏览这些文章的时候，我们意识到教师的"能力"是一系列的理解、技能和承诺(或知识，技能和品性)，不是对"教师需要知道什么"或者教师需要什么样的"技能"这些问题的简单回答。当社会正义植根在教师能力之中或者与教师能力密切相关时，它应该包括涅托(Nieto, 2000)以及我们在分析其他文章时所提到的一些特点：(1)批判教学论；(2)共同体与合作；(3)反思；(4)社会(批判)意识；(5)社会改变和变革主体；(6)文化和身份；(7)对权力的分析。

批判教学论的作用

有几篇文章提出这样的观点：通过使用批判教学论，教师和教师教育工作者被鼓励着理解社会正义，并朝着这个目标努力。拜尔(Beyer)认为，支持批判教学论的理由在于，"(它)关注社会维度和教育实践的结果、文本和经验的意识形态意义、在学校和其他机构中的权力关系，并使用新的方法将理论与实践结合"(Beyer, 2001: 155)。涅托(Nieto, 2000)提出，一个采用批判教学论的项目还能培养未来教师形成批判的立场，挑战种族主义和其他偏见、歧视。麦克拉伦和费施曼建议，教师教育项目应该"致力于培养批判认识论、关怀伦理、同情和团结"(Mclaren and Fischman, 1998: 131)，努力提升学生对生产中社会关系的理解，并推动他们思考如何改变当前导致经济不平等和剥削的社会结构设置。

尽管这些文章都在强调批判教学论在教师教育项目和教师专业发展中的重要性，但它们极少关注如何将批判教学论转化为具体的中小学课堂内的教学实践。鲍尔意识到这个问题，他建议研究者尝试"从一些愿意将这一哲学运用在日常教学实践中的教师的日常交互行为入手，探索批判教学论的具体原则"(Ball, 2000: 1007)。霍夫曼-基普也认为学者们需要多加关注"教师从过程和内容角度融合批判教学论与教学实践的实际活动"(Hoffman-Kipp, 2003: 28)。

尽管这些文章的作者均使用了颇具说服力的论据来支持使用批判教学论这一观点，但是这些论据多是空泛的口号，没有建立在特定或一系列批判理论之上。批判理论和在此基础上的批判教学论在目的和关注点上有所不同。比如，黑人女性主义理论和教学论与社会/激进女性主义理论和教学论都挑战了男性主导、女性受压迫的现象，然而前者还批判了白人女性主义中将黑人女性边缘化或者将黑人女性排除在外的观点和行为，它与只挑战男性霸权和父权制的后者具有不同的目的和关切(Welch,

2001)。尽管大部分批判理论和方法论可以应用于教师培训项目以促进社会正义,但是候任教师从项目中学到或掌握的内容和方式会有所不同。这是由项目所使用的理论支撑、教授和体现的教学论有所不同导致的。我们并非支持某一种理论和教学论,而是希望读者关注同一理论下不同流派的观点,以及他们所支持或要求的教学论。当教师教育工作者或者教师教育项目声称使用“批判理论”的时候,读者们不妨思考他们是否充分地说明了自己的目的、关切,以及所使用的教学论的本质。

共同体与合作

许多文章都提到共同体与合作对社会正义意识形态及其实践的重大意义。与他 189
人共同工作是再普通不过的活动,这些文章认为“学习者共同体”、“实践共同体”、“联合行动”和“合作”等术语意味着团结或齐心协力(Cochran-Smith, 2001; Garmon, 2004; Glass and Wong, 2003; Greenman and Dieckmann, 2004; Hoffman-Kipp, 2003; Jennings, 1995; Johnson, 2002; Kurth-Schai, 1991; Lane *et al.*, 2003; McLaren and Farahmandpur, 2001; McLaren and Fischman, 1998; Merryfield, 2001; Morrell, 2003; Moscovici, 2003; Murrell, 2006; Nieto, 2000; Quartz and TEP Research Group, 2003; Ríos *et al.*, 1997)。许多作者称,共同体是这样一个学习和行动的地方:参与者共同设计一系列的活动、故事,并谈论社会正义及实施社会正义的行动。这些努力消除了共同体与学校的界限、虚拟空间和物理空间的区别,促使其他社会场域也寻找新的方法以让其成员既欢乐又不失严肃地团结在一起。

温格(Wenger, 1998)认为实践共同体是一种特别的现实状况,鼓励特定的行为和思考方式。社会正义思想指导下的共同教学和学习取代了教师孤军奋战的情况,教师与其共同体成员及学习共同体成员联合起来(广义上的),挑战了个人英雄主义的叙述方式。夸茨(Quartz)与教师教育项目研究小组在提到学习共同体或集体开发教学论的重要性时这样写道:

> 城市学校中真正的英雄是那些想出办法一直保持自身的专业性,追求社会正义,与同事、学生及共同体成员保持紧密联系的人。这些英雄不是天生的,他们的成长来自于广泛的人际支持和对教学论深入扎实的理解。(Quartz, 2003: 105)

此外,有些文章提出了一些共同工作的建议,包括加入组织,与共同体成员一同工作,形成批判朋友圈和/或学习小组。

联合支持是在许多文章(Weinstein *et al.*, 2004; Luna *et al.*, 2004)中非常突出的一个概念,是指共同体或团队中的互惠关系、教师互助互利和相互支持(Garmon, 2004)。在卢纳等人的文章中,一个学习小组成员是这样描述他(她)所经历的“支持”

的："在我们的小组中，支持意味着被倾听、被挑战，以及认可我们在教学和生活中的冒险行动。"(Luna *et al.*，2004：79)其他文章中还提到利用学生家长的力量(Cooper，2003)，使学生家长作为社会运动的成员参与其中(McLaren and Fischman，1998；Hoffman-Kipp，2003)，通过联合个体力量推动制度改变(Nieto，2000)。梅里菲尔德(Merryfield，2001)等人认为创建共同体和合作的方式方法必须不断被质疑、批判和改良。

190 总之，这些文章均提出共同体和联合支持都是社会变革的基本要素，要求团结的联合行动。但是共同体或其他社会网络中权力分配不平等的影响，不均衡的权力关系如何违背社会正义的初衷等问题却没有被提及。

反思的作用

有些文章提到反思是一种社会正义实践(Lane *et al.*，2003；Morrell，2003；Glass and Wong，2003)。格拉斯和黄(Glass and Wong，2003)提出，真正有效的教学论离不开对课堂和学校层面的改革进行持续的批判性反思和教师专业性的发展，候任教师在教室里的观察学习也可以督促指导教师批判性地反思自己的教学。莫雷尔(Morrell)也指出教师在专业发展研究研讨会中同其他六位专业人士的交流"促使他们在观察他人的行动时更充分地反思自己的实践"(Morrell，2003：95)。

然而，几乎所有的文章都把反思当作一种没有问题的实践，不论教师教育还是专业发展项目都希望学生进行反思。它们的前提假设是：以一种批判性的视角将社会正义放入思考范围之内，这样反思得以实现；反思和随后的思想改变受到提出问题的动机和兴趣的影响；反思与对话教学、身份、文化构成和合作相互影响。

社会批判意识的重要性

许多文章多次参考保罗·弗莱雷(Paulo Freire，1970/1974/2000)的"意识觉醒过程"概念并提出不同类型的意识。这表明批判意识的觉醒和发展"必须产生于对有利的社会条件进行的批判性教育努力"(Freire，1974：15)。呼吁批判意识的前提假设是，教育者"在发展了高水平的社会批判意识后，能够在教学过程中意识到自己在面临社会不正义时所扮演的角色"(Jennings，1995：243)。詹宁斯补充到，尽管该假设需要系统地验证，但是它具有"足够的表面效度，如果教师教育工作者认真对待，认可多样性和为了社会正义而教的关系，那么批判社会意识值得他们关注"(Jennings，1995：243)。

詹宁斯还从发展心理学的角度分析了批判社会意识，并提出"由于社会批判意识涉及身份和认知发展过程，人们应该尊重那些被压迫或被威胁的学生，而不是仅仅给予他们特殊照顾"(Jennings，1995：248)。因此他提出教师教育工作者必须有这样的教育目标——使"叛逆的学生"参与到课堂对话中，使他们对社会正义和多样性问题变得敏感。他在培养学生社会批判意识的情境中提到品性(如敏感,抵抗)的问题,这将它与教师能力、社会正义结合起来。

综述这些文献,我们发现学者们极少关注中小学生的批判意识。拜尔(Beyer, 2001)是其中的例外。他主张,教师要用自己对社会不公平的认识去培养学生的批判意识。格拉斯和黄(2003)认为,学生需要理解种族、阶级和语言歧视的持续存在,即使是在他们社群的受教育程度最高的群体中也是如此。里奥斯(Ríos)等人提倡社会正义课程,认为社会正义课程应该考虑学生的生活,并且应该调和课堂中的不同批评的
观点。里奥斯等人的倡议和鲍伯·彼得森(Bob Peterson, 1994)在"反思学校"系列文 191
章中的一篇文章《为了社会正义而教:一名教师的旅程》中所阐述的观点一致。彼得森列出了社会正义课堂的目标:建立在学生生活之上的课程、对话、问题的提出方法,着重批判歧视和偏见,为了社会正义进行积极的教学。

不过,这些研究仍然需要确定具备较强批判社会意识的教师对学生的影响。此外,许多文章为教师提供了各种培养批判社会意识的建议,但是这些建议大多忽略了对培养为社会正义而教的教师至关重要的一些问题,包括对权力的分析,(自我)反思及共同体与合作。此外,这些文章没有将教师能力,特别是教师的知识和技能纳入讨论范围。

社会变革和变革主体

贯穿这些文章的主线是教育改革的迫切性,使教育的方方面面都体现并促进社会正义。改革的努力是对变革的主动回应,它显示出教育者为社会正义而奋斗的执着(如,Wallace, 2000)。在这一社会正义对话中人们达成了共识,即没有人能够完全地置身在社会系统之外,任何人及其行动都不是价值中立的。一个非常重要的观点是,教师应该成为社会变革的主体或积极分子。比如,科克伦-史密斯(Cochran-Smith, 2001)在其发表的一篇社评《逆流而教》("Learning to Teach Against the (New) Grain")中写道:

> 以实现社会变革为目的的教师教育项目有这样的目标——帮助未来教师深入地思考并谨慎地承担起教师的角色,促使他们成为消灭美国社会不公平的政治意识和意识形态的积极分子。(Cochran-Smith, 2001: 3)

莱恩等人(Lane *et al.*, 2003)的文章详细描述了一个实习教师成为变革主体的例子。他们调查了加州大学洛杉矶分校某中心的教师教育项目使实习教师在实习期间成为变革主体的过程,该研究中的实习教师被允许"学习如何教授城市学校中的学生,同时对学校进行改革"。莱恩等人总结说,实习教师通过影响他们的指导教师的实践成为变革主体。这种方法挑战了传统意义的教师实习,因为传统的实习并不注重发挥

实习教师作为社会变革主体的作用。

这些文章还揭示了一个重要的理念，即促使学生理解自己在民主社会中的公民角色并促使其角色的转变。然而，极少有文章关注学生的主体性。具体来说，学生几乎不可能同管束他们的力量进行谈判，更不可能就管束带来的实质影响进行协商。如果
192 将自我定位与社会强制力结合起来思考，我们将会发现很多的问题。例如我们对自己的性别、种族、性取向的定位受到了社会强制力的影响，而正是公众情感塑造了这种强制力。而我们的这一定位又可能改善并维持我们的生活质量。

麦克拉伦和法拉曼德普(McLaren and Farahmandpur)将能动性描述为“一种智力上的劳动、具体的社会实践，简言之，一种批判性的实践”(McLaren and Farahmandpur, 2001: 149)。他们的讨论涉及一般意义上的学生，而不仅是作为学习者的职前教师或在职教师。他们探讨了历史状况而不仅仅是个体的主体性，如何决定主体的关系结构。他们称“我们需要认识到历史中形成的支配力量和压迫，以此努力形成对抗被代表的具体实践”(McLaren and Farahmandpur, 2001: 146)。但是这些文章中提到教师作为变革主体的时候没有提及与之相关的知识、技能和品性，而且对学生的能动性，尤其是对学生的反抗关注得非常少(只有少数人除外，如，Cooper, 2003; McCall and Andringa, 1997; Pohan and Mathison, 1999)。

文化和身份

社会正义和多元文化教育对话在这些文献中被反复提及，这可能是由于多元文化教育的支持者，尤其是社会重建主义多元文化教育支持者们(Martin, 2005; Martin and Van Gunten, 2002; McCall and Andringa, 1997)将社会正义在一般意义上与教师教育和教育建立起了联系。拜尔(Beyer, 2001)在讨论教师的同时使用了这两个术语：“教师具备这些理念倾向(社会正义和多元文化教育)后，他们才能干预学生的生活，使学生富有个人成就感、社会责任感和道德义务感，帮助学生建构美好的未来。”(Beyer, 2001: 156)在大量文章中，社会正义被描述为多元文化教育的目标之一(Cochran-Smith, 2003; Ríos *et al.*, 1997; Martin and Van Gunten, 2002)。蔡克纳(2003)指出，多元文化教育是与社会正义教育具有相似目标的一种教育方法，通常多元文化教育和多样性在教育中被当作社会正义的同义词。

马丁和范·冈腾(Martin and Van Gunten, 2002)认为，教师在社会重建意义上使用多元文化教育一词，在关系结构方面它同批判理论具有一些相同的关切。库珀认为“教师教育项目应培养体现社会正义的教育者，他们要非常了解自己的学生及其家庭的关系结构”(Cooper, 2003: 102)，她又补充说，“我强调教师必须认识到学校是进行政治抵抗的场所，他们必须努力去改善现状”(Cooper, 2003: 102)。

在这一系列的文献中，许多关于多样性和公平的重要对话涉及文化和身份问题。这些文献的观点是这两个概念相互交织，正如我们存在于这个世界上(包括在教室内)

从未与我们如何担当或改变我们的角色相脱离一样。麦克拉伦和费施曼提出，关于教师教育的讨论常常缺失了“身份的构建”和“批判性的公民意识”，这些讨论的缺席削弱了“教师教育培养教师作为社会正义批判性能动者的能力”(McLaren and Fischman, 1998: 125)。三年后，麦克拉伦与法拉曼德普提出，“近来，批判教学论危险地向文化领域内的身份政治发展，阶级被理解为既定结果而非原因”(McLaren and Faramandapur, 2001: 136)。这两篇文章说明，学者们对教师教育项目改革中的文化和身份问题的关注不断增多，教师、教师教育和职业发展项目还要考虑阶级、身份和文化对教师教育的 193
影响。这些观点引发了很多后续的研究，如教师身份如何影响他们为社会正义目标而工作的能力(比如，Garmon, 2004；Martin and Van Gunten, 2002; Wilson, 2002)。但是这些文章也提出了引入身份概念的方式是有问题的，即在讨论平等问题的时候，除了对群体的认可之外，它忽视了经济再分配的需要。弗雷泽(Fraser, 1997)认为，身份政治会削弱经济再分配的呼声。

对权力的分析

有少数的几篇文章讨论了教师与权力的关系。连续三年间，莫斯科维奇(Moscovici, 2003)研究了教师对紧急情况的处理如何使他们得以利用习惯的探究方式理解自己的权力地位(positions of power)，这些权力地位对教师实践的影响，以及他们如何在探究并获得一定知识后改变自己的实践。该研究中的教师还被鼓励使用批判理论与尤克尔(Yukl, 1989)和福柯(Foucault, 1979)的权力概念来分析自己在教室内所处的权力地位。莫斯科维奇写道，“作为自我分析的结果，许多教师一改以前的实践，鼓励学生批判地参与到科学探究中”(2003: 47)。

这些文献表达的观点是，通过理解权力的作用，教师能够从只关注个体的心理因素转移到关注更大的、影响社会关系的社会因素，包括他们能在多大程度上超越制度对他们培养学生的社会批判意识、公民意识及能力的限制。库珀分析了教师理解权力作用的重要性。他指出，“意识不到自己权力的教育者极容易滥用这些权力，或者难以使用这些权力使学生的利益最大化”(Cooper, 2003: 104)。

讨论

通过综述这些期刊文章，我们发现了关键主题和典型实践之间的重合与差异，也发现了典型实践与科克伦-史密斯(1999)描绘的为了正义、以教室为单位的教学论的“实践原则”(比如学习共同体，对话式、多元文化敏感的教室、知识)之间的重合与差异。

在综述 1992 年至 2002 年的研究时，威德曼(Wiedeman, 2002)提炼出追求社会正义教师教育的关键主题：(1)多样性与不同；(2)多元文化教育；(3)批判理论；(4)批判多元文化主义；(5)关怀理论；(6)反种族主义教育；(7)种族批判理论。这样就明确了教师教育、课堂情境和教育中一般的主题、原则和/或典型事件，能够加深对教师能力和社会正义关系的理解。

许多文章强调对话在共同体发展中的重要意义，而且将对话看作学习、反思和社会意识的象征。不过没有一篇文章阐述如何解读对话，使用对话分析或者其他形式的分析方法来思考对话与实践的关系。一般的研究没有说明参与者陈述的源起，比如他
194 们节选的对话来自于访谈还是对期刊文章对话的反思，这样，只有非常有限的知识可以引导教育者和学生理解对话在文本研究中塑造共同体的过程。

教师教育中关于社会正义的研究表明人们对教师教育期待的转变，这在认同、推广以及融合典型实践中不难看出，这有助于重新定义教师能力。总的来说，这些典型实践所支持的概念转向，促使教师教育工作者采用将社会正义理论与实践相结合的方法，以发展教师的教育能力。

关于那些自称为了社会正义而教的教师的课堂实践，以及那些以社会正义概念为导向的教师教育或专业发展项目之实践的实证研究极少(Hollins and Torres-Guzman, 2005)。霍夫曼-基普(Hoffman-Kipp, 2003)和莫斯科维奇(Moscovici, 2003)是实证研究的代表，但是，尽管莫斯科维奇称教师在分析权力关系结构后其教学实践有所变化，但是他并没有提供变化的证据。

此外，许多研究不关注定义、情境和评价测量，为了社会正义的教师教育和/或典型实践的实证研究试图填补这一研究上的空白，同时分析这些实践对学生表现所具有的真实影响。这些独树一帜的实证研究有默雷尔(Murrell, 2006)对教师实践社会正义教育进行的评估；布朗(Brown, 2004)回顾了针对多样性、社会正义与公平问题对未来领导者的信念、品性和价值观的测量；卡莱尔等人(Carlisle *et al*., 2006)主要研究了对教师教育项目的整体评估。

再者，当和教师能力相关的质量问题进入社会正义对话时，它们通常不被重视或者不是外显的，而是隐含在字里行间或者被认为是理所应当的。尽管我们依次讨论关于社会正义文献的特点，但是实际上它们彼此交叉、相互联系。考虑到教和学的复杂性，如人们所预期的，许多典型事件通常会同时发生。无论是这些文章的作者还是我们，都不认为这些典型实践应该相互独立地展开，也不认为它们处在实践或者政策的不同等级，或者一个人或一个项目在没有一系列外部支持的情况下独自开展。实际上，一个人的教学或者做老师的特点和实践能够启发、支持甚至挑战他人的实践。每一个教师都能够持续地重新定义为社会正义而教的教师的特征，同时在特定的情境下质疑他人的行动并互相指导，相互借鉴。

通过综览这些文章，我们更加确信教师能力应该是一系列的理解、技能和承诺，它比简单回答“教师需要知道什么”，教师应该具有或者努力学习什么“技能”，或者他们应该具有或努力具备怎样的“品性”等问题有更加广泛的意义。我们希望强调的是，教

师能力“系列”还需要具备为了社会正义而裁定行为的概念工具。

结论

社会正义是教师教育文献中很好的概念，也是教师教育工作者常常提起的口号，
但是在教师教育政策、实践或者对未来教师的期待中，往往缺乏对社会正义的定义。
如哈耶克所说的，“它(社会正义)漂浮在空中，但是，只要它一出现，每个人都能立即认 195
出它来”(引自，Novak，2000)。不去定义社会正义，不考虑社会正义的意义，或者在提
到候任教师的知识、技能和品性时只给社会正义一个狭隘的定义，此类以社会正义为
名的教师教育工作者和候任教师的行动常常是肤浅、无效和不明智的。

社会正义概念缺乏理论框架支撑，沦为简单概念——平等、机会同等和公平——的堆砌，人们只注意不同的概念对教育政策和程序的不同影响，却没有谨慎入微地理解其内涵(North，出版中；Secada，1989；Sturman，1997)。社会科学研究的一个良好的传统便是重视其作品的理论基础，然而我们浏览的期刊通常都缺乏这样的理论基础，这导致社会正义意义理解和框架的混淆不清。

这些文献大多没有涉及教师教育项目的评价问题，只有少数讨论了社会正义原则和所进行实践的程度和状况。比如沃克(Walker，2003)认为，我们迫切需要一套评估社会正义的概念工具，它促使我们思考这样的问题：“我们的行动帮助我们走向还是远离社会正义?”但是，对教师教育中社会正义和教师能力的评价太少。蔡克纳(Zeichner，2006)说，当前教师教育中的每个人几乎都在说是为了社会正义而工作，因此非常需要一些认知评价工具对其进行区分和辨别。

社会正义和教师能力的讨论也关注教育的背景(比如，日新月异的技术创新、全球化、紧迫的经济形势和绩效考核制的评估)，讨论中有许多关于经济和美国竞争力的话语，认可了使有色人种学生或贫困学生在全球化社会中占据一定位置的重要性。

这些讨论很少把社会正义、教师能力与一个良好的社会联系起来，除非这些讨论涉及政治经济和社会凝聚力。只有布里茨曼(Britzman)讨论了能力、知识和社会关切，她问道：“是什么阻碍我们以道德的方式回应他人，向素未谋面的他人学习，受我们从未生活过的历史的影响?”(Britzman，2000：202)。而很多讨论关注当地和全球关系的改变，将培养全球化的思维作为主要的目标。在此背景下，那些“重视个体权利、竞争和个人成就”的个体主义者(hyper-individuals)便应运而生。

最后，我们已经进入这样一个阶段：教师教育和社会正义成为主流教师教育领域讨论的主题。越来越多的教师教育领域的杂志和书籍开始强调社会正义的重要性，有更多专门的文章讨论社会正义问题，同时，教师教育项目和教师专业培训项目也努力提高教师对社会正义的认识。这些现象都说明在教师教育领域，社会正义受到越来越多的关注。

教师教育领域中社会正义对话的形成，可能是由于公众意识的觉醒，人们纷纷团结起来反对在学术、学校资助、教职员工雇用过程和资源分配领域中长久存在的不公平问题。另一个原因是，受不同领域教育学者的影响，人们渐渐认识到教育的复杂性。196 涅托哀叹道，“教师教育项目在社会正义和公平方面的发展非常滞后”（Nieto，2000：181），因此如果回到贺拉斯曼的话，“教育，超越人类其他所有的设计，是人类境遇的最伟大的平衡器，是社会机器的平衡轮”，再反思当前为推动教师能力中的社会正义而付出的努力，必须承认我们需要做的还有很多很多。

致谢

感谢娜丁・戈夫（Nadine Goff）和康妮・E. 诺思（Connie E. North）对本文手稿的评论与建议。

（赵晓莹　译）

参考文献

Ayers, W. (1998) Foreword: popular education: teaching for social justice. In W. Ayers, J. A. Hunt, & T. Quinn (eds.), *Teaching for social justice*. New York: Teachers College Press.

Baldwin, J. (1963) A talk to teachers. *Saturday Review*, December 21, 42 - 44.

Ball, A. (2000) Empowering pedagogies that enhance the learning of multicultural students. *Teacher College Record*, 102(6), 1006 - 1034.

Barry, B. (2005) *Why social justice matters*. Cambridge: Policy Press.

Bell, L. A. (1997) Theoretical foundations for social justice education. In M. Adams, L. A. Bell, & P. Griffin (eds.), *Teaching for diversity and social justice* (pp. 3 - 15). New York: Routledge.

Beyer, L. E. (1991) Schooling, moral commitment, and the preparation of teachers. *Journal of Teacher Education*, 42(3), 205 - 215.

Beyer, L. E. (2001) The value of critical perspectives in teacher education. *Journal of Teacher Education*, 52(2), 151 - 163.

Britzman, D. (2000) Teacher education in the confusion of our times. *Journal of Teacher Education*, 51(3), 200 - 205.

Brown v. *Board of Education*, 347 U. S. 483 (1954) (p. 2).

Brown, K. M. (2004) Assessing preservice leaders' beliefs, attitudes, and values regarding issues of diversity, social justice, and equity: a review of existing measures. *Equity & Excellence in Education*, 37, 332 - 342.

Carlisle, L. R., Jackson, B. W., & George, A. (2006) Principles of social justice education: the social justice education in schools project. *Equity & Excellence in Education*, 39, 55 - 64.

Cochran-Smith, M. (1999) Learning to teach for social justice. In G. Griffin (ed.) *The education of teachers: ninety-eighth year book of the National Society for the Study of Education* (pp. 114 - 144). Chicago: University of Chicago Press.

Cochran-Smith, M. (2001) Learning to teach against the (new) grain. *Journal of Teacher Education*, 52(1), 3 - 4.

Cochran-Smith, M. (2002) Reporting on teacher quality: the politics of politics. *Journal of Teacher Education*, 53(5), 379 - 382.

Cochran-Smith, M. (2003, Spring) The multiple meanings of multicultural teacher education: a conceptual framework. *Teacher Education Quarterly*, 7 - 26.

Cochran-Smith, M. (2004) *Walking the road: race, diversity, and social justice in teacher education*. New York: Teachers College Press.

Consortium for Policy Research in Education (CPRE) (1995) Dimension of capacity. www.ed.gov/pubs/CPRE/rb18/rb18b.html

Cooper, C. W. (2003, Spring) The detrimental impact of teacher bias: lessons learned from the standpoint of African American mother. *Teacher Education Quarterly*, 101 - 116.

Cremin, L. A. (1957) *The republic and the school: Horace Mann on the education of free men*. New York: Teachers College.

Foucault, M. (1979) *Discipline and punish: the birth of the prison*, Translated by Alan Sheridan. New York: Vintage Books.

Fraser, N. (1997) *Justice interruptus: critical reflections on the post-socialist condition*. New York: Routledge.

Fraser, N. (1997) *Justice interruptus. Critical reflections on the "post socialist" condition*. New York: Routledge.

Freire, P. (1970) *Pedagogy of the oppressed*, New York: Continuum.

Freire, P. (1974) *Education for critical consciousness*. New York: Continuum.

Freire, P. (1998) *Teachers as cultural workers: letters to those who dare teach*. Translated by D. Macedo, D. Koike, & A.

Oliveira. Boulder, CO: Westview Press.
Freire, P. (2000) *Pedagogy of the oppressed*, 30th anniversary edition. New York: Continuum.
Friedman, T.L. (2005) *The world is flat: a brief history of the twenty-first century*. New York: Farrar, Straus, & Giroux.
Garmon, M.A. (2004) Changing preservice teachers' attitudes/beliefs about diversity: what are the critical factors? *Journal of Teacher Education*, 55(3), 201 - 213.
Giroux, H.A. (1992) *Border crossings: cultural workers and the politics of education*. London: Routledge.
Giroux, H.A. (2005) *Border crossings: cultural workers and the politics of education*. 2nd ed. New York: Routledge.
Glass, R.D. (2000) Education and the ethics of democratic citizenship. *Studies in Philosophy and Education*. 19(3), May, 275 - 296.
Glass, R. D. & Wong, P. L. (2003, Spring) Engaged pedagogy: meeting the demands for justice in urban professional development schools. *Teacher Education Quarterly*, 30(2), 69 - 87.
Goodlad, J. (2002) *A place called school*. New York: McGraw-Hill.
Grant, C.A. & Sleeter, C.E. (2003) *Turning on learning: five approaches for multicultural teaching plans for race, class, gender, and disability*. 3rd ed. New York: John Wiley & Sons, Inc.
Greenman, N.P. & Dieckmann, J.A. (2004) Considering criticality and culture as pivotal in transformative teacher education. *Journal of Teacher Education*, 55(3), 240 - 255.
Griffiths, M. (1998) *Educational research and social justice: getting off the force*, Buckingham: Open University Press.
Grutter v. Bollinger (02 - 241) 539 U.S. 306 (2003).
Hayek, F. A. (1997) *The mirage of social justice*. Chicago: University of Chicago Press.
Hoffman-Kipp, P. (2003, Spring) Model activity systems: dialogic teacher learning for social justice *teaching*. *Teacher Education Quarterly*, 27 - 40.
Hollins, E.R. & Torres-Guzman, M. (2005) Research on preparing teachers for diverse populations. In M. Cochran-Smith & K. M. Zeichner (eds.), *Studying teacher education: the report on the AERA panel on research and teacher education* (pp. 477 - 548). Mahwah, NJ: Lawrence Erlbaum.
Irvine, J.J. (2003) *Educating teachers for diversity: seeing with a cultural eye*. New York: Teachers College Press.
Jenlink, P.M. & Jenlink, K.E. (2005) *Portraits of teacher preparation: learning to teach in a changing America*. Lanham, MD: Rowman & Littlefield Education.
Jennings, T.E. (1995) Developmental-psychology and the preparation of teachers who affirm diversity: strategies promoting critical social consciousness in teacher preparation programs. *Journal of Teacher Education* 46(4), 243 - 250.
Johnson, L. (2002) "My eyes have been opened": white teachers and racial awareness. *Journal of Teacher Education*, 53(2), 153 - 167.
Kumashiro, K. (2002) *Troubling Education: queer activism and anti-oppressive*. New York Routledge.
Kurth-Schai, R. (1991) The peril and promise of childhood: ethical implications for tomorrow's teachers. *Journal of Teacher Education*, 42(3), 196 - 204.
Ladson-Billings, G. (1999) Preparing teachers for diverse student populations: a critical race theory perspective. *Review of Research in Education*, 24, 211 - 247.
Lane, S., Lacefield-Parachini, N., & Isken, J. (2003, Spring) Developing novice teachers as change agents: student teacher placements "Against the grain." *Teacher Education Quarterly*, 55 - 68.
Long, S. (2004) Separating rhetoric from reality: supporting teachers in negotiating beyond the status quo. *Journal of Teacher Education*, 55(2), 141 - 153.
Luna, C., Botelho, M.J., Fontaine, D., French, K., Iverson, K., & Matos, N. (2004, Winter) Making the road by walking the talking: critical literacy and/as professional development in a teacher inquiry group. *Teacher Education Quarterly*, pp. 67 - 80.
McDonald, M.A. (2005) The integration of social justice in teacher education: Dimensions of prospective teachers' opportunities to learn. *Journal of Teacher Education*, 56(5), 418 - 435.
McLaren, P.L., & Fischman, G. (1998, Fall) Reclaiming hope: teacher education and social justice in the age of globalization. *Teacher Education Quarterly*, (25)4, 125 - 133.
McLaren, P. & Farahmandpur, R. (2001) Teaching against globalization and the new imperialism: toward a revolutionary pedagogy. *Journal of Teacher Education*, 52(2), 136 - 150.
McCall. A.L. & Andringa, A. (1997) Learning to teach for social justice and equality in a multicultural social reconstructionist teacher education course. *Action in Teacher Education* 18, 57 - 67.
Martin, R.J. (2005, Spring) An American dilemma: using action research to frame social class as an issue of social justice in teacher education courses. *Teacher Education Quarterly*, 32(2), 5 - 22.
Martin, R.J. & Van Gunten, D.M. (2002) Reflected identities: Applying positionality and multicultural social reconstructionism in teacher education. *Journal of Teacher Education*, 53(1), 55 - 54.
Mabee, C. (1979) *Black education in New York State: from colonial to modern times*. New York: Syracuse University.
Meacham, J. (ed.) (2001) *Voices in our blood: America's best on the civil rights movement*. New York: Random House.
Merryfield, M.M. (2001) The paradoxes of teaching a multicultural education course online. *Journal of Teacher Education*, 52(4), 283 - 299.
Morrell, E. (2003, Spring) Legitimate peripheral participation as professional development: lessons from a summer institute. *Teacher Education Quarterly*, 89 - 99.
Moscovici, H. (2003, Spring) Secondary science emergency permit teachers' perspectives on power relations in their environments and the effects of these powers on classroom practices. *Teacher Education Quarterly*, 41 - 54.
Murrell, P.C. (2006) Toward social justice in urban education: a model of collaborative cultural inquiry in urban schools. *Equity & Excellence in Education*, 39(1), 81 - 90.
National Council for Accreditation of Teacher Education (2002) *Professional standards for the accreditation of schools, colleges, and departments of Education*.
National Council for Accreditation of Teacher Educators (NCATE) (2003) *Professional Standards for the Accreditation of Schools, Colleges, and Departments of Education*. Washington, DC. Author

Neubauer, D. (2005) Globalization, interdependence and education. Paper presented to the International Seminar on "Education in China: the dialectics of the global and the local", November 15.
Nieto, S. (2000) Placing equity front and center: some thoughts on transforming teacher education for a new century. *Journal of Teacher Education*, (51)3,180 - 187.
North, C. (in press) What is all this talk about "social justice"? Mapping the terrain of education's latest catch phrase. *Teachers College Record*.
Novak, M. (2000) Defining social justice. *First Things*, 108,11 - 13.
Nussbaum, M.C. (2000) *Women and human development: the capabilities approach*. Cambridge: Cambridge University Press.
Nussbaum, M.C. (2001, 7/20) The enduring significance of John Rawls. *The Chronicle Review*, *The Chronicle of Higher Education*. Retrieved November 15,2006 from http://chronicle.com/free/v47/i45/45b00701.htm, pp.1 - 7.
O'Day, J.A., Goertz, M.E., & Floden, R.A. 1995 *Building Capacity for Education Reform*. New Brunswick, NJ: Consortium for Policy Research in Education.
O'Neil, O. (1996) *Towards justice and virtue*. Cambridge: Cambridge University Press.
Peterson, B. (1994) Teaching for social justice: one teacher's journey. *Rethinking our Classrooms* V.2. Rethinking Schools, Ltd.
Phillips, M.R. (1940) The negro secondary school teacher. *The Journal of Negro Education*, 9(3),482 - 497.
Pitt, J. (1995) Social justice in contemporary schooling: some methodological considerations. Paper presented at the Australian Association for Research in Education, November 26 - 30.
Pitt, J. (1998) Social justice in education in "new times." Paper presented at the Australian Association for Research in Education Annual Conference, December 2.
Pohan, C. & Mathison, C. (1999) Dismantling defensiveness and resistance to diversity and social justice issues in teacher preparation. *Action in Teacher Education*, 20(1),15 - 22.
Popkewitz, T.S. (1988) Culture, pedagogy, and power: issues in the production of values and colonization. *Journal of Education*, 170(2),77 - 90.
Quartz, K.H. & TEP Research Group (2003) "Too angry to leave": supporting new teachers' commitment to transform urban schools. *Journal of Teacher Education*, 54(2),99 - 111.
Rawls, J. (1971) *A theory of justice*. Cambridge, MA: The Belknap Press of Harvard University Press.
Rethinking Schools, Ltd. (1994) *Rethinking our classrooms: teaching for equity and justice*. Milwaukee, WI: Rethinking Schools, Ltd.
Ríos, F. & Montecinos, C. (1999) Advocating social justice and cultural affirmation: ethnically diverse preservice teachers' perspectives on multicultural education. *Equity & Excellence*, 32(3), 66 - 76.
Ríos, F.A., Stowell, L.P., Christopher, P.A., & McDaniel, J.E. (1997, Fall) Looking over the edge: preparing teachers for cultural and linguistic diversity in middle schools. *Teacher Education Quarterly*, 67 - 83.
Schultz, B.D. & Oyler, C. (2006) We make this road as we walk together: sharing teacher authority in a social action curriculum project. *Curriculum Inquiry*, 36(4) 423 - 451.
Secada, W. (ed.) (1989) *Equity in education*. New York: Falmer Press.
Sleeter, C.E., & Grant, C.A. (1991) Race, class, gender, and disability in current textbooks. In M.W. Apple & L.K. Christian-Smith (eds.), *The politics of the textbook*, pp.78 - 110. New York: Routledge.
Smith, D.M. (1994) *Geography and social justice*. Cambridge, MA: Blackwell.
Solórzano, D. (1997, Summer) Images and words that wound: critical race theory, racial stereotyping and teacher education. *Teacher Education Quarterly*, 5 - 19.
Spring, J. (1972) *Education and the rise of the corporate state*. Boston: Beacon Press.
Sturman, A. (1997) *Social justice in education*. Melbourne, Victoria: ACER Press.
Uniqueness of Head Start. Retrieved December 17, 2006 from http://www.ilheadstart.org/uniqueness.html.
U.S. Department of Education, (2002, June) *Meeting of the highly-qualified teachers challenge: the secretary's annual report on teacher quality*. Washington, DC: U.S. Department of Education, Office of Postsecondary Education.
Walker, M. (2003, June) Framing social justice in education: what does the "capabilities" approach offer? *British Journal of Educational Studies*, 51(2), pp.168 - 187.
Wallace, B.C. (2000) A call for change in multicultural training at graduate schools of education: Educating to end oppression and for social justice. *Teachers College Record*, 102(6),1086 - 1111.
Weinstein, C.S., Tomlinson-Clark, S., & Curran, M. (2004) Toward a conception of culturallyresponsive classroom management. *Journal of Teacher Education*, 55(1),25 - 38.
Welch, P. (2001) Strands of feminist theory. Retrieved August 27, 2007 from http://pers-www.wlv.ac.uk/nle1810/femin.htm.
Wenger, E. (1998) *Communities of practice: learning, meaning, and identity*. New York: Cambridge University Press.
The White House President George W. Bush. No Child Left Behind. Retrieved December 18, 2006 from http://www.Whitehouse.gov/news/reports/no-child-left-behind.html.
Wiedeman, C.R. (2002) Teacher preparation, social justice, equity: a review of the literature. *Equity & Excellence in Education*, 35(3),200 - 211.
Young, I.M. (1990) *Justice and the politics of differences*. Princeton, NJ: Princeton University Press.
Yukl, G.A. (1989) *Leadership in organizations*. Englewood Clifts, NJ: Prentice Hall.
Zeichner, K.M. (2003) The adequacies and inadequacies of three current strategies to recruit, prepare, and retain the best teachers for all students. *Teachers College Record*, 105(3),490 - 519.
Zeichner, K.M. (2006) Reflection of a university-based teacher educator on the future of college and university-based teacher education, *Journal of Teacher Education*, 57(3),326 - 340.
Zollers, N.J., Albert, L.R., & Cochran-Smith, M. (2000) In pursuit of social justice: Collaborative research and practice in teacher education. *Action in Teacher Education*, 22(2),1 - 14.

经典

2.1 与教师的对话*

詹姆斯·鲍德温(James Baldwin)

有大约200位来自纽约的教师正在学习一门特殊的在职课程，其名称为“黑人：在 203
美国文化和生活中的角色”。黑人区的180公立学校(Public School 180)开设了这门课程。在10月16日的会议上的演讲者是詹姆斯·鲍德温(James Baldwin)，他在黑人区出生并长大，现在回到黑人区学校进行演讲。他演讲的题目是：“黑人孩子——他的自我形象”。在这次演讲中，鲍德温随性发挥，并没有带讲稿，但是磁带记录下了他演讲的内容。由于鲍德温先生与纽约教育委员会有特别约定，他的演讲内容可以在这里再次呈现。

让我们首先来谈谈我们正在经历的这个危机时代。这个教室里的每个人都以不同方式意识到了这一点。无论“改革”这个词在这个国家是多么地不受欢迎，我们都处于改革的情境中。我们生存的这个社会遭受着极大的威胁，这种威胁并非来自赫鲁晓夫(Khrushchev)，而是源于我们内部。因此这个国家的任何一个愿意承担责任的公民，特别是那些拥有思想和勇气的年轻人，必须时刻准备“全力以赴”。或者说，你必须明白，在努力纠正几个时代的错误信念与野蛮想法的过程中，特别是当这些错误并不是只在课堂而是在社会中发挥作用时，你将会遇见最不可理解的、最残忍的并且是最艰巨的抵抗。幻想这种抵抗不会发生是毫无意义的。

现在，我正在和学校中的教师对话，而我自身并不是一个教师，在一定程度上容易产生恐惧心理，因此我恳求你们能够让我返回到我所认为的教育的全部目的首先是什么的问题上来。对于我来说，当一个孩子出生，如果我是孩子的父母，培养孩子就成了我的义务和至高责任。人是社会性动物，他不可能离开社会而存在。反过来，一个社会也需要某些被其所有成员视为理所当然的东西。现在，我们面临的一个重要矛盾是，教育的整个过程在社会系统内发生并被设计去完成社会的目标。例如，那些出生在第三帝国(the Third Reich)时期的男孩和女孩，按照第三帝国的社会目标去接受教育，最后他们就成了野蛮人。教育中的悖论清晰地体现为，当一个人开始有判断力时，他/她便开始反省他/她接受教育的这个社会。教育的最终目的是培养一个自己有能力认识这个世界的人，这个人能自己做决定，能辨别是非黑白，能自己决定这个世界是否存在上帝。询问关于宇宙的问题，然后学会面对这些问题，是一个人获取自身身份

* James Baldwin, "A talk to teachers," *Saturday Review*, December 21, 1963, pp. 42 - 44.

的途径。但是任何一个社会均不会真正地、迫切地想要培养这种人。社会真正需要的，是那些仅仅服从社会规则的人。如果社会在这个方向上取得成功，那么它也将近毁灭。任何一个认为自身还有责任感的人，都有义务去审视社会并尝试改变或与之斗争，无论其代价有多大。这是社会的唯一希望所在，也是改变社会的唯一途径。

如果我尝试描述的问题具有一定的正当性，那么目前至少对于我而言，这已经相
当清晰了，即这个国家的所有黑人，置身于美国教育制度之中，遭受着成为精神分裂病
204 人的风险。一方面，他成长在星条旗下，他相信这个国家永远不会在战争中失败。他
之所以对这面国旗如此忠贞，是因为它代表着“所有人的自由与正义”，几乎任何一个人都可能成为总统。但是，另一方面，他的祖国和国民却对他说，他从未对这一文化作出过任何贡献——他的过去不过是欣然接受屈辱的历史。共和政体使他相信，他的父亲、母亲和祖先是快乐的、懒惰的，爱吃西瓜[①]，喜欢查理先生和安小姐的黑人，而他作为黑人的价值体现在一件事上，那就是他忠实地服务于白人。如果你认为我有些夸张，那么请参考这个国家中关于黑人的传说。

现在所有的这些印象进入孩子思想中的速度远比我们成人认为的要快。作为成年人，我们很担心被愚弄，却恰恰很容易被愚弄。但是孩子们不一样。孩子看着周围一切，看着彼此，然后得出结论，他们并不会注意到深入了解一些东西是有危险的。他们并不能用词汇去表达他们看到的，而我们这些成年人，知道如何更容易、更快速地去恐吓他们。但是一个黑人孩子，望着自己周围的世界，尽管他不知道如何去理解它，但他会意识到自己的母亲如此努力工作是有原因的，自己的父亲总是紧张也是有理由的。他知道当自己坐在公车前面的座位上时，他的父母将他拖拽到后面也是有原因的。他意识到在他父母的肩膀上承担着可怕的重担，而这一重担也在威胁着他。要发现自己所受的压迫并不需要太长时间，事实上当他进入学校时，便会发现这一点。

假如有一个 7 岁的孩子，我是他的父亲，我决定带他去动物园或麦迪逊广场花园、联合国大厦或我们在纽约能发现的任何有象征意义的纪念地。我们坐上了公交车，从我所居住的第 131 号街到市中心第七大道，再穿过公园，我们到了纽约市，而不是黑人居住区。现在，这个孩子居住的地方虽然被纳入宜居项目之中，仍然有不良邻里。如果他居住在令所有纽约人都感到自豪的小区，在这样的小区里，他家会远离那些皮条客、恶棍、瘾君子，而这些却充斥在少数族裔居住地的周围。孩子知道这些，即使他不知道原因。

我对纽约的第一印象至今记忆犹新。当我出生时它曾经是另外一番景象的城市。我们曾经俯视公园大道上的行车。但是曾经的公园大道让我想象不出市中心的样子。公园大道是我长大的地方，它屹立在那里，看起来又暗又脏。没有人会想过在这条公

① “西瓜刻板印象”，是针对美国黑人的一种种族主义刻板印象，认为美国黑人对西瓜有种特殊的嗜好。——译者注。

园大道上开一家蒂芙尼珠宝店，而当你身处市中心时你就会发现，你完全置身于一个白人世界中。它是富裕的，至少看上去是这样。它也是干净的，因为人们会在市中心回收垃圾。这儿还有很多门卫。人们漫步在此处，好像拥有他们所在地的一切，而事实上也确实如此。这是一个极大的震撼。而你很难把自己和这一切联系起来。你不知道它意味着什么。你本能地知道这没有属于你的东西，在别人告诉你这些之前你就知道了。那一切属于谁？谁又会为它买单？为什么它不属于你呢？

不久以后，当你变成一个杂货店男孩或一个信差时，当你试图进入其中的一座楼宇，有人告诉你，“走后边的门”。同样，不久以后，如果你恰好有个朋友住在其中一间房子里，这个人就会问：“你的行李在哪儿呢？”现在，这绝不是问题的中心。我想要说明的是，当黑人孩子眼前的机会之门关闭的时候，他几乎无能为力。他或许会或多或少带着说不清的和危险的愤怒情绪来接受这一事实，但这更危险。白人在他们的生活中每天都会看到这样保持沉默的人，我指的是只会说“先生你好”、“不是的，女士”这样的服务员和女仆。如果你想听到下雨，他们就会告诉你下雨了，如果你想听到的是天空放晴，那么他们就会告诉你天空放晴了。他们确实讨厌你，因为在他们看来（且他们是对的），你横亘于他们与生活之间。我在某一刻想要回到那个时候。这是我们现在 205
面对的最残酷的事实。

黑人孩子也能做一些其他事情。每一个街头男孩——我也是一个街头男孩，因此我知道——面对生养他的社会，面对并非被所有人尊重的社会准则，面对你们的教堂、政府和政治家，他明白这样的结构是为一部人的利益（而不是他的利益）而运作的，而他没有这样的机会享受这些利益。如果他真的很狡猾、很残酷、很强硬——我们中很多人都是这样——就会成为罪犯。成为罪犯是因为这是他生活下去的唯一方式。黑人住宅区以及存在于这个城市、国家中的每一个少数族裔聚集区，充满着生活在法律之外的人群。他们不会幻想着报警。在 7 月 4 日，他们根本不会去听那些我们引以为豪的专业人员在讲什么。他们已经永远且完全厌恶这个国家。他们凭借自己的智慧生活着，并期待有一天整个结构崩塌。

所有的观点归结为一点即是，黑人被带到这里做廉价的劳动力，至少他们对经济发展来说是必不可少的。为了证明将人作为动物一样来对待的正当性，白人们必须自我洗脑以使自己相信黑人实际上就是动物，而且理应被当作动物来对待。因此，对于任何一个黑人孩子而言，要发现自己的真实历史几乎是不可能的。原因就在于这一“动物”，一旦开始怀疑自己的价值，一旦开始相信自己是一个人，他便会开始攻击整个权力结构。这也是为什么美国花费了很长一段时间才使黑人安于现状的原因。我想要向你们传达的是，它不是一场交通事故，也不是上帝的某个动作，也不是善良的人被自己不理解的东西所蛊惑而为，它是为了从黑人那里赚钱而制定的一项审慎的政策。现在，在 1963 年，由于我们从未正视这个事实，我们正处于不可避免的麻烦之中。

根据我得到的证据，重建，是南方和北方基于“我们把他们从土地中解放出来，并把他们交付给老板”这个结果达成的一项协议。当我们离开密西西比来到北方，我们没有获得自由。我们处于劳动力市场的最底层，现在也是如此。即便是 20 世纪 30 年代的经济萧条也没能削弱黑人对白人的依附关系。即使在今天，共和政体会给人们洗脑，让他们以自认为善意的方式询问：“黑人究竟想要什么？”在我的生活中，听到过很多愚蠢的问题，而这个可能是最顽固，也最具污蔑性的问题。但是，问题的关键只在于是谁问了这个问题，假如他们是以善意的方式询问的，那么他们确实也是使黑人相信他们不如一般人这一阴谋的受害者。

为了活下去，我很早就决定要在一些方面犯些错误。虽然你这么喊我，但我不是你所谓的“黑人”。但如果在你眼中我是个“黑人”，那你肯定是有所需求才这么说。在我还小的时候，我便意识到我并不是别人所说的任何东西。譬如，我并不是开心的，我从未以任何原因去碰过一个西瓜。曾经我是被白种人创造出来的，而此时我了解了足够多的关于生活的东西，可以理解无论你创造什么，计划什么，主动权在自己！所以现在整个国家的人们都相信我是个黑人，而我说我不是，那么斗争就出现了。因为我没有成为我被告诉所应该成为的那样，那也就意味着你同样不是你被认为的那样。这就是危机所在。

导致这个国家的人感到不安的并非是“黑人运动”。现在全国上下的人都在为自己的身份感到焦虑。比如说，一个人致力于改变所有学校的课程，以便使黑人更加了解自身和他们对这种文化的真正贡献，这样不仅仅是在解放黑人，也同样解放了那些对自己历史一无所知的白人。这是因为如果你被强迫去就某人的历史的某一方面去
206 说谎，那么你必须全部说谎。如果你不得不谎称我的真实作用，如果你不得不假装说“我除掉所有棉花地中的草只是因为我爱你”，那么你肯定对自己的一些事情也说了谎。你肯定是疯了。

现在让我们回顾一下。我之前讨论过的那些沉默的人，也就是我说的门卫和女仆，当你问他们是不是下雨时，他们不会望着天空，只是看着你的脸。我的祖先和我受到了很好的训练。我们很早就理解这并不是一个基督教国家。你说些什么或者你多久去一次教堂都没关系。我的父母和爷爷奶奶也知道真正的基督徒不会这么做。了解这一点与知道如何回应你一样简单。既然事实如此，便没有必要按照白人的道德信念与他们相处，因为白人根本不尊重它们。他们要做的就是转过脸去，一直微笑，并告诉白人他们想要听的内容。但是，当你说这些时，人们往往会因为你的无礼言论而指责你。

所有这些都表明，在这个国家积攒着极大的痛苦，而它们又找不到出口，但是或许很快就会发现出口。这意味着用心良苦的白人自由主义者要将自身置于极大的危险中，以一种传教士的姿态来处理和黑人的关系。简短地说，意思就是去解放那些沉默的人，以让他们第一次真正呼吸并告诉你他们对你的看法，这需要付出极大的代价。要解放所有的白人孩子——有些将近 40 岁了，他们从未长大，也不会长大，因为他们

没有身份意识。

在美国，公民的身份认同与其祖先的一系列英雄事迹有关。比如说，令我震惊的是，很多人相信，我们的国家是由那些想要获得自由的一群英雄建立的。而这种观点并不正确。事实是，一些人因为没法待在欧洲而必须去开拓其他地方，仅此而已。他们饥饿，他们贫穷，他们是罪犯。那些在英国有所作为的人，并没有登上五月花号轮船。这就是一个国家如何被建立的，并不是由加里·库珀(Gary Cooper)建立的。虽然我们有着完整的民族，完整的共和国，但在我看来，那些相信这一建国神话的人，即使是在今天选择政治代表时，也会根据他们与加里·库珀有多像来做出判断。现在是危险的初期阶段，此种危险表现在国家生活的各个层面。比如，当我在欧洲居住时，对我而言，最糟糕的事情之一就是美国人漫步欧洲买这买那并蔑视每个人，甚至带着怨恨，而之所以如此，仅仅是因为他们不知道其他更好的方式。那就是他们经常对待我的方式。他们不是残忍，只是不知道你也还活着，只是不知道你也有情感。

这里我想要表明的是，在过去的 100 年或者更长的时间里，美国白人们已经在很长时间里丢失了对真相的把握。他们以一些特殊的方式，创造了关于黑人的神话，这一神话也与他们自己的历史相关。举例而言，他们制造了一个关于世界的神话以至于他们震惊于一些人会喜欢卡斯特罗(Castro)，震惊于当听到"共产主义"时世界上有一部分人不会躲起来，震惊于就算我们假装不存在，共产主义还是 20 世纪一个无法回避的现实。对于应该知道更多的一部分人来说，现在这个国家的政治水平是深不可测的。

《圣经》里说，在没有远见的地方，人就沉沦。我认为没有任何人会怀疑今天在我们的国家中，人们正在经受着缺乏愿景的威胁，这是令人无法容忍的。

难以想象一个拥有自主权的人会(像我们一样可怜地)继续宣称："我对此也无能为力，那是政府的事。"政府是人民的创造物，它应对人民负责。同时，人民也应对政府负责。当黑人儿童在整个南方被轰炸、痛打、枪击时，任何一个美国人都无权允许现在的政府宣称无能为力。在这个国家里，必然曾经有那么一天，因 4 个儿童在星期日学校遭遇爆炸袭击而产生公共骚动，并使华莱士州长的生命处于危险之中。但这样的事情在这儿发生了，却没有产生公共骚动。

我开篇提到的教育的矛盾之一是，当你的良知觉醒，你发现自己必须与这个社会 207
作战。如果你认为自己是一个接受了教化的人，那么改变社会便是你的责任。在一定证据的基础上，人们不得不说这是个倒退的社会。现在，假如我是一所学校(或者任何一所黑人学校)的一名教师，那么此时我可能正在与黑人儿童交流，他们每天只有几个小时能得到我的关心，之后他们会回到自己的家和所在的街道。对那些对随时都在变得黯淡和迷茫的未来怀有恐惧的孩子，我将努力去教导他们——我将试着使他们明白——环绕在他们身边的那些街道、那些房子、那些危险都是犯罪。我将试着让所有孩子了解，那些都是犯罪集团摧毁他们的结果。我将教会他如果想要成为一个男人，必须立即下定决心要比这个阴谋更强大，永远不要和它和平相处。拒绝与它和平相处并对它加以摧毁的武器之一，取决于他所认为的自身价值。我将教导他，在这个国家目前几乎没有任何规则是值得人们尊重的，为了生活和国家的正常运转，只能靠他自己着手去改变这些规则。我将会暗示他，流行文化的代表，例如电视节目、连环画和电影，是基于病态人的幻想形成的。他必须意识到这些幻想对现实没有任何作用。我将会教他，他读到的新闻报道并不像所说的那样自由，他也可以针对此点做些事情。我将努力使他知道仅仅是美国的历史，也要比任何人所说的更长远、更广泛、更多样、更美妙、更令人恐惧，所以世界更是如此，并且理应是更广阔的，而这些均属于他。我将会教他，在任何时间，他均不必屈服于现有的任何政府、任何政策，他有权利和必要去审视一切。我将努力向他展示，当一个人说别人“他是个共产主义者”时，表明此人对卡斯特罗一无所知，其中表现出的是对卡斯特罗或古巴，实际上是对这个世界的一无所知。我将使他明白，此时，他正生活在一个巨大的地方。美国不是世界，如果美国想要成为一个国家，她必须发现一种方式——这个孩子必须帮助她去发现一种方式——以运用这个孩子所代表的巨大潜能。如果一个国家不能发现利用这种能量的方式，它将会被这种能量摧毁。

（王秀秀　译）

2.2 作为文化工作者的教师：致那些敢于教书的人*

保罗·弗莱雷(Paulo Freire)

第四封信：论进步教师致胜的必备品质

在我讨论进步教师致胜的必备品质之前，我想澄清的是，这些品质是通过实践逐 208
步获得的。围绕着“教育工作者的角色至关重要”这一政策所进行的实践，在这些品质的形成过程中也有着举足轻重的作用。因此，我所要讨论的品质并非与生俱来，也绝非天赐或恩赐之物。此外，我论述时排列的顺序并不意味着它们彼此之间有价值差异，对于进步教育的实践而言，它们都不可或缺。

首先，我来谈谈谦卑(humility)。谦卑决不意味着缺乏自尊、逆来顺受、胆小怯懦。相反，谦卑恰恰需要勇敢、自信、自尊并尊重他人。

谦卑使我们能够理解一个浅显的真理：没有人无所不知，也没有人完全无知。我们都会对某些事了如指掌，同样也会对某些事一无所知。若无谦卑，人们便很难谦恭地去聆听那些我们自认为能力远逊于我们的人。但是，谦卑地聆听那些不如自己的人，并不意味着屈尊俯就，也非类似履行某种誓言的行为：“我向圣母起誓，即使我认为此事无足轻重，我仍将认真地聆听那些粗鲁无知的学生家长的意见。”不，全非如此。聆听我们遇到的每一个人，不论他们的智力水平如何，这是人类的义务，是我们认同民主而非精英统治的反映。

实际上，我无法理解，带着唯我独尊的傲慢姿态何以坚持民主的理想，又何以克服偏见。若我的眼睛里只有自己，只能听到自己的声音，除我自己之外没有别人能够感染、打动我，我又何以聆听他人，又何以与他人对话？如果我们谦卑，能够自我贬抑或接受屈辱，那么，我们就可以开始教与学了。谦卑让我避免孤芳自赏、固步自封。常识是谦卑的一位益友，它提醒我们，某些看法会把我们引入歧途。

那种“你不知道自己在跟谁打交道”的傲慢，那种认为自己无所不知的狂妄，那种想让自己的知识获得认可的无穷欲望，都与谦卑的温良俭让(不是冷漠)无关。谦卑并非产生于人们的不安全感，而是产生于较为清醒的不安全的安全感(insecure

---

* Paulo Freire, *Teachers as Cultural Workers: Letters to Those who Dare Teach*, Westview Press, 1998, pp. 39-46. (Translate by Donaldo Macedo, Dale Koike, and Alexandre Oliverira)

209 security)，因此，这种不安全的安全感是谦卑的一种表达方式，是一种不确定的“确定性”(uncertain certainty)。与“确定性”不同，单纯的“确定性”意味着过分相信自己。相反，专制主义者的表现是宗派主义。他们的真理是唯一的，而且要强加于人，他们认为这是对他人的拯救。他们的知识“照亮了”他人的困惑与无知，而他人也因此必须臣服于专制主义者的知识与傲慢。

我们回到对专制主义(authoritarianism)——无论是教师还是家长——的分析上。正如我们所看到的，专制主义不时会把学生或孩子引向反叛的立场，挑战任何限制、纪律或权威，但它也会导致冷漠、臣服、无批判地遵从、缺乏对专制言论的抵制、自暴自弃、惧怕自由。

在指出专制主义可能导致的各种反应时，我理解，从人类的角度看，事物的发生并非总是那么有条不紊(mechanically)和恰如其分。因此，面对专制行为，有的孩子可能不会受伤害，但这不能成为我们抱着侥幸心理而不努力抵制专制行为的借口。如果我们不是为了实现民主梦想而如此努力，至少也应该为那些处于发展中的人类——孩子和学生——而有所行动。

然而，无论是教师自身行为的谦卑，还是对待学生的谦逊，都必须加上一种品质——爱心(lovingness)。没有爱心，教师的工作将失去意义。这里，我所谓的爱心，不仅仅只针对学生，还涉及教学过程。我承认，我不相信若没有如诗人迪亚戈·德·迈洛(Tiago de Melo)所谓的“武装的爱”(armed love)，教育工作者能克服其职业的消极影响。这并非吹毛求疵。若没有爱，他们将无法承受所有的不公正和政府对他们的轻视——侮辱性的工资和专制的态度。教师不是溺爱的母亲，他们有自己的立场，他们通过工会参与抗议活动，虽受惩罚，却依然兢兢业业地教育学生。

然而，毋庸置疑，这种爱必须是“武装的爱”，对于那些认识到有权利有义务去战斗、去谴责、去呐喊的人而言，这是战斗之爱。这种形式的爱才是进步教师所不可或缺的，也是我们都必须学会的。

然而，我发现，我所谈论的爱，我为之而战、为之时刻准备着的爱，同样要求我在自己身上、在社会实践中创造另一种品质——勇气(courage)，去战斗和去爱的勇气。

勇气，作为一种美德，是我无法在自身之外寻获的，因为它包含了我对恐惧的征服，隐含了恐惧。

首先，我们必须明确，当我们谈论恐惧时，我们是在谈论非常具体的事物。换言之，恐惧并不抽象。第二，我们必须明白，我们正在谈论很普通的事物。当我们谈论恐惧时，我们必须对自己的选择了然于胸，而这就要求某种具体的实践和程序——恐惧恰恰来源于此。

当我声明了我的选择与梦想，就其本质而言是政治的选择与梦想，尽管从表面上看关乎教育，当我认识到尽管我是一名教育工作者但我同样也是政治主体时，我就能更好地理解我为什么会害怕，以及我们离推进民主还有多远。我同样认识到，当我们将唤醒学生意识的教育付诸实践时，我们是在与异化我们的神话对抗。当我们直面这样的神话时，我们面对的是统治权力，因为这些神话正是对权力及其意识形态的表达。

当我们面对诸如失业或没有晋升机会等具体的恐惧时，我们认识到，有必要为我们的恐惧设置一定的限度。我们首先意识到的是，恐惧表明了我们的存在。我无须隐藏我的恐惧，但我不能为恐惧所束缚。倘若我对自己的政治梦想确信无疑，又掌握了可能减少风险的策略，我必然继续战斗。因此，必须控制恐惧，教育（educate）恐惧，它们终将为我带来勇气[①]。因此，我既不能否认恐惧的存在，也不能向恐惧低头。我必须 210
控制它们，因为正是在这一控制过程中，我才会与人分享这一勇气。

正因如此，这世上可能存在没有勇气的恐惧，会麻痹我们，给我们带来灾难。然而，却绝无没有恐惧的勇气，这彰显了我们的人性，因为我们成功地限制、驯服、控制了恐惧。

宽容（tolerance）是另一种美德。没有宽容，重要的教育工作便无法展开；没有宽容，真正的民主实践就丧失了可行性；没有宽容，所有进步的教育实践都将自我否定。然而，宽容绝非玩虚拟游戏的人常有的不负责任的立场。

宽容并不意味着默许不能容忍之事，并不意味着掩盖无礼，并不意味着纵容或美化侵略。宽容是这样一种美德，它教会我们如何与不同的人共存，教会我们尊重差异并从差异中学习。

起初，宽容可能几乎会被看成是一种恩惠，仿佛是以一种谦逊而有思想的方式，去接受、忍受（tolerating）与自己截然相反的东西，即便你对它并无好感；仿佛是以一种文明的方式，允许相异的事物与自己共存，即便你对它厌恶至极。然而，那是虚伪，不是宽容。虚伪是缺点，是降格以求，而宽容是美德。因此，如果我要宽容地生活，我应该心怀宽容。宽容处世，是让我与我的历史相连贯的纽带，是让我与我的政治选择和谐一致的事物，尽管这看似不那么令人信服。我无法想象一个不以宽容和与差异共存为基本原则的人可以民主。

无人能从不负责任的环境中学会宽容，那无法产生民主。宽容需要在有约束、尊重原则的环境中践行。这正是宽容与狭隘水火不容的原因所在。在权威被滥用的专制政体中，在自由不受约束的放任政体中，人们都很难学会宽容。宽容要求尊重、纪律与道德。充满了性别、种族、阶级歧视的专制主义者，如果不首先消除自己的偏见，就不可能变得宽容。正因为如此，一个心地狭隘的人发表与自己行为相左的进步（progressive）言论，只是一种虚伪的做作。也正因如此，那些唯科学论者同样非常狭隘，因为他们把科学当成终极真理（ultimate truth），认为只有科学才能带来确定性，除此之外，任何事情都轻如鸿毛。沉迷于科学的唯科学论者不会宽容，尽管这一事实不会贬损科学的价值。

---

① Paulo Friere and Ira Shor, *Medo e Qusadia, o Cotidiano do Professor* (Rio de Janeiro: Paz e Terra, 1987).

此外，要成为进步的教育工作者，我们还应该培养果断（decisiveness）、安全（security）、保持耐心与急躁（patience and impatience）之间的张力、快乐生活（joy of living）等品质。

对于所从事的教育工作而言，教育工作者的决策能力是绝对不可或缺的。教育工作者通过展示其决策能力，向他人展示“果断”这种难能可贵的美德。决策之难在于它意味着破坏自由的选择。没有人能在不对各种人、事物、因素进行权衡的情况下做出决策。因此，每一个经由决策完成的选择，都要求在比较和选择可能的人、事物、立场时进行详细的评估。正是这种评估以及评估带来的所有启示，帮助我们做出了最终的选择。

决策意味着破裂，实非易事。但是，无论有多大难度，没有破裂，决策便不能存在。

教育工作者的缺点之一便是他们可能无法做出决策。在学习者看来，这种优柔寡断（indecision），不是道德上有欠缺，就是缺乏专业技能。民主的教育工作者不能借民主之名放弃自己的影响力。尽管他们不是唯一对学习者生活负责的人，他们也不能借
211 民主之名，逃避决策的责任。同时，他们不能专断地决策。不履行自身义务，允许自己放任学生，若树立此番典型，对于教育工作者而言，是比滥用权威更为可怕的厄运。

很多时候，民主教育的范例是，在对问题进行分析之后，与学生一起讨论，做出决策。然而，当教育工作者完全能够凭借专业能力做出决策时，他们就没有任何理由无所作为或玩忽职守。

优柔寡断说明一个人缺乏自信，而自信又与人们管理班级、家庭、机构、公司或国家时的责任感紧密相连、不可分割。

安全和自信又有赖于科学能力、政治清明和正直的品德。

如果一个人在行动中不懂得如何科学地支持这种行动，不知道行动的内容、缘由及目标，那么，他在行动中就不可能有安全感。忠诚也是如此：我们必须知道自己赞成与反对的是什么。如果一个人不能为自己的行动所感动，或者在行动中触犯了他人的尊严，使他们陷入窘境，那么，他也不可能是安全的。这种道德上的不负责任和玩世不恭表明，这样的人无法胜任教育工作，因为教育工作确实需要教育工作者严守纪律，并以此作为对学习者的要求。一方面，这种纪律反映了教育工作者的能力，正如学习者逐渐发现的那样，此类教育工作者谦虚谨慎，从不暴怒；另一方面，它影响着教育工作者运用权威的尺度——安全、清晰、果断。

如果教育工作者不能坚持不懈地追求正义，他将无法实现上述所有美德。任何人都不能以任何借口阻止教师偏爱某个学生，这是教师的权利。教师不应该做的，是喜爱某个学生却不尊重其他学生的权利。

进步的教育工作者还有一个不可或缺的基本品质：必须在耐心与急躁之间的张力中发挥才智。完全的耐心或急躁绝非理想。完全的耐心会使教育工作者滑向顺从、放任，这与教育工作者的民主思想相左。完全的耐心可能导致僵化和静止。相反，完全

的急躁可能导致教育工作者陷入盲目的行动主义，为行动而行动，不尊重战略和战术间的必要联系而盲目行动。完全的耐心会阻碍教育工作者完成其教育实践的核心目标，使教育实践软弱无效。无节制的急躁对教育实践的成功构成威胁，使人们狂妄地视自己为历史的主人，从而迷失方向。完全的耐心在纯然的空谈中毁灭了自身，完全的急躁则以不负责任的行动主义自取灭亡。

美德，并非要在耐心与急躁之间择其一，而是存在于两者之间永恒的张力之中。教育工作者必须既沉稳而又进取地工作，永远不向任何一方完全妥协。

除这种和谐、平衡的生存和工作方式外，我还要提及另一种品质，我称之为慎言(verbal parsimony)。慎言隐含在耐心与急躁并存的假设之中。那些生活在耐心与急躁并存状态中的人很少会让自己言语失控，他们的言语总是深思熟虑而又充满活力。那些完全生活在完全耐心之中的人，常常扼杀了自己合理的愤懑，从而使自己言语软弱无力而屈从于他人。而那些毫无节制的急躁之人，往往言语无所顾忌。耐心之人，总是行为举止端庄，言语“讨人欢喜”，而那些急躁的人，其言语则常超越现实能忍受的限度。

无论是过度控制的言语，还是没有教养的言语，都为维持现状作出了贡献。前者没有达到现状的要求，而后者超过了它的限度。

那些仅有耐心的人所进行的实践以及和蔼的课堂语言透露给学生们这样的信息： 212
一切(或几乎是一切)正常，浸润在充满无限耐心的氛围中。紧张、傲慢、无节制、不现实和无约束的言语，沉浸在矛盾和不负责任的氛围中。

这样的言语无论如何都无益于学生的教育。

也有这样的人，他们过度控制自己的言语，但偶尔也会失控。他们从绝对的耐心，毫无先兆地滑向无法抑制的急躁，使周围的人感到不安，常常造成可怕的后果。

有这种表现的父母不计其数。今天他们的言行是放任的，但明天就会截然相反，变成专制的言语和指令，不仅令子女们惊讶无比，而且使他们没有安全感。这种无节制的家长行为制约了孩子成长过程中所需的情绪平衡。光有爱是不够的，我们必须学会如何去爱。

尽管我承认，对于(进步教师的)品质而言，上面的描述并不充分，我还想简要地讨论一下快乐生活，这是民主教育实践的基本德行。

通过将自己的全部交予生而非死——既不意味着否定死亡，也不意味着将生存视为神话——我可以自由地快乐生活，而没有理由去隐藏生命中的悲伤，这让我能够在学校里激发并捍卫快乐。

无论我们是否愿意克服过错与反复无常，通过谦卑、爱心、勇气、宽容、能力、果断、耐心与急躁、慎言，我们都为创造一个充满乐趣的快乐学校作出了贡献。我们开启了学校探险之旅，这样的学校在不断前行，不怕风险，拒绝僵化。它是一所会思考、会参与、会创造、会表达、会爱、会猜想、热情地拥抱生活并对生活说“是”的学校。它不是一所甘于沉沦、轻言放弃的学校。

政府的轻视与反民主的专制权威给我们设置了种种障碍。事实上，要想从中抽身，最简单的方法便是顺从，我们中间很多人都会这样做。

“我能做什么呢？无论他们称我为教师还是溺爱的母亲，我都得不到应得的报酬，得不到尊重，得不到关心。随它去吧。”在现实中，这是最省事的立场，但也是那些放弃奋斗、退出历史的人所采取的立场。这是那些拒绝冲突的人的立场，而缺少冲突会降低生活的尊严。没有奋斗与冲突，生命或者人类也就不复存在。在良心中，人人皆有冲突[①]。否认冲突，我们甚至会忽略重要的社会经历中最平凡的特点。试图逃避冲突，只会维持现状。

因此，为了捍卫自己的权利，教育工作者必须在多样化的利益面前团结起来，除此之外，别无他法。这些权利包括自由教学，自由言论，改善教学条件，为获得继续教育而带薪休学术假，质疑权威而无须害怕报复（其中包括了真正质疑的义务），保持认真与表里如一以及不为生存而说谎。

我们必须战斗，以保证上述权利不仅得到承认，而且受到尊重并付诸实施。有时，我们可能需要与工会并肩战斗。有时，若工会领导是宗派主义者，那么，我们必须与其斗争，无论他们是左派，还是右派。有时，我们也需作为进步的管理者，与那些守旧者、传统主义者（其中有些人自认为是进步的）、自认为是历史之巅的新自由主义者的愤怒做斗争。

（范国睿　张　琳　译）

---

① Moacir Gadotti, Paulo Freire, and Sergio Gulmarães, *Pedagogy: Dialogue and Conflict* (Rio de Janeiro: Cortex, 1989).

2.3 自由的辩证法*

M. 格林(M. Greene)

我们开始探索，是因为我们认识到有些人认为自由是理所当然的，但是在当今又 214
缺乏对自由的思考。在这个探索过程中，我们已经把自由(freedom)和解放(liberty)区分开来，这种区分是为了强调在主体间领域中进行个人选择的张力与戏剧性——在不同人共同存在的被制约的世界中做出选择。解放可以被认为是社会或者政治的因素：包含在法律、契约或者是人类权利的规则中，它开拓了一个自由选择的领域。对以赛亚·伯林(Isaiah Berlin)来说，自由意味着“在可能的选择和活动中没有障碍——道路上没有障碍物由此一个人能够决定沿着何路行走”(Isaiah Berlin, 1970: xxxix)。我们意识到，就像他所述的一样，需要移除的那些障碍(更可能通过社会行动实现)是由贫穷、疾病甚至是无知引起的。在很多案例中，我们同样意识到，移除“可能的选择和活动”的障碍可能会导致少数人的统治和很多人机会的丧失。我们同样知道，即使以解放作为条件，很多人也不愿为他们的自由而行动，他们不会冒险变得与众不同，他们经常是默许的、顺从的。

因此，教育的问题是多种多样的。一些问题与自由和自主性(autonomy)之间的联系有关，还有一些问题是关于自由和共同体(community)(尤其是道德共同体)之间的关系。很多人相信，自主性是受教育人群的一个主要特征。自主意味着自我引导和负责任，意味着人有能力使自身行为与个人内在价值和原则相一致，意味着有洞察力去知道和理解一个人的冲动、动机和过去所产生的影响。有些人认为自主的人拥有自由和理性的意志，能够对外部的客观世界做出理性的感知。之所以将独立、自给自足、真实等的价值观与自主联系起来，是因为真正自主的人不会受到外部的操控和强迫。实际上，通过保持冷静和理性的态度，他/她能够不受外界复杂事物的干扰而做出恰当的判断。

众所周知，自主的实现体现为发展形式的最高境界，类似的发展模式由让·皮亚杰(Jean Piaget)和后来的劳伦斯·科尔伯格(Lawrence Kohlberg)提出。皮亚杰认为自主性是在与世界和他人的互动中发展起来的。他写道，一个人生计划就是“一个自主性的体现”，同时“人生计划首先是一种价值尺度，已将一些理想置于其他之上，并将中间范畴的价值观置于个人所持的具有永久意义的目标之下”(Piaget, 1977: 443)。

---

* M. Greene, *The Dialectic of Freedom*, Teachers College Press, 1988, pp. 117 - 135.

对于科尔伯格来说，他的主要兴趣在道德发展方面，他认为当人们达到一个足够高的认知发展阶段时，便拥有足够的自主性去指导他们对于正义和仁慈之最普遍原则的选择。他说，“福利和正义，是法律同时也是道德行为的指导性原则，此点表明，一个原则通常是制定规则及法律的准则，同时也是个人情境行为的一个座右铭”(Kohlberg, 1971: 60)。如果假设自主性与“高层次”思维有关，并与对诸如人权和正义这样的抽象
215 概念进行概念化的能力有关，并且，如果这样的规则变成个人行为的座右铭，那么很多人会认为自主的人可被看作是自由的人。归根到底，遵守内在的规则就是去获悉“应当”(ought)或“应该”(should)的规则。R. M. 黑尔(R. M. Hare)写道，正是因为我们能够以这样或那样的方式行动，我们才能去问自己是不是应该做这个或那个(Hare, 1965: 51 及其后文)。我们承认像“应当”和“应该”这样的词有不同用法，但我们仍然能够理解为什么能依照准则行动的人，以及那些忠于自己所塑造的理想形象的人被认为是自主的和自由的。

这对教育的启示涉及认知、逻辑思维、道德困境的解决，以及对人际关系原则的掌握。对于彼得斯(R. S. Peters)来说，教育将“理性热情”(rational passion)的培养与对价值的承担相联系。彼得斯写道，“尊重事实与公平紧密相连，尊重人类和自由是我们的道德生活的基本规则，并且以理性热情的形式实现了个性化”(Peters, 1970: 55)。在课堂中对认知的高度关注，其问题的一部分在于课堂上所排除在外的内容。此外，问题还包括推理是否能够使得人们成为合格的世界成员，是否能够开发一种可能性，使人自身能够有选择的机会。已经有许多关于课堂上学生讨论呈现表面化这一问题的报告：欺骗、背叛、信任、非暴力抵抗、两性关系、歧视。并没有证据表明只是个别学生出现了这样的问题；也很少有证据表明课堂上的讨论向“真实世界”的情况转移，即便有机会(例如，在和平示威中)去实践那些被证实的指导原则。在后文中，我们将会涉及想象的重要性以及对不同可能性的探索等问题。一个明显的问题，就像奥利弗(Oliver)和贝恩(Bane)已经说过的，年轻人“需要机会在丰富的假设的世界中规划自己，这个世界由他们自己的想象力或那些戏剧艺术家创造。更重要的是，他们需要机会去检验社会秩序的新形式，之后才有可能去评判它们的道德含义”(Olive and Bane, 1971: 270)。

我们在上面的段落里提到的大部分作者，主要是对道德而不是自由本身感兴趣。但如上述提及的，确实出现了一种将自主性和个人自由、理性意义上的自主性以及原则性的自我管理联系起来的假设。对很多人来说，一个出于他律的行动，即便考虑到所有的条件和塑造因素，也不可能成为一种朝向受规则支配的自给自足和独立的方向的行动。此点(至少与合格的学生相关)被无数教育家们看作是教育学的最理想结果，已通过自由的教育和价值的承担来实现。

卡罗尔·吉利根(Carol Gilligan)的《不同的声音》(*In a Different Voice*, 1981)探索了女性的道德发展，玛丽·菲尔德·贝伦基(Mary Field Belenky)与其同事在《女性

的认知方式》(*Women's Ways of Knowing*)一书中探索了女性的不同的反思模式,类似的作品已经在某些层面上关注纯粹的形式原则的独特性与反应性。吉利根已经多次指出对于女性发展模式的忽视,她们的“难以捉摸的秘密……存在于对人类生命周期中情感重要性的持续关注中。女性在男性生命周期中的地位是保护此种认识,并对分离、自主、个性化和自然权利持赞许态度”(Belenky, 1986: 23)。贝伦基的工作强调关系思维,同时将描绘女性生活故事特征的论述进行整合。在论及自由时(它在当代的女性文学中很少被提及),它被用来预示从受控制的空间中解放出来,由此可以做出选择。人们普遍承认,这类空间的开放依靠支持和连通性。比如,“关系教学”(connected teaching)与内尔·诺丁斯(Nel Noddings)描述的“关心”(Noddings, 1984: 15-16)相关。关心学生的教师试图通过学生的眼睛,同他们一起作为主体,去探索学生的设计(projects)以及他们感知世界的方式,而不是向学生提出两难问题或提供典型专业知识。反思和逻辑思考依然很重要,但是认知发展的关键不是逐渐全面地获取 216
抽象原则,而是尽可能地从生活经验的多角度去解释这些原则存在于这个世界上的不同方式。

最近对交互性的关注以及对其他人需求和关注的回应,不禁让人回想起杜威(Dewey)、梅洛-庞蒂(Merleau-Ponty)、汉娜·阿伦特(Hannah Arendt)、米歇尔·福柯(Michel Foucault)等人的相关思想。杜威写到,将社会性当作一种个人特性,会“使人彼此不同,也即是在说它是一种与其他人联结的倾向,以获得保护而免受其他侵犯个人自身隐私的事情的伤害”(Dewey, 1938/1963: 22)。杜威认为,在文化的语境中,更确切地说是在多种事物和关系的语境中考虑自由的问题是重要的。对于他及其追随者来说,部分困难是必须考虑与神秘的个人意志相关联的“自由意志”假设,即使自由意志是去情境的、否认生活的影响的。汉娜·阿伦特发现在“内在”自由和某一类外向的“非自由”之间的区分或在伊曼努尔·康德(Immanuel Kant)及其后继者描述的因果关系中存在着世纪悖论。她说,对自由的追寻否认了实践和公共空间的概念。就像我们已经看到的,对她而言,自由被定义为一种空间,它提供了人类行动和互动的地方。她坚信,自由是人们在政治秩序下走在一起的主要原因,她写道,它是“政治存在的理由”,是“内在自由”的对立面,她认为这种内在自由是“我们从外部强制下逃离的内部空间,在其中我们感受到自由”(Arendt, 1961: 141-146)。

女性探寻者所强调的关系和责任,与杜威所认为的文化基质的重要性并非完全一致,与汉娜·阿伦特关心的公共空间也并非完全一致。无论如何,所有这些思考均是在当前心理学和人类科学领域中对重要价值观的某种重组以及对某些共同体的重建的重要回应。在亚里士多德学派(Aristotelian)质性的道德感中,多次被重复关注的是友谊这一重要美德(见《尼各马可伦理学》(*Nichomachean Ethics*, Bk. VIII))。友谊是为了朋友利益而期待朋友之善(good)的关系。无论此种善与同伴所选择或追求的那种“善”如何不同。在某种程度上,鉴于另一方是朋友,这也是一种在多重可能性中认识和尊重另一个人的自由的方式，它与某种形成选择的期望相联系。同样有一个关于“团结”的讨论，正如在理查德·罗蒂(Richard Rorty)的例子中，论及把人们放在更大的背景中去讨论他们生活的意义。他说道，有两种方式可以做到这样，“通过讲述他们对一个社群的贡献的故事”，或者“描述他们与非人类的现实的直接关系”。他将第一个故事看作是渴望团结的例子，第二个看作是渴望公正的例子。“当一个人寻求公正时，他或她不会询问特定的共同体实践与共同体之外的一些东西间的关系。”(Rorty，1985：3)罗蒂将团结的概念和实用主义联结起来，当他提出共同体观念的唯一基础是“共享的希望以及由这一共享创造的信任”这一观点时，此倾向更明显。这一观点不仅仅是客观主义的，而且具有绝对性。它使得我们转向关系、交往以及对话的概念，它提供了必须追寻自由的背景。

由于人们是嵌入记忆和历史中的，同时他们对共同体有本原式的概念，教育中的
自由不能被看作是自发的获得或者仅仅是隐藏在我们的道德生活下的准则之一，不能
以一种“理性情感的形式”加以个人化(如彼得斯所言)。由于年轻人日常生活的正常
性，应该采取有目的的行动以使某些事情进入学生关注的领域之中，以便情境更加明
显化并具可见性。只有当它们是可见的并且“在手边”的，人们才会迫切需要对它们进
217 行解释。只有当个体被授权去解释他们共同生活的情境时，他们才能去调解客观世界
和他们本身意识的关系，才能去定位自身以至于追求自由。

梅洛-庞蒂写道，我们要知道活着的人们是如何陷入并参与到周边环境的。

> 正是因为我们经历着同一个世界的各种关系，对我们而言，理解事实的唯一方式便是暂停必然发生的活动……将它排除掉。这并非是因为我们拒绝常识的确定性或对事情的自然态度，相反，它们是哲学的一贯主题，而是因为，作为任何思想的预先假设基础，它们被看作是理所当然的且经常被忽视，为了引出它们并使人们对其进行思考，我们必须暂停对它们的思考。
>
> (Rorty，1962/196：xiii)

梅洛-庞蒂并非在讨论一些内在领域，也不是呼吁人们偏离对普通生活的注意。相反，他探索的是由于熟知而被掩盖的事物的可能性，习惯和生活中的很多部分都因此而未被人们注意到。我们可以考虑一下在课堂中发挥重要作用的钟表、学校铃声或是一天开始和结束时播放的喇叭声；我们也可以想想对一个孩子的“三年级小学生(third graders)”或者“低年级学生(lower track)”的称呼；会想起校长的威胁；甚至可以想想效忠誓言(the Pledge of Allegiance)以及公共场所降半旗。为什么这些现象应该被预设为思想和自我认同的“基础”？我们可以思考一下黑板摆放的位置，教师前面的讲桌所在的位置，在阅读之前书本必须是紧闭的。问题的关键是，发现一种使得所有事物成为思考与批判之客体的方式。我们也可能再次想起福柯的评论，“在与人的

行为相关联时,思想是自由的”。此种努力在某些方面可能会使事物变得越来越不熟悉,甚至成为陌生事物。一个火星人会怎样看待那里有个新来的“划船人”呢?如果手从钟表上移开会发生什么呢?(例如,一个读过威廉·福克纳(William Faulkner)的《声音和愤怒》(*The Sound and the Fury*)的人,不会忘记昆廷(Quentin)自杀那天将自己的手离开手表时发生的事情是多么怪异。“聆听它的声音,”昆廷想,“我并不认为任何人曾经审慎地去听一个手表或者时钟的声音。你不必如此。你可以在一段时间里忘却它的声音,之后听到的几声会使你产生一种连续感,而不会使你感到时间是片段式的”(Faulkner, 1946: 96)。接着,他忆起“父亲说时钟淹没了时间”。当小齿轮中断时时间就没了;只有当时钟停止,时间才重获新生(Faulkner 1946: 104)。读到这里,人们会发现时钟的领地、时钟的世界均在拓展。)纸是什么?为什么会有那么多的纸?那么多文件?(乔治·康拉德(George Konrad)在关于匈牙利社会工作者的小说《社会工作者》(*The Caseworker*)中写道,证实、安慰、威胁、赐予、否认、需求,通过……我所守护的秩序虽然脆弱但却是无情的,它令人不愉快且严格;它的思想是贫瘠的且风格缺乏魅力……我拒绝接受作为个人救世主的高级牧师以及有悲剧色彩的无私姐妹,他们用平凡的局部的责任来传播原罪之美或散布博爱的慷慨辞令。我拒绝去模仿那些星期日学校的小丑,而更想作为——我知道自己的缺点——我所称的那个有怀疑精神的官僚主义者。我的最大愿望是一个中产阶级的、普通的公务员应该尽可能地保持睁开他的眼睛(Konrad, 1974: 168)。再者,在某人所身处的熟悉的官僚秩序中他能够透过自己看清事实。看得越多,感受得越多,一个人可做的就越多。

沃克·珀西(Walker Percy)的讲授者在《看电影的人》(*The Moviegoer*)中用另一种方式进行阐释。他尝试去解除自己的无聊,一种处于失望边缘的无聊。进行探寻的想法突然冲入他的脑海。

你问,探寻的实质是什么? 218

> 事实上,它很简单,至少于我而言如此;它是如此简单以至于很容易被忽视。
>
> 任何人都能进行探寻,只要他没有淹没在自己的日常生活中。比如,今早,我感觉自己只身来到了一个奇怪的小岛,像这样一个被抛弃的人能做什么呢?这就是为什么他在附近闲逛但并未错过任何机会。
>
> 意识到探寻的可能性,便意味着开始了某些行动。不去了解就会陷入绝望。 (Percy, 1979: 13)

当然,进行一次探寻,即是拥有主动权,拒绝原地踏步以及单调的普通生活。讲授者说他“沉没在平淡无奇中”,很明显他便是在从另一种视角进行探寻,这将会展现出他从未看过的东西。即便他只是意识到自己“着手做一些事”,也表明了他开始察觉到自己生活的缺陷。就像什么是“邻居”的问题，暗示着答案的开放性。他可能开始“在附近闲逛”，因为其他人注意到他的行踪，因为这几乎是他第一次出现在公开场合。如果是这样，他可能会获得使自己从日常生活中解放出来的空间。这样的经历可能被人表达为一个“再次学着了解世界”的愿望，并且恢复“力量以标示一种意义的诞生，或是一种疯狂，经验是透过经验来表达的”(Merleau-Ponty，1962/1967：60)。我认为在努力学会学习与包含追寻自由的“探寻”间是存在内部关联的。没有“着手做一些事”，年轻人感觉不到压力和挑战。如果他们特别想去攀爬山峰，那么也就没有多少困难让他们觉得需要去克服。他们一旦已经习惯了周遭事物，甚至是无家可归者的形象、有精神症状的闲逛者、满地的垃圾、倒塌的建筑，便不会注意到周围的状态与事件。此时，很可能没有任何人会表达思考它们的重要性或建议处理假设性备选方案的必要性。可能没有人会认为有必要去了解坐在长凳上的人的身份，这些人在夜幕降临时会带着孩子在街角附近走动。人们可能没有能力认真地对待这件事，也没有能力以一种个人的方式处理它。世界以一种或隐或显的方式成为一种无问题的状态；没有人会因冲破一种局限而痛苦，痛苦源于问题本身。因此人们不会处于紧张状态，也没有愿望去越界。

此处有一个类比可用于体现阻碍课堂中探寻的迟钝和冷漠，它们阻碍探究，甚至使得阅读看起来也变得无关紧要。这不仅仅只是一个动机或兴趣的问题。在这里，我们把它称作一个与自由相关的问题，这可能与在我们的学校中缺乏自由有关。我上面说的不一定意味着普通的限制和约束，或用以确保秩序而制定的规则。我的意思是，在一定程度上，明显缺乏关心使年轻人感到受限制，感到自己被决定，甚至感到被周围的环境所操纵。我们被重复地告知，少数族裔的成员并未发现进入学校和学习的意义。无论多么期盼在社会中的成功，他们被迫相信围绕着他们的是有敌意的暴力以及无法克服的障碍。贫穷的孩子以及其他一些人通常经历着被称作“文化再生产”的压迫，即使他们无法为其命名或者与之相抗衡。“文化再生产”不仅意味思考、信仰和评价方式的再生产，也包含社会模式和分层的维持。年轻人可能对学校中存在的不平等不会产生愤怒，虽然这样的不平等经常存在，他们把这当作是“正常的”，正如预期的自然规律一样。对于那些处境有利的孩子而言，他们虽成长于权力和特权中，但他们同样会认为自己没有选择权。

我们面临的挑战是，尽可能地使更多的年轻人享有思考的自由——思考的方式感动了莎拉·格里姆克(Sarah Grimké)、伊丽莎白·卡迪·斯坦顿(Elizabeth Cady Stanton)、塞普蒂玛·克拉克(Septima Clark)、伦纳德·科韦洛(Leonard Covello)、马丁·路德·金(Reverend King)以及很多其他人转向行动。对周遭环境的沉默，以及
219 无力为其命名干扰了质疑和学习。当杜威强调“重复、完全一致”、“程序和机械的”危险性时，其想法与此相似(Dewey，1934：272)。他有时所说的在经验中的“麻醉”是指麻痹了人们并阻止人们去行动与开展探究。对于杜威而言，只有来自于早期经验的意

义经由想象力之后，经验才能被完全意识到，因为想象是“能使意义发现自身进入当前互动的唯一大门；甚至可以说……新旧意识的调节就是想象”(Dewey，1934：272)。必须强调“意识”这一概念。对于杜威而言，只有当“给定的条件经由想象获得意义和价值拓展，并且联系了当前缺少和想象中存在的事物之后”经验才会“是人的并且被意识到”。有意识的思考通常存在着危险，一种“进入未知的危险”。它发生在意义被积存或沉淀的背景之下，以至于它必须得到发掘和表达，如此经验可以继续有意识地积极地处理当前的情境，在这些情境中(就像杜威提出的)，“我们发现了自己”(Dewey，1934：263)。

致力于自由的教育，必须明确地关注人类智慧的变化、多样的语言以及适用于分类经验的符号系统，并且使其对当前的世界有意义。杜威极力反对文化中的反智主义(anti-intellectual)倾向，并且时常发声倡导他所说的“摆脱智力阻碍想象力飞翔的胆怯，经过思考大胆行动，对愿望有更多信念，舍弃我们对既定事实之部分观点的过度依赖这一习惯”(Dewey，1931：12)。他经常谈论各种审慎地挑战了确定性和固定性的探究。毫无疑问，他会同意约翰·帕斯莫尔(John Passmore)所呼吁的“批判性-创造性思维”，这是一种被有意识监管的，但是有时会想要去挑战不相关或者单调乏味规则的思考方式。帕斯莫尔写道，任何标准、人或艺术作品、文本均不应该被放置在理性的批评之外。无论我们是否意识到，我们都处在一个对伟大传统的持续启蒙中。帕斯莫尔继续写道：

> 渗透于伟大传统中的批判性思维，将想象力和批判整合在一种思维形式之中；在文学、科学、历史、哲学或技术中，想象力的自由被批判所控制，批判主义被转换为一种看待事物的新方式。无论想象力的自由实践，还是目标本身的提出，均不会被轻视；前者可以让人联想起新的观点，后者可以表明人们对它们的需求。诚然，教育尝试着将两者结合。教育者们对鼓励批判性的讨论感兴趣，而不仅仅是提出目标；讨论是对想象力的一种运用。
>
> (Passmore，1975：33)

对批判的和具有想象力的以及开放的“看待事物”的新方式的关注，与当前美国学校中仍可发现的技术学家和行为主义学家强调的东西不相一致。我们对这种新方式的关注不体现为空洞的理论，也不是为了凸显我们的时代特有的神秘性，而是代表着一种挑战。我们已经注意到福音主义(evangelism)和原教旨主义(fundamentalism)的准则，以及那些混杂的对现代主义的不安，此种不安经常表现为反智主义或者读“名著”时觉得枯燥无趣。然而考虑到视野狭隘和个人主义的危险，我认为以一种最变化多端的、最具批判性的、最具想象力的、最“自由的”方法来教育年轻人都是不够的。如果我们对在致力于自由的同时为了认知性观点而开放的教育真正感兴趣的话，那么重要的是去发现一种能够产生教育影响的实践方式，它能为民主社会的改造提供必要空间。为了发现这种实践方式，自然必须有一种新的对理智的承认，对交流的支持，以及
220 对想象力的思考。它将意味着新奇的、偶尔拂过全国课堂的一阵令人惊奇的风。它将意味着可以听到以往很少听到的各种声音，同时，激发年轻人参与进来以构建当代经验与生活所需要的多种语言。所需要的语言包括很多传统的有意义的模式：学科、研究的领域。但是并非我们中的所有人均必须完全地或全方位地发展，我们只要对在特定时间提出的问题进行特定的回应便可。作为透视或者观点，转向到共享世界的现实，它们会继续因新境遇、新问题、新的不确定性出现而得到回应或改造。

让我们说说年轻的高中生正在学习历史的事情。很明显，他们需要对历史档案中相关历史证据的规则有一些理解。他们需要在资源中进行辨别，在各种决定因素中挑选出那些被认为具有决定作用的因素，去发现机会在何处同需求相遇，去识别计算何时是适当的，何时不恰当。所有这些均需对指引历史学科的范式进行反省性理解。但这不会使人终止或放弃类似的研究。当前存在如下一种观念（过去没有），它强调“自下而上”地学习历史的重要性，理解所谓的“沉默文化”以便发现普通的农民、商店主、初等学校教师、街头儿童以及亚洲新人在想什么，并思考诸如大屠杀、越南战争或日本广岛原子弹爆炸及南非压迫事件如何直接或间接地发生影响，即使这种影响逐渐在可见的过去消退。在理解国内战争、工业革命、奴隶交易及儿童十字军东征等问题时，学生也会接触一系列不同的观点。需要清楚的一点是，如果参与者或者临近参与者（前线的士兵、工厂工人、奴隶、十字军）的声音被听见，新的理解（困惑和不确定性）的各个维度也会被揭示出来。人口学的研究也是如此，它们基于人口普查手册或者税收，研究应涉及日记、新闻故事以及旧的照片。将这样的资源转化为历史的工具和技术，意味着为研究打开了新的空间——隐喻性的空间，有时可以允许“大胆的推理”。这样的努力可能会为历史学习的自由提供一些经验，因为它们以意想不到的方式解放了想象力，它们使心灵超越习惯的界限或将心灵放空。如此一来，人们变得更能意识到未知的问题，如未探索的角落以及被遗忘的窗户后面的未知脸孔。如果要获得理解，这些均是需要超越的。正如我们已经看到的，在超越中，我们常常获得了自由。

在社会和自然科学的其他学科和领域的学习中，同样也是如此；即使是在严谨的科学中，强烈的好奇心也可能会伴随着人类对双手和智慧以及研究目标的联结体验而产生，无论它们涉及的是记忆核心的岩石还是星星。此外，这是一种源于有根据观点的疑问和理解，是一种解释性的有利观点，它以某种方式最终阐明这个常识性的世界，以某种通常是观点式的因而也永远是不完全的方式质疑和进行意义建构。关于此点最强有力的隐喻可以在梅尔维尔（Melville）的小说《白鲸记》（*Moby Dick*）中“鲸类学”的章节的末尾找到。这一章节描述了提供一个“关于白鲸类的系统展示”的努力最终或为徒劳的工作，或将混乱的构成进行分类。最后：

> 在开始时,本书便陈述到,这个系统不会在这且不会立刻得以完成。你
> 可以清楚地看到我遵守了诺言。但是现在我将放下尚未完成的鲸类学系统
> 研究就像伟大的科隆教堂被丢下,而起重机永远遗留在未完成的宝塔顶端。
> 小的建筑可能会被它们的第一建筑师完成;宏伟的,真正的建筑需留给后代
> 去完成最后的工作。上帝不允许我完整地结束任何事,整本书只是一个草 221
> 案,而且,起草便只是起草。哦,时间!力量,现金和耐心!
>
> (Melville, 1851/1981: 148)

要识别视角和优势观点的作用,以及认识到存在多样的视角和多样的优势观点,即要认识到没有任何的账目、规训或其他事件是可以最终结束或完成的。总是会有更多待完成的,总是会有其他可能性。这便是探寻自由可存在于其中的空间。同样的结论可用于讨论艺术作品的经验——不仅是文学文本,也包括音乐、绘画和舞蹈。当人们真正投入时,它们能使人们听见和看见他们通常听不见和看不到的东西,它们能提供不熟悉的甚至是反常的各种和谐或不和谐的视角,以揭示出世界不完美的一面。它们能使经验陌生化:从极度的熟悉开始,然后转而呈现一些不同的形象,以便那些被唤醒的人能够听见和看见。

对何种形式可以对不同人发挥此种作用进行归纳是很具吸引力的事,但我们必须先将此尝试放在一边不予理会。例如,爵士乐和布鲁斯在很长时间内已经对许多人的变化与解放发挥了作用。我们只需去阅读我们民族的音乐历史,回想伟大的黑人音乐家的故事,阅读比如《隐形人》(*Invisible Man*)这样的小说(作者说,它是按照布鲁斯的模式构思的),注意到爵士乐在整个世纪中对欧洲艺术形式发挥的重要性,明白爵士乐如何演变为捷克抗议运动的中心即可。布鲁斯被用于摇滚音乐以及被称作"说唱音乐",便足以证明它不仅象征和标志了被压迫的痛苦和受限的生活,同时也使人们有力量去识别出现状是什么,渴望的是什么,以及某一天会到来什么(如果自由的范围被发展)之间的间隙。

有关女性小说的最近发现,如黑人文学的发现一样,无疑已经影响了对被称作"伟大的"文学作品的评价观点,它们中也会有被过时的性别观点禁锢的观念。以一种批判视角审视古典作品的能力的不断发展,使得很多不同性别的读者,开始理解他们生活于其中的世界以前不为人知的一面。人们已经开始通过观点式的阅读,来实现对文学作品意义的理解。也有人开始投入到米哈伊尔·巴赫金(Mikhail Bakhtin)所称的"对话主义"中来,把文学文本看作是巴赫金所说的多重声音和多重讨论相互交叉和影响的空间(Bakhtin, 1981: 259 - 422)。即使在小说中遇到了被巴赫金称作是"混杂的"状态,也会丰富个人的多样视角,同时也可以拓展多样性的空间。

想想《隐形人》这部小说,我们肯定会回忆起如下观点,隐形代表着一个人遇见黑人时的一种意识形态,同时也表明了我们看待其他陌生人的方式,甚至可以呈现我们

看待那些被假想为“其他人”或敌人的方式。我们会发现自己在阅读被称作权威的著作比如《简·爱》(*Jane Eyre*)时，开始对罗彻斯特先生的房子里关押着一个“疯妇”有一种全新的理解，对此我们会感到惊讶。我们被一种新的意识震惊，发现自己再次退回到边界，聆听新的声音，探索新的言论，发掘新的可能性。我们能思考如蒂莉·奥尔森(Tillie Olsen)的《我站在这里熨烫》(I Stand There Ironing)或《告诉我一个谜》(Tell Me a Riddle)这样的作品，并且从中发现反抗、梦想以及可能性，这些是我们以往没有想到过的。我们可以重读哥伦比亚作家加夫列尔·加西亚·马尔克斯(Gabriel Garcia Márquez)的作品《百年孤独》(*One Hundred Years of Solitude*)，发现自己打开了体验之窗，震惊于时间、死亡以及历史推翻了我们关于确定性的观点。然而，可以使我们产
222 生转换体验的不仅是“沉默”文学。任何艺术形式的历史，都伴随着新的理解史、新的去熟悉化模式，至少在一些情况下，艺术家们推开光环，打破了以往的某种方式。

在音乐领域中，我们清楚的一点是，推翻近一个世纪的沉默式视界，人们开始张开双耳，愿意冒险去尝试新的声音。舞蹈也是这样，运动的先驱者以及可见的比喻，发现了人类身体的新可能性，并因而呈现了新的具象化世界的方式。绘画则是最清晰的例子。一个具体例子可以在画家约翰·康斯太勃尔(John Constable)的作品中发现，他放弃了旧的画室绘画的范例和画室光亮，开始在开放的空间里构思主题，打破“想象的边界”。就像批判学家恩斯特·冈布里奇(Ernst Gombrich)写道的(Gombrich, 1965: 34)，康斯太勃尔能够使观众在风景中看到绿色，而非以传统的褐色渐变方式呈现绿色。他使可见的世界陌生化，实际上，使得阴影和细微差别可为人们识别，而以往人们从未关注过这些。事实上，我们可以发现很多视觉艺术家做着相同的事情，我们也可发现他们是反对其前辈的。在“没有墙的博物馆”中走动，倾听那些梅洛-庞蒂(Merleau-Ponty)所称的“沉默的声音”，我们可以发现自己事实上处在一个不断变化的场所之中。乔托(Giotto)、德拉·弗朗西丝卡(della Francesca)、波提切利(Botticelli)、米开朗琪罗(Michelangelo)、拉斐尔(Raphael)、普桑(Poussin)，这些人正发出自己的声音，门被一道道打开。典型的现代者可能是克劳德·莫奈(Claude Monet)，他使物体上的光的模拟效应可视化，而此前物体被视作坚固且客观的存在。一些人可能忆起不同季节里在花园里的那些干草，或是一天不同时间里的鲁昂大教堂。这使我们再次想起不变的观念如何被转变，时间如何给予觉察者以新的意义，如何让一个人通过视觉艺术作品选择去旅行。我们也能忆起巴勃罗·毕加索(Pablo Picasso)是如何通过《阿维尼翁的少女》(“Demoiselles d'Avignon”)及其中的非洲人和伊比利亚人的面容，或在《格尔尼卡》(“Guernica”)中对无法忍受的疼痛的想象，急剧地拓展了西方观察者对人性的概念和空间。

当然，在我们大多数的课堂中并不会让学生知道类似的观点，相对地，很少有人知识足够丰富或有足够勇气去“了解”。我们必须认识到，尽管艺术具有极大潜力，但不能指望着它们去解放、去保证教育的自由。虽然如此，对于那些真正地关注“意义的诞

生”,关心打破表层,关心教其他人去“阅读”他们自己的世界的人而言,艺术形式必须被设想为一种永存的可能性。它们不该被看作是装饰的、无价值的。如果变革式教学是我们关心的,那么它应该成为课程的中心部分。相对于我们无法将“羔羊”与“老虎”放在彼此不同的世界中,将“婚姻”同“埋葬”区分开来,威廉·布莱克(William Blake)的形象并非同课程完全不相关。怎么能仅仅在课外关注艾米莉·迪金森(Emily Dickinson),并发现正常的情感被打破并得以转换呢?迪金森写道,

> 我从木板走向木板
> 如此缓慢和小心;
> 我感觉到头顶上的星星,
> 以及我脚下的大海。
> 我知道并非其他,而是下一步
> 将是我最终的方向——
> 这赋予我不确定的步法
> 一些人称之为经验。　　(Dickinson, 1890/1959: 166)

在诗歌中空间得到了拓展——在敞开的天空下从木板到木板。她把经验看作是“不确定性的步法”,强调了其中的危险。读这一本作品时,我们忍不住发现自己的世界在某种程度上被陌生化。陌生化,它揭露了经验通常不会发现的方面。随着对新的 223
可能性的反思,批判意识可能会在某种程度上得到加强。诗歌不会提供给我们经验的或记录式的事实,但它让我们能够以特定的方式“了解”。所以诸多诗歌涌入人们的脑海,其中包括,W. H. 奥登(W. H. Auden)的《外科病房》(*Surgical Ward*),它因描述艾滋病的流行或对距离以及缺少关爱的考虑而唤起人们的记忆。他写道他们“正在承受,那就是他们所做的一切”,他描述了痛苦承受者的隔离,这同那些相信“无伤害的平凡世界和无法想象隔离”的人形成了鲜明对比”(Auden, 1970: 44-45)。人们可能会认为:选择是随意的。一个作者,就像这本书的作者,只能希望去触发他的读者的记忆,去唤醒,去发现火花。

当转向小说和戏剧时,此道理同样是正确甚至是更正确的:启示和揭露的时机,均在计算之外。在我的思考序列中(读者会在自己的思考中进行定位)我发现,安提戈涅(Antigone)沉浸于她自己关于什么是道德的观念中,并死于此;李尔王(King Lear)在凶猛暴风雨的荒野中放弃了所有的诡计和“过剩品”。当斯蒂芬·迪德勒斯(Stephen Dedalus)说,“我不会再服务”,我看见撒旦(Lucifer)坠落在《失乐园》(*Paradise Lost*),然后继续坠落,并再次出现在詹姆士·乔伊斯(James Joyce)的《一个青年艺术家的画像》(*A Portrait of the Artist as a Young Man*)中。之后,想起乔伊斯(Joyce)时,我在莫莉·布卢姆(Molly Bloom)在《尤利西斯》中(*Ulysses*)的自言自语声中听见响亮的

“是”；在幕后，温柔而倔强的，是梅尔维尔(Melville)故事中巴特利(Bartleby)说的“我不喜欢”；在托尔斯泰(Tolstoy)的故事中听到垂死的伊凡·伊里奇(Ivan Ilyitch)的消息，看到他对着握住他腿的人说自己是“小万尼亚”；我感受到陀斯妥耶夫斯基(Dostoevsky)的《群魔》(*The Possessed*)中的小女孩上吊留下的阴影。还有在马尔罗(Malraux)的《人类的命运》(*Man's Fate*)中描述的士兵，年轻的士兵在立陶宛前线将被处死，他们被强迫在雪中脱掉裤子，他们开始打喷嚏，“这些喷嚏在行刑的黎明是如此充满人性”，那些机枪手，并未开火，而是等待——等待着生命变得不再警觉”(1936：76)。不警觉——我看见房屋被暴风雪袭击，看到弗吉尼亚·伍尔夫(Virginia Woolf)的《到灯塔去》(*To the Lighthouse*)的“时间流逝”部分中的时间浪费；我看见薇拉·凯瑟(Willa Cather)的保罗(Paul)(在“保罗的案例”(Paul's Case)中)，看见冬天到来时一个男孩死于铁道旁。我看见玛格丽特·阿特伍德(Margaret Atwood)的《女仆的故事》(*The Handmaid's Tale*)中简陋的、模仿中产阶级的卧室以及身穿红衣的黑人妇女；其后，托马斯·品钦(Thomas Pynchon)的《万有引力之虹》(*Gravity's Rainbow*)中的火箭被完全超越。我想起马克·哈普林(Mark Helprin)在《冬天的故事》(*Winter's Tale*)中描绘的雪城的白色房子，以及唐·德里罗(Don DeLillo)的《白噪音》(*White Noise*)中的“空中剧毒事件”。

任何一个读者可能会继续回忆，就像赫伯特·马库斯(Herbert Marcuse)指出的，“艺术致力于世界的觉察，能够使得个人从社会的功能存在和表现中转移出来”(Marcuse，1978：9)。一种自由的教育必须超越功能，超越将人作为外部目的的附属物。它必须超越对行为表现的单一关注，而考察行为的主动性。这并不意味着存在美学的参与，因为自由的教育在自由的范围内发生，与世界完全分立或疏远的学习者变得与所属地或工作本身不相适合。马库斯也将美学的转换看成一种“认识的工具”，它使察觉者远离“所给定的神秘化力量”(Marcuse，1978：72)。他指出了促进教育在自由中并致力于自由的可能性。直面艺术本身并不能实现此种自由；但是艺术将有助于开启需要解释的情境，将会帮助打破模糊空间的壁垒，为教育者打开某天可能实现的自由空间。

教育应保持情境的开放性，使学生有权参与到一些实践中去，鼓励他们参与并说出自己转变过程中遇到的障碍。这些障碍来自于学校、邻里、家庭以及深处同样危险世界的伙伴。它们可能是偏见、古板、压制的暴力：所有的这些都能使自由的涵义变得僵化或被侵犯。就像福柯说的，人们可能被变成臣民，温顺的身体变得能够“屈服、有用、变形和改善”(Foucault，1977：136)。不仅仅是课堂、种族和性别关系的结构中包
224 含了这样的权力，而且学生可以在课堂中感受到这样的权力。同样的情况也会发生在知识的不同分配中，以及打破细微部分的分配和对“混乱”的无根据分类中。

当我们关注妇女以及很多陌生人的生活时，我们会意识到征服的声音和沉默的记忆之间的关联。所有的这些，通常会被归因于权力的潜在运作或被称作“霸权主义”的

维系(Entwhistle, 1979：12－14)。霸权主义,像意大利哲学家安东尼奥·格拉姆斯(Antonio Gramsci)所解释的,意味着道德的和理智劝说的方向,而不是身体上的强迫。这就是那些对自由的教育感兴趣的人关心的主要问题。这种劝说是如此安静的、有诱惑力的和伪装的,以至于使年轻人默认权力而未认识到其本性。当劝说的方法被用于模糊学习者头脑中所发生的事情的时候,变得最有效果。奇怪的是,正如通过温和地遵从恰当的要求一样,默许和接受,通过退出或综合其他疏离的模式得以表达。这可能是因为信息或方向因为强调一种机会系统或一个分层体系,而提供了有限的可能性,很明显地仅关注少数存在的模式。这种情况在那些按照目前的测评实践被判定为智商低的年轻人身上最明显。我们所处的并非是一个考虑为低智商的人提供选择机会的社会。缺乏选择的意识,缺乏实现可能性的愿景,年轻人(没有意识到给定的信息)便没有获得自由的希望。

在走向可能性开放的课堂中,一旦关注探究,必然会发展批判,以揭露中立框架的伪装,或者罗蒂所说的"在看起来存在相互竞争的观点时,一系列的规则将会告诉我们如何基于每一观点达成理性的赞同"(Rorty, 1979：315)。教师,同学生一样,当他们开始意识到没有最终的协议或答案,必须学会热衷于提问。我们一直在讲述基于信任拓展共同体中的开放观点的故事,其中如果通过谈话而形成进展,在开放的空间中自由就能有一席之地。

回顾过往,我们能看到个人与其他人的相互关系,通过投射把他们嵌入在世界中,在宇宙中拓展可以开放自己的新空间。我们可以回想起他们——托马斯·杰斐逊(Thomas Jefferson)、格莉姆克姐妹(the Grimké sisters)、苏珊·B.安东尼(Susan B. Anthony)、简·亚当斯(Jane Addams)、弗雷德里克·道格拉斯(Frederick Douglass)、W. E. B.杜波依斯(W. E. B. Du Bois)、马丁·路德·金(Martin Luther King)、约翰·杜威(John Dewey)、卡罗尔·吉利根(Carol Gilligan)、内尔·诺丁斯(Nel Noddings)、玛丽·戴利(Mary Daly)——打开了公共空间,其中自由是主题,以一种和谐的方式行动以创造自我。对于汉娜·阿伦特(Hannah Arendt)而言,"权力与人类共同行动的能力相一致。权力从来不是一个人的财产;它属于一个群体,只有当群体凝聚在一起时才能存在"(Arendt, 1972：143)。如此权力可能被理解为"赋权",这是人类以及政治生活的可能条件,对教育也是如此。但是我们必须开放学校和学校周围的空间,必须打开窗户以使新鲜空气可以进入。诗人马克·斯特兰德(Mark Strand)写道：

所有的都在心里,你说,
没有什么开心事。寒冷到来,
高温到来,思想时刻存在于世界之中,
你挽着我的胳膊说,有事将会发生,
一些我们时刻准备着的不寻常之事将会发生,

正如亚洲的白日之后太阳会在此出现，
正如黑夜过后月亮会离开我们。 （Arendt，1984：126）

艾德丽安·里奇（Adrienne Rich）称，诗歌“融合”与创造了“一种狂热的耐心将我带离得如此遥远”。此处，我们也需要一种狂热的耐心。当自由成为一个问题时，往往是着手寻求自由的开始。

（王秀秀 译）

参考文献

Arendt, H. (1961). *Between Past and Present*. New York: The Viking Press.
——. (1972). *Crises of the Republic*. New York: Harcourt Brace Jovanovich.
Atwood, M. (1986). *The Handmaid's Tale*. New York: Houghton Mifflin Co.
Auden, W. H. (1970). *Selected Poetry of W. H. Auden*. New York: Vintage Books.
Bakhtin, M. M. (1981). *The Dialogic Imagination*. Austin: University of Texas Press.
Belenky, M. F., et al. (1986). *Women's Ways of Knowing*. New York: Basics Books.
Berlin, I. (1973). *Four Essays on Liberty*. New York: Oxford University Press.
DeLillo, D. (1985). *White Noise*. Viking Penguin Press.
Dewey, J. (1931). *Philosophy and Civilization*. New York: Minton, Balch & Co.
——. (1934). *Art as Experience*. New York: Minton, Balch & Co.
——. (1938). *Experience and Education*. New York: Collier Books, 1963.
Dickinson, E. (1890). *Selected Poems & Letters of Emily Dickinson*. Ed. R. N. Linscott. Garden City, NY: Doubleday Anchor Books, 1959.
Entwhistle, H. (1979). *Antonio Gramsci*. London: Routledge & Kegan Paul.
Faulkner, W. (1946). *The Sound and the Fury*. New York: Modern Library.
Foucault, M. (1977). *Language, Counter-Memory, Practice*. Ed. D. F. Bouchard. Ithaca: Cornell University Press.
Garcia Marquez, G. J. (1967). *One Hundred Years of Solitude*. Trans. G. Rabasso. New York Harper & Row, 1970.
Gilligan, C. (1982). *In a Different Voice*. Cambridge: Harvard University Press.
Gombrich, E. (1965). *Art and Illusion*. New York: Pantheon Press.
Hare, R. M. (1965). *Freedom and Reason*. New York: Oxford University Press.
Helprin, M. (1983). *Winter's Tale*. New York: Pocket Books.
Joyce, J. (1916). *A Portrait of the Artist as a Young Man*. New York: Viking Press, 1955.
Kant, I. (1797). *The Doctrine of Virtue*. Part II of *The Metaphysics of Morals*. Trans. Mary J. Gregor. New York: Harper Torchbooks, 1964.
Kohlberg, L. (1971). "Stages of Moral Development as a Basis for Moral Education." In *Moral Education: Interdisciplinary Approaches*, ed. C. M. Beck, B. S. Crittenden, & E. V. Sullivan. New York: Newman Press.
Konrad, G. (1974). *Caseworker*. New York: Harcourt Brace Jovanovich.
Malraux, A. (1936). *Man's Fate*. New York: Modern Library.
Marcuse, H. (1978). *The Aesthetic Dimension*. Boston: Beacon Press.
Melville, H. (1851). *Moby Dick*. Berkeley: University of California Press, 1981.
Merleau-Ponty, M. (1962). *Phenomenology of Perception*. New York: Humanities Press, 1967.
Noddings, N. (1984). *Caring: A Feminine Approach to Ethics and Moral Education*. Berkeley: University of California Press.
Oliver, D. W. & Bane, M. J. (1971). "Moral Education: Is Reasoning Enough?" *In Moral Education: Interdisciplinary Approaches*, ed. C. M. Beck, B. S. Critenden, & E. V. Sullivan. New York: Newman Press.
Olsen, T. (1978). *Silences*. New York: Delacorte Press.
Passmore, J. (1975). "On Teaching to Be Critical." In *Education and Reason*, ed. R. F. Dearden, P. H. Hirst, & R. S. Peters, pp. 415 - 433. London: Routledge & Kegan Paul.
Percy. W. (1979). *The Moviegoer*. New York: Alfred A. Knopf.
Peters, R. S. (1970). "Concrete Principles and the Rational Passions." In *Education and Reason*, ed. N. F. Sizer & T. R. Sizer. Cambridge: Harvard University.
Piaget, J. (1977). *The Essential Piaget*. Ed. H. E. Gruber & J. J. Voneche. New York: Basic Books.
Pynchon, T. (1973). *Gravity's Rainbow*. New York: Viking Press.
Rorty, R. (1979). *Philosophy and the Mirror of Nature*. Princeton: Princeton University Press.
——. (1985). "Solidarity or Objectivity?" In *Post-Analytic Philosophy*, ed. J. Rajchman & West. New York: Columbia University Press.
Strand, M. (1939). "So You Say." In *Selected Poems*. New York: Viking Press.
Woolf, V. (1938). *To the Lighthouse*. London: J. M. Dent & Sons, 1962.

2.4　他们在辱骂我们

卡特里娜·B. 弗洛里斯(Katrina B. Flores)

您知道的， 226
他们辱骂戏弄我们，
让我们不知所措，
没几年就要变换自己的身份。
层层核查，
使我们变得越来越渺小，
被装进一个个盒子里。
无数的条条框框束缚着我们，
使我们不至于“犯上作乱”。

过往的记忆浮现于眼前，
十四岁的少男少女，
四人一排，
游荡在街头巷底。
离种族隔离线越来越近。
岂不知危险即将降临，
越雷池一步，
便是犯罪。

像狐狸一样被追逐，
手电筒的闪光照射着我们黑夜般的眼睛。
恐惧使我们瞳孔放大，
惧怕一声喝问：
棕色皮肤的孩子为何居于此地?

学校见……我的墨西哥裔姐妹，
虽然我不会常去学校，
因为，

我不想被当成傻瓜。
放学后再一次被留下，
关进蓝色的禁闭室：
我只不过是用了与白人婊一样的棕色眼线笔，
勾出了我性感的唇线，
在她骂我“野鸡”的时候，
予以反击。

不，
我没有想过上大学，
您或许永远不会明白：
为什么我会陷于家务琐事之中，
我只是一个生育机器罢了……
我将会成为下一个辍学的怀孕少女。

这就是您所了解的我的全部了。
您，我的老师，
就是在您的教导下，
我明白了，
大嘴大屁股、顶着大蓬头的棕色皮肤小女孩，
只会做一件事情，
您知道，
我在说什么。
如果您给我一把扫帚，
我会把你的房间打扫得干干净净；
而您嘲弄我儿子戴发网①的笑话，
在整个厨房回荡。

让我来告诉您：
当您的一言一行都对你不利，
甚至上学都要挣扎一番，
是什么感受。
我们坐在这间教室里、这个座位上，

① 20世纪八九十年代，墨西哥帮派成员有戴发网的习惯。——译者注

只有在学到马丁·路德·金和非暴力抗议的那两段文章时，
才会有发言权。
我们的真切感受，
您永远难以理解。

当我试图了解，
我们的人民是如何建立这个国家的历史时，
您没有东西可以教我，
而是顾左右而言他；
您试图抹去欺侮我们的历史，
而我们那些铭记千秋的名字，
您甚至都无法读出，
——还得我们来教您。

您是否还觉得，
直到 1997 年，
我们家族的成员才有机会上大学，
是一件令人费解的事？

我们中间只有一个人， 227
我的祖母，
她的族人将全部的希望和梦想装入她的行囊。
让她背负起整个世界，
可是，
她整日摘葡萄，摘黄瓜，摘棉花，
甚至没能从五年级毕业，
更别提为大学做准备。
所谓“移民劳工”，
实则是当代的奴隶！

而我的父亲
比起受教育，
他只能选择供养兄弟姐妹，
让他们免遭饿死；
他不再相信，

自己会有再次成功毕业的机会。

他将第一次毕业称为“运气”，
而在我的心目中，
这是一个教师们一贯守护的金色大门：
一些孩子在门里，
一些孩子被挡在门外。

因为，
您也知道，
在教师们的心目中，
墨西哥裔美国人，
已经被打上了深深的烙印：
无知，滥用福利，违法和贫困，
与生俱来，
皆因命定。

（范高洁　译）

评析

12. 我所看到的,你看到了吗?
——民主国家中作为教育愿景的教师能力

莫林·D. 吉勒特(Maureen D. Gillette)
布赖恩·D. 舒尔茨(Brian D. Schultz)
东北伊利诺伊大学(Northeastern Illinois University)

编者要求我们基于本部分“视点”(framing papers)中的文章和“经典”(artifacts) 231
中的文章,撰写关于教师能力的评论。此章评论是基于我们作为一所大型的、位于城区中心的中西部大学的教师教育工作者的身份而撰写,因此具有种族多样性的特征。我们在教育学院的职责是为墨西哥以及周围地区培养教师。这一地理区域的多样性意味着学生的入学机会和教育结果之间存在无法弥合的鸿沟。譬如,最近的研究数据显示,只有大约30%的学生从芝加哥公立学校毕业后进入四年制大学学习,而在这群学生中,只有35%的人最终大学毕业(Chicago Consortium for School Research, 2006)。在伊利诺斯州,拥有最高收入家庭的学生更倾向于进入州以外的四年制大学,最不愿意进入的是两年制的学院(IADPCE, 2005)。与工作在其他大城市教育机构中的同事一样,这样的情况提醒我们,当前的日常工作中迫切需要的,是将所有师范生培养成为理解并致力于为社会正义而教的教育者。

我们所培养的师范生反映了当今P-12学校中所体现的多样性。他们中的很多人进入资源不足的城区学校,为进入大学而在学业上拼命努力。作为一所被任命的服务于西班牙裔的机构,我们这里的很多师范生在刚进入美国接受学校教育时并不会说英语。他们中的很大一部分人迫切需要一份全职工作,他们往往有直系的大家庭需要供养,同时往往比传统的大学生年龄要大。鉴于很多学生没有正式的移民文件证明,我们深刻地意识到移民问题的严重性。我们的师范生,通常是家里第一个上大学的人。由于大部分人要上学并做兼职工作,因而对于很多学生而言,花费8年甚至更长时间毕业并不少见,这一修业时间对于他们而言不仅是可接受的,同时也是他们获得成功的一个重要因素。此部分师范生常常意识不到附近富裕学区中的可用资源类型,因而对于我们所在地理区域中不同学区间存在的不平等现象的严重程度也因缺乏一手资料而缺乏了解。

同时,我们有很多城郊的学生,他们在接近中产或上层阶级的家庭中长大。他们可能从未与那些和他们有不同种族和社会经济特征的同伴建立起亲密关系。很多人害怕在一所城市学校里完成实习,并且认为自己没必要这样做,因为他们并不想在城市学校中工作。比如,当将科佐尔(Kozol, 2005)的《民族耻辱:美国学校中种族隔离的复辟》(*The Shame of the Nation: The Restoration of Apartheid in Schooling in*

America)一书作为一门课程的必修内容时，具有此种人口统计学特征的很多学生并不
232 相信科佐尔描述的情境真实存在于学校中，即便书中的很多数据和事实是从芝加哥的公立学校中收集的，他们也对其表示怀疑。

为社会正义而教的能力不仅仅是想要在城市或者乡村贫穷地区任教的师范生所需要具备的素养，同时也应该成为全体师范生的必备素质，这是我们的日常观察所获得的基本观点。我们有义务去培养如下类型的教师，他们看重社会正义并具有教师应具备的知识、技能和品性，这些使他们不论在哪里从教以及教的对象是谁，都能为所有人获得公平的机会与结果而努力。在这一部分，我们将详细介绍“视点”文章所提出的教育项目所具有的两个明显特征：致力于以探究为基础的批判教育学以及发展实践共同体。我们利用这些观点来提出特定的根植于社会正义的“教师愿景”类型。作为教师能力的一个方面，我们相信这对于教师如下方面的发展是至关重要的，他们能够并且愿意使所有的年轻人准备好以一种有意义的方式参与社会。

为解放教育而培养教师能力的愿景之作用

本部分“视点”中的文章可以通过教师愿景这一概念性视角来加以整合。《变化世界中的教师：教师应该学习什么以及能够做什么》(*Teachers for a Changing World: What Teachers Should Learn and Be Able To Do*)(Darling-Hammond and Bransford, 2005)一书所涉及的内容十分广泛，其中一章名为“教师如何学习和发展”，该章强调了新教师在共同体中学习教学的重要性，这使得他们能够发展关于实践的愿景(Hammerness *et al.*, 2005: 385－386)。幻想或想象什么是可能的，被很多研究者看作是克服“学徒式观察”(apprenticeship of observation)的一个重要组成部分，而学徒式观察在很长一段时间内被看作是解放式教学(emancipatory teaching)的一大障碍。在哈默尼斯(Hammerness)等人建立的模型中，将教师愿景置于代表“学习共同体”的外圈的中心位置，这体现了教师发展的最佳状态。围绕着“愿景”这一中心的是四个一般的关键性概念，它们同本部分“视点”中的文章中描述的相一致：理解、实践、品性以及工具。理解(Understanding)被定义为“关于内容、教育学、学生以及社会情境的深层知识”。“发展、实践以及推行某一启动性计划表”构成了实践(Practice)。品性(Dispositions)包括“思维习惯以及指向学生和教学的行为”。工具(Tools)包含了教师有效实践所必需的概念性和实践性资源(Hammerness *et al.*, 2005: 386)。

正如以上所呈现的，哈默尼斯等人的模式并未明确地指出知识的类型、实践的方式、具体的品性以及恰当的或许能够帮助师范生发展出社会正义教师愿景的工具。我们相信此种以正义为导向的教学愿景，不仅是今天讨论教师能力问题时的核心，同时对于此问题的展开也是相当重要的。在本部分“视点”中的文章中讨论的有助于社会正义的具体知识、理解、实践、品性以及工具，可以被用来描述解放式教学中的教师愿

景。我们相信，对于师范生来说，发展有关可能性的想象力是很有必要的。他们不仅需要有能力去理解他们最初努力去实现的事情，也需要一种对正义的投入感，一种对他们自己和学生的信任，以便承担为获得最终胜利所需冒的风险。

师范生需要去理解并分析教学的模式，这些模式体现了反映这一愿景的社会正义教学。这样做，他们能够被指引着发展、实施和反思自身愿景的实现以走出传统课堂 233
实践，就像詹姆斯·鲍德温（James Baldwins, 1963）在《与教师的对话》（*A Talk to Teachers*）中提到的，（此种传统课堂实践）强调维持社会现状，而非发展学生的批判思维和行动能力。进而言之，他们可以学习有效的方式，以便打断那些已经扩大了教育过程和结果差距的实践、政策以及过程。

将旨在促进社会正义的教师能力作为一种发展的、合作的以及共同体导向的过程

帮助师范生发展一种将社会正义作为核心或基本内容的教学愿景在那些内容与学习者脱钩的师范生培养项目和课程中没有实现。哈默尼斯等人（Hammerness, 2005）在提出的模型中恰当地将理解、实践、品性和工具放置在“学习共同体”的大圆中。在使教师为社会正义做准备方面，学习共同体的概念具有广泛的和深刻的意义。就像麦克迪尔米德（McDiarmid）和克莱文杰-布赖特（Clevenger-Bright）在他们“视点”中的文章中指出的那样，教师教育是发展的，它在师范生进入大学时便开始并持续到整个教学生涯。当在此连续体上考察为了社会正义的教师发展时，在一个学习共同体的情境中促使不同参与者的合作的需求便变得清晰起来。教师教育工作者早就知道教师的能力不能仅在教师培养课程中形成。教师教育工作者有义不容辞的责任建立这样的共同体，它贯穿于未来教师的大学生涯，同时在 P－12 学校中广泛存在。那么，为师范生提供我们所支持的那种合作的、民主的实践方式的典型，我们必须做些什么呢？我们如何能够先创立之后解构那种展现我们所渴望的民主实践的校园与课堂经验，以使我们的师范生可以学会如何在他们自己的 P－12 课堂中做同样的事？

“视点”中的文章简短地强调了教师教育工作者与人文艺术和科学教师进行合作的必要。师范生必须具备多元文化的教学内容知识基础，能够将自己看作是有着多元身份的文化存在，并能发展批判性思维以及分析能力，这有助于他们形成提出问题、进行探索以及反思型思维的能力，同时也有助于他们获取帮助 P－12 学生成功的必要技能（比如技术能力、基于共同体的学习）。这些能力的培养必须建立在人文学科之上，同时需要教育学职员配合完成。相应地，很多教师教育工作者需要考虑如何加强与大学教师的伙伴关系。在大学里我们的诸多师范生接受通识教育，开始学习教师教育课程。

为了让这种合作成为有效的工具并成为一种现实，教师教育工作者必须鼓励人文艺术和科学领域的同事参与到教师能力的讨论之中。他们必须承担起自身在教师准

备方面的使命。教师教育工作者必须能够清晰地阐明他们所提供的课程的概念基础。通识性教育课程以及主修或辅修课程中的观点和重点，必须呈现给人文艺术和科学教师，并邀请他们共同讨论。他们必须乐意去探讨在大学范围内教师教育课程不同要素之间及内部的一致性及分歧。这意味着，在诸如团队教学、合作性学生研究以及整合的、以学生为中心的课程和教学等有效实践模式中，必须体现多学科人员的努力与共
234 识。或许某种学习共同体的模式可以引导师范生形成批判教育学的愿景，而这一学习共同体可能正是通过人文艺术和科学、师范生以及教师教育工作者之间的关系来体现的。

那些培训师范生的教师自身被划分进不同的部门或领域，因而未能在学校或教育学院中创建一个学习共同体。教师培养项目通常由教育学原理、教育心理学、课程和方法以及实地实习等彼此孤立的课程组成。对于这些未经分享、讨论、辩论和仔细考虑过的教师能力和教师教育目的，教师教育工作者对它们持相信态度。学校、部门和教育学院自身便以一种无关联的学习共同体方式存在，它们又如何培养教师的民主共同体愿景？教师教育工作者自身如何形成愿景？师范生与来自学院或大学的人员和管理者在多大程度上投入到智力的、社会的或专业的活动中？为了使得师范生形成课堂共同体的概念，其中教师和学生是学习旅程中的同伴，他们必须能够找到实际的参照模式，并在校园和课堂层面上参与到类似的实践之中。

“视点”中的文章中提到的另一个方面是与 P－12 学校开展同伴协作的重要性。一个根本的假设是，在实践型教师培养中，初级的学习共同体由师范生、P－12 学校学生、合作教师以及大学导师组成。目前，很少听到教师教育工作者在一个更广的情境中讨论师范生的学习共同体，其中包括其他教师教育工作者、人文艺术和科学教师、学校管理者、家长和其他共同体成员。尽管研究强调了高成就学校中校长作为教学领导者的重要性，在这些学校中构建共同体被置于优先地位，学校中的教师感到自己是被重视和认可的；然而除了关于学校专业发展的文献，很少有证据表明存在建构职前学习共同体的努力，也少有证据表明将学区管理者包含在了此种共同体之中。进而言之，此种情况在家长和其他共同体成员中更明显。对任教一年的教师培养项目的认知研究表明，师范生认为自己最没有充分准备好的领域就是与管理者和家长一起工作（IADPCE，2005）。师范生必须形成一种以共同体为基础的教育愿景，其中家长与管理者均是教师的联盟者。

教师教育中的合作能够且应该以某些形式存在于学院和大学之中。当前面临的挑战是需要考虑能够改变我们所处情境中的传统界限和实践的策略。诚如教师标准化测试分数报告形成了一种导向，联邦政府及州要求院校在拨款申请中提供各种类型的伙伴协作，这些已经提升了教师教育在许多大学中的威望，但目前它们关注到的并非是我们在本部分中所建议的发展性的、合作的教师教育过程。如果师范生从未看到、经历过民主，也没有参与过对类似经历的指导性解构，那么，我们不能期待他们能

够构想民主实践或是理解民主的执行策略。

致力于建立以探究为基础、以学生为中心的批判教育学的教师愿景

我们的评论的最后一部分提出与教师教育三个领域相关的问题。我们相信这三个领域是发展社会正义教师理念的重要组成部分，它们分别是课程、基础以及道德动力。“视点”中的文章均强调了这三个领域，但是我们基于自身建构的讨论情境提出下 235
面的问题，即如果我们想要使师范生的愿景转化为教育行动，那么我们提倡的教师能力必须在学习者共同体之中形成。

要具备开发课程使之成为解放学习者的工具的能力，这要求师范生必须理解、愿意面对、批判且解构课堂中的传统权力结构。师范生必须有民主实践的信念并相信以学生为中心的模式，以便在实践中开发强有力的、以学习者为中心的课程来吸引学习者，同时学习者也可以成为课程开发的合作者。当学校的管理者和外在的社会压力越来越强调控制而非解放学习者时，彼此间的信任是很难形成的，在城市地区此种情况尤甚。如果在学习共同体中教师教育工作者、师范生、学校教师和管理者都支持冒险和试验，那么在此过程中，就可能提出一些有助于形成民主理念和信任氛围的问题。在课堂组织方面，这些问题可能有：施瓦布(Schwab，1969)的课程理论(学科内容、教师、学生、环境)如何能在某一特定的课堂中激发动机，并成功地“运作”(work)？如何开发有意义的、参与式的同时又以公正为中心且符合标准的课程，并鼓励其推行？教师如何看待非传统课程(inverted curriculum)(Schultz，2008)、“空无课程”(null curriculum)(Eisner，1994)或“校外课程”(out-of-school curriculum)(Schubert，1986)，并使得民主和解放的概念和策略成为具体课程的一部分？在资源有限的学校中创建丰富课程要具备哪些条件？教师如何能够将学生看作是课程专家(Schubert，1992)？社会行动如何被看作是课程，同时又如何将课程理解为一种社会行动(Schultz and Oyler，2006)？

教育基本原理通常被师范生看作是无用的。很多师范生修过教育基本原理这门课后，仍不能将教育的历史、哲学、社会文化、政治这几个维度与自身在课堂中的角色联系起来。我们怎样帮助师范生构建基于教育基本原理的观念并使他们为自己的观念与理想辩护？师范生如何才能理解他们的愿景的获得是一个不断进化的过程？师范生如何才能理解经由其前辈所创建的社会正义愿景，可以通过学术考试的方式为他们愿景的获得提供信息？教师教育工作者和师范生如何共享他们愿景的最基本维度？师范生何时能够有机会从那些致力于公平的模范教师那儿聆听他们日常实践的理论与哲学？

我们把这些问题看作是理解教师愿景的道德方面的入口。教师愿景的道德方面包括民主的、解放的和共同体导向的动力。当实践不能带来更公平的教育结果时，这

些动力可使有效率的教师采取行动挑战整体状态并打破传统的实践。致力于社会正义的理念是一个必要的基础，但是缺少行动勇气和行动支持的愿景，只会原地踏步。自我觉醒、身份和文化，在使愿景转化为行动的过程中如何发挥作用？如何将学生和教师的反思与行动包含在教师愿景之中？正义主题如何植根于基于愿景的课堂实践观点之中(Kesson and Oyler，1999)？师范生如何能够将教学看作是一项道德行动与伦理的专业(Ayers，2004)？

结语

236 由“上帝所有”(God's Property)合唱团演唱的福音歌曲《信仰》(*Faith*，1997)中有这样一句话，“我能做到不可能的事，我能看到不可见的东西”。这句歌词描述了社会正义教师愿景的基础。也就是说，教师教育工作者应该具有这样的能力，他们要能够预想到学习者的情况，预想到学习者在“学徒式观察”的过程中可能不会积累到的经验。教师教育工作者必须培养这样的能力，以形成新的实践模式和行动框架。

本评论中，我们的任务是扩展已有的关于教师能力的讨论，我们采用的方式是基于我们对教师能力的观点对本部分“视点”和“经典”中的文章进行反思。我们的关注点在于帮助师范生发展一种特定的愿景能力，它需要由一种植根于社会正义的民主教育加以培育。我们唯一能做的，便是关注我们所知的那些以愿景指引教学的教师，这种愿景展现了保罗·弗莱雷(Paulo Freire)于《第四封信》(Fourth Letter)中所提出的如下特征：谦卑、勇气、宽容、果断、安全、保持耐心与急躁之间的张力，以及快乐生活。这些教师热爱他们的工作，并年复一年地坚持在高需求学校中工作，因为他们能够将自己的学生看作是成功的成年人。他们明白，所有的家长都期待自己的孩子获得成功，即便他们并不知道如何能够帮助自己的孩子获取成功。这些教师日复一日地在困难的环境中工作，因为他们相信通过将他们每天面对的孩子培养成为批判性的思考者和行动者，他们能够给孩子们的生活和社会带来改变。他们拥有以学生为中心的愿景，能为学生创造促进合作与解放式学习的环境。他们明白达致此种愿景是一个持续的过程，这一过程由他们和学生、同事、家长及社区一起创造和再创造。他们拥护并实践自己的愿景，同时此种愿景也使他们成为终身教育者。

教师教育工作者必须形成解放式教师教育实践愿景，并通过实践共同体的创建来实现此种愿景，而学校和社区中的同伴均包括在此实践共同体之中。如果我们期待师范生形成“视点”中的文章中所描述的那些能力，我们必须实践我们倡导的理念。

詹姆斯·鲍德温在《与教师的对话》(1963)中指出，“我认为没有任何人会怀疑今天在我们的国家中，人们正在经受着缺乏愿景的威胁，这是令人无法容忍的”。他指出，当伯明翰周日学校(Birmingham Sunday School)中发生爆炸恐怖事件时，人们仍然在说，“我对此也无能为力，那是政府的事”，鲍德温认为这种态度是不可思议的。在我们看来，我们的国家在面对教育问题时也是如此，而我们作为教师教育工作者，可能是同犯。我们审视高需求学校中存在的问题，同时告诉自己问题是相当复杂的。我们说自己在课程中强调培养教师的民主教育能力，但是“杂事”、“人文艺术教师”或“学校”、“政府当局”阻挠了我们的努力。如果我们真的想要创造一种环境，鼓励师范生在承担教师角色时采取行动并为改变而教，那么我们不仅需要营造有助于此种实践的环境，还需要在我们自身作为教师教育工作者的日常工作中进行示范。

（王秀秀　译）

参考文献

Ayers，W. C.（2004）*Teaching toward freedom：moral commitment and ethical action in the classroom*. Boston：Beacon Press.

Baldwin，J.（1963，December 21）A talk to teachers. *Saturday Review*，45(51).

Darling-Hammond，L. & Bransford，J.（2005）*Preparing teachers for a changing world：what teachers should know and be able to do*. San Francisco，CA：Jossey-Bass.

De Angelis，K. J.，Presley，J. B.，& White，B. R.（2005）*The distribution of teacher quality in Illinois*（IERC 2005－1），Illinois Education Research Council.

Eisner，E. W.（1994）*The educational imagination：on the design and evaluation of school programs*（3rd ed.）. Upper Saddle River，NJ：Merrill Prentice Hall.

God's Property from Kirk Franklin's Nu Nation（1997）. Inglewood，CA：B-Rite Music.

Gong，Y. & Presley，J. B.（2006）*The demographics and academics of college going in Illinois—Summary brief*. Edwardsville，IL：Illinois Education Research Council.

Hammermess，K.，Darling-Hammond，L.，Bransford，J.，Berliner，D.，Cochran-Smith，M. McDonald，M.，& Zeicher，K.（2005）How teachers learn and develop. In L. Darling-Hammond & J. Bransford（eds.），*Preparing teachers for a changing world：what teachers should know and be able to do*. San Francisco，CA：Jossey-Bass.

Illinois Association of Deans of Public Colleges of Education（2005）Teacher graduate survey. Eastern Illinois University.

Kesson，K. & Oyler，C.（1999）Integrated curriculum and service learning：linking school-based knowledge and social action. *English Education* 31，135－49.

Kozol，J.（2005）*The shame of the nation：the restoration of apartheid in America*. New York：Crown

Schubert，W. H.（1986）*Curriculum：perspective，paradigm，and possibility*. New York：Macmillan.

Schubert，W. H.（1992）Personal theorizing about teachers' personal theorizing. In E. W. Ross，*et al*.（eds.）（1992）*Teacher personal theorizing：connecting curriculum，practice，theory，and research*. Albany，NY：State University of New York Press.

Schultz，B. D. & Oyler，C.（2006）We make this road as we walk together：sharing teacher authority in a social action curriculum project. *Curriculum Inquiry*. 36(4)，423－451.

Schultz，B. D.（2008）*Spectacular things happen along the way：lessons from an urban classroom*. New York：Teachers College Press.

Schwab，J. J.（1969）The practical：a language for curriculum. *School Review*，78，1－23.

13. 关于教师质量的片面认识及其促进社会正义的潜能

凯文·K.库玛希罗(Kevin K. Kumashiro)
伊利诺伊大学芝加哥分校(University of Illinois-Chicago)

238 当前,美国官方以一种狭隘的方式界定教师质量,在这样的背景下,值得人们注意的是,教师教育领域一直在努力地坚持如下的观点,即对教师质量的界定不能孤立于教学所倚赖的背景,以及在此背景中进行的压迫与反压迫运动。本部分“视点”和“经典”中的文章不仅给了我们这样的提醒,也建议我至少关注三个持久且有争议的问题,这些问题是关于学校和社会中存在的教师素质与(反)压迫运动之间的必要且复杂的关系的。

教学如何必然是片面的?这种片面性如何被用来促进社会正义?

本部分的“视点”文章和“经典”文章对教学为何不是中立的行为进行了解释。学校中所教的仅仅是某些人运用一定的标准组建起来的内容,其中包含的具体事物,是按照课程中的某些视角做出的选择。同样地,之后所采用的教学方法,也是在不同方法中进行选择的结果,它仅适合于某些学校的方式,同时也只能努力达到一些教学目标。在决定教什么与如何教的同时,必须决定不教什么以及不以何种方式教。即使有最好的意图,教学也只能是一种片面的工作。

然而,当前改革教育的运动常常忽视教学的此种片面性。目前,就像联邦法律(如《不让一个孩子掉队法》(No Child Left Behind))和联邦机构(如美国教育部教育科学研究院(U. S. Department of Education's Institute of Education Sciences))所反映的,美国官方话语中关于提高教师质量的表述都传达出这样的意味,即(师范生)学习如何教学就是要学习如何使用已经被证明可以有效提高学生学业成绩的方法(最好的例子就是“有效教育策略资料中心”(What Works Clearinghouse),它由教育科学研究院设立,目的在于为有效的教学策略提供“科学依据”),而这种做法不仅无视有关学校办学方向的各种思想,也无视人们针对教育评价方法所提出的各种质疑。

此种关于如何教的官方表述(通过“有效的”方法),与有关教什么的官方表述并无二致。在教什么这一方面,学校中的“正式知识”常常被制度化为学习标准,以及学生应该知道什么与能够做什么的标准。两种官方表述均是片面的——仅仅反映了某些观点,达成的只是某种特定的目标,只适合某些类型的学习和成长。当要求一致性的时候(例如规定教师应该这样想、这样教、这样做),这种对教什么和如何教的窄化就是同化主义的表现，这阻碍人们跳出惯常思维，通过采取不同视角，运用不同方法甚至设定不同目标来挑战现状。

呼吁提高包容度并不能解决这个问题，因为要实现完全的包容是不可能的，不论 239
是有意的还是无意的，总会有一些内容被遗漏或者被阻挡在外。即使是那些从专业内部提高教师质量和改善教师教育的举措（例如全美教师教育认证协会（National Council for Accreditation of Teacher Education）和国家专业教学标准委员会（National Board for Professional Teaching Standards）的一些项目，再如作为社会正义促进者的领导者所进行的改革），也会让一些教师教育工作者觉得举措中（有关教给教师什么以及如何教，或论证教师学到了什么以及如何学）专业要求可能并且事实上也阻碍了反压迫教育（anti-oppressive education）。这是为什么呢？因为他们所提出的专业要求是片面的（partial），尤其是当他们假设某种特定路径能够实现反压迫教育时，这种片面性就会带来问题，更重要的是，一种确定的路径本身也是其他可能实现反压迫教育的路径的障碍。

这并不是说不应该有标准。毕竟标准使得学校和社会中重视的知识、能力、品性得以明确化，同样也使得那些有助于成功和进步的潜在准则、假设和经验更为清晰。但是讨论标准的方法是多种多样的。根据标准进行教学不应该只教给学生“事情是这样的，或者事情应该是这样的”，而应该也教给学生标准本身的片面性。必须告诉学生任何标准、课程以及教学中的每个时刻都存在片面性，都是基于特定问题建构起来的，它们都包含一定的内容但同时又遗漏了一些内容，它们都对于达成特定的目标有帮助但同时又阻碍了其他目标。比如任何一节课都会既包含又排除某些视角，可能对某些兴趣的关心超过了其他兴趣，会挑战一些不公正却导致其他的不公正，也会提出一些问题或见解而隐瞒其他一些问题。在不同的年级水平、教材和文化内容中，学生需要理解这些片面性。对待这些片面性，教师不需要将它们视为一节课的失败，或认为它们对教与学是无效的，相反，正是这些东西使得反压迫教育成为可能。培养学生的独立思维意味着教学生理解每一节课——即使是出于最好的意图——均是片面的，而这一种片面性总会产生一些（教育的、内容的、政治的）结果。

有素质的教师不仅需要一定的知识，同时也需要知道自身知识的局限性。他们需要一定的技能，同时也需要反思自身的行为的技能。他们需要一定的品性，但也需要愿意改变其品性中的某些部分，即使这种改变会让他们感到不舒服。反压迫的教育及其理念下的教师教育与其他教学理念及其教师教育一样，都存在片面性，但是反压迫教育能够通过不寻常的、不确定的，甚至矛盾的方式来利用此种片面性。

教学是如何自相矛盾的？自相矛盾如何为教学提出了不同的隐喻？

教学的片面性使得教与学的过程本身充满矛盾，而这种矛盾的存在是必要的：它要求教和学要以反思(troubling)所教和所学的内容以及教和学的方式为目标。这并不意味着学习者要拒绝其所学的内容,相反,学习者要学会反思他们所学内容的片面性是如何体现的,这种片面性又导致了什么结果。此处所提及的反思的观点(metaphor of troubling)和当下关于教师素质的主导话语体系中的观点形成鲜明对比。在当下关于教师素质的主导话语体系中,常常被提及的概念包括背诵、传递和积累,这些概念和保罗·弗莱雷(Paulo Freire)提出的“灌输式教育”(banking education)相似。尤其是当人们对“好老师”提出以下各种期待时,这种相似性就更加明显。人们
240 对“好老师”的期待包括,他们应该能够(根据课程标准)描绘出所有学生(或师范生)应该知道什么和应该能做什么,并且通过(有效的)教学方法高效地传递这些内容,同时使用标准化考试的方法评价学生(或师范生)是否真正掌握了他们应该学会的内容。我并不是说反压迫教育意味着回避标准、“起作用”的方法或标准化评估,即使这种回避有可能实现。相反,反压迫教育包括采用和质疑我们关于“教学”的普遍想法,也包括采用和质疑我之前所说的观点。这是自相矛盾的。

教学是自相矛盾的,因为它是过度的和负向的。教学是过度的,是因为它总是包括超出它预期的内容或结果,同时,也是因为学习者总会以多样的、不可预知的方式对所教内容做出回应(因为他们通过各种“视角”来看他们自己和这个世界,而这些“视角”已经染上了他们独特的历史、身份、经历和先前的学习经验的色彩)。我们永远无法预知和牵制教学,它所实现的甚至会与它意在实现的相抵触。教学也是负向的,不仅仅是因为它将某些学生置于学业上的不利地位(此种负面的形式在学校中经常发生),也是因为它将教师所教的内容以及学习者认为已经学会的,甚至是学习者对他(她)自身的理解与感知都带走了。教学/学习不仅仅包含获得一些东西,还包括失去某些东西。当学习者对当下的身份和知识进行反思时,这种“负向的”关系便可能成为反压迫教育。

正是在这个失去和质疑的过程中,人们可以在教与学中发现自身的“不舒适”(discomfort)领域,特别是当人们反思自身和他人的关系、自身与他们所处的世界的关系时,尤为如此。毕竟,了解到我们用来感知世界的方式是片面的,且此种片面可能会导致有害的结果,可能是一个令人不安的过程。然而,在学校中,此种“不舒适”可能并没有多少存在空间。通常情况下,教师似乎希望“不舒适”不会在他们的教学中发生(正如在谈论到种族主义时,希望此种危机不会爆发),当“不舒适”不可避免地出现时,教师会对其视而不见。这是一个难题,因为“不舒适”感并不会引导一个学习者想要学到更多,想要进行更多反思。这种“不舒适”感可能导致学习者对进一步学习的抵触。因此,对于教师而言,学会如何安排学习过程以使学生能够接受并很好地处理这种“不舒适”感进而继续学习就显得十分重要。教师需要将“不舒适”感视为学习的一部分,认识到这不仅是不可避免的,而且还具有潜在的生成性。

通常情况下,教师教育并不能帮助教师以此种方式处理“不舒适”感。这可能是因

为教师教育工作者自己也往往未做好准备以应对此种“不舒适”感。

教师教育中的抵制是如何阻碍教学的？我们如何对其进行改变？

越来越多的教师教育项目关注教育中反压迫的方法（包括多元化的、批判性的、女权主义的、不歧视同性恋的方法），但是将这些方法引入 K－12 学校里仍然存在障碍。
一些障碍来自于教学情境结构（比如要求运用某些特定的方法教某些特定的内容），一 241
些来自于教师自身（如当他们认为大学里教学和学校现实相脱节的时候）。但是一些障碍来自于教师教育内部，当教师教育工作者不能对自身的片面性进行反思时，就可能间接地在无意之间形成阻碍，使得反压迫教育无法实现。

信息的自相矛盾就是一个很好的例子。人们对教师教育领域内部的这种自相矛盾提出了很多批评，当一些教师教育工作者明确提出反对教学许可证（Passport to Teaching）这项举措时，美国卓越教师资格认证委员会（American Board for Certification of Teacher Excellence，ABCTE）却在联邦政府的大力资助下，为教师资格证项目注资，而这些教师资格证几乎全部是基于（标准化测试当中所要求的）学科知识。在 2004 年，ABCTE 加速推进该项目，努力使五个州以不同的形式采用资格证，并打算让加利福尼亚成为第六个参与州。一个教师教育工作者、K－12 教育者和社区活动者联合体通过信件、证词、媒体、电子邮件以及其他渠道对领导者和公众声明，教学许可证不会提高教师群体的素质，因为它没有提供一个师范生学习和发展所教学科技能的机制。更重要的是，它不能使师范生为应对学生群体的需求、学习方式和文化上的众多差异做好准备。优质的或高效的教师不仅需要知道教学内容，还要拥有如何教授内容的技能，教学许可证并不确保教师掌握这些技能。教学许可证未被加利福尼亚州所采纳，但是这一争论在一些旁观者的心中留下了一个挥之不去的问题，即为什么教师教育工作者认为 K－12 学校中的教师必须在受雇前正式地学习如何教学，而对教师教育工作者自身（以及其他大学和学院中的教育者）并没有相同的要求。教师教育工作者可能在他们的领域中是专家（他们获得博士学位证明了这一点），但是他们对 ABCTE 的批判很明确地表明，单单学科知识不足以保证教师质量。在对他们自己如何学习教学没有制度化的情况下，教师教育工作者似乎抗拒对他们自己的教学提出质疑。

当然，越来越多的教师教育工作者认为他们自身也应正式地学习如何教学。但是这面临着挑战：教学方面的专业发展机会稀少，回报也很少（在终身教职的获取过程中），并且受到的抵制很强烈（存在于那些重视个体独立性的人中）。在使此种专业发展制度化的过程中也存在着一个哲学挑战——“学会教学”究竟意味着什么？是学会有效的教学，还是反压迫的教学，或是其他，这在教育学者中也难以达成共识。学会教学可能意味着学会通过某种与传统或通常不同的方式进行教学——学习教的重点是学习如何不依赖于传统或常识。如果传统或常用的教学方法在提高学生成绩(表现在标准化测试上)、管理班级(这是新任教师面对的最大挑战,也是他们最关心的),甚至是培养批判意识与参与促进社会正义上被认为是无效的,那么此种对替代性方式的寻求便是十分重要的。但是谁来确定替代性方式?此种对替代性方式的界定,无疑也是片面的,它又会导致哪些问题呢?界定"怎样的教学是无效的"和"怎样的教学是我们想要的"有很多种不同的方式。目前正在推动教育变革的那些人,将他们的观点制度化并形成政策,其中有些人自称是社会正义的促进者,这些人意识到他们自身的片面性了吗?他们有没有将反思本身也制度化?

242 教师教育政策和实践中存在的片面性并不比 K-12 学校中的少,其导致压迫和反压迫的结果的可能性也不低,因此,政策制定者和实践者本身也需要进行更多反思。当教师教育领域持续不断地紧抓 K-12 学校教师素质这个问题不放时,我们作为教师教育中的人,也应该坚持把这些问题和见解带入我们自己的领域之中,并指引我们的未来工作。这一新版手册便是我们从事此事的重要资源,我期望看到我们所创造的变革。

(王秀秀　译)

14. 消解教师教育中的二元对立

帕姆·格罗斯曼(Pam Grossman)
斯坦福大学(Stanford University)

卡伦·哈默尼斯(Karen Hammerness)
斯坦福大学(Stanford University)

莫瓦·麦克唐纳(Morva McDonald)
华盛顿大学(University of Washington)

马修·伦菲尔德(Matthew Ronfeldt)
斯坦福大学(Stanford University)

引言

在过去的40多年中,中产阶级的白人学生与其他有色人种学生间的学业成就差 243
距长期存在。世纪之交,普通的非洲裔或拉美裔高中生的阅读水平、数学能力仅相当于八年级的白人学生的水平(Resnick, 2004)。有很多原因使得少数族裔学生、贫困生的学业成就低下,譬如,他们通常在资源匮乏的学校中受教育,他们的教师可能并没有从教资格,他们获得的教师期待较低并学习着生搬硬套的课程,他们的教师流动性太大。此外,他们的辍学率和休学率更高,与其他中产阶级的白人学生同伴相比,他们更容易被安置到特殊教育中(如,Anyon, 1997; Darling-Hammond, 1995; Jacobsen *et al.*, 2001; Lankford *et al.*, 2002)。

各领域的教育研究者越来越多地认识到,教师的质量是让弱势学生群体受到理智严谨的教学,并最终缩小学业成就差距的最重要因素。但是,我们并不清楚如何选择、培训、支持教师去应对这种差距,也不知道如何去界定教师所需的能够缩小这一差距的能力。在本文,相比教师的知识和信念而言,我们将更多地从课堂实践的角度看待教师能力的概念,强调在教师培养过程中,基于实践而整合各种理论原则的重要性。

危险的二元对立

目前,关于教师能力的争论,最主要的表现为两种截然不同的观点。一些教师教育工作者宣称,需要培养教师为了社会正义而教(例如 Cochran-Smith, 2004; Grant 和 Agosto,本手册;Howard 和 Aleman,本手册),而教师教育中的批评者则认为,在教师培养过程中缺少了对学科知识的关注(例如,Will, 2006)。一方面,除了一些明显例外的情况(例如 Au, 1980; Boaler, 1997; Lee, 1995; Gutstein *et al.*, 1997; Moses 和
Cobb, 2001; Warren *et al.*, 2001),多元文化教育的研究者很少关注学科知识的教 244
学。而另一方面,学科知识的研究者经常会忽视种族、语言和阶层等问题。

正如麦克迪尔米德(McDiarmid)和克莱文杰-布赖特(Clevenger-Bright)(在本书中)提到的,这种理论上的对立有着深刻的根源。杜威很早之前便注意到,教育中的二

元对立(内容与过程,儿童与课程)几乎没有什么用,甚至充满着危害。我们认为重建教师能力的概念,尤其是减少教育中的不公平,需要消解这种二元对立。卡罗尔·李(Carol Lee, 1995)阐述了在非洲裔美国学生的文化知识中寻找着手点,以帮助他们理解复杂文本的意义;在她的文化相关性教学工作中,她致力于使学生从学科意义上深入地理解文学。在数学方面,格特斯坦(Gutstein, 1997)及其同事观察了墨西哥裔美国社群中的卓越教师,他们同样为学生提供了一些工具,使学生通过数学知识的学习参与到社会活动中。与此类文献的思路相一致,我们建议构建一种教师能力模型,其中将培养教师教好学科内容与为促进社会正义而教视为相互依存的事情。

当我们讨论教师为了社会正义而教,却不强调学科知识内容的重要性时,就好像我们给了公民选举权却没有给他们选票一般——实质已经丧失了。正如弗莱雷很早之前便认识到的,受压迫者的教育学的核心是使学生成为阅读者、写作者和思考者,事实上读写能力在弗莱雷早期的工作中处于核心地位(Freire, 1970)。在支持代数学习成为新的公民权利时,鲍勃·摩西(Bob Moses)做出了相似的判断,他认为处于教育最核心的知识应该包括教育的平等性。减少教育中的不平等,意味着需要承担起将学生从传统的压迫中解放出来的责任,使他们能够理智地掌握数学、科学、历史、文学以及其他领域中的学科知识。仅仅让教师掌握如何教授的技能,掌握关于学生文化的知识或学生语言背景的知识是不够的。教师需要知道如何运用这些知识去帮助学生发展理智技能,并使得他们获得学业上的成功。

良好的阅读教学需要有专业的知识、技能、技巧、专业判断和利用课程资源的能力(Snow *et al.*, 2005)。同过往相比,我们知道了很多克服学生阅读障碍问题的阅读教学技巧(Snow *et al.*,1998),但是,我们并不能认为所有的新手教师都有机会获得阅读教学能力的发展,特别是对那些在诸多学生均有阅读障碍的背景下工作的新手教师更是如此。这也许就需要教师教育工作者进行反思,如何培养教师使他们能够胜任薄弱学校的教学。如果我们不能培养新手教师学会如何在教课文内容的同时教会学生基本的语法知识,那么教育中的不平等将会长期存在。如果我们不培养新手教师适应并熟练运用课程材料的能力,对于越来越多身处薄弱学校的教师是不负责任的。教师教育研究者也许会严厉地谴责诸如公开式教学(Open Court)的局限性。但是,他们同样有一种专业上的责任去确保新手教师学会在这样的课程中促进学生的学习,即使需要他们去努力改变政策。否则,我们可能面临"为不存在的学校培养教师"的风险,而不是培养教师在现存的学校中就他们可能达成的期待进行谈判。如果我们选择忽视这些期待,那么我们不仅对不起学生,也对不起教他们的教师。

同时,一些政策也阻碍了薄弱学校中的学生投入到更为复杂的文学阅读中(包括解释、拓展性写作、分析能力等),因为这些学校只关注简单测试的基本技能,这同样导致了教育中的不平等。例如,有学者指出,尽管学生在低年级阅读方面的学业成就差
245 距在缩小,但是这种差距在初中、高中持续存在,在初高中里阅读需要更多的知识储备

和文本解读能力(Hirsch, 2006)。培养新手教师为了社会正义而教,需要新手教师能够基于学生情况确立具有理智抱负的教学目标,并基于这个目标在课堂中展开教学。如 X 中心的梅甘·弗兰克(Megan Franke)在教导新手教师:即便在最苛刻的教学计划中,也留有很多让学生发展数学概念的空间。但是,新手教师不但需要有制定符合学生的教学目标的能力,还需要具备在课堂中实现这个目标的能力,这一具有挑战性的问题会在下面讨论。

良好的阅读教学同样与经验有关。无论我们一开始为新手教师做了多少的准备,他们都将会在工作中学到更多的东西。现实中最通常的做法是让最没有经验的教师去教授最差的学生,这加剧了社会不公。当我们以严肃的方式讨论教师能力时,就不得不承认教师需要进行持续的学习(Feiman-Nemser, 2001),同时在他们的整个职业生涯中需要获得各种支持。认真对待为新教师的学习所提供的支持,也就意味着改变那些将最没有经验的教师放到最具挑战性的环境中的长期政策。

聚焦于实践的课程

致力于社会正义的教学,必须通过教授特定的教学内容才可能发生。但是要学会如何指导落后生在数学中取得成功或者阅读《宠儿》(*Beloved*)并非易事。为了使教学更有效,教师需要发展概念上和实践上的工具。概念工具即是一些能够指导教师实际教学和学习的原则、框架或指导方针(Grossman *et al.*,1999)。这些工具包括一些一般的、应用性的理论,例如建构主义学习理论、动机理论、支架教学理论;还有一些关于学校教育的哲学观点,例如社会正义理论、增加学生学习机会的理论。概念工具帮助教师设计和解释实践,但是并不为他们在实践中与学生交往时出现的种种困境提供解决方案。实践工具包括各种实践、策略以及教师在实践课堂中面对的关系,能够帮助教师不断地满足学生在理智上、内容上的需要。对两位著名的教师教育研究者纳特·盖奇(Nate Gage)和李·舒尔曼(Lee Shulman)之间的争论进行总结便会发现,如果没有实践工具教师便会缺少思想,如果缺少概念工具指导实践,教师则可能在实践中迷失。

根据这样的观点,提高教师的能力就需要同时发展他们的概念工具和实践工具。例如,支持培养教师为了社会正义而教的研究者认为,使教师具有适应学生带入学校中的文化和社群资源的能力,是培养教师的重要原则(参见,Gandara, 2002;Ladson-Billings, 1997;Moll *et al.*,1992)。为了让教师在与学生交往的情景中实现这个原则,就必须培养教师在课堂实践中识别学生身上的社区资源及文化,并且基于这些资源调整相应的学科课程及教学方法(如 Richert,2006)。同样地,目前在城市公立学校中有越来越多的英语学习者,教师不但需要了解这些英语学习者的特定语言学习需要,还需要在实践中将这种需要融入到学科知识的教学中。关于学生需求、方法的抽象知识

并不够，教师还需要有机会在实践中尝试、提炼这些知识，才能够使它们具体化。如果
246 教师没有机会发展与精练将特定学科内容教给少数族裔学生和贫困学生的实践能力，
那么他们为学生提供高质量学习机会的能力就会大大受限。

消解教师教育中的二元对立

本篇文章中提出的教师能力概念，表明在教师教育中需要强调三种功能转向：第一，教师教育中应该通过发展一些项目来消解存在于学科知识和社会正义之间的二元对立；第二，需要帮助新手教师发展和改善实践；最后，需要使教师准备好到学业成就最差的学生所在学校中工作。虽然这些转向并不能代表所有的改革，但是这样的转向本身已经是十分困难。这种转变需要同时聚焦于课堂、项目以及更大的领域。

例如，这些努力需要模糊两类课程间的界线，一类聚焦于“基础”课程，一类聚焦于“方法”或教学法。举例来说，多元文化教育方面的基础课也许需要突破它们对种族、不公正、城区学校的概念式理解。它们不但需要我们帮助新手教师理解现实学校中存在的教育不公平，还需要我们帮助他们了解这对于一个“具有社会正义性的”教育系统所具有的意义；它们同样需要我们帮助未来教师发展一系列的课堂教学实践能力，使得教师能够成功地让学生脱离传统的受压迫状态。反过来，方法课程不但需要我们关注学科知识的教学，还需要我们直接强调教育公平，使未来教师能够在教学中将一种具有理智挑战的学科内容教给历史上未被充分关注的儿童。

在这个新的教师培养框架中，方法课程并不仅仅关注关于课堂实践的学科知识和教学方法，同样深刻地关注为了社会正义而进行的教学。同样地，基础课程并不仅仅关注概念性工具，也代表着一种对实践的更深入的学习形式。在麦克唐纳(McDonald, 2005)关于两种新手教师教育项目的比较中，她描述了一门特别的课程，为解释精心设计的结构化课程如何能够提高新手教师的英语教学实践能力，提供了一个很有趣的案例。这门课程关注对英语学习者的教学，有策略地为未来教师提供了大量的原则，使他们能够做出决策以便以最好的方式教授英语学习者，或选择最好的教学策略。例如，指导者强调适应英语学习者阅读需要的重要性，同时也使未来教师经历适应特定的互惠性教学策略的过程，此种教学策略作为特定的工具，旨在支持课堂中的英语学习者。上过这堂课的未来教师不断地评论到，他们学习到的不仅仅是如何认识英语学习者，还有如何对他们进行教学。这个例子为我们展示了在教师教育中为未来教师提供机会，使他们发展对特定学生进行教学的理论和实践是有可能的，同时他们在这方面也极具潜力。

最后，此种新的教师培养概念，需要教师教育工作者向新手教师还原实际的课堂和学校，同时促使新手教师思考它们能够成为什么样。尽管支持新手教师发展自己对于良好教学的设想是迫切的，但想让新手教师立刻就能实践他们的设想是不恰当的。

事实上，这样做会给新手教师带来更多的挫败感，增加他们离开教师岗位的风险（如Achinstein *et al.*，2006）。正如哈格里夫斯和杰卡（Hargreaves and Jacka）所提及的："最初的教师教育，可能逐渐成为一种通过对实践教学的想象来诱惑教师学习的过程，这一过程并不能让教师适应他们开始教学职业生涯的现实学校，也不能发展教师理解政策的能力，以至于他们不能够批判和改变现实。"（Hargreaves and Jacka，1999：58）这意味着，在教师教育中要实现一种微妙的平衡：为学校可能成为什么而培养新教师，同时在承认现实学校实际是什么的前提下培养教师。要实现这种平衡，可能就需要发展弗莱雷所用到的术语：有耐心的急躁（patient impatience）（Hargreaves and Jacka，1999：64）。例如，教师教育工作者不仅要给新手教师提供技能和机会以使他们"从零开始"发展自己的课程，使得他们知道如何做出计划，进行适当的评价，同时让他们学会鉴别规则中的重要方面，发展教育学思维；教师教育工作者还需要向新手教师提供充足的机会让他们使用、适应、实施和批判现存的、他们在课堂中需要用到的课程。 247

格兰特和阿格斯托（Grant and Agosto）注意到，有关教师能力的概念充满了"纠结、不稳定性和模糊性"。但是，如果我们将教师能力界定为在特定实践中实施的，体现教学、学习、发展及文化的理论原则的实践，以及可以被重新发展和提炼的实践，我们便开始远离一种确定的能力概念，并开始更具体地理解教师真正需要知道的以及能够做的究竟是什么。

（王秀秀　译）

参考文献

Anyon，J.（1997）*Ghetto schooling：a political economy of urban educational reform*. New York：Teachers College Press.

Achinstein，B. & Ogawa，R.T.（2006）(In)Fidelity：what the resistance of new teachers reveals about professional principles and prescriptive educational policies. *Harvard Educational Review*，76，30－63.

Au，K.H.（1980）Participation structures in a reading lesson with Hawaiian children：analysis of a culturally appropriate instructional event. *Anthropology and Education Quarterly*，1(2)，91－115.

Boaler，J.（1997）*Experiencing school mathematics：teaching styles，sex and setting*. Philadelphia，PA：Open University Press.

Cochran-Smith，M.（2004）*Walking the road：race，diversity，and social justice in teacher education*. New York：Teachers College Press.

Cochran-Smith，M. & Fries，M.K.（2002）The discourse of reform in teacher education：extending the dialogue. *Educational Researcher*，31(6)，26－28.

Darling-Hammond，L.（1995）Inequality and access to knowledge. In J. Banks & C. Banks（eds.）*Handbook of research on multicultural education*（pp.465－483）. New York：Macmillan.

Delpit，L.（1996）*Other people's children：cultural conflict in the classroom*. San Francisco：The New Press.

Education Commission of the States（2003）The progress of education reform 2003：closing the achievement gap. *The Progress of Education Reform 2003*，4(1).

Feiman-Nemser，S.（2001）From preparation to practice：designing a continuum to strengthen and sustain teaching. *Teachers College Record*，103(6)，1013－1055.

Freire，P.（1970）*Pedagogy of the oppressed*（30th anniversary edition）. New York：Continuum Publications Press.

Freire，P.（2006）*Teachers as cultural workers：letters to those who dare teach*（D. Macedo，D. Koike，& A. Oliviera，Trans.）. Boulder，CO：Westview Press.

Gandara，P.（2002）A study of High School Puente：what we have learned about preparing Latino youths for postsecondary education. *Educational Policy Special Issue：The Puente Project—Issues and perspectives on preparing Latino youth for higher education*，16(4)，474－495.

Grossman，P.L.，Smagorinsky，P.，& Valencia，S.W.（1999）Appropriating tools for teaching English：a theoretical framework for research on learning to teach. *American Journal of Education*，108(1)，1－29.

Gutstein, E., Lipman, P., Hernandez, P., & de los Reyes, R. (1997) Culturally relevant mathematics teaching in a culturally relevant context. *Journal for Research in Mathematics Education*, 28(6), 709 - 737.

Hargreaves, A. & Jacka, N. (1995) Induction or seduction? Postmodern patterns of preparing to teach. *Peabody Journal of Education*, 70(3), 41 - 63.

Heath, S.B. (1982) *Ways with words: language, life, and work in communities and classrooms*. Cambridge, UK: Cambridge University Press.

Hirsch, E.D. (2006) The case for bringing content into the language arts block and for a knowledge-rich curriculum core for all children. *American Educator* (Spring).

Jocabsen, J., Olsen, K.R., Sweetland, S., & Ralph, J. (2001) *Educational achievement and black and white inequality* (No. 2001061). Washington, DC: National Center for Educational Statistics.

Ladson-Billings, G. (1997) *The dreamkeepers: successful teachers of African-American children*. San Francisco: Jossey-Bass.

Lankford, H., Loeb, S., & Wycoff, J. (2002) Teacher sorting and the plight of urban schools. *Educational Evaluation and Policy Analysis*, 24(1), 37 - 62.

Lee, C.D. (1995) A culturally based cognitive apprenticeship: teaching African-American high school students skills in literary interpretation. *Reading Research Quarterly*, 30(4), 608 - 630.

McDonald, M.A. (2005) The integration of social justice in teacher education. *Journal of Teacher Education*, 56(5), 418 - 435.

Moll, L.C., Amanti, C., Neff, D., & Gonzalez, N. (1992) Funds of knowledge for teaching: using a qualitative approach to connect homes and classrooms. *Theory into Practice*, 31(1), 132 - 141.

Moses, R.P. & Cobb, C.E. (2001) *Radical equations: math literacy and civil rights*. Boston: Beacon Press.

Resnick, L. (ed.) (2004) Closing the achievement gap: high achievement for students of color. *Research Points: Essential Information for Education Policy*, 2(3), 2 - 4.

Richert, A.E. (2006, April) When you ask: learning from the families of the children we teach. Paper presented at the annual meeting of the American Educational Research Association, San Francisco, CA.

Snow, C.E., Burns, S.M., & Griffin, P. (eds.) (1998) *Preventing reading difficulties in young children*. Washington, DC: National Academy Press.

Snow, C.E., Burns, S.M., & Griffin, P. (eds.) (2005) *Knowledge to support the teaching of reading: preparing teachers for a changing world*. San Francisco: Jossey-Bass.

Tharp, R. (1982) The effective instruction of comprehension: results and description of the Kamehameha early education program. *Reading Research Quarterly*, 17(4), 503 - 527.

Warren, B., Ballenger, C., Ogonowski, M., Rosebery, A. S., & Hudicourt-Barnes, J. (2001). Rethinking diversity in learning science: the logic of everyday sense-making. J*ournal of Research in Science Teaching*, 38(5), 529 - 552.

15. 应对多样性的教师能力

唐娜·M. 戈尔尼克(Donna M. Gollnick)
全美教师教育认证协会(National Council for Accreditation of Teacher Education, NCATE)

出于资格鉴定的目的,全美教师教育认证协会(National Council for Accreditation 249
of Teacher Education, NCATE)在定义教师能力时,从教师和其他教育专业人员“应该知道什么,应该能做什么,应该愿意做什么”三个方面予以阐述。NCATE的标准(1)(NCATE's Standard 1)被命名为“师范生的知识、技能和品性”①。然而,教师、教师教育工作者、政策制定者、家长和评论者在教师应当发展何种能力这一点上并非总能达成共识。他们一致认为教师应当了解所教授的科目,能够帮助学生学习这些科目。然而,他们在“是否存在超越环境和人群的好的教学”这一问题上没有形成共识(参见本部分霍华德和阿莱曼(Howard and Aleman)的文章)。很多教师教育工作者,特别是多元文化主义者和批判理论者,认为教师必须理解社会的权力维度,同时理解学生的文化和已有经验,以及他们的家庭和社区,以帮助所有学生学习和成为积极的民主参与者。在教师能力的其他方面并没有这么确定的观点。

教师教育的批判者认为,那些为教师提供有关如何做到“温暖而舒适”的教学的教师教育,比如说促进学生自尊发展,帮助学生进行自我悦纳,类似的培养教师的方式其代价是师范生不能对学科内容进行深度学习。实际上,大多数中学教师申请者确实主修了他们申请的学科。对基础教育和特殊教育申请者的数学和文学方面的要求在不断增加。全美教师教育认证协会的小学教师标准,要求申请者提高阅读、英语语言艺术、数学、科学和社会研究等方面的知识水平或能力。师范生修读学士学位水平的时间往往被限制在120个学时之内,深入学习学科内容及专业教育课程中的教学与学校问题的时间也被限制了。很多大学决定4年制项目不再提供足够时间使师范生为学校工作做好准备,而是让他们为硕士水平、后本科学位和第五年的项目学习做好准备。其他一些高等院校已经为拿到学士学位的师范生提供了继续学习教师教育课程的通道。

部分关于教师能力的讨论,聚焦于教师应当知道什么的问题。是否存在一些教师应当具有的能力?这些能力应当由谁确定呢?自20世纪80年代末以来,教师教育工作者、研究者和政策制定者便制定了国家和地方标准,对学生和教师应当了解什么和

① 全美教师教育认证协会(NCATE)有如下6个标准:(1)申请者的知识、技能和品性;(2)评价体系和单元评价;(3)专业经验和实践经验;(4)多样性;(5)师资资格证、表现和发展;(6)单元管理和资源。

会做什么做了明确规定。关于教师的标准聚焦于所教的学科和学生的年龄/年级。这些内容得到了州教师培养项目的批准和 NCATE 的认证。各州首席教育官员委员会(Council of Chief State School Ofcers，CCSSO)制定了与州际新教师评估与支持协会(Interstate New Teacher Assistance and Support Consortium，INTASC)的认证标准
250 模型相类似的标准，这被很多州认同和采用。国家专业教学标准委员会(National Board for Professional Teaching Standards，NBPTS)也制定了类似的标准。

然而，并非所有人都认为教学专业应当制定标准。很多州委员会与商业代表、政策制定者和其他非教育团体代表提交了一些报告，针对教师教育提出了建议。他们呼吁重视学术性，弱化教师教育，减少教师评价。美国教育部(U. S. Department of Education)推行的课程仅仅关注以科学研究为基础的阅读和数学等方面的内容。全美教师质量委员会(National Council on Teacher Quality，NCTQ)近期对 72 个机构进行了排名，排名的依据是它们在其基础教育项目的阅读科目上所用的教材和大纲符合国家阅读小组(National Reading Panel)要求的情况。该机构于 2000 年向国家儿童健康和人类发展研究所(National Institute of Child Health and Human Development)提交的报告中提到了有效阅读技能所包含的五部分(读音识别、发音、流利阅读、词汇以及理解)。乔治・W. 布什(George W. Bush)总统推动成立了一个类似的数学机构，它确定了公立学校应当教授的关键数学知识。当关于这个机构的相关报告完成之后，州和学校可能会像“阅读第一计划”(Reading First)那样，受到联邦资助以推行报告中的建议。当谈到教师教育中与多样性相关的课程应当包含的内容时，不同意见可能会走向两极化。这将在后文中进一步讨论。

另一部分关于教师能力的争论，集中于教师应在什么时候学习应有的技能上。一些教师教育的批判者认为，专业知识技能的学习在获得学位之后进行，比作为大学学习的一部分进行会更为有效。问题并不是教师是否应当具备教育所有学生的能力，而是他们应当在学校还是在得到第一份工作之后学习。

作为资格认定过程的一部分，全美教师教育认证协会关心项目对申请者能力的影响。它与很多专业团体一道决定教师应当具备的能力，以确保所有的 P－12 的学生学会学科内容和具备其他重要能力。为了这个目的，全美教师教育认证协会的标准(1)要求相关机构提供证据表明教师申请者和学校其他专业人员的申请者，达到专业、州和相关机构标准中有关知识、技能和品性的要求。麦克迪尔米德(McDiarmid)和克莱文杰-布赖特(Clevenger-Bright)在本部分(9. 重思教师能力)提到，对于知识、技能和品性的关注可能是“旧框架”，它“只反映出了静态、个别的教师能力”。他们认为，教学是非常复杂的，并且是具有情境脉络性。同时，他们认为，品性来自于教师工作的环境。正是“超越个体的实践，基于并参照大量数据对实践进行审视的能力”，可能将团体的期待和同行的视角和观点包括进来。如果申请者的教学变成了静止和循规蹈矩的，那么对知识、技能和品性是一种过时程式的担心可能是正确的。全美教师教育认

证协会及其成员组织试图通过每七年进行一次修订的方式，保证它们的标准跟上当前的研究。大多数标准都是以知识、技能和品性这一宽泛的表述方式为基本框架的，因此都不够具体和有针对性。

麦克迪尔米德和克莱文杰-布赖特也强调了学校和教师教育中实证文化(culture of evidence)的重要性。全美教师教育认证协会同意，要让相关机构通过评估方式表明申请者已经达到了标准。另外，单元评价系统的标准(2)要求教职员工、申请者和其他社群的其他人员，要经常审视评价数据来改进项目和申请者的表现。

教师教育项目中的多样性 251

自1979年以来，全美教师教育认证协会一直期待资格认证机构使申请者准备好与多样的学生群体共同工作。1979年的标准中包括了一个多元文化教育标准。如今，关于多元文化的标准(4)对课程、专业经验、教职员工、申请者以及他们工作的对象即P-12的学生等方面均有所规定。标准(4)要求申请者具备或证明他们拥有帮助学生学习的如下能力：

> 单元设计、实施、课程评价，以及为申请者提供经验让他们具备或证明他们拥有帮助学生学习的知识、技能和品性。评估显示，申请者能够呈现并运用与多元化相关的能力和技能。为申请者提供的相关经验包括与多样群体工作的机会，多样群体包括高等教育和P-12的教职员工、申请者和P-12学校中的学生。(NCATE, 2006b)

此外，所有的资格鉴定机构都应当具备一套包含多样性的概念体系。多样性应当表现为所有的教师教育内容均是按照一些多元文化主义者和批判理论者所建议的那样开展的。全美教师教育认证协会对于与多样性相关的教师能力的关注，是其多样性标准的首要方面。在可接受的层面上，与多样性相关的申请者的能力表现为：

- 理解多样性，包括英语学习者和具有其他特殊性的学生；
- 意识到学习风格的差异性，采用适合所有学生的教学或服务；
- 将课程、教学和服务与学生的经验和文化相联系；
- 与学生及其家庭成员交流，在交流中保持对文化和性别差异的敏感；
- 运用多元视角看待所教学科以及提供的服务；
- 培养尊重多样性的班级和学校氛围；
- 表明班级行为符合公平的观念以及所有学生都可以学习的信念。

(NCATE, 2006b)

这些要求也表现在全美教师教育认证协会与知识、表现和品性相关的原则当中。它们强调了多元文化主义者和批判多元文化主义者在文献中提到的一些能力，但是它们并未强调这些理论者所提出的诸多重要问题。资格鉴定机构在来源于研究的最佳实践和应当做或能够做的事情中进行平衡。全美教师教育认证协会的要求促使相关机构为师范生设计课程和活动，以帮助他们学习如何与多样性学生相处并重视美国的多样性状况。全美教师教育认证协会的要求不包括将多元文化理论者确定的主题包含进来，尽管教职员可能会决定将全美教师教育认证协会标准之外的内容包括进来。除了确保申请者能够以非教学的角色帮助或支持学生学习，全美教师教育认证协会没有特别地要求以社会行动或学校重建的方式来消除不平等。多样性标准的目标即是消除来自多样文化背景的学生之间存在的成就差异。

252 麦克迪尔米德和克莱文杰-布赖特报告说，很多大学都有关于多元文化教育和特殊学生的课程，但是“学生学业差距、高中毕业率和大学出勤及融入等问题依然存在于许多学校中”。霍华德(Howard)和阿莱曼(Aleman)认为，教师教育项目没有为教师成为批判的多元文化教育者做好准备，因为：(1)多元文化和多样性问题在某些独立的课程里被强调，但并没有以统整的方式包含在所有的课程中；(2)田野工作未能帮助他们获得必要的技能。他们还认为，在某种程度上，批判理论家犯的错误在于并未指出批判型教师应该具备的能力。然而，如果有关多元文化教育和特殊教育的专门课程不存在的话，那么关注多样化学生的需求或社会正义的努力可能不会成功。在进入教师教育机构学习时，大多数教师申请者只有有限地同与他们有差异的人接触的知识和经验。尽管多样性应当在所有的课程当中得到整合，但多元文化教育课程能够提供基于多样性及相关公平问题的基本知识。

霍华德和阿莱曼认为，一些关于多元文化教育的批评表明，多元文化教育过于依赖理论，缺少(即使是有)对实践的指导。他们建议增加对于实践经验和学校以及大学督导标准的关注。如果一部分教师教育单元[①]概念上的框架需要整合到方法课程和实践经验当中，我同意社会正义之类的观念。同时，学术带头人和一线实践者应当提供与他们所提倡的实践相关的例子并进行自我示范实践。

全美教师教育认证协会的标准在标题中强调了教师的能力，在标题下又有具体的标准，强调开展专业教育的教师(包括在学校和大学中指导教学实习的教师)的多样性，“他们要使候任教师掌握与多样化学生群体共同工作的知识与经验，这些学生可能是英语学习者和有特殊需要的学生”。教师资格的标准(5)要求他们“通过教学整合多样性和技术”。教师教育工作者被要求经常性、系统化地考察申请者的评价数据。如果完成了教师教育项目的人在进入课堂后未能帮助学生学习的话，那么对教师教育工作者而言便是时候另选课程了。

---

① 教师教育单元通常是院系、学校或者大学的教育学院。

社会正义

社会正义似乎只有旁观者看得到。本部分中“视点”中的文章和“经典”中的文章提供了大量文献中对社会正义的定义。1988 年，玛克辛·格林(Maxine Greene)认为社会正义是指消除贫困、疾病和歧视之类的障碍。詹姆士·鲍德温(James Baldwin)于 1963 年向教师发表的演说中，虽未使用社会正义这个词，但是他谈到了个人应承担的“审视社会并尝试改变或与之斗争，无论其代价有多大”的责任。同样的定义在保罗·弗莱雷(Paulo Freire)《致那些敢于教书的人》当中也有所反映。

本部分的文章提到了学校中的平等，作为政治行为的教学，社会责任，关怀，伦理，关注，感知，对于生活质量的考虑以及对于不公正、歧视、种族主义、权利等的社会意识。很多作者将民主、公正和斗争的概念联系在一起(参见本手册格兰特和阿格斯托的文章)。许多教师教育部门将面向社会正义作为它们概念框架的一部分，或涉及了与之相关的一些概念，比如城市教学、面向所有学生的教学等。然而，概念框架中往往 253
并未详细描述申请者应当在他们的教学中反映何种社会正义或多元文化教育的能力。

全美教师教育认证协会是如何谈论社会正义的呢？在 2001 年到 2008 年的全美教师教育认证协会标准中社会正义被看作是品性的反映。全美教师教育认证协会没有界定社会正义，但是界定了“品性”：

> 作为价值、承诺与专业伦理，它们影响针对学生、家长、同事和社群的行为，也影响学生学习、动机和发展状况，同时对教育者自身专业成长也会产生作用。品性由诸如关心、公平、诚信、责任和社会正义的信念和态度指导。比如，品性可能包含了所有学生都能学习的信念，高的和充满挑战性的标准，或是对创设安全和支持性学习环境的任务承担。(NCATE, 2006a)

作为 2008 年实施的全美教师教育认证协会标准的一部分，“品性”一词被改成了“专业品性”(professional dispositions)，更为清晰地表明全美教师教育认证协会主要关心的是教师在课堂和学校中的行为问题。新的定义表明了教师教育工作者应当基于行为而不是信念和价值做出评价：

> **专业品性**：教育者在与学生、家长、同事和社群交往时所展现出的行为，它们构成了对专业人员的行为期待，同时可以支持学生的学习和发展。全美教师教育认证协会希望师范生展现与公平以及所有学生都能学习的信念相一致的班级行为。基于他们的使命，专业教育团体可能会增加他们希望申请者发展的专业品性。全美教师教育认证协会希望相关机构对专业品性的评

估是基于教育环境中的可见行为做出的。(NCATE,2006b)

全美教师教育认证协会对专业品性的新定义,并非将社会正义作为一种例子或要求,也未阻止相关机构把社会正义作为自身概念框架的一部分或中心任务和工作。

饱受攻击的社会正义

在 2005 年,教师教育中的社会正义构成了主流新闻的一部分。关于一些学生要求“社会正义”、向法律发起挑战的最初报道,见于 2005 年 5 月 31 日的《纽约太阳报》(*The New York Sun*)。一些师范生基于他们的政治信念,控诉了指导者的歧视行为,他们认为指导者的行为不符合教育学院的概念框架,其中便包括“社会正义”的概念。一位历史教授与一位商业和经济学教授与学生站在一边,控诉品性评价导致了左派倾向。他们指责全美教师教育认证协会的要求将教师教育政治化。

不久之后,针对这一问题,全美学者协会(National Association of Scholars, NAS)
254 上书负责教育的助理国务卿(U. S. Assistant Secretary of Education),要求剥夺全美教师教育认证协会资格鉴定的权力。全美学者协会并未将自身的行动限于对全美教师教育认证协会的攻击,它也要求将鉴定的权力从全美社会工作者协会(National Association of Social Workers, NASW)处收回,因为后者也对社会正义提出了要求。托马斯·B. 福特汉姆基金会(Thomas B. Fordham Foundation)发表了斯坦福大学教授的一篇文章,其中将品性等同于人格,并攻击全美教师教育认证协会对于品性评价的要求,因为这一要求给予了教育学院“无限的权力去限制师范生的思想和行动”,其控制的方式则是“意识形态扭曲和奥威尔思想控制法(Orwellian mind-control)”(Damon, 2005: 1)。个人教育权利基金会(Foundation for Individual Rights in Education,FIRE)已经开始与这些学校的师范生接触,以保证他们的第一修正案权利不被社会正义评价所侵犯。

其后,约翰·利奥(John Leo)在《美国新闻与世界报道》(*U. S. News and World Report*)上发文,重述了布鲁克林学院(Brooklyn College)师范生的控诉,并增加了对华盛顿州立大学(Washington State University)一位学生的痛苦经历的描述,该学生抱怨其教师未在其专业品性评比上做到公允,只因为他在课堂上表达了保守的观念。矛头再一次指向全美教师教育认证协会关于认证机构将社会正义融入课程当中的要求。《高等教育年鉴》(*Chronicle of Higher Education*)中的文章也列举了阿拉巴马大学(University of Alabama)和阿拉斯加大学(University of Alaska)的例子。2006 年 1 月,乔治·威尔(George Will)参与了《新闻周刊》(*Newsweek*)中关于将持保守观点的学生清除出教师教育项目的评论文章的讨论。他认为全美教师教育认证协会聚焦于申请者的信念和态度,但并不关心教师是否理解他们所教授的学科。

全美教师教育认证协会听取美国教育部的意见之后，网络版《高等教育年鉴》中的一篇文章宣布，全美教师教育认证协会放弃了关于社会正义的标准。当然，正如上文提到的那样，全美教师教育认证协会从未有过关于社会正义的定义。仅有的与社会正义相关的内容，是对于“品性”这一术语的界定。全美教师教育认证协会仍坚持与多样性相关的一个标准，这一标准自 1978 年以来，在与其他标准交互的过程中变得更为坚定。有关品性和社会正义问题的争论仍存在于《高等教育界》（*Inside Higher Education*）中一篇《一次关于品性的激烈争论》（“A Spirited Disposition Debate”）博客文章中①。

为什么会有攻击？也许一些教师教育项目已经开始考虑一种批判性的多元文化视角，一些保守主义人士认为此种视角与自由派教师教工作育者相关，他们认为这些教师教育工作者是目前控制大学的主要力量。一方面，批判者认为社会正义正在攻击造成不平等的社会和政治体系。多年来，全美教师教育认证协会一直经受着右翼分子对于其提出的多样性标准的攻击。来自弗吉尼亚莱克星顿的教育机构（Lexington Institute in Virginia）的罗伯特·霍兰（Robert Holland）认为，“认证者和多元文化主义者之间紧张的关系说明社会正义正是由那些鄙视美国大众文化观念的人界定的，这些人认为社会正义无疑是与种族主义、性别主义和同性恋主义等概念相联系的”（Gershman，2005：6）。一群经常与政策制定者和主要的州立学校官员联系的人，认为全美教师教育认证协会和全美多元文化教育协会（National Association for Multicultural Education，NAME）正在通过对多样性的关注腐蚀着孩子们的观念。

美国律师协会（American Bar Association，ABA）是最近一个因涉及多样性的标准而被攻击的认证机构。美国民权委员会（U. S. Commission on Civil Rights）于 2006 年批判这个机构提出的标准在雇用和任命教师过程中存在种族偏向问题。机会均等中心（Center for Equal Opportunity）加入了全美学者协会以抗议这个标准，并威胁道如果这个标准被采用的话，就要控告美国律师协会。

结论 255

当社会正义指的是支持弱势学生，帮助他们获得与优势学生同等水平的必要学习机会时，大多数人将其看作是很好的目标。甚至《不让一个孩子掉队法》也要求基于种族、性别、语言和能力的测试数据，来确定哪些群体的学生在学校中未得到很好的教育。当教师教育课程中有关公平问题的讨论开始质疑当前社会中的物品和收益分配问题时，很多保守主义者会将其看作是对美国生活方式的攻击。他们可能认为，种族主义、性别主义、阶级和同性恋恐惧症并不存在，或认为这种质疑夸大其辞了。师范生

---

① 参见，http://www.insidehighered.com/news/2006/06/06/disposition.

有关社会正义的观点各不相同。一些人基于他们的宗教背景或他们对弱势家庭的关心和同情而非常支持社会正义。其他人则认为白人的歧视和压迫其实并不存在。

那些倡导对教师教育项目进行改革以使其反映多元文化主义或社会正义的教师教育工作者，应当考虑如何帮助申请者理解多元文化主义或社会正义并培养他们掌握一些教育策略以保证 P－12 的不同群体学生达到同等水平。霍华德和阿莱曼提出了一些策略，它们被教师教育工作者用于提升师范生对这些问题的意识，并促使他们致力于解决学生当中存在的不平等问题。

正如霍华德和阿莱曼所指出的，把多元文化主义和社会正义整合在课堂中的例子，能够帮助师范生理解如何能在班级中实践这些理念。那些为《反思型教师》(*Rethinking Teachers*)杂志写文章的教师，描述了他们让学生与真实世界，比如童工、流浪者和教育移民这类问题相接触的例子。在许多书中，教师诉说了他们在隔离学校中，面对低收入家庭学生、残疾学生、英语学习者和一些有色人种学生如何工作的故事。在教师培养项目中，师范生本该有机会观察并与其他教师合作，以消除学生之间的成就差距。认真对待社会正义问题的项目，有助于师范生理解把社会正义带入班级所需要的勇气。我们应讨论并支持学生或是团体对多元文化教育或社会正义的抗拒。

很多认证机构在其标准当中包括了多样性或社会正义，部分是因为完成项目的专业人员所要服务的对象在种族、信仰、语言和宗教方面的多样性越来越明显。与过去相比，他们更可能是贫困的、低收入家庭的孩子或是残疾的孩子。撰写标准的专业人士认为，认证项目的毕业生应当能够以一种有效的、公平的且无偏见的方式帮助其服务对象。作为学习如何与多元服务对象相处的一部分，大多专业团体认为，需要对社会、相关机构和专业自身开展研究，以便理解来自于不同团体的服务对象曾经被对待的方式。类似研究大多揭示了不公平和歧视的问题。似乎认证机构要求专业项目关注课程当中的多样性或社会正义问题是非常合适的。

全美教师教育认证协会不仅仅要求进行认证的学校、学院和教育机构将多样性融入课程和项目的实践当中，它也要求相关机构在概念框架中提出师范生应当发展的与
256 多样性相关的能力。多样性能力包括知识、技能和品性。全美教师教育认证协会有关多样性的标准确实包含了一些专业人士一致同意的普遍能力。然而，全美教师教育认证协会给教师教育工作者提供的诸多其他标准中未提到的能力维度，其中包括类似于数学教师或幼儿教师能力的内容标准。很多宗教机构把社会正义放在了概念框架和制度任务当中。在数量不断增多的公众机构中工作的教师教育工作者，尤其是那些服务于城市地区的教师教育工作者，已经接受了社会正义概念。

无论教师教育工作者在概念框架当中提及了何种能力，师范生必须接受评价以确定他们是否发展了这些能力。对师范生是否正在发展熟练能力的评价，是由教师教育工作者进行的。对于品性评价来说，其中应当包含社会正义，全美教师教育认证协会不建议使用态度和信念量表，而是认为品性应当在师范生与大学、学校和社团中的学

生、家长和同事工作的过程当中进行评价。全美教师教育认证协会标准并未如霍华德和阿莱曼所写的那样，要求培养批判性多元文化主义者。然而，全美教师教育认证协会努力推动教师教育项目融入一些多元文化概念和发展一些品性，比如公正和相信学生能够学习，这些是内在于社会正义的品性。

正如专业人士认为他们的成员需要为服务对象提供有效的服务一样，对他们的顾客和团体的理解是很重要的。教师需要首先具备所教学科的深度理解。此外，他们需要知道如何帮助 P－12 学生学习正在教授的内容。为了这个目的，他们需要知道学生的文化和已有经验，并能够利用学生所在真实世界的再现来进行教学。给经济有限和弱势群体学生提供公平的教育，需要教育者支持学生。就认证标准而言，至少应当期待学校的师范毕业生具备帮助学生学习的知识、技能和品性。

（王秀秀　译）

参考文献

Damon, W. (2005, September 8) Personality test: the dispositional dispute in teacher preparation today, and what to do about it. Washington, DC: Thomas B. Fordham Foundation. Retrieved July 10, 2006 from http//www. edexcellence. net/foundation/publication/publication. cfm? id=343%20.

Gershman, J. (2005, May 31) "Disposition" emerges as issue at Brooklyn College. *The New York Sun*. Retrieved June 7, 2005 from http://www. nysun. com/article/14604.

Jacobson, J. (2006, June 30) Conservative groups threaten to sue bar association. *The Chronicle of Higher Education*, *LII* (43): A13－A15.

National Council for Accreditation of Teacher Education (NCATE) (2006a) *Professional standards for the accreditation of schools, colleges, and departments of education*. Washington, DC: Author.

National Council for Accreditation of Teacher Education (NCATE) (2006b) *Proposed revision: professional standards for the accreditation of schools, colleges, and departments of education*. Washington, DC: Author.

第三部分

何处受教?

——教师教育的环境及其作用

主编

肯尼思・蔡克纳

(Kenneth Zeichner)

视点

16. 导论：教师教育的环境

肯尼思·蔡克纳(Kenneth Zeichner)
威斯康星大学麦迪逊分校(University of Wisconsin-Madison)

作为争论最激烈的问题之一，有关多样化环境(various settings)在教师培养中作用的讨论，几乎贯穿了正规教师教育(formal teacher education)发展的历史。19世纪中期以后美国出现的诸多机构，就将为公立学校培养教师作为其使命之一。从美国正规教师教育的历史来看，这些机构最初是19世纪的私立学校、师范学校和教师研究所，其中涌现出一系列教师培养模式，它们都强调了不同环境在教师教育中的作用。 263

譬如，1936年哈佛大学首创的教育硕士模式(Master of Arts in Teaching)(Zeichner, 1988)强调在大学或学院中培养师范生的通识素养以及他们对学科知识的掌握，同时他们通过在中小学中的一线教学经验来获得教学技能，因此，在这一项目中开设的专业教学法课程十分有限。在教师培养过程中不强调正式的教学法课程，如在课堂管理、课程、教学实践、教学评估等方面的准备，而是支持在工作实践中学习这些教学法(Darling-Hammond and Bransford, 2005)，近几年兴起的基于中小学的教师资格认证路径也具有同样的特点。

此外，有关延长教师职前教育时间的问题也已经争论了很多年。从标准的四年制大学到五年或五年以上，这样做的目的是让教师在从教之初就对所教学科内容及其教学法知识有一个很好的把握，同时也要对专业知识基础有一定的研究，正如有论者认为的，这些知识对于成功的教学十分必要(Denemark and Nutter, 1984)。

教师培养的一些其他模式，譬如存在于1965—1981年的全美教师联合会(National Teacher Corps)(Smith, 1980)，十分强调当地社区为学校培养教师的作用，它拓展了教师教育实习经验的概念，将实习教师服务社区列入实习内容之中。在职前教师教育项目中，社区实习经验有助于提高教师在社区学校中从教的文化能力，这种观点由来已久。

在教师教育方面，不同的环境有不同的侧重点，这些不同之处反映了人们对教师和学校在与社区互动过程中所发挥的作用上的不同认识，而这三者之间往往会存在冲突。譬如，过于强调通过掌握教学的知识基础以促进教学专业化是危险的，除非采取措施将其与教师角色的其他方面加以平衡，否则将会削弱教师对家长和社区的回应性 264
(Zeichner, 1991)。

在本部分，我们通过多种视角呈现了不同环境对教师教育所作的贡献。近年来在美国，随着进入教学领域的途径越来越多，教师教育环境这一问题也变得越来越重要。

如今，若要成为一名教师有多种方式，在这些不同的方式中，尤其强调不同的环境在教师教育中的作用。本部分将在“视点”、“经典”和“评析”三个部分中探讨大学、学校和社区在教师教育中的作用。同时，也有文章认为，教师培养中的关键要素是未来教师的个人品性，而非他们所处的环境。

视点

大学作为教师教育的环境

大卫·拉巴雷(David Labaree)考察了教师教育在美国大学发展的历程，并揭示了教师教育工作者在大学中所面临的一些长期存在的问题。他对两种不同的教师教育存在形式进行了界定，认为在大学中开展教师教育的效果取决于大学思考问题的方式。在拉巴雷的定义中，这两种形式是教师教育从师范学校和州立教师学校到地区性州立大学的演变，以及在精英研究型大学之中，教师教育从单一的教育专业系发展为教育学院。他讨论了经由教师教育和地区性州立大学以及研究型大学培养之后，未来教师可能会收获什么或失去什么，以及这会如何影响教师教育与它们所在机构之间的关系。

拉巴雷还讨论了教育学院和大学在专业使命与学术使命上存在的持久争论，并说明这场争论在地区性州立大学和研究型大学是如何通过不同方式得以解决的。他认为，对教育学院的领导者而言，他们面临的最大挑战是能否在学术使命与专业使命之间寻求平衡。这种挑战在精英研究型大学中表现得尤为明显，其中教师教育的专业使命面临着更大的挑战。

另一个争论较大的问题是美国教师教育生源的数量和质量。他认为，美国教师教育的困境在于，一方面难以招到高素质的且掌握教学知识基础的学生(Darling-Hammond and Bransford, 2005)，另一方面又面临着市场对教师(数量)需求的巨大压力。面对市场的压力，为了填满空缺的教室，大量的教师并没有经过充分的、市场需要的专业训练。他认为，市场压力以及现行教师教学工作的特点并不利于培养专业教师。

学校和社区作为教师教育的环境

玛丽莲尼·博伊尔-贝斯(Marilynne Boyle-Baise)和约翰·麦金太尔(John McIntyre)
265 强调教师专业发展学校和社区共同努力，使公立学校教师能够教授文化多样性的学生。这篇文章阐述了做好教师工作所需要的知识、技能和品性，其中包括传授知识的技巧、多元文化理解以及学会发现学生及其家庭的优势。

博伊尔-贝斯和麦金太尔对以下二者之间的张力进行了分析，一方面强调教师掌握专业知识(专业教师)，另一方面又重视教师对家庭、社区的文化资源的回应性，并在此基础上进行教学。他们试图调和这两种关于教师及学校在社区之中的角色的不同观点，其方式是拓宽专业性的概念，即专业性既应该包括（教师）社区知识的发展，也应该包括（教师）进行文化敏感性教学的能力。

博伊尔-贝斯和麦金太尔还讨论了职前教师教育项目中的一系列经验，譬如，教师专业发展学校的实习旨在更多地联系理论课程、实践经验、服务学习及文化浸润，其他的实习强调研究和发现社区的优势和资源，这些都会促进教师在某种特定的条件下，成功地服务于当前公立学校中的文化多样性的学生及其家庭。

教师教育项目作为教师教育的环境

蔡克纳（Zeichner）和康克林（Conklin）探讨了与教师教育项目相关的各种问题。他们摒弃了主流文献与政治讨论中对教师教育项目所作的简单化区分（譬如，传统的教师资格认证与非师范教师资格认证的区别，4 年制与 5 年制以及与研究生项目的区别），提出了从结构上和实质上对教师教育项目进行区分的概念性框架。

这一概念性框架既考虑了教师教育项目结构方面的问题，诸如项目时间的长短，是否处于大学或研究生水平，也考虑到了支持这些项目的组织机构的类型。此外，这一概念性框架还涉及项目的一些实质方面的因素，包括该项目任务的本质与连贯性，项目的准入过程，课程，实习经验的性质，各种内在的组织结构特点如工作形式、指导实践和运用数据进行项目决策的方式。通过分析教师教育项目的全国性的研究案例，蔡克纳和康克林说明了在他们的概念框架中到底哪些研究可以把可效仿的教师教育项目与各种各样的项目要素结合起来。他们认为可能会有多种进入教学的有效途径，而不是某一种有效的项目模式，而且，当前面临的挑战是确保这些项目中的一些优质的要素能够在不同的教学准入路径中得以呈现。

本部分考察了影响教师学习教学的多种不同环境对于教师培养的意义，但仍无法囊括其他的与理解教师教育有关的环境和背景。这些环境和背景包括日益增多的州政府的干预，教师教育的国家政策，以及如沙伦·鲁宾逊（Sharon Robinson）所提到的教师对在线学习环境的普遍运用。

经典 266

本单元的三篇“经典”文献重点探讨了环境在教师培养过程中所发挥的各式各样的作用。第一篇文章是琳达·达林-哈蒙德（Linda Darling-Hammond）于 1999 年撰写的，文章对基于大学的教师教育的一些批评进行了回应，尽管她承认大学项目中存在一些固有的缺点，如课程的碎片化，但是她强调了大学在培养教师从事复杂且高要求的教学工作的重要性。她归纳了她所认为的教师需要学习且能够掌握的内容，并解释了为什么她会认为大学有必要在帮助教师掌握这些内容上发挥重要作用。对于大学的教师教育中存在的缺点，她主张在大学开发更有效的教师教育项目（如，Darling-Hammond, 2006），而不是像近年来有人主张的弱化大学在教师教育项目中的作用。

与达林-哈蒙德对大学职能的肯定相比，马丁·哈伯曼（Martin Haberman）和琳达·波斯特（Linda Post）在1998年公开发表的一篇文章中，基于他们在多元文化城区教师教育项目中的最新经验，提出若要在多元文化城区学校中成功地教授贫困儿童，未来教师所具有的个人品性和他们从可依赖的导师那里学来的工作技能是最重要的因素。哈伯曼和波斯特强调，城区学校的成功教师（“杰出教师”）都有个人特长，这些特长是在城区学校中进行成功教学的关键要素，具体包括自我认识，自我接纳，移情，在混乱中工作，意识到并具有应对种族主义、阶层主义及其他偏见的能力。

哈伯曼和波斯特认为，对城区的学校教育而言，教师教育只对那些具有“杰出教师”个人特长的人起作用，同时，学院和大学“应该参与而非控制为贫困孩子培养教师的项目”（p. 104）。他们的结论是，相关研究和理论应该对什么是适当的教师个人特质和成功的城区教师应该如何为实习教师提供细致的指导这两个问题进行补充研究。

还有一篇是芭芭拉·塞德尔（Barbara Seidl）和格洛丽亚·弗兰德（Gloria Friend）在2002年撰写的文章，她们强调社区有助于帮助教师建构成熟的反对种族主义身份，提升双重文化能力，以及以文化敏感性的方式教学的能力上所作的贡献。她们在文章中介绍了一种基于社区的实习，这种实习在俄亥俄州哥伦布市一个非洲裔美国人教会社区中进行，是俄亥俄州立大学一个五学期的学士后教师教育项目的组成部分。基于社区的实习经验包括使未来教师与项目中教会社区的成年人一道，每周为社区开发的旨在促进学生成长的项目中工作2—3个小时。

塞德尔和弗兰德还对这种跨文化社区实习的其他一些方面进行了论述，认为这些项目在以下三个方面能够有效地激励更多的白人教师从事教育，包括确保实习教师与其他成人（在经济和专业方面）平等地工作的重要性，并在日后的合作中形成跨文化的关怀关系；通过课程（譬如，关于社会政治领域中的种族主义的课程）谨慎地改变未来教师的社区经验；使教师教育的学生与教会社区的成员之间形成有计划的、结构化的小组讨论。

评析

267 三位评论者均对提出不同视角的“视点”和“经典”文章进作了回应。首先，米歇尔·里（Michelle Rhee）是“新教师计划”（New Teacher Project）的负责人，该项目是一个非师范教师教育项目，旨在招聘、选择性培养，并辅助新任教师在全国高需求的城区学校中任职。这一项目有着严格的遴选程序；有一个为期6—8周的非常短暂的针对高需求的城区学校教学的职前训练；新任教师进入城区学校教学之后，经验丰富的教师会和他们一起参加一系列的研讨会。该项目强调，要选择那些有志于且承诺在高需求的城区学校中工作的实习教师。里还对基于大学的项目和非师范教师教育项目进行了比较，认为基于大学的项目并不能为城区学校提供充足的教师。

第二位评论者沙伦·鲁宾逊(Sharon Robinson)是美国教师教育学院协会的首席执行官和主席，她从自身与国家及州政府决策者局内人的视角出发，对"视点"和"经典"文章进行了评论。她反对单一的教师教育模式，同时提出了这样一个问题，即如何将本部分所提及的不同环境(学校、社区、文理学院和教育学院)以最佳方式整合，为设计最可行的教师培养项目提供服务。依据鲁宾逊的观点，评估教师教育项目成功与否，必须要考查它在提高教师与学生互动教学的能力。

最后，休斯顿大学(University of Houston)长期从事教师教育研究的教授鲍伯·休斯敦(Bob Houston)讨论了随着社会和诸如大学之类的特定的机构在文化上的变迁和时间的推移，教师教育的形式发生了怎样的变化。休斯敦认为已经出现了一些新的混合式的教师教育形式，例如教师教育学校或教学法中心(Goodlad, 1994; Smith, 1980)。他讨论了影响不同教师教育形式的广泛因素，以及不同的教师教育形式如何影响教师教育的特点和质量。

(曹珺玮　张　雷　译)

参考文献

Darling-Hammond, L. (1999) The case for university-based teacher education. In R. Roth (ed.) *The role of the university in the preparation of teachers* (pp. 8 - 24). London: Falmer Press.

Darling-Hammond, L. (2006) *Powerful teacher education: lessons from exemplary programs*. San Francisco: Jossey-Bass.

Darling-Hammond, L. & Bransford, J. (2005) (eds.) *Preparing teachers for a changing world*. San Francisco: Jossey-Bass.

Denemark, G. & Nutter, N. (1984) The case for extended programs of initial teacher education. In L. Katz & J. Raths (eds.) *Advances in teacher education* (pp. 203 - 246). Norwood NJ: Ablex.

Flowers, J., Patterson, A., Stratemeyer, F., & Lindsay, M. (1948) *School and community laboratory experiences in teacher education*. Oneata, NY. American Association of Teachers Colleges.

Goodlad, J. (1994) *Educational renewal*. San Francisco: Jossey-Bass.

Haberman, M. & Post, L. (1998) Teachers for multicultural schools: the power of selection. *Theory into Practice*, 37(2), 96 - 104.

Seidl, B. & Friend, G. (2002) Leaving authority at the door: equal-status community-based experiences and the preparation of teachers for diverse classrooms. *Teaching and Teacher Education*, 18(4), 421 - 433.

Smith, B.O. (1980) *A design for a school of pedagogy*. Washington, DC: U.S. Department of Education.

Smith, W. (1980) The American teacher corps programme. In E. Hoyle & J. Megarry (eds.) *World yearbook of education: the professional education of teachers* (pp. 204 - 218). New York: Nichols.

Zeichner, K. (1988) Learning from experience in graduate teacher education. In A. Woolfolk (ed.) *The graduate preparation of teachers* (pp. 12 - 29). New York: Random House.

Zeichner, K. (1991) Contradictions and tensions in the professionalization of teaching and democratization of schools. *Teachers College Record*, 92(3), 363 - 379.

17. 作为教师培养环境的教师教育项目

肯尼思·蔡克纳(Kenneth Zeichner)
威斯康星大学-麦迪逊分校(University of Wisconsin-Madison)

希拉里·G. 康克林(Hilary G. Conklin)
雅典乔治亚大学(University of Georgia at Athens)

269 在小学教师应该是学者还是实践者这一问题上,有很多不同的观点。我们反对把课程简单地等同于理论课程或实习经验。同样,就学生进入教室之前究竟需要怎样的教育程度,我们也有不同的看法。在基于大学的教师教育与非大学的教师教育之间存在着巨大差异,这使得教师培养的路径变得更加混乱和复杂。(Levine, 2006: 17)

本文主要探讨的是与作为教师培养场域的教师教育项目相关的一些观点,以及这些项目的不同方面对有效的教师培养所发挥的作用。当人们争论不同形式的教师教育效果的时候,他们大多已被局限于有关不同项目模式优缺点的争论上。虽然很多文献讨论了区分不同教师教育项目的诸多方式,但对基于不同项目进入教学的结果的实证研究,通常只是涉及了这些项目的少数特征。在本文中,我们首先讨论了现有实证研究是如何描述教师教育的,以及教师教育的特征与我们所期待的结果之间的关联性;随后我们概括出一个概念性框架,这个框架可以用来思考如何将其他因素纳入到教师教育中来,以便进行更广泛的讨论。在结语部分,我们将会讨论到该框架如何能够有助于研究者和教师教育工作者,指引他们设计研究计划和更新教师教育项目。

实证研究中所描述的教师教育项目

在 1999—2004 年之间,我们就教师教育项目的一些同行评议研究做了综述,这些研究大都在 1985—2004 年间开展,是美国教育研究协会(American Educational Research Association, AERA)研究与教师教育小组的部分工作(Zeichner and Conklin, 2005)。在综述中,我们对 37 项研究进行分析,这些研究通过采用多种对教师和学生的调查结果,来评估各种各样的教师教育项目的有效性。这些项目包括教师的自我效能,教育实践的评价,教师留任和学生学习。在这些研究中,最常用的项目区分方式是根据项目结构划分,如年限(1 年、4 年、5 年),何时提供项目(本科生阶段、研究生阶段),以及支持机构(学院或大学、学区)。

在美国,已有的关于教师教育项目改革的讨论,大都聚焦于项目结构特征的影响。 270
譬如,有不少人提出,应该将本科生的职前教师教育延长至 5 年,或完全变为研究生水平(譬如,Denemark 和 Nutter, 1984; Holmes Group, 1986)。也有人认为,应该保留四年制本科生模式,将其作为进入教学的主要途径(Hawley, 1987)。阿伦兹和温尼茨基(Arends and Winitzky, 1996)对已有的不同结构模式及其优缺点的有关争论进行了总结。

在美国教育研究协会的小组研讨中,根据研究者们所做的比较,我们将所要分析的研究分成了不同的类别。它们是:四年制项目 VS. 五年制项目,州政府资助的非师范项目 VS. 传统项目,大学资助的非师范项目 VS. 传统项目,学区资助的非师范项目 VS. 传统项目,与"为美国而教"(Teach for America)项目有关的研究,以及多样化非师范项目和传统项目的比较。在对非师范项目和传统项目进行分组时,我们将非师范项目定义为在大学或学院中进行的本科四年或五年项目之外的项目①。但是,在对非师范项目和传统项目进行分类时,我们面临一个难题,即我们所要分析的研究中所讨论的每一个类别的内部也存在着诸多差异。舒尔曼(Shulman, 2005a)就指出,"声称可以对传统项目和非师范项目进行对比是一个神话。因为在通向教学的路径中,我们只有非师范的路径"。同样的问题存在于四年制和五年制项目中,也存在于大学项目和研究生项目类别中。我们认为,舒尔曼是正确的,因为对于四年或五年制项目、传统或非师范项目所界定的教师教育项目的效果,并不存在一个清晰的和持续性的研究发现。

除了项目的内部区别之外,不同的机构背景(如研究型大学、文理学院)和州政策背景也造就了项目的差异。古德莱德(Goodlad, 1990)对教师教育进行的全国性调查表明,机构的变化是教师教育项目相互区别的一个主要因素。州政府的政策背景也在极大程度上影响了对教师教育项目特征和质量的界定。譬如,同样是四年制的项目,在德克萨斯州,政府将大量的教师课程包含在职前项目中,而在威斯康星州,政府则非常重视职前项目的专业部分,这意味着它们存在着巨大的区别。尽管州际新教师评估与支持协会(Interstate New Teacher Assessment and Support Consortium, INTASC)的标准已经对全美各州标准产生了诸多影响,但是各州对获得初级教师资格证方面的要求仍有诸多差异。譬如,一些州要求初等教育教师完成专业主修的专业后才可申请教学资格,另一些州则不然,而是允许专业内容知识水平不同的学生在本科阶段主修教育。

上文提出,这些研究仅仅泛化地概述和比较了不同教师教育项目的效果,它们既不能很好地服务于教师教育工作者,也对决策者毫无帮助。克利巴德(Kliebard)指出,

① 并非所有的研究人员都会以同样的方式界定非师范项目和传统项目,这一定义最初由阿德尔曼(Adelman, 1986)提出,最近已被他人采用,它使我们能够最大限度地使用 37 项研究中的数据。

在美国普遍关注教师有效性研究的时期，大多数研究是以一种赛马（horse race）的方式建构起来的：“有时候其中一匹马获胜，有时候是另外的马获胜，更多的时候会打成
271 平手。”（Kliebard，1973：21）克利巴德认为，这类研究不可能得到有价值的发现。而这一论断同样适用于有关传统的和所谓非师范的教师资格认证路径的比较研究，以及四年制和五年制教师培养的比较研究。当前有关教师教育项目、教师教育规划和更新，以及政策讨论的研究，应该更多地关注教师教育项目的实质方面及其存在的背景（Zeichner，2006）。

典型教师教育项目的案例研究

大多数研究均以表面的结构特点（譬如，年限、资助者）比较不同教学准入路径的效果，但也有少数几个多层次的案例研究开始关注与教师教育项目的效率相关的具体要素。① 这些案例研究包括：豪伊和齐姆弗（Howey and Zimpher，1989）对中西部地区 6 个初等教师教育项目的研究，全国教师教育研究学会（National Center for Research on Teacher Education）对“教师教育与学会教学”（Teacher Education and Learning to Teach，TELT）进行的研究（NCRTE，1991；Kennedy，1998；Tatto，1996），约翰·古德莱德领衔的对具有全国代表性的 29 个样本进行的研究（Goodlad，1990），由为美国未来而教（Teaching for America's Future）全国教育委员会资助的对 7 个示范性职前项目进行的案例研究（Darling Hammond，2000，2006），由斯坦福研究院的研究者对全国非师范教师资格认证项目进行的研究（Humphrey and Wechsler，2005；Humphrey *et al.*，2005），学校教育项目组织完成的对全国范围内 28 所学校和院系的教师培养项目所做的案例研究（Levine，2006），由教育、多样性和卓越研究中心（Center for Research on Education，Diversity and Excellence）资助的对培养双语教师项目、英语作为第二语言项目或多元文化教师的教育项目进行的研究（Walton *et al.*，2002）。

尽管这些研究没有提供将特定的项目要素与具体的对教师和学生的调查结果联系起来的确定性证据（参见，Zeichner 和 Conklin，2005），但它们提出了需要研究者进一步调查的教师教育项目的一些要素。它们还提出了一种思考和探讨教师教育项目的方式，这种方式要比在现有文献中主要的研究方式更有意义。总之，这些案例研究指出，需要超越教师教育项目的表面结构特征，深入理解影响项目效果的关键要素。此外，除了要了解成功的教师教育项目的要素外，我们还要了解这些项目的转化过程，以便使这些特征具体化（Hammerness，2006）。

---

① 完成其特定目标需要有效性。如下面将要讨论的，有一些需要教师了解的不同的观点，即教师想要成为什么，能够做什么。

以下便是这些案例研究中所描述的有效职前教师教育项目重要组成部分的例子。考虑到社会和政治背景会对这些项目的运作产生重要影响，我们首先将考察教师教育项目的社会和机构背景。接下来，我们会重点考察项目层面上的一些重要特征，譬如一个项目是如何被组织的以及它的目标是什么。接着，我们会考察参与到教师教育项目中的人，包括教师教育工作者和候任教师。最后，我们还将探讨教师教育项目的主旨，讨论课程与实习经验的细微差别、教授候任教师的方式以及为教授候任教师而运用数据的方式。在实证案例的讨论之后，我们将会提出思考教师教育项目的理论框 272
架，它既借鉴了现有研究，同时又超越了研究者所调查的有限的实证研究的类别。

教师教育项目的社会和机构背景

古德莱德(Goodlad, 1990)提出了好的教师教育项目要素的假设，这一假设建立在对教育在民主社会中所发挥的作用的道德承诺而非实证数据的基础之上[1]。他把我们的注意力引向了项目所依赖的政策和机构的重要性上。他认为，为了更好地培养优秀教师，这些项目首先需要获得来自于所在机构的物质、财政和意识形态支持，这些支持对于培养优秀教师是极其必要的。这就意味着教师教育工作者将会获得与机构中其他教职员工同样的支持、工作量和奖励。古德莱德的研究小组发现，不同的机构之间存在着不同程度的差别(如文理学院、研究型大学)，他们得出的一般结论是，教师教育工作者往往得不到其所在机构的基础性支持，而缺乏这些支持，示范性教师教育项目就难以为继。

项目层面上的特征

在项目层面上，所有的案例研究都有助于我们思考推动某一教师教育项目运作的方式、集体信念和智力水平。从组织上说，案例研究表明我们需要思考项目的组成要素与人是如何彼此互动的，以及它们如何聚在一起形成一个完整的项目。譬如，豪伊和齐姆弗(Howey and Zimpher, 1989)认为，示范性教师教育项目把未来教师分成小队，这样，当他们在项目中通过一系列标准时，就能发展出共享的身份感并共享成就感。所有的案例研究都强调联结的价值，课程与实习学习紧密地联结在一起，在项目不同岗位上工作的人们彼此之间也保持着紧密的联系。一些被研究者视为示范性的项目，能够在不成立学生小队的情况下建立这种联结性和一致性(例如，Darling-Hammond, 2000,2006)。

案例研究同样表明，我们应当考虑如何将项目的构成要素从概念上彼此连接。教师教育与学会教学的研究(NCRTE, 1991; Kennedy, 1998)发现，某一教师教育项目

---

① 对 29 个机构中教师教育案例进行研究的目的，是验证道德承诺在多大程度上存在于美国的教师教育研究项目中。

的实质方向(而不是它的结构)会对候任教师的学习产生根本性影响。[①] 这些案例研究表明,对一个未来教师所学的内容有重大影响的可能是项目的指导理念,而且,项目中关于教学、学习和学校教育的理念越一致,其影响可能越大。整体而言,这些案例项目表明,如果在整个课程学习和实习经验中贯穿一个有关教学和学习的清晰的、共同的愿景,那么项目的影响力会得到加强。

譬如,塔托的研究运用"教师教育与学会教学"的数据,研究了不同教师教育项目对教师教授多样化学习者的信念所产生的影响。她总结到:

> 273 我们的研究结果似乎表明,综观教师教育领域,在那些教职员的专业规范主张更为一致的少数几个案例项目中,实习教师往往会表现出更明显的进步,发展出与教职员一致的观点。因此,项目标准和专业标准的一致性,似乎对教师教育项目在发展实习教师教授多样化学生的信念方面发挥着重要作用。(Tatto, 1996: 175)

一个项目的某种特定理念和使命,是值得进一步讨论的话题。古德莱德(Goodlad, 1990)和达林-哈蒙德(Darling-Hammond, 2000)都明确指出,一个项目所秉持的"好的教学"(good teaching)的特殊愿景,必然是一种内含伦理和道德意味的价值判断。古德莱德(Goodlad, 1990)认为,需要在民主社会的背景中考察教师教育的使命,这样就可以为项目提供一个特定的方向(也见,Michelli 和 Keiser, 2005)。达林-哈蒙德(Darling-Hammond, 2000,2006)阐述了她认为的适合于民主体制的方向,并将项目的卓越等同于实现如下目的,即培养教师,使其能够参与到"以学习者为中心"和"以学习为中心"的教学之中。[②]

当然,除此之外,教师也需要知晓并有能力实现一些其他的愿景。"民主导向"的教学专长强调发展教师在课堂上的判断力,使教学能够适应多样化学习者的背景和需要(Zeichner, 2003),其他的一些愿景则与之完全不同。譬如,有学者认为,培养教师忠实地遵循教学脚本的能力,要比培养教师具备在特定的时间针对特殊的学生选取教学方法的能力更合适,因为这些教学脚本是在运用已经被研究所证实的、能够促进学生学习的方法上建构起来的(Walsh *et al.*, 2006)。

由于人们在教师教育的愿景上有不同看法,因此增强项目的影响力对于并未共享某种特定教师教育项目目标的人而言,未必是一件理想的事。譬如,对于那些关注培

---

① 塔托(Tatto, 1996)在研究那些旨在为多样化学习者培养教师的项目的过程中,通过对比"传统的"或"传输的"途径与"建构主义",确定了"教师教育与学会教学"国家研究中心的项目的实质。肯尼迪(Kennedy, 1998)在她的学会教授写作的"教师教育与学会教学"国家研究中心的研究中,将"改革导向的"项目从"传统的"项目中区分出来。

② 按照达林-哈蒙德(Darling-Hammond, 2000)的观点,"以学习为中心"的教学是指专注于深入学习和理解的教学,"以学习者为中心"的教学是指回应学生的文化背景、经验、需要和能力的教学。

养教师在课堂教学中践行判断力的教育者而言，形成一个更为有效的培养教师基于教学脚本进行教学的项目，未必是一件好事。同样，强调教师教育项目培养教师成为积极的决策者，并培养他们批评学校中存在的、在他们看来不利于学生的政策方面的能力，对于那些支持教师成为教学方式严格遵守者的人而言，也是不理想的。总之，决定“卓越”与否的标准始终依赖于道德和伦理问题，而不能仅靠实证研究。

案例研究也表明，教师教育项目中对智能的培养十分重要。譬如，豪伊和齐姆弗(Howey and Zimpher, 1989)认为，有效的教师教育项目的重要特征之一，是提出了严谨和高层次的学术挑战。古德莱德(Goodlad, 1990)同样认为，若要将教师培养成学校的代表者，那么必须要打破特定的理智的局限。他认为，教师教育项目必须使教师具有解决教学实践中固有的紧张局面的能力，为他们提供一些能用于解决不可回避的理论与实践相脱离问题的理智工具，并解决社会和个人利益在学校角色上的紧张状态。古德莱德将教师教育视为一项事业，认为它培养教师超越现状进行思考，使他们具有推动变革的能力。尽管古德莱德的研究小组在29个教师教育机构中并没有发现 274
类似这样的学术严谨性项目，但对教师教育工作者而言，这的确是他们在追求卓越的过程中需要考虑的一个问题。

最后，这些案例研究启示我们要考虑教师教育项目进行自我评估和开展日常工作时所使用的信息来源。古德莱德(Goodlad, 1990)、豪伊和齐姆弗(Howey and Zimpher, 1989)均认为，高质量的教师教育项目拥有一套评估体系，这个体系建立在数据的基础上，其中包括从毕业生那里获得的反馈意见。根据这一观点，卓越项目的一个标志是项目决策中数据的使用。

教师教育项目中的人

这些案例研究考察了教师教育项目中与人(教师教育工作者和他的学生们)有关的诸多要素。譬如，在对非师范教师资格认证项目进行的案例研究中，汉弗莱等人(Humphrey, *et al.*, 2005)发现，未来教师的最有效的指导者，是那些了解如何与成人工作、受过具体的指导策略培训且拥有丰富指导知识的人。近年来，人们越来越关注这样一些事实，即教师教育工作者在他们的博士课程中很少获得从事教师教育工作方面的相关培训(Cochran-Smith, 2003; Zeichner, 2005)。这些案例表明，好的项目为教师教育工作者提供教育和持续支持，促使他们能够与候任教师一道工作。①

案例研究也强调了参与教师教育项目的候任教师问题。譬如，TELT(教师教育与学会教学)的研究(Kennedy, 1998; NCRTE, 1991)发现，项目的招聘过程是决定未来

---

① 鉴于大部分学院和以大学为基础的教师教育人员是在研究型大学中进行博士课程学习的，因此采取措施提高这些高等教育机构的教师教育质量将产生广泛影响，这些机构在教师教育方面有遭糕的历史(e. g. Labaree, 2004)，但它们现在却承担了为国家培养师资培训人员的主要责任。

教师进行学习的关键因素。该研究发现，特定情况下，招聘那些已经对项目的实质取向产生认同的候任教师，有助于带来一种所谓的“入学影响”而非“学习影响”，后者是项目的直接结果。古德莱德(Goodlad, 1990)提出，招聘和录取新成员，从根本上与实现项目的目标联系在一起，教师教育项目应该选择那些起初便对民主社会中教学的道德和伦理方面产生认同的候任教师。

教师教育项目的主旨

案例研究也强调了教师教育中课程的特点和质量，包括候任教师在学习教的过程中的实习经验和学校背景特征，以及教师教育工作者的教授方式。

譬如，达林-哈蒙德(Darling-Hammond, 2000, 2006)认为，典型教师教育项目在儿童和青少年发展、学习理论、认知与动机理论、学科内容教学法等领域提供了广泛的课程，并基于实践背景展开教学。① 豪伊和齐姆弗(Howey and Zimpher, 1989)指出，典型项目寻求教学法知识和一般知识之间的平衡，使候任教师在教学准备过程中，既不会以一种过于狭隘的方式理解教学，也不会持一种教学技术式观点。

古德莱德的研究(Goodlad, 1990)也指出，好的教师教育项目应该促使候任教师
275 变得更具“他者导向”(other-oriented)，并使他们认同广泛的教学文化。同样，他认为，项目应该帮助教师转变观念，由仅仅是教育知识的消费者转变为知识和学校教育本质的探究者。

案例研究还强调了学校环境的特征，它们构成了未来教师完成实习、教学以及实习经验的场所。古德莱德(Goodlad, 1990)指出，教师教育项目应该尽可能多地为候任教师提供示范性的实习场所。达林-哈蒙德的(Darling-Hammond, 2000, 2006)的案例研究表明，好的教师教育项目应该有拓展性的实习经验(至少 30 周)，这可以体现教师教育项目对于好的教学的意愿，实习经验和课程学习交织在一起，这样，未来教师在教学方面也会得到认真指导。

最后，汉弗莱等人(Humphrey *et al.*, 2005)对非师范教师资格认证项目所进行的研究，有助于凸显优质学校环境对教师学习的重要性。他们发现，在有效的非师范教师教育项目中，候任教师可以到实习基地实习，在这里同事之间存在合作关系，有强有力的领导和充足的物质供应。譬如，当教师之间关系融洽，互相讨论教学实践，校长持支持态度，候任教师能获得教学所需物质资源时，候任教师会从实习基地中学到更多。这一研究还发现一些额外的有利于项目有效性的因素：候任教师有机会观察其他教师的教学，与同事讨论指导意见，从同事那里获得材料和资源，其他同事观察他们的教学并为他们提供反馈。然而汉弗莱等人(Humphrey *et al.*, 2005)的分析认为，并非每个

① 参见达林-哈蒙德和布兰斯福德(Darling-Hammond and Bransford, 2005)对达林-哈蒙德认为的教师教育项目中应教的最低限度进行的阐述。

候任教师都能从同样的实习支持中受益，他们认为，所有好的非师范教师教育项目都会围绕教学和学习问题提供情感和教学支持。

当然，这些案例研究也涉及教师教育项目中候任教师的培养方式问题。这些案例都得出一个结论——好的教师教育项目应该在教育 K－12 学生的条件下进行。正如肯尼迪(Kennedy，1998)所说，从候任教师作为学习者出发，他们应该亲身体验教学实践，他们应该有机会考虑新的实践优于传统实践的原因，当学习实施这些新的实践时他们应该获得现场帮助。

最后，案例研究表明，好的项目通过运用教学策略，将候任教师的教学与实践背景融为一体，这些策略包括案例研究、教师研究、表现评估和档案袋评价，这些都有助于他们学习解决教学实践中的实际问题(Darling-Hammond，2000，2006)。

在案例研究中，虽然所有与项目有效性相关的特征仅仅得到部分的和暂时的实证研究支持，但它们清晰地表明，影响项目有效性的特征存在于教师教育项目的主旨之中，而并非仅仅存在于它们的结构中。接下来，我们会借鉴这些案例研究所发现的卓越项目的关键要素，广泛地考察教师教育文献，并提出思考教师教育项目各维度的框架。研究者们可以用这个框架分析进入教学的不同路径的有效性，决策者和教师教育工作者也可以用它来评判自己的项目，并对项目进行持续的改进。

教师教育项目的分析框架

尽管关于教师教育项目的大部分实证研究已经关注了不同项目的结构差别，譬如 276
年限和支持者，但有关文献表明，对这些项目的研究者和想要改进项目的教师教育工作者而言，他们应考虑这些项目的一些额外特征(参见表 17.1)。本概念框架借鉴了刚才讨论的案例研究和教师教育众多文献的成果。

我们提出的框架强调教师教育项目的本质特点，并为教师教育研究和改革提供指导。下面我们将会讨论项目的特点，它们构成了区分不同项目的维度。为了理解这些可能关系到教师教育预期结果的特定实践和特点，我们需要了解不同的项目特点是如何推行的，它们的存在范围及其特定的质量和关注焦点。我们认为，关注这些项目的不同维度及其实施，可以帮助我们了解特定项目的属性，并指引有效的教师培养。在对这些维度进行讨论时，我们会提供一些特定的例子来说明这些不同的维度在特定机构中的可能表现，并强调那些对于研究者、教师教育工作者和决策者而言可以特别关注的有价值的地方。

社会与机构背景 277

如前所述，要理解教师项目，我们需要考虑教师教育所在的机构类型，机构对教师教育的支持的本质，以及州的政策背景。譬如，州政策可以影响教师教育项目的性质，

表 17.1　教师教育项目的思考框架

- 社会与机构背景
  - 机构的类型和使命。
  - 项目的结构(年限,本科或研究生)。
  - 机构对教师教育的支持。
  - 州政策背景。
- 项目目标中关于教学、学习、教育、教师角色、学习如何教的观点
  - 清楚界定的程度。
  - 被共享的广泛程度。
  - 约束力。
- 招生过程
  - 招生标准的内容。
  - 与项目目标的联系。
  - 过程的选拔性如何?
- 课程
  - 强调准备的不同方面。
  - 项目中包含不同的课程要素。
  - 和项目目标联系在一起。
  - 代表有关课程的不同观点。
  - 学术严谨性。
  - 在整个课程中或在特定的科目中融入主要话题(教多样化的学习者)。
  - 准备从事不同学科领域的教学。
  - 准备教授不同年龄阶段的学生。
- 实习经验
  - 实习经验在课程中的数量、时限及其场所。
  - 它们是如何和项目的剩余部分紧密地联系的?
  - 提供教学责任。
  - 它们在多大程度上基于先前的实习经验?
- 教学策略
  - 策略是什么?
  - 这些策略怎么被应用的? 用于什么目的? 它们如何被引进,得到了怎样的支持?
  - 这些策略由教师教育者进行示范了吗?
- 内部组织特征
  - 是否运用了学生小队?
  - 人员:
    横向/纵向。
    谁是教师教育者?
    他们如何为他们的角色做准备及如何得到支持?
  - 实践基地和大学的一致水平。
- 数据的使用
  - 为项目决策提供信息的数据是如何收集的?

正如教师教育项目所在机构的规模和种类会影响项目的特征一样。

项目目标中的重要核心理念

这一框架的另一个因素,是隐含于项目之中的有关教学、学习、教育和教师角色的观点。多年来,人们提出了诸多一般性的框架,以区分不同教师教育项目的概念取向(Cochran-Smith and Fries, 2005; Feiman-Nemser, 1990; Zeichner, 1993,2003)。除

了教师教育项目的概念取向和框架等内容上的不同之外，这些取向的内部也有其他方面的不同，譬如，对这些取向的界定与阐释的明确程度，包括校本教师教育工作者在内的所有教师教育工作者在多大程度上共享了项目的取向(Barnes，1987)，以及项目中的人投身于这种取向的程度。譬如，很多项目都以诸如“教师作为决策者”或以“为社会正义而教”为口号，并不意味着它们就具有相同的取向(McDonald and Zeichner，出版中)。是否具有相同的取向，取决于这些口号在特定的环境中如何被解释与执行。

全美教师教育认证协会(National Council for Accreditation of Teacher Education，NCATE)要求那些处于资格认证过程中的教师教育项目明确地表达自身的概念框架。尽管还没有人发表文章对全美教师教育认证协会的认证机构所采纳的用于组织项目的概念框架进行分析，但在某些文献中，在描述项目的某个部分或研究特定项目的某些方面时，会提到阶段性的组织教师教育项目的框架。近年来，我们发现很多项目围绕类似于教学作为实践的原则(Mills College，Kroll *et al.*，2005)和为社会正义而教(UCLA，Oakes and Lipton，1999)的原则加以组织。尽管收集教师教育项目所采纳的用于评估学生的教学标准相对容易，但目前我们还缺少一幅有关概念取向的好的图景，来描述全国范围内的项目标准。

招生过程

该框架思考的教师教育项目接下来的一个方面是(教育学院的)教师在决定谁能 278
够进入教师教育项目时的招生过程、特定要求和程序。在招生过程中，至少需要考虑以下两个因素：(a)招生标准和过程与教师教育项目所提出的目标和概念框架之间的关系；(b)这些标准的选拔性如何(如高选拔性，无选拔性)。譬如，如果将“为社会正义而教”作为项目的目标，那么在准入过程中如何衡量个体实现此种教学愿景的潜力？

课程

教师教育项目的另一维度是课程。人们可以按照一些因素对项目进行区分，如对不同的课程因素的重视程度，其中涉及学科内容的准备和教学法知识的准备等，以及用在指导性实习上的时间总量。这些项目也会因这些不同组成部分被置于教师教育项目的方式而彼此区别(Tom，1997)。譬如，在承担全面课堂教学责任之前完成课程修读任务和实习，通常是课程可以使日益占主导地位的“快轨”式非师范教师教育项目彼此区分开来的一个方面。人们还可以询问项目的课程同它的既定目标及它的学术严谨性之间的关联程度。譬如，指引项目的教学和学习愿景在多大程度上被转化为了清晰的绩效标准和评估标准？对候任教师的阅读、作业和评估有什么样的认知要求？

最近，斯坦纳和罗森(Steiner and Rozen，2004)对大学和教育学院中的教师教育项目提出了批评，认为它们在必修课程中没有把不同问题的各种观点包括进来，而只是包括了一些保守的观点。他们所做的这些批评是准确的，同时他们所提出的那种课程也是令人期待的，事实上，是否将对某些问题的不同观点包括进来，正是不同项目中的课程彼此区别的一个方面。

分析教师教育课程时需要考虑的另一个方面，是强调某些实质性问题的方式。譬如，当涉及如何使教师培养好多元化学习者等重要问题时，哪些多元化的因素需要包含在培养项目中呢？如何处理这些内容呢？以此为例，很明显的一点是，不同项目对学生多样化的强调因其对语言多样性及教授英语学习者的关注程度不同而存在明显差异(Zeichner，2003)。在一些项目中，多元文化教育包含应用语言学课程、英语作为第二语言课程，及/或双语教学课程，而在其他项目中却不包含这些课程。我们还可以考察一个项目对特殊内容的关注，譬如，使候任教师准备好教授多样化学习者，考察这些内容是否被充实到了多样化的课程和经验中去，是否被作为一门独立的课程或经验加以处理(如一门关于如何教多样化学习者的课程)，或者是否二者兼具(Zeichner and Hoeft，1996)。

还有一个方面是关于教授某个具体学科领域的方法的准备。一些项目强调学科特定的方法准备，如数学和社会学研究的教学；有的项目专注于为不同学科的候任教
279 师提供一般教学方法的准备(如中学教学中所用的方法)；而其他项目则采用两种方法的结合。不同项目在由谁为候任教师提供方法指导上也有不同。譬如，培养候任教师教授特殊学科(如历史或生物学)的可能是文学和科学学院中专长于某学科的教职员，或是教育学院中在某一学科有专长的教职员，他们通常也有从事 K－12 教育的经历，也可以是在初等和中等学校从事教学的教师；或者所有这些人都参与培养候任教师。

实习经验

借助项目的实习经验的一些维度可以将不同的项目区分开来。譬如，一些项目包括一个学期的学生教学，而其他项目则包含长达一年的实习期。一些项目包含贯穿始终的实习经验，另一些项目只在结束时提供实习经验。在一些项目中，学生教学或实习与在职教师并无二致，而另一些项目却不是这样。一些实习可能仅仅在学校中进行，而其他的实习可能在包括儿童或成年人的社区或其他环境中进行。

项目中实习与课程的相关程度，是另一个重要问题。一种极端的情况是，对候任教师教学的监督，是由对项目课程构成完全不知情或与课程无关的工作人员进行的；而另一种极端的情况是，项目的实习和大学中的专业学习与专业发展学校及其他形式的学校、大学的合作伙伴密切地结合在一起。

一定程度上讲，这种紧密的联系意味着课堂中的实习经验能完全反映项目课程所强调的教学和学习愿景。哈默尼斯(Hammerness，2006)对斯坦福大学的教师教育项目进行了分析，该项目在为候任教师选择完成实习的场所时，考虑了课程中提倡的内容与备择的实习场所之间的一致性。

实习的最后一个问题，是在这些实习中提供给未来教师的教学责任的性质和程

度。不同项目在如下方面存在差异：在实习之前还是临近实习时才给出实习要求，它在多大程度上是清晰明了的；谁参与了决定要求的过程（如仅由大学决定或学校和大学一起决定）；未来教师在实习中需要承担多少教学责任，以及每次实习经验在多大程度上建立在此前实习的基础之上，是否逐渐增加了责任和复杂性（Brouwer and Korthagen, 2005）。

教学策略

用于教授候任教师的教学策略，是考察教师教育项目时需要重视的另外一个方面。有研究已经对一些用于教师教育项目的教学策略进行了分析，如微格教学、计算
机模拟实验、视频和多媒体技术的使用、案例法、自传法、组合法以及实践者研究 280
（Carter and Anders, 1996；Darling-Hammond *et al.*, 2005；Grossman, 2005）。舒尔曼（Shulman, 2005b）对不同教师教育项目所采用的种类繁多的教学方法提出了批评，并号召在某一系列的"标志性教学法"（signature pedagogies）上达成共识，这一系列能代表所有教师教育项目所采用的基本的教学方法，正如他所说的，在如法律和医学等专业项目中存在着此种"标志性教学法"。①

除了教学方法的多样性以外，同样的教学方法如档案袋法或案例法，不同的教师教育工作者也会根据不同的目的，以不同的方式实施。譬如，在某些项目中，档案袋法的使用专注于记录达标的情况，而在其他情况下，档案袋法则被作为反思教学实践的工具。不同的教师教育工作者以不同的方式引入档案袋法，并以不同的方式支持其使用。教师教育中的其他教学策略也是如此。当对用于教师教育项目的教学方法进行研究和/或讨论时，必须考虑它们服务于何种目的，在何种情景中运用，以及使用它们的条件。

有关教学策略的一个重要问题，是在教师教育的课堂中，未来教师在对 K－12 的学生进行教学时模仿使用教学策略的程度。这种模仿使用的程度决定了教师教育情境的差异。

内部组织特征

接下来要探讨的一个方面是项目中的不同人员配备和内部组织，其中包括项目内的社会关系性质。这里强调的问题是，候任教师能否进入一个完整的同伴团队并在整个项目进程中融入团队，或者是他们是否以个体化的方式完成了项目中的学习（Arends and Winitszky, 1996）。另外一个问题是，如何组织教职人员以使他们与学生一道工作。汤姆分析了教师教育中配置教职人员的两种方式（横向和纵向的方式），这

① 在确定教师教育的"标志性教学法"的努力中，卡内基教学促进基金会已经启动了一个新的关于 K－12 和教师教育的网络（http://gallery.carnegiefoundation.org/）。

将影响候任教师在项目中所获得的体验。在横向的教职人员配置模式中，人员按照学科专长进行组织。

> 未来教师修读一门门的课程，就像电梯一层层上楼一样。教育学的教授站在电梯门口，向学生传授观点和态度。他们有条不紊地停在每一层电梯口，帮助学生到达最高层。受训教师以片段的方式接受专业知识，期待在电梯最终到达实习教学时，他们可以拥有某些价值观。(Tom, 1997: 145)

横向的人员配置模式最大限度降低了对教师教育工作者的知识和实践的要求，教师教育工作者可以只注重教师教育课程的某一部分，他们通常不互相交流不同“楼层”的内容，而候任教师满足的是每一“楼层”不同教师教育工作者的要求。这种模式带来一个严重的问题，即课程往往是零散的，内容冗余而不全面。汤姆(1997)呼吁一种纵向的人员配置方式，这种方式能够在专业知识与实践之间建立一座桥梁。全体教职人员均负责一门以上的课程或一次以上的实习，或者是帮助候任教师分析和理解项目的
281 不同部分。纵向的教职人员配置的一个例子是，一位教师负责一个候任教师小队，当候任教师经历项目的不同阶段时，教师要帮助他们建立起不同组成部分之间的联系。

在类似这样的模式中，即便教师教育工作者仅仅教授了项目的一个具体部分，他们也会对整个项目而非仅仅一个部分有基本的了解，同时他们可以有意地建立起项目之间的一致性。教师教育工作者对整个项目及其各个组成要素有一定的了解是至关重要的，因为不同项目之间存在极大差异。尽管在通常情况下，特别是在一些大的项目中，教师对整个项目及其各部分的了解较少，他们也无法直接参与到整体及各个部分之中(Lanier and Little, 1986)，但有些项目，譬如在密尔沃基的阿尔弗诺学院，教职人员可能并未直接参与所有的项目，但他们熟知项目的各个方面(Zeichner, 2000)。

影响项目一致性的另一方面同参与其中的教职人员相关。譬如，如果一个项目主要依靠兼职人员或教职人员及研究生，且这些人员频繁地更换，那么他们很难建立起拥有共同观点和目标的连贯项目；而在由固定工作人员和教职人员参与的项目中，这种连贯项目则容易形成。在某些情况下，虽然项目中会由兼职人员授课和指导实习，但也能很好地通过常规的研讨和支持，紧密地将他们融合于项目之中。加州大学圣克鲁斯分校，就是一个典型的将兼职人员紧密融入教师教育项目的教师教育机构。①

在研究型大学中，许多教师教育项目的一贯模式是，由研究生和/或助教承担教学及对候任教师的现场监督责任。在这些大学中，通常在博士项目中培养教师教育工作者，教职人员的研究压力也很大。在这种情况下，教职人员对从事教师教育工作人员的监督和指导的质量，对发展教师教育项目的一致性至关重要。

---

① 几年前，我们中的一个人在加州大学圣克鲁斯分校的教育部门进行了外部审查，这是本次审查的结果之一。

前文提到教师教育项目的实习场所和大学学习之间也存在一致性的问题。那些旨在强化大学学习和实习联系的项目，创造了新的跨界人员和教职人员。大学的教职人员可以直接进入到中小学校开展工作，帮助候任教师将项目的不同要素建立关联，将指导候任教师的大学教职人员安排到特定的中小学校之中（Zeichner and Miller, 1997），在中小学校进行课程教学和开设研讨班，有意识地把学校实践与课程概念和实践联系起来。其他的教师教育项目则聘请 K－12 阶段的专家型教师进入大学，作为常驻教师工作一到两年，他们和大学教师一起教授教学方法和基础课程，同时在某些情况下，他们也参与教授人文和科学领域的学科内容课程（如，Benyon *et al.*, 2004; Post *et al.*, 2006）。

运用数据做出项目决策

另一个问题是教师教育工作者在多大程度上运用数据做出项目决策。有论者说他们在做项目决策时很少运用数据（Houston, 1990），近来也有人呼吁在职前教师教育中，应该更多地进行"基于证据的实践"（Fallon, 2006）。尽管在很多项目中，教师教
育工作者往往在州和国家认证机构的要求下对毕业生进行追踪研究，但是没有证据显 282
示他们将这些数据用于项目改进。正如前文提到的，运用数据而不是产生数据，被认为是有效项目的一个要素。

在过去两年里，我们对"新时代教师"项目中两个地方①的项目进行了评估。通过观察这些项目中的教师教育工作者，我们发现，教师教育工作者可以运用数据为项目更新决策提供信息支持。譬如，在"新时代教师"项目中两个地方的教师教育工作者，对该项目的毕业生、教职人员、工作人员和学生进行了调查和访谈，对毕业生的教学进行了案例研究，查阅了研究文献，并考察了其他机构中的实践。从本质上说，运用数据为教师教育项目决策提供信息，体现了一种更谨慎、更系统的教师教育项目更新方式，它不同于以往一般的更新方式。

结构特征

在教师教育有效性模型对比中，除了上述经常被忽略的维度外，项目的结构特征也应被考虑进来。这些结构特征包括这些项目是研究生水平的还是本科生水平的；项目的年限及项目的支持者是谁等。在讨论改善项目及学习时，如果能对上述维度进行实质性的考虑，同时将项目的结构特征也考虑进来，那么类似的讨论与研究活动必将深入到各个教师教育项目的内部，并充分反映出它们的差异。

接下来，我们将探讨三个对教师教育项目的性质与质量及其重建努力具有负面影响的一般问题：在项目之间进行模棱两可比较的问题，依靠自我描述了解项目，对多种

① 这里的两个地方分别是威斯康星大学密尔沃基分校和在西雅图的华盛顿大学。

场所中的不同项目进行推论。

模棱两可比较的问题

一些研究者试图对候任教师在不同项目中学到的教学方面的知识和不同项目的教学质量等内容进行比较。有些项目在教师专业发展学校中为候任教师提供实习机会,而其他的项目则不然。对研究者而言,他们很少能够非常明确地描述这些教师教育项目和实践学校的关系及不同项目中存在的共同之处,因此很难对研究进行对比分析。譬如,最近有一项研究对乔治梅森大学实习中教师专业发展学校与非教师专业发展学校中的学生教学/实习的质量进行了比较(Castle *et al.*,2006)。研究者从不同的维度对该大学中的两条路径(教师专业发展学校和非教师专业发展学校)进行了比较,包括时间(在非教师专业发展学校为期 15 周的学生教学经验 vs. 在教师专业发展学校为期一年的实习)、学习方法课的时间(在教师专业发展学校的实习期 vs. 在非教师专业发展学校的学生教学之前),以及学生是以兼职(非教师专业发展学校)还是全职(教师专业发展学校)的身份完成项目的。项目以相同的准入标准选择学生,但其后学生可以自由地选择到教师专业发展学校还是非教师专业发展学校中去。

最近发表的另外一篇文章,对在教师专业发展学校的实习和传统实习的效果进行了比较,依据候任教师用在实习经验上的时间的长短与他们接受大学教师指导的频率
283 (Ridley *et al.*,2005),将在教师专业发展学校的实习与传统实习区分出来。在这一独特的研究中,在教师专业发展学校实习的学生大约有三次实习经历,同时每个学期均有大学教师对他们进行指导,而其他的学生仅在项目末尾阶段实习。尽管两项研究数据均显示,教师专业发展学校的教学效果都超过非教师专业发展学校的教学效果,但很难确定这一发现到底意味着什么。这些研究中对教师专业发展学校的界定,彼此不同,而且也不同于其他地方对这一创新举措的界定。而在这些实习中,究竟哪些特定的方面影响着较高的教学评分?如果只是较长时间的实习经历,或更频繁的指导在起作用,那么这些条件或状况则完全无需通过在一所教师专业发展学校中的实习来创造。

基于一些表面信息对两个不同的教师教育模型进行比较,这在已有的文献中很常见。卡斯尔等人(Castle *et al.*)的分析认为,"与那些接受传统训练的毕业生相比,教师专业发展学校的毕业生可能会更快地对学生的学习产生影响"(Castle *et al.*,2006:65)。我们需要超越这类对非师范教师教育路径的比较,因为不同的研究者界定它们的方式不同,我们需要的是使用具体的和相似的一套组成要素来界定研究者所调查的非师范教师教育路径①。全美教师教育认证协会为教师专业发展学校开发了一套标

① 在这些对教师专业发展学校/非教师专业发展学校的比较中,学生是自主选择进入项目中的教师专业发展学校的。由于研究设计的原因,无法将研究者发现的结果归因于项目,或是归因于进入不同项目中的学生的特征差异。

准，这一标准可成为研究与讨论中以一种通用方式界定教师专业发展学校概念的来源(NCATE, 2001)。

超越教师教育工作者对项目的描述

教师教育项目需要考虑的另外一方面是，教师教育工作者所描述的项目与书面材料所描述的项目之间存在的差异，以及这些项目是如何被不同的个体所执行的。我们在为美国教育研究协会的小组的研讨而准备的文献评述中发现，对教师教育项目所做的大部分研究主要是基于项目文件和教师教育工作者的陈述，而不是关于项目的第一手资料。由于人们描述的项目与项目实施过程中实际表现出来的情况之间存在差距，因此，依靠这些二手资料理解项目的特点就会遇到一些问题。

譬如，1986 至 1990 年间，密歇根州立大学国家教师教育研究中心的研究者，通过对“教师教育与学会教学”的项目进行研究，发现在一个五年制项目样本中，很少有学生用五年时间真正完整地参与这个项目。很多学生前两年在社区学院学习，第三年转入大学；另外一些学生或是由于未被研究院录取而不能进行五年制学习，或是因州师资短缺而被学校留下来作为正式教师完成实习教学(Kennedy, 1998)。

另外一个例子也分析了“被修饰”的项目和现实的项目之间的差距，它是休斯敦学区中的一个非师范教师资格认证项目，尽管它在项目描述中表示要为每一个实习者提供一位指导教师，但对项目进行的研究显示，很多实习者并未见到过他们的指导教师，甚至有的实习者连自己的指导教师是谁都不知道(Stevens and Dial, 1993)。汉弗莱
等人(Humphrey, 2005)对上述非师范教师资格认证项目进行的研究也发现，在项目 284
描述的导师制和候任教师实际的经历之间存在差距。在“为美国而教”项目中，有 13%的候任教师报告他们未得到指导教师的帮助，而非师范教师资格认证项目中有 11%的候任教师报告自己从未获得指导教师的帮助。研究人员和其他人需要超越某种实践在教师教育项目中存在的陈述，去调查这些实践是如何被具体化和执行的。项目有效性的特征存在于这些项目要素的执行过程中，而并非存在于有关特定实践的陈述之中。

对多种场所中的不同项目进行推论

已有的讨论和文献中涉及的最后一个问题，是假设在不同场所中的项目是相同的，同时它们提供了一种普遍的教学准备，可以直接与其他类型的准备进行比较。最近，在职前教育阶段的一个清晰例子是这样一种设想，“为美国而教”提供了一种普遍的培训经验，可与其他培养经验相比较。尽管在所有的“为美国而教”的地区都为教师提供了一个为期五周的暑期学校(summer institute)及其他类型的支持机构，但是“为美国而教”项目中教师所接受的培养存在很大差别，因为他们参加的是各种不同的基于大学和学院的项目，抑或是为满足《不让一个孩子掉队法》(NCLB)对高素质教师的

要求而设立的职前认证计划。由于“为美国而教”中的教师培养存在巨大差异，因此如果不对所要比较的教师培养的具体本质进行描述，那么将“为美国而教”的教师和其他初任教师进行比较，就会毫无意义。

结论

本文提供的概念框架，为研究者和其他人对更多地超越简单的、传统的教师教育项目与非师范教师教育项目进行的比较，以及其他表面化的比较提供了建议。在教师教育工作者之间、教师教育工作者和决策者的讨论中以及研究中，我们需要对教师教育项目的特点进行更具体的讨论和(或)研究。我们阐述的各维度已经展示了教师教育项目的一些特征，这些特征可以引导我们更好地了解如何培养更有效的教师。

我们发现，在最近两项关于进入教学的不同路径的效果的研究中，描述教师教育项目的方式开始转变。第一项研究由数学政策研究项目中的研究者负责(Decker, 2005)，将教师教育项目按照如下维度进行区分：招生过程(高选拔性 VS. 低选拔性)和所要求的专业教育课程负荷(最少的 VS. 充实的)。尽管这项研究中的描述甚至都没有触及我们最终需要理解的培养过程中的复杂问题，但它向前迈了一步，至少超越了简单给非师范教师教育项目或传统教师教育项目贴上标签的做法。

第二项研究由美国斯坦福大学和纽约州立大学奥尔巴尼分校的教师政策研究协会的研究人员进行(Boyd *et al.*, 2005)，与以往相比，研究者们更深入地探讨了项目之
285 间的差异。除了考虑项目的时间长短，是本科还是研究生水平，是否采用学生小队的形式，教师和学生的特征，对毕业生的追踪调查等诸多项目特征外，研究者还对毕业生教授阅读和数学的准备、教多样化学习者的准备以及实习经验的特点进行了深入考察。抛开以往在相关讨论和研究中占主导地位的表面化的描述，他们重点考察了学生的作业和考核的性质与质量，分析了这些领域中作为重要准备的一些主题和阅读材料。

很明显，对进入教学不同途径中的要素进行深入分析，其费用是昂贵的。此前讨论的“教师教育与学会教学”的研究和全美教学与国家未来委员会的案例研究，以及这里讨论的案例研究，都获得了大量的项目资助。尽管不可能要求每项研究均要对项目的特点进行如此细致的分析，但对单独的研究而言，做到如下方面是可能的：关注所研究项目的特征的本质和影响；有意识地关注他人的研究，以彼此一致的方式界定实践和项目的组成要素；甚至使用相同的工具和方法收集不同背景下的实践数据。正如舒尔曼(Shulman, 2004)指出的，正是通过这些研究项目而非独立的研究，我们能够理解并应对教师教育项目的复杂性。到目前为止，几乎没有证据表明教师教育研究者有意识地借鉴了彼此的工作(Zeichner, 2005)。

本文分析的教师教育项目及其组成要素的复杂性，对教师教育工作者和决策者之

间建构何种形式的对话也有启示。表 17.1 总结的就是研究教师教育、教师学习和学生学习之间的联系时需要考虑的一些因素。

我们认为,应该从教师教育项目的实质和结构特点两方面来寻求其意义。我们进一步认为,教师教育项目的实质和意义,应该存在于对特定项目特点的细化和实施中,而不是简单看它们是否存在。与人们无法找到有意义的答案来回答非师范教师教育项目是否比传统教师教育项目更有效这一问题一样,我们也无法回答下面这个问题,即如果不考虑(教师教育)实践的具体内涵、实施方式,也不考虑实践过程的具体背景,那么教师教育项目的某些表面措施(如档案袋、行动研究、教师专业发展学校)到底有什么效果。同样,如何寻找一种普适的、最佳的教师教育实践,使之适用于任何一种环境和所有候任教师,这个问题也是毫无意义的。

鉴于进入教师教育项目的人员日益多样化,他们从教的环境不同,且存在着多种不同的进入教学的有效路径,有效教师教育项目的成分也呈现出多样性。因此,摆在我们面前的首要任务是,确保教师教育中的卓越因素融入到走进教学的所有路径之中。

(曹珺玮　张　雷　译)

参考文献

Adelman, N. (1986) *An exploratory study of teacher alternative certification and retraining programs*. Washington, DC: U.S. Department of Education.

Arends, R. & Winitzky, N. (1996) Program structures and learning to teach. In F. Murray (ed.) *The teacher educator handbook* (pp. 526 - 536). San Francisco: Jossey-Bass.

Barnes, H. (1987) The conceptual basis for thematic teacher education programs. *Journal of Teacher Education*, 38(4), 13 - 18.

Benyon, J., Grout, J., & Wideen, M. (2004). *From teacher to teacher educator: collaboration within a community of practice*. Vancouver, Canada: Pacific Educational Press.

Boyd, D., Grossman, P., Langford, H., Loeb, S., Michelli, N., & Wyckoff, J. (April, 2005) Complex by design: investigating pathways into teaching in New York City schools. *Journal of Teacher Education*, 57(2), 155 - 166.

Brouwer, N. & Korthagen, F. (2005) Can teacher education make a difference? *American Educational Research Journal*, 42(1), 153 - 224.

Carter, K. & Anders, D. (1996) Program pedagogy. In F. Murray (ed.) *The teacher educator's handbook* (pp. 537 - 592). San Francisco: Jossey-Bass.

Castle, S., Fox, R., & O'Hanlan Souder, K. (2006) Do professional development schools (PDSs) make a difference? A comparative study of PDS and non PDS teacher candidates. *Journal of Teacher Education*, 57(1), 65 - 80.

Cochran-Smith, M. (2003) Learning and unlearning: the education of teacher educators. *Teaching & Teacher Education*, 19(1), 5 - 28.

Cochran-Smith, M. & Fries, M. K. (2005) Researching teacher education in changing times: politics and paradigms. In M. Cochran-Smith & K. Zeichner (eds.) *Studying teacher education*. Mahwah, NJ: Lawrence Erlbaum.

Conklin, H. (2006) *Learning to teach social studies at the middle level: a case study of preservice teachers in the elementary and secondary pathways*. Unpublished doctoral dissertation, University of Wisconsin-Madison School of Education.

Council of Chief State School Officers (1992) *Model standards for beginning teacher licensing, assessment and development: a resource for state dialogue*. Washington, DC: Interstate New Teacher Assessment and Support Consortium of the Council of Chief State School Officers.

Darling-Hammond, L. (2000) (ed.) *Studies of excellence in teacher education*. Washington, DC: American Association of Colleges for Teacher Education.

Darling-Hammond, L. (2006) *Powerful teacher education: lessons from exemplary programs*. San Francisco: Jossey-Bass.

Darling-Hammond, L. & Bransford, J. (2005) (eds.) *Preparing teachers for a changing world*. San Francisco: Jossey-Bass.

Darling-Hammond, L., Hammerness, K., Grossman, P., Rust, F., & Shulman, L. (2005) The design of teacher education programs. In L. Darling-Hammond & J. Bransford (eds.) *Preparing teachers for a changing world* (pp. 390 - 441). San Francisco: Jossey-Bass.

Decker, P. (September, 2005) *The evaluation of teacher preparation models*. Paper presented at the Forum on Highly Rigorous Research on Alternative Certification, Washington, DC. Washington, DC: Institute for Educational Sciences.

Denemark, G. & Nutter, N. (1984) The case for extended programs of initial teacher education. In L. Katz & J. Raths (eds.) *Advances in teacher education* (pp. 203 - 246). Norwood NJ: Ablex.

Fallon, D. (2006). The buffalo upon the chimneypiece: the value of evidence. *Journal of Teacher Education*, 57(2), 139 - 154.

Feiman-Nemser, S. (1990) Teacher education: structural and conceptual alternatives. In W. R. Houston (ed.) *Handbook of research on teacher education* (pp. 212 - 223). New York: Macmillan.

Goodlad, J. (1990) *Teachers for our nation's schools*. San Francisco: Jossey-Bass.

Grossman, P. (2005) Pedagogical approaches in teacher education. In M. Cochran-Smith & K. Zeichner (eds.) *Studying teacher education* (pp. 425 - 476). Mahwah, NJ: Lawrence Erlbaum.

Hammerness, K. (2006) From coherence in theory to coherence in practice. *Teachers College Record*, 108(7), 1241 - 1265.

Hawley, W. D. (1987) The high costs and doubtful efficacy of extended teacher preparation programs. *American Journal of Education*, 95, 275 - 313.

Holmes Group (1986) *Tomorrow's teachers*. East Lansing MI: Author.

Houston, W. R. (1990) Preface. *Handbook of research on teacher education* (pp. ix. xi). New York: Macmillan.

Howey, K. & Zimpher, N. (1989) *Profiles of preservice teacher education: inquiry into the nature of programs*. Albany, NY: SUNY Press.

Humphrey, D. & Wechsler, M. (2005) Insights into alternative certification: initial findings from a national study. *Teachers College Record*. Retrieved from the web www.tcrecord.org 9/2/05.

Humphrey, D., Wechsler, M., & Hough, H. (July, 2005) *Characteristics of effective alternative teacher certification programs*. Menlo Park, CA: SRI.

Kennedy, M. (1998) *Learning to teach writing: does teacher education make a difference?* New York: Teachers College Press.

Kliebard, H. (1973) The question in teacher education. In D. McCarty (ed.), *New perspectives on teacher education* (pp. 8 - 24). San Francisco: Jossey-Bass.

Kroll, L., Cossey, R., Donahue, D., Galguera, T., Laboskey, V., Richert, A., & Tucher, P. (2005) *Teaching as principled practice: managing complexity for social justice*. Thousand Oaks, CA: Sage.

Labaree, D. (2004) *The trouble with ed schools*. New Haven, CT: Yale University Press.

Lanier, J. & Little, J. W. (1986) Research on teacher education. In M. Wittrock (ed.) *Handbook of research on teaching* (3rd edition, pp. 527 - 569). New York: Macmillan.

Levine, A. (September, 2006) *Educating school teachers*. Washington, DC: Education Schools Project. Downloaded from http://www.edschools.org on October 2, 2006.

Liston, D. & Zeichner, K. (1991) *Teacher education and the social conditions of schooling*. New York: Routledge.

McDonald, M. & Zeichner, K. (in press) Social justice teacher education. In W. Ayers, T. Quinn, & D. Stovall (eds.) *Handbook of social justice in education*. Mahwah, NJ: Lawrence Erlbaum.

Michelli, N. & Keiser, D. L. (2005) (eds.) *Teacher education for democracy and social justice*. New York: Routledge.

National Center for Research on Teacher Education (1991) *Findings from the teacher education and learning to teach study*. East Lansing, MI: National Center for Research on Teacher Education/Learning.

National Council for Accreditation of Teacher Education (2001) *Standards for professional development schools*. Retrieved from ncate.org on January 5, 2006.

Oakes, J. & Lipton, M. (1999) *Teaching to change the world*. Boston: McGraw-Hill.

Post, L., Pugach, M., Harris, S., & Hedges, M. (2006) The teachers-in-residence program: Veteran urban teachers as teacher leaders in boundary-spanner roles. In K. Howey & N. Zimpher (eds.) *Boundary spanners*. Washington, DC: American Association of State Colleges and Universities.

Ridley, D. S., Hurwitz, S., Hackett, M. R. D., & Miller, K. K. (2005) Comparing PDS and campusbased preservice teacher preparation: is PDS preparation really better? *Journal of Teacher Education*, 56(1), 46 - 56.

Shulman, L. (2004) Truth and consequences: inquiry and policy in research on teacher education. *Journal of Teacher Education*, 53(3), 248 - 253.

Shulman, L. (2005a) Teacher education does not exist. *Stanford University School of Education Alumni Newsletter*, Fall, 2005. Retrieved from http://stanford.edu on January 6, 2006.

Shulman, L. (February, 2005b) *The signature pedagogies of the professions of law, medicine, engineering, and the clergy: potential lessons for the education of teachers*. Talk presented at the Math Science Partnerships (MSP) workshop: Teacher education for effective teaching and learning, Irvine, CA.

Steiner, D. & Rozen, S. (2004) Preparing tomorrow's teachers: an analysis of syllabi from a sample of schools of education. In F. Hess, A. Rotherham, & K. Walsh (eds.) *A qualified teacher in every classroom?* (pp. 119 - 148). Cambridge, MA: Harvard Education Press.

Stevens, C. L. & Dial, M. (1993) A qualitative study of alternatively certified teachers. *Education & Urban Society*, 26(1), 63 - 77.

Tatto, M. T. (1996). Examining values and beliefs about teaching diverse students: understanding the challenges for teacher education. *Education Evaluation and Policy Analysis*, 18(2), 155 - 180.

Tom, A. (1997) *Redesigning teacher education*. Albany, NY: SUNY Press.

Valli, L. (1992) (ed.) *Reflective teacher education: cases and critiques*. Albany, NY: SUNY Press.

Walsh, K., Glaser, D., & Wilcox, D. (May, 2006) *What education schools aren't teaching about reading and what elementary teachers aren't learning*. Washington, DC: National Council on Teacher Quality.

Walton, P., Baca, L. & Escamilla, K. (2002) *A national study of teacher education preparation for diverse student populations*. Santa Cruz, CA: National Center for Education, Diversity, and Excellence. Executive summary was retrieved on July 1, 2006. The full case studies were obtained from Priscilla Walton and Leonard Baca.

Zeichner, K. (1993) Traditions of practice in U.S. preservice teacher education programs. *Teaching & Teacher Education*, 9(1), 1 - 13.

Zeichner, K. (2000) Ability-based teacher education: elementary teacher education at Alverno College. In L. Darling-Hammond (ed.) *Studies of excellence in teacher education, the undergraduate years* (pp.1 - 66). Washington, DC: American Association of Colleges for Teacher Education.

Zeichner, K. (2003) The adequacies and inadequacies of three current strategies to recruit, prepare, and retain the best teachers for all students. *Teachers College Record*, 105(3), 490 - 515.

Zeichner, K. (2005) A research agenda for teacher education. In M. Cochran-Smith & K. Zeichner (eds.) *Studying teacher education* (pp.737 - 760). Mahwah, NJ: Erlbaum.

Zeichner, K. (2006) Studying teacher education programs: enriching and enlarging the inquiry. In C. Conrad & R. Serlin (eds.) *The sage handbook for research in education* (pp.79 - 94). Thousand Oaks, CA: Sage.

Zeichner, K. & Conklin, H. (2005) Teacher education programs. In M. Cochran-Smith & K. Zeichner (eds.) *Studying teacher education* (pp.645 - 736) Mahwah, NJ: Erlbaum.

Zeichner, K. & Hoeft, K. (1996) Teacher socialization for cultural diversity. In J. Sikula (ed.) *Handbook of research on teacher education (2nd edition)* (pp.525 - 547). New York: Macmillan.

Zeichner, K. & Miller, M. (1997) Learning to teach in professional development schools. In M. Levine & R. Trachtman (eds.) *Making professional development schools work: politics, practice, and policy* (pp. 15 - 32). New York: Teachers College Press.

18. 剪不断理还乱：大学中教师教育的历史

大卫·F.拉巴雷(David F. Labaree)
斯坦福大学(Stanford University)

290 无论好与坏，美国的教师教育起初是在大学的机构背景中出现的。就诸多方面而言，它的出现是一种历史的偶然。19世纪教师教育开始出现在各种各样的组织中，直到20世纪的后25年州立师范学校的出现，才标志着它成为一种新兴(如果尚未占主导地位)的模式。然而，这一模式在20世纪早期经历了从师范学校、州立师范学校、普通州立大学，再到区域性州立大学的巨大变革。20世纪70年代以后，教师教育已经完全属于大学。

具有讽刺意味的是，对美国大学而言，尽管教师教育是后来者，但在中世纪的欧洲它却是大学最初形式的核心。在欧洲大学发展历史的早期，高级人文教育最主要的目的是培养教师。大学以教师专业行会(craft guild for teachers)的形式组织起来，大学的最高学位(硕士或博士学位)是专家型教师的通行证，大学的学位答辩主要测试候任教师的教学能力(Shulman, 1986; Durkheim, 1938/1969)。但是随着时间的推移，教师教育逐步由高等教育的中心走向边缘，正是这样，美国教师教育于19世纪初才开始了它重返中心的长征之路。

在本文中，我考察了美国教师教育的历史发展情况，目的是深入了解教师教育在今天所面临的状况。事实证明，大学和教师教育之间的关系一直是复杂的，双方的矛盾一直持续存在。两者在一定意义上都彼此依赖，但当它们捆绑在一起时，又都面临着风险。大学为教师教育提供了地位和学术声望，而教师教育为大学提供了生源和社会功用。但在这种为彼此提供便利的联姻中，大学面临着学术地位可能被削弱的风险，而教师教育面临的风险在于其自身的专业使命可能被削弱。我提出了围绕在这种尴尬关系中的一些核心问题：在塑造与大学关系上，教师教育的中心地位问题；这个问题既源于塑造教师教育历史的市场压力，又源于塑造其专业角色的实践问题；政治对教师教育在大学中的地位有何影响；教师教育与大学关系的差异，这与某一大学在整个大学地位排名中的顺序相关。

291 发展历史

教学先于教师教育而存在[1]。在19世纪中叶师范学校出现和持续发展之前，美国

① 本部分引自，Labaree, 2004, Chapter 2.

的教师通过诸多不同路径走进课堂。总体来说，其基本的假设是任何达到一个既定的教育水平的人都能当教师。教师在教学艺术上不需要特别的准备，他们只需要掌握适当的学科内容便可。这种缺乏正规训练的教学法不仅仅限于教学上，在 20 世纪之前，大多数专业人士都无需通过进入专业教育项目学习自己的技艺，而是寻找经验丰富的人并给他们做学徒。然而，当时培养教师的独特之处在于既没有正规的指导，也没有正规的学徒。相反，规则很简单：教师负责一个班，并教授这个班。

教学和教师教育的早期形式

在 19 世纪早期的美国，教育有着十分广泛的形式：在家庭中，孩子们掌握基本的识字和算术技能；在教堂中，孩子们通过布道、研究组、星期日学校学习；参加各种各样的学园(lyceums)和公开讲座；高级手工匠对学徒进行教育并让他们学习某个行业的手艺；到妇孺学校；在邻居家学习基本的技能；找私人教师；去付学费的私立学校；去地方政府管辖的面向贫民的免费学校；去新英格兰城镇的公立学校；去提供中等教育的院校；去学院和预科学校。这些环境就决定了教师的身份，他们可能是如下所列的任何人：家长、牧师、老师傅、协会领导、邻居家的成年人、流动教师、个体户、镇政府官员、公司员工或大学教授。

19 世纪 30 年代公立学校的诞生，掀起了简化复杂教育结构的过程，使其看起来像我们今天的学校系统。新兴的模式是社区初等学校，由地方政府管理和支持，随着时间的推移，社区初等学校由一所文法学校和一所高中组成。在新的模式中，教师是公共部门的雇员，他们由作为社区代表的学校董事会任命。对于教师而言，他们要有能力在学校中维持秩序(Sedlak，1989)。如果候任教师是当地人并且在找工作，那这样就解决了他们的就业问题。至于学历，教师至少需要完成教学所需要的水平。随着时间的推移，对教师要求的标准也提高了，教师需要达到更高水平的教育。文法学校的毕业生被看作是初等小学的未来教师，而高中毕业生通常做文法学校的教师。大学生通常在夏季教学，大学毕业生通常会从事一段时间的教学，而当他们有更好的职位的时候他们就会离开(教学岗位)。

随着公立学校体系的发展，建立一个正规的培养教师的体系成为学校的首要任务。公立学校运动的领导人，像詹姆斯·卡特(James Carter)、霍勒斯·曼(Horace Mann)和亨利·伯纳德(Henry Barnard)等，都是教师教育强有力的支持者。在 20 世纪中叶，一个突出的创新是暑期教师学校(summer teacher institute)的出现，其中包括 292
一系列讲座和课程，旨在发展教师在教学法和学科内容上的技能。这些暑期学校构成了教师在职培训的形式，是为教师专业发展提供机会的首次尝试。它们通常在夏天开班，包括一段历时一到八周不等的训练，通常由县级学校的督学或学区小组组织(Mattingly，1975)。

师范学校

“公立学校运动”(common school movement)引发了一个重要的教师教育动议——州立师范学校的成立。原因之一是,随着公立学校的日益增多,对教师的需求急剧增长。19世纪初,提供教学的机构多种多样,公立学校作为一种标准化的模式,由社区管理。全国范围内新学校的创建,对教师产生了巨大且持续的需求,新的课堂需要大量教师。师范学校成了培养教师最基本的途径。然而,公立学校运动不仅产生了对教师的需求,也提出了对教师资格的要求。当教育由一种临时性(*ad hoc*)和自愿性的传递模式,转变为一种系统的和公众资助的模式时,教学便转变为一种公众信任的行业,这就需要系统的教师培训和专业认证,以确保教师能够承担国家对儿童教育的新型公共责任。正如它的名字所指出的,师范学校需要建立一套标准,即规范(norm),目的是为了让教师更好地教学。

师范学校的形式多种多样。一些主要的城市建立了它们自己的师范学校,或在高中设置师范部门,以便为当地的学校系统培训教师。通常,各个县将设立的师范学校纳入到学区中。但最突出和最有影响力的形式是州立师范学校,最早的一所于1839年在马萨诸塞州的列克星敦成立。州立师范学校最开始是高中水平,是以培养未来教师为唯一目的的专业学校。为了实现上述目的,就必须提供综合的通识课程,为未来教师提供他们在早期教育中没有学习过的学科知识。起初,课程学习会持续一到两年。

在曼(Mann)这类改革者的眼中,州立师范学校的基本目的是培养一批受过良好教育并具备专业技能的教师,为全国的州立公立学校教师提供典范。赛勒斯·皮尔斯(Cyrus Pierce)作为列克星敦师范学校的创办人,他在给亨利·伯纳德(Henry Barnard)的信中这样描述师范学校的目标:

> 我简要地回答。培养更好的教师,尤其是为我们的公立学校培养更好的教师,是我的目标,并将是我未来的目标。这样的初等和中等学校,作为教育的基础,可以在更高的水平上回应他们的机构使命:培养更好的教师;教师们应该懂得更好地做好他们的本职工作;应当更多地了解学生和青少年发展的本性,理解更多的学科内容和真正的教学方法;应当以一种更具哲学意味的方式从教,建立与青少年心智自然发展更和谐的关系,应该呈现不同分支知识的顺序和关系,当然了,也需要更为成功。(Borrowman, 1965: 65)

293 对师范学校而言,这是一种崇高的专业使命;在现今关于大学中的教育学院的讨论中,这一观点也获得了共鸣。但是这种专业使命却与师范学校的另一使命之间存在冲突,即为大量空缺的职位“输送”教师。而要同时兼顾这两个目标是十分困难的。在师范学校发展的初期，它就面临着这个问题。师范教育要么培养高度专业化的模范教师，要么为日益扩张的公立学校系统培养大量教师，而此时必然牺牲专业训练。也就是说，培养的教师要么专业性很强但却无法满足大量的空缺教职的需求，要么专业性较弱但是可以填补大量的空缺教职。

毫不令人惊讶的是，师范学校的领导最终选择了关联性而非严谨性。做其他的选择会更困难。维护学术的严谨性，意味着要将专业上的纯粹主义置于社会需要之上，意味着要将大量的教师培养工作留给不够专业的培养者，意味着剥夺他们所在学院获得资金、权力和扩大规模的机会，而这些机会对他们而言是非常有益的。有关教师教育角色的类似争论在今天仍然存在，我在后面会进行详细的讨论。精英大学的教育学院大都选择了严谨性而非关联性，它们有精品的教师教育项目，这些项目能对一小部分且经过高选拔性的学生群体进行值得信赖的学术培养。但州立大学的教育学院——师范学校的承袭者，位于大学院系身份次序的底端——所选择的项目，是为了培养教师以满足中小学校日益增长的需求。严密性和关联性之间的紧张关系似乎是教师教育面临的独特问题，很多批评认为教育学院在这两个方向上均出现了问题。近期，由阿瑟·莱文（Arthur Levine，2006）完成的《培养学校教师》(*Educating School Teachers*)的报告指出，批评大学的教育学院在学术上缺乏严谨性、在专业上缺失关联性，是关于教师教育的长期论战的最新进展[①]。

在这种情况下，师范学校的数量迅猛增长。自 1839 年开始，它们已经从 1870 年的 39 所增加到 1890 年的 103 所，再到 1910 年增加到 180 所(Ogren，2005：1－2)。公立师范学校的招生规模(包括一些小城镇县级师范学校)从 1879—1880 年的约 26 000 人，增加到 1899—1900 年的 68 000 人，再到 1909—1910 年间的 111 000 人(Ogren，2005，表 2.1：58)。这种快速增长极大地降低了这些学校的地位和项目的质量，后文我会进一步阐述这个观点。尽管师范学校也在很努力地追赶中小学校对教师的需求量，但到 19 世纪末它们仍没有做到这一点。正如大卫·泰亚克(David Tyack)所言，“到 1898 年，公立师范学校的数量已经达到了 127 所，大约和私人创办的学校数量差不多。但是所有师范学校一年的毕业生，只构成了新任教师不到四分之一的数量”(Tyack，1967：415)。

师范学校融入地方州立大学的变革历程

师范学校面临着为中小学校培养大量教师的巨大压力，同时也正经受着来自于校

---

① 在报告的开始讲述了大学的教育学院在几个方面的失败：无关性的追求；不充分的准备；混乱的课程；互不联系的教员；低入学标准；不充分的质量控制；机构质量的差异(Levine，2004)。对大学的教育学院早期的批评包括《美国教师的错误教育》(Koerner，1963)、《教育学院的愚蠢》(Kramer，1991)和《明天之学校》(Holmes Group，1995)。

内学生需求的压力。前者的压力会把师范学校变为教师工厂，后者的压力则会把这些这些师范学校变成普通的学院（people's colleges）。

从学生的角度来说，上师范学校不仅是从事教学的一个途径，也是接受所在地的、
294 能负担得起且录取率高的高等教育的途径。私立大学和州立大学的学费都很高，离学生所在地较远且不容易被录取。而师范学校相对较便宜，它们通常位于所在州比较便利的地方，允许学生走读，压低了生活成本，还容易被录取。唯一的问题是，师范学校完全集中于培养学生从事某一项职业，譬如教学。而在这一点上，师范学校要想取得更大的发展，就必须要灵活地扩宽学生培养方向。因为它真的别无选择。

与美国普通的高等教育一样，州立师范学校主要依靠学生的学费维持。它们会获得州政府的拨款，但这些资金仅能够支付学生教育成本的一部分，其余的部分来则自学费。伴随资金而来的是权力。为了生存和发展，师范学校需要依靠学费优势吸引学生，这就意味着师范学校要与其他高等教育机构进行市场竞争，从而为学生提供他们所需要的教育服务。消费者需要的不是某种单一和狭隘的项目，而是一批提供各种可能工作机会的项目。他们需要的不是师范学校，而是一个可以公开录取的文理学院。师范学校必须满足这种消费需求；如果它们不这样做，学生就会做出相应的调整，去有竞争力的高等教育机构中读书。而满足这种需求也相对比较容易。为了给未来教师提供他们所需的学科专业知识，师范学校也有一批教授讲授教育学课程，此外，他们还教授历史、英语、数学、科学，以及核心的博雅课程。对师范学校而言，将一系列有关博雅课程的研究项目纳入到师范教育项目的核心，是相对简单的事情。它们确实做了这些事情。

在《可悲的教学》（*And Sadly Teach*）一书中，约尔根·赫布斯特（Jurgen Herbst，1989）全面描述了师范学校逐渐放弃自己专业教育的承诺而被吸引去模仿文理学院的过程。对那些主张为教师提供高质量的专业教育的人而言，这确实不是一个好故事。但对那些把教育视为是出人头地重要途径的人而言，师范学校扩大教育机会和社会灵活性无疑是一个令人振奋的故事[①]。当师范学校不断扩张以满足学区对教师更大的需求量时，它们只是做了人们想要它们做的事情。市场主体——首先是雇主，其次是消费者——和师范学校都对此做出了回应。按照这一观点，无论师范学校的这种回应是否值得称道，这一做法肯定是让人可以理解的。

19世纪后期，师范学校向普通学院的演变，有助于我们理解这些机构的快速发展和扩张。这也有助于解释这种扩张为什么不足以满足中小学校对教师的需求，因为师范学校中越来越多的学生在寻求其他的职业目标。但是，随着机构多样化目标的发展，师范学校适应学生的消费需求的过程并未停止。如果学生希望师范学校是一所当地的、学费合理且容易录取的文理学院，那么师范学校就没有理由不再增加一些新项

---

① 有关这一过程的描述，请参阅，Altenbaugh 和 Undernood，1990；Eisenman，1990；Labarees，2004。

目。毕竟，与大学相比，师范学校仍然相当于一所高中，它不可能像真正的大学那样提 295
供灵活的就业机会。学生希望师范学校有大学的地位，教职人员和管理者也是如此，所有的人都将能通过这个机构获得向更高层次教育系统发展的机会。对师范学校周围地方的立法者和社区及群众而言，他们也同样希望在自己的地区建立类似的机构。

鉴于选区民众的支持，20 世纪初，州立法机关不可避免地开始了将师范学校(normal schools)转制为教师学院(teachers colleges)的行动，在 1911—1930 年间共有 88 所学校完成了这样的转制(Tyack，1967：417)。随着这种转制，先前的师范学校开始有权授予学士学位，这使得它们的项目有了分量和可信度。但转制过程并不止于此。随着教师教育在课程中所占的比例逐年降低，这些教师学院的项目逐渐多样化，使自己变成了事实上的文理学院。因此，承认以下事实是有意义的，即将“教师”一词从它们的名称中删除，换成一个更普遍认可和商品化的标签——“州立学院”。这最初发生在 20 世纪 20 年代，直到 20 世纪 50 年代末，师范学校才正式从人们的视野中消失。最终，这一制度变迁的过程在 20 世纪 50 年代、60 年代直至 70 年代达到顶峰，先前的师范学校纷纷采取最后一步措施，寻求与争取“大学”的名称。在寻求制度身份的百年长跑中，成为一所学院(college)不再是好的选择，成为一所大学(university)才是最佳目标。大部分原来的师范学校遵循了这条道路——从师范学校到师范学院，到州立学院再到州立大学，其实只是在具体名称和时间上有微小的变化。譬如：

纽约州，奥尔巴尼，州立师范学校，1844 年；
州立师范学校，1890 年；
州立师范学院，1914 年；
州立教育大学，1959 年；
州立大学，1961 年；
纽约州立大学奥尔巴尼分校，1962 年。

宾夕法尼亚州，米勒斯维尔，州立师范学校，1859 年；
州立教师学院，1927 年；
州立大学，1959 年；
宾夕法尼亚米勒斯维尔大学，1983 年。

明尼苏达州，曼凯托，州立师范学校，1868 年；
州立教师学院，1921 年；
州立大学，1957 年；
州立大学，1975 年；
现为明尼苏达州立大学曼凯托分校。

伊利诺伊州，迪卡尔布，北方州立师范学校，1899 年；
北方州立教师学院，1921 年；
北方州立大学，1955 年；
北方州立大学，1957 年。

新泽西州，蒙特克莱尔，州立师范学校，1908 年；
州立教师学院，1929 年；
州立学院，1958 年；
蒙特克莱尔州立大学，1994 年　　(Ogren，2005，附录)

另辟蹊径：精英大学中的教育

另一条路径是把教师教育引进大学。尽管这条路径虽不太常见，但却十分直接。在 19 世纪末期，一些大学开始增设教学法或教育学。这些大学是州立大学中的佼佼者和私立大学，它们注定会在 20 世纪高等教育的新兴学校上占据顶尖地位(先前的师范学校，现在的地方州立大学占下风)。爱荷华大学于 1873 年设立了第一个教育学终身教席(Tyack，1967：415；Clifford and Guthrie，1988：62)，这一举措得到历史学家的普遍赞誉，但密歇根大学认为这一教席是在 1879 年由它首先设立的(University of Michigan，2005)。其他的大学也迅速跟进：1887 年哥伦比亚大学(师范学院)设立这一教席；1891 年芝加哥大学、斯坦福大学和哈佛大学设立教育学终身教席；1892 年伯克利分校设立教育学终身教席；1895 年美国俄亥俄州立大学设立教育学讲座教席(Clifford and Guthrie，1988：62－63)。最初，在这些大学中教育学是单独的教授职位，此后迅速扩展成为系，并最终成为学院或教育学院。后一阶段出现在不同大学的时间是：1907 年俄亥俄州立大学和爱荷华州立大学，1913 年伯克利分校，1917 年斯坦福大学，1920 年哈佛大学，1921 年密歇根州立大学(Clifford and Guthrie，1988：64)。

296 这些教育学院认为自己与师范学校的角色明显不同(Powell，1976)。大学的教育学教授聚焦于培养少量的高中教师、学校管理者，并兼顾教育研究的产出，而师范学校则聚焦于为中小学校培养大量教师，以满足教育系统扩张的要求。在大学教育学院中学习教育学的学生大多数是男性，而师范学校的学生则大多是女性，这一现象并非偶然。使命的分歧导致了当代大学中教育学的角色的分野，这也构成了当代大学的一个特征，教育学院在先前的师范学校中以一种方式发挥作用，而在精英大学中则是另一种作用方式。在后文中我会详细说明这个问题。

聚焦规范化模式

在经过我在上文描述的多样化进程之后，到 20 世纪 60 年代，美国教师教育进入一种迅速规范化的组织模式。教师教育最终得以在大学中开展，接受教育学院或大学的学院中教授的领导。而此时，原有的师范学校已经转制成为大学，而当它们获得这个地位时，它们自然而然地模仿已有的大学结构，设立教育学院，将曾经作为师范学校全部使命的工作视为是转制后教育学院的工作——培养教师。

在努力使自己融入大学的过程中，教师教育选择了追随其他有声望的专业的发展路径。如前所述，直到 19 世纪末，进入所有行业的主要路径是学徒制（Brubacher and Rudy, 1997）。初学者要在有经验的实践者的带领下逐步开展学习：以木匠或鞋匠的方式，在做中学；在实践者的"图书馆"中阅读"实践之书"。传统意义上的神圣职业——牧师、律师和医生——从中世纪到现在均在大学的院系中占有一席之地，但仅仅只有这些职业中的尖子生才能在大学里学习，其他大部分人都是通过学徒制来学习的。直到 18 世纪和 19 世纪，学院和大学才为培养这些高度专业化的职业提供了博雅教育的内容，但学徒制依然是获取专业实践技能的途径。个体从业者也逐渐开始精于专业的准备，集合大量的学徒一起进入独有的专业学校。随后，在 19 世纪的最后 35 年中，大学开始建立正式的专业学校，把学术研究与指导实践纳入进来，而这标志着个体化专业准备终结的开始。

这一时期，大学开始了其作为美国高等教育的强有力的新形式（Veysey, 1965）。正如克拉克・克尔（Clark Kerr, 2001）所言，它结合了英国大学侧重本科教育和德国研究院专注高级研究与学习的传统，又加入了美国的赠地学院侧重实用的专业教育的因素。在此背景下，专业学校借鉴德国和美国为实践而创办的研究所的因素，成为这种新的大学形式的自然补充。同时，随着大学声望的不断提高，其对未来从业者也越来越具有吸引力，它们开始探索通过专业教育替代原有的学徒制。到 1900 年，10%以上的医生、律师、牧师和大学教授由大学的专业学校培养出来（Brubacher and Rudy, 1997：383）。亚伯拉罕・菲莱克斯纳（Abraham Flexner）1910 年发表的关于医学教育的报告，掀起了一股改革专业教育的浪潮，其中提出通过加强与研究型大学的联系提 297
高专业培养的质量。此后不久，所有主要领域的专业学校均很难独立于大学之外了，而且这种独立存在也变得无法想象。仅有一些培训不同行业从业者的规模较小的学校，譬如美容和汽车驾驶，可以独立生存。与其他专业培养的项目一样，教师教育也无处可去，只能进入大学。

教师教育与大学：关系的本质

这就是教师教育最终止于大学的来龙去脉。现在，我们需要探索：教育学院与其所在的更大的机构之间关系的本质，以及这种关系对双方的影响。我特别关注的是，在维持这种关系的进程中双方是如何互补的。正如我在开头指出的，大学在这个过程中提供了学术地位和声望，而教师教育提供的是生源和社会功用。我将从以下几个方面探讨这种关系：教师教育地位问题的根源，凭借大学地位解决这一关系问题的程序性和专业性后果，以及精英大学与地方州立大学(先前的师范学校)在教师教育上进行讨价还价的本质中存在的巨大差异。

教师教育的地位问题

教师教育长期处于较低的地位①。每个人都可能会对它提出意见：教授、改革者、决策者和教师，右翼和左翼智囊团，甚至是教师教育项目的教授、学生和毕业生自己。这种地位问题，部分源于市场压力的遗留问题，它塑造了师范学校的历史；部分是由于教师教育的“坏伙伴”的副作用；部分是由于教师教育工作者与教师的工作方式的问题。我们按顺序逐一进行讨论。

市场压力的遗留问题

教师教育地位问题的核心是塑造了师范学校历史的市场压力。其中一种压力来自雇主的需求。无论是横向上(包括整个年龄段)还是纵向上(从小学、初中到高中扩大学校的规模)，学校系统的数量均在增长，似乎填补不尽课堂所需教师的空缺。师范学校为了满足日益扩大的需求，不得不在教师培养上放松专业标准。这就意味着教师教育要降低准入标准，缩短培养时间，放宽学术严谨的要求，同时降低办学费用。师范学校被要求以较低的成本和欠缺的资格要求培养大量教师，事实上，它们确实是这么做的。然而，迎合这样的方式，必然大幅降低教师教育的地位。这种污名一直伴随着教师教育，即便转入大学之后也是如此。在大学中，它仍旧无法摆脱较低的学术声誉，为智力一般的学生提供低廉的教育。

教师教育的另一种市场压力来自消费者的需求。学生进入师范学校是为了拿到一个证书，而这个证书要比一个简单的教学学位更能为学生打开一扇更为广阔的职业
298 大门，因此师范学校不得不扩大项目规模，转制为学院并最终成为大学。然而，在这一过程中，师范学校不得不抛弃其关注教师专业准备的传统。在学院和大学不断扩张的背景下，教师培养被日益边缘化。大学的任务不再与师范学校相同，教育学院现在只是大学的众多学院之一；同时，教师教育的责任也扩展到整个大学。除教育学院外，未来教师在大学的其他院系学习并掌握那些有助于他们将来进行教学的普通教育和学科知识，这就使得教育学院的责任仅仅在于提供教学法课程。因此，进入大学意味着师范学校失去了其专业使命和对教师教育的控制权。这就导致了大学的教育学院功能的退化。真正教授教师学科知识的不是教育学院，而是其他地方，而教育学院似乎只负责专业的某些部分——教他们如何准备教学，管理课堂，指导实习教师。在大学的地位等级中，重学术轻技能、重理论轻实践的价值取向，使得教育学处于较低的地位。

“坏伙伴”因素

教师教育地位较低的另一个原因，是伴随着它的各种不良因素。教师教育服务的

---

① 本部分引自，Labaree，2004，Chapters 2 & 3.

人群是在性别、阶级和年龄上处于劣势的群体。这就出现了一个问题，因为专业的尊严来自于与其相关联的人群的质量。首先，公立学校运动的兴起，迅速地使教学从男性的工作转变为女性的工作。之所以会出现这种转变，部分原因在于观念的转变，人们认为女性更适合养育年幼一代，也有实践方面的原因，即教师需求量的不断增多，且人们认为女性十分愿意以低于男性一半工资的条件接受工作。将教学界定为一项女性工作，无益于提高这一专业的地位。

其次，教学更多地表现为一种大众专业，而非独特的专业。因此，它的从业人员主要来自于工人阶级和中产阶级的下层，而更受人尊敬的职业则吸引了更高阶层的有抱负的人。与那些久负盛名的专业人士，其客户主要来自于社会上层，教师与他们不同——公立学校教学的扩展主要是服务于社会底层的学生。作为服务于社会弱势群体的最容易进入的职业，教师和培养教师的项目无形中造就了弱势阶层。

最后是年龄问题。如果说专业人士地位的获取部分取决于他们服务对象的地位，那么，对儿童进行教育的教师不会获得较高的地位，因为成年的服务对象通常有更高的威望。医生、律师、会计、建筑师主要与成年人打交道；即便医生会治疗生病的孩子，其服务对象也是孩子的父母。教学的梯级地位与学生的年龄相对应，研究生项目中的教授处于最上层，而早教工作者处于最底层。小学教师只高于早教工作者一个梯级，高中教师则高于小学教师一个梯级。

工作的本质

导致教师教育地位低下的第三个因素是教师工作的本质。教学是一份看起来简单但实际上极端复杂的工作，对教师教育的专业地位和专业教师的地位而言，教学的 299
这种性质是一种毁灭性的结合。为什么教学如此困难？原因之一在于，没有学生配合的教学不可能成功。多数职业都可在独立于服务对象之外展开，譬如，外科医生用麻醉进行手术，律师为沉默者辩护。但对教师而言，只有学生愿意学习时他们才能完成自己的目标。教师可以努力促进学生完成学习任务，但仅靠他们自己无法让学习发生。

与这个问题相关联的，是学生通常被强迫进入课堂学习。这些压力来自父母、纪律和就业市场，它们迫使学生留在那里（学习）。但是与大部分专业的服务对象不一样，学生并未与教师就他们想获得的服务签订协议。另一个复杂的因素是，教师往往独自开展实践活动，这种活动在一个教室中进行，他们是唯一的专业人员，也是教室中唯一的成年人。最后，教师不得不在这样一种环境中工作，即缺乏可靠的技术，对成功没有清晰定义，甚至对服务对象的身份（同时可以被解释为学生，家长和社区）都没有一个清晰的界定。

因此，教学是一种非常困难的专业实践形式，它使得教师培养也同样的困难。然而，尽管教学是复杂的，人们却认为它很容易。正如丹·洛尔蒂（Dan Lortie，1975）的解释，也如历代教育工作者不断重新发现的那样，之所以会产生这样的观念，是因为教学是所有人都可以看得见的活动。我们以局内人的身份对小学和初中课堂中教师的教学工作进行了长达12年的观察。根据对其他一些工作的了解，譬如那些我们偶尔遇到的或者只有模糊感观的专业工作，我们认为，我们真的已经知道教学到底包括什么：维持秩序、提出问题、分级测试、布置作业。由此导致的结果是，未来教师在进入教师教育项目之前便认为他们知道自己应该如何做，使得类似项目的权威或威信均比较低。此外，教学似乎被认为是一项天生的技能，不需要通过严格的专业教育项目学习。我们认为，这种技能要么有要么就永远不会有：一种与孩子相处的方式，一种自信和强有力的个性。无论它是什么，没有人真正能从教师教育项目中学到它。最后，教师是一种即便从业者非常成功但也不会是不可或缺的罕见的职业。大多数职业都需要运用专业知识，每当服务对象需要帮助的时候就要到专业人士那里求助。但是教师却放弃了他们的专业性，转而教学生如何自学。这就使得教师的技能看起来是清晰可见和平常的，而其他行业的技能则看起来是模糊的和遥远的。如果教学如此困难，而如果它又表现得如此容易和司空见惯，那么就真的没有必要对教师进行培养，也没有必要给予教学特殊的尊严了。

由于这些因素，教师教育地位较低的问题就变得可以理解了。它承载着历史演变遗留下来的东西，而这些东西不仅破坏了它的专业性，同时也使它在大学中被边缘化而并未得到尊重。它缺乏与主流专业的高声望相联系的高地位，它无法摆脱专业实践极其困难但却无法获得公众信誉的宿命。在这种情况下，从师范学校转制为大学的教师教育，其优势似乎是引人注目的，这些引人注目的优势，正如埃利斯岛(Ellis Island)吸引欧洲农民的巨大优势一样。至少从地位的角度讲，似乎有百利而无一害。

300 **交易：好处与代价**

教师教育获得的好处

教师教育迫切需要提升自己的地位，而大学则给它预留了空间。因此将前者并入到后者中，似乎解决了教师教育的大问题。通过这次转制，师范学校的教师变成了大学的教授，候任教师变成了大学学生，同时，教育学院拥有了与法律学院、医学院一样的级别。在当代背景下，只有获得最具有权威性的机构的认可才能成为一名教师。

这种与大学的关系不仅给予了教师教育渴望的地位，也为专业培养项目提供了学术声誉，而这种声誉在此前的师范学校和教师学院中是极度缺乏的。大学在20世纪才在最高水平的学习上拥有垄断地位，在这里，各领域的顶尖学者集聚一堂，他们创造最重要的知识，并把知识传授给下一代的领导者。因此，能够进入大学，就意味着教育学院的全体教员均成为领域中的专家，能够为整个教育领域壮大知识基础，并将这些知识传授给教学专业中的未来成员。

大学获得的好处

教师教育与大学整合对教师教育极其有益，但是它对大学有什么好处呢？教师教育给大学带来的一个好处是它吸引了一大批学生。与美国其他形式的高等教育一样，大学长期以来一直严重依赖于学生支付的学费。最突出的例子是私立大学，但是有一些公立大学也是如此。州政府的拨款仅仅为运营一所公立大学提供了部分开支，因此学费对大学的维持和规模扩大至关重要。此外，州政府的拨款通常按照学生数量进行分配。因此任何大学都不能忽视潜在的学生，这些学生的学费能给学校带来巨大的收益。教师教育为大学提供了这样的环境。教学工作是目前为止需求人数最多的职业，因而对教师与教师教育项目的需求是实质性的和长期性的。即便在今天，经过长时间的发展之后，高等教育招生人数的扩张远远超过新任教师的数量，但教学领域仍然平均每年要雇用所有高校大约15%的毕业生。这个庞大的市场让人无法忽视。

然而教师教育对大学的吸引力还不仅是它带来的学生数量，还有它的成本较低。大学早就把教师教育当成了“摇钱树”(cash cow)。在教师教育项目中，如果不那么严格地执行专业的高标准，那么一个教育学院就能给大学带来很好的收益。如果教育学院继续保持大的班级规模和较低的教员工资，如果在一些大的项目中不需要那些可能会增加成本的昂贵的实验室、丰富的图书和大量的研讨会，那么这种收益就会更高。

当然，即便成本很低，可是如果学生数量太多，那么它对大学也未必有利。精英大学小心地限制录取规模，以保持排他性，由此获取大学的声望。扩大招生规模，尤其是 301
当这意味着降低学术标准时，这一战略将适得其反。但即便在这种精英模式的高等教育部门中，教师教育仍然有它的优势。它可以为一系列主要的学术院系提供支持，其研究生项目给大学带来声望，但是它的本科项目却通常缺少成为主修专业的吸引力。譬如，教师教育中的英语、历史、音乐和艺术等项目，可以为相关专业的本科生提供进入中小学从事相关学科教学的可能性，由此使相关学生的收益颇丰。对于一些院系而言，在大学中有一个切实可行的和规模可观的教师教育项目至关重要。

对于更普通的大学而言，教师教育可以解决另一个问题：相关性。一所大学的声望取决于它是否拥有最高级的研究生课程，并开展最深奥的研究。但是，公众对大学的支持，取决于它在公共领域的效用性。立法者和选民想知道受到其支持的大学究竟能使所在州获得多少好处。好处之一是给该州的年轻人提供接受高等教育的机会，这意味着大学不能有很大的排他性。它需要提供给普通民众一些开放性的项目，譬如，教师教育这样的项目一直以来就为人们接受高等教育提供了很大的机会。大学提供的另一种公共利益是，教育可以为解决州的社会问题作贡献。无论是作为探索教育问题的研究者，还是作为为州的学校培养教师的教师教育工作者，教育学院所有教职员的工作均可以回应这种诉求。

这一分析，又指向了克拉克·克尔提出的观点，即对美国大学而言，取得某种平衡是至关重要的。英国关注大学本科教育(为大量支付学费的学生提供基础的大学教育)，德国关注研究和高水平的研究生学习(提供那些对大学地位至关重要的前沿知识和具有高度选择性的研究生项目)，美国关注职业—专业教育和解决实际问题，而大学需要整合这些因素。教师教育有利于这三方面中的第一个方面和第三个方面，因为它录取了大量的本科生，也提供了一种强有力的实践—职业教育，而这既能支持大学的其他部门(财政支持和政策支持)，也可以给其他有声望且费用高昂的研究生项目提供支持。确保大学的良性运转，就是在精英主义和平民主义、实践性上取得恰当的平衡，教师教育为这种平衡的实现发挥了关键作用。

教师教育付出的代价

教师教育附属于大学的主要代价是它专业使命的潜在缺失。大学教育学院的一些批评家如赫布斯特(Herbst, 1989)，克利福德和格思里(Clifford and Guthrie, 1988)等认为，这是一种浮士德式的交易[①]，教育学院以出卖自己的专业灵魂为代价获得了其在大学的地位。正如我们所看到的，这种交易在师范学校的早期历史中便已经存在——当师范学校在超出自身能力维持高品质的专业项目并不断扩展的时候，当它们增加学术项目，使教师教育不断边缘化，以适应消费者需求的时候，便是在进行这种交易。20 世纪中期，当师范学校变成大学时，这种交易的形式已经形成。在变革的后期，这种状况不断被正规化，将师范学校变成了大学中诸多学院之一，并在更大的大学工厂中扮演着支持性的角色(培养低成本学生，提供实用性理论)。

302 ***大学付出的代价***

在这种交易过程中，大学潜在的最大代价是削弱其自身的学术声望和地位。一般而言，大学在美国的教育格局中都具有至高无上的地位。但是，大学都是在竞争异常激烈的环境中运作的，它们随时有可能失去其在学术等级中的地位。在杰罗姆·卡拉贝尔(Jerome Karabel)撰写的关于 20 世纪哈佛大学、耶鲁大学和普林斯顿大学招生历史的书中，这是一个重要的主题(Karabel, 2005)。这三所高等教育机构在整个 20 世纪都战战兢兢地运转着。它们害怕被长期存在的竞争对手(像其他的常春藤学校)或后起之秀(像斯坦福大学或纽约大学)赶超。大学似乎与生俱来便有某种地位，但在高等教育的市场中，它们不得不担心失去自身的地位。这就意味着，它们无法承担维持低水平学术项目带来的后果，即使这些项目会带来极大的附加利益。因此在每所大学中，大学管理者都会关注教师教育。作为一个学术性偏弱而收益性较大的项目，只要不是太难堪，它就有价值；但是它在大学中的地位从来不是完全有保障的。在那些排名处于最上层的大学中，情况更是如此，我们接下来会论述。

在大学地位等级顶端与底端中的不同交易

我们知道，大学的教育学院经由两条路径发展而来：一是改革为大学(evolution into a university)，即从师范学校到教师学院，到州立学院，再到州立大学(米勒斯维尔大学，明尼苏达州立大学曼凯托分校和蒙特克莱尔州大学就是由这种路径发展而来的)，二是在大学内部演变(evolution within a university)，从一个教席发展成系，再发

---

① 来源于中世纪诗剧《浮士德》，意指与魔鬼做了一笔交易，却出卖了自己的灵魂。——译者注

展为教育学院(哈佛大学、密歇根大学和加州大学伯克利分校采用了这种改革方式)。这些源头上的差别一直延续至今,形成了不同的办学方向[①]。

由师范学校演变而来的地方州立大学教育学院,主要关注未来教师的培养和在职教师的专业发展,它们与教师专业、中小学校保持着密切联系,而对博士学习或研究则关注得不多。它们的身份是明确的,即它们是专业学校。因此,它们往往专业性强而学术性薄弱。而顶级大学的教育学院主要关注博士项目和研究,它们很少参与培养教师或与教师专业、中小学校保持联系。由于它们倾向于将自身建成教育研究院而非教师教育学院,因而它们的身份是学术性多于专业性。所以,通常情况下它们学术性强而专业性薄弱。总体而言,按照这种方式审视教育学院,它通常趋向于某一极,而较少地处于中间地带。

目前,这两种形式的教育学院都暴露了各自的长处和短处。理论上,二者似乎都以自己的方式置于大学之中。地方州立大学中的教育学院,很明显是基于其专业地位而存在于大学中的(它们毫无疑问是专业教育学校),但是它们在研究和高学位项目中的弱势,使它们在学术领域中的稳定性备受质疑。相反,精英大学中的教育学院很明显是以学术见长而立足于大学之中的(它们几乎是不遗余力地致力于提高学术信誉), 303
但是它们与教师教育和中小学校之间的薄弱关系,使得它们在专业方面的稳定性备受质疑。

然而,在实践中,只有教育学院真正面临着被大学关闭的风险,颇具讽刺意味的是,往往还是顶尖大学的教育学院。回顾一下最近的历史:耶鲁大学和约翰·霍普金斯大学于20世纪50年代关闭了教育学院,杜克大学在20世纪80年代关闭了教育学院,芝加哥大学在20世纪90年代也关闭了教育学院。20世纪80年代加州大学伯克利分校差点儿也准备关闭教育学院,同时,在密歇根大学和斯坦福大学也出现了教育学院要被关闭的紧张局面。但与此同时,地方州立大学的教育学院却并未受到威胁。

教育学院在不同大学中生存能力差异巨大,原因是处于地位阶梯两端的它们在当初与大学合作时的妥协程度不同。在底端(low end)[②],教育学院给大学带来了它们所期望的利益:大量低教育成本的学生(地方州立大学培养了全国大多数的教师)以及在为社区提供服务方面的好声誉。这些学院没有很强的学术声誉并不是问题,因为它们所在的大学的学术声誉也处于中等水平。因此,这些大学开设教育学院并不会削弱自身的学术地位,而教育学院本身也进行了自我辩护,认为它们的教师教育项目更多地指向实践,而非学术研究。同时,教育学院也并未在这种互补关系中获得更多的地位提升。这意味着,与精英大学中的教育学院相比,它们不会被迫以牺牲专业性为代价而强调学术性。它们感到不需要出卖自己的专业使命以维持学术的信誉。

---

① 本部分引自,Labaree, 2004, Chapters 6.

② low end,指州立大学。——译者注

在高端(high end)[①],教育学院则处于摇摇欲坠的位置。这样的结论,乍一看似乎很奇怪,因为这些大学中教育学院有最多的出版记录,最大的研究项目资助,最成功的博士项目(通过规模、招生的选择性、毕业生去向加以衡量),同时在《美国新闻与世界报道》(*U. S. News and World Report*)的排名中位居前列。在这样的机构中,教育学院的教职人员的生活是美好的,直到他们被解雇。问题在于,这些大学与教育和教育学院联合会降低它们的学术地位,而与作为其前身的师范学校相比,教育学院则会因为与大学的联合而提升其学术地位。这也就意味着,教育学院有强烈的动机来摒弃它们的专业使命,以建立高水平的学术信誉。

我们回顾一下今天的精英大学的教育学院在二战结束后的数年内的处境可知,当时成立的研究型大学千方百计地将自己区别于底层学院和高校,后者在《退伍士兵权利法案》(G. I. Bill)的背景下迅速扩张。精英大学为了提高区分度,便努力提高学术水准。在某种程度上,这意味着要识别出学术性较弱的项目,并要求它们增加学术性,否则项目所在学院就会面临关闭的危险,这使得这些学校的教育学院和商学院成为明显的目标对象。这两类学院为了应对这种压力,采用了类似的策略:它们抛弃了致力于专业培养的本科项目,将教学的重心重新集中于研究生阶段,重点强调学术性学科,并开始进行大量的研究。双方在这一策略上都很成功:大学发现重构后的教育学院和商学院很值得纳入到自身的学术体系中,而且它们中的大部分已经成为各自领域的顶尖学院。

但这一策略有弊端。精英大学的教育学院按照要求建立了良好的学术声望,但这种声望是以牺牲专业学校的身份实现的。商学院通过设立工商管理硕士(Masters in Business Administration)的方法避免了这个问题,它们建立了高水平的项目,对商界
304 领袖进行专业培养并为新的商业学校奠定基石,从而加强自身与专业之间的联系。精英大学的教育学院则一直没有类似的项目,它在教学上关注各种各样的博士项目,而教师教育项目却很少。结果,这些教育学院又开始面对来自大学的其他威胁。它们也许在学术上很强,但却不具有专业性。它们认真地研究教育,也运用社会学、心理学、人类学、政治学、历史学、哲学、统计学、语言学等学科。但是这些领域在研究型大学都有专门的研究院系,其中的学者因其较高的学术声望而具有较高的学术地位。因此管理者更容易会问:既然我们的校园里有其他院系在进行"真正的研究",为什么我们还需要一个教育学院来进行这些学科的研究呢?如果教育学院不是一个专业的学院,那么我们为什么需要一个这样的学院?如果它既没有学科性,也没有专业性,那么在研究型大学中它便没有理由作为一个独立的院系存在。

因此,部分精英大学的教育学院在过去的50年中消失了,而其他的一些虽面临着被关闭的风险,却逃脱了消失的命运。许多留下来的学院从这次经验中吸取了教训,

① high end,指精英大学。——译者注

即顶尖的学院需要在学术性和专业性上保持平衡。教育学院需要较强的学术性，同时也需要维持适度的专业信誉形象。鉴于未留意此问题的院系所经历的厄运，很多顶级教育学院的院长在过去20年间均努力使自身在专业性上有所进步，同时注意使这种专业性不给它们的学术信誉带来威胁。因此，教育学院要与当地中小学校保持联系，适度增加对教师和管理人员的培养，并扩大针对实践者的硕士学位项目。

结论

美国教师教育于150年前作为独立的专业学校兴起，最终成为大学的一部分。但这并非是提高教师专业教育质量的结果，相反，它是大学在教育的所有方面逐渐占据主导地位的一种附带效应，这就意味着教师教育与其他专业领域一样，别无他处可以选择。教育学获得了通往高层次学习圣地的机会，这一方式并非由教育学院创造，但会对其专业使命带来问题。在双方的交易过程中，教师教育放弃了专业项目，选择了以一种破坏这些项目专业质量的方式进行合作，导致这些项目在大学背景中被边缘化，得不到尊重。但作为回报，它得以在大学的崇高地位中“取暖”。

然而，对专业教育的影响则根据大学在学术等级上地位的变化而变化。在底端，尽管教育学院通常以牺牲学术性和专业性的质量为代价，且隶属于州立大学的中等的地位，但它却能保持良好的专业身份。随着时间的推移，教育学院采取的这种措施显示了非凡的稳定性。但在顶级大学的教育学院，情况则不同。领先的研究型大学给教育学院施加了巨大压力，对学术信誉的追求使得它以牺牲专业使命为代价，同时，教育 305
学院也被要求保持充分的专业身份以区别于具体的学科。这种安排更加不稳妥。处于这些机构中的教育学院，要保持学术性和专业性的适当平衡非常困难，因为这种平衡会随着时间和空间而发生变化，严重偏向于其中任何一方都会引发致命的后果。

（曹珺玮　张　雷　译）

参考文献

Altenbaugh, Richard J. & Underwood, Kathleen (1990) The evolution of normal schools. In John I. Goodlad, Roger Soder, & Kenneth A. Sirotnik (eds.), *Places where teachers are taught* (pp.136 - 186). San Francisco: Jossey-Bass.

Borrowman, Merle L. (ed.) (1965) *Teacher education in America: a documentary history*. New York: Teachers College Press.

Brubacher, John S. & Rudy, Willis (1997) Professional education. In Lester F. Goodchild & Harold S. Wechsler (eds.), *ASHE reader on the history of higher education*, 2nd ed. (pp.379 - 393). Boston: Pearson Custom Publishing.

Clifford, Geraldine Joncich & Guthrie, James W. (1988) *Ed school: a brief for professional education*. Chicago: University of Chicago Press.

Durkheim, Emile (1938/1969) *The evolution of educational thought: lectures on the formation and development of secondary education in France*. Boston: Routledge and Kegan Paul.

Eisenmann, Linda (1990) The influence of bureaucracy and markets: teacher education in Pennsylvania. In J. I. Goodlad, R. Soder, & K. A. Sirotnik (eds.) *Places where teachers are taught* (pp.287 - 329). San Francisco: Jossey-Bass.

Flexner, Abraham (1910) *Medical education in the United States and Canada: a report to the Carnegie Foundation for the Advancement of Teaching*. New York: Carnegie Foundation for the Advancement of Teaching.

Herbst, Jurgen (1989) *And sadly teach: teacher education and professionalization in American culture*. Madison, WI: University of Wisconsin Press.

Holmes Group (1995) *Tomorrow's schools of education*. East Lansing, MI: Author.
Karabel, Jerome (2005) *The chosen: the hidden history of admission and exclusion at Harvard, Yale, and Princeton*. Boston: Houghton Mifflin.
Kerr, Clark (2001) *The uses of the university*, 5th ed. Cambridge, MA: Harvard University Press.
Koerner, James (1963) *The miseducation of American teachers*. Boston: Houghton Mifflin.
Kramer, Rita (1991) *Ed school follies: the miseducation of America's teachers*. New York: Free Press.
Labaree, David (2004) *The trouble with ed schools*. New Haven: Yale University Press.
Levine, Arthur (2006) *Educating school teachers*. Washington, DC: The Education Schools Project.
Lortie, Dan C. (1975) *Schoolteacher: a sociological study*. Chicago: University of Chicago.
Mattingly, Paul (1975) *The classless profession: American schoolmen in the nineteenth century*. New York: New York University Press.
Ogren, Christine (2005) *The American state normal school: "An instrument of great good."* New York: Palgrave Macmillan.
Powell, Arthur G. (1976) University schools of education in the twentieth century. *Peabody Journal of Education*, 54(1), 3-20.
Sedlak, Michael W. (1989) Let us go and buy a schoolmaster. In Donald Warren (ed.) *American teachers: histories of a profession at work* (pp. 257-290). New York: Macmillan.
Shulman, Lee S. (1986) Those who understand: knowledge growth in teaching. *Educational Researcher*, 15(1): 4-14
Tyack, David B. (ed.) (1967) *Turning points in American educational history*. Waltham, MA: Blaisdell Publishing Company.
University of Michigan (2005) Teaching the disciplines and the discipline of teaching: celebrating 125 years of the art and science of teaching at the University of Michigan. Conference program. Ann Arbor: University of Michigan.
Veysey, Laurence R. (1965) *The emergence of the American university*. Chicago: University of Chicago Press.

19. 何种经验？通过教师专业发展学校还是社区环境培养教师？

玛丽莲尼·博伊尔-贝斯(Marilynne Boyle-Baise)
印第安纳大学(Indiana University)

D. 约翰·麦金太尔(D. John McIntyre)
南伊利诺伊大学(Southern Illinois University)

何种经验？通过教师专业发展学校还是社区环境培养教师？

不同的教师群体在哪里接受教育？由谁来教？其目的是什么？不同的环境与教 307
育者对教师的知识和实践，对学生的学习和对学校变革有怎样的影响？教育研究者和决策者都提出了这些问题，目的在于探寻培养未来教师的最佳条件和环境。

我们的目的是比较和思考教师教育的两种环境：教师专业发展学校(Professional Development Schools，PDSs)和社区环境(community oriented settings)。这两种环境均可被视为是改革的努力，旨在改善学生的学习和教师的培养，但它们使候任教师所获得的各种经验有很大不同。我们的目标是考察这两种环境在培养教师服务于多元文化学生及其家庭，尤其是来自于极度贫困社区的学生与家庭上的潜力，同时，我们也会探索在这些不同的环境之间建立联系以促进这一目标的达成。

本文两位作者中一位是学者，倡导教师专业发展学校运动；另一位是学生，支持社区导向的教师教育。我们都发现了传统的教师培养模式的不足，尤其是当中小学和大学分别被视为是教育理论与实践的不同场所而彼此孤立，或当学校和社区被拆分为不同的学习场所时，更是如此。然而，正如我们思考的情境问题一样，我们发现好的教学和好的学习之间也存在一些差别。

为了方便比较，我们借鉴了一本由教育领导研究所(Institute for Educational Leadership，IEL)出版的小册子：《教育与社区建设：连接两个世界》(*Education and Community Building*：*Connecting Two Worlds*)(Jehl *et al*.，2001)。在书中，教育领导研究所通过展示学校变革和社区发展是如何一致地为青少年和家庭谋求利益的过程，尝试弥合学校和社区建设者之间的鸿沟。教育领导研究所描述了学校和社区的情况，指出它们之间存在的紧张关系，并提出改善关系的策略。借鉴此方式，我们划定了教师专业发展学校或社区环境中教师培训的维度，指明了问题的症结所在，并思考发展的方向。我们首先对不同环境中的教师教育进行了概述。然后，我们描述了每种环境中关于教师教育的原则、观点和做法。最后，我们提出了一种经验上的融合方式，为教师培养提供一个新的视角。

概述：一所社区的学校

让我们来想象这样一所学校。学校坐落在以文化多样性为标志的城区中。它为多样化的、来自不同民族的学生和家庭提供服务，其中很多人不讲英语。很多家庭是新移民到美国的，他们还在与贫困作斗争。这样的学校在今天的很多城区中仍然存在。

这所学校使多样化的家庭有宾至如归的感觉。它以学生为中心，视每一个学生为拥有最高价值的个体。它与周围的社区协同工作；学生研究当地文化，帮助移民适应新环境。当地人把这种学校看成是社区的中心，他们称其为“社区学校”(community's school)。

这所学校由一位灵活的、了解多种语言的、熟知本地情况的校长来领导。他认为，一所学校应该引导它所在的社区进行建设性的变革。他雇用熟悉社区的、知晓多种语言的家庭指导员，用他们的母语给家长解释学校的课程。他组织成立家长、学生、教师和社区领导者委员会，使它承担重要的决策任务。他号召校内外的年轻人参与进来，关注社区的问题。

学校为教师提供现场的在职培训——关注种族和文化现象。教师组成的文学团体，阅读和讨论有关民族的书籍。教师通过问卷调查收集有关学生的信息，开始把自己的知识纳入课程。他们直接对自己服务的社区负责。他们在每周一次的开放日上与家长交谈。他们由学生进行评估，并利用反馈来提高自己的教学水平。

这个学校并不是空想出来的。它曾经在 20 世纪 30、40 和 50 年代非常有名。它就是位于纽约东哈莱姆(East Harlem)的本杰明·富兰克林男子高中(Benjamin Franklin High School，BFHS)，校长是伦纳德·科韦洛(Leonard Covello)(参见，Covello，1936；McGee Banks，2005；Peebles，1969)。如今，类似的努力在许多不同名义下进行：灯塔，通往成功的桥梁，关怀社区和大学协助下的社区学校(Dryfoos，2002)。社区学校通常被称为全方位服务的学校，它们将教育的、社会的和健康的服务融为一体(Blank *et al.*，2003)。像本杰明·富兰克林男子高中一样，它们更倾向于服务于经济困难的城区，在这里居住着不同种族和民族的人(Dryfoos，2002)。

概述：一所教师专业发展学校

让我们来想象这样一所学校。这种学校把学生的学业成绩看得很重要。它不断打造与大学的新型关系，进而改革教师教育和改善学生的学习。在学校的礼堂中每天都能看到大学教师，他们在学校的操场上授课。教师教育工作者着眼于州标准，把学业成绩优秀作为成功的标志，并将“最佳的”的实践知识教授给职前教师以让他们达到这些标准。

候任教师在实地中学习，基本上都在一所学校待上几个学期，并对学校的目标、政策、流程以及教师、学生和教室非常熟悉。他们与大学教师以及所在学校的教师合作开展行动研究项目以改进学生的学习。一种以问题解决为中心的气氛逐渐盛行起来。 309

在这所学校中就读的孩子的家长一般对孩子抱有很高的期望。他们对这所学校重视学业水平的做法很满意，尤其是在极度贫穷的学校才会使用“简单化”(dumping down)的课程的背景下。他们期待着与教师沟通，包括进行频繁的家长教师会议，对子女的学业进展情况进行定期沟通。他们希望自己的孩子在标准化的州考试中获得更高的测试分数，而在传统的学校教育背景下这样的期待并不明显。

候任教师把自己看成是专业人员，打磨技能，通过研究获得专业发展。像在传统的教师教育项目中一样，他们由教师来指导，同时也有教师教育工作者指导他们。学校就像模拟的医学的教学模式一样，是一个追求学生成绩、教育研究和教师培训全面卓越的实践场所。

主要观点和原则：一种社区导向的视角

对以社区为导向的教师教育进行界定并不容易，因为这一术语就像是一个装满许多不同行动、措施的“大箩筐”。就我们的关注焦点而言，它指的是在中小学校的教育实习，或在文化多样性和/或收入较低人群的社区中实习，如服务学习(service learning)[①]。接下来我们主要探讨服务学习、文化浸润和参与社区学校影响教师教育的方式。

服务学习

服务学习可能是解决教师教育中存在的社区问题的最常见方法。服务学习以一种轻松的方式将社区导向融入教师教育，因为它可以被视为常规课程之外的“课外活动”(add-on)，而无需中断或取代其他学科内容。服务学习让职前教师与当地青少年和成人就一些有价值的事情一起工作，并向他们学习。它可以提升人们在和与自己不同的人群相处时的舒适感。而且，它还可以培养人们养成这样一种观念，即教学是公

① Service learning，本文译作服务学习。在美国的教育实践中，通常将社区服务和课堂教学结合起来，发展学生的批判性和反思性的思维方式，以及作为个人和公民的责任感。服务学习强调学生融入社区，在为社区提供服务的同时提升他们的学习能力，并履行对社区的义务。——译者注

共服务，而教师作为教育的领导者应该为日趋多元化的公众服务。

许多实践都被视为是服务学习，但并非所有的服务学习都以社区为导向（如，Boyle-Baise，1999；Densmore，2000；Butin，2003）。慈善事业能满足眼前的需要，但是却无法改变受助者依赖“赤字”救助为生的想法（参见，Henry，2005）。辅导可以帮助职前教师打磨自己的教学技巧，但却很少提供与成人的联系，同时也很少让他们有机会了解学习者生活的社会背景（参见，Boyle-Baise 和 Kilbane，2000）。

批判性服务学习（参见，Rhoads，1997；Rosenberger，2000）、正义导向的服务学习（参见，Wade，2001）或多元文化服务学习（Boyle-Baise，2002）的目的是肯定多样性，建设社区，并质疑不公正。对于文化多样性和/或高度贫困社区，人们往往以资产为基础进行判断：以资源和优势对地域进行判断，而不仅仅从存在的各种问题来判断（如，Kretzmann，1992）。学习者与他人合作，发展信任关系。种族、文化与权力问题被作为实习工作中反思的一部分来讨论（参见，Jones *et al.*，2005；Pompa，2005）。批判性服务学习有力地支持了以社区为导向的教学。

310 **文化浸润**

在对全美多元文化教育协会（National Association for Multicultural Education）的 100 名成员进行的研究中发现，文化浸润是影响受访者对多元文化教育之责任理解的关键因素之一（Paccione，2000）。文化浸润的经验帮助教育者敢于超出自己的文化舒适区，并转变对其他文化的理解。

在三十多年里，美国印第安纳大学伯明顿分校（Indiana University-Bloomington，IU）的文化浸润项目有力地补充了传统的学生学习，为未来教师提供了新的文化视野，扩充了他们的社区知识（如，Stachowski and Mahan，1998）。美国印第安人保留地项目（American Indian Reservation Project，AIRP）在整个纳瓦霍族（Novajo Nation）学校中为实习生准备和安排了 17 周的教学任务。

在教学实习前一学年，职前教师就接受了广泛的关于其实习所在地的文化教育，包括与接待他们的学校的咨询专家一起开展研讨会。在职前教师教学实习的过程中，他们住在印第安事务局的宿舍，为纳瓦霍族青年提供辅导，陪伴他们并为他们组织活动。职前教师教导自己并将自己浸润在与其共事的人的生活和文化中（Stachowski and Mahan，1998）。他们至少参加一个服务学习项目，并提交反映文化价值和文化问题的报告。

通过文化浸润，职前教师可以获得有关工作场所的深层次文化知识，意识到智慧的价值，致力于服务学习，并创设与文化相关的课程（Stachowski 和 Brantmeier，2002；Stachowski and Frey，出版中；Zeicher 和 Melnick，1996）。文化浸润的观点认为职前教师需要长期的、本地化的互动，以理解未来学生的文化。

社区学校

社区学校是教师服务社区的一个必选场所。社区学校并不是一种新的想法。在20世纪30年代，在查尔斯·斯图尔特·莫特基金会（Charles Stewart Mott Foundation）的推动下，一场社区教育运动蜚声全国。1933年，由弗兰克·曼利（Frank Manley）发起建立了密歇根州弗林特“光明学校”（Lighted Schools）。最终，50所学校开展了课后和暑期项目、医疗服务项目和社区教育项目（Dryfoos，2002）。

从20世纪80年代中期开始，社区学校重新扎根。社区学校建立在“光明学校”的经验之上，目的是帮助当代青年人获得成功。1997年，一群教育工作者和社会服务领导者建立了社区学校联盟（Coalition for Community Schools），用以支持一系列基于中小学校的社区教育（Dryfoos *et al.*，2005）。该联盟把社区学校定义为“一系列伙伴合作关系，其中的服务、支持和机会可以改善学生的学习，建立更稳固的家庭和更健康的社区”（2000：1）。目前有超过1000所学校处于运转之中（Dryfoos，2002）。

虽然社区学校运转良好，但是几乎没有教师教育项目为社区学校培养教师。35年前，伦纳德·科韦洛（Leonard Covello）建议社区学校的教师“应该在工作中获得大部分的训练”（Peebles，1969：19）。近来，社区学校联盟的职工主任马丁·布兰克也提出同样的建议（Martin Blank，个人对话，2005年6月27日）。他说，教师把“个人信念”带到社区学校，然后，“在工作中学习其他的内容”。

我们可以在社区学校早期的言行中找到其中的教师培养的原则基础。伦纳德· 311
科韦洛认为，未来教师需要“离开大学校园并和将要一起工作的人们共同切磋”（Peebles，1969：17）。他希望教师通过亲自参与来了解青少年和他们的家庭。“如果教师直接参与社区中孩子们的生活，那么孩子对教师而言就会有不同的意义”（Peebles，19）。

正如我们在概述中指出的一样，科韦洛为他所在的学院发起“综合在职教师”项目（McGee Banks，2005）。在本杰明·富兰克林男子高中（BFHS），教师的在职培训聚焦于学习学生的文化背景，解决家庭问题，并参与邻里事务。正如有些事发生在校外有些事发生在校内一样，需要在广泛的浸润中体悟教育。我们猜想，这些目标为今天的社区导向的教师培养提供了合法性基础。

最近，彼得·默雷尔（Peter Murrell，2001：5－7）重述了科韦洛建议的准则，并重申了服务学习和文化浸润在社区导向教师培养中的作用。

1. 教育学院应帮助城区学校的教师开发一套优秀实践的体系，或设计专业化和教育性的教学活动，提升多样化学习者的学业水平并促进个人发展。

2. 清晰地描述和报告成熟的实践经验，将其作为拥有多元化学生群体的城区学校的标准。

3. 社区学校教师在城市和社区环境下应参与丰富的实习经验，包括浸入到合作的以研究为导向的背景中，并进入城区和社区环境之中。

4. 鉴于候任教师有足够的机会去学习优秀的实践案例，并拓展文化视野，所有候任教师都可以成为社区的教师。

5. 社区教师的发展需要获得来自同事，包括成功的城区学校的教师、家长和社区成员的帮助，而不是获得单一的辅导教师的协助。

6. 教师发展的合适背景是致力于社区的、以实践为导向的并以城区为重点的实习工作。

7. 教师教育应被理解为一种生态的过程，其中包括有趣的、相互促进的、不同层次的经验与专长。

默雷尔将优秀实践的理念引入了我们的讨论，如学习的成功，教师与特定人群一起工作时的教学策略。

原则：教师专业发展学校的视角

霍姆斯小组在其1986年出版的《明日之教师》(*Tomorrow's Teachers*)中提出了教师专业发展学校的概念，希望能在大学和P－12学校之间创造一种新的伙伴关系。大学教师和P－12的教师为了一个共同的目标一起工作，他们的期望和作用比在传统实习中的期望和作用更加复杂和纵横交织(Book，1996)。霍姆斯小组(Holmes Group，1986)所设想的大学与P－12学校的伙伴关系是，大学与中小学为中小学教师和管理
312 人员的专业发展提供机遇，同时，大学教师也有机会提高他们工作与实践的关联性。只有共同解决与学生学习相关的问题，在大学与中小学中共同教学，并创新对候任教师进行指导的合作机制，大学与中小学的合作才会真正实现。

教师专业发展学校的概念受到医学领域中教学医院的启示(Book，1996；Koehnecke，2001)。在医学领域中，未来的医生和执业医师一同在医院工作，未来的医生的培训通过与医学研究者的互动获得。实习医生不是在模拟的医疗情况和突发事件中实习，而是在执业医师的指导下通过与真正的患者打交道，获取实际经验。在许多方面，这种做法体现了科韦洛的思想，即未来教师的培训的重要部分，应该在工作实践中进行。

但这并不意味着合作与伙伴关系就是教师教育中的新事物。由于新任教师在早期培养过程中对经验的需要，形成了历史上学院/大学和学区关系的格局。持证上岗教师的发展，也为高等教育和学区之间的合作提供了机会。但是，这种合作充满了潜在的问题和风险。伯德和麦金太尔(Byrd and McIntyre，1999)认为，教师专业发展学校运动带来的一个意料之外的结果就是，它有助于更好地理解这些障碍，并可以推动学校和大学间进行更多合作。

很多人提出了指导教师专业发展学校发展和实施的原则。例如，1993年，弗

兰克·默里(Frank Murray)总结了有效的教师专业发展学校的特点。这些特点包括：

1. 学校的目标是使所有教师理解工作的内容。

2. 教学目标是让学生掌握重要的知识，尽管这可能意味着他们接触到的信息不是特别多。

3. 学校的目标应适用于所有学生，包括那些很难教会的学生。

4. 教师运用辩证的方法指导学生，以适应个别学生的需要和理解。

5. 学生要积极地学习知识，因为知识是理解的基础，而知识也服务于实践。

6. 教师应对学生从真实情境中提取并运用的信息的能力进行有效评估。

7. 教师专业发展学校中的学习共同体为学生所需要获得的价值观念进行了示范，包括展示协商、辩证的学习过程。

8. 专业教师是一个持续学习者，他们寻求与其他人合作，并对学生的学习需求做出回应。

9. 学校让教师有时间进行教学反思，并为辩证的学习环境进行必要的规划和咨询。

10. 学校的目标是给学生的需求提供一体化的支持服务。

11. 教师专业发展学校是一个探究中心，有助于产出学术文献，用以解决与教学和学习相关的实际问题。

根据这些原则，教师应掌握学科内容，变成学习教学的学生，在探究活动中与同事合作，在建构学习中获得专业知识，并使用有效的评估形式确定学生的学习效果。

从霍姆斯小组开始，霍姆斯的合作伙伴不断扩展。大学、中小学校、社区机构和全国专业机构组成了一个网络，它们通过协同工作，提高教师的专业发展水平并推动学校的大规模重建，提高针对所有儿童的教学和学习的水平。霍姆斯的合作伙伴在1996年提出了有助于提高和评估教师专业发展学校伙伴关系质量的6个目标。这些目标包括：

- 目标1：高品质的专业培养——为公立学校的教育工作者提供示范性的专业准备和发展计划。 313
- 目标2：同步更新——对基础教育阶段的公立学校和教师教育项目进行同步更新。
- 目标3：公平、多样化、文化胜任力——K－12教育、高等教育和职业教育积极促进公平、多样化，提高文化胜任力。

- 目标 4：学术探究和研究项目——指导和传播教育研究，参与学术活动，以扩展知识，提高教学和学习水平，为教育者培养和发展提供信息，并影响教育决策和实践。
- 目标 5：以学校和大学为基础的教师发展——为未来的教育学研究人员及为高水平的校本教育者的专业发展提供高质量的博士课程。
- 目标 6：政策动议——参与同公立学校和教育者培养相关的政策的发展和分析。

通过代表性的教师培养和专业发展项目，这些目标重申了促进教师专业化的重要性(根据最新的研究)。学校的重建以学生的学习为中心，其次是建立在研究的基础上。新的目标通过师资培训及专业发展肯定多样性，并发展文化胜任力。

2001 年，全美教师教育认证协会(National Council for Accreditation of Teacher Education, NCATE)出台了定义和指导教师专业发展学校的标准。全美教师教育认证协会将教师专业发展学校定义为，在满足所有儿童需要的背景下用以支持候任教师和教师发展的环境。教师专业发展学校的合作伙伴必须以教学和研究为共同愿景，分担教师培养的责任，为达成共同的目标重视专业知识，坚持对公众负责，致力于培养候任教师和教育人员，以满足多样化学生群体的需求。

那么，教师教育在教师专业发展学校中究竟意味着什么？如同医学领域，教师专业发展学校应该是以专业和探究见长的地方，在这里，候任教师在优秀的教师和学者的指导下进行创新技术的实践。

结合点

教师专业发展学校致力于寻求教师的专业化，发展学术专长。而社区导向的学校却不重视专业化，害怕专业化会使教师远离社区。它们坚持让教师融入到学校和社区文化中去。教师专业发展学校主要关注学生的学业成绩，而社区导向的学校则从更广泛的视野理解学生的发展，将学生的发展视为学业进步、个人福祉、文化认同和社会参与。教师专业发展学校强调中小学校与大学之间的联系，社区导向的学校则强调中小学校和社区之间的联系；教师专业发展学校的目标是以优质教育为中心，社区导向的学校则旨在成为社区的依靠。

教师专业发展学校呼吁注重多样化，特别是在学生学业成绩方面，但这并不意味着它就是这一运动的核心。另外，对多样化的肯定是社区导向行动的最初“通用语”
314 (lingua franca)。教师专业发展学校呼吁通过综合服务来支持年轻人，但同样，也没有迹象表明这是它的核心工作。实现满足教育、卫生及社会需要的全人教育，是社区行动的最重要工作。

前景：一种社区导向的观点

伦纳德·科韦洛(Leonard Covello, 1958 /1970)将其自传命名为《心即教师》(*The Heart is the Teacher*)。他的心跳脉搏始终与东哈莱姆街区[1]跳动在一个节奏上。他的学生身上存在的问题就是他自己的问题,并且会在个人和专业的层面上对他产生影响。科韦洛相信,中小学校应该是社区发展的重要力量。他利用学校资源帮助学生成长,提供成人教育,向种族诋毁宣战,与导致城区贫困的破坏力量做斗争。科韦洛认为自己是位有心的教师。什么样的思想和行动模式可能会成为社区导向教师的基础呢——有心的教师?

多元文化理解

伦纳德·科韦洛面临的问题之一,是他的同事缺乏对多元文化的理解。教师是学科内容的专家,但是他们不知道如何解决课堂上的文化和种族问题(McGee Banks)。在自传中,他回顾了一位英语老师要求他将一个在课堂上总是惹祸的男孩驱逐出课堂的事情。这个男孩要求给他第二次机会以完成高中学业。这位教师"太年轻,刚来到东哈莱姆区,迫不及待地想要被重新分配到一个更好的社区学校中……她在纽约州一个安静的郊区佩勒海姆(Pelham)长大,这是她的第一份正式工作"(McGee Banks, 2005: 200)。

科韦洛建议这位教师:

> "这对我来说比较容易……因为,我也被以同样的方式养大并在相似的社区中生活过……但是如果你在内心深处说服自己相信,这些男孩……基本上就跟你知道的其他人没多大的不同,同时,他们也希望你喜欢他们,那么你的烦恼便会消失。"(Covello, 1958/1970: 200)

但是,当前这种情况没有多大的改变。今天,教师对不是自己所在的社区几乎没有任何了解,而且他们认为自己也没必要了解它们(Sleeter, 2000)。他们认为自己很了解学生,因为他们在学校中每天都会看到学生。他们认为多元文化很狭隘,给课堂增加了额外的文化信息。教师教育课程能够帮助教师理解文化、种族和权力问题,但是教师不能仅仅在大学的教室中学习社区知识。社区的教师需要参与到社区之中,以了解他们所在的学校社区。

---

① 美国纽约市曼哈顿区的一部分。该地区为纽约市最大的拉丁族裔社区之一,居民主要为波多黎各裔,也包括其他拉丁族裔和黑人。——译者注

服务伦理

服务伦理是一种“心灵的习惯”(Bellah *et al.*, 1985: 37),或是使社区教学建基于其上的确证。一些概念可以帮助教师发展服务伦理。他们可以把自己想象成服务型领导者(Greenleaf, 1977),或是首先将自己视为服务提供者的领导者。服务型领导者也是学习者,他们通过倾听对问题作出回应,然后通过他们的资源促成服务目标的达成。当他们真正为别人服务时,他们的努力被理解为地方性领导者的实践(local leadership)。

简·亚当斯(Jane Addams)是赫尔宫(Hull-House)的领导者,她在20世纪早期于
315 芝加哥创办了安居房(Settlement house)①,为我们展示了服务型领导力(Daynes and Longo, 2004)。她之所以创办赫尔宫,是因为她认为赫尔宫可以为移民家庭提供文化发展的机会。但是,当亚当斯花时间与她的邻居相处时,她意识到移民是带着自己的文化传统进入新的城市的。因此,她开始与邻里协同工作来开展教育、文化和政治项目,以满足他们的需要。

内尔·诺丁斯(Nel Noddings, 1984)也提出了可以支持这种服务精神的观点:关怀伦理。关怀以一种带着对他人的关注和希望的同情心去感受和行动。当然,问题的关键是同其他人保持联系,尽管这些人可能彼此不同。作为一种互惠的人性模式,关怀而非照顾必须成为社区导向教学之根本。

社区教师需要把教学理解为公共服务,并把自己看作是公共服务的公仆。应该将问责制重新定义为对儿童、家庭和社区的责任感。对更大的善的投入意识应该最大程度地支持教师的工作。

优势本位的观点

从需求本位(needs-based)的观点出发,穷困的城市社区中充斥着各种问题。在这些地方,充斥着无数个无助的个人和不幸的组织。这种观点在决策者和资源分配者之间流行,通常以媒体为手段,并最终渗透到职前教师中(Boyle-Baise and Sleeter, 2000)。

以优势本位(assert-based)的角度理解,尽管社区的贫穷是真实存在的,但这只描述了社区的一部分现状。另一部分是社区的优势、智慧和资源——人们的所知和所为,其中的正式与非正式组织、商业、建筑,尤其是学校(Kretzmann, 1992)。教师是重要的财富,他们受过良好的教育,像一个蓄水池一样为当地的组织贡献力量。

社区教师需要明白,即便是在最差的社区,也有内在优势。他们需要把自己看作是有技能和有知识的人,能够推进社区的进步。他们需要将“学校—社区伙伴关系”视

---

① Settlement house,一般是指由慈善组织或大学团体所创办的教育文化活动中心,这里特指赫尔宫。——译者注

为社区发展和赋权的希望之路。

广泛的、互联的教育观

简·亚当斯认为，"(赫尔宫所提供的)社会服务是对狭义教育的一种抗议"(Addams，引自，Daynes and Longo，2004)。她认为，教育应该具有广泛性、关系性和公共性。教育并没有离开社区，而是从社区中来。教育不是专门化的，而是公共的、普遍的利益。

赫尔宫是一种典型学习模式，它发生在校外并涉及不同背景下的儿童和成人。它提供了幼儿园、音乐学校、戏剧培训、公民课和一般的成人教育。它充当社区居民和其他机构，包括学校之间的中介者。赫尔宫的经验体现了一种包容的、互动的、关注社区的观点。

伦纳德·科韦洛(Peebles，1969)发现，教师有一种将教育理解为发生在教室里的事情的自然倾向——教师在那里花费他们生命中的大部分时间。他提出，即便是在职教师，也只是看到了学校的四面墙壁，而不是学校所在的社区。他认为，尽可能地让候任教师走出大学教室进入社区，是极其重要的。

社区教师知识

默雷尔设想的"社区教师"(community teacher)，是指那些"拥有关于文化、社区、 316
儿童和他们的家庭背景的知识，服务于其所在的社区，并运用相关知识在多样化的环境中从事有效的核心教学实践"的教师(2001：52)。社区教师的知识是他们关于生活、文化传统和学生经验的知识。

社区教师知识有多种名称，其中包括与文化相关的教学(Ladson-Billings，1994)和文化敏感性教育(Gay，2000)。其特性包括：承认文化知识、先前经验和不同民族学生的参照框架；在课程内容、课堂气氛和教学技巧及评估上，关注文化敏感性；致力于学生的成功，并促进学生的参与，使他们成为民族群体和国民社会中有生产力的成员(Gay，2000：29－34)。

默雷尔(2001)指出，与其服务对象一样，大部分进入社区导向教学中的候任教师来自城区，但是任何人只要努力获得了关于当地社区的知识，都能成为一名社区教师。一个社区教师需要获得社区教师知识并践行文化敏感性教学。

前景：教师专业发展学校的视角

从教师专业发展学校的视角看，教师应该是教学内容专家，帮助所有学生建构性地学习，并与知识进行互动。教师应该是学习者，他们不断努力，不断进行探究性理解以促进学生的学习。教师应该是合作者，与大学的伙伴和学校的同行一起对学校进行改造(Murray，1993；NCATE，2001)。教师应当对学生的学习负责。以下是教师专业发展学校中教师培养的基础性概念。

掌握学科知识

人们呼吁要厚实教师的学科知识，以推动教师专业发展学校运动的发展（Teitel，2003）。20 世纪 90 年代末期，《高等教育法案》条款Ⅱ（Federal，Title Ⅱ legislation）实施后，教师报告卡（Teacher Report Cards）开始投入使用，其中要求教师教育项目报告候任教师在学科考试中的通过率。与教师教育和中小学校的合作一样，《高等教育法案》条款Ⅱ也要求艺术与科学学院要更多地参与到教师教育项目中。全美教师教育认证协会随后要求教师教育项目的毕业生须在学科领域的考试中达到 80％的通过率。

显然，教师必须掌握学科知识，以有效且高效地将学科知识呈现给学生。这个观点支撑了《不让一个孩子掉队法》（No Child Left Behind，2002）中对“高素质教师”的定义：应该是通过学科知识考试的人。这个定义假设可通过标准化考试来评估教师对学科内容的掌握程度，教师需要知道这些内容以便把学生教好（Cochran-Smith，2004）。教师教育项目已对重新强调引入学科知识的政治压力作出了回应。然而，怀斯（Wise，2005）认为，这种对“高素质教师”的狭隘界定，并非产生于教学专业的价值和信念。

参与教师专业发展学校运动的人认为，尽管学科知识非常重要，但它必须与课堂
317 实践相结合，以达到满足所有学生需要的目的。通过学校的课堂教学，通过与在职教师、人文和科学学院教师的合作，并通过增加候任教师在教室观察、辅导和教导学生的时间，这一目标就可以实现。教师专业发展学校旨在提升候任教师的学科知识水平，并促进他们对学校和学生文化的理解。但是，另一个问题是：对学科知识的过分强调会不会干扰候任教师了解学生和社区呢？

探究式学习

霍姆斯小组（1996）将学术探究作为有效的教师专业发展学校的主要目标之一。伙伴合作敦促教师专业发展学校开展并传播教育研究，以创新知识，促进教学和所有青年人的学习，为教师培养和专业发展提供信息，并影响教育决策。

如果与教学医院进行比较，那么教师专业发展学校强调教育研究，并不值得惊奇。在教学医院中，未来医生在现场学习，他们在自己的专业领域中进行研究，促进了知识的掌握和技能的发展。同样，（教育）探究在教师专业发展学校中也已经通过多种路径得以实施。首先，教师教育研究者已经对教师发展、指导、合作实践，以及学生的学业成绩进行了研究。其次，教师专业发展学校探究的重点是候任教师、在职教师和大学教师在现场进行的行动研究。达纳等人（Dana *et al.*，2001）认为，探究必须成为教师专业发展学校的一个核心特征。泰特尔（Teitel，2003）认为，在教师专业发展学校中

的探究行为有助于新的实践、策略和/或政策在实际上带来学生和成人学习水平的提高。尽管我们对教师专业发展学校中开展的行动研究项目有一定的了解，但仍然需要考察这种探究的实际过程，同时也要分析它是如何为教师发展作贡献的（Crocco *et al.*，2003；Price and Valli，2005）。

协作/伙伴关系

泰特尔（2003）断言，“协作”和“伙伴关系”是 20 世纪末和 21 世纪初期最被滥用和误用的词语。然而，在高等教育机构和 K－12 学校中，真正的协作和伙伴关系也是教师专业发展学校的概念的核心。正如泰特尔（2003）提醒我们的一样，一些学校仅仅是因为大学将实习教师放在自己的楼里而自称教师专业发展学校，但是在项目中，在理论或政策上却并没有实质性的改变。因此，尽管学校可能与高校“联合”，但可能没有或者只有很少的合作能促进学校或大学的转型变革。泰特尔把“合作”描述为“复杂的人际和组织间的工作”（Teitel，2003：10）。

教师专业发展学校的倡导者认为，学校教育和教师教育相互交织，如果双方互不合作，那么，无论多么努力，它们都不可能发生实质性的变革。瓦利（1999）指出，合作伙伴关系的存在，代表了改变过去高等教育和中小学校系统之间典型的关联方式的一种路径。她提醒我们，中小学校与大学的伙伴关系，必须致力于改变两种情境中的文化，使教师教育不再是一项单独性的工作。

为学生的学习负责

致力于满足 P－12 学生的需要，是教师专业发展学校运动的基石。然而，在问责 318
的时代，这种关注已经被窄化为关注学生的学业成绩。没有教育者会质疑公众就学生的学习对教师进行问责的权利，也没有教育者会质疑公众希望高等教育机构为这个目标承担一定责任的权利。不幸的是，正如科克伦-史密斯（Cochran-Smith，2003）所说的，这种责任经常被解释为仅在标准化成绩测验中取得较高的分数。

对学生学业成绩的强调，通常与教师专业发展学校促进课堂公平的目标相关，特别是与减少不同种族和阶级背景学生之间的学业成绩差距相关。泰特尔（Teitel，2003）列举了波士顿公立学校系统的一个例子，该系统每年都会为当地教师专业发展学校的实习生提供平均每季度超过 25 万美元的资助。证据也表明，教师专业发展学校的培养确实使波士顿学校的实习生更有效地缩小了学业成绩之间的差距。然而，正如在本文后面提到的，教师专业发展学校已经受到了诸多批评，因为它们过多地专注学业成绩，而无法实现它们促进学校公平的承诺。有趣的是，奥沙利文（O'Sullivan，2005）描述了她对可能的候任教师进行的面试：

> 多年以来，我一直负责面试那些希望进入到我们教师教育项目中的候任

> 教师。我们总是会问一个问题："你为什么想成为一名教师?"而对这个问题，无论在什么时间，专业、种族和性别是什么，答案总是十分相似，几乎所有的候任教师都这样回答，"我认为我可以在这里有所作为"。当要他们阐释"有所作为"的意思时，还没有任何一位参加面试的候任教师提出要在年末提高学生的学业成绩。在试图阐释"有所作为"的含义时，他们提到的往往是帮助孩子成为更好的人，并帮助他们成为更有能力和会关心别人的人。(O'Sullivan，2005：3)

奥沙利文的描述为那些参与教师专业发展学校工作的人提出了警示：提高学生的学业成绩并减少不同种族和阶级背景的学生之间的成绩差距，是一个值得追求的目标，但它不应该是我们对公平的唯一关注点。

结合点

那些参与到教师专业发展学校和社区导向的行动的候任教师，会发展出非常不同的观念模式。想象一下，如果他们在一个项目中完成服务学习，又在一个教师专业发展学校完成学生教学，他们会感到何等困惑！因为，在社区导向的活动中，要求职前教师获得文化知识和跨文化经验，而在教师专业发展学校中，则要求职前教师成为学科知识专家，其可能代价是对多样性了解的缺失。

在社区导向的教师教育中，教师被要求将自己作为公仆，而在教师专业发展学校中，教师则被鼓励成为专业人士。一种观点要求教师更加贴近那些他们服务的人，另外一种观点却要求教师与社区民众保持距离。若强调社区导向，要求教师要更从广泛的意义上思考教育；而在教师专业发展学校中，则要求教师要考虑学校中发生了什么。

319 两种情境均支持教师探究的立场，但是各自关注的重点是不同的。在教师专业发展学校中，探究应该以减少学生的学业成绩差距为目标；在社区参与中，探究则应以更多地了解作为全人的学生为目标。探究作为能让两种情境产生交集的方式，在后文中我们会进一步讨论。

实践：面向社区的观点

候任教师如何能够深化对多元文化的理解，践行服务的伦理道德，掌握教育的广泛性，发现当地社区的优点，并获得社区的智慧？关于这些问题有大量的证据，在这里我们会呈现这些证据。我们按照讨论的主题，对研究发现进行了组织，但事实上它们之间还存在重叠并相互依赖。

获得社区教师知识

未来教师可以通过服务当地的社区进行学习，尤其是当这种服务是合作性的，并能通过课程学习得到增强时。塞德尔等人(Seidl *et al*.，出版中)为职前教师安排了一个在非洲裔美国人浸信会教堂中的实习。职前教师在项目中与成人一起工作，为社区的孩子创造学习环境，譬如进行家教或参与“钥匙儿童”的项目(latchkey programs)[①]。他们的实习经验有课程学习的支持，这些课程侧重于种族主义、特权和非洲裔美国人的文化，由大学教师和教会成员指导他们进行反思。职前教师考虑的主题是在他们与教会青少年的共同工作中提出的。通过这个过程，职前教师就能识别出有助于他们以文化敏感性的方式进行教学的特定信息。

基德等人(Kidd *et al*.，2003)的发现有助于支持塞德尔的工作。作为儿童早期教育的一部分，拥有不同文化的职前教师和儿童的家庭成员建立联系。职前教师倾听家庭故事并运用信息来规划学习经验以顺应家庭的需要。大多数职前教师经常在自己的家里与他们所选择的儿童的家庭成员会面三四次。职前教师报告说，他们了解了不同于自己的文化，感觉到自己能与他们重点关注的儿童的家庭成员共同工作，并认为能够把他们的学习迁移到与其他儿童的家庭成员的共同工作中。

另一种使职前教师了解本地智慧的方法是作为合作教师参与到实践共同体中(Murrell，2001)。实践共同体的特点是参与、互动和共享技能(Wenger，2002)。最常见的合作培养教师的方式是三人一组辅导实习教师。默雷尔(2001)建议为教师实践开设三人一组的一系列顾问团体。家长、大学教师、教师和社区领导者均可成为实习教师的实践共同体的一员。

本文的一位作者见证了社区民众在未来教师的教育过程中所发挥的作用。林恩(Lynne)和社区的伙伴一起工作，互相学习多元文化教育课程(Boyle-Baise *et al*.，2001)。她的合作者中有不同职务和角色的人：从教会领袖到启蒙中心的工作人员，再到社区中心的指导者。他们帮助计划、实施和评估服务学习。他们的投入很大程度上使职前教师获得的知识更加多样化。

发现当地社区的优点

通过将社区作为内容进行研究，教师就可以获得社区教师知识并研究发现当地社 320
区的优点(Blank *et al*.，2003)。这种方法将历史、文化和社区条件作为学习内容。职前教师的角色是促进者、共同学习者，并联系与学生相关的社区资源。以地方为基础的教育，是这种关注的另一变式。学生“走进当地社区”(Smith，2002：30)，以便更多

---

① Latchkey program，本文译作帮助“钥匙儿童”的项目。钥匙儿童(latchkey kids)指的是放学回家后，家里空无一人的儿童，他们常常自带家门钥匙。而这个项目指的是由职前教师帮助这些儿童，当他们家里没有人的时候给予他们陪伴和辅导。——译者注

地了解他们家乡的历史问题、文化传统、环境问题和公民活动过程。

许多项目阐明了以社区为内容的研究是如何发现当地社区优点的。在西费城改进小组(West Philadelphia Improvement Corps，WEPIC)的帮助下，历史专业的大学生、高中生以及先前的社区居民组成小组，共同对在城市改造过程中逐渐消失的当地历史进行了研究。大学和高中的学生从当地居民那里获得了丰富的知识，形成了“黑人基本概况”(Black Bottom Sketches)的报告，呈现了黑人在早期社区中所发挥的作用(Coalition for Community Schools，2000：9)。

在班纳克历史项目(Banneker History Project)中(Boyle-Baise，2005)，职前教师帮助高中学生重建了在他们镇上一度被隔离的学校的历史。在职前教师的指导下，这些高中生采访了学校的校友。他们发现了当地人的智慧，并以个人故事的方式将有关学校种族隔离的事实呈现出来(Moll *et al.*，1992)。职前教师发现，年长的有色人种可以作为过去和现在种族主义的重要知识来源。他们开始寻求各种方式让当地居民提供有关他们家乡的历史研究的资源。

践行服务伦理

教师教育工作者已经开始通过服务学习来帮助未来教师(和其他服务机构)：对假设进行质疑，面对种族主义，考虑文化差异，并开始积极地思考多元背景下的服务(参见，Rosner-Salazar，2003；Wade，2000)。然而，这在很大程度上取决于服务学习的基本原理和类型。正如莫顿(Morton，1995)指出的那样，课程目标和服务工作的不匹配，会阻碍课程目标的实现，譬如，不含批判的、社会见解的慈善工作经历(譬如Cipolle，2004)。此外，除非服务伦理贯穿于教师教育项目始终，否则职前教师会将服务学习理解为教师教育外围的东西(参见，Boyle-Baise，2005)。

当服务被认为对教师教育是不可或缺的，如在美国印第安人保留地项目中那样，职前教师就会获得文化见解，并养成服务伦理精神。在纳瓦霍社区，职前教师认为他们在服务上的努力提高了他们的被接纳程度，因为当地居民意识到他们有工作和学习的意愿。职前教师也开始把自己看作是社区成员，并寻求新的方式继续服务。他们开始重新思考自己作为教育者的角色，认为其中包括教学与社区服务(Stachowski and Frey，出版中)。

参与文化浸润

文化浸润是一种面向社区的并能为社区带来多种效益的教学经验。它可以促进对另一种文化更深入的了解，帮助确定本地资源，并推动服务学习的实现。在美国印第安人保留地项目的研究中，马汉和斯塔霍维斯基(Mahan and Stachowski，1993－
321 1994)发现，实习教师认为社区的成员，譬如，美洲印第安人的宿管员和学生的家长是他们学习的重要源泉。服务学习项目使他们增加了更多的社区教师知识，并更多投身于服务课程的社区服务。此外，斯塔霍维斯基(1997)发现，26%的实习教师利用他们对当地的认识，进行了具有文化相关性的教学。

即便是短期的文化浸润项目，似乎也可以帮助发展作为一个社区教师所必需的气质、知识和技能。令人惊讶的是，威斯特(Wiest, 1998)发现，当学生花费至少一个小时独自全面地进入到一个完全陌生的文化背景中时，他们就会消除陈旧的观念，掌握不同类型的文化，并增强思考他人观点的能力。

费伦斯和贝尔(Ference and Bell, 2004)发现，在短短两个星期的实习经验中，职前教师就加深了对讲西班牙语的拉丁美洲青年的了解。他们的工作与美国印第安人保留地项目相比，表征了有效的文化浸润的组成部分：密集型的文化教育先于实习经验，在寄宿家庭中的生活经验，对社区活动的参与，对文化、种族和权力问题的频繁反思。

实践：教师专业发展学校的观点

教师专业发展学校的模式是否为学校中学习共同体转化提供了可能前景？教师能掌握学科知识并成为学习的研究者、教育的合作伙伴和提高学生学业成绩的专家吗？我们对这些问题的一系列研究进行了考察。结果发现，它们都是重叠且相互依存的。

掌握学科知识

尽管牢牢把握学科知识，对教师专业发展学校运动十分关键，但我们没有找到明确地关注教师学科知识的更多证据。相反，教师要掌握的知识被界定为教育学知识。

佩斯(Paese, 2003)研究了两组拥有不同类型教师专业发展学校经验的候任教师。第一组在教学实习前有过两次在教师专业发展学校的体验，以及一次教师专业发展学校的实习教师经历。另外一组在教学实习前有过两次在教师专业发展学校的体验，但有一次传统的、非教师专业发展学校中的教学经历。两个小组在学生教学的结果上存在着显著差异，第一个小组在角色准备、个人教师效能感和一般教师效能感方面优势显著。里德利等人(Ridley *et al.*, 2005)对一个教师专业发展学校和一个基于大学的项目进行了为期两年的研究，其中对候任教师的备课、教学效果、课后反思和专业教学知识等内容进行了比较。由教师专业发展学校培养的候任教师，在各方面的得分均高于那些由大学教师教育项目培养的同行，但在统计学上并未发现二者有明显的差异。然而，在教学的第一年，由教师专业发展学校培养的教师在以下方面的得分，显著高于从大学教师教育项目中毕业的教师：管理学生行为、在教学过程中保持学生的学习兴趣、提供即时反馈等。休斯敦等人(Houston *et al.*, 1999)、夏普等人(Sharpe *et al.*, 1999)、斯托林斯(Stallings, 1991)、韦特(Wait, 2000)的研究也证明了该研究结论。

作为探究者

322 虽然探究是教师专业发展学校的基石，但却很少有研究着眼于它的有效性。加拉西等人(Galassi *et al.*, 1999)考察了一所中学中的一个教师专业发展学校项目，它将合作式探究作为培养教师和提升学生成绩的媒介。探究小组关注与读书小组的循环式合作，同时注重学生的心理韧性的培养。证据表明，探究小组的活动赋予了教师极大的权力，教学实践得以重建。

罗克和莱文(Rock and Levin, 2002)的研究旨在检验合作行动研究对候任教师的影响。该研究从5个候任教师那里获得数据，他们中的每一个人都与教师教育导师一起在现场工作。参与行动研究使得候任教师有机会进行如下尝试：探索自己作为教师的前景，应对新任教师的教学困难，以系统的方法与学生互动并对学生进行研究，将有价值的见解融入到课程、他们的角色和责任中，意识到聚焦探究对专业发展的重要性。

参与合作

麦克比和莫斯(McBee and Moss, 2002)考察了一所教师专业发展学校的实践，这所学校是一所大型城市P-8学校，在多样化学生群体不断进入该校的背景下，它强调要注重满足教师和学生的需要。学校为候任教师和有经验的教师提供了合作学习与教学的工作坊、日益发展的关怀社区。尽管特殊教育学生阅读的技能远低于相应的年级水平，但他们在课堂内部测试中的表现得到了改善。

费希尔等人(Fisher *et al.*, 2004)认为，那些在课堂上与教师专业发展学校中的实习教师一起学习的学生，比那些在课堂上由教师独自授课的学生取得的成绩更高。实习教师的出现，使得更多小组教学和合作教学的出现成为可能，因而提高了学生的学业成绩。

菲谢蒂等人(Fischetti *et al.*, 2000)对候任教师在一所教师专业发展学校高中进行的为期一年的实习经验所带来的收益进行了考察。访谈显示，候任教师在课堂上感觉更加舒适，他们更加了解他们的教学计划和作为教师的责任，他们与合作教师建立了更有意义的联系，他们可以就教学问题很轻松地与教师进行交谈。

提升学生的学业成绩

学生的学业成绩是教师专业发展学校不可缺少的关注点，缺乏学生学习的证据，就没有理由推动教师专业发展学校模式的发展。我们很努力地搜寻现有研究，试图发现其中有关学生学习的内容，以强化研究结论。我们在这里会介绍一系列研究。

休斯敦等人(Houston *et al.*, 1999)考察了由四所大学和三个学区组成的联合会，这一联合会旨在为城区学校培养教师。他们报告说，在三年的时间内，在德克萨斯州学习能力评估(Texas Assessment of Academic Skills, TAAS)中，相对于非教师专业发展学校，教师专业发展学校中的学生在阅读、数学和写作成绩上有所提高。此外，教师专业发展学校中通过教师资格认证制度测试的学生，要比传统项目中通过教师资格认证制度测试的学生的比例更高。教师专业发展学校的学生比那些非教师专业发展学校中的同伴，在任务完成上也更出色。此外，教师专业发展学校的学生比那些非教师专业发展学校的学生更有可能被分在小组教学中，很少会参与到大集体活动中。

克林纳等人（Klingner *et al.*，2004）对城区教师专业发展学校在提高特殊教育的 323
学生成绩上的可能性进行了考察。学生的标准化考试分数连续八年都得到提高，并比那些非教师专业发展学校的学生分数高得多。对教师专业发展学校的教师和管理人员进行的访谈表明，学生在学业、社会/情感领域和一般领域中均有收获。

一些研究发现，职前教师将课堂管理作为他们的主要关注点。在这里，我们对这些研究进行分组，以表明这种关注的焦点。

纽伯特和宾科（Neubert and Binko，1998）对马里兰州一所教师专业发展学校的有效性进行了研究。他们的研究包括两组候任教师，其中一组包含 11 位候任教师，他们参加了一个特定学科方法班和一个 3 学分的实习工作，另外一组由 10 位候任教师组成，他们也参加了一个同样的特定学科方法班，但未选择做实习工作。研究数据表明，教师专业发展学校的候任教师表现出“一种胜任的水平”，而非教师专业发展学校的候任教师表现出“最低程度的满意水平”。研究人员得出的结论是，教师专业发展学校的经验能更有效地培养候任教师，能使他们有效地维持课堂纪律，有效地使用技术指导，并反思自己的教学。

科纳韦和米切尔（Conaway and Mitchell，2004）就在教师专业发展学校环境中长达一年的实习工作对 22 名实习生产生的影响进行了研究。访谈问题集中在教学责任和决策、行为管理、与教师的互动、大学管理者支持，以及研讨会的内容等方面。研究指出，教师专业发展学校的实习生强调“积极的管理技术”。教师专业发展学校的实习生在制定和实施教学决策上，比那些只有一个学期实习经验的教师承担了更多责任。

麦金太尔等人（McIntyre *et al.*，2006）研究了“教学同伴”（Teaching Fellows）项目对新近得到认证的教师所产生的影响，该项目为期一年，是一个导入性的、以实践为基础的硕士项目。“教学同伴”项目的参与者认为，他们在课堂管理和满足学生需求的能力的培养上，要比那些非教师专业发展学校的同行有更充分的准备。

贾尔斯等人（Giles *et al.*，2001）也开展了一项类似的研究。“教学同伴”中的参与者对他们最满意的教学以及他们最关心的问题进行了回答。参与者提到的频率最高的关键词是专业生存和课堂管理。多数参与者的愿望都集中在如何更好地管理课堂上，以便让更多的学习发生。

总结

与非教师专业发展学校的项目相比，上述每个例子中的项目都通过教师专业发展学校很好地实现了培养候任教师的目的。虽然我们发现有关教师的学科知识和他们探究学生学习的能力的研究相对较少，但很多研究表明，教师专业发展学校提高了教师提升学生学业成绩的能力，也有一些研究表明，教师更可能与同行一起合作。

结合点

我们的比较多次提出一种内在/外在关注。从社区的观点来看，未来教师需要与学校之外的环境建立联系。从教师专业发展学校的观点来看，未来教师需要聚焦学校内发生的事情，聚焦学生学习。

我们的认识是，教师专业发展学校的实践不是转换，而是使未来教师在传统环境中有效地指导学生。教师专业发展学校的教师应将时间用在完成任务、维护权益、及时反馈上，最重要的是，用在成功的课堂管理上。增加教学实习的实践似乎增加了这
324 些因素的有效性。关于学生和他们的家庭以及社区的更多地方的、文化的和社会的知识，可以提高教师效能。但是，在有关教师专业发展学校的研究中，似乎没有学生的身影。

许多学者对教师专业发展学校实践提出了批评，我们在这里对这些批评做一整合。彼得·默雷尔(Peter Murrel, 1998,2001)认为，教师专业发展学校的特点是文化和政治的中立。他认为，教师专业发展学校必须挑战城市中心社区的现状。他认为，教师专业发展学校排斥了一些重要的合作伙伴，如家长和社区积极分子，他们可以帮助改造学校和当地社区。

阿布达-哈格(Abdal-Haqq, 1998)认为，教师专业发展学校旨在建立学校和大学之间的关系，转变教师和大学教师的角色，但这是以公平为代价的。他希望教师专业发展学校增加多样化的师资力量，并使教师准备好在社区中与不同的学生群体一起工作。泰特尔(Teitel, 1998)通过对与教师专业发展学校有关的文献进行梳理，认为它在促成公平这一目标上，几乎没什么贡献。瓦利等人(Valli *et al.*, 1997)在他们的文献梳理中也有类似的研究结果。

面向社区的教师专业发展学校：构筑两个世界沟通的桥梁

上述我们所做的比较显示出，意识形态与教学为直通这两个世界设置了障碍。然而，这种斗争也有可取之处。我们先回到这二者的结合点并考虑到可能的连接。然后，我们会就面向社区的教师专业发展学校中的教师教育提出一些原则、观点和做法。

交叉点

教师教育应该培养专业行为，这一观点是合理的。但是，究竟什么是专业性，可能

要重新定义。一个专业人员不应该仅仅是一个学科专家，也应该是一个对学生的基本情况有特别的关注与了解的人。关注教师在学校社区内的实践，应该进一步扩展，将教师对学校社区(school's community)的理解纳入进来。

教师专业发展学校和社区导向的教师教育均强调合作，但合作的对象不同。尽管大学、中小学校和社区之间的关系非常复杂，但是在它们之间发展伙伴关系也是有可能的。服务学习为这种伙伴关系的建立提供了契机。职前教师可以先参与服务学习，随后在青少年身上进行探索。三人一组的教学实习为这种合作关系的建立提供了另一个空间，它大幅度地使社区人员参与到新教师的专业发展中。由教师、家长和当地领导者组成的决策委员会，为合作伙伴关系的建立提供了另一条途径。候任教师可能会观察和/或参与委员会的工作。

教师专业发展学校和社区导向的教师教育，均对学校重建十分感兴趣，特别是在提高学生学业成绩方面。双方都呼吁未来教师深入到青少年之中，帮助他们建设性地学习。二者都旨在满足不同选民的需求，尽管教师专业发展学校充其量只是一种不温不火的回应。文化敏感性教学以社区教师的知识为基础，这无疑是建设性学习不可或缺的部分。未来教师也要参与到文化浸润和服务项目，以及互动教学策略的练习中。

教师专业发展学校和社区导向的教师教育都强调探究。几年前，科韦洛社区学校
的教师开展了一项调查，旨在了解学生的兴趣、背景和关心的问题。行动研究是教师 325
专业发展学校的核心，但研究话题似乎集中于狭义的教学活动，即在学校内部发生的一些事情。研究也可以被视为一种服务项目，帮助当地有关部门强调关注之事或推行改进项目。此外，研究可以关注当地的历史，讲述值得关注但却逐渐被遗忘的故事。未来教师可能通过行动研究调查当地的问题，或发现遗失的历史，并在这一过程中了解当地的优点和事务。

新视角

基于已有的比较和分析，我们为社区导向的教师专业发展学校提出以下框架：

专业：什么是专业的品性、技能和行动？

- 有心的教师：教师需要与作为家庭和社区成员的学生保持联系。教师需要把学校所在社区视为他们自己的社区。社区当地问题应该成为他们自己的问题。教学应该是个人的事业。教师应该关心学生的成功。
- 注重联系的教师：教师在回家、去学校之外，还需要做得更多。他们可能会执教排球或指导学校俱乐部。他们可能会与同行和社区人员参与学校和居委会的事务，以解决与学校相关的问题。教师也应该与大学保持联系，终身学习。
- 有知识的教师：教师应寻求社区教师知识以及学科的专业知识。当地

的问题应形塑课程，让学生进行深度的建设性学习。

发展：它最广泛的意义是什么？

- 学生发展：学生的发展永远是教育事业的核心。学生的发展应该包括学业成绩、文化意识和民族认同，以及身体健康和生活幸福。

- 社区发展：公民资助学校，具有相应的权利和责任。公民应该能够使用“他们的”建筑物，将其用于成人教育和社区会议的活动场所。公民也应该承担一定的帮助学校的责任，参与“他们的”孩子的教育。学校应该成为一个社区的基础，如果可能的话，要支持地方事务。

- 教师发展：未来教师应该从大学和社区导向的活动中学会合作。他们不仅要学会教学创新，也要尝试去教授特定的学生群体。他们要从优秀教师那里获得实践智慧，尤其是那些在高度贫困的农村和城区的青年教师。

学校：它到底是谁的学校？

- 学校重建：一些旧的观念需要焕发出新的生命。本杰明·富兰克林男子高中的历史，应该为社区导向的教师专业发展学校指明前进的方向。一个社区应该关注的重点是对学生学习的支持。

- 学校的伙伴关系：中小学校和大学应该建立联系，同时学校也需要与
326 社区组织建立联系。服务学习的项目提供了一个不错的服务社区和从社区中学习的方式，但父母、长辈和当地的领导者应该联合起来，也要与学校合作。教学实习的“三位一体”式社区参与，似乎是一个良好的开端。

不同群体的教师在哪里接受教育？由谁来教？朝向什么目的？不同的环境和教育者对教师的知识和实践，对学生的学习和学校的变化又有怎样的影响？我们已经考察了教师教育的两种非常不同的环境，讨论了它们的差异，并提出了它们交叉结合的可能性。我们的结论是，教师专业发展学校聚焦学生学习，并以教师探究为基础，因此对培养教师十分重要。但是，注重公平、多样性、家庭和社区的需要，应该成为教师专业发展学校的原则、观点和实践的组成部分。把学生视为有特定背景和特殊教育需求的成员，至关重要。我们为教师专业发展学校提供了一个社区导向的视角。我们也诚邀您对这些问题做进一步的探讨。

（曹珺玮　张　雷　译）

参考文献

Abdal-Haqq, I. (1998) *Professional development schools: weighing the evidence*. Thousand Oaks, CA: Corwin Press.

Bellah, R., Madsen, R., Sullivan, W., Swidler, A., & Tipton, S. (1985) *Habits of the heart: individualism and commitment in American life*. New York: Harper & Row.

Blank, J., Johnson, S., & Shah, B. (2003) Community as text: using the community as a resource for learning in community schools. *New Directions for Youth Development*, *97* (Spring), 107 - 120.

Book, C. (1996) Professional development schools. In. J. Sikula (ed.), *Handbook of research on teacher education* (pp. 194 - 210). New York: Macmillan.

Boyle-Baise, M. (1999) As good as it gets? The impact of philosophical orientations on community-based service learning for multicultural education. *Educational Forum*, 63 (Summer), 310 - 32.

Boyle-Baise, M. (2002) *Multicultural service learning: educating teachers in diverse communities*. New York: Teachers College.

Boyle-Baise, M. (2005) Preparing community teachers: reflections from a service learning project. *Journal of Teacher Education* (Nov-Dec).

Boyle-Baise, M. & Kilbane, J. (2000) What really happens? A look inside a community service learning field experience for multicultural teacher education. *Michigan Journal of Community Service Learning*, 7 (Fall), 54 - 64.

Boyle-Baise, M., Epler, B., Clark, J., McCoy, W., Paulk, G., Slough, N., & Truelock, C. (2001) Shared control: Community voices in community service learning. *Educational Forum*, 65(Summer), 344 - 353.

Boyle-Baise, M. & Sleeter, C. (2000) Community-based service learning for multicultural teacher education. *Educational Foundations*, 14 (2), 33 - 50.

Butin, D. (2003) Of what use is it? Multiple conceptions of service learning in education. Teachers *College Record*, 105(9), 1674 - 1692.

Byrd, D. & McIntyre, D. (1999) Introduction: professional development schools—promise and practice. In D. Byrd & D. McIntyre (eds.), *Research on professional development schools. Teacher education yearbook VII* (vii - xii). Thousand Oaks, CA: Corwin Press.

Cipolle, S. (2004) Service-learning as a counter-hegemonic practice: evidence pro and con. *Multicultural Education*, 11(3), 12 - 23.

Coalition for Community Schools (2000) *Community schools: partnerships for excellence*. Washington, DC: Author.

Cochran-Smith, Marilyn (2003) Inquiry and out comes: learning to teach in an age of accountability. *Teacher Education and Practice*, 15(4) 12 - 34.

Cochran-Smith, M. (2004) Taking stock in 2004: teacher education in daugerons times, *The Journal of Teacher Education*, Vol. 55(1).

Conaway, B. J. & Mitchell, M. W. (2004) A comparison of the experiences of yearlong interns in a professional development school and one-semester student teachers in a non-PDS location. *Action in Teacher Education*, 26(3), 21 - 28.

Covello, L. (1936) A high school and its immigrant community: a challenge and an opportunity. *Journal of Educational Sociology*, 9(6), 331 - 346.

Covello, L. (1958/1970) *The heart is the teacher: the teacher in the urban community*. Totowa, NJ: Littlefield, Adams, & Co.

Crocco, M. S., Faithfull, B., & Schwartz, S. (2003) Inquiring minds want to know: action research at a New York City professional development school. *Journal of Teacher Education*, 4 (1), 19 - 30.

Dana, N. F., Gimbert, B. G., & Silva, D. Y (2001) Teacher inquiry as protessional development for the 21st century in the United States. *Change: Transformations in Education*, 4(2), 51 - 59.

Daynes, G. & Longo, N. (2004) Jane Addams and the origins of service-learning practice in the United States. *Michigan Journal of Community Service Learning*, 11 (1), 5 - 13.

Dryfoos, J. (2002) Full-service community schools: creating new institutions. *Phi Delta Kappan* (January), 393 - 398.

Dryfoos, J., Quinn, J., & Barkin, C. (2005) *Community schools in action: lessons from a decade of practice*. New York: Oxford University Press.

Ference, R. & Bell, S. (2004) A cross-cultural immersion in the US: changing pre-service teacher attitudes toward Latino ESOL students. *Equity and Excellence in Education*, 37, 343 - 350.

Fischetti, J., Garrett, L., Gilbert, J. I., Johnson, S., Johnston, P., Larson, A., Kenealy, A., Schneider, E., & Streible, J. (2000) This just makes sense: yearlong experience in a high school professional development school. *Peabody Journal of Education*, 73(3/4), 310 - 318.

Fisher, D., Frey, N., & Farnan, N. (2004) Student teachers matter: the impact of student teachers on elementary-aged children in a professional development school. *Teacher Education Quarterly*, 31(2), 43 - 56.

Gay, G. (2000) *Culturally responsive teaching*. New York: Teachers College.

Galassi, J. P., Brader-Araje, L., Brooks, L., Dennison, P., Jones, M. G., Mebane, D. J., Parrish, J., Richer, M., White, K., & Vesilind, E. M. (1999). Emerging results from a middle school professional development school: the McDougle-University of North Carolina collaborative inquiry partnership groups. *Peabody Journal of Education*, 74(3/4), 236 - 254.

Giles, C., Cramer, M. M. & Hwang, S. K. (2001) Beginning teacher perceptions of concerns: a longitudinal look at teacher development. *Action in Teacher Education*, 23(3), 89 - 98.

Greenleaf, R. (1977) *Servant leadership: a journey into the nature of legitimate power and greatness*. New York: Paulist Press.

Henry, S. E. (2005) "I can never turn my back on that": liminality and the impact of class on service-learning experience. In D. Butin (ed.), *Service-learning in higher education: critical issues and directions* (pp. 45 - 66). New York: Palgrave Macmillan.

Holmes Group (1986) *Tomorrow's teachers*. East Lansing, MI: Author

Holmes Partnership Goals (1996) Holmes Partnership. Retrieved July 2005 from http://www.holmespartnership.org/goals.html.

Houston, W. R., Hollis, L. Y., Clay, D., Ligons, C. M., & Roff, L. (1999) Effects of collaboration on urban teacher education programs and professional development schools. In D. M. Byrd and D. J. McIntyre (eds.), *Research on professional development schools. Teacher education yearbook VII* (6 - 28). Thousand Oaks, CA: Corwin Press.

Jehl, J., Blank, M., & McCloud, B. (2001) *Education and community building: connecting two worlds*. Washington, DC: Institute for Educational Leadership.

Jones, S., Gilbride-Brown, J., & Gasiorski, A. (2005) Getting inside the "underside" of service-learning: student resistance and possibilities. In D. Butin (ed.), *Service-learning in higher education: critical issues and directions* (pp. 3 - 24). New York:

Palgrave Macmillan.
Klingner, J. K., Leftwich, S., & van Garderen, D. (2004). Closing the gap: enhancing student outcomes in an urban professional development school. *Teacher Education and Special Education*, 27(3), 292 - 306.
Kidd, J., Sanchez, S., & Thorp, E. (2003, April) Gathering family stories: facilitating pre-service teacher's cultural awareness and responsiveness. Paper presented at the annual meeting for the American Educational Research Association, Chicago, IL.
Koehnecke, D.S. (2001) Professional development schools provide effective theory and practice. *Education*, 121 (3), 589 - 91.
Kretzman, J. (1992) Community-based development and local schools: a promising partnership. Chicago: Institute for Policy Research, Northwestern University.
Ladson-Billings, G. (1994) *The dreamkeepers: successful teachers of African American children*. San Francisco: Jossey-Bass.
Mahan, J. & Stachowski, L. (1993 - 4) Diverse, previously uncited sources of professional learning reported by student teachers serving in culturally different communities. *National Forum of Teacher Education Journal*, 3(1), 21 - 28.
McBee, R.H. & Moss, J. (2002) PDS partnerships come of age. *Educational Leadership*, *59(6)*, 61 - 64.
McGee Banks, C. (2005) *Improving multicultural education: Lessons from the Intergroup Education Movement*. New York: Teachers College.
McIntyre, D.J., Smith, L.C., Gilbert, S.L., & Hillkirk, R.K. (2006) The perceived effectiveness of a graduate teaching fellows program. In Julie Rainer Dangel (ed.), *Research in Teacher Induction: ATE Teacher Education Yearbook XIV* (pp. 243 - 258). Lanham, MD: Rowan & Littlefield Education.
Moll, L., Amanti, C., Neff, D., & Gonzalez, N. (1992) Funds of knowledge for teaching: using a qualitative approach to connect homes and classrooms. *Theory Into Practice*, 31(2), 132 - 140.
Moore, S., Brennan, S., Garrity, A., & Godecker, S. (2000) Winburn Community Academy: a university-assisted community school and a professional development school. *Peabody Journal of Education*, 75(3), 33 - 50.
Morton, K. (1995) The irony of service: charity, project, and social change in service learning. *Michigan Journal of Community Service Learning*, 2, 19 - 32.
Murray, F.B. (1993) "All or none" criteria for professional development schools. In P. Altebach, H. Petrie, M. Shujaa, & L. Weiss (eds.), *Educational policy: 7, 1. Professional development schools* (pp. 66 - 73). Newbury Park, CA: Corwin Press.
Murrell, P. (1998) *Like stone soup: the role of the professional development school in the renewal of urban schools*. Washington, DC: American Association of Colleges for Teacher Education.
Murrell, P. (2001) *Community teacher*. New York: Teachers College Press.
National Council for the Accreditation of Teacher Education (2001) *Standards for professional development schools*. Washington, DC: Author.
Noddings, N. (1984) *Caring: a feminine approach to ethics and moral education*. Berkeley: University of California Press.
O'Sullivan, S. (2005) The soul of teaching. Education teachers of character. *Action in Teacher Education*, 26(4) 3 - 9.
Neubert, G. A. & Binko, J. B. (1998) Professional development schools: the proof is in the performance. *Educational Leadership*, 55 (5), 44 - 46.
Paccione, A. (2000) Developing a commitment to multicultural education. *Teachers College Record*, 102 (6), 980 - 1005.
Paese, P.C. (2003) Impact of professional development schools through induction. *Action in Teacher Education*, 25 (1), 83 - 88.
Peebles, R. (1969) Interview with Leonard Covello. *Urban Review*, 3 (3), 1969.
Pompa, L. (2005) Service-learning as crucible: reflections on immersion, context, power, and transformation. In D. Butin (ed.), *Service-learning in higher education: critical issues and directions* (pp. 173 - 192). New York: Palgrave Macmillan.
Rhoads, R. (1997) *Community service and higher learning: explorations of the caring self*. New York: SUNY.
Ridley, D.S., Hurwitz, S., Hackett, M.R.D., & Miller, K.K. (2005) Comparing PDS and campus—based preservice teacher preparation. Is PDS-based preparation really better? *Journal of Teacher Education*, 56 (1), 46 - 56.
Rock, T. C. & Levin, B. (2002) Collaborative action research projects: enhancing pre-service teacher development in professional development schools. *Teacher Education Quarterly*, 29(1), 7 - 21.
Rosenberger, C. (2000) Beyond empathy: developing critical consciousness through service learning. In C. O'Grady (ed.) *Integrating service learning and multicultural education in colleges and universities* (pp. 23 - 43). Mahwah, NJ: Erlbaum.
Rosner-Salazar, T. (2003) Multicultural service learning and community based research as a model to promote social justice. *Social Justice*, 30(4), 64 - 76.
Seidl, B. (2007) Push, double images, and raced talk: working with communities to explore and personalize culturally relevant pedagogies. *Journal of Teacher Education*.
Sharpe, T., Lounsbery, M.F., Golden, C., & Deibler, C. (1999) Analysis of an on-going, district-wide approach to teacher education. *Journal of Teaching in Physical Education*, 19(3), 79 - 96.
Sleeter, C. (2000) Strengthening multicultural education with community-based service learning. In C. O'Grady (ed.), *Integrating service learning and multicultural education in colleges and universities* (pp. 263 - 276). Mahwah, NJ: Erlbaum.
Smith, G. (2002) Going local. *Educational Leadership*, 60(1), 30 - 33.
Stachowski, L. L. & Visconti, V. (1997) Adaptations for success: U. S. student teachers living and teaching abroad. *International Education*, 26(2), 5 - 20.
Stachowski, L. & Mahan, J. (1998) Cross-cultural field placements: student teachers learning from schools and communities. *Theory Into Practice*, 37(2)155 - 162.
Stachowski, L. & Brantmeier, E. (2002) Understanding self through other: changes in student teacher perception of home culture from immersion in Navajoland and overseas. *International Education*, 32(1), 5 - 18.
Stachowski, L, & Frey, C. (2005) Student teachers' reflections on service and learning in Navajo Reservation communities: contextualizing the classroom experience. *The Community School Journal*, 15(2), 101 - 120.
Stallings, J.A. (1991, April) Connecting preservice teacher education and inservice professional development: a professional development school. Paper presented at the annual meeting of the American Educational Research Association, Chicago.
Teitel, L. (1998) Professional development schools: a literature review. in M. Levine (ed.), *Designing Standards that Work for Professional Development Schools* (pp. 33 - 80). Washington, DC: National Council for the Accreditation of Teacher Education.

Teitel, L. (2003) *The Professional development schools handbook*. Thousand Oaks, CA: Corwin Press.

Valli, L., Cooper, D., & Frankes, L. (1997) Professional development schools and equity: a critical analysis of rhetoric and research. In M. Apple (ed.), *Review of Research in Education* (Vol. 22), Washington, DC: American Educational Research Association.

Wade, R. (2000) Service learning for multicultural teaching competency: insights from the literature for teacher education. *Equity & Excellence in Education*, 33(3), 21 - 30.

Wade, R. (2001) "... And justice for all." Community service-learning for social justice. Denver, CO: Education Commission of the States.

Wait, D. B. (2000) *Are professional development school trained teachers really better*? Paper presented at the annual meeting of the National PDS Conference, Columbia, SC.

Wenger, E. (2002) *Communities of practice: learning, meaning, and identity*. Cambridge, MA: Cambridge University Press.

Wiest, L. (1998) Using immersion experiences to shake up pre-service teachers' views about cultural difference. *Journal of Teacher Education*, 49(5) 358 - 365.

Wise, A. (2005) Establishing teaching as a profession: The essential role of professional accreditation. *Journal of Teacher Education*, 56(4), 318 - 331.

Zeichner, K. & Melnick, S. (1996) Community field experiences and teacher preparation for diversity. In D. Byrd & D. J. McIntyre (eds), *Preparing tomorrow's teachers: the field experience*. Thousand Oaks, CA: Corwin Press.

经典

3.1 基于大学的教师教育之理由*

琳达·达林-哈蒙德(Linda Darling-Hammond)

长期以来,公众对学校的不满与对教育学院的不满是相伴而生的。教育学院之所 333
以备受责难,是因为它们没有有效地培养教师,它们不仅漠视新的需求,远离实践,还阻碍学校招聘优秀的大学毕业生充实到教学行业之中。目前,已经有 40 多个州的政策制定者在传统的四年制本科教师教育课程项目之外,开始实行非师范教师资格认证制度,以创造进入教学的新方式。在 1988 年布什(Bush)总统的大选中,他唯一的教育提案便是鼓励多样化的教师资格证书制度,以提升教师招聘的灵活性。1995 年,纽特·金里奇(Newt Gingrich)提出的重要教育改革倡议,便是呼吁取消需要经由教学培养而获得教师资格的规定。

行业内部不满的声音也不绝于耳。过去几十年,对传统教师教育实践的批评主要是由教育学系主任组成的霍姆斯小组(Holmes Group,1986)和卡内基教学专业工作组(Carnegie Task Force on Teaching as a Profession, 1986)发起的,同时还有如约翰·古德莱德(John Goodlad, 1990),肯·豪伊和南希·齐姆弗(Ken Howey and Nancy Zimpher, 1989),以及肯·蔡克纳(Ken Zeichner, 1993)等一些学者。然而,这些不同的声音却加速了教师教育的重构,夯实了其知识基础,提升了理论与实践之间的关系,提高了支撑有效教学发展的能力。

改进教师教育的意见招致了一系列彼此矛盾的提议:一方面,由关注教学实务的“在职”(onthe-job)培训取代基于大学的教师培养;另一方面,开展更为广泛的专业化培训,使教师在应对教师教育和学校重构的过程中,更具有适应能力和基于知识的实践能力。哪一条路径是最有希望的?对于教师的知识、技能、承诺及最重要的对儿童的教育而言,这些路径又有怎样的意义?

一直以来,对于这些问题的讨论很大程度上仅限于思想层面,然而,当前出现了越来越多的有关教师教育和教师招聘不同路径之成效的实证证据,从快速的非师范路径,到传统的基于大学的路径,再到新近的五年制延伸项目或第五年学士后项目。如上所述,大量证据表明,“在职”的职前培训导致教师准备不足。由学区、州和其他供应方所资助的大部分非师范路径,在培养和留任新教师上明显不如基于大学的教师教育

* 来源:R. Roth(ed.),*The Role of the University in the Preparation of Teachers*. NewYork:Routledge/Falmer,1999,pp. 13 - 30

项目有效。此外，这些被缩短的项目往往以一种落后的教学实践方式为特征，这些方式与新的学生学习标准严重脱节。

尽管传统的教师教育项目彼此之间存在明显区别，一些项目甚至还存在明显缺陷，但作为一个整体，它们培养的教师比那些未经培训或通过快速的非师范路径培养
334 而进入教学行业的教师，更受好评并且能更有效地教育孩子。此外，最近的改革所引发的广泛的项目重构比传统的“四年制”模式更为成功。总之，教师教育非常重要，而且多多益善。在下文中，我会讨论其原因。

教师需要知道什么？教师有能力做什么？

任何关于教师培养的讨论，其核心必然包含对教师必须要做哪些准备的一种判断。如果教师被视为主要是向学生传播信息的“供应商”，那么有人可能会认为，教师为了能够胜任工作，他们需要的无非是一些基本的学科知识和把讲义以学生易于理解的方式串联起来的能力。对于这种形式的教学，人们很容易会认为，通过博雅教育就能够对教师进行充分的培养。但是，如果要保证不同学习方式的学生都能够成功地学习的话，教师将会面临各种各样的困难，这时候，他们就需要成为诊断专家和规划专家，了解大量的关于学习过程的知识，并拥有一整套可供使用的工具。这种形式的教学并非是直觉上显而易见的。而正是此种教学，越来越成为当前社会所亟需的。

与历史相比，在当今复杂的社会和经济背景下，需要培养更多的学生为比以往任何时候都更具挑战性的学习形式作准备。当前，各州和各专业协会正在制定更高的学生学习标准，为了满足这些标准，教师必须学习为理解而教、为多样性而教——以能够使不同的学习者在艰巨的学习任务中获得成功的方式去教（National Commission on Teaching and America's Future, 1996）。

若以新标准建议的方式教授所有学生，教师需要知道什么？首先，教师需要理解学科内容，对学科内容的理解能使教师合理地组织内容，促进学生在相关领域创造有用的认知地图。教师不仅要对某一学科的核心理念以及这些核心理念对于知识结构化的意义，它们如何相互关联，以及如何对它们进行测试、评估和拓展有一个公式化或程序化的理解，还要能够灵活地运用这些学科知识以处理学习过程中产生的想法。教师需要了解在一个领域中如何展开探究，譬如，在数学中什么算是“证明”？与之相比，历史中的证明又是什么？（Ball and Cohen，即将出版）教师还需要看到理念在不同领域中运用的方式，以及与日常生活的联系，这样他们便可以很好地选择与运用范例、问题和应用。

以这种方式理解学科内容为学科教学知识提供了基础（Shulman, 1987），这就使得教师能够以他人可以理解的方式呈现理念。学习领域的知识至关重要：教师需要了解哪些理念能够为其他理念提供重要依据，以及如何有效地将这些理念进行联系和组

合。受众也非常关键：人们会基于先前的经验和背景对这些理念进行不同的解读。一位有经验的教师能清楚某个特定的受众对于正在学习的主题已经知道了什么，有怎样的想法，以及学习者如何才可能“抓住”(hook into)新的观念，以便创造更丰富的学习经验。有关认知的知识、信息处理的知识及沟通的知识也很重要，拥有这些知识，教师就可以以有效的方式组织课堂、材料、学习的核心、课程和讨论。

解释学习者的表现和行动并为他们架构有意义的经验，需要了解人类发展的知识——儿童和青少年如何思考和行动，他们在努力完成什么，他们对什么感兴趣，他们知道些什么，以及他们在特定的年龄阶段和特定的背景下在哪些特定的领域会遇到困难。这方面的知识包括理解如何在诸如社会、生理、情感及认知等领域，促进学生的进一步成长。

以关照学生发展(connect with students)的方式开展教学，也需要理解由文化、语 335
言、家庭、社区、性别、先前的学校或其他形塑人们经验的因素而引起的差异，以及由智力发展、学习方法偏好或特殊学习困难而引发的差异。教师要能够敏感而有效地洞察儿童对相关学科内容的经验与理解，这样他们才能够以学生的眼光来阐述课程，才能使课程的组织与学生知道什么及他们如何才能学好联系起来。教师应该知道如何倾听学生，观察他们的学习，同时建构各种情境，使学生能够书写、讨论他们的经验及他们所理解的内容，而不是采用刻板印象所传达的信息，这有助于教师了解他们的学习者。当教师考察特定学习者的思考与推理，考察他们在哪里遇到问题，他们怎样能够学得最好，以及什么能够激发他们的学习动机时，教育学中有关学习者教学知识(pedagogical learner knowledge)(Grimmett and Mackinnon, 1992)的基础便建立起来了。

在为理解而教中，了解学习动机至关重要，因为要达成理解(understanding)非常困难。因此在教学中，教师必须清楚如何设计任务并进行反馈，这样，当遇到挫折想要放弃对理解的寻求或者当学生丧失信心而放弃全部努力时，教师就能够做出更广泛的努力。激发学生动机，不仅要了解如何吸引和维持不同年龄段年轻人的兴趣，还要了解学生个体对自身及自身能力的信念，他们在关注什么，怎样的任务才能让他们体验到成功进而激励他们继续努力地去学习。

教师需要掌握有关各科目学习的知识。鉴于存在多种类型的学习，譬如，认知或鉴赏的学习与各种应用或表演的学习，教师需要思考基于不同的学习目标而学习不同种类的学习资料到底意味着什么，如何运用特色鲜明的教学策略去支持各种不同的学习方式，怎样才能判断不同背景下哪种学习方式是最有必要的。并非所有的知识都需要掌握得非常深入，也就是说，学会应用即可，但是有些知识必须要深入地了解，因为它们是从事一项工作必须遵循的基础，以及发展特定技能和能力的一种手段。还有一些知识只需要从表面上理解，目的是为了形成学习者在某一领域的总体认知，并能够和其他有用的概念联系起来。

教师需要了解什么东西能帮助儿童(或任何人)以不同的方式学习。他们要能够建构并使用各种手段评估学生的知识，评价学生的学习方式。为了使教学更加有效，教师必须要能够识别不同学习者的优势并弥补他们的劣势——更多依赖视觉和口头提示的学生，倾向于从个别到一般推理的学生或与此相反的学生，运用空间或图表的学生与更倾向于文本的学生，逻辑/数理智力高度发达或有强烈审美意识的学生。

运用好这些信息需要一系列教学策略，这些策略论述的是学习的不同方式及各种精心选择的学习目标。针对教学内容运用的不同的策略，是教师知识库的重要组成部分。此外，在课堂教学中，所有教师比以往任何时候都更需要掌握教授那些具有特殊学习障碍或需求的学生(大约 15%—20%的学生存在阅读或书写困难，或存在独特的视觉、认知、信息处理困难)的手段。尽管针对这些相对普遍的问题存在有效的教学策略，但是它们很少被那些接受了“正规”(regular)教育的教师所掌握。而且，由于语言是通向学习的大门，教师就需要了解学生如何掌握语言，包括母语是英语的学生及母
336 语是其他语言的学生，这样教师就能掌握语言技巧并创设基于学生学习的经验。这可能意味着教学策略的转变，即从直接教授关键词语或运用一系列可视化图形、语言线索与资料，转向创建能够让学生广泛运用语言的协作学习环境(settings)。

教师需要知道一些课程资源和技术。他们应该给学生提供超出教材的信息和知识以便学生开展理念探索，采集并合成信息，建立模型、写作、设计和形成其他工作产品。教师的作用在于帮助学生学会发现并使用广泛的资源来组织并解决问题，而不仅仅是回忆从某一个资料提供者那里获得的信息。

进一步言之，教师应该懂得合作。他们应该明白学生之间进行怎样的互动才能促使更有力的共享学习的发生。教师应该能够创设一种支持建设性对话的课堂，学生可以在这样的对话中表达经过严谨推理的意见。教师应该知道如何与其他教师合作以设计、评价、改善校内和校际间的学习，知道怎样与家长合作以更多地了解学生，形成学校与家庭中的支持性学习经验。

最后，教师应该能够对实践进行分析和反思，评价自己的教学效果，改善和提高教学。当为理解而教时，教师必须自始至终坚持两股相互交织的思想：如何能够促进学生接近更高层次的理解和更娴熟的表现，以及在推动学生实现课程目标与开发他们的潜能和社会能力的过程中如何关照到学生所知及他们关心的事物？教师必须持续不断地评估学生的思考与理解，并在为实现他们的目标而建构课程的过程中根据学生的情况调整计划。

对大多数教师而言，这些源于期望教授更大范围的学生并寻求更高表现标准的要求都是全新的事物。对教师而言，在自身都很少体验过这种学习方式的情况下，如何才能大范围地开展不同形式的教学？唯一合乎情理的答案便是开发更有力量的教师教育形式，包括入职前和贯穿整个执教生涯，系统地为经验提供上文提到的多样化知识和多种形式的实践，使这种教育面向所有教师，而不是教师中的一部分。正如加里·芬斯特马赫(Gary Fenstermacher)所言：

> 很多人都主张对学校进行改制，赋予教师更大的决策自主权，让学校与家庭、社区更紧密地互动。在这样的时代中，较之以前更重要的是教师有能力评估他们的行动，评价他们的工作，预测并控制结果，把新的理论和研究融合于实践之中，并具备向其他教师、学生及家长解释自身工作的知识和技能……
>
> 类似的反思能力既非与生俱来，也非瞬间可得。它们既无法在课间小憩进行的课程计划中获取，也不可能在结束了一整天工作之后的晚间“微课程”(mini-courses)中获得。相反，它们是持久而严谨的学习，以及与熟练的教师教育工作者对话、交流的结果。(Gary Fenstermacher, 1992: 35，手稿)

要发展我之前所描述的那种类型的知识，大多数教师需要超越他们自身作为学生的经验，并以比简单阅读和谈论教育学理念更为有效的方式进行学习(Ball and Cohen，即将出版)。学习以完全不同的方式开展实践，并非仅仅依靠个人的理论想象，或独自的无指导的经验能完成。它需要二者更为牢固的结合。

教师学习与学生学习一样：通过研究、实践和反思，与其他教师合作，密切关注学 337
生及其学业，以及分享彼此所见。这种方式的学习既不会发生在远离实践的大学课堂中，也不会发生在脱离了诠释实践知识的学校课堂中。教师学习的良好环境，包括教育学院和学校，提供了大量研究与探索、尝试与测验、讨论与评价学与教的结果的机会。当问题产生于存在真正学生及工作进行的背景中时，“理论与实践之间的摩擦”(Miller and Silvernail, 1994)才更容易富有成效地发生，而在这一背景中，研究和学术性探究也会随之发生。

教育学院能帮助教师学习吗？

尽管有人认为存在专门的教学知识和技能，但大部分人还是笃信任何人都能够从事教学，或者至少是认为，了解一门学科就足够使一个人教得很好。也有人相信教是最好的学，认为在某种程度上讲，在工作中运用尝试-错误的方法便可以学会教。然而，大量的证据表明并非如此。总结过去30年的研究综述，数以百计的研究已经证实，尽管当下的教师教育和认证存在缺陷，但经过充分培养及认证的教师会比未受过这些培养的教师更受学生欢迎，也更成功(Evertson *et al.*, 1985; Ashton and Crocker, 1986; Ashton and Crocker, 1987; Greenberg, 1983; Haberman, 1984; Olsen, 1985)。正如埃弗森(Evertson)及其同事在他们的研究评论中总结的那样：

> 已有的研究表明：在已经成为教师的学生中，那些在正规职前培养项目中注册的学生，比那些未接受此类训练的学生更可能有效地从事工作。此

> 外，几乎所有经过良好计划与努力实施的旨在教授学生特定知识或技能的教师培养项目，最后似乎都很成功，至少在短期内是成功的。（Evertson *et al.*，1985：8）

获得充分的培养在所有学科领域均有重要意义。一项包含至少 65 项研究结果的关于科学教育研究的综述发现，学生科学课的成绩与他们教师的教育课程和科学课程背景呈现正相关（Druva and Anderson，1983；也见 Davis，1964；Taylor，1957）。当以更高水平的任务评价学生成绩时，譬如，学生应用和解释科学概念的能力，教师培训的效果就会表现得非常明显（Perkes，1967 – 8）。学生在数学课上的表现也与他们的教师在教学方法和数学内容上的培养有强相关（Begle，1979；Begle and Geeslin，1972；Hawk *et al.*，1985）。在职业教育（Erekson and Barr，1985）、阅读与基础教育（Hice，1970；LuPone，1961；McNeil，1974）、幼儿教育（Roupp *et al.*，1979）和天才学生培养（Hansen，1988）等领域中，教师教育对教师的重要性已经得到了证明。

也有研究指出，由于在培养的总量和类别上有差异，教师的观念和实践也存在差别。大量研究表明，在那些有充分职前培养的教师身上，出现新任教师典型性问题的几率明显降低（Adams *et al.*，1980；Glassberg，1980；Taylor and Dale，1971）。接受过充分培养的教师能够较好地运用教学策略来应对学生的需求和学习风格，同时也能激发更高水平（higher order）的学习（Perkes，1967 – 8；Hansen，1988；Skipper and
338 Quantz，1987）。鉴于问题解决所需的新任务比机械学习中的惯常任务困难得多，教师如果缺乏掌控主动的、探究式课堂的知识，就可能会采取“压制”（dumb down）课堂的消极策略（Carter and Doyle，1987；Doyle，1986），使学生忙于应付作业而不是让他们完成需要更多技能的复杂任务。

对未曾接受过完整的职前培养的教师——既没有接受教师培养，也没有通过快速的非师范培养方式接受培养——的相关研究揭示了一些严重的缺陷：新任教师往往不满意他们的培训；他们在项目课程、教学、管理课堂及诊断学生的学习需要上，都有很大困难。他们不大可能会通过调整自己的教学以促进学生的学习，也不大可能认为这种调整是教学工作所必须的，如果教学效果不好，他们会将责任归咎于学生。校长和同事对他们在教学技能上的评价并不高，与正常的离职率相比，他们离开教学岗位的频率更高。更重要的是，他们的学生学到的很少，尤其是在阅读、写作和数学上，而这些科目恰恰对以后学生在学校的成功非常关键。这些感受毫无疑问导致 TFA[①] 的高

---

① TFA，“Teach For America”的缩写，“为美国而教”计划。这是由美国普林斯顿大学毕业生温迪・卡普（Wendy Kopp）于 1990 年发起的项目，该项目通过招募来自不同文化背景和不同专业的优秀大学毕业生到贫困市区和农村的公立学校进行为期两年的支教，以期缩小地区之间的差距，实现教育公平。对 TFA 的成员来说，其使命首先是在资源不足的学校做出色的教师，其次是为所有孩子提供优质教育并引领孩子一生的成长。TFA 在建立之初就宣称要为消灭美国教育的不公而努力，因此其真正使命并不仅于此，还要让最优秀的大学生通过支教的切身体验发现教育中存在的问题，并最终选择留在教育系统内推动教育的全面变革。——译者注

流失率。TFA 统计显示，在那些从 1990 年开始支教的新任教师中，58%的教师在第三年选择了离开，而前两年的流失率高出了全国新任教师流失率的两倍，其中包括城市中的教师流失。马里兰州教育局(Maryland State Department of Education)公布，从 1992 年开始在巴尔的摩市工作的新教师成员中，62%的教师在就职的两年内就离开了。

这样的记录在非师范教师资格认证项目中是常见的。斯托达特(Stoddart，1992)的分析显示，在洛杉矶市由非师范教师资格认证的新任教师(他们在一个由地区开办的为期八周的暑期项目中接受过培训)中，53%的教师在项目开展的前六年中就离开了。加利福尼亚州的评估发现，20%的新任教师在培训结束之前就已经退出。在那些完成培训的人中，20%的教师在教学的前两年便离开了，另外留下的教师中有 20%也不确定在两年结束之后是否会受雇(Wright *et al.*，1987)。

达拉斯市的 110 名新任教师中，只有 54%的人曾经成功地“毕业”，并在实习一年之后成为完全合格的教师(Lutz and Hurron，1989)。在这组成员中，如果排除不符合项目需求的那些人，那么有 24 人在一定程度上具有了按时毕业的可能性，还有 14 人按照要求需要继续实习一年，以便更充分地改进表现。与 72%的经传统方式培养的新任教师相比，只有 40%的非师范教师培养路径的实习教师表示他们准备继续留在教学领域。

在兰德公司(Rand Corporation)评审的一系列非传统的项目中，75%的没有从教经历的新任教师在两年之后仍然留在教学领域中，只有一半的教师打算把教学作为终生职业。其中，那些由短期的非师范路径培养的教师，是最不可能打算留在教学领域中的；处在职业生涯中期的由硕士学位项目培训的教师，最可能计划留在教学领域中(Darling-Hammond *et al.*，1989)。

学区培养教师的能力

那种认为学区有很好的单方面培训和指导教师的意愿与能力的观点，已经被反复证明是不会成功的。但在 20 世纪 60 年代末至 70 年代初的文献中却充斥着这样的建议，学校中也安排了类似于今天短期的非师范教师培养路径的各种试验。原因很简单：雇用大批新任教师的地区往往是贫穷的城区和乡村地区，这些地区不仅资源奇缺，而且教师更替率高。这些地区也没有基本的财政和教学资源来承担这样的任务。而
且，为新任教师的培养投资数千美元对于这些地区而言益处不大，因为大多数新任教 339
师都会很快尽其所能寻求其他职业，或是到城市郊区的学校任教。如此循环往复，针对基于学区培养的尝试的评论认为，学区将候任教师置于一种缺乏培养和缺乏支持的境地，与那些接受过系统的基于大学的教学培养项目的求职者相比，这些候任教师教学的有效性相对较低。

与这些项目相关的研究发现了至少三类问题：培训的时间总量、传授的教学知识的性质、监管的程度与性质。

学区宁愿让教师花更多时间在学生课堂上，而不愿意让他们花时间在自身的学习上。几乎所有的由学区运作和培训机构提供的教师培训项目，其培训时间都极其短暂，一般持续3—8周不等。

由于非师范教师资格认证项目是短期项目，因此它们几乎不提供教学法课程和学科内容课程，也很少提供扩展性的实习经验，（所以）第一年的全日制教学构成了新任教师的“实习课”（practicum）。（仅有的）教学法培训，往往侧重于一般教学技能而非具体学科教学法，侧重于独特的技能而非一系列的方法，侧重于具体的、直接的建议而非研究或理论（参见 Stoddart，1992；Bliss，1992；Zumwalt，1990）。这些选择是短期项目的必然结果。正如新泽西州临时教师项目（New Jersey`s Provisional Teacher Program）的一个项目协调员所说的那样：“压缩后的200小时正常教学时间量，极大地限制了课程内容所能涉及的总量。”（Brown，1990）

这些限制因素，与当前教学知识在众多自主开设项目或招聘缺乏经过必要培训的教师的学区中的地位一道，导致了一种对“防教师”（teacher-proof）取向①的培训和课程的偏好，这在很大程度上削弱了大部分当前正在进行的教学与学习改革。诸如Distar②、ITIP③和严厉的纪律（Assertive Discipline）等打包式课程会被频繁使用。这些取向不允许教师以一种诊断式的方式展开教学，也不允许以支持获得高水平思维技巧的方式进行教学，课程可以以全天候研讨会的形式“教”给学生，不需要教师具备娴熟的知识与技能。当这些课程无法满足教师的大部分目标和学生的需要时，教师没有可用的强大理论及可选择的技术。

在这些项目中，针对传统课程（以及通常的学生实习教学）的缺失，人们往往认为可以在全日制教学的最初几个月中，通过集中指导和督导加以补偿。然而，允诺的指导者并不总会出现。正如兰德公司关于非传统项目的报告所指出的那样：

---

① “防教师”（Teacher-proof），是指在一种自上而下的专家课程中，为确保统一的教学标准，教师只能遵照执行而无权自己开发课程。20世纪60年代，美国的课程改革中，设计的科学、数学和外语等新课程，将忠实观的课程实施发挥到了极致，甚至设计出“防教师”的套装课程辑，即课程材料具体规定了教师必须知道、讲解和要做的每一件事情，教师几乎没有任何改动的余地，教师成为设法达成政府所规定的课程目标的技术工作者。——译者注

② Distar，教师直接教学的一种方法，譬如，教师“满堂灌”。——译者注

③ 教学理论走向实践（Instructional Theory Into Practice，ITIP），针对教学计划的一种教师决策模式，由马德琳·亨特（Madeline Hunter）提出。其核心概念有三个：一是内容，在对年级水平、学习标准、学生能力和学生需求进行充分考虑的前提下，决定教什么；二是学习者行为，教师必须决定学生应该通过做什么才能学习，以及他们学到了什么，如何证明；三是教师行为，教师必须清楚何种基于研究的决策能够有效促进学生的学习。在课堂教学中，ITIP还要考虑七个因素：学习目标，已有的基础（学习者已有的知识、经验等），告知学生教学目标，投入（对主要的概念、技能的清晰解释，对例子、图表的充分应用等），检验学生是否理解所教内容，指导性实践（让学生回答问题、开展讨论、证明技能、解决问题），独立实践（让学生单独实践以巩固知识和技能）。——译者注

> 颇具讽刺意味的是，这些（非师范教师资格认证）项目更强调在职培训而非标准课程，可是在我们的非师范教师资格认证项目的样本中，新聘任的教师得到的支持和督导要比任何其他类型的项目中都少。（Darling-Hammond *et al.*，1989：106）

这项研究发现，只有不足三分之一的非师范教师资格认证的新任教师会每周花费至少一个小时与一个提供支持者一起工作，与此形成对比的是，在研究院项目中新聘的教师得到此种支持的人数占了四分之三。其他研究也发现非师范教师资格认证项目中督导不均的问题，尤其是那些依赖所在地区资源的项目更是如此（Adelman，1986；Cornett，1992）。

许多研究发现，在新泽西州非师范教师资格认证路径中，教师几乎没有接受过关于课程的整体督导、培训和指导服务（Gray and Lynn，1988；Smith，1990a，1990b）。譬如，在教学的前四周，候任教师理应得到"集中指导"（intensively supervised），但是，99％的非师范教师资格认证项目的候任教师未和他们的支持团队见过面，67％的候任教师未曾与他们的指导者会面。超过三分之二的候任教师没有受到应有的日常督导，而近四分之一的候任教师在这一时期内未受到任何人的支持。相比之下，96％的实习教师接受了日常指导（Smith，1990a，1990b）。即便在财政资源和职工时间充裕的情况下，学区一般也不提供这些服务（Smith，日期不明）。

即使是在富裕的州，承诺实现严格的监督也并非易事。虽然加利福尼亚州为指导 340
教师提供了资金支持，但在非师范教师资格认证项目中，有15％的实习教师在教学的第一年内从未得到任何支持，有不到20％的实习教师有机会与提供支持者至少每周见一次面（Wright *et al.*，1987：82－3）。

而对基于大学的教师培训项目在教师培养与监督的效用性和质量的相关评论，总体上是积极的（参见，Coley 和 Thorpe，1985；Darling-Hammond *et al.*，1989；Sundstrom 和 Berry，1989；Smith，1990b）。许多研究发现，随着时间的推移，在教师培养被认定为存在缺口，且国家和地方越来越倾向于支持由大学提供课程和监督的时候，非师范教师资格认证项目也已经增加了课程要求（Hudson *et al.*，1988；Carey *et al.*，1988；Cornett，1992）。

由州、学区和其他非大学的支持者推动的项目一直以来并不稳定。近期，一项对培养数学和科学教师的非传统项目的研究发现，开展调查的一年时间内，64个项目中有8个项目消失了，剩余的项目也无法确定能否在随后的时间里继续下去（Carey *et al.*，1988）。这种非持续性，与资助、信誉、职位空缺以及相关机构运作项目的稳定性有关。能够维持下来的项目，扩大了目标招聘范围，也细化了项目，而且，即使它们还没有成为基于大学的教师教育项目的一部分，也开始成为其附属部分。

与此类似，卢茨和赫龙（Lutz and Hurron，1989：251）指出，近些年在休斯顿和达拉斯独立学区实行的非师范教师资格认证项目大幅度缩水，他们推测，原因可能是“符合资格的申请者人数减少，或者对地方学区来讲实施这些项目需要高成本”。由于这样那样的原因，包括对经过传统培养和认证的候任教师的偏好，美国多数允许实施非师范教师资格认证项目的学区并未开展此类项目（Gray and Lynn，1988；Wright *et al.*，1987；Mitchell，1987）。

对传统教师教育批评的一些最新回应

我们没有理由过分乐观地看待教育学院，但有众多理由担忧传统的教师培养项目。教师教育受到批评的一个主要原因，是许多教师教育项目似乎在很大程度上分隔了理论与应用，尤其是在师范学校转为大学系科之后的一段时间内，在那些未设置实验学校或其他伙伴学校的地方。一些地方的教师只是在演讲大厅通过文本学习教学，他们在自己所教的学科上通常毫无实践经验。学生所使用的有关学科内容的课程与有关教学方法的课程毫不相关，反过来，这些课程的基础与心理学课程也不相关。学生要在完成这些课程之后才能开始他们的教学实习，教学实习通常是附加在项目结束部分的一种对实践的简单尝试，而这样的实习与此前的经验没有任何关联。很多学生在教学实习过程中都接触到了与他们在课堂中所学的完全不同的理念，因为大学教师和中小学校教师从未在一起开展过项目或教学。有时候，当他们选择合作教师时，都未曾注意到这些教师所从事教学实践的质量和类型。当新任教师走进自己的课堂，他们很难记起并应用自己在远离实践的情境中通过阅读所学的东西。因此，在很大程度上他们又回到自己最熟悉的方式——他们自己曾经被教的方式进行教学。

341 被反复提及的批评传统的教师教育项目的意见，包括：

- 传统的学校教育观点：在为学校培养教师的压力下，大部分未来教师独自学习而不是在团队中学习，他们学习驾驭黑板和教材，而不是电脑和CD-ROMS（National Commission on Teaching and America's Future，1996：32）。
- 时间不足：四年制本科学位的限制，使得学生很难掌握学科内容、儿童发展理论、学习理论及有效的教学策略。培养的小学教师常被认为在学科内容上准备不足，而培养的中学教师则在关于学习和学习者的知识上欠佳。
- 碎片化：教师学习的要素彼此之间相互分离。课程与教学实践相分离；专业技能被分割成彼此独立的课程；人文学院和科学学院的教职人员与教育学的教授相隔离。想要成为未来教师，必须自行将这些分离的内容组织起来。
- 枯燥的教学方法：要使未来教师积极地、全身心地投入教学，高校教师自己首先需要有同样的经历。但是传统的讲授和背诵在高等教育中仍占据主导地位，高校教师所做的与所倡导的并不一致。

- 肤浅的课程：从头到尾草草的课程学习。传统项目聚焦学科内容方法及肤浅的教育心理学。未来教师没有深入地学习如何理解并处理实践中的真实问题。

过去十年中，很多教育学院和学区开始着手改变这种状况。在霍姆斯小组(Holmes Group)和全美教育革新联盟(National Network for Educational Renewal, NNER)的努力下，超过300所教育学院创建了一些项目，这些项目突破了传统四年制本科学位项目的界限，把关于学科的深入研究与学校中进行的实践培训联系起来。这些项目中，一些是为期一到两年的研究生项目，这些项目主要服务于应届毕业生或职业生涯中期的新任教师，其他的是五年制的项目，它提供的是让那些未来教师在本科就读期间就进入教师教育领域的扩展性项目。无论是哪种类型的项目，由于要求学生在第五年将全部精力投入到教学培养的任务中去，这些项目就保证了为期一年的基于学校的教学实习，因此可以将教和学的课程与教学实习相结合。

这些取向与国外教师教育改革相类似。譬如德国、比利时和卢森堡等国家，长期以来，招聘接受过两到三年研究生教育的未来教师，这些未来教师在本科阶段——有时候他们有两个主修专业——所学的科目中表现出色。教育课程包含儿童发展与学习研究、教学法与教学方法，以及在大学的一所附属学校进行的集中的、指导性的教学实习。很多其他国家最近也推出了类似的改革。

1989年，法国和日本都对教师教育进行了重大改革，深化了基于大学和基于中小学校的培训。在法国，所有候任教师必须在为培养教师而新建的大学的学院中完成教师教育的研究生课程，这些课程与他们所在地区的学校紧密相关。在日本，尽管多数候任教师仍然在大学中进行培养，但是学校已经减少了他们在教学的第一年中的责任，以便他们继续在一项高度结构化的入职培训项目中学习。中国台湾近期的改革包括要求新任教师达到研究生水平，并增加了为期一年的入职培训。

最近的一些研究发现，关于拓展性项目(通常为5年)中的毕业生，不仅他们自己
对培养过程非常满意，他们的同事、校长和合作教师也认为他们更适应教学，能够像有 342
经验的教师一样有效地培养学生，而且与那些在传统四年制大学中培养的同辈群体相比，他们更有可能进入并留在教学行业中(Andrew, 1990; Andrew and Schwab, 1995; Arch, 1989; Denton and Peters, 1988; Dyal, 1993; Shin, 1994)。

很多项目都与所在地方学区合作，共同创建教师专业发展学校，以对新任教师的实习进行更有针对性的规划。与教学医院类似，这些学校提供一流的实践基地，以支撑新的专业人员的培训，促进熟练教师的专业发展，倡导合作研究与探究。项目由大学教师与中小学校教师联合规划并执教。新任教师以团队的形式进行组织，通过教职工与团队成员之间的共同研究与实践，使他们获得更丰富、更连贯的学习经验。资深

教师通过担任指导教师、兼职教师、合作研究者和教师领导者，个人知识得到了深化。因此，教师专业发展学校有助于创设理论与实践之间的“摩擦”(rub)，这种摩擦是教师实习的契机；同时，它也为教师创造更多的专业角色，并以对实践和持续的理论建设均有价值的方式建构知识(Darling-Hammond, 1994)。

这些新项目通常能够促使未来教师致力于学习研究，并通过案例、行动研究及形成关于实践的结构化档案袋来开展他们的探究。这些项目将专业化教师视为从教学中学习的人而不是已经完成学习如何教的人，并且，教师教育的任务是发展教师能够敏锐而系统地探究学习本质和教学效果的能力。这是杜威(John Dewey, 1929)所寻求的一种知识生产途径，旨在使教师对复杂的情况有更高层次的理解，而不是在教学中运用简单的公式或千篇一律的套路对情境加以控制。

> 科学方法及体系化的学科知识的掌握解放了个体，使得他(她)能发现新问题，设计新程序，通常情况下，有利于多样化而非整齐划一(12)。这样的知识和理解促使(教师的)实践更具智慧，更灵活，也更适合有效地处理实践中的具体问题……洞察到更多的关系，他(她)就能看到更多的可能性和更多的机会。他(她)的判断能力正在丰富，在处理特殊情况时他(她)拥有更多的选择。(John Dewey, 1929: 20-1)

如果教师对他们的教学给学生学习带来的影响进行调查，如果他们关注其他人的研究，他们就会逐渐理解，教学“从根本上是一种充满困难的努力，而非一种高度常规化的活动”(Houston, 1993: 126)。他们开始对差异很敏感，并且更能意识到在何种情况下为了怎样的目标，什么才会发挥作用。获得细致的知识才能促使他们成为更有思想的决策者。

探究式的培训也有助于教师学习如何从多元视角来看待世界，包括关注那些与自身经历有极大差异的学生，并运用这些知识开发教学法，使之能够针对不同的学习者。学会与学生沟通——包括那些难以了解的和易于了解的学生——需要跨越界限，也需要具备提取关于他人的知识并对其进行理解的能力。诚如莉萨·德尔皮特(Lisa Delpit)所言：“我们均透过自己的文化视角来解读行为、信息和情境；这些视角在意识水平之下，不自觉地运作，使得我们的观点看起来仅仅是‘本来就是这样’。”(Lisa Delpit, 1995: 151)关注民主教育的教师必须形成一种多视角意识并扩展这种意识，避免形成一种“社群中心的偏见”(communicentric bias)(Gordon, 1990)，这种偏见会限制对研究领域的理解，也会限制对教学对象的理解。

343 要培养一种超越自身视角进行理解的能力——把“自己置于一种学习者的境地，从学习的角度来理解他们的经验的意义”，这可能是大学在培养教师过程中最重要的作用。教学的“聪明人神话”(bright person myth)的一个最大缺陷是，它假设任何人都能把他(她)知道的教给其他任何人。然而,对于从未研究过教学和学习的人来说,经常会在理解如何讲授知识上遇到很大困难,因为这些知识是他们自己毫不费力地几乎是在潜意识状态下学会的。当其他人不再仅仅通过"被告知"而学习的时候,具有敏锐直觉的教师经常会灰心,并缺乏继续前进的力量。这通常会使教师产生一种直指学习者的愤懑,因为这个过程没能体现出未接受培训教师的努力的有效性。此外,那些未曾接受过有效教师教育的教师常常会持有单一的认知和文化观点,这使得他们很难理解学生的经验、领悟力和知识基础,而这些因素对学生的学习方式有着深远的影响。同时,学生的学习方式和教师自身的学习方式可能相去甚远。理解他人的能力并不是与生俱来的,唯有通过学习、反思、经验指导和探究方可获得。

致力于开放性探究、扩展性视角和跨越界限,这是大学教育理念的决定性特征。事实上,早期大学的基础便是试图把世界各地的学者汇集到一起。它们寻求创造多种渠道,分享源自不同地域、不同文化和不同学科的多样化观点,以之作为更新知识和发现真理的基础。大学若要继续为教师教育作出应有的重要贡献,它们就要通过在理念与经验之间建构真实的实践,通过尊重实践、反思和探究,通过帮助教师超越自身局限,使他们学会欣赏即将面对的学习者,不断追寻大学"建构知识"和"发现真理"的使命。

(杜明峰　李　欣　译)

参考文献

Adams, R. D., Hutchinson, S., & Martray, C. (1980) "A developmental study of teacher concerns across time," Paper presented at the American Educational Research Association Annual Meeting, Boston, MA.

Adelman, N. E. (1986) *An Exploratory Study of Teacher Alternative Certification and Retraining Programs*, Washington, DC: Policy Study Associates.

Andrew, M. (1990) "The differences between graduates of four-year and five-year teacher preparation programs", *Journal of Teacher Education*, 41, pp. 45 - 51.

Andrew, M. & Schwab, R. L. (1995) "Has reform in teacher education influenced teacher performance? An outcome assessment of graduates of eleven teacher education programs," *Action in Teacher Education*, 17, pp. 43 - 53.

Arch, E. C. (1989) "Comparison of student attainment of teaching competence in traditional preservice and fifth-year master of arts in teaching programs," Paper presented at the annual meeting of the American Educational Research Association, San Francisco, CA.

Ashton, P. & Crocker, L. (1986) "Does teacher certification make a difference?" *Florida Journal of Teacher Education*, 3, pp. 73 - 83.

Ashton, P. & Crocker, L. (1987) "Systematic study of planned variations: the essential focus of teacher education reform," *Journal of Teacher Education*, May-June, pp. 2 - 8.

Ball, D. & Cohen, D. (in press) "Developing practice, developing practitioners: toward a practice-based theory of professional education," in Darling-Hammond, L. & Sykes, G. (eds.) *The Heart of the Matter: Teaching as the Learning Profession*, San Francisco: Jossey-Bass.

Begle, E. G. (1979) *Critical Variables in Mathematics Education*, Washington, DC: Mathematical Association of American and National Council of Teachers of Mathematics.

Begle, E. G. & Geeslin, W. (1972) "Teacher effectiveness in mathematics instruction," National Longitudinal Study of Mathematical Abilities Reports No. 28, Washington, DC: Mathematical Association of America and National Council of Teachers of Mathematics.

Bents, M. & Bents, R. (1990) "Perceptions of good teaching among novice, advanced beginner and expert teachers," Paper presented at the Annual Meeting of the American Educational Research Association, Boston, MA.

Bliss, T. (1992) "Alternate certification in Connecticut: reshaping the profession," *Peabody Journal of Education*, 67, 3.

Brown, E. J. (1990) "New Jersey provisional teacher program: model of support for beginning teachers," Paper presented at the

Annual Meeting of the American Association of Colleges for Teacher Education, Chicago, IL.
Carey, N. B., Mittman, B. S., & Darling-Hammond, L. (1988) *Recruiting Mathematics and Science Teachers through Nontraditional Programs*, Santa Monica: RAND Corporation.
Carnegie Task Force on Teaching as a Profession (1986) *A Nation Prepared: Teachers for the 21st century*, Washington, DC, Author.
Carter, K. & Doyle, W. (1987) "Teachers' knowledge structures and comprehension processes," in Calderhead, J. (ed.) *Exploring Teacher Thinking*, London: Cassell, pp. 147 - 60.
Coley, R. I. & Thorpe, M. E. (1985) *Responding to the Crisis in Math and Science Teaching: Four Initiatives*, Princeton, NJ: Educational Testing Service.
Cooper, E. & Sherk, I. (1989) "Addressing urban school reform: issues and alliances," *Journal of Negro Education*, 58, 3, pp. 315 - 31.
Cornett, L. M. (1992) "Alternative certification: state policies in the SREB states," *Peabody Journal of Education*, 67, 3.
Darling-Hammond, L. (1992) "Teaching and knowledge: Policy issues posed by alternative certification for teachers," *Peabody Journal of Education*, 67, 3, pp. 123 - 54.
Darling-Hammond, L. (1994) *Professional Development Schools: Schools for Developing a Profession*, NY: Teachers College Press.
Darling-Hammond, L., Hudson, L., & Kirby, S. (1989) *Redesigning Teacher Education: Opening the Door for New Recruits to Science and Mathematics Teaching*, Santa Monica: The Rand Corporation.
Davis, C. R. (1964) "Selected teaching-learning factors contributing to achievement in chemistry and physics," Unpublished doctoral dissertation, University of North Carolina, Chapel Hill.
Delpit, L. (1995) *Other People's Children: Cultural Conflict in the Classroom*, New York: New Press.
Denton, U. & Peters, W. H. (1988) "Program assessment report: curriculum evaluation of a non-traditional program for certifying teachers," Texas A and M University, College Station, TX.
Dewey, J. (1929) *The Sources of a Science of Education*, New York: Horace Liveright.
Doyle, W. (1986) "Content representation in teachers' definitions of academic work," *Journal of Curriculum Studies*, 18, pp. 365 - 79.
Druva, C. A. & Anderson, R. D. (1983) "Science teacher characteristics by teacher behavior and by student outcome: a meta-analysis of research," *Journal of Research in Science Teaching*, 20, 5, pp. 467 - 79.
Dyal, A. B. (1993) "An exploratory study to determine principals' perceptions concerning the effectiveness of a fifth-year preparation program," Paper presented at the annual meeting of the Mid-South Educational Research Association, New Orleans, LA.
Erekson, T. L. & Barr, L. (1985) "Alternative credentialing: lessons from vocational education," *Journal of Teacher Education*, 36, 3, pp. 16 - 19.
Evertson, C., Hawley, W., & Zlotnick, M. (1985) "Making a difference in educational quality through teacher education," *Journal of Teacher Education*, 36, 3, pp. 2 - 12.
Feiman-Nemser, S. & Parker, M. B. (1990) *Making Subject Matter Part of the Conversation or Helping Beginning Teachers Learn to Teach*, East Lansing, MI: National Center for Research on Teacher Education.
Fenstermacher, G. D. (1992) "The place of alternative certification in the education of teachers," *Peabody Journal of Education*, 67, 3.
Glassberg, S. (1980) "A view of the beginning teacher from a developmental perspective," Paper presented at the American Educational Research Association Annual Meeting, Boston, MA.
Gomez, D. L. & Grobe, R. P. (1990) "Three years of alternative certification in Dallas: Where are we?," Paper presented at the Annual Meeting of the American Educational Research Association, Boston, MA.
Goodlad, J. (1990) *Teachers for Our Nation's Schools*, San Francisco, CA: Jossey-Bass.
Gordon, E. W. (1990) "Coping with communicennic bias in knowledge production in the social sciences," *Educational Researcher*, 19, p. 19.
Grady, M. P., Collins, P., & Grady, E. L. (1991) "Teacher for American 1991 summer institute evaluation report," Unpublished manuscript.
Gray, D. & Lynn, D. H. (1988) *New Teachers, Better Teachers: A Report on Two Initiatives in New Jersey*, Washington, DC: Council for Basic Education.
Greenberg, J. D. (1983) "The case for teacher education: open and shut," *Journal of Teacher Education*, 34, 4, pp. 2 - 5.
Grimmett, P. & Mackinnon, A. (1992) "Craft knowledge and the education of teachers," in Grant, G. (ed.) *Review of Research in Education*, vol. 18, pp. 385 - 456, Washington, DC: American Educational Research Association.
Grossman, P. L. (1989) "Learning to teach without teacher education," *Teachers College Record*, 91, 2, pp. 191 - 208.
Guyton, E. & Farokhi, E. (1987) "Relationships among academic performance, basic skills, subject matter knowledge and teaching skills of teacher education graduates," *Journal of Teacher Education* (Sept - Oct), pp. 37 - 42.
Haberman, M. (1984) "An evaluation of the rationale for required teacher education: beginning teachers with or without teacher preparation," Prepared for the National Commission on Excellence in Teacher Education, University of Wisconsin-Milwaukee, September.
Hansen, J. B. (1988) "The relationship of skills and classroom climate of trained and untrained teachers of gifted students," Unpublished doctoral dissertation, Purdue University.
Hawk, P., Coble, C. R., & Swanson, M. (1985) "Certification: it does matter," *Journal of Teacher Education*, 36, 3, pp. 13 - 15.
Hice, J. L. (1970) "The relationship between teacher characteristics and first-grade achievement," *Dissertation Abstracts International*, 25, 1, p. 190.
Holmes Group (1986) *Tomorrow's Teachers: A Report of the Holmes Group*, East Lansing, MI, Author.
Howey, K. R. & Zimpher, N. L. (1989) *Profiles of Preservice Teacher Education*, Albany, NY: State University of New York.
Hudson, L., Kirby, S. N., Carey, N. B., Mittman, B. S. & Berry, B. (1988) *Recruiting Mathematics and Science Teachers through Nontraditional Programs: Case Studies*, Santa Monica: Rand Corporation.

Kopp, W. (1992) "Reforming schools of education will not be enough," *Yale Law and Policy Review*, 10,58,pp.58－68.

Lenk, H. A. (1989) "A case study: the induction of two alternate route social studies teachers," Unpublished doctoral dissertation, Teachers College, Columbia University.

LuPone, L.J. (1961) "A comparison of provisionally certified and permanently certified elementary school teachers in selected school districts in New York State," *Journal of Educational Research*, 55,pp.53－63.

Lutz, F.W. & Hurron, J.B. (1989) "Alternative teacher certification: its policy implications for classroom and personnel practice," *Educational Evaluation and Policy Analysis*, 11,3, pp.237－54.

McNeil, J.D. (1974) "Who gets better results with young children—experienced teachers or novices?," *Elementary School Journal*, 74, pp.447－51.

Miller, L. & Silvernail, D. (1994) "Wells junior high school: evaluation of a professional development school," in Darling-Hammond, L. *Professional Development Schools: Schools for Developing a Profession*, NY: Teachers College Press.

Mitchell, N. (1987) *Interim Evaluation Report of the Alternative Certification Program* (REA87－027－2), Dallas, TX: DISD Department of Planning, Evaluation, and Testing.

National Commission on Teaching and America's Future (1996) "What matters most: teaching for America's future," NY, Author.

Natriello, G., Zumwalt, K., Hansen, A., & Frisch, A. (1990) "Characteristics of entering teachers in New Jersey," Revised version of a paper presented at the 1988 Annual Meeting of the American Educational Research Association.

Olsen, D.G. (1985) "The quality of prospective teachers: Education vs. non-education graduates," *Journal of Teacher Education*, 36, 5, pp.56－9.

Perkes, V.A. (1967.8) "Junior high school science teacher preparation, teaching behavior, and student achievement," *Journal of Research in Science Teaching*, 6,4, pp.121－6.

Popkewitz, T.S. (1995) "Policy, knowledge, and power: some issues for the study of educational reform," in Cookson, P. & Schneider, B. (eds.) *Transforming Schools: Trends, Dilemmas and Prospects* New York: Garland Press.

Roth, R.A. (1986) "Alternate and alternative certification: purposes, assumptions, implications," *Action in Teacher Education*, 8,2, pp.1－6.

Roth, R.A. (1993) "Teach for America 1993 summer institute: program review," Unpublished report.

Rottenberg, C.J. & Berliner, D.C. (1990) "Expert and novice teachers' conceptions of common classroom activities," Paper presented at the Annual Meeting of the American Educational Research Association, Boston, MA.

Roupp, R., Travers, J., Glantz, F., & Coelen, C. (1979) *Children at the Center: Summary Findings and Their Implications*, Cambridge, MA: Abt Associates.

Schorr, J. (1993, December) "Class action: what Clinton's national service program could learn from 'Teach for America,'" *Phi Delta Kappan*, pp.315－18.

Sciacca, J.R. (1987) "A comparison of levels of job satisfaction between university-certified first-year teachers and alternatively-certified first-year teachers," Unpublished doctoral dissertation, East Texas State University.

Shapiro, M. (1993) *Who Will Teach for America?*, Washington, DC: Farragut Publishing Co.

Shin, H. (1994) "Estimating future teacher supply: an application of survival analysis," Paper presented at the annual meeting of the American Educational Research Association, New Orleans, LA.

Shulman, L. (1987) "Knowledge and teaching: foundations of the new reform," *Harvard Educational Review*, 57,1, pp.1－22.

Skipper, C.E. & Quantz, R. (1987) "Changes in educational attitudes of education and arts and science students during four years of college," *Journal of Teacher Education*, May－June, pp.39－44.

Smith, J.M. (1990a) "School districts as teacher training institutions in the New Jersey alternate route program," Paper presented at the Annual Meeting of the Eastern Educational Research Association, Clearwater, FL, February.

Smith, J.M. (1990b) "A comparative study of the state regulations for and the operation of the New Jersey provisional teacher certification program," Paper presented at the Annual Meeting of the American Educational Research Association Meeting, April.

Smith, J.M. (undated) "Supervision, Mentoring and the 'Alternate Route'," Mimeograph.

Stoddart, T. (1992) "An alternate route to teacher certification: preliminary findings from the Los Angeles unified school district intern program," *Peabody Journal of Education*, 67, 3.

Sundstrom, K. & Berry, B. (1989) *Assessing the Initial Impact of the South Carolina Critical Needs Certification Program*, Report to the State Board of Education.

Taylor, T.W. (1957) "A study to determine the relationships between growth in interest and achievement of high school students and science teacher attitudes, preparation, and experience," Unpublished doctoral dissertation, North Texas State College, Denton.

Taylor, J.K. & Dale, R. (1971) *A Survey of Teachers in the First Year of Service*, Bristol: University of Bristol, Institute of Education.

Texas Education Agency (1993) *Teach for America Visiting Team Report*, Austin: Texas State Board of Education Meeting Minutes, Appendix B.

Wright, D.P., McKibboN, M., & Walton, P. (1987) *The Effectiveness of the Teacher Trainee Program: An Alternate Route into Teaching in California*, California Commission on Teacher Credentialing.

Zeichner, K. (1993, February) "Traditions practice in US preservice teacher education programs," *Teaching and Teacher Education*, 9, pp.1－13.

Zumwalt, K. (1990) *Alternate Routes to Teaching: Three Alternative Approaches*, NY: Teachers College, Columbia University.

3.2 置权力于门外*：基于社群的平等体验与面向多样化课堂的教师培养

芭芭拉·塞德尔(Barbara Seidl)　　格洛丽亚·弗兰德(Gloria Friend)

347 在美国文化与社会经济越来越呈现出多样化态势的时候，我们都需要成为具有双重文化或多元文化的人，能够以尊重和关心而非控制、占有、压迫的方式，游刃有余地穿行于不同社会文化的世界之中。我们需要更深层次地挖掘人们爱护、关心与支持他人的能力，尤其是针对那些社会现状完全异于我们的人，并且，要致力于一种如德尔皮特(Delpit, 1995: 51)所谓的“以他人的方式看待世界的艰难工作”。同样，我们也需要将自己的立场界定为信奉社会正义的反种族主义者。据估计，到2050年，有色人种学生的比例将会超过学生总人数的50%，而教师群体则仍以白人为主，这意味着公立学校教师的培养将会面临更为紧迫的挑战(American Association of Colleges of Teacher Education, 1994)。

对很多国家而言，如何让教师适应文化丰富性和经济多样化的课堂，是教师教育的核心问题。与邻国加拿大的教师教育工作者一样(Darling and Ward, 1995; Ward, 1998)，美国的教师教育工作者已经尝试了很多种方式，但是很多问题依然无法解决。多元文化教育课程、工作坊和在城区学校实习曾经都是应对这种挑战最常用的方式，但是这些尝试的效果不一(Melnick and Zeichner, 1998)，且往往会产生负面效果(Haberman and Post, 1992; Zeichner, 1992)。通常情况下，未来教师会持续地在一种有所欠缺的框架中理解多样性，并以个人的标准判断成败，而没有意识到机会分配所处于的更大的社会情境(Paine, 1990; Sleeter, 1997)。那些旨在帮助白人学生破除白人特权的课程，在促进成熟的反种族主义者身份的形成方面已经产生了一定的积极效果。但是，由于这些课程持续的时间往往比较短，这种工作在种族社会中会遇到一些困难且缺乏持续性发展的支持，因此很容易使学生已经形成的更进步的反种族主义身份滑向重新融合阶段，并由此导致他们形成如下观点：社会正义议题缺乏效力，有色人种甘于忍受压迫而责备他们(Lawrence and Bunche, 1996; Sleeter, 1997)。最近，社区服务已被作为向未来教师提供跨文化经验的手段并加以运用。这些经验同样也产生了混合的结果，通常会巩固刻板印象，并强化特权与文化权威(Kahne and Westheimer, 1996; McCann, 1996; Morton, 1995)。促使多元文化教师教育变得更

---

* Barbara Seidl and Gloria Friend, "Leaving authority at the door," *Teaching and Teacher Education*, 18(4), 2002, pp. 421-433.

为复杂的一个因素，是教师教育项目中缺乏有色人种教职人员。显而易见，大部分白 348
人教师教育教职人员都没有在多元文化背景中工作的经验(Ducharme and Agne，1989)，而他们却在教白人学生如何出色地教有色人种儿童。总之，教师教育依然在努力探寻足够有力的经验以帮助学生解构纷繁混杂的种族主义、阶级主义、贫穷、性别主义。但是，在帮助学生重建有关社会正义的承诺的坚定立场方面，教师教育并不成功。

社群合作：关系与转型

> 我们每个人性格的形成，都与自己的家人、朋友、同事及陌生人的相遇有关。如果我们要想成为人，并拓展对于世界的认识，我们就必须有意识地参与到我们生活中各种处于形成状态的社群之中，参与到他人对我们的要求及我们对他人要求的互动之中。只有在社群中，人才真正成为人，也只有在社群中，一个人才会持续发展。(Palmer，1983：57)

正如帕尔默(Palmer)所言，我们相信，我们之所以成为人，是因为我们与他人的交往和关系。如果身份是透过与特定人群的关系形成的话，那么相应地，由于缺少与他人的交往，我们身份的形成也受到了影响。也就是说，在分裂的、存在种族歧视的社会中，对于人，尤其是白人而言，他们生活在单一的文化中，很少有机会超越种族与阶级同他人建立意义重大且具有关怀本质的关系，因而也很难形成有助于创建和培养多元文化身份的特定人际关系。与其他国家或地区的未来教师一样，我们国家的未来教师也在极度同质的文化社群中成长，很少有跨文化交流的经历(Howey and Zimpher，1990；Ward，1998)。这种情况即便是在无主流文化的群体中也是显而易见的。

在阐述“致力于反种族主义究竟意味着什么”，以及社会实践在文化方面和人种方面的细微差别时，汤普森(Thompson)向隔离的的社会形态发起了挑战，并呼吁白人理论家和其他人能够迈出那些限定他们私人世界的舒适的、狭隘的关系社群，以便能够：

> (……)改变我们的生活方式：习惯、邻居、环境、政治活动和相互之间的关系。如果以日常生活为基础的关系和情境允许我们舒适地停留于对我们自身最为有利的知识中，那么我们便不会发现任何改变自身或探究别人生活的理由。(Tompson，1998：544)

我们相信，如果教师教育希望使教师为多样化的课堂做好准备，那么必须严肃地对待“改变我们的习惯”这一挑战。如果我们的关系社群限制了对形成反种族主义身份及双重文化能力起至关重要作用的关系，那么我们就必须建立更为广泛的社群，并在其中学习和成长。

349 **橄榄山和文学教育与多样化背景教育硕士项目**

在传统彼此分离的社区之间建立联系，形成更为广泛的关系社群，曾经是俄亥俄州立大学(Ohio State University)与同在一个城市的橄榄山浸信会社区(The mount of olives Baptist community)共同开展的为期三年的教育硕士项目的目标。文学教育与多样化背景教育硕士项目(Literacy Education and Diverse Settings, Masters of Education, LEADS M. Ed.)是一个在本科之后(第五年)进行的、由五部分构成的教师资格认证项目。作为众多教师教育项目中的一种，LEADS 教育硕士项目中的大部分学生(每年约 30%)是白种人，其比例与大学教员中白人的比例相类似，大多数学生缺少与多样化社会经济及文化共同体共处的经验。然而，这一项目旨在培养教师为多样化课堂做准备，特别是培养教师在非洲裔美国学生超过 60%的公立学校任职。橄榄山浸信会社区是一个社会经济多样化的非洲裔美国人社区，约有 1 400 名成员。位于该社区的橄榄山基督教学院(Mt. olives Christian Academy, MOCA)，是一所由私人创办的基督学校，主要提供自幼儿园至 6 年级学生的教育，同时也向其他橄榄山浸信会及周边社区的儿童和成人开放。

在整个合作过程中，我们尝试形成一种互惠互利的关系，即双方均能在其所需方面受益，并获得有助于自身发展的专业知识(Seidl and Friend, 2002)。因此，当橄榄山社区为教师教育项目中的学生提供支持时，大学的教职员也努力将橄榄山社区资源与大学的资源及可利用的专业知识加以整合。我们也试图避免大学的传统权威立场在合作关系中的存在，同时也努力避免大学，特别是研究机构对多元文化社群的破坏与剥削。因为在这样的关系中，开展研究的压力使得社区成为资料收集的场所，往往会产生一种关于种族主义的研究议论形式，而当拨款用完或是研究结束时，这种关系也就随即结束。在伙伴合作关系中，我们致力于发展一种互惠互利的关系，其中，研究的进程是由双方共同议定的。

我们的合作项目为培养未来教师方面设置了多样化的目标。总目标是使他们形成成熟的反种族主义的身份认同，以便教师在未来的工作中，在与儿童相处时能够更深刻地理解种族主义与不平等。我们没有使用类似于“多元文化”或“文化胜任”等术语，而是使用了反种族主义身份和反种族主义承诺两个词语，因为“反种族主义”代表了一种公开与激进的个人政治立场(Lee, 1997)。这一目标涵盖了关于不同生活方式的知识，以及双重文化或多元文化能力所需的知识，同时也包含了教师所需的与多元文化相关的教学法知识。另外，反种族主义教育向结构性不平等发起了挑战，这些不平等在政策、法律和社会规范中被合法化(Thompson, 1997)，但却并未引起白人的关注。美国和加拿大的多元文化学术成果中能够找到反种族主义的术语(Lee, 1997; Nieto, 2000; Thompson, 1998)。我们借鉴关于反种族主义身份认同发展的学术著作

(Derman-Sparks and Phillips, 1997;Helms, 1990; Tatum, 1992),将我们的努力置于发展性教学(developmental pedagogy)的视域之中进行考察。这些学者的作品向我们展示了与反种族主义努力相关的积极成果,这些努力旨在帮助白人学生和有色人种学生形成识别与对抗种族主义制度及文化模式的能力。我们的目的不是重复他们的工作,或是用它来评估我们工作的有效性。我们更感兴趣的是理解学生在这方面成长与发展过程中所共有的日常态度、理念与行为,以及支持更为成熟的身份认同发展的经验类型。

很少有研究直接关注反种族主义的教师教育课程和提高学生的学业成就。然而,我们则借鉴了记录模范教师对“有色人种儿童”所做的工作的研究(Foster, 1997;
Irvine, 1992;Ladson-Billings, 1994)。这项研究表明,这些教师已经拥有了一定的生 350
活经验,这些经验有助于他们认识和反抗种族主义。教师的跨文化能力使他们扮演了文化阐释者的角色,他们支持学生的身份形成,同时也支持学生们获得理解主流文化交流的能力。总之,教师们形成了成熟的反种族主义身份,并发展了实现反种族主义承诺的与文化相关的教学法。我们的工作目标是使未来教师具备这些教师所表现出的典型的愿景。我们并不否认,由于时间有限,我们无法让学生拥有较为成熟的反种族主义身份,或是在一年内让他们掌握与文化相关的教学法。当然,确实有一些学生基于先前的经历,朝着这些目标取得了快速发展,但鉴于大部分参与项目的学生拥有较少的跨文化经历,因此,我们的主要目标是在合作项目之中,培养他们的性情与投入感,以便他们能够持续地应对即将开始的个人与专业工作。

一种地位平等的跨文化实习

为了实现这些目标,我们为未来教师建立了一种地位平等的基于社区的实习项目。我们将会在后面进行更详细的描述(Seidl and Friend, 2002)。LEADS 教育硕士项目中的学生每个星期都会有 2—3 个小时时间与来自橄榄山社区的成人一道,在该区创办的儿童服务项目中工作。他们可以选择不同的方式以满足基于社区培训的要求。一些学生参与了一项拓展关怀项目,该项目是橄榄山浸信会学院工作的一部分。他们与该学院的助教一起,帮助孩子完成家庭作业,并开展学习项目与娱乐活动。其他学生参加的是一个由教会组织的名为“我在进行虔诚的表述”(I'm Making a Godly Expression, IMAGE)的男性指导项目,该项目由教会中的男性团体组织,旨在为附近公立学校的四、五年级学生提供服务。教师教育项目的学生与这些男性一起,教男孩子们阅读和数学,策划并参与他们的娱乐活动。他们也有权成为“团结圈”(unity circle)——一项为男孩设计的进行精神与文化教育的经历——中的一员。LEADS 教育硕士项目的学生也有机会作为实习生与橄榄山浸信会学院和“星期日学校”(Sunday School)的教师一起工作。

就我们的工作而言，让学生形成一定的经验非常重要，本文两位作者主要负责的便是这种工作。弗兰德(Friend)博士是橄榄山社区成员，橄榄山浸信会学院院长、教堂牧师。塞德尔(Seidl)博士是大学教师，负责协调大学与橄榄山社区之间的关系。大学中的文学课、基础课和其他类方法课都要求学生围绕以下内容进行阅读、思考和写作，这些内容包括种族主义的社会政治背景、不公正社会中的教育的作用，以及他们作为具有多元文化背景的学生的教师所肩负的责任。实习中，实习教师需要调整结构化的对话设计，以促进大学教师和橄榄山社群成员的对话。另外，学生们也有机会与家长、教师和橄榄山共同体中的其他成员进行交谈。

地位平等的交往

我们一直致力于将实习项目打造成为一种地位平等的体验；这一目标与我们对一个种族和阶级社会中的典型社会关系进行的再思考与再认识的努力是一致的。地位平等交往的概念来源于奥尔波特(Allport，1954)有关减少偏见的著作中，同时也基于主流的多元文化理论(Banks and Banks，1997；Grant，1990)。奥尔波特在其有关跨
351 文化交往的总结性著作中指出，当白人与等同于或优于自身经济条件，或具有专业地位的非洲裔美国人交往之后，他们对非洲裔美国人的偏见与/或歧视就可能会大大降低。而白人与那些经济地位较低的黑人之间的交往，是“建立与维持歧视的一个动力因素”(Allport，1954：274)。到目前为止，确定和探索白人与黑人之间的平等交往，并将其作为教师教育的一部分，还没有得到应有的重视。在新墨西哥大学(University of New Mexico)进行的一项工作是一个例外(Smolkin and Suina，1999)，在这里，教师教育的职员致力于为本地学生提供一种“平等看待他人”(equal other)的经历。

我们相信，地位平等的跨文化经历对学生反种族主义身份的形成至关重要。通常，白人学生与有色人种社群的最初交往均是在一种不平等的状态下进行的，其中，白人享有文化特权、较高的经济地位，并有一种文化优越感。这样，他们总是将自己的角色理解为慈善家或帮助“那些不幸的人”的人。这样的定位使他们更可能将不同文化状态评价为不足的，在一种批判式的框架中扭曲多样的文化形式，或是基于现有的种族意识形态而拒绝承认不平等(Sleeter，1992；Thompson，1998)。对没有跨文化经验的白人学生而言，城区学校的服务项目或实习活动中的不平等交往，仍然存在于欧洲中心的文化范式之中，这使白人学生们保持了一种特权式的文化优越感。而我们的地位平等的合作关系的定位有利于破除此种特权式的文化立场，并帮助学生学会质疑自身的同一文化信仰及支持这些信仰的种族主义社会意识形态。

尽管地位平等的伙伴关系会呈现出多种形式，但我们认为这样的经验有以下几个重要特点：第一，地位平等、跨文化经验并非将学生置于情境中的辅助者的状态，而是让他们成为社区中的学习者和参与者，尽管他们的服务在这些社区中并不是至关重要

的。作为伙伴，橄榄山社区和LEADS教育硕士项目以一种相互自立的方式走在一起，双方都有不同的需要与贡献目标。合作的任何一方都不是知识的垄断者，也不会接受另一方的施舍，相反，他们的专长可以丰富对方的知识。譬如，参加教师教育项目的学生明白他们是学习者，处于获得成为教师之旅所需的宝贵支持与信息的状态中。没有任何一个项目是依赖于他们的服务的。他们所参与的活动，对项目的贡献，以及他们在教学上获得的专长，也为社区所广泛珍视。

第二，地位平等经验将未来教师置于与成年人一道工作的关系之中。项目中的白人未来教师和实习教师通常感到能以舒适的方式发展与有色人种学生的关系，而不会遇到惯常出现的困难。以往，很多教师都有“弥赛亚情结”[①](Messiah)(Thompson, 1998)，他们与学生的关系往往基于怜悯及将孩子从缺乏爱的家庭或社区中解救出来的感情。白人一般不会协调与有色人种之间的伙伴关系，尤其是当他们扮演帮助者角色的时候。我们认为要形成与成年人的地位平等的伙伴关系，需要发展教师的“双文化能力”，这对教师与家长、有色人种教师及其他社区成员建立牢固的、积极的关系而言至关重要。第三，橄榄山社区是一个社会经济多元的社区，我们的学生与成年伙伴以一种有效并且专业的方式接触并共同工作。白人学生与有色人种的成年人一起平等地工作，极大地挑战了他们对有色人种的刻板印象，这些印象往往来自于媒体上的有色人种青年文化和/或贫困条件下的有色人种形象。另外，目睹了真实情境中的养育之后，白人学生也会打破已有的非洲裔美国孩子需要被“拯救”(saved)的观念。

最后，地位平等的经验将学生置于一种完整的非洲裔美国人生活的文化环境中。
像在美国和加拿大的许多黑人教堂那样，橄榄山浸信会在某种程度上保留了经济上和 352
政治上的独立性(Poole, 1990; Walker, 1979)，它保留了非洲裔美国人的传统、习俗、价值观和文化类型，为他们创设了保护性环境，使其文化得以生长和繁荣(Hooks, 1992; West, 1993)。让白人学生进入一种强烈的、完整的非洲裔美国人的文化背景中是非常重要的。第一，背景本身使学生开始意识到文化和种族身份。不管是在教会学校还是在参与教会服务，学生们发现他们自己所置身的环境使他们不确定控制社会交往的规范与风气是否正确。第二，教会一直在支持非洲裔美国人在种族社会中的生存和尊严。作为亟待解决的问题，种族乃至种族主义问题，在这样的环境中是无法避免的。第三，在此种社会中，种族主义和种族歧视的历史已经造成了有色人种长期处于不同程度的贫困之中。各种公共图景展现的是如下情景：福利母亲[②]中黑人居多，暴力是黑人社区特有的代名词，黑人学生在学校中是行为方面有问题的孩子。这些图景很容易使白人将种族主义和贫困的结果与非洲裔美国人的文化画上等号

① “弥赛亚情结”原意指基督教传教士坚信自己的信仰与价值观具有普世意义的一种情结，“弥赛亚”含有“拯救”、“救世”之意。这里指教师对处境不利儿童的一种怜悯之心。——译者注

② 指那些有孩子但无丈夫供养而接受社会福利救济的妇女。——译者注

(Sleeter, 1997)。橄榄山社区是经济多样化的代表性社区，其中既有挣扎于经济贫困线的家庭，也有一些家庭是来自于黑人社区的经济、专业、政治领袖阶层。此外，教会开展的项目都为周围的孩子提供服务，这些孩子长期受“代际贫困”的影响。橄榄山社区的多元经济和坚实文化背景，使得“黑人文化等同于贫穷”这一观念的消解成为可能。在区分文化与贫困印象的差异的过程中，我们试图让学生对种族主义和阶级之间的关系有一个了解。

总之，我们相信地位平等的实习经验需要学生将自身的权威文化置于门外。在成为相异文化和异质政治的初步学习者之时，我们希望他们能在一定程度上体会到打破壁垒的含义，并能在面对未知的领域时保持谦逊。我们也希望他们能获得一种全新的自信形式，这种自信不是来自于特权文化的权威，而是基于摆脱有意无意的种族主义观念与实践，这有助于他们成为创造更公正社会所需的知识与双重文化能力的积极参与者。

共同学习

截至目前，我们在一起工作和成长已有三年多时间了。每年的工作内容都是不重复的，因为我们发现每年都需要对特定的大学或社区学院的需求进行反馈。但是，地位平等的经验及相关协调工作一直以来都是我们工作的中心。在过去这三年中，我们一直在社区学院或大学参加会议、课堂讨论并调解会议，并做现场情况记录。我们收集的学生作品有反思日志、各门不同课程的作业和最终的硕士论文。在这三年中收集的数据使我们理解了学生是如何与同伴一起成长的，同时也为我们以后设计实习活动及组织不同社群之间的互动指明了方向。本文的两位作者，一位白人大学教授和一位来自橄榄山社区的黑人牧师校长，他们一起合作对数据进行了反复分析。从方法论的角度上来说，我们运用了扎根理论(Strauss and Corbin, 1994)，这两个作者之间进行了循环、协作式的对话。在回归分析过程中，我们一直致力于他们二人的两种文化解读的反思性比较。

总体而言，我们的兴趣点是让学生具有较为成熟的反种族主义身份，有双重文化
353 能力，并有志于从事与文化多元相关的教学。因此，我们对学生的作品和讨论组数据的分析着眼于态度、信念或行为，我们认为，它们代表了学生朝向目标或偏离目标的发展。我们在这里要分享从已参与到伙伴关系的三组学生中所发现的重复模式。我们引用了一些反思日志、硕士论文和课堂讨论中比较有代表性的内容。结果让人乐观。很多学生已经对文化、种族主义和教育问题有了更成熟、更深刻的理解。基于先前的经验，很多学生形成了较为成熟的反种族主义身份。我们同样认识到，长期的社会文化信仰所具有的抵抗力使很多学生没有得到成长，仍然停留在一种既定的主导范式之中，并且展现出诸多白人学生用于拒绝个人或社会变革的意识形态的抵制倾向。

定义积极成长

我们的主要目标之一，是挑战学生的文化权威感。当学生第一次来到橄榄山社区的时候，如果他们表现出一种不安的情绪，我们便认为这是积极进步的开始。这传达给我们的信息是他们有去中心的文化权威（de-centering cultural authority）的潜力——他们开始意识到自身处于一种并不熟悉的文化背景之中，他们是局外人，对于此种文化规范如何被践行，他们全然无知。此外，我们相信这种不安同时也意味着学生开始意识到世界范围内的种族关系状况，也更有可能走出一种天真的种族无知状态，在这种状态下感觉舒适与友好相处是最主要的预期结果（Thompson，1998）。雪莉（Shelly）是一位来自富足郊区的年轻白人女性，她几乎没有接受过文化多元性教育，但她表现出了一种我们认为是适当的、积极的对种族身份的初步意识，以及一种在种族世界的框架中思考自身定位的需求。

> 生活中，我经常和各种不同的人打交道。然而，很大程度上讲，我和非洲裔美国人之间没有交流……我很难想象会与黑人（不是未成年人的黑人）建立对彼此有影响的关系。这种事实，加之（我所感觉到的）美国社会中对黑人与白人交往所做的各种炒作，使我在与黑人进行面对面交流的过程中非常紧张。我知道我的紧张是一种想“让事情顺利进行”的强烈愿望的征兆，但是在任何情况下，它都是没有效果的。我认为我需要先消除自己做每一件事时的偏见，或者说考察其中的种族主义内容。有时候我怀疑我为什么会有这样的偏见。有时候我觉得自己在进行辩护，譬如我会说“喂，只是因为我是白人，那并不意味着……”。但是为什么我如此喜欢辩护呢？这确实是我需要重新审视的。
>
> 即使是现在，在自己写日志的过程中，我都会有一种自我意识，唯恐会做出不正确的政治评论，或者表明我在某些方面不够进步。（Shelly，反思日志，2000）

复杂的、与文化相关的教学法的发展，是一种需要投入时间去切身体验的过程。让学生在一年内就抛弃数年来形成的社会化的种族主义，形成反种族主义和深刻的双重文化身份是不可能的。因此，我们仅仅希望学生开始尝试理解当学校无法对儿童的社会文化经验作出回应时所产生的困难。吉尔（Jill）的日志记述了她在橄榄山社区参加项目的经历，以及这个经历在多大程度上让她更加全面地领会到很多有色人种的孩子在公立学校中的经历中所表现出的社会文化失调（sociocultural incongruity）。

> 有时候，当你读到什么或者听到什么东西时，它们对你的智力发展是有意义的，但是你并不认为那就是正确的。我过去一年所阅读的有关文化的材
> 354 料，虽然从知识的角度而言有一定意义，但有时候我很难觉得它们是正确的、真实的。主流的白人文化和非主流文化之间的细微区别，能够导致少数族群儿童的表现不及主流文化的儿童，这样的观点似乎不是一种充分的解释。我觉得也许部分是对的，但它确实不是充分的解释。我一直认为文化差异不是造成失败的原因，直到这个夏天，我参加了橄榄山社区的夏令营……几天后，我发现我自己的经历与一个黑人学生的经历有很多相似之处，这个学生进入以白人文化为基础的学校和教室学习，他的老师也来自于白人文化背景。这在我的生活中是几乎没有过的事情，因而我感觉很迷茫，好像除了我以外，每个人都知道正在发生的事情。(Jill，最终的硕士论文，1998)

吉尔的极度“迷茫”使她理解了学校中存在的“隐性”(invisible)价值、假设和交流形式是如何利于一些学生，而不利于其他学生的。她必须继续努力识别这些状况，我们相信她的经验有助于她在质疑学生的能力之前，先质疑教育背景的有效性和支持力。

对未来教师而言，他们能够开始理解非洲裔美国儿童所受教育的政治背景，并开始思考如何建立一种经过缜密构建的课程来帮助儿童认识和处理种族主义，这一点是非常重要的。因而，我们希望学生重新认识橄榄山社区所建构的别样社会现实，在这种社会现实中，固有的文化现象和互动模式会成为在更大范围的世界内抵制黑人消极形象的文化资源。佩吉(Peggy)的日志讲述了她在橄榄山社区中所体会到的教育的政治背景。

> 我感到很惊讶，这么多成年人在学校中努力地创造一种有效的环境。这种奉献的目的是培养自信、有能力的非洲裔美国儿童。这就是他们的生活。在社会中种族主义思想活跃，非洲裔美国儿童行为反叛，学校持续地、无意识地传承下来的霸权歧视的背景下，由橄榄山社区成员创建一个可以对抗这些社会现实的场所，似乎是一件理所当然的事情了。然而，橄榄山社区是我见过的唯一一个如此一致努力的社区。
>
> (……)在此地，更像是有一个人在静坐思考对于一个非洲裔美国人的生存而言非常重要的观念，并建立了一所学校以落实这些观念。(Peggy，反思日志，1998)

承认我们面临的挑战

虽然我们乐观地看到了很多学员的成长和变化，但是我们也意识到对一些人而

言，他们并未经历一种摒弃文化权威的过程，他们还是处于自己密闭的世界观或不良的种族主义信仰(King，1991)中，他们承认自己享有的优先权，但是并不认为有责任去改变社会的不平等。譬如，尽管很多LEADS项目中的学生开始理解关怀在文化和政治方面的意义，但很多人仍没有这样的意识。很多人不能放弃他们对于什么是合适的、“善的”(good)权威、社会规则的理解，因而也无法基于橄榄山社区的文化和政治来理解其中的角色和关系，就像凯茜(Kathy)这样的学生，虽然尝试讨论差异，但却是从自己的思想框架去评论这些差异，依然保持一种居高临下的、审判的态度——一种典型的施恩的文化权威(patronizing cultural authority)。

> 对我来讲，我已经知道了这个项目期望达到的目的是什么，之前项目对 355
> 此有所介绍，而且我也有和橄榄山社区学生及职员共同工作的经历。我相信校外的项目也会像学校内进行的项目那样有序、规范。我在橄榄山工作的第一个晚上，就认识到我对年纪大一些的学生的期望是特殊的。我们不允许他们相互交流，甚至要求他们未经同意不许扭头。然而我知道，让他们在回家之前完成作业，这在当地人看来是为了这些学生好，而且当地人对这群学生的校内生活也有同样的期望。然而，年纪小一点的学生则相对自由一些，他们可以选择涂颜色或阅读，还可以做游戏。当我经历了这一切，我感到有些沮丧。因为我认为年纪大一些的孩子同样需要娱乐活动，而不是每天都让他们做家庭作业或是对他们的分心大吼大叫……
>
> 我自己觉得很矛盾，因为我并不赞同这样对待年纪大一些的孩子。但他们一直都是这样做的，并且很显然这么做很有效果。我正在逐渐接受这一现象，并时常提醒自己，这对他们来说是最好的，对学校管理哲学来说也是最好的。(Katly，反思日志，1999)

其他学生，无论存在何种支持其他思考方式的证据，他们均将多样性理解为个体差异。这些学生坚信，正如汤普森所描述的，“种族无知”(racially innocent)言论是自然的，同时无种族成见是很好的手段。这些学生“抵制他人与白人的差异”(white-out difference)，将有色人种的经验同化到白人经验之中(Thompson，1998：524)。以下是乔治亚对她在橄榄山社区的经验的最终反思。

> 今年早些时候有一件事情一直困扰着我，我感到自己学习不到需要的知识。在研讨会和班级里有很多关于我们应该如何学会在不同社区中工作的讨论。因而，我认为我们基于社区的教育经验有助于学习如何与有多样文化背景的孩子进行交流。但是，我发现自己与橄榄山社区学生之间的互动和关系与在斯塔林(Starling)的学生之间的互动和关系没有什么区别。我最终意

> 识到，在如何与这些学生建立关系方面，没有什么好学习的。橄榄山社区的学生和其他地方的学生没有什么区别，他们彼此不同，且都有着自己的个性特点。我认为，为了教好这些有着不同文化背景的孩子，教师应该花些时间去了解每个学生。因为这样做能够与他们建立关系，而且可以更有效率地开展教学。教师还需要真诚地关心学生。不管学生的种族与背景是什么，我认为所有的学生都需要这种关心。(Georgia，反思日志，1998)

最后，还是有一些学生仍然坚持一种主流的文化权威，将这种经验看作是“服务”，并将自己定位为“辅助者”(helpers)的角色，而不是将自己视为新文化的学习者。他们通常没有(或不能)与这种背景下的成人建立关系，于是寻求一种相对安全的、与学生间的不平等权力关系(inequitable power relationships)。我们来看一看林恩(Lynn)的最后一篇日志。她关注到自己在这种环境中是如何“受欢迎”的，但却没有被需要的感觉。她觉得最舒服的角色就是帮助者的角色，而不是学习者。她觉得有价值的关系是与学生的关系，而不是与橄榄山社区成人的关系。

> 总的来说，我在橄榄山社区的经验还是有价值的(……)但是，让我感到困惑的是，在橄榄山社区实习，我到底扮演了一个怎样的角色。我总是能受到橄
> 356 榄山社区的孩子、家长和学校员工的极大尊重，并且他们非常感谢我所付出的时间。但是我自己一点儿都不觉得我所作的贡献是必须的，我没有感到对相关的人有所帮助。
>
> 现在回想我在橄榄山的经历，我希望能做一些不同的事情。我希望我能在延伸关怀项目中更加积极主动一些，并在当时的环境中承担一个引领者的角色。尽管通过一一回答他们的问题，我为他们带来了一些改变，但是我还是没有机会去教那些孩子，我依然很想拥有那样的经历(……)我还希望当时自己能更加努力地去了解“吗哪之人”(Men of the Manna)①项目中的男孩子们。(Lynn，反思日志，1998)

乔治亚一开始坚持认为族裔和种族②之间的差异是无所谓的，她在反思自己与橄榄山社区的学生的关系时丝毫没有发现有任何不对。在一种傲慢的和“安全”(safe)的方式下，“学习与不同年龄、背景和种族的孩子建立关系”完全没有关注到这种关系的

---

① Men of the Manna，本文译作“吗哪之人”。“吗哪之人”是由橄榄山浸信会教会(Mt. Olivet Baptist Church)主持的一个项目，其目的是为了改善家庭、教会、学校和社区。吗哪(Manna)是《圣经》故事中的一种天降食物。——译者注

② 族裔(ethnicity)，社会群体的一种，指具有相同国籍或文化传统的人群；种族(race)与人群的生理特征相关，如肤色、眼睛颜色。因此，世界上不同的族裔有百余种，但是种族却很少，如白种人、黄种人和黑种人等。譬如，韩国人、中国人、日本人是同一种族的人，即黄种人，但他们分属不同族裔。——译者注

政治本质，同时也没有提及理解孩子们的社会文化和政治背景的需要。

> 对我来说，花时间与幼儿园和一年级的孩子在一起是一件高兴的事情。我喜欢与他们交流，也越来越了解他们。他们是那么可爱，经常让我哈哈大笑。学会与不同年龄、背景和种族的孩子建立关系真是一次不错的经历。(Georigia，Reflective Journal，1998)

对支持性发展的认知

对于学生是如何获得进步的，我们已经进行了反思，而学生自己的描述才是最具有说服力的，其中出现了一些主题。譬如，我们一般认为学习多元文化最有效的手段是学会关心人际关系。在这次经历中，那些与社区成年人发展出亲密与关爱关系(caring relationships)的学生，成长最大，也最能被橄榄山社区成员接纳为反种族主义的联盟成员。基思(Keith)就是这样的一个年轻人，以下是他对在橄榄山社区工作经历的描述。

> 在橄榄山社区工作中，最有价值的也许是与乔丹(Jordan)夫人一起工作的经历。我真的从乔丹夫人那里学到了很多。我的意思是，我是在一个多元文化的社区中长大的，因此我所在的学校中有来自不同族裔背景的学生，但我从来没有真正地感受到差异。我和乔丹夫人慢慢地熟悉起来，我们成为了朋友。我常常会在早晨的时候早去一会儿，然后我们一起看着孩子们，并进行交谈。我了解了类似于"苍白的皮肤"是什么样子及意味着什么等事情，还获得了有关绿叶蔬菜的知识。我们讨论了很多有关种族主义的问题及它们深层次的意义，也讨论了我们的生活及非洲裔美国孩子教育中的重要问题。我觉得假如没有这些谈话，我当前的工作不可能进行得如此高效。(Keith，课堂讨论，1999)

对多数学生而言，抽象地以理性去了解种族主义是非常困难的。在人与人的关系中，学生可以亲眼看见并理解种族主义对他们所关心的人的生活造成的结果和影响。在这种关心中，他们感到改变与行动的必要性。

从更长远的角度来说，在这种关系的背景中，学生从彼此分享的故事(stories)中
学到了很多。对白人学生而言，故事提供了一个具体的案例，而此前他们所面对的往 357
往是抽象和隐蔽的概念。有关种族主义与反种族主义的故事是情景化了的课堂，它们
将现实生活中所体现的种族主义与文化多样性的理论嵌入其中。学生们收集这样的

故事并复述它们。这些故事都是种族主义的体现,学生在尝试解构已被社会化的种族主义意识形态的过程中会得到一种间接的体验。常常会听到有学生这样说,"我记得弗兰德博士讲过这样一个故事",他们尝试把课堂阅读与具体故事结合起来。

最后,学生们会参与到与各种不同人群的对话之中。

> 在我们的合作过程中我觉得另一个最有意义的方面,就是我们与橄榄山社区成员、学生家长及其他人开展的团体"共同体"会面和讨论。我认为这是双方探讨各自之间差异与相似之处的有效方式,大家可以将这些事情都摆上台面。根据经验,我知道将两个分别由同质人群构成的团体放到一起,如果没有有关双方之间的差异及应该如何应对差异的相关探讨,那么双方的共处是非常令人不舒服的。我想这样的会面提供了一种路径,让人们可以从多个不同角度对某些问题进行分析探讨。换句话说,这是消除两个团体之间可能存在的互不相知与误解的不错选择。(Randy,反思日志,1998)

兰迪(Randy)的评价抓住了一项要点,那就是在这样的对话中,对参与双方的互惠和同等尊重是非常关键的。在这样的对话中,并不会判断任何一方是"对"或是"错",而是判断双方在寻求理解与成长过程中所做的付出。

反思我们的工作:下一步

在我们的社会中,发展一种反种族主义的理念在白人之中并非一种自然或是常见的做法。在一个如此隔离与破裂的世界中,必须有意识地培养人们形成反种族主义的身份,而不能顺其自然。因此,在评估实习项目有效性的同时,我们的主要侧重点在于考察我们所能为学生提供的机会的质量,而较少关注评价他们在已经形成的身份发展阶段上的进步。如前所述,我们从前人有关反种族主义身份发展的著作中受益良多,但我们更为感兴趣的是参与这项工作的学生们的态度、行为和经验,如此我们的工作才能更加慎重,并为他们提供更好的支持。我们已经知道,关系的发展、相互之间分享故事的机会,以及参与对话是学生成长与发展的关键所在。然而,如何找到一种方法以更好地支持这种发展是我们所面临的挑战。在教师教育项目中,学生会在短短一年的时间内完成学业并拿到证书,但时间过于短暂,难以组织类似的具有重要意义的伙伴交流。

然而,我们仍然抱有希望。我们已经在一起完成了第三年的项目,我们为参与项目的学生提供了一次与橄榄山社区成员及大学教职员展开协作探究的机会,通过这种协作他们完成了硕士学位课程。在协作探究的过程中(Heron, 1981),"所有参与者都是合作研究者,他们的想法与决定会有助于形成新观点,他们共同设计并管理整个项目，并从这段经历中得出结论。与此同时，他们也是被研究者，全程参与到作为研究对象的活动之中”(Reason，1994：326)。这项探究的核心是，我们在一个致力于反种族主义及追求社会正义的社会中所各自扮演的角色。每周我们都会碰面，围绕这个问题的很多方面进行广泛的对话。对话的内容产生于我们共同的阅读、经历（例如参与橄 358
榄山社区服务或与牧师、家长团体进行交谈）和故事。参与这种探究更多地为我们的学生提供的是一种机会，使他们发展与橄榄山社区成员之间的关系，分享彼此的故事并参与有益的对话。我们这项探究活动的结果将是一项共同构建的产物，同时也是对与我们所关注问题相关的主题、故事、模式、经验等方面所做的综合分析。

总之，我们相信基于互惠和身份平等的跨文化交流，在构建多元文化与公正社会的过程中是必不可少的。如果教师教育项目真的希望教师做好面对多样化背景学生的准备，那么就应当让更多的教师参与到跨文化体验中来，并延长时间。此外，如果我们期待帮助未来教师发展多元文化能力并致力于反种族主义，那么还需要提供必要的支持措施来协调多元文化经验。我们期待就这一领域问题与各方进行进一步讨论。

（杜明峰　李　欣　译）

参考文献

Allport, G. W. (1954) *The nature of prejudice*. Cambridge, MA: Addison-Wesley.

American Association of Colleges of Teacher Education (1994) *Briefing books*. Washington, DC: Author.

Banks, J. A. & Banks, C. A. (1997) *Multicultural education: issues and perspectives*. Boston: Allyn & Bacon.

Darling, L. & Ward, A. (1995) Understanding the school community: a field-based experience in teacher education. *Teaching Education*, 7(1), 85 - 93.

Delpit, L. (1995) *Other people's children*. NY: New York Press.

Derman-Sparks, L. & Phillips, C. B. (1997) *Teaching/learning anti-racism: a developmental approach*. New York: Teachers College Press.

Ducharme, E. & Agne, R. (1989) Professors of education: uneasy residents of academe. In R. Wisniewski & E. Ducharme (eds.), *The professors of teaching: An inquiry* (pp. 67 - 86). Albany: State University of New York Press.

Foster, M. (1997) *Black teachers on teaching*. New York: Free Press.

Grant, C. (1990) Desegregation, racial attitudes, and intergroup contact: a discussion of change. *Phi Delta Kappan*, 70, 25 - 32.

Haberman, M. & Post, L. (1992) Does direct experience change education students' perceptions of low-income minority children? *Midwestern Educational Researcher*, 5(2), 29 - 31.

Helms, J. E. (ed.) (1990) *Black and white rqcial identity: theory, research and practices*. Westport, CT: Greenwood Press.

Heron, J. (1981) Experiential research methodology. In P. Reason & J. Rowan (eds.), *Human inquiry: a sourcebook of new paradigm research*. Chichester, UK: John Wiley.

Hooks, b. (1992) *Black looks*. Boston: South End Press.

Howey, K. & Zimpher, N. (1990) Professors and deans of education. In W. R. Houston (ed.), *Handbook of research on teacher education* (pp. 349 - 370). New York: Macmillan.

Irvine, J. J. (1992) Making teacher education culturally responsive. In M. Dilworth (ed.), *Diversity in teacher education* (pp. 79 - 92). San Francisco: Jossey-Bass.

Kahne, J. & Westheimer, J. (1996) In the service of what? The politics of service learning. *Phi Delta Kappan*, 7(9), 592 - 599.

King, J. (1991) Dysconscious racism: ideology, identity and the miseducation of teachers. *Journal of Negro Education*, 60, 133 - 146.

Ladson-Billings, G. (1994) *Dreamkeepers: Successful teachers of African American children*. San Francisco: Jossey-Bass.

Lawrence, S. M. & Bunche, T. (1996) Feeling and dealing: teaching white students about racial privilege. *Teaching and Teacher Education*, 12(5), 531 - 543.

Lee, E. (1997) Antiracist education: pulling together to close the gaps. In E. Lee, D. Menkart, & M. Okazawa-Rey (eds.), *Beyond heroes and holidays: a practical guide to K - 12 antiracist, multicultural education and staff development* (pp. 26 - 34). Washington, DC: Network of Educators on the Americas.

McCann, B. (1996) *Implementing a reciprocal dimension to service learning: participatory research as a pedagogical enterprise*.

Eric Document No. ED 404692.

Melnick, S. L. & Zeichner, K. M. (1998) Teacher education's responsibility to address diversity issues: enhancing institutional capacity. *Theory Into Practice*, 37(2), 88 - 95.

Morton, K. (1995) The irony of service: charity, project, and social change in service-learning. *Michigan Journal of Community Service Learning*, 2, 19 - 32.

Nieto, S. (2000) *Affirming diversity: the sociopolitical context of multicultural education*. New York: Addison Wesley Longman, Inc.

Paine, L. (1990) *Orientation towards diversity: what do prospective teachers bring?* Research Report 89 - 9. The National Center for Research on Teacher Education, Michigan State University, East Lansing, MI.

Palmer, P. (1983) *To know as we are known*. San Francisco: Harper.

Poole, T. G. (1990) Black families and the black church: a sociohistorical perspective. In H. Cheatham & J. Stewart (eds.), *Black families: Interdisciplinary perspectives* (pp. 334 - 338). New Brunswick, NJ: Transaction Publishers.

Reason, P. (1994) Three approaches to participatory inquiry. In N. Denzin & Y. Lincoln (eds.), *Handbook of qualitative research* (pp. 324 - 339). Thousand Oaks, CA: Sage.

Seidl, B. L. & Friend, G. (2002) Unification of church and state: universities and churches working together to nurture anti-racist, biculturally competent teachers. *Journal of Teacher Education*, 53(2), 142 - 152.

Sleeter, C. E. (1992) *Keepers of the American dream*. London: Falmer Press.

Sleeter, C. E. (1997) Teaching whites about racism. In E. Lee, D. Menkart, & M. Okazawa-Ray (eds.), *Beyond heroes and holidays: a practical guide to K - 12 anti-racist, multicultural education and staff development*. Washington, DC: Network of Educators on the Americas.

Smolkin, L. B. & Suina, J. H. (1999) Cross-cultural partnerships: acknowledging the "equal other" in The Rural/Urban American Indian Teacher Education Program. *Teaching and Teacher Education*, 15, 571 - 590.

Strauss, A. & Corbin, J. (1994) Grounded theory methodology: an overview. In N. Denzin & Y. Lincoln (eds.), *Handbook of qualitative research* (pp. 273 - 285). Thousand Oaks, CA: Sage Publications.

Tatum, B. D. (1992) Talking about race, learning about racism: the application of racial identity development theory in the classroom. *Harvard Educational Review*, 62(1), 1 - 24.

Thompson, A. (1997) For: anti-racist education. *Curriculum Inquiry*, 27(1), 7 - 44.

Thompson, A. (1998) Not the color purple: Black feminist lessons for educational caring. *Harvard Educational Review*, 68(4), 522 - 554.

Walker, J. W. (1979) *Identity: the black experience*. Toronto: Ontario Educational Communications Authority.

Ward, A. (1998) The role of mentorship in a Saskatchewan cross-cultural teacher education project. *McGill Journal of Education*, 33(3), 285 - 297.

West, C. (1993) *Keeping the faith*. NY: Routledge.

Zeichner, K. M. (1992) *Educating teachers for cultural diversity*. NCRTL Special Report. National Center for Research on Teacher Learning, East Lansing, MI.

3.3 面向多元文化学校的教师：选择的力量*

马丁·哈伯曼(Maitin Haberman)　　琳达·波斯特(Linda Post)

多元文化教育对我们的学校意义重大，尤其对城区学校而言更是如此。但是，仅 360
仅增加一两门课程并不能带来所需要的改变。同样，为教师教育课程增加多元文化教育内容是不够的。本文中我们认为，只有具备一系列特殊品质和思想的教师才能提供一种多元文化课程。这些课程的既定目标强调学生的个人发展。实现这种至关重要但却难以捉摸的目标，需要出色的教师。

这里，我们提出了一个多元文化项目中教师所需具备的12种品质，侧重特定的教师素养和思想。我们描述了教师对自己如何学习的解释，并呈现了这些教师的简介。我们在讨论中提出了"是什么"(要学习的学科知识)、"怎么样"(学习的方式)，以及"谁"有可能学的议题。我们的基本论点是，为了达到多元文化教学的复杂目标，要选择那些具有此种教学品质的人是一个必要的先决条件。重要的是，只有对那些已经显示出具有一位优秀在职教师的思想性和倾向性的候任教师进行培训，才有意义。本文的开头简单地分析了街头价值观(street values)对多元文化举措造成的挑战。

城区环境

城区学校是文化博弈的战场。传统的社会价值观遭到街头价值观的对抗，并受到严重打击。学校非但没能抵制街头价值观，相反却在吸收和传播街头价值观。我们在其他地方阐述了14种价值观，这些价值观被用于失业培训中，同时，城区学校也在这些价值观的怂恿下将毕业生和辍学生置于失业和无法正常地参加社会活动的境地(Haberman，1997)。

街头价值观既不能代表构成城区社区的少数民族文化群体的多样性，也不能代表美国公立学校宣扬的传统价值观。加入一个特定文化群体是力量的源泉，能够为过一种高自尊和自我实现的生活提供平台。遵循街头价值观的生活，预示着生活贫困、健康状况不佳以及反社会行为。

在城区学校文化变得更加多元之前，它们首先必须有效抵制街头价值观，避免它

* Martin Haberman and Linda Post,"Teachers for multicultural schools,"*Theory into Practice*, 37(2),1998,pp. 97-104.

们像其他病毒一样每天通过已被传染的孩子带入学校。目前，学生控制了城市学校发展的进程，因为他们迫使教育者花大部分时间和精力应对街头价值观，而不是积极主动地落实既定课程。应对街头价值观成为学校的主要任务，因为保持安全的环境是保障学生学习的前提。但是，街头价值观最终会联合形成一种综合的行为模式，影响城区学校的青少年。

361 例如，一种街头价值观是由“有权力伤害你的人”来决定人际关系。这就加剧了隐性但却始终存在的暴力威胁。在学校中，学生证明这种权力观的一种方式是表明一种“给我做”(make me)的态度。这种街头价值观，在暴力的基础上定义了所有的相互作用和关系，为学校游戏和学生角色奠定了基础，教师的工作变成了强迫学生学习，而学生也通过扮演旁观者而非参与者实现反抗。一旦游戏开始，校方便运用越来越多的高压规则并强迫学生遵守，而学生则以违规行为作为回应。这甚至会导致更多更复杂的规则，反过来会造成更复杂的学生反抗形式和不同形式的冷漠。实际结果是，接受这种街头价值观的城区学生会尽可能少地做事，事实上，除了到学校报到之外他们别无他事，他们通过及格的分数巧妙地使得学校认可这种“行为”(activity)。学生仅仅通过到学校报到就能过关而不会被学校“干扰”，用来称呼这种交换的术语是“交易”(the deal)，在文献中对此已有详细研究(Payne, 1984)。

学校应该招聘那些有志于重构或改革的人，包括多元文化课程的提倡者。然而，促进学校课程文化更加多元化未必会削弱街头文化的力量。公共的、面对面的价值观是我们所在城区中少数民族文化的主要特征，此种价值观已经无力征服街头价值观(黑人穆斯林社区明显是这种模式的特例，它实际上违背了一些街头价值观)。悲痛欲绝的家人和部长们坐在法庭、医院和殡仪馆，想知道他们是如何失去孩子的，这样的场景记录，正如那些无法使学生学习并留在学校的教师所表达的失败经历一样，均有据可查。

街头价值观与多元文化主义

应该对战胜街头价值观的目标和促使学校文化更加多元的目标进行区分。前者主要关注类似于学校是否应该使用金属探测器等问题，后者关注的是教与学中的自我认同，促进共同体文化发展并让其在美国社会中有效发挥作用等。学校课程文化更加多元并不一定会减少暴力、辍学率或帮派活动。这些也不是发起或判断多元文化课程的有效标准。学校课程中更为有力的多元文化主义可以让学生：(a)获得关于如何在美国整体社会背景下幸福生活的强有力观念；(b)在工作中获得成功的有效技巧；(c)理解多种文化群体；(d)通过参与个人所属文化群体获得身份和力量；(e)学习有助于所有个体和群体获得更多平等与机会的方式。

一些教师使学生积极参与并让他们对自己的学习负责，由此提升学生在课程学习中的参与度、动机和兴趣。这带来了学生在传统学校学科上的更高成就，更为重要的是，这也会引导学生去展示解决现实生活问题的高水平技巧，甚至是如何在一些情况下对抗街头价值观。我们按照以下标准把这样的教师称为“明星”(stars)——他们所工作地区中的大多数学生来自贫困家庭；他们班级的成就超过了所在学校的平均水平；他们被其他教师、校长、学生家长、外界观察者及他们自己看作是优秀与卓越的。据我们估计，即使在最差的学校系统中也有多达8%的教师符合这些标准(Haberman, 1995b)。

是否存在一套多元文化课程，能够用于对抗街头价值观，或仅仅为那些可能对抗街头价值观的青少年提供一种更好的教育，这是一个有待进一步开展研究的问题。我们可以确定的是，多元文化课程通过研究真实世界的问题使学生关注他们当前的生活，而非让他们为根本不存在的美好未来世界做准备。在一个以机会平等和所有文化 362
群体的改善为既定目标的社会中，开设多元文化课程已成为公立教育的一项基本任务。

经过正式批准的学校董事会将多元文化主义作为优先的原则，这在一些小城镇或郊区学区并不常见。“我们能够学着在一起生活吗?”这不是那些优势社区学校的使命，也不是渴求社会制度(例如政府、刑事司法体系、健康保险、教育)救助的社区的学校的使命。具有代表性的是，以多元文化主义为使命的学校，是120所主要城区的学校，这些学校服务于700万贫困学生，其中大部分学生来自多样的少数族群。考虑一下如下的定义陈述：

> 多元文化教育是一种建立在尊重并理解文化多样性基础上的过程。这个过程的核心是获得对世界文化的理解，并在着重强调这些文化在我们学校社区中的呈现方式的基础上，把有关文化的洞见运用在课程和学校生活领域。由这些观点发展而来的，是对所有文化和所有类型的人的尊重，以及对男人和女人之间、不同种族背景的人之间的创造性平等关系的承诺。通过这种方式，多元文化教育让学生学会了尊重、自尊和对他人的理解，并且，这种方式给学生提供了创造公平和平等社会的工具。(Milwaukee Public Schools, 1995)

这一观点进一步为学生列出了一张详尽的目标单，包括人类学概念、历史学概念和经济学概念对美国社会的广泛理解：复杂的沟通概念与技能、自我反思和自我改变的意愿和能力、低自我概念的原因和解决对策、各种社会不平等的详尽知识及改善世界的倾向和技能。

知识基础

在过去40年中，我们(哈伯曼及其同事)比美国教师教育史上任何人都拥有更多机会发展、评估教师教育项目，并为满足教师培养需求提供更多的教师教育课程。如果我们使用以下标准进行评判，这些项目显然一定是失败的。如，在外来资金停止后，这些模式是否成为高校制度化的一部分？这些毕业生是否在贫困学校支教三年以上？然而，在每一种模式内，我们已经能够识别那些可以发挥预测功能的项目元素，如预测哪些候任教师将有能力在贫困地区支教，谁会当老师，这些教师的意识形态如何，他们是如何被选拔并培训的。在目前的“大城市多元文化教师教育项目”(Metropolitan Multicultural Teacher Education Program)(这个项目在几个城市中重复进行)中，我们对来自密尔沃基公立学校(Milwaukee Public School)中 97.5%的教师进行了为期 7 年的追踪记录，他们中有 75%的人来自少数族群。

基于我们对这类教师的了解——这些教师倾向于将多元文化主义和他们的教学看成是一个整体，我们确定了他们的知识基础的本质。以下是这种知识基础的一些重要元素：

自我知识(Self-knowledge)：对自己的文化根源和群体关系的深刻了解。如果有人说“我不属于任何文化群体，我只是一个美国人”，那么他/她是不具备进行多元文化教学的根本基础的。教师通过让学生分享自己的文化根源，以鼓励他们获取更多的与他们自身及其他同学的文化根源相关的知识。

363 自我接受(Self-acceptance)：一种源于对自身根源之了解的高度自尊。没有其他人存在便不会形成他者群体，正是不同人构成了群体。教师通过展示对自身文化的自信式接受，来塑造自信和对群体身份的自豪感。

人际技能(Relationship skills)：以尊重和关怀的方式对待有着不同行为方式的多样化的孩子和成人的能力。教师通过平等对待所有群体的方式表明“我们可以共同生活”。

共同体知识(Community knowledge)：对孩子及其家庭的文化遗产的了解。做过家访，并在社区教堂、商店、公司和公园有着持续经历的教师，能够在他们的课堂上提供一种多元文化课程，这些课程来自孩子们具体的生活经验。

同理心(Empathy)：对于孩子们及其家庭成员的感知、理解、建构世界的方式保持深刻而持久的敏感和欣赏。教师要真正地明白特定文化群体的父母想要孩子得到什么，而不是一味地降低标准或期望。

文化角度的人类(Cultural human)发展：理解当地社区如何影响发展。教师比所有 7 岁或 13 岁的孩子知道得都多，这对一个在特定语言、种族、文化或经济背景下成长的蹒跚学步的孩子、儿童、青春期前的孩子或青少年意味着什么？

文化冲突(Cultural conflicts)：理解当地社区价值观与学校拥护的美国传统价值观之间的差异。教师对源于宗教、性别角色和价值观差异的问题进行估计、做好准备和解决。

相关课程(Relevant curriculum)：关于一般的社会价值观和社区文化群体价值观

之间的联系的知识，以及实践这种知识的能力。教师应把具体的学科知识目标与其在学生生活中的具体用途联系起来。

形成持久的努力(Generating sustained effort)：具备能够使社区青少年投入学校学习的知识和能力。教师的日常教学围绕此目标进行组织，他们奖励努力而非感知能力。

应对暴力(Coping with violence)：预防和减少暴力及潜在暴力的技能。在一个不断有暴力发生的环境里，教师如何开展工作并帮助学生获得成功？教师们基于标准而非权力解决冲突。

自我分析(Self-analysis)：反思和改变的能力。我要如何运用我的经验继续学习、成长和改变？教师们参与系统反思，他们形成并落实影响课堂教学的专业发展项目。

在乱局中发挥作用(Functioning in chaos)：理解的能力及应对无序环境的能力。城区学校系统反映了所在社区的不稳定与功能失调的本质。尽管校方管理不合理，但在这种环境中的教师依然应该知道何为有效行为并能有效地落实这些行为。

教师如何学习这些?

能够以多元文化的方式与来自贫困家庭的孩子在一起工作的教师既不是天生的也不是后天培养的；当他们整合生命体验时，他们便朝着这一方向发展。通过对以上提到的知识基础元素进行思考可以发现，它们既不是基因带来的，也不是在大学学习中获得的。那么，这些知识是如何形成并获得的?

教授贫困家庭的儿童的杰出教师提供了一些关于他们如何获得发展并达致优秀
的有趣的观念和信念。在讲述故事时，他们讲述了与他们的发展直接相关的事情。在 364
其他的案例中，当我们要求教师解释我们所观察到的教学行为时，他们进行了解释。之后的大部分讨论，并非全部，是关于他们如何学习教学的。虽然学习教学的内容已经改变，但是学习的程序在过去的 40 年里基本保持不变。我们已经见证了这 40 年中教师教学的变化并倾听了全国范围内诸多城区学校中教师的心声。

这些杰出教师认为，他们所做的每一件自认为重要的事情，几乎都是在开始工作后的教学中学到的。当被问道“你们是在哪里学到这些的”，他们基本上从不会把自己的学习归功于大学课程、经验或能力。教师们更喜欢的学习方式是观察他们认为值得信赖的同事们的工作。因为这些同事可以成功地面对相同的学校系统内相似的学生，他们是彻底的实用主义者，他们对知识的检验就是看其是否“发挥作用”(work)。

有一位值得信赖的教师顾问在教室里对教师进行积极的指导，杰出教师喜欢这种方式，他们可以学习更多有效程序并将它们纳为己有。“值得信赖的”教师顾问就是那些能将自己的建议实际演示出来给其他教师的人。加入一个有效的团队，也对教师实践具有极大影响。团队的影响力如此之大，以至于即便团队是在负向运转，它也可能继续主导教师的思维与学习。因为教师团队通常面对的是相同的学生，教师对于其他教师可能引发不同的学生行为的做法极其敏感。

认识到学习更多学科知识的必要性，对教师的发展有着极其微弱的影响。实践中的教师很少（如果有的话）把学生的兴趣或成就缺乏归咎于教师自身的学科知识“不足”。他们强烈反对这样的论点——贫困家庭的学生之所以没有学到更多是因为他们的教师知道得不够多。

发展更多教学方法的知识，被视为是一种不重要的或容易达到的需要。教师认为他们不需要更多关于教学方法的研讨会。他们确实希望找到更多的具体路径，以使任何一种方法都能满足学生的特殊需要。他们寻求的是解决感知到的问题的方法，而非更多的学科知识或教学方法。教师认为，如果研讨会具备以下因素就是有用的：(a)能够作为他们用来解决问题的具体策略；(b)能够被他们运用在课堂上的特定新材料或资源。再就是，这样的研讨会必须由公认的值得信赖的实践教师提供。

与在相同学校系统中努力解决相似问题的其他教师形成网络，似乎能够促进教师发展并战胜倦怠。一些更有影响力的活动往往与应对系统强加的政策的方法有关，这些政策涉及新课程、测试方法、等级水平、学科与学校纪律等。教师为了应对学校的强制命令和其他的雇用条件而学到的知识，占据了他们职业生涯中的知识的大部分。教师们往往可以彼此分享在混乱系统中发挥作用的重要知识，而这些知识都被专业的文献所忽视。如果这些重要知识受到关注，它们也会被作为局限于情境的信息或是知道如何做的技术而被反对，而不会被看作“专业知识”(professional knowledge)。

教师实践不会受到理论或研究的重要影响。无论是人类智慧的不同解释，还是语法总结 VS. 所有语言的研究，都不能决定教师如何实施项目或者做出指导性决定。对教师发展影响不大的活动（如果有的话），包括阅读研究结果报告，聆听专家报告，而这些研究与做报告的专家由于不在贫困地区任教而受到教师的怀疑；对教师发展影响不大的活动还包括查阅特定时期中有关热点话题的分析，比如双语教学对英语教学、分层教学的利与弊。

大部分的教师发展都把儿童生活作为研究的丰富源泉。杰出教师不断地参与到
365 使他们更多地了解孩子、家庭、社区以及在特定环境下的变化意味着什么的学习之中。通过把儿童的生活经验作为课堂教学的一个基本部分，教师不断地学习更多关于儿童和社区的文化。教师几乎把他们对于儿童发展的全部了解，都归功于他们从学生的生活中学到的东西。

教师发展很大程度上来自他们与学生分享自己的兴趣、经验和才能的过程。实际上，儿童通过接受并肯定教师所分享的东西，回报并塑造了他们的老师。反过来，教师也发现，让儿童分享自己的背景是有必要的。

很多时候，教师发展完全出于巧合。城区学校几乎“尝试”过一切。虽然很多项目并没有得到系统的支持和评价，但它们依然大量存在。过多的项目不可避免地会产生

意想不到的后果和无法预料的影响。城区教师与学生整天与这些不稳定的举措、改革、项目和模式共存，会遇到日常未知的情况。除了形成一般的处理原则（例如，“等一年然后它就会消失”）之外，教师会从每一项具体措施中学到很多东西。在无序的系统中工作——城区学校系统是行动无序理论的代表——是一个很好的学习机会。在大的城区环境中，教师在辨别应该忽视什么、面对什么及学习什么方面逐渐成为专家。

教师发展最重要的来源是他们的思想，即他们对于教学与学习、发展、环境的本质的认识。这种思想伴随着他们，会融入一系列不公正、偏见、喜好、信仰、价值观和观念。当它们出现并贯穿于教师的教学经验中时，其中的一些思想会抵制所有新观点的输入。这样的教师即便任教 30 年，也仅仅有一年的经验（把一年的经验重复了三十次）。其他教师则尝试将他们的思想与经验相融合，这样，他们的 30 年教学经验便会形成一条非常陡峭的学习成长曲线。

但是教师的经验并不会自动地引发积极的成长。我们了解到，许多教师会运用他们的教学经验巩固偏见或消除偏见（Sleeter，1992）。其他一些教师则运用他们的直接经验越来越多地支持儿童。教学是一个过程，在这个过程中，固有观念会强化教师最初的想法。教师刚开始教学时的思想，已经决定了他们是否会运用后续的教学经验而变得更加积极或更为消极（Haberman and Post，1992）。

当然，也有其他的教师学习方式。自 20 世纪 50 年代末期哈伯曼（Haberman）开始为贫困儿童培养教师以来，教师需要知道的内容已经发生了明显变化，但是教师如何学习并没有变。教师持续运用的有效且不断发展的基本学习模式，与从事其他人类服务事业的实践者的学习模式是相同的。

谁应该为多元文化教学做准备

在我们所提供的项目里，我们首先从那些有着与儿童、青少年深入接触经历的大学毕业生（来自所有领域）入手进行培训。他们有初步的在暑期教儿童的经历，所以我们能够确定面试的入选者。实际上，他们在贫困地区如何与儿童交往决定了他们的最后选择。每年九月，他们都被密尔沃基公立学校雇作教师。针对他们的培训过程包括细心的指导（每四位老师有一名全职顾问）和每周的课程。这些全职顾问都是城区中的杰出教师，他们是主持每周会议的负责人。大学教师、健康与人类服务专业人员、商业顾问、家长、电脑专家及社区负责人的角色是要为那些作为顾问和负责人的实践者补充知识基础。

不足为奇的是，在已经完成贫困地区儿童项目的“最好最聪明的”教师中，没有来 366
自小城镇或郊区且“曾经想从事教学”，并在实习教学中得分为 A 及拥有高 GPA 成绩的白人女性。为城区贫困地区的孩子服务的“最好最聪明的”教师，他们的特征既包括人口统计意义上的，也体现出如下个人因素：

- 直到大学毕业后才决定教学。
- 尝试过(并取得成功)几种工作或职业。在30岁到50岁之间。
- 曾在一所城区高中就读。
- 抚养过几个孩子,是家长,或者与儿童和青少年有密切、深入、有意义的关系。
- 目前居住在城市并将继续住在这里。
- 正在准备获得一份城区学校系统中的教职。
- 已经具备个人的和持续的处理暴力的经验,并能够在暴力社区或城区中正常生活。
- 在大学主修过相关专业。
- 可能有或没有一个平均水平之上的学分绩点。
- 期望去家访。
- 对于城区现有的从健康到人性化服务的问题,有一些认识或个人经历。
- 预料到校方是不理性且具有侵略性的。
- 不可能有欧美背景,可能是有色人种。
- 可能对自己的种族主义、性别主义、阶级主义或其他偏见有敏感性、有意识并基于这些而工作。

其中一些因素结合在一起,为"最好最聪明"的教师提供了简短梗概。单独来看,每个因素都没有预测效度。它们确实是优秀教师身上的一些特点,但却不足以推动教学成功。这里引用它们仅仅是为了提供不同于固有的"最好最聪明"类型的候任者的其他特点,在已有的刻板印象中,"最好最聪明"的候选人是有高GPA得分的大学青年,出现于蓝丝带委员会、私人机构、教育局和其他令人向往的工厂等工作场所中。高GPA得分与对贫困家庭的儿童的有效教学无关,也与预测谁会继续从事教学无关。事实上,我们有许多证据表明,依据高GPA得分招聘和选拔的教师中会出现半途而废者和失败者(Corwin, 1973)。

在目前的密尔沃基项目中(该项目七年之内重复了七次),我们培养的学生具备以上大部分乃至所有的品质。他们利用大量时间分享自己在贫困地区生活的经历。实际上,他们中的许多人现在就生活在贫困地区,因而不需要回顾以前的生活。由于生活在以暴力为特点的社区,这些新任教师面临着方方面面的危机。鉴于他们都因有志于在行为和思想方面向城区杰出教师看齐以便通过我们的严密选拔,我们知道他们将会成功。我们未曾预测到的是,他们的低经济水平对生活造成的影响以及由此带来的工作初期的压力。

例如,曾经发生过驻校教师死亡的现象。他们有过以下经历:孩子的死亡;直系家属遭遇到严重威胁生命的伤害;家庭暴力(配偶的暴力或儿童暴力);破产;被迫搬家,

即需要为全家找到新住所；无力负担房屋和汽车保险；需要手术或其他治疗的意料之
外的严重疾病；化学或药物依赖；持续和严重的交通问题；各种类型和不同严重程度的
婚姻问题；孩子监护的问题；很多教师与校外问题相关的各种法律诉讼；营养不良，缺 367
乏锻炼和不良的睡眠习惯；没有为自己或家人准备预防性药品；意识到或未意识到的
心理或感情问题；因非法移民而被驱逐出境的恐慌。

令我们印象深刻(用“大为吃惊”更准确)的是，我们的驻校教师具备从自身经验中学习并克服自身经验束缚的能力，以及他们在急需教师的城区贫困学校教学的能力。我们受到的启发是，精心选拔的“最好最聪明”的教师(即我们的定义)，是那些自己经常处于贫困状态，或与贫困者关系密切，或在贫困地区成长起来的教师。他们敏感地知道，对于一个孩子而言，提早溜到学校以避免被帮派殴打意味着什么，也知道为何学校不锁门和提供免费早餐很重要。他们不仅理解孩子，同时也理解家长和抚养者。

同时，这样的教师坚持认为家长和抚养者会履行他们的责任。然而，虽然他们理解和同情学生们紧张的生活状态，但是他们希望学生在学校中能够努力以获得成功。当然，这种发现并不会阻止我们从优势背景中寻找一些候任教师。我们的经验是，在全日制职前教师教育项目中，25 岁以下的全日制本科生中有十分之一的人能够通过我们的选拔程序。

我们项目的一个关注点是培养跨专业的实践者。这是个不小的成就。任何一个致力于培养贫困地区孩子所需教师的教师教育工作者都知道，对于实习教师、刚开始的实习生与第一年的驻校教师来说，他们体验到的最典型的情感就是恐惧。他们关注的问题是，“我能控制学生，能驾驭得了课堂发生的一切吗”。为了保证境遇不佳的孩子的身心健康获得关注，我们需要细心、认真地选择合适的候任教师。单凭训练就能有效改变跨专业实践者的不成熟和恐惧的假设，是与我们的实践背道而驰的。教师不是单枪匹马就能满足孩子所需要的健康，履行人性化服务的职责，但是他们能学着识别孩子的生活状况(如虐待)，乃至预料与设想所教孩子所需的服务。教师教育工作者也可以教授教师如何去帮助孩子们的家庭与外界建立所需的联系，没有这些联系，这些家庭就不知道自己需要什么帮助，能获得什么帮助，也不知道联系哪个部门可以获得服务。在贫困学校，服务对象不仅仅是孩子，还包括孩子的家庭。

作为一种必要条件的认真选拔

如果没有教师，学校不会变得更好。最可靠的也是最好的提高贫困地区的孩子和青少年的教育质量的方式，便是为学校配备更好的教师。这种策略并不神秘。前提很简单：选拔比培训更重要。在其他地方我们描述了有助于预测城区贫困学校获得成功的因素，这些因素可在面试教师的过程中加以识别(Haberman，1995a)。

只有在教师具备合适的品质时，培训才是有效的。原因在于，城区教师有效地发挥作用是靠一种来源于实际生活经验的清晰思想来支持的。这样的教师不仅仅发挥着半途而废者和怠倦者所没有的作用,他们也知道为什么做以及做什么。他们有一贯的认识。那是人性的、尊重的、关怀的、非暴力的“温和教学”(gentle teaching),这个我们在其他地方也有描述(Haberman, 1994)。在这里,我们的观点是,杰出教师的行为与支持他们行为的思想是分不开的,它们是一致的。

这种观点也无法在传统的教师教育项目中教给学生。写一篇关于皮亚杰(Piaget)的儿童守恒(conservation)概念的学期论文,或是通过直接教学学习教学的七步骤,并
368 不能为新教师提供杰出教师的思想或能力。这种思想和能力,只能是那些有相应品质的人有选择性地以一种积极的方式从经验中感知到的。我们能学到的是建立在一个已经运作的信仰系统上的有效教学行为。如思想一样,教学行为通常不是在功课或实习中得到的,而是在工作中通过一个杰出教师/教练的指导,以及一个支持网络外加一些具体的研讨会和课堂学习而获得的。

在对大学生学习和教学的回顾中发现的大量证据表明,学生所期望和重视的将会决定他们能从教师教育中收获什么(Pintrich, 1990)。对于发展与学习之间关系的回顾表明,学到的东西是由学生的发展阶段决定的。学生必须达到一个成人的发展阶段,方能从教师教育中获益(Sprinthall *et al.*, 1996)。但是,即便知道大学生的学习受他们的价值观以及他们是否达到了成人阶段的控制,也仍然无法改变传统教师教育项目选拔学生的方式。GPA 和写作测试分数依然决定着青少年能否获准进入传统培训项目(Haberman, 1996)。

选择项目场所的意义

我们先前讨论过教师学习的最有效方法,这些方法均被纳入到一个有效的培训项目之中。未来教师应该实际负责教学;能够观察杰出教师的活动;有一个指导他们的杰出教师顾问;加入一个团队;参与到社群网络中以应对高度官僚化的系统;成为所在社区的学生;不断面对可以重塑其思想的问题。另外,在工作条件最恶劣的最差学校中进行的培训才是最有效的。

传统的教师教育与国家资格认证机构做出相反的假设。传统的教师教育项目创建的专业发展中心致力于最佳实践,并从普遍意义上认证毕业生。其天真的假设是,毕业生能够在最差的环境中进行教学,因为他们已经看到过最好的教学实践。

我们做一个更现实的假设:如果教师教育将最差的条件纳入考虑来培养那些经过精心选拔的教师,那么这些教师既能够胜任贫困学校的教学工作,也能够胜任其他学校的教学工作。如果这些教师“被迫”去教授更小的、拥有更少特殊儿童的班级,或者被给予充分的支持和资源,他们不会因此而放弃(教职)。如果每个学生都有座位和足够的教材,他们也不会对此感到震惊。

既然国家假定证书持有者可以在任何情况下教任何学生，我们所持的在最差的环境中并为了改善最差环境而进行培训的哲学也是一种伦理立场。在这些“最差”的培训场景中，我们总能发现杰出教师向我们展示了其思想的作用（Haberman，1995b）。杰出教师能够在如此恶劣的环境中有效发挥作用，这个事实对新任教师有很大影响。令新任教师印象深刻的往往是那些现实环境中的卓越工作，而不是观察在他们从未见过的场景中进行的最佳实践。我们的培养方式也是致力于工作的“零转移”（zero transfer），即个体在即将工作的实际情境中学习教学是最有益的。这意味着理想的教师培养需在一个人将要留下来做教师的特定学校和社区中进行。

总结

我们认为，拥有更优秀的教师是驱动贫困学校进行变革的最强劲动力。过去七年项目的成功告诉我们，落实多元文化项目需要把广泛的知识基础与教师思想相融合。
我们可以从城区杰出教师的工作中识别教学所需的知识基础，选拔和培训具备一定思 369
想倾向的新任教师。

重视杰出教师的工作，意味着我们必须重新概念化具有专业知识的大学教育学教职人员的角色，使他们从初级教育者成为拥有教学经验的顾问。我们认为教师最好是在条件最差的城区学校的特定背景中学习，只有那些想学习杰出教师所知的人，才会接受并内化培训。我们通过让教师在获得认证之后将继续留住在学校及社区工作，来实现“学习的转移”过程。由于培训内容经过精心挑选并且培训过程中强调被培训人员作为一个全职教师开展工作并得到指导，因而培训确实有重要价值。

我们也以一些不被传统教师教育项目认可的方式来确认“最好最聪明”的新任教师。成功的候任教师都在30岁以上，他们通常来自少数族群，而且有在城区生活的经历。我们发现一些欧洲的美国人也可表现出杰出教师的品质，并能够在贫困学校中有效地发挥作用。

我们将几个支持性信念看作指导性原则，这需要在别处进一步阐述，以补充我们的论点。大学教师应该参与而非控制为贫困孩子培养教师的项目。城区教师培养的研究与理论必须对教师的信念与城区杰出教师的实践做出补充。大学致力于在自由的学术背景下接受持任何信念系统的学生，因而它并不是一个选拔具有合适思想的未来教师的合适场所。与学习课程或通过传统的实验室经验形式的学习相比，工作中的指导过程是非常有力的培训。最后也是最重要的，我们认为，在授予证书之前，所有为贫困儿童培养教师的教师教育项目，必须要求候任教师证明他们所教的孩子学到的知识是重要的（如多元文化概念）。

（杜明峰　李　欣　译）

参考文献

Corwin, R. (1973) *Reform and organizational survival: the Teacher Corps as an instrument of educational change*. New York: Wiley.

Haberman, M. (1994) Gentle teaching in a violent society. *Educational Horizons*, 72(3), 131-136.

Haberman, M. (1995a) Selecting star teachers for children and youth in urban poverty. *Phi Delta Kappan*, 76,777-781.

Haberman, M. (1995b) *Star teachers of children in poverty*. West Lafayette, IN: Kappa Delta Pi.

Haberman, M. (1996) Selecting and preparing culturally competent teachers *for* urban schools. In J. Sikula (ed.), *Handbook for research on teacher education* (2nd ed.; pp.747-760). New York: Macmillan.

Haberman, M. (1997) Unemployment training: the ideology of nonwork learned in urban schools. *Phi Delta Kappan*, 78(7), 499-503.

Haberman, M. & Post, L. (1992) Does direct experience change students' perceptions of low income minority children? *Midwestern Educational Research*, 5(2),29-31. (Special multicultural issue, University of Akron.)

Milwaukee Public Schools (1995, January). MPS *Proposed Definition of Multicultural Education*. Adopted by the Multicultural Curriculum Council of the Milwaukee Public Schools, Milwaukee, WI.

Payne, C.M. (1984) *Getting what we ask for: the ambiguity of success and failure in urban education*. Westport, CT: Greenwood Publishing.

Pintrich, P. (1990) Implications of psychological research on student learning and college teaching for teacher education. In W. R. Houston (ed.), *Handbook for research on teacher education* (pp.826-857). New York: Macmillan.

Sleeter, C.E. (1992) *Keepers of the American dream: a study of staff development and multicultural education*. London: The Falmer Press.

Sprinthall, N.A., Reiman, A.J., & Thies-Sprinthall, L. (1996) Teacher professional development. In J. Sikula (ed.), *Handbook for research on teacher education* (2nd ed., pp.666-703). New York: Macmillan.

评析

20. 师资培养的严密性与关联性

米歇尔·里(Michelle Rhee)
新教师计划前执行总监(Former CEO, The New Teacher Project)

卡拉·奥克利(Karla Oakley)
新教师计划培训与认证副主席(Vice President of Training and Certification, The New Teacher Project)

过去十余年,新教师计划(The New Teacher Project)一直致力于在全国范围内为 373
师资短缺的城市学区招聘、选拔、培训和聘用新教师。我们已在 16 个州开展了超过 55 项的项目,并成功地招聘、培训、安置和(或)认证了 28 000 多名在全国薄弱学校工作的教师。在工作中,我们认识到以下几点:首先,确实有大量的人,他们希望在城区工作,在影响公共教育这一理念的驱使下,他们也愿意成为一名教师;其次,如果在使候任教师适应课堂教学环境的入职培养阶段向他们传递正确的信息,以严格的标准选拔这些候任教师,并提供高水平培训与入职指导,那么无论是在传统方式下培养的教师,拥有资格证的教师,还是年青与处在职业生涯中期的教师,都可以在强制的情况下到艰苦的环境中工作。

我们所做的工作

在非师范教师资格认证项目中,我们积极地招聘跳槽者转行进入教育行业。我们从透明但条件苛刻的招聘竞赛开始,这样的竞赛使得公共教育系统中的社会不公问题显露出来。围绕“改变贫穷与少数族群青年人的生存境遇而需要社区成员投入”的这一主题,我们发出了这项行动号召。我们在全国各地的招聘活动已经极其成功地吸引了大量有潜力的教学申请者,项目中申请人与空缺的平均比例为 12∶1。

一旦吸引了足够的申请者,我们便会实施一个严格的筛选程序,把最优秀的候任
教师从中挑选出来。基于求职信、个人简历、学术论文和成绩单进行筛选,我们可剔除 374
30%—40%的人。剩下 60%—70%的申请者会参加一个为期一天的面试。在面试中,我们会通过多维度来评估候任教师。首先,候任教师要组织一次模拟课,课堂中要求他们陈述该节课的目标和教学的年级层次;然后,他们要进行一个五分钟的授课以达成既定的目标。作为跳槽者,我们不期待他们能教授一节完整的课,但是我们希望他们有能力围绕一个清晰的目标来组织活动。其次,候任教师围绕一篇给定的读物自行组织小组进行讨论,读物关注的焦点是城区学生的学业成绩或学业成绩之间的差距。我们还要求他们进行一个即兴写作,来判断他们在短时间内进行批判性地反思和高强

度写作的能力。最后，在面试环节，我们会与他们进行一对一的会面，我们会问他们一些具体的问题，包括他们的申请和工作经历，以及一些额外的问题，这些问题旨在检测他们是否具备那些在我们看来是任何一个成功的城区学校教师所必须的特质。我们的选择过程是激烈并具有高度竞争性的，最终只有极少数的申请者可被选定参与这个项目。

一旦候任教师获准参与该项目，我们会让他/她登记参加一个 6—8 周的职前集中培训。培训主要在受雇地区的暑期学校教室中进行，以便提供给教师关于学生的直接经验。我们反复强调教师要有以下的信念，即无论外部影响如何发挥作用，他们每个人都有责任保证课堂中每位学生的学业成绩。我们培训教师，要让他们全面地理解儿童，包括社区、环境、家庭生活，这是在判断儿童是否达到他(她)最大学习潜力时至关重要的依据。但是我们也传递并强调了如下清晰的信息，即无论如何，对于课堂中达成的教学效果，教师仍然负有个体责任。

随着候任教师通过职前培训，我们会协助他们在地方寻找职位或工作，并确保他们参加一项由各州批准的资格认证或注册项目，这样他们才能满足《不让一个孩子掉队法》(NCLB)中的“高质量”要求。我们的候任教师在他们的学科领域中具有扎实的专业知识，在参加统一的学科知识考试时很少有不能通过的。他们参加资格认证项目，目的是为了学习那些与成为一个成功教师紧密相关的理论、方法和教育学知识。

与基于大学的非师范教师资格认证项目一道工作

在与超过 24 所高等教育机构合作为学员提供课程的过程中，我们的体验是复杂的。大部分情况下，我们发现项目很繁琐，花费高，不具备严谨的学风，与我们“教学成员团”(Teaching Fellows)的日常生活几乎不相关。从该社团成员那里得到的反馈表明，基于大学的项目总体来说并没有考虑到学习者自身的状况，特别是(1)他们中很多人是拥有大量知识储备和工作经验的专业人员；(2)他们处在资源极度缺乏的城区课堂背景中；(3)他们在负责全日制教学的同时也在学习如何教学。换句话说，大部分的成员所具备的经验与 18 岁大学生的经验完全不同，后者刚进入大学，知识容量和工作经验都很有限，他们直到四年(或五年)学位项目的后半期才有机会进行教学实习。

然而，多数基于大学的非师范教师资格认证项目，只是简单地为跳槽者提供了与原本是供给本科生的同样的项目，把课程时间从中午调整到了晚上。我们的成员报告，他们的课程常常由教授开发并讲授，这些课程往往与当下的现实和城区课堂教学
375 的需求格格不入。课程内容(教学大纲，包括文本/阅读的选择)没有考虑到学员们负责教授的学生在阅读、写作和数学方面的水平要低于正常水平二到四个层次。由于学员和他们的学生面临着挑战，因此他们期待获得具体、有效的教学策略和干预措施是

可以理解的，这些内容可以直接地运用到课堂中，以促进学生学业进步和成功。最后，学员报告，他们对课程、学业投入和讨论的整体严格性和期待均非常低。

尽管全国性项目确实是培养大量紧缺专业教师的途径，但是我们发现，学院和大学并没有多大兴趣调整或修改它们的认证项目，以更好地服务于我们的"教学成员团"的学员。学员们需要继续学习通识课程(让一个物理教师与一个幼儿园教师坐在一起)，但他们都没有从中获得真正有价值的课程内容或经验。教育学院和教育相关部门常常会受到国家有关培训项目的规定的牵制，它们会或被迫或自主选择按照一种传统的框架开展项目，并传授规定的学习内容。

基于把跳槽者引进教育行业的经验，我们也发现了教育学院和相关部门在推断和考察教学工作与教师教育时所表现的局限性。譬如，博伊尔-贝斯(Boyle-Baise)和麦金太尔(McIntyre)在文章中，讨论了教师培养的两种彼此对立的理论：共同体学校模式与教师专业发展学校。我们的组织经验表明，这种二分法是错误的。虽然研究者还没能完全证实何种教师素质能够预测学生的学业成绩这一问题，但是在教师的知识内容和口头表达能力能提升学生的学业成绩这方面，却存在强烈的共识[①]；因此，候任教师选拔模型的核心目标是那些有着很强语言表达能力和在学科领域有很深的学科知识积累的人。此外，由于我们是在寻找那些愿意冒极大风险转行到一个众所周知的极度困难的专业中的人，因此我们通常会招募本地人，寻找那些对即将从教的社区有极高承诺感的人。在我们的经验看来，为了最大程度地促进每个儿童的学业成就，学员必须同时具有重要的学科内容知识和强烈的社区取向，也需要有必要的文化敏感性。

实习教师项目：满足新任教师的需求

从事教师资格认证事务，并非新教师计划(TNTP)的本意。在我们最初的项目设计中，包含寻求高水平大学作为合作伙伴的内容，这些大学能够认证并培养进入我们提供的非师范教师培养路径中的候任教师。我们最初的核心竞争力是教师招聘、选拔和职前培训。然而，由于"教学成员团"令人震惊的反馈，我们认为有必要进入资格认证领域，因为学员们告诉我们，基于大学的非师范教师资格认证项目并没有满足他们的需求。2002 年，我们在路易斯安那州推出了首个资格认证项目，称为"实习教师项目"(Practitioner Teacher Program)。"*为结果而教*"(*Teaching for Results*)系列研讨会的内容构成了这一非师范教师资格认证项目的内核，其设计与展开取向侧重于满足非师范教师培养路径中新任教师的需要。

---

① Ferguson,,R. F. (1991),"Paying for Public Education: New Evidence on How and Why Money Matters". *Harvard Journal on Legislation* 28(2): 465 - 98; Ferguson, R. F. and Ladd, H. F. 1996. "How and Why Money Matters: An Analysis of Alabama Schools." In Ladd, ed. *Holding Schools Accountable*. *Washington*, DC: Brookings.

聚焦标准、具体学科的教学法

2002 年，我们开发并开始实施“为结果而教”的有关学科知识的系列研讨会，以支
376 持新任教师在特定内容教学法方面的发展，特别关注为学生的学业成绩而教。新教师计划(TNTP)委托特定领域的从业者和学者开展一系列研讨会，讨论涉及从小学识字到中学科学等一系列主题，新任教师能够从中提高他们为学生设计和进行高质量、基于标准的教学所需的技能。[①]

为结果而教系列研讨的概念框架，将逆向设计的教学方法、具体学科教学法和行动研究加以融合，旨在为学员提供持续、不间断的支持和专业发展。系列研讨的开始正值学期的前几个月，因此教师都把他们的第一课放在深挖州-地方特定的年级和学科标准上，他们辨别重要的优先性标准，然后选择、修正或创新能够证明学生掌握优先性标准程度的评价措施。一旦新任教师沉迷于标准“是什么”的问题，接下来就会进入“如何”的阶段——他们会在每次研讨会中面临大量关于学生标准的新问题，他们会选择、建构模型，讨论和批判哪种教学方法最适合达成优先性标准，这些选择常常根植于他们对该标准的有效评估可能是怎样的理解。最后，当新任教师选择评估方式及教学方法的能力得到提升时，他们会在研讨会上呈现自己设计或改编的课程，分享学生的作品并在组内进行批判性地审视，考察课程是否促进了学生的学业进步，或者学生是否在朝着标准的方向进步。

该系列研讨尤其关注师资紧缺的城区学校中的工作，旨在缩小学生的学业成绩差距，并使教师与那些常常落后于同龄人 2—3 个年级水平的学习者一道努力。研讨会的学员在课堂管理方面也得到了支持，这种支持是针对他们所教的学科和年级水平进行的。这种双重措施——教学艺术和特定主题的课堂管理策略——使得“为结果而教”真正区别于其他的新任教师支持方案。

学科知识研讨会的领导者：学术实践者

学科知识研讨会的领导者(Content Seminar Leaders, CSLs)是新教师计划所聘请的有经验的教师，他们为新任教师提供正式的培训与支持，并协助学科知识研讨会系列的进行。加强与社区的联系是有效的教师专业发展的关键要素，为了与这一信念保持一致，我们特意从教师工作所在地区和社区招募了这些学科知识研讨会的领导者。他们有责任实施为结果而教项目每周两次的研讨会。会议期间，他们会示范高效的教学策略，促进研讨会学员参与反思式实践，包括以个人或团体的形式对参与者的课程项目、评价及学生作业进行分析。学科知识研讨会的领导者还可以通过电话或邮件，在研讨会之外与教师交流。通过备忘研讨会的考勤记录和监督任务的完成情况，领导者正式地评估学员年度所取得的进步，并帮助我们落实项目要求。

---

① 这个系列受到华盛顿互惠银行的资金支持。

所有学科知识研讨会的领导者(CSLs)会参加一个为期五天的集中培训,这种培训以“策略性设计”为基础,提供一个旨在帮助新任教师基于标准的评价与教学单元和课堂教学计划相统一的框架。培训过程中,这些学科知识研讨会的领导者会讨论并执行策略,以帮助新任教师进行以下工作:将学科知识标准放在首位;在众多评价策略中进行鉴别与选择;基于学科和评价做出恰当的教学抉择;通过分析学生的作业来检测学生进步,同时运用作业来指引下一步的教学实践。

学科知识研讨会的领导者们会促使新任教师将教学法发展与基于课堂的经验相
互关联。新教师计划对这些领导者的作用的仔细评估,主要基于以下内容完成:研讨 377
会学员定期的非正式反馈,新教师计划成员对学科知识研讨会领导者不间断的观察,研讨会参与者自身表现及研讨会效用的年中与年末评价。

在学校中的实际表现作为资格授予的标准

在教学第一年年底,学员若要获得证书,除了要成功地通过有关学科知识的系列研讨会,完成一个符合各州标准的档案袋评价,通过州规定的教学法及具体学科的标准化考试外,还要得到他们的校长或实习基地管理者的推荐。我们的项目与很多基于大学的非师范教师资格认证项目的不同之处在于,它涉及资格认证中学校领导的决定。一般而言,新任教师是根据课程完成情况(我们所谓的“上课时间”)和课堂观察来被认定的。可惜的是,这种观察只能提供教学表现的一个瞬间,通常只能突出学生的参与或参与不足,而对于教师推动他(她)的所有学生在学业上达到学科知识标准的能力,类似的观察无法提供一种综合的审视。我们的经验表明,学校领导或校长能通过将教授同年级水平的同行加以比较来评估教师的表现,同时,他们可对他们的教学职员发挥的全面影响进行问责,因而在涉及教师资格认证的问题时,他们的参与对于做出一个有依据的课程决策是非常有用的。

学员的回应

对于完成 PTP① 资格认证项目的学员,新教师计划发现:

- 84%的人认为,“为结果而教”中的关于学科知识的系列研讨会与他们在课堂中的经验紧密相关(相比之下,新教师计划对基于大学的非师范教师资格认证项目的新任教师进行的调查显示,62%的人认为他们的大学课程与他们的教学需要紧密相关)。

---

① “任务型”教学模式。P(Presentation)指的是教师讲授;T(Training)指技能训练,它建立在教师讲授基础之上;P (Practice)指在实践教师的带领和指导下,学员自行实践。PTP 模式就是将原有的三种教学模式整合形成一个不可分割的、有机联系的统一整体。——译者注

• 68%的人认为，PTP提升了他们课堂管理的技能。

• 79%的人认为，PTP提升了他们进行教学设计的技能。

• 74%的人认为，PTP提升了他们评价学生的技能。

• 96%的人表示，他们的学科知识研讨会领导者帮助他们成为一个更有效的教师。

• 84%的人表示，他们对“为结果而教”的学科知识研讨会总体上满意（基于大学的非师范教师资格认证项目的新教师中有67%的人对他们的大学表示总体上满意）。

结论

开发和运行PTP非师范教师资格认证项目方面的经验，增强了我们如下的信念：为城区学校课堂培养教师的最有效手段包含招聘和选择具备大量学科知识，以及对在高需求社区工作有着强烈承诺的候任教师，其后，确保他们通过满足其在高需求城区
378 学校背景中工作之特定需要的培养和认证项目。课堂教学的学习曲线在第一年是陡峭的，对城市中心的学区而言，风险是巨大的。我们会不断挑战基于大学的非师范教师资格认证项目的项目合作者，使他们能满足这些要求或提供可能的替代性的选择；我们希望证书提供者能够使课程符合新任教师的真正需求，并提供像PTP一样严密的、相关的课程。

（杜明峰　李　欣　译）

21. 教师教育环境：创设更强大的研究基础所面临的挑战

沙伦·P. 鲁宾逊(Sharon P. Robinson)
美国教师教育学院协会(American Association of Colleges for Teacher Education)

为什么教师教育环境这一问题如此重要？可能会有人说——如果从“投入”或“过程”的维度理解教师教育的环境——关注这一问题将会与聚焦教师表现的现状背道而驰。但正是由于同样的原因，这一问题比以往任何时候都显得更为重要。随着师资培养的形式与传递方式的持续多样化，认识到多样化培养环境影响教师成长和专业发展的方式，对于区分拓展性的教师教育模式中什么可能是有价值的或是低效的，意义重大。如果我们设想一个调查框架，这个框架涵盖教师教育环境的一些主要变量，包括对与学生学习结果相关联的系统数据的收集和分析，那么，由此形成的研究在确立专业培养方法与学生成功之间的联系的过程中，可以发挥绝对重要的作用。 379

因此，当审视以往关于教师教育环境的重要研究和评论时，我们需要把目光投向以下方面：

- 理解培养的方式能否以及如何影响教师实践；
- 学习如何识别教师和其他专业人员在当下实践中的专业发展需求；
- 决定如何设计并实施师资培养环境，以促进学生及他们的教师获得最佳成就。

在培养专业教育者的环境与他们所参与的培养项目的整体一致性之间，存在着一种重要联系。克利夫特和布雷迪(Clift and Brady, 2005)指出，关于教师教育课程和实习环境的大多数研究，都没有关注项目的整体一致性，这使得我们很难区分特定课程的效果或实习经验的效果。此外，达林-哈蒙德和哈默尼斯(Darling-Hammond and Hammerness, 2005)认为，项目缺乏连贯性，缺乏“有关教学和学习的一般观点，由此它们只能微弱地影响新任教师的实践改变”。对于我们而言，对专业培养的环境问题给予特别的关注是非常重要的，同时，将这些研究与项目的整体架构加以联系也同等重要。

教师教育环境：对话的意义 380

“视点”和“经典”中的文章呈现了一些有分歧的观点，这种分歧不仅表现在对教师教育环境的看法上，也表现在它们考虑该主题的方式上。譬如，拉巴雷(Labaree, 2004)认为，“教师教育”可以指培养新的专业教师，或是指针对教师培养而进行的研究，抑或培训督学和学校领导。一些概念上的变化反映了专业实践的广泛作用和背景；一些差异源于个体研究者，其他一些则反映了尚未完全形成的专业化师资培养项目的历史，它基于中小学和师范学校而发展起来。尽管并非所有作者都描述过潜在于这些研究中的教师教育的概念，但他们可以从这些讨论的表面特征来识别这一概念——考察师资培养项目的基本框架，一些研究者从支持公平对待特定学生群体的这一清晰的承诺写起，尽管这是大多数教育者的一个共同立场，但是在关于将更多的注意力投向教师教育的机构或课程方面的研究中，并没有明确指出这一点。致力于公平，其本身可能是以一个更高层次的概念为基础的，这个概念即是将教学理解为一种道德事业。汉森(Hansen, 2001)介绍了将教学作为一种工作、一种职业，或者一个专业的观念，如何影响对教学目的的感知及形塑教学活动方式——设计和选择环境的批评性基础，这其中可以向候任教师和新任教师传递期望。

存在分歧的观点会引发有关教师教育和教学的不同描述。那些以一种定义的或规范的方式为出发点思考教师教育环境的研究者，将会提出成功教师教育的标准。蔡克纳(Zeichner)和康克林(Conklin)(本部分)提出，典型的职前教师教育项目由四个关键部分构成：(1)制度背景，社会和机构背景对项目作用的发挥意义重大；(2)项目层面上的特征，着眼于一个项目是如何组织的，以及项目的目标；(3)项目中的教师教育工作者与候任者；(4)项目的主旨，包括课程作业、实习经验、教授师范生的方式，以及能够显示如何教授师范生的数据。哈伯曼和波斯特(Haberman and Post, 1998)认为，对于贫困城区的多元文化儿童所需的最好教师的培养而言，在评判相关培养环境的有效性的指标中，应该考虑实践经验所基于的教室环境与候任教师个人背景及特征间的联系。

达林-哈蒙德(1999)从成功培养教师的项目的角度来解读环境的重要性，她认为，能够培养成功教师的项目会为候任教师接触不同类型的知识提供适当的环境。譬如，需要考虑基于不同目标而学习不同形式的材料意味着什么，如何用独特的教学策略支持不同形式的学习，以及在不同背景下如何判断何种学习是最有必要的。据此，成功的师资培养环境是那些能够为候任教师获得知识和技能提供最好帮助的环境。这也要求其他方面的环境决策，譬如有充足时间完成一个培养项目，能够将特定的学习环境与向候任教师传递的有关教学知识的本质的内容联系起来，指导候任教师的程度和性质，对教学法和学科内容的指导，以及候任教师参与延长的教学实习的机会(Darling-Hammond, 1999)。

作为一个整体的研究领域，该领域尚未充分开展教师教育环境分析，并开发出一套有说服力的案例或有效方法论，从而为有助于促进 P－12 学生表现的培养项目的相
381 关研究提供基础。更重要的是，我们需要把有关成功的师资培养的多样视角与学术标

准结合起来，它们构成了当前 P－12 水平上教育政策和实践的主要框架。我们的研究很少探讨以下三者之间的关系，即教师教育的特殊环境，有助于达成基于标准的学习期望的学生学习，教师支持有效教学以及对学生学业成绩进行建设性反馈的能力。

认知发展研究者认为，把师资培养与“教室中用以评估和解释学生能力发展的真实经验”相联系是至关重要的（National Research Council, 2001: 309）。设计有助于将教师理解与学生学习加以联系的环境，对于提高教师质量而言是一个重要贡献。这也要求教师教育工作者制定一项计划，以拓展自身在以一些领域（譬如有关学生和候任教师的认知科学和评价）的专业知识，将这些专业知识作为项目设计工作的前提，用它们来指导教师教育中的实习和实践经验设计。

在确定教师教育环境所基于的原理方面，研究者也有不同的看法。在做出与候任教师学习教学的背景结构和环境设计有关的重要决策时，这些作者们的出发点并不一致。塞德尔和弗兰德（Seidl and Friend, 2002）认为，白人需要接受关于反种族偏见行为和态度的培训，如此便可成为城区中的成功教师。其他人则关注教学等级，认为它是师资培养中的一个重要决定因素。例如，拉巴雷（本部分）认为，小学教师和中学教师所需的师资培养在内容、声誉和使命上差别很大。他指出，精英大学从历史上便与地方州立大学的教育学院扮演着不同的角色，后者聚焦在培养大量的小学教师，主要是女性，而前者则着眼于培养学校管理者和为数不多的中学教师，同时进行教育研究，其培养对象主要是男性。

关注候任教师需求的研究取向，往往以满足（全部或特定的）候任教师的需求来确定环境（Seidl and Friend, 2002）。这一原理意味着，教师教育应当关注自身所面对的学习者的个体需要，实际上，应该效仿 P－12 教学实践中以学习者为中心的取向。另一种研究视角聚焦学校层次（Labaree，本书），将学校结构或学科水平（或同时考虑二者）作为关键因素。还有一种假设聚焦背景（Seidl and Friend, 2002），似乎又预先提出与了解下列问题相关的问题，即根据教师将被置于的环境以提供适切的教师教育环境，或培养教师适应各种可能的环境。

这种多样化的取向给我们提出了一些策略性的问题：我们真的需要从这些观点中进行选择吗？鉴于这些因素有助于我们了解基于大学的、实地的、实践的和就职环境的复杂性，我们能否考虑将它们整合起来？我们又如何平衡这些因素的复杂整合，使之构成有助于新任教师学习的最好环境？

蔡克纳和康克林认为，理解特定教师教育取向的实质和效果的方式，需要深入考察项目的内部要素或其学术框架，确定与教学、学习和学校教育的观点相关的重要因素。这就把我们带回了先前所提出的关键点上：如果首要目的是将教师教育环境与教师促进学生学习的能力联系起来，那么这些结构性的因素对其自身及其他要素而言真的至关重要吗？这些关于教学、学习和学校教育的基本观点，是否真的能够影响某一特定取向支持 P－12 学生学习的程度呢？如果真的如此，又是如何影响的呢？

382 这些研究有助于我们思考进入教学的非师范教师培养路径。在这些研究中，人们通过对师资培养方式的讨论来确定教师的实习和入职环境，而这些决策是研究者和教师教育工作者有意的以及合作项目的结果。事实上，把对师资培养设计的这种期待变为一种标准的实践，一直是鉴定机构的目标之一（参见，Unit Standard 3，National Council for Accreditation of Teacher Education；Quality Principles 1. 3，2. 2 and Capacity 4. 3，Teacher Education Accreditation Council（NCATE，2002；TEAC，2004））。超过 600 个研究机构和项目已经表明，它们有能力达到这样的标准。

这种对师资培养环境进行合理设计的期待，可能会在某些地区性的非师范培养项目中受到追捧，但那些迅速组建的旨在回应政策需求的大多数非师范教师资格认证项目不具备这种特征，它们的主要目的是改善教师紧缺的状况。非师范教师资格认证路径项目面临的一个主要挑战是提供充足而适当的，并且能够支持新任教师学习和评价的环境，尤其是当教师们在缺乏先前专业培养的情况下，便被安排到教室中从事正常的教学工作。研究显示，有关非师范教师培养项目的影响的不同证据已经表明，这些项目结构之间及结构内部，在环境方面均缺乏统一性（Humphrey and Wechsler，2005）。对非师范教师培养项目中候任教师不断减少的顾虑，增加了对环境重要性的认识；课堂环境和支持的质量，能促成教师的成功，但是当新任教师在教育实践早期面临挑战时，这也构成了他们离职的诱因（Shen，1997）。

这些关于教师教育环境的研究，也提出了一些其他问题，这些问题需要在建构教师教育的研究与实践中予以关注。例如，学生贫困作为学校背景中的一个重要（一些人可能会认为是首要的）因素，因而也是教师培养项目环境中的重要因素。哈伯曼和波斯特（Haberman and Post，1998）对这一问题给予了极大关注。除了要帮助候任教师理解关于贫困的影响及促进学生学习的有效方法的关键性研究，在系统的安置措施的设计中和候任教师实习以及实践工作的准备中，教师教育工作者也需要认真考虑贫困这一因素（Payne and Biddle，1999；WEAC，2006）。

作为有效的教学实践的一个因素，教师观念是哈伯曼和波斯特（1998）提出的另一重要问题。事实上，他们对以下观点提出了挑战，在城区学校的课堂中，对成功至关重要的教师行为从本质上是与适当的教师观念紧密相连的。他们断言，这种观点是无法在传统教师教育项目的框架中教给教师的。这个讨论将我们直接带入了界定专业品性的专业的和公开的对话中，同时也涉及将心理构造与教师实践和行为的专业标准加以联系，以及（师资）培养项目的实践与法律限定的相关问题。研究可以非常有助于我们理解有效的环境是如何支持专业上可被接受的教学实践的发展与评估的。由于非师范教师路径中培养的教师在职前培养阶段便全权负责所在班级，因而他们所具有的专业品性十分复杂，这使得深化有关环境的研究变得尤为关键。

师资培养项目的其他假设：我们尚未全面关注的方面

基于混合模式传播的在线课程发展的影响

师资培养“环境”这一概念，引发了专业的师资培养在近期必须面对的挑战，这是 383
一个极具诱惑力的挑战：在线师资培训背景下的实践与实习环境的整合。不可否认，在线课程的一大亮点是不需要亲临现场，尤其是减轻了第二职业的候任教师在空间和时间上面临的挑战。但是，专业培养的学校实体环境和指导安排所面临的挑战在此处仍然重要，事实上，当传统项目中的实体和学院化结构被远程传播工具和对话形式取代的时候，这一点或许更为重要(Marra, 2004;Rovai, 2003)。随着对在线师资培养研究的不断增多，对远程传播项目中实习和实践部分之构成的关注能够使人们对什么是真正有质量的培养特征有所理解。

存在于为教学培养成熟学习者工作中的差异

相对而言，这些研究很少把注意力放在专业培养环境与那些直接针对候任教师是谁的研究的联系上。当前，与少量18—24岁的来自传统大学生群体的师范生相比，越来越多的候任教师来自于27岁以及更年长的人群(NCES, 1997)。由于传统教师教育机构和远程传播项目中的非师范培养路径和职业转换项目的发展，这一趋势正在加剧。教师教育要将环境和学习方式的设计建立在对学习者已有知识的认识及对成年学习者的教学策略的理解的基础上，在研究议程中需要融合这些直指师资培养的有效模式的研究。

非师范教师培养路径下候任教师的学科知识的培养

非师范教师培养路径项目的候任教师常常被视为具备充分且适切的学科知识，这些知识基于本科的学科专业，只有教学法知识是需要他们着重掌握的。然而本科阶段整体课程与评价措施之间存在差异的事实，使以上观点成为一种值得质疑的假设。非师范教师培养路径项目应该与那些高质量的职前项目一样，开展同类的教育学学科知识评价，尤其关注不同的、能帮助学生实现由州和全国P-12标准所确立的学习目标的知识。要使环境为非师范教师培养路径的教师提供学科知识、知识评价和发展性支持，确实是一个挑战，尤其是当需要使环境同样有助于教师形成评估自己学生的学科发展能力时，挑战更大。由于课堂环境是基础的培养环境，因而非师范教师培养路径下教师的最初课堂环境成为一个关键因素。

一个永恒的问题：学习教学领域中的理论与实践的关系

教师教育研究常常会关注新任教师在促使教育理论与实践达到有意义的实践平 384

衡中所面临的挑战。诺尔斯和科尔(Knowles and Cole)指出：

> 要理解理论与实践是不同的存在；在大学学习的理论与实践的属性，同在学校的经验没有关系。这一问题是系统性的。从大学的角度来讲，有这样一种担忧，即职前教师在实习经验中的教学往往过于关注课堂活动的即时性，教学行为被窄化地界定，并且过于以技术性为导向。通常，职前教师会带着先入为主的观念进入培养项目，认为实习经验对于学会教学非常重要，大学这一要素仅仅是一种经历，无需认真对待。在实习中，这些先入为主的观念经常会在那些与他们互动的人那里得到强化。(Knowles and Cole, 1996: 669)

在师资培养环境的设计上，理论/实践困境极大地启发了我们。一方面，正如哈伯曼和波斯特所发现的，要有效地为城区学校培养教师，P-12课堂是非常重要的，但是当我们期待成功的教师培养旨在使教师成为好成绩的制造者时，这一问题会变得更为复杂。对于将专业化培养所需的特殊理论-实践设计和环境与新任教师在支持学生学习成果方面的有效性结合起来，研究又能告诉我们什么？

结论

我们再回到最初提出的问题：我们能够从关于教师教育环境的研究中得到什么？研究者关于师资培养环境的对话使得我们有机会……

从更多的视角进行考量

哈默尼斯等人(Hammerness *et al.*, 2005)认为，有关教师如何学习和发展的特定方面，可以构成教师教育环境决策的重要组成部分。所有这些方面都在于促使教师发展他们自身的元认知知识和规则——旨在使教师系统而有效地反思自己的实践，并且发展学生的元认知能力。作者们引用了“强有力的文献证明，帮助学生成为更主动的自我学习监督者，提升了学生的表现”。国家研究委员会(National Research Council, 1999)的报告也认为，教学方法促进了元认知的转化和发展，包括支持探究学习过程的技术工具的发展。此类论文倾向于把教师教育环境和背景的讨论从认知与学术发展中分离出来，但是背景和支持的环境是帮助候任教师应对来自教学智慧方面挑战的关键。未来的研究目标可能是识别教师的智力和认知成长的指标，这些指标有助于把教学的效果与特殊的专业培养环境联系起来。

不仅要影响特定的教师教育环境选择，而且要影响做出此类决定的宏观政治背景

385 在参与到这一学术和理性对话的同时，我们也需要在真实的背景中认识(同时也

有责任促成)行动,师资培养的环境决策正是在此背景下进行的;多数师资培养的决策由市场和政治力量决定或深受其影响。教师教育者和研究者面对的问题是,如何以某种方式影响这种决策机制,使研究者在其中真正发挥作用。

以超越不必要的对立的方式思考师资培养环境

专业教育者的政治声音要获取更大的影响,一种方式便是认真对待如何在研究与实践基础之间达成一致的问题,同时寻找更有效的建构研究框架的路径。蔡克纳和康克林指出了无益的"赛马式"(horse race)研究方式,这些方式中所提出的框架在某种程度上被建议作为绕开项目比较限制框架的途径。教师教育的研究者和从业者需要避免将研究建构为无效的比较,或被迫地在非此即彼之间进行选择。这种情况通常出现在以下情形中:我们在以研究机构为基础,或以学校为基础的模式之间进行选择;我们认为环境或个体的选择才是最重要的;我们把教学定位为智力活动或一种技术。其他已经建立的专业把人员培养看作一种各式平衡和相互交织的问题,而不是非此即彼的选择。例如,当我们审视医学教育的一个例子时,很明显,其中并不存在学院培养和临床培养何者为重的现象——它们分别在适当的地点、时间对专业项目的结构发挥作用,有助于培养合适与合格的专业人员。

如果我们有机会深入了解这些论文,那么教师教育会怎样?在公共领域或专业团体中,谁会不支持:

- 融合学术式教师培养中的支撑和分析特长(Darling-Hammond, 1999),并提供非师范教师资格认证路径项目中更具个性化的集中式课堂经验的项目?
- 认真关注师资培养的选拔和准入(Zeichner and Conklin,本部分),利用传统的措施及动态观念和基于实践因素的项目(Haberman and Post, 1998)?
- 保留教师专业发展学校模式中的学术所长,基于对学生背景与社群多样化的更高程度关注而提升学生学习的项目(Boyle-Baise and McIntyre,本部分)?

教师教育的历史充分体现了存在于博雅教育和专业概念之间、理论和实践培养之间、基于大学的和基于学校的培养路径之间的张力。我们能否运用一个目标导向的研究与实验框架,从不同取向中发现互补的力量进而形成有益的经验呢?当学生的学习和发展成为标准证据时,它便会改变对话,研究将能帮助我们理解多样化取向是如何 386
有助于应对培养今天的学生和未来教师这一挑战的。

(杜明峰　李　欣　译)

参考文献

Clift, R. T. & Brady, P. (2005) Research on methods courses and field experiences. In M. Cochran-Smith & K. M. Zeichner (eds.), *Studying teacher education: the report on the AERA panel on research and teacher education*. Washington, DC: American Educational Research Association.

Darling-Hammond, L. (1999) The case for university-based teacher education. In R. A. Roth (ed.), *The role of the university in the preparation of teachers*. London: Falmer Press.

Darling-Hammond, L., Hammerness, K., Grossman, P., Rust, F., & Shulman, L. (2005) The design of teacher education programs. In L. Darling-Hammond & J. Bransford (eds.), *Preparing teachers for a changing world: what teachers should learn and be able to do* (pp. 390 - 441). San Francisco: Jossey-Bass.

Haberman, M. & Post, L. (1998, Spring) Teachers for multicultural schools: the power of selection. *Theory into Practice*, 37 (2), 96 - 104.

Hanson, D. T. (2001) *Exploring the moral heart of teaching: toward a teacher's creed*. New York: Teachers College Press.

Hammerness, K., Darling-Hammond, L., Bransford, J., Berliner, D., Cochran-Smith, M., McDonald, M., & Zeichner, K. (2005) How teachers learn and develop. In L. Darling-Hammond & J. Bransford (eds.), *Preparing teachers for a changing world: what teachers should learn and be able to do* (pp. 358 - 389). San Francisco: Jossey-Bass.

Humphrey, D. C. & Wechsler, M. E. (2005, September 2) Insights into alternative certification: initial findings from a national study. *Teachers College Record*, Id Number: 12145. Retrieved June 21, 2006, from http://www.sri.com/policy/cep/pubs/teachers/AltCert_TCR_article.pdf

Knowles, J. G. & Cole, A. L. (1996) Developing practice through field experiences. In F. B. Murray (ed.), *The teacher educator's handbook: building a knowledge base for the preparation of teachers* (pp. 648 - 688). San Francisco: Jossey-Bass.

Marra, R. M. (2004) An online course to help teachers "use technology to enhance learning": successes and limitations. *Journal of Technology and Teacher Education*, 12 (3), 411 - 429.

National Center for Education Statistics (NCES) (1997) *America's teachers: profile of a profession, 1993 - 94*. Retrieved June 21, 2006 from http://nces.ed.gov/pubs97/97460.pdf

National Council for Accreditation of Teacher Education (NCATE) (2002) *Professional standards for the accreditation of schools, colleges, and departments of education*. Washington, DC.

National Research Council (1999) *How people learn: brain, mind, experience, and school*. Washington, DC: National Academy Press.

National Research Council (2001) *Knowing what students know: the science and design of educational assessment*. Washington, DC: National Academy Press.

Payne, K. J. & Biddle, B. J. (1999) Poor school funding, child poverty, and mathematics achievement. *Educational Researcher*, 28(6), 4 - 13.

Rovai, A. P. (2003) A political framework for evaluating online distance education programs. *Internet and Higher Education*, 6 (2), 109 - 124.

Seidl, B. & Friend, G. (2002) Leaving authority at the door: equal-status community-based experiences and the preparation of teachers for diverse classrooms. *Teaching and Teacher Education*, 18, 421 - 433.

Shen, J. (1997, Autumn). Has the alternative certification policy materialized its promise? A comparison between traditionally and alternatively certified teachers in public schools. *Educational Evaluation and Policy Analysis*, 19(3), 276 - 283. Retrieved June 21, 2006, from http://links.jstor.org/sici?sici=01623737(199723)19%3A3%3C276%3AHTACPM%3E2.0.CO%3B2-Z

Teacher Education Accreditation Council (TEAC) (2004) *Accreditation goals and principles*. Retrieved June 21, 2006, from http://www.teac.org/accreditation/goals/index.asp

Wisconsin Education Association Council (WEAC) (2006) *Great schools issue paper: socioeconomic conditions and student behavior*. Retrieved June 21, 2006, from http://www.weac.org/GreatSchools/Issuepapers/socioconditions.htm

22. 环境并非止于场所

W. 罗伯特·休斯敦(W. Robert Houston)
休斯顿大学(University of Houston)

尽管环境(settings)只是表征教师教育项目的众多因素之一,但它却在很大程度 388
上决定了教师教育项目的潜在有效性。大学与校本教育构成了二元对立的两端,其中呈现出强势概念/知识框架与学校教育实践知识之间的二分,这种二元对立状态下所涉及的问题,要远比大学和学校作为教师教育场所(sites)所发挥的作用更广泛也更深刻。权力与声望、资金与利润率、高素质教师的内涵、对学术知识或社区经验的重视,所有这些都已经嵌入到了人与人相互竞争且争执不下的教师教育思想体系之中。

教师教育的环境并非只是场所

教师教育的环境与场所并不完全相同,后者只是前者的一部分。环境并非仅仅是教师教育展开的地点。它体现的是一个更广泛的因素谱系,包括可用资源(人员和设备/材料)、教师教育项目的概念性框架、未来教师(包括项目的准入标准)、未来教师学习有效教学的场所、文化与经济背景,以及赞助机构(例如大学、盈利性机构、地方教育机构)。环境也包括上述因素的相互关系、每个因素在它们的多样化构成结构中被有效实施的程度、决策者与决策过程,以及由州授权的具有推荐教师获取认证资格的伙伴组织。环境是空间、人员及构成教师教育之重要部分的培训项目的总和。识别重要的环境状态并发挥它们的优势,是培养教师过程中的重要议题之一。

当有人把环境作为考察教师教育的焦点时,教师教育项目的其他方面也会被带入考察范围,由于它们之间的相互关系,培养教师的环境不仅会影响其他因素,也会受到这些因素的影响。教师教育的场所(例如,学校、大学、商铺、网络)从结构上决定了哪些项目或资源是合适与有效的,同时也影响课程与教学策略,并往往决定着毕业生选择最终要去从教的学校。

政治与权力 389

在美国,教师教育的环境和负责选聘教师的机构,很大程度上会受政治和经济的影响。由于这些教师教育项目对学校和社会具有潜在影响,因而形成了所谓的权力与声望。过去一个世纪,不同的机构承担着培养教师的责任——单个学校、县法院、州教育局、专业组织、大学、学区和私立公司。随着时间的推移，每个机构都开始把它的责任与权力视为理所应当，它们因项目的质量而遭受批评，并被其他机构所取代。反映公众意见与政治权力的州和国家立法机关，已经开始制定法律和规范来管理教师教育，它们为特殊项目或研究及教师教育项目提供资助，并不断提高对结果问责的要求。

过程（与教师教育环境）是动态的、持续变化的。环境并非是中立的，中立是就其潜在权力与潜在培训结果而言的，而不是就促进就业的潜力而言的。过去一个世纪的文化浪潮与政治现实，已经使师资培养环境发生了改变。

文化背景的改变对教师教育的影响

教师教育的环境与历史、文化和经济背景是交织在一起的。多年来，这一环境已经转向满足多样化背景及国家的需要。19 世纪，教师教育主要涉及实践的在职培训，其基本的场所是学校。从 16 岁的劳拉·英格尔斯·威尔德（Laura Ingalls Wilder）运用她从自己在学生时代曾经学到的技能在明尼苏达州一所单班学校（one-room school）进行教学，到在州立师范学校中为工业发达地区的学校提供师资培训，教师教育的环境已发生了极大改变。

第二次世界大战之后，由于《退伍士兵权利法案》（GI Bill of Rights）的颁布，大学开始推行各种项目和大学学位，以提升退伍人群的知识和技能水平。教育成为国家的一项重要事业，数以百万的人暂时离开工作岗位，在这个过程中，大学的在校生人数、大学的声望和人们对大学教育的需求，以及大学的规模和权力都得到了极大提升。

五十年来，大学成为教师教育的主要阵地。随着地方性大学的不断成熟及其任务的不断拓展，它们对教师教育的关注不断减弱。最初，教育学院凭借学术研究的支撑，实现未来教师在从事教学所需的学科知识上的提升，进而构筑它们的项目的核心。但是，随着系所规模和权力的增大，教育学教职员开始在他们曾经拥有控制权的机构中逐渐被边缘化。就教育学院而言，随着学院承担越来越多的专业化任务，教师教育也逐步被边缘化。教育学院的名称甚至也被更换，以便彰显其更广泛的使命（例如，从教育学院到专业研究院，教育、健康和人类行为学院，商业、教育和社会工作学院）。

大学对教育学的奖励体系开始更加注重研究成果和出版，而非教学与学校工作，这反映的是学术机构的标准。由于大学调整了战略和价值，它们对教师教育的概念与
390 理论方面的重视逐步提升，而对教学实践方法的关注却在降低。专业学校（关注专业、市场和从业人员）的宗旨被扭曲，教师教育不断依附于大学的价值取向。

学校不再占据教师培养的中心地位。大学校园成为主要的教师教育环境，附加一些在学校进行的观察与实习。学校成为“实习场所”（field sites），教师被称为“合作教师”。对过程与项目、学业成绩、资格认证权力的控制，成为大学的职权，这些特征表明了在教师教育中学校所处的边缘地位。三十年前，当这一状况达到极致时，一位同事

告诉我，他根本没必要去学校了解情况；我可以去观察，并告诉他我所看到的东西，之后，他可以将自己的教学模式应用于我所描述的情境中，并告知我所观察到的教学效果以及教师的潜在有效性。这是一种傲慢的态度和哲学，但在当时却弥漫于整个教师教育之中。工作地点（学校）只是在偶然情况下才会变成学习教学的场所。

让环境成为一种渐进的过程

来自教师的批评，再加上能够完成扩展性教师培养的教师数量的日益减少，引发了一种教师教育的压缩实习模式。在众多的学区，尤其是城市地区的学区，开放了一种快速通道式的非师范教师资格认证项目，旨在减缓所在社区教师短缺的现象。在州以及联邦立法机构的支持下，中部学区、医学院和营利机构都发起了这一认证项目。大学也不甘落后，推行了速成式的非师范教师资格认证项目。

非师范教师资格认证项目是由教育者与美国联邦教育部发起的旨在培养高素质教师的有效培训模式，特别针对男性和少数族群。与师范学校的模式一样，它们致力于使项目的“相关性胜于严密性”（Labaree, 2003: 14），因此区别于强调严密性与知识性而相对忽视相关性与实践培养的大学师资培训项目。

达林-哈蒙德（Darling-Hammond）发表了有关教师教育质量的系列分析文章，其中一篇文章指出，“尽管提供了‘在职’培训，但教师的准备严重不足”（Darling-Hammond, 1999: 39）。有迹象表明，在2005年就出现了对非师范教师培养项目的不满，学区管理者与人力资源专家对非师范培养途径认证的教师对学生成绩的提升作用表示担忧，他们更支持教师在正式入职前的教师培养项目中有实习经历。

随着类似的分析越来越多，新一轮改革即将出现。当前的教师培养环境和项目本身可能会逐渐发展为一些新的机构形式，譬如古德莱德（Goodlad）所谓的“教学法中心”（Centers of Pedagogy），它旨在促成中小学和大学之间更为密切和不断更新的关系（Goodlad, 1994），提升私营企业和专业性组织，或者一些目前仍无法预知的环境的领导力。

毫无疑问，技术将会成为教师教育中任何一个潜在特征中的重要因素。然而，不能仅仅将技术作为下载信息的资源，进而造成“‘孤岛教师’（isolated teacher）现象。相反，应该聚焦技术为合作与交流”所提供的扩展机会（Fulton *et al.*, 2005: 300 - 301）。

环境中包含着教师教育的基本假设 391

对于教育在社会中的角色的基本假设和理论建构，会影响教师教育的环境。本书在这一部分用两篇文章对一些不同进行了说明。博伊尔-贝斯（Boyle-Baise）和麦金太尔（McIntyre）基于两种有关教育的基本假设，对两种教师教育项目进行了对比。关于教师专业发展学校(Professional Development School)(Castle *et al.*，2006)的假设认为,教师教育的目的是促进学生的认知,把注意力集中在提高学生学业成绩的有效实践标准上。而关于以社区为导向的教师教育(Seidl and Friend，2002)的假设认为,学校的目标是依托诸如“服务学习、文化浸润和参与社区学校”等策略改造社区(Boyle-Baise and McIntyre,本部分)。二者都依赖大学与中学强有力的伙伴合作关系,但是它们的环境却完全不同。每一个项目在其相应的教师教育课程中又均包含不同的内容,以及毕业生的不同学习结果。因此,即便是同样的场所提供的环境也可能不同。

场所的质量也会影响到环境。博伊尔-贝斯和麦金太尔认为,无论是教师专业发展学校模式还是社区导向模式,一个由大学和中学共同管理的“整合式”(jointly)学校场所,有助于教师教育的改善。只有在最有效的环境中工作,未来教师才有可能获得他们需要的有效技能。相反,哈伯曼和波斯特则认为,“在工作条件最恶劣的最差学校中进行的培训才是最有效的”(Haberman and Post，1998：103)。有论者认为,未来教师需要接触最佳的教学,其他论者则认为,由于未来教师在未来工作时极有可能被安排在最恶劣的城区贫民学校,因此他们应该具备在类似环境中工作的经验。有关教师教育与学校质量的基本假设被融入场所的选择之中;同时,这些假设也渗透于在这些场所中开展的活动(例如,社区研究与访谈、课程项目与教学)、参与项目的人,以及与学校和社区的关系之中。

环境包含文化背景与现实事件

教师培养的环境及培养性质与我们国家的文化发展紧密相连。19 世纪学校的目标是培养儿童具备在工厂工作所需的“3Rs”,即他们在阅读、写作和算数方面的能力。对生活在 20 世纪之交的劳拉·英格尔斯·威尔德(Laura Ingalls Wilder)而言,她所处的农村地区的环境与马萨诸塞州列克星敦工人所处的环境完全不同,后者生活在拥有密集人口和众多工厂的社区之中。学校也是不同的。劳拉的十几个学生不仅年龄不同,所处的教育阶段也不同,一些学生与已经上完八年级的劳拉的年龄一样大。明尼苏达州和马萨诸塞州的教师教育也存在差异。教师们都要接受在职教育——劳拉主要通过回忆自己受教育时的内容和方式来学习教学,但在马萨诸塞州会有一个“首席教师”(principal teacher)来监督教师,学校体现了变革工业时代的工厂模式。

当今学校教育的目的变得越来越复杂,并与世界范围内的文化发生广泛联系,其中涉及全球性经济状况日益增长的交流与传输,以及波及大洋彼岸的事件的系统影
392 响。有关我们国家在数学测验上的糟糕成绩,以及在科学、技术、工程和数学领域(STEM)专门人员紧缺的报道,或移民涌入的报道,引发了人们对这些领域的兴趣的增加及对其他领域的兴趣的减少。美国已成为一个多元文化社会,这不仅体现在种族上,也体现在宗教、性别和保守/自由主义的传统中。

移民改变了我们国家,在此过程中,教师教育也发生了改变。20世纪之交,大多数移民来自北欧,他们或受过良好教育,或拥有先进的技术性或专业性技能。20世纪30年代和40年代的保护主义导致移民数量锐减,之后来自南欧的移民的数量却不断增加。临近20世纪末,来自中美、南美以及亚洲的移民大量涌入,他们试图摆脱贫穷或战争的国度,转移到拥有财富美名的美国。就业选择、健康和退休福利、全球经济、美国在全球的地位、人口的年龄和种族、新移民的教育水平,这些因素均与教师教育的环境交织在一起。对于移民所表达的诉求,学校教育与教师教育已经做出了相应的调整。例如,在过去十年中,伴随拉美裔和东南亚裔移民的涌入,双语课程和英语作为第二语言已成为学校教育和教师教育中的重要部分。

数字鸿沟作为环境

教师教育环境的迅速扩张与日益娴熟的技术有关,也与未来教师(和他们的学生)同其父辈相比对技术更为满意并无限制地使用有关。他们很轻松地进行多任务处理,使用手机、i-pods、数码相机、博客和聊天室等;他们运用谷歌或其他搜索引擎代替到图书馆查阅文献,收发并阅读电子邮件,通过互联网完成作业,在大学或者干脆在家运用微型相机观察课堂,进行远程学习,以及在做报告时运用演示文稿。在培养教师过程中运用这些日益娴熟的技术成为一个挑战——不仅表现在如何在教师教育中最有效地使用技术,也表现在如何支持未来教师在他们的课堂中恰当地运用这些技术上。

在教师教育中运用技术,关键不在于发展人们对于多样化模式运用及在应用中维持实时性的理解,而在于挖掘技术的最大优势。譬如,与谷歌相似的搜索引擎在开展研究和寻找特殊主题信息方面越来越受欢迎,它比去图书馆更快也更高效。然而,搜索结果的质量却参差不齐,一些网址提供了广泛的思考和研究结果,而另外一些网址提供的内容则较为肤浅,并且经常会涉及鼓动或极端的观点。在教师教育中,能够分析这些资料并探寻相关领域,通过判断做出决定对教师而言至关重要。环境不仅涉及技术的运用,也涉及如何运用技术的问题,思考的过程必然包含通过技术创新来解决问题。

人员支持系统作为环境

培养未来教师和新任教师的环境,涉及这些项目中的工作人员的素质与专注力。
这些工作人员包括拥有相关领域知识的课程教师,以及处于职前和教学工作初期的工
作人员。他们通常被称为指导教师或教练,其中,一些培训机构为他们出资并给予他 393
们培训,另一些机构的运作则依靠教师与新任教师、实习生、实习教师或预实习教师进
行合作的良好意愿。一些培训人员是师资培训项目的一部分,另外的则是承担附加任

务的志愿者。未来教师可能仅仅与培训人员进行短期、浅层次的交流，或在项目时间之外与他们一起工作。这种支持的质量差别很大，未来教师可能会遇到关心他们的教练，为他们提供建议和忠告，使得培训项目更有用。这种人员支持系统构成了环境的重要方面。

大学(或其他支持机构)的教师教育工作者与学校之间的关系是环境的另一重要方面。每个合作伙伴的贡献、他们之间的私人关系及项目内容的整合性，是教师教育心理环境的一部分。

环境作为一个整体之于教师教育

教师教育的不同组成部分会以特定的方式相互联结，每个部分都会作用于其他部分，同时受其他部分的影响。当我们审视教师教育的环境时，我们承认，它们会影响课程、教学策略，甚至影响那些选择进入某种教师教育环境的人，以及他们即将从事教学的学校。

关于教师教育环境的分析表明，它所涉及的因素及每个因素与其他因素的相互关系错综复杂。的确，教师教育是一个能够被环境界定的系统。环境会随政治趋势、教师教育质量的假设、文化和技术背景及经济状况而发生改变。正是在对这些因素进行的持续不断探索中，教师教育才可能更有效地对后代的教育产生更大的影响。

(杜明峰　李　欣　译)

参考文献

Castle, S., Fox, R. K., & Souder, K. O. (2006, January/February) Do professional development schools (PDSs) make a difference? A comparative study of PDS and non-PDS teacher candidates. *Journal of Teacher Education*, 57(1), 65 - 80.

Darling-Hammond, L. (1999) *Teacher quality and student achievement: a review of state policy evidence*. Seattle, WA: Center for the Study of Teaching and Policy, University of Washington.

Fulton, K., Burns, M., & Goldenberg, L. (2005, December) Teachers learning in networked communities: the TLINC strategy. *Phi Delta Kappan* 87(4), 298 - 303; 305.

Goodlad, J. I. (1994). *Educational renewal*. San Francisco: Jossey-Bass Publishers.

Haberman, M. & Post, L. (1998) Teachers for multicultural schools: the power of selection. *Theory into Practice*, 37(2), 96 - 104.

Labaree, D. F. (2003) The peculiar problems of preparing and becoming educational researchers. *Educational Researcher*, 32 (4).

Seidl, B. & Friend, G. (2002) Leaving authority at the door: E-status community-based experiences and the preparation of teachers for diverse class rooms. *Teaching and Teacher Education*, 18(4), 421 - 433.

第四部分

何人执教？何人应教？

——教师的招聘、选拔与留任

主编
A. 林 · 古德温
(A. Lin Goodwin)

视点

23. 教师质量：可否达成共识？

A. 林 · 古德温(A. Lin Goodwin)
哥伦比亚大学师范学院(Teachers College, Columbia University)

引言

在第 98 届全美教育研究学会(National Society for the Study of Education, 399
NSSE)年鉴中(第一部分)——该书致力于教师教育的批判性分析——编者加里 · 格里芬(Gary Griffin)写道：

> 无论让谁在学校中任教，都必须重申和强调我们的目的是为了招募有能力的教师，而不是为了解决人员空缺的问题。当然，问题在于对能力的初始测定和后续监控。(Gary Griffin, 1999：7)

25 年前的第 74 届全美教育研究学会(NSSE)年鉴同样关注教师教育，编者凯文 · 瑞安(Kevin Ryan)提出了一个类似的问题："我们从哪里获得可以做这些事情的教师？"即所谓的"有效教师"(1975, p. ix)。显然，有能力的教师或合格教师的问题在教学专业领域和美国社会一直备受关注。谁来教？谁应该从教？

毫无疑问，无论是将儿童送到学校的家长，还是影响、管理和资助教育事业的决策者，甚至是关注新一代技术工人的跨国公司管理者，每个人都希望所有的教室中均拥有有能力的、合格的高质量教师。事实上，"谁来教"或"谁应该从教"之所以是一个持久的问题，很大程度上是因为每个人都关心和担忧教师的能力与资格。然而，问题的核心不仅是教师应该具备的那些能力和资格，而是什么构成了能力和资格。因此，不同群体出于不同的价值观、社会文化规范和目的，对教师质量的定义、教师须知和须做的观点各不相同。

审视产生和影响这些不同价值观、规范和目的的背景，可以让我们更加深入地了解"谁应该来教"或"谁可以教"的问题。首先，作为文化和历史记忆的熔炉(crucibles)，学校及其课程在公民社会化和国家发展中扮演着重要角色。由于教师在教育事业中处于中心位置，当教师实施、传递、指导，甚至是开发课程时，他们会与成长中的公民(例如儿童和青年)进行直接互动，从本质上而言，他们成为社会文化遗产的守护者。什么知识最有价值，谁的价值观应该被重视或低估，这些反映根本冲突的问题随着时间的推移不断展开，且无法彻底解决。鉴于教师在这场根本冲突中所发挥的作用，人们最在意和普遍关心的是“允许谁来教”这一问题也就不足为奇了。

其次，学校教育和学习成绩的状况始终与国家经济发展相关。学生在大规模标准化评估中的表现，以及与其他国家的学生成绩的比较，日益成为衡量国家和地区国际竞争力的指标。学生的表现水平被视为反映教师质量、能力和培养状况的指标，即好的教师能带来更高的测试分数。为了保持经济优势，人们便将注意力集中于教师质量。

再次，争取平等的受教育机会是美国梦的一个内在主题。在民主社会，学习机会(应该)是每个公民都享有的一项基本权利。在美国历史上，许多群体都被蓄意地剥夺了这项权利，尽管目前已有所改观，但争取教育公平和平等的努力仍持续至今。“谁可以教”或“谁应该从教”的问题与人们对多样性、民主和平等的定义和规定密切相关，因为这些观念会导致一些突出问题，例如师资队伍的代表性、多元化学校的教师培养、不同社区之间优秀教师的均衡(或不均)分布。在一个多元化的民主社会，共同利益一直与个体利益相抗争，这些争论涉及应该如何培养教师，教师的知识储备和技能要求(更别提教师心态)应该包括哪些内容，谁应被视为适合教学工作并能够持续从教。

显然，关于能力、资格和质量的定义难以达成共识，尽管在整个教育史上都曾持续讨论这些问题，但只要看一眼现在的教育期刊和报纸，就会发现对这些问题的讨论仍然很激烈且具有时代性。因此，教学专业仍面临着一个基本困境。一方面，我们必须确定谁应该进入教师队伍，并吸引那些人从教。另一方面，我们必须权衡应该允许谁
400 来教，或者判断谁已做好教学准备。在当前部分地区师资短缺，而其他地区师资过剩的背景下，某一师资队伍的情况远不能反映所有学校的现状。同时，关于应该怎样培养教师的问题仍存在着尖锐的分歧，这就要求我们必须同时招募和辞退一些人，在吸纳新员工的同时筛选淘汰一些人。毋庸置疑，关于教师队伍的构成和能力的问题常年困扰着专业人士，而这些问题也构成了第四部分的核心内容。

通过“视点”的四篇文章，第四部分讨论了在人口迁移和全球经济不断发展的背景下，聘用、培养和留住多样化的教师和高质量的教师所面临的挑战。在吸纳新任教师以弥补师资短缺的问题上，历史为我们提供了哪些经验教训？随着时间的推移，教师的人口结构发生了哪些改变？我们为建立一支优秀的师资队伍所做的努力对那些进入课堂的人产生了什么影响？我们是基于什么前提做出了谁适合教、谁应该被推荐为合格教师的决定？多样性、质量、代表性、是否准备就绪和招聘等问题是如何交互影响的？这些影响给教师教育工作者增加了哪些困难？

在第一篇中，卡伦·朱姆沃尔特(Karen Zumwalt)和伊丽莎白·克雷格(Elizabeth Craig)根据人口和质量特征描述了当今教师队伍的现状，这为第四部分内容提供了背景分析。他们的讨论主要由四个问题构成：“谁在教？他们在哪里接受教师培养？他们在哪里教？他们从教了多长时间？”作者筛选这些背景特征，并运用现存的调查研

究，以尽可能确定人口统计变量、质量指标与学生学习结果之间的关系。从宏观层面 401
的分析来看，朱姆沃尔特和克雷格转而进入对一项具体的人口特征（教师种族/民族）和一项具体的质量指标（教师学术能力/成就）的集中考察，并以此作为一种详述和阐释的方式，用以说明建立教师变量与学生学习结果之间关系的复杂性。这一篇对聘用、教学能力和教学质量的定义问题进行了相当深入的分析。更为重要的是，不论它们是否得到实证支持或是已经被证明对学生成绩产生了积极影响，他们的工作使我们暂时不必考虑一些特定特征和变量的重要性。这些特征承载着不可测量的道德或社会价值，但很有力地说明作为一个群体我们关心什么，我们是谁。

在苏珊·穆尔·约翰逊(Susan Moore Johnson)和苏珊·卡尔多斯(Susan Kardos)执笔的篇章中，朱姆沃尔特和克雷格的工作得到了很好的延续，她们关注了教师的招聘和留任。由此，第四部分内容实现了视角转移，即从一个广泛的角度在整体上描述谁正在教学或者谁还在教师队伍之中，之后转移到约翰逊和卡尔多斯提出的具体问题：教师为什么被这个行业吸引（排斥/离职）？什么样的结构、激励和策略能使他们继续留在这个行业？约翰逊和卡尔多斯通过比较过去和未来的做法巧妙地将以下两者联系起来，即在聘用和留任上一代教师时什么方法能起作用，当我们想要吸引新一代课堂实践者时又需要做出哪些补充和调整。作者的分析，具体揭示了今天的未来教师和新任教师在职业生涯轨迹、工作环境和洛尔蒂(Lortie, 1975)所说的"精神奖励"方面，从根本上不同于以往教师的想法。未来教师将自己的期望和经验带入职业生活中，这与当前的资深教师和即将退休的教师明显不同。劳动力市场状况的变化，技术工人，特别是妇女和有色人种工作机会的改变，意味着教学专业不再如过去一般依赖一些现成的人选，这正如格里芬在开篇引言中所描述的，我们必须发挥想象力，思考如何招聘和留住那些有能力的人。

玛莉·迪尔沃思(Mary Dilworth)和安东尼·布朗(Anthony Brown)通过提出下列问题来解决有色人种教师严重短缺的难题——有色人种教师给课堂带来了什么，它会产生什么影响？在对招聘和留任展开深入讨论之后，迪尔沃思和布朗紧接着仔细考察了有色人种教师给教师职业带来的附加价值，从而强调关注典型教师队伍的组成方式比仅仅关注表面的人口特征更有价值。在他们撰写的这篇文章中，迪尔沃思和布朗采用历史视角记述了非洲裔、西班牙裔、华裔和本土美国人教师的出现(presence)、培养(preparation)和实践(practice)。他们的分析强调了有色人种教师所扮演的重要角色，即他们作为社会文化的管理者和翻译者、文化回应式教师(culturally responsive pedagogues)、充满种族振兴精神的重要社区成员的角色。他们的讨论还揭示了有色人种家庭是如何奋力拼搏，以确保他们的下一代能接受高质量教育和来自团体内部的高质量教师的指导。虽然本文许多内容都立足于过去，但是迪尔沃思和布朗运用历史经验揭示了当代困境和当前实践状况。他们认为不论在农村学校还是中心城市学校，有色人种教师固有的实践智慧有益于解决有色人种儿童接受适宜教育的问题，但是这些智慧通常没有被开发或得到认可。

A. 林·古德温(A. Lin Goodwin)和西莉亚·奥伊勒(Celia Oyler)撰写的最后一篇文章与其他篇章内容有所区别,作者不是关注谁在这一行或谁应该进入教师行业,
402 而是关注教师培养和应该允许谁进入这一行业的问题。目前,教师质量问题十分突出。然而,盛行的有关教师质量的讨论优先强调教师特征,而不是关注平均绩点(GPA)和学科知识、教师表现——如教师测试、进入教育领域的门槛等入职要求。古德温和奥伊勒提出,这些讨论真正遗漏的是对习得教学的过程和教师教育工作者作为教职守门员角色的审查。在这篇文章中,古德温和奥伊勒分析了教师资格认证背景下教师教育项目的角色、结构和功能。然后,他们运用从文献和不同国家教师培养项目的典型样本中收集而来的数据,描述了教师培养项目聘用教师时(决定候任教师是否准备好去教)的惯例、程序、政策和评价。最后,本篇呈现了教师教育工作者在面对竞争需求和带有多种需求及差异性的候任教师时,仍努力坚持高质量教学标准所面临的困境和难题。

四篇文章各自提供了不同的分析视角,并回应了第四部分的核心问题:谁来教?谁应该从教?虽然每一篇文章各自展开一种特定的对话,但四个讨论都基于如下视角:社会环境(经济的、政治的、社会学的)、多元化和不断变化的社会规范。总之,这些讨论让我们意识到有大量的要素、结构、政策和"不同力量"参与(被卷入?)到卓越教师队伍发展之中,甚至提醒我们对质量和卓越的定义取决于一系列广泛的背景变量、意识形态和政治因素,其结果往往充满矛盾冲突。

整体来看,上述篇章由多种文献资料构成,有的是历史文献,有的是当代出版物;一些资料是基于文本的,其他则是基于感官的;一些资料采用平铺直叙的形式,其他的文章则写得跌宕起伏。这些文献资料提供了分析教师质量、特征、聘用、留任和多样性等问题的多种视角。它们有助于展开讨论、增加文本质感和多样性;它们构成了思考教师质量这一持久问题的一系列不同视角。

第四部分的结尾是由教育学者撰写的三篇评论。通过借鉴或提取"视点"和"经典"中的篇章,每一篇评论均被设定为对该部分核心焦点的综合性评述。评论中同时穿插不同教育工作者的心声,他们各自所处的位置不同,因此能从不同的角度发表看法。

玛丽·富特雷尔(Mary Futrell)撰写的评析提供了一个作为经验丰富的教育学院院长的教师教育工作者的视角。毫无疑问的是,富特雷尔的评析是以趋向新世纪教师的广阔视角来看待教师培养的。富特雷尔要求彻底改革教师教育专业在教师培养名义下所做的事情,使教师教育与技术、人口和全球经济变化保持同步,培养指向未来而不是过去的教师。为了实现这一目标,富特雷尔认为教师教育的专家们需要"考虑新兴的社会挑战带来的影响,职业角色的改变,他们的重点应该是培养未来的教师、指导教师、学校管理者"。换言之,如果教师教育工作者不改变,教师培养也难以转变。

作为一位社会学家，理查德·英格索尔(Richard Ingersoll)认为，“要充分理解教师质量的问题，需要考察教师职业的特征及教师工作的社会和组织环境特征”。在评论中，英格索尔对教师质量低下的常见解释提出了质疑，他认为现有的三种主要解释 403
是很不准确的。这些解释包括：过度限制性的职业准入；师资短缺；不合格教师。通过提出其他解释和指出每一论点的不足，英格索尔对传统观点依次进行了讨论和驳斥。他的结论是，如果不考虑教师工作和学校组织结构的本质，那么对教师质量低下的传统解释是不完整的。

第三篇评论的作者是一名一线教师。梅格纳·安塔尼·利普肯(Meghna Antani Lipcon)作为一名典型的才华横溢的文科研究生，有很多职业选择，因此不太可能进入教师行业。然而，安塔尼·利普肯不仅通过一个高校主导的教师培养项目进入了教师行业，而且还选择在一所“富有挑战性的”学校执教(例如要为文化和语言不同的儿童，以及无法完成学业的贫困儿童服务)。她的评论清楚表明，要想吸引和留住聪明、在学业上已经准备好的人从事教学，就要为他们提供能利用自身想法，作为受尊敬的教学领导者参与学校决策，以及获得专业发展的机会。安塔尼·利普肯还以自己作为有色人种教师的经历为例，热情地谈到多样化教师队伍的重要性。最后，她说，“人们选择从教是因为孩子，而选择留任则是因为理智激励和有能力带来切实的改变”。

(柳叶青　译)

参考文献

Griffin, G. (1999) Changes in teacher education: looking to the future. In G. Griffin (ed.), *The Education of teachers*, *Ninety-eighth Yearbook of the National Society for the Study of Education*, *Part I* (pp. 1 - 28). University of Chicago Press: NSSE.

Lortie, D. (1975) *School teacher: a sociological study*. Chicago: University of Chicago Press.

Ryan, K. (1975) Editor's preface. In K. Ryan (ed.), *Teacher education*, *Seventy-fourth Yearbook of the National Society for the Study of Education*, *Part II* (pp. xi. xiii). University of Chicago Press: NSSE.

24. 谁在教？这重要吗？

卡伦·朱姆沃尔特(Karen Zumwalt)
哥伦比亚大学师范学院（Teachers College，Columbia University）

伊丽莎白·克雷格(Elizabeth Craig)
巴德学院(Bard College)

404 目前，国内公立学校中有 3 000 000 名教师正在教授 50 000 000 名儿童和青少年。本文中，我们会根据背景特征描述这些教师，然后考察这些特征是否会对学生产生不同影响。本文考察的特征包括人口特征(如性别、种族/民族、社会经济背景、年龄)和已经作为教师质量指标的其他背景特征(如大学入学成绩、大学平均绩点(GPA)、本科专业、本科学校排名、教师测试成绩和教师资格认证)。

从本质上讲，这些背景特征正是由教师们带入教师培养项目和 K－12 课堂之中的。综合而言，这些特征通常被用来描述教师队伍的人口状况和质量状况。尽管人口状况具有政策敏感性，但它很大程度上受教师个体职业抉择的影响，而此种抉择又受更大的社会力量的持续塑造。与之相反，教师教育工作者、州教育官员、学校管理者对教师队伍的质量状况(包括影响其选择教师行业的参数)有很大的影响。因此，我们要考察那些在不同程度上直接由决策者和教师教育工作者塑造的具有不同敏感性的背景特征。相应地，这些背景特征可能对学生所受教育产生不同影响。

在讨论教师队伍背景特征所产生的问题之前，本文先描述人口状况和质量状况在以下四个问题上的体现：谁在教？他们在哪里接受教师培养？他们在哪里教？他们从教了多长时间？然后，我们探讨研究所表明的这些特征与学生成绩之间存在什么关系。最后，文章考察了这样一个问题，即教师的这些人口背景和质量特征重要吗？

谁在教？

大部分教师是女性、白种人且只懂一种语言。约 75％的教师是女性（U. S. Department of Education，2005)，84％的教师是白种人(Snyder *et al*.，2004)。近年来，尽管有色人种教师所占比例(特别是在未来教师中)已经明显增加，但还无法与学生多样性的增加相匹配。尽管有越来越多的少数族裔大学毕业生，但与过去教师是为数不多向黑人开放的职业之一这一事实相比，当前选择教师这一职业的黑人大学毕业生比例是有所下降的(Murnane *et al*.，1991)。

从历史角度来看，教师这一职业吸引了各种社会经济背景的人群，但是，作为一个中产阶级职业，它已经成为工人和下层阶级向上流动的选择。大部分教师的父母仍没有高等教育或大学文凭，但与过去相比，其父母拥有高等教育背景的人数越来越多，这也反映了美国人民受教育程度的提高（National Education Association，NEA，2003）。 405
尽管越来越多的教师拥有较好的社会经济背景，但当前出现了一个反向的趋势，即社会经济背景较好的女性和少数族裔现在有了广泛的职业选择（而这些职业以前并不对他们开放），因此大部分人就不再选择教师这个职业。

教师平均年龄在 40 岁左右，这在一定程度上反映了劳动力的老龄化趋势，与大学毕业生年龄越来越大以及研究生和非师范教师教育项目的逐步增加一样，未来教师的平均年龄已有所提高。现在，大部分教师进入教职的年龄是 25 至 29 岁，而不是像过去一样小于 25 岁（Provosnik and Dorfman，2005）。

与 20 世纪 70 年代末 80 年代初教师的沉闷形象（这一形象与早期关于教学是“失败地带”（failure belt）的观点相呼应）相比，近期关于教师学术能力和成就的研究有了更为积极的形象（Waller，1932）。这种改善也许得益于教师教育改革的努力和研究方法的改进。

对参加教师教育的大批学生进行跟踪研究是非常有益的。从近期的数据中产生了五项研究结果：（1）研究者已经清晰地论证，以高中生就业意向为主要对象的早期研究具有误导性，因为这些被调查的学生并不等同于实际上准备从事教学或已经成为教师的人。（2）当使用高中平均绩点、高中排名和大学平均绩点来衡量大学生之间的差异时，未来教师的大学入学测试分数往往较低，但是学业成绩较高。然而，这些差异可能主要缘于性别不均衡，女性通常能获得较高等级，但在入学测试中则表现较差。（3）在各个连续阶段都有越来越多的能力较低的学生离开教师输送管道（高中毕业、大学入学、进入教师教育项目、大学毕业等阶段）。到毕业时，与当时入校的大学生相比，那些准备从事教学的学生的 SAT/ACT（学术能力评估测试/美国大学入学考试）成绩要高于平均分。（4）虽然他们的平均分略低于所有大学毕业生的平均分，但是那些准备从事中学教学的人的分数并不亚于其他大学毕业生。（5）SAT/ACT 成绩居于前 25％的学生不太可能选择教师职业，即使进入教师行业也不太可能久留（Zumwalt and Craig，2005b）。

他们在哪里接受教师培养？

尽管扩展性教师教育项目（extended teacher education programs）的数量不断增加——目前有 46 个州提供了非师范师资培养项目——但是大部分的未来教师仍然在公立学校的学士教育项目中接受培养（Feistritzer，1999；U. S. Department of Education，2005）。与那些在学院和高校中排名中等或中等以下的人相比，从精英学校毕业的人不太可能成为教师（Ballou，1996；Henke *et al.*，1996；Henke *et al.*，2005）。由于国家和制度需求的改革，现在有越来越多的教师毕业于某一特定学科而不仅仅是教育学科。

有色人种未来教师的数量在地域和机构方面的分布变化很大。与白种人相比,他们的高等教育更有可能始于两年制学院,而后转到四年制公立学校接受教师教育。

拥有较好社会经济背景的教师更有可能进入私立机构(接受培养)。尽管这方面的研究较少,但是一些研究表明在非师范教师资格认证项目中社会经济背景较好的人
406 更多,这些人从精英阶层和私立机构中被招募进来,他们更有可能成为教师行业的“潜在入职者”(late entrants),并在入职时拥有研究生学历(Heyns, 1988; Wenglinsky, 2000)。

尽管有人担忧扩展性教师教育项目可能为有色人种学生制造其他障碍,但研究生项目和非师范教师资格认证项目吸收了同等的甚至更高比例的有色人种学生(Andrew, 1990; Cornett, 1992; Darling-Hammond *et al.*, 1989; Feistritzer, 2003; Kirby *et al.*, 1989; Kirby *et al.*, 1999; Kopp, 1994; Lutz and Hutton, 1989; Natriello and Zumwalt, 1993; Shen, 1998; Stafford and Barrow, 1994)。尽管教师教育项目中女性仍占主导地位,但是与本科教师教育项目相比,研究生项目和非师范教师资格认证项目吸收了更多男性(Jelmberg, 1996; Kopp, 1994; Wright *et al.*, 1987)。

几乎没有比较研究生项目、非师范途径培养的未来教师与本科教师教育项目培养的未来教师之间质量状况的研究,那些在本科毕业后继续求学的人通常被假定为学业成绩高于那些没有继续求学的人。由于有意识的设计,非师范途径培养的未来教师并非主修教育,但这并不足以表明他们的主修专业与所教学科一致。事实上,由于存在严格的国家制度,在本科和研究生项目中接受培养的教师,更有可能是专业与所教学科相一致的人。随着越来越多的学院(由全美教师教育认证协会(National Council for Accreditation of Teacher Education, NCATE)认证的)提供非师范教师资格认证项目,非师范教师认证项目和普通项目之间预设的质量差别可能会消失,同时学生背景质量指标中的任何差异也可能会消失。

不论是候选人参加的教师教育准入要求测试,还是学生为获得国家认证而在教师教育项目之后参加的测试,教师测试分数均显示了一些人口统计上的差异。SAT 和教师测试分数最高的一部分人都来自私立大学,这些私立大学普遍招收拥有更好社会经济背景的学生(Wenglinsky, 2000)。从教师教育项目毕业的人比未参加这些项目的教师获得了更高的测试分数。一项 ETS(教育考试服务部(Educational Testing Service))的研究发现,在控制学生本科入学成绩变量后,与那些来自非全美教师教育认证协会(NCATE)机构的毕业生相比,来自全美教师教育认证协会(NCATE)认证学校的毕业生更有可能通过教学实践考试Ⅱ(PRAXIS Ⅱ)的内容测试(Gitomer *et al.*, 1999)。白人申请者在教师测试中通过的比例更高;少数族裔,特别是非洲裔和西班牙裔美国人,未通过该测试的人数比例更高。因此,这些测试虽然能提高教师的质量状

况，但可能限制教师队伍的多样性。

在使用“认证”(certification)一词时，其定义往往具有极大的包容性，大部分教师都可以被算作是经过“认证的”(certified)，因而可被视为是合格的。实际上被认证的比例取决于所谓的认证类型(例如合格型(regular)、替代型(alternative)、暂定型(provisional)、过渡型(transitional)、应急型(emergency))，不同州和地区的认证类型差别很大。因此，没有分析如何定义“认证的”，就将认证状况作为一项质量指标，是有问题的。

他们在哪里教？

教师选择这个职业的原因和职业期望随着性别、种族/民族、社会经济地位(Social Economic Status, SES)和年龄差异而各有不同。不足一半的未来教师实际上在培训后的隔年才真正从教(Henke *et al.*, 2000)。一些人延迟入行，而其他人从未入行(Heyns, 1988; Murnane and Olsen, 1988)。小学未来教师比中学未来教师更有可能进入教师行业(Murnane and Schwinden, 1989)。SAT/ACT 测试成绩居于前 25%的未来教师在接受教师培养之后，不太可能选择从事教师工作(Kerr, 1983; Pigge, 1985; Wirt and Livingston, 2002)。

首次从教的新任教师在教师队伍中的比例不断上升；与以往相比，他们年纪稍长、 407
也更多样化，且有更多的男性教师(Broughman and Rollefson, 2000; U.S. Department of Education, 2005)。这些新任教师更有可能在难以招到教师、表现较差的农村学校和中心城市学校(这些学校中少数族裔和低收入家庭学生占很高比例)开始他们的第一份工作(Henke *et al.*, 2000; Lankford *et al.*, 2002; Wirt *et al.*, 2001)。非师范途径培养的未来教师，特别是非白种人，最初的时候更可能在城市学校就职(Natriello and Zumwalt, 1993; Shen, 1998)。

有色人种教师在小学阶段的比例呈失衡状态，他们更常在少数族裔和低收入家庭学生占很高比例的中心城市学校任职(Henke *et al.*, 1997)。与男教师和中学教师相比，女教师和小学教师略为年轻。农村教师比对应的城市和郊区学校教师年轻，这表明有较高比例的新任教师受雇于农村学校。

在郊区，高中及东北部地区学校，可以发现更多拥有硕士学位的教师(Feistritzer, 1996)。一些研究发现，在低收入家庭学生占多数的学校，拥有硕士学位的教师较少(Lewis *et al.*, 1999)。

当考察教师是否在某些领域被认证为合格时，据报道的高比例的合格教师大幅减少，这些领域是教师在课堂中教授最多的(“主要领域”)，或是其他的教学领域。大部分未被认证或被部分认证的教师最近也进入到教师行业(U.S. Department of Education, 2005)。除了与经验有关，认证状况也会随着教学领域的不同而变化。在不同机构(部门)分管教师资格证的背景下,例如一些初中和高中学校的教师的认证合格状况可能要差于小学教师。双语和特殊教育教师最不可能被认证合格。在低收入和少数民族学生的学校中,有更多经验不足和未被完全认证合格的教师(Darling-Hammond, 2004; Henke *et al.*, 1997;Kirby *et al.*, 1999)。一些研究也表明这些学校更有可能聘用如下教师:SAT 成绩处于后 25%,来自排名较低的大学,可能在至少一项教师测试中不合格。由于定义不同,关于"非本专业"(out-of-field)教学的数据更加不确定,但是数据通常表明有更多"非本专业"教师在贫困地区和中心城市学校任职(Lewis *et al.*, 1999)。

鉴于国家已经提高了资格认证标准以及准入和完成教师教育项目的标准,毫无疑问的是,与过去 20 年(即改革实施前)相比,教师质量状况已得到较大改善。然而,值得关注的是,那些服务于社会经济状况较差的学生且"难以招到教师"的学校,面临着缺少完全认证合格的教师的困难,此状况与《不让一个孩子掉队法》(No Child Left Behind)的要求交织在一起,造成了更大的压力,人们不得不调整"认证合格"的定义,以使那些之前没有满足规定要求但被贴上"认证合格"标签的教师进入行业。

他们从教了多长时间?

教师流动是影响新任教师需求的最大决定因素。教师平均流动率约为 30%,其中有 17%的人转到其他教学岗位,7%的人转到另一所学校,约 6%的人离职,其中既有暂时性的离职,也有永久性的离职(Boe *et al.*, 1998)。在离职群体中,有超过一半的人短期之内又重新返回教师职位。近年来,留在教师职位较长时间的教师比例越来越高。随着越来越多的教师达到退休年龄,年轻教师将取而代之,而这一群体通常具有较高流动率,因而,预计未来教师总体流失(attrition)将会增加。

408 一些有关教师留任的研究一致发现,年龄是导致人员流失的主要人口统计因素,人员流失在年龄最小和最大的教师群体中均占据最高比例,由此形成了"U"形曲线(Ingersoll, 1999; Whitener and Gruber, 1997)。流失率被这一事实所混淆,即越来越多的女性教师因为分娩和育儿而暂时停职,这通常也被混淆为流失率(NEA, 1997)。尽管女性教师有更多的停职或休假,但性别对总体流失率的影响仍是不确定的(Boe *et al.*, 1998; Hanushek and Pace, 1995; Whitener and Gruber, 1997)。例如,尽管中学教师流失率更高,但他们不太可能是女性;特殊教育教师流失率也很高,但他们更有可能是女性(Boe *et al.*, 1996)。有色人种教师的流失率略高于白种人教师的流失率,主要是由最近西班牙裔教师的高流失率所致(Whitener and Gruber, 1997)。社会经济背景更好和 SAT/ACT 测试分数更高的教师不太可能留在这一行。流失率与教师测试分数之间的关系尚无定论。

对非师范教师认证项目培养的教师和传统方式培养的教师之间、本科生和研究生之间的流失率所做的比较，得到的结果也是不确定的，这需要进一步考察办学水平、学科、学校类型、时间范围、教师种族/民族等因素。且不论预期流失数额多少，数学和科学教师的年度流失率接近平均水平（Ingersoll，1999；Texas Education Agency（TEA），1995；Whitener and Gruber，1997），教师流失率最高的是一些小规模私立学校，而不是大规模城市公立学校（Ingersoll，1999）。

人口统计变量、质量指标和学生成绩之间关系的研究

事实上，大多数关注教师教育且“有影响的”研究都是相关研究，这些研究将学生学习结果机械地定义为学生标准化成就测试分数（Cochran-Smith and Zeichner，2005）。也就是说，并没有很多研究评估教师人口统计特征对学生成绩的影响。虽然有大量的女性教师可能会影响公众和未来教师对教师职业的认知，但是证据表明，当使用成就测试来衡量时，这种认知通常与学生的学习无关（Brophy，1985；Evans，1992；Gold and Reis，1982；Humrich，1988）。已有的对师资队伍老龄化影响的研究，其主要研究视角是老龄化所造成的后果——潜在的师资短缺，而不是它与学生成绩之间的关系。尽管英语能力不足的学生数量不断增加，但是单一语种教师的主导地位和教师的社会经济背景所产生的影响仍未被研究。

当前，最值得关注的人口统计变量是师资队伍的种族/民族构成，特别是鉴于学生人口多样性和教师队伍多样性之间的差距逐步扩大，更有必要关注这一议题。对师生种族/民族匹配与学生学习之间的关系的研究得到的结果并不一致。一些研究（Ehrenberg and Brewer，1994；Ehrenberg *et al.*，1995；Farkas *et al.*，1990）发现，师生种族、性别和民族匹配与学生习得多少知识之间关系不大。埃伦伯格和布鲁尔（Ehrenberg and Brewer，1995）对科尔曼等人（Coleman *et al.*，1966）的研究数据和一些近期研究非洲裔教师与学生关系的文献进行了重新分析，并提出了相反的证据（Clewell and Puma，2003；Dee，2001；Evans，1992；Hanushek，1992）。这些研究结果可能是部分矛盾的，因为许多研究都忽视了学生和教师的社会经济背景（Zumwalt and Craig，2005a）。

尽管教师能力/成就状况与学生成绩之间的关系似乎显而易见，但是支持这种论 409
断的研究并不如预期的那样充分。探索教师能力差异影响的研究——主要以测试成绩来衡量——只是聚焦于能力与学生测试分数的关系，而不是能力与实际课堂实践的关系。研究分析通常提供混合的结果，例如教师测试分数与学生阅读、词汇、数学测试分数之间的不同关系，或是由师生种族匹配所产生的差异。尽管近期的一些研究提供了充分的证据说明教师语言能力与学生成绩之间的关系，但是，没有证据表明，语言能力与教师质量的其他方面相比更为重要（Zumwalt and Craig，2005b）。

除了在数学学科领域以外，对学科知识及其他质量指标——通常表述为主修一个学科专业而不是教育学——的影响进行的研究是不足的且结果是不确定的。对中学数学教师的研究通常表明,教师的数学研习和高中生数学学习之间存在一种正向的关系(Floden and Meniketti, 2005)。

关于硕士学位影响的研究是最不确定和充满困惑的,这是因为缺乏有关学位内容,以及是否为职前或在职学位教育等方面的信息。然而,里夫金等人(Rivkin *et al*., 2005)得出的结论是,硕士学位与学生成绩并无显著相关。反之,罗恩等人(Rowan *et al*., 2002)的报告指出,在数学领域有更高学位的教师对学生数学成绩会产生负面影响。他们推测,拥有数学领域的高级学位可能会替代数学学科的教育专业训练,或者是这些教师对数学的理解使他们很难用简单的术语向小学生解释知识。

尽管资格鉴定、教师测试和认证被视作维持和提升教师质量的重要因素,但是,将这些调节机制与提高学生成绩关联起来的确定性研究并不多(Wilson and Youngs, 2005)。

这重要吗?

家长和学生从个体层面知道教师确实会带来不同——谁教他们确实很重要。政客和公众普遍认同教师是影响学生学习的一个重要因素。然而,仍没有充分的研究证据表明教师的人口统计特征和此处论述的大部分质量指标会对学生学习产生影响。难道我们只能得出如下这个结论:也许唯一重要的人口统计特征或质量指标是以标准化测试测量的教师语言能力。公立学校不需要吸引和聘用一支多样化的教师队伍吗?为教师教育项目设置录用标准和建立教师认证标准时,教师语言测试分数应该作为一项关键的背景标准吗?

尽管已有充分的实证研究证据为当前的政策争论提供必要的支撑,但我们相信只有收集现存的"科学"证据,才能令人信服地回答"什么是重要的"这一问题。首先,仅仅因为没有或很少有研究证明联系并不意味着联系就不存在。当前大部分研究探讨的是相关性,而不是变量间的因果联系,之所以如此,是因为很难设置实验研究条件,例如随机抽样并在为公立学校学生提供平等受教育机会的情况下对其他自变量进行
410 控制。教学是一项极其复杂的行为,涉及众多变量和教师的即时决策,这些都是对简单的操作化和控制的挑战。对于不同群体学生和个体学生而言,教师人口背景特征和质量特征的交互差异在这些群体内部产生了不可思议的变化。

为了清晰起见,大多数相关研究着眼于人口统计特征和质量特征与学生学习之间的关系,而没有将一些干扰变量联系起来,例如教师的知识、信念、实践与学生的态度和行为。这里所使用的背景质量指标是真正重要的质量(即教学质量)的代表。很明显,它们不能与教学质量相等同,但由于它们相对容易获得且可被测量,因此研究中普遍使用这些指标。基于同样可理解的原因,学生的学习往往被局限于标准化测试。标

准化测试对于反映公立教育的预期结果有主要意义。但如果仅从标准化测试来看教育结果，则窄化了教育意义。那么，其他的认知结果、态度、健康的自我概念、文化认同、毕业、大学入学、避免危险行为和良好公民——以此命名的其他公共教育目标——会受教师特征所影响吗？

我们需要大规模的纵向研究，运用定量和定性方法，考虑多种相关的学生、家庭、教师和学校变量，控制一些干扰变量（如教师和学生的知识、信念与行为），并提出对学生学习结果更加令人信服的定义。研究所面临的挑战要远远超出我们所能做的任何事情。教师、个体学生和群体学生所拥有的个性和经验，有可能以有意义的方式相联系或者根本没有联系，这只会使事实更加复杂，因而研究面临的挑战似乎会压倒一切。我们也需要记住，即便有更多关于教师人口背景特征和质量特征的实证研究，尽管这些研究是有益的，但它们永远也不能为决策者提供教师聘用、培养、实习和留任的确定标准，因为教学是一项如此复杂的、具有价值负载的社会和政治活动。

有人可能会争辩说，不论现有研究在多大程度上表明了教师对学生学习结果的影响，我们均有足够的理由考虑教师队伍的人口多样性和一般质量指标所描述的“质量”。公众对教师职业的认知——在教师人口和质量特征的意义上——会影响他们对教师、学校和教育的支持。人口和质量状况所传递的关于教学和教师的信息，会影响谁能够被教师职业吸引，教师选择去哪里从教，以及谁将决定留在教师行业之中。教师分布的差异性——特别是从可以感知到的“质量”指标层面进行判断——会传递一种强有力的信息。一个致力于为所有儿童提供平等受教育机会的社会，不能够忽视公众、教师和未来教师们所获取的关于师资队伍的人口和质量特征的信息。

当以人口特征多样化为目标时，一支高质量的教师队伍看起来似乎是无可争议的目标。尽管缺少确凿的研究证据表明这些特定特征会产生影响，但它们确实让教师教育工作者和决策者面临一系列难题和挑战。在本文的后续部分，我们通过聚焦一项人口特征（教师种族/民族）和一项质量特征（教师学术能力/成就）来阐述这种复杂性。之所以选择这两种特征，是因为我们相信它们是重要的。在第一个案例中，关于教师种族/民族对学生学习影响的研究结果是不确定的。在另一个案例中，虽然教师学术能力/成就的影响作用并不确定，但是在教师语言能力和学生学习结果之间存在较强的一致性。然而，这种联系为教师教育工作者和决策者提出了其他挑战，即它们能够 411
影响教师队伍的种族和民族状况。在考虑这两种教师特征之后，我们简要地回答了其他的教师人口和质量特征所产生的问题，这些问题给那些希望直接和间接塑造师资队伍的人增加了进一步的复杂性。

教师种族/民族

此处讨论的问题是：当学生人口多样性增加（42％的少数民族）时，公立学校教师中白种人、非西班牙裔仍占绝大多数（84.3％），是否会有问题？尽管少数族裔教师更有可能在少数族裔和低收入家庭学生占很高比例的学校任教，然而有色人种学生更有可能受教于白人教师。

过去30年间，在全国范围内，教师队伍中白种人的比例介于84%到92%之间，其中最高比例出现于20世纪80年代中期。最近的一些迹象表明，本科项目中的未来教师比研究生和替代项目中的未来教师更加多样化，其中吸引了更高比例的少数族裔学生。尽管近年来有色人种教师比例（特别是在未来教师中所占的比例）略有提升，但还无法与学生多样性的增加相匹配。

有一些因素似乎不利于增加非白种人教师的数量。随着少数族裔大学毕业生越来越多，与早期相比（过去教师只是为数不多的向少数族裔开放的职业之一），现在只有较少比例的非洲裔美国大学毕业生会选择教师这个职业（Zumwalt and Craig, 2005a）。除了可获得的其他机会，那些能够提供更高的社会地位和薪酬的职业和企业均在积极招募少数族裔的大学毕业生，以此来寻求自身各级劳动力的多元化。与此同时，由于少数族裔不能获得平等的受教育机会，而一些机构和国家提高了教师教育项目和教师资格测试的录取分数线，这可能会减少实际进入教师职业的少数族裔人数（Gitomer *et al.*, 1999; Smith *et al.*, 1988; TEA, 1994）。

随着时间推移，这些影响有色人种教师比例的社会、经济和政治等方面的因素似乎会相互抵消，但不免会有人争辩说，我们不能够也无需去尝试增加教师队伍的种族/民族的多样性。然而，即便决策者和教师教育工作者只有有限的力量去改变教师队伍的人口状况，我们仍相信存在令人信服的理由去采取积极的态度。如果人们接受这些论点，那么教师教育工作者、公共机构和政府决策者的研究与实践将面临众多挑战。

支持提高种族/民族多样性的论据

许多论据赞成提高教师队伍的种族/民族多样性以更好地应对学生人口多样性，这些论据是根据以下信念做出的预测，即一支多样化的教师队伍对所有儿童都有益，无论他们的种族和民族背景如何。民主的健全需要我们注意儿童从与他们不同的人那里获得的信息，并为儿童提供多元化的教学和学校社区经验。知识的权威不应该被视作白人的特权，否则意味着一群人的合法权力高于其他所有人。不同种族/民族的教师能够更好地帮助儿童在一个机会平等的多元文化社会里成长。

412 这个支持多样化教师队伍的初步论断同时伴随着另一论断，即对有色人种儿童而言，拥有自己种族/民族的教师是特别有益的。一些人提出，教师队伍中白人占主导地位会导致白人学生和非洲裔、西班牙裔及本土美国学生之间维持持续的"成就差距"（Downey and Pribesh, 2004; Farkas, 2003; Ferguson, 1998）。联邦政府颁布的《不让一个孩子掉队法》（NCLB）带来的结果，并未消除不同民族和种族学生之间的标准化测试分数差距，这导致学校和学区的利益面临着高风险。且不论《不让一个孩子掉队法》备受争议的方面，它毕竟高度重视提高学校教师的多样性和提高所有教师的工作效率（他们所教授的学生来自不同种族和文化）。随着美国学校中学生人口多样性的持续增加,满足这些需求的必要性变得更加关键。

研究表明,与学生相同种族/民族的教师可以作为榜样角色,向学生逐步传递对学校的积极态度,并提供与文化相关的教学,这也会增加学生获得学术成就的机会(Clewell and Puma, 2003; Dee, 2001; Ladson-Billings, 1992, 1994; King, 1993; NCTAF,1996)。该领域的早期研究聚焦于学生相同族裔教师的文化同质性或文化兼容性,以及那些共享的语言、观点、社区价值所能产生的课堂气氛和关系的程度,这种课堂气氛和关系能为少数民族学生带来更大的学术成就(Au and Jordan, 1981; Erickson and Mohatt, 1982; Irvine, 1990)。其他的成果中,最为显著的是拉德森-比林斯(Ladson-Billings)于1994年进行的一项研究,研究明确了与非洲裔美国学生有效教学相关的具体教学实践。这些教学实践是:掌握学科知识,把命令式的课堂风格与融洽的人际关系相结合,尊重非洲裔美国人的身份和当地社区价值的重要性,对所有学生抱有高期望(Foster, 1997; Ladson-Billings, 1994,1995; Siddle Walker, 1996)。虽然知识积累是为了帮助教师和教师教育工作者理解学生需求的多样性,但是研究者、教师教育工作者、决策者在试图解决这些复杂问题时会面临许多挑战。

研究和实践所面临的挑战

有很多东西是我们不知道的。关于下列内容我们了解得并不多:公立学校教师队伍中非代表性种族/民族分布状况如何?这些教师在地区和学校间的分布不均是如何影响儿童和青少年在学校中习得知识的?特别是,他们对社会种族和民族的理解是什么样的?我们也并不了解,个体教师与学生之间的不匹配是否会导致,以及如何导致学生教育成就的不平等。这些都是重要的问题。

做这类研究相当具有挑战性,但弄清楚如何处理那些不尽理想的研究结论可能同样具有挑战性。如果我们发现,特定的教师群体可能对一般学生或者某一特殊种族/民族(或者性别、社会经济背景、年龄)的学生更加有效,那么我们该如何对待这一结论呢?然而,这些问题不能成为避免这类研究的理由,也不能在准许进入教师教育项目和招聘教师时,用于支持种族隔离政策,而是应该用于表明,招募和留住有色人种教师的努力应该被给予高度的重视。

这也说明关注种族/民族(和其他人口变量)如何与教师的知识、信念和教学实践相联系,可以为解决一些与学生成绩相关的棘手问题提供新的见解,同时帮助教师教 413
育工作者培养满足所有学生日益多样化需求的未来教师。例如,研究表明那些与黑人教师具有同样教学质量的白人教师,也能够成功地教授黑人学生(Cooper, 2003; Ladson-Billings, 1994)(参见本部分中由 Sleeter 所著的内容)。正如前面提到的,越来越多与文化相关的教学文献,有助于向教师提供更有效的实践技能以教授特定的学习者。

虽然该领域需要更多的研究,但是教师教育工作者有足够的知识让所有的未来教师(不论他们的背景如何)意识到,与他们的行为相比,来源于自身经验的一些有关教学和学习的潜在假设更有可能影响他们教授来自不同种族、民族、社会经济背景学生的效果。当然，这种意识与知识并不会自动转换为影响课堂的态度与行为，这是一个要面临的挑战。有时师范生被安排的学校，学生群体所具有的多样性并不如预期一般。有时合作教师发现未来教师在教师教育项目中所习得的与文化相关的教学或有关课程差异性的想法不切实际时，他们会拒绝合作或不予考虑。有时教师教育工作者自身并没有面对不同种族和民族学生的充分个人经验或职业经验，因而难以帮助未来教师在教师教育项目中获得多样性的知识。有时"学会教学"所面临的挑战是，很难让所有实习教师在教学实习中掌握管理班级的技能，尝试基本的教学策略，开设必修课程等。有时一些关于种族和民族的知识会导致失误，正如忽视社会经济背景的影响，或者是将子群体的研究推广到群体内所有成员(例如，将针对越南移民学生的研究视为适用于所有亚裔美国人)而导致的失误一样。甚至是经验丰富的教师也会受到下列知识增长所带来的挑战，即种族和民族差异如何能够且应该以何种方式融合于课堂，并为所有学生提供学习机会。

除了告知教师教育工作者和未来教师们要满足多元化学习者的需求外，有关教师多元种族/民族背景影响的研究也要能进一步推动当前制度、政策和项目去努力招聘、培养和留住有色人种教师。设计和实施有效的政策与项目也会面临自身带来的挑战。挑战之一是如何使上述这些努力与提高未来教师测试分数(作为提高教师队伍质量的手段)的努力相配合。

教师学术能力/成就

此处存在的问题是，让公立学校的教师达到某个特定水平的学术能力/成就，是否很重要？作为教师教育改革努力的一部分，许多机构和政府已经提高了其所要求的SAT/ACT的最低测试分数和教师教育项目的入学与毕业平均绩点，并且建立或提高了教师认证测试的分数线。

与早期关注教师的个性特征和行为表现相比，近期对教师质量特征的兴趣已经聚
414 焦到知识能力方面(Lanier and Little，1986)。教师的学术能力和学术成就最常被用来衡量教师质量，前者由SAT或ACT大学入学成绩来测量，后者由大学GPA来测量。各种教师测试中的基本技能部分现在也被广泛用作认证目的，但是有时也在教师教育项目的入学和毕业中用到。这些能力和成就的测量，出于讨论的目的，我们称它们为学术能力/成就测量。

认为美国存在一部分能力/质量相对较差的教师的观念并不是一种新的现象(Conant，1963；Flexner，1930；Waller，1932)。在《国家处于危机之中》(*A Nation at Risk*)的报告中，美国人民便被警示到"并没有充分吸引学业优异的学生从事教师行业……许多教师来自高中和大学毕业生中测试分数处于最后25%的学生"(National Commission on Excellence in Education，1983：22)。研究表明，大部分学业优异的学

生不太会进入教师行业，与同伴相比他们也会更快离职(Chapman and Hutcheson, 1982;Kerr, 1983; Sykes, 1983;Vance and Schlechty, 1982; Weaver, 1983)。

如前所述，在过去20年中，即便公众还没有意识到，但研究文献中关于20世纪80年代早期教师的惨淡写照已经被替换为一个更为积极的形象了。这种进步也许得益于教师教育改革的努力和研究方法的改善。尽管大致状况有所改善，但是考虑到在各个阶段都有更高比例能力较差的学生留在教师输送管道中，教师状况仍是令人担忧的。教师测试中白人教师申请者通过率较高，而少数族裔申请者未通过该测试的比例较高，特别是非洲裔和西班牙裔美国人。SAT/ACT 分数居于前25%的学生不太可能选择教师职业，一旦进入教师行业也不太可能久留。服务于低收入和少数族裔学生的学校，更可能是那些 SAT 处于最后25%的教师，这些教师可能至少在一项教师测试中不合格(Zumwalt and Craig, 2005b)。

这些学术能力/成就差异是否会对学生学习产生影响，虽然不能从研究证据中得到确切证明，但是在迫切要求提高 SAT/ACT、GPAs 和教师测试的最低分数要求的政策中，此一观点似乎更加清晰。它似乎仅仅意味着，学业更加优异的教师可能更受欢迎。正如维加斯等人(Vegas *et al*., 2001: 4)所言，“从事好的教学被视作一项复杂的认知挑战，它显然需要思考和推理能力”。聪明的教师被视为更好的教师，因此，更有可能带来更高的学生成绩。

与教师学术能力/成就高标准相关的问题

鉴于将标准化测试和 GPAs 作为衡量学术能力/成就所带来的局限，如何阐释质量状况，聚焦狭义的智力属性定义是否能获得重要的良好教学质量成为需要思考的问题。一个重要的问题涉及到努力提高进入教职的最低标准会给教师队伍的多样性造成何种影响，尤其鉴于证明其对学生学习产生影响的支持性研究证据的缺乏。

学术能力/成就测量

最近，几乎所有的研究者都对使用 SAT/ACT 分数作为知识能力的指标和将 415
GPAs 作为可比较、可信任的测量提出了警告。由于与社会经济地位高度相关，SAT/ACT 测试是否实际上测量了能力或成就是值得商榷的。然而，大学入学测试分数提供了可比较的、标准化的、全国性的学生群体数据。与教师测试分数不同，它们提供了有关更大范围群体的数据，而不仅仅是那些准备从事教学的人的数据。然而，将高中阶段实施的各种测试作为一项质量指标，事实上是极具讽刺的，它们的使用在某种程度上意味着大学经验没有增加任何价值，至少是指大学生毕业时和入学时的能力是一样的。然而，收集 SAT/ACT 分数、GPA 信息和其他基本技能测试分数相对而言比较容易，这意味着它们是最常被用作测量教师知识能力的手段，尽管他们被公认为具有局限性。

对质量状况的解释

我们已经表达了如下担忧，即来自 SAT/ACT 分数前25%的候任教师不太可能选择教师职业，他们更有可能继续深造或追求更具吸引力的职业。一旦从事教学，这些人也更有可能离职。

这引发了关于教师能力状况的现实期望这一问题。正如拉尼尔和利特尔(Lanier and Little，1986)指出的，一年一度的教师需求意味着，即便所有 SAT/ACT 分数前 25%的大学毕业生都进入教师行业，学校中的教师仍然是不够的。显然，希望所有顶尖的大学毕业生成为教师是不现实的，特别是有那么多社会地位更高、薪酬更高的职业可供他们选择，而许多职业也需要高能力的人。

那么什么样的质量状况是适宜的呢？任何一名居于 SAT/ACT 分数最后 25%的学生都应该被允许成为教师吗？教师能力分布应该要与所有大学毕业生的能力状况相匹配吗，或者要与从事医学、法律、建筑、商业、社会工作、新闻、护理的大学毕业生的能力分布状况相匹配吗？缺乏与其他职业的比较数据，限制了我们对教师能力状况适当预期的诠释能力。

与其他职业进行的比较可能提供一些对教师职业的切实预期，但是关于教师实践和学生学习重要性的问题仍然存在。没有实证证据表明，GPA(它对制度变量极其敏感)、SAT/ACT 分数和教师测试分数可以在最低限度上作为教师绩效和学生成绩的代替。及格线分数(Cut-off scores)很大程度上是基于政治的和直觉上的最低水平而言的，它传递了质量信息，并为学校和国家提供了足够数量的不同背景的高质量教师。总是存在这样的危险，即分数线可能使高效教师远离课堂，给那些正在教学的人提供一种错误的自信感。依据教师绩效，学生成绩的 GPAs、SAT/ACT 分数和教师及格线分数预测效度的研究，需要进一步检视它们在何种水平上真正起作用。

质量的定义

教师的智能尽管没有与教师实践和学生学习结果明确关联起来，但它长期主导着有关质量状况的讨论。1940 年以前，教师培养并未从师范学校转到学院和大学，事实上这项工作并不容易，因为公众对师范学校和教师的认知已经被塑造为“由于智力限制，女性通常被认为是天生从事教师职业的人选”(Lagemann，2000：6)。尽管教师的智能遭到质疑，但是他们被认为具备“丰富的利他主义和理想主义”(P. 16)等个性品
416 质。将智能处于劣势的教师和教育视作一个研究领域，推动了标准化测试分数成为最常使用的质量指标。

杜威提到教师的“知识素养”(intellectual equipment)是教学成功的关键，他所指的并不是大学入学成绩。他说，“这一问题不仅仅是知道什么，更与如何知道有关”(1902：398)。如他所言：

> 当教师所理解的教学材料是充满活力的、丰富的和广泛的，那么儿童所接受的材料也是如此；教师所理解的教学材料是机械的、肤浅的和受限制的，相应地儿童的认识就会是有限的和歪曲的。(pp. 397-398)

理解和认识学科内容与教学法是对教学至关重要的智能的其他方面。然而，这种知识并没有在当前基于大学入学成绩的教师质量状况中体现出来。

对于教师质量而言，即便是最广泛的智能定义也是不够的。一些来自 SAT/ACT 分数前 25%的未来教师，在经过一番教学实习（学习者和学校都超出了他们的应对能力范围）后决定不再从事教学。一些因为“与儿童相处融洽”而被其他人鼓励从事教学的人，会发现教学所面临的组织性和制度性的挑战令人无所适从。事实上，教学需要智能和个性品质的综合。如豪伊和斯特罗姆（Howey and Strom，1987）所言：

> 鉴于教学本质上是复杂的、交互的和道德的，同时学校（社会）中存在着频繁变革和多样性，我们认为，教师的职业培养应该以教师发展为目标，应将教师视为具有下列品质的人：适应性、质疑精神、批判性、创造力、创新性、懂得自我更新和重视道德原则。（p. 8）

不用说，基于这些品质评估质量状况的研究并不存在。弄清楚如何收集大量有效的大学生数据将会是一项重要挑战。鉴于这些挑战和公众浅显的教学认知，由考试成绩衡量质量的方式将会继续在研究和政策中占据主导地位。

对多样性的影响

如果我们的目标是提高学校教学质量，增加公众对教学的认知，那么提高教师的最低学术标准似乎是合乎情理的。然而，由于国内学生受教育机会的不平等，增加教师队伍多样性的目标和提高教师质量状况的目标（通过确立更高的 GPA、SAT/ACT 分数和提高招收、毕业、认证的教师测试分数）之间存在着冲突。提高最低分数线也许能提高教师质量状况，但是会限制教师队伍的多样性。既然一支多样化的教师队伍被许多人视作高质量教学的一项关键因素，那么提高最低分数线会对质量产生相反的影响。

为国内公立学校提供足够多教师的需求，也为最低标准的设置提供了界限范围。 417
在这个范围之内，质量目标与多样性目标之间的紧张对立，无疑是教师教育工作者和决策者在设置最低学术标准时面临的主要问题。

总之，无论这些学术能力/成就测量是否能产生如公众所预期的影响，它们仍将影响公众对教学的印象（这将影响公众对教育的支持），并且有助于人们做出进入和留在教师行业的决定。而它们对教师队伍多样化具有的潜在影响，使得一个敏感话题得不到应有的重视。我们也必须记住，那些更广泛的社会和经济因素、职业精神和学校结构（以及教师教育的选择性和替代项目）也会塑造教师队伍的质量状况——通过影响人们对教学的兴趣来影响候任教师决定是否从教，在哪里教，以及从教多长时间。

人口和质量特征

在本文，我们分别聚焦于教师队伍的人口和质量特征，以说明与学生学习相关的问题的复杂性。不论围绕它们的研究状况如何，教师队伍的种族/民族多样性、教师的学术能力/成就及二者之间的交互作用，都是决策者、教师教育工作者和公众所关心的重要问题。其他的人口和质量特征本身也很重要，它们与种族/民族和学术能力/成就之间的互动也是重要的。尽管不能在这里充分考虑这些其他特征(参见 Zumwalt and Craig, 2005a,2005b)，但我们想以对它们的简要说明来结束本文内容。

即便研究表明，当以测试分数来衡量学生成绩时，教师的性别不均衡几乎不产生任何影响，但一些人相信性别多样化不仅具有内在价值，而且对于传递与教师和教育相关的符号信息也很重要。一些人认为，教师是一个"女性"职业的观念对于改善工作状况和提高职业地位会产生负面影响，它也会阻止一半的民众在职业抉择时考虑教师行业。有关性别对学生的其他学习成果的影响、性别与其他变量(如教师种族/民族和社会经济背景)之间的交互影响，我们了解得并不多。以少数民族男性教师为例，将他们作为榜样可能会对低收入少数族裔男性留在学校从教产生特定的影响。

我们对教师的社会经济背景，以及它如何影响教学实践和学生学习了解得最少。来自不同社会经济背景的教师可能会带来不同的知识、态度和课堂实践，并对学生产生不同影响。对于决策者而言，社会经济背景可能对招聘策略有重要影响，而对于教师教育工作者而言，它可能与培训项目有关。教师教育项目中学生的社会经济背景可能与他们自身在 K－12 教育经历中体验到的教学质量和风格有很强的相关性(Popkewitz *et al.*, 1982)。如果教师教育工作者希望学生今后的教学质量与风格远超越他们自己作为学生所体验到的教学质量与风格的话，那么这种认知可能影响教师教育工作者在培训项目中所使用的内容和策略。

本科生、研究生和替代项目中的教师教育工作者所面对的学生在年龄上都超过典型的 18—22 岁的大学生。本科生需要多于 4 年的时间完成教育，那些年龄较大的人(许多都有为人父母的经验)又回到学校开始或完成他们的学士学位。研究生和非师
418 范教师认证项目是为年龄更大的人设计的，这些人在大学期间并未准备从事教师职业；这些项目中的未来教师所涉及的范围从刚毕业的大学生到退休人员。年龄并不代表着成熟和经验，但是如果候选人正在变老，那么教师教育工作者可能需要重新考虑培养项目的要素，因为以往这些要素适宜于未婚的、适龄大学生而不是已为人父母的年长学生。而且，随着未来教师们年龄的增长，教师职业最初的吸引力，以及未来的职业规划都将改变。被研究者称作"U 形"现象的教师年龄和人员流失之间无处不在的线性关系也将改变。教师教育工作者在面对年长的候任教师时，需要熟悉他们的期望和职业决定。

年龄是否会带来影响取决于它如何与经验交互作用。尽管有关将教师经验与学生成绩关联起来的研究结论不相一致，但通常这种关联在小学阶段教学初期最为明显，对中学阶段教学则存在长期效应(Rice, 2003)。不论这些研究结论如何，教师队伍的老龄化已经同时成为让人担忧和安心的原因。一方面，教师队伍更加成熟、富有经

验和稳定，同时研究生和非师范教师认证项目也被认为具有吸引年长候选人的能力。另一方面，教师队伍的“沉闷”也被作为一个警钟——有太多倦怠的教师坚持传统的教学方式(例如激进的和保守的)，拒绝新的问责要求。年轻和经验不足的教师在低收入、以少数族裔学生为主的城市学校任职(他们具有相当高的流失率)，这种分布差异是值得特别关注的一个影响持续成就差距的因素。

尽管教师能力/成就在公众讨论和研究中占据主导地位，但其他的教师背景质量特征指标也是需要关注的。无论是否曾有研究证据支持学科专业(content major)取代教育专业(education major)(Floden and Meniketti，2005)，对于决策者和公众而言，这都面临着正确性的问题。无论学科专业替代教育专业是否能提高教师队伍的学术能力，影响他们的培养质量，使他们成为更好的教师，它都是服务于提高教师质量这一目的的。

除了学术能力和成就以外，教师的其他背景质量指标的分布不均也会产生重要的问题。来自那些不太具有竞争力的大学的教师更可能教授非白种人、低成就的学生，他们更有可能无法通过某项教师测试(Lankford *et al.*，2002)。公立学校中少数族裔和低收入家庭学生所占比例更高，他们更有可能拥有未认证的教师和“非本专业”(out-of-field)教学的教师(Darling-Hammond and Cobb，1996；Henke *et al.*，1997；Ingersoll，1996；Zeichner and Schulte，2001)。

随着专业化和放松管制之间的斗争占据舞台中心，且根据联邦法律要求所有的教室应该配备“有资格的”教师，关于认证是否重要的争论正在不断增加。将认证作为一项质量指标所面临的主要挑战是，每个州都有不同的认证要求和多种证书。我们可以说，某一个特定的州可以将“被认证”作为其最低的“安全实践”准则。当不同的标准被用来评价“非本专业”教学时，复杂性就会增加，这些标准可能能够用于认证一些有资格的人，但未必表明他们能够教授委派给他们的所有课程。为了满足新的“合格”标准，有时候关于“认证”的定义已经有所调整，以将之前那些未被认证合格的教师包括其中。

结论

虽然本文讨论的关于背景的人口和质量特征对学生学习影响的研究证据并不占 419
压倒性，但我们希望对问题的考虑能给读者留下这种意识——教师队伍的人口和质量状况是重要的。

本文内容强调了一项人口特征(教师种族/民族)和一项质量指标(教师学术能力/成就)，很明显的是，这两个十分突出的特征实际上同时有助于提高教师队伍的质量。由于各种内在和外在的原因，一支多样化的教师队伍本身便是一项质量指标。

鉴于此，看似明显的目标——提高教师学术能力/成就的最低标准，可能限制了教师队伍的多样性，它不仅会造成质量和多样性之间的对立，也会造成一支高质量教师队伍不同方面之间的对立紧张。因为上述讨论的与质量测量相关的所有问题，且缺少确切证据来表明特定测试分数和 GPAs 的影响，所以，我们对进一步提高学术能力/成就测量的及格分数线的基本原理是存有疑问的。另外，如里夫金等人(Rivkin *et al.*, 2005)所言，由于在那些有相似传统质量属性(如硕士学位、经验)的质量之间存在实质性差异，因此聚焦于学校层面的聘用、指导、解雇和晋升可能会比调整州的分数线更有意义。

鉴于存在更大的社会势力，决策者和教师教育工作者是否能够从实质上改变教师的人口和质量状况是存在争议的。然而，对这些重要问题——白种人占据教师队伍主导地位和公立学校中不断增加的少数族裔学生所产生的后果——的解决而言，仅采取一种积极的立场是不够的。既然聘用和留住更多有色人种教师的努力是可取的，也是应该加强的，因此为了培养能够更好地适应所有学生多种需求的教师，我们应该努力了解种族和民族是如何与教师的信念、知识和课堂实践相关联的。

(柳叶青　译)

参考文献

Andrew, M. (1990) Differences between graduates of 4-year and 5-year teacher preparation programs. *Journal of Teacher Education*, 41(2), 45 - 51.

Au, K. & Jordan, C. (1981) Teaching reading to Hawaiian children: finding a culturally appropriate solution. In H. Trueba, G. Guthrie, & K. Au (eds.) *Culture and the bilingual classroom: studies in classroom ethnography* (pp. 139 - 152). Rowley, MA: Newbury.

Ballou, D. (1996) Do public schools hire the best applicants? *Quarterly Journal of Economics*, 111(1), 97 - 133.

Boe, E. E., Cook, L. H., Kaufman, M. J., & Danielson, L. C. (1996) Special and general education teachers in public schools: sources of supply in national perspective. *Teacher Education and Special Education*, 19(1), 1 - 16.

Boe, E. E., Bobbitt, S. A., Cook, L. H., Barkanic, G., & Maislin, G. (1998) *Teacher turnover in eight cognate areas: national trends and predictors*. Philadelphia, PA: Center for Research and Evaluation in Social Policy.

Brophy, J. (1985) Interactions of male and female teachers with male and female students. In C. Wilkinson (ed.) *Gender influences in classroom interaction* (pp. 115 - 142). Madison, WI: University of Wisconsin Press.

Broughman, S. P. & Rollefson, M. R. (2000) *Teacher supply in the United States: sources of newly hired teachers in the public and private schools, 1987 - 88 to 1993 - 94*. Washington, DC: National Center for Education Statistics, U. S. Department of Education.

Chapman, D. W. & Hutcheson, S. M. (1982) Attrition from teaching careers: a discriminate analysis. *American Educational Research Journal*, 19, 93 - 105.

Clewell, B. C. & Puma, M. (2003, April) *Does it matter if my teacher looks like me? The impact of teacher race and ethnicity on student academic achievement*. Paper presented at the Annual Meeting of the American Association of Colleges of Teacher Education, New Orleans, LA.

Cochran-Smith, M. & Zeichner, K. M. (eds.) (2005) *Studying teacher education: the report of the AERA Panel on Research and Teacher Education*. Mahwah, NJ: Lawrence Erlbaum Associates.

Coleman, J. S., Campbell, E. Q., Hobson, C. J., McPartland, J., Mood, A. M., Weinfeld, F. D., & York, R. L. (1966) *Equality of educational opportunity*. Washington, DC: U. S. Government Printing Office.

Conant, J. B. (1963) *The education of American teachers*. New York: McGraw-Hill.

Cooper, P. M. (2003) Effective white teachers of black children: teaching within a community. *Journal of Teacher Education*, 54(5), 413 - 427.

Cornett, L. M. (1992) Alternative certification: state policies in the SREB states. *Peabody Journal of Education*, 67(3), 55 - 83.

Darling-Hammond, L. (2004) Inequality and the right to learn: access to qualified teachers in California's public schools. *Teachers College Record*, 106(10), 1936 - 1966.

Darling-Hammond, L. & Cobb, V. L. (1996) The changing context of teacher education. In F. Murray (ed.), *Teacher educator's handbook* (pp. 14 - 62). Washington, DC: AACTE.

Darling-Hammond, L., Hudson, L., & S. N. Kirby (1989) *Re-designing teacher education: opening the door for new recruits to science and mathematics teaching*. Washington, DC: Rand Corporation.

Dee, T. S. (2001) *Teachers, race, and student achievement in a randomized experiment*. Cambridge, MA: National Bureau of Economic Research.

Dewey, J. (1902) The educational situation: as concerns the elementary school. Reprinted in *Journal of Curriculum Studies* (Electronic Version), 34(3), 387 - 403.

Downey, D. B. & Pribesh, S. (2004) When race matters: teachers' evaluations of students' classroom behavior. *Sociology of Education*, 72(4) 267 - 82.

Ehrenberg, R. G. & Brewer, D. J. (1994) Do school and teacher characteristics matter? Evidence from *High School and Beyond*. *Economics of Education Review*, 13(1), 1 - 17.

Ehrenberg, R. G. & Brewer, D. J. (1995) Did teachers' verbal ability and race matter in the 1960s? Coleman revisited. *Economics of Education Review*, 14(1), 1 - 21.

Ehrenberg, R. G., Goldhaber, D. D., & Brewer, D. J. (1995) Do teachers' race, gender and ethnicity matter? Evidence from the National Educational Longitudinal Study of 1988. *Industrial and Labor Relations Review*, 48, 547 - 561.

Erickson, F. & Mohatt, G. (1982) Cultural organization and participation structures in two classrooms of Indian students. In G. Spindler (ed.) *Doing the ethnography of schooling* (pp. 131 - 174). New York: Holt, Rinehart, & Winston.

Evans, M. O. (1992) An estimate of race and gender role-model effects in teaching high school. *Journal of Economic Education*, 29(3), 209 - 17.

Farkas, G. (2003) Racial disparities and discrimination in education: what we know, how do we know it, and what do we need to know. *Teachers College Record*, 105(6), 1119 - 1146.

Farkas, G., Grobe, R., Sheehan, D., & Shuan, Y. (1990) Cultural resources and school success: gender, ethnicity and poverty groups within an urban school district. *American Sociological Review*, 55, 127 - 142.

Feistritzer, C. E. (1996) *Profile of teachers in the US*. Washington, DC: National Center for Education Information.

Feistritzer, C. E. (1999) *The making of a teacher: a report on teacher preparation in the United States*. Washington, DC: National Center for Education Information.

Feistritzer, C. E. (2003) *Alternative teacher certification: a state-by-state analysis 2003*. Washington, DC: National Center for Education Information.

Ferguson, R. (1998) Teachers' perceptions and expectations and the Black-White test score gap. In J. Christopher & M. Phillips (eds.) *The Black-White test score gap* (pp. 273 - 317). Washington, DC: The Brookings Institution.

Flexner, A. (1930) *Universities: American, English, German*. London: Oxford University Press.

Floden, R. E. & Meniketti, M. (2005) Research on the effects of coursework in the arts and sciences and in the foundations of education. In M. Cochran-Smith & K. Zeichner (eds.) *Studying teacher education: the report of the AERA Panel on Research and Teacher Education* (pp. 261 - 308), Mahwah, NJ: Lawrence Erlbaum Associates.

Foster, M. (1997) *Black teachers on teaching*. New York: New Press.

Gitomer, D. H., Latham, A. S., & Ziomek, R. (1999) *The academic quality of prospective teachers: the impact of admissions and licensure testing*. Princeton, NJ: Educational Testing Service.

Gold, D. & Reis, M. (1982) Male teacher effects on young children: a theoretical and empirical consideration. *Sex Roles: A Journal of Research* 8(5), 493 - 513.

Hanushek, E. A. (1992) The trade-off between child quantity and quality. *Journal of Political Economy*, 100, 84 - 118.

Hanushek, E. A. & Pace, R. R. (1995) Who chooses to teach (and why)? *Economics of Education Review*, 14(2), 101 - 117.

Henke, R. R., Chen, X., & Geis, S. (2000) *Progress through the teacher pipeline: 1992 - 93 college graduates and elementary/secondary school teaching as of 1997*. Washington, DC: National Center for Education Statistics, U. S. Department of Education.

Henke, R. R., Choy, S. P., Geis, S., & Broughman, S. P. (1997) *Schools and staffing in the U. S.: a statistical profile, 1993 - 94*. Washington, DC: National Center for Education Statistics, U. S. Department of Education.

Henke, R. R., Geis, S., Giambattista, J., & Knepper, P. (1996) *Out of the lecture hall and into the classroom: 1992 - 93 college graduates and elementary/secondary school teaching*. Washington, DC: National Center for Education Statistics, U. S. Department of Education.

Henke, R. R., Peter, K., Li, X., & Geis, S. (2005) *Elementary/secondary school teaching among recent college graduates: 1994 and 2001 (NCES 2005 - 161)*. Washington, DC: U. S. Department of Education, National Center for Education Statistics.

Heyns, B. (1988) Educational defectors: a first look at teacher attrition in the NLS-72. *Educational Researcher*, 17, 24 - 32.

Howey, K. & Strom, S. (1987) Teacher selection reconsidered. In G. Katz & J. Rath (eds.) *Advances in Teacher Education* (vol. 3, pp. 1 - 34). Norwood, NJ: Ablex.

Humrich, E. (1988, April) *Sex differences in the second IEA science study—U. S. results in an international context*. Paper presented at the Annual Meeting of the National Association for Research in Science Teaching, Lake of the Ozarks, MO.

Ingersoll, R. M. (1996) *Out-of-field teaching and educational equality*. Washington, DC: National Center of Education Statistics, U. S. Department of Education.

Ingersoll, R. M. (1999) The problem of underqualified teachers in American secondary schools. *Educational Researcher*, 28(2), 26 - 37.

Irvine, J. (1990) *Black students and school failure: policies practices and prescriptions*. New York: Greenwood.

Jelmberg, J. (1996) College-based teacher education versus state-sponsored alternative programs. *Journal of Teacher Education*, 47(1), 60 - 66.

Kerr, D. H. (1983) Teaching competence and teacher education in the United States. *Teachers College Record*, 84(3), 525 - 52.

King, S. H. (1993) The limited presence of African-American teachers. *Review of Educational Research*, 63(2), 115 - 149.

Kirby, S. N., Berends, M., & Naftel, S. (1999) Supply and demand of minority teachers in Texas: problems and prospects. *Educational Evaluation and Policy Analysis*, 21(1), 47 - 66.

Kirby, S. N., Darling-Hammond, L., & Hudson, L. (1989) Nontraditional recruits to mathematics and science teaching. *Educational Evaluation and Policy Analysis*, 11(3), 301 - 323.

Kirby, S. N., Naftel, S., & Berends, M. (1999) *Staffing at-risk school districts in Texas: problems and prospects*. Santa Monica, CA: Rand Corporation.

Kopp, W. (1994) Teach for America: moving beyond the debate. *The Educational Forum*, 58, 187 - 192.

Ladson-Billings, G. (1992) Liberatory consequences of literacy: a case of culturally relevant instruction for African-American students. *Journal of Negro Education*, 61(3), 378 - 391.

Ladson-Billings, G. (1994) *The dreamkeepers: successful teachers of Black children*. San Francisco: Jossey-Bass.

Ladson-Billings, G. (1995) Toward a theory of culturally relevant pedagogy. *American Educational Research Journal*, 32(3), 465 - 491.

Lagemann, E. C. (2000) *An elusive science: the troubling history of educational research*. Chicago: University of Chicago Press.

Lanier, J. E. & Little, J. W. (1986) Research on teacher education. In M. C. Wittrock (ed.) *Hand-book of Research on Teaching* (pp. 527 - 569). New York: Macmillan.

Lankford, H., Loeb, S., & Wykoff, J. (2002) Teacher sorting and the plight of urban schools. *Educational Evaluation and Policy Archives* 24(1), 37 - 62.

Lewis, L., Parsad, B., Carey, N., Bartfai, N., & Farris, E. (1999) *Teacher quality: a report on the preparation and qualifications of public school teachers*. Washington, DC: National Center of Education Statistics, U. S. Department of Education.

Lutz, F. W. & Hutton, J. B. (1989) Alternative teacher certification: its policy implications for classroom and personnel practice. *Educational Evaluation and Policy Analysis*, 11(3), 237 - 254.

Murnane, R. J. & Olsen, R. J. (1988, April) *Factors affecting the length of stay in teaching*. Paper presented at the Annual Meeting of the American Educational Research Association, New Orleans, LA.

Murnane, R. J. & Schwinden, M. (1989) Race, gender, and opportunity: supply and demand for new teachers in North Carolina, 1975 - 1985. *Educational Evaluation and Policy Analysis*, 11(2), 93 - 108.

Murnane, R. J., Singer, J. D., Willett, J. B., Kemple, J. J., & Olsen, R. J. (1991) *Who will teach? Policies that matter*. Cambridge, MA: Harvard University Press.

National Commission on Excellence in Education (1983) *A nation at risk: a report to the nation and the Secretary of Education*. Washington, DC: United States Department of Education.

National Commission on Teaching and America's Future (1996) *What matters most: teaching for America's future*. New York: Author.

National Education Association (1997) *Status of the American public school teacher, 1995 - 96*. Washington, DC: Author.

National Education Association (2003) *Status of the American public school teacher, 2000 - 2001*. Washington, DC: Author.

Natriello, G. & Zumwalt, K. K. (1993) New teachers for urban schools? The contribution of the provisional teacher program in New Jersey. *Education and Urban Society*, 26(1), 49 - 62.

Pigge, F. L. (1985) Teacher education graduates: comparisons of those who teach and do not teach. *Journal of Teacher Education*, 36(4), 27 - 28.

Popkewitz, T. S., Tabachnik, B. R., & Wehlage, G. (1982) *The myth of educational reform: a study of school responses to a program of change*. Madison, WI: University of Wisconsin Press.

Provasnik, S. & Dorfman, S. (2005) *Mobility in the teacher workforce*. *Findings from* The condition of education, 2005. Washington, DC: National Center for Education Statistics, U. S. Department of Education.

Rice, J. K. (2003) *Teacher quality: understanding the effectiveness of teacher attributes*. Washington, DC: Economic Policy Institute.

Rivkin, S. G., Hanushek, E. A., & Kain, J. F. (2005) Teachers, schools and academic achievement. *Econometrica*, 73(2), 417 - 458.

Rowan, B., Correnti, R., & Miller, R. J. (2002) What large-scale, survey research tells us about teacher effects on student achievement: insights from the *Prospects* study of elementary schools. *Teachers College Record*, 104(8), 1525 - 1567.

Shen, J. (1998) The impact of alternative certification on the elementary and secondary public teaching force. *Journal of Research and Development in Education*, 32(1), 9 - 16.

Siddle Walker, E. V. (1996) *Their highest potential: a Black school community in the segregated South*. Chapel Hill: University of North Carolina Press.

Smith, G. P., Miller, M. C., & Joy, J. (1988) A case study of the impact of performance-based testing on the supply of minority teachers. *Journal of Teacher Education*, 39(4), 45 - 53.

Snyder, T., Tan, A. G., & Hoffman, C. M. (2004) *The digest of education statistics, 2003*. Washing-ton, DC: U. S Department of Education, National Center for Education Statistics.

Stafford, D. & Barrow, G. (1994) Houston's alternative certification program. *The Educational Forum*, *58*, 193 - 200.

Sykes, G. (1983) Caring about teachers. Response to Donna Kerr. *Teachers College Record*, 84(3), 579 - 92.

Texas Education Agency (1994) *Texas teacher diversity and recruitment: teacher supply, demand, and quality policy research project, report no. 4*. Austin, TX: Author.

Texas Education Agency (1995) *Texas teacher retention, mobility, and attrition: teacher supply, demand, and quality policy research project, report no. 6*. Austin, TX: Author.

U. S. Department of Education (2005) *The condition of education*, 2005. Washington, DC: National Center for Education Statistics, U. S. Department of Education.

Vance, V. S. & Schlechty, P. C. (1982) The distribution of academic ability in the teaching force: policy implications. *Phi Delta Kappan*, 64(1), 22 - 27.

Vegas, E., Murnane, R. J., & Willett, J. B. (2001) From high school to teaching: many steps, who makes it? *Teachers College Record*, 103(3), 427 - 449.

Waller, W. (1932) *The sociology of teaching*. New York: Wiley & Sons.

Weaver, W. T. (1983) *America's teacher quality problem: alternatives for reform*. New York: Praeger.

Wenglinsky, H. (2000) *Teaching the teachers: different settings, different results*. Princeton, NJ: Educational Testing Service.

Whitener, S. D. & Gruber, K. (1997) *Characteristics of stayers, movers, and leavers: results from the teacher follow-up survey: 1994 - 5*. Washington, DC: National Center for Education Statistics, U. S. Department of Education.

Wilson, S. & Youngs, P. (2005) Research on accountability processes in teacher education. In M. Cochran-Smith & K. Zeichner (eds.) *Studying teacher education: the report of the AERA Panel on Research and Teacher Education* (pp.591 - 643). Mahwah, NJ: Lawrence Erlbaum Associates.

Wirt, J. & Livingston, A. (2002) *The condition of education 2002 in brief*. Washington, DC: National Center for Education Statistics, U.S. Department of Education.

Wirt, J., Choy, S., Gerald, D., Provasnik, P. R., Watanabe, S., Tobin, R., & Glander, M. (2001) *The condition of education, 2001*. Washington, DC: National Center for Education Statistics, U.S. Department of Education.

Wright, D.P., McKibbin, M. D., & Walton, P. A. (1987) *The effectiveness of the teacher trainee program: an alternative route into teaching in California*. Sacramento, CA: California Commission on Teacher Credentialing.

Zeichner, K. M. & Schulte, A. K. (2001) What we know and don't know from peer-reviewed research about alternative teacher certification programs. *Journal of Teacher Education*, 5(4), 266 - 282.

Zumwalt, K. K. & Craig, E. (2005a) Teachers' characteristics: research on the demographic profile. in M. Cochran-Smith & K. Zeichner (eds.) *Studying teacher education: the report of the AERA Panel on Research and Teacher Education* (pp.111 - 156). Mahwah, NJ: Lawrence Erlbaum Associates.

Zumwalt, K. K. & Craig, E. (2005b) Teachers' characteristics: research on the indicators of quality. In M. Cochran-Smith & K. Zeichner (eds.) *Studying teacher education: the report of the AERA Panel on Research and Teacher Education* (pp.157 - 260). Mahwah, NJ: Lawrence Erlbaum Associates.

25. 有色人种教师：在高质量教师与有效教师之间何去何从

玛丽·E. 迪尔沃思(Mary E. Dilworth)
国家专业教学标准委员会(National Board for Professional Teaching Standards)

安东尼·L. 布朗(Anthony L. Brown)
德克萨斯大学奥斯汀分校(University of Texas at Austin)

一个持久的问题

424 对于教师队伍、社会和大多数学生而言，有色人种教师的内在价值是什么？今天我们所提出的这些问题在某些方面与一个多世纪以前人们所提出的问题相似。这些教师为学生和社区提供了必要服务吗？他们的训练、知识和能力与其他教师一样吗？他们的技艺、智慧是否存在一些附加价值？确实，我们认为有色人种教师对国家教学质量和学生成就已经并将持续作出实质性贡献。我们认为有色人种教师在教学时通常比其他人怀有更高水平的社会意识。伴随着被施加和自我赋予的责任感，以及对文化保存和同化、种族振兴、社会经济必需品和生存的信奉，此种区别受到了进一步的强化。

本文我们描述了文献中是如何处理非洲裔、西班牙裔、华裔和本土美国人教师的存在、培养与实践的问题，以及他们在社会中是如何被看待的。我们的讨论以下述概念为前提，即所有教师的角色和待遇已经随着时间的改变而发生变化，但是这些变化并没有以同样的方式影响教师的种族/民族和语言背景差异。我们将从非洲裔、西班牙裔、华裔和本土美国人的教育经验的历史考察开始。然后，本文提出这些群体对学校、课程和有色人种教师角色感知的相似性。本文的讨论包含了建立在这些历史之上的并在当代持续存在的议题。

非洲裔美国人的历史背景

教育史学家已经对 19 世纪末至 20 世纪初非洲裔教师的期望与实践进行了充分的描述(Anderson，1988；Fultz，1995a;1995b)。这些文献不断地表明，在针对非洲裔美国人的教育和社会进步的讨论中，非洲裔教师是其中讨论的焦点人物。实际上，不同历史时期和地域中的非洲裔美国人的教育在目的和内容上确实不同，但是在教育话语中关于非洲裔教师的角色和期望则一直很稳定。事实上，从 19 世纪早期以来便有一种讨论，围绕非洲裔教师在面对非洲裔学生时的相关角色和期望问题展开(Campbell，1970；Du Bois，1935；Lynn，2002；Mabee，1979)。

例如，在 19 世纪末的纽约州，非洲裔教育家、社区领导者和家长就倡议学校官员雇用那些非洲裔教师来教授非洲裔学生(Mabee, 1979; Rury, 1983)。改革倡导者声称,非洲裔教师可以作为榜样来激励非洲裔学生获得成功。重建时期(Reconstruction)之后,相似的论点也支持非洲裔教师可以作为"道德正义"、社会振兴和教育卓越的核心支柱(Fultz, 1995a)。植根于这种论点的信念是,透过那些与他们有相同种族背景的人,非洲裔美国学生可以听到、看到和学习到"教育是为了提升社会地位"所传达的隐性和显性的信息,可以更好地理解教育的价值和重要性。

1805—1900 年针对非洲裔美国教师的历史争论

1789 年,纽约奴隶解放社团(New York Manumission Society)成立了纽约非洲公费学校(New York African Free School),为不断增加的自由的非洲裔美国人服务(Rury, 1983)。来自奴隶解放社团的学校委员会理事坚持,通过教授自由的非洲裔儿童和青少年不同方面的"节制"和"勤劳",使他们"在摆脱奴隶制时,可以更加有秩序和温顺地生活"(Rury, 1983: 187)。直到 19 世纪末,这些学校大部分是由白人教师教授。然而,这一时期,出现了关于黑人教师是否能更好地承担教育非洲裔美国儿童使命的争论。例如,在 1805 年,《美国废奴主义者协会公约》(*American Convention of Abolitionist Societies*)宣称,非洲裔儿童可以从非洲裔教师的指导中获益。与会成员坚持认为,非洲裔教师的指导可以在黑人儿童中"点燃力争上游的精神"(Mabee, 1979: 93)。另外,历史学家约翰·鲁里(John Rury, 1983)发现,黑人父母们一致地向奴隶解放社团宣称让黑人教师教育自己小孩的重要性。从 19 世纪末至 20 世纪,关于黑人教师教授黑人儿童的争论,在北部地区数之不尽,而重建时期之后,南部地区也开始出现这种争论(Blackshear, 1969(1902);Mabee, 1979)。下述内容引自著名的非洲裔教育家布莱克希尔的著作(Blackshear,E. L., 1969(1902)),在有关为何非洲裔教师能够最好地满足黑人儿童的特定需求这一问题上,他强调了一个常见的观点:

> 有色人种教师对于本种族的年轻人而言,是文化的使者。他的文化优势和特征可以充当一个强有力的刺激,能够很容易地唤醒有色人种年轻人的想象力,使黑人儿童体会黑人文化的存在感。他将教师视为学习的化身,通过
> 向教师学习,他也可以成为"重要的人"。最初他并不知道"重要的人"是什么 425
> 样子的,但是一旦他决定要成为"重要的人",他就为自己在这个世界赢得了一席之位。(p. 337)

这段话是反映黑人教师实践和价值的一个常见的观点,非洲裔美国教育家和领导者同时强调非洲裔教师接受"适宜的"教育培训的重要性(Bond, 1934; Caliver, 1933; Johnson, C., 1930)。历史学家迈克尔·富尔茨(Michael Fultz, 1995b)指出,非洲裔社区领导者、学者和教师协会曾坚称,更加严格的教师培训项目有益于非洲裔教师的

教学实践。

早期关于非洲裔教师培训的观点

内战之后的十年间，美国开始谨慎地将为贫困儿童和有工作的穷人提供教育机会作为促进社会进步的手段之一。小学水平教育的价值已经得到认可，各地方社区特别是在北部地区的地方社团，便开始确定最低学术标准以适应当地需求（Grant and Murray, 1999）。相反，被隔离的南方则顽固地将公立教育作为自己社区进步的手段，因此只为公民提供有限的受教育机会。父辈是奴隶的非洲裔美国儿童，往往被认为容易在受教育后出现自我膨胀而不愿劳动。因此，地方当局并不支持非洲裔美国儿童学校的发展，大部分的民众也对此类学校的状况漠不关心。因而，南部地区为非洲裔美国儿童开设的大部分农村学校，都是由北方慈善机构和不同教派的教会所建立、资助和支持的。例如，南方黑人学校的学监，是一群由普通教育委员会（General Education Board）资助的非洲裔教师和白人教师，在文献中经常提到他们在南方农村地区所付出的努力。他们的工作旨在提高非洲裔教师的知识水平与技能（Tillman, 2004）。实际上，有关拥挤不堪、年级较少、供给、书籍和其他资源较少的报告的数量，仅次于那些反映教师所受教育有限和不足的报告。

非洲裔美国教育家坚持认为，针对黑人教师的培训应该提供更多的“专业能力”和“改进教学”方面的内容（Fultz, 1995b）。例如，富尔茨（Fultz, 1995b）发现一些黑人州级教师协会，包括全美有色人种学校教师协会（National Association of Teachers in Colored Schools）在内，“打出了改善培训和教学的旗帜”（p. 205）。除了招收非洲裔美国人的大学越来越愿意提供严格的教学和专业水准以外，一些社会学家和教育学家（Bond, 1934; Caliver, 1933; Johnson, C. 1930）坚定地认为，黑人教育的未来必然取
426 决于对黑人教师进行的先进的教学培训。例如，社会学家查尔斯·约翰逊（Chales Johnson）对农村学校中非洲裔美国儿童的受教育状况进行了评价，他声称“这些缺乏训练的教师……将会使制度的缺陷进一步累积，而正是在这种制度之中，儿童接受了这些教师的训练，由此这种缺陷将会永久存在”（Fultz, 1995b: 197）。教育学者安布罗斯·卡利弗（Ambrose Caliver）是最早对非洲裔教师教育和培训进行综合研究的学者之一，他也认为除非在非洲裔教师选拔和培训上进行改革，否则美国黑人教育不会有进步。以下是他提出的两个建议：

- 为黑人设置的教师培养机构应该提高他们的入学要求，对他们进行精挑细选，同时改进录取程序以确保教师行业能招聘到背景和培养状况更好的人。
- 学校官员应该更加关注黑人申请者的资格和认证，对他们的任命应该只依据他们的个人才能。（Caliver, 1933: 117 - 118）

因此，尽管有人强烈提倡黑人教师的社会实践（例如社区领导力和角色建构），非洲裔教育家们坚持认为，提高教育成果的努力必须同时发生在优化教育培训和提升专业水准方面。 427

在最高法院对布朗诉托皮卡教育局案（Brown v. Board of Education）做出裁决这一里程碑式事件发生之前，传统黑人大学（historically Black colleges and universities，HBCUs）只负责为被种族隔离的“黑人”学校培养黑人教师（Groff，1961：8）。在对布朗裁决进行的一项近5年的跟踪调查报告中，格罗夫（Groff）发现，被调查的南部传统黑人大学普遍存在一种乐观的情绪。大多数调查对象都表明，他们并不认为这会减少入学人数和财政支持。他们也认为这可以鼓励学生之间的竞争，提高学生的预科准备。根据格罗夫（1961）的报告，一名调查对象认为，“这将提高学术标准，改善社交礼仪和演讲习惯，有助于减少对白人的不良情绪”（p. 10）。格罗夫（1961）进一步指出，传统黑人大学的管理者认为，他们教师教育项目中的学生有更加强烈的冲动去实现教育振兴种族的愿望，并愿意为之付出更多努力。学生对自己未来的就业机会、职业福利、晋升和“减少奉承”的挑战有较大的期待（p. 10）。最后，传统黑人大学在教师培养和提供“有质量的培训”方面感到十分自豪。

对非洲裔美国教师历史的总结式思索

许多关于非洲裔美国教师角色和责任的讨论，源自于对种族和社会公正的广泛政治关注。种族和文化认同是确定黑人教师在黑人课堂中地位的核心观点，一些黑人教育家和学者表达了一种深切的关注，即为了有效地满足黑人儿童的教育需求，黑人教师必须接受良好的教学培训。富尔茨（1995b）总结，“种族的命运取决于它所拥有的学校类型，黑人所拥有的学校类型取决于他们可获得的教师质量，而教师质量则取决于优秀的品质和专业的训练”（p. 197）。总之，虽然从20世纪早期开始，有关黑人教师争论的历史背景已经发生改变，但是近期的教育文献揭示了如下讨论，即黑人教师能否最好地满足非洲裔美国学生的教育需求所具有的持久政治意义。

美国化和拉丁裔教育

19世纪中期，“美国化”（Americanization）的思想实践直接影响了拉丁裔社区的教育经验（San Miguel and Valencia，1998）。“美国化”是一场旨在教导、适应和培养美国经济、政治、宗教与文化形态的政治运动。圣米格尔和瓦伦西亚（San Miguel and Valencia，1998）指出，“美国化”不仅仅是以“美国方式”对大众进行灌输，它也阻碍了“少数团体”对自身文化的保存（p. 358）。以墨西哥裔美国人为例，公立学校官员通过禁止在学校中使用西班牙语，删除与墨西哥文化有关的所有内容和教学实践的做法来

推行“美国化”实践。当然，在 19 世纪，这种政策并不是在所有州均奏效的。然而，到
428 20 世纪早期，只准讲英语的规定成为一种遍布大多数西部和西南部州的惯例。圣米格尔和瓦伦西亚(1998)认为，将西班牙语和墨西哥文化从学校中移除，只是全国对抗多样性运动的一部分。他们声称，“这场运动的首要目标是提高英美文化(Anglo-American culture)的纯度，使国家统一于相同的文化和语言之中”(p. 361)。

尽管有这些“美国化”的实践，但诸多墨西哥裔和拉丁裔社区也开展了教育和社会干预以满足拉丁裔社区的需求。例如，一些教育史学家(DeLeon, 1982; San Miguel, 1987; San Miguel and Valencia, 1998)指出，从 19 世纪末到 20 世纪初，存在一些墨西哥裔与拉丁裔教师和教育家，他们致力于满足说西班牙语儿童的特定教育需求。

排他性实践和拉丁裔教师

瓦伦西亚(2005)认为，1946 年门德斯诉威斯敏斯特案(*Mendez v. Westminster*)是一场代表 5000 名加利福尼亚墨西哥裔学生的集体诉讼，它是布朗裁决的重要先驱。他指出“在西南部对学校儿童进行种族/民族隔离是一种规范性实践，尽管事实上这些州都没有任何法律法规表明他们可以合法地将墨西哥裔学生从白人学生中隔离”(p. 394)。然而，尽管有包括只准讲英语的教学与课程的排他性政策，但是早在 19 世纪初期，墨西哥裔社区领导者便开办了属于自己族裔的学校，并雇用说西班牙语的墨西哥和拉丁裔教师，以满足拉丁裔学生的文化和语言需求(DeLeon, 1982)。在 19 世纪后期曾出现过这样一个案例，一些埃尔帕索(Elpaso)地区的特哈诺人(Tejano)①团体开办了由讲西班牙语的教师同时教授墨西哥裔学生英语和西班牙语的学校(DeLeon, 1982)。另一个案例发生在 19 世纪 80 年代，由于埃尔帕索当地的学校官员拒绝给说西班牙语的学生教授英语，因而墨西哥裔儿童的父母便联合开办了一所学校，以教授只有很低英文水平的墨西哥裔学生。这个团体求助于一位长者——奥利瓦斯·维拉纽瓦·奥伊(Olivas Villanueva Aoy)，他同意开办一所只教授墨西哥裔儿童英语的私人学校，为他们进入公立学校做好准备。历史学家马里奥·加西亚(Mario Garcia, 1981)指出，到 1890 年，奥伊在两位墨西哥裔助手的帮助下，教授了近 100 名一年级和二年级学生。在德利昂(DeLeon, 1982)看来，这些例子说明了西班牙裔和墨西哥裔教师及父母是如何坚持与排他性教育实践进行抗争的。这种决心在美籍西班牙人②团体的政治和社会实践中也可以看到。事实上，到 20 世纪早期，一些拉丁裔社区的领导者和教育倡导者已经能够寻求支持，为那些在讲西班牙语的农村地区工作的拉丁裔教师开设相关培训项目。

---

① “特哈诺人”是指生活在德克萨斯州的墨西哥裔美国人(San Miguel, 1987)。

② 此处的“美籍西班牙人”特指生活在新墨西哥州的西班牙裔美国人(Gatz, 1997)。

教师培训和拉丁裔教师

在20世纪早期的新墨西哥州，当西班牙裔社区在当地确立了政治影响力之后，便开办了一所名为“埃尔里托西班牙裔师范学校”(Spanish-American Normal School at El Rito)的双语教师培训学校。1909年，拉丁裔领导者韦内斯劳·哈拉米略(Veneslao Jaramillo)和所罗门·卢纳(Solomon Luna)与前任州长L. 布拉德福德·普林斯(L. Bradford Prince)一起游说，要求为说西班牙语的教师开办一所师范学校(Getz, 1997)。学校的办学目的是要“在新墨西哥州以西班牙语为母语的人中培养一批教师，使他们能在以西班牙语为主要交流语言的县和地区的公立学校中任职”(MacDonald, 2004：120)。到1918年，超过100名的未来教师参加了该教师培训项目，这使它最终 429
成为新墨西哥州高等教育体制的一部分。

盖茨(Getz, 1997)认为，一些针对西班牙裔社区的教师培训工作，仅仅是为了强化教师作为“社区领导者、榜样、社区网络成员”的角色(Getz, 1997：90)。然而，尽管存在着此类的社区倡议，但高校学者坚持认为，如果拉丁裔教师接受更多的“新理念和先进的教师方法”培训的话，他们就能更好地满足农村西班牙裔儿童的教育需求(Getz, 1997：92)。例如，在20世纪30年代，由于“新政”(New Deal)和一些慈善组织(如“普通教育委员会”(Gerenal Education Board))提出的政治和社会目标，新墨西哥大学(University of New Mexico)的教师教育工作者和社会活动家劳埃德·泰尔曼(Lioyd Tireman)得以坚持进行教育改革(如圣荷西学校(San José school))，为农村地区说西班牙语的教师提供新的教学方法(Getz, 1997)。泰尔曼不知疲倦地反复重申让拉丁裔儿童用母语接受教学的益处；然而，他认为这些教师本身也需要接受先进的教学实践培训(Getz, 1997：74)。

促使这类培训实施的一种方法是授予拉丁裔教师奖学金以鼓励他们进入新墨西哥大学教育学院就读。在那里，他们也学习有助于使农村学校环境中的学习者茁壮成长的思想方法。另外，教师们定期到“示范学校”(demonstration schools)观察教学模式以便迁移到自己学校。整体来看，这些工作以“进步主义”[①]教育哲学为指导来培训社区教师，它以下述假设为前提，即整合拉丁裔教师所提供的合理的教学和适应文化的教学，对农村西班牙裔学生的教育具有深远影响。

对拉丁裔教师历史的总结式思索

正如一些历史学家所述，在19世纪后期和20世纪早期，拉丁裔教师的努力是拉丁裔社群进行社会改革的核心(DeLeon, 1982；Garcia, 1981；MacDonald, 2004)。尽管在加利福尼亚州、德克萨斯州和美国西南部学校，“美国化”的思想实践已经成为一种惯常的教育方法，但墨西哥裔和拉丁裔教师的工作一直致力于满足说西班牙语儿童

① 在这一时期，“进步主义”教育家约翰·杜威关于民主教育的观点在教育话语中得到广泛认可。

的特定文化和语言需求。另外，这些历史也表明，那些超越文化同质性和相关性的议题，早在1850年墨西哥裔和拉丁裔团体的教育讨论中便极其关键。事实上，正如随后的历史所表明的，语言保存和文化能力仍将是拉丁裔和西班牙裔社群教育话语中的核心论题。

美籍华人的历史背景

亚裔美国人（Asian Americans）的教育经验提供了最早的关于种族、文化和语言如何塑造教学实践的描述[1]。亚裔美国人的案例从历史的角度说明，国内各种各样的排他性实践如何导致其他教育干预措施的产生，以满足亚裔美国学生的社会和文化需求。例如，美籍华人（Chinese Americans）的早期历史，揭示了移民法和反华情绪是如
430 何促使社区开办由具有华人血统的教师授课的语言学校的。尽管缺乏有关语言学校中美籍华人教师具体实践的历史文献，但是一些现有文献表明了各种排他性实践和种族隔离是如何导致语言学校发展的。更为重要的是，一些文献讨论了（拥有来自他们文化与语言背景的教师）美籍华人学生文化和教学的关联性。

美籍华人在美国：移民和驱逐

美籍华人历史读起来就像是一部史诗小说，其中充满了漫长的旅程、梦想、抱负、挣扎和毅力。这个故事始于19世纪中期，那时移民到美国的华人快速增多。丹尼尔斯（Daniels，1988）指出，1849年至1882年间，有300 000多个华人移民来到美国。到19世纪70年代后期，新的华人移民已经很明显地成为劳动力的一个基本和重要部分。然而，华人劳工作为华人移民旅程的开始本应充满各种可能性，但是由于劳工领袖、政客、记者和学校董事会官员日益增长的本土主义，这种可能性迅速被摧毁。

社会和学校中的反华情绪

19世纪70年代美国出现全国范围内的经济困难，而加利福尼亚州的工人阶级却将这种困难归咎于华人劳工的出现。这种氛围进一步影响了加利福尼亚州级和市级层面的反华立法实践。在加利福尼亚州级和市级层面通过了一些荒谬的条例以将华人移民驱逐到其他州。例如，加利福尼亚州议会通过一项法律，禁止华人“没有契约就

---

① 日裔美国人的早期历史也提供了一个重要的历史视角——文化、语言和种族如何为亚裔美国学生的早期教育经验提供素材。这段历史还阐述了日裔美国人社区如何以及为什么在日语学校雇用有日本背景的教师来教授他们的儿童。详情参见下述文献：Bell，R.（1978）. *Public school education of second generation Japanese in California*. California：Stanford University Press；Daniels，R.（1988）. *Asian America：Chinese and Japanese in the United States since 1850*. Seattle：University of Washington Press；Svensrud，M.（1932）. Attitudes of Japanese towards their language schools. Sociology and Social Research，11，259 - 264；Tsuboi，S.（1926）. Japanese language school teacher. *Sociology and Social Research*，11，160 - 165.

踏足本州，除非他们能使州移民局(State Commissioner of Immigration)官员相信他们有‘良好的品格’”(Daniels, 1988: 38)。同样地，在市级层面，加利福尼亚州的一些城市如旧金山也通过了反复无常的条例将华人移民驱逐到其他州。例如，由于华人家庭通常不得不居住在拥挤不堪的“唐人街”，旧金山市通过了《立方空气条例》(*the Cubic Air Ordinance*)，要求卧房必须有 500 立方英尺新鲜空气流通的空间才合格。毫无疑问，在这一条例下，中国居民而非白人产权所有者收到了一些传票(Daniels, 1988)。这种反华情绪导致最终通过了《1882 年排华法》(*Chinese Exclusion Act of 1882*)，十年内禁止华人劳工移民(Kitano and Daniels, 2001)。在加利福尼亚的学校中，也存在类似的排华做法，这对早期美籍华人儿童的教育经历产生了严重影响。

1857 年，旧金山学校董事会拒绝华人领导者提出的允许华人儿童进入公立学校读书的要求。接下来的一年，学校董事会允许华人儿童入学，但是只允许他们就读于被隔离的黑人学校。华人父母反对这一做法，他们声称自己的孩子只接受无种族隔离的学校或只有中国人的隔离学校(Weinberg, 1997)。10 年间，学校董事会陆续为华人学生开办和关闭了一些临时性学校。尽管华人领导者坚持向学校董事会抗议这种不平等待遇，但是学校和政府当局持续地忽视华人领导者们一致的呼吁，拒绝让华人学生在旧金山公立学校入学。美国政府当局甚至忽视《1868 年蒲安臣条约》(*Burlingame Treaty of 1868*)中有关“必须尊重两国(美国和中国)公民的公共教育权，尽管他们居住在其他国家”(Weinberg, 1997: 18)的规定。另外，美国政府还签署条约声明：他们 431
仅有的责任是“保护所有的华人不受侮辱和虐待”(Weinberg, 1997: 18)。到 1871 年，政府当局颁布了排华法律，宣称美籍华人儿童没有合法的受教育权利，尔后从 1871 年到 1884 年美籍华人儿童被禁止到公立学校就读(Weinberg, 1997)。然而，这并不意味着美籍华人儿童没有上学。事实上，对于家庭而言，父母希望自己的小孩能够在对中国文化没有敌意的环境中接受教育，他们通常将自己的小孩送到汉语学校。

汉语学校和教师

汉语学校通常规模较小，由私人经营，并受到华人移民的资助。这些学校在汉语中被称作“馆”，意思是“在导师监督下的一个私人机构”(Morimoto, 1997: 11)。汉语学校通常招收 20 至 30 名 7 到 18 岁的儿童。这类学校中很多都是周日夜晚授课，它们的教学科目包括儒家经典、汉语、哲学、书法和诗。华人教育家将课程聚焦于传统价值、中国语言和文化，并将这些作为华人儿童应对在学校和社会所面临的种族主义的缓冲方式。这里，华人学者金方·汤姆(Kim-Fong Tom, 1941)详细说明了汉语学校存在的必要性：

> 一些美国作家将唐人街描述为鸦片窝和赌场。一些庸俗杂志(pulp magazines)和电影使这种错觉继续存在。即便是今天，一些美国人仍然有这

> 种观念：华人是低等的和落后的。生活在一个华人被瞧不起和受虐待的国家，很容易使儿童产生自卑情结。为了防止儿童陷入这种信念，有必要使他们对中国和中国文明有一个正确的认识。(p. 559)

汤姆(Tom, 1941)进一步指出，汉语学校有助于学生逐步获得对中国古代文化丰富的和积极的认识，并且让他们学会尊重自己的民族。除了能获得民族和文化自豪感，汤姆(1941)也认为，汉语学校能够帮助学生适应包括中国和美国在内的新的文化背景。沿着同样的思路，路易斯(Louis, 1932)建议，由于美籍华人学生不得不调和中国文化和美国文化，来自华人社区的领导者应该帮助学生有策略地适应美国和中国的文化社会。华人教师正是服务于这种目的的。

汉语学校教师通常是受过良好教育的社区领导者，他们有能力帮助美籍华人学生适应中美社会和教育生活。20 世纪 30 年代，社会学家弗朗西斯·张(Francis Chang, 1934)认为，尽管在公立学校有认真负责的非华人教师，但他们不能"理解儿童的语言、家庭状况、未来的文化和职业可能性"(p. 542)。他进一步指出，汉语学校的华人教师比公立学校的教师要有优势，因为这些华人教师跟儿童说一样的语言，并且更容易与
432 家长接洽。整体来看，关于华人教师的讨论聚焦于文化和种族层面。鉴于这段时期有大量针对美籍华人的种族对立和排华运动，汉语学校教师的存在似乎有三个核心目的：(a)保存中国传统文化和语言；(b)驳斥对华人社区的负面刻板印象和种族形象；(c)帮助第二代美籍华人学生调和中国和美国文化。鉴于反华情绪的背景，似乎有理由认为，这一时期华人教师不仅要消除语言和文化隔阂，也应服务于针对美籍华人学生的社会改革。因此，美籍华人的教育史是对教授亚裔学生的亚裔美国教师的最早描述之一。

对美籍华人教育历史的总结式思索

美籍华人的教育经验说明了围绕文化同质和教学的讨论并不是新产生的。当代文献中提出的许多关于亚裔教师的问题，都与 19 世纪末和 20 世纪初华人家庭和社区领导者关注的问题相类似。在这一时期，对文化、语言和传统的关注是产生华人教师的重要依据。这段早期历史中的另一个核心关注点是，反亚裔情绪将影响第二代美籍华人儿童的自我价值。华人教师的角色是提供一种积极的文化形象，使儿童产生民族和文化自豪感，以减轻美国学校和社会中反华的思想实践对他们的影响。近年来，关注亚裔学生教育的教育研究者仍然在探讨这些议题。目前仍需要思考的问题是：拥有一名亚裔背景的教师将会对亚裔学生的社会和教育发展产生怎样的影响？

美国原住民教育的历史背景

历史学家一致认为，19 世纪末和 20 世纪初的美国原住民学生教育无疑是一场文

化湮没运动(Adams, 1995; Coleman, 1993; Szasz, 1999(1974))。许多这类文献都断言,19 世纪 80 年代有关美国原住民教育的讨论源自这样一个主题——教育美国原住民去“拯救”美国原住民(Adams, 1988,1995; Lomawaima, 1993)。“拯救”的主题是基于下述思想信仰,即美国原住民文化是“低等”和“野蛮的”,而白人新教徒文化是“高等”和“文明的”。因此,北美印第安人的教育应该致力于消灭自身的语言、文化和传统等所有方面,其最终目标是将它们完全同化成“美国新教”文化(Adams, 1995; Reyhner and Eder, 2004; Witmer, 1993)。

文化湮没教育

19 世纪后期,北美印第安儿童的教育明确地服务于一个目的——美国化(Adams, 1988; Lomawaima,1993)。为了实现这一目的,白人教育家提出了三个具体的目标: 433
(1)学术发展,(2)个体化,(3)基督教化(Adams, 1995: 21 – 23)。按照亚当斯(Adams, 1995)的说法,美国原住民教育最优先发展的是确保学生能够用英语阅读、表达和写作的教育。依据白人学校官员所言,掌握这些技能能够说明他们是否掌握了“文明知识”。白人教育家坚持认为,为了使美国原住民学生内化学校知识,他们不得不发展一个与部落认同无关的个体身份(Adams, 1995; Lomawaima, 1993; Reyhner and Eder, 2004)。培养个体认同的策略之一是,将学生与家庭和部落成员分开——在某些情况下,甚至要将他们与所有北美印第安人分开(Reyhner and Edner, 2004)。同化美国原住民儿童的另一个教学策略是,将基督教变成他们的信仰(Lomawaima, 1993)。学校官员坚持认为,通过一套坚实的基督教伦理,美国原住民儿童将会达到最高的社会进化水平。此外,这一目的的出现也是基于白人教育官员的下述信念:北美印第安人的宗教活动是享乐主义和“野蛮的”,而基督教的活动是一项“文明的”精神活动。简而言之,通过学术发展、个体化和基督教化的过程,白人教育家致力于实现两个目的:(1)使美国原住民儿童丧失部落认同,(2)使他们适应白人新教徒的思考方式和生活方式(Coleman, 1993: 53)。显然,这种教育无疑会遭遇学生的抵制。

美国原住民学生的抵制最初始于对学校迫使自己离开家庭所产生的怨恨。学生以各种各样的方式进行抵制,如逃跑,每天抗议学校的政策,在某些情况下甚至烧毁学校大楼(Coleman, 1993)。其他的抵制方式包括“故意的挑衅行为,破坏性的恶作剧,‘学习懈怠’,拒绝参加竞争性练习,而最常见的抵制方式是采取不予回应的态度”(Adams, 1995: 231)。除了学生不断抵制政策和课程所产生的直接和间接难题,20 世纪早期在美国印第安寄宿学校的美国原住民教师也不断增加,他们以隐性和显性的方式帮助美国原住民学生应对贬低北美印第安文化的学校环境。

历史视角中的美国原住民教师

尽管 19 世纪后期的许多对北美印第安儿童的教育都具有明显的欧洲中心倾向,

但一些白人教育工作者提出了将美国原住民学生的文化和语言背景纳入教育中的重要性，也强调了使学生拥有北美印第安血统教师的益处。例如，1886 年，著名的波士顿教育家伊利莎白・皮博迪(Elizabeth Peabody)在谈到美国原住民教师莎拉・温妮缪卡(Sarah Winnemucca)的任职资历时，曾说道：

> 提供给本土印第安人唯一且最重要的教育的，必须是那些从孩提时代起就跟他们说同样语言的印第安人，这种教育以他们自身的方法为基础。正如温妮缪卡所做的，此种教育依赖于他们自身遗传的自然宗教和家庭伦理。(Gere，2005：6)

皮博迪的认识直接源于在招收印第安学生的皮博迪学院(Peabody Institute)中工作的莎拉・温妮缪卡的教学实践。教育史学家安・拉格尔斯・盖尔(Ann Ruggles Gere，2005)指出，利用四年的学校工作时间，温妮缪卡能够创造一个同时肯定北美印
434 第安文化和提供西方学术课程的学习环境。她所做的努力赢得了来自当地社区、北美印第安人父母和学生的称颂和赞赏。然而，并不是所有的白人学校官员都认同温妮缪卡的方法。盖尔(Gere，2005)指出，尽管这所学校现在已经停办，但是温妮缪卡的教学模式将继续作为一种供其他美国原住民教师使用的教学方法。温妮缪卡的方法备受争议的方面，是她基于种族来建立北美印第安学生和社区的关系。这些观点在她写给皮博迪学院家长的信中显而易见：

> 你们都认识我；你们中的许多人都是我的阿姨和表亲。我们是同一种族的——流淌着同样的血液——因此我代表了你们的利益。我能说五种语言——三种印第安语、英语和西班牙语。我能读书和写作，而且我是一名学校教师。我现在说这些话并不是为了自我吹嘘，而是仅仅为了向你们表明我所能够做的。(Gere，2005：8)

这种族裔认同的主题是继温妮缪卡之后其他美国原住民教师所接受的关键理念。例如，学校官员坚持在印第安人居住区之外的寄宿学校将印第安文化和艺术融入课程，在这之后的 1906 年，产生了由北美印第安妇女——安吉拉・德・科拉(Angel De Cora)——教授的第一门美国原住民艺术课程。安吉拉・德・科拉将美国原住民文化与“经济实用性”的西方理念融合在一起进行授课(Witmer，1993)。在这一时期，另一位被卡莱尔学校(Carlisle)聘用的美国原住民教师(安吉拉・德・科拉的丈夫)是隆・斯达・迪茨(Lone Star Dietz)，他也因为新颖的文化相关教学策略而备受关注。

除了族裔认同，美国原住民教师和一些持支持立场的白人教育家(如伊利莎白・毕堡德)认为，美国原住民教学的一个必要方面是教师运用双语教学的能力。本土美

国人教师同时具备运用学生本土语言和英语的能力,可使学生更容易理解各种学科知识。盖尔(Gere, 2005)指出,在一些只准说英语的政策弥漫的环境中,印第安教师可以找到不同的方法提供运用家乡语言的教学。

皮博迪学院的关闭表明,美国联邦政府对本土美国学生的文化相关的实践支持十分有限,20世纪早期在保留地之外的原住居民寄宿学校[①](off-reservation boarding schools)工作的美国印第安教师数量激增。事实上,由于印第安学校不断增长的教师需求,美国联邦政府在一些最大的保留地之外的学校创办了教师培训项目,这些学校包括卡莱尔(Carlisle)、哈斯凯尔(Haskell)、热那亚(Genoa)、萨勒姆(Salem)、希洛科(Chilocco)(Gere, 2005)等。这些项目提供关于教学和课堂实践的课程,也为职前教师提供实习学校。作为一名哈斯凯尔师范学校(Haskell normal school)的毕业生,本·纳尔逊(Ben Nelson)针对受训的印第安教师对印第安学生产生的影响进行了评价:

> 现在印第安学生拥有了与自己同种族的理想教师。这些离开学校的师范生又回到自己的种族中,这不仅对自己的社区具有极大的价值,也将刺激年轻一代全心全意地追求更高水平的学习。(引自,Gere, 2005: 17)

一名肖松尼族(Shoshone)的教师埃希·霍恩(Essie Horne)认为,正是童年时期受教于本土美国教师的经历对她的人生产生了深刻的影响,包括促使她决定成为一名 435
教师。以下是她对印第安教师埃拉·德洛里亚(Ella Deloria)和露丝·玛斯柯莱特·布朗森(Ruth Muskrat Bronson)的实践的评论:

> 露丝和埃拉会倾听我们。他们关心我们对教材的思考,关心我们的生活。他们教会我们只要下定决心就能完成任何事情。(Horne and McBeth, 1998: 42)

在20世纪早期,这种以族裔认同和文化能力为主旋律的故事在很多美国原住民师生的身上都能得到共鸣。这些故事也表明在美国原住民寄宿学校,美国原住民学生和教师持续不断地向图谋文化湮没的霸权主义发起挑战。

对美国原住民教师早期历史的总结式思索

历史记录了如埃利斯·卡拉汗(Alice Callahan)、安吉拉·德·科拉(Angel De

---

① 保留地之外的原住民寄宿学校,区别于另外一种形式保留地之内的原住民寄宿学校。在美国,原住民寄宿学校(Indian boarding schools)的发展始于17世纪初期,最早的原住民寄宿学校是由安德鲁·怀特教父(Fr. Andrew White)建立的,他的初衷是"在原住民的无知族群中推广文明和教化,为他们指出通往天堂之路"。后来,原住民寄宿学校成为同化原住民,使他们接受基督教文明和英语文化的重要途径。——译者注。

Cora)、埃拉·德洛里亚(Ella Deloria)、隆·斯达·迪茨(Lone Star Dietz),以及数之不尽的其他美国原住民教师的教学和社会实践,凸显了种族和文化对于教师教授美国原住民学生的重要性(Coleman, 1993; Gere, 2005; Witmer, 1993)。1928年,由布鲁金斯研究所(Brookings Institute)资助的一组专家团队撰写的《印第安管理的问题》(*The Problem of Indian Administration*)一书出版,也被称作《梅里亚姆报告》(Merriam Report),该书提到种族和文化对美国原住民教育的重要性,并建议学校官员将文化活动融入到美国原住民寄宿学校的教学实践和课程之中。他们也建议提供中学后教育机会以便于培养更多的美国原住民教师。正如《梅里亚姆报告》中所提到的(政府管理研究院(Institute of Government Research in Administration),1928):

> 为印第安年轻人提供更高水平教育机会的计划,应该包括为那些表现出有可能帮助自己民族的学生提供奖学金和贷款资助。例如,印第安教师和护士在未来的一段时间将会有特定的服务领域。(p. 62)

尽管这个报告的建议明显指出提供更多与文化相关课程和教学的必要性,但是值得注意的是,早在1928年之前,便有一些文献记载了美国原住民教师已经实施了《梅里亚姆报告》中提到的策略。20世纪早期美国原住民教师的故事,提供了将教学作为一种持续重要的文化和政治实践所具有的必不可少的历史背景。近年来,有关教育和美国原住民学生的文献不断强调语言和文化能力的重要性。

将历史讨论置身于当代

不论种族/民族或语言如何,任何儿童都应拥有接受高质量教育的权利,此点已在历史上引起无数次的争论和重新定义。这种讨论无一不是来得太迟,它通常由社会动
436 乱中的压力所引起,或者因为对经济和人口现实的认识所引发。不论是过去还是现在,一旦人们对那些穷困、非白人和常常缺少服务的年轻人是否以及应该在多大程度接受教育达成普遍共识,那么关于谁最适合来教他们的问题就会不断地成为被讨论的议题。

一旦为主要族裔提供的教育机会与特权已经拓展到所有民族、种族和语言背景的学生,那些宝贵的历史就会被遗忘。人们并不认可有色人种社区为其儿童提供的高质量教学,以及为满足其各自的目标所使用的方法。例如,《解放奴隶宣言》(the Emancipation Proclamation)废除了奴隶制,也为那些已经存在的南部地下黑人教育机构颁发许可证,以使这些组织合法存在和获得认可。尽管传统的黑人大学(Historically Black Colleges and Universitys, HBCUs)不断地培养出更多有学历和有资格的非洲裔专业人士,但是几乎没有证据表明,新联合的主导族裔占优势的大学在

处理黑人学生问题时，会征求这些非洲裔专业人士的意见。同样地，1956 年布朗诉托皮卡教育局案和 1974 年刘诉尼科尔斯案引起了人们对公立学校入学机会、教育资源和教育质量差异重要性的关注。然而，几十年来，这些问题主要是通过私人和社区赞助的学校得到解决的。在后布朗时代，17 个南部州和边境州有将近 31 584 名黑人教师失业(Ethridge, 1979)，新的混合学校并不乐意接收这些教师。在刘案过去超过四分之一个世纪后，许多州仍然阻止那些接受过非英语教学培训和熟练掌握其他语言的人用自己的理解方式教授学生，尽管这种理解方式有助于提高学生成绩。因此，有色人种教育工作者所掌握的丰富技能、知识和能力常常被那些号称“促进”教育机会均等的政策所削弱和忽视。

从一到众：观念和现实

在 19 世纪和 20 世纪的大部分时间内，有色人种的社会角色不同于占主导地位的白人社会角色。一种观念认为，非洲裔、拉丁裔、亚裔和美国原住民在白人实现自身目的的过程中扮演支持性角色，他们所受的教育应该根据这个背景来设计。他们居住在被隔离的社区，遵从白人的文化规范。这将是他们的美国梦。当他们日复一日地为生存挣扎时，很难让一些有色人种超越这些社会期望。然而，也有一些来自这类社区的人能超越此种时代的社会经济和政治局限，以更大的抱负和解放运动来领导大众(Moore, 1999)。

然而，蒂皮康尼克(Tippiconnic, 2000)认为，自 1928 年《梅里亚姆报告》出版以来，印第安人的教育状况几乎没有改变。同样地，在 2004 年布朗诉托皮卡教育局案55 周年研讨会上，许多研究者和学者也发表了同样的观点。正如亨特利(Huntley, 2005)所言，“……对于未来我们喜忧参半，而这也是由布朗案冲破重重困难所推动的”(p. 3)。费尔克拉夫(Fairclough, 2004)提醒我们，所有指向教学和教师队伍构成的改革——不论好坏——都不需要归功于布朗案的裁决，它与后面的混合学校并没有联系。他认为，在一个隔离的社会所有的东西都是不好的，“关于隔离学校的后续混合问题的文献，总是以庆贺且时而理想化的姿态出现，这一点必须小心对待”(p. 45)。他也
指出，那些被认为是促进非洲裔教师发挥作用的许多特征(如体罚)，被所有的学校抛 437
弃使用是有原因的，同时很多在融合学校中失业的非洲裔教师之所以失业也是因为他们未受过良好教育和缺乏培训。

动荡的 20 世纪 60 年代和 70 年代，种族/民族认同问题给教育和教学带来了压力。同样地，与以往相比，如下的呼唤更为响亮：非洲裔、拉丁裔、亚裔和美国原住民应重新定义他们的使命和目的，并且明确地将其聚焦于社区和年轻人的需求和愿望。位于有色人种社区的公立学校、私立学校和教育项目由家长与学生创办和管理。公共机构容忍这些社区和替代学校，并将它们作为实验。然而，这些学校中的教学实践和课程效果常常遭到质疑，一些人也将它们视为动乱滋生的“调停者”(pacifiers)而拒绝接

受它们。

在某种程度上，对这些社区学校的观点和处理办法与几十年前的做法是一致的。在《一种美国式困境》(*An American Dilemma*)这一经典著作中，贡纳尔·缪尔达尔(Gunnar Myrdal, 1944)阐述了下列观点：

> 就教学内容的其他方面而言，黑人内部也存在分歧。一方面，他们倾向于认为北方的制度是唯一正确的事情，即不管是白人还是黑人，都应给予学生标准化教学。另一方面，他们认为学生对黑人问题知之甚少，因此他们希望能够基于黑人立场来调整教学，此种教学并非使黑人更弱，或是为了适应白人关于"好黑鬼"的愿望图景，相反，它旨在帮助黑人更好地争取权利。他们认为，教育不应该是消极的接受，而应该成为获取平等地位的相关行动手段。为此，几乎所有的黑人领导者均渴望黑人学生应该在黑人问题上得到特殊培训。(p. 901)

由社区管理教育，在一定程度上是为了避免安德森(Anderson, 1988)所说的：

> 当你审视那些已经形成的课程时——针对女性的家政学、针对黑人的工业教育、针对印第安人的寄宿学校课程——会发现其中的大多数是在人口差异化课程的伪装下开发的，而事实上它们构成了强化社会上现存的阶级、性别和种族偏见的一种方式。(p. 112)

鉴于对文化认同的最新关注，20 世纪 60 年代人们提出要成立一些特定种族/民族的教师组织也就不足为奇。洛马瓦伊姆(Lomawaima, 1995)提出，美国原住民接管阿卡特拉思监狱(Alcatras Penitentiary)与美国原住民社区提供的教育类型和质量息息相关。这一时期，成立了阿斯匹拉印第安人教育协会(Native American Education Association Aspira)——这个组织完全致力于波多黎各(Puerto Rican)和拉丁裔青年的教育和领导力的发展，另外，全美黑人学校教育工作者联盟(National Alliance for Black School Educators)也建立起来了。与隔离学校不同，这些组织早在几十年前就与州和国家机构建立了正式联系，并致力于使大多数机构和同行关注与教育和社会相关的政策和实践问题。

438 有趣的是，在 20 世纪 60 年代和 70 年代盟约时期(period of engagement)以后，有色人种教师的数量开始急速下降。由于之前禁止女性入职的许多行业都逐步开放，普通女性，尤其是有色人种女性开始投身于其他职业领域，这给教师队伍留下了一个巨大的空缺(Darling-Hammond, Dilworth and Bullmaster, 1996; Dilworth, 1984; Garibaldi, 1986)。因此随着国内学生人口越来越多样化，准备充分并且知识渊博的、能从文化上回应实践的教师非常缺乏。到20世纪80年代和90年代我们才发现，那些经验丰富的有色人种教师正面临退休。他们离开教师职业，将自己几十年的传统和知识以及种族振兴精神也带走了；在国家教育系统最需要他们的时候我们却失去了他们。

斯奈德(Snyder)特别指出，在二战以后，有79%的黑人女性毕业生被雇用为教师，而到了20世纪80年代中期，这个数字已经下降到23%(1998，引自Zumwalt和Craig，2005)。在20世纪80年代末和90年代初，有明显的支持力量——主要是来自私人慈善组织和机构——鼓励在学校、大学和教育部门(SCDEs)，以及社区学院和高中学校中建立有针对性的招聘计划以吸引有色人种教师入职(Darling-Hammond *et al.*，1996)。近期的数据表明：

> 由于地区和制度不同，有色人种未来教师和实习教师的数量变化很大。与白人相比，他们的高等教育更可能始于两年制学院，而后他们转到四年制公立学校接受教师培养……初等教育中的少数族裔教师分布不均衡，他们更常在中心城市及少数族裔和低收入家庭学生占大多数的学校中任职。(Zumwalt and Craig，2005：140)

尽管我们推测所有的持证教师均能够激发学生全部的学术潜力，但是有色人种教师提供了一种关于种族/民族和语言关系的增值维度。与此同时，不得不承认师生的种族、民族和语言相似并不能确保一定可以提高教学和学习(Banks *et al.*，2005)。然而，尽管所有的有效教师都存在一定的相似性，但是差异也必然存在。教育工作者的文化背景有助于阐明这些差异：

> 鉴于他们的文化背景差异，由白人、非洲裔、西班牙裔和其他少数民族教师共同开展的学术训练，有助于形成对教育和社会之间关系的整合理解。当这些教师为学生提供更加宽泛和复杂的教育课程的解释，并以教育术语为自己的同伴翻译并诠释学生文化背景时，这种基于整合理解的知识能提高教育质量。(Dilworth，1990：xi)

同样的目标，不同的视角

荣和普赖斯勒(Rong and Preissle，1997)在讨论亚裔教师时假定，尽管关于有色人种教师的文献通常将所有不同社群联合起来并从一般意义上对它们进行考察，但是祖先、语言、移民、获取和参与高等教育机会的差异却是明显存在的。事实上，一些因素可以将不同文化中的教师区别开来，但在教师角色和实践中也存在着许多共同点。例如，当描述与她一起工作的非洲裔教师时，欧文(Irvine，1999)谈到： 439

> 教学法和掌握内容标准不如教师本身对教学的信念来得重要。在我的研究中,教师不仅将教学视为讲述重要内容标准、指导和帮助学生掌握重要内容标准的途径,他们也相信教学的定义是关怀,是成为"另一个母亲"的信念,同时,也是要求自己做到最好、完成对他人的使命和严以律己的过程。(p. 249)

同样地,涅托(Nieto, 1994;1998)对高效的拉丁裔教师的特征进行的反思,也提出了欧文(Irvine)所称的"母爱关怀型"教师,他们倾向于根据延伸的家庭关系概念来开展实践。她引用了一位双语教师所使用的定义,即蒙特罗·西伯斯和佩雷斯(Montero-Sieburth and Perez, 1987)所说的"教师、朋友、母亲、社会工作者、翻译者、顾问、倡导者、检察官、团体治疗专家、卫生学家、监控者"(p. 158)。涅托特别指出,关怀特征通常被认为存在于波多黎各和拉丁裔教师身上,然而,如果确实存在关怀的意图与理解,那么这些特征能够在任何文化背景的教师身上找到。

目前迫切需要的教师是这样一群人,他们知道如何吸引、挑战和教导年轻人。20世纪80年代,慈善机构的重要努力和一些孤注一掷的改革努力(如教学许可证替代路径——招募并颁发许可证给更多的有色人种教师),目前已开始奏效。与此同时,我们不得不承认在不久的将来,教师队伍仍将以白人为主。目前在教师教育和职业发展中,关于文化差异和认知方法的研究和知识极为珍贵。几乎所有州的学科教学标准和评价都是为了解决学生多样性的问题,然而这些信息必须以一种符合学术规范的方式加以分享,否则它们将会遗失。日常实践以及教学的负担常常阻碍了具备文化响应能力的教师致力于有意义的革新和持续的专业发展(Johnson, S. M., 1990; Rios *et al.*, 1998)。一些当代学者为我们提供了关于有色人种教师实践力量的重要实例(Foster, 1994; Henry, 1998;Ladson-Billings, 1994;Pang and Sablan, 1997;Siddle Walker, 2005)。我们常常发现,很多文献会涉及并评论那些展示体现文化特征的教学风格的有色人种教师前辈。如科克伦-史密斯(Cochran - Smith)、弗雷泽和佩里(Fraser and Perry)、齐姆弗和阿什伯恩(Zimpher and Ashburn)、斯里特(Sleeter)等作者,恰如其分地将他们对实践的理解,传达给了那些即将面对大量来自非白人文化的年轻人的教师,以及那些培养未来教师(在可以预期的将来,白人将构成未来教师中的大多数)的教师教育工作者。

对不同时期教师培养和实践的回顾,使我们理解和证实了社会上存在的关于教育和差异的价值。入职标准、培训的时间和对培训的重视程度、教师教育工作者的能力、课程背景和情境,所有的因素都会促成一支或弱或强的教师队伍。然而,正如霍林斯和古斯曼(Hollins and Guzman, 2005)提出的,对有色人种教师的研究主要关注三个领域:教师教育项目的人员留任、替代经验、项目经验。事实上,直到20世纪90年代,关于有色人种教师培养的问题都仅仅被作为一个需求与供给的问题加以研究与分析,其他角度则未受到关注。如塞德拉克和施洛斯曼（Sedlak and Schlossman，987）指出的，“缺乏对总体趋势集中的、深入的分析……历史学家和决策者对于教师队伍为什么和如何出现重要变化的理解将会不可避免地流于表面”（p. 94）。

在当代，为了引导教师教授越来越多来自不同种族、民族、语言和文化的年轻人， 440
人们开始密切关注教师培养和教学法问题。事实上，在所有有色人种社区成员中存在一种普遍现象，即他们总是频繁地接受其他人的评鉴和审视。例如，非常有趣的是，麦克威廉姆斯（McWilliams，1943）与戴勒和斯威舍（Deyhle and Swisher，1997）都认为非洲裔美国人和美国印第安人是文献中研究最多的少数民族。涅托（Nieto，1998）与荣和普赖斯勒（Rong and Preissle，1997）也分别指出，近十年来有大量的教育研究关注波多黎各人和亚裔美国人。鉴于这些群体之间存在的学术成就差异，这些观点表明研究结果还未达成一致意见，也无法得到负责教授该群体学生的教师的认同。很明显，文化回应性这一主题是教育研究文献中的一个重要组成部分。回避或忽视它们的重要性，将不利于消除成就差异。

结论

就有色人种教师而言，我们发现尽管他们缺少来自普通民众的支持，但是他们所在社区的支持以及慈善与宗教组织的投入，锻造了高质量的教师培养和有效的教学实践。过去半个世纪以来，那些曾因种族、民族和语言不同而被剥夺权利的群体，之所以一直忍受这种状态，主要是基于三个主要原因：种族振兴、文化保留、对社会经济公正的追求。通过对文献的回顾，我们指出教育事件和政策是如何影响和塑造有色人种教师及其实践活动的。我们注意到，那些少数族裔教师和社区开办了学校，并提供了其他教育经验，以补充标准化（及子标准（sub-standard））教育的不足。从19世纪至今，这些群体已经建立了最适合他们自身目标的隔离环境（segregated settings）、教学大纲和项目设计。所有这些努力都传达了一个相同信息，即虽然在标准的基础教育产品中有一些有价值、有用和必要的东西，但是让有色人种教师和社区以一种更广泛的方式参与教学可以创造丰富的教育经验。本世纪的教师比历史上任何时候的教师都应接受更加正式的培养、获得学位和认证。虽然教师队伍仍以白人为主，但是有一批非洲裔、拉丁裔、亚裔和美国原住民教师凭借自身的传统和文化，为有效教学和学习提供了一种增值维度。鉴于当今有色人种学生和穷人所面临的教育环境充斥着不平等的现象（Kozol，1991），同时太多的有色人种学生不受学校和教师欢迎（Macedo and Bartolomé，1999），很明显，我们仍未以一种有助于解决问题的方式完全认可和赋权于有色人种教师。

（柳叶青　译）

参考文献

Adams, D. (1988) Fundamental considerations: the deep meaning of Native American schooling, 1880 - 1900. *Harvard Educational Review*, 58(1), 1 - 28.

Adams, D. (1995) *Education for extinction: American Indians and the boarding school experience, 1875 - 1928*. Lawrence, KS: University Press of Kansas.

Anderson, J. A. (1988) *The education of Blacks in the South, 1860 - 1935*. Chapel Hill, NC: University of North Carolina Press.

Banks, J., M. Cochran-Smith, M., Moll, L., Richert, A., Zeichner, K., *et al*. (2005) Teaching diverse learners. In Darling-Hammond & Bransford (ed.), *Preparing teachers for a changing world* (pp. 232 - 274). San Francisco: Jossey-Bass.

Bell, R. (1978) *Public school education of second generation Japanese in California*. New York: Arno.

Blackshear, E. L. (1969(1902)) What is the Negro teacher doing in the matter of uplifting the race? In D. W. Culp (ed.), *Twentieth century Negro literature* (pp. 334 - 338). New York: Arno.

Bond, H. M. (1934) *The education of the Negro in the American social order*. New York: Octagon Books.

Caliver, A. (1933) *Education of Negro teachers*. Westport, CT: Negro Universities Press.

Campbell, L. (1970). The Black teacher and Black power. In N. Wright (ed.), *What Black educators are saying* (pp. 23 - 25). New York: Hawthorn Books.

Chang, F. (1934) An accommodation program for second-generation Chinese. *Sociology and Social Research*, 18, 541 - 553.

Coleman, M. (1993) *American Indian children at school, 1850 - 1930*. Jackson, MS: University Press of Mississippi.

Daniels, R. (1988) *Asian America: Chinese and Japanese in the United States since 1850*. Seattle: University of Washington Press.

Darling-Hammond, L., Dilworth, M. E., & Bullmaster, M. (1996) *Educators of color* (commissioned paper). Washington, DC: Office of Educational Research and Improvement (OERI)/U.S. Department of Education.

DeLeon, A. (1982) *The Tejano community, 1836 - 1900*. Albuquerque, NM: University of New Mexico.

Deyhle, D. & Swisher, K. (1997) Research in American Indian and Alaskan Native Education: from assimilation to self-determination. *Review of Education Research*, 113 - 194.

Dilworth, M. E. (1984). *Teachers' totter: a report on teacher certification issues*. (Occasional paper of the Institute for the Study of Educational Policy No. 6). Howard University, Washington, DC: Institute for the Study of Educational Policy. (ERIC Document Reproduction Service No. ED266086).

Dilworth, M. E. (1990) *Reading between the lines: teachers and their racial/ethnic cultures*. (Teacher Education Monograph no. 11). Washington, DC: ERIC Clearinghouse on Teacher Education. (ERIC Document Reproduction Service No. ED322148).

Du Bois, W. E. B. (1935) Does the Negro need separate schools? *Journal of Negro Education*, 4(3), 328 - 335.

Ethridge, S. (1979) Impact of the 1954 Brown v. Topeka Board of Education decision on Black educators. *Negro Educational Review*, 30(3 - 4), 217 - 232.

Fairclough, A. (2004) The costs of *Brown*: Black teachers and school integration. *Journal of American History*, 91(1), 43 - 55.

Foster, M. (1994) Effective Black teachers: a literature review. In E. R. Hollins, J. E. King, & W. C. Hayman (eds.), *Teaching diverse populations: formulating a knowledge base* (pp. 225 - 241). Albany: SUNY Press.

Fultz, M. (1995a) African American teachers in the South, 1890 - 1940: powerlessness and the ironies and expectations and protest. *History of Education Quarterly*, 35(4), 401 - 422.

Fultz, M. (1995b) Teacher training and African American education in the South, 1900 - 1940. *Journal of Negro Education*, 64 (2), 196 - 210.

Garcia, M. (1981) *Desert immigrants: the Mexicans of El Paso, 1880 - 1920*. New Haven, CT: Yale University.

Garibaldi, A. M. (1986) *The decline of teacher production in Louisiana (1976 - 83) and attitudes toward the profession*. Atlanta: Southern Education Foundation (ERIC Micro film Document No. ED 268 108).

Gere, A. R. (2005) Indian heart/white man's head: native American teachers in Indian schools, 1880 - 1930. *History of Education Quarterly*, 45(1), 38 - 65. Retrieved July 18, 2005, from http://www.historycooperative.org.

Getz, L. (1997) *Schools of their own: the education of Hispanos in New Mexico: 1850 - 1940*. Albuquerque, NM.

Grant, G. & Murray, C. E. (1999) *Teaching in America: the slow revolution*. Cambridge, MA: Harvard University Press.

Groff, P. J. (1961) School desegregation and the education of Negro teachers in the south. *Journal of Teacher Education*, 12, 8 - 11.

Henry, A. (1998) *Taking back control: African Canadian women teachers' lives and practice*. Albany: SUNY Press.

Hollins, E. R. & Guzman, M. T. (2005) Research on preparing teachers for diverse populations. In M. Cochran-Smith & K. M. Zeichner (eds.), *Studying teacher education: the report of the AERA Panel on research and teacher education* (pp. 477 - 548). Mahwah, NJ: Lawrence Erlbaum Associates.

Horne, E. B. & McBeth, S. (1998) *Essies's story: the life and legacy of a Shoshone teacher*. Lincoln, NE: University of Nebraska Press.

Huntley, L. (2005) Brown v. Board of Education: message for the future. *Lessons from Brown*. Atlanta: Southern Education Foundation, 1 - 18.

Institute of Government Research in Administration (1928) *The Problem of Indian Administration* (Merriam Report). Retrieved October 9, 2005, from http://www.alaskool.org/native_ed/research_reports/IndianAdmin/Indian_Admin_Problms.html

Irvine, J. J. (1999) The education of children whose nightmares come both day and night. *Journal of Negro Education*, 68(3), 244 - 253.

Johnson, C. (1930) *The Negro in American civilization*. New York: Henry Holt.

Johnson, S. M. (1990) *Teachers at work: achieving success in our schools*. New York: Basic Books.

Kitano, D. & Daniels, R. (2001) *Asian Americans: emerging minorities*. Upper Saddle River, NJ: Prentice Hall.

Kozol, J. (1991) *Savage inequities: children in America's schools*. New York: HarperCollins.

Ladson-Billings, G. (1994) *Dreamkeepers: successful teachers for African American children*. San Francisco: Jossey-Bass.

Lomawaima, K. T. (1993) Domesticity in the federal Indian schools: the power of authority over mind and body. *American Ethnologist*, 20(2), 227 - 240.

Lomawaima, T. (1995) Educating Native Americans. In J. A. Banks & C. A. M Banks (eds.), *Handbook of research on multicultural education* (pp. 331 - 347). New York: Macmillan.

Louis, K. K. (1932) Program for second generation Chinese. *Sociology and Social Research*, 16, 455 - 462.

Lynn, M. (2002) Critical race theory and the perspectives of Black men teachers in the Los Angeles public schools. *Equity & Excellence in Education*, 35(2), 119 - 130.

Mabee, C. (1979) *Black Education in New York State: from colonial to modern times*. Syracuse, NY: Syracuse University Press.

MacDonald, V. M. (ed.) (2004) *Latino education in the United States: a narrated history from 1513 - 2000*. New York: Palgrave.

Macedo, D. & Bartolomé, L. (1999) *Dancing with bigotry: beyond the politics of tolerance*. New York: Palgrave.

McWilliams, C. (1943) *Brothers under the skin*. Boston: Little, Brown and Co.

Montera Sieburth, M. and Perez, M. (1987) Echar pa'lante, moving onward: the dilemmas and strategies of a bilingual teacher. *Anthropology and Education Quarterly*, 18, 180 - 189.

Moore, J. (1999) Leading the race: the transformation of the black elite in the nation's capital 1880 - 1920. Charlottesville, VA: University Press of Virginia.

Morimoto, T. (1997) *Japanese Americans and cultural continuity: maintaining language and heritage*. New York: Garland.

Myrdal, G. (1944) *An American dilemma: the Negro problem and modern democracy*. New York: Harper & Row.

Nieto, S. (1994) Lessons from students on creating a chance to dream. *Harvard Educational Review* 64, (4) 392 - 426.

Nieto, S. (1998) Fact and fiction: stories of Puerto Ricans in U.S. schools. *Harvard Educational Review*, 68(2), 133 - 163.

Pang, V. O. & Sablan, V. A. (1997) Teacher efficacy: how do teachers feel about their ability to teach African American students. In M. E. Dilworth (ed.), *Being responsive to cultural differences: how teachers learn* (pp. 39 - 58). Thousand Oaks: Corwin Press.

Reyhner, J. & Eder, J. (2004) *American Indian education: a history*. Norman, OK: University of Oklahoma Press.

Rios, F., McDaniel, J., & Stowell, L. P. (1998) Pursuing the possibilities of passion: the affective domain of multicultural education. In M. E. Dilworth (ed.), *Being responsive to cultural differences: how teachers learn* (pp. 160 - 179). Thousand Oaks, CA: Corwin Press.

Rong, X. L. & Preissle, J. (1997) The continuing decline in Asian American teachers. *American Educational Research Journal*, 34(2), 267 - 293.

Rury, J. L. (1983) The New York African free school, 1827 - 1836: conflict over community control of Black education. *Phylon*, 44(3), 187 - 197.

San Miguel, G., Jr. (1987) "*Let them all take heed:*" *Mexican Americans and the campaign for educational equity in Texas, 1910 - 1981*. Austin, TX: University of Texas Press.

San Miguel, G., Jr. & Valencia, R. R. (1998) From the Treaty of Guadalupe Hidalgo to Hopwood: the educational plight and struggle of Mexican Americans in the Southwest. *Harvard Educational Review*, 68(3), 353 - 412.

Sedlak, M. & Schlossman, S. (1987) Who will teach? Historical perspectives on the changing appeal of teaching as a profession. *Review of Research in Education*, 14, 93 - 131.

Siddle Walker, V. (2005) Organized resistance and the Black educators' quest for school equality, 1878 - 1938. *Teachers College Record*, 107(3), 355 - 388.

Svensrud, M. (1932) Attitudes of the Japanese towards their language schools. *Sociology and Social Research*, 11, 259 - 264.

Szasz, M. C. (1999(1974)) *Education and the American Indian: the road to self-determination since 1928*. New Mexico: University of New Mexico Press.

Tillman, L. (2004) (Un)Intended Consequences? The impact of the Brown v. Board of education decision on the employment status of Black educators. *Education and Urban Society*, 36, 280 - 303.

Tippiconnic, J. (2000) Reflecting on the past: some important aspects of Indian education to consider as we look toward the future. *Journal of American Indian Education*, 39(2), 39 - 48.

Tom, K. F. (1941) Function of Chinese-language schools. *Sociology and Social Research*, 25(7), 557 - 571.

Tsuboi, S. (1926) Japanese language school teacher. *Sociology and Social Research*, 11, 160 - 165.

Valencia, R. (2005) The Mexican American struggle for equal educational opportunity in Mendez v. Westminster: helping to pave the way for Brown v. Board of Education. *Teachers College Record*, 107(3), 398 - 423.

Weinberg, M. (1997) *Asian-American education: historical background and current realities*. Mawah, NJ: Lawrence Earlbaum.

Witmer, L. (1993) *The Indian Industrial school: Carlisle, PA*. Carlisle, PA: Cumberland County Historical Society.

Zumwalt, K. & Craig, E. (2005) Teachers' characteristics: research on the demographic profile. In M. Cochran-Smith & K. M. Zeichner (eds.), *Studying teacher education: the report of the AERA Panel on Research and Teacher Education* (pp. 111 - 156). Washington, DC; Mahwah, NJ: Lawrence Erlbaum.

26. 下一代教师：谁入行，谁留任，为什么？

苏珊·穆尔·约翰逊(Susan Moore Johnson)
哈佛大学教育研究生院(Harvard Graduate School of Education)

苏珊·M. 卡尔多斯(Susan M. Kardos)
独立研究人(Independent Researcher)

445 20 世纪 60 年代以前，教师职业对男性而言主要是他们进入其他工作领域的一个过渡，女性在结婚和生育子女之后便会离职(Lortie, 1975)。对女性而言，离职并不是一个特别艰难的选择，因为一旦结婚或怀孕，许多学区都会要求她们辞职。然而，随着 20 世纪 50 年代教师需求的增加和对女性教师的约束政策的放宽，教师队伍渐趋稳定。20 世纪 60 年代末和 70 年代初，公立学校雇用了第一批将教师职业作为终身职业的教师(Grant and Murray, 1999; Rury, 1989; Spencer, 2001; Teacher Quality Clearinghouse)。

然而，自 2000 年开始，分析家预见到教师队伍将会再次改变。赫萨(Hussar, 1999)预计到 2010 年共需雇用 2 200 000 名新任教师。2001 年，超过三分之一的教师已有超过 20 年的教学经验(National Education Association, 2003)，并且将很快面临退休。2005 年对全美公立学校教师的调查结果进一步证实了这种持续变化的预测，40%的被调查者说他们在 2010 年将不再继续从教(Feistritzer, 2005)，该比例在高中阶段更高(50%)。鉴于 27%的调查者已经从教 25 年以上，因此即将退休人员的比例能够解释大部分的预计流失率。然而，教师队伍老龄化带来的不仅仅是退休问题。

20 世纪 60 年代末和 70 年代初雇用的那一代教师面临着退休，但是他们却仍是教师队伍的主体(Wirt, 2000)。20 世纪 80 年代，由于教师的高流失率和学生入学人数减少，20 世纪 80 年代和 90 年代受雇用的教师越来越少。从 2001 年起，鉴于大量的资深教师面临退休，各学区开始积极招募和雇用下一代教师。教师队伍的资历状况越来越趋向于由两组截然不同的群体构成的 U 形模式，两边分别是离职教师和入职教师，中间是相对较少的在职教师(Johnson and The Project on the Next Generation of Teachers, 2004; National Education Association, 2003)。这两个组的群体的关注和期望存在差异，研究者将这两个峰值之间的低谷称作“代沟”(Johnson and The Project on the Next Generation of Teachers, 2004)。

最后一波大规模招聘浪潮之后的四十年间，教师队伍已经发生翻天覆地的变化。由于移民人数不断增长，出生率越来越高，以及采取了为更大范围的学生改善教育的政策(尤其是那些来自低收入社区的学生、残疾学生和英语学习者)，与以往相比，今天的学校要服务于更多且更加多样化的学生群体。总之，州和联邦政策不断要求教师不
446 仅要服务于所有学生，还要帮助他们获得成功。根据《不让一个孩子掉队法》(NCLB)的规定，如果薄弱学校不能取得持续进步，它们将面临前所未有的制裁(或处罚)。

鉴于大量研究表明教师是影响学生学习最重要的因素，对公立教育的新要求加剧了对教师质量问题的担忧（Haycock，1998；McCaffrey *et al.*，2003；Sanders and Rivers，1996）。然而，由于教师队伍中即将退休的人员数额庞大，目前还不清楚公立教育能否吸引和留住一批新的技能娴熟且致力于满足学校各种需求的教师。许多潜在教师之前从未考虑进入教师行业（公共议程（Public Agenda），2000），因此这些入职人员的流失率出奇地高（Ingersoll，2001a）。本文中我们将考察有关新一代教师的情况，当前的裁员模式如何削弱教师队伍的稳定性，有哪些因素影响新任教师的职业决定，以及有哪些改革措施正在支持和留住他们。

不同的劳动环境

35 至 40 年前的教师劳动力市场与现在十分不同。以往，对构成教育领域传统劳动力储备的女性和有色人种而言，其他的职业领域或暗或明地将他们拒之门外。这群受过良好教育的员工在教室里会对自己的才能和知识有所保留，因为如果他们被雇用到其他领域工作的话，他们将有更高收入，因此他们逐渐被理解为公共教育的“隐性补贴”（hidden subsidy）。与此同时，即便教师工作报酬相对较低且隐含着其他方面的不平等，政客们也称赞公共服务是受人尊敬的工作，教师具有一定的社会地位。此外，四十年前，长期的职业生涯是一种社会常态。无论个体进入银行、会计和护士行业，他们一生通常只选择一个职业，并只为一个组织工作。因此，这群即将退休的教师通常是在默认的情况下选择教师职业，他们从未认真权衡过其他工作的利弊。他们之中的大多数人将终身奉献于教室。

沿着上述思路审视今天的教师行业，不免发现它面临着非常不同的劳动环境。从工程到医药再到企业和财务，所有的职业都向人们开放。事实上，今天许多职业都积极招募的最佳候选人，在 1970 年以前是被它们排除在外的。因此，即便人们预期大量的女性和有色人种会进入教师行业，教师职业也只是他们众多的就业选择之一。与教师职业相比，新的就业机会具有一定的优势。例如，律师事务所、建筑公司和广告公司通常提供比学校更加舒适和更具吸引力的工作环境，且常常为员工提供更多工作支持。与从事教师职业相比，这些员工可以获得更多薪酬，而且随着时间的推移他们可以赚到的工资将远远高于教师职业可支付的标准薪资（Allegretto *et al.*，2004）。另外，其他工作的高薪前景也会给从业者带来教师职业所没有的社会地位。同时其他领域能在较短时间内给求职者提供扩展责任和得到认可的可能性。

从长远的角度来看，学校人事将面临的更加复杂的挑战源于人们对职业本质期望的转变。长期的职业生涯曾经是社会常态，现在却不太常见。根据最近一项研究，美国人平均 32 岁时已经在 9 家公司工作过（Editors，2000）。因此，没有人可以确定那 447
些进入教师职业的人能够在这一行一直工作 35 年直到退休。鉴于工作环境的竞争力和吸引力——更加舒适和更具支持性的工作场所、更高的报酬和地位、更多的晋升机会——以及人们对长期职业生涯的承诺减少，公立学校不可能招募到同样技能娴熟和意志坚定的队伍来取代即将退休的那代教师。

新一代教师

鉴于上述背景，我们对当前教师行业的新成员有哪些了解呢？首先，与以往相比，目前雇用的这群教师年龄和经验差异性更大。大部分即将退休的教师在他们大学毕业后就迅速进入教师行业，其数量远远多于在职业生涯中期选择教职的新一代教师的数量。1999 年至 2003 年，研究者对 7 个州（加利福尼亚州、弗罗里达州、马萨诸塞州、密歇根州、北卡罗莱纳州、新泽西州、华盛顿州）入职一年和两年的教师进行的随机抽样调查表明，大部分年龄在 35 至 38 岁的新任教师在职业生涯中期入职（Kardos，2004；Kauffman，2005；Liu，2004）。在这些调查中，职业生涯中期入职的新成员占新任教师的比例处于 28％（密歇根州）至 47％（加利福尼亚州）之间。这些半路出家的新任教师给教师职业带来了一系列不同的技能、经验和期望（Johnson *et al.*，2005；Johnson and The Project on the Next Generation of Teachers，2004）。与那些将教师作为第一职业，直接从做学生过渡到教学生的人不同，半路出家的教师已经有相当长一段时间远离学校，并在可能比学校提供更多支持和收入的其他类型的环境中工作过。这些半路出家的教师通常具有监督责任和团队合作经验。他们在职业生涯中期选择教师职业，主要是因为不满于自己之前工作所要秉持的价值观和提出的要求；对他们而言，教师职业提供了更加有意义的工作承诺（Feistritzer，2005；Johnson *et al.*，2005）。许多人把在以往作为化学家、工程师和记者的工作经历中得到的知识、技能和经验带入教师职业。通常，这些已为人父母的教师比第一份职业便选择教职的同行更有信心扮演好教师的权威角色。尽管并非所有人均承诺要长期留在教师行业，但至少其中的许多人有此意向（Johnson *et al.*，2005）。

相反，将教师作为第一份职业的入职者，都是在其他工作和组织中缺乏经验的年轻人。尽管许多人立志成为教师，并期待在教室里度过漫长的职业生涯，但是更多的人都只是将从事教师职业作为一份暂时的工作（Peske *et al.*，2001）。他们将教学理解为一种探索。如果获得成功，便会留下；如果失败，便会离开（Johnson and Birkeland，2003）。其他人则计划着短期从事教师职业，在进入其他行业之前先在公共教育中服务几年（Peske *et al.*，2001）。将教师作为第一份职业的入职者，充分意识到，教师职业得不到公众支持，而且教学的日常工作要求很高，他们能够在其他领域挣更多钱。他们不确定自己是否会对教师的工作条件感到满意，也不确定自己能否成功教授学生。

今天的新任教师以不同的培养水平进入学校。一些人主修过他们即将教授的学科，并且完成了本科或研究生教育，包括在有经验的专家教师指导下长期进行教学实习。其他人则通过替代路径进入教师行业。目前几乎所有州都认可和资助替代性认证项目，未来教师们在暑期学校接受 5 至 8 周的课程学习和兼职教学实习之后便可以得到一个临时认证(Feistritzer and Chester，2003)。这些快速通道项目通常是为了那 448
些准备半路出家的教师迅速进入教室而设计的。除了传统培养和替代培养的入职者，有许多新任教师并没有接受过正式培养。尽管《不让一个孩子掉队法》(NCLB)的规定，使学区越来越难招聘到具有应急认证资格的教师，但是此做法在许多学区仍然存在，因为完全认证合格的教师并不是随时都可获得的。因此，目前进入学校的新任教师的培养水平存在较大差异。

作为一个群体，新任教师的期望、经验和培训相差很大。然而，教师所在学校却是非常类似的——扁平组织，大部分教师独立工作，直接向一到两位管理者报告。与那些半路出家的教师所了解的更加复杂和多样化的工作场所相比，学校结构不太灵活，很少重组以回应新的要求并且效率低下。大多数新任教师继续在“蛋箱式”(egg-crate)的学校中工作，他们被分配到单独的教室，整个学年独自负责教授一群学生。可以预见的是，在职业生涯的第一天和最后一天他们都将以同样的方式工作。薪资是可以预测的，因为学区内所有教师都是根据单一的薪资标准获得报酬，对那些获得高学历和年复一年从事教学的教师并没有太高的补偿。除非他们承担额外的任务，如成为运动教练和学生俱乐部赞助商，否则大多数学区的教师从不期待自己能够比其他同等学历和工龄的同事挣得更多。

越来越多的证据表明，“蛋箱式”的学校不再有效，即便它们曾经确实发挥过作用。那些被证明能为所有学生进行教学改进的学校，倾向于更加灵活、更积极地回应需求并基于团队开展工作(Rosenholtz，1989)。学校分配领导权时，更善于利用拥有更多专长、专业知识和技能的教师(Elmore，2004a)。这些学校有一套连贯的课程，而且在全校范围内表现出一致的教学实践(Abelmann and Elmore，1999；Elmore，2004b)。它们提倡积极的学生行为规范和教师专业实践规范，并在各方之间建立信任关系(Bryk and Schneider，2002)。它们有深思熟虑的策略来促进新任教师社会化和支持新任教师，而不是任由新任教师自生自灭(Berry *et al.*，2002)。由于教师队伍大范围的人员流动和新入职教师各种不同的需求和经验，上述学校正是今天所需要的学校类型。尽管对即将退休的那代教师而言，学校基本上能满足他们的期望，但是早期对当前新任教师的研究表明，许多新任教师对学校并不满意，而且他们也有其他的工作选择(Boston Plan for Excellence，2005)。

教师流动

在过去的四十年时间里，教师流动只是学校管理者和决策者所考虑的一个次要问题。然而，自2000年起，越来越明显的一个趋势是学校不能再像从前一样能留住教师。当前教师留任已经取代教师招聘成为许多州和学区关心的首要问题（National Commission for Teaching and America's Future，2003），与此同时，教师高流失率也带来了史无前例的巨大成本开支——财政成本、教学成本和组织成本。

研究者们用"流失"（attrition）一词来描述教师从教学岗位离职，用"迁移"一词来（migration）描述教师从一个学区或学校调到另一个学区或学校。"流动"（turnover）是
449 一个适用于二者的涵盖性术语（Ingersoll，2001b）。政策会对流失和迁移产生不同影响。例如，一名旨在维持全州教师队伍规模的州级官员，会更加关注流失率的上升，而不是高迁移率。一名地方学校官员更有可能关注教师从一个学区迁移到另一个学区的原因，而一名学校校长则会注意学校之间的教师流动。对那些学校内部工作人员而言，迁移和流失所带来的后果是一样的。无论教师是完全离职还是转到其他镇上的学校，这种流失都会破坏连续性并带来新的需求。教师流动的代价太高，而且会影响学校、学区和州的正常运作。

目前，教师流动率相对较高，并且会持续增长。最近的2000—2001年全国教师流动数据表明，公立学校中有7.4%的教师离职，有7.7%的教师调到其他学校，教师总的流动率达15.1%，这比十年前上升了2至3个百分点。非西班牙裔教师中的白人教师（7.5%）、西班牙裔教师（7.5%）、非西班牙裔教师中的黑人教师（7.4%）三组之间的流失率基本一致。但是这三组的迁移率稍有不同：非西班牙裔教师中有7.6%的白人教师换了学校，与之相比，非西班牙裔教师中有8.3%的黑人教师，以及7.1%的西班牙裔教师换了学校。自称是美洲原住民和阿拉斯加原住民的教师与其他组的流失率相似（7.5%），但是其迁移率要大大降低（4.7%）。亚裔/太平洋岛屿美国教师流失比例更低（2.1%），但迁移率倒比其他组高得多（16.2%）（Luekens *et al.*，2004）。

英格索尔（Ingersoll，2001b）发现，1991年退休教师只占所有离职教师的12.3%，到了2001年，退休教师则占所有离职者的27%。费斯特伊泽（Feistritzer，2005）的研究数据表明，至少在2010年以前由于退休而产生的流动率有可能继续上升。然而有证据表明，现今的新任教师在职业生涯早期便会离职。最近的分析（Luekens *et al.*，2004）表明，从1999年至2000年，在四个年龄组中30岁以下的教师最不可能继续留在学校。波士顿公立学校（Boston Public Schools）报告称三年内他们失去了一半的新任教师（Boston Plan for Excellence，2005）。如果其他学区也有同样的流失率，那么离开学校的新任教师的比例可能比退休教师的比例高。

值得一提的是，学科和学校之间的教师流动率分布并不均衡。研究者发现，数学、科学和特殊教育的教师比其他学科教师的流动率更高，尽管这些研究使用不同的数据集，但是它们报告的结果相一致（Ingersoll，2001b；Kirby *et al.*，1999；Murnane *et al.*，1991）。尽管来自学区的轶事性报道表明不同学科领域的教师任用情况仍然是非常困难的，但是当前仍极少有研究说明各个学科的教师流动率。

那些有高教师流动率的学校，通常服务于低收入社区。英格索尔（Ingersoll，2001b）报告说，在1990—1991年的公立学校之中，那些服务于极端贫困社区的学校，其教师平均流动率（15.2%）要比服务于那些不太贫困社区的学校的教师流动率（10.5%）高。同样地，招收更高比例少数族裔学生的学校拥有更高的教师流动率。吕肯斯等人（Luekens *et al.*，2004）报告说，在招收少数族裔学生超过35%的学校，教师离职率达16.8%；招收少数族裔学生比例在10%至35%之间的学校，教师离职率达14.7%；招收少数族裔学生低于10%的学校，教师离职率达13.5%。哈努谢克等人（Hanushek *et al.*，2004）报告称德克萨斯州的学校存在类似的情况，他们发现学生的 450
州测试成绩处于最后15%的学校，年度教师流动率达20%，而学生成绩达到平均分的学校，教师流动率是15%。这些研究综合表明，"学校有越多成绩较差、来自低收入家庭和少数族裔的学生，就越可能在每年拥有不同的职员，与那些学生成绩好、来自富裕家庭和白人占主导的学校相比，这些学校的学生更可能由大量经验不足的教师教授"（Johnson *et al.*，2005：6）。然而，目前来自这个方向的研究还不明确，教师是因为那些低收入家庭、成绩差和少数族裔的学生离职，还是因为学校招收了这些学生以至于无法支持有效教学和学习才选择离职。

留任为什么重要？

目前许多关注教师质量的人都在批判为教师高留任率所做的努力。显然，如果低效的教师被鼓励留下来，那么学校将无法改进，许多分析家指出100%的留任率并不是一个明智的目标（Ballou and Podgursky，1997；Guarino *et al.*，2004；Hanushek *et al.*，2004）。然而，基于教师测试分数的证据表明，人员流动较大的学校失去的往往是能力更高的教师，而不是能力较差的教师（Lankford *et al.*，2002；Murnane and Olsen，1989；Podgursky *et al.*，2004；Stinebrickner，2001）。如果要提高教师队伍质量，特别是低收入和成绩较差学校的教师质量，政策和实践必须为优秀教师提供支持和增援，并及时解雇那些不合格教师。

财政成本

虽然研究者们已经开始记录人员流动的巨额成本，但是他们的记录方法与结果各不相同。大部分成本计算都包括招聘、雇用、入职培训、专业发展、人员顶替费用和离职补偿费用（如失业津贴）等人事费用。也有一些将教师培养的投资损失包括在内。此外，从州、学区或者学校角度来评估成本也会对成本计算产生影响。学区在新任教师身上投入最多，当他们离职时学区损失最大，因此对学区而言，教师的人均流动成本往往最高。德克萨斯教育研究中心（The Texas Center for Educational Research，2000）发现，每位教师的流动成本从354.92美元（流动率较低和招聘问题较少的学区）

到 5 165.76 美元(流动率较高的学区)不等。2003 年,芝加哥当代改革社区组织协会(Chicago Association of Community Organizations for Reform Now, ACORN)进行的一项研究中,运用三种模型对 64 所小学的教师流动成本进行了计算:第一种基于学校汇报的成本,估计流动成本占离职教师工资的 20%(10 329.00 美元);第二种使用行业模型,估计流动成本占离职教师工资的 150%(77 470.50 美元);第三种,估计平均每位教师的流动成本是全州范围内每位教师教育培养费用的 2.5 倍(63 689.00 美元)。伯克兰和柯蒂斯(Birkeland and Curtis, 2006)考察了波士顿公立学校招聘、雇用、提供专业发展和处理新任教师离职问题的成本。他们发现入职一年教师的重置成本是 10 547 美元,入职两年教师的重置成本是 18 617 美元,入职三年教师的重置成本是 26 687 美元,每年的增长幅度主要取决于该学区对教师专业发展的投资。卓越教育联盟(Alliance for Excellent Education, 2005)近期的一项分析报告指出,据"保守"估计,每年全国教师流动成本达 22 亿美元,加上教师迁移成本之后,总额将达 49 亿美元。

教学成本和组织成本

451 除了上述财政成本,教师流动也会带来教学成本和组织成本。研究表明在经过最初几年后,新任教师的教学将获得提升(Ballou and Podgursky, 1998; Hanushek *et al.*, 2004; Murnane and Phillips, 1981; Rockoff, 2003)。因此,当学校失去他们时,也就失去了对新任教师入职培训的投入。学校往往让更多的新手来填补空缺,这就意味着他们不太可能在一定时间内提高教学质量。当教师们"在胜任教学工作以前便不断地离开学校,那么,学生就会由一连串经验不足的教师来教授"(Johnson *et al.*, 2005: 7)。此外,如上所述,由于素质最高的教师离职比例要远远高于素质较低的教师离职比例,这又增加了教学成本。

1999—2000 年度和 2002—2003 年度在费城进行的一项流动率研究(Neild *et al.*, 2003)表明,服务于最贫困社区的学校最难留住教师和填补职位空缺。作者确定这种流动会带来影响深远的组织成本,并指出它会"阻碍连贯的教育项目、公共知识和员工凝聚力的发展"(p. 14)。因此,当一名了解课程和社区的教师离开,并由一名必须从头开始的新任教师接任时,对学生而言是一种损失。同时,教师们和管理者也会失去一位与其拥有积极专业联系或者被期望成为全校领导者的同事。学校必须投入宝贵的时间和资源去寻找一位替代者,并且重建共享的实践。

教师为什么离开?为什么留下?

长期以来,教师们所提出的离职原因大致相同。一是工资低,二是对工作条件不满意。然而,在教师的职业决策中这些因素并不是相互独立的,例如教师们常常说工作条件差会加剧他们对工资的不满。将低工资和不合格的工作条件结合起来,会强化教师职业缺乏社会地位这一现象。教师们很少将离职归因于单一因素,而是会列举出工资不高,难以接受工作条件和地位低下等一系列综合因素。后续的讨论评述了教师职业决策中工资和不同方面的工作条件所扮演的角色。

工资

未来教师和现任教师们常常将工资作为阻碍他们进入或留在教师行业的一个因素。尽管政策分析家在教师工资与其他领域工资相比是否相对较低这一问题上存在争议,但是有证据表明工资是与不入职、不满意、迁移和流失相关的一个因素。也有一些证据表明,教师会被那些提供更高工资的学区所吸引。

教师的工资过低吗?

大多数研究者发现,教师收入要低于同等受教育程度其他行业雇员的收入,且二者之间的差距正在逐步扩大。例如,《教育周报:质量分析》(*Education Week/Quality Counts*)(Olson, 2000)进行的一项分析表明,1994 年拥有学士学位教师的收入要比同等学位非教师的收入少 11 035 美元(以 1998 年的美元汇率来计)。到 1998 年,这一差 452
距达到 18 000 美元。拥有硕士学位的教师与非教师之间的收入差距更加显著,1994 年(12 918 美元)与 1998(24 684 美元)年之间的收入差距翻了一番。同样地,亨克等人(Henke *et al*., 2000)对拥有学士学位的被试者在五年全职工作之后的收入进行追踪调查,发现教师收入要低于其他专业人员的收入。洛布和赖宁格(Loeb and Reininger, 2004)对使用全国范围数据的研究进行文献综述,得出"教师收入接近社会工作者、牧师和文职人员的收入。律师、医生、科学家和工程师要挣得更多,经理、销售人员和金融工作者也是如此"(p. 40)。阿莱格雷托等人(Allegretto *et al*., 2004)比较那些需要同等技能水平和具有同等市场价值雇员的周薪时,也得出类似结论。据其统计,教师每周平均比其他群体的综合收入少 12%。

那些得出明显不同结果的报告,通常是只以合同规定的教师在校工作时间来进行计算的。使用这种方法,维德(Vedder, 2003)得出的结论是:教师收入要比其他同等受教育水平雇员多很多,例如建筑师、机械工程师和土木工程师、护士。与维德的结论不同的是,大多数研究者会考虑教师的额外教学准备时间,并得出教师收入过低的结论。

收入如何影响教师的职业决策?

一些证据表明,许多未来教师因为收入较低而从未入职(Public Agenda, 2000),而且有一种普遍信念是,解决教师质量与短缺问题的最好办法是大幅提高全体教师收入(Moulthrop *et al*., 2005)。然而,需要进一步了解收入是如何影响当前教师职业决策的。

经济学家研究了不同收入水平对教师决定接受学区的第一份工作或者从一个学区转到另一学区所产生的影响。巴卢和波德古尔斯基(Ballou and Podgursky, 1995)对一份 1972 年全国范围高中毕业班级的数据进行分析发现,提高某一学区内所有教师收入能够使该学区吸引更多所教班级测试分数较高的教师。同样地,菲格里奥(Figlio, 2002)推断教师收入更高的学区能够吸引更多毕业于名牌学校的教师。兰克福德等人(Lankford *et al.*, 2002)分析了纽约教师的雇用记录,发现当教师转移到一个新学区时,他们的收入会提高 4%至 15%,这表明教师迁移受到高薪资的影响。

正如研究发现更高的薪资可以吸引教师一样,在留住教师上高薪同样起作用,特别是在教师职业早期。道尔顿和冯·德·克劳(Dolton and von der Klaauw, 1995)研究了英国地区将教师职业作为首份职业选择的教师,发现 10%的加薪与五年后离职率减少 9%在概率上是相关的。同样地,默南等人(Murnane *et al.*, 1991)发现北卡罗莱纳州和密歇根州的教师,在收入相对较高的学区工作的教师要比在低收入学区工作的教师留在这一行的时间更长。斯坦布里克纳(Stinebrickner, 2001)调查了全国范围教师样本,研究发现,在教师最初 9 年内的职业决策中,高收入与更长的留任时间相关。

许多这类研究都使用平均收入来代表学区内所有教师的收入水平。然而,一些学区故意提高初任教师的工资标准以吸引新任教师,而其他学区则奖励那些长期服务的教师,并将他们置于工资标准的顶端。对于工资表上不同薪资分配方法如何影响教师决定进入或留在教师行业,我们所知甚少。

453 研究者在分析报酬影响时,常常会忽视工作条件在教师决定调走或者留任上所扮演的角色。两项研究(Johnson, 1990; Johnson and The Project on the Next Generation of Teachers, 2004)中的教师访谈表明,教师希望挣得足够多的钱以便过上一种舒适的中产阶级生活方式。年轻教师诉说他们不能支付账单或假期费用时所面临的压力,而那些更有资历的人则抱怨无力购买一栋房子或送小孩上大学。然而,在诉说收入压力的同时,许多人也会抱怨日常工作中遇到的困难。在面对不满意的工作状况时,收入因素往往更加重要。

工作条件

教师的工作场所由许多因素构成,这些因素既能使教师工作富有成效并感到满意,也能使教师经历失败和沮丧,新任教师尤为甚之。其中重要的因素包括:教学任务,与同事的工作关系,可利用的课程资源,学校组织与领导力,学生能力、态度与行为,教学设施的质量。对于不同工作环境中的个体而言,这些因素所起的重要作用各不相同。

适当且公平的教学任务

对于新任教师的满意度而言,拥有一份可控制的且在学科领域范围内的教学任务是十分关键的。质性研究表明，新任教师决定离职或转到其他学校的原因包括：过多的班级和教学负担，教学任务跨年级、学科或学校，或者教学任务不是教师学科领域范围内的(Johnson and The Project on the Next Generation of Teachers，2004)。经验更丰富的教师通常具有优先选择权，而新任教师往往被分配到剩下的一些课程或班级。考虑到大多数新任教师第一次进入课堂所面临的巨大困难，适当且公平的教学任务显然是重要的。吕肯斯等人(Luekens *et al.*，2004)对一项有关教师流失和迁移的全国范围的调查数据进行了分析，发现转到其他学校的教师中有40%的人是为了寻求更好的教学任务分配机会。在离职教师样本中，有13.1%的人表明对工作职责不满是一个“很重要”或“十分重要”的职业决策因素。

学科领域范围以外的工作任务在公立教育中很常见。全美教育协会(National Education Associaton，2003)进行的一项研究结果表明，19%的教师将教学时间花在他们所认证的学科领域范围之外。英格索尔发现，有很高比例的中学教师缺少他们所教学科(或相关科目)的主修或辅修学位，其中，有三分之一的数学教师、四分之一的英语教师、五分之一的科学教师、五分之一的社会科学教师没有修读过所教学科的相关学位(2002)。同样地，他发现有12%的独立教授小学班级的教师并没有学前教育、幼儿教育或小学教育的学位。对学科领域范围以外教学任务的批评，通常聚焦在由准备不足的教师教授学生所带来的后果方面。然而，领域范围以外的任务肯定会影响教师的自信心和满意度，这又会进一步给学生带来不良后果。

吕肯斯等人报告说，2000—2001年度有24.2%的离职教师和20.3%调换学校的
教师同意以下观点，即“我常常认为自己的教学工作量太重”(p. 21)。公众教育网络 454
(the Public Education Network)的教师调查报告表明班级规模较大“是不满意的原因，并会不断加剧不满程度”(2004：19)。鉴于早期证据表明，新任教师的职业决策将取决于他们在教授学生方面是否经历了“成就感”(Johnson and Birkeland，2003)，因而确保合理的教学任务将极大地提高教师留任的可能性。

与同事的工作关系

尽管许多即将退休的教师宁愿独立工作(Lortie，1975)，但是当今的新任教师对团队工作越来越感兴趣(Kardos，2004；Kardos and Johnson，2007)。全美教育协会(2003)每五年对教师的观点进行随机抽样调查。在1956年进行的第一次调查中，被调查者将拥有“合作性/合格的教师同伴/导师”选择为能“帮助他们教得更好”的最重要的六个因素之一。自1996年起，对教师的调查结果显示，此因素要比其他所有因素都更加重要。

由罗森赫兹(Rosenholtz，1989)、路易斯等人(Louis *et al.*，1996)、布雷克等人(Bryk *et al.*，1999)、麦克劳林和塔尔伯特(McLaughlin and Talbert，2001)、利特尔(Little，1982)、布雷克和施奈德(Bryk and Schenider，2003)开展的学校改革研究，都

表明团队工作对改善教学和促进学校改进具有重要的意义。然而,大部分新任教师报告说他们在课堂中仍处于孤立状态。对新任教师的质性研究发现,如果他们感觉到学校是这样一个地方——晋升频繁,不同经验水平的教职员工之间有双向互动,知道新任教师的需求,发展教师对学校和学生的共同责任,他们就更有可能留在教师行业和所在学校(Johnson and The Project on the Next Generation of Teachers, 2004; Kardos *et al.*, 2001)。事实上,全国范围的调查研究发现,最大程度地降低教师流失率同"建立新任教师与更有经验同行之间的协作性网络活动相关联"(Smith and Ingersoll, 2004: 704)。尽管新任教师需要团队交流,但是随机样本调查分析(Kardos, 2004; Kardos and Johnson, 2007)表明,新任教师报告说他们的工作是孤立的,常常处于独自设计教学活动和教学的状态。此外,从一开始新任教师便被期望是教学专家且具有独立性。例如,在研究的 4 个州中,约有一半(49%)的新任教师报告说他们常常独自设计教学活动和开展教学,只有 44%的教师报告说他们可以得到额外帮助(Kardos, 2004; Kardos and Johnson, 2007)。

课程资源和问责

课程是教师日常教学工作的核心(Cohen and Ball, 1996)。对于刚刚学习教学技能的新任教师而言,他们特别需要有关综合课程及课程实施的支持性资源。随着学生成绩标准和公众问责要求的提高,教师越来越期望课程能符合州级框架和评估要求。然而,近期的研究表明教师常常缺乏以上两方面的支持。

尽管研究表明教师们支持更高的标准(Doherty, 2001;Public Agenda, 2003),但有研究发现只有不到一半的教师认为他们"有'充足'可用的课程指南或教科书,以及与州级标准相匹配的其他教学材料"(2001: 45)。对 50 位马萨诸塞州教师进行的访谈
455 表明,大多数教师报告说"要么根本就没有课程——没有任何关于教什么和如何教的指引,要么就是课程只有一些主题和技能清单——只提供关于教什么和如何教的最一般的建议"(Kauffman *et al.*, 2002: 280)。教师拥有的材料通常与框架和评估不一致。2003 年,考夫曼(Kauffman, 2004)调查了马萨诸塞州、北卡罗莱纳州和华盛顿州的小学教师。大约四分之三(75.4%)的教师报告说至少在一门核心课程上他们没有得到充分的课程指导,与数学(20.5%)和语言艺术(31.7%)课程相比,这一问题在科学(56.2%)和社会研究课程(69.2%)上更甚。格罗斯曼和汤普森(Grossman and Thompson, 2004)在对新手语言艺术教师的 4 年跟踪研究中报告了同样的结果。研究表明,尽管大多数新任教师想要拥有丰富和详细的课程材料,但是他们更期望自己能灵活运用这些材料,而且厌恶那些控制他们如何去教的势力(Kauffman, 2004)。

不论学校是否提供充分和一致的课程,许多人都要求教师花费大量的时间在考试准备上,并且给他们施加要取得更高测试分数的压力(Banicky and Noble, 2001; Doherty, 2001; Olson, 2001; Wong *et al.*, 1999)。泰伊和奥布赖恩(Tye and

O'Brien, 2002)报告说，在某一个教师教育项目的毕业生中，那些离职者"将不断增加的问责压力(高风险测试、考试准备和标准)排在离职原因的首位"(p. 27)。

新任教师不仅仅在寻求关于教什么的指导，他们也需要有助于班级日常管理的教学资源。关于教师工作的质性研究和广为流传的解释反复强调，教师缺乏基本材料，如教科书、纸、铅笔、平装书、科学实验用品(Corcoran *et al.*, 1988; Johnson, 1990; Moulthrop *et al.*, 2005)。一项研究总结道，2001 年每位教师平均花费 443 美元用于购买教学资源(National Education Association, 2003: 51)，而另一份报告指出，入职一年的小学教师用于购买教学资源的平均花费更多，达到 701 美元(Quality Education Data, 2002)。

学校组织与领导力

有充分的证据表明学校支持良好教学和学习的程度各不相同，而新任教师做出是否留在学校或教师行业的决定往往取决于学校的组织和领导水平(Johnson *et al.*, 2004)。研究者常常得出如下结论：学校的成功或失败取决于校长领导力的质量(Rosenholtz, 1989; Louis *et al.*, 1996; Bryk *et al.*, 1999)。对 2003 年波士顿地区新任教师的调查分析表明，那些在 2004 年 9 月份仍返回教师职业的人"感到他们比那些第一年后就离职的人得到了更多来自校长的支持"(Boston Plan for Excellence, 2005: 5)。吕肯斯等人(Luekens *et al.*)对 2000—2001 年度全国教师跟踪调查数据进行了分析，发现转校教师中有超过三分之一(38.2%)的人报告说他们对"来自管理者的支持"不满意，而这是一个"很重要"或"十分重要"的离职原因。费城的一项研究也表明，新任教师会离开那些校长疏忽大意或者任意专断的学校(Useem, 2003)。

校长的重要性不仅仅体现为作为教师的直接主管，也体现为作为全校工作条件的经纪人——他们将学校工作条件和学区办公室与当地社区联系起来，在这个过程中获取资源和持续的支持，或招致反对和不正当的审查。校长通常为学校设定一种合作与自信或被指责与失败的基调(Blase and Blase, 2004; Bryk and Schneider, 2003; Drago-Severson, 2004; Murphy, 1994)。

学生

自 1975 年洛尔蒂(Lortie)的经典研究起，很明确的是，学生因素是教师工作不确 456
定性的最大根源。教师们反复报告说，他们之所以进入教师行业是因为想要"帮助年轻人学习和发展"(Feistritzer, 2005)或者"同年轻人一起工作"(National Education Association, 2003)。由公共议程(Public Agenda, 2000)进行的一项研究表明，打算继续从教的新任教师的满意度主要来源于他们相信自己能够影响学生的生活。当新任教师发现自己不能够在学生身上体验到"成就感"时，便会选择离职(Johnson and Birkeland, 2003)。

当学校面临无序或危险时，便会产生低效的教学和学习。在 2004 年由公共议程进行的一项调查中，超过一半的教师报告说自己所在的学校存在“比较严重”或“非常严重”的纪律问题。三分之一的调查者说，他们“因为学生的纪律或行为问题而认真考虑放弃教师职业”，有同等比例的人报告说他们知道一些人是因为上述原因而离职的(Public Agenda，2004：43－44)。尤西姆(Useem，2003)发现，工作满三年的费城教师样本中有 52％的人打算离职，而对学生行为不满是他们做出决定的主要影响因素。

一些学校通过下述方法来支持有效的学生工作：认可强有力的、积极的行为规范，为学生提供广泛支持，实施严密的、有效的纪律问题处理办法(Johnson and The Project on the Next Generation of Teachers，2004)。此外，研究表明学校与家长密切配合对学生和教师都会产生教学效益(Bryk and Schneider，2002；Dauber and Epstein，1993；Rosenholtz，1989)。

教学设施

教师工作场所的字面所指——教学楼和教室——会影响教师所教内容和他们的工作安全感和舒适感。破损的学校不适于教学，尽管这一点似乎显而易见，然而仍有数量惊人的学校存在设施危险和装备不良的情况，在低收入社区这种情况尤为严重(Carroll *et al.*，2004；General Accounting Office，1995；Public Education Network，2004)。

最近由施奈德(Schneider，2003)和巴克利等人(Buckley *et al.*，2004)进行的一项定性研究关注芝加哥和华盛顿地区教学设施在教师工作中所扮演的角色。教师们除了普遍对教学大楼不满以外，“超过四分之一的芝加哥教师和约三分之一的华盛顿教师报告说，由于所在学校的恶劣环境，他们正在遭受健康问题”(Schneider，2003：2)。研究者对教师的职业规划进行调查，发现“在假定其他条件不变的情况下，当教师感到学校设施的质量得到提高”时，“留任的可能性会增加”(p. 7)。尽管很少有证据表明教师离开学校仅仅是因为学校维修甚差，但卡罗尔等人(Carroll *et al.*，2004)发现这种不满确实会导致教师流失。

457 因此，一个看似简单的因素——学校大楼的维修状态——会与一些更加复杂的因素交互影响(如校长领导力的有效性或同伴工作特征)以决定工作条件的总体质量。鉴于教师对从学生身上获得成就感的高度重视，尤其值得我们关注的是妨碍良好教学的恶劣工作条件。对工作条件不满意，会加剧那些已经对低工资和低威望不满的教师的负面感受，这些因素结合起来会导致流失率增加。当即将退休的一代教师因为收入和工作环境而倍感焦虑不安时，他们除了忍受，别无选择。然而，今天的新任教师有众多职业选择，先前的证据也表明，作为一个群体，他们不愿意只是一边应付一边等待更好的时机。

优秀教师留任的可能途径

一些吸引和留住教师的方法，其效果是非常明显的。如果优秀的候选人愿意进入和留在教师行业，必须支付给他们合适的工资，而这份工资与其他类似工作领域的工资相比，要有足够的竞争力。教师的教学任务必须公平合理，可以让他们更好地运用知识和技能。在决定教什么和如何教的时候，新任教师需要与标准化评价相一致的课程，并且必须拥有课程实施的相关资源。教师能够依靠强有力的、学识渊博的合作型校长，这些校长能确保学校有序运作和提供满足学生需求的支持性服务。教师工作的大楼必须安全、整洁并拥有良好设备。这些都是基本的条件。

然而面对新一代教师，要使他们之中最优秀的人将职业生涯的大部分时间都投入到公共教育事业中的话，我们还必须做更多。考虑到他们倾向于迅速做出职业决定，必须要采取更多努力确保新任教师开始教学生涯的学校，能提供适合他们且与其专业优势匹配良好的任务。考虑到他们需要团队支持和偏爱团队工作，必须对“蛋箱式”学校进行深刻变革。鉴于新任教师期望持续的专业成长和责任扩展，因此要有序地为他们提供职业发展的新机会。考虑到他们在意业绩和工资之间的联系，应该重新修改标准工资参照表。目前，一些有希望的政策和实践正在进行中，以满足他们的这些需求。

及时和信息丰富的人才招聘

多年来，一些学区——特别是较大的学区——都是集中筛选和聘用教师，然后将他们分配到不同学校(Murnane *et al.*, 1991)。这种做法所隐含的假设是：在同一个学区内不同学校和教师职位在本质上是相同的，学校之间的人员配置是相似的。然而，今天的教育工作者认识到学校在许多重要方面都各不相同，一名只适合某所学校的教师在其他学校可能是不合适的。

有证据表明，新任教师决定是否留在这个行业往往基于他们的早期经验，许多对入行的第一所学校不满意的教师会简单地选择离职(McCarthy and Guiney, 2004)。现在越来越多的学区转而实施学校本位的聘用，这有可能使教师和学校之间更匹配，然而近期的研究表明，学校本位的招聘过程往往是延时的和不足的(Liu, 2004)。

研究表明，平均来说新任教师的聘用是延迟的。四个州的新任教师调查(Liu and
Johnson, 2006)发现，只有三分之一的新任教师在学校开学前一个多月被聘用，三分之
一的新任教师在学校开学前一个月内被聘用，三分之一的新任教师在学校开学后被聘 458
用。因此，大多数教师几乎没有时间为新的课程、课程设置和学生做准备。晚招聘在
大的城市学区尤为常见(Levin and Quinn, 2003; Useem and Farley, 2004)。2003
年，波士顿有几乎过半的新任教师在9月1日之后被聘用，只有11%的新任教师在8
月1日之前被聘用(Boston Plan for Excellence, 2005)。

除了招聘不及时以外，也可能出现“信息贫乏”的状况，几乎没有关于学校对新任教师有哪些预期，可以为新任教师提供什么，或者新任教师可以给学校带来哪些回报方面的信息交流(Liu and Johnson, 2006)。因而不可避免的是，当招聘不及时、仓促、草率实施时，得到的结果也不甚匹配。刘(Liu, 2005)发现，那些经历过“信息丰富”的招聘活动和对工作提前有充分了解的教师，在工作满意度上要高于没有这类经历的教师。

教师招聘活动正在发生很多变化，特别是在大型城市学区。这些改革旨在提高人力资源办公室的工作能力，即追踪候任教师并及时提供工作机会，简化耽误人才招聘的论资排辈的调任程序，为学校开展更有效的实地招聘做准备(Johnson and Donaldson, 2006; Useem and Farley, 2004)。

指导与支持

为新任教师提供的正式指导项目，常常可以调整教师彼此隔离的状态，同时，在新任教师入职的早期为其提供支持。分析人士认为，指导(mentoring)事实上对新任教师比较有好处(Berry *et al.*, 2002; Evertson and Smithey, 2000; Feiman-Nemser, 1996; Humphrey *et al.*, 2000; Ingersoll and Kralik, 2004; Wilson *et al.*, 2001)。因此，决策者、中央办公室管理者、学校领导者已经发起了一些指导项目来帮助新任教师入门，提高他们教学的有效性，降低他们的流失率。近期对国家教育统计中心学校和教职员工调查数据(NCES's School and Staffing Survey)进行的分析表明，过去十年内，新任教师的入职培训和指导活动已经得到极大扩展(Smith and Ingersoll, 2004)。

研究表明，在职业生涯初期接受指导的新任教师更能有效地教学(Evertson and Smithey, 2000; Feiman-Nemser, 1983; Humphrey *et al.*, 2000)，与那些没有接受指导的新任教师相比，他们也更可能留在学校或教师行业(Humphrey *et al.*, 2000; Smith and Ingersoll, 2004)。在理想的情况中，新任教师各自拥有导师，这些导师能够指导他们应对面临的各种挑战(Feiman-Nemser, 1983, 2001; Gold, 1996; Veenman, 1984)。导师能够帮助新任教师了解教什么和怎样教，并且帮助他们管理课堂和发展教授特殊学生的有效策略。在理想状况下，导师在课堂里观察新任教师，示范优秀教学，并且分析素材和观点。总之，理想的新任教师指导要聚焦于教学的核心部分：课堂教学、课程与教学计划、课堂管理(Darling-Hammond, 1999; Evertson and Smithey, 2000; Feiman-Nemser, 1983; Holloway, 2001; Humphrey *et al.*, 2000; Smylie, 1994; Wilson *et al.*, 2001)。导师也要帮助新任教师适应学校的专业实践模式，使他们适应所在学校和学生家庭的特殊文化规范(Kardos *et al.*, 2001; Villani, 2002)。

然而，指导项目的起源和设计各不相同。它们可能是全州范围、学区范围、学校本位或者非正式的(Feiman-Nemser, 2001)。一些项目是欠缺考虑的，因此难以实施、监督和评价。虽然大部分国内新任教师当前都有导师，但是大部分新任教师与导师之间是不匹配的，导师很少或从未对他们进行课堂观察，而且新任教师几乎从未与导师讨论过教学问题和教学计划(Kardos, 2004;Kardos and Johnson, 2007)。

关注指导的研究者，提醒人们要注意这样一个简单的假设观点：如果为每一位新 459
任教师安排一名经验丰富的教师作为导师的话，那么新任教师在学校的各种入门培训需求就完全能够得到满足(Johnson and The Project on the Next Generation of Teachers, 2004;Kardos, 2004;Little, 1990;Stansbury and Zimmerman, 2000)。然而，只有经过深思熟虑和认真实施的学校本位指导项目才能非常好地服务于新任教师(Berry *et al.*, 2002;Feiman-Nemser and Floden, 1986;Gold, 1996;Johnson and The Project on the Next Generation of Teachers, 2004; Villani, 2002; Wilson *et al.*, 2001)。例如，新任教师中心(The New Teacher Center)赞助了各种支持新任教师发展的举措，报告表明这些指导项目已取得明显成功(www.newteachercenter.org)。

如此看来，具有某些特征和被嵌入到特定背景中的指导项目更有可能为新任教师提供所需要的支持类型。例如，如果根据学科来配对新任教师和导师的话，这些指导项目就更容易获得成功(Smith and Ingersoll, 2004)。如果将项目置于这样一种专业文化之中——预期新任教师需要帮助，不仅鼓励他们寻求帮助，而且提供途径使他们更容易获得帮助，那么这样的辅导项目也更容易获得成功(Feiman-Nemser, 1996; Johnson and The Project on the Next Generation of Teachers, 2004;Kardos *et al.*, 2001;Little, 1990;Rosenholtz, 1989)。当新任教师在一个持续的、全面的、学校本位的入职培训项目中接受指导时，他们更有可能得到所需要的支持(Johnson and The Project on the Next Generation of Teachers, 2004)。

角色分化与职业成长

教师职业前景的停滞和不景气使很多人不愿意当教师，而现实中所有教师固定且无差别的角色迫使一些人离职。早期的研究表明，新一代教师中很少有人希望几十年内都是全职教师，即使那些预计将长期从事教育事业的人也是如此(Peske *et al.*, 2001)。然而，这些新入行者所寻求的教师角色——学术教练、团队领导者、导师、课程专家——只有在学校回应学生新需求时才会出现(Mangin, 2005; Neufeld and Roper, 2003)。

教师职业生涯阶梯(career ladders)包括优秀教师或领袖教师的区分性角色，于20世纪80年代首次被提出。尽管教师有潜能改进学校，有丰富职业生涯的极大热情(卡内基教育和经济论坛(Carnegie Forum on Education and the Economy), 1986)，但事实证明他们很难开始和坚持下去。成功地实施角色分化或提供生涯阶梯的机会需要学区建立一个可信赖和可靠的甄选过程，为首席教师或教练员设定角色和提供培训，合理安排教师时间以适应新的专业发展途径，确保持续的资助和公众支持。一些研究表明，为教师提供职业生涯阶梯对教师士气、承诺、满意度和效能感有积极影响(Ebmeier and Hart, 1992)，而其他研究报告了教师职业生涯阶梯所带来的压力增加、教师精力的误用和投机主义的负面影响(Henson and Hall, 1993)。

尽管有证据表明,执行不力的教师职业生涯阶梯会产生新的问题(Rosenholtz, 1987),但明显的是,今天有许多新任教师都希望职业生涯阶梯能够提供各种不同的角色分化。哈特和墨菲(Hart and Murphy, 1990)发现,具有高承诺感和能力的新任教师比具有低承诺感和能力的教师对职业生涯阶梯的评价更积极,这表明有效实施职业生涯阶梯可能成为吸引和留住能力较强教师的机制。

460 教师职业生涯阶梯项目有时会动摇,因为它们没有办法筛选专家教师以进行角色分化。然而,国家专业教学标准委员会(National Board for Professional Teaching Standards)——截至2005年11月,该委员会已经认证了32 000名"优秀"教师(www.nbpts.org),提供了一个无需地方赞助和政治参与的新筛选方法,在此方法下,许多州和学区可将奖金与职业生涯阶梯相整合。值得注意的是,截至2004年,该委员会认证的教师中有超过一半的人处在职业生涯初期,这表明新一代教师中有一些核心教师试图为他们的教学专长寻求认可和报酬补偿,他们也希望能影响课堂以外的教育(Berg, 2005)。

绩效工资

新任教师定期报告他们对标准化工资等级的不满。他们质疑,为什么对高效和低效的教师提供一样的工资(Johnson and The Project on the Next Generation of Teachers, 2004)。然而,像职业生涯阶梯这样的绩效工资计划却很难实施。20世纪80年代提出的计划普遍失败了,因为它们没有站得住脚的评价方法,同时资助不足,或者绩效工资仅仅变成额外工作的额外报酬(Murnane and Cohen, 1986)。新任教师对基于绩效进行奖励的薪酬计划表现出极大的兴趣,但是他们仍然怀疑是否能对绩效做出公平判断(Public Agenda, 2003)。

尽管决策者常常在没有解决20世纪80年代的失败计划所带来的难题的情况下,建议或者授权绩效工资政策,但今天的公众仍然很支持绩效工资。在全国范围内,一些学校、学区和州已经实施绩效工资计划,尽管大部分都是相对较小的项目(详见威斯康星大学的教育政策研究协会(University of Wisconsin's Consortium for Policy Research on Education):www.wcer.wisc.edu/cpre)。较大的联盟学区在设计和获得批准进行这类改革时,面临更多的难题。例如,2000年,辛辛那提(Cincinnati)通过集体协商批准了一项全面绩效工资计划。然而,这项计划两年后就被废止,在它全面实施之前教师就质疑该计划的基础——评估过程的质量(Keller, 2002)。目前,丹佛公立学校(Denver Public School)与当地教师工会联合起来实施一项薪资制度,用奖金奖励教师的各种技能和行为,包括奖励完成相关课程或学位,获得全国委员会认证,得到满意评价,在很难招到教师的学校中从教或教授某一特定的学科,所教班级和学校的学生在标准化测试中获得进步等的教师(Jupp, 2005)。完成每一项业绩都可以获得教师基本工资之外的额外收入，并且没有奖金数额和合格教师数量的限制。在 4 年的时间内，丹佛公立学校尝试和完善了这个项目，并且大多数教师投票支持该项目。2005 年 11 月，丹佛市选民批准增加财产税来支持该项目。尽管该计划实施的初步经验是鼓舞人心的（Slotnik，2005），但是还不清楚随着时间推移，这项计划能不能一直得到财务上、组织上和政治上的支持。

尽管目前还没有各方都认可的合理的学生学习测量方法，但是在理想情况下，教师绩效工资计划将取决于学生的学习证据。批评者认为标准化测试是有缺陷的，因为它们只提供有限的和容易被误导的教学和学习测量（Kohn，2000）。尽管如此，对教师绩效的"增值"评估——分析过去数年内学生的标准化测试分数（McCaffrey *et al.*，2003； 461
Sanders and Rivers，1996），提供了使教师工资最终基于学生成绩的前景（Carey，2004）。

结论

如果公立教育是为了确保所有学生都拥有有能力的和坚定的教师，那么决策者和实践者必须了解吸引和留住新一代教师所面临的巨大挑战。由于就业市场和社会的转型，再也没有稳定的有色人种和妇女作为人员供给，以取代到 2010 年的大量退休教师。现在公立学校必须与其他工作场所争夺有才华的员工，而且证据表明公立学校还不具备这种竞争力。对于今天拥有各种各样就业选择的未来教师，要谨慎地评估他们可获得的机会。他们会得到什么？他们将拥有什么样的工作环境？为了成功招募这些个体，学校必须回应他们对支持成功教学和学习的工作场所的渴望。那些进入教师行业的人，当期望多于实际时他们很可能在短时间内离职。此外，全国范围内的员工也与 30 年前的员工大不相同，他们在任何领域都不太可能承诺长期从事一种职业，学校必须改革以适应频繁入职和离职的教师。

学校是极具复原力的组织，以至于它很少发生迅速的和深刻的变革，如果可能的话，学校更有可能实行渐进的改革（Tyack and Cuban，1995）。因此，学校不太可能迅速和充分地回应当前教师劳动力市场状况或当前入职教师所优先考虑的事情。不同州、学区和学校正在实行的改革提供了希望，但是还不能确定这些学校能否实现真正意义上教育所有学生的公众目标。

（柳叶青　译）

参考文献

Abelmann，C. & Elmore，R.（1999）*When accountability knocks，will anyone answer?* Philadelphia：Consortium for Policy Research in Education：University of Pennsylvania Graduate School of Education.

Allegretto，S. A.，Corcoran，S. P.，& Mishel，L.（2004）*How does teacher pay compare? Methodological challenges and answers.*

Washington, DC: Economic Policy Institute.
Alliance for Excellent Education (2005) *Teacher attrition: a costly loss to the nation and the states*. Washington, DC: Alliance for Excellent Education.
Ballou, D. & Podgursky, M. (1995) Recruiting smarter teachers. *The Journal of Human Resources*, 30(2), 326 - 338.
Ballou, D. & Podgursky, M. (1997) *Teacher pay and teacher quality*. Kalamazoo, MI: W. E. Upjohn Institute for Employment Research.
Ballou, D. & Podgursky, M. (1998) Teacher recruitment and retention in public and private schools. *Journal of Policy Analysis and Management*, 17(3), 393 - 417.
Banicky, L. A. & Noble, A. J. (2001) *Detours on the road to reform: when standards take a backseat to testing*. Wilmington, DE: Delaware Education Research and Development Center.
Berg, J. H. (2005, April) *Board certification during teaching's second stage: professionalizing teaching through differentiated roles*. Paper presented at the Annual Meeting of the American Educational Research Association, Montreal, CA.
Berry, B., Hopkins-Thompson, T., & Hoke, M. (2002) *Assessing and supporting new teachers: lessons from the Southeast*. North Carolina: The Southeast Center for Teaching Quality at the University of North Carolina.
Birkeland, S. E. & Curtis, R. (2006) *Ensuring the support and development of new teachers in the Boston public schools: a proposal to improve teacher quality and retention*. Boston, MA: The Boston Public Schools.
Blase, J. & Blase, J. (2004) *Handbook of instructional leadership: how successful principals promote teaching and learning*. Thousand Oaks, CA: Corwin Press.
Boston Plan for Excellence (2005) *Building a professional teaching corps in Boston: survey of teachers new to the Boston Public Schools in SY2003 - 2004*. Boston, MA: Boston Plan for Excellence.
Bryk, A. & Schneider, B. (2002) *Trust in schools: a core resource for improvement*. New York: Russell Sage Foundation.
Bryk, A. S. & Schneider, B. (2003) Trust in schools: a core resource for reform. *Educational Leadership*, 60(6), 40 - 44.
Bryk, A., Camburn, E., & Louis, K. S. (1999) Professional community in Chicago elementary schools: facilitating factors and organizational consequences. *Educational Administration Quarterly*, 35, 751 - 781.
Buckley, J., Schneider, M., & Shang, Y. (2004) *The effects of school facility quality on teacher retention in urban school districts*. Chestnut Hill, MA: National Clearinghouse for Educational Facilities.
Carey, K. (2004) The real value of teachers: using new information about teacher effectiveness to close the achievement gap. *Thinking K - 16*, 8(1), 3 - 40.
Carnegie Forum on Education and the Economy (1986) *A nation prepared: teachers for the 21st century*. New York: Carnegie Forum on Education and the Economy.
Carroll, T. G., Fulton, K., Abercrombie, K., & Yoon, I. (2004) *Fifty years after Brown v. Board of Education: a two-tiered education system*. Washington, DC: National Commission on Teaching and America's Future.
Chicago Association of Community Organizations for Reform Now (ACORN) (2003) *Where have all the teachers gone? The costs of teacher turnover in ACORN neighborhood schools in Chicago*. Retrieved September 9, 2004, from http://www.acorn.org/index.php?id=315
Cohen, D. K. & Ball, D. L. (1996) Reform by the book: what is—or might be—the role of curriculum materials in teacher learning and instructional reform? *Educational Researcher*, 25(9), 6 - 8.
Corcoran, R., Walker, L. J., & White, J. L. (1988) *Working in urban schools*. Washington, DC: The Institute for Educational Leadership.
Darling-Hammond, L. (1999) *Solving the dilemmas of teacher supply, demand, and standards: how we can ensure a competent, caring, and qualified teacher for every child*. Washington, DC: National Commission on Teaching and America's Future.
Dauber, S. L., & Epstein, J. L. (1993) Parents' attitudes and practices of involvement in inner-city elementary and middle schools. In N. F. Chavkin (ed.), *Families and schools in a pluralistic society*. Albany, NY: State University of New York Press.
Doherty, K. M. (2001, January 11) Poll: Teachers support standards—with hesitation. *Education Week/Quality Counts 2001*, p. 20.
Dolton, P. & von der Klaauw, W. (1995) Leaving teaching in the UK: a duration analysis. *The Economic Journal*, 105(429), 431 - 444.
Drago-Severson, E. (2004) *Helping teachers learn: principal leadership for adult growth and development*. Thousand Oaks, CA: Corwin Press.
Ebmeier, H. & Hart, A. W. (1992) The effects of a career-ladder program on school organizational process. *Educational Evaluation & Policy Analysis*, 14, 261 - 281.
Editors (2000, January 29) The future of work: career evolution. *The Economist*, 89 - 90.
Elmore, R. (2004a) Building a new structure for school leadership. In R. Elmore (ed.), *School reform from the inside out* (pp. 41 - 88). Cambridge, MA: Harvard Education Publishing.
Elmore, R. (2004b) Doing the right thing, knowing the right thing to do. In R. Elmore (ed.), *School reform from the inside out* (pp. 227 - 258). Cambridge, MA: Harvard Education Publishing.
Evertson, C. & Smithey, M. (2000) Mentoring effects on proteges' classroom practice: an experimental field study. *Journal of Educational Research*, 93(5), 294 - 304.
Feiman-Nemser, S. (1983) Learning to teach. In L. S. Shulman & G. Sykes (eds.), *Handbook of teaching and policy* (pp. 150 - 170). New York: Longman.
Feiman-Nemser, S. (1996) *Mentoring: a critical review*. Washington, DC: ERIC Clearinghouse on Teaching and Teacher Education.
Feiman-Nemser, S. (2001) From preparation to practice: designing a continuum to strengthen and sustain teaching. *Teachers College Record*, 103(6), 1013 - 1055.
Feiman-Nemser, S. & Floden, R. E. (1986) The cultures of teaching. In M. C. Witrock (ed.), *Handbook of research on teaching* (3rd ed., pp. 505 - 526). New York: Macmillan.
Feistritzer, C. E. (2005) *Profile of teachers in the U.S. 2005*. Washington, DC: National Center for Education Information.
Feistritzer, C. E. & Chester, D. (2003). *Executive summary: alternative teacher certification: a state-by-state analysis 2003*.

Washington, DC: National Center for Education Information.

Fideler, E. F. & Haselkorn, D. (1999) *Learning the ropes: urban teacher induction programs and practices in the United States*. Belmont, MA: Recruiting New Teachers, Inc.

Figlio, D. N. (2002) Can public schools buy better-qualified teachers? *Industrial and Labor Relations Review*, 55(4), 686 - 699.

General Accounting Office (1995) *School facilities: America's schools not designed or equipped for 21st century* (No. HEHS - 95 - 95). Washington, DC.

Gold, Y. (1996) Beginning teacher support: attrition, mentoring, and induction. In J. Sikula, T. J. Buttery, & E. Guyton (eds.), *Handbook of research on teacher education* (2nd ed., pp. 548 - 594). New York: Simon & Schuster Macmillan.

Grant, G. & Murray, C. (1999) *Teaching in America: the slow revolution*. Cambridge, MA: Harvard University Press.

Grossman, P. & Thompson, C. (2004) *Curriculum materials: scaffolds for new teacher learning*? Seattle, WA: Center for the Study of Teaching and Policy.

Guarino, C., Santibañez, L., Daley, G., & Brewer, D. (2004) *A review of the research literature on teacher recruitment and retention* (No. TR - 164 - EDU). Santa Monica, CA: Rand Corporation.

Hanushek, E. A., Kain, J. F., & Rivkin, S. G. (2004) Why public schools lose teachers. *Journal of Human Resources*, 39(2), 326 - 354.

Hart, A. W. & Murphy, M. J. (1990) New teachers react to redesigned teacher work. *American Journal of Education*, 98, 224 - 250.

Haycock, K. (1998) Good teaching matters: how well-qualified teachers can close the gap. *Thinking K-16*, 3(2), 3 - 14.

Henke, R. R., Chen, X., & Geis, S. (2000) *Progress through the teacher pipeline: 1992 - 93 college graduates and elementary/secondary school teaching as of 1997*. Washington, DC: National Center for Educational Statistics, U. S. Department of Education.

Henson, B. E. & Hall, P. M. (1993) Linking performance evaluation and career ladder programs: reactions of teachers and principals in one district. *The Elementary School Journal*, 93(4), 323 - 353.

Hoff, D. J. (2001, January 11) Missing pieces. *Education Week/Quality Counts 2001*, pp. 43 - 45, 48.

Holloway, J. H. (2001) The benefits of mentoring. *Educational Leadership*, 58(8), 85 - 86.

Humphrey, D. C., Adelman, N., Esch, C. E., Riehl, L. M., Shields, P. M., & Tiffany, J. (2000) *Preparing and supporting new teachers: a literature review*. Menlo Park, CA: SRI International.

Hussar, W. J. (1999) *Predicting the need for newly hired teachers in the United States to 2008 - 09*. Washington, DC: National Center for Education Statistics, U. S. Department of Education.

Ingersoll, R. M. (2001a) *A different approach to solving the teacher shortage problem*: Seattle, WA: Center for the Study of Teaching and Policy.

Ingersoll, R. M. (2001b). Teacher turnover and teacher shortages: an organizational analysis. *American Educational Research Journal*, 38(3), 499 - 534.

Ingersoll, R. M. (2001c) *Teacher turnover, teacher shortages, and the organization of schools*. Seattle, WA: Center for the Study of Teaching and Policy.

Ingersoll, R. M. (2002) *Out-of-field teaching, educational inequality, and the organization of schools: an exploratory analysis*. Seattle, WA: Center for the Study of Teaching and Policy.

Ingersoll, R. M. & Kralik, J. M. (2004) *The impact of mentoring on teacher retention: what the research says*. Denver, CO: Education Commission of the States.

Johnson, S. M. (1990) *Teachers at work: achieving success in our schools*. New York: BasicBooks.

Johnson, S. M. & The Project on the Next Generation of Teachers (2004) *Finders and keepers: helping new teachers survive and thrive in our schools*. San Francisco, CA: Jossey-Bass.

Johnson, S. M. & Donaldson, M. (2006) The effects of collective bargaining on teacher quality. In Hannaway, J. & Rotherham, A., *Collective bargaining in education: negotiating change in today's schools*. Cambridge, MA: Harvard Education Press, 111 - 140.

Johnson, S. M., Berg, J. H., & Donaldson, M. (2005) *Who stays in teaching and why: a review of the literature on teacher retention*. Washington, DC: NRTA.

Johnson, S. M. & Birkeland, S. E. (2003) Pursuing a "sense of success": new teachers explain their career decisions. *American Educational Research Journal*, 40(3), 581 - 617.

Johnson, S. M., Birkeland, S. E., & Peske, H. G. (2005) *A difficult balance: incentives and quality control in alternative certification programs*. Cambridge, MA: Project on the Next Generation of Teachers at Harvard University.

Jupp, B. (2005) The uniform salary schedule. *Education Next* (2005, Winter), 5(2), 10 - 12.

Kardos, S. M. (2004) *Supporting and sustaining new teachers in schools: the importance of professional culture and mentoring* (unpublished dissertation). Cambridge, MA: Harvard University.

Kardos, S. M. & Johnson, S. M. (2007) On their own and presumed expert: new teachers' experiences with their colleagues. *Teachers College Record*, 109(12).

Kardos, S. M., Johnson, S. M., Peske, H. G., Kauffman, D., & Liu, E. (2001) Counting on colleagues: new teachers encounter the professional cultures of their schools. *Educational Administration Quarterly*, 37(2), 250 - 290.

Kauffman, D. (2004) *Second-year teachers' experiences with curriculum materials: results from a three-state survey*. Paper presented at the Annual Meeting of the American Educational Research Association, San Diego.

Kauffman, D. (2005) *Second-year teachers' experiences with curriculum materials: results from a three-state survey* (unpublished dissertation). Cambridge, MA: Harvard University.

Kauffman, D., Johnson, S. M., Kardos, S. M., Liu, E., & Peske, H. G. (2002) "Lost at sea": new teachers' experiences with curriculum and assessment. *Teachers College Record*, 104(2), 273 - 300.

Keller, B. (2002, May 29) Cincinnati teachers rebuff performance pay. *Education Week*, p. 5.

Kirby, S. N., Naftel, S., & Berends, M. (1999) *Staffing at-risk school districts in Texas: problems and prospects*. Santa Monica, CA: Rand.

Kohn, A. (2000) *The case against standardized testing*. Portsmouth, NH: Heinemann.

Lankford, H., Loeb, S., & Wyckoff, J. (2002) Teacher sorting and the plight of urban schools: a descriptive analysis.

Educational Evaluation and Policy Analysis, 24(1),37 - 62.

Levin, J. & Quinn, M. (2003) *Missed opportunities: how we keep high quality teachers out of urban classrooms*. Washington, DC: New Teacher Project.

Little, J. W. (1982) Norms of collegiality and experimentation: workplace conditions of school success. *American Educational Research Journal*, 19(3), 325 - 340.

Little, J. W. (1990) The mentor phenomenon and the social organization of teaching. In C. Cazden(ed.), *Review of Research in Education* (Vol.16, pp.297 - 351). Washington, DC: American Educational Research Association.

Liu, E. (2004) *Information-rich, information-poor: new teachers' experiences of hiring in four states*. Unpublished doctoral dissertation. Cambridge, MA: Harvard University.

Liu, E. (2005) *Hiring, job satisfaction, and fit between new teachers and their schools*. Paper presented at the Annual Meeting of the American Educational Research Association, Montreal, Canada.

Liu, E. & Johnson, S. M. (2006). New teachers' experiences of hiring: late rushed and information-poor *Educational Administration Quarterly*, 42(3),pp.324.360.

Loeb, S. & Reininger, M. (2004) *Public policy and teacher labor markets: what we know and why it matters* (policy report). East Lansing: The Education Policy Center at Michigan State University.

Lortie, D. C. (1975) *Schoolteacher: a sociological study*. Chicago: University of Chicago Press.

Louis, K. S., Marks, H. M., & Kruse, S. (1996) Teachers' professional community in restructuring schools. *American Educational Research Journal*, 33(4),757 - 798.

Luekens, M. T., Lyter, D. M., Fox, E. E., & Chandler, K. (2004) *Teacher attrition and mobility: results from the teacher follow-up survey, 2000 - 01*. Washington, DC: National Center for Education Statistics.

McCaffrey, D. F., Lockwood, J. R., Koretz, D. M., & Hamilton, L. S. (2003) *Evaluating value-added models for teacher accountability*. Santa Monica, CA: Rand Corporation.

McCarthy, M. & Guiney, E. (2004) *Building a professional teaching corps in Boston: baseline study of new teachers in Boston's public schools*. Boston, MA: Boston Plan for Excellence.

McLaughlin, M. W. & Talbert, J. E. (2001) *Professional communities and the work of high school teaching*. Chicago: The University of Chicago Press.

Mangin, M. M. (2005) *Designing instructional teacher leadership positions: lessons learned from five school districts*. Paper presented at the annual meeting of the American Educational Research Association, Montreal, Canada.

Moulthrop, D., Calegari, N. C., & Eggers, D. (2005) *Teachers have it easy: the big sacrifices and small salaries of America's teachers*. New York, NY: The New Press.

Murnane, R. J. & Cohen, D. K. (1986) Merit pay and the evaluation problem: why some merit pay plans fail and a few survive. *Harvard Educational Review*, 56(1).

Murnane, R. J. & Olsen, R. J. (1989) Will there be enough teachers? *The American Economic Review*, 79(2),242 - 246.

Murnane, R. J. & Phillips, B. R. (1981) What do effective teachers of inner city children have in common? *Social Science Research*, 10, 83 - 100.

Murnane, R. J., Singer, J. D., Willett, J. B., Kemple, J., & Olsen, R. (1991) *Who will teach? Policies that matter*. Cambridge: Harvard University Press.

Murphy, J. (1994) Transformational change and the evolving role of the principal: early empirical evidence. In Murphy, J. & Louis, K. S. (eds.), *Reshaping the principalship: insights from transformational reform efforts*. Thousand Oaks, CA: Corwin Press.

National Commission for Teaching and America's Future (2003) *No dream denied: a pledge to America's children*. Stanford, CA: Author.

National Education Association (2003) *Status of the American public school teacher 2000 - 2001*. Washington, DC: National Education Association.

Neild, R. C., Useem, E., Travers, E. F., & Lesnick, J. (2003) *Once and for all: placing a highly qualified teacher in every Philadelphia classroom*. Philadelphia, PA: Research for Action.

Neufeld, B. & Roper, D. (2003) Growing instructional capacity in two San Diego middle schools. Cambridge, MA: Education Matters.

Olson, L. (2000, January 13) Finding and keeping competent teachers. *Education Week/Quality Counts 2000*, pp.12 - 18.

Olson, L. (2001, January 11) Finding the right mix. *Education Week*, pp.12 - 20.

Peske, H.G., Liu, E., Johnson, S.M., Kauffman, D., & Kardos, S.M. (2001) The next generation of teachers: changing conceptions of a career in teaching. *The Phi Delta Kappan*, 83(4),304 - 311.

Podgursky, M., Monroe, R., & Watson, D. (2004) The academic quality of public school teachers: an analysis of entry and exit behavior. *Economics of Education Review*, 23(5),507 - 518.

Public Agenda (2000) *A sense of calling: who teaches and why*. Washington, DC: Public Agenda.

Public Agenda (2003) *Stand by me: what teachers really think about unions, merit pay and other professional matters*. Washington, DC: Public Agenda.

Public Agenda (2004) *Teaching interrupted: do discipline policies in today's public schools foster the common good?* Washington, DC: Public Agenda.

Public Education Network (2004) *The voice of the new teacher*. Washington, DC: Public Education Network.

Quality Education Data (2002) *QED's school market trends: teacher buying behavior and attitudes 2001 - 2002* (Press Version). Denver, CO: Quality Education Data, Inc.

Rockoff, J. (2003) *The impact of individual teachers on student achievement: evidence from panel data*. Cambridge, MA: National Bureau of Economic Research.

Rosenholtz, S. J. (1987) Education reform strategies: will they increase teacher commitment? *American Journal of Education*, 95(4),534 - 562.

Rosenholtz, S. J. (1989) *Teachers' workplace: the social organization of schools*. New York: Longman.

Rury, J. L. (1989) Who became teachers? The social characteristics of teachers in American history. In D. Warren (ed.), *American teachers: histories of a profession at work* (pp.7 - 48). New York: Macmillan.

Sanders, W. L. & Rivers, J. C. (1996) *Cumulative and residual effects of teachers on future student academic achievement* (research progress report). Knoxville, TN: University of Tennessee Value-Added Research and Assessment Center.

Schneider, M. (2003) *Linking school facility conditions to teacher satisfaction and success*. Washington, DC: National Clearinghouse for Educational Facilities.

Slotnik, W. J. (2005, September 28) Mission possible: tying earning to learning. *Education Week*, pp. 32 – 33, 40.

Smith, T. M. & Ingersoll, R. M. (2004) What are the effects of induction and mentoring on beginning teacher turnover? *American Educational Research Journal* 41(3), 681 – 714.

Smylie, M. A. (1994) Redesigning teachers' work: connections to the classroom. In L. Darling-Hammond (ed.), *Review of Research in Education*, Vol. 20 (pp. 129 – 177). Washington, DC: American Educational Research Association.

Spencer, D. A. (2001) Teachers' work in historical and social context. In V. Richardson (ed.), *Handbook of research on teaching* (4th ed., pp. 803 – 825). Washington, DC: American Educational Research Association.

Stansbury, K. & Zimmerman, J. (2000) *Lifelines to the classroom: designing support for beginning teachers*. San Francisco: WestEd.

Stinebrickner, T. R. (2001) Compensation policies and teacher decisions. *International Economic Review*, 42(3), 751 – 779.

Teacher Quality Clearinghouse. Retrieved from http://www.tqclearinghouse.org/bulletin/v2n5.html

Texas Center for Educational Research (2000) *The cost of teacher turnover*. Austin: Texas State Board for Educator Certification.

Tyack, D. & Cuban, L. (1995) *Tinkering toward utopia: a century of public school reform*. Cambridge, MA: Harvard University Press.

Tye, B. B. & O'Brien, L. (2002) Why are experienced teachers leaving the profession? *Phi Delta Kappan*, 84(1), 24 – 32.

Useem, E. (2003, March 1) *The retention and qualifications of new teachers in Philadelphia's high-poverty middle schools: a three-year cohort study*. Paper presented at the Annual Conference of the Eastern Sociological Society, Philadelphia, PA.

Useem, E. & Farley, E. (2004) *Philadelphia's teacher hiring and school assignment practices: comparisons with other districts* (research brief). Philadelphia: Research for Action.

Vedder, R. (2003) Comparable worth. *Education Next: A Journal of Opinion and Research* (Summer), 3(3), 14 – 19.

Veenman, S. (1984) Perceived problems of beginning teachers. *Review of Educational Research*, 54(2), 143 – 178.

Villani, S. (2002) *Mentoring programs for new teachers: models of induction and support*. Thousand Oaks, CA: Corwin Press.

Wilson, S., Darling-Hammond, L., & Berry, B. (2001) *A case of successful teaching policy: connecticut's long-term efforts to improve teaching and learning*. Seattle, WA: Center for the Study of Teaching and Policy.

Wirt, J. (2000) *The condition of education, 1999; indicator of the month: salaries of teachers* (No. NCES 2000 – 011). Washington, DC: National Center for Educational Statistics, U.S. Department of Education.

Wong, K. K., Anagnostopoulos, D., Rutledge, S., Lynn, L., & Dreeben, R. (1999) *Implementation of an educational accountability agenda: integrated governance in the Chicago public schools enters its fourth year*. Chicago, IL: Irving B. Harris Graduate School of Public Policy Studies, The University of Chicago.

27. 作为守门员的教师教育工作者：决定谁胜任教学

A. 林・古德温(A. Lin Goodwin)
西莉亚・奥伊勒(Celia Oyler)
哥伦比亚大学师范学院(Teachers College，Columbia University)

引言：问题的陈述

当前教师教育的环境

468 毫无疑问，教师质量问题是决策者、媒体、多数公众以及教师教育工作者目前最迫切关注的问题之一。在全国范围内的教育讨论中，关于教师质量的定义方式有很多种观点，它们不仅多样且相互冲突。我们沉浸在教师应该了解什么和能做什么、教师们应该具备哪些素养和做哪些准备、师资培养应该在哪里进行(如果可能的话)、这种培养应该包括什么或不应该包括什么的争论之中(Berry *et al.*，2004；Cochran-Smith，2001b；Cochran-Smith and Fries，2005；Lasley *et al.*，2002)。教学能力是先天的而非习得的，这一广为传播的观点激起了教学法是否必要，以及良好的教学是否主要依赖学科知识和“语言能力”等方面的热烈争论(Goldhaber and Brewer，1995；Hess，2004；Kanstroroom and Finn，1999；U. S. Department of Education，2002；Walsh，2001)。而另一些人(尤其是教育工作者)的看法是，学会教学是复杂且有难度的，需要通过正式学习和学徒制来掌握专门知识和专业的方法(Cochran-Smith，2004；Holt-Reynolds，1999；Monk，1994；National Commission on Teaching and America's Future (NCTAF)，1996，1997；Shulman，1987)。

要将有关什么是教师质量的多种观点、讨论和公共政策争论进行简单的概括和分类是有难度的。然而，所有这些争论都明显一致地将学习教学和教师评价定义为输入和输出的过程。输入包括学历和专业知识，例如平均绩点(GPA)、所修专业、学科知识、教育学知识、实践经验、教学方法；输出包括所谓的教师知识和素养指标，比如教师在测试中的表现、学生标准化考试分数、作品和工作抽样表现以及教师资格证。类似的变量被假定为质量的指标，因此大部分致力于辨别教师质量预测因素的研究集中于描述在具备资格以前(输入)教师申请者了解什么和他们具备或需要具备哪些特征和技能，以及在获得资格之后(输出)申请者做了什么和他们表现得如何(Zumwalt and Craig，2005)。

毋庸置疑，教师获得资格证之前的知识和技能与教师获得资格证之后的表现之间的关系，对于弄明白到底是何种因素使一个优秀的教师与那些不合格的教师彼此不同

至关重要。人们一直在呼吁进行此种“影响研究”，但是类似研究远不够丰富和明确 469
(Cochran-Smith and Zeichner, 2005；Zumwalt and Craig, 2005)。实际上，在教师资格证是否对学生成就有重要影响这一问题上，仍然存在不同的观点。因此，支持教师资格证和教师培养对学生成就具有积极影响的研究和学术成果，同反对此结论的报告各执一词(Darling-Hammond, 2000，2001；Darling-Hammond *et al.*, 2002；Darling-Hammond and Youngs, 2002；Fetler, 2001；Goldhaber and Brewer, 2000；Walsh, 2001；Wilson and Youngs, 2005；Zumwalt and Craig, 2005)。尽管存在不同的观点，但给教师颁发教师资格证显然仍被视为一种控制谁可以进入这一职业的把关机制和衡量教师质量的一个关键指标。因此，即使那些提倡取消正式的或以高校为主导的教师培养项目的人，也暗中支持给教师颁发教师资格证，例如前教育秘书罗德·佩奇(Rod Paige)将教师资格证解释为“破碎的”(broken)，但仍建议“各州需要将它们的教师资格认证制度合理化”(U. S. Department of Education, 2002：40)。另外，2001年的《不让一个孩子掉队法》(No Child Left Behind, NCLB)(公共法107－110)在强调对优秀教师的需求时，也在很大程度上将优秀教师解释为获得国家认证的教师(Cochran-Smith, 2004)。

作为负责给申请者颁发资格证的教师教育工作者，我们一致认为教师资格证在任何教师质量的定义中都是一个重要的方面，而我们的研究也确证了如下信念：具有教师资格证的教师最终要比那些没有教师资格证而进入实践的人更胜任工作。当然，我们承认，拥有教师资格证并不意味着特定(或最低限度的)水平或培养时长，或者任何准备，因为不同的非师范教师认证路径在要求和标准方面存在着极大区别。因而，在本讨论中，我们有必要从一开始便将自己定位为曾经接触过课堂实践并参与高校主导的师资培养计划的教师教育工作者。因此，我们支持在进入课堂(和获得资格)之前进行正式的、专业性的学习，同时我们将教学视为需要特殊知识和技能的工作。因而在本文中，我们的目的不是去讨论正式教师教育的价值，我们认为它对良好的教师发展而言是必不可少的，这是我们有意隐含在本文背后的立场。然而，我们担心，仅仅依赖输入和输出对教师质量进行衡量，并未考虑到教师培养中的一个巨大困境——教师教育工作者如何知道一个职前的师范生何时准备好进入实践或获得资格证？鉴于我们的工作对教师培养具有基础意义，我们关于教师质量的观点自然包含了输入和输出之间的空间，同时我们也会追问有关教师质量的其他问题：教师教育工作者在寻找什么样的指标？在入选、修课、实习和结业期间，需要什么样的把关机制？是否存在某种特征或倾向可用于判定一个候任教师已准备好教学或能从教？

在本文中，我们从教师教育工作者的视角设法解答教师质量问题。在候任教师学习教学过程中，从哪些人可以继续留在计划中，到谁可获得资格推荐，再到谁可能需要继续获得支持和干预，以及谁应该被禁止进行教学实践等问题上，教师教育工作者均需做出决策。这些问题呈现了在通向资格证的过程中，教师教育工作者必须解决的争论和困境，它们体现了国家在有关教师质量的讨论中所漏掉的重要问题。尽管当教师们结束了自己的培养项目时，了解发生了什么是很重要的，但是我们认为，分析教师教育工作者曾经回答的“谁准备好了从教”这一问题时所进行的决策和评价是同样重要的。然而，当前几乎没有任何学术研究有助于决策者和研究者了解地方实践中将有能
470 力教师与无能力教师区分开来的惯常做法。本文关注两大领域：(1)进入教师项目的前期要求；(2)与从教准备相关的评价和支持机制。每一领域均与特定的问题相关联——谁适合从教？谁准备好了从教？这两大问题也将带领我们在不同高校背景中考察教师教育工作者作为教学专业守门员的作用。

本文开头会从历史和当下两个维度整体上描述教师教育项目在教师资格认证过程中的结构、角色和功能。接着我们呈现了当教师教育工作者做出有关候任教师是否准备好从教的决定时所遵循的实践、程序、政策和评价，以及他们在做出这些决定时所面临的困境与难题。为完成此种记录与分析，我们依靠三种资料来源：(1)过去十年间同行评审的学术研究；(2)对 12 位代表不同制度类型和地理区域的教师教育工作者进行的结构化访谈数据；(3)来自我们自己教师教育项目的案例。通过运用这些信息，我们展示了这一领域如何将我们称之为教师教育工作者的守门作用加以概念化。本文以研究建议结尾。

教师认证过程中教师教育的结构、角色和功能

对教师教育的谴责从不少见——它应该或不应该做什么，它是否应该存在(Ballou and Podgursky，2000；Berliner，2000；Hess，2004；U. S. Department of Education，2002；Walsh，2001；Weitman and Colbert，2003；Zeichner，2006)。然而，几乎从有正式的教师培养项目开始，教师许可和认证的标准与要求已经由来自学术机构之外的教育董事会和国家部门强制执行(Conant，1964；Hodenfield and Stinnett，1961；Koerner，1968；Wilson and Youngs，2005)，这一做法直到目前仍在继续(Darling-Hammond and Cobb，1995；Goodlad，1990；Tom；1996；Wayne and Youngs，2003)。实际上，考察一下当前州的认证要求，便会发现正有进行额外监管的趋势，由此“新规定表现出了前所未有的对师资培养各个方面均建立起外部控制的趋向”(Cochran-Smith，2001b：264)。因此，可以说，教师教育工作者在对那些管理教师认证的机构，而不是直接参与师资培养的机构，所制定的标准和课程大纲作出回应时，他们发现自己往往因为并非他们的工作或他们无法控制的事而遭受无谓的批评。

为什么各州的教师教育课程在结构和要求上显著相似，而在资格证提供、个人实践和标准解释方面却存在显著差异？教师教育的外部管理是其可能的原因。通常，教师培养项目包括四个部分：常识或学科知识、教育学基础、专业知识和方法，以及实习经验。但是在各州之间甚至在同一个州中，这四个部分的实施和实际执行可以有很大差别，而且往往在实际上确实存在很大差别，因为科目名称和课程说明均不能真实表

明每个院系在它们的课堂或它们的课程中实际做了什么。或许这可以解释为什么在“20世纪大部分时间里，候任教师只要完成了国家批准的师资培养课程，就有资格获得 471
资格证”，以及普遍存在的对教师教育工作者工作的不认可（Wayne and Youngs, 2003：90）。

不应该将此问题解释为对教师教育工作者或州当局部门的批评。事实上，不管教师教育被规定得多么严格，鉴于无法对教师培养项目各个方面做出详细规定，州立机构出于财政和人事考虑均不能完全做到监督每一门课程的各个方面（即使他们想要这样做）。因此，州教育部门和教师教育项目达成了明确共识——如果教师教育项目符合州颁布的培养要求，州便允诺让那些教师教育项目所推荐的人员获得资格证。实质上，教师教育工作者成为州和教师专业的守门员，他们确保获得推荐资格的候任教师符合州标准中对“质量”的要求。这意味着，当教师教育工作者参与到判定每个候任教师是否准备好从教的日常工作中时，课程必须对变化的州规定做出明确回应，反过来，当学生处于项目的不同阶段时，教师教育工作者也需要通过改变经验、要求、评价和对学生支持的方式来树立一些把关标杆。

考察守门过程：将田野数据与文献进行整合

当我们开始对守门过程的实施进行研究时，我们受到文献、材料或研究缺乏的限制，关于教师教育工作者如何在他们的项目中运用各种经验、要求、评价和对学生支持的方式等来决定谁适合从教，谁可以接受师资培养，谁已准备好从教，允许谁结束培养进入教师职业，过往的资料并不多见。过去十年，针对这一问题的文献虽然非常少，但还是在有关教师考试、基于实践的评价以及理解和推断师范生能否胜任教师工作的方法等方面提供了一些重要观点。为了扩展有关适合和准备好从教这方面的文献和描述一些典型的项目做法，并分析围绕这些做法而产生的共同问题，我们就全美的教师教育工作者所关注的课程结构、决策和实践等问题进行了12次电话访谈，这些问题均可以归为“守门过程”这一主题。尽管在设计研究时我们并未进行代表性抽样，或者说，我们所做的甚至连系统的研究项目都不是，但是我们仍遵循了三个标准确定12个项目名单：(1)关注小学教育项目，以限定我们的研究范围（考虑到我们自己的项目经验）；(2)关注地区多样性，这主要是基于我们认识到各州规定存在广泛差异，而它们又通常是适合和准备好从教之相关要求的来源；(3)关注机构类型的多样性，我们运用美国教师教育学院协会（American Association of Colleges for Teacher Education, AACTE）的分类。

表27.1描述了我们电话联系的区域和机构类型。尽管我们确实对来自纽约、新泽西州、马萨诸塞州、宾夕法尼亚州、佛罗里达州、肯塔基州、俄亥俄州、伊利诺伊州、加利福尼亚州、犹他州和阿拉斯加州的人进行了访谈，但为了履行为我们的同事保密的承诺，我们没有列出机构名称。项目规模的范围，从最小的每年认证25—30名新任教

师，到最大的每年培养几百名候任教师。访谈持续时间从 20 分钟到一个多小时不等，访谈内容主要基于我们提前发给受访者的问题单（附录）。许多同事是我们认识的人，但是考虑到机构类型（运用彼得森在线指标）或区域（运用美国教师教育学院协会的分类），我们还特地邀请了另外一些人参与访谈。

472 **表 27.1　为研究小学教育项目而电话联系的学院和大学的类型与地区**

	东北部	东南部	中部	西部	总计
大型（9 000＋）公立博士学位		√			1
大型（9 000＋）私立博士学位	√		√		2
大型（9 000＋）公立综合	√			√√	3
大型私立综合					0
小型公立综合	√				1
小型私立综合			√	√	2
私立学士学位		√	√		2
私立专业	√				1
总计	4	2	3	3	12

已经呈现出来和下面即将呈现的（与文献回顾相互交织），是对各种各样的项目实践的生动描述。其中一些项目实践受到州要求的影响，有许多项目源于参与项目的学生，还有一些则基于与学区之间存在的长期合作关系，另一些则归于更广泛的高校组织结构，有少数项目基于参与教师教育项目的全体教员的长期规划。尽管我们发现对比不同课程实践和问题非常有趣，但我们并不会列出这些实践并对其进行描述，相反我们试图分析多种情境下共同存在的问题。

适合从教？学科知识与成就

在美国，有关师资培养中学科知识和学业成就的重要性的问题，一直是人们争论与讨论的议题。尽管每个人都赞同学科知识对良好的教学是至关重要的，但还是很难决定哪种学科知识是最有价值的，也很难在如何进行有效的和可信赖的成就测量方面取得共识。虽然此种重要的讨论超越了本文的范围，但仍有必要指出，许多教师教育项目通过规定具体的大学课程，在项目中运用学生的平均绩点（GPA）来确定录用和进修，以及规定比州教师考试分数线还高的分数等方式来强调学科知识和成就。我们访谈的项目也不例外：平均分最低需 2.75（范围从 2.5～3.0）；超过一半的项目有先修科目（通常涉及教学实习或实践科目）或要求申请人在录取之前在指定科目上达到最低等级要求（通常，这些都是基本科目，如英语和数学）；12 个项目中有 8 个均要求申请人参加或通过某种形式的标准化测试来表明自己具备基本的技能或（主要的）知识内容，比如通过教学实践考试Ⅰ（Praxis Ⅰ）或 SATs、ACTs。

州要求和教师考试

尽管一些州在教师教育项目中对州为已批准的教师教育项目设定的大纲的解释
和执行存在很大的差异，但是在要求通过标准化教师测试这一方面却是最有共识、最
不需要解释且在大多数情况下均不需要协商的。尽管 42 个州均批准了资格认证的考 473
试(Cochran-Smith and Zeichner, 2005)，但是许多州仍要求教师教育项目通过由教育
考试服务中心(Educational Testing Service)开发的教学实践考试系列(Praxis Series)
以评定谁适合从教。自 2005 年起，已有 30 个州以及哥伦比亚学区在教师教育项目入
学或颁发许可证时要求学生参加教学实践考试Ⅰ(Praxis Ⅰ)或职前专业技能测试
(Pre-professional Skills Test, PPST)(Educational Testing Service, 2005)。

虽然是惯例，但是作为区分合格教师与不合格教师和候任教师的工具，教学实践考试Ⅰ的有用性和有效性还是受到教师教育研究者的质疑(Cobb *et al.*, 1999; Garcia, 1987; Mitchell and Barth, 1999)。尽管 PPST 被开发出来用于鉴定在教师教育项目中可能成功的学生，但是测试本身——州经常会指定具体的及格线(Educational Testing Service, 2005)，并未被证明能有效区分教师教育项目中成功的学生与失败的学生(Memory *et al.*, 2003; Mikitovics, 2002; Wilson and Youngs, 2005)。此外，三项旨在考察学生 PPST 分数同教学实习评价之间关系的研究也未发现任何证据(Mikitovics, 2002)。

然而，最令人不安的是，PPST 却发挥了基于种族进行鉴定的功能，同时"少数族裔候任教师的供给，显示出 PPST 作为一种筛选方式所带来的负面影响"(Mikitovics, 2002: 221；另见 Wilson 和 Youngs, 2005 以及 Zumwalt 和 Craig, 2005)。尽管很少有项目或州仅仅利用一种标准化评估测量来决定录用谁或颁证给谁，但是在州的规定中通常会设定淘汰分数或合格分数，它在平衡表现性评价与标准化评价方面几乎没有给各个教师培养项目留下任何余地。研究人员曾经发出了严重警告，比如，斯特斯耐德和布兰切特(Strosnider and Blanchett, 2003)认为，这种做法不仅与美国教师教育学院协会(AACTE 1992, 1999)的建议不一致，而且还导致了歧视性做法。据此以及其他州规定的要求，我们可以发现，教师教育项目如何在某种限制下发挥作用，而在此种限制中往往未将教师教育工作者放在守门机制创造者的位置上。我们是受与州资格认证当局协议的授权，来制定管理机构的决策的。

尽管如此，在教师教育项目中，录取并不是唯一的守门点：在我们的样本中，佛罗里达州、新泽西州、肯塔基州、阿拉斯加州、马萨诸塞州、伊利诺伊州和加利福尼亚州的项目会利用教师测试，以此作为候任教师进入教学实习或获得州的资格推荐的方式，如伊利诺伊州专业教学人员评定(Illinois Assessment of Professional Teaching)以及对基本技能的测试，马萨诸塞州教育工作者资格测试中(Massachusetts Test for Educator Licensure, MTEL)的文化水平测试。因此，我们在教师教育项目中确实发现的一个强有力的"大门"是，在州授权的标准化考试中获得特定的分数。我们样本中的

一位教师教育工作者说："基本技能测试不让他们进入到教师培养项目，而一般知识测试不让他们出去，比如，毕业或获得资格。"

于是，许多项目都在提供各种"备考"支持。我们抽样中的一些项目为个别学生提供辅导，其他的项目则为学生提供没有学分的课程以发展他们的应试技能。然而，类似措施并不能有效保证所有候任教师均能顺利前行。一位项目协调员解释道，尽管学生们有时可以通过第一轮标准化测试从而进入教育学院，但是他们可能通不过下一轮
474 允许进入教学实习的测试，或者通不过教学实习之后的总结科目(capstone course)所要求的最终考试。正如她解释的，进入下一环节之前，所有学生均需通过每一轮考试，不允许有例外。她把这种州规定称为"百分之百的措施"，并且补充道，如果一名学生三次考试都失败了，很可能他永远都通不过了。

测试和平均绩点之外的学业困难

通过测试和平均绩点来评价候任教师的学科知识和成就，并不能保证他们将来能在要求大量书写和批判分析的教师教育课程或要求广泛知识和技能的 K－12 课堂教学中取得成功。这种技能缺陷很容易被发现(基于差劲的论文和课程作业，或学生频繁的错误)，但对于教师教育工作者而言要解决这些问题却相当棘手和复杂。因此，相关的把关趋向于更加特殊化和地方化，比如，许多高校开设了旨在帮助学生了解论文写作要求的写作课或辅导课。接受我们访谈的一位项目主管描述了学生被要求从课程中抽出部分时间，通过参加社区学院课程来弥补基本技能的不足。然而，寻求许多重要学术技能缺陷的补偿往往是临时的，且补救性的干预也是临时的。

学业表现问题有时会与学习障碍交织在一起。依据美国《残疾人法案》(Disabilities Act)(公共法 101－336)，校园应给被诊断为有身心障碍的学生提供各种支持。然而，对于教师培养项目如何应对具有身心障碍的候任教师适合和愿意从教这一问题，几乎没有任何研究和文献。当然，《康复法》(Rehabilitation Act of 1973)第 504 款(公共法 93－112)规定，雇主必须做出合理的包容。另外，如果一位小学教师不能大声阅读，学区会愿意让教师用录音机或外备阅读器(guest readers)吗？在为那些具有身心障碍而又想成为教师的学生提供建议方面，教师教育项目的角色是什么？

一群对具有学习障碍的职前教师进行研究的专家指出，在教学设备配置方面可能需要特殊的考虑。他们建议，应该使职前教师接触现实的教学要求，但是一旦入职，就要把他们安置在能让他们自身特长最大化的位置上(Wertheim *et al.*，1998)。这需要对师范生和被安置的课堂进行仔细的需求评估。此外，这些研究者还提出了一系列对学生重要的建议，包括在具体和个别需求方面与合作教师、导师和教师教育人员保持真诚而持续的沟通[①]。

---

① "合作教师"(Cooperating teacher，即 CT)是贯穿全文的一个术语；我们常用的术语是"实习辅导教师"(mentor teacher)和"助理教师"(associate teacher)，这些术语传递了课程理念上的细微差异。

对其他身心障碍者，通常也要有此种对实践经验的密切关注，比如聋哑人。例如，让一个刚从师范学院毕业的有听力障碍的师范生，在一个只有听力正常的孩子的小学课堂中进行一般岗位实习（纽约州要求的特殊教育资格认证）。两位翻译全程陪同着这位职前教师，一位将他的手语说给学生听，另一位将学生说的话用手语表达给他看。这是《康复法》第 504 款要求的一种“合理的包容”吗？虽然有些诉讼案件定下了先例并能为项目人员提供引导，但是在多数案例中，我们仅仅是在地方层面上做出这些决定。

有时类似的决策会在危机之中做出。我们在自己的项目中发现，因心理健康问题接受药物和/或心理治疗的学生数量在不断增加，甚至没有身心障碍的学生通常也会遭受教学实习的严格和压力带来的挑战。正如夏夫利和波埃特（Shively and Poetter）指出的，“教学实习会是压倒性的、绝对困难的，甚至是痛苦的。一两个方面的困难可 475
能将全部经验拖垮”（2002：294）。当师范生由于心理健康问题不符合项目要求时，“合理的包容”是什么？法律对此问题几乎没有任何规定，并且就这一点而言，各州也没有很好地做出规定（我们也不想他们这样做！）。然而，许多教师教育项目却面临着这样的挑战，即在教学实习期间（或由于教学实习），如何最好地回应和包容受到心理健康危害的职前教师。

当被问及面临什么样的学生问题、挑战和困境时，接受访谈的 12 个院系中的大多数教师都谈到了精神疾病、心理健康问题或情感需求。我们屡次听说面临类似领域危机的学生的故事。通常，项目决策是在法律顾问的协助下做出的，他们让项目负责人知道，是选择把这些学生从项目中排除出去，或是在先例并不足以支持这种排除时，需要（合法地）给予他们其他领域的岗位。在几乎所有的案例中，教师们都谈到了被推荐和要求实行的干预和咨询服务。在很多案例中，一旦学生得到了适当的治疗，他/她就能重新进入项目并成功获得资格认证。一个最近发生在我们项目中的案例是，在得到紧急的医院治疗、增加家庭支持和在药物方面做出改变之后，那位学生能够成功地完成实习工作的要求。

语言能力与从教的适合性

随着美国移民数量不断增多，注册教师教育项目的英语学习者数量也在增加。全美的很多项目中——尤其是较大的东海岸和西海岸城市——均有在英语之外还说自己母语的学生。各种项目都有语言要求或与英语及演讲相关的语言课程。在我们的访谈中便有一个项目——位于移民多的区域——要求将托福（Test of English as a Foreign Language，TOEFL）成绩作为第一语言非英语学生的入学要求。

在一所大学中，小学教育项目的准入要求中包括了一项面试，这一要求被样本中其他几所学校的项目所借鉴。在这所大学中，20 世纪 90 年代开发了用于检测口语能力的面试，它并非是进入项目的关卡，而是作为推荐学生进行补救学习的一种方式。

然而，当前由于进入项目的学生不断增加，面试变成群体面试，且过往适当的英语语言服务也越来越少甚至不再存在。由于大学没有“良好的语言补救机制”，同时因为语言能力而拒绝学生会令教师很不舒心，这就成为一个“敏感问题”。因此，学生们被允许进入项目，且多数人在高校主导的课业中表现也很好；然而，当他们成为师范生时，他们的英语语言表达有时就成为妨碍合作教师和导师给出更高等级评价的因素。当这种情况发生时，学生们被分配到其他的岗位或被要求用其他的学期再来进行实习。

支持者或守门员？

通过我们迄今为止的讨论，很容易发现，有关适合和准备好从教的决定是如何同
476 简单的规定、考试分数和平均成绩相抵触的。这些问题与文化/政治价值牵连在一起，并与项目组织、设计和资源（例如，是否所有的项目都能为听力障碍的师范生提供两名全职的美式手语翻译）相互交织。无疑，教师教育项目不仅有责任决定谁适合或准备好从教，还有责任为那些适合和准备好从教的学生提供平台。如以上案例所示，由于个人状况，很多学生都需要额外支持、资源和包容。因此，教师教育工作者承担着帮助学生构建他们的教学身份、传授教学知识和培养教学技能，以及作为国家和教师专业的守门员的双重角色。

帕里斯和盖斯帕斯（Paris and Gespass, 2001）对这种双重角色进行了相当详细的考察。他们用材料证实了，当教师教育工作者必须对照固定标准去评价师范生的各种行为，而同时又试图以学习者为中心时，教师教育工作者的压力就会增大。他们得出如下结论：最终教师教育工作者的守门角色将占主导地位，从而导致“技术理性，强调未经检视的一般化教学策略表现”（p. 398）。

同样，鉴于在为学生学习教学的过程中提供支持与不得不做出（或不做）认证推荐之间存在的潜在矛盾，来自明尼苏达州的研究者（Page *et al.*，2004）对师范生进行了案例研究，以考察师资培养中守门和支持间的关系。他们将教师教育工作者的守门角色解释为，“阐明并执行程序化的期望；落实学习计划和实习中的程序；建议候任教师进入其他学习领域（p. 37）”。研究者注意到教师教育工作者守门时不会过早把学生开除出项目，以及他们不会主张发证给能力不足的教师。研究者从两个角度分析了具体的师范生案例：能力（平均绩点、考试、表现性评价任务）和可教性（反馈和自我反省方面的开放性）。对于个人能力和教学能力都低的学生，教师教育工作者必须承担起守门员的角色。低能力和可教性低的结合，会导致不符合最低项目预期的学生出现。

对最低标准或项目预期的鉴定，要求项目中的教师进行总结性评价。然而，拉思和莱曼（Raths and Lyman, 2003）认为，教师教育项目在找出不称职的教师方面，并非总是做得很好。贯穿教师教育项目的很多评价本质上是形成性的（比如，档案和观察），同时形成性评价者和总结性评价者的角色通常是合二为一的，这就是为什么没有

达到标准的师范生有时会被推荐获得证书(Raths and Lyman，2003)。其他的解释包括：那些对师范生做出总结性的评价者，通常“在教师教育领域中占据次要的角色”；来自学生、家长和律师们的压力，会使他们放弃可能会给学生带来职业生涯改变的决定；“卓越的言论”(rhetoric of excellence)往往弥漫在教学实习评价中，其中以诸如高级的、卓越的等词语作为基准参照(p. 208；原文强调)。

教师教育工作者将形成性评价和总结性评价合二为一的原因之一可能是存在于教师教育工作之后的如下关键假设：学会教学并不依靠技术-理性技巧(Hinchman and Oyler，2001；Paris and Gespass，2001)或以线性、可预测的方式进行。相反，我们都知道，学会教学具有复杂性、具体情境性、个体关联性，并受到社会-政治理解的影响(Goodwin 2002a，2002b)。因此，在实习期间，我们并不期望看到学生按照可预见的频率或步骤工作。我们与许多教师都曾谈到(并在文献中看到了证据)严格把关成功 477
地使不适合的学生退出实习的事例。然而，另一些项目评价主要不是被用于阻止学生毕业，获得证书或继续留在课程中。相反，它们被用于为学生的成功提供平台，发挥支持机制的作用，而不是作为守门机制来发挥作用。我们这里论及的是典型的项目评价，比如档案、品性检核表、行动研究项目、反思日志和毕业项目。当然，学生会将经历的这些评价理解为有压力的，通常是具有挑战性的，甚至有时还会是他们焦虑的原因。然而，无论是在文献中，还是在与同事的非正式访谈中，我们均未找到证据证明这种评价曾成为阻止学生前进的大门。因此，在为学习教学搭建基于实践的经验平台方面，我们的很多努力必须集中于设计特定的干预措施以应对出现的困难。

准备好从教：实习作为一道门槛

对学生在教师教育项目中进步的评价，必须考虑到与教师教育工作者一起工作的多重利益相关者的观点。我们的项目受到我们与各州教育部门达成的协议的支配，通常依赖全国鉴定机构(比如 NCATE[①])的批准，且总是在较大的学院或大学指导方针和标准的范围下运行。入职前的师范生，必须在许可证和学位要求两方面得到我们的评估，而这两方面均依赖于成功地完成实习。

这一责任——即将毕业和获得许可证的决定与对实践经验的评价联系起来——增加了教师教育评价的重要性，同时要求这些评价不仅在本质上是形成性的，还需是总结性的。然而，几乎没有任何研究记载或分析我们在进行高风险决定时所做出的评价，比如在做毕业或获得认证的决定方面。相反，教师教育工作者一直在这件事上不可思议地保持沉默。

---

① NCATE，National Council For Accreditation of Teacher Education，即全美教师教育认证协会。——译者注

教学实习：衡量胜任者，判定不胜任者

州教育部在对实践经验的要求方面，没有明确列出如何测定满意的表现。尽管州会明确指定实习经验的最少次数和时长，但没有明确界定怎样才是一个称职的师范生。的确，许多州都制定了标准来明确每一个教师教育项目和每位候任教师的责任，甚至有些州还要求候任教师依据各条标准为自身符合要求的项目表现提供证据。然而，很明显，对于各州来说，要对每个候任教师的表现是否胜任做出判断是极其困难的(如果可能的话)。此种判断权往往掌握在获得州许可项目的教师教育工作者手中。

当然，教师教育工作者和候任教师通常将教学实习经验视为培养经历的核心内容。尽管已有的一些文献描述了什么因素成就了“好的”教学实习经验(Beck and Kosnick, 2002; Cochran-Smith, 1991; Koerner *et al.*, 2002; LaBoskey and Richert, 2002)，然而，在教学实习、具体实践(指导者、观察、检查表、评价形式等)期间和紧随其后的阶段，几乎没有研究来证明项目是如何评价候任教师的表现及随后的从教准备的。

教师教育工作者在帮助学生通过一系列连续发展阶段而成为教师方面面临着一
478 些挑战和抉择，已出版或发行的记录教学实习困难的一些个案和叙事研究对此进行了描述(Dubetz *et al.*, 1997; Gray, 1998; Oyler *et al.*, 2001)。但是，在有关学会教学的研究中，对那些被从实习中清退出去的个别学生的案例讨论得非常少，或只是被提及而未被详细阐述。

许多研究表明，当学生在教学实习上被评定为不合格时，他们可能被要求退出教学实习，或者也可能被允许再次注册另一学期的教学实习(Farkas and Johnson, 1997; Johnson and Yates, 1982; Knudson and Turley, 2000; Raths and Lyman, 2003; Sudzina and Knowles, 1993)。然而，正如萨德齐娜和诺尔斯(Suzdzina and Knowles, 1993)提到的，“教师教育工作者在他们的项目中很少谈到‘失败’”，……可能是因为这个词“不受欢迎、出人意料以及常常令人尴尬”的缘故(p. 254)。因此，不胜任及其背后原因未被很好地理论化并加以解决，或者说没有得到来自教师教育内部的探究。

于是，拉思和莱曼(Raths and Lyman, 2003)提出了一个“教学行为分类表——从恶劣的教学行为到良好的教学行为都有涉及”(p. 210)。这一连续分类表中包括：犯罪、渎职、基本技能缺失、不称职的教学、一般的教学和最佳的教学(p. 214)。很明显，中间的这几类(基本技能缺失、不称职的教学和一般的教学)对教师教育工作者构成了最大挑战。这两位研究者还绘制了一个两页的图表，即“教学实习中不称职行为指标”(2003, pp. 212 - 213)，它被设计用于帮助教师教育工作者劝退那些不能证明自身教学能力的学生。

加利福尼亚州开展了一项研究，其关注点是学生如何被认定为“处于危机之中”(Knudsen and Turley, 2000)。这是一项关于一所大学里两个教师教育项目的研究，指导者认为有50%的学生需要得到加倍关注。学生被打上标记(red-flagged)的原因并不取决于项目(第一或第二次实习)和每学期中的分数,而在于教学策略存在问题,难以与指导者、合作教师建立关系,难以满足高校的要求,不能合理安排时间,在学习管理技能或与学生建立关系上存在困难,缺乏学科知识,与教师要秉持的理念不兼容。

干预措施

做出不推荐候任教师获得资格证书的决定是困难的。尽管并非所有接受我们访谈的教师都经历了这种困难,但那些经历的人都谈到了参与这一过程所牵涉的时间和精力。在我们自己的项目中,我们花了大量时间为师范生开发专门的干预课程,并和他们一起体验实习中的困难。无论从对同行的访谈还是从我们自身的体验来说,很明显的是,满足某些职前教师的需要通常会消耗更多的额外时间,要求更大的项目灵活性并对大学惯常的服务造成挑战。正如一位同行告诉我们的,"哪怕一个学生有一个问题,也可能花费 50—100 个小时来解决"。

当然,对在什么时间干预是"合适的",以及采取什么措施进行干预做出判断是一种地方性项目的决定。尽管州关于教师资格考试的授权是清晰的,有时甚至这种授权有详细的标准,但是关于准备从教的日常决定实际上仍由教师教育项目所掌握。

项目如何干预以帮助"处于危机中"的师范生,是一个在职前教师教育研究中极少获得关注的领域。萨德齐娜和诺尔斯(Sudzina and Knowles, 1993)认为,"对'失败' 479
进行研究的文献,其主要缺点是缺乏对集体性的纲领措施和体制内特定的职前教师教育实践结果的关注"(p. 256)。依据问题的严重性,可能要求学生证明他们上了哪些专门课程,或接受特定的治疗以作为继续留在项目中的条件,例如,一名明显喝醉之后进入两个不同实习场所并两次被从教学实习中开除的师范生,在考虑再次录取他/她之前,要求他/她出示药物滥用治疗的证据。

当揭露的问题是最恶劣的时候——拉思和莱曼(Raths and Lyman, 2003)称之为犯罪或渎职,要果断地做出决定。在这些情况下经常要咨询大学的律师,但是往往不会打乱教师合理的行动方式。这种学生被从实习中开除出去,通常被要求离开项目,有时候会被大学开除。当然,我们也明白,考虑到存在许多通过走"后门"获得教师资格证的方式,很可能被我们判定为失败甚至开除的学生,会找到其他的方式进入教学专业。

涉及此种恶劣行为的极端情况是非常罕见的(依据我们搜集的证据;再者,这也不是系统性探究的主题),遇到这种情况,需要教师教育工作者做出毫不含糊的决策。更为普遍的情况是,当我们需要去干预时,往往意味着学生落入了拉思和莱曼的教学行为分类表中(Raths and Lyman, 2003)的其他类别:不道德行为,基本技能缺乏,不称职的教学以及一般的教学——在某一两个领域优秀,但总体上却"平庸、单板且乏味"(p. 214)。

与大多数前面谈到的项目相似,当我们认为学生的教学实习不达标时,在我们项目中，我们将需要学生进行第三次实习或者有时甚至会进行第四次实习。然而，完成这种额外的实习并不能保证成功。尽管持续的来自新导师和新合作教师的差评确实有助于确认教师教育工作者的判断，但它几乎不能为未来教师提供任何安慰。在这种情况下最具挑战性的是，为了做出最终决策，要投入大量的时间和金钱。由此，接受访谈的教师教育工作者所在的项目有一半以上都开发了或正在开发学位项目，提供给毕业而没有获得证书的人。这是一种一般的“教育研究”学位，不能进行认证资格推荐。

然而，这一举措并非没有后果。那些大学学位中包含学习教育课程的学生，仍旧能够——如我们前面所述和我们的同事所重申的那样——通过应急的、临时的或非师范培养的途径获得“资格证”，并且进入课堂，尤其是在很难招到教师的学校或特定学科领域，比如特殊教育或科学。我们的很多同事，尤其处于本科层次的，总是将气愤的家长、忧虑的高校管理者以及随后寻找律师进行沟通以推翻负面决定的故事联系起来。因此，在我们的教师教育项目中（尤其是教学实习阶段），任何时候当对学生的处理遇到困难时，习惯的做法是采用“劝退”(counseling out)策略。

“劝退”是许多教师教育工作者多年锤炼出来的一种技巧，指的是如下一种常见做法，即建议师范生除了获得他们所参与项目的资格认证外，还可以选择其他的学术和职业领域。同样，我们没有发现关于这种做法的系统性的资料和研究，尽管我们访谈的所有教师教育工作者都使用过这种做法，而且教师教育研究者（Sudzina and Knowles, 1993）还把它称之为“直接劝退”(direct exit counseling)(p. 261)而推荐给教师。

480 除了不推荐认证和劝退之外，个别的教师教育项目还使用了其他方法，可能包括更换导师或合作（指导）教师，或为创建个别行动计划而引进教师。一所高校已经开发了一种让大学教授、教师专业发展学校中的大学-中小学联络人（PDS faculty-school liaisons）或合作教师填写的“关系沟通”(Communication of Concern)表格。假如需要为个别学生建立“集中的行动计划”(Intensive Action Plans)，这些表格就会被放在学生的档案中作为数据。

无论是教学实习问题，还是计划的干预，都是一种时间和情感投入强度很大的工作。正如拉思和莱曼（Raths and Lyman, 2003）所写，“对教学实习做出判断所面临的挑战，类似于面对一个陪审团。在陪审团审案中，对于什么行为构成有罪和无罪很少有严密而精确的定义……然而此过程却需要明智的判断”(p. 215)。

协商实习基地和学校合作伙伴

对学生进行的基于信息的判断不是由高校教师教育工作者单独做出的，而是必须与学校合作伙伴共同完成。教师教育项目不可避免地依赖于师范生的实习。然而，控制实习基地和实习中的沟通等问题常常会构成挑战，它们对教师教育工作者的守门职能具有直接影响。安排精选的合作教师，并对实习指导教师和师范生进行个人化的匹配，这种项目非常少见。尽管我们找不到对记录教学实习具体做法的大范围研究，但是我们知道，项目与实习学校之间有一系列的协议，且在高校层面会有大量的行政支持。

样本中的大多数项目都有这样的情况，对决定用哪位合作教师的管理极少，甚至没有任何关注。有些项目有集中的实习服务。通常，这些项目机构会与学校或学区签署协议，且在学期末，人事部门或是要安排好搭配，或是需拟定任课教师名单。正如我们的一位同事所述，“在实习中，我们有很多学生表现不够理想……我们努力形成一份我们不想再用的合作教师名单，但是他们会重新出现在名单上”（接受我们访问的很多教师都重复叙述了这样的经历）。

实习缺乏管理，影响着教师教育工作者可以运用多少现场信息，从而做出把关决策，并影响着学校合作伙伴作为守门员可以或应该发挥的作用大小。一位大项目的院系协调人解释道：“学校合作伙伴没有将自身真正作为守门员而发挥作用。”另外一位教师讲述了一个学生的案例，该案例来自他的社会研究方法课堂，这个学生提交了一份她曾在一所区域高中教过的课程单元计划。这位教师将单元计划评为不合格，因为其中的课程内容没有将教会和国家进行明确的区分。然而，这位师范生的实习鉴定(field evaluations)却被评为典范，且合作教师还对这个单元和这位女生的教学评价很高。缺乏对学校本位课程计划的影响令这位教师很失望，他将实习缺乏决策指导以及实习教学与大学教学之间的薄弱联系描述为“项目的主要问题”。其他研究者(Knudsen and Turley, 2000)解释说，一些合作教师不愿对师范生做出严厉批评，其原因是他们通常发展出了亲密的人际关系。合作教师对师范生的个人生活了解很多，甚至可能会为师范生的过失找借口或降低对他们的期望。

运用教师专业发展学校(Professional Development School, PDS)模式的小型项目 481
或大学通常能够建立严格的沟通制度，其中大学—中小学联络人会与一部分教师或学校发展长期的关系。在这种情况下，教职人员表示与这个项目合作几年以后，合作教师从不愿批评的立场转为严格的立场。很明显，教职人员在学校的不断出现和关于有特定问题学生的会议，有助于在以学校为基础的合作伙伴关系中营造一种有责任共同把关的氛围。

两头受气或参与中的管理缺位

随意瞥一下美国的教育史，尤其是过去的半个世纪左右的历史，均揭示了教师和学校已成为各种各样社会批判的避雷针。犯罪、经济不稳定、青少年怀孕、全球竞争优势的丧失等，这些攻击都指向了学校和教师，他们曾因为社会的堕落和病态遭受了大量指责。同样，教师教育工作者和以高校为主导的项目，成为所有这些教师和学校最后的替罪羊，围绕师资培养的众多事业得不到承认。很多群体和赞助者以各种理由参与并投资师资培养，这些理由不仅仅包括保证教师质量，还包括财务收益、政治进步、接触公共或私募基金及个人声望。因此，当师资培养已成为高度政治化和具有政治性的时候，很清晰的一点是，教师质量已渐渐不是一个胜任与不胜任的问题，而是一个在把关过程中关于控制权的根本性斗争。本文中我们对以高校为主导的师资培养在决定谁能或应该教学这方面角色的考察，阐明了教师教育工作者面临的主要困境——他们对保证质量和对教师不胜任的指责负有责任，但是在定义质量意味着什么以及谁可以进入和不能进入专业的最低控制等方面，几乎没有发言权。这种管理缺位是多种因素和历史条件的结果，包括作为共同事业的师资培养、教师教育在大学中的地位以及外部社会文化情境的影响。

作为共同事业的师资培养

高校主导的师资培养是一项依赖各种不同群体共同努力的事业，一些人在大学工作但远离田野（指中小学），其他的一些人在田野工作却在大学之外。因此，教师教育工作者依赖文理学院的同事们，以及像学区行政人员和教师这样的学校合作伙伴，来维持他们的项目并使课程得以实施。这一横跨三个群体的联盟是（历史上也曾是）不稳定的，其典型特征是，学术机构中缺乏对教育作为一种理智的甚或真正的学科的尊重，同时高校的教育工作者也对学校的实践者缺乏信任。因此，教师教育工作者在工作中有诸多不愉快，他们要与不情愿的或爱挑剔的合作者们一起工作，这些合作者可能不会一直赞同同样的目标或为师资培养的质量承担责任，尽管教师培养离开他们便无法进行。

因此，在我们的访谈中许多教师教育工作者都表达了这样的沮丧，即在教学实习
482 和合作教师的选择上几乎无能为力。尽管现实中，实习在师资培养中是一个关键环节，但其结果往往是“在实习中，大量学生表现均不理想”。其他被访谈者提到，要给学生一个差评或不及格的“钩”，需要学校合作伙伴，比如校长或合作教师对师范生做出公正判断——尤其是在做出公正的批判性评价时更是如此；尽管很难使合作伙伴对师范生质量进行问责，但仍需与他们合作。如一位教师教育工作者所述，如果缺少“一位严格的导师，一位关注质量的教师，以及支持你的校长”，那么即使某个师范生不胜任，他/她也未必得不到资格认证。

关于教师质量的大部分论述，都强调学科知识的培养，然而教师教育却因为使大多数课程致力于学科知识的专业培养而遭到了指责。实际上，相反的情况才是现实：从历史的角度看，普通教育的任职要求或“学术”课程占据了大多数中小学教师资格认证所要求的学分（多达 75%），在过去 50 年，以高校为主导的师资培养课程改革最终造成学术课程越来越多而教育课程越来减少（Conant，1964；Goodlad，1990；Howey，1983），而这些学术课程由文理学院的教师们提供，而非教师教育工作者提供。然而，人们仍然批评教师教育工作者未使新任教师掌握足够的学科知识，或者批评他们未使

新任教师通过学科知识测试，虽然他们并不直接负责候任教师的学术培养，同时对这些新任教师没有任何权威。

教师教育在大学中的位置

在过去100年，从师范学校到大学，作为一项州发起的改革，教师教育运动促成了教师教育工作者和州之间的潜在协议，这种协议将教师教育工作者放在从属于州的位置(Goodlad, 1990; Haberman, 1983; Melnick, 1996)。

> 在帮助大学建立教师教育系的过程中，州的角色变为一个行使权力和控制教育学院课程合法性的认证机构……一旦教育学院为了使自己的教师教育项目得到认可和批准，而不得不依赖州教育机构的支持时，它们就必须接受州的角色和权威以证明它们自身的合法性。(Schneider, 1987: 215)

高校主导的教师培养项目如果没有州赞助的话就无法存在，因此它们不会一直站在抵制和质疑州命令的位置上。的确，“没有任何高等教育专业对教师教育的影响能够比得上外部机构发挥影响的程度，尤其是当州所属机构的控制进入公立学校教学的入口时更是如此”(Goodlad, 1990: 93)，如前所述，这是不同时期的许多学者都认可的。具有讽刺意味的是，正是州允诺认证使得高校主导的项目市场化了。通过批准教师教育项目作为通向教师资格证的途径，州在本质上保护或加强了项目的可行性和对学生的吸引力，然而获得教师资格证是只有州才能保证的一个结果。教师培养项目不能掌控认证程序，它们也不能提供资格证或否定它。教师教育项目能够且确实提供或
保留了其对认证的支持，但是没有它的支持并不一定会让表现差的师范生退出课堂， 483
因为毕业生完全可以通过其他途径——经常很容易地——获得资格证，如通过非师范教师资格认证途径、测试获得认证、紧急情况下的许可等。即使是学区，现在也在绕过高校主导的师资培养来认证教师。教师教育工作者发现自身陷入了矛盾之中——一边是州机构的过度监督，另一边是大声呼吁对师资培养解除管制(Cochran-Smith, 2001a)。

毫不奇怪，在访谈中，我们发现教师教育工作者看守的是未上锁的大门。我们访谈的很多教职员描述了学生通过的很多大门都“不严格”，不是根据严格的个体评估，而是根据大门的极限容量来使学生退出专业或退出教师培养项目。最难通过的大门是那些与州认证要求相关联的内容——教学测试分数和学科知识指标，比如平均绩点，它们测量具体的和分散的知识和技能。在我们调查的所有项目中，那些不符合最低限度要求或测试分数的学生最有可能被禁止进入或退出教师培养项目。

那些看起来几乎没有难度的大门，往往是由教师教育工作者自己组织或开发的项目——品性量表，州际新教师评估与支持协会(INTASC)标准，基于伦理学和哲学的

反思，课堂表现的观察和评价等。事实上，我们调查的大多数项目均将候任教师的品性评价作为师资培养和评价的一个重要方面；在与教师教育同事们的交谈中，除一人之外，其他所有同事均认为品性，比如适应性、反思性、对学习的开放态度、对多元课程的承诺，是师范生必备的关键素养。事实上，像技能、知识和品性通常是不容易计量的或者是分散的，且不能对它们进行标准化和集中评价，然而它们包含了教师教育工作者所坚信的好的教学来说必不可少的专业知识和行为。因而，围绕这一系列的知识和技能构建的大门，同样必须是动态的和有弹性的，应提供给学生一次以上的“进入”机会，并提供给教师教育工作者多种不同的评价渠道。因此，这些“无锁的”大门并不意味着贬低，而是对贯穿在教师教育中的哲学思维方式的表征，它们将教师视为支持者，并将学习教学视为一个发展性和复杂性的过程。然而，这些大门并不代表州和公众强调的那些必不可少的教师知识，因而也不一定能将个别人挡在教学专业之外，即使在我们访谈的教师教育工作者中出现过用这些大门将申请者拒之于项目门外，并阻止学生继续通过大学推荐获得认证资格的情况。

外在社会文化环境的影响

当然，教师教育工作者会受到变革的社会文化环境的影响；任何专业都是这样。然而，一些变化已经深入影响或侵蚀了教师教育工作者作为教学守门员的控制水平。首先，正如我们对遍及全国的同行们的访谈所证明的那样，继续立法以放宽进入教育的机会，意味着候任教师会呈现更大的多样性，如果他们成长为教师，他们展示出的复
484 杂和正当的需要必须得到满足。我们当然赞同基层和行政部门不断地努力以使学校教育和专业研究更加具有包容性。然而，谁可以从教或谁准备好从教这一问题将变得更加难以解决，并且这会使教师教育工作者更难平衡他们作为支持者和作为守门员的职责。

从 20 世纪 80 年代后期开始，教师教育项目正经历一个注册人数的增长期。然而，尽管注册人数剧增，许多教师教育项目仍未从伴随着 20 世纪 70 年代教师过剩带来的严重预算削减中恢复过来。教师教育项目继续处于资源不足状态，并且严重依赖助理、博士生和非终身制教职员来运作，然而大学行政人员鉴于教师教育有能力吸引更多申请者的现状而迫使它们接受了更多额外申请者。一些接受我们访谈的教职员将教师教育工作者的形象描述为“摇钱树”，他们不管是在直接的陈述，还是在说起“被迫保持高入学率”或“不能赶走申请者”时均暗含着此种意味。被迫接受学生意味着入学标准并不能总被用于拒绝有质量问题的候任教师；然而一旦进入项目，教师教育工作者就有责任保证这些候任教师达到基本标准。某种程度上，这种压力也体现了对以营利为目的或非师范教师资格认证途径的反应，这些途径的威胁致使有潜力的学生远离了高校主导的师资培养。

最后，在这个以消费主义为主要特征的社会环境中，教师教育工作者严格守门的

能力可能会受到学生(和他们的代理人)的阻碍，学生们为自身辩护，拒绝专业评估或以诉讼相威胁。如前所述，几乎我们所有的同行都谈到，在师范学校判定学生明显不适合从教时，父母会竭力干涉；他们还谈到学生对干预性选择的抵制，或者谈到在做出决定来劝退学生或采取措施之前需要法律顾问。

下一步怎么办？

根据科克伦-史密斯和弗里斯的观点，教师教育研究者正在处理的“已经是一个完全不同的问题结构”，并且“只要问一个关于教师教育质量和研究深度的不同问题，就可以得到一个不同的答案”(Cochran-Smith and Fries 2005：99)。本文对学会教学提供的视角和分析表明，我们作为教师教育工作者可以问一些不同的问题，这些问题可能会拓展我们的研究议题，从而允许我们对教师质量的解释和定义给出另一种可能性。有必要重复一下我们在讨论之初提出的那些问题。当教师教育工作者从事日常的师资培养工作时，他们寻求的教师质量指标是什么？在教师教育项目中，入学、课程学习、教学实习以及最后完成期间，哪种守门机制正在发挥作用从而确保高质量的教师被选择出来并获得证书？除了平均绩点、测试分数、种族(包括如学术困难，残疾，心理健康，标准英语语言成绩)或品性(比如，承认差异，对学习和变革保持开放以及道德立场等)等因素外，某些确定特征可以列入候任教师是否准备从教或可以从教的决定之中吗？

过去50年，有关教师教育的研究关注将教师教育作为一个培训问题、学习问题和政策问题(Cochran-Smith and Fries，2005)。这三个分支的交集部分，教师教育中的守门机制和以上我们提出的问题，允许我们对未来的实证工作提出具体的建议。教师 485
教育作为一个培训问题，强调“对教师行为有影响的可迁移的培训流程(transportable training procedures)”(Cochran-Smith and Fries，2005：16)。因此，教师教育作为一个培训问题，其守门机制指向这样一种需要，即用材料证明或检测内含在教师培养项目中的做法、干预措施和项目结构，正是这些构成了贯穿学会教学过程的主要评估点和机制。我们还需要知道，教师教育工作者运用了哪些策略，在什么时间运用，以及这些策略、干预和大门如何影响、促进或阻碍了教师学习和教师成功。我们还需了解，哪些发挥了作用和哪些未发挥作用以及在什么情况下发挥作用，何种大门应该在教师教育项目中发挥作用以确保教师质量。

教师教育作为一个学习问题，着眼于教师们如何掌握“教学所需的知识、技能和品性，以及他们如何解释自身在教师培养课程中的经验”(Cochran-Smith and Fries，2005：29)。当守门机制作为一个变量被纳入进来时，作为学习问题的教师教育必须要问这样的问题：教师教育工作者如何测量、识别和补救师范生的学习和质量？当教师教育工作者最终判定谁适合或准备好从教时，哪些因素是他们要考虑的？这些因素中的一部分可能涉及师范生的特质和品性，而它们又是研究人员几乎未加以关注的。然而，教师教育工作者会认为，品性在适合从教中发挥着重要作用，师范生们表现出来的某些特质，则需要一些支持和调整，而此种支持和调整又是非常困难且会引发伦理困境，因为必须平衡好学生们的权利和那些师范生的权利。

最后，教师教育作为一个政策问题，目的在于"为这样一个问题提供证据，即教师教育作为一项整体事业如何能够成功且讲究成本效益"(Cochran-Smith and Fries, 2005：47)。研究教师教育中的守门实践，能够提供大量关于支持、决策、政策和干预措施的数据，这些数据需要在学会教学的过程中被放在恰当位置，这样可能增加教师教育成功的机会。由此推断，有效的守门实践会提高成本收益，因为此时的资源和时间以师范生的需要为目标，同时恰当和合适的决策被嵌入到项目中，而这些决策是慎重和连贯地做出的——这提供了考察教师教育的另一视角。教师教育作为一个政策问题，其守门机制还表明，为了了解守门政策如何支持教师教育工作者的工作，阐明教师质量的定义并使较差的候任教师退出专业，我们需要研究跨机构的评价和问责政策。鉴于目前追求基于证据的判定，这种研究也应该关注搜集如下的数据，即阐明目前教师教育项目中发挥作用的守门政策是否真正地确保了毕业生准备好应对最初几年的教学实践。

我们不打算提供全方位或面面俱到的建议。相反，我们提供的这些建议，只是想突出我们对以下问题的了解是如此之少：教师教育项目中正在发生什么，或教师教育工作者与师范生在他们日常的工作中做了些什么？教师质量、适合性和准备状态为何是动态的、视情况而定的和与具体项目相结合的，甚至有时候比起我们所承认和认识到的方面，这些方面在项目和实践中更为常见？当前关于优秀教师的政策争论是如何关注州标准、教师测验和学科知识的整体情况，而很少关注进入师资培养和结束培养进入教学职业之间的过程，以及候任教师在哪里真正进入到成为教师的过程。

（穆树航　译）

参考文献

American Association of Colleges for Teacher Education (1992) *Teacher education pipeline III: schools, colleges and departments of education enrollment by race, ethnicity and gender*. Washington, DC: Author.

American Association of Colleges for Teacher Education (1999) *Teacher education pipeline IV: schools, colleges and departments of education enrollment by race, ethnicity and gender*. Washington, DC. Author.

Ballou, D. & Podgursky, M. (2000) Reforming teacher preparation and licensing: what is the evidence? *Teachers College Record*, 102(1), 5 - 27.

Beck, C. & Kosnick, C. (2002) Components of a good practicum placement: student teacher perceptions. *Teacher Education Quarterly*, 29(2), 81 - 98.

Berliner, D. (2000) A personal response to those who bash teacher education. *Journal of Teacher Education*, 51(5), 358 - 371.

Berry, B., Hoke, M., & Hirsch, E. (2004) The search for highly qualified teachers. *Phi Delta Kappan*, 85(9), 684 - 689.

Cobb, B.R., Shaw, R., Millard, M., & Bomotti, S. (1999) An examination of Colorado's teacher licensure testing. *The Journal of Educational Research*, 92, 161 - 175.

Cochran-Smith, M. (1991) Reinventing student teaching. *Journal of Teacher Education*, 42, 104 - 118.

Cochran-Smith, M. (2001a) Reforming teacher education: competing agendas. *Journal of Teacher Education*, 52(4), 263-265.

Cochran-Smith, M. (2001b) The outcomes question in teacher education. *Teaching and Teacher Education*, 17(5), 527-546.

Cochran-Smith, M. (2004) Taking stock in 2004: teacher education in dangerous times. *Journal of Teacher Education*, (55)1, 3-7.

Cochran-Smith, M. & Fries, K. (2005) Researching teacher education in changing times: politics and paradigms. In M. Cochran-Smith & K. Zeichner (eds.), *Studying teacher education: the report of the AERA panel on research and teacher education* (pp. 69-110). Mahwah, NJ: Erlbaum.

Cochran-Smith, M. & Zeichner, K. (2005) *Studying teacher education: the report of the AERA panel on research and teacher education*. Mahwah, NJ: Erlbaum.

Conant, J. B. (1964) *The education of American teachers*. NY: McGraw-Hill.

Darling-Hammond, L. (2000) Teacher quality and student achievement: a review of state policy evidence. *Education Policy Analysis Archives*, 8(1). Retrieved May 1, 2006, from http://epaa. asu. edu/epaa/v8n1

Darling-Hammond, L. (2001) *The research and rhetoric on teacher certification: a response to "teacher certification reconsidered.*" Retrieved June 15, 2006 from http://www. nctaf. org/documents/nctaf/abell_response. pdf

Darling-Hammond, L. & Cobb, V. (1995) The changing context of teacher education. In F. Murray (ed.), *The teacher educator's handbook: building a knowledge base for the preparation of teachers* (pp. 14-53). San Francisco: Jossey-Bass.

Darling-Hammond, L. & Youngs, P. (2002). Defining "highly qualified teachers": what does "scientifically-based research" actually tell us? *Educational Researcher*, 31(9), 13-25.

Darling-Hammond, L., Chung, R., & Frelow, F. (2002) Variation in teacher preparation: how well do different pathways prepare teachers to teach? *Journal of Teacher Education*, 53(4), 286-302.

Dubetz, N., Turley, S., & Erickson, M. (1997) Dilemmas of assessment and evaluation in preservice teacher education. In A. L. Goodwin (ed.), *Assessment for equity and inclusion: embracing all our children* (pp. 197-210). New York: Routledge.

Educational Testing Service (2005) The Praxis series: state requirements. Retrieved July 6, 2005, from http://www. ets. org/portal/site/ets/menuitem

Farkas, S. & Johnson, J. (1997) *Different drummers: how teachers of teachers view public education*. New York: Public Agenda.

Fetler, M. (2001) Student mathematics achievement test scores, dropout rates, and teacher characteristics. *Teacher Education Quarterly*, 28(1), 151-168.

Garcia, P. A. (1987) A study on teacher competency testing and test validation with implications for minorities and the results and implication of the use of the Pre-Professional Skills Test (PPST) as a screening device for entrance into teacher education programs in Texas (ERIC Document Reproduction Service No. ED270389).

Goldhaber, D. & Brewer, D. J. (1995) Why don't schools and teachers seem to matter? Assessing the impact of unobservables on educational productivity. *Journal of Human Resources*, 32(3), 505-523.

Goldhaber, D. D. & Brewer, D. J. (2000) Does teacher certification matter? High school certification status and student achievement. *Educational Evaluation and Policy Analysis*, 22, 129-145.

Goodlad, J. I. (1990) *Teachers for our nation's schools*. San Francisco: Jossey-Bass.

Goodwin, A. L. (2002a) The case of one child: making the shift from personal knowledge to professionally informed practice. *Teaching Education*, 13(2), 137-154.

Goodwin, A. L. (2002b) The social/political construction of low teacher expectations for children of color: re-examining the achievement gap. *Journal of Thought*, 37(4), 83-103.

Gray, J. (1998, April) *Paradox and pathos: who fails the preservice teacher?* Paper presented at the annual meeting of the American Educational Research Association, San Diego, CA.

Haberman, M. (1983) Research on preservice laboratory and clinical experiences: implications for teacher education. In K. R. Howey & W. E. Gardner (eds.), *The education of teachers: a look ahead* (pp. 98-117). New York: Longman.

Hess, F. (2004) *Common sense school reform*. New York: Palgrave Macmillan.

Hinchman, K. & Oyler, C. (2000) Us and them: finding irony in our teaching methods. *Journal of Curriculum Studies*, 32(4), 495-508.

Hodenfield, G. K. & Stinnett, T. M. (1961) *The education of teachers*. Englewood Cliffs, NJ: Prentice-Hall.

Holt-Reynolds, D. (1999) Good readers, good teachers? Subject matter expertise as a challenge in learning to teach. *Harvard Educational Review*, 69(1), 29-50.

Howey, K. R. (1983) Teacher education: an overview. In K. R. Howey & W. E. Gardner (eds.), *The education of teachers: a look ahead* (pp. 6-39). New York: Longman.

Johnson, J. & Yates, J. (1982) *A national survey of student teaching programs*. DeKalb, IL: Northern Illinois University (ERIC Document Reproduction Service NO. ED232963).

Kanstoroom, M. & Finn, C. E. (1999) *Better teachers, better schools*. Washington, DC: Thomas B. Fordham Foundation.

Knudson, R. E. & Turley, S. (2000) University supervisors and at-risk student teachers. *Journal of Research and Development in Education*, 33(3), 175-186.

Koerner, J. D. (1968) *Who controls American education?* Boston: Beacon Press.

Koerner, M., Rust, F. O., & Baumgartner, F. (2002) Exploring roles in student teaching placements. *Teacher Education Quarterly*, 29(2), 35-58

LaBoskey, V. K., & Richert, A. E. (2002) Identifying good student teaching placements: a programmatic perspective. *Teacher Education Quarterly*, 29(2), 1-34.

Lasley, T., Bainbridge, W. L., & Berry, B. (2002) Improving teacher quality: ideological perspectives and policy prescriptions. *Educational Forum*, 67(1), 14-25.

Levin, R. A. (1990) Recurring themes and variations. In J. I. Goodlad, R. Soder, & K. A. Sirotnik (eds.), *Places where teachers are taught* (pp. 40-83). San Francisco: Jossey-Bass.

Melnick, S. (1996) Reforming teacher education through legislation: a case study from Florida. In K. Zeichner, S. Melnick, & M. L. Gomez (eds.), *Currents of reform in preservice teacher education* (pp. 30-61). NY: Teachers College Press.

Memory, D. M., Coleman, C. L., & Watkins, S. D. (2003) Possible tradeoffs in raising basic skills cutoff scores for teacher licensure: a study with implications for participation of African Americans in teaching. *Journal of Teacher Education*, 54(3), 217-227.

Mikitovics, A. (2002) Pre-professional Skills Test scores as college of education admission criteria. *Journal of Educational Research*, 95(4), 215 - 223.

Mitchell, R. & Barth, P. (1999). How teacher licensing tests fall short. *Thinking K - 16*, 3(1), 3 - 23.

Monk, D. H. (1994) Subject area preparation of secondary mathematics and science teachers. *Economics of Education Review*, 13 (2), 125 - 145.

National Commission on Teaching and America's Future (1996) *What matters most: teaching for America's* future. New York: Author.

National Commission on Teaching and America's Future (1997) *Doing what matters most: investing in teacher quality*. New York: Author.

Oyler, C., Jennings, G., & Lozada, P. (2001) Silenced gender: the construction of a male primary educator. *Teaching and Teacher Education*, 17, 367 - 379.

Page, M. L., Rudney, G. L., & Marxen, C. E. (2004) Leading preservice teachers to water ... and helping them drink: how candidate teachability affects the gatekeeping and advocacy roles of teacher educators. *Teacher Education Quarterly*, 31(2)25 - 41.

Paris, C. & Gespass, S. (2001) Examining the mismatch between learner-centered teaching and teacher-centered supervision. *Journal of Teacher Education*, 52(5), 398 - 412.

Raths, J. & Lyman, F. (2003) Summative evaluation of student teachers: an enduring problem. *Journal of Teacher Education*, 54 (3), 206 - 216.

Schneider, B. L. (1987) Tracing the provenance of teacher education. In T. Popkewitz (ed.), *Critical studies in teacher education* (pp. 211 - 241). London: Falmer Press.

Shiveley, J. M. & Poetter, T. S. (2002) Exploring clinical, on-site supervision in a school-university partnership. *The Teacher Educator*, 37(4), 282 - 301.

Shulman, L. (1987) Knowledge and teaching: foundations of the new reform. *Harvard Educational Review*, 51, 1 - 22.

Strosnider, R. & Blanchett, W. J. (2003) A closer look at assessment and entrance requirements: implications for recruitment and retention of African American special educators. *Teacher Education and Special Education*, 26(4), 304 - 314.

Sudzina, M. R. & Knowles, J. G. (1993) Personal, professional and contextual circumstances of student teachers who "fail": setting a course for understanding failure in teacher education. *Journal of Teacher Education*, 44(4), 254 - 262.

Tom, A. R. (1996) External influences on teacher education programs: national accreditation and state certification. In K. Zeichner, S. Melnick and M. L. Gomez (eds.), *Currents of reform in preservice teacher education* (pp. 11 - 29). NY: Teachers College Press.

U. S. Department of Education, Office of Postsecondary Education, Office of Policy Planning and Innovation (2002) *Meeting the highly qualified teachers challenge: the secretary's annual report on teacher quality*, Washington, DC: Author.

Walsh, K. (2001) *Teacher certification reconsidered: stumbling for quality*. Baltimore, MD: Abell Foundation.

Wayne, A. R. & Youngs, P. (2003) Teacher characteristics and student achievement gains: a review. *Review of Educational Research*, 73(1), 89 - 122.

Weitman, C. J. & Colbert, R. P. (2003) *Are elementary teacher education programs the real problem of unqualified teachers?* Paper presented at the Annual Meeting of American Association of Colleges for Teacher Education, New Orleans, LA (ERIC Document Reproduction Service No. ED346082).

Wenglinksy, H. (2002) How schools matter: the link between teacher classroom practices and student academic performance. *Education Policy Analysis Achives*, (10)12. Retrieved April 25, 2006 from http://epaa. asu. edu/epaa/v10n12/.

Wertheim, C., Vogel, S. A., & Brulle, A. R. (1998). Students with learning disabilities in teacher education programs. *Annals of Dyslexia*, 48(1), 293 - 309.

Wilson, S. M. & Youngs, P. (2005) Research on accountability processes in teacher education. In M. Cochran-Smith & K. Zeichner (eds.) *Studying teacher education: the report of the AERA Panel on Research and Teacher Education* (pp. 591 - 643). Mahwah, NJ: Lawrence Erlbaum Associates.

Zeichner, K. (1996) Designing educative practicum experiences for prospective teachers. In K. Zeichner, S. Melnick, & M. L. Gomez (eds.), *Currents of reform in preservice teacher education* (pp. 215 - 234). NY: Teachers College Press.

Zeichner, K. (2006) Reflections of a university-based teacher educator on the future of college - and university-based teacher education. *Journal of Teacher Education*, 57(3), 326 - 340.

Zumwalt, K. K. & Craig, E. (2005) Teachers' characteristics: research on the indicators of quality. In M. Cochran-Smith & K. Zeichner (eds.) *Studying teacher education: the report of the AERA Panel on Research and Teacher Education* (pp. 157 - 260). Mahwah, NJ: Lawrence Erlbaum Associates.

附录

教师教育中的守门机制

访谈提纲

你所在机构的教师培养项目每年大概招收多少学生？

你所在机构每年获得资格证的教师数量大概是多少？

谁做出招生决定(在教师培养项目中)？

谁做出师范生实习决定——选拔和分配？

1. 小学教师培养项目准入的条件和程序

● 进入你们项目的最低要求是什么(比如,GPA，GRE/SATs,其他的考试分数,与儿童接触的经验,城市环境下的经验,较强的写作能力,品性,特定的或必要的培训,教师推荐,其他方面)?

● 在录取过程中有没有特殊的环节？是什么(面试,录取文件、小组作业等)?

● 在寻找未来教师时,如果请你说出两个最重要的素质/特质/品性,和/或经验,它们是哪些?

2. 在学生通过小学教师培养项目中的守门作用

● 有哪些环节(哪些评价来决定学生继续留在项目中)?

● 有没有学生被开除出项目和/或未获得资格证推荐资格？在项目中的哪些点/阶段上他们被开除/他们没有选择继续留下去?

● 有没有为哪些学生完成项目并被推荐获得资格证而给他们进行一些特殊支持/干预/额外时间？这些干预措施产生的结果是什么？(请列举出来)

3. 问题,困境和挑战

● 在过去几年中,你处理过哪些与候任教师是否准备好从教相关的问题/困境/挑战？(请列举出来)

(穆树航　译)

经典

4.1 直面培养高素质教师面临的挑战：教育部长关于教师素质的年度报告*

罗德·佩奇(Rod Paige)
美国教育部部长，2002 年度行动纲要(U. S. Department of Education, Secretary, 2002 Executive Summary)

条款Ⅱ中的报告制度

根据 1998 年《高等教育法案》(*Higher Education Act*)条款Ⅱ的规定，教育部长要 493
就全国范围内的教师质量状况向国会发布年度报告。《直面培养高素质教师面临的挑战》(*Meeting the Highly Qualified Teachers Challenge*)就是关于这一重要问题的报告。1998 年的重新授权还建立了一项报告制度，要求各州和高等教育机构搜集有关它们教师培训计划质量的信息。条款Ⅱ报告制度要求下的数据搜集可以在 www.title2.org 网站上看到，该网站还包括国家教师资格认证要求的信息、未来教师在国家认证考试中的表现情况、雇用临时教师或应急认证教师的数量。

不让一个孩子掉队：教师的角色至关重要

如布什总统近来所说，"我们赋予教师一个巨大的责任：塑造孩子们的心灵和希望。我们应该向他们表达我们的感谢、赞美和支持"。因为教师在儿童生活中充当重要角色，所以《不让一个孩子掉队法》(No Child Left Behind, NCLB)要求到 2005—2006 学年底，核心科目中的所有教师都应是高素质的。

作为新法律的一部分，国会将高素质教师定义为，不仅拥有州教师资格证书，还要掌握他们所教学科的坚实的学科知识。例如，从 2002 年秋季开始，所有小学的新任教师都必须通过学科知识与数学、阅读、写作方面的教学技能测试，而初中和高中的新任教师必须通过严格的科目测试或在他们各自的领域中具备相当于本科水平的学历、研究生学历或高级资格证。正如这份报告所述，研究表明，在所教专业科目上有很强学术背景的教师，更有可能提高学生们的学业成就。

---

* U. S. Department of Education, Office of Postsecondary Education, Office of Policy Planning and Innovation, *Meeting the Highly Qualified Teachers Challenge: The Secretary's Annual Report on Teacher Quality*, Washington, DC, 2002, pp. vii - 9.

条款Ⅱ中的报告制度揭示了要应对这些要求，各州还有很长的路要走，这在很大
494 程度上是因为各州落后的认证制度。很多学术能力很强的大学毕业生和具有坚实科目背景的在职专业人才，经常被劝阻不要进入教学行业，因为准入条件太严格。同时，尽管很多人自身的学科知识很薄弱，却还是获得了资格证书。州体系似乎同时维持了低标准和高门槛。

有漏洞的体系

本报告搜集的数据表明，教育学院和正式的教师培训项目难以培训出《不让一个孩子掉队法》所要求的高素质教师。条款Ⅱ中的报告制度强调：

- 迄今为止，只有23个州实施了与本州K－12年级学科内容标准相关的教师标准。
- 教师的学术标准很低。29个州使用的教师资格考试，只有一个州在阅读能力方面设定的最低分数线接近国家平均水平，而有15个州各自设置的最低分数线低于国家平均水平的25％。在数学和写作能力测试方面，只有一个州设定的最低分数线高于国家平均水平。因而，超过90％的教师通过了这些考试就不足为奇了。
- 45个州开发了各自的非师范教师的职业准入渠道，以绕开传统体系繁琐的要求。在大多数州，通过非师范教师准入渠道的教师在资格考试中的表现要好于传统师范途径所培养的教师，然而非师范教师准入渠道依然存在各种各样的要求。
- 各州越来越依赖那些依据豁免和缺乏全面认证(full certification)而被雇用的教师(在新法规下逐步淘汰的一种做法)。国家层面，有6％的教师未获得全面认证，但是在贫困学校和特殊教育中，在数学和科学这些领域中，未获得认证的教师的比重更高。

确保每间教室中都有高素质教师

这次报告搜集的数据和外部资料表明，各州在《不让一个孩子掉队法》的要求下，在调整各自的认证制度方面还有很长的路要走。为了符合新法律的要求，各州和大学很可能不得不转变它们的培养和认证体系，将它们的项目奠基在严格的学术内容上，不仅要基于科学证据剔除繁琐的要求，更要吸引来自各领域的高素质候任教师。

招募那些对教学感兴趣但是没有上过教育学院的高素质候任教师，并将他们快速

安置到急需他们的学校，为他们提供培训、支持和指导，在这方面，全国各地有一些很好的经验。如果州满足《不让一个孩子掉队法》要求的项目，那么这些项目应成为将来的范本，因为州使繁琐的程序得以简化，从而使优秀的候任教师得以在我们国家的学校中找到自己的位置。

为了不让一个孩子掉队，我们的每一间教室都需要有高素质的教师。很明显，各州和大学在随后几年有很多事要做。该报告指明了方向。

引言

教育部长报告的背景

很少有人能像教师这样在儿童生活中如此重要。确保所有学生都有机会接触到 495
高素质的教师是最重要的事情，尤其是对那些弱势儿童而言。能否履行不让一个孩子掉队的承诺，取决于我们能否为学校配备国家最优秀的师资队伍。

我们要认识到教师发挥的关键作用。最近国会要求教育部长提交 50 个州有关教师质量和师资培养状况的年度报告。这是提交到国会的有关这些主题的第一份全面报告。

该报告包含了在《高等教育法案》条款Ⅱ要求下搜集的各种数据。在 1998 年的最后一次修订中，条款Ⅱ规定了三个有关师资培养的年度报告。第一，高等教育机构需要报告各州的多方面数据。这些数据包括学生完成教师培训项目的州资格认证(state certification)的情况和执照考试(licensure examinations)通过率。

第二，各州需要运用来自高等教育机构的报告和其他资源，并向美国教育部报告如下信息：

- 传统教师培养项目和非师范教师培养项目完成者们的州认证和许可要求；
- 教师培养项目的毕业生们在最近一次全州评估中的总体通过率、各机构各自的通过率以及基于通过率的各机构的四分位数排名；
- 豁免或因紧急情况临时准入的教师数量；
- 有关教师标准与学生标准之间符合程度的信息；
- 判定薄弱教育学院的标准。

最后，教育部长就国家不同模式(national patterns)及其影响向国会报告(这些文件的主题和相关材料可以在 www. title2. org 网站找到)。

教育部长报告的概述

本报告并不局限于呈现条款Ⅱ报告制度中的要点，它也力争将这些要点放在国家背景和联邦政策以及严格的科学研究中去考察。以下是内容纲要：

第一章："追求高素质的教师"。本章将对《不让一个孩子掉队法》中的全面改革，尤其是到 2005—2006 年所有教师都必须是"高素质的"这一新要求，做一个概览。它还根据可靠的研究来回答如下问题：我们对高素质教师了解多少？

第二章："培养并认证高素质的教师：当前有漏洞的体系及其非师范教师教育方案"。第二章考察了目前发挥作用的教师招聘、培养和认证体系如何阻碍了高素质教师的发展，并为将来呈现一个更有前景的模式。

第三章："各州在培养高素质教师方面做得到位吗？——从条款Ⅱ的报告制度而来的教训"。第三章论述了条款Ⅱ的报告制度中的发现，以及从其他资料中得到的严谨证据，这些是各州在培养和认证高素质教师方面的"状况"。

第四章："前景：让每一间教室都有高素质教师"。结论章节论述了对当前教师质
496 量状况的一些见解，并为各州提供了应对《不让一个孩子掉队法》的要求，即为每间教室提供高素质教师的建议。

第一章：追求高素质的教师

《不让一个孩子掉队法》的颁布至少是 35 年间联邦教育政策最为根本的转变。对于它的签署，布什总统说道："今天我们国家的公共教育进入了一个新纪元、新时期。自此刻起，美国学校将踏上一条新的改革之路并会有一个新结局。"国会两党以压倒性的多数通过了新法律从而表明了支持立场。

《不让一个孩子掉队法》为教育全国所有儿童所面临的挑战提供了一种新思维和新资源。许多新理念和新资助直接指向提高教师素质这一问题。下面是对这一领域一些最主要创新的描述：

教师素质国家拨款计划(Teacher quality state grants)：在新法律的要求下，州和学区将有资格得到近 30 亿美元的弹性拨款，旨在运用基于研究的策略提升教师和校长的素质。作为回报，学区必须在"确保所有从事核心学术科目教学的教师是高素养的"这一方面逐年进步。

第一阅读计划(Reading first)：这一重要的新举措，致力于帮助每位学生在三年级结束时成为一名优秀阅读者。2003 年，总统为这个项目申请了 10 亿美元。这些资金的大部分将用于支持基于研究的阅读教学方面的专业发展。

军人教师速成计划和教学过渡计划(Troops to teachers and transition to teaching)：两个计划都力争使优秀的在职专业人员通过非师范教师资格认证途径进入课堂这一举措合理化。

其他基于准则的计划也将为专业发展提供大量资源，包括条款Ⅰ(提议在 2003 年拨款 114 亿美元)、教育技术国家拨款(Educational Technology State Grants，7 亿美

元)和英语语言习得国家拨款(English Language Acquisition State Grants, 6.65 亿美元)。有关美国教育部所有教师素质拨款的信息可以在 http://www.ed.gov/offices/OESE/TPR/index.html.上搜索数据库查找。

此外,2003 年的总统预算,要求扩大在极为贫困学校工作的教师的贷款免除额,从最高 5 000 美元增长到 17 500 美元。

对高素质教师的要求

这些有力的创新措施,显示了联邦政府在提高教师质量上的严肃承诺。但是恐怕在《不让一个孩子掉队法》中最引人注目的转变是一项新的要求,即核心科目的所有教师都要是高素质的。这一新要求会带来什么?对于获得条款Ⅰ拨款的学区来说,变化显而易见且立竿见影。自下学年开始——2002 年秋季——条款Ⅰ的拨款可能不会用来雇用那些不符合该条款规定的新任教师,即那些没有达到"高素质"的教师。随着最终的规章即将颁布,教育部已经表明,条款Ⅰ所资助的运用整合式路径(schoolwide approach)进行改革的学校不能招聘任何非高素质新任教师在核心学业科目中从教。运用分离式路径(pullout approach)进行改革的学校,不能将条款Ⅰ中的拨款用于支持那些不符合"高素质"定义的教师。不服从规定的学区,将失去条款Ⅰ规定的拨款。

不在条款Ⅰ资助之列的学校也会受到影响。各州必须保证到 2005—2006 学年末,所有在核心学业科目从教的教师是高素质的。此外,各州必须保证参照这一目标取得年度进步。

在紧要关头,了解"高素质"教师的定义变得势在必行。有必要引用《不让一个孩 497
子掉队法》的一部分,即公共法 107—110 中第 9 部分第 101(23)条。首先,它为核心学业科目的所有教师规定了"高素质"的定义:

> "高素质"这一术语:
>
> (A) 当运用于在各州任何公立中小学从教的教师时,意味着:
>
> (i) 教师已经获得了作为一名教师的全面的州级资格认证(包括通过非师范教师资格认证途径获得的资格证),或通过了州级教师认证考试并在该州获得了从教证书。除此之外,当用来指代在任何公立特许学校工作的教师时,这一术语意味着,教师符合关于公立特许学校的法律规定的要求;
>
> (ii) 基于紧急情况、临时情况或临时基础得到豁免而未获得资格证书和认证要求的那些教师。
>
> 因此,除了所有公立特许学校教师之外,所有核心学业科目的教师必须拥有全面的"高素质教师"州级资格认证或执照。而核心学业科目的新任教师,甚至会面对更为严格的要求。

“高素质”这一术语：

(B) 当运用于：

(i) 一名新入职的小学教师，意味着这名教师：

(Ⅰ) 至少拥有一个学士学位；

(Ⅱ) 已经通过严格的州测试，具有在阅读、写作、数学以及小学课程的其他基本领域(可能包括通过了州要求的资格和认证测试以及在阅读、写作、数学和小学课程的其他基本领域的各种测试)的学科知识和教学技能。

(ii) 对一名新入职的中学教师，这意味着，教师至少拥有学士学位并通过以下方式表明自己在所教科目上具有高水平的能力：

(Ⅰ) 自己在所教的各学业科目上都要通过严格的州学业科目测试(这些衡量表现能力的测试可能包括州要求的资格和认证考试或所任教的每个学科的测试)；

(Ⅱ) 圆满完成任教的每个学业科目、学科专业、研究生学位以及相当于本科专业的课程培训或高级资格认证。

注意这些附加条件完全集中于严格的学科培养，它表明要么需要通过充分的能力测试，要么需要圆满完成学科专业学生、获得研究生学位或高级资格认证。当“高素质”被用于核心学业科目的现任教师时，法律作出了更为详细的定义。

“高素质”这一术语：

(C) 当用来指小学和中学非新入职教师时，意味着该教师至少拥有学士学位并且——

(i) 需要满足(B)中的条款(i)或(ii)中的适用标准，其中包括一项考试的选择权。

(ii) 教师需要在高度客观且统一的州级评价标准基础上，证明自身在所任教的所有学术科目中的能力，这些评价标准：

498 (Ⅰ) 是州设立的适于各年级的学术科目知识和教学技能；

(Ⅱ) 同具有挑战性的州级学科知识和学生学业成就标准相一致，并且是在核心内容专家(core content specialists)、教师、校长和学校行政人员磋商的基础上开发的；

(Ⅲ) 提供客观而连贯的信息，这些信息涉及教师在所教科目的核心学科知识中的成就；

(Ⅳ) 用于州范围内同一学科和同年级水平下的所有教师；

(Ⅴ) 考虑到教师在所教学科上的任教时间，但并非主要基于此；

(Ⅵ) 使所有民众如有要求都可以得到相关信息；

（Ⅶ）可能涉及多元而客观的教师胜任力测量。

此外，此法案的焦点在于“学科知识”。国会已明确表示，学科知识是至关重要的。法律也表明，从这些详细的定义来看，国会怀疑当前各州的认证体系在确保扎实的学科知识培养方面做得还不够，否则有关高素质教师的定义到(A)部分为止。就我们所知，无论数据是来自研究还是条款Ⅱ，这些担忧都是有充分依据的。

我们对高素质教师了解多少

通过增加针对“高素质”教师的新的严格指令，国会表明了在促进国家学校发展的过程中教师素质的重要性。把对“高素质”教师的定义集中在学科知识的培养上，使之与教育学知识和教学实习这些方面形成对比，从而表达出什么才是最紧要的。教师素质是学校成功的重要指标吗？学科知识与学业成就相关吗？其他的方面，像方法课程或实习教学，不也是至关重要的吗？让我们转向以科学证据为指导。

与好教师有关的证据

多年来，研究已经发现，教师素质是学生成功的一个决定性因素。大规模研究表明，比起其他因素，比如班级规模、经费和教学资料，教师素质与学生成就之间的关系更为密切。社会学家詹姆斯·科尔曼(James Coleman)在1966年的重要著作《教育机会均等》(*Equality of Educational Opportunity*)中指出，在非洲裔美国学生中，学生成就和教师在词汇测试中的分数密切相关。然而，在一般的学生当中，科尔曼没有发现明显的相关模式。

但科尔曼的评价，关注的是学校层面，这意味着同一学校内部个体教师和课堂之间的重要差别没有得到测量。近年来，测量教师素质的一种新方法被开发出来，它关注课堂上教师提供给每个学生的价值观。通过每年对学生进行测试和对个体学生与单个课堂之间的增值进行对照，研究者可以准确地发现教师对他们的学生产生的影响。因为分析关注学习效果，而不是绝对的测试分数，因而像社会经济地位这类背景特征的影响可以被剖析出来。毫不奇怪，研究者已经发现，一些教师比其他教师能更加有效地影响学生。

增值评价还允许研究者考察近几年来高素质教师与低素质教师在面对学生表现
时的一系列累积效应。有关这一主题的一些最优秀的研究，是由田纳西州统计学家威 499
廉·桑德斯(William Sanders)开展的。田纳西州基于各个学生在各自课堂中的学习效果对所有教师进行评价。利用这一信息，桑德斯基于各位教师所教学生的表现，将全州的教师分为五个等级。作为研究的一部分，他对两组可比较的三年级学生进行了跟踪：一组由来自第一等级的三名教师依次接替任教，另一组由来自最低等级的三名教师依次任教。到了五年级结束时，拥有最差教师的那一组表现出29%的学业成就，相对于拥有最有效教师那一组的83%，两者之间相差50多个百分点。此外，桑德斯发现，效应既是递加的也是累积的，拥有最差的教师使学生丧失了可能获得优质教育的所有机会。

在波士顿和达拉斯进行的类似研究也证实了这些发现。据估计，拥有好教师和拥有差教师时的对比结果显示，年度学业成就增长之间的差异大于年级学业成就水平之间的差异。这意味着，教师素质不仅重要，而且非常重要。接连遇见好几个差劲教师的不幸学生，其成功的几率微乎其微。

有关语言能力和学科知识重要的证据

从科尔曼报告出版到现在，相关研究已经一致地证实了教师语言和认知能力与学生成就之间的重要联系。在小学阶段，教师的语言能力似乎尤其重要，可能因为这正是学生学习阅读的时期。曾经对教师素质做过广泛的学术文献综述的斯坦福大学经济学家艾瑞克·哈努谢克(Eric Hanushek)说道，“可能最接近各种研究一致结论的是这样一个发现，即那些在语言能力测试上表现优秀的教师们在课堂上(提升学生学业成就)做得更好”。

最近的很多研究表明，教师的学科背景也对学生表现有积极影响。研究通常表明，在控制先前的学业成就和社会经济地位的情况下，专业学位与所教科目一致的高中数学和科学教师，比那些不一致的教师，让学生的获益更大。此类研究还表明，在数学和科学科目上拥有本科学位的教师，比在这些科目上有资格证的教师，对学生的学业成就有更为积极的影响。在拥有硕士学位的教师的影响效应上，研究始终未产生一致结论，但是设计得更好的研究表明，影响最多是微弱的。

但是，正如有研究表明学科知识的重要性一样，来自国家教育统计中心(National Center for Education Statistics, NCES)的新数据表明，尤其是在中学阶段，很多学生的教师在他们的学科领域的教学中并不能完全胜任。例如，在1999—2000年度，15%—22%的中学教师在英语、数学和科学科目上，缺少高等教育主修科目、副修科目的学位证或资格证。在生物和生命科学、自然科学和英语作为第二语言或双语教育课程中，数据更令人不安，30%—40%的中学教师缺乏所任教科目的主修科目、副修科目的学位证或资格证。

有关教育学和教育水平的证据

本报告表明，教师的语言能力和学科知识与学生的更高学业成就之间有关联，但是其他的像教育学知识、教育水平或实习所用的时间这些因素呢？毕竟，对这些因素的要求也是当前教师资格制度的一大组成部分。

500 将这些要求与提高学生成就相关联的一些研究，表明围绕这些方面的证据存在很多争议。然而，大部分类似研究的质量受到了人们质疑。一份由艾贝尔基金会(Abell

Foundation)对跨越过去 50 年间的大约 175 项研究的评估报告显示，所有这些研究都证明了资格证和提高学生成就之间的关联。分析发现，几乎所有的评估都不具有科学上的严谨性，都未运用普遍接受的统计技术来搜集数据，而是更多地依赖轶事性证据。

参加教育学院项目的价值在科学证据方面也面临质疑。在最近的一项研究中，经济学家丹·戈德哈伯(Dan Goldhaber)和多米尼克·布鲁尔(Dominic Brewer)发现，虽然获得认证的数学和科学教师的表现胜过那些未获得认证的教师(对他们各自学生的学业成就进行测量)，但是参加常规培训项目和获得传统教学认证的教师的表现，与那些没有参加这种项目和在紧急情况或临时情况下获得资格证的教师的表现，并没有统计学意义上的差异。

结论：高素质教师的挑战

如本文所表明的，在提升国家师资队伍质量方面，联邦政府是严肃的。由于目前可知的最佳研究表明，扎实的语言能力和学科知识是最为重要的因素，所以很明显，国会对“高素质”教师的定义就此做出规定是明智的。

这一新的法律对国家政策意味着什么？各州如何设计培养方案和认证体系才能为每间教室配置高素质的教师？在下一章将会对这些和其他问题做出回答。

（穆树航　译）

4.2　美国教师队伍多样化评估：对行动的呼唤[*]

全国教师队伍多样化合作组织（National Collaborative on Diversity in the Teaching Force）

引言

501 2001年年底，国会通过《初等和中等教育法案》（Elementary and Secondary Education Act，ESEA）的再授权，这一法案也被称为《不让一个孩子掉队法》（No Child Left Behind，NCLB）。本法的目的在于提升所有学生的学业表现，同时弥合来自不同种族和经济背景的学生的学业成就差距。本法包括了被认为可以达到以上目标的许多基本要素，包括确保所有教师都是“高素质的”。然而，尽管提出要关注教师素质，但是几乎没有人关注教师群体中的文化能力和多样性问题——这些也是提升不同肤色学生成就的关键因素。

为了考察教育机会、教育成就、教育工作者的多样性和教师素质之间的关系，2001年11月，全国20多个主要的引领和支持教育的组织聚集在一起，召开了为期三天的会议，主题为“基础的丧失：教师队伍多样化全国峰会”（Losing Ground：A National Summit on Diversity in the Teaching Force）。

聚焦于种族划分和文化能力在学生成就中的作用，与会者回顾了文化回应教育学（culturally responsive pedagogy）对儿童影响的研究。他们还研究了美国小学生多样性增长以及师资队伍静态构成方面的人口统计学数据。在回顾之后，与会者表达了对这些人口统计学上的差异和它们对所有学生教育质量负面影响的广泛关注。此外，与会者注意到，尽管对学校改革来说，教师素质作为一个常用的术语已经被接受并内化，但是多样性的需要经常被边缘化，而未被作为教学质量评定的中心。

最终，与会组织一致同意建立全国教师队伍多样化合作组织（简称合作组织）（National Collaborative on Diversity in the Teaching Force，the Collaborative）。合作组织的主要使命是将教师多样性和文化能力问题，纳入到教育政策的争论中，在州和国家两个层面，用同样的精力将之作为教师质量问题来对待。

自2001年峰会以来，合作组织已经开始为完成这一使命而工作。虽然各个组织

---

* National Collaborative on Diversity in the Teaching Force, *Assessment of Diversity in America's Teaching Force: A Call to Action*. Washington, DC: National Education Association, October 2004, pp. 3 - 10.

的规模、存在年限、员工数量、地理位置以及预算都不相同，但是它们都致力于实现以下目标：

- 整合并增加基于文化回应教学（culturally responsive teaching）的研究；
- 识别并消除障碍以增加未来有色人种教师的数量并提升所有教师的文化能力；
- 强调成功开展教学所需的资源必须是公平分配的，不管教师在哪所学校从教； 502
- 将极为重要的资源提供给骨干教师的招聘、培养和支持，这些骨干教师需是完全胜任的、种族多样的和有文化能力的。

然而，由于争论继续围绕《不让一个孩子掉队法》，并且成就差异在很多群体中继续扩大，合作组织比任何时候都更加关注这样一种情况，即师资队伍的多样化和文化能力问题还未得到本该得到的决策者的关注。

鉴于有意义的研究缺乏对有色人种教师数量和影响的关注，也缺乏对各州努力招聘和留任有色人种教师的关注，合作组织委托开展了三项重要的报告（这些报告可以在主要合作者的网站上查到）：

- 行业中有色人种教师的存在和表现（*The Presence and Performance of Teachers of Color in the Profession*）（Gay *et al.*，2003）
- 招聘有色人种教师：50个州的政策调查（*Recruiting Teachers of Color：A 50-State Survey of State Policies*）（Education Commission of the States，2003）
- 招聘有色人种教师：方案概述（*Recruiting Teachers of Color：A Program Overview*）（Education Commission of the States，2003）

这些报告以及合作组织成员们的专家意见和观点构成了本评价的基础，它包含如下部分：

Ⅰ 课堂中多样化和文化能力的当前状态简要展现了师资队伍中有色人种教师的表现和他们对学生成就的影响。

Ⅱ 公立学校课堂中多样化的未来有赖于各州在这些方面所采取的努力，即多样化的师资队伍的招聘，有色人种候任教师在测试分数中的走向，以及《不让一个孩子掉队法》的影响。

Ⅲ 结论及其对研究和决策者的启示体现了合作组织的信念，并为增加教师群体中有色人种教师的比例提供了一系列建议。

Ⅳ 附录部分包含了 2001 年峰会的参与者及主要的合作者的名单。

总之,这些发现展示了向真正胜任的、多样化的教师队伍迈进的重要一步,这个队伍可以满足所有公立学校学生的需要和潜能。进一步的研究是需要的,但时间飞逝,行动显得更加重要。我们不能一直坐等,因为不能实现自身潜能的有色人种儿童越多,加入并留在教育领域的有色人种教师便会越少。

503 Ⅰ课堂中多样化和文化能力的当前状态

确保教师优秀和多样化所面临的挑战并非是新出现的。然而,直到最近,这些问题才开始获得公众关注,并且到了需要对教师队伍构成比例做出实际改变的地步。

教师队伍中有色人种教师的比重

依据国家教育统计中心(National Center for Education Statistics, NCES)的数据(NCES, 2003),全国范围内少数族裔教师(有色人种教师)的数量并不能代表少数族裔学生(有色学生)的数量。例如,

- 在 2001—2002 年间,数据表明,公立学校学生中有 60%是白人,17%是黑人,17%是西班牙裔,4%是亚裔/太平洋岛屿美国人,1%是美国印第安人/阿拉斯原住民。
- 而 2001 年的数据表明,公立学校教师中 90%是白种人,6%是黑人,其他人种不到 5%。
- 大约有 40%的学校,教师队伍中没有有色人种教师。

对数据进行深入挖掘(NCES, 2003),进一步的趋势就浮现出来了。

- 除了夏威夷以外,在任何具有大量多样化居民的州,有色人种教师的百分比都未接近有色学生的百分比。哥伦比亚特区是一个例外。
- 在各个州,有色人种学生百分比越大,其与有色人种教师之间的百分比不一致性就越大。讽刺的是,这些地区越需要有色人种教师。
- 在大的城市学区里,有色人种教师是按比例配置的(proportional representation)。
- 很多有色人种教师受雇于那些有色学生占 30%或以上的学校。这些学校为美国印第安人/阿拉斯原住民而开设,位于农村地区和小城镇而非城市中心。

- 有色人种教师倾向于在有大量与自己同族裔学生的学校中任教。
- 有色人种教师在那些自身族裔占很大百分比的州和地区中很容易找到。因此，非洲裔美国教师占比最高的地区是东南部，拉丁裔美国教师则在西部和东北部，美国印第安教师/阿拉斯加原住民教师在中部和西部地区，亚裔美国教师在西部。进入大学和教育学院遵循类似模式。
- 大部分有色人种教师在地理上是相互隔离的，且与白人同事也彼此隔离，无论是在接受教师教育的高校，还是被雇用的单位，均是如此。
- 在种族群体内，中学和小学中的有色人种教师数量大体相当。

此外，统计预测表明，公立学校中有色人种学生的百分比有望增加，而有色人种教师百分比增加的希望则不大，除非各州和国家都采取措施。

有色人种教师对学生成就的影响 504

决策者、教师教育工作者、种族社区成员和学校领导都认为，教育行业需要更多的有色人种教师。更多的有色人种教师将

- 增加有色人种学生的榜样数量；
- 为所有学生提供学习民族、种族和文化多样性的机会；
- 共享的种族、民族和文化身份，能够丰富各种族学生的学习；
- 作为文化代理人，不仅能够帮助学生融入他们的学校环境和文化，也有助于促进其他教师和学生家长们的参与。

尽管他们的贡献有时被认定为对社会和相关领域的影响更大，而对学业成就影响较小，但是增加教师群体中有色人种教师的百分比直接关系到缩小学生之间的成就差距。

目前所获得的大部分关于有色人种教师和学生成就之间关联的数据，都来自涉及单个或多个案例研究的小规模质性研究。这些数据包括了大量重要的、但未被发现的影响学业成绩的因素，如出勤记录、纪律情况、辍学率、对学校的总体满意度、自我概念、文化能力和学生的学校归属感。

尽管需要搜集有关有色人种教师对学生成就积极影响的额外数据，但是有限的研究表明

- 当有色人种学生被来自于本族裔的教师所教时，他们倾向于有更高的学业、个人和社会表现。（然而，这一发现并不表明有文化能力的教师与来自不同族裔的有色人种学生不能达到相似的效果。）

• 来自不同族裔的教师已经证明，当用那些通常为具有天赋和才能的学生准备的文化反应技巧和具体内容方法来对有色人种学生施教时，他们的学业成就会显著提高。

• 有色人种教师对与自身来自同一族裔的有色人种学生有更高的成就期望。

Ⅱ 公立学校课堂中多样化的未来

各州在招聘和留任有色人种教师上的努力

全国各州都认识到，迫切需要招聘和留任有色人种教师，同时都在施行各种计划和政策对传统教师的招聘办法进行补充。这些措施包括如下方面：

• 非师范教师教育计划(Alternative programs)，即在接受六个月或不到六个月的前期培训后，候任教师就被任命为记录在案(teacher-of-record)的教师。这些通过非师范途径接受培训的候任教师倾向于在他们被雇用为教师时，完成培养计划。

• 早期外展计划和大学预科计划(Early outreach/precollegiate programs)，这些计划的目的在于使初中和高中在校生了解作为一种专业的教学工作。

505 • 社区大学外展计划(Community college outreach programs)，它旨在引导候任教师完成副学位文凭以及本科文凭。在培养新任教师方面，社区大学被证明为是一种卓有成效的机构——目前的教师队伍中大约有20%的教师是在社区大学开始他们的教育的。

• 助教(通常指专职人员的助手或教师的助手)外展计划(Paraeducator outreach programs)，它的目的在于寻找和招聘助教并引导他们成为完全认证的教师。在一些州，这些计划被叫做“教师职业生涯阶梯”(career ladder)途径。

• 奖学金、补助金和助学金，这些方式提供财政奖励，是最受欢迎的教师招聘策略之一。

• 贷款和贷款豁免计划，有几个州通过它们来帮助未来教师支付教育支出。

有色人种候任教师的测试

很多州和教育学院要求，进入教师培养项目的人员需要接受某些形式的标准化测试。作为完成(exit)标准，大部分州还会要求对候任教师进行标准化测试以评价他们在所教科目领域的知识，要成为认证教师的话，他们必须通过这种测试。大多数州都用美国教育考试服务部(Educational Testing Service)制定的教学实践考试系列(Praxis series)——教学实践考试Ⅰ(Praxis Ⅰ)是对进入教师教育项目的人实行的基本能力测试，而教学实践考试Ⅱ(Praxis Ⅱ)的目的在于评价新任教师在具体科目或内容领域的知识。有必要了解以下两点，即单独的合格分数并不能保证教师能开展卓有成效的教学，同时通不过考试也并非意味着教师是无能的。然而，测试确实对一名新任教师应该了解的东西进行了评价。

有关有色人种教师的测试结果我们只获得了一些有限的数据，部分是因为在全国教师队伍中——包括在课堂上的和培养中的——有色人种教师要比那些不是有色人种的教师少得多。然而，这些数据仍揭示了一些具体动向：

- 在大多数情况下，只有不到50%的非洲裔美国人通过了教师测试。
- 总的来说，有色人种候任教师通过教学实践考试Ⅱ中科目知识测试的人数要比通过教学实践考试Ⅰ基本能力测试的人数多。中学教师在教学实践考试Ⅱ上的测试及格率超过了小学教师。
- 在所有的有色人种候任教师(非洲裔美国人、亚裔美国人、拉丁裔美国人和美国印第安人/阿拉斯原住民)中，同时通过教学实践考试Ⅰ和Ⅱ的那些教师，SAT的分数要高于相同族裔同行中未通过测试的教师的分数。他们在SAT上的分数也高于那些通过教学实践考试Ⅰ和Ⅱ的一般人群的分数。
- 有色人种候任教师的学术能力评估测试(SAT)分数和美国大学入学考试(ACT)分数、平均绩点(GPA)同所有族裔教师的测试表现之间均呈正相关。
- 在教学实践考试Ⅰ中，通过SAT的有色人种候任教师，比那些通过ACT的有色人种候任教师的表现要好；而在教学实践考试Ⅱ中，除非洲裔美国人之外的其他族裔，两类人的表现正好相反。

很明显，需要更多的研究去关注那些促进或阻碍有色人种教师进入教师行业的做法所带来的影响。另外的研究需要去探明为什么会存在这些不一致，以及弥合这种差距的最好措施是什么。合作组织坚定地致力于鉴别和减少当前扩大未来有色人种教师队伍的努力所面临的障碍。

《不让一个孩子掉队法》的启示

自从《不让一个孩子掉队法》在2001年通过以来，已经出现了一些实质性的改变，且毫无疑问，附加的修订会在未来几年进行。合作组织成员支持提高学生成就和缩小 506

成就差距的立法目标。他们尤其对及时、适当地为提高学生成就而提供必要的资源感兴趣。

然而，在提高有色人种学生成就的必要资源中，重要的一项是打造具备文化能力和多样性的教师队伍。尽管立法呼吁"高素质的"教师并且将实际实施和评价留给了每个州，但是这种复杂法律的组织工作将继续对有色人种教师的招聘带来障碍。如果未来的修订不消除这些障碍，并且不能明确地把文化能力和多样性作为构成高素质教师队伍的关键性因素的话，合作组织将会关注该法律的长期影响。

III 结论及对研究和决策者的启示

合作组织认为：

- 多样性和文化能力是提升美国教师队伍素养的关键因素。
- 教师多样性和文化能力问题，必须融入各州和国家政策的议程中。
- 必须积极招聘和支持有色人种教师和有文化能力的教师。
- 必须发现有色人种候任教师在教师专业发展连续性上面临的障碍，并削弱这些障碍。
- 必须增加符合有色人种教师数量增长需要的制度性资源。
- 制度上和计划上有害的做法，包括制度层面和个体层面的种族主义，无论是在中小学校还是大学中，都必须被消除。
- 必须公平分配高素质教师，以确保极其贫困社区的学校和少数民族占多数的学校(high-poverty and high-minority schools)的学生能够公平获得(同样份额的)最好的和有经验的教师。

要做到这些，需要将更多的资源投向招聘、培养和支持那些完全胜任、种族多样和有文化能力的骨干教师。尽管合作组织成员们认识到，没有"放之四海而皆准"的措施，但以下建议是解决这些问题的重要一步。

联邦、州和地方政府应该：

- 颁布更多法律来支持增加有色人种教师的数量，无论是培养中的还是已经任课的。
- 对那些已成功实施的招聘和培训有色人种教师的计划，提供额外的有意义的资源和财政支持。
- 为工作于贫困、少数民族人口多的地区的公立中学的有色人种教师制定加强其专业发展计划的政策，尤其要强调其文化能力和指导能力的发展。

- 考察在不同内容领域中教师表现的趋向。
- 确保未来教师经过扎实的、基本的课程培训，尤其在教育的社会基础方面。（如果不了解被剥夺权利的群体是如何被系统地从公正、公平的教育中排除出去的历史、社会和政治基础，那么对多样性问题的理解仍是肤浅的。）
- 鼓励高等教育机构运用责任招聘策略来增加有色人种教师在学院和大学中的数量，尤其是在教育学院中的数量。 507
- 为文化和语言上多样性的学生和教师在高等教育机构中的学习提供支持性环境。
- 研究不同族裔在不同的教师考试中是如何表现的，哪些人没有参加考试以及为什么不参加。换言之，是不是一些有色人种候任教师在考试之前就离开了这一领域，是因为他们害怕失败吗？是否由于有色人种候任教师不及格率方面的负面压力，一些有色人种甚至从来没有考虑从事这一职业？
- 对成功增加有色人种候任教师通过率的努力开展研究，并与高等教育机构合作开发、实施以及评估适当的资源，以帮助更多的有色人种候任教师通过考试。
- 发展策略以增加多样化学生和多样化教师留任的数量。
- 在与有色人种教师入学、培养和表现，以及文化回应教学（culturally responsive teaching）相关的研究方面，要增加数量，提高质量。
- 在有关教师教育和学生成就的研究、政策和实践中，引入和采用所有群体的种族和民族方面的更多详细变量。

合作组织正在敦促所有的教育机构和教育政策机构认真思考当前的研究，认识多样化的价值和有效性，同时与我们一起呼吁为美国公立学校建设一支高素质和多样化的教师队伍。

（穆树航　译）

4.3 非洲裔美国教师塞缪尔·R.沃德

508 “塞缪尔·R.沃德(Samuel R. Ward)曾经在新泽西和纽约的黑人学校任教。他强调,黑人应该支持黑人教师,因为黑人应该支持黑人人才。”

(Mabee, 1979: 95)

照片来源:Mabee, C. (1979) *Black Education in New York State: From Colonial to Modern Times*. Syracuse, NY: Syracuse University Press.

(穆树航 译)

4.4　第一所墨西哥人中学

这是 19 世纪 80 年代期间在埃尔帕索(El Paso)的第一所墨西哥中学。 509
因为埃尔帕索地方学校的官员拒绝向说西班牙语的学生教授英语,所以墨西哥裔美国家长成立该学校,来教授英语不够精通的墨西哥学生英语。社区求助于一位叫奥利瓦斯·维拉纽瓦·奥伊(Olivas Villanueva Aoy)的长者,他同意开办这所私立学校,该学校的唯一目的是教墨西哥儿童英语,为他们进入公立学校做准备。历史学家马里奥·加西亚(Mario Garcia, 1981)指出,到 19 世纪 90 年代,奥伊在他的两个墨西哥裔助手的帮助下已能对将近一百个一二年级的学生进行教学。

(Anthony L. Brown 记录)

照片来源:Garcia, M. (1981) *Desert Immigrants: The Mexicans of El Paso, 1880 - 1920*. New Haven, CT: Yale University.

(穆树航　译)

4.5 卡莱尔学校

510 一位印第安裔教师于20世纪初在卡莱尔学校(Carlisle School)教美国印第安人编织。该时期的学校开始雇用更多的印第安裔教师，并且他们经常将学生的文化和种族背景融入到学校课程之中。

(Anthony L. Brown 记录)

照片来源：Witmer, L. (1993) *The Indian Industrial School: Carlisle, PA.* Carlisle, PA: Cumberland County Historical Society.
经坎伯兰郡历史学会(Cumberland County Historical Society Carlisle, PA)许可重印。

(穆树航　译)

4.6 亚裔美国学者：弗朗西斯·张(Francis Chang)

同公立学校的教师相比，汉语学校的教师在教育中国孩子方面具有更多 511
优势。他们说的语言同儿童一样。如果他们愿意的话，他们可以很容易地接触家长并了解学生在家的情况。凭他们在中国和美国的经验，他们也应该能够了解儿童在未来的文化和职业可能性上的需要。根据中国的传统，中国家长一般都尊重教师，在汉语学校的教师应该有资格决定儿童学习什么是最实用和最有用的。

(Chang, 1934: 542 - 543)

Chang, F. (1934) An accommodation program for second-generation Chinese. *Sociology and Social Research*. 18, 541 - 553.

4.7 州际新教师评估与支持协会：示范性标准[*]

512 原则 1：学科知识

教师要理解所教学科的核心概念、探究工具和学科结构，并能建构学习经验以使学科的这些方面对学生有意义。

原则 2：学生发展和学习

教师要了解学生是如何学习和发展的，并提供学习机会来支持他们在智力、社会和个人层面的发展。

原则 3：多样化学习风格

教师要了解学生在学习方法上的差异，并提供适合多样化学习者的教学。

原则 4：教学策略

教师要理解和运用多样化的教学策略去鼓励学生发展批判性思维、问题解决能力和表现技能。

原则 5：学习环境

教师要运用对个体和群体动机、行为的理解，去营造学习环境以鼓励学生积极地进行社会互动、积极地参与学习和自我鼓励。

原则 6：交流

教师要运用有效的口头和非口头语言以及媒体通讯技术方面的知识，培养学生在课堂上的积极探究、合作和支持性互动。

原则 7：教学设计

教师要基于学科知识、学生、社区和课程目标来设计教学。

原则 8：评价

教师要了解和运用正式和非正式评价策略，来评估并确保学习者在智力、社会和生理层面的持续发展。

原则 9：专业发展与反思

教师是一个反思性实践者，需不断地评价自身的选择和行为对其他人（学生、

---

* 州际新教师评估与支持协会（INTASC），“新任教师许可、评价与发展的示范性标准：州际对话资源”（Model standards for beginning teacher licensing, assessment and development: a resource for state dialogue）。来源：*INTASC*, Washington, DC: Council of Chief State School Officers, 1992.

家长和学习共同体中的其他专业人员)的影响,并积极寻找专业发展的机会。

原则 10:合作与人际关系

教师要与学校同事、家长和更大共同体中的能动者(agencies)建立关系以支持学生的学习和幸福生活。

(穆树航　译)

4.8 学校教师*

丹·C. 洛尔蒂(Dan C. Lortie)

招聘与再确认

教学的吸引力

513 我们可以发现,在竞争性的可选方案中,职业特征是通过职业决策模式将人们吸引到行业中的。在这一模式中,特定职业被认为可以"战胜"其他竞争者,因为它向那些做出选择的人们提供了更多的益处。为了识别哪些特征引起了这种认同感,我询问了该职业的一些在职人员,让他们描述该职业的吸引力,并识别出该职业比他们以前认真考虑过的备选职业更有吸引力的地方。我在早期从事法律事业期间开发了这种方法(Lortie 1958)。

本节有两个主要部分。在第一个部分,我们对一些数据进行了回顾,数据是教师们描述的在教学中发现的魅力。数据来自两部分,一部分是通过在波士顿大都会区的五个城镇中进行深度访谈得到的,后面称之为"五个城镇"(Five Towns),另一部分是通过全美教育协会(National Education Association, NEA)组织的全国性调查①得到的。虽然访谈的执行和分析都是在我参与全美教育协会的调查之前进行的,但利用二者的数据是合理可行的。第二部分则特别关注了教学所带来的物质利益及其对男性和女性的不同意义。

教学的五种魅力因素

人际关系主题

教育的一个最明显特征是,它需要和年轻人长期接触。把这一点作为魅力因素似乎有点赘述,但当我们将教学和别的工作对比时,就不会这样了。几乎没有职业可以和年轻人有如此牢固的关系。这使我们联想到"五个城镇"教师们所列举的教学魅力因素清单。有趣的是,一些受访者并不指明这些互动对象主要是指儿童——他们说自

---

* Dan C. Lortie, *Schoolteacher*. Chicago: University of Chicago Press, 1975, pp. 26 - 40 (notes pp. 261 - 262).

① 本文的计划和撰写是在1972年全美教育协会的报告之前完成的(美国公立学校教师状况,1970—1971(华盛顿:全美教育协会研究分会研究报告1972 - R3)),它是在更早的两个报告的基础上写成的(NEA 1963 - M2和1967 - R4);但是,我在适当地方增加了来自全美教育协会的报告注释中的观察结果。

己仅仅是喜欢“和人们一起工作”。①

“渴望和年轻人一起工作”，引导着全美教育协会(NEA)受访者的选择，在调查表中，2 316 名教师中有 34%选择了这个选项。在总的抽样调查表中，它对男性和女性拥有同样的吸引力。但小学教师比中学教师多 10%的人，将此项作为自己选择教学职业的主要原因(NEA，1967：47)。

和年轻人接触有助于在竞争中招募教学成员。通过调查反馈我们发现，这一点占据了一个很有利的竞争地位。与其他涉及儿童的中产阶级的工作，诸如儿科护理和其他有关的社会工作不同，教学提供了和儿童在一起工作的机会，并且这些儿童不是病患者也不是弱势群体。那些想要和儿童接触的人可以设想，这些发生在一种“正常”情 514
况下，即不包括生病、贫穷或情绪障碍的情况。与儿童们一起工作背后的心理需求，无疑是多样化并且复杂的，而且没有调查能够证明教师群体中存在单一的人格类型(Getzels and Jackson 1963)。在我们的社会中，关爱儿童通常与社会对女性工作的定义是一致的。很有趣的是，数据并没有表明女性对这一吸引力显著偏爱。可能问题的关键是强度而非广度；但是在我们能够回答这一问题之前仍需要细致的调查。

“五个城镇”中的一些教师喜欢将教学视作“与人们一起工作”，而未强调涉及到的年龄差异。这种修辞表明，他们觉察到人际工作是有价值的。罗森堡(Rosenberg，1957)发现，大部分大学生寻找那些能够与人们有更多交流的工作。而且，令人兴奋的是，在我们的社会中，等级最高的工作(高级政府机关的岗位，需要高深学问的职业，企业领导岗位)均显示出社交的特征。“与人们一起工作”传递了某种光环，同时这样定义教师工作，增加了其尊严并提高了职业成员的自尊。

教师参与到知识及其传播之中；他们的工作也可以被称为一门“艺术”，它要求特殊的敏感性和个人创造性。创造性地传播知识是教师工作的核心魅力所在。然而有趣的是，在教师职业的诸多魅力因素中，没有一个像人际关系那样受到如此多的关注。全美教育协会的受访者选择人际关系主题的人数，是选择“对科目领域感兴趣”人数的两倍多，后者最接近于表达出对知识的兴趣。全美教育协会的调查未将对创造力感兴趣作为一个选项，这本身是一种疏漏。而在“五个城镇”研究中至多只有小部分教师做出的回应能被解释为关注创造性。也许这在一定意义上指出某种惯例，即任课教师与艺术家或某些知识分子之类的人相比，更接近大众文化且分化更小。

服务主题

尽管教师的地位被掩盖了，但在我们的社会中，他们曾经被视为承担特殊使命的人，今天在从事这一职业的人们身上，我们仍可以看到此观念的延续。教学是一项有价值的、特定的道德价值服务，这一观念是对“五个城镇”教师进行访谈的一个

① 在本案例中，这两个问题是“五个城镇”访谈中的问题 8 和问题 10。后面，我将在文中呈现与家长有关的问题。

主题[①]。在全美教育协会的全国性调查案例中，有 28％的受访者选择了“有机会进行重要服务”这一选项，从而使它成为第二主要的回答。女性比男性更倾向于强调这一项，与 25％的男性相比，29％的女性选择了这一项；同时小学教师更可能选择它，与 23％的中学教师相比，有 32％的小学教师选择了此项。

人们会认为，作为服务的教学是以神圣的和世俗的美国文化为基础的。对于基督徒，耶稣是“最伟大的教师”；教学曾经是罗马天主教会内几个世纪以来一个倍受尊敬的职业；犹太教沉浸于对学习的喜爱之中。那些将工作作为宗教信念加以表达的人，会将教学与他们的信念联系起来，这就给了教学一个相当大的力量来源。美国人有尊重服务理念的世俗观点，职业排名在一定程度上即是按照这些观点进行的。把教学定义为服务他人的职业，是招聘教师时非常有吸引力的条件。

然而，服务作为教师职业的吸引力并不是普遍成立的，因为将教学视为服务的话，教师必须从中体会到一定程度的效能感。如果教师怀疑教学的行为和价值的话，也就
515 不会视其为一种服务。当然，可能有人从事教学工作是为了改变它；但是，正如我们将在后文中看到的，很少有人说他们选择教师职业的动机是为了改变它。可以推断，教学作为服务更可能吸引赞成现行做法的那些人，而非对教学不满的那些人。

连续性主题

社会学家通常将学校描述为社会化的机构，为学生以后在社会其他领域的成人角色做准备。然而，很明显的是，一些进入学校的人变得如此依赖学校，且舍不得离开。“五个城镇”的教师谈到了这种依赖并将它们视为这一职业的吸引力[②]。一些人说，他们“喜欢学校”并且想在这样的环境中工作；其他人谈到与学校相关的追求，以及在学校机构之外实现此类追求的困难。例如，一位教师可能喜欢很难市场化的古代史或对体育感兴趣，但是他没有从事职业体育事业所需的能力，他可以在教学中找到这种媒介来表达自己的兴趣。一些高中教师谈到了教学是如何“接近”那种基本的、但又受到阻碍的抱负的，例如，一位英语教师可能会出于早年对表演的喜爱，而指导学校戏剧。教学可作为一种手段去满足那些最初在学校培养起来并得到强化的兴趣，这种魅力是一种固有的特性。

全美教育协会的调查没有对这种兴趣进行持续探讨，但是那些选择“对科目领域感兴趣”的人可能属于这一类。这种回答更多地发生在高中教师而非小学教师身上(23％ vs. 5％)，但是也可能是措辞的结果，它指向特定的对某一科目的兴趣而非一般

---

① 对于问题 8(从教的魅力因素)，14.4％的受访者将喜欢从教的原因视为有价值的服务。对于问题 10(你的决定中的最重要的因素)，17.3％的人以这种方式进行了回应。

② 6.7％的人说道，他们“喜欢学校”并且希望在与学校有关的地方工作；12.2％的人说道，他们对特定的科目感兴趣。全美教育协会的调查(1972 - R3)中特别问到了“科目领域的兴趣”，34.5％的受访者选择它作为决定从教的三个原因之一。选择该项的男性比女性多(46.6％ vs. 28.2％)，并且选择该项的中学教师比小学教师多(57.0％ vs. 14.3％)。这一调查并没有破坏在同一层次学校内按性别划分的数据，但是它表明在特定的学校中兴趣与学校层次高度相关。

性的对学校的依恋。

公立学校教育的整个体系意味着数以万计的年轻人会进入学校，毫不奇怪，一些人会发展出对学校的持久依恋关系。可以与不同代的人进行广泛交流，是招聘教师时一个强有力的吸引因素，很少有职业具备这一优势。然而，我们必须想到，连续性的吸引力在年轻人中并不普遍。对于那些希望有新体验和新奇挑战的人来说，这一观念可能没有吸引力；“留在学校”将会使一些人放弃专门从事成人活动的通行证。因此，在那些选择继续留在学校的人中，是否可能会有很少一部分的人将会对新的和未体验过的职业更感兴趣？也可能，那些待在学校并对学校充分认可的人，将很可能会赞同现有的安排，并且不太积极去敦促改革。简言之，连续性主题似乎有一种保守偏见。

物质利益

有这样几种原因来解释教师们为什么避而不谈物质回报在他们决定从教中的作用。从历史角度看，教师被定义为低回报的职业；教师称谓可能使他们不愿去提及物质利益，因为在公众眼中这种回报被认为是不适当的。但是，我怀疑对教师服务的强调、对教师“奉献”的强调可能是一个更有说服力的压抑性源泉，因为很多无论从事教学还是不从事教学的人，都认为教师不应该将金钱、声望和安全感作为主要诱因。这种规范性压力使认下这点成为可能，即物质利益比起他们回答的那些指标更能影响教师的决定。至少，有间接证据表明，这种规范性抑制在起作用；在总结了直接数据之后，我们将对此进行讨论。

“五个城镇”中的很多教师都将物质利益（这些利益包括金钱、声望和安全感）列为从教的吸引力，而非决定从教的关键因素[①]。全美教育协会的研究涵盖了作为可能的“主导性原因”的两种利益。有 6% 的人选择“安全感”而只有 2% 的人选择“物质回报”。男性略微偏向于选择安全感（8% vs. 5%），而女性则愿意选择金钱利益（2.1% vs. 0.6%）。全美教育协会的选项中不包括声望这一项。

教学在两方面使一些人在提到物质利益时感到迷惑。从大量女性从事这一职业的情况来看，教师薪水并不是显著过低的，尤其是当把每年相对较少的工作日考虑进去时。通常女性教师考虑的其他替代性工作，一般并不能提供更多的收入，而且实际上提供更少的收入。引发人们更加注重物质回报的另一事实是，很大一部分从教男性，来自那些以经济不安全和低社会地位为显著特征的家庭。 516

规范性的抑制减弱了教师将物质利益列入主要吸引力的意愿，从“五个城镇”搜集来的间接证据表明了这一点。当受访者被问及为什么其他教师选择这一职业时——他们被要求将动机投射（project）在其他未提及姓名的人身上，而非谈论他们自己。运用金钱、安全感、声望和一个附加项即时间灵活性作为类别，我们发现了自我归因动机

① 提及物质利益的人共有 16.7%，包括魅力因素问题中的金钱、声望、安全感，在关键因素问题中提及物质利益的人有 6.2%。

和他人归因动机在分布规律上存在显著差异。服务主题在投射项目上的增加表明，如果规范性抑制确实很小，教师有可能更多地参照理想的考虑因素：在自我描述的主要因素问题中，有 17%涉及服务，而论及他人的答案中有 42%涉及服务。然而，最显著的差异是物质利益方面。在投射项目中，一般范畴不得不被细分，以适应被频繁提及的因素。尽管所有的物质利益加起来，在自我描述项目中被提到的次数也只占 6%，但在投射问题中，每个单一利益均被频繁提及（金钱 37%，安全感 34%，声望 12%）。在自己的情况中，那些不愿意将物质利益作为一个影响因素的受访者，在解释总体上的教师行为时，没有表现出这种犹豫。对这种差异的解释是危险的，例如，它意味着对同事的贬低而非个人感受的投射。但它至少表明，这些受访者知道物质利益的吸引力。

在其他有关教师利益的问题中，性别差异也是很显著的，无论如何，有一类问题必须被包括进来，即那些以不同方式谈到“教学对女性来说是一份好工作”的人（男性和女性都提到的占 19%）。但是女性和男性在强调金钱作为一种吸引力时是有差异的：女性提到的有 54%，男性提到的有 39%。超过一半的女性将金钱作为一个吸引和留住其他人从教的积极特征，这一事实表明我们应该对全美教育协会研究中得出的 2%的统计结果表示怀疑。事实上，人们不得不怀疑有关此问题的主观说法的可靠性。我猜想，我们在估量物质利益对招聘影响的研究中，应该关注人们做出的决定而非他们后来的解释。

时间灵活性主题

教师的工作日程始终是特殊的；尽管学年长度在 20 世纪便一直逐步增加，但是相对而言很多美国人平均每年的工作日要多于教师①。教师们对这种批评很敏感，而且全美教育协会搜集的统计资料中教师的反馈表明，他们实际上的工作时间比学校正式要求的工作时间更长（NEA 1972：34）。然而，事实依然表明，教师的工作时间灵活，这在吸引人们从教中发挥着作用。与人们选择的其他可能职业方案相比，教师在下午三点结束工作日，大量的假日和很长的暑假不会不引起年轻人的注意。

和物质利益一样，“五个城镇”中有更多教师将工作时间作为教学的吸引力因素而非主要因素。② 然而，当受访者被要求解释其他教师的行为时，这一结果更显著：在此种环境下，有 44%的人提及此因素，且女性比男性更频繁地谈到它——54% vs. 26%。③

517 “‘五个城镇’的受访者中，提到日程安排对他们有吸引力的那些人，将工作时间与自己要承担的义务和追求联系起来。主要承担的义务是指与妻子身份和母亲身份相关的义务；学校的日程安排允许他们花时间购物、做家务等，并且与学龄孩子的日程安

---

① 在 1970—1971 年的报告中，教师们报告的常规学年中预定的平均每年的工作天数是 181 天（NEA，1972，p. 134.）。每周工作五天并有三周假期和八个节假日的美国人，每年大约工作 237 天。

② 尽管在吸引力因素中总共有 13%的受访者选择包括工作日程这一项在内，但是仅有 4%的受访者将之列为影响从教决定的主要因素。

③ 全美教育协会最近的调查中包括了一项“长期的暑假”，有 14.4%的受访者将它作为三个从教原因中的一个（NEA 1972，p. 160）。

排相匹配。尽管很少有男人提及与家庭生活的兼容是教学的一个吸引力，但是很多人指出，教学日程安排使得他们能够进一步地学习或做其他的工作。

教学日程的兼容性，可能是招聘时的一个优势，很少有职业让人们拥有灵活的工作时间。然而，它也有一些弱点。教师们有时被批评“工作太轻松”（Vidich and Bensman，1958）。职业领导者似乎不太倾向于用此种吸引力来招募人才，他们可能觉得，这与一个服务领域的专业地位是不一致的，并且将教学作为达到其他目的的一种手段，有可能降低它的内在价值。此外，人们怀疑，那些主要因为这种吸引力而进入教学领域的教师们，可能会不太认同这一专业及其旨趣。人们也不希望那些选择从教的人是因为该行业对他们教学之外的时间限制较少。如果真是这样，时间灵活性也会间接导致保守的效果；因为一种职业的变革，通常要求成员付出额外的努力。

一些任课教师的话明确表明，教师职业拥有强大的职业魅力。教学至少在两个方面是特殊的：很少有职业能够提供类似与正常儿童深入交流的机会，也很少有职业能提供如此兼容的工作日程。教学作为服务（它的使命带来的光环）的定义，使它与许多其他谋生方式区别开来。学校所提供的利益和所持的态度，有助于它们招聘下一代的教职员工。尽管没有人提及，但是物质利益在吸引人们从教方面仍然发挥着作用。

然而，对这些吸引力的分析，显示出对它们影响范围的理解的巨大局限；总体而言，它们影响了我们期望在新入职者身上看到的价值分布。服务和连续性主题中，内含的是对保留传统的不断强调，而非对教育机构进行变革。教师倾向于强调人际关系表明了他们恪守陈规而非特殊的、离经叛道的立场；时间灵活性很可能间接地导致保守的效果。当然，我们说的是倾向和可能性而不是绝对性，是有延续性的偏见而并非是所有教师共有的一致倾向。然而，有趣的是，当我们考察那些促使教师从教的情况时，这些特定的倾向再次出现。在下一部分之后，我们将会论及这些情况以及与之伴随的促进因素。

物质利益和性别差异

教师们不愿将自身从教与物质利益需求联系起来，但这并未阻止我们试图了解如下问题：即这些吸引因素是如何影响教师招聘，尤其是影响这一职业的性别构成的。在上一部分中，我指出，教学行业提供的物质利益的类型有时可能对男性和女性有不同影响。尽管每种吸引因素都会吸引两种性别的人员，但是每种因素对男性和女性作用的意义（和强度）会有差别。我将运用从“五个城镇”和国家调查而来的数据评述三种物质利益。

经济收入和选择性放弃

职业选择是一个非此即彼的决定，某一选择意味着对其他选择的淘汰，且可能是
永久的淘汰。经济学家在理性选择计算中，会使用一个很有用的概念——“选择性放 518
弃”（alternatives foregone）。当我们将个人抱负考虑在内，且不管他们何时、因何种原

因进入一定行业时，我们可以拓展这一概念，并认为任何选择均在主观上使个体(和个体类别)付出一些代价。当我们将该词转化为一个社会心理学的定义时，无需假定人们做出了理性选择，实际上，人们确实有奉献的愿望。通过这种方式，结果就是，比起女性，男性进入教学在主观上的代价更高。

"五个城镇"的教师中，大约有四分之三的人在从教之前考虑了其他职业。他们提及的所有替代性职业均是中产阶级和上层阶级职业，同时59%的职业是带有一些公共服务成分的人际工作。他们的工作抱负并没有瞄向低处。但是，男性和女性不会从具有同样可能性的清单中选择从教。相反，男性会考虑企业管理和类似的职业，女性则会考虑半职业性的工作(护理、图书馆工作和社会工作)、办公室工作和表演艺术。除了少量女性希望在具有高声望的职业中工作以外，男性和女性考虑的替代性职业选择中没有重叠。教学是一个两性融合的职业。

很明显，男性和女性都感到，为了从教他们牺牲了不同程度的收入(和声望)。除表演艺术外，女性的替代性职业选择都以相似或更低的收入为特征。在表演艺术领域，人们可以变得富裕和更有名，但是这种成功的可能微乎其微。选择教学的年轻女性(也许这样做是受父母影响)所遵循的路径通常不会带来物质损失。然而，选择教学的男性很难避免这样的感受，即他们的教学事业带给他们的物质利益没有替代性的职业带来的多；企业经理人员和专业人员的终身所得(以及他们的社会地位)很明显会超过那些任课教师。

经济学家辩称，与女性相比，上面所说的这些情况将会使教学对男性更加没有吸引力，并且这将导致教学队伍中女性占多数。我完全同意。然而，我想指出的是，确实有男性成为教师后，他们的失落感对招聘年轻男性教师产生了消极影响。我们有理由认为，男性教师在后悔自己的选择时有更强的物质原因，并可能会因此降低对工作投入的高度热情。随后我们将看到，教师的身份认同对招聘起着重要作用，并且年轻男性和女性具有与其同性成员相一致的认同倾向。某种程度上，主观上的剥夺感使男性教师很难成为模范而被人们接受，吸引的女性比男性多是这一职业的一贯趋势。因此，金钱和声望这些回报在性别上的差异分布，在最初的选择因素中发挥的作用超过了其本身的作用。

社会流动性

教师的特殊使命使这一职业比我们单纯为了谋生的其他职业，享有更高的地位。我们已经指出了与那些排名最高的职业领域相比，教学在职业声望上的局限；然而，考察分层形成的另一面也是有用的。教学很明显属于白领、中产阶级工作，并且其本身为那些出身蓝领或下层阶级家庭的人们提供了向上流动的机会。

尽管我们都知道，教学受益于它作为一个流动性阶梯的地位，但我们仍很难获得有关多少教师通过进入教学职业而获得了地位上升的精确数据。在这些事情的估算上，有很多棘手的技术问题，尤其是对父母从事农业的那些教师们的原初社会地位的分类上。[①] 然而，通过保守地运用已获得的资料，我们可以确认存在相当多的向上流动的情况。

全美教育协会开展的全国性样本研究显示，除了有些轻微的向上偏误，“教师们的 519
社会背景差不多可以代表美国公众的横切面”(NEA, 1963: 15)。样本中30%的教师来自父亲是蓝领工人的家庭。因此，一份关于教学内部流动性的粗略指标，可以透过后代子女和他们家长之间的不同而获得；由于教师的地位高于蓝领职业，所以蓝领家长的子女主要通过成为教师实现向上流动(National Opinion Research Center, 1953)。但是，该研究的遗憾在于，它忽视了那些来自低社会地位的农村家庭人员的流动。利用30%的数据，我们可以估算出，在具有200万从业人数的职业中，大约有60万人跨越了蓝领和白领之间的界限。教学似乎是进入中产阶级更为重要的途径之一。

女性和男性在流动性收益上有所差别。全美教育协会的数据揭示，在教学职业中，来自高社会地位家庭的女教师比男教师多，比如，很多男教师的父亲是蓝领工人。[②] 可能这种不一致，部分是源于男性和女性感知上的差别因素。我们注意到，在女性通常所考虑的发展潜力框架中，教学的等级很高，因此，它可以吸引社会地位相对较高的女性。在较宽广的可能性范围内，如果男性有很好的社会经济地位的话，他不太可能选择教学。但是，无论这种不一致的原因是什么，比起女性，教学对男性来说是一个更为重要的向上流动的媒介。

教学领域中，男性和女性在社会流动和声望上存在微妙差异，强化任何一方都会有风险。从我们获得的数据推断，流动性本身吸引了更多的男性。然而，对社会背景较高的女性来说，该职业的可接受性促进了女性的进入。教学职业的社会等级在男性和女性的招募上存在差异，它影响了两性的数量，但却招聘到了不同社会阶级背景的成员。

就业安全感

美国人的思想意识中有一种贬低职业安全感的冲动，而且一些职业的任职者有时会被嘲笑为“安全感寻求者”(security-seekers)。然而，这种思想意识似乎是对持该主张(即认为应对旷日持久的风险的准备并不充分)的人的经济行为的一种拙劣描述。我们的任务不是分析美国社会中观念与现实之间的鸿沟，而是为了揭示，就业安全感对于那些从教的男性和女性的意义。就业安全感是其他工作回报的基础，不就业什么也赚不到。

在20世纪60年代研究教学的任何人都必然碰到过这样的男性，即他们的父亲在

① 对社会流动性的精确估算需要包括对净向上流动(net upward mobility)的测量——一些教师目前的职位比他们的父母还低。考虑到已掌握的数据，要进行比文中的讨论更加精确的论述是不明智的。比如，农民父亲可以是所有者或承租人，他们在社区是富裕的领导或贫穷的佃农。同样的问题也适用于从事个体经营的父亲，他们可以拥有大的公司或小的公司。

② 1971年，教学领域中有43.9%的男性人员(相比而言，女性只有29%)的父亲是没有技术的工人、半技术工人或技术工人(NEA 1972, p.61)。

30年代的大萧条期间处于经济崩溃的边缘。那些年成长起来（尤其是工人阶级家庭中）的教师，会对经济不安全感带来的疼痛有强烈的记忆。① 我所提及的全美教育协会的调查清楚表明，很大一部分比例的男性教师来自这样的家庭——家中负责挣钱的父亲或母亲面对大萧条时期的失业或就业不足，几乎没有任何防护措施。因此，这些男性中的一部分——在二战结束时退伍的人，很可能选择利用他们的教育津贴来为未来工作做准备，而他们选择的工作往往比他们父亲的工作更有安全感。因此，战后几年，退伍军人涌入教学领域与大萧条有关。对于他们中的一些人来说，大学教育是出乎意料的恩惠，尽管他们可能梦想过高收入的职业，但是他们看重的更可能是课堂教学提供的安全感。

女性对教学安全感的重视，出于不太相同的原因。很少有女性成长于经济脆弱的
520 家庭，期望承担家庭顶梁柱角色的女性更少。然而，就业安全感对于单身和结婚的女性都是有意义的。单身女性期望有一份可预期的收入，无需非得与男性展开积极的竞争。对于那些结婚的人，经济方面的安全感可能不太重要，但是会有与心理和家庭相关的一些利益。得到终身教职后就业焦虑的消失，有助于使教学与婚姻和母亲身份之间相互兼容。如果这些结婚的女性被迫积极地竞争，以保住她们的岗位，那么她们就很难平衡工作和家庭这两者间的对立关系。就业安全感更有助于结婚的女性“将工作放在适当的位置”。如果孩子生病，母亲不得不错过上班时间的话，她们也不必担心被解雇。考虑到女性需要将婚姻和母亲身份与全职工作结合起来的复杂性，安全感会对这种本质上的微妙处境造成影响。

安全感对于教学职业来说是一种重要的招聘优势，并且我怀疑它发挥的作用比教师们赋予它的作用还大。全美教育协会的调查表明，比起女性来说，更多的男性愿意将这一因素视为进入教学的关键作用，但是两者的差异只有3%。由于它对两性成员都发挥着重要的作用，因而它在维持女性占多数的地位方面，并不起决定作用。但是当教师对威胁到他们经济安全感的因素反映强烈时，我们也不应过于惊奇——一个恰当的例子是1968年的纽约大罢工（Mayer 1969）。

在教学带来的物质利益中，金钱对从教的吸引，对女性和男性有很大区别。男性将教学工资放在不同的比较情境之下，因此，某种程度上它们对女性比对男性更有吸引力。做出职业重要改变在女性那里更不可能，因为获得额外薪水的边际效益对女性更高；试图通过增加一般工资来吸引男性很可能会带来更多的高素质的女性申请者。雇主面对的是一个两难困境。与雇用那些很适合的女性相比，有充分的理由去雇用那些资格不够突出的男性吗？即使一些雇主是这样认为的，但是，考虑到以女性解放运动、禁止歧视女性的法律和教师组织中女性的集体力量为代表的那些不利公众情绪，

① 在我开展的一次预访谈中，一位教师说起他的父亲是一位渔民，在海上忙碌了四天后，被迫以25美分的价格出售自己捕获的份额。

他们能实施这种政策吗？结果似乎是不大可能的。对教师进行补偿的传统模式可能增强了教学中女性优势的持续。

两个普遍的促进因素

我们观察到，两种机制促进人们进入教学这一职业：培训的易得性和非精英化的准入标准。这两种比较宽松的进入教学的方式有一些共同点——每一种都扩大了这一职业潜在的候任教师的数量。

广泛的决策域

一些职业的“决策域”(decision range)很窄，因为年轻人很难接触到它们，或者因为需要在早期做出一系列的强制性决定。例如，很少有年轻人在早期就充分关注到精算学并把它选为职业；而人们如果在年轻时没有采取初步行动的话，就很难成为音乐家或内科医生。与那些具有广泛“决策域”的职业相比，阻止人们做出早期决定或限制后期决定的职业，无论任何时候其潜在申请者都更少。

人们可以在任何时候做出成为教师的决定。因为，这一职业无所不在且很容易在
儿童时期就接触到，它可以很容易就出现在儿童对自己成人时的职业活动理想中；甚
至儿童也能做出持久的从教决定。到职业后期，人们也能做出从教决定并仍能将之付 521
诸实施：比如，在“五个城镇”的样本中，一些教师到了三十岁时才决定从教。无论在早
期还是晚期，人们做出的从教决定都可获得支持；由于教学被视为一项更容易进入的
职业，成年人在保护年轻人从教意愿以免令他们失望方面几乎没感到压力；同时培训
机构已经准备容纳“年长的”人们进入，并且学校系统也已经准备好雇用他们。

在“五个城镇”和其他样本的指标中，“决策时期”这一变量是按性别和学校层次进行分类的。“五个城镇”样本中，63％的女教师是在高中毕业以前决定从教的，而只有24％的男教师是这样的；事实上，41％的男性直到他们到了大学最后一年或者更晚的时候，才做出从教的决定。克罗诺斯(Kronus)在她的样本中发现了类似的差异，本杰明·莱特(Benjamin Wright)也发现女性比男性做出从教决定的时间要早(Kronus，1969：23；Wright，个人交流)。在保持性别不变的情况下，在“五个城镇”和莱特的样本中，小学教师比中学教师做出从教决定的时间要早。女性，尤其是那些选择做小学教师的女性，是最渴望获得受聘机会的人，而更多的男性则犹豫不决。

除了扩大了候任教师基数之外，广泛的“决策域”还有另外一个影响：人们进入教师职业的方式不同。人们可能期望那些早期决定从教的人比那些更晚决定的人有更强烈的感情倾向，前者会了解更多的信息，而人们后来才做决定可能是当希望和计划遭遇现实时做出的巨大“妥协”(Ginzberg *et al.*，1951)。因此，一些教师会用生动的措辞将自己的从教表达为“早期选择并坚定不移的一种召唤”，而其他教师则将自己的

选择表述为对现实要求的一种妥协。这是一种潜在的分裂来源,因为做出这两种极端选择的人,可能会对另一方所做的教学评价感到不舒服。

进入方式的异质性表明教学在此方面未被专业共识所标准化,其成员也未经过共同的准入标准受到严格筛选。结果,就有了大量的自我选择;候任教师带有的动机、取向和兴趣并未被系统地加以评估以驱除那些其特点不符合特定模式的人。正如我们将在随后章节中指出的那样,以此方式带来的多样性,对教学职业的内部生活造成了重要后果。

主观理由

申请者通过规定的考试以后,政府就会给他们颁发从事行业的执照。但这仅是长期过程中的关键环节,因为在此过程中,获得资格还是被取消资格,个体发挥着关键作用;那些有志向的人会根据他们对目标需求的个人设想对自己进行测试和再测试,直到他们自身认为通过了这些考试。我们在青少年灵活性测试中发现了这样的例子,即通过测试来看他们是否具有“外科医生的手”(surgeon's hands),或者通过他们与同伴的争论争论看他们是否可能在法律方面取得成功。有必要了解特定工作角色中人们所认为的成功所必备的因素,因为这表明与职业有关的主观因素——它的“主观理由”(subjective warrant)。与那些进入理由比较宽松的职业相比,需要严格理由的职业将会失去那些本来可能加入却因自我泄气而放弃的人。

考虑到教学准入放宽的趋势,我们可以预期,主观性测验也会变得不那么严格。我们可以通过在“五个城镇”中搜集的数据来考察这种可能性,“五个城镇”中的这些教师谈到了他们认为适合从教的个人素质。对数据进行分析后,受访者的回答可归纳为以下三种:(1)个人偏好的陈述;(2)直接述及的人际交往能力和品性;(3)间接地提及
522 的兴趣和能力。四分之一的受访者属于第一类,他们的回答是“我喜欢儿童并且想和他们在一起工作”。涉及个人特征的典型回答有耐心、幽默感、领导能力、冷静与沉着的本性,略超过一半的人选择这些。第三种,知识上的优势和兴趣,是提及最少的,还不到受访者的五分之一。这些回答包括学科知识、智力、有条理和喜欢学习。在“五个城镇”样本中,人际特质与偏好被提及的次数是智力因素被提及次数的三倍以上,这种差异,甚至在有限样本中,也是值得注意的。这种对人际关系的强调与我们前面考察的吸引力主题是一致的。

“五个城镇”样本的数据中暗含的主观理由并不是很严格。对偏好的反应在逻辑上是循环的:想从教是他们这样做的正当理由。人际关系素质,尽管并非每个人都拥有,依然是一种可塑的而非僵化的理由——个体可以塑造这一理由以使其符合自身意图。但是,很难确信某人确实不具备上述素质。另外,根据对基于排名的学术等级系统的观察,知识的标准非常“罕见”。问题不在于受访者是否选择了“最好的标准”,而在于运用特定的一套标准所产生的影响。教师们所选择的属性——偏好和人际关系

特征——与更严格的自我评价标准相比，不太能迫使他们进行自我淘汰。相关数据表明，社会心理与结构宽松的准入是相关的；在这两种情况下，障碍均被设在最低的节点上。

有趣的是，宽松的理由很适合那些早期和晚期做决定的人。它可以防止早期做决定的人将教学的志向看得高不可攀，它也有助于晚期做决定的人避免因自身缺乏持久而专业的角色准备而焦虑。由于个性和偏好占据支配地位，其他的考虑都是第二位的。人们还会发现，从教理由在内容上具有"女性光环"(feminine ring)，它强调表现力，而正如帕森斯和贝尔斯(Parsons and Bales，1955)指出的那样，这种品质在美国两性间的分工中被认为是属于女性的。

（穆树航　译）

参考文献

Getzels, J. W. & Jackson, P. W. (1963) The teacher's personality and characteristics. In *Handbook of research on teaching*, ed. N. L. Gage, pp. 506 - 582. Chicago: Rand McNally.

Ginzberg, E., Ginzberg, S. W., Axelrad, S., & Herma, J. L. (1951) *Occupational choice*. New York: Columbia University Press.

Kronus, C. (1969) Occupational career decisions: temporal patterns and sociological correlates. Ph. D. dissertation, University of Chicago.

Lortie, D. C. (1958) The striving young lawyer: a study of early career differentiation in the Chicago bar. Ph. D. dissertation, University of Chicago.

Mayer, M. (1969) *The teachers' strike, New York, nineteen sixty-eight*. New York: Harper and Row.

National Education Association (1963) *The American public-school teacher, 1960 - 61*. Washington, DC: Research Division, research monograph 1963 - M2.

National Education Association (1967) *The American public-school teacher, 1965 - 66*. Washington, DC: Research Division, research report 1967 - R4.

National Education Association (1972) *Status of the American public-school teacher, 1970 - 71*. Washington, DC: Research Division, research report 1972 - R3.

National Opinion Research Center (1953) Jobs and occupations: a popular evaluation. In *Class, status, and power*, ed. R. V. Bendix & S. M. Lipser, pp. 411 - 425. Glencoe, IL; Free Press.

Parsons, T. V. & Bales, R. F (1955) *Family socialization and interaction process*. Glencoe, IL.: Free Press.

Rosenberg, M. (1957) *Occupations and values*. Glencoe, IL: Free Press.

Vidich, A. J. & Bensman, J. (1958) *Small town in mass society*. Princeton: Princeton University Press.

评析

28. 教师质量问题[①]

理查德 · M. 英格索尔(Richard M. Ingersoll)
宾夕法尼亚大学(University of Pennsylvania)

与确保全国中小学都配备高素质教师这一问题相比,近年来极少有教育问题能获 527
得如此多的关注。有一种普遍共识,即教师质量和教学内容两者毫无疑问都是影响学生学习与成长的最重要因素。此外,还有一种共识,即美国教师质量和教学都存在严重问题。然而,除此之外,关于保障教师质量所必需的要素是什么,应该允许谁或不允许谁从教,以及教师质量问题的根源和解决措施是什么等问题几乎没有取得任何共识且存在很大分歧。在本部分的评析中,我将简要地论述三个相关的调查分析及伴随它们的处方措施:限制性的职业准入障碍,师资短缺,师资培养不足。这三个方面,并不是教师和教学质量低劣问题的唯一解释。也不是说这些观点得到了普遍认可——事实上它们中的每一个都存在大量争议,有时候,一种观点的支持者是另一观点的反对者。但它们都是重要的观点,就什么困扰教学这一问题而言,它们都是传统观点的一部分,都对研究、变革和政策产生了影响。

然而,这部分评论的论点是,三个方面的观点在很大程度上都是错误的。我的理论视角来自组织、职业和劳动社会学。从这一角度来看,我的写作前提是,要充分了解教师质量问题,需要考察教学职业的特征及教师工作的社会和组织环境。在随后的部分,我将对以上每一观点进行简单回顾,并解释为什么我认为每种观点对困扰教学职业的质量问题的解释和解决措施均是不准确的。

过度限制性的职业准入

人们围绕教师职业准入资格和胜任教学工作的条件有许多争论。为了获得高素质任课教师,我们需要多少以及哪些培养、培训和认证?争论的一方是那些认为教学质量低下源于职前培训和认证缺乏深度、活力和广度的人(Interstate New Teacher Assessment and Support Consortium, 1992; National Commission on Teaching and America's Future, 1996,1997)。这种观点(我将在本评论的最后部分回到这一观点)

---

① 本文根据较早的一篇论文(Ingersoll, 2004b)改编而成,发表于马克 · 斯迈利和黛布拉 · 米雷茨基(Mark Smylie and Debra Miretzky)2004 年所编《教师队伍建设:全国教育研究协会第 103 卷年鉴》(*Developing the Teacher Workforce, the 103rd Yearbook of the National Society for the Study of Education* Chicago: National Society for the Study of Education.)。

认为，我们的任职要求太少并且标准也很低。因此，这一观点的支持者试图增加新任教师所需要的教育、培训和认证标准。

528 争论的另一方则是这样一些人，他们认为，进入教学职业已经受到了异常严格而又不必如此严格的官僚准入壁垒的困扰（Finn *et al.*，1999；Hanushek and Rivkin，2004；U.S. Department of Education，2002；Walsh，2001）。从这一观点来看，传统的教师培训和州认证要求与垄断性的做法相似。此类批评者认为，这种准入要求的价值没有得到实证研究的证明。他们控诉，这种规则在保护公众利益方面动力不足，且实际上是在保护与教育体制有关联的重要赞助者的利益。因此，这种观点认为，大量高素质候任教师被阻挡在教学职业之外。通过排除这些障碍，这种说法的结论是，学校最终可以招聘到他们认为的合适数量的最好的候任教师，并且这样也可解决困扰教学队伍的质量问题。

这种反限制性准入（anti-restrictive-entry）观点有很多不同的变体。较为流行的一种支持在高等教育中占主导地位的培训模式。职前教师培养几乎不包括教学方法方面的正规训练。同样，以此观点来看，拥有某一学科学位的人，足够成为这一学科的中学教师。由此来看，内容或学科知识——知道教什么——被认为是合格教师的主要价值。教学和教学方法的正式培训——知道如何去教——被认为是次要的（Finn *et al.*，1999）。

反限制性准入观点的另外一种变体，是对教师队伍（teaching force）人口统计上的多样性的关注而产生的。依据这种观点，教师的准入条件导致了进入教学职业的少数族裔候任教师数量的减少，要么因为准入条件本身是激进的或有种族偏见的，要么因为它们筛选掉了由于贫困背景而不能通过特定环节但在其他方面有价值的候任教师（National Collaborative on Diversity in the Teaching Force，2004；Villegas and Lucas，2004）。

这些各种形式的反限制性准入观点的支持者们提出的很多举措，都涉及放宽传统的准入门槛，包括非师范教师认证计划和类似于和平工作团（Peace Crops）①的项目，例如“为美国而教”（Teach for America）。

当然，已有的教学准入条件至少有两个问题。第一，这种条件有时将有能力的候任教师拒之门外。总之，要成为一个优秀教师，并非所有人都需要这样一种资格证书。第二，与之相反，准入要求有时确实没有阻止某些不该进入这种特殊行业的人。这就是说，获得了证书和完成考试并不必然保证个体将会成为一名优秀教师，甚至也不能保证成为一名合格教师。

但是，这两个问题在所有职业和专业中均存在。例如，的确有一些很有能力的人无法开业做律师，因为他们没有完成法学院的课程并通过国家的司法资格考试。但

① Peace Crops，和平工作团，美国志愿者组织，参与协助发展中国家的发展计划。——译者注

是，的确也会有本不该成为律师的人通过法学院的课程和司法资格考试反而成为律师的现象。

有必要将教学准入和培训条件放入具体情境中进行考察。职业准入要求的限制性是相对的，同时当对主导特定职业的那些标准和规则进行评价时，我们总是需要提出这样一个问题——与什么进行比较？

跨国的比较是一种有用的方式。与美国比起来，其他发达国家的教学职业准入有多么严格和严密？有趣的是，最近的一个比较研究得出的结论是：比起其他许多国家 529
和地区，包括澳大利亚、英国、日本、韩国、荷兰、中国香港和新加坡，在美国成为一名教师，其筛选是不太费力且周期也不是很长的，其要求也是不太严格的（Wang *et al.*，2003）。这值得进一步调查，我目前从事的正是这样一个项目。

另一种有用的比较是跨职业的。劳动、组织和职业社会学家们传统上将教学概括为一种相对复杂的工作形式，它具有不确定性、不可捉摸性和模糊性，并且像某些传统的专业那样，需要很高程度的首创精神、判断能力和高水平的技巧来完成（Bidwell，1965；Kohn and Schooler，1983；Lortie，1975）。然而，与放宽限制的视角相比，劳动、组织和职业社会学家们传统上也将教学概括为一种相对易进/易出（easy-in/easy-out）的职业，具有相对较低的门槛和相对较宽的准入大门，尤其是与传统的专业相比更是如此（Etzioni，1969）。丹·洛蒂（Dan Lortie，1975）在关于教学职业的经典研究中，关注了很多促进教学准入门槛放松的方面和机制。很多渴望进入教学职业的人们可以自由地进入——这种特点被洛蒂称为“主观理由”（subjective warrant）。相比而言，在许多职业和很多传统专业中盛行的是相反的观点。尤其是很多传统的专业，职业守门者在选择新成员方面有很大话语权，并且并非谁想进就允许谁进。

具有讽刺意味的是，尽管美国的教学准入培训和认证条件比许多其他的职业都低，也比其他一些国家要低，但是与其他职业相比，教学受到的审查几乎是最多的。过去二三十年，有大量的实证研究致力于评价教师认证对学生成就的影响，毫不奇怪的是，来自这些文献的结果通常是相互矛盾的（Allen，2003）。但是，很多研究确实发现，这样或那样的教师教育和认证确实与学生成就提升显著相关（Greenberg *et al.*，2004；Greenwald *et al.*，1996；Raudenbush *et al.*，1999）。

当然，从公众利益的视角来看，对准入条件的额外价值进行详细审查是有用的。但是，将这些研究本身放在跨职业比较中也是有用的。尤其是对大多数的职业和专业来说，几乎或根本没有实证研究对拥有特定证书、执照或认证的实践者的额外价值做出评价（American Educational Research Association，American Psychological Association and National Council on Measurement in Education，1999；Kane，1994）。这类研究很难进行，例如，如果一种职业的认证是强制性的，那么就不可能将拥有证书者的表现与没有证书者的表现进行比较。不管怎样，无论是按照先例还是按照法律，职业的准入条件是普遍存在的。例如，几乎所有高校的专职学术职位均要求博士学位。然而，很少有关于“教授影响”(professor effects)的文献案例来考察教授资格是否对学生成就或研究质量有积极影响(Pascarella and Terenzini，1991)。换句话说，在学术界，正如在许多职业和专业中一样，似乎存在这样一个前提假设，即特定的证书对从事特定种类的工作是必要的。因此，从跨职业的角度来看，有趣的研究问题并不限于“资格证对教师们是重要的吗?”同样有趣的是，“为什么如此多的人认为这是一个重要的问题?”比起其他职业，教学承受着更多的审查和怀疑吗？如果是这样的话，为什么？

不管准入资格对招聘的影响如何，数据也表明，教师留任问题如果未得到解决的话，单纯增加或减少准入条件，将无法解决确保每间教室都配备高素质教师这一问题，这一议题将在下一部分进行讨论。

师资短缺

530 对美国学校教学质量低下这一问题的第二个相关解释是师资短缺。这种观点认为，问题主要来源是新任教师的供应难以满足需求。限制性的准入条件可能会使这一情况恶化，但是人们普遍认为造成这种缺口的根源是新任教师需求量的急剧增加，而这种急剧增加则是由两种集中的人口趋势造成的——在校学生数增加和由于教师队伍“老龄化”而导致的教师退休人数增加。师资短缺意味着，许多学校系统不能找到合格的候任教师来补充空缺，这不可避免地会导致它们雇用不符合资格要求的教师，并最终降低学校质量。

过去盛行的政策处方和对这类学校人员配置状况的解决措施是，提升大范围招聘进来的教师的数量。这些处方或应对，有些涉及放宽准入要求，有些则没有。海外招聘，财政激励，比如签约奖金、豁免助学贷款、给予住房补贴和学费补助，这些手段都曾被用到过(Hirsch *et al.*，2001)。

然而，有关这些措施的效果的数据受到了人们的严重质疑。我的研究已经表明，学校人员配置问题的主要原因与其说是师资短缺——某种意义上说是极少产生新的候任教师，不如说是很多现有教师离开了这一职业(Ingersoll，2001，2003b)。对新任教师的大多数需求并不是由在校学生数和教师退休人数的增加引起的，而是因为教师在退休前的流失。数据呈现了这一职业的“旋转门”(revolving door)状况，即每年学校会有相对很大一部分的人员流入或流出。教学仍是一个大多数经过培训的新成员在他们职业生涯早期便会离开的职业。数据表明，经过教师培训的人中有一半从未进入教学行业，而另外的40%—50%确实入职了，但是在工作的头五年里要么临时离开，要么永久离开了教学职业。而且，数据还表明，当与其他原因导致的流失进行比较时，比如教师对工作不满和教师寻求更好的工作或其他职业，退休教师的总体流失量是相对较少的。

这些研究结果对目前的政策有很大的启示，它们表明，(政策)处方不应主要关注招聘而是要关注留任。简言之，如果大量招聘的教师随后都离开的话，招聘再多的教师仍将无法解决教师危机。这使我想到这样一个场景：由于桶底有个大洞，桶里的水快速地在流失。如果不首先把桶底补好的话，往桶里倒再多的水也于事无补。

不合格教师的问题

教学质量低下的第三个主要解释，关注的是未来教师资格认证的适当性。如前所述，依照这种观点，教学质量低下的主要原因在于质量低劣的职前教育、培训和认证标准(National Commission on Teaching and America's Future, 1996,1997)。与放松管制的观点相反，这一群体试图扩充传统上对新任教师所要求的培训和认证标准。作为回应，很多州的改革者都已经推出了针对候任教师的更加严格的认证要求和课程要求。

当然，完善教师培养项目和提高教师认证标准可能是必要和有用的。但是，像许 531
多类似的有价值的改革一样，仅靠这种努力也不能解决不合格教师的问题，因为他们并没有指出那些关键的原因。目前我们至少认识到的一个原因是非本专业教学(out-of-field teaching)——教师们被分配到与他们的培训和教育并不匹配的学科上。从政策的视角来看，这是一个重要的问题，因为如果高素质的教师被分配到他们几乎没有接受过培训和教育的科目上进行教学的话，高素质教师可能会高度不胜任。

在我的研究中已经发现，非本专业教学是一个长期而普遍的问题。例如，所有中学数学班中，大约有三分之一的班级(七年级到十二年级)是由那些既非主修亦非辅修数学的教师，也非相关的物理学、统计学、工程学或数学教育等学科教师来教授的。所有的中学英语班，几乎四分之一是由那些未在英语科目上取得认证的教师来教授的。每年，美国一半以上的中学都在某种程度上存在非本专业教学现象。公立学校从七年级到十二年级的教学队伍中，每年有超过五分之一的教师在从事非本专业教学(Ingersoll, 1999,2004a)。

一般来说，决策者和分析者往往假定，非本专业教学问题是由师资短缺造成的。传统观点认为，可用教师数量不足导致很多学校常常将教师分配到非本专业的领域去教学(National Commission on Teaching and America's Future, 1996,1997)。很明显，这是一个因素，但非本专业教学不能完全通过师资短缺来解释。例如，数据表明，一些学科存在大量的非本专业教学，比如英语和社会课程，而我们知道这些专业一直都有多余的教师。

并非教师数量和资格方面存在不足导致了教师短缺，数据揭示了另一问题——专业教学之外的问题，即人力资源管理的好坏问题。数据表明，教学任务分配的决定通常是校长的特权(Ingersoll, 2003a)。校长们通常承担着艰巨的任务，他们要用有限的时间、有限的预算和有限的教学人员来提供大量广泛的计划和课程(Delany, 1991)。

在此背景下，校长们似乎发现，比起其他方案，将教师们分配到非本专业领域中去教学往往更方便、代价更小且时间消耗也更少。例如，对于州最近强制开展的科学课程而言，校长不是去寻找和雇用新的兼职科学教师去授课，而是认为，分派英语和社会课程的教师去各自"承担"科学课的一部分更为方便。如果有教师在学期中突然离开，校长可能会认为，雇用一个现成的但不完全合格的代课教师会更为便捷且成本更低，而不是正式地去寻找一位新任教师。是为一个科学教师岗位雇用一个不合格的候任教师还是将两个班级合并为一个大班让一个完全合格的教师来教，当面对这种艰难的选择时，校长可能会选择前者，这就导致班级更小但是却由一个不太合格的教师来授课。如果一位全职音乐教师和学校签约，但是在校生只有三个音乐班，校长可能会认为，为了让受雇的音乐教师每学期完成教五个班的工作量，让音乐教师在教三个班的音乐课之外，再教两个班的英语课，既有必要又可节约成本。所有这些管理上错误分配教师的决定，对学校来说可能是省时且省钱的，并且最终对纳税人来说也是这样的，但是它们并不是无代价的。它们是并且直到最近还是课堂中教学质量低下这一问题的主要且未被认识到的原因。

532 这些研究结果对目前的政策有一定的启示。许多州在努力招聘新任教师，加强对他们的培训，颁布更严格的认证要求并增加针对候任教师的考试，尽管这些措施可能是有很大价值的，但是它们消除不了非本专业教学分配的问题，因此，单独通过这些措施也解决不了全国课堂教学质量低下的问题。总之，如果大量教师仍被分配到那些并非他们所学或所获得认证的科目上的话，那么即使引进再多的候任教师以及批准再多的课程和认证要求也是无济于事的。

并非教师数量和质量上的不足导致了这一问题，数据指向了另一个方向。正如其他两种观点一样(限制性职业准入障碍和师资短缺)，数据表明，对师资质量问题成因的大量传统思考具有严重的局限。当然，数据也表明，如果我们要完全了解并解决这些问题，就必须考察教学作为一种职业的特征和学校作为组织的特征。

（穆树航　译）

参考文献

Allen, M. (2003) *Eight questions on teacher preparation: what does the research say?* Denver, CO: Education of the States.

American Educational Research Association, American Psychological Association, & National Council on Measurement in Education (1999) *Standards for educational and psychological testing*. Washington, DC: Author.

Bidwell, C. (1965) The school as a formal organization. In J. March (ed.), *Handbook of Organizations* (pp. 973 - 1002). Chicago: Rand McNally.

Delany, B. (1991) Allocation, choice and stratification within high schools: how the sorting machine copes. *American Journal of Education*, 99(2), 181 - 207.

Etzioni, A. (1969) (ed.), *The semi-professions and their organizations: teachers, nurses and social workers*. New York: Free Press.

Finn, C., Kanstoroom, M., & Petrilli, M. (1999) *The quest for better teachers: grading the states*. Washington, DC: Thomas B. Fordham Foundation.

Greenberg, E., Rhodes, D. A., & Ye, X. L. (2004) *Teacher preparation and student achievement in mathematics*. Paper presented at the Annual Meeting of the American Educational Research Association, San Diego.

Greenwald, R., Hedges, L., & Laine, R. (1996) The effect of school resources on student achievement. *Review of Educational Research*, 66(3), 361 - 396.

Hanushek, E. & Rivkin, S. (2004) How to improve the supply of high-quality teachers. In D. Ravitch (ed.), *Brookings Papers on Education Policy*: 2004 (pp. 7 - 44). Washington, DC: Brookings Institution.

Hirsch, E, Koppich, J., & Knapp, M. (2001) *Revisiting what states are doing to improve the quality of teaching: an update on patterns and trends*. Seattle, WA: University of Washington, Center for the Study of Teaching and Policy.

Ingersoll, R. (1999) The problem of underqualified teachers in American secondary schools. *Educational Researcher*, 28(2), 26 - 37.

Ingersoll, R. (2001) Teacher turnover and teacher shortages: an organizational analysis. *American Educational Research Journal*, 38(3), 499 - 534.

Ingersoll, R. (2003a) *Who controls teachers' work?: power and accountability in America's schools*. Cambridge, MA: Harvard University Press.

Ingersoll, R. (2003b) *Is there really a teacher shortage?* Seattle, WA: University of Washington, Center for the Study of Teaching and Policy.

Ingersoll, R. (2004a) Why some schools have more underqualified teachers than others. In D. Ravitch (ed.), *Brookings Papers on Education Policy*: 2004 (pp. 45 - 88). Washington, DC: Brookings Institution.

Ingersoll, R. (2004b) Four myths about America's teacher quality problem. In M. Smylie & D. Miretzky (eds.), *Developing the teacher workforce: the 103rd yearbook of the National Society for the Study of Education* (pp. 1 - 33). Chicago: University of Chicago Press.

Interstate New Teacher Assessment and Support Consortium (1992) *Model standards for beginning teacher licensing, assessment and development*. Washington, DC. Council of Chief State School Officers.

Kane, M. (1994) Validating interpretive arguments for licensure and certification examinations. *Evaluation & the Health Professions*, 17(2), 133 - 159.

Kohn, M. & Schooler, C. (1983) *Work and personality*. Norwood, NJ: Ablex.

Lortie, D. C. (1975) *Schoolteacher: a sociological study*. Chicago: University of Chicago Press.

National Collaborative on Diversity in the Teaching Force (2004) *Assessment of diversity in America's teaching force*. Washington, DC: National Education Association.

National Commission on Teaching and America's Future (1996) *What matters most: teaching for America's future*. New York: NCTAF.

National Commission on Teaching and America's Future (1997) *Doing what matters most: investing in quality teaching*. New York: NCTAF.

Pascarella, E. & Terenzini, P. (1991) *How college affects students: findings and insights from twenty years of research*. San Francisco: Jossey-Bass.

Raudenbush, S., Fotiu, R., & Cheong, Y. (1999) Synthesizing results from the trial state assessment. *Journal of Educational and Behavioral Statistics*, 24(4), 413 - 438.

U.S. Department of Education (2002) *Meeting the highly qualified teachers challenge: the secretary's annual report on teacher quality*. Washington, DC: U.S. Department of Education, Office of Postsecondary Education.

Villegas, A. & Lucas, T. (2004) Diversifying the teacher workforce: a retrospective and prospective account. In M. Smylie & D. Miretzky (eds.), *Developing the teacher workforce: the 103rd yearbook of the National Society for the Study of Education* (pp. 70 - 104). Chicago: University of Chicago Press.

Walsh, Kate (2001) *Teacher certification reconsidered: stumbling for quality*. Baltimore, MD: Abell Foundation.

Wang, A., Coleman, A., Coley, R., & Phelps, R. (2003) *Preparing teachers around the world*. Princeton, NJ: Educational Testing Service.

29. 改变范式：为21世纪培养教师教育工作者与教师

玛丽·H. 富特雷尔(Mary H. Futrell)
乔治·华盛顿大学(George Washington University)

告诉我，我会忘记；教给我，我可能会记住；让我参与的话，我就学会了。

——本杰明·富兰克林(Benjamin Franklin)

534 美国近代史上历时最长的一项改革运动所关注的重心是提高教育系统的质量。50多年来，地方、州和联邦政府的领导者曾经多次参与讨论为什么教育系统需要转型，要在多大程度上转型和通过谁进行转型。早在20世纪50年代，当布朗诉托皮卡教育局案(*Brown vs. Board of Education*)的决议废止了公立学校中的种族隔离，以及随后20世纪60年代和70年代各州强制推行最低标准运动时，我们就已经参与了针对美国教育权利和质量的热烈讨论。争论持续到20世纪80年代《国家处在危机之中：教育改革势在必行》(A Nation at Risk: the Imperative for Educational Reform, 1983)和《国家教育目标》(National Education Goals, 1989)两份报告的出台，它们使人们对P-12教育质量更加关注，也使人们对美国教育质量更加关注。

同一时期，卡内基公司(Carnegie Corporation)发布了《准备就绪的国家：21世纪的教师》(A Nation Prepared: Teachers for the 21st Century)的报告，提出有必要更加清晰地界定我们所说的熟练的教学意味着什么，并确定我们如何识别表现出这种特性的教师。报告将教学质量与美国学校的成功改革联系起来。因此，为了定义高度熟练的教学和为体现出这种素养的教师颁发国家认证，卡内基基金会成立了国家专业教学标准委员会(National Board for Professional Teaching Standards, NBPTS)。

最近，由于政府官员对美国劳动力的未来的持续关注，教师质量问题变成了联邦政府关注的议题。2001年国会授权的《初等和中等教育法案》(Elementary and Secondary Education Act，即《不让一个孩子掉队法》(No Child Left Behind, NCLB)将教学质量和教师教育问题作为提升学生学习的关键因素推到教育改革议程的最顶端。《不让一个孩子掉队法》本身界定了高素质教师意味着什么，并且强制各州都采用这一标准来界定高素质教师。

就在去年，国会呼吁由国家研究委员会(National Research Council (NRC)，华盛顿的美国国家科学与工程研究院的主要执行机构)来研究教师培养项目(U. S. Department of Education, 2002)。国家研究委员会被要求对全国的教师培养项目做出评估，并在2007年公开报告结果。国家研究委员会特别被要求综合各种数据，对候任教师在职前、毕业和非师范教师认证项目中的学术培养和教育特点进行研究，对教育中为候任教师提供的指向学位和非师范教师资格认证的具体内容和经验进行研究，对贯穿教师培养项目中的必修课作业同阅读、数学方面的经验间的一致性进行研究，以及对内容和经验在何种程度上是基于综合的科学证据而开展研究。 535

我只能假定，国会委托国家研究委员会进行这项研究是因为它认为，正如我所认为的那样，美国未来健康和福祉的关键在于教育。为了让美国能在今天全球化的社会中进步和繁荣，必须重新思考教育方式以及对公民的培养——从幼儿园到研究生院以及其后。从经济的角度来看，今天的美国人在和来自全世界的人竞争工作，因而为了成功，需要教育更好地培养他们面对一个复杂而又更加文化多元的环境。进一步来说，知识和资本流动性的增加，连同其他国家的低工资，削弱了美国在本土保住产业和工作的能力。洛克希德马丁公司（Lockheed Martin）的首席执行官诺曼·奥古斯丁（Norman Augustine）最近注意到，“五十年来，我一直在航空航天业工作，我从未见过美国的商业和学术领袖像今天这样关注这个国家的未来繁荣”（*The Washington Post*，December 6，2005）。奥古斯丁进一步认为，要解决这个问题，美国必须更加关注基础，比如招聘更多的教师，提供给他们更多的财政支持以及通过加强教育和培养来提高教师的能力。

我们的教育体制的复杂性以及未来所带来的改变都意味着，我们必须有意愿将教育范式变得能更有效地培养我们的学生，使他们在教育和经济方面更加有竞争力。换句话说，我们需要发现课堂中存在的不足，弥补教和学的理念、做法和政策上的不足。作为全球的领跑者，美国致力于更好地教育公民，这不仅会让其自身的未来受益，还会影响其他国家的教育和经济转型。一个世纪以前，美国调整了教育体制，以适应新兴工业化国家的需要。目前，必须再次调整教育体制，以反映技术和通讯的爆炸性增长、信息获取以及快速变化的人口特征。通过委托国家研究委员会进行研究，国会已经承认了教育学院在以下方面的关键作用，即确保美国在社会、经济和政治方面是世界上最为发达的国家之一。

教育学院如何能更好地培养21世纪的教师、指导教师以及行政人员（以下称为教师），使他们为我们生活的全球化社会更有效地培养公民，很多组织已经发表了与此议题相关的论述，比如国家专业教学标准委员会（NBPTS）、州际新教师评估与支持协会（Interstate New Teacher Assessment and Support Consortium，INTASC）、全美教学与国家未来委员会（National Commission on Teaching and America's Future，NCTAF）、全美教师教育认证协会（National Council for the Accreditation of Teacher Education，NCATE）以及其他团体，都强调了两个主题：

第一，今天的教师必须为愈加多样化的美国课堂做好准备，并致力于教育所有儿童，尤其是那些传统上挣扎着力争符合高水平学业标准的人群——经济上不利的人群、少数族裔和那些英语非第一语言的人群，并且必须要认识到所有的学生将共同成就美国的未来。

第二，为了确保每个学生为成功做好准备，教师应该能够以这样的方式去教，即促进学生对学科知识的深度理解，并运用多种教学策略来解决不同学生的需求。他们必
536 须能够设计出这样一种课程，即瞄准学生期望去学习的那些东西，正如州和国家标准所定义的那样；同时，作为全球学习社区的一部分，他们还必须了解如何运用数据来评价并进而调整课程，以便使所有学生都有机会达到更高的水平。

因此，关键的问题是，我们培养的教育工作者，尤其是教师，是面向我们所生活的以知识为基础的全球化社会，还是面向早已成为过去的工业时代？学校模式作为隔离的空间——教师在其中孤立地运用说教法进行教学，或者科目好像是孤立的学科一样被传授——不再是最实用也不再是最有效的教和学的方式。今天，学生们需要理解各学科间的关系，比如技术、英语和生物。这种课程可能需要教师团队运用像长时段排课方式(block scheduling)这样的策略来讲授，以允许学生有更多的时间来发展牢固的社会和学术基础并学会如何共同学习。在这种环境下，学生会发现如何提出现实世界的问题并对其进行研究、综合以及有效地交流答案。因此，他们将有更多机会成为自我驱动和具有探究精神的人，并成为自己学习环境中的引领者。通过他们的教育经历和其他经验，他们将能够利用这些宝贵的技能。

但是，一些人会说，为了响应日益增加的对基于标准的测试的强调，我们的课堂实际上正在变得*更加*具有说教性，我们的课程也变得*更加*狭隘。实际上，这种学习方法似乎与媒介和远程学习方法相冲突，因此，我们需要重新考察我们是如何教授基于标准的课程，以及如何组织课时使学习效果最大化的。为了允许学生有更多时间在上述学习共同体中学习，学校需要引入灵活的模式(flexible formats)来适应整合性学习模块(integrated learning models)，运用远程学习或者其他用于扩展、增强学生学习体验深度的策略。这意味着，教师需要了解如何将多种技术用作自己教学活动中的一部分工具，如何规划课程设计以面向个体学生和全班学生来强化高水平的学习标准，并且必须能够以团队方式教学——要么面对面，要么利用视频会议等。

但是，在教师能够做到这些之前，需要对学校加以组织和装备，以确保它们有财力和物力来容纳这些新的学习工具。例如，教师们期望面向信息通信和技术化的社会来培养学生，然而，许多学校的电子设施是如此陈旧，以至于他们即使有技术，安装上去也是有危险的。许多教育学院系(schools, colleges and departments of education, SCDEs)也需要使自身现代化，由此保证在以知识为基础且多元化的社会中有资源来为现实中的教和学培养教师。

我们经常听到决策者表达对美国师资短缺(补充一下，这也是一个世界性的危机)的关注和对需要更加胜任的教师的关注。美国有超过 310 万名教师，其中预计大约有一半会在 2015 年退休或离开(National Education Association, 2002)。学校管理者和高校教师的短缺预计将更加显著。教育工作者中来自少数族裔和社群且所教的学生

也主要是少数族裔和/或贫困人群的教师的短缺也更加严重。这意味着，随着美国学生人数多样化的增长，当我们正需要扩大教学职业内部的人员规模，提高其质量并使其多样化时，教学职业内部的人员多样化却正在削弱。在我们解决师资短缺问题时， 537
我们也必须解决这样的问题，即教学范式问题以及它对学校吸引和留住高素质教师的能力的影响。

在决定我们所说的优质教育、问责制和有效的教与学时，我认为，我们需要重新定义作为关键角色的教师的作用和责任。各社区应该依赖社区中的教师所具有的才华、知识和技能，使他们承担教师的角色，也承担实习生的导师、课程开发者、实践者、人员发展的支持者、同事之间的同行指导者以及在学校中运用改革来改进教和学的研究者和领导者等的角色(Futrell, 2004)。这种分布式领导能强化教学、学校环境以及专业本身。因此，教师教育工作者应该以这种分化的、整合的角色来培养教师，而非年复一年地继续那种作为一种孤立学科的教学范式。我相信，这些角色和职责能够有利于学习共同体和作为一种专业的教学。

在进入课堂之前，未来教师必须凭借良好的指导和多种实习经历来充分证明自身掌握了所教领域的内容和教学技能。例如，乔治华盛顿大学的候任教师被要求在两种不同环境中实习，其中一个在城市，且他们需要在大学教师和资深教师的监督和评价下实习至少两个学期。通过与十一个学区(农村的、郊区的和城市的)的合作关系，这些学生可以充分体验各种经历，这些经历能够在他们毕业之前丰富并加强他们的教学和领导经验。

一旦新任教师进入课堂，资深教师、管理人员和教师教育工作者应该合力使他们留任。流失，尤其发生在需要高素质教师的城市学区，是美国师资短缺的一个主要因素。学校应该与学区共同确立入职计划以更有效地指导和留住新任教师。例如，新任教师不应该通过传统的"火的洗礼"(baptism by fire)方式而进入教学职业，这种方法将教师分配到最难管理的班级且几乎没有任何支持或指导。相反，应该按照精心设计的计划，并配备优质教师帮助新任教师获得成为成功教师所需要的自信以及专业知识，一到三年之后再让他们进入课堂。

这又把我带回教师教育工作者和他们帮助美国维持世界领先地位的能力这一话题上来了。研究反复表明，教师质量是影响教育成功的最重要的因素之一(Sanders and Rivers, 1996)。研究还表明，教师们的培养质量和他们得到的支持，将决定他们在课堂上的教学效果、他们对自己作为教师的自信以及他们是否会留在这一职业(Alliance for Excellent Education, 2002; Lieberman and Miller, 1999; NCTAF, 1996; Southern Center for Teaching Quality, 2003)。同样的逻辑也适用于教师培养项目：我们需要确保教师教育工作者能够获得制度上的支持，以便他们可以成功招聘和培养高素质的、并致力于将教学作为一种职业的候任教师。我们还需要更清晰地界定并支持教和学的事业，包括实习经历和其他的参与形式。

然而，在许多例子中，尽管国家不断要求更多更好地培养教师，但是教育学院系仍然处于高等教育层级的底层。制度上对加强教师培养项目的投入是微弱的，这有些讽
538 刺，因为教师培养项目的质量是教学队伍质量的主要决定因素，教学队伍的质量又会影响高中毕业后进入同一所高等院校的学生。高校似乎更愿意支付数亿美元来修订学生方案，而不愿为那些能加强大学教师发展、提高师资培养水平的项目提供资助，同时也不愿提供精致的教学工具和良好的教学环境，这些工具和环境将是它们的毕业生进入选定的专业领域工作后将会用到和面对的。然后，正如我们引导教师教育工作者获得教授职位一样，当他们培养明日教师、指导教师和学校管理者时，我们也应该考虑新兴的社会挑战、变化的教员角色以及它们对不同要求的优先排序所带来的影响。

教育改革的过程是非常复杂的，但它在继续稳步发展。教育学院系，尤其是教师培养项目，必须维持并持续努力以重新设计教—学范式，从而更有效地确保美国公民面对全球化社会时是受过良好教育和充分培养的。作为变化的环境的一部分，我们应该庆祝我们的成就，但是也要认识到，如果我们要达到让美国人得到良好教育的目标，就必须进行变革，必须利用制度来支持我们的行动。正如“促进未来可持续发展大学领导者协会”(Association of University Leaders for a Sustainable Future)的副理事长温·考尔德(Wynn Calder)所说，未来要求我们“……向前看……去设想我们希望达到什么目标并为实现目标创建策略”(UNESCO Education Today Newsletter，2006：3)。

教师教育工作者有能力成功地履行培养高素质教师的使命，这将是决定美国如何回应当前和未来所面临的挑战的一个决定因素，这些挑战可能是教育方面、政治方面也可能是经济方面的。公民需要了解这些挑战之间的关联性，并用知识、多种技能和领导能力，为应对这些挑战而携手努力。我们的成功，也将取决于我们在以下方面的投入、决心和成功程度，即从幼儿园到研究生院，重新定义教学作为一种专业在理念上、政策上和实践上的范式。教师教育工作者已经在发挥作用，并将继续发挥以下关键作用，即在全球化社会中，确保美国人在教育方面做好充分准备，以帮助维护和加强我们国家的民主基础。

(穆树航　译)

参考文献

Alliance for Excellent Education (December, 2002) *New teacher excellence: retaining our best*. Washington, DC: Author.

Augustine, Norman as quoted in *The Washington Post*, December 6, 2005.

Calder, Wynn (March 16, 2006) quoted in *Educating for tomorrow's world*. UNESCO Education Today Newsletter, p. 3. Paris, France: UNESCO.

Futrell, Mary H. (Winter 2003) Teaching tomorrow's citizens today: the need for more highly qualified teachers. *Teacher Education and Practice*, 16(4), 355 - 368.

Lieberman, A. & Miller, L. (1999) *Teachers—transforming their world and their work*. New York: Teachers College Press; Alexandria, VA: Association for Supervision and Curriculum Development.

National Commission on Teaching and America's Future (NCTAF) (September, 1996) *What matters most: teaching for America's future*. New York: Author.

National Education Association (2002) *Attracting and keeping quality teachers* (pp. 1 - 2) http:// www2. nea. org/teachershortage/

Sanders, W. L. & Rivers. J. C. (1996) *Cumulative and residual effects of teachers on future academic achievement*. Knoxville, TN: University of Tennessee Value Added Research and Assessment Center.

Southern Center for Teaching Quality (2003) How do teachers learn to teach effectively? Quality indicators from quality schools. Teaching quality in the southeast: best practices and policies brief (Vol. 2, No. 7) Chapel Hill, NC: Author.

United States Department of Education (2002) P. L. 107 - 110, the No Child Left Behind Act of 2001. Washington, DC: U. S. Department of Education.

30. 应让谁从教？——一位获得国家委员会认证的教师的观点

梅格纳·安塔尼·利普肯(Meghna Antani Lipcon)
国家资格认证委员会认证教师，马里兰州银泉市布罗德·艾克斯小学(National Board Certified Teacher, Broad Acres Elementary School, Silver Spring, Maryland)

540 当我决定从事教学职业时，我多次听到这样一个问题："你为什么想要当教师?"我总是这样回答："我喜爱学习，并且我想与其他人分享我的爱好。"家人的影响使我有了这一爱好，并且很幸运地在上学期间教过我的教师们塑造了我对"好"教师的看法。好教师具有很伟大的力量——激励学生为成功奋斗，在课堂上激发学生思考，以及对大量学生的需要做出回应。我对学习的热爱，加上我对教学职业的喜爱，使我决定成为一名教师。尽管我对这一职业有爱好，但我并非总是将教学视为一项事业。我从一所严谨而享有盛誉的大学毕业并获得了心理学学位。但是直到初中，我对教师、儿童和学习的热爱才开始显现，我决定成为一名教师。

在我申请教育学院的研究生后不久，问题就出现了。我收到了各种回应——一些来自我原来的教师，有的表示惊奇，有的表示支持，有的断然不同意。许多人想知道为什么我从国家的一所顶尖大学毕业，却选择"只是做一名教师"。比较普遍的看法是，在学校中取得成功的学生可以做"他们想做的任何事情"，而不应将教学视为事业。但这似乎与我的想法相反。难道任何专业，尤其是这样一个负责教育下一代的专业，不需要也不想要吸引具有良好教育背景的人吗?

教学被视为一种"专业"(profession)或一项"职业"(career)。然而，它并没有获得传统专业，譬如医药、法律和商业那样的认可。关于此有一个历史原因，教学曾经是一项"女性"职业。女性过去被禁止从事许多其他类型的工作，她们通常就会选择去做教师。因为"教师职业对男性而言主要是他们进入其他工作领域的一个过渡，女性在结婚和生育子女后便会离职"(Johnson and Kardos，本部分中的"视点")，教学的待遇无法与其他专业相比。男性教师可以跳槽到一个更有利的职业，而女性结婚之后，她的丈夫会供养她，消除她们对增加工资的需要。时代变了，女性现在拥有大量的机会。她们不必一定要在职业和家庭之间做出选择。然而，由于女性仍占教学队伍的大多数，对教学的很多看法仍未改变。

这些看法对人们选择或不选择教学具有很大影响。在21世纪，教学面临着诸多障碍。这一职业获得的薪水与其他要求专业技能和知识的职业获得的薪水无法相比，再加上当今作为一名教师所面临的挑战(高比例的非本土语言的学生、青少年暴力和
541 贫穷、标准化测试、照本宣科的课程、渐增的压力和不断被挤压的自主性)，表明了为何教学要聘任具有不同背景和经验的人，它必须改变"现状"。美国所有小学生都应该并

且需要那些能体现出多样性和国家文化丰富性的教师。大部分由白人、女性构成的教学人员，不能与美国逐渐增加的多样学生群体相匹配。如果我们的年轻人要提升对不同生活领域的人们的欣赏和理解能力，他们必须接触具有各种经验和不同背景的人。提供与所教学生更加匹配的教学人员，可以增加教学满足学生的社会、情感和知识需要的可能性，并且为所有学生提供一种深入丰富的教育。而一些批评者认为，教师之间人口学变量的差异与更好的测试成绩不相关，事实在于，多数学生和公众需要看到：知识属于所有人，并且应该让具有经济和文化差异的教学人员将此观点很好地展示出来。因此，教学需要吸引和留住有色人种教师、男性教师以及那些从顶尖高校毕业而通常不考虑从事教学的人。

教学是一种理智的专业——教师是知识分子。有经验的教师知道如何针对20多位不同的学习者有效地组织课堂教学。教师不仅有责任传授事实性知识，也必须促进学生对高层次分析能力的基本掌握。教师必须将国家/地方课程的全面知识与各种其他资源融合起来以一种适宜发展(developmentally appropriate)的方式向学生传递所需了解的知识和技能。学生是儿童，而儿童具有兴趣、关注点和情感。教师必须运用多种输入方式，包括学业信息的输入，但不限于此，同时必须做出决断来使自己的课程适合所教的每一位学生。例如，我在一天的教学中问了自己几个问题："安尼塔今早吃早饭了吗？卡门与朋友打架了吗？大卫父母的离婚会如何影响他学习的动机？我如何能让杰克投入到科学课中？我所有的材料准备得都恰当吗？在小组中，需要谁来做长除法(long division)？阿姆捷特会想念他在孟加拉国的朋友吗？乔伊仍然在担心他昨晚听到的枪声吗？"

如果教学仍旧只能吸引很少一部分专业的毕业生，那么其专业地位将仍是今天的样子——处于要求同样知识水平、问题解决能力、创造力和培养的其他专业之下。关键的是，教师要拥有一定程度的智慧以便能快速处理信息，并基于他们对基本技能是如何用于多种情景这一问题的理解，做出教学决定。例如，仅仅教会学生如何开展科学实验的教师，就没有那些引导学生更加深入地理解、探究本质的教师优秀。然而，教师具有的能引导学生探究的智慧不仅仅指语言能力和在教育学院所获得的平均绩点(GPA)。当然，尽管教师的学业准备对他或她所教的学生是一个优点，一名教师还必须有能力了解学生，判定他们所需掌握的关键概念和技能，以及构建教学序列，这种教学要使学生参与到有意义的体验中，引导他们理解相关概念并掌握相关技能。当实习教小学一年级的时候，我绝对具备高水平的语言能力并拥有良好的学术背景，然而，我
还是花费几周的时间去教学、观察以及与我的合作教师和大学顾问进行合作，以便自 542
己有效地调动一年级学生参与到针对他们的特长和需要而精心设计的教学中去。此外，教师是知识分子的模范，他们对知识有热情并为学生提供了机会去了解课堂之外和社区之外的世界。教师是一名学者，与学生亲密的交往，能激发他设定并达到较高的目标。如果教学工作的构成与学生的种族和族裔的人口特征更加匹配，正如之前所

述那样，那么教师们将会为来自不同生活世界的学生们树立真正受过教育的人的榜样。

如何吸引并留住更广泛的成员进入教学专业这一问题仍然存在。很大程度上，答案是金钱。当前社会将金钱与地位和声望等同起来。如果教学想要吸引像医学、法律和工程专业那样多的学生，那么薪水必须要有竞争力。教学是“高尚的”，并且“教师不能为了钱而去教学”这种看法对这一专业来说是一种限制，其他说法也是这样，比如“那些什么也做不了的人才去教学”。正如洛蒂(Lortie)所述，“从历史角度看，教师职业被认为是报酬低下的……强调服务、强调‘奉献’是一个强有力的抑制来源，因为很多无论在不在教学中的人都认为教师不应该将金钱、声望和安全感作为主要的诱因”(Lortie，1975：30)。

在21世纪，员工看待工作的方式与三十前有很大不同。依据约翰逊和卡尔多斯(Johnson and Kardos)(本部分)的观点，“美国人平均32岁时已经在9家公司工作过”。许多曾与我一起工作过的称职教师由于低工资、高压力和沉闷的工作环境离开了他们的学校或教学职业。教学的创造性往往让位于为高风险测试而教，尤其是在低收入的学校更是如此，这增加了教师的“倦怠感”。在吸引和留住合格教师方面，除了工资之外，其他因素也起作用。学校必须以有利于教师的专长和知识运用的方式组织起来。优秀的教师必须因为他们的成就而得到奖励和认可。如果毕业生将教学作为一个他们能维持一种舒适的生活方式的职业，并作为一种他们将能享受自主性和提供职业发展机会的专业，那么他们就更可能会选择以教学为职业。

在2002年的教师质量年度报告中，美国教育部指出，“已有的最佳研究表明，扎实的语言能力和学科知识是最重要的”(U.S. Department of Education，2002：18)。然而，教学和学习是高度复杂且难以量化的；除了学科知识(通过GPA或考试分数来测试)之外，缺乏数据来扩展教师质量的定义并不意味着教师质量不包含大量的特征和技能。教学是一个涉及多种技能的复杂行为——从表面的日常事务，比如排座位表和计算成绩，到基于学生需要做出无数的瞬间决定，设计教学与评估以及扮演心理学家、家长、导师和纪律维护者等角色(有时是同时的)。这些技能都不是先天或单独地依靠直觉掌握的，它们都是教师在进入课堂之前必须学习并且在随后几年间还要进行实践的技能。

显而易见，对教师、家长和学生们来说，一个好的教师拥有很多素质。许多人曾试图把“好的教学”提炼成一个简单的公式，这种简化不可取。将教学科学和艺术量化是对它的简单化。成为一名好教师，需要比语言能力和学科知识更多的素质。教师培养项目需要并且必须要继续强调教师要与年轻人一起有效工作的能力。因此，从教师培
543 养项目中毕业的候任教师，必须被认为在他(她)的科目领域方面是有知识的，也有能力与所教的学生联系起来，有能力使学生参与到有意义的教学中，并且有能力运用评价获得适当的教学反馈。我不认为不需理会学科知识——广泛的学科知识和学术能

力是合格教师的基本方面。然而，它们仅仅组成了一个部分。用简单的标准化测试(通常是选择题)中取得的合格分数来表明准备从教的时候，我们仅仅提供了候任教师能力的一个侧面(Goodwin and Oyler)。单独的测试分数不能揭示出他或她将来会是一个如何“好”的教师。因此，对师范生与学生之间的互动进行评价，应该发挥更大作用。在管理具有多重需求的、多样化学生的班级方面，准备不足的教师最有可能沮丧地离职。此外，如果很有能力的教师没有机会运用他们的专业教学特长来影响并带领教育变革的话，他们也将(并且确实)会离职。

我的教学生涯中有两个主要方面，使我获得了迄今作为课堂教学实践者的收获颇丰又充实愉快的经验。第一个是我工作了七年的学校。第二是我获得国家的资格认证。我希望通过分享我的经验，来提供如何教学才能吸引优秀的有志于教学职业的人、留住人才以及提高公众心目中的教师的专业地位的明显例子。

很多时候，一些很有希望的年轻教师由于受到一些诸如标准化测试、“自主课程”以及自上而下的行政命令等几乎与学生成长没有任何关系的外部因素的影响，而选择离开教师岗位。因为这些外部因素给这些年轻教师带来的压力与日俱增。约翰逊和卡尔多斯的研究表明，那些离开的往往都是最优秀的教师(Johnson and Kardos)。由于国家行政命令所带来的压力而造成年轻教师流失的现象在收入较低的学校表现尤为明显，导致的一大后果就是那些教贫困学生的教师往往也是最没有经验的、不是很优秀的教师(有经验的、好的教师都流失了)。我在华盛顿外的一所学校教四、五年级。学校中的大部分学生比较贫穷。我们大约有90%的学生可以申请免费或便宜的午餐(Free and Reduced Meals, FARMS)，这暗示着贫困，大约40%的学生接受为其他语种者提供的英语课程(English for Speakers of Other Languages, ESOL)服务。我们学生的流动人数很多——在一学期中我们的学生中有超过三分之一的会发生变动。5年前，三年级的学生只有13%的人在马里兰州测评中达到熟练程度，只有5%的学生精通数学。我们学生中的很大一部分人是来自全球的新一代移民。低分数背后我们面临许多挑战：成人文盲，邻里暴力团伙，学生深受他们离开的饱受战争蹂躏国家的影响，学生和家长认为智力和学术上的成功是与生俱来的，当然，还有贫困。就一所美国学校的期望与那些不了解他们在自己孩子的教育中所扮演的角色的父母进行沟通，也是我们面临的一个挑战。我们的学生往往缺乏中产阶级学校习以为常的背景知识。然而，我们的学生有自己丰富的文化背景和自己的故事。不幸的是，标准化测试并不考虑这些经验。

由于我们学生的考试分数过低，政府威胁要重建这所学校，并雇用全新的管理者和教师。然而，得益于教师工会和学校之间的一种独特的合作伙伴关系，一个教师主导的重组计划在2001年开始。校长得以留任，教师可以自由选择去留。那一年又有12名新任教师受聘。所有的教师都承诺将任教三年。我们被要求额外加班15天(有偿)，与同事们共同完成规划指导以及学生分析的工作。我们每一个决策的重点都是

从儿童的利益出发。在政府、工会和学校的帮助下，教师变成了“教师的领导者”。教
544 师在计划的执行、学校的机构以及为学生提供的教育活动中获得发言权。例如，学校在重组的两年后，通过投票将教学和教学辅助人员进行了更细致的划分。我们感到举步维艰，不得不选择对部门进行划分以形成一种替代机构以便使学生受益，因为通过这样教师们才能够专注于两个领域的内容（数学/科学或者文学/社会学研究）。我们决定调整我们的计划时间，以便能以纵向（学前及 K－5）团队的方式工作，同时也能与我们同年级水平的学科团队一起工作（例如：四年级的数学/科学教师）。工作人员设计并执行了与检查学生的作业或学习的专业书籍相关的计划，建立了委员会，关注学生的社会/情感需要，认识和指导有天赋的学生，并激励父母/社区的参与。作为一名教职员，我们选择做的所有事情都有一个目的——去积极地影响学生的学习和他们的生活。

在接下来的五年中，学生的测试成绩明显得到提高，三年级的学生在阅读方面达到精通的人数比例增加到 75%，在数学方面达到精通水平的人数比例达到 67%。考试分数不是唯一改善的方面。学生和家长对学校的办学理念熟悉了——所有的孩子都能学习，我们给予他们的学习足够的时间和支持。学生们开始看到努力的价值及其与成绩的关联。我们学校的“四个关键信息”包括“有效的努力和策略会促使成功”。学校的文化强调学术严谨并尊重学生带到教室的文化背景和知识。我相信，我们学校在教育我们的学生方面持续取得成功的原因在于，教师、教学助理、管理人员甚至食堂和保管人员相互负责且对自身负责。重组最初是基于低测试分数的驱动，教师在这一过程中的主导权使我们学校建立了专业问责制——不是那种让教师不寒而栗的制度（制裁，由外部机构施加的程序），而是那种要求学校每个人都有教育孩子的责任、通过对学校的运作方式提出意见以吸引和保留优秀教师的规定。我们学校在改革过程中，有十名教师获得了国家资格认证委员会的认证。目前，我们有五名通过国家资格认证委员会认证的教师，其中有教师获得 2006 年度国家教师（National Teacher of the Year）称号。另外有五位教师正在申请国家资格认证委员会的认证。

除了强大的、教师主导的学校，教师教育专业需要支持教师不断追求知识和学习的热情。如果我们要吸引和留住终身学习者去教学，那么我们必须给教师机会以打破传统的薪酬系统，推进专业化和知识化。当然，教师喜欢和孩子们一起，但这不足以让他们留任。国家专业教学标准委员会（NBPTS）于 1989 年提出了五个核心命题（Five Core Propositions）（NBPTS，2002），对使教师精通教学的蓝图做了描述。国家专业教学标准委员会指出，熟练的教学要求教师具有关于人文艺术与科学的广泛知识，了解他们教给学生的知识和技能，理解和利用课程材料和评价，使用各种不同的教学和评估方法。教师还必须拥有“学生和人类发展的知识，在学生的种族、民族和社会经济多样化的背景下具有教育学生的有效方法，以及在学生的兴趣中明智地运用技能、能力”（NBPTS，2002：2）。NBPTS 的政策主张：

> 这种列举揭示了专业教学的广泛基础，但并不能显示工作的复杂性、不
> 确定性和两难问题。教师透过稳定的积累获得的知识，在很多情况下不能为
> 实践提供充足的指导。教学最终需要判断、即兴发挥和有关手段和目的的对
> 话。只有人的素质、专业知识和技能以及专业献身精神共同发挥作用，才能 545
> 造就此项技艺的卓越。(NBPTS，2002：2)

为了获得国家资格认证委员会的认证，我必须展示出自己多方面的技能。作为一名小学高年级的教师，我必须对国家的文学、数学、科学、社会研究、健康以及艺术的知识内容标准有深入的了解。然而，这只是证书要求内容之一。为了与国家专业教学标准委员会内容一致，我必须掌握有关学生优势和需求的知识，指导学生的学习，系统反思我的实践，与家长双向沟通，并在一个学习共同体中表现活跃。许多高校和独立机构开展的研究表明，符合国家专业教学标准委员会标准的教师，他们的学生的年终数学和阅读测试分数比那些尝试过但未获得资格证的教师的学生测试分数平均高出7%。年幼以及低收入家庭的孩子甚至有更显著的收获(达到15%)。即使控制执业资格考试中的经验年限、学历水平和成绩因素，这种收获的统计学意义也非常显著(Goldhaber and Anthony，2005)。

这意味着什么呢？首先作为一个国家，如果要为所有孩子提供一种均衡的、与文化相关的、先进的教育，我们必须努力吸引和留住不同的、主动的、有造诣的、能自由发表意见的教师。人们选择从教是因为孩子，而选择留任则是因为理智激励和有能力带来彻底改变。其次，必须赋权给所有教师，让他们能大胆说出什么是对学习者有利的。这取决于我们这些在这一专业工作的人和那些培养下一代教师的人，确保我们是通过加强教师在决策中的话语权来朝着强化我们专业性的方向努力的。只有通过增加工资来提升教师教学地位、增加教师晋升机会、增强教师在课程和政策制定中的话语权，我们才能吸引到高素质的、不同背景经验的人来教育我们国家最重要的资源：儿童。

(穆树航　译)

参考文献

Goldhaber, D. & Anthony, E. (2005) *Can teacher quality be effectively assessed? National board certification as a signal of effective teaching*. Retrieved June 10, 2006, from http://www.crpe.org/workingpapers/pdf/NBPTSquality_report.pdf

Lortie, D.C. (1975) *Schoolteacher: a sociological study*. Chicago: University of Chicago Press.

National Board for Professional Teaching Standards. (2002) *What teachers should know and be able to do*. Retrieved June 10, 2006, from http://www.nbpts.org/pdf/coreprops.pdf

U.S. Department of Education, Office of Postsecondary Education, Office of Policy Planning and Innovation (2002) *Meeting the highly qualified teachers challenge: the secretary's annual report on teacher quality*, Washington, DC: Author.

第五部分

因材施教了吗?

——多样性与教师教育

主编
安娜·玛利亚·维莱加斯
(Ana María Villegas)

视点

31. 多样性与教师教育

安娜·玛利亚·维莱加斯(Ana María Villegas)
蒙特克莱尔州立大学(Montclair State University)

美国人口总是被冠以种族、民族与语言多样性的特征。尽管说盎格鲁-撒克逊英 551
语的人(Anglo-Saxon English speakers)一直以来处于美国正史的中心地位,但是美国公民中还有很大一部分人有其他种族、民族和语言的背景。这些群体包括那些在北欧人到来之前就生活在这块大陆上的原住民,当初被作为奴隶带到这里的非洲人,那些在原墨西哥北部、后来被吞并成为美国西南部的讲西班牙语的人(包括一些欧洲后裔和一些混血儿),还有来自中国的筑路工人,以及从 19 世纪后期开始大量赴美的欧洲移民,其中大多来自欧洲南部和东部。最近,规模更大、更为多样化的来自世界各地的移民正在涌向美国。

在美国,将这些不同群体公平地统一于一个政治实体之中的需要,使得多样性长期以来成为一个充满火药味的问题。美国公立学校在为来自不同群体的学生提供统一的“普通教育”的服务中起到了主要作用。理论上讲,公共教育这个“伟大的均衡器为每个不同背景的人提供了成功融入美国社会所需的知识和技能。其基本假设是,如果学生在学校努力学习并证明自己的价值,他们最终将在成年生活中收获教育的果实。尽管有这些崇高的理想,美国社会仍尚未成功地让来自不同背景的人们——特别是有色人种——公平地融入其经济、社会和政治结构之中。同样,学校也没有兑现自己的承诺,没有为每个人提供一个公平的机会来证明他们的优势。

在 1862 年奴隶解放以前,在这个国家生活的非洲裔被剥夺了享有接受正规教育的权利,这种权利有时被法律禁止,有时不为社会习俗所容,有时甚至两者皆不允许(Woodson, 1919)。奴隶解放使得黑人儿童接受公共教育成为可能,但他们被要求进入种族隔离学校,特别是在绝大多数黑人生活的南方。尽管存在“隔离但平等”的原则,但种族隔离的学校显然是不平等的。虽然 1954 年的布朗决议废除了二元制教育在这个国家的法律基础,但是前布朗时代的遗风在许多方面仍有着持续的影响,美国许多学校目前仍然存在种族、民族、社会阶层的隔离(Orfield and Lee, 2006)。像非洲
裔美国人一样,美国原住民和拉美裔学生仍面临着某种种族隔离和不公平的教育。随 552
着时间的推移,这样的孤立措施导致了有色人种学生和白人学生之间相当大的学业差距(academic gap)。一方面,教育机会平等的原则广受支持;另一方面,又有大量证据表明不同学生群体受到了差别对待,并且取得了不同的教育成就。特别是在过去的 50 年里,对于美国教育中多样性的诸多讨论,一直以来都是在这样矛盾的背景下进

行的。

学校应如何培养来自不同背景的青少年，并为他们参与美国的社会、经济、政治做准备。在这个问题上所持观点的种种差异，反映了多年来在我们国家对于多样性的各种理解并存的局面。从历史上看，文化和语言的同化一直是美国教育的普遍目标。从这个角度来看，学校的首要目标便是消除文化和语言的差异，并给所有儿童灌输一套通用的价值观，即白种人、新教徒、中产阶级和在美国占主导地位的说英语的群体所持有的价值观。这种观点的极端形式，曾在南北战争后的联邦政策上有所反映，即要求印第安儿童离开他们的家庭，就读于寄宿学校，在那里他们受到主流社会的语言、价值观和实用知识的熏陶，而被剥夺了他们的传统语言和文化。同化主义的思想渗透于美国公立学校实践中，其主要目标是将移民美国化，无论他们是自愿来到这个国家，还是通过殖民或吞并成为美国的一员(MacDonald, 2004)。这种同化主义的学校政策和做法的深层原因，是对文化和语言多样性会威胁到社会团结的根深蒂固的恐惧。这一思想也暗含着一种普遍信仰，即在美国占主导地位的群体所有的语言和文化在本质上优于其他群体的语言和文化，尤其是那些有色人种群体。

与同化主义立场相对立的是多元化视角，在过去的40年里，它在美国已经得到了一些支持。这种观点认为，多样性是美国社会极为宝贵的一面，各种文化和语言的存在在整体上丰富了这个国家。因此，多元化的拥护者们鼓励保护语言和文化的差异，而不是各群体间的分离。与同化主义相反，他们相信，不同群体相互尊重的互动和沟通对于所有的社会都是不可或缺的。在其最纯粹的形式下，多元主义者坚信，没有一个群体优于其他群体，所有的文化都同样珍贵。从这个角度来看，学校的一个突出目标是容纳不同文化群体的多种认知、学习以及行为方式，并对此积极回应。这种思想体现在了多元文化教育的理念中，美国教师教育学院协会(American Association of Colleges for Teacher Education, AACTE)1972年的纲领性文件《没有同一模式的美国人》(*No One Model American*)清晰地表达了多元文化教育的理念。因此，自这一文件颁发以来，它已经帮助人们定义了有关教师教育多样性的种种问题，因此，它被列入该手册的这一部分。有趣的是，格莱泽(Glazer, 1993)认为，由于美国未能成功地将黑人融合于其社会和经济结构之中，因此同化作为一个理念在20世纪60年代后期声名狼藉。他认为，这样的失败源于美国历史上盛行的种族主义的态度和行为。他进一步指出，由于美国黑人无法公平地融入社会和经济体系中，使得同化主义思维中固有的问题浮出表面，并有助于多元主义寻求政治支持。他认为，这种视角的转变引发了对于多元文化教育的呼唤。这篇引起争议的文章也收录在本部分的“经典”中。

不断变化背景下的多样性与教师教育

本部分主要聚焦于教师教育是如何回应学生多样性的，尤其关注过去50年的发

展。文中提到了几个形成这些回应的关键因素，以下三个因素特别值得关注：(1)美国 553
K－12 学生人口构成的变化；(2)布朗决议带来的变化；(3)学习观念的变化。

美国 K－12 学生人口构成的变化

自 20 世纪 70 年代以来，美国 K－12 学生在种族和民族上日益多样化。1971 年，公立小学和中学的有色人种学生占入学总人数的 22%。现今，他们占 K－12 学生总数的 41%以上(NCES，2004)。预计学校在未来将变得更加多样化，有色人种学生在 2035 年将变为多数群体(US Department of Education，2002)。增长最为明显的是拉美裔和亚裔学生，前者已成为美国最大的一个少数族裔群体，后者是增长最快的少数族裔群体。这些群体的数量与所占比例的增长意味着在家不讲英语的年轻人随之上升，这对学校具有显著的影响。例如，在当前美国公立学校中，五个学生中仅有一人学习英语(NCES，2005)。这些人口结构的变化给教师教育项目带来了巨大的压力，因为它们需要应对种族、民族和语言多样性的问题。

布朗决议带来的变化

1954 年的布朗决议也有助于定义过去半个世纪的教师教育。虽然布朗决议旨在为非洲裔美国人提供平等的受教育机会，但是学校废除种族隔离的政策却明显改变了公立学校中白人教师的作用。在隔离制度中，白人教师只教白人儿童。然而，1954 年以后，他们还要负责那些分配给他们的有色人种孩子的教学，对此他们中的大部分都感到措手不及。这种教师缺乏准备的情况非常明显，在 20 世纪 60 至 80 年代开展的大量关于种族/民族混合课堂的研究发现，白人教师普遍对有色人种学生的预期较低，态度较差。这发人深省的认识导致了教师教育课程的一些调整，总体目标是让白人教师能够在未来公平、有效地对待来自不同背景的学生。1979 年，由全美教师教育认证协会(National Council for the Accreditation of Teacher Education，NCATE)通过的多元文化教育标准的增补条例成为学校和教育学院认证过程的一部分，该增补条例于 2000 年进行了修订，为这些变化提供了支持。

布朗决议还产生了另外一个意想不到的结果。具有讽刺意味的是，学校废除种族隔离的政策急剧减少了公立中小学中黑人教师的数量。据埃思里奇(Ethridge，1979)的保守估计，到 1970 年，至少有 38 000 位之前就职于黑人学校的黑人教师，因布朗决议而失去工作，他们有的被解聘，有的不再续约。据欧文(Irvine，1988)报告，黑人教师的大量流失切断了家庭和学校之间的文化纽带，对非洲裔学生而言，这种纽带在种族隔离被废除之前本是存在的。自 20 世纪 80 年代后期以来，教师教育项目被迫开始招募和培养更多的有色人种作为教师。(埃思里奇的文章已被收录在此，其洞察到目前有色人种教师短缺的历史根源。)

学习观念的变化

554 过去30年间，学习观念的变化——从授受到建构的观点——也同样对多元学生群体的教学产生了深远影响。历史地看，学习中知识的授受观点曾指导着教师和学校的工作。在知识授受的框架中，学生的主要角色是“接收”(receiving)课程所涵盖的知识。从这个角度看，学习被视为是个别学生的消费、存储和信息回忆。学习者被普遍视为一个储藏器或一个被动的、等待填充知识的容器。因此，教学就是把课程内容传递给学生。由于它假设所有学生(应该)以同样的方式学习，他们的背景经验在学习中并没有发挥明显的作用，故而教师被认为仅需要学习学科知识和掌握统一的教学方法。

20世纪60年代以来，学习的授受观受到批评者的质疑，他们认为，学习内容总是会经过学习者自身参照系(frame of reference)的筛选。从这个解释来看，学习被定义为学生在应对新的想法和经验中主动建构意义的过程。这样，学习者运用他们已有的知识和观念——作为心理结构，这些已经存储在记忆当中(被不同的认知科学家描述为知识框架、图式理论或个人理论)——赋予新输入的知识以意义(von Glaserfeld, 1995)。因此，好的教学就是帮助学生在已有知识和经验——包括个人的和文化的——与将要学习的材料之间搭建桥梁。这就要求教师除了要掌握学科知识以外，还需要深入了解自己的学生，以帮助他们搭建这些桥梁。他们还要能够使用多种教学策略，让不同背景的学生参与其中。

通过承认儿童已有的知识和经验(包括个人和文化的知识)是学习的基础，建构主义者阐述了学生多样性的积极意义。随着建构的观点获得认可，有必要给教师教育工作者施加一定的压力促使他们质疑这种普遍观点，即不同于主流群体的学生的语言和文化是需要补救的问题。同样，教师教育工作者发现，他们必须解决对于多样性的不良态度问题，许多白人职前教师存在这样的态度，因为他们一生都处在种族主义和基本上被隔离的社会。

上述陈述的关于学校人口构成的变化，布朗决议带来的教育政策和实践的变化，以及学习观念上的变化，贯穿于本书的“多样性”的内容中。

本部分构成

本部分由三个独立但互补的章节构成，每个章节都试图从不同的角度解决教师教育多样性的问题。这些章节不仅提供了人们迫切需要的相关问题的最新情境，而且也在概念和实践上做了重要解释，而这些解释在那些培养教师为多样性做准备的文献中
555 往往是模糊不清的。白人候任教师和有色人种候任教师在进入教师教育项目时，由于他们一般基于自己的生活经验，对多样性问题的理解也有显著差异，因而他们的培养需求有着显著的不同。遗憾的是，现有的大部分文献忽略了这些差别。由于绝大多数

候任教师都是白人，有关为有色人种学生培养教师的大多数文献主要关注白人教师的需求，而且常常并不明确说明这种特殊关注。这一部分有意把白人教师和有色人种教师的培养收录在不同的章节，借此解决概念混淆的问题。该策略使得两个篇章的作者提供了更多明确的概念，他们集中分析特定教师群体的具体培养问题。同样，英语学习者(English language learners, ELLs)教师的培养工作，往往被归入多样性教师培养或具有文化敏感的教师培养这类一般性的讨论之中。关于语言教师需要何种与语言相关的知识、技能、情感才能成功地教授英语学习者，或者关于帮助教师在职前和职后在这些方面提高的方法，教师教育工作者在文献中往往一无所获。本部分“视点”中的第三篇文章对教师教育领域的主要贡献在于，明确区分了语言的多样性和其他类型的多样性，检验了教授语言多样化学生的教师的培养工作。

在本部分第二篇文章中，克里斯蒂娜·斯里特(Christine Sleeter)对教授多样化学生的白人教师的培养提供了细致、深入的分析。基于已有研究，她列举了一个有说服力的案例，培养教授多样化学生的白人教育工作者，绝非仅仅是给予文化中立和公正的候任教师教育学知识和技能。文章提出了全面的基于研究的基本框架，这一框架能帮助教师教育工作者重新思考如何在职前与入职后的第一年培养那些教授多样性学生的教师。该框架提供了详细的、基于社区的跨文化学习以及课程作业/职业培养与课堂培养，同时推广了一个连贯的教师教育的方法。除了特别明确地关注白人教师以外，斯里特的文章还有别于以往有关多样化教师培养的文献，其独特性体现在它强调从职前培养到在职这段时间内，学习如何教学的过程是一个发展的概念。这篇文章为相关研究提供了启示，并对教师教育实践提供了初步建议，这些建议已被现有研究所证明。

在接下来的一篇文章中，维莱加斯(Villegas)和戴维斯(Davis)将分析的重点从培养白人候任教师从事多元文化背景学生的教学，转向招聘、培养、留任有色人种候任教师。基于针对种族/民族间的成绩差距而制定的那些旨在使教学队伍多元化的政策及其进行的相应的实践，文章提供了数量相对较少但以实证为主体的最新的研究综述，并探讨了教师的种族/民族与学生学习之间的关系。基于上述，维莱加斯和戴维斯得出的结论是，提高教师队伍多样性很有可能改变课堂与学校的发展动力，并最终提高有色人种学生的学业成就。文章还研究了自 1971 年至今的有色人种教师短缺问题，探讨其短缺的原因，并详细描述了自 20 世纪 90 年代初以来为解决教师短缺问题而实施的政策和措施。作者提出的证据表明，在过去的十年中招募少数族裔教师的政策和计划，成功地增加了西班牙裔和亚裔教师的比例，而非洲裔教师的比例却没有变化。然而，他们也提出警告说，尽管教育工作者、决策者和研究者不断地强调招募少数族裔教师进入教师教育领域并从事教学的重要性，但是，在培养这些新教师并留任他们从事教学的过程中，却相对较少关注在他们的教学过程中如何运用他们自身所具有的与少数种族/民族群体学生类似的局内人知识(insiders' knowledge)。

556 正如上面提到的，“视点”的最后一篇文章在培养那些进行常规教学的任课教师教授英语学习者的论题上有新的突破，这一论题在以往发表的有关培养教授多样化学生的教师的文献中少有提及，即便有也是蜻蜓点水。在这篇文章中，卢卡斯(Lucas)和格林伯格(Grinberg)讨论了三个基本问题——我们为什么要花大气力培养所有教师教授英语学习者？任课教师需要了解什么以及如何才能成功地教授英语学习者？关于当前英语学习者任课教师的培养，我们究竟了解多少？作者基于经验的、理论的和描述的研究回答了这些问题。本文还提供了一个培养所有教师教授英语学习者的案例，提供了思考这一培养方式的内容、结构和过程框架，并提供了职前和在职背景下此类培养的必要行动实例。对于需要进行的研究，他们也提出了当前亟需的建议。

本部分“经典”中的四篇文章(以前出版的作品)，都是经过精心挑选的，旨在帮助读者更好地理解同化与多元化两种思想之间的斗争，以及它们在美国社会特别是在美国学校中如何发挥作用。其中，两篇是学术文章，两篇是由美国教师教育学院协会发表的立场声明(position statements)。第一篇文章由内森·格莱泽(Nathan Glazer)于1993年撰写，他是一位很有影响力的社会学家，撰写了大量有关移民、多元文化和社会政策问题的文章。这篇文章中，格莱泽提出，作为人们曾经对待移民和少数族裔的理想，同化在20世纪60年代晚期开始声名狼藉，这是由于美国没有能力同化黑人，因为他们对黑人有着根深蒂固的偏见和歧视。文章阐述了同化和多元化两种力量之间的紧张对峙，特别是20世纪它们在美国的对抗。格莱泽认为，鉴于美国黑人长期以来在文化与组织上受到排斥，多元文化教育对他们而言是一个具有吸引力的选择。

本部分“经典”的第二篇文章由塞缪尔·埃思里奇(Samuel Ethridge)于1979年撰写，他是20世纪六七十年代全美教育协会(National Education Association, NEA)的一位杰出官员，最近，全美教育协会又肯定了他在废除美国教师组织的种族隔离上所作出的工作。因客观记录和描述了1954年布朗决议后因解雇和不续约而造成的黑人教育者大量流失的情况，埃思里奇洞悉了美国存在的根深蒂固的种族偏见。他还揭示了当前有色人种教师，尤其是黑人教师短缺的历史根源。

最后两篇都是受到美国教师教育学院协会(AACTE)支持的政策声明，直接关注的是在教师教育中的多样性问题。1972年的《没有同一模式的美国人》声明中，美国教师教育学院协会简明阐述了前文讨论的多元化视角及其对教师教育的启示，明确拒绝把同化和分离主义作为教育目标。在当时同化思潮依旧盛行的背景下，这是一项开创性的声明。30年后，美国教师教育学院协会出版了《为文化和语言多样性培养教师：行动呼唤》(*Educators' Preparation for Cultural and Linguistic Diversity*: *A Call to Action*)。在这份最新的表明立场的文件中，美国教师教育学院协会再次拒绝同化，并明确表示支持语言和文化的多样性。2002声明与1972年的声明迈的步子一样大，明确呼吁教师教育机构采取行动，通过支持诸如母语发展与美国土著文化和美国主流文化的“相互包容”(mutual accommodation)等措施，为美国学校中英语学习者的教育公平而努力奋斗。2002 年声明特别关注文化和语言多样性的学生，这反映了人口结构在过去 30 年中的变化，尤其是越来越多的学生在家讲英语以外的其他语言。

本部分以三篇评论性文章结尾，是作者根据他们个人不同的文化、语言和专业背 557
景而写就的。在他们深思熟虑的评论中，作者从多方面探讨了从“视点”的文献中获得的关于研究、政策和实践的启示。在第一篇评论中，作为一位对多元化问题进行了大量关注和研究工作的学者和研究人员，杰奎琳·乔丹·欧文(Jacqueline Jordan Irvine)利用自己广泛和丰富的经验，围绕教师教育中多元化问题产生的种种矛盾与人、教学法、政治的关系，发表了颇具洞见的看法。贯穿她评论主题的是，多元文化教育的拥护者必须承认，在将多样性融入教师教育的过程中不可避免地会引起冲突。

在第二篇评论中，蒂娜·雅各布维茨(Tina Jacobowitz)和尼古拉斯·米凯利(Nicholas Michelli)基于约翰·古德莱德(John Goodlad)的工作，利用他们在全美教育革新联盟(the National Network for Educational Renewal)以及“民主国家的教育议程”①(Agenda for Education in a Democracy)中的丰富工作经历，形成了他们的观点。他们认为，教师教育工作者——广义的定义包括在教育学、文科和理科以及中小学的教师——需要共同协作来培养未来教师以解决成就差距的问题。他们认为，这样的协作包括美国基础教育阶段的学校与教师教育的同步更新。关于民主社会中公共教育的目的和关注教师教育项目中候任教师行动意向的适当性，雅各布维茨和米凯利同样提出了极具见地的评论。

在最后一篇评论中，维多利亚·周(Victoria Chou)和卡伦·萨卡什(Karen Sakash)对于“视点”中出现的重要观点作出了回应，从教师教育工作者的视角提出政府赠地学院应明确承诺服务于城市环境。在清晰地阐明观点(用他们自身实践中的例子)的基础上，文章明确地阐述教师教育多样性在城市中的问题。他们的结论是，教师教育工作者必须打破候任教师培养的传统，根据未来学生的语言和文化基础进行教学。

总之，本部分的文章就如何为多样化的学生群体培养教师，提供了丰富而且互补的观点。随着中小学人口结构的变化，并伴随着持续拉大的种族/民族的学生学业成就差距，要求教师的培养方式必须发生根本性的转变。虽然，无论学生背景如何，为所有学生提供平等的学习机会，并最终使其成为民主社会的积极一员的这一目标经久不变，但实现这一总体目标的方法途径必须遵循这一历史时期的特征。“视点”部分就此指出了培养教师具备知识、技能并致力于教授不同种族、民族、文化和语言背景学生的

---

① 民主国家的教育议程是一个用以指导美国大学中教师教育工作的议程，其目标分为四部分：第一，培养美国青年具备参与社会和政治民主的技能、性情和知识；第二，保证美国青年有机会发展自身对于满意的和负责任的生活的理解和技能；第三，为每个学生的学习和幸福培养教育者；第四，培养和提高教育工作者的领导力。——译者注

新方法，并提出了关于今天所需什么样的改变的建设性意见。“经典”与“评析”部分则帮助我们更好地理解为什么需要这样的改变。

（李　娟　译）

参考文献

American Association of Colleges for Teacher Education Commission on Multicultural Education (1972) *No one model American*. Washington, DC: Author.

American Association of Colleges for Teacher Education (2002) *Educators' preparation for cultural and linguistic diversity: a call to action*. Washington, DC: Author.

Ethridge, S. (1979) Impact of the 1954 *Brown v. Topeka Board of Education* decision on Black educators. *The Negro Educational Review*, 30(4), 217 - 232.

Glasersfeld, E. von (1995) *Radical constructivism: a way of knowing and learning*. London: Falmer.

Glazer, N. (1993, November) Is assimilation dead? *The Annals of the American Academy of Political and Social Sciences*, 530, 122 - 136.

Irvine, J. J. (1988) An analysis of the problem of the disappearing Black educator. *Elementary School Journal*, 88(5), 503 - 514.

MacDonald, V. M. (2004) Americanization and resistance. In V. M. MacDonald (ed.), *Latino education in the United States: a narrated history from 1513 - 2000* (pp. 55 - 73). New York: Palgrave Macmillan.

National Center for Education Statistics (2002) Digest for education statistics tables and figures. Washington, DC: U. S. Government Printing Office. Retrieved 5/6/06 from http://nces.ed.gov/programs/digest/d04/dt04.asp.

National Conter for Education Statictics (2004) *Digest for education statistics*, Table 42. Percentage distribution of enrollment in public elementary and secondary schools, by race/ethnicity and state or jurisdiction: Fall 1992 and fall 2002. Retrieved 4/30/06 from http://nces.ed.gov/programs/digest/d 04/tables/dt 04 - 042.asp.

National Center for Educational Statistics (2005) The condition of education 2005. Indicator 5: Language minority school-age children. Washington, DC: U. S. Department of Education. Retrieved 7/16/05 from http://nces.ed.gov/programs/coe/2005/section1/indicator05.asp.

National Center for Educational Statistics (2002) *The condition of education 2002*. Washington, DC: U. S. Government Printing Office.

Orfield, G. & C. Lee (2006) *Racial transformation and the changing nature of segregation*. Cambridge, MA: The Civil Rights Project at Harvard University.

Woodson, C. G. (1919, July) Negro life and history in our schools. *Journal of Negro History*, 4, 273 - 280.

32. 为多样化的学生培养白人教师

克里斯蒂娜·E. 斯里特(Christine E. Sleeter)
加州州立大学蒙特利湾分校(California State University Monterey Bay)

始于20世纪60年代的废除种族隔离运动,目的是让学校更加公平、更积极地响 559
应有色人种社区的需要。我评论的重点并非这一目标在现实中的达成程度,而是在于一个现实:白人教师在教师队伍中所占比例越来越高。在废除种族隔离之后,白人把黑人学校以及黑人教师等同于劣质的教育,许多黑人学校因此而关闭,近4万黑人教师和行政人员失业(Milner and Howard, 2004)。目前公立中小学只有不到16%的有色人种教师,而却有约42%的有色人种学生(National Center for Education Statistics, 2002)。学生人口的组成持续多样化,而教师人口组成却没有变化,这使得学生与教师人口组成之间的差距日益加大。

这种差距事关重大,因为它意味着与白人学生相比,有色人种学生,尤其是黑人和拉美裔学生更有可能遇到质疑他们学业能力的教师,这些教师感到自己不轻松,或者不知道如何把他们教好。譬如,研究人员发现,教师总是认为白人和亚裔学生比非洲裔或拉美裔学生易教,并且与有色人种教师相比,白人教师对非洲裔和拉美裔学生的期望更低(Hauser-Cram *et al.*, 2003; Pang and Sablan, 1998; Warren, 2002)。与白人学生相比,白人教师与有色人种学生之间形成建设性的关系往往更加困难,特别是与非洲裔学生。白人教师通常认为,非洲裔和拉美裔的父母不重视教育,因此,与有色人种教师相比,白人教师与这些家长建立关系的可能性更小。许多白人教师缺乏对有色人种学生生活的了解,因此他们无法建立学生和课程之间的桥梁,而后,又把学生的缺乏参与归咎于他们对学习缺乏兴趣或者把他们的学业困难等同于没有学习的能力。由于低期望值和文化不匹配的双重结合,白人教师比有色人种教师更倾向于认为有色人种学生需要特殊教育的关注。其结果是,特殊教育中有色人种学生比例过高,而重点项目中白人学生,尤其是那些来自富裕家庭的学生却占大多数(Harry and Klingner, 2006)。那些不具备教授有色人种学生能力的白人教师,特别是教授那些低收入社区中有色人种学生的教师,常常想要跳槽,导致许多城市和农村学校中教师跳槽率很高。

实证研究表明,白人师范生往往带着最终会导致上述模式的态度与经历进入教师教育项目。作为美国种族隔离最严重和最孤立的种族群体(Orfield and Lee, 2005),大多数进入教师教育项目的白人候选人很少具备跨文化的背景、知识和经验,尽管他们通常带有天真的乐观主义,并带有未经检验却被理所当然地认为是真理的成见。
(Barry and Lechner, 1995; Law and Lane, 1987; Schultz, *et al.*, 1996; Smith, *et* 560

al.，1997；Terrill and Mark，2000)。以下四个相互关联的问题如果不解决，会直接影响教学。

首先，他们对于种族歧视，特别是种族主义一无所知(Avery and Walker，1993；McIntyre，1997；Su，1996)，大部分白人职前教师对种族主义如何在学校和整个社会运作以及它是如何日复一日地再生产"毫无所知"(dysconscious)(King，1991)。他们倾向于认为种族主义是一个人际交往问题，因此他们相信，以开放的态度对待他人便可以解决这个问题。他们一般不把种族主义视为已形成制度化的组织与过程，因为这一过程基于种族差异分配社会资源，且拥有长久的历史根源。例如，白人职前教师普遍认为学校不再是种族隔离的了，每个人都可以获得同等质量的教育。尝试了解种族的时候，他们通常依赖于自己家族的种族历史，即种族同化和向上流动，他们认为白人种族和那些非白人种族有着相同的经历。其结果是，许多人把与文化相关的教学、双语教育，或多元文化教育的呼吁称为"抱怨"(whining)，或当作不必要的"特殊对待"(special treatment)。

其次，由于他们对显而易见的不平等并未建立概念框架，反而遵从了占主导地位的有缺陷的标准体系。研究发现，白人职前教师普遍对有色人种学生比对白人学生持较低的成就期望，却不将其视为种族主义的一种表现形式(Marx，2003；Schultz，*et al*.，1996)。例如，里奇曼(Richman，1997)和他的同事们在一个小型大学里发现了20名这样的白人师范生，他们仅仅根据观察儿童的照片，就估计非洲裔美国儿童的平均成绩和智商低于白人儿童。与白人在职教师一样，白人职前教师普遍认为有色人种学生，特别是非洲裔美国学生学业成就较低是由于他们的家庭不重视教育(例如，Avery and Walker，1993；Irvine and York，1993)，而不是由任课教师这一可控制的因素造成的。这种不良的观点影响了教师努力去找出如何接近并教授有色人种学生方法的意愿。白人职前教师若不立刻正视对有色人种学生和他们的社会的不良看法，就不会采取行动消除有色人种学生与白人学生在学业成就上的差距。

第三，白人职前教师对于有色人种社区知之甚少，惧怕他们，也害怕讨论种族和种族主义(Martin and Williams-Dixon，1994)。白人教师通常借"无种族成见"(colorblindness)回避恐惧，并声称，"我不看肤色，我只看到了孩子们"(McIntyre，1997；Valli，1995)。这种恐惧部分来自教师认为自己是好人的观念。例如，马克思(Marx，2003)指出，当她的白人职前教师开始认识到自己的一些行为是种族主义的表现时，他们自身都感到震惊并对自己失望。许多人害怕讨论种族主义带来的情绪与矛盾(O'Brien，2004)，担心措辞不当。研究还发现，即使那些在多元化社区成长的师范生，在理解其他种族这一点上，他们的行为实际上并没有他们自己想象得那样好(Powell *et al*.，2001)。恐惧可能让很多白人职前教师回避检验他们长期坚守的信念(Smith *et al*.，1997)，不愿听到有色人种群体谈论那些可以解决的种族问题。然而，如果不马上解决恐惧和无知的问题，当白人职前教师成为任课教师时，他们就不能够检讨自己工作场所中的种族主义问题，也不能倾听有色人种学生或家长谈论他们的教学，以更好地实现家校沟通，或促进与他们教室中种族多元化学生之间进行的关于差异的对话。

第四，白人职前教师普遍缺乏自身作为文化人的意识(Schmidt, 1999)，即认为他们自己的信念与行为方式是“别人应该追求的模范”(Valli, 1995)。此外，他们通常很 561
少在他们不熟悉的文化社区花费时间，所以还没有形成把其他社区作为文化场所的跨文化意识或掌握相关的工具(Barry and Lechner, 1995; Gilbert, 1995; Hlebowitsh and Tellez, 1993; Larke, 1990; Taylor and Sobel, 2001)。只要他们认为自己是标准的而不是文化的，他们就会利用自己未经检验的参考体系来评判学生、学生家庭和他们的社区。遗憾的是，这种做法强化了有缺陷的思想。例如，如果一位教师认为，学习行为包括安静地坐着，他就不会认识到那些活跃吵闹的学生的学习行为，也不能准确区分学习行为与开小差或破坏性行为。

实际上，目前亟需的是为多元化的学生大力改进白人教师的培养。[①] 尽管白人教师能够学会有效地教授多元化的学生群体，然而，这并不会自动发生。白人教师的培养不是一个简单的问题，因为它不是简单地教授那些仅凭主观判断认为其没有种族偏见的老师，使他们拥有特别的技能或策略专门用于多元化的学生教育。如果真这么简单，种族偏见和排外的种族模式就不会在学校教育中继续渗透。

本文探讨了一个基于研究的项目框架，用于思考教师教育项目的连续性，包括职前教师教育项目以及新教师的教师教育项目。我们选择 1980 年以后发表的、基于数据的研究，其中所涉及的大多数职前或在职教师(通常为 90%或以上)是白人教师。我们特别关注那些实证研究，尤其是剖析教师干预或教师教育经验(如学生教学)在态度、知识和教学行为上对于教授有色人种学生和/或非主流语言学生的白人教师的影响。然而这些研究没有把教师教育和中小学生的学习联系起来。鉴于这类研究工作还不够充分，我们便寻找这类研究，即表明教师教育与教师为了多元化学生的优质教学而进行的学习之间的关系(Alton-Lee, 2003; Gay, 2000)。大多数研究都发表在期刊上，然而也有少数在书的章节中有所涉及。

整体而言，我们认为把白人职前教师培养成与当前普通白人教师一样的水平是不够的。这样做只会使低期望、不适应，以及缺少适当的教学法知识等现状长期存在。相反，如果我们认真对待培养能够胜任消除种族间学业成就差距的白人教师这项工作，我们就需要让他们在进行*更好的*、*更公平的*教学方面比当前普通白人教师准备得更好。我们将用研究证据证明，仅仅依靠一门课程、一次实地经验或一次教育实习是无法完成这项工作的。相反，研究表明，为了发展教学实践而保持连贯的教师教育项

① 迫切需要多样化的教学力量以培养所有教师教授不同的学生。因为本手册其他章节解决了这些问题，因此本文重点研究白人职前教师的培养。

目，并有支持的态度和知识，有可能使白人候任教师去正视甚至预测超越当前社会二十多年以后的状况，目的是学会如何更好地对多元化学生进行教学。

反思教师培养

教师教育面临的挑战是如何使教师在面对和超越学校现存的种族主义模式时，比现在这些受到认可的教师做得更好。教师教育必须有足够的力量，以面对当前社会上存在的至少三种形式的白人教师，包括职前、在职以及有经验的教师。首先，白人当前的生活体验通常发生在相对同质的邻里之间，在那里白人主要是和其他白人交往，享
562 受着日常生活中肤色带来的特权，然而他们并没有意识到这一点(Sleeter, 1992)。在这种情况下，不但跨文化和跨种族的意识不会自然而然地发生，而且白人通常很少知道那些不同于自己的人的经历，他们一般都会否定有色人种所说的关于他们自己的经历、愿望和社区的事务；第二，这些白人教师从他们开始接受义务教育到进入大学，再到成为一名新教师，这些课堂和学校的经验，强化了他们头脑中视为理所当然的观念，如学校教育应该如何开展，课堂教学看起来是什么样的，这些经验使得他们很难想象出其他替代方案(Lortie, 1975)；第三，通常情况下，教师工作的环境常常限定教学面向各种学生群体传授既定的学习内容，遵循教与学的“灌输式”(banking)模式。当教学经历了这种方式并通过测试来支持时，教师往往视学生之间的差异，主要为学习既定内容的能力上的差异(Prawat, 1992)。

大多数教师教育项目缺乏连贯和持续的方法来应对这些现行的社会化模式。案例研究发现，在白人占优势的学校里有这样一些教师教育项目，它们仅仅依赖于个别教授的兴趣，而不是基于在种族多元化的环境中培养师范生进行卓越教学的综合理念，因此，这些项目在培养教师的多元化和平等方面是不连贯的。一些主题反复出现在几个班级里(如教材的偏见)，而另一些主题根本没有被提及。师范生可能对多元文化教学略知一二，但在课堂上却不得不紧随他们合作教师的引导(Cannella and Reiff, 1994; Davis, 1995; Grant and Koskela, 1986; Miller *et al.*, 1997)。当这些项目中的很多师范生置身于与大部分学生在语言、文化上都不同的课堂时，他们中的多数都会陷入困境(Birrell, 1994; Goodwin, 1994; Weiner, 1990)。

研究表明，经过精心设计的、连贯一致的项目，可以持续地对教师产生超越于职前培养的影响。在一致性上，我们指的是两个相关的因素。首先，与师范生一起工作的教师及合作教师在教育目的、教学本质及公平和多元化的本质与价值上持有相同的标准及愿景。其次，这一愿景指引着教师培养课程的规划以及一系列经历，而这些都旨在建构师范生的概念基础和教学技能。在理想情况下，每位参与培养师范生的人，包括文科、理科教师，支持教师培养项目的大学行政人员以及在实习学校的教师和行政人员都会共享相同的愿景，并以此指导他们的工作。在实践中，让教师教育工作者与

主要的合作教师在共同愿景上达成一致并共同计划项目，这是非常困难的事情。但能做到如此，意义重大。

两个比较研究分析了教师教育项目在培养教师掌握以建构主义、社会文化的方法来进行教学的能力，证明了项目一致性的作用。通过对比九个教师教育项目（五个职前、一个新入职、一个非师范生从教、两个在职），塔托（Tatto，1998）发现那些内部最具一致性的项目最有力地引导了教师信念的发展。内部一致性意味着教师共同持有一个明确的理念和相关的标准，并基于此指导课程的开发和实施，为学生提供与情景相关的学习机会。布劳沃和科萨根（Brouwer and Korthagen，2005）对四个教师教育项目的毕业生做了一项纵向研究，发现在教师的第二年和第三年的教学中仍然产生影响的教师教育项目就是那些最具一致性的项目。合作教师和实习督导发展了对于课堂
教学的共同愿景。课堂实践经历引导师范生逐渐进入日益复杂的教学，项目有目的地 563
在教学实践和大学课堂之间交替。在这两项研究中，精心设计、协调一致的项目减弱了其他形式的社会化影响。

本文还讨论了基于研究的教师教育项目的组成要素，这些项目具备改善教师培养与专业支持的潜力，以便让白人教师可以在职前与获得教师资格证以后，学习如何更好地对具有种族、民族以及语言多元化背景的学生进行教学。

职前培养

在职前阶段，教师教育项目一般通过基于大学的课程学习和基于中学的实习，以实现理论与实践的结合。除此之外，研究表明，教师教育还开发了基于社区的校外跨文化学习体验。大学、中学、社区三类场所提供了不同类型的知识和经验资源，当它们被有目的地联系在一起时，便有中断种族主义的态度和理解的可能，便能帮助白人教师学会如何更好地教多元化学生。由此，它们就组成了一个在职前阶段培养白人教师的三脚平台。所有这三个支架都是必不可少的，如果其中一个或两个薄弱或缺失，这个平台就无法存在。①

基于社区的跨文化学习

基于社区的跨文化学习，是指在掌握了诸如积极倾听与指导性观察之类的学习方法的基础上，在一个与自己的文化不同的社区生活，从而了解这个社区的学习。大部分白人教师几乎没有如何从他人社区学习的经验，然而这正是他们为与自己背景不同的学生选择与其文化与背景相关的教学法时所需要做的。能够对那些在种族、民族、文化上异于自己的学生进行有效教学的教师学会了如何发现学生已有的优点，并以此

① 这个平台的目的并不是要取代教师教育的其他重要组成部分，包括内容准备，而是要对其进行补充。

为基础继续前进，准确地解释学生的课堂行为，将学生带来的问题置于社会政治而非文化缺乏的背景中分析，并与学生生活中的成人进行建设性的沟通。正如维莱加斯和卢卡斯所解释的：

> 为帮助具有多元化背景的学生搭建家庭与学校之间的桥梁，教师需要了解他们所教的那些特殊儿童的生活。尽管未来教师不能在职前教师教育项目中获得这些知识，但是他们应该在理解关于他们未来的学生需要知道什么方面得到帮助，并发展让自己熟悉这些学生的方法。(Villegas and Lucas, 2002：80)

当基于社区的学习被精心设计来指导学习和反思时，它可以帮助白人职前和在职教师学会构建在思想上全纳的课堂。努尔德霍夫和克莱因菲尔德关于(Noordhoff and Kleinfeld, 1993)在阿拉斯加州的一个小型原住民社区(indigenous)进行了一个学期的浸入式体验的师范生群体所受影响的案例研究，证明了基于社区学习的潜力。实习教
564 师住在社区并参与活动，如缝纫或串珠，参加地方教会活动或越野滑雪。努尔德霍夫和克莱因菲尔德在一个学期中录制了他们的三次教学活动。录像显示他们学会了从讲授教学转变为用文化相关的知识让学生参与，从而将学业知识与学生已有的知识联系起来。

有一些白人教育者已经学会了在城区学校任教并反对种族歧视，在他们的自传中，强调了基于社区学习的重要性(Johnson, 2002; Merryfield, 2000; Smith, 1998; Yeo, 1997)。在平台上的三个支架中，社区可能是帮助白人职前教师开始认真研究种族主义，克服恐惧并用“文化的眼睛”(a cultural eye)来审视教学的最强大的场所(Irvine, 2003)。然而，这也是平台最常缺少的那个支架。

基于社区的跨文化学习体验在强度和持续时间上存在巨大差别。浸入式体验要求在另一种文化情景中生活一段时间，而短期的体验则没有这种要求。长期的浸入式体验能够促进深度学习的潜力，因为它们强迫体验者去应对自身的不适和困难，并且在对方主导的文化情景中向他人学习。在短期的(比如，几个小时或一天)跨文化访问中，访问者立即返回他们已知的、舒适的环境中，而且可能永远没必要质疑自己的基本假设和感受。尽管短期的、松散的体验更容易建构，但同样是有价值的。

印第安纳大学提供了一个扩大的浸入式体验的典范。自20世纪70年代中期以来，该学校提供了一个为期一学期的跨文化浸入式体验，主要地点包括纳瓦霍部落(Navajo Nation)、约格兰德谷低地(lower Rio Grande Valley)、印第安纳波利斯市中心(innercity Indianapolis)以及海外地区(overseas)。在进行浸入式体验的前一个学年，职前教师要完成集中的教师培养课程，学习未来他们将要参与其中的群体的文化、历史、生活方式。在浸入式的体验中，他们要开展教育实习，同时与一位社区成员共同计

划一个项目，并进行广泛的社区参与。对毕业生的追踪调查和外部研究者的案例研究表明，这种体验对师范生的态度和知识的学习产生了巨大的影响，可以帮助他们学会如何将“他们的课堂与社区居民、教学实践和价值观联系起来”(Melnick and Zeichner, 1996: 185)。毕业生报告称与社区居民的互动，对他们的学习有特别的意义(Estrada, 1999; Mahan, 1982; Mahan and Stachowski, 1993 - 4; Stachowski and Mahan, 1998)。

短期的浸入式体验也有价值。例如，阿圭勒和波汉(Aguilar and Pohan, 1998)带领9个学生利用四周半的时间从内布拉斯加到西南地区，在那里他们居住在墨西哥家庭中并参与了一个为期三周的儿童艺术项目。里贾斯·克拉克和伯斯托斯·弗洛里斯(Riojas Clark and Bustos Flores, 1997)带着实习生在墨西哥的蒙特雷进行了一周的调研，他们在那里学习和体验了墨西哥儿童的学前教育。案例研究表明，基于良好建构的经验，实习生了解了社区的运作并获得日常生活文化模式的第一手资料，与人建立联系，正视成见，倾听那些他们可能读过的抽象地反映在课本中的生活故事(Aguilar and Pohan, 1998; Canning, 1995; Cooper *et al.*, 1990; James and Haig-Brown, 2002; Marxen and Rudney, 1999; Riojas Clark and Bustos Flores, 1997; Sconzert *et al.*, 2000)。这种形式的学习为错误认知的纠正提供了另一种解决路径。

参与程度最低的基于社区学习的方式是参观，而不是生活在另一个社区。职前或在职教师参观不同于自己的邻里或社区，一般考虑以下因素，如社会阶层、民族、种族或主要语言。在那里，他们扮演了一个角色(如辅导)或参与某个特定的受指导的学习 565
活动(如采访老年居民或构建社区形象)。这样的体验经常采取服务学习的形式，教师的作用是服务于社区明确的需要，如在粮食银行或一个作业中心中协助工作(Boyle-Baise, 2002)。

大量短期形式的基于社区学习的案例研究表明，大部分的白人职前教师在观念和态度上有所改变，同时也表现出更愿意去与他们曾去的社区相类似的社区进行教学(Barton, 1999; Bondy and Davis, 2000; Bondy *et al.*, 1993; Moule, 2004; Narode *et al.*, 1994; Olmedo, 1997; Rodriguez, 1998; Seidl and Friend, 2002; Sleeter, 1996)。例如，布兰特和柯比(Burant and Kirby, 2002)发现，基于社区的学习将白人职前教师与城区中孩子的父母联系起来，使得候任教师对于家长所面对的困境产生敏感性，让他们看到家长对教育的重视，教他们将社区视为一种学习资源。

与此同时，短期的基于社区的学习体验可能无法让一些白人职前教师超越“大开眼界”的感受(Boyle-Baise and Sleeter, 2000; Burant and Kirby, 2002)。一些研究人员已经注意到，白人职前教师不愿意将社区置于更广泛的权力关系的背景之中，尤其是种族主义。一些研究人员发现，社区的体验反而让白人职前教师确信了之前的成见(Murtadha-Watts, 1998; Ross and Smith, 1992)。塞德尔和弗兰德描述了短期体验在尝试为白人职前教师提供深度知识上的困难：

> 与文化相关的、成熟的教学法的发展是一个需要长期的、亲身体验的过程。在一年内让学生忘却多年来的种族主义的社会，形成反种族主义的观点且具有成熟的双文化身份，这对他们来说是不可能的。因此，我们希望，当学校没有回应儿童的社会文化经历时，我们的师范生能够开始理解由此产生的困难。(Seidl and Friend, 2002: 427)

基于社区的学习体验通常最有成效，这类社区体验需经过精心计划，它们直接与教师教育联系，并包含指导下的反思。在教师进入他人社区以前，他们需要了解该社区的历史以及当前的一些问题，并学习人种志的研究方法，如访谈、主动倾听和仔细观察。通过体验，指导者帮助他们理解他们所学的内容，并将其与教学联系起来。例如，近些年，我让那些在我所教授的多元文化课程中的师范生，进入到主要的非洲裔或拉美裔的社区中心工作 30 至 50 小时，在那里他们辅导儿童，提供娱乐支持，或以其他方式协助教学。在教授他们如何主动倾听之后，我会安排他们去访谈与他们一起工作的成年人，并帮助他们选择访谈的主题和问题。我还教授他们观察的技能，例如，如何辨别人际交往风格中的文化模式，并为这个社区的开发制定指南(参见，Sleeter, 2001)。在整个学期中，当学生带着数据走进教室时，我会帮助他们就他们所学的内容进行解释，并探索与教学相关的启示。

就基于社区的跨文化学习自身而言，它并不一定会引发优秀的多元文化教学。然而，它为课程与基于学校的学习提供了一个经验基础，而这正是大部分白人教师所缺乏的。

文化与公平教学的专业课程

566 此前，我梳理了相关研究，发现白人职前教师在进入教师教育时，(1)对歧视无意识或不理解，特别是种族主义歧视；(2)由于一种想当然的有缺陷的导向，导致他们对有色人种学生的学业成就期望不高；(3)对有色人种社区无知与惧怕，害怕讨论种族和种族主义问题；(4)缺乏他们自身作为文化人的意识，也缺乏把社区和教室视为文化场所的意识。专业课程可以帮助他们解决这些问题，尤其是当它们与基于社区的学习相联系的时候。

在过去的 25 年时间里，我们看到这样的专业课程已经有了长足的发展。这些专业课程以彼此独立的形式存在，比如多元文化教育课、城区教育课、英语教学课，但是，需要通过项目将这些课程进行综合性的整合，是更加理想的。对于这类课程应该包括何种概念，人们的认识基本上大同小异。例如，蔡克纳(Zeichner, 1996: 159)认为主要包括以下内容：更为清晰的种族和文化上自我认同的发展；民族中心主义的自省；了解偏见和种族主义的动因，包括对教师的启示；特权和经济剥削的动因，以及学校在这些不平等中的作用；多元文化课程的开发；不同学习方式的前景及其潜在危险；语言、文化与学习之间的关系；文化上适当的教学和评估。在课程编排上，这类专业课程通常始于对制度化种族主义进行的社会的、历史的和当前的考察，对文化进行的人类学的考察，以及对候任教师自身身份、历史和经验进行的个体考察。之所以从"大背景"(big picture)而非具体的教学技术开始，原因在于大多数白人职前教师不清楚他们需要改变什么，以及为什么要改变，因此，他们会倾向于根据他们自身经历接受或拒绝他们认为合适的教学实践，而没有认识到他们认为理所当然的实践可能会有替代方案或产生有害影响。

许多小规模研究考察了这类课程在多大程度上改变了白人为主的职前教师群体的态度或看法，最常用的方法是在课程开始和结束时对他们进行调查。大量研究表明，他们的态度在课程结束时要比开始的时候好一些(Bennett *et al.*，1990；Bondy *et al.*，1993；Grottkau and Nickolai-Mays，1989；Hennington，1981；Lawrence and Bunche，1986；Martin and Koppelman，1991；Middleton，2002；Rios *et al.*，1998；Tran *et al.*，1994；Weisman and Garza，2002)。然而，大多数研究发现此类课堂收获甚微；当他们收获明显时，就意味着他们在某种具体的教学策略上有所收获，而不是对种族主义有了更深刻的理解(Van Gunten and Martin，2001)，或者是微不足道的理解(Guillaume *et al.*，1995,1998)。大多数研究认为课堂收获较少，部分原因在于调研工具的限制。借助概念发展测量和态度调查工具，阿蒂利斯和麦克拉弗蒂(Artiles and McClafferty，1998)发现了在态度调查中没有被捕捉到的概念上的发展。这一发现促使他们建议采用多种手段来测量发展与学习，而不仅仅是单一调查。

一个更重要问题是，一门多元文化或多样性课程对其后的教学究竟有多大的影响。有关实习教师完成课程之后进入课堂的追踪研究并不多见，它们的发现也不尽相同，而且这些发现都将课程的作用与他们之前的生活经验混在一起。瓦夫鲁斯(Vavrus，1994)发现，在爱荷华州学习过多元文化教育课程的实习教师通过模仿他们的合作教师，在课程中增加了一些与种族相关的内容，但也仅此而已。史密斯(Smith， 567
2000)比较了两位白人实习教师在他们进行教学学习时，使用多元文化教育原则的意愿。其中一位具有多元化经历的师范生，将文化意识作为一种教学工具把学生与课程构建联系起来；另一位则缺乏先前多元化的体验以及教学工具，而他本可以是一位与前者相似的、富有爱心的教师。同样地，考西(Causey *et al.*，2000)等在为期三年的跟踪研究中发现，一位白人教师已经在很大程度上遗忘了公平问题且退回到原来的对学生的成见之中，而另一位继续发展了行动主义者的方法来处理公平问题。他们是否有反思的意愿造成了两者之间的差异(也见，Lawrence，1997)。

这些跟踪研究讨论了在一个种族主义社会中白人的先前社会化过程及日常生活经历的力量。尽管一些人重新研究如何解读来自历史上被边缘化的社区的学生，以及如何进行打破各种种族主义模式的学校教学，然而更多人并没有这样做或做得极为有限。在原本传统的教师教育项目中增加一门课程，可能不足以应对这种持续的社会化和有限的生活经验。此外，当项目的其余部分没有以这门课程为基础时，并且当白人职前教师发现课堂内容具有威胁性的时候，他们往往会忽略它(就像他们视项目的其余部分一样)，但他们会把愤怒转向课程老师(通常是未获终身职位的有色人种教师)。

证据表明，与那些以说教为主的课程相比，职前教师在多元文化课程中获益更多，因为这种课程的教学模式强调积极的教学过程，这一过程在文化语言多元化课堂上最有效(Villegas and Lucas, 2002)。例如，托罗克和阿圭勒(Torok and Aguilar, 2000)对多元文化教育课程中白人职前教师的收获进行了考察。在这门课程中，他们要求白人职前教师阅读，每天写反思日记，完成一个自选问题的深度体验项目，并参与一次短期的、自选的跨文化体验。职前教师将自己的成长主要归功于这门课程的开放环境，在这样的环境中他们可以讨论有争议的问题并互相学习。同样，罗德里格斯(Rodriguez)发现，当他在科学方法课程中采用相同的社会文化建构主义教学过程时，学习他的课程的职前教师学会了把多元化的学生与科学联系起来。那些优秀的科学教师在教授多样化学生时会使用到的方法，包括“对话交流、真实的活动、元认知以及自反性”(Rodriguez, 1998: 616；也见，Brown, 2004)。

许多主动学习和反思策略都成为行为研究的重点教学策略，它们联结了概念框架与个人经验，考察了多种不同观点，模式化了教学策略。譬如，日志共享便是这样一个过程，教师让学生相互结对，然后分派他们撰写反思日记，学生在反思日记中要将自己的经验与阅读任务或课堂讨论结合起来。之后，学生之间交换日记进行阅读，并对他们同伴的日记进行反馈；老师也可以阅读这些日记，并对其做出反馈。那些有关在多元文化教育课程中进行共享日记的研究指出，该方法促进了大量的建设性的反思(Milner, 2003; Garmon, 1998; Pewewardy, 2005)。

已有研究的其他主动学习策略包括：阅读、写作和讨论自传，包括自己的自传(Clark and Medina, 2000; Dillard, 1996; Florio-Ruane, 1994; Rubin, 1995; Xu, 2000)；职前教师通过邮件(Fuller and Ahler, 1987)或电子邮件(Lacina and Sowa, 2005; Schoorman, 2002)进行跨文化交流；阅读和讨论当代民族儿童文学
568 (LaFramboise and Grif fith, 1997; Nathenson-Mejía and Escamilla, 2003)；模拟(Frykholm, 1997)或辩论(Marshall, 1998)；让白人职前教师对种族主义和白人特权直接进行讨论(Lawrence, 1997; Lawrence and Bunche, 1996; Marx and Pennington, 2003)，还包括让白人职前教师参与有指导的研究项目(Brown, 2004; Sleeter, 1996)。

主动学习策略似乎能够帮助白人职前教师打破自身的抵制，因为在此过程中他们参与了对关键概念与自身经历、信念之间关系的反思。相比之下，持续的说教达不到这样的效果。通过对一项教师教育项目的参与者进行访谈，麦克迪尔米德(McDiarmid, 1992)发现，对不同种族或民族群体的说教，在无意中也传递了成见与抽象。

当职前教师意识到需要改变什么及为什么要改变时，专业课程才可以转移到课堂的教学应用。例如，如何利用学生的生活经验进行内容和技能的教学，如何促成班级中积极的生-生关系，或者如何以文化角度上适合的方式评估学生的学习。把教学法的课程越多地直接整合于某学科特有的教学方法课程作业中，职前教师就越有可能搞清楚它的意义，正如罗德里格斯(Rodriguez, 1998)通过多元文化与平等视角进行科学方法教学的案例所发现的那样。

维莱加斯和卢卡斯(Villegas and Lucas, 2002)建议围绕六个学习范畴组织专业课程，这六个范畴从广泛的认知和态度发展，到教学技能的培养。这些范畴包括：(1)获得一种社会文化意识；(2)发展一种对于多元文化背景学生的肯定态度；(3)发展作为变革主体的承诺与技能；(4)理解具有文化敏感教学的建构主义基础；(5)了解学生和他们的社区；(6)培养具有文化敏感的教学实践。这些范畴的学习经验，能够以不同的方式进行整合。成效最小的做法是将它们全部塞进一门单独的课程中，或者在整个课程中将这些范畴灌输进去，以至最终它们无影无踪。与此相反，维莱加斯和卢卡斯建议指定专门的解决每一个范畴的问题的课程，或作为这门课的中心主题，或作为其中的一个重要主题。以蒙特克莱尔州立大学的课程为例，他们展示了每门教师教育课程是如何处理其中 2—5 个范畴的内容的，每一个范畴至少被一门课程作为中心主题而进行强化。他们特别指出，设计这样的课程需要大量的时间、精力和人员付出，但其结果却是一个内在连贯而非支离破碎的课程。

对于教师教育项目而言，通过增加或重构一个独立的课程来解决多元化问题，这种方式相对容易，但很少有研究支持这种研究方式在为种族多元化或城区学校培养白人教师上的有效性。同时，建立一个连贯一致的课程并通过示范那些主动学习策略，使教师能将课程与多元化学生联系起来进行教学，这需要相当宽泛的知识基础。

课堂内的培养

课堂活动是构成本文所总结的培养白人教师平台的第三个支柱。费曼·尼姆塞尔和布克曼指出，“教师声称，他们所知道的有关教学的认知大都来自直接经验”(Nemser and Buchmann, 1985: 53)。尽管教师教育面临的一个挑战是培养教师，使其不局限于 569
复制(replicate)主流教学实践，但课堂教学经验仍至关重要。费曼·尼姆塞尔和布克曼指出了课堂经验的三个误区：熟悉感助长了教师把许多视为理所当然而不是提出质疑；大学和课堂的不同需求使得教师对他们在每个情境下所学的内容进行分离而非整合；由于课堂未被建设成教师的学习实验室而致使新教师被纳入了现行的体系中。费曼·尼姆塞尔和布克曼解释道：

> 这些误区阻碍了思考，误导未来教师认为他们已经掌握和理解了教学的核心方面……未来教师在不知情的情况下陷入了这些误区而且很难摆脱。

> 更糟糕的是，对于身处"庐山"的人而言，他们可能看起来不像是进入误区，而更像是进入了一个正常的地方。(Nemser and Buchmann, 1985: 63)

在那些历史上曾被压迫的社区的学校培养白人教师时，这些挑战尤为突出。在类似的大多数学校中，尽管有一些优秀教师，但多数教学都是平庸的且未基于学生的优势而精心设计，尤其是在那些教师流动性很大的低收入的学校。此外，当前这些学校的教学中充斥着大量的说教和照本宣科，且课程的重点主要是为考试做准备。那么，教师教育项目如何才能与现有学校一道培养白人教师，以使其更有效地教多元化学生？

白人教师早期的实习经历和教学实习，往往都是被分开研究的。在对白人职前教师早期实习经历的研究中，大多数研究考察了他们在城市学校工作后态度的变化。这些早期的实习经历大多与某门课相关联，如文化或多元文化教育的课程。

约有一半的研究显示，在城市学校的实习经历，会对职前教师对于城市学生，特别是非洲裔学生的观念有积极的影响(Aaronsohn *et al.*, 1995; Chance *et al.*, 1996; Fry and McKinney, 1997; Larke *et al.*, 1990; Lazar, 1998; Reed, 1993)，但也有研究指出，这种影响相当小(Reed, 1993)。其他一些研究发现，这种实习经历要么影响甚微，要么强化了职前教师对种族和社会阶层的成见(Deering and Stanutz, 1995; Haberman and Post, 1992; Marx, 2000; Tiezzi and Cross, 1997; Wiggins and Follo, 1999)。正如蒂兹和克罗斯(Tiezzi and Cross)所观察的：

> 尽早地在城区学校提供直接经验的必要性已经达成共识。然而，这导致了一个两难的境地……当我们将那些经验不足的、被误导的、有时顽固的未来教师独自置于城市课堂中进行他们第一次实习体验时，其结果是可以预见的。未来教师被城市情境所淹没，更多地专注于问题，而非教与学的可能性。我们的未来教师依靠他们基于家庭、社区、教堂和媒体所了解的城市情境来形成他们的观察。这对于大多数我们所服务的未来教师而言，是有问题的。(Tiezzi and Cross, 1997: 122)

职前教师在课堂中观察学生对于制度的反应，这些制度是由具体的学校或班级制定的，它们可能不会对学生的文化、身份和思维能力提供支持。在这样的环境里，学生的行为往往最终强化了那些白人职前教师带来的未经核实的假设。

在有色人种学生的课堂进行的实习经验能否改善白人职前教师的态度和认知？比这个问题更为重要的是，如何去构建能达到这种效果的教学经验？早期的实习经验
570 通常包括观察，帮助教师或辅导儿童。但是，只做这些并不一定能促使职前教师质疑自己之前的假设。唯有让职前教师参与经过设计的基于实践的学习，才能够推动这种

质疑。

课堂实习经验若包括有计划的指导探究、持续的反思，要比不这样做更能促进学习和对假设的质疑(Armaline, 1995; Brookhart, 1997)。例如，拉扎尔(Lazar, 1998)让她的职前教师对城市课堂中的儿童就家庭读写活动进行了一项访谈。尽管其中有些人比另一些人提出了更多更好的问题，但大多数人都发现，城市家庭中的读写活动和对读写的重视比他们设想的要多得多，这让他们很多人反思那些有关城市学生家庭环境的不当假设(也见 Pucci *et al.*, 2000)。

以各种教学为模板的多种课堂实习经验，似乎可以帮助职前教师明晰儿童和教学之间的互动。通常，白人职前教师认为有色人种儿童的学习和行为是家庭环境的产物，而不是对课堂情景作出的反应。两项研究对职前教师在运用授受模式的课堂和运用建构主义模式的课堂中的收获作了比较(Richards *et al.*, 1996; Ross and Smith, 1992)。对于哪种课堂能更有效地促进职前教师的学习，研究者给出了不同的结论，但他们一致认为，当职前教师看到城市儿童对各种不同的课堂情景做出反应时，他们便能从中获益。正如罗斯和史密斯(Ross and Smith)所言，"不同的体验可以帮助职前教师分析课程与教学对学生学习的影响"，特别是当职前教师被引导去反思课堂上发生的活动与儿童如何反应之间的关系时(Ross and Smith, 1992: 102)。这样指导下的反思可以帮助他们意识到，学习和行为并不仅仅是学生自身的特点，而是学生与教师行为之间互动的结果。选择不同实习场所尤为重要，特别是当教师教育项目努力寻找最佳的课堂作为实习场所时。尽管让新任教师观摩那些对于来自历史上被压迫社区的儿童的优秀教学非常重要，但优秀教师通常是极少的。在这种情况下，可用录像的方式记录下优秀教师的教学，以此帮助职前教师比较不同结构的课堂中学生的学习和行为。

教师教育项目往往致力于解决如何构建教育实习的问题，以便让新任教师具备教学实践策略，并帮助他们质疑那些没能为曾经的在读生提供学生服务的现行体系与实践。对于直接聚焦教育实习期间白人职前教师培养的研究，可以通过一个用以区分教育实习可能目标的分析框架进行检验。据科克伦-史密斯(Cochran-Smith, 1991a)所言，一致性取向(consonance approach)将实习教师与学校导师联系起来，为的就是引导实习教师使用最佳的方法。例如，斯托林斯和奎因(Stallings and Quinn, 1991)报告了一项关于休斯顿大学和休斯顿独立学区(Houston Independent School District)进行的合作研究项目，其中教育实习的主要目标是让职前教师以优秀任课教师为典范，并采纳文献中建议的"最佳实践"(best practices)。项目以该市一所城市学院为基础，教师、校长、大学教师之间亲密合作，通过为职前教师提供每周一次的研讨会以及使其与合作教师的日常互动，来强化大学的课程。将这个项目的 65 名毕业生与控制组的 20 名毕业生相比较，研究人员发现：该项目的毕业生用于管理课堂行为的时间较少，而用于教学的时间较多，同时会使用更多的高阶问题，并对学生提供更积极的支持，这表明他们已经学会了使用他们所学到的教学过程。

571 科克伦-史密斯的第二种方法：批判性扬弃(critical dissonance)，强调培养实习教师将学校置于更宽泛的权力关系背景中，其目的是质疑当前主流的学校实践，并构建替代性方案。阿蒂利斯等(Artiles *et al.*，1998)对基于该模式的城市项目的毕业生进行了一个小的案例研究，毕业生在项目中表现出不连贯的话语体系：自己先前的信念、项目中相互冲突的理论观点(如批判理论与行为主义)，以及学校教师的观念。结果，他们摒弃了许多他们在该项目中所学的内容，而通过“做中学”来学习教学。因而强调批判的教育实习，似乎无法让新任教师明确当开始教学时他们要做什么。

科克伦-史密斯的第三种方法：合作共鸣(collaborative resonance)，提供了一个将批判与实践连接起来的替代性方法。这种方法通过让实习教师与参与校本改革的一线教师合作共同进行实践探究。科克伦-史密斯(1991b)以及科克伦-史密斯和莱特尔(Lytle，1992)还研究了校本探究团队，这个团队由有经验的教师和职前教师组成，旨在改革这些多元化的城区学校。有经验的教师对于通过反思探究改善他们的实践很感兴趣。团队使用学校或课堂的数据帮助生成解决问题的方案，例如，如何对待在幼儿园里待了两年但还没有为一年级做好准备的孩子。职前教师则观察了优质教学，与一线教师就教学方法、使用这些方法的原因以及他们面临的问题或困难进行了富有成效的对话。但职前教师并不只是对一线教师的简单模仿，他们也学会了构建基于课堂探究的教学实践。

目前，关于课堂实习如何帮助白人职前教师成长的研究相对较少。不仅研究数量相对较少，而且研究者也没有在教师教学的第一年跟随他们走进课堂，以便评估各种形式的实习经验的影响。此外，早期实习经验和教学实习本来应该由项目联系起来，但在大多数关于为多元化学生培养教师的研究中却是分开的。教师专业发展学校适于进行无缝连接的教学实践(如 Cristol and Gimbert，2002；Sconzert *et al.*，2000)，但正如默雷尔(Murrell，1998)指出的，许多教师专业发展学校没有清晰地解决城区教育问题，包括本文中讨论的问题。

学会教学是一个发展的过程，在这一过程中，新任教师通常会从对自我的关注发展到关注学生以及他们的学习。由于文化冲击的原因，在不同的文化情景中学会如何教学就变得更为复杂，这一点在教师教育文献中很少讨论到。而这样的研究会对教育实习的时限和其可能需要的支持的本质带来启示。拉什顿(Rushton，2000，2001)研究了白人职前教师在硕士学位项目期间的经历，这个研究项目聚焦于城市和多元文化教学，包括在低收入的城市学校的一年实习。他记录了实习教师这样一个成长过程，起初受到文化冲击，克服各种冲突和困难，到实习期末转向教学效能感的发展。他指出，在有课堂支持的情况下，让实习教师从关注个人努力转变到关注学生的学习和教学效能感的发展需要整整一年的时间。倘若教育实习只持续一个学期，那么当实习结束时，实习教师可能还处在文化冲击中(参见 Luft *et al.*，1999)。虽然拉什顿特别指出了教学实习持续一年的价值，但是，如果有意设计一个项目采用连贯一致的方式，我认为白人职前教师从文化冲击平稳过渡到文化相关，再到以学生智力需要为中心的教学实习，则不需要一年时间。

有一种观点认为，获取教学内容和课堂体验是教师需要的唯一培养形式，因而基 572
于社区的学习没有必要，专业课程只会导致平庸。这一观点是仅需测试的认证项目(test-onlycertification programs)（如，美国卓越教师资格认证委员会）和短期项目（如，"为美国而教"）的理论假设。尽管一些研究人员已经找到用于培养教师的非师范教师教育方案，但这些方案中教师所教学生的考试成绩，与那些传统教师教育培养的教师所教的学生的考试成绩不相上下（Decker *et al.*，2004），也有人发现这些非师范的教师教育项目中教师所教的学生的得分明显较低（Laczko-Kerr and Berliner，2002）。值得注意的是，没有研究发现短期的教师资格认证项目，可以帮助白人教师更多地缩小不同种族间学生成就的差距。这类项目很少或几乎没有正视由与种族和阶级有关的信仰、恐惧、无知和有限的生活经验所造成的教师能力不足的问题。

三个平台的联系

我一直认为，与传统的教师教育项目或绕过教师教育的认证途径相比，一个连贯一致的教师教育项目若能明确地处理白人职前教师的问题和关注点，便能培养他们更有效地去教多元化的学生。我主要通过多个证据而并非一个对此类项目的综合研究来构建本案例。这里，我考察了关于这个问题的比较研究，尽管相关研究为数不多。

证据表明，把基于社区的学习与专业课程相结合，要比它们各自单打独斗更有影响力。邦迪等人（Bondy *et al*）对仅基于社区的学习和与多元文化教育课程相结合的基于社区的学习这两种模式在白人职前教师对城区学生观上的影响，进行了对比研究。他们的结论是"仅仅进行教育实习，即使它包含了直接接触与自己不同的儿童，但并没有改变教师对于造成这种差异的原因和后果的认知"（Bondy *et al.*，1993：61）。布朗（Brown，2004）在一项有关单独的文化多样性课程和与基于社区学习课程相结合的效果的比较研究中，证明了类似的发现。前面讨论的大多数基于社区的学习项目都是与课程相结合的，这两个比较研究证实了这种结合的重要性。

也有证据表明，基于社区的学习应该在教师培养项目的早期进行。在对基于社区和基于学校的实地调查之间关系研究的基础上，布兰特和柯比（Burant and Kirby）认为，前者为后者提供了基础。例如，他们提到，"那些与家长互动良好的职前教师更能理解家长面临的结构性障碍，并相信大部分家长在尽力为自己的孩子做出明智的选择"（Burant and Kirby，2002：571）。与那些没有与家长互动的职前教师相比，这些职前教师更有可能尊重家长和孩子。此外，研究人员强调，职前教师在教授学生之前应该学会先通过社区了解学生。

那么，试想一下，一个项目包括以下方面：(1)基于社区的学习与强调反思的专业课程相结合；(2)在多元文化课堂的早期实习经验与探讨文化、语言和学习的专业课程相结合；(3)明确围绕多元学生而设计的关于基础与方法的课程；(4)在一所服务于历
573 史上被压迫的社区的学校进行的教学实习，是围绕“合作共鸣”的模型设计的。此外，整个项目要有足够长的时间支持职前教师度过文化冲击时期，并能使其带着尊重参与。这样的项目在多大程度上能产生影响呢？遗憾的是，已有的数据要得出结论显然有些单薄。三项围绕多样性设计的项目研究，考察了它们对以白人为主的职前教师的信念的影响。一项研究显示了积极的影响(Capella-Santana, 1989)，而其他两项研究显示的影响则极其有限(Artiles *et al.*, 1998; Burstein and Cabello, 1989)。然而，没有一项研究非常详细地描述了这些项目，也没有一项研究考察这些项目对职前教师的课堂教学能力的影响。

尽管上述文献评论太过片面化以至于难以令人信服，但它们表明，用以应对白人职前教师常见的有限体验、知识差距、恐惧和偏见的那些经过清晰设计的项目，很有可能比传统项目培养出更有效，或者至少一样有效的教育工作者。研究并没有表明一个强有力的、经过连贯设计的项目能克服所有白人职前教师的前社会化。上面提到的许多研究发现，有些白人职前教师继续抵制或忽略试图教授关于多元化内容的项目。例如，史密斯(Smith, 2000)和考西等人(Causey *et al.*, 2000)发现，在那些旨在培养白人毕业生进行跨文化教学的项目中，一些毕业生在一开始的教学中就“忘记”了之前所学的内容。

上述研究还表明，在选拔申请人进入教师教育项目时，应该考虑他们对于教授来自非主流文化与语言的学生的倾向，以及对于公平问题的倾向。想想看这样的教师，她精通代数，也知道如何把代数教给那些与自己很类似的孩子，但她却认为，低收入家庭的黑人学生、拉丁美洲学生和印第安人学生，不仅没有能力学习代数，而且对此也非常不感兴趣，还极度缺乏家庭的支持。可见她并不缺少教学方法或学科知识，她缺乏的只是对她的学生学习能力的信念，以及为这些学生而准备教学的意愿。

我相信，与仅仅基于平均积分点(gradepoint average)和考试成绩来选聘白人候任教师的做法相比，我们更需要有意地筛选并劝退那些缺乏跨文化学习意愿的候任教师。目前，虽然一些教师教育项目在尝试用一些公平的方法来实现这样的目标，但很少有可靠的系统能够做到这些。哈伯曼(Haberman, 1995;1996)基于对明星城市教师(star urban teachers)的观察，设计了一个面试流程，可以帮助识别有行动意愿的未来教师(如对于儿童有坚定的信念、有从错误中学习的能力、有探索和尝试替代方案的意愿)，这些行动意愿能促使他们去学习如何在城市学校里进行优质教学。拥有这些行动倾向的职前教师其年龄一般都偏大(30—50 岁)，并且都有在城区环境中生活的经历。哈伯曼的意见也不是万能的，但它却提供了以有意愿、有能力学习跨文化教学为基础的项目准入的概念化途径。

在多元化学校指导和留任白人教师

教学的前两到三年至关重要。在这段时间里，关于教学、信仰与学生关系的许多模式逐渐稳固下来。新任白人教师至少面临三大挑战：首先，他们生活在一个相对来说具有种族主义和种族隔离的社会中，他们在每天的生活中不断社会化，他们逐渐习得其他的、更有经验的教师的观念和实践行为。通常，这两种社会化，不言而喻都会强 574
化他们在处世方式、看待世界以及对于种族的无种族成见角度的信念(Sleeter, 1992)。二是在课堂这一熔炉中，新任教师在课堂中形成与学生的关系，并弄清楚哪些是对学生有效的。从第一天开始，通过一个互动过程，教师和学生对彼此作出评估并建立模式，这些模式不尽相同，从支持到惩罚，从严格要求学生思考到扼杀学生的创造力。种族、文化和社会阶层是让教师和学生相互解读的高效过滤器，课堂生活的强度因为善的意图不够深入而迅速减弱了。三是将专业知识与实践结合的任务，以及为提高教学效能而继续深化上述的任务。尽管新任教师已经具备了对来自历史上受压迫社区的学生进行教学的大量专业知识，但他们不确定如何将专业知识与日常的课堂教学实践联系起来，很可能会因为这是无"效用"(work)的"理论"而拒绝了这些专业知识。如果白人教师不解决好这三个问题，就会导致他们最终放弃或离开他们的职业，或尽早在郊区学校工作，或采取监护模式(custodial model)进行教学。

有关指导、留任以及在专业上帮助白人教师在多样性或城市学校中成长的专业文献相当有限。不过，这些文献提供了一些方向。在多元文化教育中仍然常见一次性的研讨会，这几乎没有任何效果。就职前教师教育而言，小组教学展示更可能带来成见而非教学的提高(McDiarmid, 1992)。过于宽泛且试图重新定位教师世界观的教职工发展项目，往往会遇到阻力和冲突(Leistyna, 2001; Sleeter, 1992)。

最有前景的专业发展项目将正在进行的基于实践的探究与基于课堂的指导相结合。这一过程可以在各种教职工发展途径中进行，包括新教师的入职培训、教师专业发展学校、教师网络、学校改革计划或大学课程。这些场合本身似乎并不重要，重要的是在何种程度上(1)促进教师对自己的实践和假设进行深入思考；(2)支持白人新任教师超越他们现有的信念和理解；(3)支持充分了解有色人种的教育并全身心投入的人员；(4)维持一个明确和连贯的重点，专注于帮助教师满足学生的知识需求，而不被分心。举例如下：

一些研究发现，将持续进行的研讨会与课堂指导相结合，会有利于教师特别是历史上低成就的学校的那些教师。例如，约翰逊和基恩(Johnson and Kean, 1992)开展并评估的一个项目，该项目包括一系列关于在多元文化环境中教授科学的集中的暑期研讨会。研讨会关注的是一些诸如使用基于课堂过程的方法去识别学生的优势、科学课中的问题解决以及合作学习的问题。参与者会召开季度会议讨论并解决问题。每月两次的基于课堂的指导，为教师提供了额外的支持。研究人员记录了课堂教学以及师生互动中的积极变化（也见 Lindley and Keithley，1991）。许多教师入职项目就基于这种模式，然而正如门多萨·赖斯（Mendoza Reis，2001）在她关于加州教师上岗项目的研究中发现的那样，那些缺少教学文化知识的指导教师，并不能帮助新任教师学会非常有效地进行这样的教学。

在多元文化背景下的优质教学中，基于探究的教师网络和基于探究的研究生课程，可以帮助白人新任教师（Exposito and Favela，2003；Jennings and Smith，2002；
575 Moss，2001；Sleeter，2005）。例如，美国宾夕法尼亚大学参与了一个教师网络调查项目，该项目已经进行了二十多年，前面提到的科克伦-史密斯（1991b）的工作就属于这个网络的一部分。正如埃尔-哈伊（El-Haj，2003）所认为的，在协作调研小组中，教师（其中大部分是白人）要深入关注一个儿童，分析儿童的行为，以构建一个他或她作为一个知识分子的形象。调查过程是向外扩展的，从一个儿童的特点出发，把儿童置于社会和文化背景下来解读。通过这样的调查过程，教师就能真正地尊重儿童智力，并学习调节偶然发生的个别儿童的需求与教学系统之间的相互冲突，因为儿童需要在这些系统中学习如何成功。

在研究生课程的情景中，莫尔和冈萨雷斯（Moll and González，1994）通过有组织的家访，帮助教师提高教学，这是一种基于社区的学习形式。在指导过教师如何进行面谈后，他们要求教师确定在无干扰型的家访中，他们想在哪些儿童的家庭了解更多。当进入儿童家庭中，教师要了解家庭的"知识基础"，家庭成员在日常生活中所拥有的专业技能，如木工、烹饪或机械维修。教师还要了解了家庭的社会网络，熟悉社区中与该儿童及家庭有互动的人群。家访后，莫尔和冈萨雷斯帮助教师建构了将学业知识与家庭成员教给其子女的知识相结合的课程。

如果专业发展不过度地自上而下和干涉新教师的需求，那么将其置于更大的学校改革项目中，便可以支持白人新任教师。达林-哈蒙德和她的同事（2003）研究了在圣迭戈（San Diego）的一项专注于提高识字教学的区域性专业发展项目，这个项目后来扩大到其他学科领域。该项目涉及校长专业发展、教师研讨会以及培养训练有素的同行教师指导者网络，有经验的教师直接在课堂内与教师共同工作。研究人员发现，学生的成就显著提高，特别是那些之前没有接受很好教育的学生。然而，他们也指出，教师对项目的满意度不尽相同。许多教师认为它过于集中和标准化，学区正在尝试着使项目更具有灵活性以及拥有更多基于学校的决策权。研究人员强调，改革项目在自下而上和自上而下的规划和决策中寻求平衡是非常重要的。

总结

教师教育工作者的工作迫切需要更加有针对性地开发连贯一致的项目，以帮助白人教师学会对多元化人群进行优质教学；同样更为紧迫的是，需要对这些项目进行系统的研究。虽然我们尚未有研究数据证实我在本文所描述模式的项目的有效性，但确实有研究表明，白人职前教师和在职教师给教师职业带来的经验、误解、恐惧以及偏见是有限的，他们对课堂实践造成的负面影响也是有限的。也有足够的研究表明，有影响力的干预和支持为行动提供了依据。若要为那些历史上曾受到不公正待遇的社区提供更好的教育资源，我们必须这么做。

（李　娟　译）

参考文献

Aaronsohn, E., Carter, C., & Howell, M. (1995) Preparing monocultural teachers for a multicultural world. *Equity & Excellence in Education* 29(1). 5-9.

Aguilar, T.E. & Pohan, C.A. (1998) A cultural immersion experience to enhance cross-cultural competence. *Sociotam* 8(1): 29-49.

Alton-Lee, A. (2003) *Quality teaching for diverse students in schooling: a best evidence synthesis*. Wellington, New Zealand: Ministry of Education.

Armaline, W.D. (1995) Reflecting on cultural diversity through early field experiences: pitfalls, hesitations, and promise. In R. J. Martin (ed.) *Practicing what we teach: confronting diversity in teacher education*, pp.163-180. Albany, NY: SUNY Press.

Artiles, A.J. & McClafferty, K. (1998) Learning to teach culturally diverse learners. *The Elementary School Journal* 98(3): 189 (32).

Artiles, A.J., Barreto, R.M., Peña, L., & McClafferty, K. (1998) Pathways to teacher learning in multicultural contexts. *Remedial and Special Education* 19(2): 70-90.

Avery, P.G. & Walker, C. (1993) Prospective teachers' perceptions of ethnic and gender differences in academic achievement. *Journal of Teacher Education* 44(1): 27-37.

Barry, N.H. & Lechner, J.V. (1995) Preservice teachers' attitudes about and awareness of multicultural teaching and learning. *Teaching and Teacher Education* 11(2): 149-161.

Barton, A.C. (1999) Crafting a multicultural science teacher education: a case study. *Journal of Teacher Education* 50(4): 303-314.

Bennett, C., Niggle, T., & Stage, F. (1990) Preservice multicultural teacher education: predictors of student readiness. *Teaching and Teacher Education* 6(3): 243-254.

Birrell, J.R. (1994) Coping with the culturally unpredictable: an ethnically encapsulated beginning teacher's struggle with African-American students' ethnic behavior. *Professional Educator* 16(2): 27-37.

Bondy, E. & Davis, S. (2000) The caring of strangers: insights from a field experience in a culturally unfamiliar community. *Action in Teacher Education* 22(2), 54-66.

Bondy, E., Schmitz, S., & Johnson, M. (1993) The impact of coursework and fieldwork on student teachers' reported beliefs about teaching poor and minority students. *Action in Teacher Education* 15(2): 55-62.

Boyle-Baise, M. (2002) *Multicultural service learning*. New York: Teachers College Press.

Boyle-Baise, L. & Sleeter, C.E. (2000) Community-based service learning for multicultural teacher education. *Educational Foundations* 14(2): 33-50.

Brookhart, S.M. (1997) A field-based introduction to urban education at the middle school. *Mid-Western Educational Researcher* 10(2): 2-8.

Brouwer, N. & Korthagen, F. (2005) Can teacher education make a difference? *American Educational Research Journal* 42(1): 153-224.

Brown, E.L. (2004) What precipitates change in cultural diverse awareness during a multicultural course? *Journal of Teacher Education* 55(4): 325-340.

Burant, T.J. & Kirby, D. (2002) Beyond classroom-based early field experiences: understanding an "educative practicum" in an urban school and community. *Teaching and Teacher Education* 18(5): 561-575.

Burstein, N.D. & Cabello, B. (1989) Preparing teachers to work with culturally diverse students: a teacher education model. *Journal of Teacher Education* 40(5): 9-16.

Cannella, G.S. & Reiff, J.C. (1994) Teacher preparation for diversity. *Equity and Excellence in Education* 27(3): 28-33.

Canning, C. (1995) Getting from the outside in: teaching Mexican Americans when you are an "Anglo." *The High School Journal* 78(4): 195-205.

Capella-Santana, N. (2003) Voices of teacher candidates: positive changes in multicultural attitudes and knowledge. *Journal of Educational Research* 96(3): 182-90.

Causey, V.E., Thomas, C.D., & Armento, B.J. (2000) Cultural diversity is basically a foreign term to me. *Teaching and Teacher Education* (16)1: 33-45.

Chance, L., Morris, V.G., & Rakes, S. (1996) Fostering sensitivity to diverse cultures through an early field experience

collaborative. *Journal of Teacher Education* 47(5): 386–389.
Clark, C.& Medina, C.(2000) How reading and writing literacy narratives affect preservice teachers' understandings of literacy, pedagogy, and multiculturalism. *Journal of Teacher Education* 51(1): 63–76.
Cochran-Smith, M.(1991a) Reinventing student teaching. *Journal of Teacher Education* 42(2): 104–118.
Cochran-Smith, M.(1991b) Learning to teach against the grain. *Harvard Educational Review* 61(3): 279–310.
Cochran-Smith, M. & Lytle, S.L.(1992) Interrogating cultural diversity: inquiry and action. *Journal of Teacher Education* 43(2): 104–115.
Cooper, A., Beare, P., & Thorman, J.(1990) Preparing teachers for diversity: a comparison of student teaching experiences in Minnesota and South Texas. *Action in Teacher Education* 12(3): 1–4.
Cristol, D.S. & Gimbert, B.G.(2002) A case study of an urban school-university partnership: designing and implementing curriculum for contextual teaching and learning. *Professional Educator* 25(1): 43–54
Darling-Hammond, L., Hightower, A.M., Husbands, J.I., LaFors, J.R., Young, V.M., & Christopher, C.(2003) *Building instructional quality*. Seattle, WA: Center for the Study of Teaching and Policy.
Davis, K.A.(1995) Multicultural classrooms and cultural communities of teachers. *Teaching and Teacher Education* 11(6): 553–563.
Decker, P.T., Mayer, D.P., & Glazerman, S.(2004) *The effects of Teach for America on students: findings from a national evaluation*. Princeton, NJ: Mathematica Policy Research, Inc.
Deering, T.E. & Stanutz, A.(1995) Preservice field experience as a multicultural component of a teacher education program. *Journal of Teacher Education* 46(5): 390–394.
Dillard, C.B.(1996) From lessons of self to lessons of others. *Multicultural Education* 4(2): 33–37.
El-Haj, T.R.(2003) Practicing for equity from the standpoint of the particular: exploring the work of one urban teacher network. *Teachers College Record* 105: 817–845.
Exposito, S. & Favela, A.(2003) Reflective voices: valuing immigrant students and teaching with ideological clarity. *Urban Review* 35(1): 73–91.
Estrada, V.L.(1999) Living and teaching along the U.S./Mexico border. *Bilingual Research Journal* 23(2–3): 247–276.
Feiman-Nemser, S. & Buchmann, M.(1985) Pitfalls of experience in teacher preparation. *Teachers College Record* 87(1): 53–65.
Florio-Ruane, S.(1994) The future teachers' autobiography club. *English Education* 26(11): 52–56.
Fry, P.G. & McKinney, L.J.(1997) A qualitative study of preservice teachers' early field experiences in an urban, culturally different school. *Urban Education* 32(2): 184–201.
Frykholm, J.A.(1997) A stacked deck: addressing issues of equity with preservice students. *Equity and Excellence in Education* 30(2): 50–58.
Fuller, M.L. & Ahler, J.(1987) Multicultural education and the monocultural student: a case study. *Action in Teacher Education* 9(3): 33–40.
Garmon, M.A.(1998) Using dialogue journals to promote student learning in a multicultural teacher education course. *Remedial & Special Education* 19(1): 32–45.
Gay, G.(2000) *Culturally responsive teaching: theory, research, and practice*. New York: Teachers College Press.
Gilbert, S.L.(1995) Perspectives of rural prospective teachers toward teaching in urban schools. *Urban Education* 30(3): 290–305, 2 charts.
Goodwin, A.L.(1994) Making the transition from self to other: what do preservice teachers really think about multicultural Education? *Journal of Teacher Education* 45(2): 119–131.
Grant, C.A. & Koskela, R.A.(1986) Education that is multicultural and the relationship between campus learning and field experiences. *Journal of Educational Research* 79(4): 197–204.
Grottkau, B.J. & Nickolai-Mays, S.(1989) An empirical analysis of a multicultural education paradigm for preservice teachers. *Educational Research Quarterly* 13(4): 27–33.
Guillaume, A., Zuniga C., & Lee I.(1995) Prospective teachers' use of diversity issues in a case study analysis. *Journal of Research and Development in Education* 28(2): 69–78.
Guillaume, A., Zuniga C., & Lee I.(1998) What difference does preparation make? In M.E. Dilworth (ed.), *Being responsive to cultural differences*, pp.143–159. Washington, DC: Corwin Press.
Haberman, M.(1995) *Star teachers of children in poverty*. West Lafayette, IN: Kappa Delta Pi.
Haberman, M.(1996) Selecting and preparing culturally competent teachers for urban schools. In J. Sikula, T.J. Buttery, & E. Guyton (eds.) *Handbook of Research on Teacher Education*, 2nd ed. (pp.747–760). New York: Macmillan.
Haberman, M. & Post, L.(1992) Does direct experience change education students' perceptions of low-income minority students? *Midwest Educational Researcher* 5(2): 29–31.
Harry, B. & Klingner, J.(2006) *Why are so many minority students in special education*? New York: Teachers College Press.
Hauser-Cram, P., Sirin, S.R., & Stipek, D.(2003) When teachers' and parents' values differ: teachers' ratings of academic competence in children from low-income families. *Journal of Educational Psychology*, 95(4).
Hennington, M.(1981) Effect of intensive multicultural non-sexist instruction on secondary student teachers. *Educational Research Quarterly* 6(1): 65–75.
Hlebowitsh, P.S. & Tellez, K.(1993) Pre-service teachers and their students: early views of race, gender, and class. *Journal of Education for Teaching*, 17(1), 41–52.
Irvine, J.J.(2003) *Educating for diversity: seeing with a cultural eye*. New York: Teachers College Press.
Irvine, J.J. & York, D.E.(1993) Teacher perspectives: why do African American, Hispanic, and Vietnamese students fail? In S.E. Rothstein (ed.). *Handbook of schooling in urban America* (pp.161–173). Westport, CT: Greenwood Press.
James, C.E. & Haig-Brown (2002) "Returning the dues." Community and the personal in a university-school partnership. *Urban Education* 36(2): 226–255.
Jennings, L.B. & Smith, C.P.(2002) Examining the role of critical inquiry for transformative practices. *Teachers College Record* 104(3): 456–481.
Johnson, J. & Kean, E.(1992) Improving science teaching in multicultural settings: a qualitative study. *Journal of Science*

Education and Technology 1(4): 275 - 287.
Johnson, L.(2002). "My eyes have been opened": white teachers and racial awareness. *Journal of Teacher Education* 53(2): 153 - 167.
King, J.E.(1991) Dysconscious racism: ideology, identity, and the miseducation of teachers. *Journal of Negro Education* 60(2): 133 - 146.
Laczko-Kerr, I. & Berliner, D.C.(2002, September 6) The effectiveness of "Teach for America" and other under-certified teachers on student academic achievement: a case of harmful public policy. *Education Policy Analysis Archives*, 10(37). Retrieved January 12,2005 from http://epaa.asu.edulepaalvl0837/.
Lacina, J.G. & Sowa, P.(2005) Preparing for multicultural schools. *Teacher Education Quarterly* 32(1): 61 - 76.
LaFramboise, K.L. & Griffith, P.L.(1997) Using literature cases to examine diversity issues with preservice teachers. *Teaching and Teacher Education*, 13(4),369 - 382.
Larke, P.J.(1990) Cultural diversity awareness inventory: assessing the sensitivity of pre-service teachers. *Action in Teacher Education* 12(3): 23 - 30.
Larke, P.J., Wiseman, D. & Bradley, C.(1990) The Minority Mentorship Project: changing attitudes of preservice teachers for diverse classrooms. *Action in Teacher Education* 12(3);5 - 11.
Law, S. & Lane, D.(1987) Multicultural acceptance by teacher education students: a survey of attitudes. *Journal of Instructional Psychology* 14(1): 3 - 9.
Lawrence, S.M.(1997) Beyond race awareness: white racial identity and multicultural teaching. *Journal of Teacher Education*, 48(2),p108,10p.
Lawrence, S.M. & Bunche, T.(1996) Feeling and dealing: teaching white students about racial privilege. *Teaching and Teacher Education*, 12(5),531 - 542.
Lazar, A.(1998) Helping preservice teachers inquire about caregivers: a critical experience for field-based courses. *Action in Teacher Education* 19(4): 14 - 28.
Leistyna, P.(2001) Extending the possibilities of multicultural professional development in public schools. *Journal of Curriculum and Supervision* 16(4): 282 - 304.
Lindley, H.A. & Keithley, M.E.(1991) Gender expectations and student achievement. *Roeper Review* 13(4).
Lortie, D.(1975) *Schoolteacher*. Chicago: University of Chicago Press.
Luft, J.A., Bragg, J., & Peters, C.(1999) Learning to teach in a diverse setting: a case study of a multicultural science enthusiast. *Science Education* 83(5): 527 - 543.
McDiarmid, G.W.(1992) What to do about differences? A study of multicultural education for teacher trainees in the Los Angeles Unified School District. *Journal of Teacher Education* 43(2): 83 - 93.
McIntyre, A.(1997) Constructing an image of a white teacher. *Teachers College Record* 98(4),653 - 681.
Mahan, J.(1982) Native Americans as teacher trainers. *Journal of Educational Equity and Leadership* 2(2): 100 - 110.
Mahan, J.M. & Stachowski, L.(1993 - 1994) Diverse, previously uncited sources of professional learning reported by student teachers serving in culturally different communities. *National Forum of Teacher Education Journal* 3(1): 21 - 28.
Marshall, P.L.(1998) Toward developmental multicultural education: case study of the issues exchange activity. *Journal of Teacher Education* 49(1): 57 - 65.
Martin, O. & Williams-Dixon, R.(1994) Overcoming social distance barriers. *Journal of Instructional Psychology*, 21(1): 76 - 82.
Martin, R. & Koppelman, K.(1991) The impact of a human relations/multicultural education course on the attitudes of prospective teachers. *Journal of Intergroup Relations* 18(1): 16 - 27.
Marx, S.(2000) An exploration of preservice teacher perceptions of second language learners in the mainstream classroom. *Texas Papers in Foreign Language Education* 5(1): 207 - 221.
Marx, S.(2003). Entanglements of altruism, whiteness, and deficit thinking. *Education for Urban Minorities* 2(2): 41 - 46.
Marx, S. & Pennington, J.(2003) Pedagogies of critical race theory: Experimentations with European-American pre-service teachers. *Qualitative Studies in Education* 16(1): 91 - 110.
Marxen, C.E. & Rudney, G.L.(1999) An urban field experience for rural preservice teachers. *Teacher Education Quarterly, winter*, 61 - 74.
Melnick, S. & Zeichner, K.(1996) The role of community-based field experiences in preparing teachers for cultural diversity. In K. Zeichner, S. Melnick, & M.L. Gomez (eds.) *Currents of reform in preservice teacher education* (pp. 176 - 196). New York: Teachers College Press.
Mendoza Reis, N.(2001) *A case study on the impact of professional development grounded in multicultural education on improving the quality of teachers of Latino students*. Unpublished doctoral dissertation, LaVerne University, LaVerne, CA.
Merryfield, M.M.(2000) Why aren't teachers being prepared to teach for diversity, equity, and global interconnectedness? *Teaching and Teacher Education* 16: 429 - 443.
Middleton, V.A.(2002) Increasing preservice teachers' diversity beliefs and commitment. *The Urban Review* 34(4): 343 - 361.
Miller, S.M., Miller, K.L., & Schroth, G.(1997) Teacher perceptions of multicultural training in preservice programs. *Journal of Instructional Psychology*, 24(4): 222 - 232.
Milner, H.R.(2003) Teacher reflection and race in cultural contexts: history, meanings, and methods in teaching. *Theory into Practice* 42(3): 173 - 180.
Milner, R. & Howard, T.C.(2004) Black teachers, Black students, Black communities, and Brown. *Journal of Negro Education* 73(3): 285 - 297.
Moll, L.C. & Gonzalez, N.(1994) Lessons from research with language-minority children. *Journal of Reading Behavior* 26(4): 439 - 456.
Moss, G.(2001) Critical pedagogy: translation for education that is multicultural. *Multicultural Education* 9(2): 2 - 11.
Moule, J.(2004) Safe and growing out of the box: immersion for social change. In J. Romo, P. Bradfield, & R. Serrano (eds.), *Working in the margins: becoming a transformative educator* (pp.147 - 171). Upper Saddle River: Merrill Prentice Hall.
Murrell, P.C., Jr.(1998) *Like stone soup: the role of the professional development school in the reneval of urban schools*. Washington, DC: AACTE.

Murtadha-Watts, K. (1998) Teacher education in urban school-based, multiagency collaboratives. *Urban Education*, 32(5): 616 - 631.

Narode, R., Rennie-Hill, L. & Peterson, K. (1994) Urban community study by preservice teachers. *Urban Education*, 29(1): 5 - 21.

Nathenson-Mejja, S. & Escamilla, K. (2003) Connecting with Latino children: bridging cultural gaps with children's literature. *Bilingual Research Journal*, 27(1): 101 - 116.

National Center for Education Statistics (2002) *Selected characteristics of students, teachers, parent participation, and programs and services in traditional public and public charter elementary and secondary schools: 1999 - 2002*. Retrieved 9/16/04, http://nces.ed.gov/

Noordhoff, K. & Kleinfeld, J. (1993) Preparing teachers for multicultural classrooms. *Teaching and Teacher Education* 9(1): 27 - 39.

O'Brien, E. (2004) "I could hear you if you would just calm down." In V. Lea & J. Helfand (eds.) *Identifying race and transforming whiteness in the classroom* (pp. 68 - 86). New York: Peter Lang.

Olmedo, I. M. (1997) Challenging old assumptions: preparing teachers for inner city schools. *Teaching and Teacher Education* 13(3): 245 - 258.

Orfield, G. & Lee, C. (2005) *Why segregation matters*. Boston: The Harvard University Civil Rights Project.

Pang, V. O. & Sablan, V. A. (1998) Teacher efficacy. In M. E. Dilworth (ed.), *Being responsive to cultural differences*, pp. 39 - 58. Washington, DC: Corwin Press.

Pewewardy, C. (2005) Shared journaling: a methodology for engaging white preservice students into multicultural education discourse. *Teacher Education Quarterly* 32(1): 1 - 20.

Powell, R. R., Sobel, D., Hess, R. S., & Verdi, M. (2001) The relationships between situated cognition and rural preservice teachers' knowledge and understanding of diversity. *Journal of Research in Rural Education* 17(2): 71 - 83.

Prawat, R. (1992) Teachers' beliefs about teaching and learning: a constructivist perspective. *American Journal of Education*, 100(3), 354 - 395.

Pucci, S. L., Ulanoff, S. H., & Orellana, M. F. (2000) Se hace camino al andar: reflections on the process of pre-service teacher inquiry. *Educators for Urban Minorities* 1(2): 17 - 26.

Reed, D. F. (1993) Multicultural education for preservice students. *Action in Teacher Education* 15(3): 27 - 34.

Richards, J. C., Moore, R. C. & Gipe, J. P. (1996) Preservice teachers in two different multicultural field programs: the complex influences of school context. *Research in the Schools* 3(2): 23 - 34.

Richman, C. L., Bovelsky, S., Kroovand, N., Vacca, J., & West, T. (1997). Racism 102: the classroom. *Journal of Black Psychology*, 23(4): 378 - 387.

Riojas Clark, E. & Bustos Flores, B. (1997) Instructional Snapshots (IS) in Mexico: pre-service bilingual teachers take pictures of classroom practices. *Bilingual Research Journal*, 21(2 & 3): 273 - 282.

Rios, F. A., McDaniel J. E., & Stowell, L. P. (1998) Pursuing the possibilities of passion: the affective domain of multicultural education. In M. E. Dilworth (ed.), *Being responsive to cultural differences* (pp. 160 - 181). Washington, DC: Corwin Press.

Rodriguez, A. J. (1998) Strategies for counterresistance: toward sociotransformative constructivism and learning to teach science for diversity and understanding. *Journal of Research in Science Teaching* 35(6): 589 - 622.

Ross D. D. & Smith, W. (1992) Understanding preservice teachers' perspectives on diversity. *Journal of Teacher Education* 43(2): 94 - 103.

Rubin, L. (1995) The strange and the familiar: using multicultural autobiography to stimulate critical thinking. *CEA Forum* 25(1 - 2): 4 - 9.

Rushton, S. P. (2000) Student teacher efficacy in inner-city schools. *Urban Review* 32(4): 365 - 383.

Rushton, S. P. (2001) Cultural assimilation: a narrative case study of student-teaching in an inner-city school. *Teaching and Teacher Education* 17(2): 147 - 160.

Schmidt, P. R. (1999) Know thyself and understand others. *Language Arts* 76(4): 332 - 340.

Schoorman, D. (2002) Increasing critical multicultural understanding via technology. *Journal of Teacher Education* 53(4): 356 - 369.

Schultz, E. L., Neyhart, K., & Reck, U. M. (1996) Swimming against the tide: a study of prospective teachers' attitudes regarding cultural diversity and urban teaching. *Western Journal of Black Studies* 20(1): 1 - 7.

Sconzert, K., Iazzetto, D., & Purkey, S. (2000) Small-town college to big-city school: Preparing urban teachers from liberal arts colleges. *Teaching and Teacher Education* 16(4): 465 - 90.

Seidl, B. & Friend, G. (2002) Leaving authority at the door. *Teaching and Teacher Education* 18(4): 421 - 433.

Sleeter, C. E. (1992) *Keepers of the American dream*. London: The Falmer Press.

Sleeter, C. E. (1996) *Multicultural education as social activism*. Albany, NY: SUNY Press.

Sleeter, C. E. (2001) *Culture, difference and power*. New York: Teachers College Press.

Sleeter, C. E. (2005) *Un-standardizing curriculum: multicultural teaching in the standards-based classroom*. New York: Teachers College Press.

Sleeter, C. E. (in press) Preparing teachers for multiracial and historically underserved schools. In G. Orfield & E. Frankenburg (eds.) *Can we make a rainbow? From segregation to integration*. University of Virginia Press.

Smith, G. P. (1998) Who shall have the moral courage to heal racism in America? *Multicultural Education* 5(3): 4 - 10.

Smith, R. W. (2000) The influence of teacher background on the inclusion of multicultural education: a case study of two contrasts. *The Urban Review* 32(2): 155 - 176.

Smith, R., Mollem, M., & Sherrill, D. (1997) How preservice teachers think about cultural diversity. *Educational Foundations* 11(2): 41 - 62.

Stachowski, L. L. & Mahan, J. M. (1998) Cross-cultural field placements: student teachers learning from schools and communities. *Theory into Practice*, 37(2): 155 - 162.

Stallings, J. A. & Quinn, L. F. (1991) Learning how to teach in the inner city. *Educational Leadership* 49(3): 25 - 27.

Su, Z. (1996) Why teach: profiles and entry perspectives of minority students as becoming teachers. *Journal of Research and Development in Education* 29(3): 117 - 133.

Tatto, T.M. (1998) The influence of teacher education on teachers' beliefs about purposes of education, roles, and practice. *Journal of Teacher Education* 49(1): 66(12).

Taylor, S. V. & Sobel, D. M. (2001) Addressing the discontinuity of students' and teachers' diversity. *Teaching and Teacher Education* 17: 487-503.

Terrill, M. & Mark, D. L. H. (2000) Preservice teachers' expectations for schools with children of color and second-language learners. *Journal of Teacher Education*, 51(2): 149-155.

Tiezzi, L.J. & Cross, B. E. (1997) Utilizing research on prospective teachers' beliefs to inform urban field experiences. *The Urban Review* 29(2): 113-125.

Torok, C.E. & Aguilar, T. E. (2000) Changes in preservice teachers' knowledge and beliefs about language issues. *Equity & Excellence in Education* 33(2): 24-31.

Tran, M.T., Young, R.L., & DiLella, J.D. (1994) Multicultural education courses and the student teacher. *Journal of Teacher Education* 45(3): 183-189, 3 charts.

Valli, L. (1995) The dilemma of race: learning to be color blind and color conscious. *Journal of Teacher Education*, 46(2): 120-129.

VanGunten, D.M. & Martin, R.J. (2001) Complexities and contradictions: a study of teacher education courses that address multicultural issues. *Journal of Intergroup Relations* 28(1): 31-42.

Vavrus, M. (1994) A critical analysis of multicultural education infusion during student teaching. *Action in Teacher Education* 16(3): 45-57.

Villegas, A.M. & Lucas, T. (2002) *Educating culturally responsive teachers*. Albany, NY: SUNY Press.

Warren, S. R. (2002) Stories from the classroom: how expectations and efficacy of diverse teachers affect the academic performance of children in poor urban schools. *Educational Horizons* 80(3): 109-116.

Weiner, L. (1990) Preparing the brightest for urban schools. *Urban Education* 25(3): 258-273.

Weisman, E.M. & Garza, S.A. (2002) Preservice teacher attitudes toward diversity: can one class make a difference? *Equity & Excellence in Education* 35(1): 28-34.

Wiggins, R.A. & Follo, E.J. (1999) Development of knowledge, attitudes, and commitment to teach diverse student populations. *Journal of Teacher Education* 50(2): 94-105.

Xu, H. (2000) Preservice teachers integrate understandings of diversity into literacy instruction. *Journal of Teacher Education* 51(2): 135-142.

Yeo, F.L. (1997) *Inner-city schools, multiculturalism, and teacher education*. New York: Garland.

Zeichner, K. (1996) Educating teachers for cultural diversity. In K. Zeichner, S. Melnick, & M.L. Gomez (eds.), *Currents of reform in preservice teacher education* (pp.133-175). New York, NY: Teachers College Press.

33. 培养有色人种教师，应对教育结果中种族或民族间的显著差异

安娜·玛利亚·维莱加斯(Ana María Villegas)
丹尼·E. 戴维斯(Danné E. Davis)
蒙特克莱尔州立大学(Montclair State University)

583 许多教育公平倡导者在回顾历史时，都会将 20 世纪 70 年代至 80 年代早期视为是一个充满希望的时期。在此期间，黑人学生与白人学生，西班牙裔学生与白人学生的阅读和数学成绩差距逐渐缩小(Lee，2002)。这些可喜的变化，至少部分归功于美国政府在 20 世纪 60 年代开始实施的旨在促进教育和经济机会均等的政策(Hedge and Nowell，1998；Grissmer *et al.*，1998)。这些政策包括联邦政府资助的学前教育计划，高度关注小学贫困儿童的特殊计划，试图扩大有色人种学生参与中学后教育的规模，以及扩大贫困线以下家庭的就业和社会福利等。然而在 20 世纪 80 年代后期，消除不同种族/民族之间的成绩差异的进程停滞不前。虽然非洲裔美国学生和西班牙裔美国学生在基本技能水平上仍然出现小幅上升，但在 1988 年前后，不同种族学生在高级知识技能之间的差距不断增大，而且这种状况仍将持续(Campbell *et al.*，2000；Lee，2002)。[①] 有趣的是，这一回流恰恰发生在这个时候，即非洲裔美国人开始停止享有与美国白人相当的经济地位，且西班牙裔美国人开始遭受巨大的经济衰退(Smith，2001)。

考试成绩差距并非是教育结果差距的唯一证据。相对于白人学生而言，非洲裔美国学生和拉美裔美国学生在特殊教育计划中人数过多(Coutinho and Oswald，2000)且处于较低的学业层次(Lucas，2001)；他们更可能留级(Campbell *et al.*，2000)或在高中辍学(Swanson，2003)；几乎不可能进入大学和从大学毕业(Havey and Anderson，2005)。这种差异对有色人种学生产生了深远的影响，并限制了他们将来的就业、收入以及整个人生的机会(Carnevale，1999)。这些后果在当前以全球信息为基础的经济社会中被放大，而缺少扎实的基础教育的人们在这种环境中将沦为失业或未充分就业(半失业)阶层的一员。鉴于这种风险的存在，种族/民族的成绩差距已经引起正义的市民、教育工作者、研究人员和决策者的不安，这是不足为奇的。中小学校日益增长的有色人种的学生数量，加剧了这一具有道德和经济双重影响的问题的紧迫性。

---

① 姆内和利维(Murname and Levy，1996)指出，为获得一份中产阶级的工作的资格，17 岁的孩子在 NAEP 阅读和数学测试的成绩必须达到 300 分或更高，即他们必须达到指定的基本技能熟练水平所规定的 300 分。1999 年，70%的 17 岁白人学生的数学和阅读已经达到或高于基本技能水平，而只有 27%的非洲裔学生和 38%的西班牙裔学生达到这一水平(Lee，2002)。

为了能在消除成绩差距方面取得较大进展，决策者将不得不解决当前美国有色人种和白人之间存在的巨大经济差距。当前非洲裔美国儿童的贫困率高达 34%，西班牙裔美国儿童的贫困率达 30%（U. S. Census Bureau，2005），显然，学校在提高这些学生团体的学业成功率方面面临严重的挑战（Berliner，2005）。与此同时，教育工作者和决策者必须采取有潜力去改变课堂和学校动力的措施，提高有色人种学生的学业成就。其中，提高教师队伍的多样性就是这样的一个措施，值得公众关注。 584

已有文献提出了让师资队伍多样性的三个主要原因。其中被最为广泛引用的证据是，有色人种教师可以为有色人种学生提供榜样，激励他们相信，如果他们致力于学业，他们也可以成为成功的专业人士（Stewart *et al.*，1989）。第二个证据较少被提到，即有色人种教师较白人教师而言，对有色人种学生期望更高，倾向于向学生提出更高的学业要求，从而提升他们在学校的表现（Irvine，1990）。第三个证据最近经常被提及，有人说，少数种族/民族教师有得天独厚的优势，他们可以运用第一手文化背景知识和有色人种学生的日常生活经验，帮助他们搭建学习的桥梁。这一理念在于，这些教师了解社区的有色人种学生，也清楚他们在生活中面临的困难，因此他们能够与这些人更有效地开展合作（Irvine and Armento，2001；Villegas and Lucas，2002）。增加教师队伍多样性的这些原因的假设是，有色人种学生在与他们种族/民族相类似的教师的接触中，有利于他们获得学业上的收益。基于这一假设，自 1990 年以来，已有 30 个州制定了教师多样性政策（ECS，2003）。

本文中，我们评估了那些旨在招募更多有色人种进入教育行业的政策的价值，探讨了到目前为止这些政策的影响，明确了教师教育项目的差距，如果正在进行的教师招聘能够兑现改善少数族裔学生在校表现的承诺，这需要立即给予关注。首先，我们回顾了大量有关教师的种族/民族对学生学习影响的实证文献。接着，我们描述了 20 世纪 90 年代少数族裔招聘政策发展的显著要素，讨论了这些政策对教师队伍的种族/民族构成的影响，并找出那些可能会破坏正在进行的多元化教师队伍建设的努力的潜在问题。在第三部分，我们讨论了教师教育项目，发现它们忽视了少数族裔师范生的需求，甚至当有计划地探讨多样性问题时，它们的注意力仅集中于美国白人师范生的需要。我们也提出了一些策略，旨在加强对有色人种师范生的培养。在文章最后一部分，我们进行了简要的总结并提出了若干建议。

本文使用了不同类型的数据。我们对教师的种族/民族对学生学习影响的分析是建立在大量实证研究的基础之上的，这些实证研究主要由经济学家和社会学家进行，这些领域的大部分同行评审期刊对此进行了报道。许多研究都会利用国家数据库，如 1988 年的全国教育纵向研究（National Educational Longitudinal Study，NELS）。我们还进行了一个全面的、综合的、师生互动的研究，包括实验研究、调查研究和课堂观察研究。我们关于少数族裔招聘政策和事件的讨论，使得这类政策以以下几种方式为基础：由国家教育统计中心（National Center for Education Statics）收集教师和学生的人口统计数据，作为其学校和人员编制调查的一部分；由与教育相关的组织和机构完成的有影响力的报告；对招募有色人种教师的项目和策略进行的描述和评估。我们评估了教师教育中有色人种候任教师培养中存在的问题，并利用两种新兴的研究路线，
585 提出解决这些问题的策略：一个侧重于教师教育中有色人种候任教师的经验，另一个侧重于与文化相关的有色人种教师的实践。这项工作主要采用个案研究法。本文回顾的所有实证研究与国家研究理事会（National Research Council）的科学研究原则相一致（Shavelson and Towne，2003）。尽管这些原则在教育学界有争论，但仍被广泛采用。

教师的种族/民族重要吗？用证据说话

如前所述，少数族裔教师的招聘政策主要是由学习成绩差的有色人种学生引起的。这些政策的一个潜在假设是，少数族裔教师作为一个整体，比白人教师更善于教授少数族裔学生。为了评估这一假设的价值，我们确定了解决这一问题的 15 项实证研究。我们评估的结果由三个部分构成：首先，我们考察了 6 项研究，研究了种族/民族教师对学生成绩的影响，这些影响通过标准化考试成绩来衡量；然后，我们回顾了 5 项研究，探讨了教师的种族/民族与学生学习结果之间的关系，它们作为除了考试成绩以外的衡量指标（如，缺勤、高中辍学率、大学升学率以及在高级中学课程的注册率）；最后，我们聚焦于探究教师—学生的种族/族裔结对是否会影响教师的看法、期望和学生待遇的研究。

学生考试成绩作为测量指标

我们考察了教师种族/民族对学生学习产生的影响的 6 项实证研究，它们通过学生的学习成绩进行衡量。为了确定同一种族教师对学生学习产生影响，迪伊（Dee，2004）对 20 世纪 80 年代后期田纳西州“繁星计划”（师生比成就计划（Student-Teacher Achievement Ratio））班级规模实验的考试成绩数据进行了再分析，参与该实验的学校的学生和教师被随机分配到另一个班级。在最初的实验中，斯坦福数学和阅读成就测试（Stanford Achievement Test）的标准分被用作测量指标。迪伊发现对教师和学生进行种族结对后，非洲裔美国学生和白人学生的阅读和数学成绩约提高三至四个百分点。他还发现，种族结对对学生的学习具有累积效应，在数学和阅读方面的成绩每年增加二到四个百分点的学生都得益于同一种族教师。由此可见，种族结对对隔离学校中贫穷的非洲裔美国儿童的影响非常大。作为原来班级规模实验的一部分，该实验随机分配教师和学生，这样一来，迪伊研究的结果就有效地控制了影响学生学业水平的不可观测的一些其他因素。这些结果支持这一假设，即种族/民族多元化教学力量的增加可以提高有色人种学生的学业成就。然而，鉴于该样本仅包括来自田纳西州的学

生，调查结果的普遍性是有限的。

克卢韦尔等人(Clewell *et al*.，2005)使用来自教育展望(Prospects)的数据——一项由国会授权的关于教育发展和美国学生受教育机会的研究，主要调查与学生同一种族的教师(非洲裔或拉美裔)能否提高非洲裔或拉美裔小学生的阅读和数学成绩，使用基本技能的综合测试(Comprehensive Test of Basic Skills)标准分作为这项研究的学习结果。克卢韦尔和同事们发现，如果为西班牙裔四年级和六年级的学生配备一名西班牙裔的教师，这将使得这些学生在数学测试中获得较高分数。在阅读方面也出现了同样的效果，但仅在四年级出现。对于黑人学生而言，即便有相同种族的教师，效果也 586
略逊。然而，四年级的黑人学生证实有黑人教师教学时，他们在数学上可获得更高的分数。

作为研究家庭和学校对儿童的学习成绩的影响的大规模调查的一部分，哈努谢克(Hanushek，1992)研究了被选教师的特点(包括种族)对学生学习的影响。该实证分析利用由加里收入维持实验(Gary Income Maintenance Experiment)1971 年至 1975 之间家庭产生的数据。这些数据与来自家庭实验组儿童的学校信息合并，样本中的所有学生都是黑人。学校的数据包括来自爱荷华州的阅读理解和词汇测试(Iowa Reading Comprehensive and Vocabulary Tests)成绩，以及有关这些学生的教师的背景资料。哈努谢克的分析结果表明，在提高学生词汇和阅读理解成绩上，样本中的白人教师的成功率明显低于黑人教师。这项研究不包括对教师背景变量的控制，因此哈努谢克推断出，要么是样本中的黑人教师对黑人学生更有效，要么是被加里学校(关注贫困黑人学生)所吸引的白人教师的技能整体上不如他们的黑人同事。

埃文斯(Evans，1992)研究了同一种族的教师对非洲裔高中生的经济素养的影响。这项研究的数据来自经济教育联合委员(Joint Council on Economic Education)在 1987 年进行的全国经济教育调查评估(National Assessment of Economic Education Survey)。该调查包括 3 266 名学生的教育、家庭背景、教师、学校和学区等相关信息。埃文斯重点分析了学习经济学课程的 2 440 名受访学生经济素养的考核成绩，样本中的所有学生在他们经济素养课程结束时完成了一项经济素养考核，考核成绩作为这项研究的因变量。埃文斯发现，控制了教师和学生的能力以后，非洲裔美国教师所教的非洲裔美国学生的测试成绩比由另外的种族/民族教师所教的学生的测试成绩高出 2.25 个百分点。这种影响在母亲/女性监护人没有受过大学教育的学生之间尤其显著。基于这些发现，埃文斯认为，在教学工作中增加非洲裔美国人代表，这似乎对黑人学生的学业发展更重要。

埃伦伯格和布鲁尔(Ehrenberg and Brewer，1995)对 1966 年科尔曼报告(Coleman Report)的数据进行了再分析，以确定学校教师的特点(包括教学人员的种族构成)是否会影响学生的"综合得分"(synthetic gain scores)。综合得分被定义为低年级和高年级学生在平均测试成绩上的差异。研究人员划定 969 所学校，分析了这些学校三年级和六年级学生的口头表达能力、非语言能力倾向、阅读和数学的考试成绩。在高中阶段，他们将注意力聚焦于 256 所高中，数据分别来自 9—12 年级学生。该研究使用计量经济模式，允许研究人员将教师非随机性分配到学校以控制教师特征而不是种族常量。研究人员发现，一所学校非洲裔美国教师百分比的增加与非洲裔美国高中生分数的提高相关联，然而，对小学中的非洲裔美国学生并没有影响。

根据 1988 年全国教育纵向研究（NELS），埃伦伯格等人（Ehrenberg *et al.*，1995）考察了教师种族对不同种族学生的学业成绩的影响。教育考试服务中心（Educational
587 Testing Service）把阅读理解、科学、历史/社会课和数学的测试成绩作为衡量学生学业成就的标准。与上述研究的结果相反，埃伦伯格和他的同事发现，没有证据表明教师和学生之间的种族匹配关系与八年级和十年级的学生在这四个学科领域中任何一个领域的学习相关。

仅仅依据上面讨论的 6 项研究结果就得出教师多样性政策的优点，这似乎不太可能。一则，证据太单薄，尽管呈现了一个清晰的模式，然而结果却没有得到一致的支持。此外，由于研究数据是在“原始”实验室条件下收集的，而在现实的学生课堂中很难获得，因此很难将影响学生学业成绩的种族/民族教师与其他教师、学生和学校变量的潜在影响相分离。可想而知，所有的 6 项研究都存在某种程度上的局限性。即便采用随机分配学生和教师的方法，正如迪伊的研究，从逻辑上来说，调查结果的普遍性依旧是有限的，因为样本只包括一个州的学生、教师和学校。尽管存在这些局限性，但上述 6 项研究所产生的证据却不能被忽略。总的来说，这些结果表明，教师的种族/民族对他或她的学生的学习具有极其重要的作用，这已由测试得出。也有一些证据表明，教师的种族/民族不仅在课堂层面（有色人种学生与同一种族/族裔的教师结对会产生良好的学术效果）而且在学校层面（学校集中大量的有色人种教师会对学生的学习产生更大的影响）影响着学生的学习。然而，这些研究并没对教师种族/民族对影响学生学习的潜在机制进行深入调查。

除考试成绩外的结果

虽然考试成绩是（衡量）学习（效果）的一个非常重要的指标，但是还有其他一些重要的学生学习成果也值得关注（Cochran-Smith and Fries，2001）。现在我们转向一组研究，这些研究主要分析当有色人种学生由那些有色人种教师进行教授时，除了考试成绩有所提高以外，是否还有其他收获。法卡斯等人（Farkas *et al.*，1990）利用西南城市学区的数据，来考察教师的种族/民族与美国大城市中非洲裔高中学生缺勤之间的关系。因为缺勤会减少学生的学习时间，限制了他们的学习机会。法卡斯和他的同事在这次调查中发现两个变量之间存在强烈的反向关系。也就是说，非洲裔美国学生由同一种族教师教学时，缺勤率明显较低。

基于对 20 世纪 80 年代从 82 个城市学区收集的数据，英格兰和迈耶（England and

Meier，1986)着手确定各区变量的影响(包括非洲裔美国教师的比例)，这些变量被统称为“第二代歧视”(second generation discrimination)。这项研究中所使用的第二代歧视包括八项具体指标——在特殊教育中的地位、在可教的智力发展缓慢班级中的地位、入读资优项目、入读强化班、休学、辍学、进入职业学校及进入大学。研究人员所使用的回归分析模型表明，一个地区非洲裔美国教师的比例增加后，“第二代歧视”会显著下降。克洛普芬斯坦(Klopfenstein，2005)采取类似的做法分析了非洲裔美国数学教师所占比例对相似的非洲裔美国学生完成几何课程并选次年的代数II课程的影响。 588
她发现，当非洲裔美国数学教师的比例增加时，进入代数II课程的非洲裔美国学生数也显著增加。高中学生要进入大学，如果高级课程(如代数II)发挥了至关重要的作用的话，那么，克洛普芬斯坦的发现对那些对增加非洲裔美国高中生的大学入学率感兴趣的人有重大意义。

也有证据表明，高中学校种族/少数族裔教师比例的增加，降低了少数族裔学生的辍学率，提高了他们的大学入学率。弗拉加等人(Fraga *et al.*，1986)的研究也表明这些影响都是真实的，西班牙裔学生就读的大城市学校就集中了大量西班牙裔教师。同样，赫斯和利尔(Hess and Leal，1997)发现在控制相关因素后，有色人种教师比例较高的大城市学区的大学录取率整体上有明显的提高。

上述五项研究表明，有色人种学生有可能会因有色人种教师而获得学业上的收益。研究也进一步表明，这种效果既可以在一个特定的教室通过直接接触有色人种教师达到(如法卡斯等人的研究中所示)，也可以通过与学校中的大量有色人种教师接触而达到。然而，这些研究关注的都是学生的考试成绩。唯有第二组研究揭示了教师与学生之间的互动变化会影响学生的成绩。为了深入了解这个主题，我们转向一个更为广泛的研究，分析种族/族裔的结对是否会影响教师的观念、期望和学生待遇。应该说，教师的观念以及对学生的期望对他们在教室里创建的学习机会有一定的影响。这类研究可以追溯到20世纪60年代，许多教育者、研究者以及决策者开始关注学校废除种族隔离对学生的影响。他们关心的是1954年布朗诉托皮卡教育局案(*Brown v. Topeka Board of Education*)决定的有关事实很大程度上是基于当教师在综合教室授课时，有色人种学生取得较高的学业成就这一假设。尽管大量文献超出了本文的范围，但突出强调一个经常被引用的综合研究也具有指导意义。我们补充了近期的一些类似研究，它们强调教师观念、期望和学生待遇，这与本文的主题直接相关。

教师的观念、期望和学生待遇

欧文(Irvine，1990)对教师期望与教师和学生种族之间的关系进行了一个全面的综合研究，特别是她回顾了1964年和1983年之间开展的35项研究，所有这些研究主要考察了非洲裔美国教师与美国白人教师的期望对非洲裔美国学生的影响。其中，5项研究利用了实验设计，实验要求教师对学生的学业成就有明确的期望。其他18项研究则采用调查问卷,比较教师对非洲裔学生的看法和态度以及教师对白人学生的看法和态度。剩下的12项研究则考察了在实际的课堂环境中教师对学生的期望。

基于综述,欧文认为,美国白人教师对非洲裔美国学生的印象往往不如他们对美国白人学生的印象好,他们对非洲裔美国学生的期待要低于非洲裔美国教师对非洲裔美国学生的期待。例如,在研究中,美国白人教师会用负面术语来形容非洲裔美国儿童,如“懒惰”与“叛逆”。此外,他们还认为非洲裔美国学生缺乏语言和数学学习的技
589 巧,成就潜力较低,更具破坏性,没有美国白人儿童有吸引力。这些负面的观点以明确的方式传递给了学生,例如,美国白人教师往往较少地关注非洲裔美国学生,鼓励较少,与他们的眼神交流也少;相反,更多的是口头和非口头批评(尤其是对非洲裔美国男孩),在非洲裔美国学生正确回答问题后也不给予积极的反馈。欧文认为,这种差别待遇反过来会影响非洲裔美国学生的自我概念、课堂行为、成就、动机和抱负水平。她还断言,教师的期望和对待学生态度的悬殊,容易导致非洲裔美国儿童较低的学业成就。

欧文的结论是基于20年前的研究得出的,在当下可能已经难以成立。在过去的20年,文化多样性问题已经在中小学校及教师教育中得到了极大的重视。教师可能具备更多的文化意识,但并没有转化为改进课堂互动的模式。在最近的一项研究中,卡斯蒂尔(Casteel, 1998)研究了在种族融合课堂中美国白人教师与美国白人学生和非洲裔美国学生之间的互动,尤其关注的是学生得到的肯定和反馈的数量。该研究中的417名学生都被视为低学业成就者,并根据其考试成绩编班。研究中的16位美国白人教师都是经验丰富的教育工作者,最近他们都获得了校长的好评,每学期都会有人观摩他们两个课时的教学。实验数据由布罗菲-古德双向互动观测系统(Brophy-Good Dyadic Interaction Observation System)收集。卡斯蒂尔发现,与白人学生相比,非洲裔美国青少年很少回答更复杂问题,回答错误之后很少得到提示,回答正确后很少得到称赞,很少被鼓励提问。研究的结果表明,随着时间的流逝,K-12学校的多样性问题和教师教育得到了更多关注,但是与美国白人同伴相比,尽管非洲裔美国学生处于同等水平,但他们仍旧受到与教师间的消极关系的影响。

最近,教师对有色人种学生的态度问题成为其他一些研究关注的焦点。奥茨(Oates, 2003)在对1988年全国教育纵向研究数据的一项复杂调查中,分析了教师和学生的种族结对对非洲裔美国人和美国白人十年级学生的教师观念的影响。该研究中的因变量是一个复合结构,包括教师对学生上大学的预期,以及他/她对学生完成布置功课情况的评价,是不及时的、用心的,还是破坏性的。奥茨发现,即便是控制相关的学生变量(如之前的平均成绩、之前的标准化测试成绩、当前年级排名),美国白人教师明显更喜欢美国白人学生而不是非洲裔美国学生。相比之下,非洲裔美国教师对学生的看法,是以学生表现这一观察指标为基础的。根据奥茨的研究,非洲裔美国学生与非洲裔美国教师的结对,使学生“摆脱”(shielded)了来自美国白人教师的反非洲裔

美国学生的观念。

迪伊(Dee, 2005)也通过对1988年全国教育纵向研究的数据分析,考察了教师和学生的种族结对对教师主观评估学生的行为和表现的影响。由于全国教育纵向研究的数据库包括教师在两个不同学科领域中对学生的具体评价,因此,他能够使用固定效应计量模型,确定两个种族不同的教师如何评估同一学生。这一分析的创新方面, 590
使得迪伊能够控制学生因校际间的非随机分布而产生的潜在偏见。针对负面的教师评价,他特别看重教师认为学生是破坏性的、松散的和不可能完成功课的频次。迪伊发现,非洲裔和西班牙裔学生都更可能被非同一种族/民族的教师视为是不可教的,因此,这些教师对经济贫困家庭学生的影响是最显著的。

奥茨(2003)和迪伊(2005)报告的结果与亚历山大等人(Alexander *et al.*, 1987)、埃伦伯格等人(Ehrenberg, *et al.*, 1995)、法卡斯等人(Farkas, et at., 1990),以及欧文(Irvine, 1990)早些时候的研究发现相一致。这些研究结果尤其令人不安,有明显的证据表明要取得学业的成功,有色人种学生比白人学生更加依赖他们的教师(Ferguson, 2002; Jussim *et al.*, 1996)。这种教师期待上的不一致究竟是受到种族刻板印象的影响,还是受到学生成绩的影响,这一问题尚且没有明确的答案。但是,有大量实证研究发现,师生配对上的种族不一致会导致有色人种学生受到较差的主观评价。总体来看,证据表明,同一种族的结对为有色人种学生提供了一种支持性的环境,这在一定程度上保护了他们,使他们免受来自教师不相称的、负面的、主观性的评价,以及对他们学业表现存在的潜在的、有害的影响。

总之,本节中所展示的证据支持这样一个猜测,即多元教学力量能够提高有色人种学生的学业成就。6项研究中有5项旨在分析教师对学生考试成绩的影响,在一定条件下,少数族裔教师会促进少数族裔学生获得高分。如果拓宽学生的学业成就,将其他学业指标囊括其中,如缺勤、特殊教育的定位、休学、进入高级数学班、高中辍学率和大学入学率,那么,促进教师队伍多元化的理由就会变得更为充分。此外,如果考虑到在有关种族/民族教师和学生结对的情况下,教师主观评价对有色人种学生学业的影响的研究成果,那么,招聘少数族裔教师的政策就会更有说服力。

通过回顾多数对教师效能的研究,我们认为,欧文(Irvine, 1990)并没有恰当地揭示课堂中种族互动的动力。另一种可能的解释是,教师的影响受限于斯蒂尔(Steele, 1997)所谓的"刻板印象威胁"(stereotype threat)。根据这一理论,在有色人种学生认为在刻板印象很可能延续的情况下,他们会感到焦虑(如,在有色人种学生看来,他们的美国白人教师认为他们在学业上要逊色一些)。这种焦虑会干扰学习过程并降低学生的学业成就。与有色人种教师的互动可能会减少或消除刻板印象对少数族裔学生的威胁,使他们更加关注学习。此外,在上述有关少数族裔教师教授少数族裔学生能够提高其学生学业成就的研究中,几乎所有研究都提及一个令人信服的解释,即有色人种教育工作者能够吸收他们自己的文化经验,以帮助有色人种学生(他们在文化上相似)进行学习。显然,还需要更多的研究才能更充分地了解教师种族和学生学业成就之间错综复杂的关系。不过,根据现有的证据,我们认为需要继续支持当前招聘少数族裔教师的政策。

寻求教学力量多样化的政策的优点,不能仅仅在实证研究的基础上进行决定。人们可能认为,教学中的多样性符合我们的多元、民主社会的价值观。学校不仅有利于
591 知识和技能的发展,同时也传递了丰富的被当地社区和更大的社团所珍视的信息。如果有色人种青少年与少得可怜的有色人种教师相处,那么,会对有色人种青少年产生潜移默化的影响,他们会认为像他们一样的种族/民族的人们不适合传授被社会所珍视的知识和技能。同样,如果美国白人学生看不到他们教师的种族和族裔多样性,那么他们可能不会在同胞之间重视这类多样性。

倡导少数族裔教师的招聘政策,并不意味着美国白人教师不能有效地教授有色人种学生。事实上,许多证据充分表明,美国白人教师在有色人种学生的教学中非常成功(参见,Ladson-Billings, 1994; Lucas *et al*., 1990; Paley, 1989)。我们也并不是说有色人种教师仅凭借他们的肤色或种族优势就拥有教授有色人种学生的天赋,我们也不会建议依据教师的种族和族裔而把学生分配给他们。相反,我们相信,招聘少数族裔教师意味着教学专业作为一个整体可以获得有色人种带来的有关少数族裔的文化、观点和经验的专长的投入。例如,有色人种教师可以帮助我们扩展对文化敏感教学的理解,还可以帮助他们的白人同事解释有色人种学生的文化背景。总之,有色人种教师可以通过标新立异的观点解决问题,使教育专业多样化。有色人种师资力量的不断增加,为改进所有教师教授有色人种学生的教学工作提供了有效途径。同时,需要对所有职前和在职的美国白人教师进行集中的培养,以帮助他们成为有文化敏感性的教育工作者,适应日益多元化的中小学生(详见斯里特在本书中撰写的章节)。同样,在将有色人种学生的个人理解融入教学实践方面,有色人种未来教师和在职教师都需要获得支持。我们将在本文的后面部分进行讨论。

少数族裔教师短缺: 问题来源与解决方案

20 世纪 80 年代末,有色人种教师的短缺第一次引起了全国的注意,K - 12 学生的种族/民族组成与教师队伍的种族/民族组成之间冲突变得日益突出。图 33.1 表明了从 1971 年至 1986 年 15 年间这一冲突的趋势。从此图可以看出,随着时间的推移,注册的学生变得更加多样化,少数族裔教师数量日益减少。具体来说,在这 15 年间,学生的种族/民族和教育工作者的种族/民族之间的不一致日益加大。由于对这种不一
592 致的人口趋势的关注,有色人种社区的领导者认为,文化鸿沟在全国各地的许多教室里已经很明显了,若不积极干预,未来会变得更令人震惊(Graham, 1987; Irvine, 1988; Tomás Rivera Center, 1993)。

有色人种教师短缺的原因是复杂的。或许"漏水的管道"(A leaky pipeline)是这

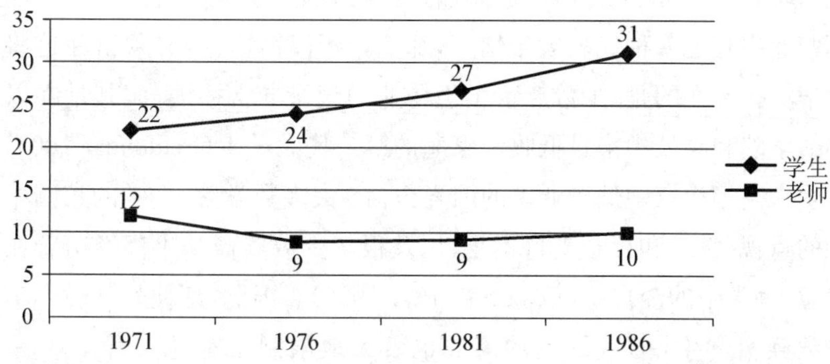

图 33.1 公立中小学少数族裔教师和少数族裔学生所占比例(1971—1986)

数据来源：学生数据来自 U.S. Department of Education, 2001;教师资料来自:NEA, 2003.

一短缺过程的恰当表达(Villegas and Lucas, 2004)。在这个比喻中,管道代表教育途径,引导着教师进入教学领域,管道是从进入幼儿园开始的。至关重要的是,沿着这条管道完成高中,进入高中后教育项目和教师教育,最后完成大学教育,达到教学证书的要求。少数族裔教师的短缺,可以归咎于在管道的每一个关键连接点有色人种学生的大规模流失。

从历史上看,有色人种学生的高中毕业率明显低于白人学生。例如,2000 年美国白人学生高中毕业率为 91.8%,非洲裔美国学生高中毕业率为 83.7%,而西班牙裔美国学生高中毕业率仅为 64.1%(NCES, 2001)。少数族裔学生在教育管道关键连接点的流失,大幅度地减少了合格的有色人种候任教师,特别是拉美裔候任教师接受高等教育的机会。

这些完成高中教育并追求高中后教育的学生,大多数会选择首先进入两年制学院(Chronicle of Higher Education, 1999)。而要成为教师,他们必须转到四年制大学,令人失望的是他们中只有较小比例的人选择这样做(Palmer, 2005)。这个问题主要是因为两年制学院和四年制学院之间缺乏明确的课程衔接协议,尤其是它还关涉到了教师教育。因此,转学的学生经常发现自己不得不重复他们在初级学院已经修完的课程。附加课程的需要阻止了许多有色人种学生转入教师教育(Villegas and Clewell, 1998)。

颇具讽刺意味的是,20 世纪 70 年代初,作为民权运动的结果,教育领域以外的专业选择开始对少数族裔开放,这成为增加有色人种教师数量的另一个障碍。由于有了其他的选择,教师教育项目越来越难吸引到传统大学的有色人种学生。许多学生选择了非教育领域,因为这些领域允诺为毕业生提供更多的薪水和更高的声望,如商业、工程和健康专业(Carter and Wilson, 1992)。在戈登(Gordon, 1997)看来,中产阶级少数族裔的父母——尤其是在非洲裔美国人和亚裔美国人——一般鼓励孩子追求赚钱的事业而不是教学,因为这些事业比教学具有更高的社会地位。

即使招聘有色人种学生进入教师教育的努力取得了成功，但是光靠这些还不够。要想教师职业中有色人种代表大幅增多，那么，高等教育机构必须留住这些有色人种学生直到毕业。不幸的是，少数族裔学生毕业的记录异常惨淡，尤其是在以美国白人学生为主的学院和高校中来自低收入家庭的第一代大学生(Seidman，2005)。导致少数族裔学生在高等教育中低毕业率的因素包括：大多数学院/大学的校园中缺乏对文化多样性的重视，学术和社会支持不足，以及很多少数族裔学生都经历着在白人学生为主的学院/大学中的疏离感(Feagin *et al.*，1996)。因此，即便教师教育项目成功地招收了少数族裔学生，但这群人的流失也极大地限制了有色人种求职者进入教师行业。

593 自20世纪80年代以来，不断增加的教师考试是限制有色人种进入教师教育领域的另一个因素。例如，1980年，只有15个州要求未来教师通过一个标准化的考试认证，现在已有43个州提出了初步认证考试的要求。由于有色人种候任教师在标准化考试中的及格率往往要低于那些白人同行，因此教师考试运动导致大量的有色人种教师被排除在职业以外(Memory *et al.*，2003)。鉴于现有教师考试预测效度的有限且有争议的证据(Haney *et al.*，1999；Melnick and Pullin，2000)，与2001年《不让一个孩子掉队法》(*No Child Left Behind Act*)相关的教师考试的密集使用，引起了严重的法律问题。尽管我们相信，公共教育质量有待提高，但是我们担心，有关教师素质的狭隘定义，以及《不让一个孩子掉队法》中固有的认证"高素质教师"的相应方法，会促使白人教师队伍进一步扩大。

上面所讨论的因素严重地限制了教学中有色人种教师的数量，而中小学校里有色人种学生数量有了显著的增长。为应对教师与学生之间人口差距的不断扩大，一些学区、学院和大学以及国家有关部门在过去的15年里已经实施了招聘少数族裔教师的政策和方案。这些政策和方案通过集中招聘非传统候选人，并通过提供新的招聘支持服务，包括提高有色人种学生高中教育的完成率、大学入学率和毕业率、教师教育项目的完成率以及教师证书的相关要求，鼓励他们走上教学岗位，以此扩大有色人种教师(potential teachers)的数量。以下都是一些最常用的策略：鼓励初中和高中学生为上大学做准备，同时激励他们追求教学职业，为辅导教师创设职业生涯阶梯计划；制定清晰而强有力的两年制到四年制大学之间的衔接协议，以便有色人种学生转到四年制的教师教育学院；创建非师范教师资格认证方案，以便吸引其他专业的转行者和退休人员。这些策略的简要说明如下：

早期的招聘项目是在高中的最后一年确定潜在的少数族裔备选者。通常在初中阶段就对他们进行干预，以培养他们的教学兴趣，为他们以后上大学作准备。这些项目意味着学生注册的学区要与其附近院校的教师教育项目之间建立合作伙伴关系。在这些不同的策略中，用于实现其双重目标的策略有以下几种：未来教育家俱乐部(Future Educators Club)，为高中低年级和高年级学生提供教师教育入门课程的大学学分，指导教师和受邀演讲者为学生提供教学专业的信息以及激励他们追求大学教育并成为教师，为学生提供强化的教学体验和学业支撑的暑期项目和高中高年级少数族裔学生辅导参与社区项目的儿童的勤工助学项目(Recruiting New Teachers, 1997)。

辅助教育者教师项目也带来了教师教育项目与邻近学区之间的合作。鉴于许多辅助教育者具有多元种族和族裔背景，并拥有丰富的教学实践，因此他们是有色人种候任教师的重要来源。在这类项目中，辅助教育者继续带薪工作，并参加每学期教学认证所要求完成的课程，大多数情况下，也是为了获得学士学位。由于这些项目的最 594
终目标是将毕业生安排在永久性的教学岗位上，因此，合作学区的工作人员在挑选学员时的积极参与是必不可少的。教师教育课程是专为帮助学员探索连接学院/大学课程研究的理论与作为辅助教育者的课堂实践之间的关系而设计的。学费资助是这类项目的一个关键特征。此外，参与者获得各种各样的支持服务，包括资格考试的培养和教学辅导(Clewell and Villegas, 2001; Villegas and Clewell, 1998)。

两年制大学和四年制大学的合作是用于招聘和培养有色人种教师的另一个有效策略。如上所述，大多数有色人种学生首先进入两年制教育学院。这些合作伙伴关系的关键是一套双录取制度，即保证两年制学院的学生在成功地修完一般研究指定的课程之后，进入四年制大学选定的教师教育项目。有效的合作要求两年制和四年制大学的院系参与决定普通教育课程的转换。学生也要听取咨询意见，以便顺利转学(Hudson *et al.*, 2002)。

非师范生资格认证项目的目标是招聘那些在非教育领域已经获得学士学位的人，包括中年转行者、非教育专业的退休人员和应急认证的教师或代课教师。在有色人种教师从教的第一年，非师范生资格认证项目已经成功地完成了有色人种教师的教学培养，为他们从事教学提供了严格的教育学培养和课堂强化支持(Clewell and Villegas, 1999)。

那么，现有的少数族裔教师招聘计划是否成功地增加了公立学校教师队伍的多样性？表 33.1 总结的数据展示了在这个目标上已经取得的进展。此表提供的有关公立学校种族/民族分布的信息来自国家教育统计中心(NCES)过去三次对有关学校管理部门和人员编制的调查(Schools and Staffing Survey)。如表所示，与 1987—1988 年相比，1999—2000 年教师队伍的整体构成更加多样化。具体来说，1999—2000 年有色人种教师占教师队伍的 15.6%，而 12 年前这一数据为 13.0%。然而，这种多样化并非均匀地分布在不同的少数族裔群体间。虽然美国印第安人/阿拉斯加原住民教师的比例保持在大致相同的水平，但西班牙裔和亚裔/太平洋岛屿美国教师的百分比有所增加。相比之下，非洲裔美国教师的比率有所下降，从 1987—1988 年的 8.2%下降至 1993—1994 年的 7.4%，随后开始保持稳定(NCES, 1995, 2002)。我们认为，除了上述讨论的因素外，非洲裔美国教师的减少是受这一群体中大量教师退休的影响。显 595
然，非洲裔美国教师在教学中不断减少是一个需要立即关注并深入调查的问题。

表 33.1 公立学校教师的种族/民族分布情况

种族/族裔	1987—1988	1993—1994	1999—2000
非洲裔美国人	8.2	7.4	7.5
亚裔/太平洋岛屿美国人	0.9	1.1	1.6
美国印第安人/阿拉斯加原住民 美洲原住民	1.0	0.8	0.9
西班牙裔美国人	2.9	4.2	5.6
白人	86.9	86.5	84.3

资料来源：NCES，1995,2002。

对新任教师种族/民族背景有关信息的回顾(也就是说，那些已经教了三年或不足三年的教师)，也说明了正在进行的少数族裔招聘努力已经取得成功。表 33.2 总结了 1987 年至 1999 年 12 年期间的相关信息。从表中可以看出，1987—1988 年具有少数族裔背景的所有新任教师所占比例为 13.0%，这一比例在 1993—1994 年上升到 17.4%。6 年以后，接近 23%，达到新高。根据沈(Shen，1998)所说，新任教师中这种多样性的增加很大程度上是因为提供了教学的非师范途径，自 1990 年以来，大多数有色人种都选择了该路径。

表 33.2 公立学校新教师中白人和少数族裔分布情况

种族/族裔	1987—1988	1993—1994	1999—2000
白人	87.0	82.6	77.1
少数族裔	13.0	17.4	22.9

数据来源：Shen *et al.*，2003。

上面提到的有利趋势表明，教学队伍多样化的目标明显是可以实现的。但即便如此，也并不能止于招聘，还须将注意力集中在留任问题上。正如英格索尔(Ingersoll，2004)所指出的，学校系统无法留任来自所有背景的教师，以便其在美国教育工作者供应不足时起到重要作用。因为绝大多数有色人种教师被置于师资不足的市区学校(Villegas，2005)，因此，他们特别容易流失。

城区学校长期受到师资短缺的困扰。为了解决这个问题，教育管理者往往采取教师流动的策略，即便这可能会导致教师被分配到与他们专业背景不符合的学科。教育管理者经常使用的第二个策略是，扩大班级规模以减少学校所需要的教师人数。由于这些行政化措施，增加了教师的工作负荷，因而增加了受此影响的教师的流失率。遗憾的是，与美国白人同事相比，有色人种教师至少有一部分时间更有可能被分配到自身专业以外的学科，以及较大的班级(Villegas，2005)。表 33.3 总结了 1986—2001 年 15 年间的相关信息。如表所示，1986 年到 2001 年间，少数族裔教师被分配到专业以外的工作的比率不断增加。尤其值得关注的是 1996 年至 2001 年之间的变化，少数族

表 33.3 1981—2001 年间按教师种族/民族测算的教学任务与班级规模 596

教师种族/族裔	1986	1991	1996	2001
至少有一部分时间教师被分配做与大学主修专业领域以外的工作的百分比				
少数族裔	16	19	23	30
白人	17	16	16	17
教学班的平均人数(小学/中学专业设置)				
少数族裔	36	30	46	38
白人	25	25	29	26

数据来源：NEA，2003

裔的误配比例从 23%上升到 30%。相反,白人教师的误配比例多年来维持在 16%至 17%之间并保持稳定。该表还显示,在分工背景下,少数族裔教师和白人教师所教班级的平均规模有巨大差异。少数族裔教师班级中的学生,平均每班从 1991 年的 30 名学生增加到 1996 年的 46 名。尽管 2001 年少数族裔教师所教班级的规模有所缩小,但这一年观察到的班级平均人数是 38 名,这远非最佳的。同样是在这 15 年中,白人教师所教的班级平均人数从来没有多于 29 名学生。

上述数据表明,如果不为少数族裔新任教师提供强有力的指导项目,不改善大部分有色人种教师所在城区学校的工作条件,那么,这个通过招聘多样化教师队伍所取得的效果,也会因为有色人种教师的过早流失而失效。这个问题由于近期少数族裔新手教师的增长而被放大。研究表明,最严重的教师流失存在于初级教师中,部分原因在于难以适应本职工作。

参与有色人种候任教师的培养工作

为了从教师队伍的多样化中获取最大利益,我们必须超越招聘和留任的问题,并参与有色人种候任教师的培养工作。除非少数族裔候任教师能把他们的独特之处和独特视角适当地运用到教学中去,否则这些资源的最佳效果将受到限制。更确切地说,期望有色人种教师帮助缩小种族/民族学生成绩的差距,却没能让他们在教学中从运用他们的文化知识和专长的专业成长经验中获益,这是不公平的。遗憾的是,教师教育项目在这个问题上逃避了自己的责任(Montecinos, 1994; 2004; Rios and Montecinos, 1999)。

虽然在过去 15 年中教师教育课程更加具有多元文化性,但这些努力的预期受益者很大程度上是那些白人职前教师(Cochran-Smith, 1995; Knight, 2002; Montecinos, 2004; Rios and Montecinos, 1999; Sheets and Chew, 2002)。部分问题是,迄今为止开展的多元文化教师教育的实证研究,往往集中于帮助白人职前教师——他们代表着绝大多数职前教师——教授与他们种族和族裔不同的学生。这些文献都不够重视如下策略：教师教育工作者可能会帮助有色人种候任教师建立起他们给教学带来的独特优势——有关有色人种学生的知识和作为少数族裔成员的局内人的经验——以形成自己的教学法和定义他们作为教师的角色。因此，有色人种候任教师需要自己找到如何在课堂和学校里更好地利用他们的文化知识和生活经验的方法。由于缺乏这一准备工作，有色人种教师——大多数在少数族裔学生入学率较高的学区从教——变得越来越容易流失(Parker and Hood, 1995)。

597 最后，我们提出三大策略，以使教师教育更能适应少数族裔候任教师：(a)培养有色人种教师成为变革主体；(b)培养有色人种教师的文化敏感性；(c)创造一个有利于批判性对话的安全环境。

培养有色人种教师成为变革主体

多年来，尽管在让学校变得更为公平和公正的努力上取得了一些进步，但学校却继续使贫困学生和少数族裔学生在学习中处于不利地位。铲除这种根深蒂固的不平等现象，要求骨干教师了解学校和教学的政治性质，善于在自己的教学中识别偏见和重建充分包容他们的课堂文化。相比美国白人，有色人种更有可能进入教师教育领域，他们的态度及气质更有可能成为变革的原动力。他们从体验中可以得知有色人种在美国是怎样的。有色人种大多数来自经济贫困的家庭，即便他们本身不是穷人，他们的亲属或朋友通常也是穷人。他们还从亲身体验中获知，学校并非是所有学生都可以证明他们优点的平等战场。他们明白，实际上每所学校系统的建立都把少数族裔学生视为既定的劣势，这是惯例(Kauchak and Burback, 2003; Rios and Montecinos, 1999; Su, 1997; Wilder, 1999)。如果教师教育工作者适当地利用这些经验和见解，以及由此产生的社会文化意识，那么这些就可以作为一种强大的资源以培养部分少数族裔候任教师承诺参与学校未来的重建。事实上，我们相信，这些大量增加的、已经做好成为变革主体准备的有色人种教师，为我们建设更加民主和正义的学校提供了最佳时机。

要促进少数族裔候任教师对学校和社会政治变革的不平等的理解，教师教育项目必须公开解决棘手的种族主义和种族中心主义问题。遗憾的是，许多项目对这些话题要么三缄其口，要么只以简单化、表面化的方式解决这些问题。在这些项目中，那些旨在促进与社会不平等相关问题的更多深思熟虑的讨论，通常在一个多元文化教育的课程中进行，重点一般是帮助美国白人候任教师认识到学校和社会都不是中立的，“白人特权”(white privilege)依然存在。对美国白人候任教师需求的特别关注，导致很少或根本没有给有色人种候任教师保留课程空间(他们已经清楚地知道，种族主义和种族中心主义在社会中已经根深蒂固)去发展能够建设性地应对他们作为学校教师将会遭遇到的不平等的技能。课程中的这种差距，严重破坏了正在实施的旨在实现教师队伍多元化的举措带来的成果。

培养有色人种教师的文化敏感性

少数族裔教师招聘政策假定，有色人种教师能够有效地教授有色人种学生，因为他们了解这些学生的文化。当然有色人种教师将文化知识带入教学时，他们对有色人种学生的教学比白人同事更有优势，这让人们理所当然地认为有色人种依靠自身就可以成为具有文化敏感性的教育者。然而要做到这一点，他们需要一个框架，使文化和教学之间的联系更加明确。建构主义的学习观，可以作为这样的一个框架(Villegas and Lucas, 2002)。

建构主义认为学习是一个过程，学生借助全新的理念和体验应对他们在学校遇到 598
的问题。在这个解释中，他们利用自己原有的知识和信念为新输入的知识赋予意义(Glasersfeld, 1995)。这表明，源于学习者个人和文化体验的原有知识，使得他们可以学习。忽略儿童带到学校的经验，就是拒绝他们进入知识建构的过程。因此，教师一个突出的作用就是帮助学生把学校中的学习与他们在校外的日常生活经验联结起来。

在这一学习理论的指导下，一个具有文化敏感性的教师应该进行如下实践：激活学生已有的与正在研究的主题相关的知识和信念；基于学生的兴趣进行指导，使学生沉浸于学习；选择与学生经验相关的教学材料；使用与学生生活相关的例子和比喻，引入或澄清新概念；以学生的语言资源为基础；通过使用各种教学方法创造不同的学习路径；课堂管理应考虑到交互方式中的文化差异；使用各种评估策略，最大限度地增加学生以他们熟悉的方式来展示对这一主题的了解的机会(Villegas and Lucas, 2002)。

这一或类似这样的框架，会使有色人种候任教师设法使用各种方式，运用他们的少数族裔文化知识以达成教学目标。为了促进文化敏感性教学实践的发展，教师教育工作者要求少数族裔候任教师阅读和讨论有色人种教师的有效教学实践案例(案例详见 Irvine, 2002; Monzó and Rueda, 2001)。教师教育工作者还需要支持少数族裔候任教师，并在多元文化课堂中运用文化敏感性教学原则。

如果一个教师没有牢牢把握住所教的主题，那么他/她帮助学生建立他们的文化背景和教学内容之间联系的能力就会受到限制。要获得成功，所有的教师，无论他们背景如何，都需要深入地理解他们所教学科的概念以及如何在这些概念之间建立联系，这些学科的结构、原理和话语的本质，这些学科在社会中发挥的作用。无论候任教师的种族是什么，文化敏感性的教师培养工作为他们所教学科的问题提供了稳固的基础。因为少数族裔候任教师往往是城区中小学校的后备力量，提供的往往是打折扣的学业经验，因此，在他们的学科专业上，许多人都可能需要额外的支持。但是学院和大学却没有为此提供支持，尽管它们都以培养多元化教师为使命和政策宣传口号，而实际上却未认真执行。

创造一个有利于批判性对话的安全环境

少数族裔候任教师普遍体验到深刻的疏离感，尤其是在以美国白人为主的机构中，该主题形成于有关少数族裔候任教师在教师教育项目中的经验的研究(Bennet *et al.*, 2000; Cochran-Smith, 2000; Sheets and Chew, 2002)。这种疏离感源于斯里特(Sleeter, 2001)的"白人压倒性的存在"(overwhelming presence of whiteness)的这一

恰如其分的描述。有色人种候任教师仅占教师教育类招生的一小部分，他们遇到相对
599 较少的与他们在种族和族裔上相似的教师，因此他们接触到的课程一般忽略了他们的优点和需要。在美国白人占主导的环境中，少数族裔候任教师在课堂上经常感觉不安全，特别是当与同伴和教师讨论多样性问题的时候。这并不奇怪，因为白人被认为对这些话题不敏感，对他们提供的信息也不感兴趣。疏离感导致少数族裔候任教师从教师教育项目中流失的几率增加。从另一角度看，有色人种学生从课堂讨论中的退出，剥夺了每个人包括美国白人学生在内的参与批判性对话的机会，而在这样的对话中，有色人种学生需要成为变革的主体。

要想通过完成项目留住有色人种学生，教师教育工作者必须找到建设学习型社区的方法，使少数族裔候任教师既感到安全又受人尊敬。这个目标可以通过为有色人种学生创建课程空间（如研讨会）而实现，使有色人种学生彼此之间可以公开谈论他们自身作为教师在专业发展中那些重要的问题（Bennett *et al.*，2000）。例如，在类似这样的研讨会上，有色人种学生可能反思他们给教学带来的独特性，以及日趋多样化的中小学的内在价值（Dillard，1994）。

尽管在课堂中，有色人种学生占少数，但如果不是仅有一人的话，那么，教师教育工作者还需要找到能够跨越种族/族裔界限，并将他们纳入到富有创造性的课堂对话中的方法。如果不采取措施，那么，绝大多数的美国白人学生在教师教育课堂中的声音，就会淹没最直言不讳的有色人种学生的声音。教师教育工作者要促使所有种族/族裔背景的候任教师发展他们所需的技能，突破专业背景进行观点的交流并建立变革联盟，这样的对话是必要的（Knight，2002）。为此，教师教育工作者需要提出明确的规定，参与对话者在发表不同观点时，需要保持"尊重所有人"的态度。如果教师教育工作者能够给小组提出批判性的问题，如谁有发言权，谁是沉默的，在怎样的情境中，在哪些主题上等，那么对话将会更顺畅地进行。显然，要协调这些有潜在困难的对话，教师教育工作者自身需要足够的专业知识。而这样的对话在教师多样性缺失的情境下是不可能发生的。

总结

作为有色人种中的女性，我们（作者）对本文所研究的主题自然非常感兴趣。我们承认，我们自身的和专业的经验表明，有色人种教师能够对有色人种学生的学习产生影响。然而，作为教育研究者，我们也知道自己的经验并不能作为别人得出结论的证据。因此，在开始梳理本文的文献时，我们承诺遵循实证得到的证据，无论它将我们引到何处。通过研究实证文献，现在我们认为有足够的证据表明，教师的种族和族裔对有色人种学生的教育至关重要。我们的评论不支持那些在教师和学生种族/族裔之间关系上"无种族成见"的观点。

虽然现有的研究还不足以提供一个清晰的认识，以确切地表明教师的种族/族裔究竟如何以及为什么重要，但我们也得出了一些初步结论。教师的观念和对学生的期望，在课堂的种族互动方面发挥了关键作用。有大量证据表明，这些因素会影响教师为学生学习创造的机会。因为有色人种教师往往对有色人种学生持有更善意的看法（或至少是中立的），这就使得他们建构的教学方法对学生成绩更具支持性成为可能。 600
实际上，他们保护了有色人种学生使他们免于遭受负面的刻板印象和低期望值带来的潜在的致命影响。研究还表明，被家长和校长认可的有色人种教师，会利用他们的文化知识去帮助有色人种学生搭建学习的桥梁，并倾向于与他们的学生建立关怀和信任的关系。显然，对学生更加了解且善于以文化上适当的方式与他们交流的教师，也能够更好地让学生参与学习的过程。尽管现有的研究表明，在这两种情况下，教师的种族/族裔对有色人种学生的学习会产生积极的影响，但是还有必要进一步研究以检验这些结论，并提供对教师的种族/族裔所发挥的作用和影响的更细致入微的了解。

有证据表明，有色人种教师会对有色人种学生的学习产生积极的影响，并为不断增加有色人种教师数量的工作提供支持。在本文中我们回顾了过去 15 年中，学区、高等教育机构和国家教育部门采纳的少数族裔教师的招聘政策和方案，以及这些政策和方案对教师队伍种族/族裔构成的影响。由于有色人种教师的短缺导致的有色人种学生在教育管道中不同连接点上的流失，所以制定了用以帮助更多少数族裔候任教师进入一般的高等教育和进入特定教学岗位的招聘计划。教师招聘项目旨在招聘不同类型的未来教师，包括大学预科学生、社区学院的学生、辅助专业人员、中年转行者和其他专业的退休人员。在增加拉美裔和亚裔教师的数量上，这些努力是明显的，但黑人教师的数量增加却并不明显。黑人教师的比例有所下降，并可能继续下降，因为大量的黑人教师达到了退休年龄。将中年转行者引入教学的非师范教师途径，似乎为教学中黑人教师数量的增长带来了希望。

无论招聘工作如何地成功，当作为一项增加教师队伍多样性的策略时，仅仅招聘是远远不够的。只专注于招聘工作是目光短浅的，除非我们想要继续为有色人种教师留有一个旋转门（revolving door），否则，一旦他们进入这个行业，我们必须把注意力转向如何留住他们，因此就需要研究并确定那些有色人种教师离开或留下来的因素。文献中讨论的一些因素似乎值得研究，例如，事实上，城区聘用了相当大比例的有色人种教师，但那里的环境往往会干扰教与学。也有证据表明，有色人种教师更有可能带领大班，被分配来教授那些令他们措手不及的领域或学科。一个教师越是负责任和有担当，他或她就越不愿意在成功无望的情况下继续工作。除了这些问题以外，我们对所有留任有色人种教师的方面都应该进行实证性的研究。

同样，为未来有色人种教师提供相关的培养并研究这些培养工作，值得给予更多的关注。文化敏感的教师教育和 K－12 学校的文化对教学同等重要。给教师教育设计予以充分的关注，以便让大多数未来美国白人教师接受这样的培养，以教授多元文化和语言的学生，这是理所当然的。然而，针对有色人种教师也需要专门为他们设计培养方案。在有色人种教师没有获得充分的学习支持的情况下，不能指望他们了解如何使用他们的文化知识以达成教学目的。有色人种教师在学习如何使用自身见解和经验方面没有得到充分支持的情况下，可能对学生生活产生的影响小于预期，他们中的一部分人也可能离开教学岗位。这是另外一个研究领域。

在本文开始，我们认为更加多样化的教师队伍可能有助于减少学业成就差距。我们梳理的证据普遍支持有色人种教师可以促进有色人种学生学习的观点。然而，正如我们此前指出的，策略不能止步于通过增加教师数量，以应对学生群体的多样性。我们需要一个综合的措施来招聘、培养和留任有色人种教师从事教学。此外，必须着手制定一个多方面研究议程，以便更好地了解如何以及为什么教师的种族/族裔会对学生产生影响，以及如何成功地招聘、培养和留任多样化的教师队伍。

（李　娟　译）

参考文献

Alexander, K. L., Entwistle, D. R., & Thompson, M. S. (1987) School performance, status relations, and the structure of sentiment: bringing the teacher back in. *American Sociological Review*, 52(October): 665 - 682.

Bennett, C., Cole, D., & Thompson, J. N. (2000) Preparing teachers of color at a predominantly White university: A case study of project TEAM. *Teaching and Teacher Education*, 16, 445 - 464.

Berliner, D. (August 2, 2005) Our impoverished view of educational research. *Teachers College Record*. Retrieved December 28, 2005: http://www.tcrecord.org/Home.asp.

Campbell, J. R., Hombo, C. M., & Mazzeo, J. (2000) *NAEP 1999 trends in academic progress: three decades of student performance*. Washington, DC: OERI, U.S. Department of Education.

Carter, D. J. & Wilson, T. (1992) *Minorities in higher education: tenth annual report*. Washington, DC: American Council on Education.

Casteel, C. A. (1998) Teacher-student interactions and race in integrated classrooms. *Journal of Educational Research*, 92 (Nov/Dec), 115 - 120.

Carnevale, A. P. (1999) *Education = success: empowering Hispanic youth and adults*. Princeton, NJ: Educational Testing Service.

Chronicle of Higher Education (1999, August) 1999 - 2000 *Almanac Issue* 46, no. 1.

Clewell, B. C. & Villegas, A. M. (Summer 1999) Creating a nontraditional pipeline for urban teachers: the Pathways to Teaching Careers model. *The Journal of Negro Education*, 68(3), 306 - 317.

Clewell, B. C. & Villegas, A. M. (2001) *Ahead of the class: a handbook for preparing new teachers from new source*. Washington, DC: The Urban Institute.

Clewell, B. C., Puma, M. J., & McKay, S. A. (2005) *Does it matter if my teacher looks like me? The impact of teacher race and ethnicity on student academic achievement*. Paper presented at an Invited Presidential Session of the Annual Meeting of the American Educational Research Association, Montreal, Canada, April 2005.

Cochran-Smith, M. (1995) Uncertain allies: understanding the boundaries of race and teaching. *Harvard Educational Review*, 65 (4), 541 - 570.

Cochran-Smith, M. (2000) Blind vision: unlearning racism in teacher education. *Harvard Educational Review*, 70, 541 - 570.

Cochran-Smith & Fries, K. (2001) Sticks, stones, and ideology: the discourse of teacher education. *Educational Researcher*, 30 (8), 3 - 15.

Coutinho, M. J. & Oswald D. P. (2000) Disproportionate representation in special education: a synthesis and recommendations. *Journal of Child and Family Studies* 9(2), 135 - 152.

Dee, T. (2004) Teachers, race, and student achievement in a randomized experiment. The *Review of Economics and Statistics*, 86(1), 195 - 210.

Dee, T. (2005) *A teacher like me: does race, ethnicity or gender matter?* Paper presented at an Invited Presidential Session of the Annual Meeting of the American Educational Research Association, Montreal, Canada, April 2005.

Dillard, C. (1994) Beyond supply and demand: critical pedagogy, ethnicity, and empowerment in recruiting teachers of color. *Journal of Teacher Education*, 45(1), 9 - 17.

Education Commission of the States (2003) *Recruiting teachers of color: a 50-state survey of sate policies*. Denver, CO: Author.

Ehrenberg, R. G. & Brewer, D. J. (1995) Did teacher's verbal ability and race matter in the 1960s? Coleman revisited. *Economics of Education Review*, 14(1),1 - 21.

Ehrenberg, R.G., Goldhaber, D.D., & Brewer, D.J.(1995) Do teachers' race, gender, and ethnicity matter? Evidence from the National Educational Longitudinal Study of 1988. *Industrial and Labor Relations Review*, 48(3),547 - 561.

England, R. E. & Meier, K. J. (1986) From desegregation to integration: Second generation school discrimination as an institutional impediment. *American Politics Quarterly*, 13(2),227 - 247.

Evans, M.O.(1992) An estimate of race and gender role-model effects in teaching high school. *Journal of Economic Education*, 10,209 - 227.

Farkas, G., Grobe, R., Sheehan, D., & Shuan, Y.(1990) Cultural resources and school success: gender, ethnicity, and poverty groups within an urban school district. *American Sociological Review*, 55,127 - 142.

Feagin, J.R., Vera, H., & Imain, N.(1996) *The agony of education: Black students at white colleges and universities*. New York: Routledge.

Fraga, L.R., Meier, K.J., & England, R.E.(1986) Hispanic Americans and educational policy: limits to equal access. *The Journal of Politics*, 48(4),850 - 876.

Ferguson, R.(2002) What doesn't meet the eye: understanding and addressing racial disparities in high-achieving suburban schools. North Central Regional Educational Laboratory. Retrieved February 11, 2005: http://www. ncrel. org/gap/research. htm.

Glasersfeld, E. von (1995) *Radical constructivism: a way of knowing and learning*. London: Falmer.

Gordon, J.(1997) Teachers of color speak to issues of respect and image. *The Urban Review*, 29(1),41 - 66.

Graham, P.A.(1987) Black teachers: a drastically scarce resource. *Phi Delta Kappan*, 68(3),598 - 605.

Grissmer, D., Fanagan, A., & Williamson, S.(1998) Why did the Black-White score gap narrow in the 1970s and 1980s? In C. Jencks and M. Phillips (eds.), *The Black-White test score gap* (pp. 182 - 226). Washington, DC: Brookings Institution Press.

Haney, W., Fowler, C., & Wheelock, A.(1999) *Less truth than error? An independent study of the Massachusetts teacher test*. Chestnut Hill, MA: Boston College, Center for the Study of Testing, Evaluation, and Policy.

Hanushek, E.A.(1992) The trade-off between child quantity and quality. *Journal of Political Economy*, 100(1),84 - 117.

Havey, W.B. & Anderson, E.L.(2005) *Minorities in higher education 2003 - 2004: Twenty-first annual status report (2005)*. Washington, DC: American Council on Education.

Hedge, L.V. & Nowell, A.(1998) Black-White test score convergence since 1965. In C. Jencks and M. Phillips (eds.), *The Black-White test score gap* (pp. 149 - 181). Washington, DC: Brookings Institution Press.

Hess, F.M. & Leal, D.L.(1997) Minority teaches, minority students, and college matriculation: a new look at the role-modeling hypothesis. *Policy Studies Journal*, 25(2),235 - 248.

Hudson, M., Foster, E., Irvine, J.J., Holmes, B., & Villegas, A.M.(2002) *Tapping potential: community college students and America's teacher recruitment challenge*. Belmont, MA: Recruiting New Teachers.

Ingersoll, R.(2004) Four myths about America's teacher quality problems. In M.A. Smylie and D. Miretzky (eds.), *Developing the teacher workforce: 103rd yearbook of the National Society for the Study of Education* (pp. 1 - 33). Chicago, IL: University of Chicago Press.

Irvine, J.J.(1988) An analysis of the problem of the disappearing Black educator. *Elementary School Journal*, 88(5),503 - 514.

Irvine, J.J.(1990) *Black students and school failure*. New York: Greenwood Press.

Irvine, J.J.(2002) *In search of wholeness: African American teachers and their culturally specific classroom practices*. NY: Palgrave.

Irvine, J.J. & Armento, B.J.(2001) Culturally responsive teaching: Lesson planning for elementary and middle grades. NY: McGraw-Hill.

Jencks, C. & Phillips, M.(1998) The Black-White test score gap: an introduction. In C. Jencks & M. Phillips (eds.), *The Black-White test score gap* (pp. 1 - 51). Washington, DC: The Brookings Institute.

Jussim, L., Eccles, J., & Madon, S.(1996) Social perception, social stereotypes, and teacher expectations: accuracy and the quest for the powerful self-fulfilling prophecy. *Advances in Experimental Social Psychology*, 28,281 - 388.

Kauchak, D. & Burback, M.D.(2003) Voices in the classroom: case studies of minority teacher candidates. *Action in Teacher Education*, 25(1),63 - 75.

Klopfenstein, K.(2005) Beyond test scores: the impact of Black teacher role models on rigorous math-taking. *Contemporary Economic Policy*, 23(3),416 - 428.

Knight, M.G.(2002) The intersections of race, class, and gender in the teacher preparation of an African American social justice educator. *Equity & Excellence in Education*, 35(3),212 - 223.

Ladson-Billings, G.(1994) *The dreamkeepers: successful teachers of African American children*. San Francisco, CA: Jossey-Bass.

Lee, J.(2002) Racial and ethnic achievement gap trends: reversing the progress toward equity? *Educational Researcher*, 31(1), 3 - 12.

Lucas, S.R.(2001) Effectively maintained inequality: education transitions, track mobility, and social background effects. *American Journal of Sociology*, 106,1642 - 1690.

Lucas, T.L., Henze, R., & Donato, R.(1990) Promoting the success of Latino language-minority students: an exploratory study of six high schools. *Harvard Educational Review*, 60(3),315 - 340.

Melnick, S.L. & Pullin, D.(2000) Can you take a dictation? Prescribing teacher quality through testing. *Journal of Teacher Education*, 51(4),262 - 280.

Memory, D.M., Coleman, C.L., & Watkins, S.D.(2003) Possible tradeoffs in raising basic skills cutoff scores for teacher licensure: a study with implications for participation of African Americans in teaching. *Journal of Teacher Education*, 54(3), 217 - 228.

Montecinos, C.(1994) Teachers of color and multiculturalism. *Equity & Excellence in Education*, 27(3),34 - 42.

Montecinos, C.(2004) Paradoxes in multicultural teacher education research: students of color positioned as objects while ignored as subjects. *International Journal of Qualitative Studies in Education*, 17(2),167 - 181.

Mónzo L.D. & Rueda, R.S.(2001) Sociocultural factors in social relationships: examining Latino teachers' and paraeducators' interactions with Latino students. Santa Cruz, CA: Center for Research on Education, Diversity & Excellence. Retrieved January 10,2005 from http://repositories. cdlib. org/crede/rsrchrpts/rr09.

Murname, R.J. & Levy, R.J. (1996) *Teaching the new basic skills*. NY: The Free Press.

National Center for Education Statistics (1995) *Digest of educational statistics, 1995*. Washington, DC: U. S. Government Printing Office.

National Center for Education Statistics (2002) *Dropout rates in the United States: 2000*. Washington, DC: U.S. Government Printing Office. Retrieved on 12/20/2005 from http://nces.ed. gov/pubs2002/droppub_2001/12.asp.

National Center for Education Statistics (2002) *Digest for education statistics tables and figures*. Washington, DC: U. S. Government Printing Office. Retrieved on 7/16/2005 from http://nces.ed. gov/programs/digest/d02/dt066.asp.

National Education Association (2003) *Status of the American Public School Teacher*. Washington, DC: Author.

Oates, G.L. (2003) Teacher-student racial congruence, teacher perceptions, and test performance. *Social Science Quarterly*, 8 (3), 508 - 525.

Paley, V. (1989) *White teacher*. Cambridge, MA: Harvard University Press.

Palmer, J.C. (2005) What do we know abut student transfer? An overview. In R. Shoenberg (ed.), *General education and student transfer: fostering intentionality and coherence in state systems* (pp. 25 - 28). Washington, DC: Association of American Colleges and Universities.

Parker, L. & Hood, S. (1995) Minority students vs. majority faculty and administrators in teacher education: perspectives on the clash of cultures. *The Urban Review*, 27(2), 159 - 174.

Recruiting New Teachers (1997) Teaching's next generation: a national study of precollegiate teacher recruitment. Belmont, MA: Author.

Rios, F. & Montecinos, C. (1999) Advocating social justice and cultural affirmation: ethnically diverse preservice teachers' perspectives on multicultural education. *Equity & Excellence in Education*, 32(3), 66 - 76.

Seidman, A. (2005) Minority student retention: resources for practitioners. In G.H. Gather (ed.), *Minority retention: what works* (pp. 7 - 24), San Francisco, CA: Jossey-Bass.

Shavelson, R.J. & Towne, L. (2003) *Scientific research in education*. Washington, DC: National Academy Press.

Sheets, R.H. & Chew, L. (2002) Absent from the research, present in our classrooms: Preparing culturally responsive Chinese American teachers. *Journal of Teacher Education*, 53(2), 127 - 141.

Shen, J. (1998) Alternative certification, minority teachers, and urban education. *Education and Urban Society*, 31(1), 30 - 41.

Shen, J., Wegenke, G. L., & Cooley, V. E. (2003) Has the public teaching force become more diversified? National and longitudinal perspectives on gender, race, and ethnicity. *Educational HORIZONS*, Spring, 112 - 118.

Sleeter, C. (2001) Preparing teachers for culturally diverse school: research and the overwhelming presence of whiteness. *Journal of Teacher Education*, 52(2), 94 - 107.

Smith, J.P. (2001) Race and ethnicity in the labor market: trends over the short and long run. In N. Smelser, W.J. Wilson, & F. Mitchell (eds.), *America becoming: racial trends and their consequences, Volume I* (pp. 52 - 97). Washington, DC: National Academy Press.

Steele, C.M. (1997) A threat in the air: how stereotypes shape intellectual identity and performance. *American Psychologist*, 52 (6), 613 - 629.

Stewart, J., Meier, K., & England, R. (1989) In quest of role models: change in black teacher representation in urban school districts, 1968 - 1986. *Journal of Negro Education*, 58, 140 - 152.

Su, Z. (1997) Teaching as a profession and as a career: minority candidates' perspectives. Teaching and *Teacher Education*, 13 (3), 325 - 340.

Swanson, C.B. (2003) *Who graduates? Who doesn't? A statistical portrait of public high school graduation, Class of 2001*. Washington, DC: Urban Institute.

Tomas Rivera Center (1993) *Resolving a crisis in education: Latino teachers for tomorrow's classrooms*. Claremont, CA: Tomas Rivera Center.

U.S. Census Bureau (2005) *Historical poverty tables*. Washington, DC: Author. Retrieved on 12/16/2005 from http://www. census. gov/hhes/www/poverty/histpov/hstpov3.html.

Villegas, A.M. (2005) Racial/ethnic diversity in the public school teaching force: a look at trends. Paper commissioned by the National Education Association.

Villegas, A.M. & Clewell, B.C. (1998) Increasing the numbers of teachers of color for urban schools: lessons from the Pathways National Evaluation. *Education and Urban Society*, 31(1), 42 - 61.

Villegas, A.M. & Lucas, T. (2002) Educating culturally responsive teachers: a coherent approach. Albany, NY: SUNY.

Villegas, A.M. & Lucas, T. (2004) Diversifying the teacher workforce: a retrospective and prospective analysis. In M.A. Smylie and D. Miretzky (eds.), *Developing the teacher workforce: 103rd yearbook of the National Society for the Study of Education* (pp. 70 - 104). Chicago, IL: University of Chicago Press.

Wilder, M. (1999) Re-examining the African American teacher shortage: building a new professional image of teaching for the 21st century. *Equity & Excellence in Education*, 32(3), 77 - 82.

34. 回应主流课堂的语言现实：培养所有教师教授英语学习者

塔玛拉·卢卡斯(Tamara Lucas)
杰米·格林伯格(Jaime Grinberg)
蒙特克莱尔州立大学(Montclair State University)

引言

直到最近，仍然很少有人关注培养普通任课教师教授母语为非英语的学生这一问 606
题。在进入主流课堂以前[①]，要求英语学习者(English language learners, ELLs)精通英语，他们通过参与英语专家教授的课程，进行英语作为第二语言(English as a second language, ESL)的学习，有时候，他们也参与一些使其在学习母语的同时提高英语水平的项目。然而，实际情况是，许多英语学习者都没有机会接受那些经过专门培训的教师的指导。未能熟练掌握英语的英语学习者被安排在课堂中，他们的教师没有接受过针对英语学习者的教学培训，但是人们却期待这些英语学习者能够一边学习知识和技能，一边"捡起"英语，也就是说，人们期待他们在大潮中学会游泳(而不能沉下去)。随着全国英语学习者数量的不断增长(Kindler, 2002)，这一做法的弊端越来越明显。即使花时间进行专门学习，但大多数英语学习者在进入主流课堂之后仍需要一些额外的语言支持，才可以完全理解学习内容。培养所有任课教师使其为英语学习者提供所需的支持，这种做法是失败的，这一失败又会对进入普通课堂的一代又一代青年具有负面影响(Grinberg *et al.*, 2005; Marquez-Lopez, 2005)。

本文对有关培养教授英语学习者的非专家型任课教师(以下简称任课教师)的文献进行了梳理。我们认为，本文与那些培养具有文化敏感性的教师的文献密切相关(例如，Cochran-Smith *et al.*, 2004; Gay, 2000; Grant and Secada, 1990; Grinberg *et al.*, 2005; Ladson-Billings, 1995; Villegas, 1991; Villegas and Lucas, 2002)。然而，本文在主要方法上与这些文献有很大差异，也与此前为多样化学生群体培养教师的文献梳理有很大差异(详见，如，Hollins and Guzman, 2005)。现有文献往往在很大程度上把语言和文化多样性作为一个未分类的因素，视语言为文化中诸多方面的一个因素，但我们将语言多样性与其他类型的多样性明确区分开来，直接专注于语言问题。我们将迷失在文化敏感性教师培训这块"布料"(fabric)中的、与语言相关的线条抽取

---

① 在本文中，我们用术语主流课堂(mainstream classroom)与常规课堂(regular classroom)代指对母语是英语的学生进行教学的课堂，这与为英语学习者而设计的特别班(英语是第二语言或双语班)相对。

出来，让它们呈现于表面。我们也强调了必须为所有教英语学习者的教师培训投入更多的关注的理由。是时候考虑如下做法了：不再将教授英语学习者的任课教师的培训工作与为多元化人群培养教师的工作混为一谈。本文试图将教师教育这一领域远离那样的做法。

607 正如奥古斯特和哈库塔(August and Hakuta, 1997)，梅里诺(Merino, 1999)与蔡克纳(Zeichner, 2005)所指出的那样，有关英语学习者任课教师培养的文献，特别是严谨的实证研究报告非常少。在本文中，我们查找了过去20年发表的与教授英语学习者的任课教师的职前和在职培养相关的文献，根据谢弗尔森和汤(Shavelson and Towne, 2002)的科学探究原则筛选这些实证文献，我们最终确定了17个相关的实证研究，其中8项直接关注英语学习者任课教师的培养，[①]另外9项研究是主流课堂中英语学习者教育的某些方面。[②] 虽然我们力求找出更多相关的实证文献，但我们没有偏爱于实证证据；对于那些为我们提供成熟完善以及根植于哲学、历史学、社会学和实践智慧的传统论点与主张的文献，我们也将其囊括其中。我们还收录了同行评审期刊上的文章、书籍章节以及为政府机构、专业组织和会议陈述准备的报告。

在准备本文的写作时，我们已经确保使用多种风格与类型的出版物。首先，有关英语学习者任课教师培养的实证研究很少，特别是有关正规任课教师的培养的实证研究。其次，在我们看来更重要的是，单一的实证研究不能解释教育是什么或教育应该是什么的问题。由于价值观和教育决策实践智慧非常重要，因此，在准备本文的过程中，除了实证研究报告，我们还考虑了概念、理论和政策文献。

我们梳理的文献在许多方面是有限的，但这些文献能在我们努力形成的内容结构和连贯性方面，引导我们思考各种可能性。然而，经过反复分析以及综合推理有关文献，我们决定聚焦三个问题。首先，明确培养教授英语学习者任课教师的重要性，在主流教师教育文献中，这类教师培养被视为边缘问题处理。我们重点解决以下问题：为什么我们要把精力和资源用于培养所有教师教授英语学习者？我们的答案来自人口学、实证性和概念性的文献。其次，构建课程和教学基础，以培养所有教师教授英语学习者，我们审视了教师需要知道什么，如何才能够成功完成英语学习者的教学工作。经过对理论性和实证性文献的梳理，我们确认了与语言相关且与英语学习者任课教师特别相关的经历、态度、信念、知识和技能。最后，对于目前英语学习者任课教师的培养问题，我们了解些什么？基于实证性和描述性的文献，我们提出了培养教授英语学习者的职前和在职教师的结构性和过程性的策略。在文章结尾部分，我们对这些关键问题进行了简要回顾，并为政策制定和研究工作提出了几点建议。

---

① Abramson *et al.*, 1993; Evans *et al.*, 2005; Gándara *et al.*, 2005; Hyatt and Beigy, 1999; Menken and Antunez, 2001; Rhine, 1995; Torok and Aguilar, 2000; Zetlin *et al.*, 1998.

② Byrnes *et al.*, 1996, 1997; Gersten, 1999; Griego-Jones, 2002; Karabenick and Noda, 2004; Pappamihiel, 2002; Penfield, 1987; Platt and Troudi, 1997; Walker *et al.*, 2004; Youngs and Youngs, 2001.

为什么要对英语学习者任课教师的培养给予更多关注

尽管在有关培养能够教授文化多样性学生的教师的文献中经常提到，语言是一个需要考虑的因素，然而很少有深入的研究来解决与语言有关的问题。多样性经常被视为一个笼统的、无分类的概念（Goodwin, 2002）。常用短语，如“文化和语言多元化学生”（culturally and linguistically diverse students），往往掩盖了与英语学习者教学相关的特定语言问题。由于许多论点的支持，那些培养所有教师对英语学习者进行教学的问题已获得越来越多的关注。由于这一问题讨论得并不透彻，我们相信对这些论点 608
的论述是十分必要的。

在任课教师的课堂内出现英语学习者的可能性越来越大

人口统计学的论点也许是最引人注目的。全国学校中英语学习者的数量在不断增加，这意味着许多任课教师从未想过在他们的班里会有英语学习者，而现在却发生了。1979—2003 年，美国 5—17 岁青少年中讲英语以外其他语言的人数增长了 161%（从 8.5%增长到 18.7%），声称自己没有达到能将英语说得“很好”水平的人的比例增加了 124%（从 2.8%增长到 5.5%）（NCES, 2005）。1990—1991 年和 2000—2001 年间，美国学校中英语水平有限者（limited English proficient, LEP）[①]的注册人数增加了 105%，相对而言，整体入学率增加的比例较小，仅为 12%（Kindler, 2002）。初步估计在 2001—2002 年，约四百万的英语水平有限的学生（占所有学生的 8.4%）就读于美国学校，比 1992 年增加了 72%（Zehler *et al.*, 2003）。预计到 2030 年，占美国基础教育阶段人口 40%的学生母语不是英语（AACTE, 2002）。尽管亚裔人口的增长（1986 年占美国人口 2.8%到 2000 年增加至 4.1%（NCES, 2002d））是造成这一趋势的基本原因，但拉美裔人口的增加是最显著的因素。1972 年拉美裔学生占全美公立学校招生人数的 6%，1986 年占 11%，2000 年占 17%（NCES, 2002a）。拉美裔移民中 27 岁以下的人数占一半，现在美国 5 岁以下的儿童中有 20%是拉美裔（Files, 2005）。1999 年，拉美裔 5—17 岁学生中在家讲其他语言的占 71%，相对而言，白人和黑人学生只占 4%（NCES, 2003a）。

虽然英语学习者一直以来都集中于少数几个州和大都市地区，但是美国其他地区也有他们的存在。这些变化值得关注，因为即使英语学习者只占少数，对之前没有相关经验的学校以及教师都有显著影响。根据泽勒和同事们（Zehler *et al.*, 2003）的调查显示，美国 43%的地区和 50%的学校招收了一个或更多的英语水平有限的学生。

---

① 一种官方术语，政府文件中把尚未精通英语而说其他语言的人们称为英语水平有限者（limited English proficient, LEP）。

霍普斯托克和斯蒂芬森(Hopstock and Stephenson, 2003)发现,2001—2002 年间,43%的中小学教师曾至少教过一个英语水平有限的学生,而十年之前这一数字是15%。这些变化也意味着,英语水平有限的学生遍布越来越多的班级,主流课堂里学生英语语言能力的多样性增加了。

除去英语学习者人数占美国学生人口比例的不断增长这一统计事实以外,在多数课堂上这样的学生数量不断增加还有其他原因。首先,从 20 世纪 80 年代开始,政治力量反对使用除英语以外的其他语言,因此双语项目以及双语教师数量都不断地减少(Crawford, 1992; Rumberger and Gándara, 2004)。这就意味着,任课教师肩负着越来越多的对英语学习者进行教学的责任(Menken and Antunez, 2001)。其次,2001 年《不让一个孩子掉队法》(NCLB)的通过也在一定程度上促成了这一趋势,因为该法案要求英语水平有限的学生在美国居住三年或更长时间以后,他们需要进行英语测试。为使这些学生在三年内通过标准化英语考试,许多地区加快了让学生进入主流课堂的进程(Cornell, 1995),这给任课教师施加了更大压力(Wong-Fillmore and Snow,
609 2005)。再次,事实上,英语学习者在主流课堂中的花费少于为他们提供的特别班,为这一进程提供了额外的推动力(Cornell, 1995)。鉴于以上原因,从整体上看,任课教师在英语学习者身上花费的时间,要比英语作为第二语言和双语专家花的时间更多,因此任课教师对学生成就的影响更大。鉴于这一现实,主流课堂教师必须为教授英语学习者做好准备。

任课教师在有英语学习者的班级中面临的特殊挑战

培养英语学习者任课教师的第二个理由,是其工作中面临的一些特殊挑战,而当前的职前和在职教师项目一般没有对他们就这些方面进行培训。也许最明显的挑战就是既要教那些母语为非英语的学生学科知识,又要教他们英语。在一篇很有影响力的论文中,黄-菲尔莫尔和斯诺(Wong-Fillmore and Snow, 2005)认为,教师需要具备广泛的与语言相关的知识和技能,才可以成功扮演他们作为传播者、教育者、评价者、受过教育的人和社会化媒介等角色。他们认为,鉴于当前美国中小学校几乎没有要求有关英语结构的正规研究或外语的正规研究,大多数任课教师不具备成功教授英语学习者的能力。来自加利福尼亚地区的 22 位教师发现,对英语学习者进行教学面临着其他特殊的挑战(Gándara *et al.*, 2005),包括与学生和学生家人交流的困难,没有足够的时间对英语学习者进行英语以及学科知识的教学,学生因学习不要求英语作为第二语言(ESL)的课程而错过了上英语课的时间,同一个班级中英语学习者英语水平的多样化和学业水平的多元化,缺乏合适的教学材料以及普遍缺乏对教师的培养。

显然,通过教师培养可以应对其中的大部分挑战,但无法解决所有问题,任课教师缺乏语言知识,与英语学习者和他们的家人沟通困难,无法成功地解决同一班内各种不同的语言和学业水平问题，而关于英语学习者和学习第二语言的常见误区和误解又加剧了这些问题(Walker *et al.*，2004)，所有这一切都导致对英语学习者的不当教育。适当的教师培养可以直接解决这些不当教育的问题并应对许多挑战，若不做什么准备，任课教师只能“自生自灭”，就像英语学习者在他们班级被期望的那样。

当前对教授英语学习者的任课教师的培养不够充分

美国绝大多数教师(2000人中74%的教师)近期没有接受与英语学习者相关的专业发展培养，大多数参加相关专业发展活动的教师也只是花了几个小时参加这些活动(NCES，2002c)。尤为令人不安的是，1998—2000年间，教师参与相关的专业发展的百分比从31%下降到26%(NCES，1999，2002c)。一个更有价值的指标是，教师专业发展参与度的变化通过班内少数族裔招生的数量以及英语学习者的人数得以体现。正确的做法应该是，该地区少数族裔学生的入学率越大(NCES，1997，1999)，班内的英语学习者越多(至少在加利福尼亚州)(Gándara *et al.*，2005)，教师就更有可能接受一些与教授语言学习者相关的专业发展培训。我们仍不能确定这样的教师专业发展的质量，或在这样的经历之后，教师是否能获得持续的发展与支持。

教师职前培养的程度是教师培养不足的另一方面。不足六分之一(17%)的学校、 610
学院和教育部门报告称，它们需要专门用于英语学习者的相关课程(Menken and Antunez，2001)。关于教师的受教育水平，1999—2000年的学校和员工调查(NCES，2002b)发现，学校中英语水平有限的学生比例越高，拥有硕士学位的教师人数越少。

第二语言的教学经验和熟练程度，是做好英语学习者任课教师的另外一个指标。然而，现有的数据很难对英语学习者任课教师的教学经验做出确切的结论，1999—2000年的学校和员工调查表明，无论公立还是私立学校，那些“英语水平有限的学生比例最高的学校，更有可能聘请新教师”，而那些“英语水平有限的学生比例较低的学校则相反”(NCES，2003b：59)。我们无法确定有哪些机构或组织在定期收集教师的母语或教师学习外语程度的数据。

教师对培养其教授英语学习者的观念的认识，为他们接受培养的充分性提供了不同的视角。证据表明，大多数的任课教师并不觉得他们具备成功教授英语学习者的能力。1998年美国教育部的一项调查发现，54%的教师教过“英语水平有限或文化背景不同的学生，”[①]但只有20%的教师认为自己接受了充分的培养，17%的教师认为这种培养根本无法满足他们的需要(NCES，1999)。据报道，少数族裔招生比例较高的学校的教师和那些曾经接受过相关专业发展培养的教师被认为比别的教师培养得更充分。一项有关加利福尼亚州教师的研究也显示，职前以及在职教师获得更多的培养以

---

① 调查没有区分少数族裔语言学生和文化多元学生之间的关系，所以还不可能确定教师对仅仅为英语学习者的教学而培养的感受。

后，他们对教授英语学习者的能力更加自信（Gándara *et al*.，2005）。一项对一个中等规模（15 000 名学生）的中西部学区教师的态度、信念和知识的研究表明，三分之一的学生被认为是英语水平有限的学生，该研究是对国家和基于加利福尼亚州的研究（Karabenick and Noda，2004）的一个有益补充。研究者从 729 名教师（占总数的 98%）那里获得的调查数据显示，其中 88%的教师所在班级有英语学习者。他们的结论是，教师对于第二语言习得的认识（包括母语在第二语言学习中的作用），对口语交际能力与认知学术语言能力、双语能力以及双语教学法之间的差异的认识尚不清晰。

考虑到主流课堂里英语学习者数量的不断增加以及他们的教师将面临的特殊挑战，为所有英语学习者的任课教师提供必要的语言教学培养，这是教师教育工作者义不容辞的责任。如果教师不能适当地为语言学习者提供他们所需的语言、学术和个人支持，那么就剥夺了这些学生的公民权利（AACTE，2002），即他们没有获得其可以理解且有所收获的教学。以上提出的一些证据，对于教师专业发展具有潜在的影响。然而，总的来说，对于成功教授英语学习者而言，教师还没有做好充分的准备。在下一部分中，我们将介绍一个得到充分培养的教师需要了解什么，以及能够做些什么。

英语学习者任课教师必备的经历、态度、信念、知识和技能

虽然很少有文献关注培养英语学习者任课教师的方法和策略，但是有些文献对教
611 师指导学生所需的知识、技能、品性进行了研究（例如，August and Hakuta，1997；García，1993，1996，1999；González and Darling-Hammond，1997；Milk *et al*.，1992；Wong-Fillmore and Snow，2005）。这一部分回顾了基于实践智慧、理论工作以及实证研究的文献。我们提醒读者，我们的重点是与语言相关（language-related）的素质，特别是对英语学习者任课教师而言尤为重要的素质，它常常被掩盖于文化敏感性（culturally responsive）教师培养工作的讨论中。对许多适用于所有优秀教师的基本素质，我们有目的地保持沉默（例如，丰富的学科知识、学科教学知识和反思）。如表 34.1 所示，我们将与语言有关的素质分为四大类——经历、态度、信念、知识和技能。

英语学习者任课教师必备的与语言相关的经历

与其他人一样，教师也由他们的经历塑造而成。虽然这已超出了本文讨论个人经验与学习教学之间关系的范围（详见 Feiman-Nemser and Buchmann，1986；Grinberg，2002），但这足以说明教师专业化的视角和行为受他们所看到、听到以及生活中所做事情的影响。接下来我们来思考两种与语言相关的经历，它们能够促进教师与英语学习者深层次的接触——学习外语/第二语言，与母语非英语者的接触。

表 34.1　英语学习者任课教师需要具备的语言素养

A 英语学习者任课教师必备的与语言相关的经历
  1. 学习外语/第二语言
  2. 与母语非英语者的接触

B 英语学习者任课教师必备的与语言相关的态度和信念
  1. 对语言多样性和双语能力持肯定的观点
  2. 意识到语言运用和语言教育的社会政治维度
  3. 愿意与作为语言专家的同事合作

C 英语学习者任课教师必备的与语言相关的知识
  1. 学生的语言背景、经历和熟练程度
  2. 第二语言的发展
  3. 语言、文化和身份之间的关系
  4. 语言的形式、结构和应用

D 英语学习者任课教师必备的与语言相关的技能
  1. 口语和文本语言基本分析的技能
  2. 参与跨文化和跨语言沟通的技能
  3. 设计既能帮助英语学习者学习语言又能学习学科知识的教学技能

学习外语/第二语言

第二语言的学习经验有助于教师在教授英语学习者时做适当的准备，让他们洞察语言学习的过程以及学生的经历，即使他们的第二语言不流利，甚至他们没有学习过学生所讲的特定语言（Baca and Escamilla，2005；Wong-Fillmore and Snow，2005）。这种个人经历可以"让教师打开眼睛与心灵"去感受英语学习者的语言学习经历（Nieto and Rolón，1997：113）。

两项实证研究证明了教师语言学习经历的好处。在人口约 80 000 的大平原社区， 612
一项针对 143 名中等教育主流课堂教师的调查发现，在高中或大学完成一年或多年外语学习的教师与那些没有学习外语的教师相比，他们在教授英语作为第二语言的学习者时明显表现得"更为积极"（Youngs and Youngs，2001：110）。一项有关 8 位职前教师学习一种他们不熟悉的语言的质性研究表明，他们已经开始更好地理解语言是一个系统，更清楚地意识到英语学习者可能会面临的困难，在一定程度上能够掌握成功进行语言教学的方法（Hyatt and Beigy，1999）。

与母语非英语者的接触

与母语非英语者的接触会影响任课教师对英语学习者的态度，这已经得到证明。扬斯夫妇（Youngs and Youngs，2001）发现，那些曾经住在国外或曾在国外教学的任课教师比那些没有这类经验的任课教师对英语学习者的态度更为积极。只是出国旅行和接待外国学生与教师态度没有显著的相关性，由此可知扩大接触的重要性。另一项研究表明，在美国学校里与英语学习者相处的经历对教师态度也有积极影响。伯恩斯等人（Byrnes *et al.*，1997）就教师语言态度对亚利桑那州、犹他州、弗吉尼亚州的 191 位正规任课教师进行了研究（也可见，Byrnes and Kiger，1994；Byrnes *et al.*，1996），他们发现，与英语学习者有更多相处经历的教师对英语学习者的态度更积极。

这项研究表明，与英语学习者的交流会对教师的态度产生积极的影响。而教师教育工作者认为，仅仅接触并不能保证具有这种影响（Evans *et al.*，2005；Zeichner and Melnick，1996）。一项有关教师教育课程中社区服务学习的定性研究发现，若不引导教师反思自身的经历，一些未来教师会以其固化的思维方式解释他们的经历（Lucas，2005b）。

英语学习者任课教师必备的与语言相关的态度和信念

如表 34.1 所示，与第二语言相关的教师素质包括教授英语学习者的任课教师所必备的态度和信念。态度和信念之间的区别往往是不清晰的，主要是因为它们所涉及的概念在这一领域有所重叠。考虑到文献中缺乏明确性，我们在这里会把这两个概念放在一起讨论。态度和信念这两个概念已被充分地剖析，它们影响着教师与学生之间的互动（Richardson，1996）。以下我们要讨论的是与英语学习者的教学相关的三个具体的态度和信念——对语言的多样性和双语能力持肯定的观点，意识到语言运用和语言教育的社会政治维度，以及愿意与作为语言专家的同事合作。

对语言的多样性和双语能力持肯定的观点

有关多元文化教育与文化敏感性教学的文献一致强调，教师对学生和学生家庭的
613 文化持肯定和积极的态度的程度具有关键作用（Villegas and Lucas，2002）。由于语言和身份之间的密切联系（Delpit，1998；Nieto，2002；Rickford and Rickford，2000），教师对学生的语言和语言能力的态度，传达了他们对学生和学生家人的态度。那些把语言多样性和双语能力视为资源而非缺陷的教师，更倾向于认为，英语水平有限并不等同于学习能力有限（González and Darling-Hammond，1997；Lucas *et al.*，1990；Maxwell-Jolly and Gándara，2002）。实证研究表明，教师对学生语言运用与语言学习的态度和信念对英语学习者的期望，与英语学习者之间互动的本质，以及自身的教学实践都有影响（Byrnes *et al.*，1997；Byrnes *et al.*，1996；Platt and Troudi，1997；Walker *et al.*，2004；Youngs and Youngs，2001）。

意识到语言运用和语言教育的社会政治维度

虽然人们倾向于把语言作为一种政治中立的技能，但语言与其社会和政治背景密切相关。因此，意识到语言教育的社会政治维度，是英语学习者任课教师开展教学的第二个基本态度。这种意识是理解语言多样性，避免对学生语言能力和使用做出错误假设的前提。维莱加斯和卢卡斯（Villegas and Lucas，2002）认为，具有文化敏感性的教师的社会文化意识得到发展，也就是说，意识到每个人的世界观受到阶级、种族和性别等因素的影响；不同社会文化背景的人，可能会有不同但同样有效的世界观；权力在社会中是差异分布的，因此来自某些群体的人的世界观会比来自其他群体的人的世界观的价值更高。对英语学习者的任课教师同样重要的是社会语言学意识，理解语言在语言内部以及跨语言中的变化，这是一种自然的社会现象；没有一种语言或语言种类

天生就比另一种更好；某种语言或语言种类在特定社会背景下占主导地位源于说这种语言的人的话语权，而非其他语言因素(De Jesus，2005；Delpit，1995；Fasold，1990；Grinberg and Saavedra，2000)。具有社会语言学意识的教师了解那些说非主流语言的学生的经历，也认识到他们学习第二语言所面临的除认知困难以外的其他挑战(详见Olsen，1997)。这样教师在反思他们有关英语学习者的假设时会非常谨慎，并意识到他们对语言、语言的使用以及学习的认识深受他们自己和学生的社会文化地位的影响。

巴托洛梅(Bartolomé)认为，*意识形态的明确性*(ideological clarity)对于教师充分把握语言的政治性以及促进少数族裔语言学生学业成功的能力而言是基础性的。意识形态的明确性是“人们深化其社会政治与经济现实的意识的过程，这形成了他们的生活以及改变生活的能力”(Bartolomé，2000，2002：167)。同样地，维莱加斯和卢卡斯(2002)认为，形成对多样化背景儿童的积极而非消极的观点(deficit views)，教师必须认识到所有社会阶层均存在*结构性的不平等*(structured inequalities)，最终导致次级群体包括少数族裔语言学生的低学业成绩(也可见Grinberg and Saavedra，2000)就移民问题对此现象的讨论)。

愿意与作为语言专家的同事合作 614

英语学习者任课教师——尤指那些没有形成教授英语学习者专业技能的教师——的另一个重要态度是他们愿意与作为语言专家的同事合作(Lucas，1997；Maxwell-Jolly and Gándara，2002；Milk *et al.*，1992)。语言专家分享他们的知识和专业技能，使教师不仅互相学习并且形成了教授语言学习者的集体责任意识。这特别有助于任课教师与第二语言和双语教育者之间的交流和合作。任课教师从语言专家的专长中受益，同时语言专家更了解了正规课堂的期望和优先事项，同时也受益良多。即使学校没有英语学习者的教育专家，教师们还可以通过合作提升个人和集体的知识和技能。他们还可以寻求共同体内具有相关语言、文化、专业知识与经验的成员的帮助。为充分利用这些资源，教师必须以开放的心态和别人密切合作。

英语学习者任课教师必备的与语言相关的知识

对于语言学习和教学常见的误解可能导致对英语学习者的不当教育。要负责任地对英语学习者任课教师进行培养，包括通过知识的形成来消除这些误解。以下四个领域的知识对教师有特殊的帮助：(a)学生的语言背景、经历和熟练程度；(b)第二语言的发展；(c)语言、文化和身份之间的关系；(d)语言的形式、结构和应用。讨论如下：

学生的语言背景、经历和熟练程度

英语学习者任课教师必备的、首要的与语言相关的知识是学生的语言背景、经历和熟练程度。这方面的知识非常重要，有两个原因：一是人际关系对人类的健康发展和学生的学术参与至关重要(Comer，1993；Cummins，2000；Palinscar，1996)。为了发展与学生的关系，教师需要了解学生讲得最流利的和让他们感到舒适的语言是什么，学生在家使用哪种或哪几种语言，以及他们在使用母语和英语时的感受。第二个原因是，为了促进学生的学习，教师帮助学生要以他们语言的先前知识、经历、能力和资源为基础，以支持他们的学习(Moll and González, 2004)。因此，教师需要了解学生的母语和英语的口头表达能力和书面表达能力，在家里学生说什么语言，在学生共同体中学生是如何使用语言的，以及学生家庭和社区对于说母语的坚定程度如何(Lucas, 1997; Villegas and Lucas, 2002)。

第二语言的发展

为了了解英语学习者的口语表达和书面表达，提升教学决策，教师也需要与第二
615 语言发展相关的知识，英语学习者任课教师还要能够利用已有的第二语言习得原则(second language acquisition, SLA)(Carlson and Walton, 1994; Gándara *et al.*, 2005; González and Darling-Hammond, 1997)。尽管第二语言习得的研究领域调查了第二语言学习过程的很多方面，但我们提炼出的是文献中普遍强调的第二语言习得的七个原则，它们对教学具有特别重要的意义。详细阐述这些原则超出了本文要讨论的范围，下面我们只对每一原则进行简要解释。

第一个原则是，主流教师需要认识到母语和读写技能较强的学习者比母语和读写技能较弱者更容易、更全面地学习第二语言(Thomas and Collier, 2002; Cummins, 1981,2000)。因此，教师应该了解英语学习者学习母语的能力并支持这些能力的进一步发展。第二个原则是，第二语言学习的认知和语言优势源于累积的双语能力(即，第二语言对第一语言的帮助)，而它的不足则是源于双语能力的欠缺(也就是说，第二语言代替第一语言)(Cummins, 1976,2000)。因此，教师应鼓励英语学习者继续提升母语水平，并意识到他们的母语就是一种学习资源。

第三个原则是，教师要清楚，学生若要学习第二语言，就必须与流利使用该语言的人进行直接、频繁的接触(Wong-Fillmore and Snow, 2005)。该原则体现了维果茨基的著名理论，即个人的学习源于社会互动(Vygotsky, 1978)。根据这一理论，教师设计教学，应该使英语学习者能够与母语为英语的同龄人进行有意义的互动。设计这样的教学需要特殊的技能，我们会在接下来的章节中进行讨论。

第四个原则是，教师需要了解交际语言能力与学术语言能力的根本差异。这主要是因为在学习学术概念过程中涉及的认知的高要求与脱离语境的话语，要比在交际过程中涉及的认知的低要求和情境性论述存在更大的挑战(Cummins, 1979,1981, 2000)。这一原则表明，教师不能认为会话流利的儿童已经在学校成功地获得充分的学术语言能力。教师需要考虑他们教授英语学习者的教学方法，包括所有的语言学习模式，如听、说、读、写。

第五个原则是，学习者面对的是他或她可以理解的语言时，第二语言习得才会发生(Krashen, 1982,2003)。如果学习者不能理解教师说了些什么，那么即使是在第二

语言环境中听了数小时的课，依然是没有益处的。因此，教师要有意识地思考如何调整他们在教授英语学习者时的口头的和书面的语言。一个相关的原则（第六个原则）是，语言学习者最佳的语言输入需要略微超出学习者当前的能力水平（Krashen，1982，2003）。如果语言太容易就无法促进新的学习，如果语言太难则造成学习者无法理解。第二语言习得的第五个原则和第六个原则共同表明，教师必须仔细考虑他们如何使用语言以及应该如何为英语学习者在语言上提供支持。

最后一个原则，我们需要强调的是在语言学习环境中，焦虑可能是语言学习的障碍。焦虑不仅可以扰乱学习者语言的“输入”（input）（Krashen，1982，2003），也可能导致学习者退出社会互动，而这是语言学习的关键（Pappamihiel，2002）。它对教师的启示是，要避免将英语学习者置于尴尬或紧张的情境下学习，以防母语是英语的同伴嘲笑英语学习者。

语言、文化和身份之间的关系

英语学习者任课教师必备的第三类知识，是知晓个人语言与他/她对社会及文化 616
群体归属感之间的密切联系（Rickford and Rickford，2000；Romaine，1994）。如果教师了解语言、文化和身份之间的关系，他们更有可能形成对语言多样性的尊重和肯定态度，对此我们已经在上文中讨论过。教师对于语言和文化之间关系的理解，也可以避免在交流过程中因文化差异而产生的误解（Wolfram *et al.*，1999）。20世纪七八十年代一个有影响力的研究机构发现，在交流和互动模式中的跨文化差异会影响学生的学习（例如 Au，1980；Heath，1983；Michaels，1981；Phillips，1972，1983）。如果教师知道学生表达自己的方式反映的是不同的文化价值观和期望的话，那么他们就不会简单地基于他们自己的文化框架而对学生的意图进行臆测（Price and Osborne，2000；Valdés，2001）。

语言的形式、结构和应用

最后，英语学习者任课教师必须具备语言形式、结构和应用的知识。冈萨雷斯和达林-哈蒙德（González and Darling-Hammond，1997）指出，“语言是学生多样性最明显的地方，所有学校都面临这一问题，然而学校员工最缺乏的是用一种表示相互尊重的方式去处理学生语言多样性问题”（p. 12）。过去，美国学校的每个学生都学习英语构词。然而，近几十年来，语法教学已被看作是前辈们古怪的教学实践，在本科教育阶段，也没有其他将语言仅仅视为语言的学习方法来取代语法教学（Wong-Fillmore and Snow，2005）。学习一种外语能给教师一种语言结构的意识，但是许多教师教育项目不要求师范生学习外语。为了促进学生语言的发展，教师必须了解语言的形式、结构和应用的一般知识以及他们教学时使用的那种语言的专门知识（Gándara *et al.*，2005；Valdés *et al.*，2005；Wong-Fillmore and Snow，2005）。一些语言教育学家也明确了教师所应具备的语言知识（例如，Freeman and Freeman，2004；Justice，2004；Valdés *et al.*，2005；Wong-Fillmore and Snow，2005）。

英语学习者任课教师必备的与语言相关的技能

英语学习者任课教师必须具备的第四个也是最后一组与语言相关的素质，如表34.1所示。这些技能包括口语和文本语言基本分析的技能，参与跨文化和跨语言沟通的技能以及设计既能帮助英语学习者学习语言又能学习学科知识的教学技能。

口语和文本语言基本分析的技能

当学生将英语作为一种交流的语言学习，同时又通过学习英语来学习学科知识时，这种挑战是巨大的，而且极大地被大多数只用一种语言的人所低估。为了在学习学业内容和技能的背景下促进学生语言的发展，英语学习者的任课教师必须能够分析口语、书面语的语言要求并据此设计教学（Cummins，2000；Wong-Fillmore and Snow，2005）。对于具体学科的教师，这意味着他们要能够识别那些可能对英语学习者而言极具挑战性的词汇、语法，以及他们所教学科的话语模式（Valdés *et al*.，
617 2005）。对于英语/语言艺术教师而言，这也意味着他们要能够为学生提供关于语言结构和应用的明确的指导（Wong-Fillmore and Snow，2005），能够以帮助英语学习者修改他们所写文章的方式来解释语法错误（Walker *et al*.，2005）。

参与跨文化和跨语言沟通的技能

如上所述，文化影响着人们的表达方式以及与他人互动的方式。尽管对语言和文化之间这种联系的理解是英语学习者任课教师必备的基本技能，但仅仅理解还是不够的，教师必须能够利用这种理解与来自不同文化和语言背景的学生及其家长进行沟通。他们需要关于了解学生的基于文化的沟通模式的策略，也需要在文化和语言存在差异的背景下加强与学生交流的策略（Gándara *et al*.，2005）。沃尔弗拉姆等人（Wolfram *et al*.，1999）认为，教师应该对自己课堂上交流互动的语言使用方式进行研究。他们还建议，教师要仔细检查他们是否存在可能被学生误解的言语行为（如解释、报告、请求、否认），以及他们班内不同文化背景学生的参与结构。教师还要能够成功地与学生的家人进行沟通（Goldfarb，1998；Nieto，2000）。让教师参与学校的相关活动，要求他们要采用在文化上一致、语言上可以接受的方式与学生家长建立联系。一种可以接触家长和英语学习者的方式是：教师需要形成一些用他们的母语进行沟通的技能，哪怕只是最低限度的。这种能力可以促进沟通，同时建立信任，还可以使关系融洽（Stanton-Salazar，2001）。一位波士顿学院的职前教师发现，在他们的工作中，西班牙语为他们提供了与讲西班牙语的孩子们沟通的有效方式，“即便掌握很少的西班牙语也是很有价值的”（Friedman，2002：214）。

设计既能帮助英语学习者学习语言又能学习学科知识的教学技能

英语学习者任课教师必须具备的最后一个与语言相关的技能，是设计既能促进英语学习又能促进学科内容学习的教学。越来越多的研究关注知识课中教师对英语学习者的教学（例如 Echevarria and Graves，2003；Echevarria *et al*.，2004；Gibbons，2002）。虽然大部分的研究涉及双语和第二语言教师，但这些被认为是对这些特殊教

师有用的教学策略，也适用于普通任课教师。基于这些文献，我们提出了 9 个正规任课教师可以使用并能促进英语学习者掌握语言和教学内容的教学策略，如表 34.2 所示。培养任课教师使用这些策略将大大改善英语学习者在他们的课堂中的学习体验。

表 34.2　教师用于提升英语学习者学习的教学策略

1. 确定学生的先前知识和语言资源，并以此为基础(González and Darling-Hammond，1997；Leighton *et al.*，1995；Milk *et al.*，1992；Villegas and Lucas，2002)。 618

2. 在教学中辅助学生使用母语，即使英语是课堂中使用的语言(August and Hakuta，1997；Lucas and Katz，1994)。

3. 创设语言丰富的课堂，以便为学生听、说、读、写英语和母语创造更多机会(August and Hakuta，1997；Maxwell-Jolly and Gándara，2002；Milk *et al.*，1992；Villegas and Lucas，2002)。

4. 让学生参与与其他学生多样化的和频繁的互动，包括母语是英语的学生，这些互动即是有意义的内容(Gibbons，2002；Wong-Fillmore and Snow，2005)。

5. 支持学生掌握语言和内容，更确切地说，为学生提供临时援助以便学生之后能够完成类似工作或独立完成任务(Gibbons，2002，p. 10)。

6. 建立和促进异质的、合作性的组织，让学生在真实的交际情景和学习任务中学习语言(Gibbons，2002；González and Darling-Hammond，1997)。

7. 就学术技能和语言结构的使用提供明确的指导(August and Hakuta，1997；Wong-Fillmore and Snow，2005)。

8. 使用不同的方法使以英语呈现的学科内容易于理解和掌握(Echevarria *et al.*，2004；Leighton *et al.*，1995)。

9. 减少学生在第二语言学习中的焦虑，要特别警惕来自英语为母语学生的嘲笑(Krashen，1982，2003；Pappamihiel，2002)。

总结

在本小节开始的部分，我们就指出在这一部分我们将强调与语言问题相关的经历、态度、信念、知识和技能。不过，以前没有跨语言或跨文化体验以及教授英语学习者经验的任课教师，他们很容易被我们所提到的对英语学习者任课教师的期望压倒。我们认为，若要培养教授英语学习者的任课教师，“我们需要认识到我们要求教师所做的、所知的和所坚信的事情的极端复杂性”(Palinscar，1996：223)。然而，责任不仅仅在于教师，也在于职前和在职教师教育工作者。我们需要寻找帮助当前和未来教师发展这些经历、品性、知识和技能的方法。以下内容描述了文献告知我们的已经正在进行中的措施与努力。

培养教授英语学习者任课教师的尝试

教师教育工作者，尤其是那些在拥有大量少数语言族群人口地区的教师教育工作者，开始认识到培养任课教师教授英语学习者的必要性。越来越多的文献表明，许多研究都在尝试发展英语学习者任课教师的经历、品性、知识和技能。为了了解这些工作，我们转向大量的文献资料，包括一些小规模的质性和评价性研究(Delany-Barmann

and Minner, 1995; Evans *et al*., 2005; Hadaway, 1993; Levy *et al*., 2002; Lucas, 2005a; Zetlin *et al*., 1998),但主要是描述性的研究。诚然,有诸多培养英语学习者任课教师的创新性举措,而这些在文献资料中并没有体现。我们希望涉及此类措施的相
619 关人员能够撰写文章,并开展研究以调查它们的功能和影响。我们也注意到,这里提到的项目可能已经发生了一些变化。尽管目前缺少一些实例,但这并不会减少其在展现未来可能性上的意义。

从研究的文献中,我们确定了七个在职前和在职培训中可用于培养任课教师教授英语学习者的策略,这些我们都会在这一节中呈现。如表 34.3 所示,这七个策略为本节提供了提纲。其中四个结构策略(structural strategies)需要重新设计并重组高等教育机构(institutions of higher education, IHE)的教师教育课程。虽然需要建立支持三个过程策略的结构,但无需进行课程调整,这三个过程策略既可以实施,也可以应用于学校以及高等教育机构中。因此,它们被描述为教师培养的过程而非修改项目结构的策略,更为妥当。下面我们将具体描述这七个策略。为了简便起见,对于每个策略我们只用一个或两个例子来做说明。实例表明了培养上述讨论的经历、品性、知识和技能的多种途径。

表 34.3 培养教授英语学习者任课教师的策略

结构策略
增加一门课程
改变现有课程和实习经验,从而将教师对于教授英语学习者的注意力贯穿课程始终
增加或修改教师教育项目的准入要求
增加一门辅修课程或补充的认证项目
过程策略
为在职教师提供指导
促进跨机构合作
为教师教育队伍提供专业发展服务

培养教授英语学习者任课教师的结构策略

增加一门课程

为了解决之前没有被纳入主流职前教师教育项目中的问题(如,教育不同种族和民族背景的学生以及残疾学生或教师),教师教育工作者通常会选择增加一门该主题的课程或试图在整个课程中关注这一问题(Villegas and Lucas, 2002)。培养教师教授英语学习者的第一个结构策略,是在全部课程中增加一门课程。这一策略显而易见的好处是——假设所有未来教师都需要学习该课程——表明了培养所有教师教授英语学习者的重要性,确保未来教师为教授英语学习者做好准备。而增加一门课程对大多数教师教育项目而言是一项挑战,因为教师教育的学分在许多州是有限的。然而,一些机构已经采取了这种做法。

在明尼苏达大学，由于职前教师认为针对英语学习者的教学需要更好的准备，因此职前课程中增加了一门一个学分的课程(Walker *et al.*, 2005)。遵循“最好的(英语学习者的)教学……需要语言和内容的有效整合”这一“基本前提”,(Walker *et al.*, 2005: 318)，全体教员为未来小学教师和不同学科项目的候任教师讲授专门的课程内容。虽然只有一个学分，但这门课程的出现为相关问题提供了一个全面的概述。课程的每一部分解决一些常见的问题，涉及一些常见的活动，包括学校内部教师教授英语 620
学习者的体验，第二语言学习的原则，英语学习者在美国和在当地的人口信息，有关移民群体在当地的文化信息和成功地教授英语学习者的课程与教学实践。此外，针对小学项目中候任教师的课程模块强调第二语言学习服务的不同模式以及“任课教师和第二语言教师之间合作的重要性”(Walker *et al.*, 2005: 320)。在课程的学科模块，候任教师分析了教材的语法及词汇，从而确定英语学习者在使用它们时可能会面临的挑战，课程的英语/语言艺术模块介绍了教师向未来学生解释语法错误的方法。其他两个机构增加的课程集中在语言知识和技能方面：加州大学伯克利分校的巴尔德斯等人为教师讲授基础语言学课程(Valdés *et al.*, 2005)，北亚利桑那大学(Northern Arizona University, UAU)开设了教师西班牙语(Spanish for Teachers course)课程(Delaney-Barmann and Minner, 1995)。

改变现有课程和实习经验，从而将教师对于教授英语学习者的注意力贯穿课程始终

解决存在于职前教师教育课程中新问题的第二个主要方法是，通过改变现有课程和实习经验从而使其贯穿整个课程中。在这种情况下，巴尔德斯等人认为，“语言应该成为针对所有教师的规定方案中的一个组成部分”(Valdés *et al.*, 2005: 161)。对语言和英语学习者的关注贯穿课程始终，从理论上讲，比增加一门课程更可取，因为这使得大家将所关注的问题融于教学和成为一名教师的各个方面。然而，在实践过程中，这种融入方式往往还没有实现它的潜力。这要求教师教育工作者具有用更为深入的方式来解决这些问题所需要的知识、技能以及承诺(Villegas and Lucas, 2002)。(在本节结尾部分，我们将讨论教师教育工作者专业发展的需要。)

许多教师教育项目采用这种融入方法来完善英语学习者任课教师的教学准备。对一些人来说，目标是将相关的文化和语言问题融入每门课程(Bermúdez *et al.*, 1989; González and Darling-Hammond, 1997 (UC Santa Barbara); Merino, 1999)。北亚利桑那大学(NAU)采用融入策略在“特殊丰富活动”(special enrichment activities)中，包括研讨会、客座演讲和特别的田野考察(Delaney-Barmann and Minner, 1995: 7)，解决英语学习者的相关问题。

其他机构针对一门特定的课程而非整个课程进行调整(如，在圣地亚哥州立大学的方法课程(SDSU)(González and Darling-Hammond, 1997))。哈达韦详细描述了文化和语言同质地区的州立大学的必修多元文化教育课程，以激发教师对英语学习者问题的关注。此前，该课程还不能深入地解决语言多样性的问题，而且也没有实习经验。为了让大部分单一语言候任教师能够有与英语学习者互动的机会，学院设计了一个"笔友项目"(pen-pal program)，该项目课程中的每一位师范生与来自四个学区八所学校中的每一所学校的一位英语学习者结对。与儿童的书面互动为许多候任教师提供了首次接触具有不同文化和语言背景的儿童的机会，他们实现了跨语言和跨文化的第一次交流实践。在课堂上，候任教师参与讨论他们的经历和面对的一些消极态度和刻
621 板印象，课程导师给他们以指导。通过学期前和学期后的调查，哈达韦发现，候任教师了解了有关英语学习者的"文化、语言、家庭传统和习俗"(Hadaway, 1993: 28)，对于在他们未来的班级里出现英语学习者持更加积极的态度。一个候任教师写到，她更好地理解了"作为一个母语不是英语的人在美国的感受"(Hadaway, 1993: 28)。

增加或修改教师教育项目的准入要求

已有文献中描述的培养教师教授英语学习者的另一个结构策略是，增加或修改候任教师正式进入职前教师教育项目的要求。在实践中，这一策略相当于修改教师教育项目准入标准。虽然我们发现只有很少的证据表明有机构正在使用这一策略，但我们将其包含在内是因为该策略在完善英语学习者任课教师培养方面的潜力。这种策略的一个优点是，由于必修课不是专业教育的一部分，因此它们的增加不会减少已规定的教育学分的情况。这种策略也可以保证未来教师在开始接受正式的培养之前发展他们特定的知识和技能。然而，对于那些从社区学院转到四年制院校的学生，或者那些已经有相关要求的院校而言，该策略是存在问题的。

由于教师学习一种外语和对英语学习者的积极态度之间有密切联系，因此，第二语言学习成为申请教师教育项目的一个逻辑前提(Hyatt and Biegy, 1999; Youngs and Youngs, 2001)，语言学习对于所有公民而言具有公认的好处。波士顿学院的职前教师发现，"当他们为主流课堂制定和实施教学时，即使掌握较少的西班牙语也是很有价值的"，弗里德曼提到，波士顿学院正在考虑进入教师教育项目要增加一种第二语言/外语要求(Friedman, 2002: 214)。第二语言的知识已经成为教授英语学习者(Teaching English Language Learners, TELL)辅修课程的的先决条件，第二语言的课程对波士顿学院的幼儿教育、小学以及中学教育证书项目中的候任教师开放。对候任教师而言，语言学课程也是潜在的必要准备(Wong-Fillmore and Snow, 2005)，如巴尔德斯在加州大学伯克利分校讲授的语言学入门课(Valdés *et al.*, 2005)。

增加一门辅修课程或补充的认证项目

英语学习者任课教师培养的第四个结构策略是，提供一门与教授英语学习者相关的辅修课程或补充的认证项目，这样职前教师可以在其学习自己的专业的同时完成这些辅修课程或认证项目。因为这种策略通常涉及一系列连贯的课程，因此在我们提出的所有策略中，这个策略为英语学习者任课教师提供了最全面的职前培养。出于同样的原因，它的要求也是最难的；院校不愿增加学生上课的时间，特别是考虑到很多本科

学生漫长的学业生涯。

如上所述，波士顿学院已经为幼儿、小学和中学的候任教师开发了一门关于教授英语学习者的辅修课程(Friedman)。该课程旨在“为那些对在城市教育和变化中的郊区环境中进行教学感兴趣的师范生提供系统化和扩展型的理论和教育学研究”(Friedman，2002：213)……辅修课程包括英语语言结构、课堂评估、教授双语学生和 622
第二语言习得。师范生也要在主流教室里与经过第二语言学习培训的教师一起完成实习(详见波士顿学院林奇教育学院网站：www. bc. edu)。坦普尔大学(Temple University)和北亚利桑那大学提供其他辅修课程/补充的认证(Nevárez-La Torre *et al.*，2005)，在那里它们被称为“一种特别的重点内容”(Delaney-Barmann and Minner，1995)。

加利福尼亚的跨文化、语言及学术发展(Cross-Cultural，Language，and Academic Development，CLAD)认证项目，于 1992 年在加利福尼亚州建立，它为教师提供教授英语学习者的基础知识和技能，严格来说，它并不是一门辅修课程，它是一项州实施的政策，而不是一所大学的学习项目。但它也有类似的结构和功能，因为它认证的教师除了要发展对特定年级和学科进行教学所需的知识、技能和意向之外，还要发展教授英语学习者所需的特定的知识、技能和意向(详见 August and Hakuta，1997；Carlson and Walton，1994；Kuhlman and Vidal，1993；Merino，1999)。要获得跨文化、语言及学术发展证书，教师还必须有一个有效的加州教师资格证，满足第二语言的要求，并证明他们已经具备三个领域的知识——(a)语言结构与第一、第二语言的发展；(b)双语教学法，英语语言发展教学以及设计用英语进行专门的学术教学；(c)文化和文化多样性(California Commission on Teacher Credentialing，2004)。在上述三个领域里修满 12 个高级学分，教师就可以获取跨文化、语言及学术发展证书，或者参加一项考试。跨文化、语言及学术发展认证已经被所有教师教育项目应该将教授英语学习者的方法融入整个课程这一要求所取代，该方法淡化了英语学习者任课教师的培养(Maxwell-Jolly，personal communication，8/22/05)。我们将这个跨文化、语言及学术发展证书项目的简要描述包含在内，是因为它代表了确保所有的任课教师为英语学习者的教学做好充分的准备所进行的不懈努力。因此，它可以作为其他机构的典范(详见 González and Darling-Hammond，1997；Kuhlman and Vidal，1993；Merino，1999)。

培养教授英语学习者任课教师的过程策略

培养教授英语学习者任课教师的前四个策略需要教师教育课程结构的变化。现在，我们来谈谈三个过程策略，它们可以在学校以及高等教育机构中实施而不必调整课程结构。虽然这些方法不依赖课程改革，但它们需要大学和学校教育工作者以全新的和他们不熟悉的方式运行。当参与者发展新型的工作关系时，前两项策略可以成功地指导跨机构间的合作。第三个策略为教师教育工作者提供专业发展，这需要“专家”

认识到他们的需求并据此来发展新的知识和技能。

为在职教师提供指导

我们确定的第一个过程策略是在教室里指导教师。正式和非正式的指导可以有效地促进在职教师发展教授英语学习者的知识和技能。乔治梅森大学的少数族裔语言教师入职项目(The Language Minority Teacher Induction Project, LMTIP)从1998
623 至2004年得到资助,将四到六名新任教师、导师和大学教授聚集在一起,其目的是为有大量英语学习者学校的新任教师提供支持(Levy *et al.*, 2002)。该小组定期会晤,新任教师在他们导师的支持下设计和实施行动研究项目,在这些学校里,这些行动研究项目是"改善英语学习者教育的推动力"(Levy *et al.*, 2002: 273)。利维(Levy)和同事通过考察由66名教师组织的行动研究项目,得出了关于项目影响的结论,这些结论都涉及某种形式的学生成长评价。研究者得出结论,教师不断反思自己的教学实践,增强了他们对于英语学习者的教学进行调整的理解与技能,提高了他们与不同文化背景学生沟通的能力,了解了学生的文化背景和先前知识,并增加了对学生们更多积极的看法。指导也是双语/英语作为第二语言教师领导力研究院(Bilingual/ESL Teacher Leadership Academy, BETLA)的一个核心特征,BETLA是银行街学院发起的,旨在开发纽约市公立学校的示范双语和英语作为第二语言教师的领导技能,使他们能够成为他们学校的领导和指导者,并就英语学习者的教育对他们的同事进行指导(Hernandez, 2005; Lucas, 2005a)。退休的双语和英语作为第二语言教师为教师们提供为期一年的全面指导。

促进跨机构合作

培养英语学习者的未来教师和在职教师,最常讨论的过程策略是跨机构合作。鉴于我们前面所讨论的班级中英语学习者不断增加,而教师却没做好教授他们的准备的事实,英语学习者任课教师和他们同事(尤其是英语学习者教育专家)之间合作的观点尤其具有吸引力。通过合作,职前教师和在职教师都可以积累教学经验,发展教授英语学习者所需品性、知识与技能。贝姆德斯等人(Bermúdez *et al.*, 1989)、埃文斯等人(Evans *et al.*, 2005)、格布哈特等人(Gebhard *et al.*, 2002)、考夫曼和布鲁克斯(Kaufman and Brooks, 1996)以及利维等人(Levy *et al.*, 2002)描述了一些项目,在这些项目中,大学院系的教师相互合作教授来自不同项目的候任教师。在这里,我们详细阐述其中之一。

在亚利桑那大学,三名教职员(一名双语社会学教师,一名数学和科学教师和一名英语语言艺术教师)分别给一组职前教师授课,职前教师中有10人上双语教育课程,18人上主流教师教育课程(Evans *et al.*, 2005)。学期结束后,埃文斯和她的合著者察看了课程大纲、双语教师的田野笔记(是由另一个非导师作者完成的),以及学生完成的两项书面反思。参与者反馈说,最"珍贵"的经验是"'亲身体验多元文化'的机会,在有组织的多元文化的双语社区形成和睦相处的意识"(Evans *et al.*,2005: 81)。教师强调和睦相处和相互尊重,并试图消除潜在的对跨文化冲突的担忧。在社会研究课中,教师围绕加强跨文化敏感性,促进跨文化的沟通,帮助学生实现“在安全和尊重的多元文化背景下相互学习”的目标,让学生有很多机会反思和讨论“种族、偏见、文化差异以及公平的问题”(Evans *et al.*, 2005: 81)。由于教学用英语和西班牙语进行,有时学生在互动时使用“他们的弱势语言”(Evans *et al.*, 2005: 83)。英语为母语者认识到绝大多数的课程教学使用英语这一不平等的事实,他们提倡多使用西班牙语。这方面的经验帮助他们更加敏锐地“将双语教学当作一个问题来看待”(Evans *et al.*, 2005: 84),也使他们看到了提升双语教学的认同和价值的必要性。

埃文斯和她的同事们得出的结论是,双语、二元文化学习共同体的发展有利于未 624
来主流教师,因为他们发展了更深的跨文化理解力,并对英语学习者所面临的挑战以及英语之外的其他语言在美国的从属地位具有更强的敏感性。然而,他们不建议不加修改地复制他们的合作计划,很大程度上是因为双语教育候任教师并没有完全得到他们本来应获得的培养,这是由双语教学示范以及在课堂上使用西班牙语机会减少所造成的。作者认为,因某些目的把双语候任教师和主流候任教师在一些课程中结合起来,有利于帮助未来教师发展技能以及建立跨文化合作关系的信心。

在职教师的专业发展计划也强调合作的重要性(Alfred, 1994; González and Darling-Hammond, 1997 (International High School, in NYC); Sakash and Rodriguez-Brown, 1995; Walqui, 2000; Zetlin *et al.*, 1998)。由于教学和学校教育本质上的分散性和专业性,在不同的部门或项目中,教师很少会为了学生而彼此间进行互动,尽管每个群体都(如任课教师、第二语言专家、双语专家)具有可能对他人有益的专长(Kaufman and Brooks, 1996; Lucas, 1997)。虽然许多专业发展协作具有指导意义,但我们在这里只强调其中之一——对加利福尼亚州萨利纳斯哈登中学(Harden Middle School, HMS)四年专业发展予以描述(Walqui, 2000)。

建于1992年的哈登中学,是一个根据“会社制度”(Houses)①组建的全日制学校,其中68%的学生被认为英语水平有限。瓦尔奎(Walqui)认为,四年来学校教师专业发展的重点一直在变化,但合作一直是它的一个核心要素。第一年,教职工决定,专业发展的重点是发展会社内跨学科团队的协作关系。第二年,他们决定侧重于培养所有教师获得加州语言发展专家(LDS)证书。教师集体参加与英语学习者教育有关的文化、语言和教育基本理论课程,还包括在校英语学习者的母语和文化,以及进行英语学习者的教学实践研究。第三年,学校把重点放在用英语教授英语学习者的那些学科教学观点上。为了支持他们的学习,教师参与团队规划和团队的教学活动,撰写反思日记并分享,同时进行同行观察。联邦基金聘请的两位资深教师为他们提供支持,两位教

---

① 会社制度(Houses System),英语国家的一种传统学校模式,发源于英格兰。学生在入学时便会被随机分配在不同会社。——译者注

师花一半的时间在校指导教师。在职学习为教师研究和讨论社会公正问题提供了机会，因为这些与英语学习者相关。在第四年里，专业发展专注于教师团队间的跨学科的主题单元开发。瓦尔奎的描述聚焦于学校专业发展的复杂性、发展性和协作性，因为教师试图努力具备成功地教授英语学习者所需的知识、技能以及品性。

为教师教育队伍提供专业发展服务

625 培养教授英语学习者任课教师的最后一个过程策略，是为教师教育队伍提供专业发展服务。即便先前描述的教师教育项目结构的变化能在教师教育项目内部发生，如果讲授教师教学课程的教师教育工作者没有培养教师教授英语学习者所需的知识和技能，那么这些结构变化几乎不会产生影响。由于教师教育工作者一般不具备这些知识和技能，他们的专业发展必须成为培养英语学习者任课教师教育的一个组成部分(Steffens, 1992)。认识到这种紧迫性，一些专业发展的工作已经开展(Costa *et al.*, 2005; González and Darling-Hammond, 1997 (San Diego State University); Nevárez-La Torre *et al.*,2005)。我们只描述其中的一个。

波士顿学院的教师开发了一项由联邦政府资助的为期三年的专业发展计划，其中一个部分致力于解决教师培养问题，培养学生具备与语言和文化多样性的学生一起工作的能力(Costa *et al.*)。在春季学期，教师志愿者参加了由七个部分组成的研讨会。他们阅读和讨论关于英语学习者教育的文献，并期望探索出修改他们的教学大纲的方式方法，以对英语学习者给予更多的关注，并在之后实现这些变革。研讨会涉及的主题包括“双语教育中当前和历史的争议”(Costa *et al.*, 2005: 108)、当地的语言政策和项目、双语中的社会和认知因素、对双语的态度、区分教学策略、文化和身份发展战略以及第二语言发展的本质和过程。与会者分析教材的语言并评估其可能会对英语学习者造成的困难，他们参观了一所学校并观察有英语学习者的课堂，反思他们所看到的以及从英语学习者任课教师那里得到的启示。在随后的夏季研讨会中，与会者向他们的同事介绍了为波士顿学院修改课程的计划，秋季他们就开始实施这些调整，更加关注语言和语言学的多样性。

总结

教师教育工作者目前所使用的一些培养任课教师教授英语学习者的策略，要求高等教育机构的教师教育项目进行结构调整(增加一门课程，改变现有课程以关注英语学习者的问题，修改教师教育项目的准入要求，增加一门辅修课程或认证)。其他策略则可以更准确地定性为过程策略而非结构策略(为在职教师提供指导，促进跨机构合作，并为教师教育队伍提供专业发展服务)。前两个过程策略主要适用于在职教师，但它们涉及来自不同制度背景的参与者。上面描述的几个策略强调其自身的发展性，毫无疑问，其中不少是仍在不断发展变化的(例如 González and Darling-Hammond, 1997; Walqui, 2000; Zetlin *et al.*, 1998)。这是一个提醒，速成——无论对于职前教师教育项目还是在职专业发展——都是不现实的。成为一个成功的英语学习者任课教师需要时间，所以发展这样的学习策略，同样也需要时间。

许多复杂的背景因素决定了这些策略或其他策略，对特定的教师教育项目、学校或学区是最可行的。出于这个原因，教师教育工作者用于提升任课教师教授英语学习者水平的各种策略，都是令人振奋的。在高等教育机构(IHEs)中，有关英语学习者的问题，能确保直达病灶且最全面的方法是增加一门辅修课程或补充的认证项目。但是，在进入项目之前增加一门课程或要求外语学分，这也有助于英语学习者任课教师的培养。贯穿课程的融合在理论上是全面的，就其理想的形式而言，是最可取的策略， 626
但在实践中很少有教师教育工作者具备足够丰富的知识将英语语言教学充分融入课程之中。对于培养没有参加正式的教师教育项目的在职教师而言，强调合作的措施，似乎提供了最全面的方法让他们来掌握和发展教授英语学习者所需的知识和专长。

显然，职前和在职教师教育也可以采用其他措施来更好地培养教授英语学习者任课教师。教师、未来教师、教师教育工作者，最重要的是，英语学习者将受益于当前广泛运用的措施。然而，尽管上述几个举措有数据作为支撑，但是我们仍需要更为严格的系统研究。现在迫切需要对教师教育整体进行此类研究，而对英语学习者的任课教师培养更是如此。在本文的最后一部分，我们将针对这类研究以及政策提出一些建议。

结论和建议

本文研究了英语学习者的非专业任课教师培养的相关文献。我们认为，首先，应给予这样的培养项目更多的关注。因为越来越多的英语学习者将进入主流课堂，英语学习者任课教师面临着特殊挑战，但现在他们并没有做好充分的准备去应对这些挑战。然后，我们确定了英语学习者任课教师所需的与语言相关的经历、态度、信念、知识和技能。虽然有些特性在文化敏感性教师培养的文献中有所提及，但即便是有，往往也未进行深入探讨。我们认为，教师教育工作者需要给予其更多的关注以便培养所有教师具备这些特性。最后，基于描述性和实证性文献，我们为培养职前和在职英语教师教授英语学习者明确了四个结构策略和三个过程策略。在以下的内容中，我们将强调几个在研究文献时所突出的主题，并为政策和研究提出一些建议。

贯穿于本文的第一个主题就是教师具备多种语言经历的重要性(Byrnes *et al*., 1996，1997；Griego-Jones，2002；Youngs and Youngs，2001)。这些经历包括接触英语以外的其他语言，与讲其他语言的人接触，在英语不是主要语言情境中度过一段较长的时间。当英语学习者任课教师观察到人们基于不同目的在不同语境中使用不同的语言进行互动，说一种不占主导地位的语言，经过不断地努力学习第二语言的过程——伴随着挑战、焦虑和兴奋——时，这些经历的重要性不同于关于语言结构和用途的知识,他们获得了比知识更重要的东西。尽管从这类接触中获得这些知识和技能很重要,但是就是这些现象的完整经历赋予了教师一种深层的理解力——身体的、情感的、社会的以及认知的,这种理解力使他们能够与英语学习者进行互动。

从文献综述中形成的第二个主题,是教师语言学知识的重要性。我们用了两个比喻:如果说培养具有文化和语言回应能力的教师是一块布的话,那么语言本身就是构成这块布的线,挑战教师培养中在语言问题上看不见的因素。这两个比喻类似于涅托(Nieto, 2000)曾经提出的比喻,他倡导要把双语教育从“地窖”(basement)中解放出来。考虑到教师教育文献中语言问题、语言的多样性以及英语语言学习者的教育问题
627 的边缘化,我们相信,这三个比喻都是比较贴切的。事实上,将语言视为语言在美国各级学校(的教学活动中)处于边缘地位,其中也包括教师教育(Wong-Fillmore and Snow, 2005)。文献表明,教师尤其需要很好地掌握英语的语言元素,并且对第一语言和第二语言的学习过程感到游刃有余,这样他们才能胜任英语学习者教师,或者说胜任全体学生的教师。我们相信,目前迫切需要重新审视语言研究在美国学校——从小学至大学的微弱地位。

我们强调的最后一个主题是合作。正如我们在上文所讨论的,一些尝试培养任课教师教授英语学习者的项目视合作为其典型特点。但是在一定程度上,我们认为共享专业知识并努力工作需要贯穿于所有的策略。英语学习者任课教师培养仍然在阴影里,原因之一在于英语学习者教育被视为特殊情况,而不是主流教师日常职责的一部分。因此,在主流职前教师教育项目中,教师教育工作者一般未曾视培养教授英语学习者任课教师为其责任,而且大多数教师教育工作者也不具备这样的专业知识。同样,第二语言或双语教育项目中的教师教育工作者也没有想过自己有责任培养主流教师。美国K-12的学校也具有相同的特点,正规任课教师、第二语言教师以及双语教师被认为具有不同的角色和职责。主流课堂英语学习者的教育需要这些跨机构和跨专业的合作。合作可能涉及高等教育不同院系的教师(如,语言学、英语、课程和教学)共同设计并开展“为教育者的”(Linguistics for Educators)语言学这一课程的教学。第二语言和双语的退休教师可以指导当前的第二语言教师和双语教师,相应地,他们作为同行导师在学校指导任课教师。一群任课教师可以组成一个学习小组,进行同行观察,作为“诤友共同体”(a community of critical friends)学习和发展自己教授英语学习者的教学知识与技能(Nieto, 2000: 204)。无论具体情况如何,在正规课堂中为英语学习者提供富有挑战性和适当的教育,合作是必不可少的。

从文献梳理中,我们得出了一些政策建议。首先,需要协调努力去收集相关语言数据,包括教师、候任教师、教师教育工作者和语言教育。我们无法找到全面的数据,这些数据包括教师的母语,他们除英语以外其他语言的熟练程度,他们学习外语/第二语言的经历(他们学习了多久,在什么情景中学的,通过什么方式,在多大年龄段),他们在其他国家旅行以及生活的经历,他们在美国与少数族裔语言群体的接触。周期性

的数据收集工作，如，学校和人事调查(Schools and Staffing Survey)(例如，NCES，1997)，以及对英语水平有限的学生的描述性研究(The Descriptive Studies)(Fleischman and Hopstock，1993；Zehler *et al*.，2003)提供了关于教师的一些与语言相关的信息。尽管如此，我们认为，在国家层面，应该定期收集更多这样的数据。同样，应定期收集有关候任教师语言的数据和教师教育的数据。蔡克纳(Zeichner，2005)呼吁着手建设一个全国性的教师教育参与者和教师教育工作者数据库，这样的数据库必须包括我们上面列出的各种关于语言的信息。

其次，要对职前和在职项目的创新予以基金支持，以发展教授英语学习者任课教师的知识、技能和品性。上文提到的 5 份有关职前和在职举措的计划报告，均在联邦基金的支持下开展(Bermúdez *et al*.，1989；Costa *et al*.，2005；Levy *et al*.，2002；Nevárez *et al*.，2005；Sakash and Rodriguez-Brown，1995)，如果没有基金支持，我们怀疑它们是否能开展。如果已经不堪重负的教师教育工作者在没有额外基金的支持下必须启动和实施创新，那么可以肯定，与那些获得外部支持的创新相比，这些创新的数量会更少，也更不全面，通过正式评估收集到的数据也将更少。

最后，我们认为，教师教育工作者应该借鉴加利福尼亚州现已完成了的跨文化、语 628
言与学业发展(CLAD)认证模式，倡议在州层面增加一个认可或认证。这种认证在美国英语学习者较少的地区或少数族裔语言密集区可能并不成熟，但在一些州英语学习者已经明显出现在主流课堂中。实际上，教师教育项目或学区要经过多年之后才进行必要的自我调整，以确保所有教师具备成功进行英语学习者教学所需的知识、技能和品性。如果各州需要英语学习者任课教师完成指定的学分，或专注于英语学习者教育的学时，那么教师教育工作者需要支持、动机和基金(通过学费)，以产生所需的变革。

现在，我们为研究提出建议，这些建议中的一部分回应了蔡克纳(2005)的建议，即将教师教育作为一个整体开发一个研究议程。我们发现，17 份实证研究报告满足我们的选择标准，且与培训教授英语学习者任课教师相关。其中 8 份直接关注这类培养并且有 3 个涉及大规模的调查。另外 9 项研究与教师培养间接相关，其中 6 项调查了教师的态度和信念，这是唯一一个存在大量研究证据的领域。13 篇文章在同行评审的期刊上发表，一篇是书中的一章，一篇被美国教育部采纳，一篇被加利福尼亚州的三家政策性组织采用，一篇是发表在 AERA 上的论文。与其他教师教育研究一样，一些(7 项)研究在研究者自己的机构中开展，并关注他们自己的学生。假设我们未能将所有相关研究包含在内并承认这些研究的严谨性，那么，这类工作显然是不足的，这让人很遗憾。每一个领域都需要研究。

因此，我们认为第一要务应该是进行研究，以便获得我们应从哪里着手的感觉。尽管我们上文提及的已发表的研究和计划的描述都令人振奋，它们使我们想要一个有关英语学习者任课教师培养现状的全面、系统的研究。在全国范围内，有多少高等教育机构正在为培养英语学习者职前和在职教师采取措施呢？这种措施的特点是什么？

高等教育机构正在使用的结构和过程策略有哪些？这些计划的“课程和教学实践以及组织安排”是什么？（Zeichner，2005：21）这些特点和策略在不同的机构情景中如何变化？教授这些课程的教师的特点是什么？鉴于大多数专业发展带来的分散性和无序性，收集与高校无关的在职计划的描述性数据具有很大的挑战性。但是，我们需要找到识别在职计划的方法，并收集它们的描述性数据。对已收集到的有关职前和在职计划的描述性数据，选取这些计划中具有代表性的举措，进行一系列详细的案例研究，目的在于提供“这些项目实际做了什么……的详细描述，以解决文化和语言多样性的问题”（Maxwell-Jolly and Gándara，2002：60）。

629 除了这些描述性研究，同样也需要一些其他研究，用以检测培养任课教师教授英语学习者的多种举措的意义和影响。譬如，这些对教师的经历、品性、知识和技能有何影响呢？对他们的教学实践有何影响？对他们班级中的英语学习者的学习有何影响？此外，结果的变化与项目特点、体制和共同体背景相关，需要对它们进行研究。使用不同策略、特征和模式，结果会如何改变？例如，“那些注重文化功能和非语言问题的教师培养项目作用有何不同”？（Merino，1999：245）机构和共同体的社会文化背景与培养教师教授英语学习者的方式、程度及其结果之间是什么关系？（Walker *et al.*，2004；Zeichner，2005）

在学区以及其他环境中，一些教师教育工作者尝试通过高校中职前和在职教师计划培养教授英语学习者任课教师，对他们进行研究还是必要的。我们需要了解教师教育工作者的特点，他们教什么、怎么教与他们是否成功之间的关系。他们的个人背景和经历、语言和文化知识与专业技能，以及他们的专业知识和技能是如何影响实践和学生学习的？蔡克纳（2005）提出了一个问题：“……各种与教师教育工作者相关的人口统计和素质指标……如何影响教师教育项目的教学特点和质量？”（Zeichner，2005：20）

最后，在研究方法方面，我们想要呼应蔡克纳（2005）的建议，应该加强同行评审过程，以使发表的研究成果符合更严格的标准，也要给予培养教育研究者和指导新研究人员更多的关注。我们分析了许多实证性研究报告，这些报告缺乏清晰的研究问题、连贯的理论框架、对于研究设计或数据收集程序充分的解释，以及如何选取样本的说明和/或对该研究的背景描述。我们阅读的一些报告，从逻辑上而言，其启示部分并非来自研究发现。一般情况下，为加强关于教师培养研究的可信度，尤其是英语学习者任课教师的教学培养，我们这些研究界的人员必须对高品质的研究和研究报告负责。

当我们开始写这篇文章的时候，我们就设想将会以为实践提供建议作为结尾。我们要建议教师教育工作者采取什么步骤来培养任课教师教授英语学习者。然而，现在到了最终结论部分，我们觉得现在就为旨在培养教授英语学习者任课教师的职前和在职教师教育项目设计提出建议还过于草率。本文的例子可以提供这方面的灵感和方向。但是，在没有研究调查这些策略的功能和结果的前提下，我们没有基础去推荐或建议某个策略优于另一个，或者，某个策略在一种环境中或一个种群中比另外一个更成功。因此，在结论部分仅表达我们的希望，即教育工作者要认识到把主流课堂中英语学习者的教育带出阴影是十分紧迫的。在何种程度上培养教授所有学生的教师，这体现了我们对所有学生的教育价值。在决定我们个人生活和社会群体生活的质量上，它扮演着非常重要的角色。英语学习者学业上的成功以及未来生活的可能性，在很大程度上取决于他们在主流课堂中所获得的教学支持和质量。若继续拒绝为他们配备最好的教师，就意味着作为教育工作者的我们背弃了我们的专业责任。

致谢

作者感谢来自加州大学戴维斯分校的朱莉·马克斯韦尔-乔利（Julie Maxwell-Jolly），她对本文初稿提出了修改意见，感谢蒙特克莱尔州立大学的塔玛拉（本文作者）的研究生助理利维托·伊斯雷莉（Revital Israeli），她的帮助极为重要。

（李　娟　译）

参考文献

Abramson, S., Pritchard, R., & Garcia, R. (1993) Teacher education and limited-English-proficient students: are we meeting the challenge? *Teacher Education Quarterly*, 20(3), 53 - 65 (ERIC Document Reproduction Service No. EJ471882).

Alfred, I. (1994, March) *ESL in the mainstream: challenges and possibilities*. Paper presented at the TESOL '94, 28th Annual Convention and Exposition, Baltimore, Maryland (ERIC Document Reproduction Service No. ED385120).

American Association of Colleges for Teacher Education, Committee on Multicultural Education (2002, March) *Educators' preparation for cultural and linguistic diversity: a call to action*. Accessed 6/28/05 at http//: www. aacte. org/Programs/Multicultural/culturallinguistic. pdf.

Au, K. H. (1980) Participation structures in a reading lesson with Hawaiian children: an analysis of a culturally appropriate instructional event. *Anthropology and Education Quarterly* 11(2), 93 - 115.

August, D. & Hakuta, K. (eds.) (1997) *Improving schooling for language-minority children: a research agenda*. Washington, DC: National Academy Press.

Baca, L. & Escamilla, K. (2005) Educating teachers about language. In C. T. Adger, C. E. Snow, & D. Christian (eds.), *What teachers need to know about language*, 71 - 84. Washington, DC: Center for Applied Linguistics.

Bartolomé, L. I. (2000) Democratizing bilingualism: the role of critical teacher education. In Z. F. Beykont (ed.), *Lifting every voice: pedagogy and politics of bilingualism* (pp. 167 - 186). Cambridge, MA: Harvard Education Publishing Group.

Bartolomé, L. I. (2002) Creating an equal playing field: teachers as advocates, border crossers, and cultural brokers. In Z. F. Beykont (ed.), *The Power of culture: teaching across language difference* (pp. 167 - 191). Cambridge, MA: Harvard Education Publishing Group.

Bermúdez, A. B., Fradd, S. H., Haulman, A., & Weismantel, M. J. (1989) Developing a coordination model for programs preparing personnel to work with LEP students. *The Journal of Educational Issues of Language Minority Students*, 5, 79 - 95.

Byrnes, D. A. & Kiger, G. (1994) Language attitudes of teachers scales (LATS). *Educational and Psychological Measurement*, 54 (1), 227 - 231.

Byrnes, D. A., Kiger, G., & Manning, L. (1996) Social psychological correlates of teachers' language attitudes. *Journal of Applied Social Psychology*, 26(5), 455 - 467.

Byrnes, D. A., Kiger, G., & Manning, L. (1997) Teachers' attitudes about language diversity. *Teaching and Teacher Education*, 13(6), 637 - 644.

California Commission on Teacher Credentialing (2004) Crosscultural, Language, and Academic Development (CLAD) Certificates. Leaflet Number CL - 628C. Accessed 6/17/04 at http://www.ctc.ca.gov/credentialinfo/leaflets/c1628c.html.

Carlson, R. & Walton, P. (1994, February) *CLAD/BCLAD: California reforms in the preparation and credentialing of teachers for a linguistically and culturally diverse student population*. Paper presented at the 23rd Annual International Bilingual/Multicultural Education Conference, Los Angeles, CA (ERIC Document Reproduction Service No. ED 374670).

Cochran-Smith, M., Davis, D., & Fries, K. (2004) Multicultural teacher education: research, practice, and policy. In J. A. Banks & C. A. M. Banks (eds.), *Handbook of research on multicultural education* (2nd ed.), pp. 931 - 975. San Francisco: Jossey-Bass.

Comer, J. P. (1993) The potential effects of community organizations on the future of our youth. In R. Takanishi (ed.),

Adolescence in the 1990s: risk and opportunity, pp. 203 - 206. New York: Teachers College Press.

Cornell, C. (1995, Winter) Reducing failure of LEP students in the mainstream classroom and why it is important. *The Journal of Educational Issues of Language Minority Students*, 15.

Costa, J., McPhail, G., Smith, J., & Brisk, M. E. (2005) The challenge of infusing the teacher education curriculum with scholarship on English language learners. *Journal of Teacher Education*, 56(5), 104 - 118.

Crawford, J. (1992) *Hold your tongue: the politics of "English Only."* Reading, MA: Addison Wesley.

Cummins, J. (1976) The influence of bilingualism on cognitive growth: a synthesis of research findings and explanatory hypotheses. *Working Papers on Bilingualism* 9, 1 - 43.

Cummins, J. (1979) Cognitive/academic language proficiency, linguistic interdependence, the optimum age question and some other matters. *Working Papers on Bilingualism* 19, 121 - 129.

Cummins, J. (1981) The role of primary language development in promoting educational success for language minority students. In California State Department of Education, *Schooling and language minority students: a theoretical framework*, pp. 3 - 49. Sacramento, CA: CA DOE.

Cummins, J. (2000) *Language, power, and pedagogy: bilingual children in the crossfire*. Clevedon, UK: Multilingual Matters.

De Jesus, A. (2005) Theoretical perspectives on the underachievement of Latino/a students in U.S. schools: toward a framework for culturally additive schooling. In P. Pedraza & M. Rivera (eds.), *Latino education: an agenda for community action research* (pp. 343 - 374). Mahwah, NJ: Lawrence Erlbaum Associates.

Delany-Barmann, G. & Minner, S. (1995, November) *Development and implementation of a program of study to prepare teachers for diversity at Northern Arizona University: a preliminary report*. Paper presented at the annual conference of the AERO, Sedona, AZ (ERIC Document Reproduction Service No. ED391792).

Delpit, L. (1995) *Other people's children: cultural conflict in the classroom*. New York: The New Press.

Delpit, L. (1998) What should teachers do? Ebonics and culturally responsive instruction. In T. Perry & L. Delpit (eds.), *The real Ebonics debate: power, language, and the education of African-American Children* (pp. 17 - 26). Boston: Beacon Press.

Echevarria, J. & Graves, A. (2003) *Sheltered content instruction: teaching English-language learners with diverse abilities*. Boston: Allyn & Bacon.

Echevarria, J., Vogt, M., & Short, D. J. (2004) *Making content comprehensible for English language learners: the SIOP Model* (Second ed.). Boston: Allyn & Bacon.

Evans, C., Arnot-Hopffer, E., & Jurich, D. (2005) Making ends meet: bringing bilingual education and mainstream students together in preservice teacher education. *Equity and Excellence in Education*, 38, 75 - 88.

Fasold, R. (1990) *The sociolinguistics of language*. Oxford, UK: Blackwell.

Feiman-Nemser, S. & Buchmann, M. (1986) The first year of teacher preparation: transition to pedagogical thinking. *Journal of Curriculum Studies*, 18(3): 239 - 256.

Files, J. (2005, June 10) Report describes immigrants as younger and more diverse. *New York Times*.

Fleischmann, H. L. & P. J. Hopstock (1993) *Descriptive study of services of limited English proficient students*. Volume 1, Summary of findings and conclusions. Arhugton, VA: Developments Associates, Inc.

Freeman, D. E. & Freeman, Y. S. (2004) *Essential linguistics: what you need to know to teach reading, ESL, spelling, phonics, grammar*. Portsmouth, NH: Heinemann.

Friedman, A. A. (2002) What we would have liked to know: preservice teachers' perspectives on effective teacher preparation. In Z. F. Beykont (ed.), *The power of culture: teaching across language difference* (pp. 193 - 217). Cambridge, MA: Harvard Education Publishing Group.

Gúndara, P., Maxwell-Jolly, J., & Driscoll, A. (2005) *Listening to teachers of English language learners: a survey of California teachers' challenges, experiences, and professional development needs*. Santa Cruz, CA: The Center for the Future of Teaching and Learning.

García, E. E. (1993) Language, cuture, and education. In L. Darling-Hammond (ed.), *Review of Research in Education*, 19 (pp. 51 - 98). Washington, DC: American Educational Research Association.

García, E. E. (1996) Preparing instructional professionals for linguistically and culturally diverse students. In J. Sikula (ed.), *Handbook of research on teacher education, 2nd edition*, pp. 802 - 813. New York: Macmillan.

García, E. E. (1999) *Student cultural diversity: understanding and meeting the challenge. Second edition*. Boston: Houghton Mifflin.

Gay, G. (2000) *Culturally responsive teaching: theory, research, and practice*. NY: Teachers College Press.

Gebhard, M., Austin, T., Nieto, S., & Willett, J. (2002) "You can't step on someone else's words": preparing all teachers to teach language minority students. In Z. F. Beykont (ed.), *The Power of culture: teaching across language difference* (pp. 219 - 243). Cambridge, MA: Harvard Education Publishing Group.

Gersten, R. (1999) Lost opportunities: challenges confronting four teachers of English-language learners. *The Elementary School Journal*, 100(1), 37 - 56.

Gibbons, P. (2002) *Scaffolding language, scaffolding learning: teaching second language learners in the mainstream classroom*. Portsmouth, NH: Heinemann.

Goldfarb, K. (1998) Creating sanctuaries for Latino immigrant families: a case for the schools. *The Journal for a Just and Caring Education*, 4(4), 454 - 466.

González, J. M. & Darling-Hammond, L. (1997) *New concepts for new challenges: professional development for teachers of immigrant youth*. Washington, DC: Center for Applied Linguistics.

Goodwin, A. L. (2002) Teacher preparation and the education of immigrant children. *Education and Urban Society*, 34(2), 156 - 172.

Grant, C. A. & Secada, W. (1990) Preparing teachers for diversity. In R. Houston (ed.), *Handbook of research in teacher education* (pp. 403 - 422). New York: Macmillan.

Griego - Jones, T. (2002) Relationship between pre-service teachers' beliefs about second language learning and prior experiences with non-English speakers. In L. Minaya-Rowe (ed.), *Teacher training and effective pedagogy in the context of student diversity*, pp. 39 - 64. Greenwich, CT: Information Age Publishing.

Grinberg, J. (2002) "I had never been exposed to teaching like that": progressive teacher education at Bank Street during the

1930's. *Teachers College Record*, 104(7),1422 - 1460.

Grinberg, J. & Saavedra, E. (2000) The constitution of bilingual/ESL education as a disciplinary practice: genealogical explorations. *Review of Educational Research*, 70(4),419 - 441.

Grinberg, J., Goldfarb, K., & Saavedra, E. (2005) *Con coraje y con pasión*: The schooling of Latinas/os and their teachers' education. In P. Pedraza & M. Rivera (eds.), *Latino education: an agenda for community action research* (pp. 227 - 254). Mahwah, NJ: Lawrence Erlbaum Associates.

Hadaway, N. (1993) Encountering linguistic diversity through letters: preparing preservice teachers for second language learners. *Equity & Excellence in Education*, 26(3),25 - 30 (ERIC Document Reproduction Service No. EJ480461).

Heath, S. B. (1983) *Ways with word: language, life, and work in communities and classrooms*. London, UK: Cambridge University Press.

Hernandez, L. (2005) Building capacity in schools to educate English language learners: the Bilingual/ESL Teacher Leadership Academy (BETLA). Paper presented at the annual meeting of the American Educational Research Association, Montreal, Canada.

Hollins, E. R. & Guzman, M. T. (2005) Research on preparing teachers for diverse populations. In M. Cochran-Smith & K. Zeichner (eds.), *Studying teacher education: the report of the AERA Panel on Research and Teacher Education* (pp. 477 - 548). Mahwah, NJ: Lawrence Erlbaum.

Hopstock, P. J. & Stephenson, T. G. (2003) *Descriptive study of services to LEP students and ELP students with disabilities. Special Topic Report* #1. Washington, DC: U. S. Department of Education. Accessed 7/6/05 at http://www.ncela.gwu.edu/stats/2_nation.htm.

Hyatt, D. F. & Beigy, A. (1999) Making the most of unknown language experience: pathways for reflective teacher development. *Journal of Education for Teaching*, 25(1),31 - 40.

Justice, P. W. (2004) *Relevant linguistics: an introduction to the structure and use of English for teachers, 2nd Edition*. Stanford, CA: CSLI Publications.

Karabenick, S. A. & Noda, P. A. C. (2004) Professional development implications of teachers' beliefs and attitudes toward English language learners. *Bilingual Research Journal*, 28(1),55 - 75.

Kaufman, D. & Brooks, J. G. (1996) Interdisciplinary collaboration in teacher education: a constructivist approach. *TESOL Quarterly*, 30(2),231 - 251.

Kindler, A. L. (2002) Survey of the states' limited English proficient students and available educational programs and services: 2000 - 2001 summary report. Washington, DC: National Clearinghouse for English Language Acquisition.

Krashen, S. D. (1982) *Principles and practices in second language acquisition*. NY: Pergamon Press.

Krashen, S. D. (2003) *Explorations in language acquisition and use*. Portsmouth, NH: Heinemann.

Kuhlman, N. A. & Vidal, J. (1993) Meeting the needs of LEP students through new teacher training: the case in California. *The Journal of Educational Issues of Language Minority Students*, 12,97 - 113.

Ladson-Billings, G. (1995) Multicultural teacher education: research, practice, and policy. In J. A. Banks & C. A. M. Banks (eds.), *Handbook of research on multicultural education*, pp. 747 - 759. New York: Macmillan.

Leighton, M. S., Hightower, A. M., & Wrigley, P. (1995) *Model strategies in bilingual education: professional development*. Washington, DC: U. S. Department of Education. Available at www.ed.gov/pubs/ModStrat/title.html.

Levy, J., Shafer, L., & Dunlap, K. (2002) Advancing the professional development of beginning teachers through mentoring and action research. In L. Minaya-Rowe (ed.), *Teacher training and effective pedagogy in the context of student diversity*, pp. 269 - 296. Greenwich, CT: Information Age Publishing.

Lucas, T. (1997) *Into, through, and beyond secondary school: critical transitions for immigrant youths*. Washington, DC: Center for Applied Linguistics.

Lucas, T. (2005a) The Bilingual/ESL Teacher Leadership Academy (BETLA): Evaluation results. Paper presented at the annual meeting of the American Educational Research Association, Montreal, Canada.

Lucas, T. (2005b) Fostering a commitment to social justice through service learning: hopes, plans, and realities in a teacher education course. In N. M. Michelli & D. L. Keiser (eds.), *Education for democracy and social justice* (pp. 167 - 188). New York: Routledge.

Lucas, T. & Katz, A. (1994) Reframing the debate: the Roles of native languages in "English-Only" programs for language minority students. *TESOL Quarterly*, 28(3),537 - 561.

Lucas, T., Henze, R., & Donato, R. (1990) Promoting the success of Latino language minority students: an exploratory study of six high schools. *Harvard Educational Review*, 60(3),315 - 340.

Marquez-Lopez, T. (2005) California's standards movement: how English learners have been left out of the equation for success. In P. Pedraza & M. Rivera (eds.), *Latino education: an agenda for community action research* (pp. 205 - 230). Mahwah, NJ: Lawrence Erlbaum Associates.

Maxwell-Jolly, J. & Gándara, P. (2002) A quest for quality: providing qualified teachers for California's English learners. In Z. F. Beykont (ed.), *The power of culture: teaching across language difference* (pp. 43 - 70). Cambridge, MA: Harvard Education Publishing Group.

Menken, K. & Antunez, B. (2001) *An overview of the preparation and certification of teachers working with limited English proficient (LEP) students*. Washington, DC: National Clearinghouse for Bilingual Education.

Merino, B. (1999) Preparing secondary teachers to teach a second language: the case of the United States with a focus on California. In C. J. Faltis & P. Wolfe (eds.), *So much to say: adolescents, bilingualism, & ESL in the secondary school* (pp. 225 - 254). New York: Teachers College Press.

Michaels, S. (1981) Sharing time: children's narrative styles and differential access to literacy. *Language in Society* 10(3),423 - 442.

Milk, R., Mercado, C., & Sapiens, A. (1992) *Re-thinking the education of teachers of language-minority children: developing reflective teachers for changing schools*. Available from the National Clearinghouse for Bilingual Education, Washington, DC (ERIC Document Reproduction Service No. ED350877).

Moll, L. & Gonzalez, L. (2004) Engaging life: a funds of knowledge approach to multicultural education. In J. A. Banks & C. A. M. Banks (eds.), *Handbook of research on multicultural education* (2nd ed., pp. 699 - 715). San Francisco: Jossey-Bass.

National Center for Educational Statistics (1997) *1993 - 94 Schools and staffing survey: a profile of policies and practices for limited English proficient students: screening methods, program support, and teacher training*. Washington, DC: U. S. Department of Education. Available at http://nces.ed. gov/pubs97/97472.pdf.

National Center for Educational Statistics (1999) *Teacher quality: a report on the preparation and qualifications of public school teachers*. Washington, DC: U. S. Department of Education. Available at http://nces. ed. gov/surveys/frss/publications/1999080/.

National Center for Educational Statistics (2002a) The condition of education 2002. Indicator 3: racial/ethnic distribution of public school students. Washington, DC: U. S. Department of Education. Available at http://nces. ed. gov/pubsearch/pubsinfo. asp? pubid=2002025.

National Center for Educational Statistics (2002b) The condition of education 2002. Indicator 32: educational background of teachers. Washington, DC: U.S. Department of Education. Available at http://nces.ed. gov/pubsearch/pubsinfo. asp? pubid =2002025.

National Center for Educational Statistics (2002c) The condition of education 2002. Contexts of elementary and secondary education. Indicator 33: participation in professional development. Retrieved July 6, 2005 from http://nces. ed. gov/Programs/coe/2002/section4/indicator33.asp.

National Center for Educational Statistics. (2002d). Table 42: percentage distribution of enrollment in public elementary and secondary schools, by race/ethnicity and state: Fall 1986 and Fall 2000. Retrieved July 7, 2005 from http://nces. ed. gov/Programs/digest/d02/dt042.asp.

National Center for Educational Statistics (2003a) The condition of education 2003. Indicator 4: language minority students. Washington, DC: U. S. Department of Education. Available at http://nces. ed. gov/pubsearch/pubsinfo. asp? pubid = 2003067.

National Center for Educational Statistics (2003b) The condition of education 2003. Indicator 29: beginning teachers. Washington, DC: U. S. Department of Education. Available at http://nces. ed. gov/pubsearch/pubsinfo. asp? pubid = 2003067.

National Center for Educational Statistics (2005) The condition of education 2005. Indicator 5: language minority school-age children. Washington, DC: U.S. Department of Education. Retrieved 7/16/05 at http://nces.ed. gov/programs/coe/2005/section1/indicator05.asp.

Nevárez-la Torre, A.A., Sanford-De Shields, J.S., Soundy, C., Leonard, J., & Woyshner, C. (2005) Faculty perspectives on integrating linguistic diversity issues into a teacher education program. Paper presented at the Annual Meeting of the American Educational Research Assocation, Montreal, Canada.

Nieto, S. (2000) Bringing bilingual education out of the basement, and other imperatives for teacher education. In Z. F. Beykont (ed.), *Lifting every voice: Pedagogy and politics of bilingualism* (pp. 187 - 207). Cambridge, MA: Harvard Education Publishing Group.

Nieto, S. (2002) *Language, culture, and teaching: critical perspectives for a new century*. Mahwah, NJ: Lawrence Erlbaum.

Nieto, S. & Rolón, C. (1997) Preparation and professional development of teachers: a perspective from two Latinas. In J. J. Irvine (ed.), *Critical knowledge for diverse teachers and learners* (pp. 89 - 123). Washington, DC: American Association of Colleges for Teacher Education.

Olsen, L. (1997) *Made in America: immigrant students in our public schools*. NY: The New Press.

Palincsar, A.S. (1996) Language-minority students: instructional issues in school cultures and classroom social systems. *The Elementary School Journal*, 96(3), 221 - 226.

Pappamihiel, N. E. (2002) English as a second language students and English language anxiety: issues in the mainstream classroom. *Research in the Teaching of English*, 36, 327 - 355.

Penfield, J. (1987) ESL: the regular classroom teacher's perspective. *TESOL Quarterly*, 21(1), 21 - 39.

Phillips, S. (1972) Participant structures and communicative competence: warm Springs children in community and classroom. In C. Cazden, V. John, and D. Hymes (eds.), *Functions of language in the classroom*, pp. 370 - 394. New York: Teachers College Press.

Phillips, S. (1983) *The invisible culture: communication in classroom and community on the Warm Springs Indian Reservation*. New York: Longman.

Platt, E. & Troudi, S. (1997) Mary and her teachers: a Grebo-speaking child's place in the mainstream classroom. *The Modern Language Journal*, 81, 28 - 49.

Price, J.N. & Osborne, M. D. (2000) Challenges of forging a humanizing pedagogy in teacher education. *Curriculum and Teaching*, 15(1), 27 - 51.

Rhine, S. (1995) The challenges of effectively preparing teachers of limited-English-proficient students. *Journal of Teacher Education*, 46(5), 381 - 389 (ERIC Document Reproduction Service No. EJ523838).

Richardson, V. (1996) The role of attitudes and beliefs in learning to teach. In J. Sikula (ed.), *Handbook of research on teacher education, 2nd edition*, pp. 102 - 119. New York: Macmillan.

Rickford, J.R. & Rickford, R.J. (2000) *Spoken soul: the story of Black English*. New York: John Wiley.

Romaine, S. (1994) *Language in society: an introduction to sociolinguistics*. Oxford: Oxford University Press.

Rumberger, R. W. & Gándara, P. (2004) Seeking equity in the education of California's English learners. *Teachers College Record*, 106(10), 2032 - 2056.

Sakash, K. & Rodriguez-Brown, F. V. (1995) *Teamworks: mainstream and bilingual/ESL teacher collaboration*. Washington, DC: National Clearinghouse for Bilingual Education.

Shavelson, R. & Towne, L. (2002) *Scientific research in education: report of the National Research Council's Committee on Scientific Principles in Education Research*. Washington, DC: National Academy Press.

Stanton-Salazar, R.D. (2001) *Manufacturing hope and despair: the school and kin support networks of U.S.-Mexican youth*. New York: Teachers College Press.

Steffens, J.E. (1992) Will the LEP train reach its destination? Designing the IHE teacher training program for specific LEP student instructional needs. In: *Focus on evaluation and measurement* (pp. 393 - 416). Proceedings of the National Research Symposium on Limited English Proficient Student Issues, Washington, DC (ERIC Document Reproduction Service No.

ED349832).

Thomas, W. P. & Collier, V. P. (2002) *A national study of school effectiveness for language minority students' long-term academic achievement*. University of California, Santa Cruz: Center for Research on Education, Diversity, and Excellence.

Torok, C. E. & Aguilar, T. E. (2000) Changes in preservice teacher's knowledge and beliefs about language issues. *Equity & Excellence in Education*, 33(2), 24 - 31 (ERIC Document Reproduction Service No. EJ614021).

Valdés, G. (2001) *Learning and not learning English: Latino students in American schools*. New York: SUNY Press.

Valdés, G., Bunch, G., Snow, C., & Lee, C. (2005) Enhancing the development of students' language(s). In L. Darling-Hammond & J. Bransford (eds.), *Preparing teachers for a changing world: what teachers should learn and be able to do* (pp. 126 - 168). San Francisco: Jossey-Bass.

Villegas, A. M. (1991) *Culturally responsive teaching for the 1990s and beyond*. Washington, DC: American Association of Colleges for Teacher Education.

Villegas, A. M. & Lucas, T. (2002) *Educating culturally responsive teachers: a coherent approach*. Albany, NY: SUNY Press.

Vygotsky, L. (1978) *Mind in society*. Cambridge: Cambridge University Press.

Walker, C. L., Ranney, S., & Fortune, T. W. (2005) Preparing preservice teachers for English language learners: a content-based approach. In D. J. Tedick (ed.), *Second language teacher education, international perspectives* (pp. 313 - 333). Mahwah, NJ: Lawrence Erlbaum.

Walker, A., Shafer, J., & Iiams, M. (2004) "Not in my classroom": teacher attitudes towards English language learners in the mainstream classroom. *NABE Journal of Research and Practice*, 2(1), 130 - 160.

Walqui, A. (2000) *Access and engagement: program design and instructional approaches for immigrant students in secondary school*. Washington, DC: Center for Applied Linguistics.

Wolfram, W., Adger, C. T., & Christian, D. (1999) *Dialects in schools and communities* (Second ed.). Mahwah, NJ: Lawrence Erlbaum.

Wong-Fillmore, L. & Snow, C. (2005) What teachers need to know about language. In C. T. Adger, C. E. Snow, & D. Christian (eds.), *What teachers need to know about language* (pp. 7 - 54). Washington, DC: Center for Applied Linguistics.

Youngs, C. S. & Youngs, G. A. (2001) Predictors of mainstream teachers' attitudes toward ESL students. *TESOL Quarterly* 35 (1), 97 - 120.

Zehler, A. M., Fleischman, H. L., Hopstock, P. J., Stephenson, T. G., Pendzick, M. L., & Sapru, S. (2003) *Descriptive study of services to LEP students and LEP students with disabilities. Policy report: summary of findings related to LEP and SPED-LEP students*. Washington, DC: U. S. Department of Education.

Zeichner, K. (2005) A research agenda for teacher education. In M. Cochran-Smith & K. Zeichner (eds.), *Studying teacher education: the report of the AERA Panel on Research and Teacher Education* (pp. 737 - 759). Mahwah, NJ: Lawrence Erlbaum.

Zeichner, K. M. & Melnick, S. (1996) The role of community field experiences in preparing teachers for cultural diversity. In K. Zeichner, S. Melnick, & M. L. Gomez (eds.), *Currents of reform in preservice teacher education* (pp. 176 - 196). New York: Teachers College Press.

Zetlin, A. G., Macleod, E., & Michener, D. (1998, April). *Professional development of teachers of language minority students through university-school partnership*. Paper presented at the Annual Meeting of the American Educational Research Association, San Diego, CA (ERIC Document Reproduction Service No. ED421877).

经典

5.1 同化消亡了吗？[*]

内森·格莱泽(Nathan Glazer)

同化，在今天并不是一个受欢迎的词汇。最近，我询问了哈佛大学一些选修美国 639
种族和民族课的学生对“同化”这个词的看法，大多数人都对其持消极态度。我相信，如果我问他们对“美国化”(Americanization)这个词的看法，他们的反应也一定更加充满敌意。事实上，近年来人们理所当然地认为，同化注定会被排斥。因为，它或是一种要求不同民族和种族群体在社会中适应大众习俗的期望，或是一种关于社会应该如何变革的理想，或是一种对人和种族的最终结果进行冷静社会科学分析之后的预期结果。我们被告知，我们民族和种族的实际情况并没有显示他们受到了同化的影响；我们的社会科学研究不应该期待这种结果；作为一种理念，它在某种程度上“声名狼藉”，它反对个人和群体存在差异的现实，也反对人们接纳和提倡这些差异。

有人可能觉得这已无探讨价值。那些认为同化能够实现或者应该实现的观点，已经名声扫地了，我们生活在新的现实当中。这个新现实曾经被称作“文化多元主义”(cultural pluralism)，现在我们称之为“多元文化主义”(multiculturalism)，无论这一概念对教育政策，或者其他各种领域的公共政策产生了何种复杂的影响，这就是我们生活的现实，尽管对于这个新的现实我们的热情与接受程度一定会有差异，我们所有人都必须生活于其中，即使是新多元文化主义的批评家们也在此有一席之地。在美国的公众生活和学术领域中，真正反对新多元文化主义而真正提倡完全同化并相信其一定能够实现的人寥寥无几，因此在公共话语中几乎无法听到他们的声音。有人可能会提到《传奇》(*Chronicles*)这本杂志，但除此之外，几乎无他。不论是自由主义者和新自由主义者，或保守主义者和新保守主义者，他们对同化都持有批评的态度，现在只有一小批旧保守主义者为了替同化主义辩护而聚集在一起。只有他们还会认为，尽管同化现象尚未发生，尽管在过去的三十年呈现与之截然相反的发展趋势，但是同化理应存在并且将会依然存在。

本文的目的不是为了给一个消亡的希望或者带有贬义的概念唱颂歌，而是旨在说明若正确地理解同化，它依然是美国种族和民族因素中最具有影响力的力量，我们无法认识到这一点与美国最大的同化失败有关，即对黑人族群的排斥，而这种失败又反

* Nathan Glazer, “Is assimilation dead?” *The Annals of the American Academy of Political and Social Sciences*, 530, November 1993, pp. 122 - 136.

过来引发了对同化理念更普遍的反击。

同化理念溯源

回顾历史，什么是同化？这曾是一种期待，认为人们可以在美国获得新生并且这样的过程正在发生。我们可以看看下面这段引用率很高的评论，它的出处是克雷弗克(Crevecoeur)1782 年所著的《来自一位美国农民的信》(*Letters from an American Farmer*)，他对什么是美国人做了一番阐述。

> 那么，美国人到底是怎样的新人类呢？他要么是欧洲人，要么是欧洲人
> 640 的后裔，是一个你在其他任何国家都看不到的奇特的混血人种。我可以找出
> 这样一个家庭，祖父是英国人，祖母是荷兰人，这两个人的儿子娶了一个法国
> 女人，而他们的四个儿子又分别娶了来自四个不同国家的妻子。他是一个美
> 国人，把一切古老的偏见和习俗都抛到身后，从他所接受的新的生活方式中，
> 从他所服从的新政府里，从他所处的新的地位上，获得新的观念与习俗。①

这一段话经常为人所引用，来赞扬美国的多样性以及人们欣然接受这种多样性的态度，这是这个新民族和新的国家认同形成的基础。正如菲利普·格利森(Philip Gleason)所言"在移民史上，这段话是所有文献中引用率最高的"。但是，在 1993 年，我们开始用更加批判的眼光来看待这段话，并且开始注意，这句话中缺失了什么，同时又包含着什么：这句话中，既没有提及构成美国人口五分之一的非洲人，也没有提及印第安人，在那个年代，印第安人还是美国社会中一个非常活跃的、重要的，有时甚至是危险的群体。在本文中，我将会用当代的视角参考一些其他的文章，它们同样也都传达出一种惊人的无意识或虚伪。如今，我们会呼喊："还有一些人你们没谈到！他们究竟是怎样的，他们在创造新美国人的过程中占有怎样的地位呢？"

同化这一概念是指向欧洲的。它指的是美国生活中永远存在的一部分——移民这一群体所被期望的经历或命运，以及从美国东岸迎来第一批移民起直到 20 世纪 20 年代这段时间，人们的思想认识。在 20 世纪 20 年代，人们曾经错误地以为，他们已经成功地解决了来自不同背景的大规模移民所带来的问题。

对于新兴的美国民族意识——我们今天所说的新兴的美国身份认同(American identity)——的主要特征我们已进行了大量讨论。从独立宣言开始，很多官方文件对

---

① Michel Guillaume Jean de Crevecoeur, Letters from an American Farmer, as quoted in Philip Gleason, "American Identity and Americanization", in *Harvard Encyclopedia of American Ethnic Groups* (Cambridge, MA: Harvard University Press, 1980), p. 33.

"美国人"——在这片土地上形成的新民族——的界定方式并不是从民族的角度上定义的，这与世界上几乎所有其他国家不同，它们的民族大多是从古代发展起来的。我要说句题外话，尽管"身份"这个词汇在任何一个有关美国民族特征的讨论中都是必须使用的，但是这个词相对而言在讨论中出现得较晚。菲利普·格利森(Philip Gleason)告诉我们：

> 在对民族问题的讨论中，"身份"这个术语已经变得必不可少。但是直到20世纪50年代之前，人们还很少使用这个词。最先使用这个术语的人是埃里克·H. 埃里克森(Erik H. Erikson)，他在其著作——《童年与社会》(*Childhood and Society*, 1950)中赋予了这个术语新的意义："在一个国家中，当人们尝试在由移民带来的多种身份中……创造一种'超级身份认同'时，就会开始尝试定义有关身份认同的各种概念。"在20多年后埃里克森出版的自传中，他又引用了上面这段话，并且进一步地说，"身份认同"和"身份认同危机"似乎是从"出境移民、入境移民以及美国化过程的经历"中发展而来的两个词汇。[①]

令人惊讶的是，美国人身份特征的界定可能会被引用，尤其是其刻意回避清晰的种族界定的特征。尽管当我们历数参加美国独立战争的人，他们的祖先主要都是从不列颠岛且主要从英格兰移民来的，《独立宣言》的倡导者和宪法的签署人也是如此，但是他们并没有赋予美国人一种族群特征。他们强调通过坚持理想和普遍原则来定义美国人。或许，正如格利森所言，这是因为，对于那些反叛者或者革命者来说，这样做能够帮助他们将自己和他们正在反抗的国家区分开来，因为他们属于相同的民族。但是，无论如何，对于美国人的定义的意识形成就是从那个时候开始的。关于美国身份的这一特征，几年前，我引用了汉斯·科恩(Hans Kohn)、约书亚·阿里尔(Yehoshua Arieli)以及利普塞特(S. M. Lipset)的文章。[②] 你可以听到更多的声音。正如格利森所写到的：

> 在谈到移民和民族这个问题时，美国民族身份认同的意识形态特性是至 641
> 关重要的。要成为一个美国人，在民族、语言、宗教或者族群背景上并没有什么特殊的要求。而人们唯一要做的事情就是坚信以自由、平等、共和为核心的政治理念。因此，普救说(universalist)所认为的美国民族的特征意味着，

① Gleason, "American Identity", p. 31.

② Nathan Glazer, Affirmative Discrimination (New York: Basic Books, 1975).

对于想要成为美国人的任何人，机会永远都是开放的。[1]

就像其他所有在 1980 年写文章的人一样，格利森也一定意识到这种族群排斥没有被早期的具有影响力的学者提到过，或许这些早期学者并未意识到那些针对黑人、印第安人以及后来来到美国的其他种族的族群排斥的存在。当然，即使这些种族在当时没有被刻意排斥在外，他们也没有被有意识地纳入到那些有影响力的倡导融合的文章中加以讨论。

在 20 世纪 40 年代以前，人们可以很容易地听到一些重要人物的声音，他们没有族群排斥倾向。例如埃默森(Emerson)在 1845 年说：

> 在这片为各个民族——爱尔兰人、日耳曼人、瑞典人、波兰人，哥萨克人以及所有的欧洲民族，还有非洲人和波利尼西亚人——提供避难处的大陆上，我们将创造一个新种族、新宗教、新国家、新文学，而这些，将和经历了黑暗时代(Dark Ages)之后重生的欧洲一样充满活力。[2]

比如惠特曼。但是，人们可以质疑，甚至对埃默森，他的所想真的如他所言吗？对于波利尼西亚人，他究竟了解多少？人们还质疑了他提出的用来描述不同成分同化的术语“熔炼锅”(smelting pot)，历来人们用“熔炉”(melting pot)这个词加以代替，这个术语在后来的讨论中一度名声大噪。这种比喻意味着为了塑造一个新的种族，人们必然要有所舍弃，有些事物必然要消失，这是不是有些太残酷、太强势？融合不只是熔化、熔炼，如同把两块或者更多金属铸成一块(埃默森的文章最开始引用了关于“科林斯铜”[3]的一篇文章)。我们暂且忽略同化是否是一种过于强势的要求，有必要专注于分析究竟是谁将被同化。

忽略黑人

二战之前关于“美国化”或“同化”的大多数讨论中，讨论者只考虑到欧洲人。不论是同化、美国化的支持者还是反对者，在这一点上，他们是一致的。当今的读者如果去翻阅本世纪(20 世纪)20 年代著名的美国化运动的文献，那他(她)不会找到任何关于

---

① Gleason, “American Identity”, p. 32.

② Harold J. Abramson, “Assimilation and Pluralism,” in Harvard Encyclopedia of American Ethnic Groups, p. 152.

③ Corinthian Brass，也叫 Corinthian bronze，本文译作科林斯铜。这是一种在欧洲古典时期的贵金属，是一种合金。有人认为这是一种铜和金或/和银的合金，也有人认为这只是一种简单的高品质的青铜，还有人认为是一种在科林斯制造的青铜。在很多古典文献中有所提及，但是现今没有这种金属的样本。埃默森以其作比喻，是取其合金之意，用来说明他的熔炼理论。——译者注

黑人的文献，就好像废奴运动、奴隶、内战以及内战后的重建时期都不曾存在过，而当时与现在一样，黑人是美国人数最多的少数族裔。当时所有的关注都聚焦于“新”移民，也就是大量的来自于东欧和南欧的移民，他们与对这片大陆已经熟悉的那类欧洲人大相径庭。诚然，有人可以辩驳说，当时关于美国化——那个时期的同化问题——的大讨论只是针对那些不是美国人的群体，而黑人，他们难道不是在美国出生的正式公民吗？因此，这些人认为这就是在那场大讨论中，黑人没有被纳入进来的原因，而这场忽略了黑人的讨论最终导致了 3K 党(Ku Klux Klan)[1]的复苏以及对新移民大门紧锁。

然而，当审视美国化运动的目标时，人们会问，为什么不把黑人纳入进来？美国化运动的目标，初衷是善意的，目的是把新移民变成美国公民，并鼓励他们作为独立的个体参与政治(从而反对城市老板[2]对政治的控制)，教授他们英语(此处一个主要的观点是，鉴于大量的工业生产安全事故，教授英语可以让他们成为更好、更安全的工人)，打破移民殖民地(曾被称为“分配”)，以及传授他们美国习俗，这意味着最基本的卫生和保健等。所有这些都会让移民变成更好的美国人。设定这些目标的一个主要原因是英语薄弱、缺乏公民权和关于美国习俗的知识，会导致新移民无法成为一名良好的美 642
国公民。随后由于第一次世界大战，害怕缺乏爱国主义精神或对国家不忠诚成为美国化运动的新动力。但是大量美国化的支持者也同样在尽力为新移民辩护，反驳那些越来越提倡限制移民的国人。这些支持者包括社会工作者和商人，这是一个奇特的组合，然而他们的观点具备了那个时代进步主义的许多特点。我们可以确定，社会工作者是出于对新移民的理解和同情为他们辩护的，而我们可以猜想，商人可能是为了自身利益，就像今天的《华尔街日报》赞成自由移民是一个道理。但是，如果这些就是美国化运动的目标，那么为什么黑人没有被纳入其中呢？

从用词的角度而言，对于当今读者来说当时的种族排斥状况是更加令人吃惊的，那时不同的民族群体被称作“种族”(races)，但是，当谈到“种族”一词时，现在的人们头脑中首先想到的群体，却不在当时那些同化和美国化的倡导者的头脑中。

让我们来看看下面这段关于美国化所倡导的理念的权威陈述，它来自弗朗西丝·凯洛尔(Frances Kellor)。凯洛尔是进步的社会女工，她是这场运动的灵魂与核心人物，她孜孜不倦地组织委员会，召开例会，发表声明以及推动各个项目：

> 美国化是美国各种族关系的科学，解决不同种族平等地同化与融合的问

---

① 三 K 党(英语：Ku Klux Klan，KKK)，指美国历史上和现代三个不同时期奉行白人至上主义运动和基督教恐怖主义的民间仇恨团体，也是美国种族主义的代表性组织。该组织常使用恐怖主义方式来达成目的。——译者注

② Urban boss，又叫 City boss，本书译作城市老板，是美国历史上城市社会结构中的一个特殊群体。在 19 世纪 80 年代，城市老板通常设法控制政府部门。他们不通过合法渠道获利，也不是通过选举在公务部门任职。他们通常通过勒索或行贿等方式来让公务人员为他们提供便利和好处。——译者注

题，使他们成为国家生活中不可或缺的部分。“同化”意味着不同种族在不知不觉中融入到美国生活中；“融合”意味着混合，是如此完美，若不完美或缺失任何关键的种族元素将损害到最终的融合；“不可或缺”是说，一旦实现了融合，那么任何一部分都不可能再从整体中分离出去；“平等地”指的是在这一融合体中的各个种族都受到无差别的对待，既无轻视也无偏爱。①

这是一个后期的陈述，这个观点提出的时间是在这场运动进入白热化阶段期间。它比大多数美国化的倡导者的观点更为激进，尤其是在强调“融合”的方面，它仅仅被理解为不同族群的联姻。而我所要关注的是，尽管在这些文献中不断强调“种族”这个词，但是却明显没有提到过黑人。

1915 年 5 月 10 日在费城举行的一次大会成为了这场运动早期的高峰。伍德罗·威尔逊（Woodrow Wilson）作了演讲，观众人山人海——5 000 位新加入美国国籍的公民，8 000 位早先加入美籍的人，5 000 人的支持者，等等。在他对无所不包的美国的赞美词中，他没有使用“种族”这个概念，而是用“世人”暗指了所有种族。

在世界范围内，这是唯一的一个经历不断的反复重生的国家。其他国家依靠本国国民不断繁衍生息，而这个国家不断地从新的源泉中汲取力量，这种新力量来源于一个自发的群体，其他土地上的身体强壮的男人和富有远见的女人组成这个群体……就好像人类已经决定保证这个为了人类的利益而建立的伟大国家，永远都不会缺少对世人的忠诚。②

但是，我们禁不住又要问，黑人在哪里？很明显，威尔逊并没有想到他们。

这次大会是 1915 年 7 月 4 号美国独立日的前奏，在那段时间，全国各地召开了许多会议来欢迎新公民。其中一次会议在波士顿的法尼尔厅举行，贾斯蒂斯·路易斯·布兰代斯（Justice Louis Brandeis）在大会上发表了演讲。他说真正的美国拥有“四海之内皆兄弟的信念”。和其他国家不同，美国“一直以来都认为自己是不论对任何民族
643 还是个人都秉持平等信念的国家。它将种族平等视为全人类自由以及真正的兄弟情义的必要部分……因此它欢迎所有欧洲人”。③ 看起来他的头脑中还是没有黑人。

更具讽刺意味的是，我们发现在战后美国化中最活跃的群体之一是跨种族委员会（Inter-Racial Council）。如果它在 20 年后被使用的话，我们都知道这个委员会名字的

① Frances A. Kellor, “What is Americanization?” Yale Review (Jan. 1919), as reprinted in Philip Davis, Immigration and Americanization: Selected Readings (Boston: Ginn, 1920), pp. 625 - 626.

② Davis, Immigration and Americanization, p. 612; for a description of the meeting, see Edward George Hartman, The Movement to Americanize the Immigrant (New York: AMS Press, 1967), p. 11 n.

③ Davis, Immigration and Americanization, pp. 642 - 643.

真正意涵。它没有提到黑人，并且也不包含黑人，但是很明显，在1919年这并没有让人们感到奇怪。在众多主要的商界领袖、银行家以及政治要员中有一些是杰出的移民——安东尼奥·斯特拉博士(Dr. Antonio Stella)、普平(M. 1. Pupin)、格曾·博格勒姆(Gutzon Borglum)、雅各布·希夫(Jacob Schiff)——但是他们中没有一个是黑人。①

当美国化运动开始改变风向，从对移民态度友好，并努力拉近他们与美国人的距离，到后来渐渐地对移民产生敌意，强制要求移民加入美国国籍并全面参与社会生活，必须要学好英语，了解美国政府时，卡内基公司(Carnegie Corporation)本着简·亚当斯(Jane Addams)和莉莲·沃尔德(Lillian Wald)②的精神，赞助了一系列美国化的研究，试图保卫早期对移民的开放态度。同样让人吃惊的是在语言方面，它没有意识到"种族"不仅仅包括欧洲人这一事实。在詹姆斯·A. 加维特(James A. Gavit)关于加入美国国籍的著作《通过选择的美国人》(*Americans by Choice*)中，我们可以再次发现那个十分熟悉的论点：美国人不是一个族群上的概念，而是对于一种意识形态的忠诚。该书的一个小标题是"美国人没有种族印记"，正文的论证如下：

> 没有排外的种族标记，这是美国人的一个明显的物理特征。无论现在还是过去，事实是，从广义而言，美国人是所有种族的产物……
>
> 我们正在创造"美国人"。虽然"美国人"看起来还不是他应有的样子，但是有一点十分确定，他不是现在可辨识的任何特殊种族类型。撒克逊人、日耳曼人、凯尔特人、拉丁人或斯拉夫人——更不要说那些黄种人和棕色人种作出的目前而言尚微不足道的贡献——我们所知的每个生活在这片土地上的种族都有成为未来"典型美国人"的"先辈"责任。

该文中的下一个标题是"不是种族的，而是文化的"③。

和讨论融入美国社会问题时一样，加维特无法像那些对于美国化更热烈的拥护者一样，完全忽视种族问题：融入美国社会受到种族方面的限制。他写道：

> 这样的目标——任何人都不会因为种族问题而遭遇任何障碍——还没有实现，并且要做到这些还需要一段相当长的时间，因为法律及其解释推论

① Hartman, *Movement to Americanize the Immigrant*, pp: 220 - 221.

② Jane Addams (1860年9月6日—1935年5月21日)是美国的一名社会工作者、社会学家、哲学家和改革家。她因为妇女、黑人移居争取权利而获1931年诺贝尔和平奖，也是美国第一个赢得诺贝尔和平奖的女性。她还是美国睦邻组织运动的发起人。Lillian Wald (1867年3月10日—1940年9月1日)是美国的一名护士、慈善家、作家。她因其在人权方面作出的贡献而著名，她是美国社区护理的发起人，创办了亨利街安置会(Henry Street Settlement)，并且是学校护理的早期倡导人。——译者注

③ James A. Gavit, *Americans by Choice* (New York: Harper, 1922), pp. 10, 11 - 12.

> 并没有给予不被人们看作“白种人”的中国人、日本人和一些印第安人公民权。尽管如此，人们普遍还会说，不管何种种族，移民都可以来到美国，用他们自己的本领来开拓其美国之路。[①]

如我们所知，受到第一次世界大战以及战后所产生的对布尔什维克和激进主义的恐惧心理的影响，美国化运动失宠了，也丧失了它的包容性。这场运动因此变得十分严酷且具有压迫性，从为移民提供学习英语的机会，变为坚持让移民只学习英语；从慷慨地给予移民美国公民身份，变为普遍恐惧外国人和入籍公民会颠覆美国。美国化运动在自由主义者中逐渐声名狼藉。至此由于人们仍然关心移民的生活和工作条件，它就成了一场改善工人待遇的更大规模的自由主义运动的一部分，这场运动很容易协调致力于工人的事业与反对进一步移民之间的矛盾。如果说在上一辈人中，“同化”这个词备受质疑，那么“美国化”这个词更是如此，这可能是因为 20 世纪 20 年代人们在美国化运动中的种种疯狂行为。

现在我们几乎无法在《社会科学百科全书》中找到“美国化运动”的词条，[②]但是在
644 1930 年的第一部《社会科学百科全书》中这个词条确实出现过，这本书对这场运动的评价在一定程度上可以说明为什么现如今我们很少再听到这种提法。

> 强调英语学习和入籍，以及强迫和傲慢的不幸氛围给美国化带来的臭名，让其一蹶不振。很多战时为了美国化的努力便是在这样的气氛中产生的。战后，对于移民的普遍怀疑与恐惧，频繁指责移民为激进分子，尝试摧毁他们的报纸和组织，忽视他们的文化和需求，宣称某些民族或种族是低人一等且不可教化的，并且使用了许多有恐吓意味的口号，等等，这些也同样使得“美国化”一词臭名昭著。美国化运动的工作过于频繁地提出这样的假设，即美国文化已经完全成形，新移民必须百分百吸纳这种文化。这样的态度和行为是导致移民限制的重要因素，却同时也没能真正同化那些已经在美国的移民。[③]

文化多元主义的有限视域

本文回顾美国化运动的历史，并不是为了在大量有关美国社会有意或无意忽视黑

---

① James A. Cavit, *Americans by Choice* (New York: Harper, 1922), pp. 7 - 8.

② 在 1992 年由麦克米伦(Macmillan)出版社出版的，伯格塔(C. F. Borgatta)和伯格塔(M. L. Borgatta)编写的四卷本《社会科学百科全书》(*Encyclopedia of Sociology*)中也找不到这个曾经作为核心社会学概念使用的词汇“同化”。

③ Read Lewis, “Americanization”, in *Encyclopedia of the Social Sciences* (New York: Macmillan, 1930), 2: 33.

人的文献上再添一笔，也不是为了论证，尽管事实如此，从移民融入美国社会这个角度而言，移民得到了更好及更认真的对待，更不是为了批判美国化运动的过激行为，尽管进行批判是合理的。本文是为了说明人们严重忽略了一点：美国化运动和同化的批评者很少提及黑人。不论这些批评家是多么激昂地为移民及移民群体辩护，表彰他们对美国经济、文化、政治所作出的贡献，不论他们如何坚定地反对同化，不论他们在反对同化时提出怎样的论据，这些批评者——为了方便，暂且称为“文化多元主义者”，毕竟是他们发起了(对同化的)强烈抗议——几乎都没有，或者说根本没有提到将黑人纳入他们所讨论的群体，他们认为这个群体有权保持独立的身份。可能他们认为黑人本来应该归属于这个群体，也可能他们根本没有想到黑人，总之，他们从未在讨论中提及黑人。

当然，曾经有一大批美国化运动的批评者。在运动的初期，这种批评相对较少且以更为良性的形式出现；当美国化运动在战争的压力下发生了改变，变成了由美国前总统西奥多·小罗斯福(Theodore Roosevelt)倡导的、对于“连字符美国精神”①的攻击时，出现了更多的批评者；当美国化运动发展为战后的“压制”模式，通过立法限制外国人和强行普及英语，通过行政手段排斥外国人，通过一波又一波的公共舆论宣传抵制未来大规模来自欧洲的移民，以及对3K党等类似的组织做出了一系列歇斯底里的过激的行为时，更多的批评者出现了。但是那时兴起了关于文化多元主义的声音，尽管当时尚显微弱，但在近几十年不断增强。它宣扬“超越国界的美利坚”(Transnational America)精神，如伦道夫·伯恩(Randolph Bourne)所说，它反驳“连字符美国精神”的批评者，再如霍勒斯·卡伦(Horace Kallen)说过，每个群体和种族都应该——用当时的话来说——有其与生俱来的基因与个性，这应当得到允许而不是抑制。然而，文化多元主义者在上述论证中都没有提及黑人。我们检索文献，无法找到任何提及美国黑人的只字片语。

因此，1916年约翰·杜威(John Dewey)与全美教育协会(National Education Association)进行对话，为文化多元主义的价值进行辩护，那时，他的头脑中似乎并没 645
有黑人。当然，他的谈话背景是基于当时社会上对“忠于欧洲”(loyalty of Europeans)的理念的批判。然而，人们可能会以为美国最大的一个少数族裔群体已经被纳入讨论范围。在杜威的演讲中，提及了很多族群：

> 爱尔兰裔美国人、希伯来裔美国人或者德意志裔美国人这样的词是错误

① “连字符美国人”(hyphenated American)是在1890年到1920年之间广泛使用的一个绰号，指的是那些出生在美国之外，或者祖籍在美国之外，且表现出忠于母国的民族情结的人，这是一个带有贬低性质和蔑视性质的称呼。这个称呼尤其用来指那些在一战期间倡导美国中立的德裔美国人或爱尔兰裔美国人。美国前总统西奥多·罗斯福曾公开发表演讲反对“连字符美国人”，并提出了“百分百美国人”的同化思想。此后这种主张由威尔逊总统付诸实践。——译者注

的，因为它们似乎暗示了已经存在所谓的“美国”之中还可能掺杂着其他因素。实际上，真正的美国人、典型的美国人本身具有“连字符”特征。这并不意味着一个人部分属于美国，另外还加入了某些外国元素，而是意味着这个人的组成本来就是跨越国界、跨越种族的。这个人不是美国人加波兰人或德国人，美国人本身就是波兰人—德国人—英国人—法国人—西班牙人—意大利人—希腊人—爱尔兰人—斯堪的纳维亚人—波希米亚人—犹太人——等等的综合体。①

有人检索了卡伦的《美国的文化与民主》(*Culture and Democracy in the United States*)，这是在当时最全面地阐述文化多元主义者观点的一本书，但是仍然没有找到任何有关黑人的言辞。黑人问题无法被完全避开，本书的导论部分的标题是“文化与3K党”，而黑人被3K党列为其攻击的目标。下文是另外两段对于黑人略有提及的文献。在讨论不可知论(Know-Nothingism)时，卡伦写道：

对于与我们不同的事物，我们会不由自主地开启不同的价值标准。如果它看起来很强势，它会被认为是邪恶的，我们会心生畏惧；如果它呈现弱势，就会被认为是粗野鄙陋的且容易为人利用。有时，就像我们在对待黑人的态度上，这些情绪相互渗透并且成为聚集于对方最差特征的情感。

还有另外一篇提及黑人的文章，在这篇文章中，卡伦关注了现在的这种歇斯底里是否会消退，在自由主义体制下，移民是否能继续融入美国生活(在此，“融入”的意思显然不是“同化”)。但是，这种设想可能不会发生。移民可能会被限制于较低的经济地位中，他认为“人们只需要随便看看南方的黑人和白人的关系，就能发现这样的情况，这种情况将不会受到任何抑制地产生”。② 或许这个观点有些小题大做，但是我们在文章中并没有发现对于这种情况的改善的任何期望。

这一片段对美国人思考种族和民族问题历史的影响是，1880—1924年期间的大规模移民和一战的压力所引发的对同化和美国化运动的大讨论，根本没有考虑到黑人，就更不用说墨西哥裔或是亚裔美国人了。

因此这场讨论的发展，没有考虑到当时代表全部美国少数族裔和移民的群体。在二战之后，欧洲人不代表少数族裔或移民。对欧洲移民群体的歧视在战后迅速消减，因此，他们作为少数族裔的身份逐渐消失。二战后恢复的移民潮中包含着一股相当温

① John Dewey, as quoted in Horace M. Kallen, *Culture and Democracy in the United States* (New York: Boni Liveright, 1924), pp. 131 - 132.

② Kallen, pp. 127, 165.

和的欧洲移民潮。1965年之后，移民潮高涨，堪比早期的大规模移民。然而此时的欧洲移民很少，亚洲、拉丁美洲和加勒比黑人等不同民族的移民成为主流。欧洲移民减少到很小的比例。

现在，黑人和其他族群必须被纳入讨论之中。随着类似于文化多元主义的思潮因为希特勒的到来和人们对未来战争的恐惧而再次高涨，人们的关注点不再仅仅聚焦于欧洲移民，这与一战前的情况不同。受到美国人整体关注和安全机构特别关注的是德裔美国人中的纳粹主义信徒、意大利法西斯主义的信徒——比纳粹信徒要少很多——以及绝大多数日裔美国人，他们是唯一受到类似一战的疯狂行为影响的群体。因此，
在某种程度上，这是一战关注移民忠诚问题的重复。的确，我们基本重复了类似于在 646
“我是美国人纪念日”(I Am an American Day)[①]成立的早期，曾经出现过的美国化运动日的场面。但是在一些关键问题上，这次新运动的基调截然不同。

首先，大规模移民已经结束，不论受到纳粹迫害的犹太人和其他群体的需求是什么，都没有人希望这种移民潮再次出现。或许这体现了更高程度的仁慈精神。

其次，黑人、西班牙裔和亚裔毫无疑问成为了此时的主角之一。因为我们反对希特勒以及他的种族优越性的论调，我们必须要想到那些我们之中在种族上被视为二等公民的人，他们都遭受着法律上的重压和非正式的隔离、歧视以及偏见。文化多元主义，在一战期间及战后对少数哲学家和记者来说是逐渐消失的希望，而此时却在茁壮成长，并有了一个新名称，即跨文化教育，关注的焦点开始由欧洲移民群体转向有色人种的少数族群。欧洲移民群体在同化的道路上几乎已经完成了使命。此外，希特勒的行径使这些欧洲移民对他产生敌对情绪，因此(对美国的)不忠诚似乎不像一战期间那样是一个很严重的问题，人们仅仅对日本人仍心存疑虑。在对种族——物理种族、生物种族——意识形态的斗争中，我们怎能不关注我们是如何对待我们自己的少数族群呢？

在这个新的时代，同化的命运将会如何？不论对于多样性的包容度究竟有多大，人们都普遍认为同化将会继续。跨文化教育和浓郁的文化多元主义存在很大差别，它并不反对同化。它代表包容，而不是保持文化差异和文化认同。的确，即使人们不再常用同化这个术语，它也是我们最大的、最受压制的少数族群的拥护者所需要的。[②]

---

① “I Am an American”是一首歌名，由于这首歌成功的商业宣传，当时的报纸在全国范围内将其提升为“我是美国人纪念日”，随后罗斯福总统将其定为官方纪念日。1939年，威廉姆·赫斯特提议将“我是美国人纪念日”设为假期，1940年国会将5月的第三个星期天定为“我是美国人纪念日”。1952年，国会将这个纪念日改在每年9月17日，并更名为“公民日”(Citizenship Day)。——译者注

② 要了解更多关于这项运动的信息，请参见，Nathan Glazer, *Ethnic Dilemmas*, 1964 - 1982(Cambridge, MA: Harvard University Press, 1983), pp. 104 - 108.

同化是必然的吗?

“同化”这个术语在种族与民族研究领域，是我们最重要的社会学家罗伯特·E. 帕克(Robert E. Park)思想的关键概念。他创办了芝加哥大学社会学院，该学院在种族和民族领域的研究中颇有建树。帕克及其同事参与了前文所提及的卡内基美国化运动研究。尽管反对强制的美国化运动，他们还是认为，在社会的发展过程中同化是不可避免的。他们并未批评这种发展趋势，而是认为在人与人的相处和接触过程中，这是无法避免的结果。帕克注意到，在同化的道路上，黑人是一个严重的问题。

帕克的一篇有关同化的文章于1930年发表在《社会科学百科全书》上，这篇文章很敏锐地指出黑人问题是同化道路上的一大障碍：

> 在美国这个广袤、多元、四海一家的社会，同化的首要障碍似乎不是文化差异，而是体态特征……黑人虽然已经在这个国度生活了三百余年，但至今未被同化。这不是因为他们力图在美国保存自己的文化和传统……在这片土地上，没有人是百分百的土生土长的……在这里说黑人尚未被同化，仅仅意味着他在某种意义上被视为陌生人以及外来种族的代表……他与其他人口的区别是真实存在的，不是因文化特性，而是因身体的和种族的特性。

对于欧洲人来说，“外国人能够很轻松、迅速地适应美国习俗和生活方式，这使美国能够接受人的每一种的正常差异，但是却有一个例外，即纯粹的外部特征，比如说肤色”。①

647 帕克看到了关键问题。当然，他并不是唯一一个意识到这个问题的人。黑人学者和领导者也看到了他们自己的处境，他们甚至都未曾参加有关同化和美国化运动的大讨论。尽管如此，他们为了同化，或者说为了他们认为能够实现同化的权利而斗争。美国的自由主义者普遍支持黑人，原则上不反对所有族群的同化。帕克提出了一个方案，即各族群在彼此交融的过程中会经历不同阶段，例如冲突、和解，最后都归于同化。这个观点在社会学界颇具影响力。十五年前，在考察多元文化主义的早期发展阶段时，我注意到研究种族/民族问题的社会学家以及黑人学者和领导者都持有同化的立场。

虽然帕克和他的杰出学生并没有明确地表明他们的观点偏好，我可以说，他们的假设是：同化不仅仅是不可避免的，而且对所有人而言都是一种最好的选择。因此：

---

① Robert E. Park, “Assimilation”, in Encyclopedia of the Social Sciences, 2: 282.

帕克思想的主要继承者路易斯·沃思(Louis Wirth)在他的著作《少数族裔聚居区》(*The Ghetto*)中明确提出他支持同化:犹太人继续存在仅仅是因为偏见和歧视;犹太人对这种敌对情绪的所有反应都是人为限制造成的,并且在当今社会,的确需要降低同化的障碍,而这样的同化是犹太人和非犹太人互动的最佳结果。

E. 富兰克林·弗雷泽(E. Franklin Frazier)在他的有关黑人家庭的主要著作中也持有相似的观点。只要黑人家庭是稳定且拘谨的,那就是好的,这不容置疑。我们根本看不到,或者说几乎看不到线索表明黑人的某种显著的文化特征应该保留,或者说应该努力去寻找这种应该保留的文化特征。

这不是文化傲慢或者帝国主义,相反这是对种族问题最体察、最自由、最具有同情心的分析。同化是减少偏见和歧视的理想结果,而文化适应,也就是(使自己)变得和大多数人相似,能够帮助减少偏见和歧视。至少到 20 世纪 50 年代,这便是自由主义者的主要观点。

这也是一些少数族群和种族的代表所持有的观点。全美有色人种促进会(National Association for the Advancement of Colored People, NAACP)和城市联盟(Urban League)是很明确的"主张社会同化者"(assimilationist)。尽管由于人种的原因,黑人虽然永远不可能和白人(在外表上)一样,但是他们可以在文化方面、社会方面、经济方面和政治方面被同化,他们可以成为黑皮肤的美国人,这是可取的。所有的公共机构,包括政府和学校,以及所有可能影响个体环境的私营机构,包括银行、商店、房地产开发公司,都可以成为"无种族成见"者。在 20 世纪 50 年代,美国生活中唯一合法的差异化形式是宗教。

不可否认,在每个组织中都有种族道德和种族意识的维护者与支持者,例如学校、教堂、慈善和公民组织、社会保障系统以及其他社会组织。但是除了对于直接利益关涉到种族道德和种族意识的维护的人和为此而工作的人来说(这些人被认为是幸存者),其他人的种族道德和种族意识将注定会随着文化适应和同化而逐渐消失。

如果不是受到美国化运动的影响,文化适应和同化也会仅仅是那些敌视新移民和非白人的老一辈美国人的立场,同时也会成为那些同情新移民和非白人的人、最了解新移民和非白人的人,甚至是新移民和非白人的代表者的立场。[①]

当然,众所周知,当今人们的观点已经远非如此。反对融合的声音在 20 世纪 60

① Glazer, *Ethnic Dilemmas*, pp. 100 - 101.

年代后期异军突起并且不断发展。温和的跨文化教育已经屈服于更加强势的多元文
648 化教育——虽然这本身也有众多分支，从承认差异的温和的观点，到疯狂且非理性的非洲中心论。甚至在20世纪60年代后期和70年代，在欧洲白人的族群中有一种死而复燃的种族傲慢，这些欧洲白人是20世纪早期移民的后裔。同化不可能继续存在，它已经离我们太远了。现在有一些研究意大利裔美国人的适度项目和研究犹太人坚定成长的项目，它们不仅涉及到民族感情，也涉及到宗教。而在民族感情方面，意大利裔美国人和犹太人比欧洲白人要强烈很多；至于宗教，它创造了和种族一样十分牢固的组织，但是在美国背景下，它有更高的威信，获得更多的宽容。

现在回到我们的问题：同化消亡了吗？这个词可能已经消失，这个概念可能已经声名狼藉，但是事实却仍在继续发展。正如过去的很多观察者提到的那样，在美国，同化不依从于公众意识、学校课程或公众认可而存在；社会、经济和文化因素在助长同化的发生，并且同化仍在迅速地发展。刘易斯(Lewis)当时是正确的，他在他的一篇十几年前收录在《社会科学百科全书》中的关于美国化运动的文章中写道：

> 尽管人们对美国化运动做出有意识的努力十分重要，但这只代表了一部分社会力量，这股力量不断影响着移民，并且决定着移民被同化的程度和速度。另外一种促进移民做出调整的显著力量是他们对于物质成功的迫切追求，这种追求使移民自我调整以适应美国的工作与商业风格。这通常需要他们尽快地学习英语。此外，国家广告、廉价日用品、电影、广播以及街头小报等标准化力量也对移民有所影响。①

很明显，对通货膨胀的矫正、电视广告、棒球、足球、篮球等这些因素对同化的影响没有丝毫减弱。

或许你会称之为“文化适应”。但是曾被称作“融合”的同化，以肯定和有力的形式飞快地发展。欧洲族群之间的族际联姻率很高。② 甚至，在受到宗教限制，禁止异族联姻的犹太人中，无论遭到怎样的反对，现在也有很高比例的人和非本族的人结婚。这种异族联姻的比率直到20世纪40年代为止还非常低。随着战后这种异族联姻比率的提高，几乎很难说清楚一个人究竟属于哪个族群，并且也很难对此下定义。玛丽·沃特斯(Mary Waters)在她的作品《民族的选择》(*Ethnic Options*)中论证了欧洲裔美国人的种族观念已经变得有多么薄弱③，但是仍有例外。

---

① Lewis, "Americanization", p. 34.

② Stanley Lieberson and Mary Waters, *From Many Strands: Ethnic and Radical Groups in Contemporary America* (New York: Russell Sage Foundation, 1988).

③ *Ethnic Options* (Berkeley: University of California Press, 1990).

隔离

如果将异族联姻视为促进同化的关键证据，那么黑人因此所受到的影响不像其他种族那么大。对于西班牙裔和亚裔族群来说，他们中很多人都是新移民，并且他们对家庭和本民族的感情十分密切。尽管如此，在他们中间也出现了和欧洲裔美国人相当的异族通婚率。黑人远离这一切，异族通婚率很低，并且增长很慢。此外，在居住区的隔离程度上，他们也和其他人不同。[1] 在反种族歧视法律的支持下，经过公共层面和个人层面三十年的努力，虽然黑人的收入也已经大幅提升，但是在这些问题（异族通婚、居住隔离）上仍然收效甚微。

本文不是要尝试解释这一切，但是隔离是确实存在的。也正是因为如此，多元文化主义得以兴起。对于一个族群来说，根据一些关键的衡量指标，同化毫无疑问已经失败。对于其他族群，多元文化教育是一个感情问题。但是多数的黑人孩子还是上黑人学校（黑人学生占学生人数的大部分），大部分生活在黑人社区。在检验族群历史、特征和问题中，多元文化主义为什么不能成为一种理解不同族群之间的立场？这可能是克服隔离的强有力的方式吗？人们感到包容和同化这种美国民族理想的豪言壮语很虚伪，这并不令人费解。

对于拉美裔和亚裔美国人而言，因种族而显著不同。这很大程度上是选择的问
题，是他们自己的选择，他们如何定义自己在美国社会的位置。我们可以看到他们中 649
的一些人想要通过双语教育和学习其他外语的权利来建立或者是保留一片自留地，以使他们能够保持独立的身份认同，维持对于同化力量的一定抵抗。对于黑人来说，同样地也存在选择——我们可以从许多黑人学者的著作中看到选择的存在，这些黑人学者反对多元文化主义这些更强的趋势。但是，将黑人和白人区别对待，甚至将黑人和其他在这个国家遭受过种族歧视和偏见的有色人种区别对待，这一点是不容置疑的。正是这一点有力地论证了多元文化主义和美国文化与社会中对同化趋势的抵制。

（张淑萍　魏叶美　译）

[1] Douglas S. Massey and Nancy A. Denton, *American Apartheid* (Cambridge, MA: Harvard University Press, 1993).

5.2 1954年布朗诉皮卡托教育局案决议对黑人教师的影响*

塞缪尔·B. 埃思里奇(Samuel B. Ethridge)

650 1954年最高法院有关教育的判决,对此后十一年内黑人教师就业的影响绝对是破坏性的。虽然在法律上和执行力度上都有了一些改善,但在布朗案(Brown)所涉及的17个州中,这十一年破坏性的(1954—1965)的负面影响每年都在加重,情况令人担忧。

我认为,以下五个原因导致了这种情况。第一,法官面临着劣质学校的问题(潜意识中指的是素质较差的教师)。第二,在那个年代,法官不愿意侵犯学校董事会的权利范围,即使他们在管理上犯了错误,法官们也尊重其权利。第三,由于之前的判决对极不情愿执行法庭命令的学院和大学不利,法院对判决将会在中小学中遭遇怎样的阻力毫无经验。第四,这项判决对教师和学生产生毁灭性影响的原因也在于缺少关于命令的结果的信息。第五,1954年的判决实际上并不是一项教育判决,它是一系列民权运动的开始。我会分别分析这五个原因。

白人及部分黑人的心态

律师、法官和专家证人的无意识的心态既没有考虑到为学生配备一个融合的师资队伍,也没有考虑到他们使用无种族歧视的教材和课程的权利。

判决词和法庭的社会证据为二十五年以来美国南部部分黑人教师所做出的牺牲设置了条件。

"以种族划分学校本身就是不公平的",①根据普通日常学校董事会成员的解读,这句话的意思是"不论黑人学校本身有多好,或者他们的教师受过多么良好的训练,都是不平等的"。

律师问了学生这样一个问题:"如果两所学校,它们分别在城里的不同地方,但是教师却有相当的教学经验和学历水平,学校的硬件设施水平也持平,那么黑人学生是否能受到平等的教育?"

---

* Samuel B. Ethridge, "Impact of the 1954 *Brown v. Topeka Board of Education decision on Black educators*," *The Negro Educational Review*, 30(4), 1979, pp. 217 - 232.

① *Brown v. Board of Education of Topeka, Kansas, et al.* U.S. 493(1954).

证人的回答是："不能，其他社区的房子更好，环境也更好。因此他们无法受到平等的教育。"[1]

在一次黑人教师的全国会议上，一位重要的专家证人告诉听众，"如果黑人学生学不到知识，那是因为黑人教师没教给他们，并且黑人校长也没确保老师教了他们"。他提出的解决方案是黑人[2]校长应该被白人校长代替，因为白人校长能监管学生学到哪些知识。

这种想法导致了美国南方成百上千位像邓巴(Dunbar)、布克·T. 华盛顿(Booker 651
T. Washingtons)、林肯(Lincoln)、菲利斯·惠特利(Phyllis Wheatley)和玛吉·沃克(Maggie Walker)的人士受到粗鲁解雇。

1965 年，一项由全美教育协会(National Education Association)进行的工作调查得出如下结论：

> 十分明显，在过去人们招聘黑人教师，唯一目的就是在种族隔离的学校里教黑人学生。种族隔离的学校就要求有种族隔离的教师。由于黑人教师只能教黑人学生，因此在几乎没有黑人学生班级的学校中，相对而言几乎没有职位提供给黑人教师。而在根本没有黑人班级的学校中，自然就没有任何职位提供给黑人教师。在过去，甚至现在，许多学校董事会成员普遍认为黑人教师和学生的智力水平较差。这种似是而非的观点的前提是，即使是在学校融合之后，只有当学校在精神上与名义上保持"白人学校"时，"素质教育"才能实现。然而白人学校中没有位置留给黑人教师。

只强调有关个别学生和学校的早期诉讼案件，而忽视州和学区的有关案件，这表明在布朗案判决的真正意图得到推行之前，律师和法官还有很多东西要学。[3]

从 1954 到 1965 年，在南方的十一个州中，几乎大部分学区都没有进行教师队伍的融合。在俄克拉荷马州、密苏里州、肯塔基州、西弗吉尼亚州、马里兰州和特拉华边境州，很少有黑人学生集中的学区，因此，在这些地方关闭大多数黑人学校并把学生安排到其家附近的学校上学相对容易一些。从 1954 年到 1965 年，他们解雇了 6 000 多名教师和将近 50％的黑人校长。[4]

---

① James Nabritt, one of the legal counsels for plaintiffs *Brown v. Board of Education*, unpublished lecture, May 1948.

② *American Teachers Association Bulletin XXXVI*, *#1*, October 1962.

③ National Education Association, *Task Force Survey of Displacement in Seventeen Southern States*, Washington, D.C., 1965.

④ Samuel B. Ethridge, *Jet*, May 18, 1979, p. 17.

不情愿的法官和律师

1954年，在密苏里州莫布里市(Mobley, Missouri)有14名持有资格证书的黑人教师被解雇，其中还有一名教师有博士学位。而125名白人教师都留下来了，其中还包括一些只有临时从业资格证书的教师。在这个案件中，法官判决莫布里教育委员会“有做这样决定的权利”，即使法官个人认为这么做是不对的。①

在之后长达十年的时间内，以莫布里案的判决结果为先例，所有涉及到黑人教师以种族歧视为由提起的诉讼案都遭到了撤销。

1964年，一个相似的案件发生在弗吉尼亚州贾尔斯县(Giles County, Virginia)②。在全美教育协会的支持下，由鲁伯特·皮考特(J. Rupert Picott)领导的弗吉尼亚州教师协会(Virginia Teachers Association)代表七位黑人教师起诉贾尔斯县，该县关闭了一所黑人学校，把学生送到离家最近的学校上学，并解雇了这七位黑人教师。对这个案件来说幸运的是，由于学校合并运动的推行，贾尔斯县已经关闭了一些学校。

法官抛开那些关于黑人教师从业资格、出色的考评成绩方面的证词，放弃了教育系统较去年比其实际需要多雇用了7名白人教师的事实，他做出的判决是：这封解雇信表明由于学校已经关闭，那么也就不再需要那些校长和教师了，这本身具有歧视性。他说，教师受聘于学校系统并为它们工作，而不是个别学校，他们应该被重新分配，如同其他学校合并案例中的惯例那样。

这个案件得到了人们的赞扬和支持，它成为一系列案件中第一个开始保护黑人教
652 师可以免于因种族歧视而遭到解雇的案例。从此，法律的关注重点从学校和个人转移到学校系统。

当《民权法》(Civil Rights Act)通过后，黑人教师感到欣喜，因为他们认为他们终于受到保护了。然而让人失望和愤怒的是，《学校废除种族隔离指南》(Guidelines for Desegregation of Schools, 1966)中并未提及消除教师中的种族隔离，也未提及教师的雇用、解聘和晋升。雪上加霜的是，一位卫生教育福利部③(HEW)的年轻律师在解释这份指南时说：“任何战争都会有伤亡，或许黑人教师将会成为为黑人学生争取公平教育这场战争中的牺牲者。”④《华盛顿邮报》(*Washington Post*)引用了他的话。

1967年我参加修改卫生教育福利部《学校废除种族隔离指南》的会议时，只有一个目标：说服大卫·西利(David Seeley)和他的员工，以及卫生教育福利部的律师，1954

---

① *Brooks v. School District of Mobley, Missouri.* 267 F. 2nd 733.

② *Franklin v. County School Board of Giles County, Virginia.*

③ 卫生教育福利部，即United States Department of Health, Education, and Welfare，通常缩写为HEW，它是1953年到1979年期间美国政府下属的一个部门。1979年，教育部(Department of Education)独立，该部门更名为卫生与人力资源服务部(Department of Health and Human Services)。——译者注

④ *Washington Post*, September 21, 1965.

年的判决和1964年的《民权法》并没有取消《人权法案》(Bill of Rights)或者第13、14、15修正案对黑人的保护。在保留黑人教师这个问题上，修正后的《学校废除种族隔离指南》直接引用了全美教育协会的职业权利与责任委员会(Professional Rights and Responsibilities Commission)意见书中的话，这绝非巧合。这句话是：

> 种族不应该成为影响教师招聘、解雇、晋升和降级的因素。[①]

《学校废除种族隔离指南》要求，如果因师资过剩而考虑裁员，所有教师都应该被考虑；在补充新教师前，应该首先考虑召回被解雇的教师，再考虑招聘新教师。

修正后的《学校废除种族隔离指南》加上法官不太愿意干涉关于教师的决定，使大规模解雇黑人教师的浪潮放缓脚步。

在阿拉巴马州蒙哥马利县(Montgomery County, Alabama)的案例中，法官同意辩护律师所说的人们不能只根据一所学校的教师队伍情况，就决定学校内的种族情况。他要求每所学校的教师队伍的人种比例的差异都应该在本县内黑人教师与白人教师比率的10%以内。为了反映2∶8的比率，一所学校的黑人教师比率既不能低于10%，也不能高于30%。[②]

我认为，在莫布里案判决之后对黑人教师的就业产生最大影响的是星格顿诉杰克逊市属独立学区案(*Singleton v. Jackson Municipal District*)。[③] 总体说来，这是一个好的判决，但是，被用另外的方式解读，导致了在白人学生逐渐撤离的小学区和在黑人学生不断增加的大城市中，如新奥尔良和孟菲斯，黑人教师的数量不断减少或受到限制。它表明，直接与孩子接触的教职员工，从事行政工作的专业职员，在其雇用、分配、晋升、待遇、降级、解雇或其他任何方面都不受到种族、人种或者民族血统的影响；同时，学区应该负责分配教师，做到每所学校黑人和白人教师及其他工作人员的比例与整个教育系统的比例大体上相同。对该判决的误读和滥用是造成麻烦的主要原因。

以十分谨慎的速度执行

我认为法官犯了一个战略性的错误，当他们在1955年发出声明表示系统不需要立刻遵从，可以以“十分谨慎的速度”(All Deliberate Speed)进行时，他们对学校中人员的情绪做出了错误判断。[④] 我所在的教育系统以及其他很多教育系统已经规划好将学生分配到离家最近的学校，他们只是在等法院发令“开始行动”。

---

① U. S. Office of Education, *Desegregation Guidelines of 1966*, as revised in 1967.

② *Carr v. Montgomery County Board of Education*. 289 F. Supp. 647(1968).

③ *Singleton v. Jackson Municipal Separate School District*. 419 F. 2nd 1213.

④ *Brown v. Board of Education of Topeka, Kansas, et al.*, 439 U. S. 294(1955).

很多教育系统核心部门(central office)的官员都已经厌倦了双学校系统,因为这
653 意味着(他们要参加)双倍的校长会议、双倍的家庭教师协会(PTA Council)会议、双倍的教师会议、双倍的课程会议、双倍的教材委员会会议,等等。由于这些原因,他们私下里对1954年的判决的到来十分欢迎。

1954年的判决之后,规划消失了,很多双倍的会议又重新开始。那时,政治家、州长和议员都参与制定法案,没有哪个学区督导愿意在这种压力下进行学校整合。无论法院是否允许,向郊区的转移还在继续。(1954年美国南方的社区结构使人们在没有校车①的情况下废除种族隔离成为一件简单的事。)

废除种族隔离过程中的一个难题是:总体上来讲,许多1954年处于管理地位的人现在仍然在职——“狐狸管着鸡。”②所以尽管有《学校废除种族隔离指南》和法院判决,但是在南方的黑人教师仍然处于不利地位。“狐狸”已经学会了如何变相解雇教师。他们知道他们不能公然歧视(黑人教师),所以他们有新的办法来解雇黑人教师。

退休或被解雇的黑人教师,要么没人代替他们的职位,要么就被白人教师代替。标准化考试,如国家教师考试(NTE)和研究生入学考试(GRE),被用来评价或筛选教师。为了响应法院的要求,在废除种族隔离的法令下,解雇黑人教师要使用客观标准,路易斯安那州西费利西亚纳县(West Feliciana Parish, Louisiana)③使用了国家教师考试的形式解雇了29名教师。地方教育委员会和全美教育协会颁布了一项禁令阻止他们解雇教师。④ 密西西比州哥伦布市(Columbus, Mississippi)根据国家教师考试的成绩解雇了10名教师。后来这些教师被复职,并且补发了十万美元的工资和律师费。

越来越少的黑人新教师能够在南方的农村或城市教育系统中谋得一份教职。许多有终身任职的黑人教师被分配到联邦教育项目中并转为合同工,这就意味着他们能否被重新聘用取决于经费状况。还有一些黑人教师被安排在他们的专业领域之外的职位上,这样一来,就可以因为他们工作表现不好而解雇他们。

零监督和缺乏信息

废除种族隔离的第一个十四年内没有有效的数据,这不利于我们发现布朗案的判决对黑人教师所产生的真正影响。

1964年,我到全美教育协会工作后不久,听到传言说在俄克拉荷马州和密苏里州,可能还有其他一些地方,大批黑人教师在废除种族隔离的过程中丢掉了工作。我们还

---

① (在美国)小车载运学童越区上学以打破种族隔离。——译者注

② Samuel B. Ethridge, National Conference of Christians and Jews, Annual Conference of Christians and Jews, Nov. 18-21, 1972.

③ *Carter v. School Board of West Feliciana Parish*, 432 F. 2nd 875(1970).

④ *Baker v. Columbus*, 71 5th Cir. 2531(1972).

收到南方许多州黑人教师联合会发来的请愿书，要求在这十一个保守的州废除种族隔离的过程中，全美教育协会要采取措施，阻止这种大规模的裁员。废除种族隔离是1964年《民权法》实施的结果之一。

基于这些粗略的信息，我找到全美教育协会的当权者并要求他们制定项目。我被问了一连串问题，这些问题我永远都无法忘记。“在哪里?”“有多少人?”“你的信息来源?”“还能备案吗?”“为什么他们自己的就业辅导处不能帮他们找新工作呢?”

当时我想，这将是一个相对简单的任务，我需要与每个州的教育部协商，这不过是一个简单的计算问题。但是我却又一次猛然觉醒。

从1954年之后，南方十七个州的教育部都停止了按照种族类别来保存学区的数据。因此，也就几乎不可能找到1954年到1964年间不同种族就业情况的官方数据进行对比。在这个问题上，南方十七个州学生和教师有关种族数据的唯一可靠来源是福特基金会资助下的位于纳什维尔的“南部教育报告服务社”(Southern Education Reporting Service)。从该机构的文件中我们可以证明，1954年至1964年期间，在俄克拉荷马州、密苏里州、肯塔基州、西弗吉尼亚州、马里兰州和特拉华州，将近3 000名黑人教师失去了工作。① 尽管人们认为实际的失业黑人教师的人数更多，但是这些数据 654
首次使我们确信，如果卫生教育福利部和法院不采取特别措施来阻止边境诸州悲剧的重演，那么更多黑人教师将会失业。

一位来自主流日报的记者听说我的关注点和预测，因此采访了我，在采访中他让我给出数据。“多少人将会失业?”我回答:“我不知道!”“那么您的最佳猜测是什么?”我的回答是“在几年内将会超过5 500人”，尽管我坚定地认为这个数字会更大(但是我的风格是宁愿犯保守的错误，也不愿意夸大事实)。5 500这个数字足以超出出版商和民权运动活跃分子的想象。很快，5 500这个数字被误用为确切的数据，而不是一个来自愿意对此事表达意见的人的有根据的猜测。②

在这个问题上的第一项准确数据是由全美教育协会在卫生教育福利部的资助下进行的一项教师免职情况的专项调查中收集的。③

调查小组由罗伯特·卡曾斯(Robert Cousins)任主管，阿兰·莱塞(Allan Lesser)任卫生教育福利部协调人，由我任全美教育协会协调人，由25名研究者和学者组成，他们对1965年这一年的668起解雇黑人教师的事件进行个人访谈和详细记录。由此，国会看到了对此类数据的需求。到1970年，卫生教育福利部的民权办公室开始以学校、学区和州为单位在全国范围内收集可靠的综合型的有关种族的数据。

当这些原始数据在1972年发布出来，唐·希雷(Don Shire)、博伊德·博斯马

---

① *Southern Education Reporting Service*, “Statistical Survey, Segregation-Desegregation in Southern and Boarder States.”Nashville, Tennessee, Nov. 1964.

② Samuel B. Ethridge, *Washington Daily News*, 1965.

③ The National Education Association—*Task Force Report on Displacement*.

(Boyd Bosma)和我对这些数据进行了分析,根据学校保留种族隔离时本可以提供给黑人教师的教职数量,我们发现了相对缺失。

1972 年 5 月 19 日,在全美有色人种促进会法律辩护基金的研讨会上,我们宣布到 1970 年,在南方十七州中,由于废除种族隔离运动,31 584 个黑人教师丢掉了教职。这一发现震惊全国。①

根据每个州的平均工资水平,我们计算了这十七个州内黑人社区的收入损失,仅仅在 1970—1971 年间,损失就达到 240 564 911.00 美元,接近 2.5 亿美元。这个数字令人难以想象。

两年后,这些州被免职的教师达到 39 386 人(参见表 A5.1)。南方黑人学生占学生总人数的比例从 21%上升到 23%,然而黑人教师占教师总人数的比例却从 19%下降到 17%。②

1972 年在美国黑人生活与历史研究协会(Association for the Study of Afro-American Life and History)的年会上,有人质疑我,要求我公平地对待美国北部、东部和西部地区的就业歧视问题。作为回应,我报告说,基于公立学校中少数族裔的学生人数,全国还需要 210 000 余名少数族裔教师,以达到任何一种雇用公平。

"除了在职的 186 000 名黑人教师,我们还需要增加 116 000 名;说西班牙语的教师现有 23 000 名,我们还需要增加 85 000 名(将近 300%);亚裔和来自太平洋岛国的教师现有 7 300 名,我们还需要增加 3 000 名;美国原住民教师现有 2 900 名,我们还需要增加 7 400 名。"③

波士顿市和纽约市的学校系统特别突出,成为臭名昭著的就业歧视者。基于地方组织中教师招聘歧视状况的统计估计与证据,两个城市的法官命令他们的学区委员会大规模增加少数族裔教师和管理者的数量。

在 1975 年阿拉巴马州安尼斯顿市(Anniston, Alabama)举行的南方基督教领袖会议(Southern Christian Leadership Conference)上,我们提议,为了达到公正与平等,全国至少还要招聘 5 368 名黑人校长。④ 据估计,在南方十七个州和边境诸州,由于种族歧视而流失的黑人校长数量高达 2 235 名。这项计算中还考虑到了由于学校合并和其他原因而倒闭的学校,以及刚刚建立的新学校的数量。由于 1964 年德克萨斯州有 700 多名黑人校长,我们本来可以使用这个数据,但是我们实际使用的是预测的数据,即 581 人。

---

① Samuel B. Ethridge, Comments to luncheon meeting, NAACP Legal Defense Fund Seminar on Brown, May 19,1972, *Washington Post*, May 20,1972.

② Samuel B. Ethridge, *Helping America Understand: Integration and Employment of Black School Principals and Teachers*, remarks to Association for the Study of Afro-American Life and History, New York City, *New York Times*, October 19,1973.

③ Ibid.

④ Samuel B. Ethridge, remarks to *Southern Cristian Leadership Conference*, Anniston, Alabama, August14, 1973—*Atlanta Journal*, August 15,1973.

表 A5.1　1972 年废除种族隔离对黑人教职的影响(1954—1972)

州	州总人数		生师比	非少数族裔				生师比	黑人				生师比	估测人数十或一	
	学生	教师		学生人数	%	教师人数	%		学生人数	%	教师人数	%		估测人数	实际需要的黑人教师数量
阿拉巴马州	761 502	30 806	25	508 964	66.8	22 058	71.6	24	251 578	33.0	8 721	28.3	29	10 063	1 342
阿拉斯加州	83 233	3 862	22	64 970	78.1	3 657	97.7	17	2 410	2.9	88	2.3	27	110	22
亚利桑那州	468 446	19 663	24	332 008	70.9	18 160	92.4	18	18 327	3.9	381	1.9	48	764	363
阿肯色州	417 390	18 510	23	315 697	75.6	15 596	84.3	20	100 291	24.0	2 883	15.6	35	4 361	1 476
加利福尼亚州	4 441 309	175 599	25	3 145 657	70.8	156 719	89.2	20	429 731	9.7	9 029	5.1	46	17 189	6 160
科罗拉多州	556 679	24 362	23	452 920	81.4	22 961	94.2	20	22 204	4.0	503	2.1	44	956	453
康涅狄格州	673 769	33 813	20	588 131	87.3	32 388	95.8	18	60 856	9.0	1 173	3.5	52	3 043	1 870
特拉华州	133 516	5 949	23	103 943	77.9	5 031	84.6	21	28 113	21.1	885	14.9	32	1 222	337
哥伦比亚特区	140 000	5 902	24	4 928	3.5	875	14.8	6	133 638	95.5	4 995	84.6	27	5 568	573
佛罗里达州	1 494 729	63 614	23	1 065 050	71.3	50 881	80.0	21	344 865	23.1	11 533	18.1	30	14 994	3 461
乔治亚州	1 084 830	45 546	24	710 619	65.5	33 242	73.0	22	371 034	34.2	12 224	26.8	30	15 460	3 236
爱达荷州	172 869	7 625	23	164 421	95.1	7 569	99.3	22	448	0.3	10	0.1	45	19	9
伊利诺斯州	2 262 463	99 630	23	1 738 909	76.9	88 056	88.4	20	423 707	18.7	10 765	10.8	39	18 422	7 657
印第安纳州	1 206 942	50 113	24	1 074 610	89.0	47 114	94.0	23	113 762	9.4	2 782	5.6	41	4 740	1 958
爱荷华州	632 638	30 821	21	617 154	97.6	30 551	99.1	20	10 741	1.7	182	0.6	59	511	329
堪萨斯州	502 975	24 311	21	456 287	90.7	23 440	96.4	19	32 691	6.5	677	2.8	48	1 557	880
肯塔基州	722 125	30 466	24	658 706	91.2	28 925	94.9	23	62 587	8.7	1 519	5.0	41	2 608	1 089
路易斯安那州	851 018	36 797	23	499 375	58.3	24 378	66.8	20	345 967	40.7	12 165	33.1	28	15 042	2 877
麦泽(Maize,堪萨斯州一个市)	207 402	9 478	22	206 055	99.4	9 470	99.8	27	405	0.2	6	0.1	68	18	12
马里兰州	921 050	38 385	24	679 450	73.8	30 469	79.4	21	232 033	25.2	7 731	20.1	30	9 668	1 937
马萨诸塞州	1 173 237	59 473	20	1 098 248	93.2	58 353	98.1	19	57 584	4.9	873	1.5	66	2 879	2 006
密歇根州	2 173 211	86 234	25	1 825 724	81.0	78 158	90.6	23	304 852	14.0	7 529	8.7	41	12 194	4 665

续 表

州	州总人数		生师比	非少数族裔				生师比	黑人				生师比	估测人数十或一	
	学生	教师		学生人数	%	教师人数	%		学生人数	%	教师人数	%		估测人数	实际需要的黑人教师数量
明尼苏达州	926 446	43 315	21	898 059	96.9	42 853	98.9	21	11 132	1.2	293	0.7	38	530	237
密西西比州	521 723	23 529	22	257 887	49.2	14 048	59.7	18	262 952	50.6	9 436	40.1	28	12 043	2 607
密苏里州	1 004 310	44 201	23	849 197	82.5	39 912	90.3	21	149 028	14.8	4 019	9.2	37	6 479	2 430
蒙大拿州	136 458	6 284	22	128 458	94.1	6 237	99.3	21	338	0.2	6	0.1	56	15	9
内布拉斯加州	262 168	12 613	21	243 043	92.7	12 344	97.9	20	13 495	3.1	226	1.8	60	643	417
内华达州	130 751	5 290	25	111 341	85.2	4 938	93.4	23	11 109	8.5	241	4.6	46	444	203
新罕布什尔州	161 988	7 841	21	160 799	99.3	7 613	99.6	21	630	0.4	17	0.2	37	30	13
新泽西州	1 468 899	33 402	30	1 155 924	78.7	67 232	91.6	17	231 324	15.7	5 467	7.4	42	11 566	6 099
新墨西哥州	281 823	11 960	24	141 771	50.3	9 536	79.7	15	6 221	2.2	139	1.2	45	259	120
纽约州	3 436 980	171 926	20	2 536 389	73.4	162 317	94.4	16	956 187	16.1	7 461	4.3	128	47 809	40 346
北卡罗莱纳州	1 180 050	48 065	25	813 393	69.1	36 788	76.3	22	347 783	29.5	10 248	22.4	32	14 491	3 743
北达科他州	118 484	3 844	20	113 350	95.7	3 802	99.3	30	526	0.4	4	0.1	132	26	22
俄亥俄州	2 404 743	99 323	24	2 085 602	86.7	92 873	93.5	22	293 877	12.2	6 176	6.2	48	12 245	6 069
俄克拉荷马州	544 495	23 978	23	448 589	82.4	21 580	90.0	21	55 345	10.2	1 514	6.3	33	2 406	892
俄勒冈州	458 698	22 129	21	446 422	95.2	23 672	97.9	21	8 518	1.8	152	0.7	56	406	254
宾夕法尼亚州	2 305 158	101 624	23	2 014 127	87.4	96 006	94.5	21	269 579	11.7	5 462	5.4	49	11 721	6 239
罗德岛	185 786	9 049	21	176 148	94.3	8 903	98.4	20	7 753	4.2	118	1.3	66	369	251
南卡罗莱纳州	629 893	26 880	23	366 935	58.3	18 521	68.9	20	261 346	41.5	8 321	31.0	31	11 363	3 042
南达科他州	153 624	7 493	21	143 470	93.4	7 445	99.4	19	439	0.3	17	0.2	26	21	4
田纳西州	896 942	35 952	25	702 942	78.4	30 082	83.7	23	192 483	21.5	5 844	16.3	33	7 699	1 855
德克萨斯州	2 611 177	117 341	22	1 595 363	61.1	96 378	82.1	17	418 298	16.0	13 118	11.2	32	19 014	5 896
犹他州	312 417	12 032	26	292 874	91.7	11 882	98.8	25	1 381	0.5	26	0.2	61	61	35
佛蒙特州	72 054	3 995	18	71 737	99.6	3 982	99.7	18	149	0.2	7	0.2	21	9	2

续　表

州	州总人数		生师比	非少数族裔				生师比	黑人				生师比	估测人数十或一	
	学生	教师		学生人数	%	教师人数	%		学生人数	%	教师人数	%		估测人数	实际需要的黑人教师数量
弗吉尼亚州	1 060 147	47 474	22	791 602	74.1	38 451	81.0	21	260 956	24.6	8 903	18.8	29	11 862	2 959
华盛顿州	786 929	31 795	25	725 001	92.1	10 856	97.0	23	20 937	2.7	387	1.2	54	873	486
西弗吉尼亚州	410 184	17 300	23	391 013	95.3	16 891	96.5	23	18 197	4.4	591	3.4	31	791	200
威斯康星州	984 326	44 761	22	920 412	93.3	43 620	97.5	21	45 445	4.6	953	2.1	47	2 066	1 103
怀俄明州	80 431	4 267	19	73 670	91.6	4 201	98.5	18	784	1.0	4	0.1	196	41	37

在1966年北卡莱罗纳州有超过625名黑人校长；而我们使用了预测数据即536人。在肯塔基州，黑人校长的实际人数超过400人，而我们用了1972年预测的98人。如果我们想要在文字上做文章，那么我们大可以使用1954年的黑人学校数量，来显示高流失率，而那实际上是由于人口减少、人口结构转变和学校合并导致的(参见表A5.2)。

657 **表A5.2　1972年南方各州与边境诸州黑人校长数量**

南方17州及边境诸州	校长总人数	估测的黑人校长人数	当前黑人校长人数	所需人数	流失量
西弗吉尼亚州	835	33	12	21	65
肯塔基州	1 144	98	36	62	64
阿肯色州	723	174	75	99	57
德克萨斯州	3 632	581	258	323	55＋
特拉华州	174	37	19	18	45＋
佛罗里达州	1 832	421	246	175	42
田纳西州	1 232	259	151	108	42
阿拉巴马州	1 122	370	222	148	40
密西西比州	676	342	204	138	40
俄克拉荷马州	791	79	47	32	40
密苏里州	1 434	234	143	91	39
路易斯安那州	1 386	568	353	215	38
乔治亚州	1 785	607	388	219	36
南卡罗莱纳州	761	424	274	150	36
马里兰州	1 267	317	209	108	35
北卡罗莱纳州	1 848	536	348	188	35
弗吉尼亚州	1 636	402	262	140	35
		5 308	3 172	2 234	

说明：估测数据来源于塞缪尔·B. 埃思里奇(Samuel B. Ethridge)在南方基督教领袖会议(安尼斯顿市，阿拉巴马州，1975年8月14日)上所做的报告。估测是基于卫生教育福利部民权办公室1972年的报告所提供的数据。

德克萨斯州的圣安东尼奥市是全国唯一黑人校长和黑人学生比例相等的学区(16%和16%)。但是圣安东尼奥市的西班牙语校长和学生的比例却十分不均等。华盛顿特区是另外一个仅次于圣安东尼奥市的学区。就像对黑人教师以及最近对黑人学生的态度一样，波士顿市一直都是黑人校长的第一公敌。

需要监督员

尽管民权办公室(Office of Civil Rights)的数据对于帮助法官、新媒体和大众认识到他们所在学区在招聘教师方面的不平等有很大作用，但是从收集数据到以有意义的形式发布数据有两年的滞后时间。

路易斯安那州和密西西比州的全美教育协会专项调查小组的建议之一是，法官应该派监督员监督废除种族隔离的过程，并且向法官报告进程。

1970年9月9日，密西西比州司法部长对全美教育协会亚特兰大地区副主任吉米·威廉姆斯(Jimmy Williams)和我发出禁令，并威胁说我们将被监禁，因为我们试图监测密西西比州一些学区的废除种族隔离的进程。因此，我们无意中发现了监督的重要性。毫无疑问，他们隐藏了一些事情。

从1968年开始，法官设立双人种(通常指黑人和白人)委员会和监督组来对教育系统提交的报告进行评估，这已经成为惯例。在某些情况下，法官会解散学校董事会，然后指定他们自己或者其他人来临时对学校的运营进行监督。这样的做法可谓是姗 658
姗来迟，但应该得到推广。

1975年令人鼓舞的数据

在为美国教育研究所做的一项研究中，博伊德·博斯马(Boyd Bosma)对牛津、剑桥和RSA考试委员会(Oxford Cambridge and RSA Examinations, OCR)1975年的数据进行分析并得出有趣的结论。他的发现总结如下：[1]

> 1. 教育领域的平权法案[2]在某些地方似乎发挥了作用。少数族裔教师(主要是讲西班牙语的教师)在1970—1971年至1975—1976年间增加的150 230名新教职中占了40%；但是这和人们根据1972年的数据所呼吁增加的210 000名少数族裔教师还有很大差距。
>
> 2. 全国范围内，黑人教师的就业人数占全体教师人数的比例从9.4%上升到10.2%。但这一比例的上升意味着实际人数下降了15%。
>
> 3. 西班牙裔教师的就业人数增加到将近15 000人，他们占全体教师人数的比例从1%上升到1.6%。这一人数从1972年至今增加了79.3%，但是和我在图森会议(Tucson Conference)上提出的85 500名西班牙裔教师这一目标相比，还存在很大差距。
>
> 4. 亚裔美国教师人数所占比例上升了52.6%，原住民教师人数所占比例上升了103.5%。尽管比例上有大幅提高，但是实际的人数仍然相对较低。
>
> 要知道上述数字代表的是全国的情况，如果不分析布朗案最初聚焦的南方各州的数据，那么可能会造成误导。博斯马对1975年南方各州的数据分

[1] Dr. Boyd Bosma, *Teachers, Teachers Associations, and School Desegregation*, an unpublished study National Institute for Education, 1979.

[2] Affermative Action，平权法案(在英国被称作positive discrimination，即正面歧视，在加拿大和其他国家称作employment equity，即就业平等)指的是这样一项政策，在就业、教育和商业领域，要考虑种族、宗教、性别和民族等因素，保护弱势群体的利益。——译者注

析如下：①

1. 在 1970—1971 至 1975—1976 年间，全国增加的白人教师人数中，大约有 65%在南方各州。

2. 在这期间雇用的 49 306 名白人教师要多于全国范围内雇用的少数族裔教师的总人数(48 444 人)。

3. 在这期间，南方雇用的白人教师和黑人教师的比例是 6∶1。

4. 除了 1972 年的数据显示出的南方十七州解雇的 39 386 名教师，据估计在十一个州还流失了 8 430 个教职(47 816 名教师)。

5. 尽管教师人数增加了，阿拉巴马州和南卡罗莱纳州的黑人教师总人数却下降了。除此之外，在阿肯色州、佛罗里达州、密西西比州、北卡莱罗纳州和弗吉尼亚州教师中的黑人比例下降了。教师中黑人比例上升的地方是乔治亚州、路易斯安那州、田纳西州和德克萨斯州。

我相信，大多数法官，即使是那些难以被说服的法官，都是值得尊敬的人，如果他们知道了黑人教师和黑人学生所背负的由废除种族隔离所带来的不公平的负担，他们不会让事情这样发展下去。

不是一项教育判决

如本文开始时所述，布朗诉皮卡托教育局案在最开始的二十五年内，对黑人教师丧失工作机会的影响是非常巨大的。如果布朗案的判决本身是一个教育判决，那我会
659 第一个站出来批评它。但在我看来，这是一项关于人权的判决，而在它的发展过程中，教育只不过恰巧是最先出现并且因此受到沉重打击。

我认为，这项判决是关于美国所能提供给民众的最佳公立教育的权利。它并不是一个废除种族隔离的计划，而是关于在商店的任何柜台获得汉堡的权利，在公交车上的任何地方站着或坐着的权利，在任何一个能够负担得起的地方购买房屋并居住的权利。

它是关于在任何一个职业中接受培训并最终能找到工作的权利。

它是关乎选举权、参选权和执政权。

数据揭示了这项判决所带来的并非都是损失，它也有一些收获。一开始我们很难看到这些收获，但是现在可能在南方部分损失的逆转与北部加速获益之间有一些相关性。

---

① Dr. Boyd Bosma, *Teachers*, *Teachers Associations*, *and School Desegregation*, an unpublished study National Institute for Education, 1979.

在 1954 年,美国没有黑人学区督导,即使是督导助理也不到十二个。大约有 200 名黑人可以算作核心部门的成员,他们被称为"琼的主管"(Jean's Supervisors)或者"琼的教师"(Jean's Teachers)。1975 年的牛津、剑桥和 RSA 考试委员会数据显示 1 000 余名黑人教师在核心部门工作,其中包括一些学区督导(在一些主要城市,如里士满、亚特兰大和迈阿密都是如此)和大量的助理督导、数百名联邦项目主管(参见表 A5.3)。

表 A5.3　1975 年中央机构行政主管、办公室职员和业务部门经理的黑人任职情况

州	总就业人数	黑人人数	黑人比例	少数族裔人数	少数族裔比例
阿拉巴马州	384	54	14.1	54	14.1
阿肯色州	536	34	6.4	34	6.4
特拉华州	188	15	8.0	15	8.0
佛罗里达州	1 371	98	7.2	115	8.4
乔治亚州	736	86	11.7	87	11.8
肯塔基州	831	38	4.5	38	4.5
路易斯安那州	552	95	17.2	100	18.1
马里兰州	620	88	14.2	90	14.6
密西西比州	373	58	15.5	58	15.5
密苏里州	991	64	6.4	68	6.8
北卡莱罗纳州	704	81	11.5	84	12.0
俄克拉荷马州	715	17	2.4	57	7.9
南卡莱罗纳州	523	67	12.9	70	13.4
田纳西州	404	34	8.4	34	8.4
德克萨斯州	3 461	173	5.0	457	13.2
弗吉尼亚州	767	67	8.7	69	9.0
西弗吉尼亚州	365	12	3.3	12	3.3

资料来源:Equal Employment Opportunity Commission, 2401 E Street, North West, Washington, D.C. 20506.

黑人管理者占核心部门职员人数的比例,在路易斯安那州是 17.2%,密西西比州 15.5%,马里兰州 14.2%,阿拉巴马州 14.1%,南卡莱罗纳州 12.9%,乔治亚州 11.7% 以及北卡莱罗纳州 11.5%。

这些成果一部分是由于卫生教育福利部的要求,一部分是法院的命令。但是大部分是政治力量作用的结果,这种政治力量是通过选举对"黑人开明自利"(Black enlightened self-interest)①友好的人士和黑人官员积累的。选举出来的黑人官员从 1969 年的 1 200 名上升到 1978 年的 4 500 名,增长了 280%。

结论 660

在美国南方种族隔离的情况下本来应该属于黑人的数千个教职由于废除种族隔

① Enlightened self-interest 是伦理学中的一个术语,即"开明自利",指的是人为实现他人的利益而行动,最终自己也会受益。——译者注

离运动而流失，从各个报告中可以看到，这个数字在不断上升。在北部、东部和西部，这些传统上少数族裔教师找工作很难的地区，最近一段时期在这个问题上取得了进步。

更多黑人被选入学区委员会，并且人口结构正在发生变化，黑人在更多的教育系统中占了多数。与此同时，更多黑人教师进入管理层，在负责决策的岗位工作。随着越来越多的黑人、其他少数族裔和有平等意识的人在这些敏感位置任职，教育领域中的平等工作机会将会越来越多，而且很有可能扭转从 1954 年开始的美国南方剥夺黑人工作机会的情况。

（张淑萍　魏叶美　译）

5.3 没有同一模式的美国人[*]

美国教师教育学院协会(American Association of Colleges for Teacher Education)

关于多元文化教育的声明

美国教师教育学院协会(American Association of Colleges for Teacher Education)成立了多元文化教育委员会(Commission on Multicultural Education),这一行动反映了其在通过教育缓和社会问题上的努力。该委员会成立于肯特州和杰克逊州惨案[①]发生后,是美国教师教育学院协会长期以来致力于通过改善教师教育来创造一个更加有效和人道主义社会的产物。 661

多元文化报告(Multicultural Statement)是该委员会的一项重要成果。这份报告于1972年11月被美国教师教育学院协会理事会正式采纳,它为该协会、协会下属的机构和组织,以及其他高等教育中心在多元文化教育方面提供指导。

委员会成员提醒,"多元文化"这一术语并非对"弱势群体"的一种委婉描述,相反,报告中包括了广泛的种族和文化领域。

这份报告是多元文化教育委员会与许多高等教育机构及人事部门通力合作的成果,旨在通过增加教师以及教师教育工作者的社会意识,促进社会发展。

多元文化教育是一种崇尚文化多元主义的教育。多元文化教育既反对"学校应该寻求消除文化差异"的观点,也反对"学校应该仅仅包容多元文化"的观点。相反,多元文化教育坚信,学校应该通过植根于保护与扩展文化选择的项目,促进所有学生文化涵养的丰富。多元文化教育将文化的多元性看作是美国社会的一个事实,并且相信这

---

* American Association of Colleges for Teacher Education Commission on Multicultural Education, *No One Model American*. Washington, DC: Author, 1972

① 肯特州和杰克逊州惨案是发生在美国历史上的两起校园枪击事件。肯特州立大学枪击事件(Kent State shootings)发生在1970年5月4日。一个校园警卫向他周围的67名学生开枪射击,导致4名学生丧生,9名学生受伤,其中一名学生终身瘫痪。这场枪击事件发生10天后,也就是同年5月14日,在杰克逊州立大学又发生了类似的事件(Jackson State killings),其中2名黑人学生被杀,12人受伤。——译者注

种文化的多元性是一种宝贵的资源，应该得到保护和弘扬。它坚信，主要的教育机构应该竭力保护和发展文化多元主义。

认可文化多元主义就是要认识到没有同一模式的美国人这一原则。认可文化多元主义就是要理解和欣赏不同个体之间存在的差异，就是视这些差异为社会继续发展的积极力量，完全尊重每一个体的内在价值。文化多元主义绝不仅仅是用来安抚少数族裔的暂时性措施，而是一个在承认其每个元素独特力量的基础上，为了提高人的地位及整个社会的完整性的概念。

文化多元主义反对把同化和分离作为最终目标。只有组成国家的不同族群之间进行积极健康的互动，多元文化社会的积极面才能得以实现。这种互动能够使所有人在美国丰富的多元文化传统中分享；这种互动提供了应对跨文化矛盾的方法，这种矛盾是自然的，在一个不断发展的动态社会中无法避免。接受文化多元主义就是要认识到没有任何一个群体是生活在真空之中的，也就是说每个群体都是作为整体的一部分而与其他群体存在相互关联。

662 如果文化多元主义是我们文化特点的基础，那么它必须成为教育过程中每个层面的内在组成。多元文化教育包括四种主要推力：(1)教授认可文化多元主义和个体独特性的价值观；(2)鼓励现存的少数族裔文化的质性发展和少数族裔文化融入美国社会经济和政治生活的主流之中；(3)支持探索替代性和新的生活方式；(4)鼓励多元文化主义、多语言和多方言现象。尽管学校必须确保帮助所有学生发展他们在社会中能够有效运用的技能，但是这种义务并不意味着或允许以损毁文化差异为代价。

教育机构在青少年态度与信仰养成方面扮演着主要角色。这些教育机构承担着重要的任务，即帮助每一代年轻人为享有和承担其成年生活的权利与义务做好准备。为帮助向重视文化多元主义社会的转变，促使个体形成对以个人价值和尊严为基本要素的社会系统的承诺，教育机构必须为此提供领导力。这就意味着中小学和大学要保证整个教育过程和教育内容都能体现对文化多元主义的信奉。另外，必须提供特别强调的项目，这种项目能够帮助学生理解差异(different)意味着既不可以有优越感，也不代表要有自卑感；来自不同社会及民族背景的学生可以自由地彼此学习；帮助不同的少数族裔的学生认识他们是谁，去向何方，以及他们如何对其生存的社会作出贡献。

负责教师培养的大学和学院在积极发展文化多元社会方面扮演着核心角色。如果文化多元主义要成为教育过程的组成部分，那么就应该在明显信奉多元文化教育的环境中培养教师以及其他教育相关人士。这种信奉的证据包括以下因素：具有多民族或多种族特征的教职员工；代表所服务的社区的文化多元性特征的学生群体；以及精确体现美国社会多元文化性的文化多元课程。

多元文化教师教育项目不应该仅限于嫁接于标准课程中的特定课程或特定的学习经历。文化多元主义的理念应该渗透到为未来教师所提供的教育经验的各个方面。

多元文化教育超越对文化差异性的意识和理解。比接受和支持差异的存在更加重要的是认可各种不同文化存在的权利。只有当人们充分认识到文化差异,并且有能够促使文化公平变得真实且有意义的有效教育项目,文化多元主义的目标才有可能达成。这个目标的达成将带来丰富且高质量的生活,这是为实现美国国父所推崇的民主理念而迈出的重要一步。

美国教师教育学院协会之多元文化教育委员会成员

主席:詹姆斯·凯利(James Kelly, Jr.)

匹兹伯格大学(University of Pittsburgh)教育学院院长,匹兹伯格,宾夕法尼亚州

德怀特·比尔杜克斯(Dwight Billedeaux) 663

东蒙大拿学院(Eastern Montana College)印第安人文化协调人,副教授

毕林斯,蒙大拿州

理查德·H. 戴维斯(Richard H. Davis)

威斯康星大学密尔沃基分校(University of Wisconsin—Milwaukee)教育学院院长,密尔沃基,威斯康星州

卡尔·J. 多克(Carl J. Dolce)

北卡罗莱纳州立大学(North Carolina State University)教育学院院长,罗利市,北卡莱罗纳州

希尔达·伊达尔戈(Hilda Hidalgo)

罗格斯大学(Rutgers University)李文斯顿学院(Livingston College)城市研究与社区发展学系(Department of Urban Studies and Community Development)系主任,新不伦瑞克,新泽西州

查尔斯·F. 利巴(Charles F. Leyba)

加利福尼亚州立大学洛杉矶分校(California State University, Los Angeles)副教授,洛杉矶,加利福尼亚州

伊莱恩·威蒂(Elaine Witty)

诺福克州立大学(Norfolk State College)基础教育系系主任,诺福克,弗吉尼亚州

美国教师教育学院协会主管:1973 年

主席——威廉姆·A. 亨特(William A. Hunter), One Dupont Circle Washington, DC

候任主席——萨姆·P. 威金斯(Sam P. Wiggins)

克利夫兰州立大学(Cleveland StateUniversity)教育学院院长,克利夫

兰,俄亥俄州

执行理事——爱德华·C. 波默罗伊(Edward C. Pomeroy)

美国教师教育学院协会,One Dupont Circle, Suite 610 Washington, DC

美国教师教育学院协会

1307 New York Avenue NW, Suite 300

Washington, DC 20005 - 4701

www. aacte. org

(张淑萍　孙闻泽　译)

5.4　为文化和语言多样性培养教师：行动呼唤[*]

多元文化教育委员会(Committee on Multicultural Education)

引论

该政策文本的指导动机是为文化和语言多样性学生(CLD 学生)[①]的教育问题提供一些信息。与当前人们在政策辩论中的情况相比，培养不说英语的人在以英语为主的学校或社会生存要更为复杂。本文主要关注的是培养这样的教师：他们能够提供尊重学生的母语和文化的课堂实践，能够使用有效的、适应的教学方法，使第二语言学习者在读写能力和学业成绩上取得成功。 664

本文同样关注明显支持文化和语言多样性学生同化的环境。人们忽略了它们给课堂带来的丰富文化传统和语言知识。在政策层面，当前的社会政治背景对未来的支持和发展提出明显挑战。在实践层面，这种环境还威胁到了那些旨在更好地培养文化和语言多样性学生、教授给他们所需东西的教师的努力。

本文的七个组成部分，分别讨论了关键术语、文化和语言多样性学生的人口统计特征和学业成就差距、公立学校教师和管理者的培养、致力于多样性的教师培养的立法背景、教育领域的挑战、挑战的启示以及对行动的呼吁。

关键术语

在我们看来，文化和语言多样性学生这个术语是对那些自身的文化和语言是学习的宝贵财富，但与美国社会的主流文化和/或语言不同的学生的最全面描述。由于多样性意味着一种多维的学习环境，文化和语言多样性学生也肯定是指这样的学生：他们需要适应性的规划和教学(accommodative programming and instruction)，在注重内容的学习环境中促进他们的文化和语言发展。

文化迁移(Acculturation)指的是学习另一种/第二种文化并生活在其中的过程。

---

* Committee on Multicultural Education, *Educators' Preparation for Cultural and Linguistic Diversity: A Call to Action*. Washington, DC: American Association of Colleges for Teacher Education, 2002.

① 文化和语言多样性学生，即 culturally and linguistically diverse student，指的是其自身的文化和母语与社会主流文化和语言不同的学生。——译者注

通过被同化来实现文化迁移的人，需要放弃他们自己的文化认同（有时也要放弃母语）。通过适应来实现文化迁移的人，在学习新的文化的同时，能够保持他们自己的文化传统（通常也可以保留他们的语言）。

665 根据双向调节（mutual accommodation）这个概念，调节（Accommodation）这个术语是很好理解的（Nieto，2000）。涅托（Nieto）认为，单向调节（one-way accommodation）是教育策略的中心，是指和那些学习成绩好的学生比起来，学业成绩不佳的学生在文化上缺乏足够的教育，或者他们的智力欠佳。而双向调节使教师和学校意识到并依赖文化和语言多样性学生给学校带来的资源和好处。当这些资源被用作教学的基础时，将会提高学生在学业上取得成功的机会和能力。

文化和语言多样性学生

文化和语言多样性学生人数的快速增长正在改变美国课堂的结构，同时，这些学生与其他在校学生的学业成就的差距也在不断扩大。

人口统计特征

在上个十年中，全美文化和语言多样性学生的入学率显著增加，达到 104.97%（National Center of Educational Statistics，NCES，2002）。这一增长速度是公立学校年入学率的五倍。如今在全美范围内，五分之一的学生来自于英语为非母语的家庭（Crawford，2000）。另外，在文化和语言多样性学生和家庭中，移民模式也在发生变化。最大且增长最快的文化和语言多样性学生群体依然集中在诸如佛罗里达州、加利福尼亚州和德克萨斯州这样的沿海州。此外，在过去二十年中，中西部的州，例如堪萨斯州、印第安纳州、爱荷华州和内布拉斯加州，文化和语言多样性学生入学率急剧上升。在许多中西部州，这种增长率每年超过 200%（NCELA，2002），当前的这种模式是未来的预兆。当前的推测预示着到 2030 年为止，英语为非母语的学龄儿童将会占到 K－12 学生的 40%（U. S. Census Bureau，2000）。同样，如果当前趋势继续发展，到 2050 年，西班牙裔将会占到美国总人口的 25%，到 2100 年甚至可能上升到 33.3%（U. S. Census Bureau，2000）。

当前，美国学校中有超过 400 种代表性语言。西班牙语学生占所有 K－12 年级中文化和语言多样性学生的 77%。事实上，到目前为止，在美国使用最广泛的语言中，除了英语之外就是西班牙语，其他语言占 23%，包括越南语、老挝语、海地克里奥耳语和韩语，这五种语言是 K－12 年级的文化和语言多样性学生说的最多的语言。每种语言的使用率占总人数的 1%—3%（USDE，2002）。

学业成就差距

关于全国学校中的文化和语言多样性学生，最引人注目的可能就是他们的学业成就了。遗憾的是，文化和语言多样性学生的学业成就的全国性数据非常有限。对于移民学生来说更是如此，他们是文化和语言多样性学生中人数增长最快的群体之一，然而有关他们的学业成就、学业和年级毕业率、大学入学类型等方面可靠且有效的数据仍然非常有限。虽然导致文化和语言多样性学生成绩数据不全面的原因多种多样，但是在全国范围内，一直不需要参加标准化考试的文化和语言多样性学生的人数一直是 666
不确定的。遗憾的是，随着考试测量问责制压力的增加，豁免于标准化考试的文化和语言多样性学生人数也在增加。

我们了解到的是，CLD 学生更容易辍学(drop out of school)，扰乱学校教育(disrupted schooling)，出勤率更低(lower attendance)，而且在高中阶段，他们中选修高阶课程的人数更少。另外，在全国成绩测试中位于后 35%的学生中，在一年级和三年级，就有 13%是文化和语言多样性学生，而在七年级成绩最低的学生中，6%是文化和语言多样性学生(NCES，1999)。这些学生的平均辍学率超过 40%，尤其是在那些由母语向英语过渡十分困难的地方(NCES，1999)。这并不奇怪，美国民权委员会(1997)的一项研究发现，与全国范围内英语为母语的学生相比，文化和语言多样性学生取得较低学业成绩的可能性是他们的三倍，至少低一年级的可能性是他们的两倍，辍学的可能性是他们的四倍。

公立学校教师

美国学校中文化和语言多样性学生人数的不断增加，对教师教育以及在职教师的专业发展项目提出了更高要求。为了为文化和语言多样性学生提供更合适且更有效的教学，学校教师需要一些支持来提高自身能力。根据国家教育统计中心(National Center of Educational Statistics，“NCES”，1997)的数据，文化和语言多样性学生的教师中，只有 2.5%持有双语或者英语作为第二语言(ESL)教育专业的学位。在教育文化和语言多样性学生经验不足的州面临着双语教育或 ESL 教师的严重短缺(AAEE，2001)。尽管大多数文化和语言多样性学生在学校中的时间多数都是在教室里度过，但是这些教室中的教师却几乎根本没有接受过关于这些学生不同的学习和发展需求的培训。在全国公立学校工作且班上有文化和语言多样性学生的教师中，只有 12%的人曾经接受过 8 小时或 8 小时以上的专业发展培训，以帮助他们了解这些学生的需求(NCES，2002)。因此，很少有教师接受过培训并提供经过特别设计的教学，以满足这些学生在语言上、认知上、学业上和情感发展上的需求。

虽然年级层面课堂的多样性已经增加，但是对于许多教师来说，适应这种多样性的教学实践仍没有改变。他们使用的课程以及教材并不能充分地满足文化和语言多样性学生的需求。肖特（Short）认为“对学生的文化、学习风格以及交流方式的不熟悉，演化为教师对学生的消极期待，同时，不合适的课程、评价以及教学材料的使用，使这个问题变得更为复杂”（Short，1999：107）。

立法背景

美国教师教育学院协会注意到了以多样性为目的的教师教育的立法背景。在支持使用学生的母语作为教学的基础方面，许多法院的判决各不相同。具有里程碑意义的最高法院判例——刘诉尼科尔斯案（*Lau v. Nichols，1974*），判决学校有义务对文化
667 和语言多样性学生进行充分的培养。由于法院认为只有教师才能为文化和语言多样性学生的教育制定具体的补救措施，因此这项判决并没有提出解决方案。反倒是在卡斯塔涅达诉皮卡德案（*Castañeda v. Pickard*，1981）中，法院宣判教师教育项目应该基于合理的（经过专家论证的）教育理论。由于采纳了某种理论，使得人们接受了仅使用英语对文化和语言多样性学生进行的教学活动。

目前，州投票表决正在改变有关文化和语言多样性学生的教育法规。在一些特殊课程中，仅使用英语进行短期教学，并在随后整合到主流课堂中，这种方式正在取代双语教育。结果，更多毫无准备的学生进入了教室，跟随同样毫无准备的教师进行学习。我们鼓励教师自己去了解与文化和语言多样性学生教育相关的判例和法规。

除了相关法规，教师应该注意刘诉尼科尔斯案中，道格拉斯大法官（Justice Douglas）的判决：

> 仅仅为学生提供相同的设施、课本、教师和课程，这并不是平等的待遇。对于不懂英语的学生来说，他们实际上被排除在任何有意义的教育之外。
>
> 基本的英语技能是公立学校所教内容的核心所在。强制性地要求一个孩子在有效参与教育项目之前，必须掌握这些基本技能，这是对公立教育的嘲讽。我们都知道，对于那些不懂英语的学生来说，他们在课堂上的学习必然是令其费解且毫无意义的。（*Lau v. Nichols*，1974）

挑战

美国教师教育学院协会认识到，变革公立学校的生源结构和社会文化动力，需要：

- 受过更好培训，并能够批判性地反思适应文化和语言多样性的复杂动

力的教师及管理者；

- 支持文化和语言多样性学生的教师及管理者；
- 受过更好培训的教师及管理者，从而能够分析、规划、实施、评价为适应文化和语言多样性学生不同的学习和转型需求进行修正和调整的课程及教学；
- 受过更好的培训的教师及管理者，从而能够批判性评价广泛的、流行的课程计划，尤其是预包装课程对文化和语言多样性学生的适切性，以及可能对文化和语言多样性学生学业成绩产生的影响；
- 为学校领导培训设置的课程，促进他们重视和探索文化和语言多样性学生为学校带来的生平财富(biographical assets)，以及他(她)的监护人、其他家庭成员和所在社区所作出的重要贡献；
- 强调在学校中实施常模参照和标准参照测验(norm-and criterion-referenced testing)，适应文化和语言多样性学生的水平和发展情况，并且在文化或语言方面没有关注到对过程和产品收益进行有目的性的监测和评估。

美国教师教育学院协会必须在这些方面起领导作用。在实践、创造、调整、专业发展以及合作的复杂环境中，美国教师教育学院协会要尝试寻找新方向，将这些因素整合到具有前瞻性的领导行为中。

启示 668

作为教育者，我们教学实践的基础在迅速改变。我们以及各个机构要么做出调整以应对这些变化，要么将会面临体制上的失败。首先，教育是国民经济的基石，因为教育培养的一批有能力的劳动者将参与到竞争激烈的世界市场当中。显然，文化和语言多样性学生是当前全国教育系统中增长最快的一个群体。然而，这个群体的学业成就较低，令人难以接受，还伴随着很高的辍学率。这种情况正在迅速地发生变化。如果学生中增长最快的群体总是不能完成学业，或者不能毕业并获得证书，那么我们的学校系统的教育目的究竟是什么？谁能从中获益？

第二，由于文化和语言差异对文化和语言多样性学生的教育不公平是对他们公民权利的侵犯。目前，这些学生进入教育系统时，当前的系统并未对他们的需求和差异做好准备。教育系统自身必须要通过调整课程和教学来适应这些越来越普遍的差异。文化和语言不同的学生无法在一种特定的文化或语言环境中改变他们之前的社会化过程。相反，教育系统必须调整教育实践，构建容纳多元文化的能力，以专业的方式应对这些差异。

不可避免地，政策以及基础教育机构必须改变，来适应正在发生变化的存在基础。

然而，改变必须从那些服务于社会中教育机构的教育者开始。学校教育者，尤其是课堂中的教师，必须接受更好的教育，为美国课堂结构的变化做好准备。

对行动的呼吁

美国教师教育学院协会致力于支持和推进那些确保英语不是主要语言的学生享有公平教育的议题。该协会对高等教育机构提出了挑战，让其致力于转变所有层面的教师教育模式，以应对美国公立学校在生源结构上的变化。为此，美国教师教育学院协会将会支持建立合作关系，并开始教师/管理者培训的变革过程。特别是，美国教师教育学院协会邀请所有会员机构在强调多样性融合的教师教育中进行合作。

> **社会文化**：教师教育中的多样性必须强调文化和语言多样性学生在社会文化上所经受的挣扎。这包括学习另一种文化，学习第二种语言，整合他们的世界观，在学习方面争取优异的成绩，并且使他们自己的个人知识适应美国课堂。我们必须培养教师用一种相互适应的方式去理解和支持这一文化适应过程，在学生已有的文化知识和新文化环境（包括所在学校的文化）之间架构桥梁。我们必须要对教师进行专业培训，使他们能够准确地教授学校以及全社会的规则、信仰和期待，同时要肯定学生的文化传统、已有知识和母语水平。
>
> 对多样性的准备必须由教师开始。我们必须教给教师如何在特定的文
> 669 化中探索自我社会化过程，以此为基础理解文化和语言多样性学生及其家人的观点和态度，以及自身对他们的职业责任。教师必须学会检测其文化对自身观点和行为实践影响的有效性。而且，我们必须让教师学会评价和肯定文化和语言多样性学生带入学校的丰富的文化资源，并使其发挥最大的作用。最后，教师必须获得必要的实习经历及学习，以从不同的文化和语言角度而非他们自身的角度理解学生的适应过程。
>
> **语言**：为了多样性的教师教育和教师专业发展，应该探讨第二语言习得(second language acquisition, SLA)的理论和阶段。教师培训中需要这种经历来帮助他们理解使用另一种语言顺利进行教学的现实状况。教师应该理解为什么母语和相关的认知发展，对以英语作为媒介的学业成功及语言习得是至关重要的。他们应该将学生使用的母语整合在教学中，并为英语的语言、课程学习目标及学生读写能力的发展提供支持。教师应该接受培训以区分日常语言和学术语言的熟练程度，以防止错误地判断学生进行学习的预备能力。通过精心设计的实习经历使得教师有能力去构造环境，促进学生在第二语言中累积的和建构性的语言习得和读写能力发展。

认知：为了多样性的教师教育和专业发展必须包含对文化和语言多样性学生认知发展挑战和过程的深刻理解。在这方面，未来的教师必须学会有针对性地调整课程、教学和评价方式，以适应学生的不同学习风格。教师的实习经历应该强调对具体背景和先前知识的使用。更进一步讲，教师必须学会教给学生在解决问题和批判性思考时最大程度地使用自己的认知、元认知以及社会—情感技能的策略。

学术：为多样性而进行的教师教育与专业发展，必须包含对所有学科领域进行的在文化和语言上调和的教学的理解。这种教学需要被构建和/或保护，由过程和结果驱动，建立在为文化和语言多样性学生特别设计的有效的理论和方法的基础之上。简化的课程、项目和教学对于促进文化和语言多样性学生的目标社会语言学习来说似乎是足够的，但是却无法开发出在学校中取得学业成功所必需的学术语言和学习内容。

最后，高等教育机构必须展现出批判性的反思精神，注意它们自己的教师是否已经为实现这些多元化的教师教育和教师职业发展目标做好准备。先前的社会化问题对于高校教师和年级层面课堂教师同样重要。这就要求他们具有影响教师培养的观点、包容多元性的态度以及实践行动的能力。因此，跨文化敏感性专业发展和适应性训练对于高校教师和公立学校教育者而言，是同样适用的。

瓦夫鲁斯（Vavrus，2002）认为，对于教师在教学中对多元性的态度和对多元性的适应，教师教育项目发挥着关键作用。他强烈建议教师应该通过自主学习和自我评价来更好地发现他们自己在课程中渗透多元性的能力。

（张淑萍　孙闻泽　译）

参考文献

American Association of Employment in Education（AAEE），（2001）Educator Supply and Demand in the U. S. Retrieved December 27，2002 from http：//www. ub-careers. buffalo. edu/aaee/

Castañeda v. Pickard，648 F. 2d 989(5th cir. 1981).

Crawford，J.（2000）At War With Diversity：“U. S. Language Policy in an Age of Anxiety.” Clevedon，England：Multilingual Matters.

Lau v Nichols，414 U.S. 563(1974).

National Center for Education Statistics（NCES）(2002) Early Estimates of Public Elementary and Secondary Education Statistics：school year 2001－2002. Retrieved December 27，2002 from http：//nces. ed. gov/ edstats/

National Clearinghouse for English Language Acquisition（NCELA），（2002）State Elementary and Secondary LEP Enrollment Growth and Top Languages. Retrieved December 27，2002，from http：//www. ncela. gwu. edu/states/index. htm

Nieto，S.（2000）*Affirming diversity：The Sociopolitical Context of Multicultural Education*（third ed.）. Reading，MA：Longman.

Short，D. J.（1999）Integrating Language and Content for Effective Sheltered Instruction Programs. In C. J. Faltis（ed.），*So Much To Say*（pp. 105－137）. New York：Teachers College Press.

United States Census Bureau.（2000）*American Fact Finder*，（Tables and Charts）. Available：http：//factfinder. census. gov/servlet/BasicFactsServlet（2002，3/13/02）.

United States Commission on Civil Rights（USCCR）. Equal Education Opportunities and Nondiscrimination for Students with

Limited English Proficiency (1997). Retrieved December 27, 2002 from http://www.usccr.gov/

United States Department of Education. No Child Left Behind: Educating Linguistically and Culturally Diverse Students (2002). Retrieved December 27, 2002 from http://www.ed.gov/index.jsp.

Vavrus, M. (2002). *Transforming the Multicultural Education of Teachers*. New York: Teachers College Press.

August, D. & Hakuta, K. (1997) *Improving Schooling for Language Minority Children*. Washington, DC: National Academy Press.

Brisk, M. E. (1998) *Bilingual Education: From Compensatory to Quality Schooling*. Mahwah, NJ: Lawrence Erlbaum.

Cummins, J. (2000) *Language, Power and Pedagogy*. Clevedon, England: Multilingual Matters.

Fillmore, L. W. (1991) Second-Language Learning in Children: A Model of Language Learning in Social Context. In E. Bialystok (ed.), *Language Processing in Bilingual Children*. Cambridge: Cambridge University Press.

Fillmore, L. W. & Snow, C. (2002) What Teachers Need to Know About Language. In C. T. Adger, C. Snow, & D. Christian (eds.), *What Teachers Need to know about Language* (pp. 7 - 53). McHenry, IL: Delta Systems Inc. & The Center for Applied Linguistics (CAL).

Gándara, P. (2000) In the Aftermath of the Storm: English Learners in the Post - 227 Era. *Bilingual Research Journal*, 24(1 & 2), 1 - 13.

García, G. E. (2000) Bilingual Children's Reading. In M. Kamil, P. S. Mosenthal, P. D. Pearson, & R. Barr (eds.), *Handbook of Reading Research: Volume III* (pp. 813 - 834). Mahwah, NJ: Lawrence Erlbaum Associates.

Gebhard, M., Austin, T., Nieto, S., & Willett, J. (2002) You Can't Step On Someone Else's Words: Preparing All Teachers to Teach Language Minority Students. In Z. Beykont (ed.), *The Power of Culture: Teaching Across Language Difference* (pp. 219 - 243). Cambridge, MA: Harvard Education Publishing Group.

Herrera, S. (Kansas State U.) and Ronald Rochon (U. of Wisconsin) for the AACTE Committee on Multicultural Education.

Hudelson, S., Poynor, L., & Wolfe, P. (2002) Teaching Bilingual and ESL Children and Adolescents. In J. Flood, D. Lapp, J. R. Squire, & J. M. Jensen (eds.), *Handbook of Research on Teaching the English Language Arts* (pp. 421 - 434). Mahwah, NJ: Lawrence Erlbaum.

Jacobs, D. & Reyhner, J. (2002) *Preparing Teachers to Support American Indian and Alaska Native Student Success and Cultural Heritage*. Eric Digest, May.

Milk, R. (1992) Re-Thinking the Education of Teachers of Language Minority Children: Developing Reflective Teachers for Changing Schools. *Focus*, 6, 2 - 17.

National Center for Education Statistic (1999) *The condition of education*. Washington, DC: U. S. Department of Education.

Portes, A. & Rumbaut, Rubén (2001) *Legacies: The Story of the Immigrant Second Generation*. Berkeley, CA: The University of California Press.

Ruiz-de-Velasco, J., Fix, M., & Clewell, B. (2000) *Overlooked and Underserved: Immigrant Students in U. S. Secondary Schools*. Washington, DC: The Urban Institute Press.

Suárez-Orozco, C. & Suárez-Orozco, M. (2001) *Children of Immigration*. Cambridge, MA: Harvard University Press. (Chapter 4) Prepared by Maria Estela Brisk (Boston College), Ray Barnhardt (University of Alaska), Socorro.

评析

35. 多样性与教师教育：人、教学法与政治

杰奎琳·乔丹·欧文(Jacqueline Jordan Irvine)
埃默里大学(Emory University)

尽管教师教育中的多样性融合已经取得了很大进展，但是很难评估其成就。之所 675
以如此，是因为在一个具有不同的支持者和反对者，政治环境，制度气候以及人口结构整体上都在不断变化的背景下，该领域已呈现为一系列起伏的、重叠的“斗争史”(struggles)。如今，当我们在教育研究和教师教育的更广泛的领域中倡导教师教育多样性应有的地位时，这种斗争仍在继续。我们经常一致地倡导多元文化，但有时候，在不同的对话中也存在冲突和竞争。因此，从传统意义上来讲，在教师教育领域中包含多样性的斗争，现在是并且未来也永远是一个充满争议的领域，它经常和自己甚至主流支配力量相冲突，如果我们不能把握这个事实，那么就很难对成就进行评估。这种争议体现在与人、教学法以及政治相关的问题上。

人

教师教育多样性的第一批支持者既是教育领域的业内人士也是业外人士。为了了解这种业内—业外观点的演变过程，有必要先了解多样性在教师教育中产生的历史背景。根据班克斯(Banks, 1996)的研究，早期的多元文化教育运动在一小批非洲裔美国人中兴起，他们把种族学习项目、民权运动和反对越战中学到的校园激进主义应用于教师教育领域。

到20世纪70年代早期，这些早先的局外人成为了局内人。他们成为学校和学院的教授，运用他们过去的激进主义策略，促使人们采用1972年《没有同一模式的美国人》(*No One Model American*)，这是一份由美国教师教育学院协会(American Association for Colleges of Teacher Education, AACTE)撰写的开创性的报告。这份文件呼吁支持文化多样性，替代性和新兴的生活方式，多元文化主义以及多语言制度。在当时，这份具有里程碑意义的文件是非常大胆且意义重大的。

美国教师教育学院协会认可《没有同一模式的美国人》这份报告后，紧接着，全美教师教育认证协会(National Council for the Accreditation of Teacher Education, NCATE)采用了多元文化教育标准。这份标准于1979年生效，旨在“帮助院校更为敏感地应对社会中的人、个人文化完整性以及文化多元主义”(McCormick, 1984: 3)。

这一简单的历史背景为多元文化教师教育确认其他的利益相关者提供了背景，主

要是我们培养项目中的职前以及在职教师。研究显示,这些项目中的学生大多数是白
676 人女性,她们很少接触有色人种或有相关经历,同时,她们常常抵制一些教授试图让她们了解英语学习者(ELLs)以及结构不平等、种族主义和白人特权的有关问题。斯里特(Sleeter)在本书中说,白人职前教师大都害怕有色人种学生和讨论种族、种族主义。另外,她们倾向于依赖她们自己家庭的民族史和同化,反过来设想有色人种的经历也一样,或者应该一样。

我认为,有必要对我们选拔的那些进入项目的学生的倾向进行测试。在多元文化教师教育中,一个十分清楚的结论不断出现,即在改变学生对多样性的信仰和态度方面,我们的教育和课程或许在短期内有效果,但是它们的长远影响很可能较小。我的经验是,我们可以基于许多学生在进入我们项目时的先前经验和立场,帮助他们成为更加有效的多元文化教师。这一群体包括:年龄较大且有相关工作经历的学生,已经为人父母的学生,有色人种学生,在种族融合社区生活、工作或求学的学生,有国际交流经验且有能力学习其他民族文化的学生(例如曾在"和平队"(Peace Corps)服务的志愿者,或是国外学习项目的参与者)。

我们需要寻找一种方式来鉴别职前教师中那些坚定的、思想开放的、善于反思和对复杂性进行思考的思想者,以及愿意承担风险的人。我相信古德曼(Diane Goodman, 2000)的观点是正确的,她认为更愿意致力于多元文化主义的是有色人种、对于社会正义有强烈道德和精神取向的人,以及在社会中遭受过不公正待遇的人。古德曼(Goodman)的结论对以多样性为目的的教师教育来说不是好的预兆。我们必须寻找激励和教育来自于特权群体和单一文化背景的人在文化多元的城市学校中从教的方式。

有色人种的候任教师也非常少。现今,80%的候任教师是白人(Zumwalt and Craig, 2005)。教育领域十分需要有色人种教师,这是因为他们的教学理念和教学实践对学生的学业成绩往往会产生积极的影响,尤其是对于成绩往往落后于白人和亚裔同龄的非洲裔和拉美裔学生来说,更是如此。维莱加斯(Villegas)和戴维斯(Davis)在本文中的文章总结了对这一主题的研究并得出结论,即教师的种族/民族的确会影响学生的学习及其他重要因素(例如旷课情况、选修高级课程的情况和辍学率等)。

教学法

在教师教育中,人的因素仅仅是关涉和影响我们整幅工作画卷的因素之一。在培养未来教师的过程中,教学法是第二个需要考虑的因素。我和贝弗利·阿门托(Beverly Armento, 2001)认为,在当今学校中所发生的人口结构的变化要求我们以新的方式组织和进行教学。我们应该将教师培养成为具有文化敏感性的教育者,他们理解学生会带来一系列文化的和日常的经历,这些可能和教师本身的文化不同,当然也

可能和学校主流规范不同。

我们必须教那些候任教师学会如何激励学生，并对不同的学生进行最优化的教学。作为有意义教学的组成部分，教师教育工作者必须考虑 K－12 学校所使用的语言和教材所代表的观点和理念，寻找更好的方式帮助职前和在职教师，从而帮助他们理 677
解所学内容。为了多样性的教师教育的目标而培养文化敏感性教师，他们：

- 准备好并能胜任学科教学；
- 是学生的支持者；
- 教授学生有关社会正义的内容；
- 是学校和学校所服务社区的变革主体和领导者；
- 知道如何让家长参与进来；
- 知道怎么教授英语学习者以及如何与他们的父母沟通；
- 是问题解决者，能对文化和种族如何影响教与学进行深刻探究；
- 无论教授什么内容，都会考虑不同群体的历史；
- 在教学中运用与文化相关和学生生成的意象、例子或隐喻；
- 了解学生的学习偏好；
- 与学生分享课堂的所有权；
- 运用一系列形成性评价和终结性评价以了解他们的教学。

政治

反思教师教育多样性的演变历史我们可以看到，我们所做的工作不但是关乎政治的，也关乎我们所培养的教师和与我们采用的教学法。事实上，美国教师教育学院协会（AACTE）所发布的《为文化和语言多样性培养教师：行动呼唤》（*A Call for Action on Educators' Preparation for Cultural and Linguistic Diversity*）主张，对文化和语言不同的学生所进行的不公正的教育是对他们基本公民权利的侵犯。同样，这些启示表明，我们以及我们所教的学生有必要更加了解并参与政治。我们有必要表明我们个人的、专业的和政治的世界观，即使它们与那些不支持多样性议程的同事的观点相互冲突。我们必须成为社会重塑者，致力于转变种族主义、不公平和压迫的体系。我们在表明个人信仰和政治立场时总是会瞻前顾后，但是，现在我们要大胆地说出来。

我们应该在联邦、州和地方层面参与政治。卢卡斯（Lucas）和格林伯格（Grinberg）在《培养所有教师教授英语学习者》一文中，研究了始于 20 世纪 80 年代的政治反对派减少双语教师和双语教育项目数量的过程。州和联邦计划通过提供很少关注多元化问题的非师范教师认证路径规避学校和教育部门。美国教育部如今所强调的“精通学科知识应该成为衡量教学有效性的核心标准”，助长了这种发展趋势。

例如，《不让一个孩子掉队法》(*No Child Left Behind Act*)就嘲笑了高素质教师的内涵。各个州可以决定什么是高素质的教师。我所在的乔治亚州，人们将高素质教师(持有正式的而不是临时的从业资格证书的人)定义为在几乎所有学科都拥有学士学位，并且通过教师资格考试(PRAXIS I and II)的人。这些新近被宣称为“高素质教师”(high qualified)的教师几乎或者根本没有在有关多样性的问题上接受培训，他们将不会在中产阶级家庭学生所在的城市郊区学校任教。相反，他们将会在有最多空缺的受到隔离的农村学校或城区学校任教，这些学校的学生大多来自于低收入家庭，并且有着不同的背景。

678 我无意于以这样一种印象来结束本评论，即为了多样性的教师教育随着时间的推移没有取得丝毫成就，或者说达成这个目标太难、太有挑战性。事实上，在这方面已经取得了一些成就。在过去几年，多元文化主义在大学、教育学院和社会上都得到了广泛支持。然而，我们也应该认识到，多样性在教师教育的未来将会和它的过去一样，在促进人、教学法与政治等方面接受和包容多样性教师教育的过程中，不可避免地会有斗争。或许玛丽莲·科克伦-史密斯(Marilyn Cochran-Smith, 2004)是正确的，她提醒我们，为社会正义而进行的斗争，无论其目的还是其本身，都是可接受的成功的尺度。

(张淑萍　龚　玲　译)

参考文献

American Association of Colleges for Teacher Education (2002) *Educators' preparation for cultural and linguistic diversity: a call to action*. Washington, DC: Author.

Banks, J. A. (1996) The African American roots of multicultural education. In J. A. Banks (ed.) *Multicultural education: transformative knowledge and action* (pp. 30 - 45). New York: Teachers College Press.

Cochran-Smith, M. (2004) *Walking the road: race, diversity, and social justice in teacher education*. New York: Teachers College Press.

Goodman, D. J. (2000) Motivating people from privileged groups to support social justice. *Teachers College Record*, 102(6), 1061 - 1085.

Irvine, J. J. & Armento, B. J. (2001) *Culturally responsive teaching*. Boston: McGraw-Hill Publishers.

McCormick, T. E. (1984) Multiculturalism: some principles and issues. *Theory into Practice*, 28(2), 93 - 97.

Zumwalt, K. & Craig, E. (2005) Teachers' characteristics: research on the demographic profile. In M. Cochran-Smith & K. M. Zeichner (eds.) *Studying teacher education* (pp. 111 - 156). Mahwah, NJ: Lawrence Erlbaum Associates.

36. 多样性与教师教育：未来会怎样？

蒂娜·雅各布维茨(Tina Jacobowitz)
蒙特克莱尔州立大学(Montclair State University)

尼古拉斯·M. 米凯利(Nicholas M. Michelli)
纽约城市大学(The City University of New York)

本部分“经典”中的文章都呼吁要为实现我们的承诺而进行重大变革，这种承诺包 679
括促进多样性以及成功地教授不同的学生，有的文章回溯了前 30 年的历史，“视点”中的三篇文章还呼吁人们关注多样性以及对多元化学习者的教学，凡是看到教育、民主和社会公正之间的关系的人，都会为这种呼吁所动。社会究竟出了什么问题，它一方面允许人们深切关注那些需要良好教育的孩子，另一方面也允许人们仅仅对此事提出建议，却从不付诸行动。各种建议仍然层出不穷。2006 年，大学理事会(College Board)在它的报告《教师和不确定的美国未来》(*Teachers and the Uncertain American Future*)中，说了这样一段话：

> 我们建议放弃这种期望，即教师多样化的目标会自然地实现。高等教育必须增加对少数族裔学生更多的、有针对性的招生，增加强调财政投入并建立与教学年限挂钩的贷款免除制度的项目。
>
> (The College Board, 2006: 21)

报告并未就此结束。它还呼吁通过提高薪金和其他措施，使教学成为“首选职业”(preferred profession)，并且要“举全国之力，共同建设一支美国式的教师队伍，在这支教师队伍中少数族裔教师的比例要和少数族裔学生的比例相一致”(The College Board, 2006: 22)。这份报告还就资金问题和如何争取财政支持提出了大胆的建议。但是考虑到这些建议的历史，我们为什么如此乐观？我们知道我们依然没有满足少数族裔孩子的要求。例如，在纽约，2004 年高中生毕业率是 58%(这并不算高)，但是非洲裔和拉美裔美国学生的高中毕业率仅仅是 32%和 30%(Orfield, 2004: 57)。尽管我们没有取得很大进步，但是在过去的建议提出之后，我们知道的比我们所做的要多。很多建议有研究作为力量来支撑它们，这或许是我们做出改变的最后的机会了。在大城市中心地区，70%的少数族裔学生不能从高中毕业，这个情况实在太糟了。在 30 年内，我们的社会中少数族裔的 K-12 年级学生将会成为学生中的大多数，然而，这样糟糕的情况还在持续发生，知道这一点，我们可以想象未来将会多么糟糕。的确，如果我们现在不行动起来，那么奥菲尔德(Orfields)的研究“失去未来”(Losing our future)可能真的会发生。

本文的作者非常谨慎地避免过分解读他们报告中的研究，并提出了在教师教育中加入多样性的重要论断，这对于提高学生中日益增长的部分群体的教育质量至关重
680 要。关注教师教育中的多样性意味着要采取清晰、明确的步骤，以确保教师队伍本身更加多样化从而反映学生群体的多样化，并且还要确保所有的教师在其职业生涯中学会如何对多样化学生群体进行有效教学。我们认为，我们没有解决这个关键性问题。如本部分“经典”部分文章讨论的那样，在十年、二十年和三十年前我们就发出了响亮的号召，呼吁提高教师队伍的多样性，提高有色人种学生学业成功的概率，可是为什么我们会对这些号召视而不见？“视点”部分三篇文章中所呈现的数据承认了这些失败，强调我们要继续迎接挑战。我们必须思考我们想要怎样的未来，以及如何更好地实现这种理想。

我们可以责怪自己，毫无疑问我们负有责任，但是，我们又是谁？是教师教育工作者吗？从历史上讲，“我们”指的是中小学、大学和教育学院(schools, colleges and departments of education, SCDEs)的教师和行政人员，但如果我们下定决心要适当地处理多样性这个问题，那么这个描述就是不充分的。人文学院和科学学院(arts and sciences)的同事们也要把自己看作教师教育工作者。事实上，大多数教师教育本科生是在人文学院和科学学院学习所有的课程，而不是在教育学院。同样，进入研究生阶段学习教学的学生总的来说也是在人文学院和科学学院完成了全部本科课程，没有学习任何教育课程。公立学校教师也要把自己看作教师教育工作者。一些令人信服的证据表明，其中一些已经在这些文章中有所论及，即教学实习对学生成功地成长为教师有至关重要的作用。

如果我们认真对待为多样性而教这个问题，那么人文学院和科学学院的教师，以及中小学教师都必须在实质上与教育学院的教师一道，培养未来教师。在进入职业生涯之前，学生必须充分了解美国不同群体之间的不公平现象，这样他们才能很好地将这些理解应用于自身实践。因此，人文学院和科学学院的教师必须开发聚焦于多样性和多元文化主义的课程，并且这些课程要成为通识教育经验的必要组成部分。此外，人文学院和科学学院必须鼓励他们的学生，尤其是有色人种学生，将教学视为自己的职业。学生经常把教师看作是候补职业(fall-back career)，因为他们看到人文学院和科学学院并没有重视教师的价值。同时，正如我们在文章中提出的，公立学校教师要为学生规划实习经历，使他们有充分的机会实践文化敏感性教学。我们认为，促进这些行动的责任主要落在教育学院的教师和行政人员身上，他们要倡导候任教师群体多样化，保证为候任教师提供充分的专业课程，帮助他们为将来教学中可能面临的多样性做好准备。“我们”的一部分，即中小学、大学和教育学院的教师教育工作者，需要让人文学院和科学学院以及公立学校的教师了解此报告的研究，以及照顾到所有学生需求的民主的重要性。站在国家利益的角度，没有什么行动比教育者做好这件事情更重

要了，即保证越来越多的不同背景的学生能够在学校中学习知识，并且培养他们的批判性思考能力，只有这样才能缩小学生之间的学业成就差距，并给予他们更多在未来的生活中取得成功的机会。

现在，已经有一些学院、大学和公立学校进行合作的例子，它们承担起这项任务，即保证所有群体——教育学院、人文学院和科学学院以及公立学校的教师和行政人员——认识到他们在培养未来教师方面的责任。四十个这样的合作小组的院校都是约翰·古德莱德(John Goodlad)建立的全美教育革新联盟(National Network for Educational Renewal, NNER)的成员。当然，这并不意味着所有这些合作已经成功地
完成了这项责任，或者已经对本文中所讨论的多样性问题给予了充分的重视。而是 681
说，每个合作小组都有义务参与到研究以证实这样一种判断：当这三类群体都接受这个挑战时，我们就会在减少种族/民族学业成就差距上取得进步。

另一个需要研究的领域是，中小学、大学和教育学院在寻求国家认证的过程中，必须体现对多样性的承诺。全美教师教育认证协会(National Council for the Accreditation of Teacher Education, NCATE)是在全国范围内得到认可的两个认证机构之一，它在多样化方面有明确要求。例如，标准4表明：

> 教育机构应设计、实施和评估候任教师的课程及经历，使其能够获得必要的知识、技能和品性，以促进所有学生的学习。这些经历包括与不同的学校教师、多样化的候任教师以及P-12学校中的不同的学生一起工作。(NCATE, 2002)

在这个标准中，对课程和经验的设计、实施与评估进行评价的规定是：

> 机构应该明确规定候任教师在他们的专业教育项目中应该达到的熟练程度。设计课程和随后的教学实习帮助候任教师理解教和学中多样性的重要性。候任教师学会开发和教授包含多样性理念的课程，并且创造重视多样性的课堂和学校氛围。候任教师要逐渐了解在文化影响下所形成的不同的教学和学习风格，并且能为全体学生，包括有特殊才能的学生，提供个性化的适切的教学和服务。他们要展示珍视公平和所有学生学习的品性。对候任教师熟练程度的评估，提供了关于帮助所有学生学习的能力的数据。候任教师的评估数据也提供了反馈，促进他们知识、能力和品性的发展。(NCATE, 2002: 29)

这是一份对我们所需要的课程的完备叙述，一个对品性、知识、技能和对证明毕业生“帮助了所有学生学习”的数据的清晰表述。虽然这份标准没能告诉我们应该如何

做才能达到目标，但是本部分的“视点”部分已经开始探索这个问题了。需要注意的是，除了呼吁教授多样性学生的多样性未来教师群体外，这份标准恰当地表达了对多样性教师教育工作者群体的期待。如果人们认真地执行这份标准，那么，全国将会有一半得到全美教师教育认证协会认证的教师教育项目响应作者在本文所发出的号召。了解那些满足和不满足多样性标准(对于获得认证来说，这不是必要条件)的全美教师教育认证协会认证的教师教育项目的毕业生在成功教授具有民族/种族背景的学生上有何种程度的差异，这将会很有启发。

教师教育中的另一个问题是：在招生过程中和整个教师教育过程中，应该如何适当地评估和发展(候任教师的)品性。这个问题不但在本手册中被讨论，而且也得到了很多人的关注。越来越多的评论员在主流的新闻杂志和报纸上写文章，质疑人们用品性来评价候任教师。他们认为，当品性包含社会正义这一要素时，发展候任教师的品性是一种“思想控制”(mind control)和“左倾政治”(left-leaning politics)。在一些证据
682 的佐证下，我们本能地相信，品性——通常人们认为包括态度、价值观、信仰和行为——是非常重要的，尤其是在培养教师上，使他们与那些不同于自身文化背景的学生一起有效工作。通常讲的品性包含：尊重来自不同背景的人，相信多元文化主义对于民主的重要性，以及对那些因差异而受到不公正待遇的人抱有同情心。这些情感态度是非常复杂的态度与行为的组合，而项目应该把它作为评价候任教师的要素之一。例如，我们相信，假如一个教师教育专业的学生不能坚定地认为所有孩子都应该获得平等的学习机会，那么在专业课程中可能就没有充足的时间改变这一品性。人们应该开展进一步研究，探究教师的多样化品性与学生学习之间的关系。

在教师教育中，对教师和学生在那些与文化差异相关的重要问题上的价值观与信念的关注，并不是一个新问题。早在30多年前，美国教师教育学院协会(American Association of Colleges for Teacher Education)发布的《没有同一模式的美国人》(*No One Model American*)的报告，就倡导支持文化多样性和个人独特性的教学价值观(AACTE, 1973)。这份报告号召在各个层面上——包括教师教育项目——教授这种价值观。对这种长期存在的观点的反对并不是基于新的证据。事实上，就像我们在这些文章中看到的，如果说有什么不同的话，应该是关注价值观和信仰的基础。很明显，反对的观点是基于政治信仰和意识形态，而不幸的是，这将使进一步变革以支持这项工作变得更加困难。

对于品性的关注为这场讨论带来了另一个重要问题。这些文章中所提及的诸多批评者认为，公共教育目的被窄化为一些简单的可测量的知识和技能。当然，作为《不让一个孩子掉队法》(NCLB)的一个部分，合格的学年成绩(adequate yearly progress)的基础表明，标准化的考试成绩是衡量学校的唯一的最重要变量。尤其是在多元文化教育的背景下，福特汉姆基金会(Fordham Foundation)主席查斯特·芬恩(Chester Finn)在一份最有说服力的声明中阐述了这种狭隘的观点，他在报告中写道：

> 公民教育可能在理论上听起来是个好主意，但公立学校实际上可能，甚至会对这一领域带来危害。一些教师持有的价值观令人担忧：道德相对主义，无神论，对民主优越性的怀疑，对于“大众”的考虑而牺牲“整体”，反感爱国主义，在既定的文化习俗和民权组织面前表现的愤世嫉俗。将这些价值观传达给孩子，将会逐渐破坏自由社会的基础。如果学校能坚持 3R① 教学并且在他们既擅长又得到公众广泛支持的领域做好扎实的工作，那么社会将会变得更好。(Finn, 2004: 14)

这一部分中的研究和建议都指出，人们需要更多的对“大众”的尊重，而不是对“整体”。只有当我们致力于大众的需求，并且培养大众全面参与到社会中时，我们才能真正实现“合众为一”(one out of many)的目标。此外，对 3R 的关注窄化了我们对民主社会中教育的定义。我们认为，我们所需要的是这样一些教师，他们能够全面地理解公共教育以下四个永恒目的的内涵：

> - 培养每个学生学会在社会正义的民主社会中生存； 683
> - 为全体学生提供获得知识和批判性思考的方法；
> - 帮助学生想象并达到在社会中找到自己位置的可能性，并享有所有的人生机会；
> - 使学生有能力过上富足而有益的个人生活，也就是使他们了解所有方面的人文知识，包括美学、创造与个人健康等。(Michelli, 2005)

通过学生学业成就的分类报告，《不让一个孩子掉队法》(NCLB)会发现不足之处并促进改革，这样地信誓旦旦，结果会如何呢？包括纽约州在内的一些州在一段时间内已经报告了一些分类数据，但并未进行任何变革。事实上，虽然有一项法令要为纽约这样有大批有色人种学生的城市重新分配教育资源，但是政府和立法机关尚未采取任何行动。《不让一个孩子掉队法》(NCLB)所产生的那种数据在某些地区或许有用。弗吉尼亚州一个富有的学区最近“发现”(discovered)，该区非洲裔学生的表现不如弗吉尼亚州的一些大城区的非洲裔学生好，包括里士满和诺福克市。学区负责人说：“我们感觉我们的成绩比数据所反映的更好，某种程度上是由于学校所获得的赞扬。除非像剥洋葱一样层层深入地分析，否则你可能看不到那些你不成功的地方。”(*The Washington Post*, April 14, 2006, p. A01)所以这对于学区来说是一个重要信息，然而，令人惊讶的是，他们并不了解这个事实。学区究竟会作何反应？时间会告诉我们答案，但是在其他地方已经出现了课程被狭窄化的问题，并且人们越来越关注那些可

---

① 即阅读、写作和算术，reading, writing and arithmetic。——译者注

以量化的东西，而不是教师成功地教授有色人种学生的能力(Center of Education Policy，2006)。教育的所有目的绝不仅仅是关注标准化测试的分数。即使抛开弗吉尼亚州的特例不谈，我们也无法假设本章中所给出的建议能够被用作解决问题的方案。

还有另外一种因素可以解释为什么无法充分地培养未来教师以确保所有学生的学业成功，这一点在本文中已经提及，它或许是最难克服的一个：没有政党愿意解决这个问题。在这个问题中，决策者在哪里？我们在哪个政策中能找到证据说明他们采取了行动，以确保教师教育项目能培养出符合我们热切期盼的标准的教师？用以支持那些需求强烈学区的卓越教育和专业发展的资源在哪里？要求公立学校、人文学院和科学学院参与到教师教育的政策在哪里？多数情况下这些政策都是缺乏的，我们需要找出其中的缘由。什么能够驱动决策者？什么阻止了他们采取我们认为他们应该有的行动？是我们没有充分地教育好他们，还是公众错误地选举了他们？抑或是根植于难以协调的意识形态差异中？乔治·拉科弗(George Lakoff)所提出的概念“世界观”(world view)，可能适用于此。是不是政客与教育者持有的世界观不同——在公共教育上的不同态度、价值、信念和目标——妨碍了意见的一致？

一些与培养教师教授多样化学生相关的实践原则源于我们的经验。每个原则都可以作为研究的基础。首先，那些培养教师和公立学校其他教育者的人应该对上述提到的公共教育的四个永恒目标有清晰的共同愿景。这一愿景必须作为所有重要学术决定的基础。彼得·圣吉(Peter Senge，1993)所说的共同愿景(shared vision)极具影
684 响力。一旦明确了共同愿景，所有的参与者就会清楚地知道目标是什么，应该做什么以达成目标。共同愿景的一个重要内容是，必须直接关注多样性问题，满足学校中所有学生的需求。譬如，在不清楚达到标准真正意味着什么的时候，我们不以项目标准自身为掩护，包括认证标准。关于招生、课程、评价、研究进程以及资源分配的决定等，都应源自于共同愿景。一个专业项目需要共同愿景来促使它变得有效、协调和有特色。而建立这种共同愿景，需要包括教师和 P－12 年级学生在内的所有人的大量合作与专业发展。唯有通过共同阅读、深度讨论和聚焦的研究议题，才能达成共同愿景。对于应对当代如此复杂的、多样性的领域来说，尤其如此。

第二，教师教育项目和公立中小学的项目必须同时更新。如果只有高等教育获得优势，或者只有 P－12 学校的参与，多样化的目标也无法达成。如果教师工作的教育系统没有明显地信念并有意识地来实现这些目标，那么教给教师在面对所有学生时所需的知识、技能和品性，都将是毫无意义的。我们应该协同进行研究和教育，而不是单打独斗。

第三，教育学院、人文学院和科学学院以及公立学校的教师和管理者应该作为平等的合作伙伴来培养未来教师，革新教育。为了成功地使我们的教师多样化并影响所有学生，所有成员必须分担权力和责任。需要建立支持这种合作的正式组织机构以及

恰当的奖励机制。如果不能够把所有应该参与的成员都纳入进来，最终都会导致成员之间的相互指责。我们都应该参与其中！不可否认，这里所提到的应该参与进来的群体并不完整。我们说到教师和行政人员，指的仅仅是直接参与日常工作的人。我们不能忘记与决策者、学生家长、商界和社区领导者合作的重要性。

第四，教师教育工作者必须共同倡导为民主和社会正义而教，并保证所有学生之间的公平。这些文章的作者不仅提出了教育的目标，同时还有政治目标和道德目标。教师教育工作者必须以所有这些观点为基础，目的在于成功地倡导能满足所有学生——尤其是那些有迫切需求地区的学生要求的项目。只有积极主动地进行这项工作，才能履行我们的专业责任。

最后，杰出的教育项目应该自我评估，并且全面展现它们在公立学校和教师教育方面的愿景。我们必须愿意收集证据，探索哪些方式能够帮助我们更好地达成目标。这是一项重要但会令人却步的任务。即便当我们只关注那些在我们看来最容易测量的学校结果——学生知识时，这个任务也是复杂的。一篇恰如其分的文章《规划的复杂》(“Complex by Design”)描述了一项正在纽约市进行的研究(Boyd *et al.*，2006)。在这项研究中，研究者尝试通过不同的评价方法，包括增值评估法(value added assessment)，(有足够的数据)来探究纽约市不同教学方法的有效性。这项研究需要进一步开展研究以探索教师的成就，这些教师在有着多样性学生的学校中工作，这些学生在种族、文化和语言上都存在差异。这仅仅是我们所希望看到的教育领域的一项成果的标准，各个大学和学院必须适时地使用定性和定量的研究方法，来评价各种措施的影响。

教育项目还应该通过了解影响项目完成的障碍，来评估会对他们培养有色人种教
师的能力造成影响的因素。伊利诺伊大学芝加哥分校所做的工作就是一个杰出典范， 685
这个项目找到了不利于非洲裔学生取得成功的因素，并进行有规划的变革来排除障碍(参见，Chou *et al.*，2006)。同样，波士顿学院(参见，Cochran-Smith *et al.*，2006)和蒙特克莱尔州立大学(参见，Villegas and Lucas，2006)的工作，目的在于评估与社会公正和多样性相关的结果，这项工作代表了研究的发展前景。

我们能得出什么结论呢？本手册多样性部分的“视点”文章，它们的作者坚实了我们的认知基础，让我们对多样性、学生学习和社会正义之间的联系有了更深的了解。要检测我们的观点和共同信念，还有很多工作要做。我们需要更多证据来证实在民主社会中，各种不同的教育目的和想要有所不同的政治意图中哪些是有效的变革。我们需要进行自我反省，甚至可能要重新定义我们是谁以及我们如何承担起责任。接下来几十年不断变化的人口结构要求我们要行动起来，通过研究和实践确保所有的孩子都能最大程度地挖掘自己的潜力。

(张淑萍　龚　玲　译)

参考文献

American Association of Colleges for Teacher Education (1973) *No one model American*. Washington, DC: Author.

Boyd, W., Grossman, P., Lankford, H., Loeb, S., Michelli, N., & Wyckoff, J. (2006) Complex by design: investigating pathways into teaching in New York City schools. *Journal of Teacher Education*, 57(2), 155-166.

Center of Education Policy (2006) *From the capital to the classroom: year four of No Child Left Behind*. Washington, DC: Author.

The College Board (2006). *Teachers and the uncertain American future*. New York: Author.

Chou, V., Fleming, J., Radinsky, J., & Miltner, D. (April 2006) *How are we doing? Reframing accountability as an opportunity for institutional reflection*. Paper presented at the Annual Meeting of the American Educational Research Association, San Francisco.

Cochran-Smith, M., Shakeman, K., & Barnatt, J. (April 2006) *Learning to teach for social justice: complex matters, complex measures*. Paper presented at the Annual Meeting of the American Educational Research Association, San Francisco.

Finn, C. E. (2004) Faulty Engineering. *Education Next* 4(2), 14.

Lakoff, G. (2002) *Moral politics*. Chicago: The University of Chicago Press.

Michelli, N. M. (2005) Education for democracy: what can it be? In N. M. Michelli and D. Keiser (eds.), *Teacher Education for Democracy and Social Justice*, pp. 3-30. New York: Routledge.

NCATE (2002) *Professional standards for the accreditation of schools, colleges, and departments of education*. Washington, DC: Author.

Orfield G. (2004) *Losing our future: how minority children are being left behind by the graduation rate crisis*. Cambridge, MA: The Civil Rights Project.

Senge, P. (1993). *The Fifth Discipline*. New York: Doubleday.

The Washington Post (April 14, 2006) *Fairfax success masks gap for Black students: test scores in county lag behind state's poorer areas* (p. A01). Washington, DC: Author.

Villegas, A. M. & Lucas, T. (April 2006) *Holding ourselves accountable: assessing preservice teachers' development as culturally and linguistically responsive educators*. Paper presented at the Annual Meeting of the American Educational Research Association, San Francisco.

37. 多样性之反思

维多利亚·周(Victoria Chou)
卡伦·萨卡什(Karen Sakash)
伊利诺伊大学芝加哥分校(University of Illinois at Chicago)

“多样性”是一个非常模糊的概念,因此它对不同的人可能有不同的含义。它既无 686
害处又有可塑性,因此能够适用于各种不同的意识形态和教育理念。由于没有任何一种理论可以证明某种多样性优于另外一种,因此所有的多样性都同样有效,但也同样容易被忽视。可以肯定地说,全国几乎所有的教师教育项目都认为它们为多样性而教,而事实上,我们的毕业生并不能公平地为所有群体的教育需求服务。

本手册在这一部分重点讨论了多样性在教师教育三个独特的部分中是如何发挥作用的。这三个部分是:为来自不同文化背景的学生培养白人职前教师(Sleeter);为有色人种学生招聘和培养有色人种教师(Villegas and Davis);以及培养所有教师——无论他们的背景如何——教授英语学习者(Lucas and Grinberg)。本文立足于讨论教师教育的这三个方面,如“视点”所呈现的,提出了关于今天我们应该如何看待以及应该如何处理教师教育中的种族和语言的额外问题。通过总结,我们讨论教育学院应该如何“反思多样性”(trouble diversity),借用凯文·库玛希罗(Kevin Kumashiro, 2002)的话,“让现存范式复杂化的语言”,来创造一种真正多元的教师教育路径。

为来自不同文化情景的学生培养白人职前教师

斯里特(Sleeter)提出的为来自不同文化的学生培养白人职前教师的平台建立在三个支撑点上:(1)基于社区的跨文化学习;(2)文化和公平教学的专业课程;(3)服务于有色人种学生的课堂实习经验。

我们非常同意斯里特的观点,即白人候任教师需要基于社区的学习经历,为教育那些和他们自己的文化背景不同的学生打下实践基础。然而在实习中我们发现,这一目标无法匆忙完成。为这些经历寻找时间、课程空间和充足的经费颇具挑战。对于用来开阔眼界的必要的文化学习,在典型的教师教育项目中可能没有充足的时间。仅仅一个学期,或者一学年的经历,就能深层次地影响态度的转变吗?还是我们应该选择那些具有支持多样性态度的申请者从事教师教育项目?对于培养白人师范生来说,仅仅进行基于社区的跨文化学习是不够的,无法帮助他们很好地对“其他民族的孩子”进行教学,除非他们在进入教师教育项目之前,就已经十分认同多样性。

和斯里特一样,我们认为基于社区的跨文化学习经验必须“经过精心设计,与教师

687 教育有直接的联系,包括有指导的反思”。然而,我们发现大多数教师教育工作者自己很少甚至没有准备去支持职前人员获取这些经历。用乔伊斯·金(Joyce King, 1990)的话说,我们不了解我们自身潜藏的种族主义是如何影响学校和社区的,我们(从事教师教育的人)可能会无意识地墨守成规,把候任教师看作毫无经验的窥癖者,认为他们盲目地闯入社区,并对他们所见到的进行了无知的批判性判断。

我们也认可斯里特对文化与公平教学的专业课程的建议。这种课程可以从全局上分析文化和制度种族主义来映射进步——例如格莱泽(Glazer, 1993)在他的文章中提出的那些——到自我反思以及课堂教学上的具体应用。在我们的制度背景下,我们所面临的最大挑战是使教师教育工作者共同承担计划性的责任,从而形成围绕文化和教育公平的连贯课程。尽管具有挑战性,但是教师教育工作者共同承担计划性的责任,并形成围绕文化和教育公平的连贯课程是至关重要的。尽管我们的大学公开宣称它服务于城市社区,但我们知道制度歧视的问题遍布于全国所有学校,包括城市、郊区和农村及我们自己。就此而言,伊利诺伊大学芝加哥分校(University of Illinois at Chicago, UIC)是一所政府赠地的机构,并公开承诺服务于城市社区。我们认识到多数机构没有这样精确的服务于城市的目标。然而我们知道,制度歧视的问题普遍存在于全国范围内的城市、郊区和农村地区的学校中。就此而言,每个教师教育项目都需要把培养教师成为抵制种族歧视的人作为核心任务。

在学校和教育学院内隔离的学科空间使我们很难形成一个整体的和具有反思性的学习共同体。尽管存在例外,但持有明确“批判性”理论导向的教师通常驻留在社会基础学系(social foundations departments)。方法导向教师在典型的项目分工中,常常更关注学科问题,而指导师范生的教师通常对基础教学能力的发展更感兴趣。教师的责任通常被划分为教师教育项目和研究生项目两类,其中研究生项目往往与特定的学科和研究领域相关。这一恶果是,许多教师把教师教育仅仅视为一项不得不完成的任务(service),而不是他们研究的核心。除此之外,一般教育课程通常在教育学院之外,并且必须对不断变化的州课程政策监管做出反应。考虑到这些迥异的利益和观点,发展一门统一的课程以帮助师范生挑战现状,似乎成了一个不可能完成的挑战。

如何保证教师教育者接受这种理念,来共同开发文化和教育公平方面的相关课程,这对于我们所有人来说都是一个很大的挑战。我们都很清楚,通过“跟随领导者”的途径来完成这项任务本质上是有问题的。这种方式容易导致教师之间的分歧,让那些选择不跟随领导者的人产生抵制情绪,从而使整体的信任度降低。我们需要认真考虑促进理想课程的共同理解所必需的对话和专业发展的类型。我们还需要探索促使其发生所必须的制度性激励的种类。

688 在促进服务于有色人种学生的课堂实习经验方面,我们已经做出了很多努力,也投入了很多资源,这是斯里特平台的第三个支撑点。同样,我们确实熟悉在经济受压迫的社区内的学校中进行实习所面临的挑战。我们意识到,很多教师教育工作者不愿意让候任教师到这样的班级中实习,因为在这样的班级中,大部分实习教师投入到说教的且照本宣科的教学,以及为考试作准备的教学中。然而遗憾的是,这样的教学策略在城区学校中到处都是。在这种背景下,科克伦-史密斯(Cochran-Smith, 2004)提出的合作共鸣(collaborative resonance)方式似乎是最合适的,这种方式要求候任教师和实习教师一起工作,将批判与实践结合起来。然而,我们提出以下警示:关于说教式和照本宣科式的教学对学生学习影响的数据必然是优劣混杂的,而关于探究式教学方式效果的数据也同样如此。而且,一些历史上受压迫社区中的学校不像其他学校一样享有课程和教学自由,这些学校中有很多在《不让一个孩子掉队法》(NCLB)约束下关闭。还有一点很重要的是,在"什么是好的教学"这个问题上,"进步的"白人教师教育工作者的观点和少数种族/民族群体成员的观点常常会有差异。只要从事教学工作的主要群体是白人,那么在语言和项目上对于社会公平的强调,很有可能会胜过强调让非洲裔美国教师和拉美裔教师来教育他们本民族的儿童和青年的项目。

只要从事教学工作的主要群体是白人和中产阶级,我们就需要警惕这样的事实,即他们的项目偏好和重点,这对于那些教育本民族儿童和青年的非洲裔和拉美裔教师来说,是毫无道理的特权。但是,当我们尝试把候任教师安排到全是黑人的学校时,至少有一些候任教师和教育学院的教师(faculty)会用"多样性"作为理由来进行抵制,他们会声称只有黑人学生的学校不够多样化。这个问题在诸如芝加哥之类的学区中经常发生,在这些学区中,46%的学校中非洲裔学生的比例高达 90%。作为教师教育工作者,我们必须面对和处理自己以及候任教师在和"其他人"一起共事时所有的不适感和恐惧心理。

为有色人种学生招聘和培养有色人种教师

我们十分同意维莱加斯(Villegas)和戴维斯(Davis)所提出的招聘更多有色人种教师从事教学的观点,他们用"漏水的管道"的隐喻描述在教育的每个层次上有色人种学生的可怕流失。如同埃思里奇(Ethridge, 1979)指出的那样,这种流失的结果反映在 1954 年布朗诉皮卡托教育局案(*Brown v. Board of Education of Topeka*)后的十年间,38 000 多名黑人教师被解雇的毁灭性影响。全国城市公立学校系统中的绝大多数黑人和拉美裔毕业生中只有很小一部分人进入大学,并且在学业成就上有差距,在他们被准许进入教师教育项目之前必须解决这个问题。除了仅仅做好"守门人"之外,我们教育学院的教师有责任与义务和科学类的教师一起帮助解决有色人种学生的学习差距问题。一旦有色人种学生在我们项目中,我们必须保持警惕以确保在他们的学习过程以及教育生涯中有充分的支持。否则,在这个国家中有色人种学生的负面影响 689
的循环将永远无法被打破。

维莱加斯和戴维斯认为,教师教育项目几乎只重视白人候任教师的需求,而忽略了未来有色人种教师的需求。在格莱泽(Glazer, 1993)描述同化的概念时,从未将非洲裔美国人纳入进来的情况中,我们发现了历史根源。与维莱加斯和戴维斯的观点相似,我们也认为教师教育工作者更多地注意有色人种师范生的需求至关重要。在我们看来,如果没有足够数量的有色人种教师教育工作者,那么这个群体的需求就不可能得到充分重视。美国教师教育学院协会的报告《多元文化报告:没有同一模式的美国人》(*Multicultural Statement: No One Model American*)在 1972 年就认识到这一点。很明显,实施要比发表声明艰难得多。就像教师教育工作者要为候任教师创造一个安全的对话环境一样,也要确保有色人种的教师教育工作者和他们的同事之间有一个安全的对话环境。有色人种教师教育工作者会带来独特的观点,这能丰富教师教育项目的内容和行为。尽管他们人数在增加,但是需要更多。

虽然未来有色人种教师带着文化知识和经验进入教师培训项目,这些知识和经验在教育有色人种学生方面比白人教师更有利,但是维莱加斯和戴维斯断言,尽管如此,他们仍然需要支持从而把这种知识和经验转化成为可靠的教学实践。如果我们认真思考格洛丽亚·拉德森-比林斯(Gloria Ladson-Billings)所说的把教育融入到文化中,而不是相反——芝加哥伊利诺伊大学(UIC)就是这样做的——那么我们就必须考虑到候任教师的文化背景,就像我们要求他们一定要考虑未来学生的文化背景一样。考虑到多数教师教育项目都至少招收了一些非主流文化背景的学生,那么我们就需要致力于开发不同的教学来培养未来教师,不论他们是什么种族/民族,都要教会他们如何教育不同种族与民族的学生,也就是要为人师表。

培养所有教师教授英语学习者(ELLs)

卢卡斯(Lucas)和格林伯格(Grinberg)解释了为什么近几年有越来越多的英语学习者(English language learner)在主流课堂中学习,而他们的教师却没有接受过从事这项工作的专业训练。如同作者们所指出的,与教授英语学习者有关的内容在学前教育阶段、小学和中学教育的教师培养项目中经常缺失。说到第二语言教学课程,它们要么是融合在庞大的多元文化课程中,要么是和其他的多元文化内容松散地捆绑在一起形成整个教师培训课程。在前一种情况下,候任教师接触不到重要的和语言相关的话题;在后一种情况下,这些问题通常被众多显著的"多样性"问题所掩盖。无论哪种情况,教师都没有与英语学习者工作的直接经验。幸运的是,近年来联邦资助的重点是针对"所有"教师能够接受课程,从而获得 ESL(英语作为第二语言)的认可和资格。这一努力有可能打破卢卡斯和格林伯格所说的某些态度障碍。

690 教师教育项目中还有其他一些方式来帮助未来的主流任课教师对英语学习者进行教学。譬如,让非双语的候任教师和双语候任教师一同学习,这能很自然地促进双方对语言和文化的新理解。非专业的学生可以参与到双语/英语作为第二语言学习

(ESL)的课堂中,因为至少,他们有这样的实习经历。双语和非双语候任教师在实习中结对,能够就为英语学习者提供适切的教学进行更丰富的对话。

我们看到,双语和非双语候任教师之间的合作反映了普通教师和双语/第二语言教师间合作的增多(Mosca, 2006)。我们知道,这两个群体在职前教育中的更好沟通,对于他们未来成为教师后在工作中分享知识是十分重要的。两者都能从合作关系中获益,并且当学生在融合的环境中接受指导时,每个人都能学到更多关于语言和文化的知识(Whitmore and Crowell, 2006)。

与教师合作相似的另一种趋势是双语项目的增多,人们使用很多不同的方式推行双语项目,但结果常常是整个学校最终聚焦在双语教学上(Cloud *et al.*, 2000)。通常,只能流利地说英语的教师在双语教学中承担英语教学的部分。我们还可以看到,人们越来越重视普通教师的专业发展,让他们通过基于内容的英语作为第二语言的教学来帮助英语学习者(Echevarria et al., 2000)。教学上越来越多的普通数学、科学、社会研究和其他具体学科的教师开始了解他们在让英语学习者理解自己的教学上所发挥的作用。我们相信,让候任教师体验英语学习者的不同的学习环境,他们一定有所收获。

就像上文中对有色人种教师教育工作者的讨论一样,如果能招聘更多双语/英语作为第二语言的教师进入一般教师教育岗位,那么有关英语学习者的知识基础一定会有所增长。一个教师教育工作者是不是说两种语言与他们了解地方、州和联邦当前的评价和教学政策的关系相比可能更不重要。每一个教师教育工作者都应该了解现行的有关英语学习者的教育政策。招聘更多双语人才从教仍然很重要,特别是现在联邦和州的政策越来越不再强调本土语言教学,并且它们也在削减培养双语教师的经费。或许教师资格认证机构,比如全美教师教育认证协会(National Council for the Accreditation of Teacher Education, NCATE)可以努力应对美国教师教育学院协会多元文化教育委员会撰写的《为文化和语言多样性培养教师:行动呼唤》报告,对具体的教师教育工作进行更明确的阐释,这种教师教育工作能够促进该领域的发展,而不仅仅停留在表面上理解“多样性”的概念,同时还要认识到为英语学习者及他们的教师提供最优教育的紧迫性。但是教师教育项目本身无需等待全美教师教育认证协会的行动再采取行动。

结束语

本文提出了教育学院如何“反思多样性”(trouble diversity)。在我们56年的高等教育经历中,探索多元文化教师教育的有效路径是我们遇到的一项最为艰难的工作。传统的以培养白人教师为主的教师教育——通常根植于主流的价值观和原则——在文化和语言同化的潮流中并非难事。要打破这种传统,就需要帮助候任教师把他们的

教学建立在学生的文化和语言基础之上。这就要求未来教师能够深刻理解学生的认
691 知、学习和行为方式,而这些学生可能和他们有着不同的文化背景。同样重要的是,他
们必须学会看待自己和(来自其他文化背景的)他人的关系。这绝非易事。

现在是时候来批判性地、反思性地思考一下我们在满足成千上万非洲裔和拉美裔学生的学习需求时所做的工作有多糟糕了,这些学生仍然落在后面。我们必须要超越所谓的多样化标准,让我们自己和候任教师充分了解所教学生的文化细节,以及这些文化细节为教学和教师教育带来的启示。

(张淑萍　译)

参考文献

American Association of Colleges for Teacher Education Commission on Multicultural Education (1972) *No one model American*. Washington, DC: Author.

American Association of Colleges for Teacher Education (2002) *Educators' preparation for cultural and linguistic diversity: a call to action*. Washington, DC: Author.

Au, K.H. (2005) Negotiating the slippery slope: school change and literacy achievement. *Journal of Literacy Research*, 37, 267 - 288.

August, D. (n.d.) *Developing literacy in second language-learners. A report of the National Literacy Panel on language-minority children and youth. Executive summary*. Retrieved March 21, 2006 from the Center for Applied Linguistics, Web site: http://www.cal.org/natl-lit-panel/reports/Executive_Summary.pdf

Cochran-Smith, M. (2004) *Walking the road: race, diversity, and social justice in teacher education*. New York: Teachers College Press.

Cloud, N., Genesee, F., & Hamayan, E. (2000) *Dual language instruction: a handbook for enriched education*. Boston, MA: Heinle & Heinle Publishers.

Echevarria, J., Vogt, M., & Short, D.J. (2000) *Making content comprehensible for English language learners: the SIOP model* (Second ed.). Boston: Allyn & Bacon.

Ethridge, S. (1979) Impact of the 1954 *Brown v. Topeka Board of Education* decision on Black educators. *The Negro Educational Review*, 30(4), 217 - 232.

Glazer, N. (1993, November) Is assimilation dead? *The Annals of the American Academy of Political and Social Sciences*, 530, 122 - 136.

King, J. (1990) Dysconscious racism: ideology, identity, and the miseducation of teachers. *Journal of Negro Education*, 60, 133 - 146.

Kumashiro, K.K. (2002) *Troubling education: queer activism and antioppressive pedagogy*. New York: RoutledgeFalmer.

Ladson-Billings, G. (1995) But that's just good teaching! The case for culturally relevant teaching. *Theory into Practice*, 34, 159 - 165.

Mosca, C. (2006) How do you ensure that everyone in the school shares the responsibilities for educating English language learners, not just those who are specialists in the field? In E. Hamayan & R. Freeman (eds.), *English language learners at school: a guide for administrators* (pp. 109 - 110). Philadelphia, PA: Caslon Publishing.

Whitmore, K.F. & Crowell, C.G. (2006) Bilingual education students reflect on their language education: reinventing a classroom 10 years later. *Journal of Adolescent & Adult Literacy*, 49, 270 - 285.